Gerke/Kirchner/Kühn/Steiner

Fallsammlung
Bilanzsteuerrecht

Zusätzliche digitale Inhalte für Sie!

Dieses Buch bietet Ihnen mehr als nur eine gedruckte Version! Nutzen Sie die folgenden Möglichkeiten, die Ihnen für dieses Produkt in der NWB Datenbank zur Verfügung stehen.

Frag das Buch!

Mit **„Frag das Buch!" & „Frag den Kommentar!"** wird Ihre Online-Bibliothek interaktiv! Nutzen Sie die intelligente Unterstützung von NWB KIRA direkt in Ihren Online-Büchern und -Kommentaren. Stellen Sie gezielte Fragen und Sie erhalten punktgenaue Antworten. So wird Fachwissen noch schneller und einfacher zugänglich. Probieren Sie es aus und erleben Sie, wie smart Recherche heute sein kann.

@ Online-Version

Sie haben das gedruckte Exemplar Ihres Buches nicht zur Hand oder möchten etwas schnell recherchieren? Dann nutzen Sie die Online-Version Ihres Buches. Diese steht Ihnen nach Eingabe des folgenden Freischaltcodes direkt zur Verfügung.

Schalten Sie sich Ihre digitalen Mehrwerte direkt frei:

Scannen Sie den QR-Code **oder** rufen Sie die Seite www.nwb.de auf.
Geben Sie den Freischaltcode ein und folgen Sie dem Anmeldedialog. Fertig!

Ihr Freischaltcode

CLAGSUJSDZMYRGAMEUCXBY

www.nwb.de

Steuerfachkurs · Training

Fallsammlung Bilanzsteuerrecht

Von

Dipl.-Finw., Regierungsdirektor Ulrich Gerke,
Dipl.-Finw., Leitender Regierungsdirektor Thomas Kirchner,
Dipl.-Finw., Dr. Laurin Kühn, LL.M., Steuerberater,
Dipl.-Finw., Ass. jur., Oberregierungsrat Dirk Steiner

(Alle vier Autoren sind oder waren als Dozenten an der Hochschule für Finanzen NRW tätig.)

21., überarbeitete und erweiterte Auflage

nwb AUSBILDUNG

Bildnachweis des Buchumschlags: © George Doyle/Stockbyte via Getty Images

Bearbeitervermerk:
Gerke: Teil A: Kapitel 3 (3.4–3.8), Kapitel 4 (4.1–4.3)
Kirchner: Teil A: Kapitel 7–10, Teil B: Kapitel 1 (1.8–1.11), Kapitel 2
Kühn: Teil A: Kapitel 5 und 6, Teil B: Kapitel 1 (1.1–1.7), Kapitel 3 und 4
Steiner: Teil A: Kapitel 1–3 (3.1–3.3), Kapitel 4 (4.4–4.7)

ISBN 978-3-482-**68701**-3 – 21., überarbeitete und erweiterte Auflage 2026

NWB Verlag GmbH & Co. KG
Eschstr. 22
44629 Herne
service@nwb.de

Satz: PMGi Agentur für intelligente Medien GmbH, Hamm
Druck: CPI books, Leck

Um eine gute Lesbarkeit zu gewährleisten, verwenden wir in Fachtexten in der Regel geschlechtsspezifische Personenbezeichnungen. Selbstverständlich sind damit alle Menschen gleichermaßen gemeint.

VORWORT

In diesem Übungsbuch wird die Anwendung des Bilanz(steuer)rechts anhand von Fällen, die nach Themenbereichen gegliedert sind, dargestellt und erläutert. Hierdurch erschließt sich insbesondere allen Anfängern die komplexe Rechtsmaterie des Bilanzsteuerrechts, wobei jedoch Grundkenntnisse in der Buchführung und Bilanzierung vorausgesetzt werden. Durch Vorbemerkungen und Schaubilder zu den jeweiligen Themenbereichen wird Ihnen ein theoretischer Überblick über die in Betracht kommende Rechtsmaterie vermittelt, was den Einstieg in die Fallstudien erleichtert. Gleichzeitig dient dieser theoretische Überblick als Begründung der Lösung der nachfolgenden Fälle, die dort sodann nur kurzgehalten ist, um Wiederholungen zu vermeiden.

Die Fälle sind überwiegend sog. „klausurtypische" Fälle, die unter der Verwendung von Zahlen und Daten eine jeweils konkrete Lösung verlangen. Für zahlreiche Vorauflagen hat Jörg Koltermann, der ehemalige Autor dieses Buches, Fälle entwickelt und diese an der Hochschule für Finanzen NRW erprobt. Wir haben das Werk ab dieser Auflage übernommen, weiterentwickelt und zahlreiche Aufgabenstellungen und Lösungen teilweise um die handelsrechtliche Perspektive erweitert. Hierdurch kann die Fallsammlung nicht nur für angehende Steuerinspektoren/Diplom-Finanzwirte, sondern auch insbesondere für angehende Steuerberater, Bilanzbuchhalter oder Steuerfachwirte ein nützliches Übungsbuch sein, da grundlegende prüfungsrelevante Bilanzthemen unter Einschluss der Überleitungsrechnung, der Kapitalangleichungsbuchungen, der Mehr- und Wenigerrechnung und der Personen- und Kapitalgesellschaften behandelt werden. Aber auch Besonderheiten, wie z. B. die (mitunternehmerische) Betriebsaufspaltung, Schwesterpersonengesellschaften, die doppelstöckige Personengesellschaft, die Einbringung mit Zuzahlung ins Privatvermögen, das Ausscheiden mit Sachwertabfindung, die Realteilung, die GmbH & Co. KG, die Organschaft und Umwandlungen sind dargestellt. Die Fallsammlung dürfte darüber hinaus aber auch für Praktiker eine nützliche Hilfe sein, da die Fallgestaltungen auch praxisrelevant sind.

Die Fallsammlung erschließt die Lerninhalte „am Fall" und dient damit als Basisliteratur für die Ausbildung sowie als Repetitorium. In dieser Auflage ist grundsätzlich der Rechtsstand zum 1.11.2025 berücksichtigt.

Bei der Fülle der verarbeiteten Rechtsmaterie lassen sich – trotz größter Sorgfalt – Fehler und Irrtümer nicht immer ganz vermeiden. Verfasser und Verlag sind daher für entsprechende Hinweise stets dankbar. Senden Sie uns hierfür gerne eine E-Mail an „Steuerrecht-Ausbildung@nwb.de".

Hamm/Münster/Kamp-Lintfort/Herne, im Februar 2026

Ulrich Gerke   Thomas Kirchner   Laurin Kühn   Dirk Steiner

INHALTSVERZEICHNIS

ABBILDUNGSVERZEICHNIS

LITERATURHINWEISE

Anzinger/Oser/Schlotter, Rechnungslegung und Prüfung der Unternehmung, 7. Auflage, Stuttgart 2025

Bilke/Heining, Fallsammlung Buchführung, Bilanzen, Berichtigungstechnik, 12. Auflage, Herne 2021

Bolk, Bilanzierung und Besteuerung der Personengesellschaften und ihrer Gesellschafter, 6. Auflage, Köln 2025

Dortmann/Mann, Lehrbuch Buchführung und Bilanzsteuerrecht, 14. Auflage, Herne 2026

Falterbaum/Bolk/Reiß/Kirchner, Buchführung und Bilanz, 23. Auflage, Köln 2020

Fanck/Guschl/Kirschbaum/Schustek/Haug/Leibold, Bilanzsteuerrecht und Buchführung, 17. Auflage, Stuttgart 2024

Grottel/Justenhoven/Kliem/Schuber, Beck'scher Bilanz-Kommentar, 15. Auflage, München 2026

Herrmann/Heuer/Raupach, Einkommensteuer- und Körperschaftsteuergesetz Kommentar, Loseblatt, Köln

Koller/Kindler/Drüen, Handelsgesetzbuch Kommentar, 11. Auflage, München 2026

Kußmaul/Müller, Handbuch der Bilanzierung, Online-Produkt, Freiburg

Littmann/Bitz/Pust, Das Einkommensteuerrecht, Loseblatt, Stuttgart

Meyer/Theile, Bilanzierung nach Handels- und Steuerrecht, 34. Auflage, Herne 2025

Schmidt, Einkommensteuergesetz Kommentar, 45. Auflage, München 2026

ABKÜRZUNGSVERZEICHNIS

A

a. A.	anderer Ansicht
a. a. O.	am angegebenen Ort
Abb.	Abbildung
ABl	Amtsblatt
Abs.	Absatz
a. F.	alte Fassung
AfA	Absetzung für Abnutzung
AfaA	Absetzung für außergewöhnliche Abnutzung
AfS	Absetzung für Substanzverringerung
a. G.	auf Gegenseitigkeit
AG	Aktiengesellschaft
AO	Abgabenordnung
Art.	Artikel
AStG	Außensteuergesetz
ATAD	Anti Tax Avoidance Directive (Anti-Steuervermeidungsrichtlinie)
Aufl.	Auflage

B

BB	Betriebs-Berater (Zeitschrift)
BetrAVG	Gesetz zur Verbesserung der betrieblichen Altersversorgung
BewG	Bewertungsgesetz
BFH	Bundesfinanzhof
BFHE	Entscheidungen des Bundesfinanzhofs
BGB	Bürgerliches Gesetzbuch
BGBl	Bundesgesetzblatt
BGH	Bundesgerichtshof
BierStG	Biersteuergesetz
BilMoG	Bilanzrechtsmodernisierungsgesetz
BMF	Bundesministerium der Finanzen
BsGaV	Betriebsstättengewinnaufteilungsverordnung
bspw.	beispielsweise
BStBl	Bundessteuerblatt
BT-Drucks.	Bundestag-Drucksache
BVerfG	Bundesverfassungsgericht
bzgl.	bezüglich

D

DB	Der Betrieb (Zeitschrift)
DBA	Doppelbesteuerungsabkommen

d. h.	das heißt
DStR	Deutsches Steuerrecht (Zeitschrift)

E

EBITDA	earnings before interest, taxes, depreciation and amortization (Ertrag vor Zinsen, Steuern, Abschreibungen auf Sachanlagen und Abschreibungen auf immaterielle Vermögensgegenstände)
EFG	Entscheidungen der Finanzgerichte
EGHGB	Einführungsgesetz zum Handelsgesetzbuch
ErbStG	Erbschaftsteuergesetz
ErbStRG	Erbschaftsteuerreformgesetz
Erg.-Lfg.	Ergänzungslieferung
EStG	Einkommensteuergesetz
EStH	Einkommensteuer-Hinweis
EStR	Einkommensteuer-Richtlinie
EU	Europäische Union
EuGH	Europäischer Gerichtshof
evtl.	eventuell
EWR	Europäischer Wirtschaftsraum

F

Fifo	First in first out

G

GBP	Great British Pound (Britische Pfund, Währung)
GbR	Gesellschaft des bürgerlichen Rechts
GewStDV	Gewerbesteuer-Durchführungsverordnung
GewStG	Gewerbesteuergesetz
GewStR	Gewerbesteuer-Richtlinie
ggf.	gegebenenfalls
GmbH	Gesellschaft mit beschränkter Haftung
GmbHG	Gesetz betreffend die Gesellschaften mit beschränkter Haftung
GoB	Grundsätze ordnungsmäßiger Buchführung
grds.	grundsätzlich
GrEStG	Grunderwerbsteuergesetz
GrS	Großer Senat
GuV	Gewinn- und Verlustrechnung
GWG	geringwertige Wirtschaftsgüter

H

HFA	Hauptfachausschuss des Instituts der Wirtschaftsprüfer
HGB	Handelsgesetzbuch
Hrsg.	Herausgeber

I

i. d. F.	in der Fassung
i. d. R.	in der Regel
IDW	Institut der Wirtschaftsprüfer
IFRS	International Financial Reporting Standards
InvStG	Investmentsteuergesetz
InvZulG	Investitionszulagengesetz 2010
i. S.	im Sinne
i. V.	in Verbindung

J

JStG	Jahressteuergesetz

K

KapErhG	Kapitalerhöhungsgesetz
KapErhStG	Steuerliches Kapitalerhöhungsgesetz
Kfz	Kraftfahrzeug
KG	Kommanditgesellschaft
KGaA	Kommanditgesellschaft auf Aktien
km	Kilometer
KStG	Körperschaftsteuergesetz
KStH	Körperschaftsteuer-Hinweis
KStR	Körperschaftsteuer-Richtlinie
kWh	Kilowattstunden

L

Lifo	Last in first out
Lkw	Lastkraftwagen
LPartG	Lebenspartnerschaftsgesetz
LStR	Lohnsteuer-Richtlinie
lt.	laut

M

max.	maximal
m. E.	meines Erachtens
Mio.	Millionen
MoPeG	Gesetz zur Modernisierung des Personengesellschaftsrechts
m. w. N.	mit weiteren Nachweisen
MwStSystRL	Mehrwertsteuer-Systemrichtlinie

N

n. F.	neue Fassung
NJW	Neue Juristische Wochenschrift (Zeitschrift)
Nr.	Nummer
NWB	Neue Wirtschafts-Briefe (Zeitschrift)

O

o. g.	oben genannt
OHG	Offene Handelsgesellschaft

P

PartGG	Partnerschaftsgesellschaftsgesetz
PflSchG	Pflanzenschutzgesetz
Pkw	Personenkraftwagen

R

Rz.	Randziffer

S

SGB	Sozialgesetzbuch
s. o.	siehe oben
SolZG	Solidaritätszuschlaggesetz
s. u.	siehe unten

T

Tab.	Tabelle
Tz.	Textziffer

U

u. a.	unter anderem
u. ä.	und ähnliches
u. E.	unseres Erachtens
u. g.	unten genannt
UG	Unternehmergesellschaft (haftungsbeschränkt)
UmwG	Umwandlungsgesetz
UmwStG	Umwandlungssteuergesetz
UStAE	Umsatzsteuer-Anwendungserlass
UStG	Umsatzsteuergesetz
usw.	und so weiter
u. U.	unter Umständen

V

Vfg.	Verfügung
v. H.	vom Hundert

Z

zzgl.	zuzüglich

Teil A: Allgemeines Bilanzsteuerrecht

Kapitel 1: Gewinnermittlungsarten und Buchführungspflicht

1.1 Allgemeines

Bei den ersten drei Einkunftsarten des Einkommensteuerrechts (Land- und Forstwirtschaft, Gewerbebetrieb und selbständige Arbeit) ist die Besteuerungsgrundlage der **Gewinn** (§ 2 Abs. 2 Satz 1 Nr. 1 EStG). Bei Land- und Forstwirten und bei Gewerbetreibenden ist der Gewinn nach dem **Wirtschaftsjahr** zu ermitteln. Das Wirtschaftsjahr ist

1. bei Land- und Forstwirten der Zeitraum vom 1.7. bis zum 30.6. (Ausnahmen siehe § 8c EStG);
2. bei Gewerbetreibenden, deren Firma im Handelsregister eingetragen ist, der Zeitraum, für den sie regelmäßig Abschlüsse machen. Dabei umfasst das Wirtschaftsjahr grds. einen Zeitraum von zwölf Monaten (§ 8b Satz 1 EStDV). Ausnahmen gibt es z. B., wenn ein Betrieb eröffnet, erworben, aufgegeben oder veräußert wird (§ 8b Satz 2 EStDV). In diesen Fällen spricht man vom „Rumpfwirtschaftsjahr". Bei Gründung und Handelsregistereintragung besteht ein Wahlrecht für den Abschlusszeitpunkt. Die Umstellung eines vom Kalenderjahr abweichenden Wirtschaftsjahres kann nur einvernehmlich mit dem Finanzamt erfolgen, es sei denn, die Umstellung erfolgt auf das Kalenderjahr;
3. bei anderen Gewerbetreibenden das **Kalenderjahr.**

Bei den Einkünften aus selbständiger Arbeit (z. B. bei Freiberuflern) ist der Gewinnermittlungszeitraum stets auf das **Kalenderjahr** bezogen (§ 2 Abs. 7 Satz 2 EStG). Ermittelt ein Freiberufler seinen Gewinn für ein vom Kalenderjahr abweichendes Wirtschaftsjahr, kann die Gewinnermittlung der Besteuerung nicht zugrunde gelegt werden. Der im Kalenderjahr bezogene Gewinn ist im Wege der Schätzung zu ermitteln. Dies kann i. d. R. durch eine zeitanteilige Aufteilung der für die abweichenden Wirtschaftsjahre ermittelten Gewinne erfolgen (BFH, Urteil v. 23.9.1999 - IV R 41/98, BStBl 2000 II S. 24).

Für die Ermittlung des Gewinns stellt das EStG mehrere Gewinnermittlungsarten zur Verfügung:

- Den Betriebsvermögensvergleich (§ 4 Abs. 1 EStG),
- die Einnahmenüberschussrechnung (§ 4 Abs. 3 EStG),
- die Tonnagebesteuerung (§ 5a EStG) und
- die Durchschnittssätze (§ 13a EStG).

Die Wahl einer bestimmten Gewinnermittlungsart ist nicht ohne weiteres in das Belieben des Steuerpflichtigen gestellt.

Gewerbetreibende, die als Kaufleute (vgl. § 1 HGB) nach Handelsrecht verpflichtet sind, Bücher zu führen und in eben diesen ihre Handelsgeschäfte und die Lage ihres Vermögens nach den GoB darzustellen haben (vgl. § 238 HGB), müssen auch ihren steuerlichen Gewinn nach diesen Vorschriften ermitteln (§ 140 AO). Sie sind verpflichtet, neben der Bilanz auch eine Gewinn- und Verlustrechnung zu erstellen, d. h. eine sog. „doppelte Buchführung" einzurichten (§ 242 HGB). Die Gewinnermittlung erfolgt faktisch durch Betriebsvermögensvergleich und zusätzlich (doppelt) durch die Gewinn- und Verlustrechnung. Im Übrigen umfassen die Buchführungspflichten Folgendes:

1. Führung von einem oder mehreren Grundbüchern zur chronologischen Erfassung der Geschäftsvorfälle. Dabei sind die Buchungen und die sonst erforderlichen Aufzeichnungen einzeln, vollständig, richtig, zeitgerecht und geordnet vorzunehmen. **Kasseneinnahmen und Kassenausgaben sind täglich festzuhalten.** Diese Pflicht zur Einzelaufzeichnung besteht aus Zumutbarkeitsgründen bei Verkauf von Waren an eine Vielzahl von nicht bekannten Personen gegen Barzahlung nicht. Das wiederum gilt nicht, wenn der Steuerpflichtige ein elektronisches Aufzeichnungssystem i. S. des § 146a AO verwendet (§ 146 Abs. 1 AO; Einzelheiten hierzu in BMF, Schreiben v. 17.6.2019, BStBl 2019 I S. 518).

2. Führung eines Hauptbuchs (Sachkonten einschließlich Erfolgskonten).

3. Führung von Geschäftsfreundebüchern (Personenkonten betreffend die Kunden und Lieferanten).

4. Aufstellung von Inventaren und Bilanzen.

Mit Schreiben v. 26.11.2019 (BStBl 2019 I S. 1269) hat das BMF Grundsätze zur ordnungsgemäßen Führung und Aufbewahrung von Büchern, Aufzeichnungen und Unterlagen in elektronischer Form sowie zum Datenzugriff (GoBD) aufgestellt.

Befreit von der handelsrechtlichen Pflicht zur doppelten Buchführung und Bilanzierung sind Einzelkaufleute, die an den Abschlussstichtagen von zwei aufeinander folgenden Geschäftsjahren nicht mehr als

- 800.000 € Umsatzerlöse und
- 80.000 € Jahresüberschuss

aufweisen (§ 241a Satz 2 HGB).

Im Fall der Neugründung treten die Rechtsfolgen schon ein, wenn die vorgenannten Schwellenwerte am ersten Abschlussstichtag nach der Neugründung nicht überschritten werden (§ 241a Satz 2 HGB). Mit der Regelung ist keineswegs ein Verbot der Buchführung und Bilanzierung für die unterhalb der Schwellenwerte liegenden Einzelkaufleute verbunden. Vielmehr wird diesen die Möglichkeit eröffnet, ihre Buchführung und Bilanzierung im Verhältnis zum Umfang ihres Geschäftsbetriebs angemessen auszugestalten. Im Ergebnis können die unter den Schwellenwerten liegenden Einzelkaufleute damit die für steuerliche Zwecke aufzustellende Einnahmenüberschussrechnung gem. § 4 Abs. 3 EStG auch für handelsrechtliche Zwecke nutzen (BT-Drucks. 16/12407 S. 84 zu Art. 1 Nr. 2).

Die Vorschrift korrespondiert mit § 141 AO, der für Gewerbetreibende ähnliche Grenzen enthält:

- Umsätze einschließlich der steuerfreien Umsätze, ausgenommen die Umsätze gem. § 4 Nr. 8–10 UStG, i. H. von nicht mehr als 800.000 € im Kalenderjahr oder
- einen Gewinn aus Gewerbebetrieb i. H. von nicht mehr als 80.000 € im Wirtschaftsjahr.

Im Ergebnis bedeutet dies, dass Einzelkaufleute bzw. Gewerbetreibende, die die vorgenannten Grenzen einhalten, ihren Gewinn durch Einnahmenüberschussrechnung ermitteln können. Dabei ist die für die Buchführungspflicht maßgebliche Umsatzgrenze i. S. des § 141 Abs. 1 Satz 1

Nr. 1 AO unter Einbeziehung der nicht umsatzsteuerbaren Auslandsumsätze zu ermitteln (BFH, Urteil v. 7.10.2009 - II R 23/08, BStBl 2010 II S. 219).

Einzelkaufleute bzw. Gewerbetreibende, die weder nach Handelsrecht (§§ 238 und 241a HGB) noch nach Steuerrecht (§ 141 AO) zur doppelten Buchführung und Bilanzierung verpflichtet sind, können dies freiwillig tun. Steuerlich müssen sie dann bei der Bilanzierung die handelsrechtlichen GoB beachten (§ 5 Abs. 1 Satz 1 Halbsatz 1 EStG), es sei denn, es bestehen zu beachtende steuerliche Ansatzverbote (bspw. § 5 Abs. 4a EStG) oder in Anspruch genommene steuerliche Ansatz- oder Bewertungswahlrechte (§ 5 Abs. 1 Satz 1 Halbsatz 2 und Abs. 6 EStG).

Die Bezieher von Einkünften aus selbständiger Arbeit (z. B. Freiberufler) haben uneingeschränkt die Wahl zwischen dem

- Betriebsvermögensvergleich und
- der Einnahmenüberschussrechnung.

Die Höhe von jährlichem Umsatz und Gewinn ist unbeachtlich. Entscheiden sie sich für den Betriebsvermögensvergleich genügt anstatt der doppelten Buchführung eine einfache Buchführung, bei der auf die Erstellung einer Gewinn- und Verlustrechnung verzichtet wird. Für die Bilanzierung ist § 5 EStG unbeachtlich, d. h., es gelten nicht die handelsrechtlichen Vorschriften, sondern ausschließlich die steuerlichen Ansatz- und Bewertungsvorschriften (§ 4 i. V. mit den §§ 6–7k EStG).

BEISPIEL: A betreibt als Gewerbetreibender einen Kiosk in Dortmund. Unstreitig erfordert sein Unternehmen einen in kaufmännischer Weise eingerichteten Geschäftsbetrieb. Sein Jahresumsatz beträgt 200.000 € und sein jährlicher Gewinn 30.000 €. Er hat sich

a) ins Handelsregister eintragen lassen,

b) nicht ins Handelsregister eintragen lassen (§ 1 Abs. 2 HGB).

Frage:

Wie ist der steuerliche Gewinn zu ermitteln?

Lösung:

Zu a) und b)

A ist zwar Kaufmann. Gemäß § 241a HGB ist A aber nicht verpflichtet, nach Maßgabe des Handelsrechts seinen Gewinn durch doppelte Buchführung und Bilanzierung zu ermitteln. Allerdings kann er dies freiwillig tun. Neben der Buchführung muss er dann eine jährliche Inventur machen und ein Inventarverzeichnis erstellen. A ist berechtigt, sich für die Gewinnermittlung der Einnahmenüberschussrechnung zu bedienen.

BEISPIEL: Dr. A praktiziert als selbständiger Augenarzt in Köln. Sein Jahresumsatz beträgt 1 Mio. € und sein jährlicher Gewinn 300.000 €.

Frage:

Wie ist der steuerliche Gewinn zu ermitteln?

Lösung:

Für Dr. A ergibt sich weder eine Buchführungspflicht i. S. des § 140 AO i. V. mit § 238 und den §§ 1 ff. HGB noch i. S. des § 141 AO. Er ist also nicht verpflichtet, seinen Gewinn durch Buchführung und Bilanzierung zu ermitteln. Allerdings kann er seinen Gewinn freiwillig durch Betriebsvermögensvergleich gem. § 4 Abs. 1 EStG (nicht § 5 Abs. 1 EStG mangels Qualifizierung als Gewerbetreibender) ermitteln und sich dabei einer einfachen oder doppelten Buchführung bedienen. Auch die Einnahmenüberschussrechnung ist für ihn zulässig.

BEISPIEL: Kaufmann A ist Großhändler in Bremen und im Handelsregister Bremen eingetragen. Sein Jahresumsatz beträgt 10 Mio. € und sein jährlicher Gewinn 1,5 Mio. €.

Lösung:

A ist sowohl nach Handels- wie nach Steuerrecht buchführungs- und bilanzierungspflichtig (§ 1 Abs. 1 i. V. mit den §§ 238 ff. HGB sowie § 140 AO i. V. mit § 4 Abs. 1 Satz 1 und § 5 EStG). Er muss eine doppelte Buchführung einrichten und eine jährliche Inventur machen sowie ein Inventarverzeichnis erstellen.

Zusammenfassung

Zur Einnahmenüberschussrechnung sind somit berechtigt:

1. Land- und Forstwirte, die nicht i. S. der §§ 140 und 141 AO zur Buchführung verpflichtet sind und auf die § 13a EStG unanwendbar ist (R 13.5 Abs. 1 EStR).
2. Gewerbetreibende, die nicht i. S. der §§ 140 und 141 AO zur Buchführung verpflichtet sind.
3. Freiberufler ohne Einschränkung.

Die Einnahmenüberschussrechnung verpflichtet nur zur Beachtung bestimmter Aufzeichnungspflichten (vgl. §§ 143 und 144 AO, § 22 UStG sowie § 4 Abs. 3 Satz 5 und Abs. 7 EStG).

Den Betriebsvermögensvergleich praktizieren Land- und Forstwirte und Gewerbetreibende, die i. S. der §§ 140 und 141 AO zur Buchführung verpflichtet sind oder die freiwillig Bücher führen. Auch Freiberufler können freiwillig Bücher führen und ihren Gewinn durch Betriebsvermögensvergleich ermitteln; für sie gelten dabei ausschließlich die steuerrechtlichen Bilanzierungsvorschriften. Dagegen gelten für die gem. § 141 AO zur Buchführung Verpflichteten die handelsrechtlichen Bilanzierungsvorschriften sinngemäß (§ 141 Abs. 1 Satz 2 AO).

Bei Gewerbetreibenden, die den Betriebsvermögensvergleich praktizieren, gelten für den Umfang und die Bewertung des Betriebsvermögens zunächst die „handelsrechtlichen GoB“; § 5 Abs. 1 Satz 1 Halbsatz 1 EStG. Nur wenn die Anwendung der handelsrechtlichen GoB zu steuerrechtlich unzutreffenden Bilanzansätzen führt, hat das Steuerrecht Vorrang (§ 5 Abs. 6 EStG).

1.2 Technik des Betriebsvermögensvergleichs

1.2.1 Gewinnermittlungsformel

Der „Gewinn“ ist der **Unterschiedsbetrag** zwischen dem Betriebsvermögen am Schluss des Wirtschaftsjahres und dem Betriebsvermögen am Schluss des vorangegangenen Wirtschaftsjahres, **vermehrt** um den Wert der Entnahmen und **vermindert** um den Wert der Einlagen. „Entnahmen“ sind alle Wirtschaftsgüter (Barentnahmen, Waren, Erzeugnisse, Nutzungen und Leistungen), die der Steuerpflichtige dem Betrieb für sich, für seinen Haushalt oder für andere betriebsfremde Zwecke im Laufe des Wirtschaftsjahres entnommen hat. „Einlagen“ sind alle Wirtschaftsgüter (Bareinzahlungen und sonstige Wirtschaftsgüter), die der Steuerpflichtige dem Betrieb im Laufe des Wirtschaftsjahres zugeführt hat (§ 4 Abs. 1 EStG i. V. mit R 4.3 EStR). Dass Entnahmen dem Unterschiedsbetrag hinzugerechnet und Einlagen vom Unterschiedsbetrag abgezogen werden, beruht darauf, dass diese Vorgänge die Höhe des Betriebsvermögens beeinflussen, aber außerbetrieblich veranlasst sind, also steuerlich keinen Gewinn (i. S. einer betrieblichen Betriebsvermögensmehrung) oder Verlust (i. S. einer betrieblichen Betriebsvermögensminderung) darstellen. Daraus ergibt sich folgende Formel:

	Betriebsvermögen am Schluss des Wirtschaftsjahres
-	Betriebsvermögen am Schluss des vorangegangenen Wirtschaftsjahres
=	Unterschiedsbetrag
+	Entnahmen
-	Einlagen
=	**Gewinn/Verlust**

BEISPIEL: Am 1.1.01 betrug das Betriebsvermögen 600.000 €. Für seinen Haushalt entnahm der Steuerpflichtige im Laufe des Jahres 01 einen Betrag i. H. von 100.000 €. Am 31.12.01 beträgt das Betriebsvermögen deshalb 500.000 €. Weitere Geschäftsvorfälle sind (aus Vereinfachungsgründen) im Jahr 01 nicht vorgekommen.

Frage:

Wie hoch ist der Gewinn des Jahres 01?

Lösung:

Der Gewinn sollte hier 0 € betragen, da gewinnbeeinflussende Vorgänge nicht vorgekommen sind. Die Formel bestätigt die Annahme:

Betriebsvermögen am 31.12.01	500.000 €
Betriebsvermögen am 1.1.01	- 600.000 €
Unterschiedsbetrag	- 100.000 €
Entnahmen im Jahr 01	+ 100.000 €
Gewinn	0 €

BEISPIEL: Am 1.1.01 betrug das Betriebsvermögen 600.000 €. Wegen eines Liquiditätsengpasses überwies der Steuerpflichtige im März 01 einen Betrag i. H. von 100.000 € von seinem privaten Bankkonto auf das betriebliche Bankkonto. Im Laufe des Jahres wurde ein Gewinn i. H. von 50.000 € erwirtschaftet. Am 31.12.01 beträgt das Betriebsvermögen deshalb 750.000 €.

Frage:

Wie hoch ist der Gewinn im Jahr 01 nach der Formel in § 4 Abs. 1 Satz 1 EStG?

Lösung:

Der steuerliche Gewinn sollte hier 50.000 € betragen, da gewinnbeeinflussende Vorgänge in dieser Höhe vorgekommen sind. Die Formel bestätigt die Annahme:

Betriebsvermögen am 31.12.01	750.000 €
Betriebsvermögen am 1.1.01	- 600.000 €
Unterschiedsbetrag	+ 150.000 €
Einlagen im Jahr 01	- 100.000 €
Gewinn	50.000 €

BEISPIEL: Am 1.1.01 betrug das Betriebsvermögen 100.000 €. Der Steuerpflichtige entnahm im März und Oktober 01 jeweils 25.000 € vom betrieblichen Bankkonto für private Zwecke. Im Laufe desselben Jahres ergab sich ein Verlust i. H. von 70.000 €. Am 31.12.01 beträgt das Betriebsvermögen deshalb - 20.000 €.

Frage:

Wie hoch ist der Gewinn im Jahr 01 nach der Formel in § 4 Abs. 1 EStG?

Lösung:

Der steuerliche Gewinn sollte hier - 70.000 € betragen, da gewinnbeeinflussende Vorgänge in dieser Höhe vorgekommen sind. Die Formel bestätigt die Annahme:

Betriebsvermögen am 31.12.01	- 20.000 €
Betriebsvermögen am 1.1.01	- 100.000 €
Unterschiedsbetrag	- 120.000 €
Entnahmen im Jahr 01	+ 50.000 €
Gewinn	- 70.000 €

HINWEIS

Der Unterschiedsbetrag ist nicht als Saldo zu verstehen, sondern nach der Thermometer-Methode zu ermitteln, d. h., wenn die Temperatur von + 8 C auf - 4 C sinkt, ist sie um 12 C gefallen.

1.2.2 Ermittlung des Betriebsvermögens

Gemäß § 240 Abs. 1 und 2 HGB i. V. mit den §§ 140 und 141 AO hat jeder Kaufmann zu Beginn seines Handelsgewerbes seine Grundstücke, seine Forderungen und Schulden, den Betrag seines baren Geldes sowie seine sonstigen Vermögensgegenstände genau zu verzeichnen und dabei den Wert der einzelnen Vermögensgegenstände und Schulden anzugeben. Er hat demnächst für den Schluss eines jeden Geschäftsjahres ein solches Inventar aufzustellen. Da die Dauer des Geschäftsjahres zwölf Monate nicht überschreiten darf, fällt diese Arbeit jährlich an.

Der steuerliche Begriff **„Betriebsvermögen"** ist gesetzlich nicht definiert. Man versteht darunter

1. die Menge aller positiven und negativen Wirtschaftsgüter, die dem Betrieb dienen, und
2. den Saldo aus Besitzposten und Schulden (Kapital und Eigenkapital). Überwiegen die Schulden, ergibt sich ein negatives Betriebsvermögen.

Ermittelt wird das Betriebsvermögen durch **Inventur** (§§ 240 und 241 HGB). Die „Inventur" bezeichnet den Vorgang der Bestandsaufnahme; es handelt sich um die art-, wert- und mengenmäßige Feststellung der Besitzposten (Vermögensgegenstände) und Schulden. Man unterscheidet

a) körperliche Inventur und

b) buchmäßige Inventur.

Die körperliche Inventur erfasst die körperlichen Gegenstände und erfolgt durch Zählen, Messen und Wiegen (z. B. Maschinen, Fuhrpark, Geschäftsausstattung, Waren und Kassenbestand). Bei der buchmäßigen Inventur greift man auf Belege zurück, wie etwa auf Rechnungen und Rechnungskopien sowie Kontoauszüge (z. B. Bankguthaben, Forderungen und Verbindlichkeiten).

Das Ergebnis der Inventur ist im Inventar zu dokumentieren. Das „Inventar" ist somit das Verzeichnis, in dem die Inventurergebnisse zusammengestellt sind. Im Inventarverzeichnis sind entsprechend dem Vollständigkeitsgebot und dem Gebot der Einzelbewertung (§ 246 Abs. 1 und § 252 Abs. 1 Nr. 3 HGB) grds. alle Vermögensgegenstände und Schulden nach Art, Menge und Wert im Einzelnen zu erfassen. Seine Form ist einseitig gegliedert:

I. Besitzposten

II. Schulden

III. Betriebsvermögen (Kapital und Eigenkapital)

Aus dem Inventarverzeichnis wird die Bilanz abgeleitet; sie ist im Ergebnis eine gedrängte Zusammenfassung der Besitz- und Schuldposten des Inventars. So erscheint z. B. für den Warenbestand nur eine einzige Position mit einem einzigen Wert; dasselbe gilt für die Forderungen und Verbindlichkeiten. Im Gegensatz zum Inventarverzeichnis ist die Bilanz in Kontoform zu erstellen (§ 266 Abs. 1 HGB) und gem. § 266 Abs. 2 HGB zu gliedern.

BEISPIEL: Kaufmann A betreibt in Köln ein Schuhgeschäft und hat zum 31.12.01 ein Inventarverzeichnis erstellt. Der Warenbestand umfasst 600 Positionen im Gesamtwert von 12.000 € und ist auf 15 Seiten dargestellt. Nachstehend sind aus Vereinfachungsgründen vom Warenbestand nur die ersten beiden Positionen genannt.

I.	Besitzposten	
	Grund und Boden	600.000 €
	Gebäude	+ 540.000 €
	1 Pkw, Marke „VW Golf"	+ 23.000 €
	1 Lieferwagen, Marke „Ford Transit"	+ 17.000 €
	1 Büroschrank	+ 2.000 €
	1 Schreibtisch	+ 1.200 €
	2 mobile Klimageräte	+ 800 €
	5 Paar Herrenschuhe „Senator"	+ 350 €
	8 Paar Damenschuhe „Lady"	+ 320 €
	.... usw.: Rest zusammengefasst	+ 11.330 €
	Forderungen an den Kunden Lemke, Köln	+ 180 €
	Forderungen an den Kunden Stein, Bonn	+ 240 €
	Bankguthaben	+ 38.000 €
	Kassenbestand	+ 17.000 €
	Summe	1.251.420 €
II.	Schulden	
	Darlehen der Volksbank Köln	320.000 €
	Verbindlichkeit gegenüber der Firma Salem, Düsseldorf	+ 18.000 €
	Verbindlichkeit gegenüber der Firma Pedik, Aachen	+ 32.000 €
	Umsatzsteuerschuld	+ 1.300 €
	Summe	371.300 €
III.	Betriebsvermögen (Kapital und Eigenkapital)	
	Summe der Besitzposten	1.251.420 €
	Summe der Schulden	- 371.300 €
	Betriebsvermögen	880.120 €

Frage:

Welches Bild hat die Bilanz bei der Beachtung von § 266 Abs. 2 HGB?

Lösung:

Die Bilanz zum 31.12.01 hat folgendes Bild:

Aktiva		**Bilanz zum 31.12.01**	**Passiva**
A. Anlagevermögen		**A. Eigenkapital**	**880.120 €**
Sachanlagen:		**B. Verbindlichkeiten**	
Grundstück	1.140.000 €	Gegenüber Kreditinstituten	320.000 €
Andere Anlagen	40.000 €	Aus Lieferungen und Leistungen	50.000 €
Geschäftsausstattung	4.000 €	Sonstige (Umsatzsteuer)	1.300 €
B. Umlaufvermögen			
I. Vorräte:			
Waren	12.000 €		
II. Forderungen:			
Aus Lieferungen und Leistungen	420 €		
III. Kassenbestand und Bankguthaben	55.000 €		
Summe	**1.251.420 €**	**Summe**	**1.251.420 €**

1.2.3 Elektronische Übermittlung an das Finanzamt

Gemäß § 5b EStG besteht für Steuerpflichtige, die ihren Gewinn gem. § 4 Abs. 1, § 5 oder § 5a EStG ermitteln, die Verpflichtung, den Inhalt der Bilanz sowie der Gewinn- und Verlustrechnung nach amtlich vorgeschriebenem Datensatz (Taxonomie, www.eSteuer.de) durch Datenfernübertragung (elektronisch) zu übermitteln (Version 6.8, BMF, Schreiben v. 27.5.2024, BStBl 2024 I S. 928). Durch die Taxonomie werden die verschiedenartigen Positionen definiert, aus denen z. B. eine Bilanz oder eine Gewinn- und Verlustrechnung bestehen kann (also etwa die Firma des Kaufmanns oder die einzelnen Positionen von Bilanz und Gewinn- und Verlustrechnung), und entsprechend ihrer Beziehungen zueinander geordnet. Der Aufbau der Taxonomie orientiert sich an der HGB-Gliederung, verlangt aber bei vielen Positionen eine deutlich detailliertere Darstellung. So sind z. B. unter der Bilanzposition „Technische Anlagen und Maschinen" einzeln aufzuführen: Maschinen und maschinengebundene Werkzeuge, Betriebsvorrichtungen, Reserve- und Ersatzteile, GWG, GWG-Sammelposten sowie sonstige technische Anlagen und Maschinen.

Es besteht für den Steuerpflichtigen gem. § 5b Abs. 1 EStG die Möglichkeit, den Inhalt des handelsrechtlichen Einzelabschlusses mit Überleitungsrechnung oder alternativ eine Steuerbilanz zu übermitteln. Die Steuerbilanz stellt in diesem Fall eine auf den handelsrechtlichen GoB beruhende Bilanz dar, deren Ansätze ohne weitere Zusätze und Anmerkungen den steuerlichen Vorschriften entsprechen.

Die zusätzlichen gem. § 60 Abs. 3 EStDV der Steuererklärung beizufügenden Unterlagen (Anhang, Lagebericht oder Prüfungsbericht) können in den entsprechenden Berichtsteilen der Taxonomie ebenfalls durch Datenfernübertragung übermittelt werden.

Einzelunternehmen müssen neben der Bilanz und der Gewinn- und Verlustrechnung auch eine Darstellung der außerbilanziellen Hinzurechnungen und Kürzungen übermitteln. Bei Personengesellschaften kommen die Kapitalkontenentwicklung für jeden einzelnen Gesellschafter sowie die Sonder- und Ergänzungsbilanzen hinzu. Kapitalgesellschaften müssen neben der Bilanz und der Gewinn- und Verlustrechnung eine Ergebnisverwendungsrechnung übermitteln, wenn ein Bilanzgewinn ausgewiesen wird. Die Übermittlung einer speziellen steuerlichen Gewinnermittlung ist nicht vorgesehen, weil sich diese aus den Formularen für die Körperschaftsteuererklärung ergibt.

Auf Antrag kann die Finanzbehörde zur Vermeidung unbilliger Härten auf eine elektronische Übermittlung verzichten. Dem Antrag wird entsprochen, wenn eine elektronische Übermittlung für den Steuerpflichtigen wirtschaftlich oder persönlich unzumutbar ist. Dies ist insbesondere der Fall, wenn die Schaffung der technischen Möglichkeiten für eine elektronische Übermittlung nur mit einem nicht unerheblichen finanziellen Aufwand möglich wäre oder wenn der Steuerpflichtige nach seinen individuellen Kenntnissen und Fähigkeiten nicht oder nur eingeschränkt in der Lage ist, die Möglichkeiten der elektronischen Übermittlung zu nutzen (§ 5b Abs. 2 Satz 2 EStG i. V. mit § 150 Abs. 8 AO sowie BMF, Schreiben v. 19.1.2010, BStBl 2010 I S. 47).

Wegen weiterer Einzelheiten vgl. BMF, Schreiben v. 28.9.2011 (BStBl 2011 I S. 855) und v. 5.6.2012 (BStBl 2012 I S. 598).

Anmerkung: Die Taxonomie ist voraussichtlich mit erheblichem Aufwand verbunden. Bei jährlichen Umsätzen i. H. von bis zu 800.000 € und jährlichen Gewinnen i. H. von bis zu 80.000 € (vgl. § 141 AO) sollte ein Wechsel zur Einnahmenüberschussrechnung erwogen werden. Dabei entfallen gleichzeitig die jährlich vorzunehmenden Inventuren.

1.3 Einnahmenüberschussrechnung

Gesetzliche Grundlage: § 4 Abs. 3 EStG.

Einzelheiten: R 4.5 EStR.

Formel:

Betriebseinnahmen

\- Betriebsausgaben

= **Gewinn/Verlust**

Der Begriff **„Betriebseinnahmen“** ist gesetzlich nicht definiert. § 8 EStG gilt sinngemäß: Alle Güter in Geld oder Geldeswert, die dem Steuerpflichtigen im Rahmen einer Einkunftsart zufließen. **„Betriebsausgaben“** sind Ausgaben, die durch den Betrieb veranlasst sind (§ 4 Abs. 4 EStG).

Für die zeitliche Erfassung von Betriebseinnahmen und -ausgaben gilt § 11 EStG: Zu- und Abflussprinzip. Regelmäßig wiederkehrende Einnahmen und Ausgaben, die kurze Zeit vor Beginn oder nach Beendigung des Kalenderjahrs zugeflossen oder geleistet sind, gelten als in dem Kalenderjahr bezogen oder geleistet, zu dem sie wirtschaftlich gehören (§ 11 Abs. 1 Satz 2 und Abs. 2 Satz 2 EStG). „Kurze Zeit“ ist bei regelmäßig wiederkehrenden Einnahmen und Ausgaben i. d. R. ein Zeitraum von bis zu zehn Tagen; innerhalb dieses Zeitraums müssen die Zahlungen fällig und geleistet worden sein. Auf die Fälligkeit im Jahr der wirtschaftlichen Zugehörigkeit kommt es nicht an (H 11 Allgemeines EStH).

Im Prinzip ist die Einnahmenüberschussrechnung eine reine Geldrechnung. Dabei bleiben durchlaufende Posten außer Ansatz (§ 4 Abs. 3 Satz 2 EStG). Die Anschaffungs-/Herstellungskosten für abnutzbares Anlagevermögen können nur über die AfA (§ 7 EStG) abgesetzt werden; die Anschaffungs-/Herstellungskosten für nicht abnutzbares Anlagevermögen sowie bestimmte Wirtschaftsgüter des Umlaufvermögens erst bei Veräußerung oder Entnahme (§ 4 Abs. 3 Satz 4 EStG). Im Endergebnis muss die Einnahmenüberschussrechnung zum gleichen Totalgewinn führen wie beim Betriebsvermögensvergleich (BFH, Urteil v. 2.10.2003 - IV R 13/03, BStBl 2004 II S. 985).

Wird der Gewinn gem. § 4 Abs. 3 EStG durch den Überschuss der Betriebseinnahmen über die Betriebsausgaben ermittelt, ist die Einnahmenüberschussrechnung nach amtlich vorgeschriebenem Datensatz durch Datenfernübertragung zu übermitteln. Auf Antrag kann die Finanzbehörde zur Vermeidung unbilliger Härten auf eine elektronische Übermittlung verzichten; in diesem Fall ist der Steuererklärung eine Gewinnermittlung nach amtlich vorgeschriebenem Vordruck beizufügen (§ 60 Abs. 4 EStDV). Der amtlich vorgeschriebene Datensatz, der gem. § 60 Abs. 4 Satz 1 EStDV i. V. mit § 87a Abs. 6 AO durch Datenfernübertragung authentifiziert zu übermitteln ist, wird gem. § 87b Abs. 2 AO im Internet unter „www.elster.de" zur Verfügung gestellt. Für die authentifizierte Übermittlung ist ein Zertifikat notwendig. Dieses wird nach der Registrierung unter „www.elster.de" ausgestellt.

Auf Antrag kann das Finanzamt entsprechend § 150 Abs. 8 AO in Härtefällen auf die Übermittlung der standardisierten Einnahmenüberschussrechnung nach amtlich vorgeschriebenem Datensatz durch Datenfernübertragung verzichten. Für die Einnahmenüberschussrechnung sind in diesen Fällen Papiervordrucke zur Anlage EÜR zu verwenden (BMF, Schreiben v. 17.10.2018, BStBl 2018 I S. 1038).

Die Regelung, nach der bei Betriebseinnahmen von weniger als 17.500 € der Steuererklärung anstelle des Vordrucks eine formlose Gewinnermittlung beigefügt werden durfte, besteht ab dem Veranlagungszeitraum 2017 nicht mehr (BMF, Schreiben v. 9.10.2017, BStBl 2017 I S. 1381).

Folgende Besonderheiten verdienen Beachtung:

1. Zu den Betriebseinnahmen gehören auch **Sacheinnahmen** (§ 8 Abs. 1 EStG). Ist der Gegenstand der Sacheinnahme dem Umlaufvermögen zuzurechnen, liegt in gleicher Höhe eine Betriebsausgabe vor. Gehört der Gegenstand zum abnutzbaren Anlagevermögen, ist § 7 EStG zu beachten (evtl. auch § 6 Abs. 2 oder 2a EStG).

2. **Sacheinlagen** von Umlaufvermögen: Betriebsausgaben unter Beachtung von § 6 Abs. 1 Nr. 5 EStG. Sacheinlagen von abnutzbarem Anlagevermögen: Betriebsausgaben nach Maßgabe des § 7 EStG (evtl. auch § 6 Abs. 2 oder 2a EStG).

3. Bei der **Veräußerung** von abnutzbarem Anlagevermögen ist der Erlös als Betriebseinnahme zu erfassen; der Restbuchwert stellt eine Betriebsausgabe dar. Ähnlich ist beim Verkauf von nichtabnutzbarem Anlagevermögen und bei bestimmten Wirtschaftsgütern des Umlaufvermögens zu verfahren: die ursprünglichen Anschaffungs-/Herstellungskosten führen dann zu Betriebsausgaben (§ 4 Abs. 3 Satz 4 EStG).

4. **Darlehensaufnahme:** Keine Betriebseinnahme; Darlehenstilgung: keine Betriebsausgabe. Damnum und Zinsen: Betriebsausgabe unter Beachtung von § 11 EStG. Kontokorrentzinsen

sind nur Betriebsausgaben, soweit die Kontoüberziehung betrieblich veranlasst ist (BMF, Schreiben v. 10.11.1993, BStBl 1993 I S. 930).

5. **Umsatzsteuer:** Die Umsatzsteuer ist kein durchlaufender Posten, da sie nicht in fremdem Namen und für fremde Rechnung vereinnahmt bzw. verausgabt wird. Betriebseinnahmen sind also die Bruttoeinnahmen und die Betriebsausgaben (insbesondere für Waren) die Bruttoausgaben (H 9b Gewinnermittlung nach § 4 Abs. 3 EStG EStH). Die Umsatzsteuer-Vorauszahlungen stellen eine regelmäßig wiederkehrende Betriebsausgabe dar (BFH, Urteil v. 1.8.2007 - XI R 48/05, BStBl 2008 II S. 282, und BMF, Schreiben v. 10.11.2008, BStBl 2008 I S. 958). Eine Umsatzsteuer-Vorauszahlung, die innerhalb von zehn Tagen nach Ablauf des Kalenderjahres gezahlt wird, ist auch dann im Jahr ihrer wirtschaftlichen Zugehörigkeit abziehbar, wenn der 10.1. des Folgejahres auf einen Sonnabend, Sonntag oder gesetzlichen Feiertag fällt (BFH, Urteil v. 27.6.2018 - X R 44/16, BStBl 2018 II S. 781).

6. **Unentgeltliche Wertabgaben** führen zu Betriebseinnahmen inklusive Umsatzsteuer. Die Bewertung von Sach-, Nutzungs- und Leistungsentnahmen erfolgt ertragsteuerlich mit dem Teilwert gem. § 6 Abs. 1 Nr. 4 EStG.

7. **Geldentnahmen und -einlagen** sind weder Betriebsausgaben noch Betriebseinnahmen.

8. Die Bildung und Beibehaltung von **gewillkürtem Betriebsvermögen** ist zulässig, wenn dies unmissverständlich durch entsprechende Aufzeichnungen dokumentiert ist (BFH, Urteil v. 2.10.2003 - IV R 13/03, BStBl 2004 II S. 985, und BMF, Schreiben v. 17.11.2004, BStBl 2004 I S. 1064).

9. **Teilwertabschreibungen** (§ 6 Abs. 1 Nr. 1 und 2 EStG) können nicht geltend gemacht werden. Außergewöhnliche AfA und AfS sind hingegen zulässig (§ 7 Abs. 1 Satz 7 und Abs. 6 EStG).

10. Die sinngemäße Inanspruchnahme einer **Rücklage für Ersatzbeschaffung** ist zulässig (R 6.6 Abs. 5 EStR); ebenso können Gewinne aus der Veräußerung bestimmter Anlagegüter auf Reinvestitionsgüter übertragen werden (§ 6c EStG). Auch § 7g EStG ist anwendbar (§ 7g Abs. 1 Satz 2 Nr. 1 Buchst. a EStG).

11. Beim Erwerb von Wirtschaftsgütern auf **Rentenbasis** ist R 4.5 Abs. 4 EStR zu beachten. Wurde Anlage- oder Umlaufvermögen i. S. des § 4 Abs. 3 Satz 4 EStG erworben, besteht ein Wahlrecht:

    a) Der Zinsanteil in den Rentenzahlungen ist nach der Barwertvergleichsmethode zu ermitteln und stellt Betriebsausgaben im Jahr der Zahlung dar.

    b) Alternativ: Die Rentenzahlungen sind erfolgsneutral mit dem ursprünglichen Rentenbarwert zu verrechnen und nach dessen Aufzehrung in voller Höhe als Betriebsausgaben geltend zu machen (sog. „buchhalterische Methode").

    Wurde Umlaufvermögen (ohne Umlaufvermögen i. S. des § 4 Abs. 3 Satz 4 EStG) erworben, sind die Rentenzahlungen in voller Höhe Betriebsausgaben. Der Tod des Rentenberechtigten führt, anders als beim Erwerb von Anlagevermögen, soweit Umlaufvermögen erworben wurde, nicht zu einer Einnahme.

12. Beim Erwerb von **GWG** i. S. des § 6 Abs. 2 EStG kommt es für den Zeitpunkt des sofortigen Betriebsausgabenabzugs auf den Anschaffungszeitpunkt (und nicht auf den Zahlungszeitpunkt) an.

13. Folgende Vorgänge werden **nicht** besonders **erfasst:**
    - Forderungsverluste,
    - Warenverderb und -schwund sowie
    - Warendiebstahl.
14. Anschaffungs- oder Herstellungskosten für Umlaufvermögen (z. B. Waren), die im Jahr der Zahlung nicht geltend gemacht worden sind und infolge der Bestandskraft der entsprechenden Veranlagung auch in diesem Jahr nicht geltend gemacht werden können, mindern einen später anfallenden Gewinn aus der Veräußerung oder Entnahme des Wirtschaftsgutes (BFH, Urteil v. 30.6.2005 - IV R 20/04, BStBl 2005 II S. 758).
15. Sind Aufwendungen auf ein Wirtschaftsgut nicht als Betriebsausgaben abgezogen, sondern zu Unrecht als Herstellungskosten erfasst worden, kann bei der Gewinnermittlung gem. § 4 Abs. 3 EStG der Abzug nicht in einem späteren Veranlagungszeitraum nachgeholt werden (BFH, Urteil v. 21.6.2006 - XI R 49/05, BStBl 2006 II S. 712). Ferner darf auch im Rahmen der Gewinnermittlung gem. § 4 Abs. 3 EStG die versäumte AfA auf ein zunächst nicht als Betriebsvermögen erfasstes Wirtschaftsgut nicht nachgeholt werden (BFH, Urteil v. 22.6.2010 - VIII R 3/08, BStBl 2010 II S. 1035).
16. Erhält ein Steuerpflichtiger mit Gewinnermittlung gem. § 4 Abs. 3 EStG für die Anschaffung oder Herstellung bestimmter Wirtschaftsgüter öffentliche Investitionszuschüsse, so mindern diese die Anschaffungs- oder Herstellungskosten bereits im Jahr der Bewilligung und nicht erst im Jahr der Auszahlung. Sofern der Empfänger den Zuschuss sofort als Betriebseinnahme versteuern will, muss er das entsprechende Wahlrecht ebenfalls im Jahr der Zusage ausüben (BFH, Urteil v. 29.11.2007 - IV R 81/05, BStBl 2008 II S. 561).

FALL 1

Technik des Betriebsvermögensvergleichs[1]

Sachverhalt:

	1	2	3	4
Betriebsvermögen am 31.12.02	40.000 €	25.000 €	- 5.000 €	60.000 €
Betriebsvermögen am 31.12.01	10.000 €	35.000 €	20.000 €	- 6.000 €
Gewinn/Verlust				

	5	6	7	8
Betriebsvermögen am 31.12.02	20.000 €	- 6.000 €	40.000 €	12.000 €
Betriebsvermögen am 31.12.01	45.000 €	18.000 €	30.000 €	- 8.000 €
Unterschied				
Entnahmen im Jahr 02	32.000 €	16.000 €	30.000 €	26.000 €
Einlagen im Jahr 02	3.000 €	8.000 €	70.000 €	1.000 €
Gewinn/Verlust				

AUFGABE

Welche Gewinne/Verluste ergeben sich?

LÖSUNG

	1	2	3	4
Betriebsvermögen am 31.12.02	40.000 €	25.000 €	- 5.000 €	60.000 €
Betriebsvermögen am 31.12.01	10.000 €	35.000 €	20.000 €	- 6.000 €
Gewinn/Verlust	+ 30.000 €	- 10.000 €	- 25.000 €	+ 66.000 €

	5	6	7	8
Betriebsvermögen am 31.12.02	20.000 €	- 6.000 €	40.000 €	12.000 €
Betriebsvermögen am 31.12.01	45.000 €	18.000 €	30.000 €	- 8.000 €
Unterschied	- 25.000 €	- 24.000 €	+ 10.000 €	+ 20.000 €
Entnahmen im Jahr 02	+ 32.000 €	+ 16.000 €	+ 30.000 €	+ 26.000 €
Einlagen im Jahr 02	- 3.000 €	- 8.000 €	- 70.000 €	- 1.000 €
Gewinn/Verlust	+ 4.000 €	- 16.000 €	- 30.000 €	+ 45.000 €

1 **Literaturhinweis:** Falterbaum/Bolk/Reiß/Kirchner, Buchführung und Bilanz, 23. Aufl. 2020, S. 42 ff.

FALL 2

Überprüfung einer Einnahmenüberschussrechnung

Sachverhalt: Ein Haushaltsgeräte-Einzelhändler hat für das Jahr 01 folgende Einnahmenüberschussrechnung erstellt:

Betriebseinnahmen:

Erlöse aus Warenverkäufen einschließlich 19 % Umsatzsteuer		226.100 €
Einlage von zum Verkauf bestimmten, über drei Jahre alten, gebrauchten Elektrogeräten aus dem eigenen Haushalt (Teilwert 1.000 €), gemeiner Wert		+ 1.700 €
Summe		227.800 €

Betriebsausgaben:

Miete Januar 01 für Geschäftsräume (fällig am Monatsanfang), bezahlt am 22.12.00	1.500 €	
Wareneinkauf einschließlich 19 % Umsatzsteuer	+ 142.800 €	
Kfz-Steuer und Kfz-Versicherung fällig und gezahlt für ein Jahr im Voraus am 1.12.01	+ 1.200 €	
AfA für Pkw (zutreffend)	+ 3.500 €	
Anteil an Elektroeinkaufsgenossenschaft	+ 2.000 €	
Im Jahr 01 an das Finanzamt gezahlte Umsatzsteuer	+ 5.600 €	
Umsatzsteuer-Vorauszahlung für Dezember 01 (gezahlt am 10.1.02)	+ 600 €	
Anschaffung eines Lieferwagens am 10.1.01, bezahlt am 10.2.01, Nutzungsdauer sechs Jahre, 30.000 € zzgl. 5.700 € Umsatzsteuer =	+ 35.700 €	
Zinsen (500 €) und Tilgung (1.500 €) für ein betriebliches Darlehen, bezahlt am 5.1.02 für das Jahr 01	+ 2.000 €	
Sonstige Betriebsausgaben einschließlich 2.000 € Umsatzsteuer	+ 30.000 €	- 224.900 €
Gewinn		2.900 €

Nicht berücksichtigt ist eine am 1.10.01 erfolgte Warenentnahme: Anschaffung und Bezahlung am 1.7.00 2.000 € zzgl. Umsatzsteuer; Einkaufspreis am 1.10.01 2.500 € zzgl. Umsatzsteuer.

Der auch für Privatfahrten verwendete Pkw (Verbrennungsmotor, kein Hybridfahrzeug) wurde vor drei Jahren zum Bruttolistenpreis i. H. von 20.000 € angeschafft und wird zu mehr als 50 % betrieblich genutzt. Die Voraussetzungen für die Anwendung des § 7g Abs. 5 EStG sind erfüllt. Der Unternehmer hat der Anwendung der 1 %-Regelung auch zu Umsatzsteuerzwecken zugestimmt.

AUFGABE

Ist der ermittelte Gewinn steuerrechtlich zutreffend? Es wird ein möglichst niedriger Gewinn gewünscht, wobei auf die Anwendung des § 7 Abs. 2 EStG verzichtet werden soll; Centbeträge sind kaufmännisch zu runden.

LITERATURHINWEIS

Dortmann/Mann, Lehrbuch Buchführung und Bilanzsteuerrecht, 14. Aufl. 2026, Teil B, Kapitel 9, Tz. 9.3.

LÖSUNG

Die Lösung folgt weitestgehend dem Vordruck „Einnahmenüberschussrechnung – Anlage EÜR“:

Betriebseinnahmen:

Umsatzsteuerpflichtige Betriebseinnahmen	190.000 €
Vereinnahmte Umsatzsteuer	+ 36.100 €
Umsatzsteuer auf unentgeltliche Wertabgaben:	
19 % von 2.500 € =	+ 475 €
19 % von 1.920 € =	+ 365 €
Private Kfz-Nutzung	+ 2.400 €
Sonstige Sachentnahmen	+ 2.500 €
Summe	231.840 €

Betriebsausgaben:

Wareneinkauf (netto)	120.000 €	
Einlage von Waren	+ 1.000 €	
AfA Pkw	+ 3.500 €	
AfA Lieferwagen 30.000 € / Nutzungsdauer i. H. von sechs Jahren =	+ 5.000 €	
Sonderabschreibung Lieferwagen 40 %	+ 12.000 €	
Miete Januar 01 für Geschäftsräume, bezahlt am 22.12.00	+ 1.500 €	
Zinsen	+ 500 €	
Gezahlte Vorsteuerbeträge (5.700 € + 22.800 € + 2.000 € =)	+ 30.500 €	
Im Jahr 01 an das Finanzamt gezahlte Umsatzsteuer	+ 5.600 €	
Umsatzsteuer-Vorauszahlung Dezember 01	+ 600 €	
Kfz-Steuer und Kfz-Versicherung	+ 1.200 €	
Sonstige Betriebsausgaben	+ 28.000 €	- 209.400 €
Gewinn		22.440 €

HINWEIS

Entnahmen sind mit dem Teilwert zu bewerten (§ 6 Abs. 1 Nr. 4 EStG), hier also mit 2.500 €. Die Umsatzsteuer bemisst sich nach dem Einkaufspreis zum Zeitpunkt des Umsatzes (§ 10 Abs. 4 Satz 1 Nr. 1 UStG), hier also ebenfalls mit 2.500 €. Die mit dem Teilwert (§ 6 Abs. 1 Nr. 5a EStG) zu bewertende Einlage der Haushaltsgeräte führt zunächst zu Betriebsausgaben; der (spätere)

Verkaufserlös führt dann zu steuerpflichtigen Betriebseinnahmen. Rechnungsabgrenzungsposten (hier die Kfz-Steuer und Kfz-Versicherung) werden bei der Einnahmenüberschussrechnung nicht gebildet; es gilt das Zu- und Abflussprinzip (§ 11 EStG). Für die Zinsen, die Januarmiete 01 und die Umsatzsteuer-Vorauszahlung für Dezember 01 gilt die Ausnahmeregelung des § 11 Abs. 1 Satz 2 und Abs. 2 Satz 2 EStG, denn es handelt sich um wiederkehrende Ausgaben. Die Ausgaben für den Genossenschaftsanteil können erst bei Veräußerung desselben als Betriebsausgaben berücksichtigt werden (§ 4 Abs. 3 Satz 4 EStG). Für abnutzbares Anlagevermögen (hier den Pkw und den Lieferwagen) gelten die §§ 7 und 7g EStG. Die Sonderabschreibung für den Lieferwagen beruht auf § 7g Abs. 5 EStG. Darlehenstilgungen stellen begrifflich keine Betriebsausgaben dar.

Für Fahrzeuge, die zu mehr als 50 % betrieblich genutzt werden, ist der Nutzungswert grds. pauschal nach der sog. „1 %-Regelung“ zu ermitteln (§ 6 Abs. 1 Nr. 4 Satz 2 EStG): 1 % von 20.000 € = 200 €. Für zwölf Monate ergeben sich 2.400 €. Der Vorgang unterliegt auch der Umsatzsteuer. Zu Umsatzsteuerzwecken kann aus Vereinfachungsgründen von dem Nutzungswert für die nicht mit Vorsteuern belasteten Kosten ein Abschlag i. H. von 20 % vorgenommen werden, so dass die Umsatzsteuer wie folgt berechnet werden kann: 19 % von 80 % von 2.400 € = 365 €.

FALL 3

Nichtkaufmann

Sachverhalt: Am 1.6.01 eröffnete F. Grün einen Bio-Laden. Er betreibt das Gewerbe allein, tätigt ausschließlich Barverkäufe und hat nur wenige Lieferanten.

Seinen Gewinn ermittelt er gem. § 4 Abs. 3 EStG durch Einnahmenüberschussrechnung. Eine Eintragung im Handelsregister besteht nicht. Im Kalenderjahr 04 erzielt F. Grün erstmals einen Gewinn i. H. von mehr als 80.000 €.

AUFGABE

Welche Aufzeichnungspflichten hat F. Grün zu beachten und unter welchen Voraussetzungen kommen Buchführungspflichten auf ihn zu?

LÖSUNG

Eine Buchführungspflicht besteht zunächst für F. Grün nicht, da er keinen kaufmännisch eingerichteten Geschäftsbetrieb benötigt (§ 1 Abs. 2 HGB) und somit § 140 AO auf ihn nicht anwendbar ist. F. Grün hat aber Aufzeichnungspflichten zu beachten. Diese bestehen im Wesentlichen darin, dass

1. der Wareneingang aufgezeichnet wird (§ 143 AO). Diese Aufzeichnungspflicht kann auch durch die geordnete Ablage der Belege erfüllt werden (§ 146 Abs. 5 AO);
2. die vereinnahmten Entgelte und die Entgelte für zum Vorsteuerabzug berechtigende Leistungen sowie die Bemessungsgrundlage für unentgeltliche Wertabgaben aufgezeichnet werden (§ 22 UStG).

Unter den Voraussetzungen des § 141 AO kann F. Grün unabhängig von den handelsrechtlichen Vorschriften buchführungspflichtig werden. Da der Gewinn im Jahr 04 den Schwellenwert i. H. von 80.000 € überschritten hat, ist § 141 Abs. 1 Satz 1 Nr. 4 AO erfüllt. Die Buchführungspflicht beginnt allerdings erst vom Beginn des Kalenderjahres an, das auf die Bekanntgabe der Mitteilung folgt, durch die die Finanzbehörde auf den Beginn dieser Verpflichtung hingewiesen hat. Wenn im vorliegenden Fall die Steuererklärung 04 im Jahr 05 vom zuständigen Finanzamt bearbeitet wird, muss F. Grün damit rechnen, dass er im Laufe des Jahres 05 aufgefordert wird, ab dem 1.1.06 Bücher zu führen und aufgrund jährlicher Bestandsaufnahmen Abschlüsse zu machen. F. Grün muss dann die handelsrechtlichen GoB beachten, ohne Kaufmann zu sein (§ 141 Abs. 1 Satz 2 AO). Zu den Inhalten der Buchführungspflichten vgl. R 5.2 EStR. Die Einrichtung einer doppelten Buchführung ist bei Nichtkaufleuten (wie hier) nicht erforderlich; es genügt die sog. „einfache Buchführung" (§ 141 Abs. 1 Satz 2 AO), bei der auf die jährliche Gegenüberstellung der Aufwendungen und Erträge verzichtet wird.

FALL 4

Kaufmann[2]

Sachverhalt: A hat am 1.10.01 einen Großhandel für Friseurbedarf eröffnet. Die Firma ist im Handelsregister eingetragen. Die Gewinne von A betragen von Anfang an mehr als 80.000 € jährlich.

AUFGABE

Hat A Buchführungs- oder Aufzeichnungspflichten zu beachten und worin bestehen diese im Wesentlichen?

LÖSUNG

Durch die Art seiner Tätigkeit erlangt A die Stellung eines Kaufmanns (§ 1 HGB). Er war verpflichtet, seine Firma ins Handelsregister eintragen zu lassen (§ 29 HGB). Er ist somit grds. i. S. der §§ 238 ff. HGB buchführungspflichtig. Da der Jahresüberschuss mehr als 80.000 € beträgt, sind die diesbezüglichen Befreiungsvorschriften (vgl. §§ 241a und 242 Abs. 4 HGB) auf ihn nicht anwendbar.

Auf die Erfüllung der Voraussetzungen zur Buchführungspflicht gem. § 141 AO kommt es nicht an, da die handelsrechtliche Buchführungspflicht im zu beurteilenden Fall unmittelbar auch für das Steuerrecht gilt (§ 140 AO; vgl. auch § 141 Abs. 1 Satz 1 am Ende AO). Zur Erfüllung der Buchführungspflicht hat A sich der doppelten Buchführung zu bedienen. Er muss u. a. führen:

1. Ein oder mehrere Grundbücher zur chronologischen Erfassung der Geschäftsvorfälle. Dabei können z. B. die baren Geschäftsvorfälle im Kassenbuch festgehalten werden, während die grundbuchmäßige Erfassung der unbaren Geschäftsvorfälle durch eine geordnete Belegablage erfolgen kann, was ausdrücklich für zulässig erklärt ist (§ 146 Abs. 5 AO und § 239 Abs. 4 HGB).

2 **Literaturhinweis:** Falterbaum/Bolk/Reiß/Kirchner, Buchführung und Bilanz, 23. Aufl. 2020, S. 47 ff.

2. Geschäftsfreundebuch (Personenkonten betreffend die Kunden und Lieferanten).
3. Jährlich zu erstellendes Inventarverzeichnis aufgrund von Inventuren als Grundlage für die Jahresabschlüsse (Bilanzen, vgl. §§ 240 und 242 HGB).
4. Jährliche Gewinn- und Verlustrechnungen (§ 242 Abs. 2 HGB).

Zu weiteren Einzelheiten vgl. R 5.2 EStR.

Kapitel 2: Bilanzierungsgrundsätze

2.1 Maßgeblichkeit der handelsrechtlichen GoB für die steuerliche Gewinnermittlung

2.1.1 Allgemeines

Durch § 5 Abs. 1 Satz 1 Halbsatz 1 EStG werden die Bilanzierungsvorschriften des HGB Teil des Steuerrechts. Besteht eine Handelsbilanz, die den Vorschriften des HGB entspricht, ist diese grds. der Besteuerung zugrunde zu legen, es sei denn, im Rahmen der Ausübung eines steuerlichen Wahlrechts wird oder wurde ein anderer Ansatz gewählt (sog. „Wahlrechtsvorbehalt" gem. § 5 Abs. 1 Satz 1 Halbsatz 2 EStG) oder die Handelsbilanz enthält Ansätze, die den steuerrechtlichen Ansatz- oder Bewertungsvorschriften zuwiderlaufen (klarstellend für die Bewertungsvorschriften gem. § 5 Abs. 6 EStG, sog. „Bewertungsvorbehalt"). Steuerliche Ansatzgebote und -verbote ergeben sich zum einen aus § 5 Abs. 2–5 und 7 EStG und aus den steuerlichen Bewertungsvorschriften in den §§ 6 und 7 EStG, die Unterbewertungen untersagen. Soweit der Steuerpflichtige keine gesonderte Steuerbilanz aufstellt, ist die Grundlage für die steuerliche Gewinnermittlung die Handelsbilanz unter Beachtung der vorgeschriebenen steuerlichen Anpassungen (§ 60 Abs. 2 Satz 1 EStDV). Zur weiteren Anwendung des § 5 Abs. 1 EStG siehe BMF, Schreiben v. 12.3.2010, BStBl 2010 I S. 239.

Die Inanspruchnahme steuerlicher Bewertungsfreiheiten und -wahlrechte (z. B. degressive anstatt lineare AfA-Methode, Rücklage i. S. des § 6b EStG oder Sonder- und Teilwertabschreibungen) setzt nicht mehr voraus, dass in Handels- und Steuerbilanz einheitlich verfahren wird. Dasselbe Wirtschaftsgut kann deshalb in der Handelsbilanz degressiv und in der Steuerbilanz linear abgeschrieben werden, denn durch die Neufassung des § 5 Abs. 1 EStG durch das Gesetz zur Modernisierung des Bilanzrechts (BilMoG) v. 25.5.2009 (BGBl 2009 I S. 1102) ist die sog. „umgekehrte Maßgeblichkeit" entfallen. Demnach können steuerliche Wahlrechte unabhängig von der Handelsbilanz in der Steuerbilanz ausgeübt werden. Die Steuerbilanz präjudiziert damit nicht länger die Handelsbilanz um den Preis der Aufgabe der Einheitsbilanz. Voraussetzung für die Ausübung steuerlicher Wahlrechte ist gem. § 5 Abs. 1 Satz 2 EStG die Aufnahme der Wirtschaftsgüter, die nicht mit dem handelsrechtlich maßgeblichen Wert in der steuerlichen Gewinnermittlung ausgewiesen werden, in besondere, laufend zu führende Verzeichnisse. Die Verzeichnisse sind Bestandteil der Buchführung. Sie müssen gem. § 5 Abs. 1 Satz 3 EStG den Tag der Anschaffung oder Herstellung, die Anschaffungs- oder Herstellungskosten, die Vorschrift des ausgeübten steuerlichen Wahlrechts und die vorgenommenen Abschreibungen enthalten. Bei der Ausübung steuerlicher Wahlrechte für Wirtschaftsgüter des Sonderbetriebsvermögens ist eine gesonderte Aufzeichnung gem. § 5 Abs. 1 Satz 2 EStG nicht erforderlich. Dies gilt auch für Umwandlungsvorgänge des Umwandlungssteuerrechts (vgl. BMF, Schreiben v. 12.3.2010, BStBl 2010 I S. 239, Rz. 19).

2.1.2 Umfang des Betriebsvermögens nach Handels- und Steuerrecht

Für die steuerrechtliche **Bilanzierung dem Grunde nach** ist der Begriff „Betriebsvermögen" steuerrechtlich auszulegen (BFH, Urteil v. 3.2.1969 - GrS 2/68, BStBl 1969 II S. 291). Daraus folgt, soweit gesetzlich nicht explizit etwas anderes gilt:

1. Handelsrechtliche Ansatzgebote und -verbote führen zu entsprechenden steuerrechtlichen Ansatzgeboten und -verboten.
2. Handelsrechtliche Aktivierungswahlrechte bedeuten steuerrechtlich Aktivierungsgebote. Ausnahme: Selbst geschaffene immaterielle Wirtschaftsgüter. Gemäß § 248 Abs. 2 HGB können selbst geschaffene immaterielle Vermögensgegenstände des Anlagevermögens als Aktivposten in die Bilanz aufgenommen werden, soweit es sich nicht um Marken, Drucktitel, Verlagsrechte, Kundenlisten oder vergleichbare immaterielle Vermögensgegenstände des Anlagevermögens handelt. Eine Aktivierung selbst geschaffener immaterieller Wirtschaftsgüter des Anlagevermögens ist gem. § 5 Abs. 2 EStG ausgeschlossen. Das Aktivierungswahlrecht in der Handelsbilanz führt nicht zu einem Aktivierungsgebot in der Steuerbilanz.
3. Handelsrechtliche Passivierungswahlrechte stellen steuerrechtlich Passivierungsverbote dar. Ausnahme: Für laufende Pensionen und Anwartschaften auf Pensionen, die vor dem 1.1.1987 rechtsverbindlich zugesagt worden sind (sog. „Altzusagen"), gilt gem. Art. 28 EGHGB in der durch das Gesetz zur Durchführung der Vierten, Siebenten und Achten Richtlinie des Rates der Europäischen Gemeinschaften zur Koordinierung des Gesellschaftsrechts v. 19.12.1985 (BGBl 1985 I S. 2355 und BStBl 1986 I S. 94) geänderten Fassung weiterhin das handels- und steuerrechtliche Passivierungswahlrecht.
4. Handelsrechtliche Passivierungsverbote (§ 249 Abs. 2 HGB) gelten auch steuerrechtlich. Handelsrechtliche Passivierungsgebote (§ 249 Abs. 1 HGB) gelten steuerrechtlich nur eingeschränkt. Die steuerrechtlichen Passivierungsverbote ergeben sich aus § 5 Abs. 2a–4b und 7 EStG (z. B. Rückstellung für drohende Verluste aus schwebenden Geschäften).

Im Wesentlichen bestehen folgende handelsrechtliche Regelungen: Handelsrechtliche **Aktivierungsgebote** (§ 246 Abs. 1 HGB: Vollständigkeitsgrundsatz) gelten u. a. für

1. dem Geschäftsbetrieb dienende Grundstücke und Maschinen (§ 247 Abs. 2 HGB),
2. Waren und Forderungen,
3. den Firmenwert (§ 246 Abs. 1 Satz 3 HGB),
4. entgeltlich erworbene immaterielle Wirtschaftsgüter,
5. selbst geschaffene immaterielle Vermögensgegenstände des **Umlaufvermögens** und
6. Rechnungsabgrenzungsposten (§ 250 Abs. 1 HGB).

Handelsrechtliche **Aktivierungsverbote** ergeben sich in folgenden Fällen:

1. Fremdeigentum (§ 242 Abs. 1 i. V. mit § 246 Abs. 1 Satz 2 HGB),
2. selbst geschaffene Marken, Drucktitel, Verlagsrechte, Kundenlisten oder vergleichbare immaterielle Vermögensgegenstände des Anlagevermögens (§ 248 Abs. 2 HGB),
3. Gründungs-, Kapitalbeschaffungs- und Versicherungsabschlusskosten (§ 248 Abs. 1 HGB) und
4. notwendiges Privatvermögen (§ 247 Abs. 1 HGB).

Handelsrechtliche **Passivierungsgebote** gelten u. a. für

1. Verbindlichkeiten, sonstige Verbindlichkeiten und Darlehen (§ 246 Abs. 1 HGB),
2. Rückstellungen für ungewisse Verbindlichkeiten (§ 249 Abs. 1 Satz 1 HGB),

3. Rückstellungen für drohende Verluste aus schwebenden Geschäften (§ 249 Abs. 1 Satz 1 HGB, beachte § 5 Abs. 4a EStG),
4. Rückstellungen für unterlassene Instandhaltung bei Einhaltung der Drei-Monats-Frist (§ 249 Abs. 1 Satz 2 Nr. 1 HGB),
5. Rückstellungen für Kulanzleistungen (§ 249 Abs. 1 Satz 2 Nr. 2 HGB),
6. Rechnungsabgrenzungsposten (§ 250 Abs. 2 HGB) und
7. Rückstellungen für latente Steuern bei Kapitalgesellschaften (§ 274 Abs. 1 HGB; gilt nicht für die Steuerbilanz, da sich die Wirkung des § 5 Abs. 1 Satz 1 Halbsatz 1 EStG nur auf Vermögensgegenstände und Schulden erstreckt, zu denen die Bilanzposten für latente Steuern nicht gehören).

Handelsrechtliche **Passivierungsverbote** gelten u. a. für

1. Privatschulden,
2. aufschiebend bedingte Verbindlichkeiten, solange der Eintritt der Bedingung unwahrscheinlich ist, und
3. Aufwandsrückstellungen i. S. des § 249 Abs. 2 HGB (Aufwendungen für künftige Geschäftsjahre, z. B. für geplante Betriebsverlegung).

Unter die handelsrechtlichen **Aktivierungswahlrechte** fallen

1. selbst geschaffene immaterielle Vermögensgegenstände des **Anlagevermögens** (§ 248 Abs. 2 Satz 1 HGB),
2. aktive latente Steuern bei Kapitalgesellschaften (§ 274 Abs. 1 Satz 2 HGB) und
3. das Damnum (Disagio) beim Schuldner (§ 250 Abs. 3 HGB).

Früher bestandene handelsrechtliche **Passivierungswahlrechte** sind – abgesehen von bestimmten Pensionszusagen i. S. des Art. 28 EGHGB – durch das BilMoG v. 25.5.2009 (a. a. O.) weggefallen.

2.1.3 Bewertung des Betriebsvermögens nach Handelsrecht

Die handelsrechtlichen **Bewertungsvorschriften** lassen sich wie folgt zusammenfassen:

Aktiva

1. Anschaffungs- bzw. Herstellungskostenprinzip (Bewertungsobergrenze): §§ 253 und 255 HGB. Ausnahmen § 256a Satz 2 HGB (Währungsumrechnung), § 246 Abs. 2 Satz 2 HGB (bestimmte insolvenzgesicherte Vermögensgegenstände) und § 340e HGB (Finanzanlagen bei Kreditinstituten);
2. Niederstwertprinzip
   - beim Anlagevermögen (eingeschränkt) gem. § 253 Abs. 3 HGB, Ausnahme bei Finanzanlagen (§ 253 Abs. 3 Satz 4 HGB),
   - beim Umlaufvermögen (streng) gem. § 253 Abs. 4 HGB;
3. Abschreibungsprinzip für abnutzbares Anlagevermögen (planmäßig gem. § 253 Abs. 3 HGB).

Passiva

Vergleiche § 253 Abs. 1 HGB:

1. Verbindlichkeiten: Erfüllungsbetrag (mit umgekehrtem Niederstwertprinzip = Höchstwertprinzip);
2. Rentenverpflichtungen: Erfüllungsbetrag mit Abzinsungsgebot (§ 253 Abs. 2 HGB);
3. Rückstellungen: Notwendiger Erfüllungsbetrag mit Abzinsungsgebot (§ 253 Abs. 2 HGB).

2.1.4 Steuerliche Bewertung

Die handelsrechtlichen Bewertungsvorschriften gelten grds. auch für die Steuerbilanz (§ 5 Abs. 1 Satz 1 Halbsatz 1 EStG). Sie stehen allerdings unter einem Bewertungsvorbehalt, der sich aus § 5 Abs. 6 EStG ergibt. Daraus folgt: Widerspricht der in der Handelsbilanz gewählte Wertansatz den steuerlichen Vorschriften, ist zu Zwecken der steuerlichen Gewinnermittlung nach den steuerlichen Vorschriften zu bewerten. In diesen Fällen ist § 60 Abs. 2 EStDV zu beachten: Entweder ist die Handelsbilanz durch Zusätze und Anmerkungen an die steuerlichen Vorschriften anzupassen oder es ist eine eigenständige Steuerbilanz zu erstellen. In jedem Fall sind die Abweichungen gem. § 5 Abs. 1 Satz 2 EStG in einem besonderen Verzeichnis zu erfassen.

Steuerlich steht die Bewertung von Rückstellungen wegen der umfassenden Regelung des § 6 Abs. 1 Nr. 3a EStG unter dem Bewertungsvorbehalt des § 5 Abs. 6 EStG. Dies führt grds. zu einer niedrigeren steuerlichen Bewertung, da insbesondere das Stichtagsprinzip (§ 6 Abs. 1 Nr. 3a Buchst. f EStG) zu beachten sowie eine Abzinsung auf Grundlage eines Zinssatzes i. H. von 5,5 % (§ 6 Abs. 1 Nr. 3a Buchst. e EStG) vorzunehmen ist und schließlich bei der Bestimmung der Restlaufzeit von Sachleistungsverpflichtungen (§ 6 Abs. 1 Nr. 3a Buchst. e Satz 2 EStG) der Beginn der Erfüllung maßgebend sein soll (BMF, Schreiben v. 26.5.2005, BStBl 2005 I S. 699, Rz. 26).

Mit Ausnahme der Rückstellungen für Pensionszusagen darf die Höhe einer Rückstellung in der Steuerbilanz den zulässigen Ansatz in der Handelsbilanz nicht übersteigen (R 6.11 Abs. 3 Satz 1 EStR).

2.1.4.1 Handelsrechtliche Bewertungswahlrechte und -vorbehalte

Bewertungswahlrechte, die in der Handelsbilanz ausgeübt werden können, ohne dass eine eigenständige steuerliche Regelung besteht, wirken wegen des maßgeblichen Handelsbilanzansatzes auch auf den Wertansatz in der Steuerbilanz.

BEISPIELE:

- **Fremdkapitalzinsen** (§ 255 Abs. 3 Satz 2 HGB; R 6.3 Abs. 4 EStR): Zinsen für Fremdkapital gelten gem. § 255 Abs. 3 Satz 2 HGB als Herstellungskosten des Vermögensgegenstands, wenn das Fremdkapital zur Herstellung eines Vermögensgegenstands verwendet wird. Sind handelsrechtlich Fremdkapitalzinsen in die Herstellungskosten einbezogen worden, sind sie gem. § 5 Abs. 1 Satz 1 Halbsatz 1 EStG auch in der steuerlichen Gewinnermittlung als Herstellungskosten zu beurteilen (R 6.3 Abs. 5 EStR).
- **Bewertungsvereinfachungsverfahren** (§ 240 Abs. 3 und 4 HGB): Gemäß § 240 Abs. 3 (Festwertbewertung) und 4 (Gruppenbewertung) HGB werden bei der Bewertung bestimmter Wirtschaftsgüter unter den dort genannten Voraussetzungen Erleichterungen gewährt. Steuerliche Regelungen hierzu bestehen nicht. Aufgrund des § 5 Abs. 1 Satz 1 Halbsatz 1 EStG sind bei Anwendung dieser Bewer-

tungsvereinfachungsverfahren die Wertansätze der Handelsbilanz in die Steuerbilanz zu übernehmen.

- **Einbeziehungswahlrechte** (§ 255 Abs. 2 Satz 3 HGB): Gemäß § 255 Abs. 2 Satz 3 HGB ist der Kaufmann nicht verpflichtet, sondern berechtigt, angemessene Teile der **Kosten der allgemeinen Verwaltung** sowie angemessene Aufwendungen für soziale Einrichtungen des Betriebs, für freiwillige soziale Leistungen und für die betriebliche Altersversorgung bei der Berechnung der Herstellungskosten einzubeziehen. Dies gilt auch für die Steuerbilanz. Das Wahlrecht ist bei der Gewinnermittlung gem. § 5 EStG allerdings in Übereinstimmung mit der Handelsbilanz auszuüben (§ 6 Abs. 1 Nr. 1b EStG).

2.1.4.2 Ansatz und Bewertung von Pensionsverpflichtungen i. S. des § 6a EStG

Gemäß § 249 HGB müssen in der Handelsbilanz für unmittelbare Pensionszusagen Rückstellungen gebildet werden. Dieses Passivierungsgebot gilt auch für die steuerliche Gewinnermittlung. Die bilanzsteuerlichen Ansatz- und Bewertungsvorschriften des § 6a EStG schränken jedoch die Maßgeblichkeit des handelsrechtlichen Passivierungsgebots ein. In der steuerlichen Gewinnermittlung sind Pensionsrückstellungen nur anzusetzen, wenn die Voraussetzungen des § 6a Abs. 1 und 2 EStG (z. B. Schriftformerfordernis i. S. des § 6a Abs. 1 Nr. 3 EStG) erfüllt sind. Die Passivierung einer Pensionszusage unterliegt zudem dem Bewertungsvorbehalt des § 6a Abs. 3 und 4 EStG. Die Bewertung kann somit vom handelsrechtlichen Wert abweichen; danach ist der handelsrechtliche Ansatz der Pensionsrückstellung nicht die Bewertungsobergrenze für die Steuerbilanz (R 6.11 Abs. 3 Satz 1 EStR).

Bei der Bewertung von Pensionsrückstellungen sind u. a. die anerkannten Regeln der Versicherungsmathematik anzuwenden (§ 6a Abs. 3 Satz 3 EStG). Dabei sind die „Heubeck-Richttafeln 2018 G" als mit den anerkannten versicherungsmathematischen Grundsätzen i. S. des § 6a Abs. 3 Satz 3 EStG übereinstimmend anerkannt.

Für laufende Pensionen und Anwartschaften auf Pensionen, die vor dem 1.1.1987 rechtsverbindlich zugesagt worden sind (sog. „Altzusagen"), gilt gem. Art. 28 EGHGB in der durch das Gesetz zur Durchführung der Vierten, Siebenten und Achten Richtlinie des Rates der Europäischen Gemeinschaften zur Koordinierung des Gesellschaftsrechts v. 19.12.1985 (a. a. O.) geänderten Fassung weiterhin das handels- und steuerrechtliche Passivierungswahlrecht.

2.1.4.3 Steuerliche Wahlrechte

Steuerliche Wahlrechte können sich aus dem Gesetz oder aus den Verwaltungsvorschriften (z. B. R 6.5 Abs. 2 und R 6.6 EStR oder BMF-Schreiben) ergeben. Wahlrechte, die nur steuerrechtlich bestehen, können unabhängig vom handelsrechtlichen Wertansatz ausgeübt werden (§ 5 Abs. 1 Satz 1 Halbsatz 2 EStG). Die Ausübung des steuerlichen Wahlrechts wird insoweit nicht gem. § 5 Abs. 1 Satz 1 Halbsatz 1 EStG durch die Maßgeblichkeit der handelsrechtlichen GoB beschränkt.

BEISPIELE:

- **Übertragung stiller Reserven** bei der Veräußerung bestimmter Anlagegüter (§ 6b EStG): Stille Reserven aus der Veräußerung bestimmter Anlagegüter können zur Vermeidung der Besteuerung auf die Anschaffungs- oder Herstellungskosten anderer bestimmter Wirtschaftsgüter übertragen werden. Dazu sind deren Anschaffungs- oder Herstellungskosten zu mindern. Soweit die Übertragung auf ein anderes Wirtschaftsgut nicht vorgenommen wird, kann der Steuerpflichtige eine den steuerlichen Gewinn mindernde Rücklage bilden. Eine Minderung der Anschaffungs- oder Herstellungskosten oder die Bildung einer entsprechenden Rücklage in der Handelsbilanz ist nach den Vorschriften des

HGB nicht zulässig. Die Abweichung vom Handelsbilanzansatz in der Steuerbilanz wird durch § 5 Abs. 1 Satz 1 Halbsatz 2 EStG zugelassen.

- **Teilwertabschreibungen** (§ 6 Abs. 1 Nr. 1 Satz 2 und Nr. 2 Satz 2 EStG): Vermögensgegenstände des Anlage- und Umlaufvermögens sind bei voraussichtlich dauernder Wertminderung außerplanmäßig abzuschreiben (§ 253 Abs. 3 Satz 3 und Abs. 4 HGB). Gemäß § 6 Abs. 1 Nr. 1 Satz 2 und Nr. 2 Satz 2 EStG kann bei einer voraussichtlich dauernden Wertminderung der Teilwert angesetzt werden. Die Vornahme einer außerplanmäßigen Abschreibung in der Handelsbilanz ist nicht zwingend in der Steuerbilanz durch eine Teilwertabschreibung nachzuvollziehen; der Steuerpflichtige kann darauf auch verzichten. Hat der Steuerpflichtige in einem Wirtschaftsjahr eine Teilwertabschreibung vorgenommen und verzichtet er in einem darauffolgenden Jahr auf den Nachweis der dauernden Wertminderung (z. B. im Zusammenhang mit Verlustabzügen), ist nach Auffassung der Finanzverwaltung zu prüfen, ob eine willkürliche Gestaltung vorliegt.
- **Besondere AfA für E-Fahrzeuge** gem. § 7 Abs. 2a EStG.

2.1.4.4 Handels- und steuerrechtliche Wahlrechte

Wahlrechte, die sowohl handelsrechtlich als auch steuerrechtlich bestehen, können aufgrund des § 5 Abs. 1 Satz 1 Halbsatz 2 EStG in der Handelsbilanz und in der Steuerbilanz unterschiedlich ausgeübt werden.

BEISPIELE:

- **Verbrauchsfolgeverfahren** (§ 256 HGB/§ 6 Abs. 1 Nr. 2a EStG). Gemäß § 256 HGB kann für den Wertansatz gleichartiger Vermögensgegenstände des Vorratsvermögens eine bestimmte Verbrauchsfolge unterstellt werden (Fifo und Lifo). Steuerrechtlich besteht gem. § 6 Abs. 1 Nr. 2a EStG dieses Wahlrecht nur für das Verbrauchsfolgeverfahren, bei dem die zuletzt angeschafften oder hergestellten Wirtschaftsgüter zuerst verbraucht oder veräußert werden (Lifo). Die Anwendung des Verbrauchsfolgeverfahrens in der Steuerbilanz setzt nicht voraus, dass der Steuerpflichtige die Wirtschaftsgüter auch in der Handelsbilanz unter Verwendung von Verbrauchsfolgeverfahren bewertet. Eine Einzelbewertung der Wirtschaftsgüter in der Handelsbilanz steht der Anwendung des Verbrauchsfolgeverfahrens gem. § 6 Abs. 1 Nr. 2a Satz 1 EStG unter Beachtung der dort genannten Voraussetzungen nicht entgegen.
- **Lineare und degressive AfA** (§ 253 HGB/§ 5 Abs. 6 i. V. mit § 7 Abs. 2 EStG). Gemäß § 253 Abs. 3 Satz 1 HGB sind bei Vermögensgegenständen des Anlagevermögens, deren Nutzung zeitlich begrenzt ist, die Anschaffungs- oder die Herstellungskosten um planmäßige Abschreibungen zu vermindern. Es ist demnach eine lineare oder degressive Abschreibung und eine Leistungsabschreibung sowie auch eine progressive Abschreibung möglich. Gemäß § 7 Abs. 2 EStG i. d. F. des Gesetzes für ein steuerliches Investitionssofortprogramm zur Stärkung des Wirtschaftsstandorts Deutschland v. 14.7.2025 (BGBl 2025 I Nr. 161) kann bei beweglichen Wirtschaftsgütern des Anlagevermögens anstatt der AfA in gleichen Jahresbeträgen (lineare AfA) die AfA in fallenden Jahresbeträgen (degressive AfA) in Anspruch genommen werden (für Anschaffungen/Herstellungen nach dem 30.6.2025 und vor dem 1.1.2028). Für Anschaffungen/Herstellungen zwischen dem 1.7.2025 und dem 31.12.2027 darf der dabei anzuwendende, vom jeweiligen Buchwert vorgenommene, unveränderliche Prozentsatz höchstens das Dreifache des bei der linearen AfA in Betracht kommenden Prozentsatzes betragen, max. aber 30 % gem. § 7 Abs. 2 Satz 1 und 2 EStG i. d. F. des Gesetzes für ein steuerliches Investitionssofortprogramm zur Stärkung des Wirtschaftsstandorts Deutschland v. 14.7.2025 (a. a. O.). Die AfA i. S. des § 7 Abs. 2 EStG setzt dabei nicht voraus, dass der Steuerpflichtige auch in der Handelsbilanz eine degressive Abschreibung vornimmt.

2.1.5 Zusammenstellung der maßgeblichen handels- und steuerrechtlichen Vorschriften

Da für die steuerrechtliche Bilanzierung in erster Linie das HGB gilt, sind nachstehend die steuerrechtlich und handelsrechtlich zu beachtenden Vorschriften zusammengestellt (die Angabe „i. V. mit" ist mit den §§ des HGB zu verknüpfen).

	Steuerrecht	Handelsrecht (alle §§ des HGB)
Bilanzierungsgrundsätze		
– Gliederungsvorschriften	§ 5 Abs. 1 EStG i. V. mit	266 und 275
– Bilanzzusammenhang	§ 4 Abs. 1 und § 6 Abs. 1 EStG	252 Abs. 1 Nr. 1
– Ansatzstetigkeit	§ 5 Abs. 1 EStG i. V. mit	246 Abs. 3
– Bewertungsstetigkeit	§ 5 Abs. 1 EStG i. V. mit	252 Abs. 1 Nr. 6
– Niederstwertprinzip	§ 5 Abs. 1 EStG i. V. mit	253 Abs. 1, 3 und 4
– Imparitätsprinzip	§ 5 Abs. 1 EStG i. V. mit	249
– Realisationsprinzip	§ 5 Abs. 1 EStG i. V. mit	252 Abs. 1 Nr. 4 und 5
– Stichtagsprinzip	§ 4 Abs. 1 EStG	242 Abs. 1 und 252 Abs. 1 Nr. 3
– Vorsichtsprinzip	§ 5 Abs. 1 EStG i. V. mit	252 Abs. 1 Nr. 4 (Ausnahme: 256a Satz 2)
– Einzelbewertung	§ 6 Abs. 1 Satz 1 EStG	252 Abs. 1 Nr. 3
– Festwert	R 5.4 Abs. 4 EStR	240 Abs. 3
– Gruppenbewertung	R 6.8 Abs. 4 EStR	240 Abs. 4
Umfang des Betriebsvermögens		
– Aktivierungsverbot	§ 5 Abs. 1 EStG i. V. mit	248 Abs. 1 und 2 Satz 2
– Aktivierungsgebot	§ 5 Abs. 1 EStG i. V. mit	246
– Aktivierungswahlrecht	R 4.2 EStR	248 Abs. 2 Satz 1 und 250 Abs. 3
– Passivierungsgebot	§ 5 Abs. 1 EStG i. V. mit	246 Abs. 1 und 249
– Passivierungsverbot	§ 5 Abs. 1 EStG i. V. mit	249 Abs. 2
– Passivierungswahlrecht	–	Art. 28 EGHGB
– Firmenwert	§ 5 Abs. 2 EStG	246 Abs. 1 Satz 3
– Immaterielle Wirtschaftsgüter	§ 5 Abs. 2 EStG	248 Abs. 2
– Rechnungsabgrenzung	§ 5 Abs. 5 EStG	250 Abs. 1 und 2
– Zölle, Verbrauchsteuer, Umsatzsteuer auf Anzahlungen	§ 5 Abs. 5 EStG	–
– Damnum	H 6.10 Damnum EStH	250 Abs. 3

	Steuerrecht	Handelsrecht (alle §§ des HGB)
Bewertung des Betriebsvermögens		
– Anschaffungskosten	§ 5 Abs. 1 EStG i. V. mit	255 Abs. 1
– Durchschnittsbewertung	R 6.8 Abs. 3 EStR	240 Abs. 4
– Lifo	§ 6 Abs. 1 Nr. 2a EStG	256
– Fifo	–	256
– Herstellungskosten	R 6.3 und 6.4 EStR § 6 Abs. 1 Nr. 1a EStG	255 Abs. 2–3
– Teilwert	§ 6 Abs. 1 Satz 2 EStG	–
– Börsen- oder Marktpreis	–	253 Abs. 4
– Beizulegender Wert	–	253 Abs. 1, 3 und 4
– Beizulegender Zeitwert	–	255 Abs. 4
– Rentenverpflichtungen	H 6.10 EStH	Abgezinster Erfüllungsbetrag 253 Abs. 1 und 2
– Rückstellungen	§ 6 Abs. 1 Nr. 3a EStG	Abgezinster notwendiger Erfüllungsbetrag 253 Abs. 1 und 2
– Pensionsverpflichtungen	§ 6a EStG	253 Abs. 1 und 2
– Abschreibung	§§ 6 und 7 ff. EStG	253 Abs. 3–4
– Wertaufholung (Zuschreibungsgebot)	§ 6 Abs. 1 Nr. 1 Satz 4 und Nr. 2 Satz 3	253 Abs. 5 Satz 1
– Währungsumrechnung	§ 5 Abs. 1 EStG i. V. mit	256a: Devisenkassamittelkurs
Sonstiges		
– Bewertungseinheiten	§ 5 Abs. 1a Satz 2 EStG	254
– Gründungs- und Kapitalbeschaffungskosten	§ 5 EStG i. V. mit	248 Abs. 1 (Ansatzverbot)
– Passive latente Steuern	Verbot	Ansatzgebot für mittelgroße und große Kapitalgesellschaften und Gesellschaften i. S. des 264a: 274 Verbot für Personenunternehmen
– Aktive latente Steuern	Verbot	Wahlrecht für mittelgroße und große Kapitalgesellschaften und Gesellschaften i. S. des 264a: 274 Verbot für Personenunternehmen

2.1.6 Handelsbilanz, Steuerbilanz, Überleitungsrechnung

Wer eine Bilanz erstellt, die den handelsrechtlichen Vorschriften entspricht (Handelsbilanz), muss diese seiner Steuererklärung beifügen (§ 5b Abs. 1 EStG und § 60 Abs. 1 EStDV). Alternativ kann auch gem. § 5b Abs. 1 Satz 3 EStG und § 60 Abs. 2 Satz 2 EStDV eine Bilanz eingereicht werden, die vollständig den steuerlichen Vorschriften Genüge tut (Steuerbilanz). Wird keine Steuerbilanz erstellt und enthält die Handelsbilanz Ansätze oder Beträge, die den steuerlichen Vorschriften nicht entsprechen, so sind diese Ansätze oder Beträge durch Zusätze oder Anmerkungen den steuerlichen Vorschriften anzupassen. Dies geschieht in der Praxis durch eine sog. „Überleitungsrechnung".

FALL 5

Maßgeblichkeit des HGB beim Anlagevermögen

Sachverhalt: Die Anschaffungskosten einer im Januar 01 (Jahr ohne Berechtigung zu degressiver AfA nach Steuerrecht) von einem bilanzierenden Einzelunternehmer angeschafften Maschine mit einer Nutzungsdauer von zehn Jahren haben 20.000 € betragen. Zum 31.12.01 ergeben sich folgende Werte:

	Fall a)	Fall b)	Fall c)	Fall d)
Buchwert lt. Handelsbilanz	18.000 €	16.000 €	17.000 €	19.000 €
Teilwert/Beizulegender Wert	19.000 €	18.000 €	17.000 €	19.000 €
Buchwert lt. Steuerbilanz	16.000 €	18.000 €	16.000 €	19.000 €

Der Einzelunternehmer ist berechtigt, Sonderabschreibungen i. S. des § 7g Abs. 5 EStG in Anspruch zu nehmen. Von der Anwendung des § 7 Abs. 2 EStG (degressive AfA) kann – anders als für die Handelsbilanz – für steuerliche Zwecke kein Gebrauch gemacht werden, da steuerlich die Inanspruchnahme degressiver AfA lt. Sachverhalt ausscheidet. Der Teilwert bzw. der beizulegende Wert beruht auf dauerhaften Werteinflüssen. Die Voraussetzungen für die (auch handelsrechtlich nur ausnahmsweise zulässige) Inanspruchnahme progressiver Abschreibungen liegen nicht vor.

AUFGABE

Ist die Maschine in der Steuerbilanz unter Anwendung des HGB zutreffend angesetzt worden?

LÖSUNG

Zu Fall a)

Der Handelsbilanzansatz ergibt sich gem. § 253 Abs. 3 HGB nach der Inanspruchnahme einer planmäßigen Abschreibung der Anschaffungskosten i. H. von 10 %. Dieser Wert entspricht auch den einkommensteuerlichen Bilanzierungsvorschriften (§ 6 Abs. 1 Nr. 1 i. V. mit § 7 Abs. 1 EStG). Ein steuerlicher Ansatz mit nur 16.000 € (Sonderabschreibung gem. § 7g Abs. 5 EStG i. H. von 2.000 €, max. 40 % der Anschaffungskosten) ist zulässig (§ 5 Abs. 1 Satz 1 Halbsatz 2 EStG). Voraussetzung ist lediglich die Aufnahme in das Verzeichnis gem. § 5 Abs. 1 Satz 2 und 3 EStG.

Die fortgeführten Anschaffungskosten bilden dabei sowohl in der Handels- wie auch in der Steuerbilanz die Bewertungsobergrenze.

Zu Fall b)

Die degressive AfA ist handelsrechtlich eine zulässige planmäßige Absetzungsmethode i. S. des § 253 Abs. 3 HGB. Der Handelsbilanzansatz i. H. von 16.000 € ergibt sich nach der Inanspruchnahme einer degressiven AfA i. H. von 20 % von 20.000 € = 4.000 €. Dieser Ansatz hindert nicht, steuerlich linear abzuschreiben und auf die Anwendung von § 7g Abs. 5 EStG zu verzichten. Eine steuerliche Bewertung der Maschine zum 31.12.01 mit 18.000 € ist demnach eine zulässige Wahlrechtsausübung i. S. des § 5 Abs. 1 Satz 1 Halbsatz 2 EStG. Voraussetzung ist die Aufnahme in das Verzeichnis gem. § 5 Abs. 1 Satz 2 und 3 EStG.

Zu Fall c)

In der Handelsbilanz wurde offensichtlich nach der Inanspruchnahme der linearen AfA eine außerplanmäßige Abschreibung auf den niedrigeren beizulegenden Wert vorgenommen (§ 253 Abs. 3 Satz 3 HGB). Dies hindert steuerlich nicht, einen noch niedrigeren Wert anzusetzen (§ 5 Abs. 1 Satz 1 Halbsatz 2 EStG), denn unter der Zugrundelegung einer linearen AfA i. H. von 2.000 € und einer Sonderabschreibung gem. § 7g Abs. 5 EStG i. H. von 2.000 € würde sich nach einkommensteuerlichen Vorschriften ein zulässiger Bilanzansatz i. H. von 16.000 € ergeben. Voraussetzung ist die Aufnahme in das Verzeichnis gem. § 5 Abs. 1 Satz 2 und 3 EStG.

Zu Fall d)

Der Ansatz mit 19.000 € entspricht nicht den handelsrechtlichen Bilanzierungsvorschriften, denn progressive Abschreibungsmethoden entsprechen nur in Ausnahmefällen (z. B. bei Obstplantagen) den GoB. Auch, dass der beizulegende Wert 19.000 € beträgt, ändert daran nichts. Dieser darf nur angesetzt werden, wenn er niedriger ist als der Betrag, der sich ergibt, wenn von den Anschaffungskosten die planmäßige Abschreibung abgezogen wurde. Die Bewertung der Maschine mit 19.000 € verstößt deshalb gegen § 253 Abs. 3 Satz 1 HGB. Die Handelsbilanz muss berichtigt werden.

Eine Übernahme dieses Werts in die steuerliche Gewinnermittlung kommt folglich nicht in Betracht. Da offensichtlich ein hoher Wertansatz gewünscht wird, ist § 7 Abs. 1 EStG anzuwenden. Gemäß § 7 Abs. 1 Satz 1 EStG muss die AfA in der Weise in Anspruch genommen werden, dass es zu einer Verteilung der Anschaffungskosten auf die betriebsgewöhnliche Nutzungsdauer kommt. Bei zehn Jahren Nutzungsdauer ergeben sich eine lineare Abschreibung mit 10 v. H. und damit für steuerliche Zwecke fortgeführte Anschaffungskosten i. H. von höchstens 18.000 €. Von einer möglichen Inanspruchnahme des § 7g Abs. 5 EStG (max. 40 % von 20.000 € = 8.000 €, Buchwert dann 10.000 €) ist hier abzusehen, weil offensichtlich ein hoher Wertansatz gewünscht wird.

FALL 6

Maßgeblichkeit des HGB beim Vorratsvermögen

Sachverhalt: Ein Juwelier hat Schmuck, der **keinen Börsen- oder Marktpreis** hat, wie folgt angeschafft und bewertet:

	Fall a)	**Fall b)**	**Fall c)**
Anschaffungskosten November 00	8.000 €	8.000 €	10.000 €
Buchwert Handels-/Steuerbilanz am 31.12.00	7.000 €	7.000 €	6.000 €
Teilwert/Beizulegender Wert am 31.12.01	5.000 €	8.500 €	8.000 €
Buchwert Handelsbilanz am 31.12.01	4.000 €	8.500 €	10.000 €
Verkaufspreis am 31.12.01	5.900 €	9.800 €	12.495 €

Der Teilwert bzw. beizulegende Wert v. 31.12.01 ist nachgewiesen, dauerhaft und beruht auf den Verhältnissen am Beschaffungsmarkt. Die Verkaufspreise sind voraussichtlich erzielbar und beinhalten 19 % Umsatzsteuer.

AUFGABE

Mit welchem Wert ist die Ware zum 31.12.01 steuerlich unter Anwendung des HGB anzusetzen, wenn nicht mit Veräußerungskosten zu rechnen ist?

LÖSUNG

Zu Fall a)

Der Handelsbilanzansatz zum 31.12.01 entspricht nicht den handelsrechtlichen Bilanzierungsvorschriften, denn ein Ansatz unter dem beizulegenden Wert kommt gem. § 253 Abs. 4 HGB nicht in Betracht. Der Handelsbilanzansatz muss auf 5.000 € berichtigt werden.

Auch ertragsteuerlich ist der gewählte Handelsbilanzansatz i. H. von 4.000 € nicht zulässig. Außerdem liegt er unter dem Teilwert. Die Bewertung einer Ware unter dem Teilwert kommt für das Steuerrecht ebenfalls nicht in Betracht (§ 6 Abs. 1 Nr. 2 EStG). Steuerlich kann der Wert v. 31.12.00 i. H. von 7.000 € auch zum 31.12.01 beibehalten werden; wahlweise kann die Ware zum 31.12.01 auch mit dem aktuellen Teilwert i. H. von 5.000 € bewertet werden (§ 5 Abs. 1 Satz 1 Halbsatz 2 EStG). Voraussetzung ist die Beachtung der Dokumentationspflicht gem. § 5 Abs. 1 Satz 2 und 3 EStG.

Zu Fall b)

Auch hier entspricht der Handelsbilanzansatz zum 31.12.01 weder den handelsrechtlichen noch den steuerlichen Bilanzierungsvorschriften, denn eine Bewertung über den Anschaffungskosten (hier 8.000 €) ist untersagt (Bewertungsobergrenze gem. § 253 Abs. 1 Satz 1 HGB und § 6 Abs. 1 Nr. 2 EStG).

Da der Teilwert zwischenzeitlich wieder gestiegen ist, ist eine Zuschreibung erforderlich. Handels- und steuerrechtlich erfolgt der Ansatz zum 31.12.01 mit 8.000 € (§ 253 Abs. 5 HGB und § 6 Abs. 1 Nr. 2 Satz 3 EStG).

Zu Fall c)

Handelsrechtlich wurde die Ware zum 31.12.01 mit den Anschaffungskosten bewertet (10.000 €); zu diesem Zeitpunkt betrug der beizulegende Wert (aus Sicht des Beschaffungsmarkts) 8.000 €. Der Begriff „beizulegender Wert" wird in der Praxis als „Wiederbeschaffungspreis" oder als „Veräußerungspreis" interpretiert. Dem Sachverhalt nach beträgt der Verkaufspreis 12.495 € (= netto 10.500 €); das ist der beizulegende Wert aus Sicht des Absatzmarkts. Da der Schmuck zum Verkauf bestimmt ist, dürfte es sachgerecht sein, bei der Festlegung des beizulegenden Werts vom Absatzmarkt auszugehen. Die Bewertung mit 10.000 € ist handelsrechtlich zulässig und geboten. Sie erfolgt mit den Anschaffungskosten und beruht auf § 253 Abs. 1 Satz 1 i. V. mit § 253 Abs. 5 HGB (Wertaufholung).

Steuerlich können i. S. der R 6.8 Abs. 1 Satz 4 EStR Wirtschaftsgüter des Vorratsvermögens, die keinen Börsen- oder Marktpreis haben, mit den Anschaffungskosten oder mit einem zwischen diesen Kosten und dem niedrigeren Teilwert liegenden Wert angesetzt werden, wenn und soweit bei vorsichtiger Beurteilung aller Umstände damit gerechnet werden kann, dass bei einer späteren Veräußerung der angesetzte Wert zzgl. der Veräußerungskosten zu erlösen ist. Steuerlich besteht zum 31.12.01 ein Bewertungsspielraum zwischen 8.000 € und 10.000 €. Eine Zuschreibung von 6.000 € auf mindestens 8.000 € ist unverzichtbar (§ 6 Abs. 1 Nr. 2 Satz 3 EStG). Dabei ist die Dokumentationspflicht gem. § 5 Abs. 1 Satz 2 und 3 EStG zu beachten.

FALL 7

Bewertungsvorbehalt, Überleitungsrechnung

Sachverhalt: Einzelkaufmann A hat am 20.1.01 (Bauantrag nach dem 31.3.1985) ein massives Verwaltungsgebäude für seinen Betrieb mit 4,5 Mio. € Herstellungskosten errichtet. Die voraussichtliche Nutzungsdauer beträgt unstreitig 50 Jahre. In der Handelsbilanz schreibt er das Gebäude folglich mit jährlich 90.000 € ab.

AUFGABEN

1. Ist bei Anwendung des HGB diese handelsrechtliche Vorgehensweise auch für die steuerliche Gewinnermittlung zu übernehmen?
2. Es wird nur eine Handelsbilanz erstellt. Darin wird für das Jahr 01 ein Jahresüberschuss i. H. von 600.000 € ausgewiesen. Welches Bild hat die Überleitungsrechnung für das Jahr 01?

LÖSUNG

Zu 1

Es ist handelsrechtlich zulässig und geboten, das Gebäude entsprechend seiner voraussichtlichen Nutzungsdauer von 50 Jahren mit 90.000 € jährlich abzuschreiben (§ 253 Abs. 3 Satz 1 und 2 HGB).

Steuerlich ist die jährliche AfA allerdings zwingend mit 3 % der Herstellungskosten vorzunehmen (§ 7 Abs. 4 Satz 1 Nr. 1 EStG). 3 % von 4,5 Mio. € entsprechen 135.000 €. Es liegt ein Anwendungsfall des § 5 Abs. 6 EStG vor. Da es sich hierbei nicht um ein Bilanzierungswahlrecht handelt, greifen auch nicht die Regelungen des § 5 Abs. 1 Satz 2 und 3 EStG, nach denen die Abweichungen von der Handelsbilanz in einem besonderen Verzeichnis zu dokumentieren sind.

Zu 2

Überleitungsrechnung von der Handelsbilanz zum steuerlichen Jahresüberschuss 01

Bilanzposten	Handelsbilanz zum 31.12.01	Steuerrecht zum 31.12.01	Gewinn- und Verlust-Posten	Gewinnunterschied
Gebäude	4.410.000 €	4.365.000 €	Abschreibung	- 45.000 €
Jahresüberschuss lt. Handelsbilanz				+ 600.000 €
Steuerlicher Jahresüberschuss				+ 555.000 €

2.2 Inhalt der handelsrechtlichen GoB

Eine Bilanz entspricht den GoB (§ 238 Abs. 1 Satz 1 i. V. mit § 243 Abs. 1 HGB), wenn sie den handelsrechtlichen Bestimmungen und den Ansprüchen ordentlicher Kaufleute genügt und ihr gem. § 242 HGB eine doppelte Buchführung zugrunde liegt. Die Buchführung selbst ist ordnungsgemäß, wenn die Eintragungen in den Büchern vollständig, richtig, zeitgerecht und geordnet sind (§ 239 HGB, § 146 AO und R 5.2 EStR).

Als handelsrechtliche GoB (und Bilanzierung) kommen in Betracht:

a) Grundsatz der Wahrheit (§ 252 Abs. 1 Nr. 4 HGB),

b) Grundsatz der Klarheit und Übersichtlichkeit (§ 243 Abs. 2 und § 246 Abs. 2 HGB),

c) Vorsichtsprinzip (§ 252 Abs. 1 Nr. 4 HGB),

d) Grundsatz der Wirtschaftlichkeit (z. B. gem. § 240 Abs. 3 und 4 sowie i. S. der §§ 241 und 256 HGB),

e) Grundsatz der formellen und materiellen Bilanzkontinuität (§ 252 Abs. 1 Nr. 1 und 6 HGB),

f) Grundsatz der Einzelbewertung (§ 252 Abs. 1 Nr. 3 HGB),

g) Grundsatz der Bewertungsstetigkeit (§ 252 Abs. 1 Nr. 6 HGB),

h) Grundsatz der Ansatzstetigkeit (§ 246 Abs. 3 HGB),

i) Stichtagsprinzip (§ 252 Abs. 1 Nr. 3 HGB) und

j) Verrechnungsverbot (§ 246 Abs. 2 HGB, Ausnahmen § 246 Abs. 2 Satz 2 und § 254 HGB).

Folgende **Ansatzwahlrechte** sind vom Gebot der Ansatzstetigkeit betroffen:

- Unterschiedsbetrag bei Verbindlichkeiten (Disagio) gem. § 250 Abs. 3 HGB,
- Passivierungswahlrecht von Pensionszusagen gem. Art. 28 Abs. 1 EGHGB und
- Aktivierung von selbst geschaffenen immateriellen Vermögensgegenständen des Anlagevermögens (§ 248 Abs. 2 HGB).

Bei der Rückstellungsbewertung mit dem Erfüllungsbetrag (vgl. § 253 Abs. 1 Satz 2 HGB) ist das **Stichtagsprinzip** eingeschränkt, da auch künftige Preis- und Kostensteigerungen zu berücksichtigen sind. Die Höhe einer Rückstellung bestimmt sich – abgesehen von der Abzinsung (§ 253 Abs. 2 HGB) – nach dem erforderlichen Aufwand zum Zeitpunkt seines tatsächlichen Anfalls. Steuerlich ist das Stichtagsprinzip streng zu beachten (§ 6 Abs. 1 Nr. 3a Buchst. f EStG).

2.3 Gegenstand der Bilanzierung

Gegenstand der Bilanzierung sind gem. § 6 Abs. 1 Satz 1 EStG Wirtschaftsgüter (handelsrechtlich: Vermögensgegenstände, § 246 Abs. 1 HGB) und sog. „Bewertungseinheiten" i. S. des § 5 Abs. 1a EStG und § 254 HGB. „Wirtschaftsgüter" sind alle Güter, die nach der Verkehrsanschauung und den GoB selbständig bilanzierbar und bewertbar sind. In Betracht kommen nicht nur Sachen und Rechte, sondern auch tatsächliche Zustände, konkrete Möglichkeiten und Vorteile für den Betrieb, deren Erlangung der Kaufmann sich etwas kosten lässt und die nach der Verkehrsanschauung einer selbständigen Bewertung zugänglich sind (immaterielle Wirtschaftsgüter gem. R 5.5 EStR). Die Beteiligung eines Wohnungseigentümers an einer Instandhaltungsrückstellung ist deshalb ein Wirtschaftsgut: Ein bilanzierender Gewerbetreibender (z. B. eine GmbH), dem eine Eigentumswohnung gehört und der Zahlungen in eine von der Wohnungseigentümergemeinschaft gebildete Instandhaltungsrückstellung geleistet hat, muss seine Beteiligung an der Instandhaltungsrückstellung mit dem Betrag der geleisteten und noch nicht verbrauchten Einzahlungen aktivieren (BFH, Beschluss v. 5.10.2011 - I R 94/10, BStBl 2012 II S. 244). Schulden sind ebenfalls (negative) Wirtschaftsgüter. Zu weiteren Einzelheiten siehe BFH, Urteil v. 26.11.2014 - X R 20/12, BStBl 2015 II S. 325.

Beteiligungen an Personengesellschaften gelten steuerlich nicht als Wirtschaftsgüter. Derartige Bilanzansätze nehmen am Betriebsvermögensvergleich (§ 4 Abs. 1 Satz 1 EStG) nicht teil: Abschreibungen sind steuerlich kein Aufwand und Zuschreibungen kein Ertrag (BFH, Urteil v. 6.11.1985 - I R 242/81, BStBl 1986 II S. 333). Hiernach dürften sie in Steuerbilanzen gar nicht angesetzt werden. In der Praxis werden derartige Beteiligungen jedoch weiterhin als solche bilanziert. Die nötigen steuerrechtlichen Korrekturen erfolgen dann außerbilanziell.

Immaterielle Wirtschaftsgüter des Anlagevermögens dürfen **steuerlich** nur angesetzt werden, wenn sie entgeltlich erworben (§ 5 Abs. 2 EStG) oder durch eine Einlage dem Betriebsvermögen zugeführt wurden (R 5.5 Abs. 3 Satz 3 EStR). Handelsrechtlich können bestimmte selbst geschaffene immaterielle Vermögensgegenstände des Anlagevermögens aktiviert werden (§ 248 Abs. 2 Satz 1 HGB).

Zusätzlich sind Rechnungsabgrenzungsposten sowie **steuerlich** Aktivposten für bestimmte Zölle, Verbrauchsteuern und als Aufwand behandelte Umsatzsteuer auf Anzahlungen zu bilden (§ 5 Abs. 5 EStG und R 5.6 EStR). Rechnungsabgrenzungsposten sind keine Wirtschaftsgüter; es handelt sich um Erfolgsberichtigungsposten, die der periodengerechten Gewinnermittlung dienen.

Einmalige Aufwendungen für den Erwerb eines Erbbaurechts (Grunderwerbsteuer, Maklerprovision sowie Notar- und Gerichtsgebühren) sind Anschaffungskosten des Wirtschaftsguts „Erbbaurecht" (H 6.2 Erbbaurecht EStH) und über die Nutzungszeit des Erbbaurechts im Wege der AfA (§ 7 Abs. 1 Satz 1 EStG) abzuschreiben (BFH, Urteil v. 4.6.1991 - X R 136/87, BStBl 1992 II S. 70). Durch den bilanzierenden Erbbauberechtigten übernommene Erschließungskosten, die eigentlich vom Erbbauverpflichteten zu tragen wären, sind grds. als zusätzlich abzugrenzendes Entgelt – wie im Voraus oder als Einmalbetrag gezahlte Erbbauzinsen – für die Überlassung des Grundstücks zu qualifizieren (H 5.6 Bestimmte Zeit nach dem Abschlussstichtag, 3. Spiegelstrich EStH).

Die Aufwendungen für Gründung und Kapitalbeschaffung sowie den Abschluss von Versicherungsverträgen dürfen nicht aktiviert werden (§ 248 Abs. 1 HGB). Das gilt auch steuerrechtlich.

ABB. 1: Einteilung der Wirtschaftsgüter gem. § 6 EStG

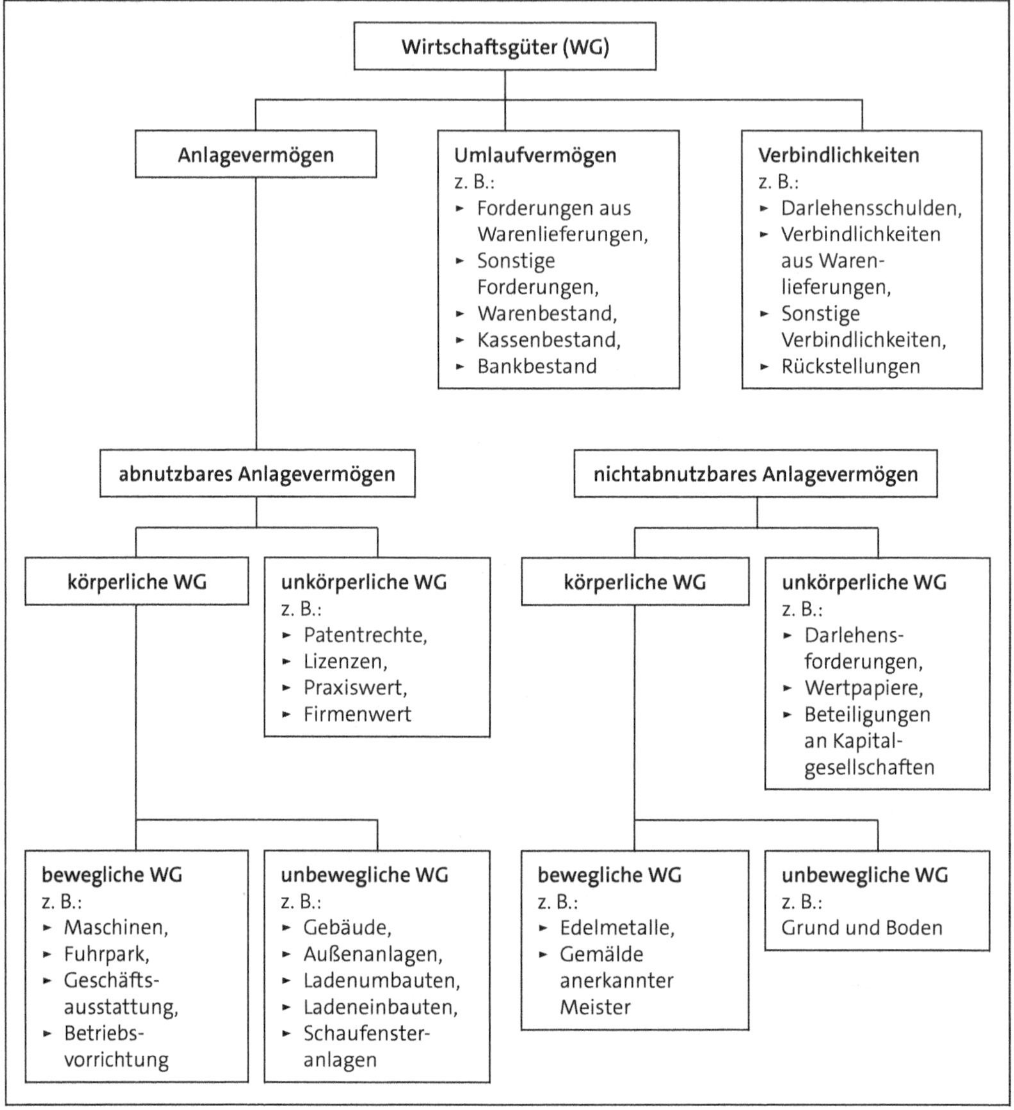

2.4 Realisationsprinzip

Der Gewinn aus Umsatzgeschäften ist nicht mit Abschluss des Verpflichtungsgeschäfts (Kaufvertrag), sondern zum Zeitpunkt des Erfüllungsgeschäfts (Lieferung und Abnahme des fertigen Werks) auszuweisen (Realisationsprinzip als Teil des Vorsichtsprinzips i. S. des § 252 Abs. 1 Nr. 4 Halbsatz 2 HGB; BFH, Urteile v. 2.3.1990 - III R 70/87, BStBl 1990 II S. 733, und v. 20.5.1992 - X R 49/89, BStBl 1992 II S. 904). Ebenso sind Ansprüche schon vor ihrer rechtlichen Entstehung in der Bilanz anzusetzen, wenn sie bei wirtschaftlicher Betrachtung als entstanden anzusehen sind (BFH, Urteil v. 3.8.2005 - I R 94/03, BStBl 2006 II S. 20). Dementsprechend sind Zinsen unter dem Aspekt des Entstandenseins (und nicht erst bei ihrer Fälligkeit) zu erfassen (als sonstige Forderung/Verbindlichkeit). Umsatzsteuer-Erstattungsansprüche in Zusammenhang mit dem Betrieb von Geldspielautomaten, die vom Finanzamt bestritten worden waren, sind zum ersten Bilanzstichtag zu aktivieren, der auf die vorbehaltlose Veröffentlichung einer höchstrichterlichen Entscheidung in einem Musterverfahren folgt (BFH, Urteil v. 31.8.2011 - X R 19/10, BStBl 2012 II S. 190).

Auch aufschiebend bedingte Ansprüche sind nicht zu aktivieren (BFH, Urteile v. 26.4.1995 - I R 92/94, BStBl 1995 II S. 594, und v. 22.8.2007 - X R 2/04, BStBl 2008 II S. 109). Anwartschaften auf Hinterbliebenenversorgung, wie sie bei Betriebsaufspaltungen häufig vereinbart werden, sind aufschiebend bedingt. Ein Anspruch – der durch eine Zusage auf Hinterbliebenenversorgung begünstigten Person – kann nur entstehen, wenn der Hauptversorgungsberechtigte verstirbt und die als potenziell hinterbliebene begünstigte Person zu diesem Zeitpunkt noch lebt. Im Fall einer aufschiebend bedingten Anwartschaft auf die künftige Zahlung einer Hinterbliebenenversorgung fehlt es jedenfalls an der Voraussetzung, dass der Steuerpflichtige mit der künftigen rechtlichen Entstehung des Anspruchs fest rechnen kann (BFH, Urteil v. 23.3.2011 - X R 42/08, BStBl 2012 II S. 188).

Das Realisationsprinzip ist rechtssystematisch dem Vorsichtsprinzip zugeordnet, d. h. auf die Nichterfassung nichtrealisierter Erträge gerichtet und begrenzt. Für Verluste gilt hingegen das Imparitätsprinzip.

Haben bilanzierende beherrschende Gesellschafter (Muttergesellschaft) das gleiche Geschäftsjahr (Wirtschaftsjahr) wie die von ihnen beherrschte Kapitalgesellschaft (Tochtergesellschaft), dürfen sie den Anspruch auf Dividende gegenüber der Tochtergesellschaft nicht im selben Wirtschaftsjahr erfassen, wenn der Gewinnverwendungsbeschluss der Tochtergesellschaft zum Bilanzstichtag noch nicht getroffen war. Damit kommt eine **phasengleiche Gewinnaktivierung** beim beherrschenden Gesellschafter aus steuerlicher Sicht grds. nicht in Betracht (BFH, Beschluss v. 7.8.2000 - GrS 2/99, BStBl 2000 II S. 632). Unter erschwerten Bedingungen ist aber eine phasengleiche Erfassung von Dividenden weiterhin möglich. Voraussetzung ist, dass am Bilanzstichtag der beherrschenden Muttergesellschaft der mindestens ausschüttungsfähige Gewinn der Tochtergesellschaft bekannt ist und die Muttergesellschaft an diesem Tag unwiderruflich entschlossen ist, im nächsten Jahr für eine bestimmte Ausschüttung zu stimmen (BFH, Urteil v. 7.2.2007 - I R 15/06, BStBl 2008 II S. 340). Handelsrechtlich besteht hingegen ein Aktivierungsgebot schon dann, wenn ein Gewinnverwendungsbeschluss vorliegt, der Gesellschafter seinen Willen in der Kapitalgesellschaft durchsetzen kann und der Jahresabschluss der beherrschten Gesellschaft bei Bilanzaufstellung bereits vorliegt. Für den Fall, dass nur ein Gewinnverwendungsvorschlag vorliegt, besteht handelsrechtlich ein Aktivierungswahlrecht (BGH, Urteil v. 12.1.1998 - II ZR 82/93, NJW 1998 S. 1559).

2.5 Imparitätsprinzip

Das Imparitätsprinzip des § 252 Abs. 1 Nr. 4 Halbsatz 2 HGB fordert die Berücksichtigung aller vorhersehbaren Risiken und Verluste, die bis zum Abschlussstichtag wirtschaftlich schon entstanden, aber noch nicht realisiert sind. Auf diese Weise soll vermieden werden, dass das Unternehmen Erfolgsteile ausweist und diese möglicherweise durch entsprechende Gewinnansprüche der Anteilseigner abfließen, obschon diese Teile des Gewinns in der Folgeperiode (oder später) zur Deckung der dann realisierten Verluste benötigt werden (Kapitalerhaltung). Gewinne und Verluste werden folglich im Hinblick auf den Zeitpunkt ihrer erfolgswirksamen Erfassung ungleich (imparitätisch) behandelt. Die wirtschaftliche Verursachung einer Verbindlichkeit im abgelaufenen Wirtschaftsjahr ist ein Merkmal, das zwar bei der Passivierung künftig entstehender Verbindlichkeiten, nicht hingegen bei der Passivierung dem Grunde nach bereits bestehender, lediglich dem Betrag nach ungewisser Verpflichtungen gilt. Insoweit und losgelöst vom Imparitätsprinzip gelten deshalb für Verbindlichkeitsrückstellungen die Gebote des zutreffenden Vermögensausweises und der Vollständigkeit des Jahresabschlusses gem. § 242 Abs. 1 und § 246 Abs. 1 HGB.

Drohen aus schwebenden Geschäften Verluste, ist eine entsprechende Rückstellung zu bilden. Dies folgt ebenfalls aus dem Imparitätsprinzip, wonach nicht realisierte, aber erkennbare Verluste ausgewiesen werden müssen (§ 249 Abs. 1 Satz 1 HGB). Steuerrechtlich sind derartige Rückstellungen nicht zulässig (§ 5 Abs. 4a EStG). Rückstellungen für Patentrechtsverletzungen und für die Verpflichtung zu einer Zuwendung anlässlich eines Dienstjubiläums dürfen steuerrechtlich nur unter den Voraussetzungen des § 5 Abs. 3 bzw. Abs. 4 EStG gebildet werden.

2.6 Stichtagsprinzip

Für Bilanzierung und Bewertung sind die Verhältnisse vom Schluss des Geschäftsjahres (§ 242 Abs. 1 HBG) bzw. vom Schluss des Wirtschaftsjahres (§ 4 Abs. 1 Satz 1 und § 4a EStG sowie § 8b EStDV) zugrunde zu legen (§ 252 Abs. 1 Nr. 3 HGB und § 6 Abs. 1 Nr. 3a Buchst. f EStG).

Die Bilanz ist spätestens innerhalb der folgenden Fristen zu erstellen:

a) Große und mittelgroße Kapitalgesellschaften: Drei Monate nach dem Bilanzstichtag (§ 264 Abs. 1 HGB).

b) Kleine und kleinste Kapitalgesellschaften: Sechs Monate nach dem Bilanzstichtag (§ 264 Abs. 1 HGB).

c) Personenunternehmen: Zwölf Monate nach dem Bilanzstichtag (§ 243 Abs. 3 HGB; BFH, Urteil v. 6.12.1983 - VIII R 110/79, BStBl 1984 II S. 227).

Bei Bilanzierung und Bewertung dürfen nur solche Umstände berücksichtigt werden, die am Bilanzstichtag objektiv bestanden haben. Tatsachen begründende und Werte beeinflussende Vorgänge, die sich zwischen dem Bilanzstichtag und dem Tag der tatsächlichen Bilanzaufstellung ereignen, müssen unberücksichtigt bleiben (Stichtagsprinzip).

Eine zwischen Bilanzstichtag und dem innerhalb der gesetzlichen Frist liegenden Tag der tatsächlichen Bilanzaufstellung gewonnene „bessere Erkenntnis" bzgl. der am Bilanzstichtag objektiv bestehenden Wertverhältnisse ist zugunsten wie zulasten zu berücksichtigen (z. B. bei der Bewertung von Rückstellungen für Wechselobligo und Schadensersatzverpflichtungen oder bei der Bemessung des Ausfallrisikos von Forderungen): Berücksichtigung wertaufhellender Erkenntnis gem. § 252 Abs. 1 Nr. 4 HGB. Dabei sind als „wertaufhellend" nur die Umstände zu berücksichtigen, die zum Bilanzstichtag bereits objektiv vorlagen und nach dem Bilanzstichtag, aber vor dem Tag der Bilanzerstellung, lediglich bekannt oder erkennbar wurden. Der zu beurteilende Kenntnisstand zum Zeitpunkt der Bilanzerstellung ist auf die am Bilanzstichtag – objektiv – bestehenden Verhältnisse zu beziehen (BFH, Urteil v. 19.10.2005 - XI R 64/04, BStBl 2006 II S. 371). Der Abschreibung von Forderungen steht nicht entgegen, dass sie nach dem Tag der Bilanzerstellung (teilweise) erfüllt worden sind und der Gläubiger den Schuldner weiterhin beliefert hat; es genügt, dass unter Zugrundelegung der Sicht des Kaufmanns am maßgebenden Bilanzstichtag objektiv Ausfallrisiken bestehen (BFH, Urteil v. 20.8.2003 - I R 49/02, BStBl 2003 II S. 941).

Soweit das Bestehen von Ansprüchen/Verpflichtungen am Bilanzstichtag gerichtsanhängig ist, ist zu beachten, dass Gerichtsurteile juristisch konstitutive Wirkung haben. Eine am Bilanzstichtag bestrittene Schadensersatzforderung entsteht deshalb rechtlich und wirtschaftlich erst mit der Rechtskraft des Urteils (BFH, Urteil v. 26.4.1989 - I R 147/84, BStBl 1991 II S. 213). Für die Rückstellungsbildung genügt jedoch die Wahrscheinlichkeit des Bestehens einer Verpflichtung, so dass die Passivierungspflicht als ungewisse Verbindlichkeit (§ 249 Abs. 1 HGB) frühestens zum Zeitpunkt der Rechtskraft des Urteils wegfällt (BFH, Urteile v. 27.11.1997 - IV R 95/96, BStBl 1998 II S. 375, und v. 30.1.2002 - I R 68/00, BStBl 2002 II S. 688).

Das Stichtagsprinzip erfordert, eine Inventur auf den Bilanzstichtag durchzuführen. Damit ist nicht nur die Erfassung des Warenbestands gemeint. Die Inventur umfasst das gesamte Anlage- und Umlaufvermögen sowie die Schulden. Körperliche Gegenstände sind durch Zählen (z. B. Kassenbestand und Büroeinrichtung), Messen und Wiegen aufzunehmen. Für Forderungen und Schulden findet eine sog. „Buchinventur" statt, indem die Debitoren und Kreditoren lt. Personenkonten oder Belegablage mit dem Saldenstand der Sachkonten abgeglichen werden. Für den Bankbestand ist der Kontoauszug vom Schluss des Wirtschaftsjahres maßgebend.

Das Stichtagsprinzip bedeutet nicht, dass die Inventur konkret am 31.12. durchgeführt werden muss. Der Unternehmer kann vielmehr zeitnah – das sind zehn Tage – vor oder nach dem Stichtag mit der Inventur beginnen und enden. Allerdings müssen die zwischenzeitlichen Bestandsveränderungen infolge von Einkäufen und Verkäufen zuverlässig festgehalten und durch entsprechende Anpassungen an den ermittelten Bestand berücksichtigt werden, damit die Inventur im Ergebnis die Verhältnisse vom Schluss des Wirtschaftsjahres widerspiegelt (§ 241 Abs. 2 HGB).

Die Inventur kann gem. § 241 Abs. 3 HGB (§ 141 Abs. 1 Satz 2 AO)

- vorverlegt werden auf einen Tag innerhalb der letzten drei Monate vor dem Bilanzstichtag oder
- nachverlegt werden auf einen Tag in den ersten zwei Monaten nach dem Bilanzstichtag.

Der Inventurwert des Aufnahmetags ist dann wertmäßig (nicht bestandsmäßig) auf den Bilanzstichtag fortzuschreiben oder zurückzurechnen.

Um den periodengerechten Gewinnausweis durch das Stichtagsprinzip nicht zu gefährden, ist die Bildung von Rechnungsabgrenzungsposten vorgeschrieben (§ 5 Abs. 5 EStG, § 250 HGB und R 5.6 EStR). Für die in einem Wirtschaftsjahr gezahlte Kfz-Steuer ist deshalb ein Rechnungsabgrenzungsposten zu aktivieren, soweit die Steuer auf die voraussichtliche Zulassungszeit des Fahrzeugs im nachfolgenden Wirtschaftsjahr entfällt (BFH, Urteil v. 19.5.2010 - I R 65/09, BStBl 2010 II S. 967). Da Wechselverbindlichkeiten (Schuldwechsel) stets i. H. der Wechselsumme zu passivieren sind, ist ein darin enthaltener Diskont (Zins) in der Steuerbilanz zwingend (in der

Handelsbilanz wahlweise gem. § 250 Abs. 3 HGB) aktiv abzugrenzen, soweit er auf die Laufzeit des Wechsels nach dem Bilanzstichtag entfällt. Von Franchisenehmern in einen „gemeinsamen Werbeetat" eingezahlte und zum Bilanzstichtag noch nicht verbrauchte zweckgebundene Werbebeiträge zur Finanzierung der dem Franchisegeber obliegenden überregionalen Werbung führen beim Franchisegeber nicht zu einem passiven Rechnungsabgrenzungsposten, sondern zu einer erfolgsneutral zu bildenden sonstigen Verbindlichkeit (BFH, Urteil v. 22.8.2007 - X R 59/04, BStBl 2008 II S. 284).

Für ein vom Darlehensnehmer bei Abschluss des Kreditvertrags (z. B. öffentlich gefördertes Darlehen) zu zahlendes „Bearbeitungsentgelt" ist kein aktiver Rechnungsabgrenzungsposten zu bilden, wenn das Entgelt im Falle einer vorzeitigen Vertragsbeendigung **nicht (anteilig)** zurückzuerstatten ist. Etwas anderes gilt aber, wenn das Darlehensverhältnis nur aus wichtigem Grund gekündigt werden kann und wenn konkrete Anhaltspunkte dafür fehlen, dass diese Kündigung in den Augen der Vertragsparteien mehr ist als nur eine theoretische Option (BFH, Urteil v. 22.6.2011 - I R 7/10, BStBl 2011 II S. 870). Bei Darlehen mit fallenden Zinssätzen gilt für die Rechnungsabgrenzung Folgendes:

1. Ob der Darlehensnehmer bei Vereinbarung jährlich fallender Zinssätze zu Beginn der Vertragslaufzeit einen aktiven Rechnungsabgrenzungsposten bilden muss, hängt grds. davon ab, ob der Darlehensnehmer im Falle einer vorzeitigen Vertragsbeendigung die anteilige Erstattung der bereits gezahlten Zinsen verlangen könnte.
2. Sollte ein solcher Erstattungsanspruch nicht bestehen, ist gleichwohl ein Rechnungsabgrenzungsposten zu aktivieren, wenn das Darlehensverhältnis nur aus wichtigem Grund gekündigt werden kann und wenn konkrete Anhaltspunkte dafür fehlen, dass die Vertragsparteien der Möglichkeit einer vorzeitigen Beendigung des Vertragsverhältnisses durch eine solche Kündigung mehr als rein theoretische Bedeutung beigemessen haben. Der Möglichkeit einer einvernehmlichen Vertragsaufhebung oder -änderung kommt in diesem Zusammenhang keine Bedeutung zu (BFH, Urteil v. 27.7.2011 - I R 77/10, BStBl 2012 II S. 284).

FALL 8

Entstehung (Aktivierungspflicht) und Bewertung (Gewinnrealisierung) einer Forderung

Sachverhalt: Radiohändler Emil Schröder lieferte am 23.12.01 ein Fernsehgerät an einen Kunden, der dieses am 22.12.01 bestellt hatte. Die Rechnung, in der er die Fälligkeit der Forderung auf den 31.1.02 festsetzte, erteilte Emil Schröder am 3.1.02. Das Gerät hatte Emil Schröder Anschaffungskosten i. H. von 1.200 € verursacht. Der Verkaufspreis beträgt einschließlich Umsatzsteuer 2.380 €. Die Möglichkeit der Inanspruchnahme von Skonto ist ausgeschlossen.

AUFGABE

Wann und mit welchem Wert ist die Forderung zu erfassen?

LÖSUNG

Forderungen aus Lieferungen und Leistungen entstehen dann, wenn die Lieferung ausgeführt oder die Leistung erbracht ist (BFH, Urteil v. 9.2.1978 - IV R 201/74, BStBl 1978 II S. 370). Auf die

Rechnungserteilung oder die Fälligkeit kommt es nicht an. Für entstandene Forderungen besteht eine Aktivierungspflicht (BFH, Urteile v. 27.2.1986 - IV R 52/83, BStBl 1986 II S. 552, und v. 25.1.1996 - IV R 114/94, BStBl 1997 II S. 382).

Gemäß § 6 Abs. 1 Nr. 2 EStG und § 253 Abs. 1 HGB sind Forderungen mit den Anschaffungskosten zu bewerten. Diese ergeben sich hier aus dem gemeinen Wert der Lieferung (= 2.380 €), weil die Forderung das Ergebnis einer Sachleistung ist (§ 6 Abs. 6 EStG). Emil Schröder muss am 31.12.01 eine Forderung i. H. von 2.380 € ausweisen, wodurch eine Gewinnrealisierung i. H. von 800 € eintritt. Im Ergebnis entsprechen die Anschaffungskosten dem Nennwert der Forderung.

FALL 9

Wertaufhellende Tatsachen, Wechselobligo

Sachverhalt: In der Steuerbilanz v. 31.12.01, die Fabrikant Helm am 20.3.02 erstellt hat, erscheint eine Rückstellung für Wechselobligo über 20.000 €, die er wie folgt berechnet hat:

Die bis zum 31.12.01 weitergegebenen und von den Bezogenen nicht eingelösten Kundenwechsel belaufen sich auf insgesamt 500.000 €. Nach den betrieblichen Erfahrungen der Vorjahre sind als Pauschal-Rückstellung aus wechselrechtlichen Haftungen 4 % dieser Wechselbeträge passivierbar. Das hat zu einer Pauschal-Rückstellung i. H. von 20.000 € geführt. Allerdings sind von den am 31.12.01 umlaufenden Wechseln am Tag der Bilanzaufstellung (20.3.02) lediglich Wechsel über 12.000 € noch nicht von den Bezogenen bezahlt.

AUFGABE

Ist die Rückstellung der Höhe nach zutreffend ermittelt worden?

LÖSUNG

Ein Wechsel ist ein Orderpapier, in dem sich der Bezogene (Schuldner) verpflichtet, zu einem bestimmten Termin (i. d. R. drei Monate nach Ausstellung) an einem bestimmten Ort einen bestimmten Betrag zu zahlen (z. B. an den Aussteller oder Überbringer). Der Aussteller oder ein anderer Besitzer kann den Wechsel zur Bezahlung eigener Verbindlichkeiten weitergeben; dabei bleibt er im „Obligo" (= Haftung). Für weitergegebene Besitzwechsel ist deshalb eine Rückstellung für Wechselobligo zu bilden. Hierbei ist die „bessere Erkenntnis" bei Bilanzaufstellung zu beachten: Die Rückstellung darf nicht höher sein als der Betrag, der auf die am **Bilanzaufstellungstag** noch umlaufenden Wechsel entfällt.

Der Pauschal-Rückstellung i. H. von 20.000 € entsprachen umlaufende Wechsel über 500.000 €, die mit dem möglichen Risiko der Nichteinlösung durch die Bezogenen behaftet waren. Wenn zum Zeitpunkt der Bilanzerstellung (20.3.02) von diesen Wechseln 488.000 € eingelöst waren, wird dadurch erkennbar, dass diese tatsächlich nicht mit einem Risiko behaftet waren. Dies ist bei der Berechnung der Pauschal-Rückstellung am 20.3.02 zu berücksichtigen; es handelt sich um eine wertaufhellende Tatsache. Als Pauschal-Rückstellung kann nur der Betrag jener Wechsel angesetzt werden, die am Tag der Bilanzaufstellung noch umliefen und nicht eingelöst waren. Die Rückstellung beträgt richtig 12.000 € (vgl. auch BFH, Urteil v. 19.12.1972 - VIII R 18/70,

BStBl 1973 II S. 218). Rechtsgrundlagen sind § 5 Abs. 1 Satz 1 Halbsatz 1 EStG i. V. mit § 249 Abs. 1 und § 253 Abs. 1 HGB.

FALL 10

Bessere Erkenntnis bis zur Bilanzaufstellung[3]

Sachverhalt: Ein bilanzierender Gewerbetreibender hat die Steuerbilanz per 31.12.01 am 30.6.02 aufgestellt. Zum Betriebsvermögen des Abschlusszeitpunkts gehört eine Forderung über 11.900 € (einschließlich 19 % Umsatzsteuer) an den Kunden Fröhlich. Dass sich dieser seit dem 1.12.01 (**Abwandlung** 10.1.02) in Zahlungsschwierigkeiten befindet und über sein Vermögen am 15.12.01 (**Abwandlung** 20.1.02) das Insolvenzverfahren eröffnet wurde, erfuhr der Steuerpflichtige erst am 2.2.02. Zu diesem Zeitpunkt konnte der Steuerpflichtige höchstens mit einem Zahlungseingang i. H. von 50 % der ausstehenden Forderung rechnen. Tatsächlich erhielt er am 15.6.02 7.140 €; der Rest muss als endgültig ausgefallen angesehen werden.

AUFGABE

Wie ist die Forderung in der Handels- und in der Steuerbilanz zum 31.12.01 zu bewerten?

LITERATURHINWEIS

Dortmann/Mann, Lehrbuch Buchführung und Bilanzsteuerrecht, 14. Aufl. 2026, Teil B, Kapitel 2, Tz. 2.2.

LÖSUNG

Die Abschreibung auf den niedrigeren beizulegenden Wert ist gem. § 253 Abs. 4 HGB für die Handelsbilanz zwingend vorgeschrieben. Allerdings war dem Steuerpflichtigen hier zum Abschlusszeitpunkt nicht bekannt, dass die Forderung zu diesem Zeitpunkt dubios und folglich mit ihrem wahrscheinlichen Wert anzusetzen war. Die bessere Erkenntnis ist jedoch bis zur Bilanzaufstellung zu berücksichtigen (§ 252 Abs. 1 Nr. 4 HGB), längstens aber bis zu einem Zeitraum von zwölf Monaten nach dem Stichtag (BFH, Urteile v. 26.3.1968 - IV 63/63, BStBl 1968 II S. 527, und v. 12.12.1972 - VIII R 112/69, BStBl 1973 II S. 555). Die Forderung ist folglich entsprechend ihrem tatsächlichen Eingang bis zum Tag der Bilanzaufstellung mit 6.000 € zu bewerten. Hierdurch tritt für das Jahr 01 eine Gewinnminderung i. H. von 4.000 € ein (Forderungsabschreibung) und gleichzeitig eine Kürzung der Umsatzsteuerschuld zum 31.12.01 um 1.900 € (§ 17 Abs. 2 UStG i. V. mit Abschnitt 17.1 Abs. 5 Satz 5 UStAE). Für die steuerliche Bewertung besteht ein Wahlrecht gem. § 6 Abs. 1 Nr. 2 Satz 2 EStG, so dass in der Steuerbilanz auf die Teilwertabschreibung verzichtet werden kann (BMF, Schreiben v. 12.3.2010, BStBl 2010 I S. 239, Rz. 15).

3 **Literaturhinweis:** Falterbaum/Bolk/Reiß/Kirchner, Buchführung und Bilanz, 23. Aufl. 2020, S. 785 f. und 791; 517 ff.

Zur Abwandlung

Die der Forderung am Bilanzaufstellungstag (30.6.02) anhaftenden wertmindernden Umstände (Insolvenz des Kunden) lagen zum Abschlusszeitpunkt (31.12.01) noch nicht vor, denn sie sind erst nach diesem Stichtag eingetreten. Solche wertbeeinflussenden Umstände, die auf Vorgängen beruhen, die nach dem Abschlusszeitpunkt aufgetreten sind, scheiden für die Bilanzierung und Bewertung auf diesen Abschlusszeitpunkt aus. Die Forderung ist sowohl in der Handels- als auch in der Steuerbilanz zum 31.12.01 mit ihrem Nennbetrag i. H. von 11.900 € zu bewerten.

FALL 11

Aktivierung von Biersteuer, Wechseldiskont

Sachverhalt: Die Pax-Bier GmbH, ein Brauerei-Unternehmen, weist in ihrer Gewinn- und Verlustrechnung für das Jahr 01 einen Aufwand für Biersteuer i. H. von 720.000 € aus. Von diesem Betrag entfallen 10 % auf den am 31.12.01 in brauereieigenen Niederlassungen befindlichen Bierbestand.

Für am 1.12.01 ausgestellte und am 28.2.02 fällige Schuldwechsel für Wareneinkäufe auf Ziel sind zum 31.12.02 100.000 € passiviert worden (Buchung: Verbindlichkeiten 100.000 € an Schuldwechsel 100.000 €). Die zugrunde liegenden Schuldwechsel lauten hingegen auf 101.500 €, weil von den Gläubigern Zinsen (Diskont) berechnet wurden. Der Diskont soll bei Fälligkeit als Aufwand erfasst werden.

AUFGABEN

Wie ist der Biersteueraufwand steuerlich zu behandeln? Ist die Behandlung des Diskonts zulässig?

LÖSUNG

Die Biersteuer entsteht gem. § 14 BierStG, wenn das Bier die Brauerei verlässt, und zwar auch dann, wenn es nur in brauereieigene Auslieferungslager oder Niederlassungen verbracht wird. Da sie zu den Vertriebskosten gehört, kann sie auch nicht zu den Herstellungskosten des Bieres gerechnet werden (BFH, Urteil v. 26.2.1975 - I R 72/73, BStBl 1976 II S. 13). Gemäß § 5 Abs. 5 Satz 3 Nr. 1 EStG sind als Aufwand berücksichtigte Verbrauchsteuern, soweit sie auf am Abschlussstichtag auszuweisende Wirtschaftsgüter des Vorratsvermögens entfallen, auf der Aktivseite anzusetzen. Die Brauerei muss am 31.12.01 einen Aktivposten „Verbrauchsteuern" i. H. von (10 % von 720.000 € =) 72.000 € ausweisen. Es handelt sich hierbei weder um einen Rechnungsabgrenzungsposten noch um ein Wirtschaftsgut bzw. einen Vermögensgegenstand (mangels selbständiger Veräußerbarkeit), sondern um einen steuerlichen Aktivposten mit Wert- und Erfolgsberichtigungsfunktion.[4] In der Handelsbilanz kann dieser Posten nicht gebildet werden. Der Aktivposten ist zu dem Zeitpunkt aufzulösen, zu dem der Bierbestand nicht mehr zu bilanzieren ist.

4 Str.: GR: S. 706: Aktiver Rechnungsabgrenzungsposten; a. A. HHR, § 5 Rz. 2293, m. w. N.; aber wohl keine Anschaffungskosten eines Wirtschaftsguts; m. E. kann das so stehen bleiben.

Bei Schuldwechseln ist die Wechselsumme stets passivierungspflichtig. Ein darin enthaltener Diskont muss steuerrechtlich (hier für zwei Monate: $^2/_3$ von 1.500 €) aktiv abgegrenzt werden (handelsrechtlich besteht gem. § 250 Abs. 3 HGB ein Wahlrecht).

Buchungen für den Jahresabschluss 01

Handelsrechtlich:

Zinsaufwand	1.500 €	an	Wechselverbindlichkeiten	1.500 €

Steuerrechtlich und wahlweise handelsrechtlich:

Zinsaufwand	500 €			
Aktiver Rechnungsabgrenzungsposten	1.000 €	an	Wechselverbindlichkeiten	1.500 €

FALL 12

Umsatzsteuer auf Anzahlungen

Sachverhalt: Firma A erhält am 30.11.01 eine Anzahlung von einem Kunden i. H. von 119.000 €. Sie bucht:

Bank	119.000 €	an	Erhaltene Anzahlungen	119.000 €

Am 10.12.01 überweist sie die aufgrund der erhaltenen Anzahlung geschuldete Umsatzsteuer an das Finanzamt (vgl. § 13 Abs. 1 Nr. 1 Buchst. a Satz 4 UStG) und bucht:

Sonstiger Steueraufwand	19.000 €	an	Bank	19.000 €

Unter den Passivposten in der Steuerbilanz zum 31.12.01 befindet sich die Anzahlung mit 119.000 €. Das Konto „Sonstiger Steueraufwand" wird über das Gewinn- und Verlustkonto abgeschlossen. Die Belieferung des Kunden, der die Anzahlung geleistet hat, erfolgt im Jahr 02. Firma A versteuert ihre Umsätze gem. § 16 UStG (Sollversteuerung). Der Kunde erhielt am 30.11.01 eine entsprechende Rechnung mit gesondertem Umsatzsteuerausweis über die Anzahlung.

AUFGABEN

1. Wie ist handelsrechtlich zu buchen?
2. Wie ist steuerrechtlich zu buchen?
3. Wie bucht der Kunde?

LÖSUNG

Zu 1: Handelsrechtliche Betrachtung

Erhaltene Anzahlungen stellen Vorleistungen auf von anderer Seite noch zu erbringende Leistungen dar, die mit dem Erfüllungsbetrag (§ 253 Abs. 1 Satz 2 HGB) ohne Abzinsung, mithin mit dem Nennwert, erfolgsneutral zu passivieren sind. Sie sind mangels Gewinnrealisierung (vgl. § 252 Abs. 1 Nr. 4 HGB) ergebnisneutral zu bilanzieren. Dies geschieht – obwohl der Betrag der Abschlagszahlung, jedenfalls nach Auffassung des BFH (BFH, Urteil v. 3.7.1980 - IV R 138/76, BStBl 1980 II S. 648), die geschuldete Umsatzsteuer einschließt – in der handelsrechtlichen Buchführungspraxis nach der sog. „Nettomethode", d. h. die erhaltene Anzahlung wird ohne die Umsatzsteuer passiviert.

Handelsbilanz-Korrekturbuchung im Jahr 01:

Erhaltene Anzahlungen	19.000 €	an	Umsatzsteuer	19.000 €
Umsatzsteuer	19.000 €	an	Sonstiger Steueraufwand	19.000 €

Zu 2: Steuerrechtliche Betrachtung

Auch steuerrechtlich sind erhaltene Anzahlungen mangels Gewinnrealisierung (vgl. § 252 Abs. 1 Nr. 4 HGB) ergebnisneutral zu bilanzieren.

Aus § 5 Abs. 5 Satz 3 Nr. 2 EStG, wonach auf der Aktivseite als Aufwand berücksichtigte Umsatzsteuer auf am Abschlussstichtag auszuweisende Anzahlungen anzusetzen ist, lässt sich der Schluss ziehen, dass jedenfalls steuerrechtlich die Nettomethode nicht angewendet werden darf, sondern nur die Bruttomethode als zulässig angesehen wird (s. o.). Bei der Bruttomethode wird die gesamte Anzahlung auf dem Konto „Erhaltene Anzahlungen" passiviert, weil in dieser Höhe eine Rückzahlungsverpflichtung (Erfüllungsbetrag) besteht. Für die dann gewinnmindernd zu buchende Umsatzsteuer ist auf der Aktivseite ein Posten „Umsatzsteuer auf Anzahlungen" zu bilden.

Steuerbilanz-Korrekturbuchung im Jahr 01:

Umsatzsteuer auf Anzahlungen	19.000 €	an	Sonstiger Steueraufwand	19.000 €

Zu 3

Der Kunde bucht im Jahr 01, da eine entsprechende Rechnung vorliegt (vgl. § 15 Abs. 1 Satz 1 Nr. 1 Satz 3 UStG):

Geleistete Anzahlungen	100.000 €			
Umsatzsteuerforderung	19.000 €	an	Bank	119.000 €

FALL 13

Bilanzierte OHG- und GmbH-Beteiligung

Sachverhalt: Einzelkaufmann A (Wirtschaftsjahr = Kalenderjahr) ist seit Anfang des Jahres 01 an einer OHG (Wirtschaftsjahr = Kalenderjahr) beteiligt. Er hat die Beteiligung mit den Anschaffungskosten i. H. von 100.000 € in seinem Einzelunternehmen aktiviert. Sein Gewinnanteil am Handelsbilanzgewinn der OHG beträgt für das Jahr 01 20.000 € und wird im März 02 überwiesen. Im Juni 02 entnimmt A 10.000 € aus der OHG zugunsten seines einzelunternehmerischen Bankkontos. Für das Jahr 02 ergibt sich ein Verlustanteil für A i. H. von 15.000 € (Handelsbilanzergebnis der OHG). Vom OHG-Finanzamt wurden später folgende Beträge gesondert festgestellt:

Jahr 01:	22.000 €
Jahr 02:	- 14.000 €

Außerdem ist A mit 20 % an der Z-GmbH (Wirtschaftsjahr = Kalenderjahr) beteiligt. Er hat diese Beteiligung mit den Anschaffungskosten i. H. von 40.000 € in seinem Einzelunternehmen aktiviert. Die Z-GmbH hat für das Jahr 01 einen Handelsbilanzgewinn i. H. von 60.000 € erwirtschaftet, den sie gem. dem Beschluss der Gesellschafterversammlung v. 30.4.02 zur Hälfte am 2.5.02 ausschüttet. A erhält am 3.5.02 folgende Ausschüttung überwiesen:

Brutto-Dividende	6.000 €
Kapitalertragsteuer (25 %)	- 1.500 €
Solidaritätszuschlag	- 83 €
Gutschrift	4.417 €

AUFGABE

Wie muss A steuerrechtlich buchen?

LÖSUNG

Steuerlich wird die Beteiligung an Personenhandelsgesellschaften (OHG und KG) nicht als Wirtschaftsgut qualifiziert, sondern als Anteil des Gesellschafters am Betriebsvermögen der Personengesellschaft in Form einer quotalen Berechtigung an den zum Gesellschaftsvermögen gehörenden Wirtschaftsgütern (§ 39 Abs. 2 Nr. 2 Satz 1 AO). Dieser Anteil wird in der Steuerbilanz des Beteiligten nach der sog. **„Spiegelbildmethode“** geführt. Der Bilanzposten „Beteiligung“ weist dann alle Veränderungen durch Gewinn- und Verlustzuweisungen (erfolgswirksam) sowie Entnahmen und Einlagen (erfolgsneutral) entsprechend der Veränderung des Kapitalkontos in der Bilanz der Personengesellschaft aus. Teilwertabschreibungen auf die Beteiligung sind steuerlich nicht zulässig (BFH, Urteil v. 22.1.1981 - IV R 160/76, BStBl 1981 II S. 427).

Zu versteuern hat der Beteiligte allerdings das Ergebnis der einheitlichen und gesonderten Feststellung des Gewinns der Personengesellschaft. Dieser gesondert festgestellte Gewinn- bzw. Verlustanteil ist i. d. R. im ausgewiesenen Gewinn (der Buchführung des Beteiligten) enthalten. Falls der gebuchte Betrag nicht gleichlautend ist mit der gesonderten Feststellung, erfolgt eine Korrektur außerhalb der Buchführung. Für Zwecke der Gewerbesteuer ist § 8 Nr. 8 bzw. § 9 Nr. 2 GewStG zu beachten.

Ergänzungsbilanzen (wegen § 24 Abs. 2 UmwStG) und **Sonderbilanzen** sind ebenfalls nach der Spiegelbildmethode zu behandeln. Ist eine GmbH an einer Personengesellschaft beteiligt und besteht bei der Personengesellschaft eine Sonderbilanz zugunsten der GmbH (z. B., weil diese ein Wirtschaftsgut an die Personengesellschaft vermietet hat), ist in der Steuerbilanz der GmbH das Wirtschaftsgut nicht mehr anzusetzen; dafür ist der Ansatz der Beteiligung an der Personengesellschaft entsprechend zu erhöhen.

Steuerrechtlich bucht A zunächst wie folgt:

Jahr 01:				
Beteiligung (an OHG)	20.000 €	an	Erträge aus Beteiligung	20.000 €
Jahr 02:				
Bank	20.000 €	an	Beteiligung (an OHG)	20.000 €
Bank	10.000 €	an	Beteiligung (an OHG)	10.000 €
Sonstiger betrieblicher Aufwand	15.000 €	an	Beteiligung (an OHG)	15.000 €

Außerhalb der Buchführung sind folgende Gewinnkorrekturen erforderlich.

Jahr 01:	+ 2.000 €
Jahr 02:	+ 1.000 €

HINWEIS

Handelsrechtlich ist die Beteiligung als selbständiger Vermögensgegenstand zu behandeln, der mit den Anschaffungskosten, vermindert um etwaige Abschreibungen und erhöht um etwaige weitere Einlagen, anzusetzen ist. Daher werden die Gewinn- und Verlustanteile nicht über das Beteiligungskonto gebucht, sondern über Sonstige Forderungen/Sonstige Verbindlichkeiten.[5]

Der Anteil am Gewinn der Z-GmbH für das Jahr 01 ist bei A erst im Jahresabschluss 02 zu erfassen. Derartige Ansprüche entstehen erst, wenn ein entsprechender Beschluss der Gesellschafterversammlung vorliegt (§ 46 Nr. 1 GmbHG), hier am 30.4.02. Der Ertrag aus der Z-GmbH-Beteiligung erhöht den Gewinn des Jahres 02 i. H. von 6.000 €.

Buchung im Jahr 02:

Bank	4.417 €			
Entnahmen	1.583 €	an	Dividendenerträge	6.000 €

Außerhalb der Buchführung ist der Gewinn um 40 % = 2.400 € zu kürzen (Teileinkünfteverfahren gem. § 3 Nr. 40 Satz 1 Buchst. d und § 3c Abs. 2 EStG). Gewerbesteuerlich ist der Dividendenertrag befreit, da A zu mindestens 15 % an der GmbH beteiligt ist (§ 9 Nr. 2a GewStG).

2.7 Zurechnung von Vermögensgegenständen/Wirtschaftsgütern

Zur Bilanzierung von Vermögensgegenständen/Wirtschaftsgütern ist grds. der Eigentümer berechtigt und verpflichtet (§ 246 Abs. 2 HGB). Dabei knüpfen aber weder das Handels- noch das

5 Vergleiche hierzu Falterbaum/Bolk/Reiß/Kirchner, Buchführung und Bilanz, 23. Aufl. 2020, S. 330 ff.

Steuerrecht unbedingt an das zivilrechtliche Eigentum an. Ist ein Vermögensgegenstand/Wirtschaftsgut nicht dem Eigentümer, sondern einem anderen wirtschaftlich zuzurechnen, hat dieser ihn in seiner Bilanz auszuweisen. Steuerrechtlich ist das wirtschaftliche Eigentum gesetzlich in § 39 Abs. 2 AO verankert. Gemäß § 39 Abs. 2 Nr. 1 AO ist die Rechtsstellung des wirtschaftlichen Eigentümers dadurch gekennzeichnet, dass er den zivilrechtlichen Eigentümer im Regelfall für die gewöhnliche Nutzungsdauer von der Einwirkung auf das Wirtschaftsgut wirtschaftlich ausschließen kann. Dies ist der Fall, wenn der Herausgabeanspruch des Eigentümers wirtschaftlich bedeutungslos ist, was nur unter Berücksichtigung der Gesamtumstände einzelfallbezogen beantwortet werden kann (BFH, Urteil v. 2.6.2016 - IV R 23/13, BFH/NV 2016 S. 1433, FAAAF-79656). Das wirtschaftliche Eigentum an einem Kapitalgesellschaftsanteil geht dabei auf einen Erwerber über, wenn der Käufer des Anteils

1. aufgrund eines (zivilrechtlichen) Rechtsgeschäfts bereits eine rechtlich geschützte, auf den Erwerb des Rechts gerichtete Position erworben hat, die ihm gegen seinen Willen nicht mehr entzogen werden kann, und
2. die mit dem Anteil verbundenen wesentlichen (Verwaltungs- und Vermögens-)Rechte (insbesondere Gewinnbezugsrecht und Stimmrecht) sowie
3. Risiko und Chance von Wertveränderungen auf ihn übergegangen sind (BFH, Urteil v. 9.10.2008 - IX R 73/06, BStBl 2009 II S. 140). Ein an einem Kapitalgesellschaftsanteil Unterbeteiligter ist danach nur dann wirtschaftlicher Eigentümer, wenn er nach dem Inhalt der getroffenen Abrede alle mit der Beteiligung verbundenen wesentlichen Rechte (Vermögens- und Verwaltungsrechte, insbesondere Gewinnbezugs- und Stimmrecht) ausüben und im Konfliktfall effektiv durchsetzen kann (BFH, Urteil v. 26.1.2011 - IX R 7/09, BStBl 2011 II S. 540).

Handelsrechtlich ergibt sich der Vorrang des wirtschaftlichen Eigentums vor dem zivilrechtlichen Eigentum aus § 246 Abs. 1 Satz 2 HGB. Das HGB verzichtet auf eine eigene Definition. Zwischen dem steuerrechtlichen und dem handelsrechtlichen Begriff des „wirtschaftlichen Eigentums" bestehen aber keine Unterschiede. Mithilfe dieses Korrektivs wird handelsrechtlich sichergestellt, dass in der Bilanz nur solche Vermögensgegenstände ausgewiesen werden, die den Gläubigern auch als Schuldendeckungspotential dienen können. Dies wäre bei Vermögensgegenständen, die nicht wirtschaftlich zugerechnet werden können, gerade nicht der Fall. Wenn also rechtliches und wirtschaftliches Eigentum nicht in derselben Person vereinigt sind, ist der wirtschaftliche Eigentümer zur Bilanzierung berechtigt und verpflichtet.

Der Treugeber, der Käufer unter Eigentumsvorbehalt, der Kommittent, der Sicherungsgeber bei der Sicherungsübereignung, der Käufer eines Grundstücks vor Eintragung im Grundbuch, aber nach Auflassung und Übergang von Besitz, Gefahr, Nutzungen und Lasten, sowie der Dieb, sie alle sind sowohl nach Handels- als auch nach Steuerrecht wirtschaftliche Eigentümer. Das wirtschaftliche Eigentum an einer Forderung verbleibt im Rahmen eines Asset-Backed-Securities-Modells beim Forderungsverkäufer, wenn er das Bonitätsrisiko (weiterhin) trägt. Dies ist der Fall, wenn der Forderungskäufer bei der Kaufpreisbemessung einen Risikoeinbehalt vornimmt, der den erwartbaren Forderungsausfall deutlich übersteigt, aber nach Maßgabe des tatsächlichen Forderungseingangs erstattungsfähig ist. Ist das wirtschaftliche Eigentum nach dieser Maßgabe beim Forderungsverkäufer verblieben, stellen die an den Forderungskäufer geleisteten „Gebühren" Entgelte für Schulden dar (BFH, Urteil v. 26.8.2010 - I R 17/09, BFHE 231 S. 210, HAAAD-

56607). Demgegenüber sind Mieter, Pächter, Nießbraucher und Leasingnehmer von Wirtschaftsgütern i. d. R. nicht wirtschaftliche Eigentümer; sie sind es ausnahmsweise, wenn sie den rechtlichen Eigentümer für die Nutzungsdauer des Wirtschaftsguts von jeder Einwirkung auf das Wirtschaftsgut ausschließen können (§ 39 Abs. 2 Nr. 1 AO). Bei Leasingverträgen vgl. BMF, Schreiben v. 19.4.1971, BStBl 1971 I S. 264, und v. 21.3.1972, BStBl 1972 I S. 188.

Beim Scheinmietvertrag liegt die Anschaffung (Kauf) seitens des „Scheinmieters" von Anfang an vor. Beim Mietkauf ist zunächst von Miete auszugehen; macht der Mieter von seinem Kaufrecht Gebrauch, wird ihm das Wirtschaftsgut erst ab der Ausübung der Kaufoption zugerechnet.

Am Bilanzstichtag rollende oder schwimmende Ware (sog. „Unterwegs-Ware") ist beim Käufer zu bilanzieren, wenn die Ware bei ihm ankommt (unmittelbarer Besitz) oder wenn er über die Orderpapiere verfügt (mittelbarer Besitz; BFH, Urteil v. 3.8.1988 - I R 157/84, BStBl 1989 II S. 21). Die Konsequenz ist, dass bis dahin die Ware vom Verkäufer zu bilanzieren ist.

Als Orderpapiere kommen im Warenverkehr folgende Papiere in Betracht:

- Konnossement (Seefrachtgeschäft),
- Ladeschein (Binnenverkehr) und
- Orderlagerschein.

Das Wesen der Orderpapiere besteht darin, dass ihre Aushändigung die zur Eigentumsübertragung erforderliche Übergabe der Ware ersetzt. Bei der Verwendung von Frachtbriefen, die im Gegensatz zu den Orderpapieren keine Wertpapiere, sondern lediglich Urkunden sind, ergibt sich für den Eigentumsübergang gem. § 448 HGB das Gleiche wie bei Orderpapieren. Das ändert nichts an der Rechtslage, dass bereits mit der Absendung der Ware die Gewinnrealisierung für den Verkäufer eingetreten ist. Denn mit dem Übergehen der Preisgefahr ist das Schweben des Verkaufsgeschäfts für den Verkäufer beendet (§ 447 BGB) und die Forderung entstanden. Zivilrechtlich gehört das Wirtschaftsgut zwar noch dem Veräußerer. Bilanzrechtlich hingegen wird das veräußerte Wirtschaftsgut nicht mehr beim Verkäufer, aber auch noch nicht beim Käufer aktiviert (vgl. auch BFH, Urteil v. 3.8.1988 - I R 157/84, BStBl 1989 II S. 21).

Besonderheiten bei Wertpapierdarlehen (Wertpapierleihe)

Bei einem Wertpapierdarlehen werden Wertpapiere einem Darlehensnehmer (Entleiher) gegen Entgelt zu vollem Eigentum und zu freier Verfügung einschließlich Verpfändung und Weiterverkauf von einem Darlehensgeber (Verleiher) überlassen. Der Darlehensnehmer ist bei Fälligkeit zur Rückerstattung von Sachen gleicher Art, Güte und Menge verpflichtet (§ 607 BGB). Dabei ist zu unterscheiden:

a) **Zurechnung beim Darlehensnehmer gem. § 39 Abs. 1 AO**

   Mit der zivilrechtlichen Übertragung des Eigentums ist dem Darlehensnehmer im Grundfall die Darlehensvaluta auch wirtschaftlich und damit im Ergebnis steuerlich zuzurechnen; eine Zurechnung beim Darlehensgeber ist ausgeschlossen. Dadurch wird vermieden, dass die Wertpapiere bei einer anschließenden Übereignung durch den Darlehensnehmer an einen Dritten mehrfach – nämlich sowohl beim Darlehensgeber als auch bei einem Dritten – erfasst werden. Beim Darlehensgeber tritt an die Stelle der Wertpapiere eine Forderung auf Lieferung von Wertpapieren gleicher Art, Güte und Menge. Diese Sachforderung ist mit dem Buchwert der hingegebenen Wertpapiere anzusetzen. Eine Gewinnrealisierung aufgrund der ggf. in den Wertpapieren enthaltenen stillen Reserven (z. B. durch Kurssteigerungen) tritt durch diesen Aktivtausch nicht ein. Beim Entleiher steht dem Zugang der Wertpapiere eine Passivierung der Lieferverpflichtung gegenüber.

b) Wirtschaftliche Zurechnung beim Darlehensgeber gem. § 39 Abs. 2 Nr. 1 Satz 1 AO

Führt die Gesamtbetrachtung im Hinblick auf Entgelt, Liquiditätsvorteil, Stimmrecht, kurze Kündigungsfrist (drei Tage) und Haltedauer über den Dividendenstichtag von weniger als 45 Tagen zum Ergebnis, die Wertpapiere trotz der zivilrechtlichen Übertragung wirtschaftlich dem Darlehensgeber zuzuordnen, sind die Wertpapiere ununterbrochen in der Bilanz des Darlehensgebers auszuweisen (BFH, Urteil v. 18.8.2015 - I R 88/13, BStBl 2016 II S. 961; BMF, Schreiben v. 9.7.2021, BStBl 2021 I S. 1002). Die Dividende ist wirtschaftlich dem Darlehensgeber zuzurechnen und bei diesem zu besteuern.

FALL 14

Sicherungsübereignung

Sachverhalte:

a) Ein Fabrikant hat seine Maschinen seiner Hausbank zur Erlangung eines Kredits sicherungshalber übereignet, wodurch diese zivilrechtliches Eigentum an den Maschinen erlangte.

Er hat ferner seiner Bank zur Sicherung eines Kredits Forderungen aus Lieferungen in stiller Form abgetreten. Am Bilanzstichtag ist der Einzelunternehmer mit der Kredittilgung nicht im Rückstand.

b) Fuhrunternehmer F hat vom Lkw-Hersteller L einen Ratenkredit über 75.000 € erhalten. Zur Sicherheit übereignet F einen Lkw im Teilwert i. H. von 90.000 €. Da F nach drei Monaten bereits die erste Rate nicht zahlen kann, wird der Kredit sofort fällig. L macht unverzüglich von seinem Verwertungsrecht Gebrauch, lässt den Lkw abholen (Buchwert zu diesem Zeitpunkt 85.000 €) und veräußert ihn im Namen und für Rechnung von F wenige Tage später für 70.000 € zzgl. 13.300 € Umsatzsteuer an K. L entstehen Verwertungskosten i. H. von 1.000 € zzgl. 190 € Umsatzsteuer, die F nach dem Sicherungsübereignungsvertrag zu tragen hat. L erteilt folgende Abrechnung an F:

Erlös aus Verwertung des Lkw	83.300 €
Umsatzsteuer	- 13.300 €
Kosten	- 1.000 €
Gutschrift	69.000 €
Forderung	- 75.000 €
Restforderung	6.000 €

F erteilt L anschließend eine Rechnung über ein Netto-Entgelt i. H. von 69.000 € (= Umsatzsteuer 13.110 €), die die besonderen Voraussetzungen erfüllt, die gem. § 14 und § 14a Abs. 5 UStG geboten sind.

AUFGABEN

Zu a):

1. Darf der Fabrikant die Maschinen weiterhin bilanzieren und Abschreibungen auf die Maschinen vornehmen, wenn sie sich nach wie vor in seinem Betrieb befinden und betrieblich genutzt werden?
2. Wer muss die abgetretenen Forderungen bilanzieren?

Zu b):

Wie haben F und L zu buchen?

LÖSUNG

Zu a) Nr. 1

Bei der Zurechnung von Wirtschaftsgütern folgt das Steuerrecht nicht immer dem bürgerlichen Recht. Im Steuerrecht werden Wirtschaftsgüter, die zum Zweck der Sicherung übereignet worden sind, dem Sicherungsgeber zugerechnet (§ 39 Abs. 2 Nr. 1 Satz 2 AO). Der Fabrikant hat folglich die Maschinen zu bilanzieren, obwohl er nicht ihr rechtlicher Eigentümer ist. Er ist berechtigt (und verpflichtet), Abschreibungen auf den Maschinenbestand vorzunehmen (§ 7 EStG). Das Gleiche gilt handelsrechtlich (§ 246 Abs. 1 Satz 2 HGB).

Zu a) Nr. 2

Durch diese Art der Forderungsabtretung, die Sicherungszession in stiller Form genannt wird, verliert der Einzelunternehmer zwar das zivilrechtliche Eigentum, nicht jedoch das wirtschaftliche Eigentum. Die Bank kann nämlich über die Forderungen nur verfügen, wenn der Sicherungsfall eintritt, d. h., wenn der Kredit nicht vereinbarungsgemäß getilgt wird. Dies hängt jedoch ausschließlich vom Verhalten des Fabrikanten ab; er muss die Forderungen nach wie vor in seiner Bilanz ansetzen (§ 39 Abs. 2 Nr. 1 AO).

Zu b)

Zwischen F und L sowie zwischen L und K liegt jeweils umsatzsteuerlich eine Lieferung vor (sog. „Doppelumsatz", Abschnitt 1.2 Abs. 1 und Abschnitt 13b.1 Abs. 2 Satz 1 Nr. 4 UStAE). Allerdings entsteht in der Person des F keine Umsatzsteuer, da die Umsatzsteuerschuld auf L übergeht (§ 13b Abs. 1 Nr. 2 i. V. mit Abs. 5 UStG), der seinerseits einen Vorsteuerabzug hat. Dabei stellen die dem F in Rechnung gestellten Kosten eine Entgeltsminderung dar: Deshalb betragen Vorsteuer und Umsatzsteuer 13.110 €. F ist zur Ausstellung einer Rechnung nach Maßgabe des § 14a Abs. 5 UStG verpflichtet.

F hat zu buchen:

Verbindlichkeiten	69.000 €			
Sonstiger betrieblicher Aufwand (Verwertungskosten)	1.000 €			
Sonstiger betrieblicher Aufwand (Veräußerungsverlust)	15.000 €	an	Lkw (Buchwert)	85.000 €

L hat zu buchen:

Sonstiger betrieblicher Aufwand (Verwertungskosten)	1.000 €			
Umsatzsteuerforderung	190 €	an	Bank	1.190 €
Forderung (an K)	83.300 €	an	Umsatzsteuer	13.300 €
		an	Sonstiger betrieblicher Ertrag (Verwertungskosten)	1.000 €
		an	Forderung (an F)	69.000 €

Aufgrund von § 13b Abs. 2 Nr. 2 i. V. mit Abs. 5 UStG:

Umsatzsteuerforderung	13.110 €	an	Umsatzsteuer	13.110 €

HINWEIS

Der Sicherungsgeber führt mit der Übereignung beweglicher Gegenstände zu Sicherungszwecken noch keine Lieferung an den Sicherungsnehmer gem. § 1 Abs. 1 Nr. 1 und § 3 Abs. 1 UStG aus. Zur Lieferung wird der Übereignungsvorgang erst mit der Verwertung des Sicherungsguts, gleichgültig, ob der Sicherungsnehmer das Sicherungsgut dadurch verwertet, dass er es selbst veräußert, oder dadurch, dass der Sicherungsgeber es im Auftrag und für Rechnung des Sicherungsnehmers veräußert. Veräußert der Sicherungsnehmer das Sicherungsgut an einen Dritten, liegt ein Dreifachumsatz (Veräußerung nur für Rechnung des Sicherungsnehmers) erst vor, wenn aufgrund der konkreten Sicherungsabrede oder aufgrund einer hiervon abweichenden Vereinbarung die Verwertungsreife eingetreten ist (BFH, Urteil v. 23.7.2009 - V R 27/07, BStBl 2010 II S. 859, und Abschnitt 1.2 Abs. 1a UStAE). Es bleibt beim Doppelumsatz für den Fall der Veräußerung eines zur Sicherung übereigneten Gegenstands durch den Sicherungsgeber im Namen und für Rechnung des Sicherungsnehmers (BMF, Schreiben v. 30.11.2006, BStBl 2006 I S. 794, und BFH, Beschluss v. 19.7.2007 - V B 222/06, BStBl 2008 II S. 163).

FALL 15

Kommissionsgeschäfte

Sachverhalt: Ein Kommissionär hat auf seinem Warenlager

a) Kommissionsware aus einer Verkaufskommission,

b) Kommissionsware aus einer Einkaufskommission.

AUFGABE

Wem ist die Kommissionsware steuerlich zuzurechnen?

LÖSUNG

Zu a)

Bei der Verkaufskommission bleibt das zivilrechtliche Eigentum an der Ware beim Kommittenten, solange bis der Kommissionär es kraft seiner Ermächtigung wirksam auf den Ankäufer überträgt. Auch wirtschaftlich ist die Ware bis dahin dem Kommittenten zuzurechnen, weil sie für den Kommissionär fremde Ware ist.

Zu b)

Bei der Einkaufskommission wird der Kommissionär zivilrechtlicher Eigentümer der Ware, die er im eigenen Namen gekauft hat. Er bleibt es bis zur Übereignung an den Kommittenten, zu der er verpflichtet ist (§ 384 Abs. 2 HGB). Das wirtschaftliche Eigentum an der Ware liegt allerdings beim Kommittenten, da nur er die wirtschaftlichen Gefahren trägt, die mit der Ware verbunden sind (z. B. Vornahme einer Teilwertabschreibung bei bis zum Bilanzstichtag gesunkenen Wiederbeschaffungskosten). Steuerlich ist die Einkaufskommission vergleichbar mit der Erwerbstreuhand (§ 39 Abs. 2 Nr. 1 Satz 2 AO). Auch in diesem Fall erfolgt also die Zurechnung der Ware beim Kommittenten.

FALL 16

Verkaufskommission

Sachverhalt: Am 20.12.01 übernahm Kommissionär A von einem Großhändler (Kommittent) Ware in Kommission. Nach dem Kommissionsvertrag soll A die Ware für mindestens 10.000 € zzgl. Umsatzsteuer verkaufen; vom Verkaufserlös soll A eine Bruttovergütung i. H. von 10 % behalten. Die Anschaffungskosten der Ware beim Kommittenten betrugen 7.000 €. Am 10.1.02 gelingt es A, für die Ware einen privaten Käufer zu finden, der einen Preis i. H. von 12.000 € zzgl. Umsatzsteuer akzeptiert und bar bezahlt. Noch am selben Tag erteilt A seinem Kommittenten folgende Abrechnung:

Verkaufserlös	14.280 €
Provision (10 %)	- 1.428 €
Ihr Guthaben	12.852 €

Am 12.1.02 erteilt der Kommittent folgende Rechnung an A:

Gelieferte Kommissionsware	12.000 €
Provision (10 %)	- 1.200 €
	10.800 €
Umsatzsteuer (19 %)	+ 2.052 €
Ihre Schuld	12.852 €

AUFGABEN

1. Wem ist die Kommissionsware am 31.12.01 zuzurechnen?
2. Wie lauten die Buchungen bei A und dem Kommittenten im Jahr 02?

LÖSUNG

Zu 1

Die Ware ist am 31.12.01 dem Kommittenten zuzurechnen, weil er ihr rechtlicher und wirtschaftlicher Eigentümer bis zum Vollzug des Erfüllungsgeschäftes bleibt; er hat sie in seiner Bilanz zum 31.12.01 mit den Anschaffungskosten i. H. von 7.000 € zu bilanzieren. Umsatzsteuerlich liegt zwischen dem Kommittenten und dem Kommissionär eine Lieferung vor (§ 3 Abs. 3 UStG). Diese findet hier im Januar 02 statt, weil dann erst die Lieferung des Kommissionärs an den Abnehmer erfolgt (BFH, Urteil v. 25.11.1986 - V R 102/78, BStBl 1987 II S. 278).

Zu 2

Spätestens nach Ausführung des Erfüllungsgeschäftes werden beim Kommissionär Buchungen erforderlich. Der Kommittent bucht, wenn er vom Vollzug des Erfüllungsgeschäftes Kenntnis erlangt.

Buchungen des Kommittenten im Jahr 02 (vereinfacht):

Forderungen	12.852 €	an	Umsatzerlöse (Regelsteuersatz)	10.800 €
		an	Umsatzsteuer	2.052 €

Buchungen des Kommissionärs im Jahr 02:

Finanzkonto	14.280 €			
Umsatzsteuerforderung	2.052 €	an	Verbindlichkeiten	12.852 €
		an	Sonstige betriebliche Erträge	1.200 €
		an	Umsatzsteuer	2.280 €

FALL 17

Wirtschaftliches Eigentum an einem Grundstück

Sachverhalt: Am 3.10.01 wurde ein Kaufvertrag über ein Grundstück in der in § 311b Abs. 1 BGB vorgeschriebenen Form abgeschlossen (notarielle Beurkundung). In dem Vertrag war bestimmt, dass die mit dem Grundstück verbundenen Nutzungen und Lasten unmittelbar nach der Auflassung auf den Käufer übergehen sollen. Die Auflassung (§ 925 BGB) erfolgte am 1.11.01. Die Eintragung des Eigentümerwechsels in das Grundbuch erfolgte am 10.2.02.

AUFGABE

Ab welchem Zeitpunkt ist das Grundstück dem Käufer zuzurechnen?

LÖSUNG

Das rechtliche Eigentum an dem Grundstück geht gem. § 873 BGB erst mit der Eintragung des Eigentümerwechsels ins Grundbuch auf den Käufer über (10.2.02). Das wirtschaftliche Eigentum liegt aber schon dann beim Käufer, wenn Eigenbesitz, Gefahr, Nutzen und Lasten auf ihn übergegangen sind und das rechtliche Eigentum nachfolgen soll. Denn maßgebend für eine Zurechnung aufgrund wirtschaftlichen Eigentums ist vor allem, dass Substanz und Ertrag des Grundstücks wirtschaftlich dem Nutzungsberechtigten zustehen. Solange Nutzen, Lasten und die Gefahr des zufälligen Untergangs noch nicht auf den Erwerber übergegangen sind, sind diese Voraussetzungen nicht erfüllt (BFH, Urteil v. 4.6.2003 - X R 49/01, BStBl 2003 II S. 751). Dem Sachverhalt nach gingen Nutzen und Lasten ab dem 1.11.01 auf den Erwerber über. Ab diesem Zeitpunkt ist das Grundstück wirtschaftlich dem Käufer zuzurechnen.

FALL 18

Scheinmietvertrag

Sachverhalt: Ein Fuhrunternehmer mietete ab dem 1.1.01 einen Lkw für eine Mietzeit von 24 Monaten (betriebsgewöhnliche Nutzungsdauer des Fahrzeugs von vier Jahren). Eine Kaufoption nach Ablauf der Mietzeit war vereinbart; in diesem Fall schuldete der Mieter als Kaufpreis 10.000 € zzgl. Umsatzsteuer. Der Mietpreis betrug monatlich 10.000 € zzgl. Umsatzsteuer und wurde stets am Monatsanfang entrichtet. Für Inspektionen, Reparaturen, Steuern und Versicherungen musste der Mieter aufkommen. Am 2.1.03 machte der Mieter von seinem Kaufoptionsrecht Gebrauch. Er zahlte den Kaufpreis, belastete das Konto „Fuhrpark" mit 10.000 € und nahm für das Jahr 03 eine AfA i. H. von 5.000 € in Anspruch. Die Netto-Mietzahlungen der Jahre 01–02 i. H. von insgesamt 240.000 € behandelte er als Aufwand. Die Umsatzsteuer wurde jeweils als Vorsteuer geltend gemacht.

Dem Nennwert der Summe der Zahlungen i. H. von 250.000 € (ohne Umsatzsteuer) entsprechen die folgenden Gegenwartswerte (Barwerte):

- 1.1.01: 237.000 €,
- 31.12.01: 127.000 € und
- 31.12.02: 10.000 €.

Am 2.1.03 hatte der Lkw einen gemeinen Wert i. H. von 140.000 €.

AUFGABE

Wie ist der Fall aus der Sicht des Käufers bilanzsteuerrechtlich bei Anwendung der Barwertvergleichsmethode im Hinblick auf die Gewinne für die Jahre 01–03 zu würdigen?

LÖSUNG

Bei den getroffenen Vereinbarungen handelte es sich nicht um einen Mietvertrag mit anschließendem Kaufvertrag, sondern um einen Kauf von Anfang an. Dies ergibt sich insbesondere aus dem Missverhältnis zwischen dem gemeinen Wert des Fahrzeugs am 2.1.03 (ca. 140.000 €) und dem tatsächlich geschuldeten „Kaufpreis" i. H. von 10.000 € netto. Ein Mietvertrag wurde offensichtlich nur zum Schein abgeschlossen, um die Kaufpreisraten als sofort abziehbare Betriebsausgaben behandeln zu können. Der Fuhrunternehmer (Mieter) ist von Anfang an als wirtschaftlicher Eigentümer des Fahrzeugs anzusehen. Durch sein Kaufoptionsrecht war im Übrigen seine Stellung so stark, dass der Vermieter keinen Herausgabeanspruch mehr hatte (§ 39 AO).

Der aufgrund des Scheinmietvertrags erlangte Lkw ist mit den Anschaffungskosten zu aktivieren. Ist der Kaufpreis gestundet, ohne dass Zinsen vereinbart wurden, ergeben sich die Anschaffungskosten aus dem abgezinsten Betrag (BFH, Urteil v. 29.10.1974 - VIII R 131/70, BStBl 1975 II S. 173), hier also aus dem Gegenwartswert/Barwert i. H. von 237.000 €.

Auch die entstandene Kaufpreisschuld ist mit ihrem abgezinsten Wert (Gegenwartswert, Barwert) und nicht mit ihrem Nennwert zu passivieren (BFH, Urteil v. 7.7.1983 - IV R 47/80, BStBl 1983 II S. 753), denn bezüglich der Verzinsung liegt im Zugangszeitpunkt ein schwebendes Geschäft (R 5.7 Abs. 7 EStR) vor, das sich der Bilanzierung zunächst entzieht. Die Zinsen sind sodann in der Weise zu ermitteln, dass die Ratenzahlungen in einen Zins- und Tilgungsanteil aufgeteilt werden. Dabei ist die Differenz zwischen den jeweiligen Gegenwartswerten an den einzelnen Bilanzstichtagen als Tilgung zu verstehen, der Rest ist der Zinsanteil. Im Einzelnen ergeben sich folgende Auswirkungen:

	Bilanz des Steuerpflichtigen	Berichtigte Steuerbilanz
Fuhrpark		
Zugang am 1.1.01	–	237.000 €
AfA im Jahr 01	–	- 59.250 €
31.12.01	–	177.750 €
AfA im Jahr 02	–	- 59.250 €
31.12.02	–	118.500 €
Zugang am 2.1.03	10.000 €	
AfA im Jahr 03	- 5.000 €	- 59.250 €
31.12.03	5.000 €	59.250 €
Verbindlichkeiten		
Zugang am 1.1.01		237.000 €
Tilgung (Zahlung netto 120.000 €)		- 110.000 €
31.12.01		127.000 €
Tilgung (Zahlung netto 120.000 €)		- 117.000 €
31.12.02		10.000 €
Tilgung netto		- 10.000 €
Schlussstand		0 €

Gewinnberichtigungen:

Konto	Jahr 01	Jahr 02	Jahr 03
Mietaufwand	+ 120.000 €	+ 120.000 €	0 €
AfA	- 59.250 €	- 59.250 €	- 54.250 €
Zinsaufwand	- 10.000 €	- 3.000 €	0 €
	+ 50.750 €	+ 57.750 €	- 54.250 €

FALL 19

Rollende Ware[6]

Sachverhalt: Eine am 15.12.01 bestellte Ware wird am 30.12.01 vom Verkäufer (Kaufmann A aus Hamburg) auf Verlangen des Käufers (Kaufmann B aus München) als Stückgut zur Bahn gegeben. Die Ware erreicht den Käufer am 5.1.02. Der Erfüllungsort ist Hamburg.

AUFGABE

Wer muss die Ware am 31.12.01 bilanzieren?

LITERATURHINWEIS

Dortmann/Mann, Lehrbuch Buchführung und Bilanzsteuerrecht, 14. Aufl. 2026, Teil B, Kapitel 3, Tz. 3.3.4.

LÖSUNG

Die am Bilanzstichtag auf dem Transport befindliche sog. „rollende Ware“ ist bilanzrechtlich nicht mehr beim Verkäufer, aber auch noch nicht beim Käufer zu aktivieren (vgl. auch BFH, Urteil v. 3.8.1988 - I R 157/84, BStBl 1989 II S. 21), denn der Verkäufer muss bereits dann den vereinbarten Kaufpreis als Forderung in seiner Bilanz ausweisen, wenn er das zur Erfüllung des Vertrags Erforderliche getan hat und der Gefahrenübergang (Preisgefahr) mit der Übergabe der Ware an die Bahn (Frachtführer) eingetreten ist (§ 447 BGB). Das ist bei rollender Ware mit Beginn der Versendung der Fall. Im Ergebnis ist also die aus der begonnenen Versendung resultierende Forderung ansetzen.

Beim Käufer liegt bis zum Erhalt der Ware oder der Orderpapiere ein schwebendes Geschäft vor.

2.8 Grundsatz der Einzelbewertung und seine Ausnahmen

Grundsätzlich ist jedes Wirtschaftsgut einzeln zu bewerten (§ 6 Satz 1 EStG und § 252 Abs. 1 Nr. 3 HGB). Jede Windkraftanlage, die in einem Windpark betrieben wird, stellt mit dem dazuge-

6 **Literaturhinweis:** Falterbaum/Bolk/Reiß/Kirchner, Buchführung und Bilanz, 23. Aufl. 2020, S. 785.

hörigen Transformator nebst der verbindenden Verkabelung ein zusammengesetztes Wirtschaftsgut dar. Daneben ist die Verkabelung von den Transformatoren bis zum Stromnetz des Energieversorgers zusammen mit der Übergabestation als weiteres zusammengesetztes Wirtschaftsgut zu behandeln, soweit dadurch mehrere Windkraftanlagen miteinander verbunden werden. Auch die Zuwegung stellt ein eigenständiges Wirtschaftsgut dar (BFH, Urteile v. 14.4.2011 - IV R 46/09, BStBl 2011 II S. 696, und v. 1.2.2012 - I R 57/10, BStBl 2012 II S. 407).

Vom Grundsatz der Einzelbewertung gelten folgende Ausnahmen:

2.8.1 Gruppenbewertung

Rechtsgrundlagen: § 240 Abs. 4 i. V. mit § 256 Satz 2 HGB sowie R 6.8 Abs. 4 EStR.

Sie wird auch Sammelbewertung genannt und kommt in Betracht für

- gleichartige Vermögensgegenstände des Vorratsvermögens,
- andere gleichartige oder annähernd gleichwertige bewegliche Vermögensgegenstände und
- Schulden.

Die vorstehenden, jeweils zu einer Gruppe zusammengefassten Gegenstände sind, wenn von der Gruppenbildung Gebrauch gemacht wird, mit dem gewogenen Durchschnittswert anzusetzen. Die Gruppenbildung ist nicht zulässig für gleichwertige Vermögensgegenstände des Vorratsvermögens.

2.8.2 Festbewertung

Für Gegenstände des beweglichen Anlagevermögens sowie für Roh-, Hilfs- und Betriebsstoffe können Festwerte gebildet werden (§ 240 Abs. 3 i. V. mit § 256 Satz 2 HGB sowie R 5.4 Abs. 4 EStR). Der Festwert repräsentiert den „eisernen Bestand" für bestimmte Wirtschaftsgüter. Die Voraussetzungen für die Bildung eines Festwerts sind:

1. Gesamtwert ist von nachrangiger Bedeutung (max. 10 % der Bilanzsumme, BMF, Schreiben v. 8.3.1993, BStBl 1993 I S. 276);
2. die Nutzungsdauer beträgt beim Anlagevermögen mehr als ein Jahr;
3. in etwa gleicher Bestand und Wert sowie gleiche Zusammensetzung;
4. regelmäßiges Ersetzen der im Festwert erfassten Vermögensgegenstände.

Steuerrechtlich sind bei der erstmaligen Bildung des Festwerts im Bereich des beweglichen Anlagevermögens die Vorschriften des § 6 Abs. 1 Nr. 1 EStG zu beachten. Danach sind die Zugänge zu aktivieren und gem. § 7 EStG so lange abzuschreiben, bis der Festwert erreicht ist. Das ist dann der Fall, wenn die jährlichen Zugänge in etwa der AfA entsprechen, die sich jährlich bei einer Einzelbewertung ergäbe. Zu diesem Zeitpunkt besteht das Wahlrecht, zum Festwertverfahren überzugehen oder die Einzelbewertung fortzusetzen.

Bei Roh-, Hilfs- und Betriebsstoffen ergibt sich der Festwert als Inventurwert zu Anschaffungskosten.

Nach Bildung des Festwerts stellen Zukäufe Aufwand dar und Verkäufe führen zu Ertrag.

Die Höhe des Festwerts ist **i. d. R. alle drei Jahre** durch eine Inventur zu überprüfen (§ 240 Abs. 3 HGB). Beim beweglichen Anlagevermögen ist spätestens an jedem fünften Bilanzstichtag eine solche Inventur erforderlich (R 5.4 Abs. 3 EStR).

Bei Abweichungen i. H. von mehr als 10 % **nach oben** sind bei beweglichen Anlagegütern Anpassungen erforderlich. Dabei dürfen allerdings nur Zukäufe zu Aufstockungen genutzt werden. Ist der ermittelte Wert niedriger als der bisherige Festwert, besteht ein Wahlrecht: Der bisherige Festwert kann beibehalten werden oder die Bewertung erfolgt direkt mit dem ermittelten Wert.

Bei der Bildung eines Festwerts sind kurzlebige Wirtschaftsgüter (Nutzungsdauer bis zu zwölf Monaten) nicht als Zugänge zu berücksichtigen (BFH, Urteil v. 26.8.1993 - IV R 127/91, BStBl 1994 II S. 232).

2.8.3 Sammelposten gem. § 6 Abs. 2a Satz 1 EStG

Für abnutzbare bewegliche und selbständig nutzbare Wirtschaftsgüter des Anlagevermögens kann im Wirtschaftsjahr der Anschaffung, Herstellung oder Einlage des Wirtschaftsguts oder der Eröffnung des Betriebs ein **jahrgangsbezogener Sammelposten** (Poolbildung) eingerichtet werden, wenn die Anschaffungs- oder Herstellungskosten, vermindert um einen darin enthaltenen Vorsteuerbetrag (§ 9b EStG), oder der Einlagewert für das einzelne Wirtschaftsgut **250 €, aber nicht 1.000 €** übersteigen (§ 6 Abs. 2a Satz 1 EStG). Der Sammelposten ist im Wirtschaftsjahr der Bildung und den folgenden vier Wirtschaftsjahren mit jeweils $^1/_5$ gewinnmindernd aufzulösen (§ 6 Abs. 2a Satz 2 EStG). Der Gesetzgeber geht somit bei derartigen Wirtschaftsgütern von einer pauschalen Nutzungsdauer i. H. von fünf Jahren aus. Scheidet ein derartiges Wirtschaftsgut durch Veräußerung oder Entnahme oder Zerstörung aus dem Betriebsvermögen aus, so berührt das den Bilanzansatz des Sammelpostens nicht. Allerdings ist ein Veräußerungserlös bzw. im Fall der Entnahme der Entnahmewert als Betriebseinnahme zu erfassen. Da der Sammelposten selbst kein Wirtschaftsgut, sondern bloß eine Rechengröße ist, sind Teilwertabschreibungen nicht zulässig (R 6.13 Abs. 6 EStR).

Nach Auffassung des HFA steht der Bildung eines Sammelpostens auch in der **Handelsbilanz** grds. unter Wirtschaftlichkeitsgesichtspunkten nichts entgegen (IDW-Fachnachrichten 2007 S. 506). Es kann jedoch nicht ganz außer Acht gelassen werden, dass der Sammelposten zu Überbewertungen führt, wenn er viele Wirtschaftsgüter mit einer Nutzungsdauer von weniger als fünf Jahren umfasst. Eine Übernahme des Sammelpostens in die Handelsbilanz ist daher nur vertretbar, wenn dieser insgesamt von untergeordneter Bedeutung ist.

Für die 250 €- und 1.000 €-Grenze spielt es keine Rolle, ob die Vorsteuer tatsächlich verrechenbar ist oder nicht (R 9b Abs. 2 EStR). Bezüglich der selbständigen bzw. nicht selbständigen Nutzungsfähigkeit vgl. R 6.13 Abs. 1 EStR und H 6.13 ABC der (nicht) selbständig nutzungsfähigen Wirtschaftsgüter EStH mit zahlreichen Beispielen.

Die vorstehenden Regelungen gelten auch, wenn der Gewinn durch Einnahmenüberschussrechnung gem. § 4 Abs. 3 EStG ermittelt wird (§ 4 Abs. 3 Satz 3 EStG).

2.8.4 Bewertungseinheiten i. S. des § 5 Abs. 1a EStG und § 254 HGB

Es gehört zur kaufmännischen Übung, Geschäfte (Grundgeschäfte), die einem Kursrisiko unterliegen, durch Sicherungsgeschäfte mit einem gegenläufigen Risiko abzusichern. Die Chancen und Risiken aus dem Grund- und Sicherungsgeschäft werden im handelsrechtlichen Jahresabschluss kompensatorisch in Bewertungseinheiten zusammengefasst. Wenn die kompensatorische Bewertung insgesamt zu einem positiven Ergebnis führt, ist der Gewinn gem. § 252 Abs. 1 Nr. 4 HGB nur zu berücksichtigen, wenn er am Abschlussstichtag realisiert ist, ein Verlust hingegen mindert das Ergebnis sofort. In § 5 Abs. 1a EStG wird zur Klarstellung festgeschrieben, dass diese handelsrechtliche Praxis zur Bildung von Bewertungseinheiten auch für die steuerliche Bilanzierung gilt. § 5 Abs. 1a EStG statuiert damit eine Pflicht zur Bildung von Bewertungseinheiten in der Steuerbilanz bei Micro-Hedge, Macro-Hedge und Portfolio-Hedge. Bei einzelnen Call- oder Put-Optionen bzw. Devisentermingeschäften handelt es sich i. d. R. um einen sog. „Micro-Hedge", wenn damit ein einzelnes Grundgeschäft abgesichert wird (z. B. eine Kreditaufnahme in US-$). Von „Macro-Hedge" spricht man, wenn mehrere gleichartige saldierungsfähige Grundgeschäfte (z. B. Forderungen und Schulden oder schwebende Geschäfte in derselben Fremdwährung) durch ein gegenläufiges Sicherungsgeschäft abgesichert werden. „Portfolio-Hedge" liegt vor, wenn für Schulden in ausländischer Währung aus Anlass des Einkaufs mehrerer Vermögensgegenstände entsprechende Kurssicherungsgeschäfte abgeschlossen werden. Die im handelsrechtlichen Jahresabschluss zur Absicherung finanzwirtschaftlicher Risiken gebildeten Bewertungseinheiten werden somit für die Besteuerung übernommen.

Als Folgeänderung bestimmt § 5 Abs. 4a Satz 2 EStG, dass ein nach Bildung von Bewertungseinheiten verbleibendes negatives Ergebnis, bei dem es sich technisch um eine Rückstellung handelt, nicht dem Passivierungsverbot gem. § 5 Abs. 4a EStG unterliegt. Nach Bildung von Bewertungseinheiten verbleibende positive Ergebnisse wirken sich nur aus, wenn die Anschaffungskosten von Grund- und Sicherungsgeschäft unterschritten werden; in diesem Fall erfolgen Abschreibungen bei den betroffenen Bilanzpositionen.

FALL 20

Gruppenbewertung[7]

Sachverhalt: Zum Warenbestand eines Textil-Einzelhändlers gehören am 31.12.01 200 gemischt sortierte Herrenanzüge mit unterschiedlichen Größen und Designs. Auch die Anschaffungskosten weichen voneinander ab.

Der Bestand stammt aus den folgenden Einkäufen:

► 1.2.01:	160 Stück zu 164 €/Stück =	26.240 €
► 1.4.01:	140 Stück zu 167 €/Stück =	23.380 €
► 1.6.01:	180 Stück zu 169 €/Stück =	30.420 €
► 1.7.01:	240 Stück zu 174 €/Stück =	41.760 €

7 **Literaturhinweis:** Falterbaum/Bolk/Reiß/Kirchner, Buchführung und Bilanz, 23. Aufl. 2020, S. 541 ff.

Mit der Zuordnung der einzelnen Anzüge zu den jeweiligen Anschaffungskosten wäre eine Arbeitskraft einen halben Tag lang beschäftigt. Zum 31.12.00 ergab sich kein Bestand.

AUFGABE

Gibt es eine vereinfachte Bewertungsmöglichkeit?

LITERATURHINWEIS

Dortmann/Mann, Lehrbuch Buchführung und Bilanzsteuerrecht, 14. Aufl. 2026, Teil B, Kapitel 6, Tz. 6.3.2.

LÖSUNG

Die Gruppenbewertung gem. § 240 Abs. 4 HGB führt zu folgendem Ergebnis:

160 Stück zu 164 €/Stück =	26.240 €
140 Stück zu 167 €/Stück =	+ 23.380 €
180 Stück zu 169 €/Stück =	+ 30.420 €
240 Stück zu 174 €/Stück =	+ 41.760 €
720 Stück	121.800 €

121.800 € / 720 Stück = 169,17 € Durchschnitts-Anschaffungskosten pro Stück

Die Anschaffungskosten der 200 Anzüge betragen somit (200 x 169,17 € =) 33.834 €.

FALL 21

Gerüst- und Schalungsteile

Sachverhalt: Für die technisch aufeinander abgestimmten und genormten Gerüst- und Schalungsteile seines Anlagevermögens hat ein Bauunternehmer zum 31.12.01 einen zulässigen Festwert i. H. von 80.000 € gebildet. Die körperliche Bestandsaufnahme für diese Gerüst- und Schalungsteile ergab folgendes Ergebnis zum 31.12.04:

a) 92.000 €.

b) 74.000 € (vorübergehend, langfristig wieder steigend).

Die Zugänge beliefen sich

- im Jahr 02 auf 8.000 € zzgl. Umsatzsteuer,
- im Jahr 03 auf 4.000 € zzgl. Umsatzsteuer,
- im Jahr 04 auf 9.000 € zzgl. Umsatzsteuer und
- im Jahr 05 auf 12.000 € zzgl. Umsatzsteuer.

Gebucht wurde jeweils: Abschreibungen Umsatzsteuerforderung an Finanzkonto.

Im Jahr 03 wurden Gerüst- und Schalungsteile für 5.000 € zzgl. 950 € Umsatzsteuer veräußert:

Finanzkonto	5.950 €	an	Sonstige betriebliche Erträge	5.000 €
		an	Umsatzsteuer	950 €

AUFGABEN

Sind die Buchungen zutreffend erfolgt? Welcher Betrag ist als Festwert per 31.12.04 zu bilanzieren?

HINWEIS

Für technisch aufeinander abgestimmte und genormte Gerüst- und Schalungsteile kommt die Bewertungsfreiheit gem. § 6 Abs. 2 EStG nicht in Betracht, da sie nicht selbständig nutzbar sind (H 6.13 ABC der nicht selbständig nutzungsfähigen Wirtschaftsgüter EStH).

LÖSUNG

Im **Fall a)** beträgt die Differenz am 31.12.04 zwischen altem und neuem Festwert 12.000 €, das sind mehr als 10 % des alten Festwerts (10 % von 80.000 € = 8.000 €). Die Zukäufe in den Jahren 04 und 05 sind zur Aufstockung des Festwerts zu benutzen (vgl. R 5.4 Abs. 3 EStR).

Umbuchungen

Im Jahr 04:

Technische Anlagen	9.000 €	an	Abschreibungen	9.000 €

Im Jahr 05:

Technische Anlagen	3.000 €	an	Abschreibungen	3.000 €

Im **Fall b)** gilt Folgendes: Ist der ermittelte Wert niedriger als der bisherige Festwert, so kann der Steuerpflichtige den ermittelten Wert als neuen Festwert ansetzen (R 5.4 Abs. 3 Satz 4 EStR). Der Steuerpflichtige hat ein Wahlrecht; auf die 10 %-Grenze kommt es nicht an. Wird ein niedriger Gewinn angestrebt, ist für das Jahr 04 zusätzlich zur Buchung des Zukaufs über 9.000 € zu buchen:

Abschreibungen	6.000 €	an	Technische Anlagen	6.000 €

Dadurch erscheint der Festwert in der Bilanz zum 31.12.04 mit dem Inventurwert i. H. von 74.000 €.

FALL 22

Erstmalige Bildung eines Festwerts[8]

Sachverhalt: Ein im Jahr 01 eröffneter Betrieb schafft festwertfähige Wirtschaftsgüter des Anlagevermögens mit einer Nutzungsdauer von fünf Jahren wie folgt an:

- Im Jahr 01 20.000 €,
- im Jahr 02 20.000 €,
- im Jahr 03 20.000 €,
- im Jahr 04 20.000 € und
- im Jahr 05 20.000 €.

AUFGABEN

Wann kann steuerlich frühestens ein Festwert angesetzt werden? Wie hoch ist dieser frühestens ansetzbare Festwert? Es soll linear abgeschrieben werden.

LITERATURHINWEIS

Dortmann/Mann, Lehrbuch Buchführung und Bilanzsteuerrecht, 14. Aufl. 2026, Teil B, Kapitel 6, Tz. 6.3.3.

LÖSUNG

Bei der erstmaligen Bildung eines Festwerts ist § 6 Abs. 1 Nr. 1 EStG zu beachten, d. h., es ist zunächst eine Einzelbewertung nach dem Buchwertverfahren (Anschaffungskosten – AfA i. S. des § 7 Abs. 1 oder 2 EStG) vorzunehmen, bis der Zustand erreicht ist, bei dem sich die jährliche AfA und die Abgänge mit den Zugängen (Ersatzbeschaffungen) in etwa decken. Dann hat der Unternehmer die Wahl, zum Festwertverfahren überzugehen oder die Einzelbewertung fortzuführen. In der Handelsbilanz kann demgegenüber der Festwert direkt angesteuert werden (durch eine außerplanmäßige Abschreibung).

8 **Literaturhinweis:** Falterbaum/Bolk/Reiß/Kirchner, Buchführung und Bilanz, 23. Aufl. 2020, S. 557 ff.

Für die steuerliche Bilanzierung ergibt sich im vorliegenden Fall folgende Lösung:

Technische Anlagen

Zugang im Jahr 01	20.000 €
AfA im Jahr 01	- 4.000 €
Stand am 31.12.01	16.000 €
Zugang im Jahr 02	+ 20.000 €
AfA im Jahr 02	- 8.000 €
Stand am 31.12.02	28.000 €
Zugang im Jahr 03	+ 20.000 €
AfA im Jahr 03	- 12.000 €
Stand am 31.12.03	36.000 €
Zugang im Jahr 04	+ 20.000 €
AfA im Jahr 04	- 16.000 €
Stand am 31.12.04	40.000 €
Zugang im Jahr 05	+ 20.000 €
AfA im Jahr 05	- 20.000 €
Stand am 31.12.05 = Festwert	40.000 €

Entscheidet sich der Unternehmer zum 31.12.05 für den Festwertansatz, sind alle nachfolgenden Anschaffungen sofort Aufwand. Setzt er die Einzelbewertung fort, sind die Neuzugänge zu aktivieren und nach Maßgabe des § 7 Abs. 1 oder 2 EStG abzuschreiben.

FALL 23

Behandlung der Sammelposten

Sachverhalt: Kaufmann K hat im Jahr 01 zahlreiche, selbständig nutzbare Wirtschaftsgüter wie folgt netto angeschafft:

a) Büromöbel (Nutzungsdauer zehn Jahre) für 15.000 € und

b) Paletten (Nutzungsdauer drei Jahre) für 10.000 €.

Die Anschaffungskosten für jedes einzelne Wirtschaftsgut liegen zwischen 300 € und 800 €. Ende des Jahres 02 hat K einen gebrauchten, acht Jahre alten Lieferwagen für 900 € netto erworben, dessen Restnutzungsdauer zwei Jahre beträgt. Im Jahr 03 gingen zwei Bürostühle aus der Anschaffung aus dem Jahr 01 zu Bruch und ein Stuhl wurde entnommen (Teilwert 100 €).

AUFGABE

Wie ist in den Jahren 01–03 zu buchen, wenn von § 6 Abs. 2a EStG Gebrauch gemacht werden soll?

LÖSUNG

Für jedes Wirtschaftsjahr, in dem Wirtschaftsgüter i. S. des § 6 Abs. 2a EStG angeschafft, hergestellt oder eingelegt werden, ist bei der Anwendung von § 6 Abs. 2a EStG ein eigenständiger Sammelposten zu bilden (R 6.13 Abs. 5 EStR). Die Zugänge eines jeden Jahres werden separat von den Zugängen folgender Jahre erfasst und mit 20 % abgeschrieben. Der Sammelposten aus dem Jahr 01 ist im Jahr 01 und den folgenden vier Jahren mit jeweils 5.000 € gewinnmindernd aufzulösen. Der Sammelposten aus dem Jahr 02 ist im Jahr 02 und den folgenden vier Jahren mit jeweils 180 € gewinnmindernd aufzulösen. Die Zerstörung bzw. Entnahme der Bürostühle wirkt sich auf den Bilanzansatz der Sammelposten nicht aus. Allerdings ist die Entnahme mit dem Teilwert i. H. von 100 € gewinnerhöhend und zzgl. Umsatzsteuer zu erfassen.

	GWG-Sammelposten aus dem Jahr 01	**GWG-Sammelposten aus dem Jahr 02**
Zugang im Jahr 01	25.000 €	
Abschreibung	- 5.000 €	
Stand am 31.12.01	20.000 €	
Zugang im Jahr 02		900 €
Abschreibung	- 5.000 €	- 180 €
Stand am 31.12.02	15.000 €	720 €
Abschreibung	- 5.000 €	- 180 €
31.12.03	10.000 €	540 €

Die Entnahme des Bürostuhls im Jahr 03 ist zu buchen:

Entnahmen	119 €	an	Sonstige betriebliche Erträge	100 €
		an	Umsatzsteuer	19 €

FALL 24

Kurssicherungsgeschäft

Sachverhalt: Eine Verbindlichkeit aus einem Warenimport auf Ziel im Betrag i. H. von 50.000 US-$ wird am Tag der Lieferung entsprechend dem gültigen Devisenkurs mit 40.000 € passiviert (1 € = 1,25 US-$). Um sich vor einem steigenden $-Kurs zu schützen, wurden an der Börse 500 Stück €/$-Put-Optionen zu einem Basiskurs i. H. von 1,25 $ mit der der Verbindlichkeit entsprechenden Fristigkeit erworben. Hierfür wurden 2.000 € bezahlt. Am Bilanzstichtag beträgt der Devisenkassamittelkurs für 1 € = 1,10 $. Die Put-Optionen werden zu diesem Zeitpunkt mit 6.000 € an der Börse gehandelt.

Aus einer Lieferung auf Ziel nach Großbritannien resultieren umsatzsteuerfreie Forderungen im Gesamtwert i. H. von 100.000 GBP, die umgerechnet mit 117.647 € (1 € = 0,85 GBP) zum Entstehungszeitpunkt bewertet wurden. Um sich auch hier vor Währungsrisiken zu schützen, wurden 1.000 Stück €/GBP-Call-Optionen zu einem Basispreis i. H. von 0,85 GBP pro 1 € für

3.000 € mit der der Forderung entsprechenden Fristigkeit erworben. Am Bilanzstichtag beträgt der Devisenkassamittelkurs für 1 € = 0,95 GBP. Die Call-Optionen werden zu diesem Zeitpunkt mit 11.000 € an der Börse gehandelt.

AUFGABE

Wie sind $-Verbindlichkeit und GBP-Forderung im Jahresabschluss zu erfassen und zu bewerten?

LÖSUNG

Ohne § 254 HGB müsste am Bilanzstichtag die $-Verbindlichkeit infolge des zwischenzeitlich gestiegenen $-Kurses mit (50.000 US-$ / 1,10 US-$ =) 45.454 € bewertet werden, was zu einem Verlustausweis i. H. von 5.454 € führen würde. Der gestiegene $-Kurs hat gleichzeitig den Wert der Put-Optionen um 4.000 € erhöht. Ein Ansatz der Put-Optionen mit 6.000 € ist allerdings unzulässig, da nichtrealisierte Gewinne nicht ausgewiesen werden dürfen. Fasst man aber das Grundgeschäft und das Sicherungsgeschäft zusammen, droht aus dem Grundgeschäft kein Verlust, da die Option ein Recht auf Erwerb von 50.000 US-$ zum Kurs i. H. von 1 € = 1,25 US-$ beinhaltet. Lediglich die gezahlte Optionsprämie ist erfolgswirksam zu berücksichtigen, indem die Verbindlichkeit anstatt mit 40.000 € mit 42.000 € bewertet wird. Unter den sonstigen Vermögensgegenständen sind die Put-Optionen mit den Anschaffungskosten i. H. von 2.000 € anzusetzen.

Buchung:

Sonstiger betrieblicher Aufwand	2.000 €	an	Verbindlichkeiten	2.000 €

Das gilt auch für die Steuerbilanz (§ 5 Abs. 1a Satz 2 EStG).

Ohne § 254 HGB müsste am Bilanzstichtag die Forderung des zwischenzeitlich gefallenen Pfundkurses mit (100.000 GBP / 0,95 GBP =) 105.263 € bewertet werden. Der Verlust betrüge 12.384 €. Aus dem Kurssicherungsgeschäft resultiert hingegen ein Gewinn i. H. von 8.000 €. Fasst man das Grundgeschäft und das Sicherungsgeschäft zusammen, droht aus dem Grundgeschäft kein Verlust, da die Option ein Recht auf Erwerb von 100.000 GBP zum Kurs i. H. von 1 € = 0,85 GBP beinhaltet. Lediglich die gezahlte Optionsprämie i. H. von 3.000 € ist erfolgswirksam zu berücksichtigen, indem die Forderung anstatt mit 117.647 € mit 114.647 € bewertet wird. Daneben sind die Call-Optionen mit den Anschaffungskosten i. H. von 3.000 € zu erfassen.

Buchung:

Abschreibungen	3.000 €	an	Forderungen	3.000 €

Das gilt auch für die Steuerbilanz (§ 5 Abs. 1a Satz 2 EStG).

Kapitel 3: Umfang des steuerlichen Betriebsvermögens

3.1 Notwendiges Betriebsvermögen, notwendiges Privatvermögen und gewillkürtes Betriebsvermögen

Wirtschaftsgüter, die ausschließlich und unmittelbar für eigenbetriebliche Zwecke genutzt werden, sind notwendiges Betriebsvermögen (R 4.2 Abs. 1 EStR). Das Gleiche gilt für Wirtschaftsgüter, die nicht Grundstücke oder Grundstücksteile sind und die zu mehr als 50 % eigenbetrieblich genutzt werden (R 4.2 Abs. 1 Satz 4 EStR). Sie sind in vollem Umfang zu bilanzieren; ihre private Mitbenutzung stellt eine Nutzungsentnahme dar.

Wirtschaftsgüter, die ganz oder zu mehr als 90 % privaten Zwecken dienen, gehören in vollem Umfang zum notwendigen Privatvermögen (R 4.2 Abs. 1 Satz 5 EStR). Aufwendungen eines dem Privatvermögen zuzuordnenden Wirtschaftsguts, die durch betriebliche Nutzung entstehen, sind im Wege einer Einlage zu berücksichtigende Betriebsausgaben (R 4.7 Abs. 1 Satz 2 EStR). Wirtschaftsgüter, die auf Dauer nur Verluste abwerfen, gehören ebenfalls zum notwendigen Privatvermögen (BFH, Urteil v. 19.2.1997 - XI R 1/96, BStBl 1997 II S. 399).

Wirtschaftsgüter mit einer betrieblichen Nutzung von mindestens 10 % bis zu 50 % können durch Ausübung eines entsprechenden Gestaltungswahlrechts gewillkürtes Betriebsvermögen werden (R 4.2 Abs. 1 Satz 6 EStR). Auch hier gilt das **Alles-oder-nichts-Prinzip:** Das Wirtschaftsgut ist entweder in vollem Umfang Betriebsvermögen oder in vollem Umfang Privatvermögen. Vermindert sich der Umfang der betrieblichen Nutzung eines Kfz, das dem gewillkürten Betriebsvermögen eines Unternehmens in einem früheren Veranlagungszeitraum wegen einer mehr als 10 %igen betrieblichen Nutzung zugeordnet wurde, in einem Folgejahr auf unter 10 %, ändert dies an der Zuordnung zum gewillkürten Betriebsvermögen nichts, weil eine solche Nutzungsänderung allein keine Entnahme darstellt (BFH, Urteil v. 21.8.2012 - VIII R 11/11, BStBl 2013 II S. 117). Andere Wirtschaftsgüter, die weder notwendiges Betriebsvermögen noch notwendiges Privatvermögen sind, können unter bestimmten Voraussetzungen als gewillkürtes Betriebsvermögen behandelt werden. Die Behandlung eines Wirtschaftsguts als gewillkürtes Betriebsvermögen setzt ein Wirtschaftsgut voraus, das seiner Art nach nicht eindeutig in den privaten Bereich weist und dessen Zuordnung zum Betriebsvermögen seiner Natur nicht widerspricht. In diesem Sinne kommen als Wirtschaftsgüter des Betriebsvermögens nur solche in Betracht, die in einem gewissen objektiven Zusammenhang mit dem Betrieb stehen und ihn zu fördern bestimmt und geeignet sind (R 4.2 Abs. 1 Satz 3 EStR). Die Steuerpflichtigen haben kein (freies) Wahlrecht, gewillkürtes Betriebsvermögen oder Privatvermögen zu bilden. Vielmehr muss auch die Bildung gewillkürten Betriebsvermögens betrieblich veranlasst sein. Die Wirtschaftsgüter müssen objektiv „betriebsdienlich" sein (BFH, Urteil v. 18.12.1996 - XI R 52/95, BStBl 1997 II S. 351). Die Willkür muss ihr auslösendes Moment im Betrieb haben. Deshalb muss der Steuerpflichtige darlegen, welche Beziehung das Wirtschaftsgut zum Betrieb hat und welche vernünftigen wirtschaftlichen Überlegungen ihn veranlasst haben, das Wirtschaftsgut als Betriebsvermögen zu behandeln.

Die Zuordnung zum gewillkürten Betriebsvermögen muss unmissverständlich in einer Weise kundgemacht werden, dass ein sachverständiger Dritter ohne weitere Erklärung des Steuerpflichtigen die Zugehörigkeit zum Betriebsvermögen erkennen kann (BFH, Urteile v. 22.9.1993 - X R 37/91, BStBl 1994 II S. 172, und v. 5.3.2002 - IV B 22/01, BStBl 2002 II S. 690).

Die Behandlung eines Wirtschaftsguts als Betriebs- oder Privatvermögen ist ausschlaggebend dafür, ob sich Veräußerungen oder Entnahmen auf den betrieblichen Gewinn auswirken, nicht dagegen dafür, ob Aufwendungen Betriebsausgaben sind oder nicht. Hierfür ist allein das Kausalitätsprinzip des § 4 Abs. 4 EStG maßgebend.

Demzufolge sind Aufwendungen einschließlich der AfA, soweit sie betrieblich veranlasst sind, auch dann Betriebsausgaben, wenn das Wirtschaftsgut zum Privatvermögen gehört (R 4.7 Abs. 1 Satz 2 EStR).

Buchung:

Erfolgskonto an Einlagen

Umgekehrt dürfen die privat veranlassten Kosten eines Wirtschaftsguts des Betriebsvermögens den Gewinn nicht mindern. Diese Aufwendungen einschließlich der AfA sind als Entnahmen zu erfassen (R 4.7 Abs. 1 Satz 1 EStR).

Buchung:

Entnahmen an Erfolgskonto

Wird ein zum Betriebsvermögen gehörendes, jedoch teilweise privat genutztes Kfz veräußert, erhöht der gesamte Unterschiedsbetrag zwischen Buchwert und Veräußerungserlös den Gewinn i. S. der §§ 4 und 5 EStG. Der Umstand, dass die tatsächlich für das Fahrzeug in Anspruch genommene AfA infolge der Besteuerung der Nutzungsentnahme bei wirtschaftlicher Betrachtung teilweise neutralisiert wird, rechtfertigt weder eine lediglich anteilige Berücksichtigung des Veräußerungserlöses bei der Ermittlung des Veräußerungsgewinns noch eine gewinnmindernde Korrektur des Veräußerungsgewinns i. H. der auf die private Nutzung entfallenden AfA (BFH, Urteil v. 16.6.2020 - VIII R 9/18, BStBl 2020 II S. 845).

Die Einnahmen, die aus bilanziertem Betriebsvermögen stammen, sind stets Betriebseinnahmen (vgl. hierzu § 20 Abs. 8 und § 21 Abs. 3 EStG). Dabei gelten für Einnahmen aus Kapitalvermögen folgende Besonderheiten:

TAB. 1:	Überblick über die Besteuerung von Dividenden und Veräußerungsgewinnen bei Anteilen an Kapitalgesellschaften		
Einnahmeart	Anteile im Privatvermögen natürlicher Personen	Anteile im Betriebsvermögen natürlicher Personen	Anteile im Betriebsvermögen von Kapitalgesellschaften
Dividenden	Abgeltungsteuer mit Option zwecks Günstigerprüfung im Veranlagungsverfahren	Teileinkünfteverfahren (§ 3 Nr. 40 Satz 1 EStG): 40 % steuerfrei	Steuerbefreiung i. H. von 95 % (§ 8b Abs. 1 und 5 KStG) Ab dem 1.3.2013 ist die Befreiung für Dividenden aus Streubesitz (Beteiligung i. H. von weniger als 10 %) entfallen (§ 8b Abs. 4 KStG)
Veräußerungsgewinne	Beteiligung unter 1 %: Abgeltungsteuer mit Option zwecks Günstigerprüfung im Veranlagungsverfahren Beteiligung mindestens 1 % und mehr: § 17 EStG und Teileinkünfteverfahren (§ 3 Nr. 40 Satz 1 EStG): 40 % steuerfrei	Teileinkünfteverfahren (§ 3 Nr. 40 Satz 1 EStG): 40 % steuerfrei	Steuerbefreiung i. H. von 95 % (§ 8b Abs. 2 und 3 KStG)

FALL 25

Wertpapiere als Betriebsvermögen[9]

Sachverhalt: Ein bilanzierender Bauunternehmer hat aus Privatmitteln zahlreiche Aktien im Gesamtbetrag i. H. von 200.000 € erworben, die der Geldanlage dienen sollen.

Ein Steuerpflichtiger ist Rechtsanwalt und Notar; er ermittelt seinen Gewinn durch Betriebsvermögensvergleich i. S. des § 4 Abs. 1 EStG. Er erwarb aus **betrieblichen Mitteln** risikofreie, festverzinsliche Wertpapiere unter pari für 120.000 € und bilanzierte diese als Betriebsvermögen, um damit eine höhere Verzinsung seiner Honorare zu erreichen und ein Kapitalpolster zur Abdeckung seiner Berufsrisiken zu schaffen, da er mit seiner Berufshaftpflichtversicherung einen hohen Selbstbehalt vereinbart hat. Außerdem sollen die Mittel für Kanzleirenovierungen bereitstehen.

AUFGABE

Können der Bauunternehmer und der Rechtsanwalt die Wertpapiere zu ihrem Betriebsvermögen rechnen?

LITERATURHINWEIS

Dortmann/Mann, Lehrbuch Buchführung und Bilanzsteuerrecht, 14. Aufl. 2026, Teil B, Kapitel 5, Tz. 5.4.

9 **Literaturhinweis:** Falterbaum/Bolk/Reiß/Kirchner, Buchführung und Bilanz, 23. Aufl. 2020, S. 495.

LÖSUNG

Ein bilanzierender **Gewerbetreibender** kann i. d. R. Wertpapiere, die nicht zum notwendigen Privatvermögen gehören, als Betriebsvermögen behandeln (H 4.2 Abs. 1 Wertpapiere EStH). Voraussetzung ist, dass die Wertpapiere auch in der Buchführung und Bilanz eindeutig als Betriebsvermögen ausgewiesen werden und dem Betrieb nicht nur Verluste bringen (BFH, Urteil v. 19.2.1997 - XI R 1/96, BStBl 1997 II S. 399). Der Bauunternehmer kann die Wertpapiere in sein Betriebsvermögen einlegen.

Der Ausweis der Wertpapiere in den Bilanzen des **Rechtsanwalts** ist ebenfalls zulässig. Werden von einem Angehörigen der freien Berufe mit **betrieblichen Mitteln** Wertpapiere angeschafft, dann können die Wertpapiere kein notwendiges Betriebsvermögen sein, weil sie bei diesem Personenkreis für die Betriebsführung nicht wesentlich sind. Allerdings bleibt es einem Freiberufler unbenommen, Wertpapiere als gewillkürtes Betriebsvermögen zu behandeln. Voraussetzung dafür ist, dass die Wertpapiere in einem gewissen objektiven Zusammenhang mit dem Betrieb stehen und diesem zu dienen bestimmt und geeignet sind (BFH, Urteil v. 15.7.1960 - VI 10/60 S, BStBl 1960 III S. 484). Der eine Behandlung als gewillkürtes Betriebsvermögen rechtfertigende Zusammenhang von Wertpapieren mit dem Betrieb wird schon durch den Erwerb mit betrieblichen Mitteln hergestellt. Es müssen nicht weitere, auf einen sachlichen Zusammenhang mit dem Betrieb schließen lassende Umstände hinzutreten. Wenn der Freiberufler den Umfang seiner betrieblichen Barmittel frei bestimmen kann, dann muss es ihm auch überlassen bleiben, diese Mittel in Wertpapieren anzulegen. Eine andere Beurteilung könnte geboten sein, wenn der Umfang des Wertpapierbestands und die Art seiner Verwaltung, insbesondere eine häufige Umschichtung mit deutlich erkennbaren spekulativen Absichten, darauf schließen lassen, dass eine eigene, von der freiberuflichen Tätigkeit abgrenzbare Einkunftsquelle erschlossen wird. Das ist hier nicht der Fall. Zusätzlich wird auch noch dadurch ein betrieblicher Zusammenhang hergestellt, dass die Wertpapiere ebenso wie zuvor die für die Anschaffung aufgewandten Barmittel der Absicherung von Risiken aus der Tätigkeit des Steuerpflichtigen als Rechtsanwalt und der Begleichung der Aufwendungen für die Kanzleirenovierung dienen sollen.

FALL 26

Behandlung von Dividendenerträgen und Stückzinsen

Sachverhalte:

a) Zum Betriebsvermögen eines Gewerbetreibenden gehören 1.250 Stück Aktien der Siemens AG. Die Hauptversammlung der Siemens AG beschloss am 15.3.03 eine Ausschüttung für das Wirtschaftsjahr 01/02 (Abschlusszeitpunkt 30.9.) i. H. von 8 € pro Stück. Am 20.3.03 ging eine entsprechende Zahlung auf dem betrieblichen Bankkonto des Steuerpflichtigen ein.

b) Ein Kaufmann (Abschlusszeitpunkt 31.12.) erwirbt zum 31.3.01 Pfandbriefe im Nennwert i. H. von 50.000 € zum Kurs i. H. von 96 %, Zinssatz 6 % jährlich. Die Zinsen sind jeweils am 1.7. eines jeden Jahres fällig. Die Bank erteilt folgende Abrechnung:

50.000 € Pfandbriefe, Kurs 96 %	48.000 €
Nebenkosten	+ 260 €
Stückzinsen 1.7.00–31.3.01	+ 2.250 €
	50.510 €

Am 1.7.01 zieht die Bank die Zinsen i. H. von 3.000 € ein und überweist nach Abzug der Kapitalertragsteuer (25 % von 750 € = 187,50 €) und des Solidaritätszuschlags (10,31 €) einen Betrag i. H. von 2.802,19 €. Der Kaufmann veräußert die Pfandbriefe am 30.4.02 wie folgt:

Erlös 50.000 € Pfandbriefe, Kurs 97 %	48.500,00 €
Nebenkosten	- 265,00 €
Stückzinsen 1.7.01–30.4.02	+ 2.500,00 €
Kapitalertragsteuer 25 % und Solidaritätszuschlag 5,5 %	- 659,38 €
	50.075,62 €

AUFGABEN

a) Wie hoch ist der Zahlungseingang (Kapitalertragsteuer und Solidaritätszuschlag wurden ordnungsgemäß einbehalten) und wie ist zu buchen?

b) Wie ist in den Jahren 01 und 02 zu buchen?

LÖSUNG

Zu a)

Der Kapitalertrag gehört aufgrund der Zugehörigkeit der Wertpapiere zum Betriebsvermögen zu den Einkünften aus Gewerbebetrieb (§ 20 Abs. 8 EStG). Die Bank musste bei der Ausschüttung 25 % Kapitalertragsteuer und 5,5 % Solidaritätszuschlag einbehalten (§ 43a Abs. 1 Satz 1 Nr. 1 EStG i. V. mit § 4 SolZG), so dass der Zahlungseingang 7.362,50 € betrug.

1.250 Stück à 8 € =	10.000,00 €
Kapitalertragsteuer 25 %	- 2.500,00 €
Solidaritätszuschlag 5,5 % von 2.500 € =	- 137,50 €
Zahlungseingang	7.362,50 €

Buchung:

Bank	7.362,50 €			
Entnahmen	2.637,50 €	an	Erträge aus Wertpapieren	10.000 €

Außerhalb der Buchführung ist der Gewinn um 40 % = 4.000 € zu kürzen (Teileinkünfteverfahren i. S. des § 3 Nr. 40 EStG). Die Kürzung gilt nicht für die Gewerbesteuer, da der Gewerbebetreibende nicht zu mindestens 15 % an der Siemens AG beteiligt ist (§ 8 Nr. 5 GewStG).

Zu b)

Werden festverzinsliche Wertpapiere im Laufe eines Zinszahlungszeitraums mit dem laufenden Zinsschein veräußert, so hat der Erwerber dem Veräußerer i. d. R. den Zinsbetrag zu vergüten, der auf die Zeit seit dem Beginn des laufenden Zinszahlungszeitraums bis zur Veräußerung entfällt. Diese Zinsen heißen „Stückzinsen" (vgl. auch H 20.2 Stückzinsen EStH). Sie werden nach dem Zinsfuß, mit dem das Wertpapier zu verzinsen ist, besonders berechnet und vergütet. Für die Behandlung der Stückzinsen bei bilanzierenden Gewerbetreibenden gilt Folgendes: Der Veräußerer hat die von ihm besonders in Rechnung gestellten Zinsen als Einkünfte aus Gewerbebetrieb zu versteuern (§ 15 i. V. mit § 20 Abs. 2 Satz 1 Nr. 3 und Abs. 3 EStG). Der Erwerber der Wertpapiere hat die von ihm entrichteten Stückzinsen als sonstige Forderungen auszuweisen. Außerdem muss er die bis zum Bilanzstichtag entstandenen Zinsansprüche aktivieren. Im Einzelnen sind folgende Buchungen erforderlich:

Zum 31.3.01:

Sonstige Wertpapiere	48.260 €			
Sonstige Vermögensgegenstände	2.250 €	an	Bank	50.510 €

Zum 1.7.01:

Bank	2.802,19 €			
Entnahmen	197,81 €	an	Sonstige Vermögensgegenstände	2.250,00 €
		an	Zinserträge	750,00 €

Zum 31.12.01:

Sonstige Vermögensgegenstände	1.500 €	an	Zinserträge	1.500 €

Zum 30.4.02:

Bank	50.075,62 €			
Sonstiger betrieblicher Aufwand	25,00 €			
Entnahmen	659,38 €	an	Sonstige Wertpapiere	48.260,00 €
		an	Zinserträge	1.000,00 €
		an	Sonstige Vermögensgegenstände	1.500,00 €

HINWEIS

Der Abgeltungsteuersatz i. H. von 25 % gilt nicht, wenn die Wertpapiere zum Betriebsvermögen gehören (vgl. den Hinweis auf § 20 Abs. 8 EStG in § 32d Abs. 1 Satz 1 EStG). Dies hindert nicht den Steuerabzug in Gestalt der Kapitalertragsteuer (§ 43 Abs. 4 und 5 Satz 2 EStG). Die Kapitalertragsteuer wird dabei auf die tarifliche Einkommensteuer angerechnet (§ 36 Abs. 2 Nr. 2 EStG). Das gilt sinngemäß auch für den Solidaritätszuschlag (§ 1 Abs. 2 SolZG).

3.2 Grundstücke, Gebäude und Gebäudeteile als Betriebsvermögen

Allgemeines

Grundstücke können zum Anlage- oder Umlaufvermögen gehören. Sie rechnen zum Anlagevermögen, wenn sie dazu bestimmt sind, dauernd dem Betrieb zu dienen (§ 247 Abs. 2 HGB). Dabei spielt es keine Rolle, ob sie bebaut oder unbebaut sind. Für Gebäude, die zum Umlaufvermögen gehören, kann die AfA nicht in Anspruch genommen werden.

Ein Grundstück umfasst i. d. R. den Grund und Boden, das Gebäude, die Außenanlagen und das Zubehör. Steuerrechtlich handelt es sich dabei jeweils um selbständige Wirtschaftsgüter. Der **Grund und Boden** stellt ein selbständiges und nichtabnutzbares Wirtschaftsgut dar, unabhängig davon, ob er bebaut oder unbebaut ist. Bei den **Außenanlagen** handelt es sich um selbständige, abnutzbare und unbewegliche Wirtschaftsgüter; in Betracht kommen Hof- und Wegebefestigungen, Umzäunungen (wenn nicht ausnahmsweise Herstellungskosten bei Wohngebäuden, H 4.2 Abs. 5 Unselbständige Gebäudeteile sind z. B.: EStH). Das **Zubehör** besteht aus selbständigen, beweglichen und abnutzbaren Wirtschaftsgütern, z. B. Mülltonnen, Rasenmäher, Brennstoffe, Treppenläufer oder Flurbeleuchtungskörper. Für das Zubehör kommt ggf. die Behandlung gem. § 6 Abs. 2 und 2a EStG (GWG, Poolbewertung) in Betracht.

Bei **Gebäuden** ist zwischen unselbständigen und selbständigen Gebäudeteilen zu unterscheiden. Unselbständige Gebäudeteile sind einheitlich mit dem Gebäude zu bilanzieren und abzuschreiben, z. B. eine Sammelheizung, der Personenfahrstuhl, die Rolltreppen oder die sanitären Anlagen (H 4.2 Abs. 5 Unselbständige Gebäudeteile sind z. B.: EStH).

Selbständige Gebäudeteile bzw. selbständige Wirtschaftsgüter sind solche Gebäudeteile, die nicht in einem einheitlichen Nutzungs- und Funktionszusammenhang mit dem Gebäude stehen. In Betracht kommen (vgl. R 4.2 Abs. 3 EStR):

a) Betriebsvorrichtungen (vgl. gleich lautende Erlasse der obersten Finanzbehörden der Länder v. 15.3.2006, BStBl 2006 I S. 314),

b) Scheinbestandteile (Einbauten für vorübergehende Zwecke),

c) Ladeneinbauten, Schaufensteranlagen usw.,

d) sonstige selbständige Gebäudeteile je nach Nutzung (R 4.2 Abs. 4 EStR):

   aa) eigenbetrieblich genutzte Gebäudeteile;

   bb) fremdbetrieblich genutzte Gebäudeteile;

   cc) eigenen Wohnzwecken dienende Gebäudeteile und

   dd) fremden Wohnzwecken dienende Gebäudeteile sowie

e) sonstige Mietereinbauten.

Bilanzierung

Grundstücke und Grundstücksteile, die eigenbetrieblich genutzt werden, gehören zum notwendigen Betriebsvermögen. Dabei teilt der Grund und Boden das Schicksal des Gebäudes: In dem Umfang wie das Gebäude bilanziert ist, muss auch der Grund und Boden bilanziert werden (R 4.2 Abs. 7 EStR). Eigenbetrieblich genutzte Grundstücksteile, die von untergeordneter Bedeutung sind, brauchen nicht bilanziert zu werden (§ 8 EStDV). Ist eine der beiden Wertgrenzen

($^{1}/_{5}$-Grenze, 20.500 €-Grenze) überschritten, gilt der Grundstücksteil nicht mehr als von untergeordneter Bedeutung. Bei Überprüfung der Wertgrenzen werden der Wert des Gebäudeteils und der Wert des dazugehörenden Grund und Bodens zusammengerechnet (R 4.2 Abs. 8 Satz 2 EStR). Mit dem nicht bilanzierten Grundstücksteil zusammenhängende Einnahmen oder Ausgaben sind gleichwohl betrieblich veranlasst (R 4.7 Abs. 2 EStR). Die Veräußerung derartiger Grundstücksteile berührt jedoch nicht den gewerblichen Gewinn.

Vermietete Grundstücksteile können als gewillkürtes Betriebsvermögen behandelt werden (R 4.2 Abs. 9 EStR). Bilanzierende Land- und Forstwirte sowie bilanzierende Freiberufler müssen in diesen Fällen darlegen, dass das Grundstück oder der Grundstücksteil in einem gewissen objektiven Zusammenhang mit dem Betrieb steht und ihn zu fördern bestimmt und geeignet ist. Bilanzierende Gewerbetreibende brauchen dies i. d. R. nicht (H 4.2 Abs. 9 Beispiele für zulässigerweise gebildetes gewillkürtes Betriebsvermögen: EStH). Erfüllt ein Grundstück zu mehr als der Hälfte die Voraussetzungen für die Behandlung als Betriebsvermögen, können bilanzierende Land- und Forstwirte sowie bilanzierende Freiberufler vermietete Grundstücksteile nicht ohne besondere Voraussetzungen zusätzlich bilanzieren (R 4.2 Abs. 10 EStR). Ein bisher zum Privatvermögen gehörender Gebäudeteil, der nunmehr für fremde gewerbliche Zwecke vermietet wird, bleibt Privatvermögen, auch wenn der Steuerpflichtige einen weiteren, schon vorher für fremde betriebliche Zwecke vermieteten Gebäudeteil dem gewillkürten Betriebsvermögen zugeordnet hat (BFH, Urteil v. 21.4.2005 - III R 4/04, BStBl 2005 II S. 604).

Grundstücksteile, die **dauernd eigenen Wohnzwecken** dienen oder unentgeltlich zu Wohnzwecken an Dritte überlassen werden, sind als notwendiges Privatvermögen von der Bilanzierung ausgeschlossen (R 4.2 Abs. 9 Satz 1 EStR).

Sind neben dem Steuerpflichtigen noch andere Personen am Grundstück beteiligt (z. B. Grundstück einer Erbengemeinschaft, Ehegattengrundstück), so kann nur der dem Steuerpflichtigen gehörende Teil des Grundstücks Betriebsvermögen sein (H 4.2 Abs. 7 Miteigentum EStH). Der Grundstücksteil wird wie ein selbständiges Grundstück behandelt. Für die Frage, ob dieser Teil von untergeordneter Bedeutung (§ 8 EStDV) ist, kommt es auf den Wert des zu bilanzierenden Teils im Verhältnis zum Wert des **ganzen** Grundstücks an (R 4.2 Abs. 8 Satz 4 EStR).

Nutzungsänderungen bilanzierter Grundstücke zugunsten eigener privater Wohnzwecke führen gem. § 4 Abs. 1 Satz 2 EStG zu einer Entnahme dieses Grundstücks/Grundstücksteils, die mit dem Teilwert zu bewerten ist (§ 6 Abs. 1 Nr. 4 EStG). Die Entnahme erstreckt sich dabei auch auf den anteiligen Grund und Boden (H 4.3 Abs. 2–4 Grundstücke oder Grundstücksteile EStH).

Bauten auf fremden Grundstücken

1. Mit gesicherter Rechtsposition

Wer ein (betriebliches) Gebäude auf fremdem Grund und Boden errichtet und sich für die Lebensdauer des Gebäudes bzgl. der Nutzung in gesicherter Rechtsposition befindet, ist zwar nicht zivilrechtlicher Eigentümer, sondern wirtschaftlicher Eigentümer des Gebäudes und zur Bilanzierung seiner Herstellungskosten berechtigt und verpflichtet (AfA gem. § 7 Abs. 4 Satz 1 Nr. 1 EStG i. d. R. jährlich 3 v. H. der Herstellungskosten). Bei Fremden kann davon ausgegangen werden, dass sie eine Konstruktion wählen, die den Bauherrn zum wirtschaftlichen Eigentümer macht. Dies könnte alternativ zur o. g. Variante über die Vereinbarung einer Entschädigungszahlung bei Beendigung der Nutzung erfolgen.

2. Ohne gesicherte Rechtsposition

Wer ein (betriebliches) Gebäude auf fremdem Grund und Boden errichtet und sich bzgl. der Nutzung **nicht** in gesicherter Rechtsposition befindet, ist nicht wirtschaftlicher Eigentümer des Gebäudes. Der Bauherr und Betriebsinhaber kann seine Herstellungskosten allerdings als „Aufwandsverteilungsposten“ bilanzieren und als eigenen Aufwand nach den allgemeinen ertragsteuerlichen Regeln als Betriebsausgaben abziehen; die betriebsvermögensspezifischen Regeln gelten dabei nicht (BFH, Urteil v. 9.3.2016 - X R 46/14, BStBl 2016 II S. 976; AfA gem. § 7 Abs. 4 Satz 1 Nr. 2 EStG i. d. R. jährlich 2 v. H. bzw. ab dem Jahr 2023 3 v. H. der Herstellungskosten). Der Aufwandsverteilungsposten ist kein Wirtschaftsgut; in ihm können weder stille Reserven entstehen noch können stille Reserven übertragen werden (z. B. § 6b EStG).

Im aktualisierten Datenschema der Taxonomien (§ 5b EStG) ist im Berichtsbestandteil „Bilanz“ für Fälle der Errichtung eines Betriebsgebäudes durch den Unternehmer-Ehegatten auf einem auch dem Nichtunternehmen-Ehegatten gehörenden Grundstück unterhalb der Position „Bauten auf fremden Grundstücken“ die Position „Aufwandsverteilungsposten“ vorgesehen.

3. Sonderfälle

Enthält ein **Einfamilienhaus,** das einem Ehepaar gemeinsam gehört, ein vom Ehemann betrieblich genutztes **Büro** und haben beide Ehegatten den Bau des Hauses **jeweils zur Hälfte** finanziert, kann der Ehemann die auf das Arbeitszimmer entfallenden gesamten Herstellungskosten aktivieren und insoweit die AfA nach Gebäudegrundsätzen in Anspruch nehmen (BFH, Urteil v. 23.8.1999 - GrS 5/97, BStBl 1999 II S. 774).

Errichten Ehegatten auf einem gemeinsamen Grundstück ein Gebäude, das sie je zur Hälfte für ihren jeweils eigenen Betrieb nutzen, aktiviert jeder die auf ihn entfallenden Baukosten im Ganzen (BFH, Urteil v. 23.8.1999 - GrS 5/97, BStBl 1999 II S. 774 und 776).

ABB. 2: Grundstücksbestandteile aus ertragsteuerlicher Sicht

Grundstücksbestandteile aus ertragsteuerlicher Sicht

Grund und Boden

Selbständiges und nichtabnutzbares Wirtschaftsgut, unabhängig davon, ob bebaut oder unbebaut.

Gebäude

Selbständiges und abnutzbares Wirtschaftsgut. Vergleiche auch Schaubild „Gebäudebestandteile" (Abb. 3).

Zubehör

Selbständige, bewegliche und abnutzbare Wirtschaftsgüter, z. B.:

- Mülltonnen,
- Rasenmäher,
- Brennstoffe,
- Treppenläufer,
- Flurbeleuchtungskörper,
- Klimagerät in Rechtsanwaltskanzlei (BFH, Urteil v. 16.6.1977 - III R 76/75, BStBl 1977 II S. 590)

Außenanlagen

Selbständige und abnutzbare, unbewegliche Wirtschaftsgüter, z. B.:

- Wegebefestigungen,
- Hofbefestigungen,
- Umzäunungen (wenn nicht wie bei Wohngebäuden Herstellungskosten des Gebäudes, H 6.4 EStH),
- Regenwasserauffanganlagen im Freien (BFH, Urteil v. 14.10.1977 - III R 9/76, BStBl 1978 II S. 163)

Beachte:

1. **Betriebsvorrichtungen** (§ 243 Abs. 2 Nr. 2 BewG und R 7.1 Abs. 3 EStR) sind stets selbständige, bewegliche, abnutzbare Wirtschaftsgüter, auch wenn sie bürgerlich-rechtlich wesentliche Bestandteile des Grundstücks sind.
2. **Scheinbestandteile** gehören bürgerlich-rechtlich nicht zum Grundstück, sie gelten vielmehr als selbständige, bewegliche Wirtschaftsgüter (§ 95 BGB). Ertragsteuerlich kommt es auf die tatsächlichen Verhältnisse an: Ist ein Gebäude ein Scheinbestandteil, so ist es steuerlich gleichwohl ein unbewegliches Wirtschaftsgut (AfA gem. § 7 Abs. 4 oder 5 EStG). Handelt es sich bei dem Scheinbestandteil z. B. um eine Rolltreppe, so liegt auch steuerlich ein bewegliches Wirtschaftsgut vor. Vergleiche R 7.1 Abs. 4 EStR.

ABB. 3: Gebäudebestandteile im Steuerrecht

Gebäudebestandteile im Steuerrecht (Eigentümermaßnahmen; R 4.2 Abs. 3–6 EStR)

Unselbständige Gebäudeteile

z. B.:
- Sammelheizung,
- Personenfahrstuhl,
- Rolltreppen,
- sanitäre Anlagen (H 4.2 Abs. 5 EStH)

Steuerliche Behandlung:

Bilanzierung und Abschreibung einheitlich mit dem Gebäude.

Selbständige Gebäudeteile

Es handelt sich um Gebäudeteile, die nicht in einem einheitlichen Nutzungs- und Funktionszusammenhang mit dem Gebäude stehen, sondern besonderen Zwecken dienen, mithin in einem von der eigentlichen Gebäudenutzung verschiedenen Nutzungs- und Funktionszusammenhang stehen.

Betriebsvorrichtungen

(R 7.1 Abs. 3 EStR)

Steuerliche Behandlung:

Es handelt sich um selbständige, bewegliche Wirtschaftsgüter des Anlagevermögens.

Einbauten für vorübergehende Zwecke

(R 7.1 Abs. 4 EStR)

Vom Steuerpflichtigen für seine eigenen Zwecke vorübergehend eingefügte Anlagen.

Vom Gebäudeeigentümer zur Erfüllung besonderer Bedürfnisse des Mieters oder Pächters eingefügte Anlagen, deren Nutzungsdauer nicht länger als die Laufzeit des Vertragsverhältnisses ist.

Steuerliche Behandlung:

Es handelt sich um selbständige, bewegliche Wirtschaftsgüter des Anlagevermögens.

Ladeneinbauten, Schaufensteranlagen, Gaststätteneinbauten sowie ähnliche Einbauten

Steuerliche Behandlung:

Es handelt sich um selbständige, unbewegliche Wirtschaftsgüter des Anlagevermögens. Nutzungsdauer sieben Jahre = 14 % (H 7.4 Mietereinbauten EStH). AfA gem. § 7 Abs. 5b EStG.

Sonstige selbständige Gebäudeteile

(R 4.2 Abs. 4 EStR)

Hierbei können sich je nach Nutzung vier selbständige Wirtschaftsgüter ergeben:

1. Eigenbetrieblich genutzter Teil,
2. fremdbetrieblich genutzter Teil,
3. zu fremden Wohnzwecken dienender Teil,
4. eigenen Wohnzwecken dienender Teil

Steuerliche Behandlung:

Unterschiedliche AfA-Methoden (§ 7 Abs. 4 oder 5 EStG) zulässig (R 7.4 Abs. 6 EStR). Es handelt sich um unbewegliche Wirtschaftsgüter (§ 7 Abs. 5b EStG).

ABB. 4: Drittaufwand und Eigenaufwand

Drittaufwand und Eigenaufwand
(H 4.7 EStH)

echter Drittaufwand	**unechter Drittaufwand (Eigenaufwand)**
= ein Dritter trägt unentgeltlich Kosten zugunsten des Steuerpflichtigen.	= ein Dritter bezahlt Rechnungen zugunsten des Steuerpflichtigen oder der Steuerpflichtige trägt die Kosten für das Wirtschaftsgut eines Dritten, der dem Steuerpflichtigen dieses wiederum unentgeltlich überlässt.
Steuerliche Behandlung: Keine Betriebsausgabe beim Steuerpflichtigen	**Steuerliche Behandlung:** Betriebsausgabe beim Steuerpflichtigen (ggf. AfA oder Verteilung des Aufwands)

Beispiele:

1. Vater V (Rentner) überlässt seinem Sohn (Betriebsinhaber) unentgeltlich einen Pkw für betriebliche Fahrten.
   Lösung: Echter Drittaufwand: Keine Betriebsausgabe beim Sohn
   Ausweg: Mietvertrag
2. Ehefrau überlässt Ehemann (Betriebsinhaber) das Dachgeschoss ihres Einfamilienhauses für betriebliche Zwecke des Ehemanns
   Lösung: Echter Drittaufwand: Keine Betriebsausgabe beim Ehemann
   Ausweg: Mietvertrag

3a. Sohn S ist Betriebsinhaber. Das Dach des Betriebsgebäudes ist zu reparieren. Vater V (Rentner) zahlt die auf den Sohn lautende Rechnung.
Lösung: Hier liegt ein abgekürzter Zahlungsweg vor und damit ergibt sich ein unechter Drittaufwand. Der Sohn erhält die Geldmittel geschenkt und hat sodann (eigene) Betriebsausgaben.

3b. Wie 3a, jedoch bestellt V den Dachdecker und bezahlt die auf V ausgestellte Rechnung.
Lösung: Hier liegt ein abgekürzter Vertragsweg vor und damit ebenfalls ein unechter Drittaufwand. S hat Betriebsausgaben (BMF, Schreiben v. 7.7.2008, BStBl 2008 I S. 717). Im Innenverhältnis schenkt V dem S das Geld für die Reparatur. Wirtschaftlich betrachtet erstattet S dem V den Geldbetrag und V schenkt anschließend dem S das Geld.

4. Ehemann (Betriebsinhaber) baut auf seine Kosten das Dachgeschoss des Einfamilienhauses seiner Ehefrau aus, um Büroräume für seinen Betrieb zu gewinnen. Besondere Vereinbarungen bestehen nicht.
   Hier liegt ein unechter Drittaufwand vor: Der Ehemann aktiviert seine Herstellungskosten als Aufwandsverteilungsposten und nimmt die AfA nach allgemeinen ertragsteuerlichen Grundsätzen in Anspruch (BFH, Urteile v. 9.3.2016 - X R 46/14, BStBl 2016 II S. 976, und v. 25.2.2010 - IV R 2/07, BStBl 2010 II S. 670).

FALL 27

Eigenbetriebliche und anderweitige Nutzung[10]

Sachverhalt: Ein seinen Gewinn durch Betriebsvermögensvergleich gem. § 4 Abs. 1 und § 5 EStG ermittelnder selbständiger Versicherungsvertreter hat Anfang des Jahres 01 ein bebautes Grundstück erworben. Die steuerlichen Anschaffungskosten betragen 400.000 € und entfallen zu 25 % auf den Grund und Boden und zu 75 % auf das Gebäude (Baujahr 1930). Der Steuerpflichtige nutzt das Gebäude, das eine Nutzfläche von insgesamt 300 qm hat, wie folgt:

- 70 qm vermietetes Ladenlokal (Mieteinnahmen im Jahr 01: 9.400 €),
- 30 qm eigenes Büro,
- 100 qm vermietete Wohnung (Mieteinnahmen im Jahr 01: 9.600 €) und
- 100 qm eigene Wohnung.

Im Jahr 01 haben die laufenden Kosten einschließlich nicht verrechenbarer Vorsteuer 2.250 € betragen. Ein Antrag gem. § 9 UStG ist nicht gestellt.

AUFGABE

Welche steuerlichen Bilanzierungsmöglichkeiten hat der Steuerpflichtige bzgl. des Grundstücks, wenn gewillkürtes Betriebsvermögen zulässigerweise gebildet werden kann?

LITERATURHINWEIS

Dortmann/Mann, Lehrbuch Buchführung und Bilanzsteuerrecht, 14. Aufl. 2026, Teil B, Kapitel 5, Tz. 5.4.5.

LÖSUNG

Möglichkeit 1

Das eigene Büro gehört zum notwendigen Betriebsvermögen des Versicherungsvertreters (R 4.2 Abs. 7 EStR). Es umfasst 10 % der Nutzfläche des Gebäudes, was betragsmäßig 40.000 € vom Gesamtwert des Grundstücks ausmacht. Damit ist es nicht von untergeordneter Bedeutung und muss aktiviert werden.

Der Steuerpflichtige bilanziert nur den eigenbetrieblich genutzten Grundstücksteil. Bei diesem Gebäudeteil handelt es sich um ein selbständiges Wirtschaftsgut (R 4.2 Abs. 4 EStR).

Grund und Boden

Bilanzansatz zum 31.12.01 (10 % von 100.000 € =)	10.000 €

10 **Literaturhinweis:** Falterbaum/Bolk/Reiß/Kirchner, Buchführung und Bilanz, 23. Aufl. 2020, S. 450 ff.

Gebäude

Zugang 10 % von 300.000 € =	30.000 €
AfA im Jahr 01 (2 %)	- 600 €
Bilanzansatz zum 31.12.01	29.400 €
Einlage Grundstücksaufwendungen im Jahr 01: 10 % von 2.250 € =	225 €

Möglichkeit 2

Der Steuerpflichtige kann als Gewerbetreibender den Grundstücksteil, der sich aus dem eigenen Büro und dem vermieteten Ladenlokal zusammensetzt, bilanzieren (R 4.2 Abs. 9 EStR und H 4.2 Abs. 9 Beispiele für zulässigerweise gebildetes Betriebsvermögen: EStH). In diesem Fall liegen für das Gebäude, soweit es bilanziert ist, zwei selbständige Wirtschaftsgüter vor (R 4.2 Abs. 4 EStR), und es ergeben sich per 31.12.01 folgende Bilanzansätze:

Grund und Boden

$^1/_3$ von 100.000 € =	33.333 €

Gebäude

Zugang ($^1/_3$ von 300.000 € =)	100.000 €
AfA im Jahr 01 (2 %)	- 2.000 €
Bilanzansatz zum 31.12.01	98.000 €

Der Gewinn des Jahres 01 wird wie folgt beeinflusst:

Mieterträge		9.400 €
Grundstücksaufwendungen		
AfA	2.000 €	
Sonstige Aufwendungen ($^1/_3$ von 2.250 € =)	+ 750 €	- 2.750 €
		+ 6.650 €

Möglichkeit 3

Es ist ferner zulässig, das vermietete Ladenlokal, das eigene Büro und die zu Wohnzwecken vermieteten Räume zu bilanzieren (R 4.2 Abs. 9 EStR). In diesem Fall liegen – soweit das Gebäude betroffen ist – drei selbständige Wirtschaftsgüter vor, und es ergeben sich zum 31.12.01 folgende Bilanzansätze:

Grund und Boden

Bilanzansatz zum 31.12.01 ($^2/_3$ von 100.000 € =)	66.666 €

Gebäude

Zugang im Jahr 01 ($^2/_3$ von 300.000 € =)	200.000 €
AfA im Jahr 01 (2 %)	- 4.000 €
Bilanzansatz zum 31.12.01	196.000 €

Der Gewinn des Jahres 01 wird wie folgt beeinflusst:

Mieterträge	19.000 €
AfA	- 4.000 €
Sonstige Aufwendungen ($^2/_3$ von 2.250 € =)	- 1.500 €
	+ 13.500 €

Der eigenen Wohnzwecken dienende Teil kann nicht bilanziert werden (vgl. R 4.2 Abs. 9 Satz 1 EStR).

FALL 28

Nutzungsänderung bei Vollbilanzierung

Sachverhalt: Ein Gewerbetreibender rechnet sein bebautes Grundstück ganz zum Betriebsvermögen, weil er es seit Jahren zu 100 % eigengewerblich nutzt. Nach einer auf Dauer ab dem 31.12.01 eingetretenen Nutzungsänderung beträgt die eigengewerbliche Nutzung nur noch 40 %, die private Nutzung dagegen 60 %. Der Teilwert des Grund und Bodens beträgt zum 31.12.01 64.000 € und der des Gebäudes 256.000 €. Die Steuerbilanz weist das Grundstück wie folgt aus:

Grund und Boden

Buchwert zum 31.12.01	16.000 €

Gebäude

Buchwert zum 31.12.00	56.000 €
AfA im Jahr 01	- 2.000 €
Buchwert zum 31.12.01	54.000 €

AUFGABE

Was ist aus Anlass der Nutzungsänderung ertragsteuerlich zu veranlassen?

LÖSUNG

Infolge der Nutzungsänderung müssen 60 % des Grundstücks als entnommen angesehen werden (R 4.3 Abs. 3 EStR). Die Entnahme ist mit dem Teilwert zu bewerten (§ 6 Abs. 1 Nr. 4 EStG); bei der dadurch bedingten Auflösung der stillen Reserven entsteht ein laufender Gewinn.

Grund und Boden

Buchwert zum 31.12.01		16.000 €
Entnahmen		
► Buchwert (60 %)	9.600 €	- 9.600 €
► Teilwert (60 %)	38.400 €	
► Gewinn	28.800 €	
Buchwert zum 31.12.01		6.400 €

Gebäude

Buchwert zum 31.12.01		54.000 €
Entnahmen		
► Buchwert (60 %)	32.400 €	- 32.400 €
► Teilwert (60 %)	153.600 €	
► Gewinn	121.200 €	
Buchwert zum 31.12.01		21.600 €
AfA im Jahr 02 (40 % von 2.000 € =)		- 800 €
Buchwert zum 31.12.02		20.800 €

Die gesamte Gewinnrealisierung beträgt (28.800 € + 121.200 € =) 150.000 €. Es handelt sich um einen laufenden, voll steuerpflichtigen Gewinn.

FALL 29

Nutzungsänderung bei Teilbilanzierung

Sachverhalt: Ein bilanzierender Gewerbetreibender nutzt sein Anfang Januar 01 fertiggestelltes Gebäude nach dem Verhältnis der Nutzflächen von der Fertigstellung an wie folgt:

- 10 % eigengewerbliche Zwecke und
- 90 % private Wohnzwecke.

Die Herstellungskosten haben 400.000 € netto betragen. Der Teilwert und gemeine Wert des seit zehn Jahren dem Privatvermögen zugerechneten Grund und Bodens beträgt seit Anfang Januar 01 bis heute 50.000 €.

Seit dem 2.1.02 wird das Gebäude auf Dauer in folgender Weise genutzt:

- 5 % eigengewerbliche Zwecke und
- 95 % private Wohnzwecke.

Am 2.1.02 entsprechen Teilwert und gemeiner Wert des Gebäudes dem Buchwert.

AUFGABEN

Wie ist das Grundstück in der Steuerbilanz zum 31.12.01 zu erfassen, wenn von einem jährlichen AfA-Satz i. H. von 3 % ausgegangen wird?

Welche bilanzsteuerrechtlichen Konsequenzen ergeben sich aus der am 2.1.02 eingetretenen Nutzungsänderung?

LÖSUNG

Grundstücke oder Grundstücksteile, die ausschließlich und unmittelbar für Zwecke des Betriebs des Steuerpflichtigen genutzt werden, gehören regelmäßig zum notwendigen Betriebsvermögen (R 4.2 Abs. 7 EStR). Eigenbetrieblich genutzte Grundstücksteile brauchen jedoch nicht zum notwendigen Betriebsvermögen gerechnet zu werden, wenn ihr Wert im Verhältnis zum

Wert des ganzen Grundstücks von untergeordneter Bedeutung ist. Das ist i. d. R. der Fall, wenn der Wert des eigenbetrieblich genutzten Grundstücksteils weder mehr als $^1/_5$ des Werts des ganzen Grundstücks noch mehr als 20.500 € beträgt (§ 8 EStDV). Bei der Prüfung, ob der Wert eines Grundstücksteils mehr als $^1/_5$ des Werts des ganzen Grundstücks beträgt, ist i. d. R. das Verhältnis der Nutzflächen zugrunde zu legen. Ein Grundstücksteil ist mehr als 20.500 € wert, wenn der Teil des gemeinen Werts des ganzen Grundstücks, der nach dem Verhältnis der Nutzflächen auf den Grundstücksteil entfällt, 20.500 € übersteigt (R 4.2 Abs. 8 EStR).

Im vorliegenden Fall beträgt der eigenbetrieblich genutzte Grundstücksteil nur $^1/_{10}$ des Werts des ganzen Grundstücks. Er übersteigt jedoch den Betrag i. H. von 20.500 € um 24.500 € (= 10 % von 450.000 €). Der eigenbetrieblich genutzte Grundstücksteil ist folglich in die Steuerbilanz aufzunehmen; es handelt sich um eine Einlage (§ 4 Abs. 1 Satz 7 EStG). Die Bewertung der Einlage geschieht mit dem Teilwert (§ 6 Abs. 1 Nr. 5 EStG), der bzgl. des Gebäudes den anteiligen Herstellungskosten entspricht.

Steuerbilanz zum 31.12.01

Grund und Boden

Einlage im Januar 01	5.000 €

Gebäude

Einlage im Januar 01	40.000 €
AfA (§ 7 Abs. 4 EStG: 3 % von 40.000 € =)	- 1.200 €
	38.800 €

Durch die am 2.1.02 eingetretene Nutzungsänderung ist der eigenbetrieblich genutzte Grundstücksteil nicht von untergeordneter Bedeutung geworden: er beträgt 21.900 € (= 50 % von 43.800 €). Der Steuerpflichtige muss den Grundstücksteil, der ab dem 2.1.02 der privaten Nutzung zugeführt worden ist, mit dem Teilwert entnehmen (§ 4 Abs. 1 Satz 2 und § 6 Abs. 1 Nr. 4 EStG sowie R 14 Abs. 3 EStR). In diesem Fall ergibt sich folgende Bilanzpostenentwicklung:

Steuerbilanz zum 31.12.02

Grund und Boden

31.12.01	5.000 €
Entnahme im Januar 02	- 2.500 €
	2.500 €

Gebäude

31.12.01	38.800 €
Entnahme im Januar 02	- 19.400 €
	19.400 €
AfA (3 % von 20.000 € =)	- 600 €
31.12.02	18.800 €

FALL 30

AfA für selbständige Gebäudeteile

Sachverhalt: Ein Kaufmann erstellte am 1.10.01 (vor dem 1.1.2023 und nach dem 31.12.1924) auf eigenem, bilanziertem Grundstück ein Gebäude mit Herstellungskosten i. H. von 1.200.000 €. Der Antrag auf Baugenehmigung datiert v. 5.2.01. Das Gebäude wird zunächst wie folgt genutzt:

- Erdgeschoss (250 qm Nutzfläche) – eigenbetriebliche Nutzung;
- 1. Etage (250 qm Nutzfläche) – zu fremdbetrieblichen Zwecken vermietet;
- 2. Etage (250 qm Nutzfläche) – zu Wohnzwecken vermietet.

Der Kaufmann rechnet das ganze Gebäude zu seinem Betriebsvermögen. Er möchte das Gebäude jährlich wie folgt abschreiben:

- Erdgeschoss – 2 % der Herstellungskosten;
- 1. Etage – 3 % der Herstellungskosten und
- 2. Etage – 5 % der Herstellungskosten.

Ab dem 1.1.03 wird das Gebäude wie folgt genutzt:

- Erdgeschoss und 1. Etage – eigenbetriebliche Nutzung;
- 2. Etage – zu eigenen Wohnzwecken des Betriebsinhabers.

Am 1.1.03 beträgt der Teilwert des Gebäudes 1.200.000 €.

AUFGABEN

1. Ist die gewünschte unterschiedliche Abschreibung zulässig und bejahendenfalls, welche Buchwerte ergeben sich für das Gebäude zum 31.12.01 und im Jahr 02?
2. Welche Buchwerte ergeben sich für das Gebäude zum 31.12.03?
3. Kann die ab dem 1.1.03 eigenen Wohnzwecken des Steuerpflichtigen dienende 2. Etage weiter bilanziert werden?

LÖSUNG

Zu 1

Das dem Kaufmann zuzurechnende Gebäude besteht ertragsteuerlich aus drei selbständigen Wirtschaftsgütern (R 4.2 Abs. 4 EStR), für die unterschiedliche Abschreibungen beansprucht werden können (R 7.4 Abs. 6 Satz 2 EStR). Der eigenbetrieblich genutzte Teil muss gem. § 7 Abs. 4 Satz 1 Nr. 1 EStG mit 3 % jährlich abgeschrieben werden. Das Gleiche gilt für die 1. Etage. Für die 2. Etage kommt gem. § 7 Abs. 4 Satz 1 Nr. 2 Buchst. b EStG nur eine AfA i. H. von 2 % jährlich in Betracht. Es ergeben sich folgende Bilanzansätze:

Erdgeschoss

Zugang am 1.10.01	400.000 €
AfA 3 % = 12.000 €, für drei Monate =	- 3.000 €
Buchwert zum 31.12.01	397.000 €
AfA im Jahr 02	- 12.000 €
Buchwert zum 31.12.02	385.000 €

1. Etage

Zugang am 1.10.01	400.000 €
AfA 3 % = 12.000 €, für drei Monate =	- 3.000 €
Buchwert zum 31.12.01	397.000 €
AfA im Jahr 02	- 12.000 €
Buchwert zum 31.12.02	385.000 €

2. Etage

Zugang am 1.10.01	400.000 €
AfA 2 % = 8.000 €, für drei Monate =	- 2.000 €
Buchwert zum 31.12.01	398.000 €
AfA im Jahr 02	- 8.000 €
Buchwert zum 31.12.02	390.000 €

Zu 2

Ob ein Gebäudeteil als selbständiges Wirtschaftsgut gilt, hängt von seiner Nutzung ab (R 4.2 Abs. 4 EStR). Nach der Nutzungsänderung ab dem 1.1.03 bestehen deshalb im vorliegenden Fall nur noch zwei Wirtschaftsgüter, da das Erdgeschoss und die 1. Etage durch die gemeinsame eigenbetriebliche Nutzung zu einem einzigen Wirtschaftsgut verschmolzen sind. Eine Änderung der AfA-Methode ist jedoch damit für keinen der bisher als selbständig geltenden Gebäudeteile verbunden (R 7.4 Abs. 7 EStR).

Zu 3

Im Übrigen ergibt sich für die ab dem 1.1.03 zu eigenen Wohnzwecken dienende 2. Etage, die bis dahin fremden Wohnzwecken diente, eine Entnahme; sie ist nicht mehr bilanzierbar (R 4.2 Abs. 9 i. V. mit R 4.3 Abs. 3 EStR). Weiterentwicklung der Bilanzansätze:

Erdgeschoss und 1. Etage

Stand zum 1.1.03 (385.000 € + 385.000 € =)	770.000 €
AfA im Jahr 03 (12.000 € + 12.000 € =)	- 24.000 €
Buchwert zum 31.12.03	746.000 €

2. Etage

Buchwert zum 31.12.02	390.000 €

Entnahme zum 1.1.03 zum Buchwert	390.000 €
Teilwert	400.000 €
Gewinn im Jahr 03	10.000 €
Bilanzansatz zum 31.12.03	– €

FALL 31

Grundstück im Eigentum mehrerer Personen

Sachverhalt: Ein bebautes Grundstück hat am 31.12.01 einen gemeinen Wert (= Teilwert) i. H. von 200.000 €. Das Grundstück gehört A und B je zur Hälfte. A betreibt auf 20 % der Gebäudefläche einen Gewerbebetrieb, 50 % der Gebäudenutzungsfläche sind fremdvermietet und 30 % dienen Wohnzwecken von A.

AUFGABE

In welchem Umfang muss A das Grundstück bilanzieren?

LÖSUNG

Sind neben dem Betriebsinhaber noch andere Personen an einem Grundstück beteiligt, so kann nur der dem Betriebsinhaber gehörende Teil des Grundstücks Betriebsvermögen sein (H 4.2 Abs. 7 Miteigentum EStH). Auf A entfallen 50 % von 200.000 € = 100.000 €. Nutzung durch A:

► 20 % eigengewerblich	20.000 €
► 50 % sind fremdvermietet	50.000 €
► 30 % dienen privaten Wohnzwecken von A	30.000 €

Für die Frage, ob ein betrieblich genutzter Grundstücksteil von untergeordneter Bedeutung ist (R 4.2 Abs. 8 EStR), kommt es auf den Wert dieses Grundstücksteils (hier 20.000 €) im Verhältnis zum **Wert des ganzen Grundstücks** (hier 200.000 €) an. Damit erweist sich der zu bilanzierende Grundstücksteil, der eigengewerblichen Zwecken von A dient, im vorliegenden Fall als von untergeordneter Bedeutung; er beträgt nur $^1/_{10}$ des Werts des ganzen Grundstücks und übersteigt auch nicht 20.500 €. A braucht folglich nichts zu bilanzieren (§ 8 EStDV); als Betriebsausgaben kann er gleichwohl 10 % der gesamten Grundstückskosten einschließlich der AfA beanspruchen (R 4.7 Abs. 2 EStR).

A ist berechtigt, 20 % des Grundstückswerts (seinen gewerblichen Nutzungsanteil) zu bilanzieren: 20.000 €. Er kann darüber hinaus als Gewerbetreibender den ihm gehörenden vermieteten Grundstücksanteil als gewillkürtes Betriebsvermögen behandeln (50.000 €); das ergibt zusammen mit dem notwendigen Betriebsvermögen 70.000 €. Er kann jedoch nicht den privaten Wohnzwecken dienenden Grundstücksteil bilanzieren (30.000 €); dieser bleibt notwendiges Privatvermögen und kann auch nicht aus Vereinfachungsgründen bilanziert werden (vgl. R 4.2 Abs. 9 EStR).

FALL 32

Aufstockung zu privaten Zwecken

Sachverhalt: A betreibt auf einem eigenen Geschäftsgrundstück einen Gewerbebetrieb. Das zu 100 % gewerblich genutzte Grundstück ist wie folgt bilanziert:

- Grund und Boden zum 31.12.01 120.000 € und
- Gebäude zum 31.12.01 280.000 €.

Im Laufe des Jahres 02 stockt A das Gebäude auf und nutzt den neu gewonnenen Gebäudeteil zu eigenen Wohnzwecken. Die Herstellungskosten des aufgestockten Gebäudeteils haben 320.000 € betragen und wurden privat bezahlt. Nach Fertigstellung der Aufstockung im Juli 02 wird das Gebäude zu 50 % gewerblich und zu 50 % privat genutzt. Der Grund und Boden hat im Jahr 02 einen Teilwert i. H. von 300.000 €.

AUFGABE

Was ist aus Anlass der Aufstockung im Jahr 02 bilanzsteuerrechtlich zu veranlassen?

LÖSUNG

Bei einem bebauten Grundstück teilt der Grund und Boden das Schicksal des Gebäudes; er wird deshalb insoweit bilanziert, als auch das Gebäude bilanziert ist (R 4.2 Abs. 7 EStR). Bei Aufstockung eines Betriebsgebäudes um einen dem Privatvermögen zugeordneten Gebäudeteil wird der anteilige Grund und Boden zwangsläufig entnommen (H 4.3 Abs. 2–4 Grundstücke oder Grundstücksteile EStH).

Entnahme Grund und Boden zum Buchwert ($^1/_2$ von 120.000 € =)	60.000 €
Entnahme Grund und Boden zum Teilwert ($^1/_2$ von 300.000 € =)	150.000 €
Aufgedeckte stille Reserve	90.000 €

FALL 33

Nutzungsänderung unterschiedlich genutzter Gebäudeteile

Sachverhalt: Ein Gebäude wird bis zum 30.6.01 wie folgt genutzt:

- 60 % eigengewerblich und
- 40 % fremdgewerblich.

Bilanziert ist lediglich der eigengewerblich genutzte Grundstücksteil (= 60 %). Ab dem 1.7.01 wird das Gebäude wie folgt genutzt:

- 30 % eigengewerblich und
- 70 % fremdgewerblich.

AUFGABE

In welchem Umfang kann das Grundstück nach der Nutzungsänderung weiterbilanziert werden?

LÖSUNG

Selbständige Wirtschaftsgüter können nur in vollem Umfang Betriebsvermögen oder in vollem Umfang Privatvermögen sein. Das gilt auch für Gebäudeteile, die wegen ihres unterschiedlichen Nutzungs- und Funktionszusammenhangs selbständige Wirtschaftsgüter sind. Ein zum Teil eigengewerblich und zum Teil fremdgewerblich genutztes Gebäude besteht grds. aus zwei Wirtschaftsgütern, von denen das eigengewerblich genutzte notwendiges Betriebsvermögen ist und das fremdgewerblich genutzte gewillkürtes Betriebsvermögen sein kann. Dies ist in jedem Fall bei der erstmaligen Bilanzierung zu beachten (Einheitlichkeitsgrundsatz; BFH, Beschluss v. 26.11.1973 - GrS 5/71, BStBl 1974 II S. 132). Ein bereits zum Betriebsvermögen gehörender Gebäudeteil kann seine Betriebsvermögenseigenschaft nur durch (willentliche) Entnahme (oder Veräußerung) oder dadurch, dass er zu notwendigem Privatvermögen wird (z. B. infolge einer Nutzungsänderung), verlieren (BFH, Urteil v. 8.3.1990 - IV R 60/89, BStBl 1994 II S. 559). Die Grundsätze über die Entnahme (und Einlage) von Wirtschaftsgütern sind insoweit vorrangig zu beachten. Der Grundsatz zur einheitlichen steuerlichen Behandlung von Gebäudeteilen, die in einem gleichartigen Nutzungs- und Funktionszusammenhang stehen (Einheitlichkeitsgrundsatz), kann die Regelungen über die Entnahme und Einlage von Wirtschaftsgütern jedenfalls nicht außer Kraft setzen (BFH, Urteil v. 10.11.2004 - XI R 31/03, BStBl 2005 II S. 334).

Der Steuerpflichtige kann im vorliegenden Fall alles beim Alten lassen, indem er den umgewidmeten Gebäudeteil als gewillkürtes Betriebsvermögen behandelt, wenn die Entnahme vermieden werden soll. In diesem Fall sind dann wie bisher 60 % bilanziert. Er könnte das Gebäude auch zu 100 % bilanzieren (Einlage) oder auch mit 30 % (Entnahme).

FALL 34

Schallschluckende Tür in einer Arztpraxis

Sachverhalt: Es handelt sich um einen Arzt, der seine Praxis im eigenen Einfamilienhaus betreibt. Im Mai 01 ließ er zwischen Wartezimmer und Sprechzimmer zusätzlich zur bereits vorhandenen Tür eine Schallschlucktür anbringen.

AUFGABE

Handelt es sich bei der Schallschlucktür um eine Betriebsvorrichtung?

LÖSUNG

Eine Tür dient in aller Regel dem Raumabschluss und damit der Nutzung des Gebäudes (§ 94 Abs. 2 BGB). Dies gilt auch für zum Lärmschutz besonders geeignete Türen. Eine zusätzlich angebrachte Schallschlucktür ist zur üblichen Benutzung eines Raumes nicht erforderlich. Wenn sie allein durch die Ausübung des Berufs notwendig wird, steht sie in besonderer Beziehung zum ausgeübten Beruf, der durch sie mit ausgeübt wird. Demzufolge ist sie eine Betriebsvorrichtung und damit ein bewegliches Wirtschaftsgut (BFH, Urteil v. 29.10.1974 - VIII R 159/70, BStBl 1975 II S. 68). Vergleiche auch R 7.1 Abs. 3 EStR und § 243 Abs. 2 Nr. 2 BewG.

FALL 35

Verschiedene Gebäudeteile in einem Warenhaus

Sachverhalt: Das Warenhaus eines Einzelhändlers wurde Anfang des Jahres 01 fertiggestellt. Die Herstellungskosten betrugen 3.000.000 €. Darin sind u. a. enthalten:

► Herstellungskosten für drei Rolltreppen	200.000 €
► Herstellungskosten für einen Lastenaufzug	+ 90.000 €
► Herstellungskosten für die Schaufensteranlage	+ 60.000 €
► Herstellungskosten für die Beleuchtungsanlage in allen Stockwerken des Gebäudes (Neonlichtbänder; 30 % der Kosten entfallen auf die der Stromzuführung dienenden Kabel)	+ 40.000 €
► Herstellungskosten für die Sammelheizungsanlage	+ 50.000 €
► Herstellungskosten für die baupolizeilich aus Gründen des Brandschutzes angeordnete Einfügung einer Sprinkleranlage	+ 30.000 €
Summe	470.000 €

AUFGABEN

Wie sind das Gebäude und die Gebäudeteile bilanzsteuerlich zu beurteilen? Welche Bilanzansätze ergeben sich im Einzelnen zum 31.12.01? Die Voraussetzungen des § 7 Abs. 2 und § 7g EStG liegen nicht vor.

HINWEIS

Für das Gebäude wird die höchstzulässige AfA beantragt. Für die genannten Gebäudeteile kann aus Vereinfachungsgründen von einer Nutzungsdauer i. H. von sieben Jahren ausgegangen werden.

LÖSUNG

Unselbständige Gebäudeteile sind einheitlich mit dem Gebäude abzuschreiben, zu dem sie gehören. Ein Gebäudeteil ist unselbständig, wenn er in einem einheitlichen Nutzungs- und Funktionszusammenhang mit dem Gebäude steht (R 4.2 Abs. 5 EStR). Das ist der Fall bei

- den drei Rolltreppen,
- den Beleuchtungsanlagen (BFH, Urteil v. 5.3.1974 - I R 160/72, BStBl 1974 II S. 353),

- der Sammelheizungsanlage und
- der Sprinkleranlage.

Gebäudeteile, die nicht in einem einheitlichen Nutzungs- und Funktionszusammenhang mit dem Gebäude stehen, sind selbständige Wirtschaftsgüter und deshalb gesondert vom Gebäude abzuschreiben. Ein Gebäudeteil ist selbständig, wenn er besonderen Zwecken dient, mithin in einem von der eigentlichen Gebäudenutzung verschiedenen Nutzungs- und Funktionszusammenhang steht (R 4.2 Abs. 3 EStR). Selbständiger Gebäudeteil in diesem Sinn ist die Schaufensteranlage (R 4.2 Abs. 3 Satz 3 Nr. 3 EStR), deren Nutzungsdauer mit sieben Jahren angenommen werden kann (BMF, Schreiben v. 30.5.1996, BStBl 1996 I S. 643).

Selbständige Gebäudeteile sind auch die Betriebsvorrichtungen (R 4.2 Abs. 3 Satz 3 Nr. 1 i. V. mit R 7.1 Abs. 3 EStR). Zu den Betriebsvorrichtungen gehört der Lastenaufzug.

Im Einzelnen ergeben sich folgende Bilanzansätze:

Gebäude

Herstellungskosten insgesamt	3.000.000 €	
Lastenaufzug	- 90.000 €	
Schaufensteranlage	- 60.000 €	2.850.000 €
AfA (§ 7 Abs. 4 Satz 1 Nr. 1 EStG): 3 % von 2.850.000 € =		- 85.500 €
Buchwert zum 31.12.01		2.764.500 €

Lastenaufzug

Herstellungskosten	90.000 €
AfA (§ 7 Abs. 1 EStG): 14 % von 90.000 € =	- 12.600 €
Buchwert zum 31.12.01	77.400 €

Schaufensteranlage

Herstellungskosten	60.000 €
AfA: 14 % von 60.000 € =	- 8.400 €
Buchwert zum 31.12.01	51.600 €

Da die Schaufensteranlage ein unbewegliches Wirtschaftsgut ist, kann die AfA nur linear (§ 7 Abs. 4 Satz 2 EStG) gewährt werden.

FALL 36

Betriebsvorrichtung und Außenanlage

Sachverhalt: Auf einem Betriebsgrundstück des Einzelunternehmers A befindet sich ein Gebäude mit einem Buchwert zum 31.12.00 i. H. von 240.000 €. Die jährliche AfA beträgt 7.200 €.

Im Februar 01 wurde in diesem Gebäude ein mit dem Grundstück untrennbar verbundenes Förderband mit elektronisch gesteuertem Verteilersystem für 30.000 € (netto) eingebaut. Die betriebsgewöhnliche Nutzungsdauer beträgt zehn Jahre.

Im August 01 wurde auf diesem Grundstück außerdem ein Teil der Freifläche mit Schotter eingedeckt sowie anschließend asphaltiert und der so entstandene Kundenparkplatz zur Straßenseite hin durch einen Zaun abgeschlossen. Die Kosten betrugen für den Parkplatz 20.000 € (netto) und für den Zaun 4.000 € (netto). Die betriebsgewöhnliche Nutzungsdauer beträgt jeweils zehn Jahre.

Der Gesamtbetrag i. H. von 54.000 € (= 30.000 € + 20.000 € + 4.000 €) wurde dem Grund und Boden hinzuaktiviert. Die Umsatzsteuer ist zutreffend verbucht worden. Das Wirtschaftsjahr entspricht dem Kalenderjahr.

AUFGABEN

Wie ist bilanzsteuerlich im Jahr 01 vorzugehen? Wie lautet der Korrekturbuchungssatz und welche Gewinnauswirkungen ergeben sich? Die Voraussetzungen des § 7 Abs. 2 und § 7g EStG liegen nicht vor.

LÖSUNG

Mit dem Förderband wird das Gewerbe unmittelbar betrieben; es steht in einem Nutzungs- und Funktionszusammenhang mit dem Betrieb und nicht mit dem Grundstück. Es stellt eine Betriebsvorrichtung i. S. des § 243 Abs. 2 Nr. 2 BewG und damit ein selbständiges, bewegliches Wirtschaftsgut dar, auch wenn es zivilrechtlich wesentlicher Bestandteil des Grundstücks ist (R 7.1 Abs. 3 EStR und H 7.1 Betriebsvorrichtung EStH). Das Förderband ist deshalb mit seinen Anschaffungskosten zu aktivieren (§ 255 Abs. 1 Satz 1 HGB) und auf zehn Jahre abzuschreiben. Die Abschreibung erfolgt gem. § 7 Abs. 1 EStG. Unter Beachtung von § 7 Abs. 1 Satz 4 EStG ergibt sich eine zeitanteilige AfA i. H. von $^{11}/_{12}$ von 10 % von 30.000 € = 2.750 €, so dass sich zum 31.12.01 ein Buchwert i. H. von 27.250 € ergibt.

Außenanlagen (hier die Platzbefestigung und der Zaun) stellen ebenfalls selbständige Wirtschaftsgüter dar (H 6.4 Außenanlagen und Umzäunung sowie H 7.1 Unbewegliche Wirtschaftsgüter, die keine Gebäude oder Gebäudeteile sind EStH). Sie sind entsprechend ihrer Nutzungsdauer abzuschreiben (R 7.1 Abs. 1 Nr. 2 EStR). Da sie unbeweglich sind, ergibt sich die AfA ausschließlich gem. § 7 Abs. 1 Satz 1 und 4 EStG: $^{5}/_{12}$ von 10 % von 24.000 € = 1.000 €. Zum 31.12.01 verbleibt für die Außenanlagen ein Buchwert i. H. von 23.000 €.

Korrekturbuchungssatz:

Technische Anlagen und Maschinen	27.250 €			
Außenanlagen	23.000 €			
AfA	3.750 €	an	Grund und Boden	54.000 €

Gewinnauswirkungen im Jahr 01

Bilanzposten-Methode

Grund und Boden	- 54.000 €
Technische Anlagen und Maschinen	+ 27.250 €
Außenanlagen	+ 23.000 €
Gewinnauswirkung	- 3.750 €

GuV-Methode

AfA	- 3.750 €
Gewinnauswirkung	- 3.750 €

FALL 37

Betriebsgebäude des Ehemannes auf einem gemeinsamen Ehegattengrundstück

Sachverhalt: Zum 1.6.01 (vor dem 1.1.2023 und nach dem 31.12.1924) hat ein Kaufmann auf einem ihm und seiner Ehefrau je zur Hälfte gehörenden unbebauten Grundstück mit Zustimmung seiner Ehefrau, jedoch im eigenen Namen und für eigene Rechnung, ein Werkstattgebäude errichtet, das er nach der Fertigstellung unentgeltlich und unbegrenzt für seinen Betrieb, dessen Alleininhaber er ist, nutzen kann. Die Herstellungskosten haben 500.000 € betragen. Besondere schriftliche Vereinbarungen zwischen den Ehegatten bestehen nicht.

AUFGABE

Wie sind die Herstellungskosten des Betriebsinhabers i. H. von 500.000 € bilanzsteuerrechtlich zu behandeln?

LÖSUNG

Welche Wirtschaftsgüter einem Steuerpflichtigen einkommensteuerlich zuzurechnen sind, ergibt sich aus § 39 AO. In § 39 Abs. 2 Nr. 2 AO ist bestimmt, dass Wirtschaftsgüter, die zivilrechtlich im Miteigentum mehrerer Personen stehen, den Miteigentümern steuerrechtlich anteilig zuzurechnen sind. Ein Kaufmann, der auf einem Grundstück, das im hälftigen Miteigentum seiner Ehefrau steht, auf eigene Rechnung und Gefahr mit Einverständnis seiner Ehefrau für seine betrieblichen Zwecke ein Gebäude errichtet, ist rechtlicher und wirtschaftlicher Eigentümer der auf ihn entfallenden Gebäudehälfte. Die AfA richtet sich nach den für die zum Betriebsvermögen gehörenden Gebäuden geltenden AfA-Regeln (§ 7 Abs. 4 Satz 1 Nr. 1 EStG). Er hat die von ihm getragenen Herstellungskosten, die auf die der Ehefrau zustehende Gebäudehälfte entfallen, bilanztechnisch in einen „Aufwandsverteilungsposten" einzustellen und diesen nach allgemeinen ertragsteuerlichen Regeln aufzulösen (BFH, Urteil v. 9.3.2016 - X R 46/14, BStBl 2016 II S. 976).

Folglich richtet man in der Steuerbilanz zwei Konten ein („Gebäude" und „Aufwandsverteilungsposten"), um der unterschiedlichen rechtlichen Qualität der Gebäudeteile Ausdruck zu verleihen. Die AfA für den eigenen Gebäudeteil richtet sich nach § 7 Abs. 4 Satz 1 Nr. 1 EStG. Die Auflösung des Aufwandsverteilungspostens erfolgt nach Maßgabe des § 7 Abs. 4 Satz 1 Nr. 2 Buchst. b EStG

	Eigener Gebäudeanteil Konto: Gebäude	**Fremder Gebäudeanteil** Konto: Aufwandsverteilungsposten	
Zugang Herstellungskosten zum 1.6.01	250.000 €		250.000 €
AfA 3 %, für sieben Monate =	- 4.375 €	AfA 2 %, für sieben Monate =	- 2.917 €
Buchwert zum 31.12.01	245.625 €		247.083 €

Anmerkungen:

1. **Beendigung der betrieblichen Nutzung**

   Endet die Nutzung des der Ehefrau gehörenden Miteigentumsanteils an dem vom Ehemann zu betrieblichen Zwecken genutzten Grundstück, können die auf die Ehefrau entfallenden und noch nicht abgezogenen Anschaffungs- oder Herstellungskosten nicht weiter als Betriebsausgaben abgezogen werden. Der verbleibende Betrag ist erfolgsneutral auszubuchen und der Ehefrau als Anschaffungs- oder Herstellungskosten des Wirtschaftsguts zuzurechnen (BFH, Urteil v. 19.12.2012 - VI R 20/09, BStBl 2013 II S. 387). Wertsteigerungen des Wirtschaftsguts treten im Privatvermögen der Ehefrau ein und können dem Betriebsinhaber nicht zugerechnet werden.

2. **Betriebsübertragung ohne Anteil der Ehefrau am Grundstück und Gebäude**

   Wird der Betrieb unentgeltlich gem. § 6 Abs. 3 EStG auf einen Dritten übertragen (z. B. Sohn) und die betriebliche Nutzung des Gebäudes auf fremdem Grund und Boden beibehalten, geht der Aufwandsverteilungsposten auf den Rechtsnachfolger über, wenn dem Rechtsnachfolger nicht gleichzeitig das Grundstück zivilrechtlich und wirtschaftlich zuzurechnen ist (BMF, Schreiben v. 16.12.2016, BStBl 2016 I S. 1431).

3. **Betriebsübertragung mit Anteil der Ehefrau am Grundstück und Gebäude**

   Übertragen sowohl der Unternehmer-Ehegatte den Betrieb als auch beide Eheleute ihre Miteigentumsanteile an dem Grundstück samt Gebäude unentgeltlich auf einen Dritten, kann dieser den Miteigentumsanteil des Nichtunternehmer-Ehegatten gem. § 6 Abs. 1 Nr. 5 EStG zum Teilwert in seinen Betrieb einlegen und von diesem Wert die AfA vornehmen (BFH, Urteil v. 9.3.2016 - X R 46/14, BStBl 2016 II S. 976).

FALL 38

Gebäude auf gepachtetem Grundstück[11]

Sachverhalt: Ein Fabrikant hat auf einem von ihm gepachteten Grundstück nur für seine eigenen Zwecke eine Fabrikhalle in Massivbauweise errichtet. Die Herstellungskosten betrugen ohne Umsatzsteuer 270.000 €. Die Halle wurde Anfang des Jahres 01 fertiggestellt und hat eine Nutzungsdauer von 50 Jahren. Die Pachtdauer beträgt vom Zeitpunkt der Fertigstellung des Gebäudes an gerechnet noch 35 Jahre. Nach Ablauf der Pachtdauer ist durch den Pächter der alte Zustand wiederherzustellen.

AUFGABEN

Wem ist das Gebäude zuzurechnen? Welche AfA ergibt sich für die Jahre 01 und 02?

Abwandlung: Auch der Verpächter des Grund und Bodens ist an dem Gebäude interessiert; er will es nach Ablauf der Pachtdauer entgeltlich erwerben.

11 **Literaturhinweis:** Falterbaum/Bolk/Reiß/Kirchner, Buchführung und Bilanz, 23. Aufl. 2020, S. 889 ff.

AUFGABEN

Wem ist das Gebäude während der Pachtdauer zuzurechnen? Welche AfA ergibt sich für die Jahre 01 und 02?

LITERATURHINWEIS

Dortmann/Mann, Lehrbuch Buchführung und Bilanzsteuerrecht, 14. Aufl. 2026, Teil B, Kapitel 5, Tz. 5.6.13.

LÖSUNG

Zivilrechtlich ist das Gebäude in diesem Fall als Scheinbestandteil des Grund und Bodens anzusehen und dem Pächter zuzurechnen. Zu den Scheinbestandteilen gehören Sachen, die nur zu einem vorübergehenden Zweck mit dem Grund und Boden verbunden sind (§ 95 Abs. 1 Satz 1 BGB). Der Wille zur vorübergehenden Einfügung ergibt sich hier aus der zeitlich begrenzten Dauer der schuldrechtlichen Berechtigung (Pacht) und der Pflicht zur Wiederherstellung des alten Zustands nach Ablauf der Pachtdauer. Da Scheinbestandteile nicht Grundstücksbestandteile sind, rechnen sie zivilrechtlich zu den beweglichen Sachen. Dem folgt das Steuerrecht nicht; einkommensteuerlich rechnet das Gebäude zum unbeweglichen Vermögen des Pächters (BFH, Urteil v. 1.12.1970 - VI R 170/69, BStBl 1971 II S. 159). Es ist mit den Herstellungskosten abzgl. der AfA zu bilanzieren (§ 6 Abs. 1 Nr. 1 i. V. mit § 7 Abs. 4 Satz 1 Nr. 1 EStG). Das Konto „Gebäude auf fremdem Grundstück" entwickelt sich beim Pächter wie folgt:

Herstellungskosten im Januar 01	270.000 €
AfA im Jahr 01 (3 %)	- 8.100 €
Bilanzansatz zum 31.12.01	261.900 €
AfA im Jahr 02	- 8.100 €
Bilanzansatz zum 31.12.02	253.800 €
	usw.

Abwandlung

In diesem Fall rechnet das Bauwerk nicht zu den Scheinbestandteilen; es ist vielmehr wesentlicher Bestandteil des Grundstücks, da es nicht zu einem nur vorübergehenden Zweck mit dem Grund und Boden verbunden ist (§§ 93 und 94 BGB). Zivilrechtlicher Eigentümer des Gebäudes ist folglich der Verpächter. Gleichwohl ist das Gebäude beim Pächter zu bilanzieren, weil er infolge des Anspruchs auf Entschädigung dessen wirtschaftlicher Eigentümer ist (§ 39 Abs. 2 Nr. 1 AO) und die Zurechnung von Wirtschaftsgütern sich nach dem wirtschaftlichen Eigentum richtet. Die AfA bestimmt sich nach § 7 Abs. 4 Satz 1 Nr. 1 EStG.

Gebäude auf fremdem Grundstück

Herstellungskosten im Januar 01	270.000 €
AfA im Jahr 01 (3 %)	- 8.100 €
Bilanzansatz zum 31.12.01	261.900 €
AfA im Jahr 02	- 8.100 €
Bilanzansatz zum 31.12.02	253.800 €
	usw.

3.3 Mieterein- und -umbauten

Für die Behandlung von **Mieterein- und -umbauten** gilt zunächst das Schreiben des BMF v. 15.1.1976, BStBl 1976 I S. 66. Danach hat der Mieter seine Aufwendungen auf die Mietsache grds. zu aktivieren, sofern es sich nicht um Erhaltungsaufwand (R 21.1 EStR) oder um die Schaffung eines immateriellen Wirtschaftsguts handelt. Die Aktivierung erfolgt entweder als Scheinbestandteil, Betriebsvorrichtung, sonstiger Mieteinbau oder als aktiver Rechnungsabgrenzungsposten. Die Aktivierung als sonstiger Mietereinbau kann darauf beruhen, dass der Mieter entweder wirtschaftlicher Eigentümer der Baumaßnahme ist oder die Baumaßnahme in einem Nutzungs- und Funktionszusammenhang mit dem Betrieb des Mieters steht. Wirtschaftliches Eigentum setzt die Befugnis zur ausschließlichen Nutzung und einen Anspruch auf Wertersatz bei vorzeitiger Beendigung der Nutzung voraus (BFH, Urteil v. 20.11.2003 - III R 4/02, BStBl 2004 II S. 305). Die Aktivierung als Rechnungsabgrenzungsposten ist erforderlich, wenn die Kosten des Mieters mit der geschuldeten Miete verrechnet werden. Erfolgt die Aktivierung als sonstiger Mietereinbau, richtet sich die AfA nach den für Gebäude geltenden Grundsätzen, d. h. gem. § 7 Abs. 5b i. V. mit Abs. 4 Satz 2 EStG (BFH, Urteile v. 15.10.1996 - VIII R 44/94, BStBl 1997 II S. 533, und v. 11.6.1997 - XI R 77/96, BStBl 1997 II S. 774). Eine kürzere Laufzeit des Miet- oder Pachtvertrags führt grds. zu keinem anderen Ergebnis, es sei denn, dass feststeht, dass die Einbauten entschädigungslos bei Miet- bzw. Pachtende auf den Vermieter/Verpächter übergehen (BFH, Beschluss v. 19.6.2015 - III B 2/14, BFH/NV 2015 S. 1385, XAAAE-99375). Siehe auch H 4.2 Abs. 3 Mietereinbauten und H 7.4 Mietereinbauten EStH sowie Engelhardt, NWB 38/2011 S. 3220.

FALL 39

Umbauten des Mieters in gemietetem Gebäude

Sachverhalt: Eine KG baute Anfang des Jahres 01 in einem gemieteten Gebäude ein Lager in Büroräume um. Die dafür angefallenen Kosten betrugen 80.000 € netto. Der Mietvertrag hat am 1.1.01 noch eine Laufzeit von zehn Jahren. Es steht fest, dass die KG nach zehn Jahren den alten Zustand wiederherstellen muss. Die eingebauten Sachen werden danach wertlos sein. Die Umbaumaßnahme selbst hat technisch eine Nutzungsdauer von 20 Jahren.

AUFGABE

Sind die Kosten als sofort abziehbare Betriebsausgaben zu behandeln oder als Herstellungskosten für ein Wirtschaftsgut zu aktivieren und entsprechend der Nutzungsdauer abzuschreiben?

LÖSUNG

Es kann dahingestellt bleiben, ob der Umbauaufwand bei der KG zu einem immateriellen Wirtschaftsgut geführt hat. Eine Aktivierung dieses Aufwands als immaterielles Wirtschaftsgut kommt ohnehin nicht in Betracht, weil es an dem Merkmal des entgeltlichen Erwerbs fehlt (§ 5 Abs. 2 EStG). Ein entgeltlicher Erwerb liegt nicht schon dann vor, wenn dem Mieter im Zusammenhang mit dem Erwerb des immateriellen Wirtschaftsguts Aufwendungen entstanden sind. Das Entgelt muss vielmehr auf den Vorgang des Erwerbs (BFH, Urteil v. 3.2.1969 - GrS 2/68, BStBl 1969 II S. 291) des immateriellen Wirtschaftsguts als solchen bezogen sein (R 5.5 Abs. 2

EStR). Diese Voraussetzung fehlt bei Mieterumbauten. Die durch Umbauten veranlassten Aufwendungen bilden bspw. die Gegenleistung für die Materialien und die Handwerkerleistungen, nicht aber für ein von dritter Seite erworbenes immaterielles Wirtschaftsgut.

Da die eingebauten Sachen nach Wiederherstellung des alten Zustands wertlos sind, ergibt sich kein Scheinbestandteil. Auch wirtschaftliches Eigentum liegt bei der KG nicht vor, da sie keinen Entschädigungsanspruch hat.

Eine Aktivierung des Aufwands bei der KG kommt nur dann in Betracht, wenn durch den Aufwand ein der KG zuzurechnendes **materielles** Wirtschaftsgut geschaffen worden ist. Gebäudebestandteile können dann als gegenüber der Gebäudeeinheit selbständige Wirtschaftsgüter angesehen werden, wenn sie unmittelbar besonderen Zwecken dienen und in diesem Sinne in einem von der eigentlichen Gebäudenutzung verschiedenen Funktionszusammenhang stehen (BFH, Beschluss v. 26.11.1973 - GrS 5/71, BStBl 1974 II S. 132). Der Umbau erfüllt diese Voraussetzungen für die Annahme eines selbständigen Wirtschaftsguts. Die Büroräume stehen in einem besonderen Nutzungs- und Funktionszusammenhang mit dem Gewerbebetrieb der KG, wodurch die Eigenschaft eines selbständigen Wirtschaftsguts begründet wird (BFH, Urteile v. 26.2.1975 - I R 184/73 und I R 32/73, BStBl 1975 II S. 443). Handelsrechtlich handelt es sich um Bauten auf fremdem Grundstück (§ 266 Abs. 2 A II Nr. 1 HGB).

Bei einer Nutzungsdauer von zehn Jahren ergibt sich für das Jahr 01 eine AfA i. H. von 8.000 €. Der Buchwert für das materielle Wirtschaftsgut „Mietereinbauten" oder „Bauten auf fremdem Grundstück" beträgt zum 31.12.01 72.000 €. Die AfA beruht hierbei auf § 7 Abs. 5b i. V. mit Abs. 4 Satz 2 EStG: die tatsächliche Nutzungsdauer beträgt zehn Jahre. Etwas Anderes würde gelten, wenn bei Vertragsende die Einbauten im Gebäude verbleiben würden und der Vermieter den Zeitwert der Einbauten zu vergüten hätte. In diesem Fall wäre von einer Nutzungsdauer von 20 Jahren auszugehen.

FALL 40

Anlagen des Mieters im gemieteten Gebäude

Sachverhalt: Der Steuerpflichtige betreibt in gemieteten Räumen eine Buchhandlung. Er ließ Anfang des Jahres 01 neben den bereits vorhandenen Kachelöfen eine Gasheizungsanlage (Nutzungsdauer zehn Jahre) installieren. Die Kosten haben 12.000 € netto betragen. Die Gasheizungsanlage ist nach den mit dem Vermieter getroffenen schriftlichen Vereinbarungen ausdrücklich nur für die Restmietdauer i. H. von 15 Jahren zugelassen worden. Nach Beendigung des Mietverhältnisses ist der Mieter verpflichtet, die Gasheizungsanlage zu entfernen und den alten Zustand wiederherzustellen.

AUFGABE

Wie sind die Aufwendungen bilanzmäßig zu behandeln?

ABB. 5: Mieterein- und -umbauten

Mieterein- und -umbauten

(**Begriff:** Mieterein- und -umbauten sind solche Baumaßnahmen, die der Mieter eines Gebäudes oder Gebäudeteils auf seine Rechnung an dem gemieteten Gebäude oder Gebäudeteil vornehmen lässt, wenn die Aufwendungen nicht Erhaltungsaufwand sind. Ob Erhaltungsaufwand vorliegt, ergibt sich aus R 21.1 EStR.)

Scheinbestandteile

Begriff:
Ein Scheinbestandteil entsteht, wenn durch die Baumaßnahmen des Mieters Sachen „zu einem vorübergehenden Zweck" in das Gebäude eingefügt werden (§ 95 BGB). Dies ist anzunehmen, wenn

1. die Nutzungsdauer der eingefügten Sachen länger ist als die voraussichtliche Mietdauer **und**
2. die eingefügten Sachen nach ihrem Ausbau nicht nur einen Schrottwert, sondern auch einen beachtlichen Wiederverwendungswert repräsentieren **und**
3. nach den gesamten Umständen, insbesondere nach Art und Zweck der Verbindung damit gerechnet werden kann, dass die eingebauten Sachen später wieder entfernt werden.

Zurechnung:
Der Mieter ist rechtlicher und wirtschaftlicher Eigentümer des Scheinbestandteils.

Steuerliche Behandlung:
Es handelt sich um bewegliche Wirtschaftsgüter des Anlagevermögens.

Betriebsvorrichtungen

Begriff:
Vergleiche R 7.1 Abs. 3 EStR

Zurechnung:
Der Mieter ist, wenn nicht rechtlicher, so stets wirtschaftlicher Eigentümer der Betriebsvorrichtungen.

Steuerliche Behandlung:
Es handelt sich um bewegliche Wirtschaftsgüter des Anlagevermögens.

sonstige Mieterein- und -umbauten

materielles Wirtschaftsgut des Anlagevermögens

Dies liegt vor, wenn der Mieter wirtschaftlicher Eigentümer der von ihm geschaffenen sonstigen Mieterein- und -umbauten ist. Er ist wirtschaftlicher Eigentümer, wenn der mit Beendigung des Mietvertrags entstehende Herausgabeanspruch des Eigentümers zwar auch die durch den Einbau oder Umbau geschaffene Substanz umfasst, dieser Anspruch jedoch keine wirtschaftliche Bedeutung hat.
Das ist der Fall, wenn

1. die eingebauten Sachen während der voraussichtlichen Mietdauer technisch oder wirtschaftlich verbraucht werden oder
2. der Mieter bei Beendigung des Mietvertrags eine Erstattung verlangen kann (BFH, Urteil v. 28.7.1993 - I R 88/92, BStBl 1994 II S. 164).

Zurechnung:
Mieter

Steuerliche Behandlung:
Es handelt sich um ein unbewegliches Wirtschaftsgut des Anlagevermögens. AfA gem. § 7 Abs. 5b i. V. mit Abs. 4 EStG.

Dies liegt auch vor, wenn die Mieterein- und -umbauten den besonderen betrieblichen oder beruflichen Zwecken des Mieters dienen und mit dem Gebäude nicht in einem einheitlichen Nutzungs- und Funktionszusammenhang stehen (BFH, Urteil v. 26.2.1975 - I R 32/73, BStBl 1975 II S. 443).

Zurechnung:
Obwohl der Mieter weder rechtlicher noch wirtschaftlicher Eigentümer ist, Erfassung beim Mieter als materielles Wirtschaftsgut gem. § 266 Abs. 2 HGB: Bauten auf fremden Grundstücken.

Steuerliche Behandlung:
Es handelt sich um ein unbewegliches Wirtschaftsgut des Anlagevermögens. AfA gem. § 7 Abs. 5b i. V. mit Abs. 4 EStG.

immaterielles Wirtschaftsgut

Begriff:
Eine Baumaßnahme, die auch unabhängig von der vom Mieter vorgesehenen betrieblichen oder beruflichen Nutzung hätte vorgenommen werden müssen.

Zurechnung und steuerliche Behandlung:
Der Mieter darf gem. § 5 Abs. 2 EStG in seiner Bilanz keinen Aktivposten ausweisen, es sei denn, es ist wegen der vereinbarten Verrechnung mit der Miete ein Rechnungsabgrenzungsposten zu bilden.

AfA bei Mieterein- und -umbauten

Handelt es sich um Scheinbestandteile oder um Betriebsvorrichtungen, so richtet sich die AfA nach der voraussichtlichen Mietdauer; ist die voraussichtliche betriebsgewöhnliche Nutzungsdauer kürzer, so ist diese maßgebend. Handelt es sich um sonstige Mieterein- und -umbauten, richtet sich die AfA nach § 7 Abs. 4 EStG (H 7.4 Mietereinbauten EStH).

Hinweis: Der Übersicht liegt der Erlass des BMF-Schreibens v. 15.1.1976 (BStBl 1976 I S. 66) zugrunde.

LÖSUNG

Die Gasheizungsanlage gehört ihrer Natur nach zu den wesentlichen Grundstücksbestandteilen. Sie ist auch keine Betriebsvorrichtung, weil sie nicht unmittelbar und ausschließlich auf den in den Räumen betriebenen Gewerbebetrieb bezogen ist, sondern in erster Linie die Funktion hat, die Räume als solche besser nutzbar zu machen (R 4.2 Abs. 5 EStR). Allerdings gehören Sachen, die nur zu einem vorübergehenden Zweck in ein Gebäude eingefügt sind, nicht zu den Bestandteilen des Gebäudes (Scheinbestandteile, § 95 Abs. 2 BGB). Derartige Sachen werden zivilrechtlich vielmehr als bewegliche Sachen beurteilt. Diese Beurteilung gilt grds. auch für das Einkommensteuerrecht. Da im vorliegenden Fall jedoch die Nutzungsdauer der Gasheizungsanlage kürzer ist als die voraussichtliche Mietdauer, liegt keine Einfügung für einen vorübergehenden Zweck vor (BFH, Urteil v. 4.12.1970 - VI R 157/68, BStBl 1971 II S. 165) Eine Zurechnung der Gasheizungsanlage beim Mieter mit der Begründung, er sei sachenrechtlicher Eigentümer derselben, scheidet folglich aus.

Der Mieter ist aber wirtschaftlicher Eigentümer des materiellen Wirtschaftsguts „Gasheizungsanlage", weil die Mietdauer länger ist als die Nutzungsdauer der Anlage, so dass diese während der Mietdauer verschleißt. Die Gasheizungsanlage ist vom Mieter mit den Anschaffungs- oder Herstellungskosten, vermindert um die AfA gem. § 7 Abs. 5b i. V. mit Abs. 4 Satz 2 EStG, anzusetzen (§ 6 Abs. 1 Nr. 1 EStG). Die AfA beträgt 1.200 € für das Jahr 01 und der Bilanzansatz der Gasheizungsanlage am 31.12.01 10.800 €.

FALL 41

Baumaßnahmen in einem gepachteten Gebäude

Sachverhalt: Der Steuerpflichtige ist Pächter eines Hotelbetriebs. Am 1.10.01 läuft der Pachtvertrag noch 20 Jahre. Bis zum 1.10.01 nahm der Steuerpflichtige in dem Gebäude des Verpächters folgende Baumaßnahmen vor:

1. Einbau eines Personenfahrstuhls, Herstellungskosten ohne Umsatzsteuer 60.000 €, betriebsgewöhnliche Nutzungsdauer 15 Jahre. Ein Personenfahrstuhl war bislang nicht vorhanden.
2. Einbau von neuen Waschtischen, Toiletten und Badewannen oder Duschen in allen Zimmern, Herstellungskosten ohne Umsatzsteuer 40.000 €, betriebsgewöhnliche Nutzungsdauer zehn Jahre. 50 % der Aufwendungen entfielen auf verbrauchte sanitäre Anlagen, die dringend ausgewechselt werden mussten. Bei den übrigen Aufwendungen handelt es sich um Erstausstattungen.
3. Erstmaliger Einbau einer Dunstabsaugvorrichtung für die Küche, Herstellungskosten ohne Umsatzsteuer 15.000 €, betriebsgewöhnliche Nutzungsdauer zehn Jahre.
4. Dachgeschossausbau zur Gewinnung weiterer Hotelzimmer, Herstellungskosten 160.000 €. Nutzungsdauer 40 Jahre. Nach Beendigung des Pachtverhältnisses erhält der Pächter hierfür eine angemessene Entschädigung.
5. Verlegung von Parkettfußböden in den Konferenzzimmern, die bis dahin mit mittlerweile verbrauchtem Linoleumbelag ausgestattet waren. Kosten ohne Umsatzsteuer 7.200 €, Nutzungsdauer zwölf Jahre.

AUFGABE

Wie ist die bilanzsteuerrechtliche Behandlung zum 31.12.01? Es ist die lineare AfA in Anspruch zu nehmen.

LÖSUNG

Der Personenfahrstuhl und die Erstausstattung von Gästezimmern mit Waschtischen, Toiletten und Badewannen oder Duschen stellen materielle Wirtschaftsgüter des Anlagevermögens dar, die dem Pächter als dem wirtschaftlichen Eigentümer zuzurechnen sind, da die eingebauten Sachen während der Pachtdauer technisch oder wirtschaftlich verbraucht werden.

Die AfA richtet sich vielmehr nach § 7 Abs. 5b i. V. mit Abs. 4 Satz 2 EStG. Der Aufwand für das Auswechseln der verbrauchten sanitären Anlagen und für den Parkettfußboden ist Erhaltungsaufwand, der begrifflich nicht zu Mieterein- und -umbauten führt (R 21.1 EStR). Die Bilanzansätze entwickeln sich wie folgt:

Personenfahrstuhl

Herstellungskosten bis zum 1.10.01	60.000 €
AfA (6 $^2/_3$ % von 60.000 € = 4.000 €, für drei Monate =)	- 1.000 €
Bilanzansatz zum 31.12.01	59.000 €

Sanitäre Anlagen

Herstellungskosten bis zum 1.10.01	20.000 €
AfA (10 % von 20.000 € = 2.000 €, für drei Monate =)	- 500 €
Bilanzansatz zum 31.12.01	19.500 €

Bei der Dunstabsaugvorrichtung liegt eine Betriebsvorrichtung vor, da sie in spezieller Beziehung zu dem Hotelbetrieb steht und nicht der Benutzung des Gebäudes als solchem dient (R 7.1 Abs. 3 EStR). Es handelt sich um ein bewegliches Anlagegut des Mieters.

Dunstabsaugvorrichtung

Herstellungskosten bis zum 1.10.01	15.000 €
AfA (10 % = 1.500 €, für drei Monate =)	- 375 €
Bilanzansatz zum 31.12.01	14.625 €

Der Dachausbau hat zu einem materiellen Wirtschaftsgut des Anlagevermögens geführt. Der Pächter ist wirtschaftlicher Eigentümer, da er bei der Beendigung des Pachtvertrags die Erstattung des noch verbliebenen Werts des Ausbaus verlangen kann. Es handelt sich um unbewegliches Anlagevermögen. Die AfA richtet sich nach § 7 Abs. 5a i. V. mit Abs. 4 Satz 1 Nr. 1 EStG: 3 %, denn für den Dachausbau bestimmt sich die AfA entgegen Nr. 10 des BMF-Schreibens v. 15.1.1976 (BStBl 1976 I S. 66) nach den für Gebäude geltenden Grundsätzen (H 7.4 Mietereinbauten EStH).

Dachausbau

Herstellungskosten bis zum 1.10.01	160.000 €
AfA (3 % von 160.000 €, für drei Monate =)	- 1.200 €
Bilanzansatz zum 31.12.01	158.800 €

FALL 42

Ladeneinrichtung und Einbauschrank

Sachverhalt: Der Steuerpflichtige betreibt in gemieteten Räumen (Mietdauer im Jahr 01 noch 15 Jahre) einen Einzelhandel mit Damenoberbekleidung. Im April 01 mietete er zusätzliche Räume an (Mietdauer ebenfalls 15 Jahre) und ließ in sie eine dafür besonders konstruierte Ladeneinrichtung, bestehend aus vorgefertigten und innenarchitektonisch aufeinander abgestimmten Elementen, unter fester Verbindung mit dem Gebäude einbauen (Kosten 40.000 € netto, Nutzungsdauer zehn Jahre). Es handelt sich nicht um Ladeneinbauten. Gleichzeitig schaffte er sich für sein Chefzimmer einen ebenfalls fest mit dem Gebäude verbundenen Einbauschrank für 12.000 € netto an (Nutzungsdauer 25 Jahre). Beim Auszug erhält er für den Einbauschrank eine Entschädigung.

AUFGABE

Wie sind die Anschaffungen des Mieters bilanzsteuerrechtlich im Jahr 01 zu behandeln? Es ist die lineare AfA in Anspruch zu nehmen.

LÖSUNG

Bei der Ladeneinrichtung und dem Einbauschrank handelt es sich um selbständige Wirtschaftsgüter. Als selbständige Wirtschaftsgüter gelten – auch einkommensteuerlich – stets die Betriebsvorrichtungen im bewertungsrechtlichen Sinn (vgl. § 243 Abs. 2 Nr. 2 BewG). Dabei ist es ohne Belang, ob die Vorrichtung durch ihre feste Verbindung mit dem Mauerwerk die Eigenschaft einer selbständigen Sache im zivilrechtlichen Sinne verloren hat (§ 93 i. V. mit § 94 Abs. 2 BGB) oder als Scheinbestandteil (§ 95 BGB) anzusehen ist. Unter den Begriff „Betriebsvorrichtungen" fallen im weiteren Sinne auch Anlagen, die in Bezug auf die Ausübung eines Gewerbebetriebs eine ähnliche Funktion wie Maschinen erfüllen (BFH, Urteil v. 5.3.1971 - III R 90/69, BStBl 1971 II S. 455). Das ist bei der Ladeneinrichtung der Fall, denn sie dient dazu, Waren zu lagern und griffbereit auszustellen. Die Betriebsvorrichtungen gelten als bewegliche Wirtschaftsgüter.

Auch der Einbauschrank ist ein selbständiges Wirtschaftsgut. Es handelt sich hierbei zwar nicht um eine Betriebsvorrichtung und er hat möglicherweise durch seine Verbindung mit dem Gebäude den Charakter einer selbständigen Sache im zivilrechtlichen Sinne verloren, jedoch sind nach der Rechtsprechung – unabhängig von der zivilrechtlichen Betrachtung – Gebäudebestandteile dann selbständige Wirtschaftsgüter, wenn sie nicht in einem Nutzungs- und Funktionszusammenhang mit dem Gebäude stehen, sondern unmittelbar anderen Zwecken dienen (BFH, Urteil v. 28.7.1993 - I R 88/92, BStBl 1994 II S. 164). Das ist hier der Fall, denn der Einbauschrank dient in erster Linie dazu, dem Chefzimmer ein besonderes Gepräge zu geben; er ist somit kein Gegenstand, ohne den das Gebäude als solches nicht nutzbar wäre. Außerdem ist der Mieter wirtschaftlicher Eigentümer des Einbauschranks, da er einen Entschädigungsanspruch im Fall des Auszugs hat.

Da der Einbauschrank durch seine feste Verbindung mit dem Gebäude seine Beweglichkeit eingebüßt hat, kann er nur linear gem. § 7 Abs. 5b i. V. mit Abs. 4 Satz 2 EStG abgeschrieben werden (Nutzungsdauer 25 Jahre = 4 %):

Ladeneinrichtung

Zugang im April 01	40.000 €
AfA (§ 7 Abs. 1 EStG: 10 %) für neun Monate	- 3.000 €
Bilanzansatz zum 31.12.01	37.000 €

Einbauschrank

Zugang im April 01	12.000 €
AfA (§ 7 Abs. 4 EStG: 4 %) für neun Monate	- 360 €
Bilanzansatz zum 31.12.01	11.640 €

3.4 Immaterielle Wirtschaftsgüter

Als immaterielle Wirtschaftsgüter kommen in Betracht:

- Rechte,
- rechtsähnliche Werte und
- sonstige greifbare, längerfristige Vorteile, z. B.
  - Firmenwert,
  - Praxiswert,
  - Patente,
  - Urheberrechte,
  - Konzessionen,
  - Belieferungsrechte,
  - dingliche Nutzungsrechte wie Nießbrauch, aber auch
  - lediglich schuldrechtliche Nutzungsrechte und -möglichkeiten (R 5.5 Abs. 1 EStR).

Bei Nutzungsrechten an Gebäuden vgl. H 4.7 Eigenaufwand für ein fremdes Wirtschaftsgut EStH.

Wie bei materiellen Wirtschaftsgütern, kann es sich um Anlagevermögen (z. B. Patente, Nutzungsrechte, den Firmenwert und Konzessionen) oder um Umlaufvermögen (z. B. in Auftragsforschung entwickeltes Know-how oder auf Vorrat hergestellte Anzeigen- und Plakatentwürfe einer Werbeagentur) handeln.

Immaterielle Wirtschaftsgüter des Anlagevermögens dürfen steuerlich nur bilanziert werden, wenn sie entgeltlich erworben wurden (§ 5 Abs. 2 EStG). Entgeltlicher Erwerb setzt den Erwerb von einem anderen (aus dessen Vermögen) gegen eine Gegenleistung voraus (abgeleiteter Erwerb). Im Gegensatz dazu stehen die selbst geschaffenen immateriellen Wirtschaftsgüter. Der Annahme eines Erwerbs aus dem Vermögen eines anderen steht nicht entgegen, dass das Wirtschaftsgut erst durch ein Rechtsgeschäft geschaffen wird, wie z. B. bei der Einräumung eines Belieferungsrechts (R 5.5 Abs. 2 EStR).

Das Aktivierungsverbot des § 5 Abs. 2 EStG gilt nicht bei der Einlage eines immateriellen Wirtschaftsguts (R 5.5 Abs. 2 Satz 1 und Abs. 3 Satz 3 EStR).

Immaterielle Wirtschaftsgüter des Umlaufvermögens sind auch dann zu aktivieren, wenn sie (vom Steuerpflichtigen) selbst geschaffen wurden.

Neben dem Vorhandensein von Anschaffungskosten (bei immateriellen Wirtschaftsgütern des Anlagevermögens) bzw. von Anschaffungs- oder Herstellungskosten (bei immateriellen Wirtschaftsgütern des Umlaufvermögens) ist Voraussetzung für die Bilanzierung, dass überhaupt ein **Wirtschaftsgut** vorliegt. Kriterien für die Annahme eines **immateriellen Wirtschaftsguts** sind:

1. Bestehen eines konkreten betrieblichen Vorteils, der einen länger als ein Jahr währenden greifbaren Vorteil bringt (BFH, Urteil v. 28.8.1974 - I R 66/72, BStBl 1975 II S. 56),
2. realisierbarer Vermögenswert im Fall der Geschäftsveräußerung im Ganzen,
3. Abgrenzbarkeit gegenüber anderen Wirtschaftsgütern (BFH, Urteil v. 28.5.1979 - I R 1/76, BStBl 1979 II S. 734) und
4. ein möglicher Erwerber würde diesen Vorteil bei der Kaufpreisbemessung berücksichtigen (BFH, Urteil v. 18.6.1975 - I R 24/73, BStBl 1975 II S. 809).

Liegen diese vier Voraussetzungen vor, so sind die zur Erlangung dieses Vorteils getätigten Aufwendungen als Anschaffungskosten für ein immaterielles Wirtschaftsgut zu aktivieren.

Beim Erwerb eines kompletten Betriebs bereitet die Abgrenzung immaterieller Einzelwirtschaftsgüter vom Firmenwert häufig Schwierigkeiten. Der **Firmenwert** beinhaltet u. a. künftige Gewinnchancen, vorteilhafte Geschäftsbeziehungen, den guten Ruf, den Kundenstamm, den günstigen Standort, optimale Betriebsabläufe und die Kreditwürdigkeit, also Werte, die nicht einzeln, d. h. losgelöst vom Betrieb, veräußerbar sind. Demgegenüber sind **immaterielle Einzelwirtschaftsgüter** dadurch gekennzeichnet, dass sie auch einzeln, d. h. losgelöst vom Betrieb, veräußerbar sind. Die praktische Bedeutung der Abgrenzung liegt insbesondere in der Möglichkeit der Zugrundelegung einer kürzeren Nutzungsdauer sowie der leichteren Begründbarkeit einer Teilwertabschreibung für immaterielle Einzelwirtschaftsgüter.

3.4.1 Handelsrechtliche Besonderheiten

3.4.1.1 Selbst geschaffene immaterielle Vermögensgegenstände des Anlagevermögens

Selbst geschaffene immaterielle Vermögensgegenstände des Anlagevermögens können als Aktivposten in die Handelsbilanz aufgenommen werden. Nicht aufgenommen werden dürfen selbst geschaffene Marken, Drucktitel, Verlagsrechte, Kundenlisten oder vergleichbare immaterielle Vermögensgegenstände des Anlagevermögens (§ 248 Abs. 2 HGB).

Sie sind entsprechend ihrer Nutzungsdauer abzuschreiben. Kann in Ausnahmefällen die voraussichtliche Nutzungsdauer eines selbst geschaffenen immateriellen Vermögensgegenstands des Anlagevermögens nicht verlässlich geschätzt werden, sind planmäßige Abschreibungen auf die Herstellungskosten über einen Zeitraum von **zehn Jahren** vorzunehmen (§ 253 Abs. 3 Satz 3 HGB).

Die Inanspruchnahme des Aktivierungswahlrechts ist bei Kapitalgesellschaften und Gesellschaften i. S. des § 264a HGB mit Ausschüttungsbeschränkungen verbunden (§ 268 Abs. 8 HGB).

Steuerlich bleibt es beim **Aktivierungsverbot** gem. § 5 Abs. 2 EStG.

3.4.1.2 Geschäfts- oder Firmenwert

Ein originärer Geschäfts- oder Firmenwert darf weder handels- noch steuerrechtlich angesetzt werden (§ 5 Abs. 2 EStG und § 248 Abs. 2 Satz 2 HGB). Ein entgeltlich erworbener (derivativer) Geschäfts- oder Firmenwert gilt handelsrechtlich als zeitlich begrenzt nutzbarer Vermögensgegenstand (§ 246 Abs. 1 Satz 4 HGB). Er ist hiernach zwingend gesondert auf der Aktivseite beim Anlagevermögen im Rahmen der immateriellen Vermögensgegenstände auszuweisen (§ 266 Abs. 2 A I Nr. 3 HGB). Die Abschreibung erfolgt nach den Regeln des § 253 Abs. 1 und 3 HGB entsprechend der Nutzungsdauer. Kann in Ausnahmefällen die voraussichtliche Nutzungsdauer eines entgeltlich erworbenen Geschäfts- oder Firmenwerts nicht verlässlich geschätzt werden, sind planmäßige Abschreibungen auf die Anschaffungskosten über einen Zeitraum von **zehn Jahren** vorzunehmen (§ 253 Abs. 3 Satz 3 i. V. mit Satz 4 HGB). Kapitalgesellschaften müssen im Anhang den Zeitraum erläutern, über den ein entgeltlich erworbener Geschäfts- oder Firmenwert abgeschrieben wird (§ 285 Nr. 13 HGB).

Steuerlich besteht ein Aktivierungsgebot als Wirtschaftsgut und einer Nutzungsdauer **von 15 Jahren** (§ 7 Abs. 1 Satz 3 EStG).

3.4.2 AfA

Immaterielle Wirtschaftsgüter können zum Anlage- oder Umlaufvermögen gehören. Gehören sie zum Umlaufvermögen kommt allenfalls eine Teilwertabschreibung in Betracht. Gehören sie zum abnutzbaren Anlagevermögen richtet sich die AfA nach der betriebsgewöhnlichen Nutzungsdauer (§ 253 Abs. 3 HGB und § 7 Abs. 1 EStG). Da immaterielle Wirtschaftsgüter als unbeweglich angesehen werden (vgl. H 7.1 Bewegliche Wirtschaftsgüter EStH), sind – unabhängig von der zeitlichen Anwendungsbeschränkung – degressive Abschreibungen gem. § 7 Abs. 2 EStG nicht möglich. Ebenso wären die Begünstigungen des § 7g EStG (Investitionsabzugsbetrag und Sonderabschreibungen) für immaterielle Wirtschaftsgüter nicht zu gewähren.

3.4.2.1 Geschäfts- oder Firmenwert

Bei Erwerb des Geschäftswerts im Laufe des Jahres ist die AfA zeitanteilig mit $^{1}/_{12}$ für jeden begonnenen Monat anzusetzen (§ 7 Abs. 1 Satz 2 EStG).

Neben der planmäßigen Abschreibung ist bei **voraussichtlich dauernder Wertminderung** eine außerplanmäßige Abschreibung gem. § 253 Abs. 3 Satz 5 HGB auf den niedrigeren beizulegenden Wert bzw. Teilwert vorzunehmen. Hierfür muss der beizulegende Wert/Teilwert niedriger sein als der sich aus der planmäßigen Abschreibung ergebende Buchwert.

Die Zulässigkeit einer Teilwertabschreibung des Geschäftswerts wird steuerlich aus dem in § 6 Abs. 1 Nr. 1 Satz 2 EStG verankerten Wahlrecht zum Ansatz des niedrigeren Teilwerts abgeleitet („kann"). Die Teilwertabschreibung des Geschäftswerts ist nach der Rechtsprechung nur eingeschränkt möglich. Nach der (umstrittenen) Einheitstheorie darf keine Aufteilung in einen entgeltlichen, sich verflüchtigenden und einen neu geschaffenen Geschäftswert erfolgen (BFH, Urteile v. 13.4.1983 - I R 63/79, BStBl 1983 II S. 667, und v. 16.5.2002 - III R 45/98, BStBl 2003 II S. 10). Die Teilwertabschreibung eines entgeltlich erworbenen Geschäftswerts ist zulässig, wenn die wirtschaftliche Entwicklung seit der erstmaligen Aktivierung des Geschäftswerts zeigt, dass die (erhoffte) Rentabilität des (erworbenen) Unternehmens nachhaltig gesunken ist. Dies ist der Fall, wenn

- der Erwerb von Anfang eine Fehlmaßnahme war und
- der Teilwert des Geschäftswerts in seiner Gesamtheit – bei Anwendung der Einheitstheorie – einschließlich der zwischenzeitlich nachgewachsenen originären Bestandteile unter den Buchwert gefallen ist (BFH, Urteil v. 28.5.1998 - IV R 48/97, BStBl 1998 II S. 775).

Der Teilwert kann nach folgenden zwei Methoden ermittelt werden:

1. Indirekte Methode oder
2. direkte Methode.

3.4.2.2 Indirekte Methode

Sie wird bei kapitalintensiven Unternehmen angewendet.

Formel:

$$\frac{\text{Ertragswert - Substanzwert}}{2} = \text{Teilwert des Firmenwerts}$$

Dabei ergibt sich der Ertragswert durch die Kapitalisierung des nachhaltig erzielbaren Jahresgewinns auf der Basis der branchenüblichen Rendite. Der Jahresgewinn ist um einen angemessenen Unternehmerlohn zu kürzen. Zur Ermittlung des Substanzwerts sind die Wirtschaftsgüter mit dem Teilwert zu bewerten. Der Abschlag i. H. von 50 % erfolgt aufgrund der Risiken der Schätzung.

3.4.2.3 Direkte Methode

Sie wird bevorzugt bei kleinen und mittleren Handwerksbetrieben angewendet. Der Firmenwert ergibt sich bei dieser Methode durch die Kapitalisierung des Übergewinns.

Formel:

Nachhaltig erzielbarer Jahresgewinn
- marktübliche Zinsen (z. B. für langlaufende €-Anleihen) für den eingesetzten Substanzwert (Kapital zum Teilwert)
- angemessener Unternehmerlohn

= Übergewinn

Übergewinn x Kapitalisierungsfaktor = Teilwert des Firmenwerts

Kapitalisierungsfaktor: $^{100}/_{\text{Zinssatz (branchenübliche Rendite)}}$

3.4.2.4 Praxiswert

Die AfA sind auf den entgeltlich erworbenen Wert eines freiberuflichen Unternehmens nach der im Einzelfall zu schätzenden Nutzungsdauer zu bemessen. Diese kann i. d. R. mit drei bis fünf Jahren angenommen werden (BFH, Urteil v. 15.4.1958 - I 61/57 U, BStBl 1958 III S. 330). In den Fällen, in denen sich nach der Rechtsprechung des BFH der erworbene Praxiswert nicht abnutzt, weil der Praxisinhaber weiterhin entscheidenden Einfluss im Unternehmen ausübt (z. B. im Fall einer Sozietät), beanstandet es die Finanzverwaltung nicht, wenn von einer Nutzungsdauer von sechs bis zehn Jahren ausgegangen wird (BMF, Schreiben v. 15.1.1995, BStBl 1995 I S. 14). Scheidet der Praxisinhaber (später) aus der Sozietät aus, kann der Praxiswert anschließend in drei bis fünf Jahren abgeschrieben werden (siehe auch H 6.1 Praxiswert EStH).

3.4.2.5 Computer-Software

Computerprogramme jedweder Art sind grds. auch dann, wenn sie auf einem Datenträger gespeichert und demnach aus materiellen und immateriellen Elementen zusammengesetzt sind, unkörperlicher Natur und daher immaterielle Wirtschaftsgüter (BFH, Urteil v. 18.5.2011 - X R 26/09, BStBl 2011 II S. 865). Die **Systemsoftware** (z. B. Betriebssystem) ist i. d. R. einheitlich mit dem Computer abzuschreiben, wenn sie zusammen mit ihm angeschafft wurde. Separat angeschaffte Software (sog. **„Anwendersoftware"**) gehört zu den immateriellen Wirtschaftsgütern und ist entsprechend der betriebsgewöhnlichen Nutzungsdauer abzuschreiben, sofern es sich nicht um **Trivialprogramme** (Anschaffungskosten bis 800 €) handelt (R 5.5 Abs. 1 EStR), die von der Finanzverwaltung aus Vereinfachungsgründen als abnutzbare bewegliche und selbständig nutzbare Wirtschaftsgüter angesehen werden und demzufolge i. S. des § 6 Abs. 2 und 2a EStG behandelt werden können.

Für Computersoft- und -hardware kann unter der Voraussetzung, dass sie EU-Anforderungen für umweltgerechte Gestaltung genügen, eine generelle betriebsgewöhnliche Nutzungsdauer von einem Jahr für die Steuerbilanz zugrunde gelegt werden. Dabei soll es sich nach der Verwaltungsauffassung nicht um ein steuerliches Wahlrecht i. S. des § 5 Abs. 1 EStG handeln. Eine tatsächlich längere Nutzungsdauer kann berücksichtigt werden. Das bedeutet, dass im Jahr der Anschaffung, unabhängig von der Höhe der Anschaffungskosten, eine Vollabschreibung vorgenommen werden kann, denn Abschreibungen gem. § 7 Abs. 1 EStG kommen nur in Betracht, wenn die Nutzungsdauer **mehr als ein Jahr** beträgt. Eine zeitanteilige Abschreibungsaufteilung ist nicht zwingend vorzunehmen. Diese Regelung findet erstmals Anwendung in Gewinnermittlungen für Wirtschaftsjahre, die nach dem 31.12.2020 enden. In Gewinnermittlungen nach dem

31.12.2020 können diese Grundsätze auch auf entsprechende Wirtschaftsgüter angewandt werden, die in früheren Wirtschaftsjahren angeschafft oder hergestellt wurden und bei denen eine andere als die einjährige Nutzungsdauer zugrunde gelegt wurde (BMF, Schreiben v. 22.2.2022, BStBl 2022 I S. 187).

3.4.2.6 Verlagswerte

Für Verlagswerte sind steuerlich die für den Firmenwert geltenden Vorschriften über Nutzungsdauer und AfA-Beginn entsprechend anzuwenden, da es sich um ein firmenwertähnliches Wirtschaftsgut handelt (BFH, Urteil v. 24.11.1982 - I R 123/78, BStBl 1983 II S. 113).

3.4.3 Einzelfälle

1. Von der Kommune erhobener Beitrag der Grundstückseigentümer zum Ausbau von Fußgängerzonen.

   Lösung: Da grundstücksbezogen, Teil der Anschaffungskosten für den Grund und Boden (BFH, Urteil v. 26.1.1984 - IV R 30/80, BStBl 1984 II S. 480).

2. Beitrag zum Ausbau einer öffentlichen Straße, die der Steuerpflichtige mitbenutzt.

   Lösung: Sofort abziehbare Betriebsausgabe (H 5.5 Kein entgeltlicher Erwerb EStH).

3. Zuschuss zur Renovierung gegen Einräumung eines Belieferungsrechts.

   Lösung: Das Belieferungsrecht ist ein entgeltlich erworbenes immaterielles Wirtschaftsgut (H 5.5 Immaterielle Wirtschaftsgüter sind u. a. EStH).

4. Zuschuss für den Bau eines Hotels gegen Einräumung eines Belegungsrechts.

   Lösung: Das Belegungsrecht ist ein entgeltlich erworbenes immaterielles Wirtschaftsgut (R 5.5 Abs. 2 Satz 4 EStR).

5. Abstandszahlungen an weichende Mieter/Pächter für vorzeitigen Nutzungsverzicht

   a) um bauen zu können;

      Lösung: Teil der Herstellungskosten des Neubaus (H 6.4 Entschädigungs- oder Abfindungszahlungen EStH).

   b) um ein Grundstück nutzen zu können;

      Lösung: Entgeltlich erworbenes immaterielles Wirtschaftsgut (BFH, Urteil v. 2.3.1970 - GrS 1/69, BStBl 1970 II S. 382).

6. Ausgleichszahlungen gem. § 89b HGB.

   Lösung: Sofortiger Aufwand, da kein Wirtschaftsgut erworben wird (Kundenstamm bestand schon vorher) (BFH, Urteil v. 31.10.1974 - III R 135/73, BStBl 1975 II S. 85).

7. Zahlung für befristetes Wettbewerbsverbot.

   Lösung: Entgeltlich erworbenes immaterielles Wirtschaftsgut (BFH, Urteil v. 14.2.1973 - I R 89/71, BStBl 1973 II S. 580).

8. Zahlung für ein Wettbewerbsverbot, das anlässlich einer Unternehmensübernahme erworben wird und keine selbständige Bedeutung hat.

   Lösung: Teil der Anschaffungskosten für den Firmenwert (BFH, Urteil v. 24.3.1983 - IV R 138/80, BStBl 1984 II S. 233).

9. Nutzungsrechte an Wirtschaftsgütern.

   Lösung: Nur bei entgeltlichem Erwerb aktivierungspflichtiges immaterielles Wirtschaftsgut (vgl. R 5.5 Abs. 2 EStR). Bei Gebäuden vgl. H 4.7 Eigenaufwand für ein fremdes Wirtschaftsgut EStH.

10. Ein Filmhersteller, der Filme in Auftragsproduktion (z. B. für eine Fernsehanstalt) herstellt, hat diese als immaterielle Wirtschaftsgüter des Umlaufvermögens zu aktivieren (BFH, Urteil v. 20.9.1995 - X R 225/93, BStBl 1997 II S. 320).

11. Emissionsberechtigungen sind immaterielle Wirtschaftsgüter des Umlaufvermögens (BMF, Schreiben v. 6.12.2005, BStBl 2005 I S. 1047).

12. Abfindungszahlungen eines Handelsvertreters an den Geschäftsherrn wegen der Übernahme des Gebiets eines weichenden Handelsvertreters führen beim zahlenden Handelsvertreter zu einem immateriellen Wirtschaftsgut „Vertreterrecht", das nach der im Schätzungswege zu bestimmenden betriebsgewöhnlichen Nutzungsdauer abzuschreiben ist; die typisierende Regelung des § 7 Abs. 1 Satz 3 EStG für den Firmen- oder Geschäftswert findet keine Anwendung (BFH, Urteil v. 12.7.2007 - X R 5/05, BStBl 2007 II S. 959).

FALL 43

Forschungs- und Entwicklungskosten als immaterielle Vermögensgegenstände

Sachverhalt: Die Forschungsabteilung eines Pharmaunternehmens hat nach zwei Jahren intensiver Forschung ein neues blutdrucksenkendes Mittel entdeckt und sich dieses patentieren lassen. Auch die Zulassung durch die Arzneimittelbehörde liegt vor. Die Aufwendungen bis zu Entdeckung haben 5 Mio. € betragen. In der Zeit vom 1.10.01 bis zum 30.9.03 wird ein Medikament bis zur Serienreife entwickelt. Die Nutzungsphase kann ab dem Beginn der Medikamentenherstellung mit zehn Jahren angenommen werden. Die Herstellungskosten für die Entwicklung ergaben sich wie folgt:

- Jahr 01: 1 Mio. €;
- Jahr 02: 0,9 Mio. € und
- Jahr 03: 0,5 Mio. €.

Schon während der Entwicklungsphase lagen Angebote von konkurrierenden Unternehmen vor, die für die Abtretung des Patents und die Überlassung der Entwicklungserkenntnisse und -unterlagen hohe Beträge zu zahlen bereit waren.

Am 31.12.03 befinden sich im Bestand 50.000 handelsübliche Packungen des Mittels, deren Herstellungskosten 6 € pro Stück betrugen. Das Wirtschaftsjahr entspricht dem Kalenderjahr.

AUFGABEN

Wie sind die Kosten handels- und steuerrechtlich zu behandeln, wenn ein möglichst hoher Gewinn gewünscht wird? Wie lauten die erforderlichen Buchungssätze?

LÖSUNG

Die handelsrechtliche Lösung ergibt sich aus § 248 Abs. 2 i. V. mit § 255 Abs. 2a HGB. Die Forschungskosten i. H. von 5 Mio. € sind bei der Entstehung in vollem Umfang aufwandswirksam zu erfassen. Am 31.12.01 kann das Unternehmen die bis dahin entstandenen Entwicklungskosten wahlweise aktivieren, da dem Sachverhalt nach eine Einzelveräußerung möglich gewesen wäre. Für die Handelsbilanz ergeben sich folgende Auswirkungen: Ansatz 1 Mio. €. Dasselbe gilt für den 31.12.02: Ansatz 1,9 Mio. €. Sodann betragen die endgültigen Herstellungskosten des selbst geschaffenen immateriellen Vermögensgegenstands bis zum 30.9.03 2,4 Mio. €. Die jährliche AfA beträgt bei zehn Jahren Nutzungsdauer 240.000 €. Auf das Jahr 03 entfallen anteilig für drei Monate 60.000 €. Bilanzansatz zum 31.12.03: 2.340.000 €. Für die Steuerbilanz bleibt es beim Aktivierungsverbot (§ 5 Abs. 2 EStG).

Buchungen im Jahr 01:

Immaterielle Vermögensgegenstände	1 Mio. €	an	Aktivierte Eigenleistungen	1 Mio. €

Buchungen im Jahr 02:

Immaterielle Vermögensgegenstände	0,9 Mio. €	an	Aktivierte Eigenleistungen	0,9 Mio. €

Buchungen im Jahr 03:

Immaterielle Vermögensgegenstände	0,5 Mio. €	an	Aktivierte Eigenleistungen	0,5 Mio. €
AfA	60.000 €	an	Immaterielle Vermögensgegenstände	60.000 €

Die fertiggestellten Medikamente sind zum 31.12.03 sowohl in der Handels- als auch in der Steuerbilanz unter den Vorräten als „Fertige Erzeugnisse" zu erfassen: 300.000 €.

Buchung:

Fertige Erzeugnisse	300.000 €	an	Bestandsveränderung fertige Erzeugnisse	300.000 €

FALL 44

Originärer Firmenwert

Sachverhalt: Der Steuerpflichtige, ein Kaufmann, übt seinen Gewerbebetrieb seit über 20 Jahren aus. Seine Firma besitzt einen erstklassigen Ruf, verfügt über eine hervorragend eingespielte Belegschaft, befindet sich in ausgezeichneter Geschäftslage, hat die Organisation des

Ein- und Verkaufs optimal gestaltet und kann auf einen soliden Kundenstamm blicken. Die zu erwartenden zukünftigen hohen Gewinnchancen können als gesichert angesehen werden. Würde der Steuerpflichtige dieses Unternehmen veräußern, wäre ein Erwerber bereit, über den Substanzwert des Betriebs hinaus 500.000 € für die genannten besonderen Vorteile aufzuwenden.

AUFGABE

Ist dieser immaterielle Mehrwert aktivierbar?

LÖSUNG

Unter „Firmenwert" (Geschäftswert, good will) versteht man den Mehrwert, der durch einen über den Substanzwert eines Betriebs hinausgehenden Ertragswert begründet wird und der insbesondere durch die zu erwartenden künftigen Gewinnchancen bestimmt wird. Bilanzierbar ist allerdings nur der entgeltlich erworbene sog. „derivative" Firmenwert. Die Bilanzierung des im Betrieb gewachsenen sog. „originären" Firmenwerts ist unzulässig (§ 5 Abs. 2 EStG und § 248 Abs. 2 Satz 2 HGB). Im Beispielsfall kommt eine Aktivierung des Firmenwerts nicht in Betracht.

FALL 45

Derivativer Firmenwert

Sachverhalt: Wie Fall 44, jedoch ist der Betrieb im Ganzen veräußert worden. Der Erwerber hat für den Firmenwert 500.000 € aufgewendet.

AUFGABE

Wie ist die auf den Firmenwert entfallende Zahlung des Erwerbers bei diesem bilanziell zu behandeln?

LÖSUNG

Handels- (§ 246 Abs. 1 Satz 4 HGB) und steuerrechtlich muss (§ 5 Abs. 2 EStG) der Firmenwert zum Zeitpunkt des Erwerbs mit den Anschaffungskosten angesetzt werden. Steuerrechtlich sind die Anschaffungskosten für den Firmenwert mit jährlich 6 $^{2}/_{3}$ % abzuschreiben (§ 7 Abs. 1 Satz 3 EStG). Handelsrechtlich richtet sich die Abschreibung nach § 253 Abs. 3 HGB; lässt sich die Nutzungsdauer nicht schätzen, ist von zehn Jahren auszugehen.

FALL 46

Praxiswert

Sachverhalte:

a) Ein Rechtsanwalt verkauft mit Wirkung v. 1.1.01 seine Praxis für 500.000 € an einen Berufskollegen B. Vom Kaufpreis entfallen 400.000 € auf den Praxiswert und der Rest auf das Praxisinventar und die Fachliteratur. B verliert keine Mandanten, so dass sich der Praxiswert objektiv nicht verringert. Es wird in den ersten Jahren ein möglichst hoher Gewinn gewünscht.

b) A betreibt eine Hautarztpraxis. Er nimmt den Hautarzt B als Gesellschafter in seine Praxis auf und begründet mit ihm eine GbR, an der A und B je zur Hälfte beteiligt sind. B zahlt 200.000 € für den Praxiswert.

c) Wirtschaftsprüfer W überträgt seinen Praxiswert auf eine von ihm mitgegründete Wirtschaftsprüfer-GmbH. Für den Praxiswert wendet die Wirtschaftsprüfer-GmbH 600.000 € auf. W arbeitet voll in der Wirtschaftsprüfer-GmbH mit.

AUFGABE

Wie sind die Aufwendungen für den Praxiswert zu behandeln?

LÖSUNG

Zu a)

B muss den erworbenen Praxiswert gem. § 7 Abs. 1 EStG in drei bis fünf Jahren linear abschreiben, denn der sich verflüchtigende (abschreibungspflichtige) Praxiswert wird durch einen nachwachsenden, selbst geschaffenen (und damit nicht ansetzbaren) Praxiswert ersetzt. Bei einer Abschreibungsdauer von fünf Jahren sind pro Jahr 80.000 € als Betriebsausgaben abzugsfähig.

Zu b)

B kann seine Aufwendungen i. H. von insgesamt 200.000 € als derivativen Praxiswert innerhalb von sechs bis zehn Jahren abschreiben (BMF, Schreiben v. 15.1.1995, BStBl 1995 I S. 14).

Zu c)

Die Grundsätze für die steuerliche Behandlung eines Sozietätspraxiswerts gelten entsprechend für den Erwerb eines Praxiswerts durch eine Wirtschaftsprüfer- oder Steuerberater-GmbH (BMF, Schreiben v. 15.1.1995, a. a. O.); somit ist von einer Nutzungsdauer von sechs bis zehn Jahren auszugehen.

Für die Bemessung der Nutzungsdauer ist es bedeutsam, welche Stellung der übertragende Gesellschafter in der Kapitalgesellschaft innehat. Bei fehlender oder unbedeutender Tätigkeit ist die Nutzungsdauer geringer (BFH, Urteil v. 30.3.1994 - I R 52/93, BStBl 1994 II S. 903).

Die Wirtschaftsprüfer-GmbH erwirbt somit vorliegend ein abnutzbares immaterielles Wirtschaftsgut „Praxiswert" (und nicht Geschäfts- oder Firmenwert), das sie i. H. von 600.000 € zu aktivieren hat. Die Abschreibungsdauer beträgt (entsprechend dem Sozietätspraxiswert und dem Umstand, dass W voll mitarbeitet) sechs bis zehn Jahre. Bei angenommenen sechs Jahren Nutzungsdauer ergibt sich eine jährliche AfA i. S. des § 7 Abs. 1 EStG i. H. von 100.000 €.

FALL 47

Firmenwert und immaterielles Einzelwirtschaftsgut

Sachverhalt: Bauunternehmer A hat Anfang des Jahres 01 das Hoch- und Tiefbauunternehmen des B käuflich erworben. Über den Substanzwert (Grundstücke, Maschinen usw.) hinaus zahlt er zusätzlich (ohne Umsatzsteuer) an B:

► Für den guten Ruf des Unternehmens	250.000 €
► Für den Kundenstamm	+ 500.000 €
► Gewinnerwartungen aus schwebenden Geschäften	+ 300.000 €
► Für ein von B selbst geschaffenes Patent	+ 200.000 €
Summe	1.250.000 €

Gebucht wurde im Jahr 01:

Firmenwert	1.250.000 €	an	Bank	1.250.000 €
Planmäßige Abschreibung	250.000 €	an	Firmenwert	250.000 €

Das Patent hat eine Nutzungsdauer von zehn Jahren. Die Hälfte der schwebenden Geschäfte wurde noch im Jahr 01 mit Erfolg erfüllt. Der Rest erfolgt im Jahr 02; Verluste drohen nicht. Bezüglich eines Firmenwerts kann zutreffend von einer Nutzungsdauer von fünf Jahren ausgegangen werden.

AUFGABE

Wie sind die Zahlungen in den Bilanzen des Erwerbers zu behandeln?

LITERATURHINWEIS

Dortmann/Mann, Lehrbuch Buchführung und Bilanzsteuerrecht, 14. Aufl. 2026, Teil B, Kapitel 5, Tz. 5.4.9.

LÖSUNG

a) Handelsrechtliche Lösung

Der gute Ruf und der Kundenstamm bei einem Bauunternehmer sind firmenwertbildende Komponenten; sie sind von der Bauunternehmung losgelöst nicht veräußerbar. Die Aktivierungspflicht ergibt sich aus § 246 Abs. 1 Satz 4 HGB, da ein entgeltlicher Erwerb vorliegt. Die Anschaffungskosten (§ 255 Abs. 1 HGB) betragen 750.000 €. Die planmäßigen Abschreibungen erfolgen nach Maßgabe des § 253 Abs. 3 Satz 4 HGB und – bei nicht mehr vorhandener Werthaltigkeit – außerplanmäßig i. S. des § 253 Abs. 3 Satz 5 HGB. Nach einer außerplanmäßigen Abschreibung ist eine Wertaufholung ausgeschlossen (§ 253 Abs. 5 Satz 2 HGB).

Für die planmäßige Abschreibung ist die betriebsgewöhnliche Nutzungsdauer maßgebend, die zu schätzen ist. Bauunternehmer A hat lt. Sachverhalt zutreffend eine Nutzungsdauer von fünf

Jahren angenommen. Das ist handelsrechtlich nicht zu beanstanden. Die jährliche Abschreibung beträgt sodann 150.000 €.

Die Übernahme des Patents durch den Bauunternehmer A hat zu einem immateriellen Vermögensgegenstand des Anlagevermögens geführt, dessen Aktivierungspflicht sich aus dem Vollständigkeitsgebot i. S. des § 246 Abs. 1 Satz 1 HGB ergibt. Der Ansatz erfolgt mit den Anschaffungskosten (§ 255 Abs. 1 HGB) i. H. von 200.000 €. Die Folgebewertung ergibt sich i. S. des § 253 Abs. 3 Satz 1 und 2 HGB und führt zu einer jährlichen Abschreibung i. H. von 20.000 €. Eine Abschreibung gem. § 253 Abs. 3 Satz 3 HGB scheidet aus, da es sich aus Sicht des Erwerbers nicht um einen selbstgeschaffenen Vermögensgegenstand des Anlagevermögens handelt.

Die Gewinnerwartungen aus schwebenden Geschäften stellen einen immateriellen Vermögensgegenstand des Umlaufvermögens dar, dessen Aktivierungspflicht sich ebenfalls aus dem Vollständigkeitsgebot i. S. des § 246 Abs. 1 Satz 1 HGB ergibt. Der Ansatz erfolgt mit den Anschaffungskosten (§ 255 Abs. 1 HGB) i. H. von 300.000 €. Soweit die schwebenden Geschäfte erfüllt werden, ist der Bilanzposten gewinnwirksam aufzulösen, hier i. H. von 150.000 €.

Kontenentwicklungen:

	Firmenwert (bisher)	**Firmenwert (zutreffend)**	**Gewinn**
Zugang am 1.1.01	1.250.000 €	750.000 €	
Abschreibung	- 250.000 €	- 150.000 €	+ 100.000 €
Stand zum 31.12.01	1.000.000 €	600.000 €	

	Gewerbliche Schutzrechte (bisher)	**Gewerbliche Schutzrechte (zutreffend)**	**Gewinn**
Zugang am 1.1.01		200.000 €	
Abschreibung		- 20.000 €	- 20.000 €
Stand zum 31.12.01		180.000 €	

	SVG-UV[12] (bisher)	**SVG-UV (zutreffend)**	**Gewinn**
Zugang am 1.1.01		300.000 €	
Auflösung		- 150.000 €	- 150.000 €
Stand zum 31.12.01		150.000 €	
Gewinnauswirkung insgesamt			**- 70.000 €**

12 SVG-UV = Sonstiger Vermögensgegenstand des Umlaufvermögens.

Korrekturbuchungen:

Gewerbliche Schutzrechte	180.000 €			
SVG-UV	150.000 €			
Sonstiger betrieblicher Aufwand	150.000 €	an	Firmenwert	400.000 €
		an	Abschreibungen	80.000 €

b) Steuerrechtliche Lösung

Die steuerrechtliche Behandlung unterscheidet sich von der handelsrechtlichen nur hinsichtlich der Abschreibung des Firmenwerts. Dieser ist gem. § 7 Abs. 1 Satz 3 EStG auf 15 Jahre abzuschreiben; die jährliche AfA beträgt 50.000 € (anstatt 150.000 €).

FALL 48

Firmenwert und Teilwertabschreibung

Sachverhalte:

a) Kaufmann A betreibt einen Handwerksbetrieb und hat im Rahmen einer Geschäftsübernahme im Ganzen im Jahr 01 für den übernommenen Firmenwert 900.000 € bezahlt und den Betrag in den Steuerbilanzen als abnutzbares Anlagevermögen behandelt und mit 6 $^2/_3$ % jährlich abgeschrieben. Zum 31.12.06 schreibt er den Firmenwert auf 250.000 € ab (Buchwert vor Teilwertabschreibung 540.000 €), da er der Ansicht ist, dass sich der Teilwert des Firmenwerts infolge nicht eingetretener Gewinnerwartungen auf diesen Betrag verringert habe. Hierzu können folgende Feststellungen getroffen werden: Der Substanzwert beträgt beim Teilwertansatz 2 Mio. € und der durchschnittliche auch künftig zu erwartende Reingewinn 416.000 €. Der Unternehmer arbeitet mit; es ist von einem Unternehmerlohn i. H. von 180.000 € jährlich auszugehen. Der Basiszinssatz unter Berücksichtigung einer angemessenen Risikoprämie beträgt 10 %.

AUFGABE

Wie hoch ist der Teilwert/beizulegende Wert des Firmenwerts bei Anwendung der direkten Methode?

---

b) Der Substanzwert eines Großbetriebs beträgt beim Teilwertansatz 7 Mio. € und der durchschnittliche auch künftig zu erwartende Reingewinn 900.000 €. Die Geschäftsführung wird ausschließlich von Angestellten besorgt. Der Basiszinssatz unter Berücksichtigung einer angemessenen Risikoprämie beträgt 10 %.

AUFGABE

Wie hoch ist der Firmenwert bei Anwendung der indirekten Methode?

LÖSUNG

Vorbemerkung

Zur Ermittlung des beizulegenden Werts/Teilwerts bedient man sich der direkten oder der indirekten Methode (auch „Mittelwert-Methode" genannt). Bei der direkten Methode (BFH, Urteil v. 20.4.1977 - I R 234/75, BStBl 1977 II S. 607) werden vom künftig nachhaltig zu erwartenden Gewinn der Unternehmerlohn und die (fiktive) Verzinsung des Substanzwerts abgezogen. Der verbleibende Übergewinn wird kapitalisiert und ergibt den beizulegenden Wert/Teilwert des Firmenwerts. Bei der indirekten Methode (BFH, Urteil v. 13.4.1983 - I R 63/79, BStBl 1983 II S. 667) wird unter Berücksichtigung des Unternehmerlohns der Ertragswert des Unternehmens durch die Gewinnkapitalisierung ermittelt und davon der Substanzwert des Unternehmens abgezogen. Die Differenz wird – aus Vorsichtsgründen – halbiert und stellt den beizulegenden Wert/Teilwert dar. Problematisch ist der Ansatz eines angemessenen Zinssatzes für die Kapitalisierung des künftig voraussichtlich erzielbaren Gewinns, denn: Je höher der Zinssatz, desto niedriger der Geschäftswert. Ein Zinssatz i. H. von 10 % und damit ein Kapitalisierungsfaktor i. H. von 10 gelten allgemein als angemessen (BFH, Urteil v. 13.4.1983 - I R 63/79, a. a. O.).

Zu a)

Jährlicher Reingewinn	416.000 €
Zinsen für Substanzwert 10 % von 2 Mio. € =	- 200.000 €
Unternehmerlohn	- 180.000 €
Übergewinn	36.000 €
Firmenwert: 36.000 € x $^{100}/_{10}$ =	360.000 €

Im vorliegenden Fall könnte eine Teilwertabschreibung allenfalls auf 360.000 € vorgenommen werden, wenn zusätzlich Anhaltspunkte feststellbar sind, dass der aktivierte Firmenwert durch die Minderung aller oder einzelner firmenwertbildender Faktoren insgesamt gesunken und die Wertminderung von Dauer ist. Zu dem Merkmal „von Dauer" hat die Finanzverwaltung in ihrem Schreiben v. 2.9.2016 (BStBl 2016 I S. 995) ausführlich Stellung genommen.

Zu b)

Jährlicher Reingewinn	900.000 €
Ertragswert: 900.000 € x $^{100}/_{10}$ =	9.000.000 €
Substanzwert	- 7.000.000 €
Verbleiben	2.000.000 €
$^{1}/_{2}$ = Firmenwert	1.000.000 €

HINWEIS

Sofern der beizulegende Wert/Teilwert des Geschäftswerts zwischenzeitlich wieder steigt, kommt handelsrechtlich eine Zuschreibung nicht in Betracht (§ 253 Abs. 5 Satz 2 HGB). Diesem Wertaufholungsverbot liegt die Überlegung zugrunde, dass eintretende Werterholungen auf der laufenden Geschäfts- und Betriebstätigkeit beruhen müssen und nicht darauf, dass die Gründe der außerplanmäßigen Abschreibung/Teilwertabschreibung nachträglich weggefallen sind. Die Wertaufholung würde sich dann als (verbotene) Aktivierung eines selbst geschaffenen Geschäfts- oder Firmenwerts darstellen. Bei dieser Sichtweise scheidet eine Zuschreibung auch in der Steuerbilanz aus (§ 5 Abs. 1 Satz 1 und Abs. 2 HGB).

In der Gewinn- und Verlustrechnung sind die Abschreibungen auf den Geschäftswert bei der Anwendung des Gesamtkostenverfahrens unter den „Abschreibungen auf immaterielle Vermögensgegenstände des Anlagevermögens" (§ 275 Abs. 2 Nr. 7 Buchst. a HGB) auszuweisen. Wird das Umsatzkostenverfahren angewendet, erfolgt der Ausweis unter den „Herstellungskosten der zur Erzielung der Umsatzerlöse erbrachten Leistungen" (§ 275 Abs. 3 Nr. 2 HGB).

3.5 Leasing

3.5.1 Vertragstypen

„Leasing" ist das Vermieten von Anlagegütern über eine bestimmte Mietzeit gegen eine meist feste monatliche Gebühr. Leasingverträge lassen sich in zwei Gruppen einteilen:

1. Non-pay-out-Verträge (Operate-Leasing) und
2. Full-pay-out-Verträge (Finanzierungsleasing).

Ein „Non-pay-out-Vertrag" liegt vor, wenn die Gesamtkosten des Leasinggebers (tatsächliche Anschaffungskosten des vermieteten Gegenstands, Finanzierungs- und Verwaltungskosten und Instandhaltungskosten) durch die während der Grundmietzeit vom Leasingnehmer aufzubringenden Gesamtzahlungen nicht gedeckt sind. Werden hingegen die Gesamtkosten des Leasinggebers durch die Zahlungen des Leasingnehmers gedeckt, handelt es sich um einen „Full-pay-out-Vertrag".

3.5.2 Wirtschaftliches Eigentum

Kennzeichnend für alle Leasingverträge ist die entgeltliche Nutzungseinräumung auf Zeit. Das zivilrechtliche Eigentum verbleibt dabei beim Leasinggeber. Für die Zurechnung eines Wirtschaftsguts ist jedoch nicht allein das zivilrechtliche Eigentum entscheidend, sondern ein abweichendes wirtschaftliches Eigentum hätte Vorrang, und zwar sowohl für das Steuerrecht (§ 39 AO) als auch für das Handelsrecht (§ 246 Abs. 1 Satz 2 HGB).

3.5.2.1 Zurechnung bei Non-pay-out-Verträgen

Bei Non-pay-out-Verträgen kommen in der Praxis drei Vertragsmodelle vor, die zu unterschiedlichen Zurechnungen führen (vgl. BMF, Schreiben v. 22.12.1975, BAAAA-76904, für bewegliche und unbewegliche Wirtschaftsgüter).

3.5.2.1.1 Vertragsmodell mit Andienungsrecht des Leasinggebers, jedoch ohne Optionsrecht des Leasingnehmers

Der Leasingnehmer ist auf Verlangen des Leasinggebers verpflichtet, den Leasinggegenstand zu kaufen. Der Leasingnehmer hat keinen Anspruch auf den käuflichen Erwerb des Gegenstands. Rechtlicher und wirtschaftlicher Eigentümer des Gegenstands ist der Leasinggeber.

Das wirtschaftliche Eigentum gem. § 39 Abs. 2 Nr. 1 Satz 1 AO des Leasingnehmers an dem Leasinggegenstand kommt auch nicht in Betracht, wenn die betriebsgewöhnliche Nutzungsdauer des Leasinggegenstands länger ist als die Grundmietzeit und dem Leasinggeber ein Andienungsrecht eingeräumt wird (BFH, Urteil v. 13.10.2016 - IV R 33/13, BStBl 2018 II S. 81).

3.5.2.1.2 Vertragsmodell mit Aufteilung des Mehrerlöses

Nach Ablauf der Grundmietzeit wird der Leasinggegenstand durch den Leasinggeber veräußert. Ist dann der Veräußerungserlös abzgl. der Umsatzsteuer niedriger als die Restamortisation, muss der Leasingnehmer eine Abschlusszahlung i. H. des Fehlbetrags zahlen. Ist der Erlös höher, teilen Leasinggeber und Leasingnehmer den Mehrbetrag unter sich auf. Erhält der Leasinggeber mindestens 25 % des die Restamortisation übersteigenden Teils des Veräußerungserlöses, ist ihm der Gegenstand als wirtschaftlichem Eigentümer zuzurechnen; erhält er weniger als 25 %, ist der Gegenstand dem Leasingnehmer zuzurechnen.

3.5.2.1.3 Kündbarer Mietvertrag mit Anrechnung des Veräußerungserlöses auf die vom Leasingnehmer zu leistende Schlusszahlung

Der Leasingnehmer kann den Leasingvertrag nach Ablauf einer bestimmten Grundmietzeit kündigen. Bei Kündigung ist eine Abschlusszahlung fällig, auf die bis zu 90 % des vom Leasinggeber erzielten Veräußerungserlöses angerechnet werden kann. Entfällt dabei eine Abschlusszahlung, weil der Anrechnungsbetrag höher ist, behält der Leasinggeber auch den Mehrbetrag. In diesen Fällen ist der Leasinggeber wirtschaftlicher Eigentümer des Leasinggegenstands.

ABB. 6: Leasingverträge

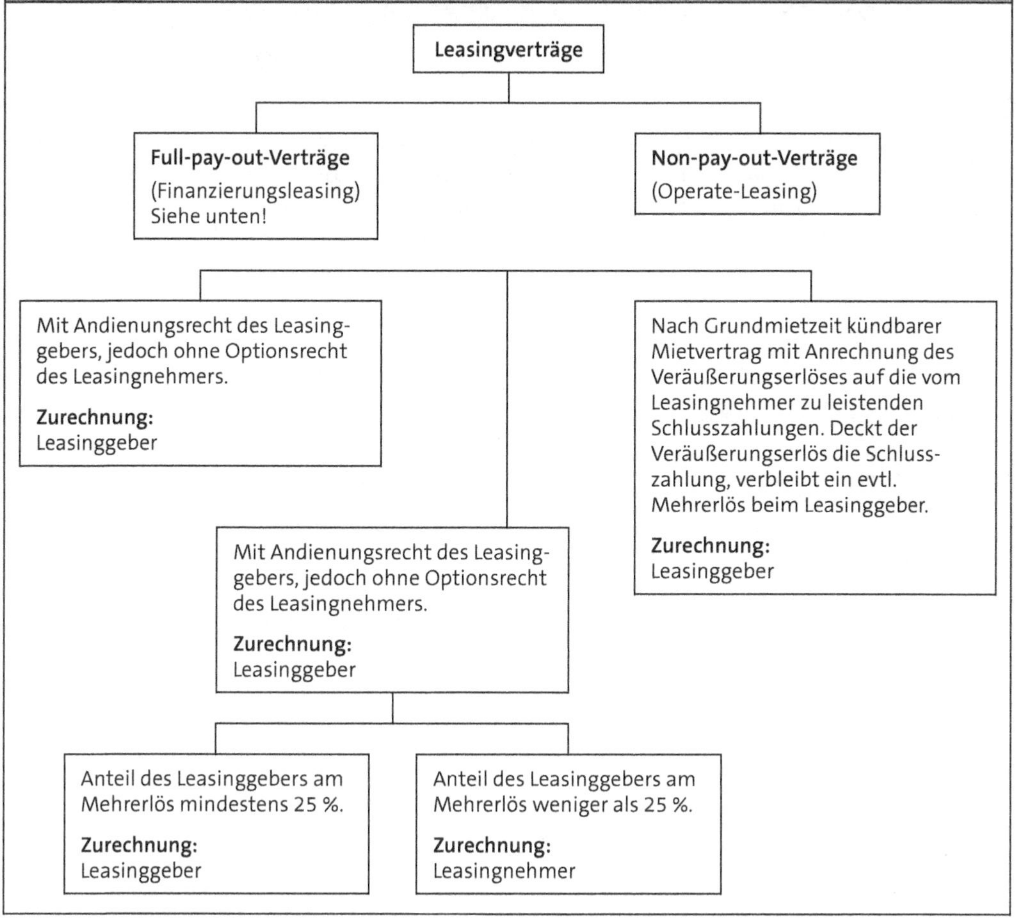

3.5.2.2 Zurechnung bei Full-pay-out-Verträgen über bewegliche Wirtschaftsgüter und Betriebsvorrichtungen

Die Zurechnungskriterien ergeben sich aus dem BMF-Schreiben v. 19.4.1971, BStBl 1971 I S. 264, für bewegliche Wirtschaftsgüter. Zunächst lässt sich folgende Einteilung treffen:

a) Allgemeines Leasing oder

b) Spezialleasing.

Beim Spezialleasing kann der Gegenstand nur vom Leasingnehmer genutzt werden, weil er speziell auf seine betrieblichen Verhältnisse zugeschnitten ist. Der Gegenstand ist dem Leasingnehmer stets zuzurechnen.

Für das allgemeine Leasing ist folgende Unterteilung erforderlich:

- Grundmietzeit 40 %–90 % der betriebsgewöhnlichen Nutzungsdauer oder
- Grundmietzeit weniger als 40 % oder mehr als 90 % der betriebsgewöhnlichen Nutzungsdauer.

Beträgt die Grundmietzeit weniger als 40 % oder mehr als 90 % der betriebsgewöhnlichen Nutzungsdauer, ist der Gegenstand dem Leasingnehmer zuzurechnen, weil der Leasingnehmer den Gegenstand nach Ablauf der Grundmietzeit i. d. R. behalten darf, da er ihn durch seine Leasingraten voll bezahlt hat (sonst läge andererseits kein Finanzierungsleasing vor).

Beträgt die Grundmietzeit zwischen 40 % und 90 % der betriebsgewöhnlichen Nutzungsdauer, kommt es für die Zurechnung darauf an, ob der Vertrag

a) mit Kauf- oder Mietverlängerungsoption des Leasingnehmers oder

b) ohne Kauf- oder Mietverlängerungsoption

ausgestattet ist.

Besteht keine Kauf- oder Mietverlängerungsoption zugunsten des Leasingnehmers, ist der Gegenstand dem Leasinggeber zuzurechnen.

Bei Vertragstypen mit Kauf- oder Mietverlängerungsoption ergeben sich die beiden folgenden Fälle:

a) Kaufpreis oder Anschlussmiete decken mindestens den Buchwert bei linearer AfA-Methode bzw. den niedrigeren gemeinen Wert;

b) Kaufpreis oder Anschlussmiete decken nicht mindestens den Buchwert bei linearer AfA-Methode bzw. den geringeren gemeinen Wert.

Im Fall a) liegt das wirtschaftliche Eigentum beim Leasinggeber und im Fall b) beim Leasingnehmer. Siehe hierzu die nachfolgende Übersicht.

ABB. 7: Finanzierungsleasing bei beweglichen Wirtschaftsgütern

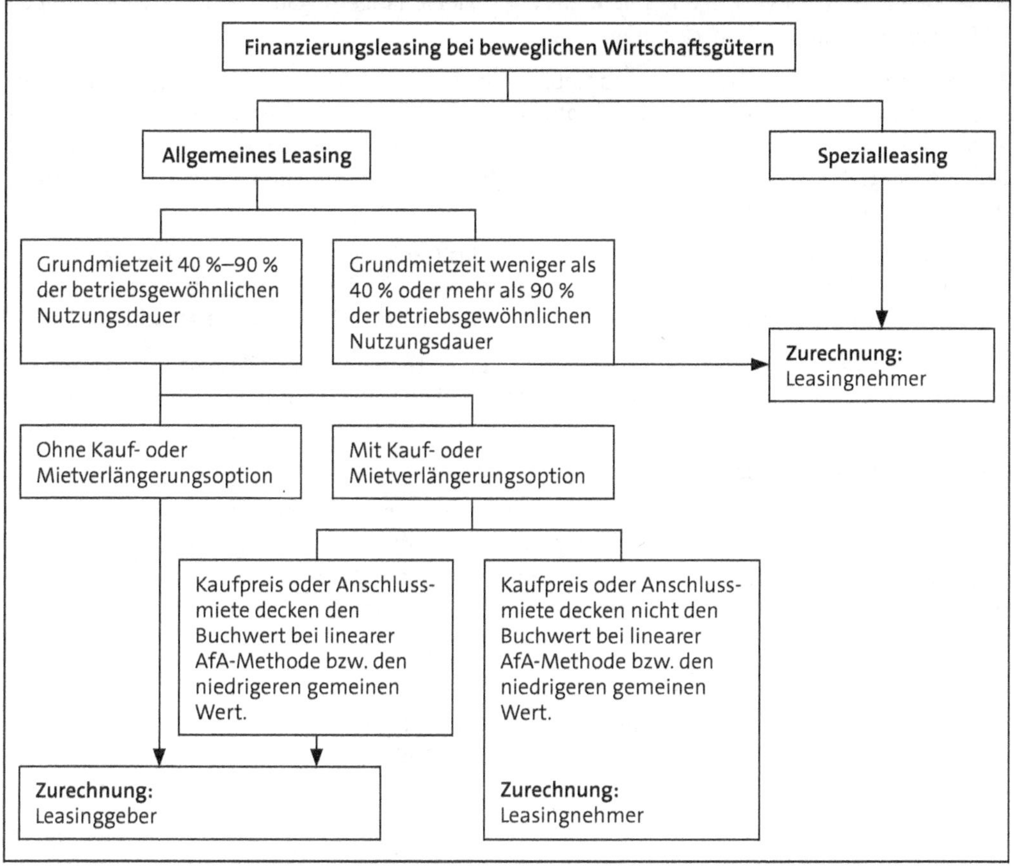

3.5.2.3 Zurechnung bei Full-pay-out-Verträgen über unbewegliche Wirtschaftsgüter

Die Zurechnungskriterien ergeben sich aus dem BMF-Schreiben v. 21.3.1972, BStBl 1972 I S. 188.

3.5.2.3.1 Leasingvertrag über unbebautes Grundstück

Eine Zurechnung des Grund und Bodens beim Leasingnehmer kann nur bei Verträgen mit Kaufoptionsrecht des Leasingnehmers in Betracht kommen und auch nur dann, wenn der Kaufpreis kleiner ist als der Buchwert oder der niedrigere gemeine Wert des Grund und Bodens.

3.5.2.3.2 Leasingvertrag über bebautes Grundstück

3.5.2.3.2.1 Gebäude

Ist die Grundmietzeit kürzer als 40 % oder länger als 90 % der betriebsgewöhnlichen Nutzungsdauer des Gebäudes oder handelt es sich um Spezialleasing, ist das Gebäude stets dem Leasingnehmer zuzurechnen.

Beträgt die Grundmietzeit mindestens 40 % und höchstens 90 % der betriebsgewöhnlichen Nutzungsdauer, so ist bei Verträgen ohne Kauf- oder Mietverlängerungsoption das Gebäude regelmäßig dem Leasinggeber zuzurechnen.

Bei Verträgen mit Kaufoption kann das Gebäude nur dann dem Leasinggeber zugerechnet werden, wenn der für den Fall der Ausübung des Optionsrechts vorgesehene Gesamtkaufpreis nicht niedriger ist als der unter Anwendung der linearen AfA ermittelte Buchwert des Gebäudes zzgl. des Buchwerts für den Grund und Boden oder der niedrigere gemeine Wert des Grundstücks zum Zeitpunkt der Veräußerung.

Bei Verträgen mit Mietverlängerungsoption kann das Gebäude nur dann dem Leasinggeber zugerechnet werden, wenn die Anschlussmiete mehr als 75 % des Mietentgelts beträgt, das für ein nach Art, Lage und Ausstattung vergleichbares Grundstück üblicherweise gezahlt wird.

Als betriebsgewöhnliche Nutzungsdauer gilt bei neu erstellten Wirtschaftsgebäuden die gesetzliche Nutzungsdauer gem. § 7 Abs. 4 EStG (BMF, Schreiben v. 9.6.1987, BStBl 1987 I S. 440).

3.5.2.3.2.2 Grund und Boden

Da die Zurechnungskriterien für den Grund und Boden und das Gebäude getrennt zu prüfen sind, kann zunächst auf die oben unter Buchst. a) gemachten Ausführungen verwiesen werden. Sofern allerdings bei Full-pay-out-Verträgen mit Kaufoption das Gebäude dem Leasingnehmer zugerechnet wird, ist ihm auch der Grund und Boden zuzurechnen.

3.5.2.3.3 Ertragsteuerliche Behandlung

Wegen der ertragsteuerlichen Behandlung von Teilamortisations-Leasingverträgen über unbewegliche Wirtschaftsgüter vgl. BMF, Schreiben v. 23.12.1991, BStBl 1992 I S. 13.

FALL 49

Leasing

Sachverhalt: Ein Fuhrunternehmer mietet ab dem 1.1.01 einen Lkw für eine beidseitig unkündbare Grundmietzeit von 36 Monaten. Der Lkw hat eine betriebsgewöhnliche Nutzungsdauer von 48 Monaten. Die vermietende Firma übernimmt den Kundendienst, die Reparaturen und den Reifenersatz. Für Diebstahl, unfallbedingte Reparaturen u. ä. muss jedoch der Leasingnehmer einstehen. Eine Kaufoption ist vereinbart. Der Kaufpreis beträgt nach Ablauf der Grundmietzeit 40.000 € zzgl. Umsatzsteuer. Die Jahresmiete während der Grundmietzeit ist auf 96.000 € zzgl. Umsatzsteuer festgelegt. Die Anschaffungskosten des Lkws, die der Ermittlung der Jahresraten i. H. von 96.000 € zugrunde gelegt worden sind, betragen 200.000 €. Der sich nach Inanspruchnahme der linearen AfA ergebende Restwert nach Ablauf der Grundmietzeit und der gemeine Wert zu diesem Zeitpunkt sind identisch.

AUFGABEN

1. Wem ist der Lkw steuerlich zuzurechnen?
2. Wie ist die bilanzmäßige Darstellung des Leasingvertrags beim Leasingnehmer?

3. Wie sind die Zahlungen des Leasingnehmers ertragsteuerlich während der Jahre 01–03 zu behandeln?

LITERATURHINWEIS

Dortmann/Mann, Lehrbuch Buchführung und Bilanzsteuerrecht, 14. Aufl. 2026, Teil A, Kapitel 11, Tz. 11.8.

LÖSUNG

Im vorliegenden Fall gelten die folgenden Überlegungen:

Zu 1

Der Lkw ist dem Fuhrunternehmer (Leasingnehmer) zuzurechnen. Gemäß dem BMF-Schreiben v. 19.4.1971 (a. a. O.) ist bei Leasingverträgen mit Kaufoptionsrecht der Leasinggegenstand dem Leasingnehmer als dem wirtschaftlichen Eigentümer zuzurechnen, wenn bei einer Grundmietzeit von mindestens 40 % und höchstens 90 % der betriebsgewöhnlichen Nutzungsdauer der Kaufpreis niedriger ist als der sich unter Berücksichtigung der linearen AfA nach der amtlichen AfA-Tabelle ergebende Buchwert oder der noch niedrigere gemeine Wert. Das ist hier der Fall.

Die betriebsgewöhnliche Nutzungsdauer des Lkws beträgt 48 Monate. Die Grundmietzeit macht 36 Monate aus, das entspricht 75 % der betriebsgewöhnlichen Nutzungsdauer. Der Buchwert (und gemeine Wert) nach Ablauf der Grundmietzeit beträgt 50.000 €:

Anschaffungskosten	200.000 €
AfA 25 % jährlich, für drei Jahre	- 150.000 €
Buchwert	50.000 €

Der Kaufpreis beträgt 40.000 € zzgl. Umsatzsteuer.

Zu 2

Der Fuhrunternehmer hat den Lkw mit den Anschaffungskosten i. H. von 200.000 € zu aktivieren. Als Anschaffungskosten gelten nach dem o. g. Erlass die Anschaffungskosten des Leasinggebers, die der Berechnung der Leasingraten zugrunde gelegt worden sind. Diese betrugen 200.000 €. Dem Fuhrunternehmer steht die AfA nach der betriebsgewöhnlichen Nutzungsdauer des Lkws zu (jährlich 50.000 €). In Höhe der dem Leasinggeber geschuldeten Anschaffungskosten ist eine Verbindlichkeit zu passivieren.

Zu 3

Die Leasingraten sind in einen Zins- und Kostenanteil sowie einen Tilgungsanteil aufzuteilen. Der jeweilige Tilgungsanteil ist erfolgsneutral mit der Verbindlichkeit gegenüber dem Leasinggeber zu verrechnen. Der Zins- und Kostenanteil stellt eine sofort abziehbare Betriebsausgabe dar. Hierbei kann der Leasingnehmer den in den einzelnen Leasingraten enthaltenen Zins- und Kostenanteil in der Weise ermitteln, dass er die Summe der auf das Wirtschaftsjahr entfallenden Leasingraten um die Differenz zwischen den Barwerten der zu passivierenden Verbindlichkeit gegenüber dem Leasinggeber am Beginn und am Ende des Wirtschaftsjahres (Tilgungsanteil) verringert (Barwertvergleichsmethode). Statt der Barwertvergleichsmethode kann der Zins- und Kostenanteil auch nach der Zinsstaffelmethode ermittelt werden.

Die Formel hierfür lautet:

$$\text{Zins- und Kostenanteil einer Leasingrate} = \frac{\text{Summe der Zins- und Kostenanteile aller Leasingraten}}{\text{Summe der Zahlenreihe aller Raten}} \times \text{Anzahl der restlichen Raten} + 1$$

Dabei ist die Summe der Zins- und Kostenanteile aller Leasingraten die Differenz zwischen der Summe aller Leasingraten einerseits und den Anschaffungs- oder Herstellungskosten für den Leasinggegenstand, die bei der Ermittlung der Leasingraten zugrunde gelegt worden sind, andererseits.

Summe der Zins- und Kostenanteile aller Leasingraten einschließlich Kaufpreis		128.000 €
(3 Raten à 96.000 € + 40.000 € =)	328.000 €	
Anschaffungskosten	- 200.000 €	
	128.000 €	

Summe der Zahlenreihe aller Raten: 6

1 + 2 + 3 = 6

Für die erste Leasingrate ergibt sich ein Zins- und Kostenanteil i. H. von 64.000 € und der Tilgungsanteil beträgt 32.000 €:

$$\frac{128.000\text{ €}}{6} \times (2 + 1) = 64.000\text{ €}$$

Rate	96.000 €
Zins- und Kostenanteil	- 64.000 €
Tilgungsanteil	32.000 €

Für die zweite Leasingrate ergibt sich ein Zins- und Kostenanteil i. H. von 42.667 € und ein Tilgungsanteil i. H. von 53.333 €:

$$\frac{128.000\text{ €}}{6} \times (1 + 1) = 42.667\text{ €}$$

Rate	96.000 €
Zins- und Kostenanteil	- 42.667 €
Tilgungsanteil	53.333 €

Für die dritte Leasingrate ergibt sich ein Zins- und Kostenanteil i. H. von 21.333 € und ein Tilgungsanteil i. H. von 74.667 €:

$$\frac{128.000\text{ €}}{6} \times (1 + 0) = 21.333\text{ €}$$

Rate	96.000 €
Zins- und Kostenanteil	- 21.333 €
Tilgungsanteil	74.667 €

Die Addition der Tilgungsanteile ergibt wieder die Anschaffungskosten i. H. von 200.000 €:

Tilgungsanteil 1. Jahr	32.000 €
Tilgungsanteil 2. Jahr	+ 53.333 €
Tilgungsanteil 3. Jahr	+ 74.667 €
Kaufpreis 4. Jahr	+ 40.000 €
	200.000 €

Anmerkung: Teilweise wird die Auffassung vertreten, dass der Kaufpreis i. H. von 40.000 € erst am Ende der Grundmietzeit entsteht, also zum Zeitpunkt der Ausübung der Kaufoption, so dass sich dann vollumfänglich i. H. des Nettobetrags Aufwand ergibt (z. B. Fanck/Guschl/Kirschbaum/Schustek/Haug/Leibold, Bilanzsteuerrecht und Buchführung, 17. Aufl. 2024, S. 410; Falterbaum/Bolk/Reiß/Kirchner, Buchführung und Bilanz, 23. Aufl. 2020, S. 649). Diese Auffassung ist m. E. nicht überzeugend. Zur Behandlung der Leasingraten führt das BMF-Schreiben v. 19.4.1971, BStBl 1971 I S. 264, aus:

„In Höhe der aktivierten Anschaffungs- oder Herstellungskosten mit Ausnahme der nicht in den Leasing-Raten berücksichtigten Anschaffungs- oder Herstellungskosten des Leasing-Nehmers ist eine Verbindlichkeit gegenüber dem Leasing-Geber zu passivieren. Die Leasing-Raten sind in einen Zins- und Kostenanteil sowie einen Tilgungsanteil aufzuteilen. Bei der Aufteilung ist zu berücksichtigen, dass sich infolge der laufenden Tilgung der Zinsanteil verringert und der Tilgungsanteil entsprechend erhöht. Der Zins- und Kostenanteil stellt eine sofort abzugsfähige Betriebsausgabe dar, während der andere Teil der Leasing-Rate als Tilgung der Kaufpreisschuld erfolgsneutral zu behandeln ist."

Dass die Schlussrate gesondert zu behandeln ist, wird also explizit nicht gesagt. Dagegen spricht ferner Folgendes: Wenn der Leasinggegenstand dem Leasingnehmer von Anfang an zugerechnet wird, muss folgerichtig unterstellt werden, dass auch die Schlussrate bezahlt wird. Die Erfassung der Schlussrate von Anfang an ist die „conditio sine qua non" für die Zurechnung des Leasinggegenstands beim Leasingnehmer. So sieht es auch die Finanzverwaltung, die (beispielhaft für das Immobilienleasing) klarstellend zum Ergebnis kommt:

„Wegen der Bilanzierung des Leasinggegenstandes beim Leasingnehmer muss unterstellt werden, dass die Kaufoption ausgeübt wird." (BMF, Schreiben v. 19.1.1993, DStR 1993 S. 243).

HINWEISE

1. Für degressive Raten beim Leasing beweglicher Wirtschaftsgüter des Anlagevermögens ist kein aktiver Rechnungsabgrenzungsposten zu bilden (BFH, Urteil v. 28.2.2001 - I R 51/00, BStBl 2001 II S. 645). Etwas anderes gilt beim Immobilienleasing mit degressiven Leasingraten (BFH, Urteil v. 12.8.1982 - IV R 184/79, BStBl 1982 II S. 696). Siehe auch H 5.6 Leasingvertrag mit degressiven Leasingraten – Behandlung beim Leasingnehmer EStH.
2. Einnahmen aus der Forfaitierung von Leasingraten (d. h. Veräußerung der Forderungen auf Zahlung künftiger Leasingraten zum Barwert) sind passiv abzugrenzen. Dieser Passivposten ist linear aufzulösen, wenn der Leasinggeber zu gleichbleibenden Leistungen gegenüber dem Leasingnehmer verpflichtet bleibt. Dabei ist die Gleichmäßigkeit der Leasingrate grds.

Ausdruck einer solchen gleichmäßigen Leistungsverpflichtung (BFH, Urteil v. 24.7.1996 - I R 94/95, BStBl 1997 II S. 122). Beachte ferner H 5.6 Forfaitierung von Forderungen aus Leasing-Verträgen EStH.

3.6 Behandlung von Schulden

Bei Schulden gibt es kein gewillkürtes Betriebsvermögen. Maßgebend ist immer, wodurch die Schuldaufnahme wirtschaftlich verursacht wurde. Dient die Schuldaufnahme der Anschaffung von (auch gewillkürtem) Betriebsvermögen oder der Begleichung betrieblicher Aufwendungen, so ist die Schuld notwendiges Betriebsvermögen. Die Zinsaufwendungen sind dann Betriebsausgaben.

Ist die Schuld hingegen durch Anschaffungen oder Ausgaben im privaten Bereich verursacht, gehört sie zum notwendigen Privatvermögen. Das gilt auch dann, wenn die Schuld mit Gegenständen des Betriebsvermögens abgesichert ist. Umgekehrt bleibt eine Schuld, die betrieblich veranlasst wurde, auch dann Betriebsvermögen, wenn sie durch einen Gegenstand des Privatvermögens abgesichert wird. Der Gegenstand wird dadurch auch nicht Betriebsvermögen, es sei denn, er wird als gewillkürtes Betriebsvermögen behandelt (R 4.2 Abs. 15 EStR).

Unterhält der Betriebsinhaber nur ein einziges Bankkonto, über das sowohl der betriebliche als auch der private Zahlungsverkehr abgewickelt werden, spricht man von einem gemischten Konto. Entsteht durch Entnahmen ein Sollsaldo, ergibt sich insoweit eine Privatschuld (privates Unterkonto). Die anteiligen Zinsen sind keine Betriebsausgaben; sie sind nach der Zinsstaffelmethode zu ermitteln (Beispiel siehe BMF, Schreiben v. 10.11.1993, BStBl 1993 I S. 930). In Einzelfällen kann auch geschätzt werden.

Zweckmäßiger werden getrennte Kontokorrentkonten geführt: Eines für den privaten und eines für den betrieblichen Bereich. In diesem Fall ergeben sich keine Probleme, auch wenn das betriebliche Konto ständig negativ ist, sofern der private und betriebliche Bereich strikt getrennt sind. Werden allerdings vom (negativen) betrieblichen Bankkonto Entnahmen getätigt, ergibt sich insoweit wieder ein privat veranlasster Sollsaldo, dessen Zinsanteile keine Betriebsausgaben sind. Um dem zu entgehen, hat die Praxis das **Drei-Konten-Modell** erfunden.

Beim **Drei-Konten-Modell** werden drei getrennte Kontokorrentkonten geführt:

- Ein Privatkonto,
- ein betriebliches Konto für Betriebsausgaben und
- ein zweites betriebliches Konto für Betriebseinnahmen.

Dann können vom Betriebseinnahmenkonto Entnahmen getätigt werden, ohne dass ein privat veranlasster Sollsaldo entsteht. Das Drei-Konten-Modell ist steuerrechtlich anerkannt (BFH, Beschluss v. 8.12.1997 - GrS 1-2/95, BStBl 1998 II S. 193).

Eine **Privatschuld** kann nicht durch eine schlichte Buchung in eine **Betriebsschuld umgewidmet** werden. Allerdings kann eine Privatschuld mittels Betriebseinnahmen getilgt werden; müssen **anschließend** Betriebsausgaben kreditfinanziert werden, ergeben sich insoweit Betriebsschulden (BMF, Schreiben v. 22.5.2000, BStBl 2000 I S. 588, Rz. 4). Verwendet ein Unternehmer in fremden Namen und für fremde Rechnung vereinnahmte Geldbeträge zunächst für private

Zwecke und nimmt er sodann Darlehen auf, mit denen er die Geldbeträge ersetzt, entnimmt er weder Betriebseinnahmen noch finanziert er Betriebsausgaben (BFH, Urteil v. 4.11.2004 - III R 5/03, BStBl 2005 II S. 277). Das Darlehen ist eine Privatschuld und die Zinsen sind privat veranlasst.

Wird durch einen einheitlichen Kaufvertrag ein gemischt genutztes Grundstück erworben und wird die Kaufpreisschuld teils mit Fremd-, teils mit Eigenmitteln beglichen, so sind die Zinszahlungen nur im Verhältnis des betrieblich zum privat genutzten Anteils als Betriebsausgaben abziehbar. Einen Grundsatz, dass vorrangig der auf privater Veranlassung beruhende Teil der Schuld als getilgt gilt, gibt es nicht. Auch die notwendige Aufteilung der Kaufpreisschuld in verschiedene AfA-Bemessungsgrundlagen führt nicht dazu, dass es sich im Verhältnis zum Gläubiger um gesonderte Schuldverhältnisse handelt (BFH, Urteil v. 7.11.1991 - IV R 57/90, BStBl 1992 II S. 141). Etwas anderes gilt, wenn der Steuerpflichtige selbst Bauherr ist (BMF, Schreiben v. 10.12.1999, BStBl 1999 I S. 1130) oder er durch entsprechende Finanzierungsentscheidungen eine gesonderte Zuordnung der Darlehensmittel herbeiführt (BFH, Urteil v. 9.7.2002 - IX R 65/00, BStBl 2003 II S. 389; BMF, Schreiben v. 24.4.2003, BStBl 2003 I S. 287; H 4.2 Abs. 15 Gemischt genutztes Grundstück EStH).

Eine Verbindlichkeit darf dann nicht mehr passiviert werden, wenn anzunehmen ist, dass der Schuldner sich auf deren Verjährung berufen wird (BFH, Urteil v. 9.2.1993 - VIII R 21/92, BStBl 1993 II S. 543). Eine wirtschaftliche Vermögenslosigkeit des Schuldners allein ist aber insoweit nicht ausreichend, um eine rechtlich bestehende Verpflichtung aus dem handels- oder steuerrechtlichen Abschluss auszubuchen (BFH, Urteil v. 19.8.2020 - XI R 32/18, BStBl 2021 II S. 279).

Verpflichtungen, die nur aus künftigen Gewinnen oder Einnahmen zu tilgen sind, sind steuerlich nicht passivierbar (§ 5 Abs. 2a EStG). Auch eine Verbindlichkeit, die nur aus einem etwaigen Liquidationsüberschuss erfüllt zu werden braucht, kann mangels gegenwärtiger wirtschaftlicher Belastung nicht ausgewiesen werden (BFH, Urteil v. 30.11.2011 - I R 100/10, BStBl 2012 II S. 332). Das gilt nicht für Kredite, die aus künftigen Verwertungserlösen zu tilgen sind. Für Verbindlichkeiten und Rückstellungen, für die ein einfacher oder qualifizierter Rangrücktritt vereinbart wurde, gilt § 5 Abs. 2a EStG nicht; sie sind weiter zu passivieren (BFH, Urteil v. 10.11.2005 - IV R 13/04, BStBl 2006 II S. 618; BMF, Schreiben v. 8.9.2006, BStBl 2006 I S. 497).

Im Erbfall übernimmt der Erbe das Betriebsvermögen des Erblassers einschließlich der Betriebsschulden zum Buchwert (§ 6 Abs. 3 EStG). Aufwendungen für die Stundung bzw. Finanzierung von

- Pflichtteilsverbindlichkeiten (BFH, Urteil v. 2.3.1995 - IV R 62/93, BStBl 1995 II S. 413),
- Vermächtnisschulden,
- Erbersatzverbindlichkeiten,
- Zugewinnausgleichsschulden,
- Abfindungsschulden nach der Höfeordnung oder
- Abfindungsschulden im Zusammenhang mit der Vererbung eines Anteils an einer Personengesellschaft im Wege der qualifizierten Nachfolgeklausel oder im Wege der qualifizierten Eintrittsklausel

sind **privat veranlasst** und führen weder zu Betriebsschulden noch zu Betriebsausgaben (BMF, Schreiben v. 11.8.1994, BStBl 1994 I S. 603).

Ein **Damnum** ist auf die Laufzeit des Darlehens zu verteilen (H 6.10 Damnum EStH). Bei Fälligkeitsdarlehen geschieht dies linear; bei Tilgungsdarlehen kann es auch degressiv nach der Zinsstaffelmethode geschehen.

Schuldzinsen für betrieblich begründete Verbindlichkeiten sind auch nach Übergang des Gewerbebetriebs zur Liebhaberei als nachträgliche Betriebsausgaben abziehbar, wenn und soweit die zugrundeliegenden Verbindlichkeiten nicht durch eine mögliche Verwertung von Aktivvermögen beglichen werden können (BFH, Urteil v. 15.5.2002 - X R 3/99, BStBl 2002 II S. 809).

Ansatzverbote oder -beschränkungen und Bewertungsvorbehalte (z. B. Drohverlustrückstellungen oder Pensionsverpflichtungen) gelten auch für den Übernehmer solcher Verbindlichkeiten (§ 5 Abs. 7 Satz 1 EStG). Für einen Gewinn, der sich dabei ergibt, kann jeweils i. H. von $^{14}/_{15}$ eine gewinnmindernde Rücklage gebildet werden, die in den folgenden 14 Wirtschaftsjahren jeweils mit mindestens $^{1}/_{14}$ gewinnerhöhend aufzulösen ist (Auflösungszeitraum). Besteht eine Verpflichtung, für die eine Rücklage gebildet wurde, bereits vor Ablauf des maßgebenden Auflösungszeitraums nicht mehr, ist die insoweit verbleibende Rücklage gewinnerhöhend aufzulösen (§ 5 Abs. 7 Satz 5 und 6 EStG). Für den Übertragenden, also den Entpflichteten gilt § 4f EStG. Für seinen Aufwand erfolgt eine Verluststreckung durch einen außerbilanziellen Betriebsausgabenabzug über 15 Jahre; hier gelten allerdings zahlreiche Ausnahmen, z. B. bei Betriebsveräußerungen oder bei Klein- und Mittelbetrieben i. S. des § 7g EStG (§ 4f Abs. 1 Satz 3 EStG). Wegen weiterer Einzelheiten vgl. BMF, Schreiben v. 30.11.2017, BStBl 2017 I S. 1619.

BEISPIEL: Aus einem schwebenden Geschäft droht dem Kaufmann A ein Verlust zwischen 40.000 € und 50.000 €. Er tritt dieses Geschäft an Kaufmann B, der die Voraussetzungen des § 7g EStG nicht erfüllt, ab und zahlt ihm für die Übernahme des drohenden Verlusts 45.000 €. Kaufmann A hatte entsprechend den steuerlichen Vorschriften keine Rückstellung passiviert und bucht deshalb:

Sonstiger betrieblicher Aufwand	45.000 €	an	Bank	45.000 €

Kaufmann B bucht, da er steuerlich gem. § 5 Abs. 7 EStG keine Rückstellung bilden darf:

Bank	45.000 €	an	Sonstige betriebliche Erträge	45.000 €

In der Handelsbilanz hat Kaufmann A 45.000 € passiviert.

Lösung:

Kaufmann A kann gem. § 4f EStG den Verlust nur auf 15 Jahre verteilt außerbilanziell geltend machen, im Entstehungsjahr also i. H. von 3.000 €.

Kaufmann B hat zu Recht den übernommenen drohenden Verlust nicht passiviert (§ 5 Abs. 7 i. V. mit Abs. 4a EStG). Er kann den Gewinn durch eine Rücklagenbildung auf 15 Jahre verteilt versteuern. Wenn er dies wünscht, bucht er im Jahr 01 zusätzlich:

Sonstiger betrieblicher Aufwand	42.000 €	an	Rücklage i. S. des § 4f EStG	42.000 €

HINWEIS

Da handelsrechtlich von Kaufmann A eine Rückstellung für drohende Verluste aus schwebenden Geschäften zu bilden war (§ 249 Abs. 1 Satz 1 HGB) und Kaufmann B aus demselben Grund eine solche einrichten musste, lauten die Buchungen für die Handelsbilanz (verkürzt):

- Kaufmann A:

Drohverlustrückstellung	45.000 €	an	Bank	45.000 €

- Kaufmann B:

Bank	45.000 €	an	Drohverlustrückstellung	45.000 €

FALL 50

Damnum (Disagio)

Sachverhalt: Eine OHG nimmt Anfang Januar 01 ein Darlehen i. H. von 100.000 € zu einem jährlichen Zinssatz i. H. von 7 % auf. Die Auszahlung beträgt nach Abzug eines Damnums i. H. von 6.000 € 94.000 €. Der Darlehensbetrag i. H. von 100.000 € ist in einer Summe am 31.12.04 zurückzuzahlen; die Zinsen sind jeweils am Ende eines Jahres i. H. von 7.000 € fällig.

AUFGABEN

1. Wie ist das Damnum bilanzsteuerrechtlich zu behandeln?
2. Wie ist das Damnum zu behandeln, wenn es sich um ein Tilgungsdarlehen handelt, das jährlich mit 25.000 € zu tilgen ist?

LÖSUNG

Verbindlichkeiten sind gem. § 253 Abs. 1 Satz 2 HGB mit dem Erfüllungsbetrag zu bewerten (= Nennwert).

Der Unterschiedsbetrag zwischen dem Nennwert und dem Verfügungsbetrag (Agio, Damnum, Disagio, Zuteilungsgebühren, Abschlussgebühren) ist zu aktivieren und auf die Laufzeit des Darlehens bzw. des Zinsfestschreibungszeitraums zu verteilen (BFH, Urteil v. 21.4.1988 - IV R 47/85, BStBl 1989 II S. 722). Bei Tilgungsdarlehen ist der Rechnungsabgrenzungsposten degressiv aufzulösen. Bei vier Raten beträgt der Nenner 10 (= 1 + 2 + 3 + 4).

Zu 1

	Verbindlichkeit
Zugang im Januar 01	100.000 €
31.12.01–03	100.000 €

	Damnum (aktiver Rechnungsabgrenzungsposten)
Zugang im Januar 01	6.000 €
Aufwand im Jahr 01	- 1.500 €
31.12.01	4.500 €

Zu 2

	Verbindlichkeit
Zugang im Januar 01	100.000 €
Tilgung im Jahr 01	- 25.000 €
Tilgung im Jahr 02	- 25.000 €
Tilgung im Jahr 03	- 25.000 €
Tilgung im Jahr 04	- 25.000 €

	Damnum (aktiver Rechnungsabgrenzungsposten)
Zugang im Januar 01	6.000 €
$^{4}/_{10}$ von 6.000 € (für das Jahr 01) =	- 2.400 €
31.12.01	3.600 €

Damnum (aktiver Rechnungsabgrenzungsposten)	
Aufwand im Jahr 02	- 1.500 €
31.12.02	3.000 €
	usw.

Damnum (aktiver Rechnungsabgrenzungsposten)	
$^{3}/_{10}$ von 6.000 € (für das Jahr 02) =	- 1.800 €
31.12.02	1.800 €
$^{2}/_{10}$ von 6.000 € (für das Jahr 03) =	- 1.200 €
31.12.03	600 €
$^{1}/_{10}$ von 6.000 € (für das Jahr 04) =	- 600 €
31.12.04	0 €

FALL 51

Rentenverpflichtung

Sachverhalt: Ein Kaufmann hat am 2.1.01 ein unbebautes Grundstück für seinen Betrieb auf Rentenbasis erworben. Er ist verpflichtet, dem Veräußerer bis zu dessen Lebensende 1.000 € monatlich im Voraus zu bezahlen. Die Rentenbarwerte betragen:

- Am 2.1.01 123.060 €;
- am 31.12.01 119.760 € und
- am 31.12.02 116.460 €.

Am 27.1.03 ist der Veräußerer verstorben.

AUFGABEN

1. Mit welchem Wert ist das Grundstück in den Bilanzen zum 31.12.02–31.12.03 auszuweisen, wenn die Erwerbsnebenkosten des Erwerbers 9.940 € betragen haben?
2. Wie ist die Rentenverpflichtung steuerlich zu behandeln und welche Gewinnauswirkungen ergeben sich im Zusammenhang mit den Rentenzahlungen und dem Wegfall der Rentenverpflichtung am 31.1.03 durch den Tod des Veräußerers?

LÖSUNG

Rentenverbindlichkeiten sind mit ihrem jeweiligen Barwert anzusetzen (BFH, Urteil v. 31.1.1980 - IV R 126/76, BStBl 1980 II S. 491). Der Barwert stellt gleichzeitig Anschaffungskosten für den Grund und Boden dar (R 6.2 EStR). In Höhe des Unterschiedsbetrags zwischen dem Barwert v. 2.1.01 und dem v. 31.12.01 ist die Rentenverbindlichkeit für das Jahr 01 gewinnerhöhend aufzulösen. Entsprechendes gilt für den Unterschiedsbetrag zwischen dem Barwert v. 31.12.01 und dem v. 31.12.02 usw. Die einzelnen Rentenzahlungen sind dabei als Betriebsausgaben abzusetzen. Der Wegfall der Rentenverbindlichkeiten am 31.1.03 führt zu einem Ertrag i. H. von 116.460 €; eine Änderung der Anschaffungskosten für den Grund und Boden tritt hierdurch nicht ein (H 4.2 Abs. 15 Fortfall der Rentenverpflichtung EStH).

Anschaffungskosten Grund und Boden

Rentenbarwert v. 2.1.01	123.060 €
Erwerbsnebenkosten	+ 9.940 €
	133.000 €

Entwicklung des Passivpostens „Verbindlichkeiten"

		Aufwand	Ertrag
Zuführung	123.060 €		
Auflösung	- 3.300 €	12.000 €	3.300 €
31.12.01	119.760 €		
Auflösung	- 3.300 €	12.000 €	3.300 €
31.12.02	116.460 €		
Auflösung	- 116.460 €	1.000 €	116.460 €
31.12.03	0 €		

Der „Aufwand" betrifft die monatlichen Rentenzahlungen i. H. von 1.000 €.

FALL 52

Valutaverbindlichkeiten

Sachverhalt: Ein Kaufmann in Köln, der seinen Gewinn gem. § 5 EStG ermittelt, bezieht im November 01 Waren aus den USA. Für die erhaltene Ware schuldet er seinem amerikanischen Lieferanten 10.000 US-$. Zum Zeitpunkt der Lieferung beträgt der Devisenkassamittelkurs des US-$ 0,85 €. Bezahlt wird im März 02 bei Fälligkeit: 9.200 €.

Am 31.12.01 (Abschlusszeitpunkt) beträgt der Devisenkassamittelkurs an der Frankfurter Börse für 1 US-$

a) 0,80 €;

b) 0,90 €.

Siehe hierzu § 256a HGB.

AUFGABE

Wie ist die Verbindlichkeit in der Handels- und der Steuerbilanz zum 31.12.01 zu bewerten?

LÖSUNG

Handelsbilanz zum 31.12.01

Zum Zeitpunkt der Lieferung ist die Verbindlichkeit gegenüber dem amerikanischen Lieferanten gem. § 253 Abs. 1 Satz 2 HGB mit dem Erfüllungsbetrag i. H. von 8.500 € zu bewerten. Gemäß § 256a HGB sind auf fremde Währung lautende Vermögensgegenstände und Verbindlichkeiten zum Devisenkassamittelkurs am Abschlussstichtag umzurechnen. Bei einer Restlaufzeit von einem Jahr oder weniger sind § 253 Abs. 1 Satz 1 und § 252 Abs. 1 Nr. 4 Halbsatz 2 HGB nicht anzuwenden. Das Ausweisverbot für nicht realisierte Gewinne gilt nicht. In der Handelsbilanz ist die Verbindlichkeit zum 31.12.01 mit

a) 8.000 € zu bewerten (Gewinn 500 €, sonstiger betrieblicher Ertrag gem. § 277 Abs. 5 Satz 2 HGB);

b) 9.000 € zu bewerten (Verlust 500 €, sonstiger betrieblicher Aufwand gem. § 277 Abs. 5 Satz 2 HGB).

Steuerbilanz zum 31.12.01

Verbindlichkeiten in ausländischer Währung sind sinngemäß mit den Anschaffungskosten (= Erfüllungsbetrag) anzusetzen (§ 6 Abs. 1 Nr. 2 und 3 EStG). Ein höherer Teilwert kann angesetzt werden (§ 6 Abs. 1 Nr. 2 und 3 EStG). Für Schulden gilt also statt des Niederstwertprinzips das Höchstwertprinzip mit der Folge, dass nicht realisierte Verluste gewinnmindernd berücksichtigt werden können, wenn ihre Werterhöhung von Dauer ist.

Zu a)

Zum Zeitpunkt der Lieferung ist die Verbindlichkeit gegenüber dem amerikanischen Lieferanten mit dem Erfüllungsbetrag i. H. von 8.500 € zu bewerten. Da die Schuld am 31.12.01 infolge der Kurssenkung einen niedrigeren Teilwert hat (8.000 €), ist sie weiterhin mit 8.500 € zu bewerten, denn steuerlich kommt eine Bewertung „unter" den Anschaffungskosten nicht in Betracht.

Zu b)

Am 31.12.01 beträgt der Teilwert der Schuld 9.000 €. Er kann bei voraussichtlich dauernder Werterhöhung angesetzt werden (§ 6 Abs. 1 Nr. 2 und 3 EStG). Hält eine Wechselkurserhöhung im Zusammenhang mit einer Verbindlichkeit des laufenden Geschäftsverkehrs bis zum Zeitpunkt der Aufstellung der Bilanz oder dem vorangegangenen Tilgungszeitpunkt an, ist davon auszugehen, dass die Werterhöhung voraussichtlich von Dauer ist (BMF, Schreiben v. 2.9.2016, BStBl 2016 I S. 995, Rz. 34–36). Da sich die Wechselkurserhöhung bis zum Zahlungstag im März 02 fortsetzte, konnte am 31.12.01 von einer dauernden Werterhöhung ausgegangen werden. Der Kaufmann hat die Wahl 8.500 € beizubehalten oder 9.000 € anzusetzen.

FALL 53

Kontokorrentschulden und -zinsen, Unterkonten für betriebliches Bankkonto

Sachverhalt: Ein betriebliches Girokonto entwickelt sich wie folgt:

Stand zum 1.1.01	+ 5.000 €
Privatentnahme am 1.4.01	- 15.000 €
Betriebseinnahme am 1.7.01	+ 2.000 €
Bezahlung von Betriebsausgaben am 1.10.01	- 10.000 €
Zinsbelastung am 31.12.01 (als Aufwand gebucht)	- 1.080 €
Stand zum 31.12.01	- 19.080 €

Die Sollzinsen haben gleichbleibend 12 % pro Jahr betragen; sie werden am Schluss des Jahres für das abgelaufene Jahr berechnet.

AUFGABE

In welchem Umfang liegen eine Betriebsschuld und betrieblich veranlasste Zinsen vor?

LÖSUNG

Das Kontokorrentkonto ist in einen privaten und betrieblichen Teil aufzuspalten. Die Zinsen sind entsprechend zu behandeln (BMF, Schreiben v. 10.11.1993, BStBl 1993 I S. 930).

	Bankkonto	
	betrieblich	**privat**
Stand zum 1.1.01	+ 5.000 €	
Privatentnahme am 1.4.01	- 5.000 €	- 10.000 €
Zinsanteil (1.4.01–1.7.01)		- 300 €
Betriebseinnahme am 1.7.01		+ 2.000 €
Zinsanteil (1.7.01–1.10.01 für 8.000 €)		- 240 €
Bezahlung Betriebsausgaben am 1.10.01	- 10.000 €	
Zinsanteil (1.10.01–31.12.01)	- 300 €	- 240 €
Stand zum 31.12.01	- 10.300 €	- 8.780 €

Von den Zinsen stellen hiernach 300 € Betriebsausgaben dar. Die restlichen Zinsen sind privat veranlasst. Als Betriebsschuld kann nur ein Betrag i. H. von 10.300 € passiviert werden. Sollten nicht von vornherein entsprechende Unterkonten gebildet worden sein, müssten spätestens am Schluss des Wirtschaftsjahres folgende Umbuchungen vorgenommen werden:

Entnahmen	780 €	an	Zinsaufwendungen	780 €
Bank	8.780 €	an	Einlagen	8.780 €

FALL 54

Kontokorrentschulden und -zinsen, Unterkonten für betriebliches Bankkonto

Sachverhalt: Am 1.1.01 hat A ein negatives Bankkonto i. H. von 10.000 €, das wie folgt aufzuteilen ist:

- Privater Anteil - 6.000 € und
- betrieblicher Anteil - 4.000 €.

Am 1.3.01 gehen Betriebseinnahmen i. H. von 3.000 € ein. Am 1.6.01 tätigt A Betriebsausgaben i. H. von 5.000 €. Am 1.7.01 leistet A eine Einlage i. H. von 2.000 €. Sämtliche Geldbewegungen erfolgen über dieses (eine) Bankkonto.

AUFGABE

Mit welchem Unterkonto sind die Zahlungen zu verrechnen?

LITERATURHINWEIS

Dortmann/Mann, Lehrbuch Buchführung und Bilanzsteuerrecht, 14. Aufl. 2026, Teil B, Kapitel 5, Tz. 5.4.7.

LÖSUNG

Muss ein negatives Bankkontokorrentkonto in ein betriebliches und ein privates Unterkonto aufgeteilt werden, so sind Betriebseinnahmen vorab dem privaten Unterkonto gutzuschreiben, gleichzeitig zu verbuchende Betriebsausgaben aber dem betrieblichen Unterkonto zu belasten; Einlagen des Betriebsinhabers werden dem privaten Unterkonto gutgeschrieben (BMF, Schreiben v. 10.11.1993, a. a. O., Rz. 12). Hiernach entwickeln sich die Unterkonten wie folgt:

	Bankkonto	
	betrieblich	**privat**
Stand zum 1.1.01	- 4.000 €	- 6.000 €
Betriebseinnahmen am 1.3.01		+ 3.000 €
Betriebsausgaben am 1.6.01	- 5.000 €	
Einlage am 1.7.01		+ 2.000 €
Zwischenstand	- 9.000 €	- 1.000 €

FALL 55

Verpflichtungsübernahme (§ 5 Abs. 7 und § 4f EStG)

Sachverhalt: Unternehmer U pachtet seit dem 1.1.2014 für 20 Jahre ein unbebautes Grundstück und errichtet darauf eine betrieblich genutzte Lagerhalle. Unternehmer U hat sich verpflichtet, die Lagerhalle nach Ablauf des Pachtvertrags am 31.12.2033 wieder abzureißen. Am Bilanzstichtag 31.12.2023 betragen die voraussichtlichen Abrisskosten 10.000 € und der Buchwert des Gebäudes 20.000 €. Unternehmer U hat für die Abrissverpflichtung eine Rückstellung für ungewisse Verbindlichkeiten passiviert. Da für das Entstehen der Verpflichtung im wirtschaftlichen Sinne der laufende Betrieb ursächlich ist (Nutzung der Lagerhalle), war die Rückstellung gem. § 6 Abs. 1 Nr. 3a Buchst. d Satz 1 EStG zeitanteilig in gleichen Raten anzusammeln und gem. § 6 Abs. 1 Nr. 3a Buchst. e Satz 1 EStG abzuzinsen. Die von Unternehmer U zum 31.12.2023 in der Steuerbilanz passivierte Rückstellung beträgt bei einer Restlaufzeit von zehn Jahren und einem Abzinsungsfaktor i. H. von 0,585 (Tabelle 2 des BMF-Schreibens v. 26.5.2005, BStBl 2005 I S. 699) zutreffend 10.000 € x $^{10}/_{20}$ x 0,585 = 2.925 €. In der Handelsbilanz sind im Hinblick auf § 253 Abs. 2 HGB (maßgeblicher Abzinsungssatz 2 %) 4.100 € passiviert.

Am 2.1.2024 übernimmt Unternehmer A (Wirtschaftsjahr = Kalenderjahr) mit Zustimmung des Verpächters den Pachtvertrag des Unternehmers U. Der von Unternehmer A an den Unternehmer U zu zahlende Kaufpreis für die Lagerhalle beträgt 50.000 €. Die mit der übernommenen

Abrissverpflichtung verbundenen Kosten werden entsprechend den voraussichtlichen Abrisskosten zum 31.12.2023 zutreffend auf 10.000 € geschätzt und mit dem Kaufpreis für die Lagerhalle verrechnet. Unternehmer A bucht den Geschäftsvorfall für die Steuerbilanz zutreffend wie folgt:

Gebäude auf fremdem Grund und Boden	50.000 €	an	Bank	40.000 €
		an	(Rückstellung für) Abrissverpflichtung	10.000 €

Bis zum Ende des Wirtschaftsjahres 2024 ergeben sich folgende Änderungen bei den prognostizierten Abrisskosten:

- Variante a) keine;
- Variante b) 20.000 €;
- Variante c) 5.000 €.

AUFGABE

Welche handels- und steuerrechtlichen Konsequenzen ergeben sich für die Unternehmer A und U?

LÖSUNG

Für Unternehmer A (Erwerber)

Die „Anschaffungskosten" der Abrissverpflichtung betragen 10.000 €. Am folgenden Bilanzstichtag zum 31.12.2024 ist diese Pflicht gem. § 5 Abs. 7 Satz 1 EStG in der Steuerbilanz so auszuweisen, wie sie beim ursprünglich Verpflichteten Unternehmer U ohne Übertragung zu bilanzieren wäre. Demzufolge hat Unternehmer A für die Abrissverpflichtung eine Rückstellung für ungewisse Verbindlichkeiten zu passivieren und bei einer Restlaufzeit von neun Jahren und einem Abzinsungsfaktor i. H. von 0,618 wie folgt zu bewerten:

- Variante a): 10.000 € x $^{11}/_{20}$ x 0,618 = 3.399 €
- Variante b): 20.000 € x $^{11}/_{20}$ x 0,618 = 6.798 €
- Variante c): 5.000 € x $^{11}/_{20}$ x 0,618 = 1.700 €

Es ergibt sich unter der Berücksichtigung der bei Schuldübernahme eingebuchten (Rückstellung für) Abrissverpflichtung von 10.000 € folgender Gewinn, für den i. H. von $^{14}/_{15}$ eine gewinnmindernde Rücklage gebildet werden kann:

	Zugangswert der übernommenen Verbindlichkeit	Wert der Rückstellung	„Stille Last", die nicht als Verbindlichkeit bilanziert werden darf → Gewinn erhöhen	davon Rücklage 14/15 → Gewinn mindern
Variante a):	10.000 €	- 3.399 €	= 6.601 €	14/15 = 6.161 €
Variante b):	10.000 €	- 6.798 €	= 3.202 €	14/15 = 2.989 €
Variante c):	10.000 €	- 1.700 €	= 8.300 €	14/15 = 7.747 €

Buchung in der Steuerbilanz bei Unternehmer A bei Variante a) zum 31.12.2024 (§ 5 Abs. 7 EStG)

Hierbei ist zu beachten, dass Erträge aus Abzinsungen gem. § 277 Abs. 5 HGB als „Zinsen und sonstige Erträge" auszuweisen sind.

(Rückstellung für) Abrissverpflichtung	6.601 €	an	Zinsen und sonstige Erträge	6.601 €
Sonstiger betrieblicher Aufwand	6.161 €	an	Rücklage	6.161 €

Handelsrechtliche Beurteilung für Unternehmer A

Unternehmer A passiviert die Abrissverpflichtung in der Handelsbilanz mit dem abgezinsten notwendigen Erfüllungsbetrag (§ 253 Abs. 1 und 2 HGB), Die Abzinsung erfolgt dabei mit dem durchschnittlichen Marktzins der vergangenen sieben Geschäftsjahre. Dabei ist zu beachten, dass die Abbruchkosten von Unternehmer A bereits in voller Höhe (von Unternehmer U) vereinnahmt sind, so dass die Abzinsung m. E. auf den vollen Erfüllungsbetrag vorzunehmen ist (also keine Ansammlung über zehn Jahre). Bei einem unterstellten maßgeblichen Zinssatz i. H. von 2 % beträgt der Divisor für die Restlaufzeit von neun Jahren am 31.12.2024 $1{,}02^9 = 1{,}1950922$. Die abgezinste Verbindlichkeit beträgt sodann 10.000 € / 1,1950922 = 8.368 €.

Buchung bei Unternehmer A in der Handelsbilanz zum 31.12.2024:

(Rückstellung für) Abrissverpflichtung	1.632 €	an	Zinsen und sonstige Erträge	1.632 €

Eine Rücklage kommt in der Handelsbilanz nicht in Betracht.

Für Unternehmer U (Veräußerer)

Auswirkungen in der Steuerbilanz zum 31.12.2024 und Folgejahre (§ 4f EStG)

Ein Aufwand, der sich für den ursprünglich Verpflichteten aus einem Übertragungsvorgang ergibt, kann gem. § 4f Abs. 1 Satz 1 EStG grds. nur auf das Jahr der Schuldübernahme und die folgenden 14 Wirtschaftsjahre gleichmäßig verteilt als Betriebsausgabe abgezogen werden. Die Verteilung des Aufwands erfolgt durch **außerbilanzielle Hinzurechnungen und Abrechnungen** (BMF, Schreiben v. 30.11.2017, BStBl 2017 I S. 1619).

Sind infolge der Übertragung einer Verpflichtung in der steuerlichen Gewinnermittlung des Vorjahres ausgewiesene Passivposten wie Rückstellungen, Verbindlichkeiten und steuerliche Rücklagen (z. B. gem. R 6.11 Abs. 3 EStR bei niedrigeren handelsrechtlichen Bilanzansätzen) gewinnerhöhend aufzulösen, ist der sich aus dem Übertragungsvorgang ergebende Aufwand in dem

Wirtschaftsjahr der Übertragung gem. § 4f Abs. 1 Satz 2 Halbsatz 1 EStG i. H. der aufgelösten Passivposten als Betriebsausgabe abzugsfähig. Dabei ist immer auf die am vorangegangenen Bilanzstichtag angesetzten Passivposten abzustellen, soweit die Auflösung auf der Übertragung der Verpflichtung beruht. Der übersteigende Aufwand ist auf das Jahr der Schuldübernahme und die folgenden 14 Wirtschaftsjahre gleichmäßig zu verteilen (§ 4f Abs. 1 Satz 2 EStG). Im Ergebnis ist ein Aufwand, der sich daraus ergibt, dass die Gegenleistung höher ist als die bislang in der steuerlichen Gewinnermittlung passivierte Verpflichtung, nur über 15 Jahre verteilt als Betriebsausgabe abzugsfähig (BMF, Schreiben v. 30.11.2017, a. a. O.).

Unternehmer U bucht:

(Rückstellung für) Abrissverpflichtung	2.925 €				
Sonstiger betrieblicher Aufwand	7.075 €	*(stille Last lt. Steuerbilanz)*			
Bank	40.000 €	an	Gebäude auf fremdem Grund und Boden	20.000 €	
		an	Sonstige betriebliche Erträge	30.000 €	*(stille Reserve Gebäude)*

Es ergeben sich folgende außerbilanzielle Gewinnkorrekturen:

- Im Jahr 2024: Hinzurechnung 7.075 € und Abrechnung 472 € sowie
- im Jahr 2025: Abrechnung 472 €.

Handelsrechtliche Beurteilung für Unternehmer U

U bucht im Jahr 2024 in der Handelsbilanz:

(Rückstellung für) Abrissverpflichtung	4.100 €				
Sonstiger betrieblicher Aufwand	5.900 €	*(stille Last lt. Handelsbilanz)*			
Bank	40.000 €	an	Gebäude auf fremdem Grund und Boden	20.000 €	
		an	Sonstige betriebliche Erträge	30.000 €	*(stille Reserve Gebäude)*

Weitere Buchungen sind nicht erforderlich. Außerbilanzielle Gewinnkorrekturen finden nicht statt.

3.7 Rückstellungen

3.7.1 Allgemeines

3.7.1.1 Abgrenzung zu den Verbindlichkeiten und Rücklagen

Verbindlichkeiten stellen Schulden (Fremdkapital) dar, deren Grund und Höhe feststehen, die also „gewiss" sind. Auch die Rückstellungen gehören zum Fremdkapital. Sie werden allerdings erfolgswirksam für „ungewisse" Verbindlichkeiten und bestimmte andere Belastungen gebildet. Dadurch unterscheiden sie sich gleichzeitig von den Rücklagen, die Teile des Eigenkapitals darstellen und aus Gewinnen oder erfolgsneutral aus Einlagen generiert werden.

3.7.1.2 Generelle Voraussetzungen für die Rückstellungsbildung

§ 249 Abs. 1 HGB bestimmt für die Handelsbilanz, dass Rückstellungen nur zu bilden sind für

1. ungewisse Verbindlichkeiten,
2. drohende Verluste aus schwebenden Geschäften,
3. im Geschäftsjahr unterlassene Aufwendungen für Instandhaltung, die im folgenden Geschäftsjahr innerhalb von drei Monaten nachgeholt werden,
4. Abraumbeseitigung, die im folgenden Geschäftsjahr nachgeholt wird, und
5. Gewährleistungen, die ohne rechtliche Verpflichtung erbracht werden.

Für andere als die vorgenannten Zwecke dürfen Rückstellungen nicht gebildet werden (§ 249 Abs. 2 HGB). Eine Ausnahme besteht für Pensionsrückstellungen für Pensionszusagen, die vor dem 1.1.1987 gegeben wurden (Art. 28 Abs. 1 EGHGB); für diese gilt ein Passivierungswahlrecht.

Das Vorstehende gilt gem. § 5 Abs. 1 Satz 1 EStG grds. auch für die Steuerbilanz. Allerdings ist die Rückstellungsbildung in der Steuerbilanz durch Sonderbestimmungen teilweise eingeschränkt (vgl. § 5 Abs. 2a–4b und 7 sowie § 6a EStG).

3.7.1.3 Bewertung der Rückstellungen in der Handelsbilanz

Wie Rückstellungen zu bewerten sind, ergibt sich für das Handelsrecht aus § 253 Abs. 1 und 2 HGB und für das Steuerrecht aus § 6 Abs. 1 Nr. 3a EStG. R 6.11 EStR erläutert hierzu die weitere Verwaltungsauffassung.

Handelsrechtlich erfolgt die Bewertung mit dem nach kaufmännischer Beurteilung notwendigen Erfüllungsbetrag (§ 253 Abs. 1 Satz 2 HGB), das ist bei Sachleistungs- und Sachwertverpflichtungen der im Erfüllungszeitpunkt voraussichtlich aufzuwendende Geldbetrag und bei Geldleistungsverpflichtungen der Rückzahlungsbetrag (= Nennwert). Durch die Verwendung des Begriffs „Erfüllungsbetrag" wird klargestellt, dass bei der Rückstellungsbewertung künftige Preis- und Kostensteigerungen unter Vernachlässigung des Stichtagsprinzips zu berücksichtigen sind.

BEISPIEL: Der Grund und Boden eines Unternehmens ist mit Chemikalien verseucht. Die zuständige Behörde hat das Unternehmen verpflichtet, in spätestens fünf Jahren die Altlasten zu beseitigen. Zum Bilanzstichtag betragen die Kosten für den einzusetzenden Bagger 100 €/Stunde. In fünf Jahren werden diese 125 €/Stunde betragen. Es ist von 80 Baggerstunden auszugehen. Bei der Bewertung der Rückstellung ist in der Handelsbilanz von (80 x 125 € =) 10.000 € auszugehen. Außerdem ist der Betrag nach Maßgabe des § 253 Abs. 2 HGB abzuzinsen.

Für Rückstellungen mit einer **Restlaufzeit von mehr als einem Jahr** besteht eine **Abzinsungspflicht.** Derartige Rückstellungen sind abzuzinsen mit dem ihrer Restlaufzeit entsprechenden durchschnittlichen Marktzinssatz, der sich im Falle von Rückstellungen für Altersversorgungsverpflichtungen aus den vergangenen zehn Geschäftsjahren und im Falle sonstiger Rückstellungen aus den vergangenen sieben Geschäftsjahren ergibt (§ 253 Abs. 2 Satz 1 HGB). Abweichend davon dürfen Altersversorgungsverpflichtungen oder vergleichbare langfristig fällige Verbindlichkeiten unter Abkehr vom Grundsatz der Einzelbewertung pauschal mit dem durchschnittlichen Marktzinssatz abgezinst werden, der sich bei einer angenommenen Restlaufzeit von 15 Jahren ergibt. Entsprechendes gilt für auf Rentenverpflichtungen beruhenden Verbindlichkeiten, für die eine Gegenleistung nicht mehr zu erwarten ist. Der anzuwendende Abzinsungssatz wird durch die Deutsche Bundesbank nach Maßgabe einer Rechtsverordnung ermittelt und monatlich bekannt gegeben (siehe www.bundesbank.de).

Ist, wie im Fall von Mietereinbauten, der Entfernungs- und Wiederherstellungsaufwand durch mehrere Wirtschaftsjahre verursacht, sind alle betroffenen Wirtschaftsjahre anteilig zu belasten (sog. „ratierliche Ansammlung"). Für das Steuerrecht ist dies explizit in § 6 Abs. 1 Nr. 3a Buchst. d EStG klargestellt. Für das Handelsrecht lässt sich dies aus dem Grundsatz der periodengerechten Gewinnermittlung ableiten (§ 252 Abs. 1 Nr. 5 HGB), da die Aufwendungen die gesamte Mietzeit betreffen. Außerdem sind diese Rückstellungsbeträge für Entfernungsaufwand – aufgrund der regelmäßig längeren Restnutzungsdauer – nach Maßgabe des § 253 Abs. 2 HGB abzuzinsen.

BEISPIEL: ▶ A schließt im Januar 05 einen Mietvertrag über zehn Jahre ab. Er verpflichtet sich darin die von ihm vorgenommenen Mietereinbauten nach Ablauf der Mietzeit (31.12.14) zu beseitigen. Nach den Wertverhältnissen zum Erfüllungszeitpunkt fallen hierfür ca. 10.000 € Aufwendungen an. Der gem. § 253 Abs. 2 HGB maßgebliche Zinssatz beträgt am 31.12.05 4 % und am 31.12.06 4,5 %.

Frage:

Wie ist in der Handelsbilanz vorzugehen?

Lösung:

Die Verpflichtung betrifft wirtschaftlich gesehen die gesamte Mietdauer. Die Verursachung liegt somit nicht ausschließlich im Jahr 05, sondern in den Jahren 05–14. Dies hat für den Ausweis einer Rückstellung zur Folge, dass in der zum 31.12.05 aufzustellenden Bilanz lediglich $^{1}/_{10}$ von 10.000 € (= 1.000 €) auszuweisen ist. In den folgenden Jahren ist die Rückstellung jährlich um jeweils weitere $^{1}/_{10}$ der zu erwartenden Kosten aufzustocken (31.12.06 = 2.000 € usw.).

Zusätzlich müssen die Rückstellungsbeträge abgezinst werden. Bei einem Zinssatz i. H. von 4 % kann der maßgebende Divisor je nach Restlaufzeit wie folgt berechnet werden: $1{,}04^{\text{Restnutzungsdauer}}$. Am 31.12.05 beträgt die Restlaufzeit noch neun Jahre, so dass sich bei 4 % ein Divisor i. H. von $1{,}04^{9}$ (= 1,423315) und ein Rückstellungsbetrag i. H. von 703 € (= 1.000 € / 1,423315) ergibt. Zum 31.12.06 beträgt bei acht Jahren Restlaufzeit und 4,5 % Zinsen der Divisor $1{,}045^{8}$ (= 1,4221002), so dass sich eine Rückstellung in der Handelsbilanz i. H. von 1.406 € (= 2.000 € / 1,4221002) ergibt.

Die Bewertung von Rückstellungen für **wertpapiergebundene Altersversorgungsverpflichtungen** ergibt sich aus § 253 Abs. 1 Satz 3 HGB. Ist bei Altersversorgungszusagen der Umfang der Verpflichtung vom beizulegenden Zeitwert bestimmter Wertpapiere abhängig und übersteigt der Zeitwert dieser Wertpapiere einen (den Versorgungsberechtigten gegenüber) garantierten Mindestbetrag, ist auch die Rückstellung mit dem beizulegenden Zeitwert dieser Wertpapiere zu bewerten. Hier gelten für Kleinstkapitalgesellschaften besondere Regelungen (§ 253 Abs. 1 Satz 5 und 6 HGB).

3.7.1.4 Bewertung der Rückstellungen in der Steuerbilanz

Die handelsrechtlichen Bewertungsregeln für Rückstellungen gelten nicht für die Aufstellung der Steuerbilanz. Das Steuerecht verfügt über eigenständige Bewertungsregelungen, die die handelsrechtlichen Regelungen verdrängen (§ 5 Abs. 6 EStG). Insbesondere dürfen durch die ausdrückliche Ergänzung in § 6 Abs. 1 Nr. 3a Buchst. f EStG künftige Preis- und Kostensteigerungen nicht berücksichtigt werden. Auch der Abzinsungssatz i. H. von 5,5 % ist unverändert anzuwenden. Unverändert bleibt auch § 6a EStG zur Bildung und Bewertung von Pensionsrückstellungen (Teilwertverfahren, Zinssatz 6 % sowie keine Erfassung von künftigen Gehaltserhöhungen und Rentensteigerungen).

Ist für dieselbe Rückstellung handelsrechtlich ein geringerer Betrag als nach Steuerrecht ermittelt worden, bildet der Rückstellungsbetrag lt. Handelsbilanz auch die Obergrenze für die Rückstellung in der Steuerbilanz, denn i. S. der R 6.11 Abs. 3 EStR darf mit Ausnahme der Pensionsrückstellungen die Höhe der Rückstellung in der Steuerbilanz den zulässigen Ansatz in der Handelsbilanz nicht überschreiten (BFH, Urteil v. 20.11.2019 - XI R 46/17, BStBl 2020 II S. 195).

Steuerrechtlich erfolgt die Bewertung von Rückstellungen nach den folgenden Grundsätzen (§ 6 Abs. 1 Nr. 3a EStG):

3.7.1.4.1 Rückstellungen für gleichartige Verpflichtungen

Beruht eine Rückstellung auf gleichartigen Verpflichtungen, ist die Wahrscheinlichkeit der Inanspruchnahme von den in der Vergangenheit im Betrieb gemachten Erfahrungssätzen abzuleiten (§ 6 Abs. 1 Nr. 3a Buchst. a EStG). Betroffen sind in erster Linie Schadens-, Garantie- und Kulanzrückstellungen.

3.7.1.4.2 Rückstellungen für Sachleistungsverpflichtungen

Rückstellungen für Sachleistungsverpflichtungen (= Rückstellungen, die keine Geldleistungsverpflichtungen darstellen) sind gem. § 6 Abs. 1 Nr. 3a Buchst. b EStG lediglich mit den Einzelkosten und den angemessenen Teilen der notwendigen Gemeinkosten zu bewerten. Das entspricht der Untergrenze der einkommensteuerlichen Herstellungskosten (vgl. R 6.3 EStR).

Nicht zu den notwendigen Gemeinkosten rechnen insbesondere

- der Wertverzehr des Anlagevermögens,
- die Kosten der allgemeinen Verwaltung,
- Aufwendungen für soziale Einrichtungen des Betriebs,
- für freiwillige soziale Leistungen,
- für die betriebliche Altersversorgung sowie
- für Fremdkapitalzinsen.

3.7.1.4.3 Gegenrechnung künftiger Vorteile

Gemäß der Vorschrift des § 6 Abs. 1 Nr. 3a Buchst. c EStG sind nicht als Forderung zu aktivierende künftige Vorteile, die mit der Erfüllung der Verpflichtung voraussichtlich verbunden sein werden, bei der Rückstellungsbewertung wertmindernd zu berücksichtigen. Künftige Vorteile sind allerdings nur dann wertmindernd zu berücksichtigen, wenn zwischen ihnen und der zu erfüllenden Verpflichtung ein sachlicher Zusammenhang besteht (BFH, Urteil v. 17.10.2013 - IV R 7/11, BStBl 2014 II S. 302). Dies könnten noch nicht zugesagte Versicherungsleistungen (z. B. Haftpflicht- oder Rechtschutzversicherungen) oder bei Bauleistungen Regressansprüche gegen Subunternehmer sein. Beim Ausweis einer Rekultivierungsrückstellung ist zu berücksichtigen, dass der Unternehmer in diesem Zusammenhang von dritter Seite Kippentgelte vereinnahmen wird. Eine Einbeziehung setzt jedoch voraus, dass am Bilanzstichtag bereits Verträge mit Dritten über das Abkippen von Verfüllmaterial abgeschlossen worden sind.

3.7.1.4.4 Ansammlungsrückstellung

Ist der laufende Betrieb ursächlich für die Entstehung einer Verpflichtung, ist der Rückstellungsbetrag durch jährlich gleiche Zuführungsraten anzusammeln (§ 6 Abs. 1 Nr. 3a Buchst. d EStG).

BEISPIEL: ► A errichtet in einem angemieteten Gebäude diverse Mietereinbauten. Er ist verpflichtet, diese nach zehn Jahren wieder zu entfernen.

Lösung:

Für die Verpflichtung muss eine Rückstellung ausgewiesen werden. Der voraussichtliche Aufwand ist dabei sowohl in der Handelsbilanz (mit dem in zehn Jahren erwarteten Erfüllungsbetrag) wie auch in der Steuerbilanz (mit dem Aufwand nach den Wertverhältnissen am Bilanzstichtag) auf zehn Jahre verteilt in gleichen Jahresraten anzusammeln und zusätzlich abzuzinsen. Da in der Steuerbilanz mit 5,5 % abzuzinsen ist und in der Handelsbilanz mit dem gem. § 253 Abs. 2 HGB von der Bundesbank festgestellten Zinssatz, ergeben sich insofern unterschiedliche Wertansätze.

Die Verpflichtung zur Stilllegung eines Kernkraftwerks ist ab dem Zeitpunkt der erstmaligen Nutzung bis zum Zeitpunkt, zu dem mit der Stilllegung begonnen werden muss, ebenfalls in gleichen Jahresraten anzusammeln. Steht der Zeitpunkt der Stilllegung nicht fest, ist für die Steuerbilanz ein Ansammlungszeitraum i. H. von 25 Jahren ab der erstmaligen Nutzung zugrunde zu legen (§ 6 Abs. 1 Nr. 3a Buchst. d Satz 3 EStG).

3.7.1.4.5 Abzinsung

In der Steuerbilanz sind Rückstellungen für Geld- und Sachleistungsverpflichtungen generell mit 5,5 % abzuzinsen, wenn deren voraussichtliche Restlaufzeit am Bilanzstichtag mindestens zwölf Monate beträgt. Keine Abzinsung ist vorzunehmen bei einer Restlaufzeit von weniger als zwölf Monaten und bei Rückstellungen, die auf einer Anzahlung oder Vorausleistung beruhen.

Bei den meisten Rückstellungsarten (z. B. Rückstellung für Abschlusskosten, für Boni oder für Tantieme) wird es im Hinblick auf deren geringe Laufzeit zu keiner Abzinsung kommen. Einzelheiten zur Abzinsung von Rückstellungen sind dem **BMF-Schreiben v. 26.5.2005** (BStBl 2005 I S. 699) zu entnehmen. Die nachfolgend angegebenen Randziffern beziehen sich auf dieses Schreiben.

In folgenden Fällen unterbleibt aus Vereinfachungsgründen eine Abzinsung:

- Rückstellungen für Steuerschulden wie z. B. die Gewerbesteuer-Rückstellung (Rz. 33) oder
- Pauschalrückstellungen für Garantie- und Gewährleistungsansprüche (Rz. 27).

Die Abzinsungsverpflichtung in der Steuerbilanz betrifft in erster Linie Rückstellungen für eine Abbruch- oder Rekultivierungsverpflichtung, für die Produkthaftung oder für eine Instandhaltungs- und Ersatzbeschaffungsverpflichtung.

3.7.1.4.5.1 Maßgebende Laufzeit bei Geldleistungsverpflichtungen

Die Restlaufzeit am Bilanzstichtag ist nach den Umständen des Einzelfalls zu schätzen. Besteht die Verpflichtung in einer Geldzahlung, kommt es darauf an, wann die Zahlung voraussichtlich erfolgen wird (= **Erfüllungszeitpunkt**). Bei einer Begleichung in mehreren Teilbeträgen, ist für jeden Teilbetrag die Restlaufzeit zu ermitteln und eine jeweils gesonderte Abzinsung vorzunehmen (Rz. 25).

3.7.1.4.5.2 Maßgebende Laufzeit für Sachleistungsverpflichtungen

Bei Rückstellungen im Zusammenhang mit Sachleistungsverpflichtungen (z. B. Rückstellungen für die Aufbewahrung von Geschäftsunterlagen oder Einzelrückstellungen im Zusammenhang mit Garantie- und Gewährleistungsverpflichtungen) ist der Zeitraum vom Bilanzstichtag bis zum voraussichtlichen **Beginn der Erfüllung** der Verpflichtung maßgebend. Wird die Verpflichtung in Teilleistungen erfüllt, ist der Beginn der ersten Teilleistung maßgebend, sofern die Verpflichtung als „Einheit" anzusehen ist (Rz. 26).

BEISPIEL: Der Geschäftsinhaber M hat im Zusammenhang mit der gesetzlichen Verpflichtung, bestimmte Geschäftsunterlagen sechs bzw. zehn Jahre aufzubewahren, eine Rückstellung gebildet (Rückstellung zur Aufbewahrung von Geschäftsunterlagen).

Lösung:

Die Aufbewahrungsverpflichtung gem. § 257 HGB und § 147 AO beginnt, sobald die entsprechenden Geschäftsunterlagen existent sind, also bereits während des laufenden Geschäftsjahres. Es fehlt somit an einer Laufzeit von mindestens zwölf Monaten. Eine Abzinsung ist somit nicht vorzunehmen.

Bei Einzelrückstellungen für Garantie- und Gewährleistungsansprüche ist für den jeweiligen Einzelfall die (Rest-)Laufzeit am Bilanzstichtag zu schätzen (Rz. 27).

3.7.1.4.5.3 Abzinsung von Rückstellungen im Allgemeinen

Bei Anwendung der vereinfachten Berechnung ist der für die Abzinsung maßgebende Vervielfältiger aus der Anlage 2 des BMF-Schreibens v. 26.5.2005 (a. a. O.) zu entnehmen.

BEISPIEL: Ein Unternehmer rechnet im Jahr 05 damit, dass er im Zusammenhang mit einem geltend gemachten Garantieanspruch zum 1.1.08 insgesamt 10.000 € aufwenden muss.

Lösung:

Am 31.12.05 beträgt die Laufzeit noch zwei Jahre. Die Rückstellung beträgt: 10.000 € x 0,898 = 8.980 €.
Am 31.12.06 beträgt die Laufzeit noch ein Jahr. Die Rückstellung beträgt: 10.000 € x 0,948 = 9.480 €.
Am 31.12.06 beträgt der Steuerbilanzansatz (10.000 € x 0,948 =) 9.480 €.

3.7.1.4.5.4 Abzinsung von Ansammlungsrückstellungen

Soweit der laufende Betrieb des Unternehmens ursächlich für die Entstehung der Verpflichtung ist, muss die Rückstellung durch jährliche gleiche Zuführungsraten in den einzelnen Wirtschaftsjahren ratierlich angesammelt werden (= Ansammlungsrückstellung i. S. des § 6 Abs. 1 Nr. 3a Buchst. e EStG). Davon betroffen sind in erster Linie Rückstellungen für Abbruchverpflichtungen und zur Entfernung/Erneuerung von Betriebsanlagen (Rz. 29). Steuerlich bestimmt sich die Höhe der Rückstellung nach den Wertverhältnissen am Bilanzstichtag und handelsrechtlich nach den Wertverhältnissen zum Erfüllungszeitpunkt. Ferner ist in der Steuerbilanz mit 5,5 % abzuzinsen und in der Handelsbilanz mit dem von der Bundesbank festgestellten Zinssatz (§ 253 Abs. 2 HGB).

Zeigt sich während der Ansammlungsphase, dass der in früheren Jahren geschätzte Gesamtaufwand z. B. infolge von zwischenzeitlich eingetretenen Preissteigerungen nicht ausreichend ist, ist in der Steuerbilanz am Bilanzstichtag die Summe der in früheren Wirtschaftsjahren angesammelten Rückstellungsraten auf das Preisniveau des Stichtags anzuheben. Die Aufstockung geschieht in Form eines Einmalbetrags. Das Gleiche gilt für die Handelsbilanz, wenn der Erfüllungsbetrag zu niedrig geschätzt wurde.

3.7.1.4.5.5 Künftige Preis- und Kostensteigerungen

Diese dürfen im Gegensatz zur handelsrechtlichen Regelung (§ 253 Abs. 1 Satz 2 HGB) nicht berücksichtigt werden (§ 6 Abs. 1 Nr. 3a Buchst. f EStG). Für die Bewertung von Rückstellungen in der Steuerbilanz ist allein auf die Wert- und Preisverhältnisse am Bilanzstichtag abzustellen.

3.7.1.5 Bilanzmäßiger Ausweis

Rückstellungen sind gem. § 266 Abs. 3 HGB (verbindlich für Kapitalgesellschaften) in der Bilanz unter „B. Rückstellungen" auszuweisen. Der Bilanzausweis untergliedert sich in drei Rückstellungsarten:

- Rückstellungen für Pensionen u. ä. Verpflichtungen,
- Steuerrückstellungen und
- sonstige Rückstellungen.

Große und mittelgroße Kapitalgesellschaften müssen ggf. darüber hinaus gem. § 274 Abs. 1 HGB einen (rückstellungsähnlichen) Passivposten für latente Steuern in der Handelsbilanz bilden.

3.7.1.6 Buchtechnische Behandlung

Die Bildung und die Auflösung der Rückstellungen haben erfolgswirksam zu erfolgen. Falls kein besonderes Aufwandskonto genutzt wird, bedient man sich des Kontos „Sonstiger betrieblicher Aufwand". Die Auflösung einer Rückstellung geschieht i. d. R. über das Konto „Sonstige betriebliche Erträge", soweit nicht Bestandskonten involviert sind (z. B. bei Bezahlung des zurückgestellten Betrags). Steueraufwendungen und Steuererstattungen werden auf speziellen Steuerkonten innerhalb der Gewinn- und Verlustrechnung erfasst (§ 275 Abs. 2 Nr. 18 und 19 HGB beim Gesamtkostenverfahren sowie § 275 Abs. 3 Nr. 17 und 18 HGB beim Umsatzkostenverfahren). Zuführungen und Auflösung von Pensionsrückstellungen erfolgen über das Konto „Aufwendungen für Altersversorgung".

Soweit Rückstellungen abzuzinsen sind, sind Erträge aus der Abzinsung in der Gewinn- und Verlustrechnung gesondert unter dem Posten „Sonstige Zinsen u. ä. Erträge" und Aufwendungen gesondert unter dem Posten „Zinsen u. ä. Aufwendungen" auszuweisen (§ 277 Abs. 5 HGB).

Die Rückstellungen sind an jedem Bilanzstichtag aufs Neue zu überprüfen. Dabei kann sich ergeben, dass diese – ganz oder teilweise – aufzulösen, zu erhöhen oder in unveränderter Höhe weiterhin anzusetzen sind. Rückstellungen für ungewisse Verbindlichkeiten sind i. d. R. gewinnerhöhend aufzulösen, wenn die Voraussetzungen für ihre Beibehaltung weggefallen sind (R 5.7 Abs. 13 EStR). Sie sind ausnahmsweise erfolgsneutral aufzulösen, wenn der Wegfall der Voraussetzungen für ihre Bildung und Beibehaltung auf Umständen beruht, die als Einlage i. S. des § 4 Abs. 1 Satz 7 EStG zu beurteilen sind und deshalb die Rechtsfolge des § 4 Abs. 1 Satz 1 EStG auslösen (BFH, Urteil v. 12.4.1989 - I R 41/85, BStBl 1989 II S. 612).

BEISPIEL: Ist ein Pächter verpflichtet, die gepachteten Gegenstände dem Verpächter nach Ablauf der Pachtzeit in neuwertigem Zustand zurückzugeben, und erlässt der Verpächter dem Pächter diese Verbindlichkeit aus Schenkungsgründen, so ist die gebildete Pachterneuerungsrückstellung vom Pächter erfolgsneutral aufzulösen.

3.7.2 Rückstellungen für ungewisse Verbindlichkeiten

3.7.2.1 Gemeinsame handels- und steuerrechtliche Voraussetzungen

Die nach den handelsrechtlichen GoB gem. § 249 Abs. 1 HGB anzusetzenden Rückstellungen für ungewisse Verbindlichkeiten sind auch in der steuerlichen Gewinnermittlung (Steuerbilanz) zu übernehmen. Vergleiche hierzu R 5.7 EStR.

Eine Rückstellung für ungewisse Verbindlichkeiten ist danach nur zu bilden, wenn

1. es sich um eine Verbindlichkeit gegenüber einem anderen oder eine öffentlich-rechtliche Verpflichtung handelt,
2. die Verpflichtung vor dem Bilanzstichtag wirtschaftlich verursacht ist,
3. mit einer Inanspruchnahme aus einer ihrer Entstehung oder Höhe nach ungewissen Verbindlichkeit ernsthaft zu rechnen ist und
4. die Aufwendungen in künftigen Wirtschaftsjahren nicht zu Anschaffungs- oder Herstellungskosten für ein Wirtschaftsgut führen (§ 5 Abs. 4b EStG).

3.7.2.1.1 Verpflichtung gegenüber einem anderen

Die Bildung einer Rückstellung für ungewisse Verbindlichkeiten setzt – als Abgrenzung zu den Aufwandsrückstellungen – eine Verpflichtung gegenüber einem anderen voraus. Die Verpflichtung muss den Verpflichteten wirtschaftlich wesentlich belasten. Die Frage, ob eine Verpflichtung den Steuerpflichtigen wesentlich belastet, ist nicht nach dem Aufwand für das einzelne Vertragsverhältnis, sondern nach der Bedeutung der Verpflichtung für das Unternehmen zu beurteilen. Aufgrund der Ausgabe von Gutscheinen, die im Folgejahr einen Anspruch auf Preisermäßigung bei Frisör-Dienstleistungen gewähren, sind im Ausgabejahr weder Verbindlichkeiten noch Rückstellungen zu bilden (BFH, Urteil v. 19.9.2012 - IV R 45/09, BStBl 2013 II S. 123).

3.7.2.1.2 Öffentlich-rechtliche Verpflichtung

Auch eine öffentlich-rechtliche Verpflichtung kann Grundlage für eine Rückstellung für ungewisse Verbindlichkeiten sein; zur Abgrenzung von unzulässigen reinen Aufwandsrückstellungen ist jedoch Voraussetzung, dass die Verpflichtung hinreichend konkretisiert ist, d. h. es müssen ein inhaltlich bestimmtes Handeln durch Gesetz oder Verwaltungsakt innerhalb eines bestimmbaren Zeitraums vorgeschrieben und Sanktionen an die Verletzung der Verpflichtung geknüpft sein. Ergibt sich eine öffentlich-rechtliche Verpflichtung nicht unmittelbar aus einem Gesetz, sondern setzt sie den Erlass einer behördlichen Verfügung (Verwaltungsakt) voraus, ist eine Rückstellung für ungewisse Verbindlichkeiten erst zu bilden, wenn die zuständige Behörde einen vollziehbaren Verwaltungsakt erlassen hat, der ein bestimmtes Handeln vorschreibt.

Rückstellungen für öffentlich-rechtliche Verpflichtungen kommen neben den klassischen betrieblichen Steuerrückstellungen i. S. des H 5.7 Abs. 4 EStH in Betracht für

- die Verpflichtung zur Aufstellung der Jahresabschlüsse (BFH, Urteil v. 20.3.1980 - IV R 89/79, BStBl 1980 II S. 297);
- die Verpflichtung zur Buchung laufender Geschäftsvorfälle des Vorjahres (BFH, Urteil v. 25.3.1992 - I R 69/91, BStBl 1992 II S. 1010);
- die gesetzliche Verpflichtung zur Prüfung der Jahresabschlüsse, zur Veröffentlichung des Jahresabschlusses im Bundesanzeiger, zur Erstellung des Geschäfts- und Lageberichts und zur Erstellung der die Betriebssteuern des abgelaufenen Jahres betreffenden Steuererklärungen (BFH, Urteil v. 23.7.1980 - I R 28/77, BStBl 1981 II S. 62);
- die Verpflichtung zur Aufbewahrung von Geschäftsunterlagen gem. § 257 HGB und § 147 AO (BFH, Urteile v. 19.8.2002 - VIII R 30/01, BStBl 2003 II S. 131, und v. 18.1.2011 - X R 14/09, BStBl 2011 II S. 496) und
- die Verpflichtungen zur Wiederaufbereitung (Recycling) und Entsorgung von Bauschutt (BFH, Urteile v. 25.3.2004 - IV R 35/02, BStBl 2006 II S. 644, und v. 21.9.2005 - X R 29/03, BStBl 2006 II S. 647).

In der Steuerbilanz einer als Großbetrieb i. S. des § 3 BpO eingestuften Kapitalgesellschaft sind Rückstellungen für die im Zusammenhang mit einer Außenprüfung bestehenden Mitwirkungspflichten gem. § 200 AO, soweit diese die am jeweiligen Bilanzstichtag bereits abgelaufenen Wirtschaftsjahre (Prüfungsjahre) betreffen, grds. auch vor Erlass einer Prüfungsanordnung zu bilden (BFH, Urteil v. 6.6.2012 - I R 99/10, BStBl 2013 II S. 196; BMF, Schreiben v. 7.3.2013, BStBl 2013 I S. 274).

Sie sind nicht zulässig für

- die Verpflichtung zur Durchführung der Hauptversammlung (BFH, Urteil v. 23.7.1980 - I R 28/77, BStBl 1981 II S. 62);
- künftige Betriebsprüfungskosten, solange es an einer Prüfungsanordnung fehlt (BFH, Urteil v. 24.8.1972 - VIII R 21/69, BStBl 1973 II S. 55). Anders bei Kapitalgesellschaften, die als Großbetriebe eingestuft sind: BFH, Urteil v. 6.6.2012 - I R 99/10, BStBl 2013 II S. 196;
- künftige Beitragszahlungen an den Pensionssicherungsverein (BFH, Urteil v. 6.12.1995 - I R 14/95, BStBl 1996 II S. 406);
- die Verpflichtung zur Erstellung der Einkommensteuererklärung und der Erklärung zur gesonderten und einheitlichen Feststellung des Gewinns einer Personengesellschaft (BFH, Urteil v. 24.11.1983 - IV R 22/81, BStBl 1984 II S. 301);
- die Verpflichtung zur Entsorgung eigenen Abfalls (BFH, Urteil v. 8.11.2000 - I R 6/96, BStBl 2001 II S. 570);

- die Anpassungsverpflichtungen nach der Technischen Anleitung zur Reinhaltung der Luft – TA Luft – (BMF, Schreiben v. 21.1.2003, BStBl 2003 I S. 125);
- die gesetzlichen Verpflichtungen, wenn die Rechtsnorm eine Frist für die Erfüllung enthält und diese am Bilanzstichtag noch nicht abgelaufen ist (BFH, Urteil v. 13.12.2007 - IV R 85/05, BStBl 2008 II S. 516), und
- die gesetzlichen Wartungsverpflichtungen vor Ablauf der zulässigen Betriebszeit (BFH, Urteil v. 9.11.2016 - I R 43/15, BStBl 2017 II S. 379).

3.7.2.1.3 Wirtschaftliche Verursachung

Rückstellungen für ungewisse Verbindlichkeiten sind erstmals im Jahresabschluss des Wirtschaftsjahres zu bilden, in dem sie wirtschaftlich verursacht sind. Dies ist dem Stichtagsprinzip geschuldet (§ 252 Abs. 1 Nr. 4 HGB). Die Annahme einer wirtschaftlichen Verursachung setzt voraus, dass der Tatbestand, an den das Gesetz oder der Vertrag die Verpflichtung knüpft, im Wesentlichen verwirklicht ist. Die Erfüllung der Verpflichtung darf nicht nur an Vergangenes anknüpfen, sondern muss auch Vergangenes abgelten.

Nach Auffassung der Finanzverwaltung ist es erforderlich, dass die künftigen, zur Tilgung der ungewissen Verbindlichkeit zu leistenden Ausgaben wesentlich in der Zeit vor dem Bilanzstichtag wirtschaftlich verursacht sind (so auch BFH, Urteil v. 6.12.1995 - I R 14/95, BStBl 1996 II S. 406). Gemäß BFH, Urteile v. 27.6.2001 - I R 45/97 (BStBl 2003 II S. 121) und v. 24.1.2001 - I R 39/00 (BStBl 2005 II S. 465) sind Rückstellungen für rechtlich entstandene Verbindlichkeiten jedoch unabhängig vom Zeitpunkt ihrer wirtschaftlichen Verursachung sowohl handels- als auch steuerrechtlich zu berücksichtigen.

3.7.2.2 Wahrscheinlichkeit der Inanspruchnahme

Rückstellungen für ungewisse Verbindlichkeiten setzen in tatsächlicher Hinsicht voraus, dass die Verbindlichkeiten, die den Rückstellungen zugrunde liegen, bis zum Bilanzstichtag entstanden sind oder, aus Sicht am Bilanzstichtag, mit einiger Wahrscheinlichkeit entstehen werden und der Steuerpflichtige spätestens bei Bilanzaufstellung ernsthaft damit rechnen muss, hieraus in Anspruch genommen zu werden. Die Wahrscheinlichkeit der Inanspruchnahme ist aufgrund objektiver, am Bilanzstichtag vorliegender und spätestens bei Aufstellung der Bilanz erkennbarer Tatsachen aus der Sicht eines sorgfältigen und gewissenhaften Kaufmanns zu beurteilen; es müssen mehr Gründe für als gegen die Inanspruchnahme sprechen.

3.7.3 Rückstellungen für drohende Verluste aus schwebenden Geschäften

3.7.3.1 Begriff

Ein zweiseitig verpflichtendes Rechtsgeschäft (z. B. Kaufvertrag) ist ab dem Zeitpunkt der Abgabe eines verbindlichen Vertragsangebots, des Abschlusses eines Vorvertrags oder eines Vertragsabschlusses bis zur Erfüllung durch Lieferung oder Leistung ein schwebendes Geschäft.

In der Steuerbilanz dürfen Rückstellungen für drohende Verluste aus schwebenden Geschäften nicht gebildet werden (§ 5 Abs. 4a EStG). In der Handelsbilanz muss dagegen eine Rückstellung ausgewiesen werden.

3.7.3.2 Buchung von „schwebenden Geschäften"

Grundsatz: Schwebende Geschäfte werden buchmäßig nicht erfasst.

BEISPIEL: A (Verkäufer) schließt mit B am 30.12.01 einen Kaufvertrag über eine Maschine ab. Der Kaufpreis beträgt 20.000 € zzgl. Umsatzsteuer. A hat die Maschine für 15.000 € eingekauft. Die Maschine wird im Jahr 02 ausgeliefert.

Lösung:

Bis zur Lieferung darf keine Buchung erfolgen, weil davon auszugehen ist, dass sich gleichwertige Ansprüche gegenüberstehen. A verwirklicht den im Zusammenhang mit dem Geschäft gemachten Gewinn erst zum Zeitpunkt der Lieferung, so dass im Jahr 01 ein nicht zu buchender, nicht realisierter Gewinn vorliegt. Auch der Käufer bucht bis zum Erhalt der Maschine nichts.

Droht jedoch im Zusammenhang mit einem schwebenden Geschäft ein Verlust, ist in entsprechender Höhe in der Handelsbilanz (§ 249 Abs. 1 Satz 1 HGB) eine gewinnmindernde Rückstellung zu bilden. Ein Verlust droht immer dann, wenn der Wert der vom Unternehmer zu erbringenden Verpflichtung über dem Wert seines Anspruchs liegt.

Der bewusste Abschluss eines verlustbringenden Geschäfts schließt die Bildung einer Rückstellung nicht aus. Etwaige Gewinne aus Folgegeschäften sind nicht zu berücksichtigen.

Nimmt die Abwicklung eines Geschäfts einen längeren Zeitraum in Anspruch, kann die Rückstellung ggf. über mehrere Bilanzstichtage auszuweisen sein. Sie ist in diesem Fall an jedem Bilanzstichtag neu zu bewerten und ggf. aufzustocken oder (teilweise) aufzulösen.

Droht an einem Bilanzstichtag kein Verlust mehr (weil das Geschäft bspw. inzwischen abgewickelt ist und kein „schwebendes Geschäft" mehr vorliegt oder weil bei einem Beschaffungsgeschäft die Wiederbeschaffungskosten zwischenzeitlich den vereinbarten Einkaufspreis übersteigen), ist die Rückstellung in voller Höhe gewinnerhöhend aufzulösen.

3.7.4 Aufwandsrückstellungen

3.7.4.1 Begriff

Aufwandsrückstellungen dienen zur Abgrenzung eigener Aufwendungen. Es liegen keine (ungewissen) Verbindlichkeiten gegenüber Dritten und keine öffentlich-rechtlichen Verpflichtungen vor.

3.7.4.2 Einzelfälle

3.7.4.2.1 Rückstellung für unterlassene Instandhaltung

Für am Bilanzstichtag unterlassene Instandhaltungen (Reparaturen) muss unter den in § 249 Abs. 1 Satz 2 Nr. 1 HGB genannten Voraussetzungen (Drei-Monats-Frist) eine Rückstellung gebildet werden. Auf die Gründe, weshalb die Reparaturarbeiten noch nicht durchgeführt worden sind (z. B. Terminprobleme mit den Handwerkern oder finanzieller Engpass), kommt es nicht an.

BEISPIEL: Im Dezember 01 (Wirtschaftsjahr = Kalenderjahr) zeigen sich an der Hof- und Platzbefestigung Risse. Die notwendig werdende Reparatur wird im Januar 02 (bzw. im April 02) durchgeführt.

Lösung:

Sowohl handels- (§ 249 Abs. 1 Satz 2 Nr. 1 HGB) als auch steuerrechtlich (§ 5 Abs. 1 Satz 1 Halbsatz 1 EStG) ist in der zum 31.12.01 zu erstellenden Bilanz eine Rückstellung i. H. der zu erwartenden Reparaturkosten auszuweisen. Wird die Reparatur nicht innerhalb der ersten drei Monate nach Ablauf des Wirtschaftsjahres durchgeführt (Variante), kann weder in der Handels- noch in der Steuerbilanz eine Rückstellung ausgewiesen werden (§ 249 Abs. 2 HGB).

Sind die im Zusammenhang mit der „Reparaturausführung" anfallenden Aufwendungen als Herstellungsaufwendungen einzustufen, ist eine Rückstellung nicht möglich (§ 5 Abs. 4b EStG).

Erhaltungsaufwendungen sind am Bilanzstichtag rückständig, wenn deren Vornahme aus betriebswirtschaftlicher Sicht notwendig gewesen wäre. Bei unterlassener Instandhaltung muss es sich um Erhaltungsarbeiten handeln, die bis zum Bilanzstichtag bereits erforderlich gewesen wären, aber erst nach dem Bilanzstichtag durchgeführt werden. Bei Erhaltungsarbeiten, die erfahrungsgemäß in ungefähr gleichem Umfang und in gleichen Zeitabständen anfallen und turnusgemäß durchgeführt werden, liegt i. d. R. keine unterlassene Instandhaltung vor (BFH, Urteil v. 15.2.1955 - I 54/54 U, BStBl 1955 III S. 172). Für sog. **„Schönheitsreparaturen"** scheidet deshalb eine Rückstellungsbildung aus.

Völlig ohne Bedeutung ist, ob der Reparaturauftrag im alten oder neuen Jahr erteilt worden ist. Eine Rückstellung kommt nur dann in Betracht, wenn die Arbeiten innerhalb von drei Monaten nach Ablauf des Wirtschaftsjahres **abgeschlossen** sind. Stehen lediglich unbedeutende, die Funktionsfähigkeit nicht beeinträchtigende Restarbeiten aus, ist dies unbeachtlich.

3.7.4.2.2 Rückstellung für Abraumbeseitigung

Abraumarbeiten kommen vor allem in Steinbrüchen und bei Gruben, die im Tagebau betrieben werden, vor. Vor dem Ausbrechen des Gesteins müssen zunächst die aufliegende Erdschicht und die sonstigen sich ggf. beim Abbau lösenden Schichten abgeräumt werden. Werden diese Arbeiten vor dem einsetzenden Winter auf das Nötigste beschränkt und kommt es im Frühjahr zur Nachholung der Abraumarbeiten, sind die zur Beseitigung des Abraumrückstands erforderlichen Aufwendungen zurückzustellen. Sowohl in der Handels- (§ 249 Abs. 1 Satz 1 Nr. 1 HGB) als auch in der Steuerbilanz (§ 5 Abs. 1 Satz 1 EStG) besteht eine Passivierungspflicht. Der Ausweis einer Rückstellung ist davon abhängig, dass die rückständigen Abraumarbeiten im folgenden Geschäftsjahr binnen Jahresfrist nachgeholt werden.

In der Steuerbilanz erfolgt die Bewertung mit den Einzelkosten und den angemessenen Teilen der notwendigen Gemeinkosten (§ 6 Abs. 1 Nr. 3a Buchst. b EStG). In der Handelsbilanz ist mit dem Erfüllungsbetrag zu bewerten (§ 253 Abs. 1 Satz 2 HGB).

Besteht eine öffentlich-rechtliche Verpflichtung, ist eine Rückstellung (für ungewisse Verbindlichkeiten) auch dann zu bilden, wenn die Arbeiten erst zu einem späteren Zeitpunkt nachgeholt werden.

3.7.4.2.3 Rückstellung für Gewährleistungen ohne rechtliche Verpflichtung (Kulanz)

Rückstellungen gem. § 249 Abs. 1 Satz 2 Nr. 2 HGB für Gewährleistungen, die ohne rechtliche Verpflichtungen erbracht werden, sind zulässig, wenn sich der Kaufmann den Gewährleistungen aus geschäftlichen Erwägungen nicht entziehen kann. Geschäftliche Erwägungen sind anzunehmen, wenn unter Berücksichtigung des pflichtgemäßen Ermessens des vorsichtigen Kaufmanns am Bilanzstichtag damit zu rechnen ist, dass Kulanzleistungen auch in Zukunft bewilligt werden müssen (BFH, Urteil v. 6.4.1965 - I 23/63 U, BStBl 1965 III S. 383).

Freiwillige Kulanzleistungen zur Kundenpflege, Werbung usw. rechtfertigen keine faktische Verpflichtung und dürfen nicht in der Handels- und Steuerbilanz berücksichtigt werden. Zurückstellbar sind nur Kosten, die der Mängelbeseitigung an vom Unternehmen gelieferten Gegenständen dienen.

In der Steuerbilanz erfolgt die Bewertung mit den Einzelkosten und den angemessenen Teilen der notwendigen Gemeinkosten (§ 6 Abs. 1 Nr. 3a Buchst. b EStG). In der Handelsbilanz ist mit dem Erfüllungsbetrag zu bewerten (§ 253 Abs. 1 Satz 2 HGB). Da die Mängelbeseitigung i. d. R. kurzfristig erfolgt, kommt eine Abzinsung nicht in Betracht.

3.7.5 Steuerrechtliche Besonderheiten

Bei der Rückstellungsbildung wird steuerrechtlich unterschieden zwischen passivierungspflichtigen Rückstellungen, Rückstellungen mit Passivierungswahlrecht und Rückstellungen, deren Passivierung verboten ist. Rückstellungen, für die handelsrechtlich ein Passivierungswahlrecht besteht, sind von der steuerrechtlichen Passivierung ausgeschlossen (BFH, Urteile v. 3.2.1969 - GrS 2/68, BStBl 1969 II S. 291, v. 24.6.1969 - I R 15/68, BStBl 1969 II S. 581, und v. 28.4.1971 - I R 39,40/70, BStBl 1971 II S. 601).

3.7.5.1 Passivierungspflicht in der Steuerbilanz

Für die Passivierungspflicht kommen im Wesentlichen folgende Fälle in Betracht:

- Gewerbesteuer-Rückstellung: Für die Gewerbesteuer ist die Vorschrift des § 4 Abs. 5b EStG („Die Gewerbesteuer und die darauf entfallenden Nebenleistungen sind keine Betriebsausgaben") zu beachten. Die Gewerbesteuer hat steuerrechtlich den Charakter einer „nicht abzugsfähigen Betriebsausgabe". Handelsrechtlich ist die Gewerbesteuer als Aufwand zu behandeln. In der Handelsbilanz ist deshalb eine Gewerbesteuer-Rückstellung i. H. der voraussichtlichen Abschlusszahlung auszuweisen. Dies gilt auch für die Steuerbilanz (R 5.7 Abs. 1 Satz 2 EStR). Ist im Rahmen der Gewinnermittlung die Gewerbesteuer für Wirtschaftsjahre ab 2008 als Aufwand behandelt worden, ist sie **außerbilanziell** hinzuzurechnen. Das Betriebsausgabenabzugsverbot für die Gewerbesteuer ist verfassungsgemäß (BFH, Urteil v. 16.1.2014 - I R 21/12, BStBl 2014 II S. 531);
- Rückstellungen aufgrund von Altersteilzeitvereinbarungen (BMF, Schreiben v. 28.3.2007, BStBl 2007 I S. 297, und v. 11.3.2008, BStBl 2008 I S. 496);
- Pensionsrückstellung für Pensionszusagen die nach dem 31.12.1986 gegeben wurden (Art. 28 Abs. 1 EGHGB und § 6a EStG);
- Garantie-Rückstellung;
- Rückstellung wegen Verletzung fremder Schutzrechte (§ 5 Abs. 3 EStG);
- Prozesskostenrückstellung;
- Rückstellung für Mietanlagen- und Pachtanlagenbeseitigung;
- Rückstellung für Urlaubs- und Weihnachtsgeldansprüche (vgl. BFH, Urteil v. 6.12.1995 - I R 14/95, BStBl 1996 II S. 406);
- Rückstellung für Jahresabschlusskosten (vgl. BFH, Urteil v. 24.11.1983 - IV R 22/81, BStBl 1984 II S. 301);

- Rückstellung für Tantiemezusagen;
- Rückstellung für Wechselobligo;
- Rückstellung für Instandhaltungsverpflichtung des Mieters/Pächters;
- Rückstellung für zugesagte Jubiläumszuwendungen (§ 5 Abs. 4 EStG; BMF, Schreiben v. 8.12.2008, BStBl 2008 I S. 1013, mit Aktualisierung durch BMF, Schreiben v. 27.2.2020, BStBl 2020 I S. 254);
- Rückstellung für nicht hinterzogene Mehrsteuern aufgrund erfolgter Außenprüfungen, und zwar zulasten jener Wirtschaftsjahre, zu denen sie wirtschaftlich gehören (Verwaltungsauffassung, ist jedoch streitig, zuletzt FG Münster, Urteil v. 24.6.2021 - 10 K 2084/18 K,G, YAAAH-89449, m. w. N., Revision XI R 19/21 durch Kläger zurückgenommen);
- Rückstellung für Verpflichtung zur Aufbewahrung von Geschäftsunterlagen gem. § 257 HGB (BFH, Urteil v. 19.8.2002 - VIII R 30/01, BStBl 2003 II S. 131). Für die Berechnung der Rückstellung sind nur diejenigen Unterlagen zu berücksichtigen, die zum betreffenden Bilanzstichtag entstanden sind. Die voraussichtliche Aufbewahrungsdauer bemisst sich grds. i. S. des § 147 Abs. 3 Satz 1 AO. Wer sich auf eine voraussichtliche Verlängerung der Aufbewahrungsfrist beruft, hat die tatsächlichen Voraussetzungen dafür darzulegen (BFH, Urteil v. 18.1.2011 - X R 14/09, BStBl 2011 II S. 496);
- Rückstellung für Verpflichtung zur Beihilfegewährung in Krankheits-, Geburts- und Todesfällen an (künftige) Pensionäre (BFH, Urteil v. 30.1.2002 - I R 71/00, BStBl 2003 II S. 279);
- Rückstellung für Kulanzleistungen (§ 249 Abs. 1 Satz 2 Nr. 2 HGB und R 5.7 Abs. 12 EStR);
- Rückstellung für unterlassene Instandhaltung bei Nachholung innerhalb von drei Monaten ab Bilanzstichtag (§ 249 Abs. 1 Satz 2 Nr. 1 HGB und R 5.7 Abs. 11 EStR);
- Rückstellung für Abraumbeseitigung, die im folgenden Geschäftsjahr nachgeholt wird (§ 249 Abs. 1 Satz 2 Nr. 2 HGB und R 5.7 Abs. 11 EStR);
- Rückstellung für Erfüllungsrückstände bei Dauerschuldverhältnissen (z. B. Mietverhältnissen), wenn sich der Verpflichtete mit seinen Leistungen gegenüber seinem Vertragspartner im Rückstand befindet (BFH, Urteil v. 5.4.2006 - I R 43/05, BStBl 2006 II S. 593);
- Rückstellung für Wiederaufbereitung (Recycling) und Entsorgung von Bauschutt, wenn die Verpflichtung gesetzlich hinreichend konkretisiert ist (BFH, Urteil v. 25.3.2004 - IV R 35/02, BStBl 2006 II S. 644);
- Rückstellung für die gesetzliche Verpflichtung zur Aufbereitung und Entsorgung von aufgekauften Bauabfällen, soweit die Aufwendungen nicht mit künftigen Erlösen aus der Wiederverwertung im Zusammenhang stehen (BFH, Urteil v. 21.9.2005 - X R 29/03, BStBl 2006 II S. 647);
- Rückstellung für vertragliche Schadensersatzverpflichtungen (hier unvollständige Leergutrückgabe), wenn der Verpflichtete von den den Schadensersatz begründenden Umständen Kenntnis hat oder zumindest eine derartige Kenntniserlangung unmittelbar bevorsteht (BFH, Urteil v. 25.4.2006 - VIII R 40/04, BStBl 2006 II S. 749);
- Für die Verpflichtung eines Kfz-Händlers, verkaufte Fahrzeuge auf Verlangen des Käufers zurückzukaufen, ist eine Verbindlichkeit i. H. des dafür vereinnahmten, ggf. zu schätzenden Entgelts auszuweisen (BFH, Urteil v. 17.11.2010 - I R 83/09, BStBl 2011 II S. 812; zur Anwendung siehe BMF, Schreiben v. 12.10.2011, BStBl 2011 I S. 967);

- Verpflichtet sich der Vermieter von Fahrzeugen gegenüber den Mietern, das Fahrzeug zum Ende der Mietzeit zu veräußern und den Veräußerungserlös insoweit, als dieser einen vertraglich vereinbarten, unter dem Buchwert der Fahrzeuge zum Vertragsende liegenden Restwert übersteigt, an den Mieter auszuzahlen, hat er für diese Pflicht ratierlich eine Rückstellung in der Höhe zu bilden, in der der vereinbarte Restwert unter dem Buchwert der Fahrzeuge liegt. Diese Verpflichtungen aus einem Erfüllungsrückstand sind abzuzinsen (BFH, Urteil v. 21.9.2011 - I R 50/10, BStBl 2012 II S. 197);
- Rückstellung für die Nachbetreuung bereits abgeschlossener Lebensversicherungen bei einem Versicherungsvertreter (BFH, Urteil v. 19.7.2011 - X R 26/10, BStBl 2012 II S. 856; BMF, Schreiben v. 20.11.2012, BStBl 2012 I S. 1100). Die Bildung einer Rückstellung für die Verpflichtung zur Nachbetreuung von Versicherungsverträgen setzt u. a. voraus, dass der Steuerpflichtige zur Betreuung der Versicherungen rechtlich verpflichtet ist. Bei einem Versicherungsmakler kommt als möglicher Rechtsgrund hierfür der Maklervertrag in Betracht (vgl. hierzu BFH, Urteile v. 12.12.2013 - X R 25/11, BStBl 2014 II S. 517, v. 16.9.2014 - X R 38/13, BFH/NV 2015 S. 195, GAAAE-81762, oder v. 27.2.2014 - III R 14/11, BStBl 2014 II S. 675). Zu dynamischen Versicherungsverträgen gelten im Wesentlichen die gleichen Grundsätze (vgl. BFH, Beschluss v. 13.6.2014 - X B 248/13, BFH/NV 2015 S. 24, KAAAE-78937).

3.7.5.2 Passivierungswahlrecht in der Steuerbilanz

Es handelt sich hierbei um Pensionsrückstellungen für Pensionszusagen, die vor dem 1.1.1987 gegeben wurden (Art. 28 Abs. 1 EGHGB und § 6a EStG).

3.7.5.3 Passivierungsverbot in der Steuerbilanz

- Rückstellung für künftige Hauptversammlungskosten (BFH, Urteil v. 23.7.1980 - I R 28/77, BStBl 1981 II S. 62);
- Rückstellung für Ausgleichsansprüche gem. § 89b HGB vor Beendigung des Vertragsverhältnisses (BFH, Urteil v. 20.1.1983 - IV R 168/81, BStBl 1983 II S. 375);
- Rückstellung für künftige Ausbildungskosten im Rahmen von Berufsausbildungsverträgen (BFH, Urteil v. 25.1.1984 - I R 7/80, BStBl 1984 II S. 344);
- Rückstellung für Mehrsteuern aufgrund künftiger Außenprüfungen oder künftiger Steuerfahndungsprüfungen (H 4.9 Rückstellung für künftige Steuernachforderungen EStH);
- Rückstellung für künftige Beiträge an den Pensionssicherungsverein (BFH, Urteil v. 13.11.1991 - I R 102/88, BStBl 1992 II S. 336);
- Rückstellung für Umweltschutzmaßnahmen, bevor die Arbeiten tatsächlich erforderlich sind (BFH, Urteil v. 19.10.1993 - VIII R 14/92, BStBl 1993 II S. 891);
- Drohverlustrückstellungen (§ 5 Abs. 4a EStG);
- Rückstellungen für aktivierungspflichtige Wirtschaftsgüter (§ 5 Abs. 4b EStG);
- Rückstellungen für Verpflichtungen, die nur zu erfüllen sind, soweit künftige Einnahmen oder Gewinne anfallen, dürfen erst gebildet werden, wenn die Einnahmen oder Gewinne angefallen sind (§ 5 Abs. 2a EStG);

- Rückstellungen für nicht abziehbare Betriebsausgaben (z. B. Geldbußen): BFH, Urteile v. 9.6.1999 - I R 64/97, BStBl 1999 II S. 656, und v. 15.3.2000 - VIII R 34/96, BFH/NV 2001 S. 297, AAAAA-66214;
- Hat ein Getränkehändler einerseits an seinen Lieferanten Pfandgelder für die an ihn gelieferten Kästen und Flaschen gezahlt und andererseits von seinen Kunden Pfandgelder in gleicher Höhe vereinnahmt, so gleichen sich diese Vorgänge i. d. R. bilanziell aus. Der Händler ist nur bei Vorliegen besonderer Umstände berechtigt, in seiner Bilanz insoweit ein Verlustgeschäft auszuweisen (BFH, Urteile v. 6.10.2009 - I R 36/07, BStBl 2010 II S. 232, und v. 9.1.2013 - I R 33/11, BStBl 2019 II S. 150; BMF, Schreiben v. 19.2.2019, BStBl 2019 I S. 210). Siehe hierzu auch die Vereinfachungsregelung des BMF-Schreibens v. 8.12.2020, BStBl 2020 I S. 1367;
- Für die Verpflichtung zur Prüfung des Jahresabschlusses einer Personenhandelsgesellschaft darf eine Rückstellung nicht gebildet werden, wenn diese Verpflichtung ausschließlich durch den Gesellschaftsvertrag begründet worden ist (BFH, Urteil v. 5.6.2014 - IV R 26/11, BStBl 2014 II S. 886).

3.7.6 Latente Steuern

§ 274 HGB bestimmt: Bestehen zwischen den handelsrechtlichen Wertansätzen von Vermögensgegenständen, Schulden und Rechnungsabgrenzungsposten und ihren steuerlichen Wertansätzen Differenzen, die sich in späteren Geschäftsjahren voraussichtlich abbauen, ist eine sich daraus insgesamt ergebende künftige Steuerbelastung als passive latente Steuer (§ 266 Abs. 3 E HGB) in der Bilanz anzusetzen. Eine sich daraus insgesamt ergebende Steuerentlastung **kann** als aktive latente Steuer (§ 266 Abs. 2 D HGB) in der Bilanz angesetzt werden. Die sich ergebende Steuerbe- und die sich ergebende Steuerentlastung können auch unverrechnet angesetzt werden. Steuerliche Verlustvorträge sind bei der Berechnung aktiver latenter Steuern i. H. der innerhalb der nächsten fünf Jahre zu erwartenden Verlustverrechnung zu berücksichtigen.

HINWEIS

Zusammenfassender Orientierungshinweis:

- Mehrvermögen in Handelsbilanz gegenüber Steuerbilanz → Passive latente Steuer
- Wenigervermögen in Handelsbilanz gegenüber Steuerbilanz → Aktive latente Steuer
- Vorhandenes Verlustverrechnungs- und Zinsvortragspotenzial → Aktive latente Steuer
- Dabei gelten die steuerfreien Rücklagen (§ 6b EStG usw.) in der Steuerbilanz technisch als Schulden, d. h. als Mehrvermögen in der Handelsbilanz.

Die Beträge der sich ergebenden Steuerbe- und -entlastung sind mit den unternehmensindividuellen Steuersätzen zum Zeitpunkt des Abbaus der Differenzen zu bewerten und nicht abzuzinsen. In der Praxis wird die Steuerbelastung bei Kapitalgesellschaften bei rund 30 % liegen (Körperschaftsteuer, Solidaritätszuschlag und Gewerbesteuer). Die ausgewiesenen Posten sind aufzulösen, sobald die Steuerbe- oder -entlastung eintritt oder mit ihr nicht mehr zu rechnen ist. Der Aufwand oder Ertrag aus der Veränderung bilanzierter latenter Steuern ist in der Gewinn- und Verlustrechnung unter dem Posten „Steuern vom Einkommen und Ertrag" gesondert auszuweisen.

BEISPIEL: Im Jahr 10 führte der Verkauf eines Gebäudes bei einer mittelgroßen GmbH zu einem Gewinn i. H. von 1 Mio. €. Der Gewinn wurde gem. § 6b EStG Ende des Jahres 10 steuerlich in eine § 6b EStG-Rücklage eingestellt und Anfang des Jahres 11 von den Herstellungskosten eines neuen Gebäudes i. H. von 6 Mio. € abgezogen. Die AfA beträgt sowohl in der Handels- wie auch in der Steuerbilanz 3 % der maßgeblichen Herstellungskosten. Die Auswirkungen in der Handels- und Steuerbilanz sowie auf latente Steuern sind anzugeben.

Lösung:

Hier besteht in der Handelsbilanz ein Mehrvermögen gegenüber der Steuerbilanz (die § 6b EStG-Rücklage gilt technisch als Schuld), so dass sich passive latente Steuern ergeben. Hilfsweise kann man davon ausgehen, dass der Handelsbilanzgewinn im Jahr 10 höher ist als der Steuerbilanzgewinn und dass zunächst ein zu niedriger Gewinn versteuert wird. In dem Umfang wie sich der Steuerbilanzgewinn gegenüber dem Handelsbilanzgewinn in den Folgejahren erhöht, ergibt sich eine steuerliche Belastung und es erfolgt ein Abbau der passivierten latenten Steuer.

Übersicht – Konto „Rücklagen gem. § 6b EStG"

	Handelsbilanz	Steuerbilanz	Unterschied Handels-/Steuerbilanz	Passive latente Steuer*)
Zugang der § 6b EStG-Rücklage im Jahr 10		1.000.000 €		
§ 6b EStG-Rücklage zum 31.12.10		1.000.000 €	1.000.000 €	+ 300.000 €
Zugang des Gebäudes im Jahr 11	6.000.000 €	5.000.000 €		
AfA	- 180.000 €	- 150.000 €	- 30.000 €	- 9.000 €
Stand zum 31.12.11	5.820.000 €	4.850.000 €	970.000 €	+ 291.000 €
*) (30 % unterstellt)				

Buchungen bzgl. latenter Steuern:

Im Jahr 10:

Steuern vom Einkommen und Ertrag	300.000 €	an	Passive latente Steuern	300.000 €

Im Jahr 11:

Passive latente Steuern	9.000 €	an	Steuern vom Einkommen und Ertrag	9.000 €

Latente Steuern sind nur in der Handelsbilanz und nur von mittelgroßen und großen Kapitalgesellschaften sowie von Gesellschaften i. S. des § 264a HGB zu bilden (§ 274 Abs. 1 HGB). Kleine Kapitalgesellschaften können von der Steuerabgrenzung ganz absehen (§ 274a Nr. 4 HGB). Im Jahresabschluss von reinen Personenunternehmen sind latente Steuern nicht mehr auszuweisen.

Von bilanzierten aktiven und passiven latenten Steuern gehen **keine steuerrechtlichen Wirkungen** aus. Eine Übernahme in die Steuerbilanz findet nicht statt (kein Wirtschaftsgut und keine wirtschaftliche Verursachung im abgelaufenen Wirtschaftsjahr; Schmidt/Weber-Grellet, EStG, 44. Aufl. 2025, § 5 Rz. 270, „Latente Steuern").

3.7.7 Einzelfälle

3.7.7.1 Mehrsteuern aufgrund von Außenprüfungen

Mehrsteuern, die sich nach Außenprüfungen ergeben und Betriebsausgaben darstellen, werden nach derzeitiger Praxis für die Wirtschaftsjahre gewinnmindernd berücksichtigt, zu denen sie wirtschaftlich gehören. Ob diese Handhabung künftig Bestand haben wird, ist fraglich (zuletzt FG Münster, Urteil v. 24.6.2021 - 10 K 2084/18 K,G, YAAAH-89449, m. w. N., Revision XI R 19/21 durch Kläger zurückgenommen). Etwas anderes gilt für Mehrsteuern aufgrund von Steuerfahndungsprüfungen (H 4.9 Rückstellung für künftige Steuernachforderungen EStH). Für hinterzogene Mehrsteuern kann eine Rückstellung erst zu dem Bilanzstichtag gebildet werden, zu dem der Steuerpflichtige mit der Aufdeckung der Steuerhinterziehung rechnen musste (BFH, Urteil v. 22.8.2012 - X R 23/10, BStBl 2013 II S. 76).

3.7.7.2 Garantie-Rückstellung

Grundlage für die Bemessung der Rückstellung sind der am Bilanzstichtag garantiebehaftete Sollumsatz und ein Erfahrungsprozentsatz, der sich aus früheren Inanspruchnahmen ergibt (§ 6 Abs. 1 Nr. 3a Buchst. a EStG). Auszuscheiden sind dabei Umsätze, für die Rückgriffsrechte bestehen (H 6.11 Rückgriffsansprüche EStH). Soweit Garantieleistungen bereits erbracht wurden, mindern sie den Rückstellungsbetrag. Auf Pauschalrückstellungen findet das Abzinsungsgebot gem. § 6 Abs. 1 Nr. 3a Buchst. e EStG aus Vereinfachungsgründen keine Anwendung (BMF, Schreiben v. 26.5.2005, BStBl 2005 I S. 699, Rz. 27). Handelsrechtlich ist die Rückstellung mit den Vollkosten zu bewerten (§ 253 Abs. 1 Satz 2 HGB), steuerlich mit den Einzelkosten und den angemessenen Teilen der notwendigen Gemeinkosten (§ 6 Abs. 1 Nr. 3a Buchst. b EStG).

3.7.7.3 Rückstellung wegen Verletzung fremder Patent-, Urheber- und ähnlicher Schutzrechte

Es besteht ein Passivierungsgebot, wenn

a) der Rechtsinhaber Ansprüche wegen der Rechtsverletzung geltend gemacht hat oder

b) ernsthaft mit einer Inanspruchnahme wegen der Rechtsverletzung zu rechnen ist. Dabei ist nicht Voraussetzung, dass der Patentinhaber von der Rechtsverletzung Kenntnis erlangt hat (BFH, Urteil v. 9.2.2006 - IV R 33/05, BStBl 2006 II S. 517). In diesen Fällen besteht u. U. eine Auflösungspflicht nach drei Jahren (vgl. § 5 Abs. 3 Satz 1 Nr. 2 EStG und R 5.7 Abs. 10 EStR). Wird ein und dasselbe Schutzrecht in mehreren Jahren verletzt, bestimmt sich der Ablauf der dreijährigen Auflösungsfrist nach der erstmaligen Rechtsverletzung (BFH, Urteil v. 9.2.2006 - IV R 33/05, a. a. O.).

Für betriebliche Schadensersatzverpflichtungen aus strafbaren Handlungen sind Rückstellungen zu bilden, wenn mit einiger Wahrscheinlichkeit damit zu rechnen ist, dass der Steuerpflichtige in Anspruch genommen wird. Diese Wahrscheinlichkeit ist gegeben, wenn bis zum Tag der Bilanzaufstellung die den Anspruch begründenden Tatsachen durch Aufdeckung der Tat bekannt geworden sind (BFH, Urteil v. 2.10.1992 - III R 54/91, BStBl 1993 II S. 153).

3.7.7.4 Rückstellung für Prozesskosten

Sie sind ab der Rechtshängigkeit eines Prozesses zu bilden. Dabei spielt es keine Rolle, ob es sich um Aktiv- oder Passivprozesse handelt. Nicht zu berücksichtigen sind die Kosten zukünftiger Instanzen, auch wenn deren Anrufung bei Unterliegen geplant ist (BFH, Urteil v. 6.12.1995 - I R 14/95, BStBl 1996 II S. 406, und BFH, Beschluss v. 11.11.2015 - I B 3/15, BFH/NV 2016 S. 387, DAAAF-41496).

3.7.7.5 Rückstellung für Miet- und Pachtanlagenbeseitigung

Der Aufwand für die spätere Beseitigung muss durch entsprechende Rückstellungszuführungen auf die Miet- bzw. Pachtdauer verteilt werden. Dabei sind Preissteigerungen vom Jahr der Steigerung an zu berücksichtigen. Für vergangene Jahre ist der anteilige Betrag im Jahr der Preissteigerung nachzuholen (H 6.11 Preisänderungen EStH). Die Zuführungen müssen linear vorgenommen werden; zusätzlich ist in der Steuerbilanz mit 5,5 % jährlich abzuzinsen (R 6.11 Abs. 2 EStR und § 6 Abs. 1 Nr. 3a Buchst. e EStG). Die Abzinsung kann nach den im BMF-Schreiben v. 26.5.2005 (BStBl 2005 I S. 699, Rz. 2, 8, 24 und 28 i. V. mit Tabelle 2) dargelegten Grundsätzen vorgenommen werden.

3.7.7.6 Rückstellung für unterlassene Instandhaltung

Es besteht Passivierungspflicht, wenn die Instandhaltung innerhalb von drei Monaten nach dem Bilanzstichtag nachgeholt wird (§ 249 Abs. 1 Satz 2 Nr. 1 HGB und R 5.7 Abs. 11 EStR). Die Rückstellungsbildung ist nur zulässig für aufgestauten Reparaturaufwand, nicht für laufenden Erhaltungsaufwand.

Ist ein Mieter/Pächter zur Instandhaltung der gemieteten Sache verpflichtet und dieser Verpflichtung am Bilanzstichtag (noch) nicht nachgekommen, so ist der voraussichtliche Reparaturaufwand durch eine Rückstellung zu berücksichtigen. Hierbei handelt es sich nicht um einen Fall des § 249 Abs. 1 Satz 2 Nr. 1 HGB, sondern um eine Rückstellung für ungewisse Verbindlichkeiten (§ 249 Abs. 1 Satz 1 HGB).

3.7.7.7 Rückstellung für drohende Verluste aus schwebenden Geschäften

Gemäß § 5 Abs. 4a EStG dürfen Rückstellungen für drohende Verluste aus schwebenden Geschäften nicht gebildet werden (anders in der Handelsbilanz: § 249 Abs. 1 Satz 1 HGB).

3.7.7.8 Rückstellung für Jahresabschlusskosten

Passivierungspflicht besteht für Jahresabschlusskosten, ferner soweit Betriebssteuererklärungen betroffen sind: Umsatzsteuer, Gewerbesteuer (§ 4 Abs. 5b EStG bezieht sich nur auf die Gewerbesteuer und die darauf entfallenden Nebenleistungen wie Säumniszuschläge), Körperschaftsteuer, **nicht** Einkommensteuer, Gewinnfeststellungen und Vermögensaufstellungen (vgl. H 5.7 Abs. 3 Rückstellungen für öffentlich-rechtliche Verpflichtungen ... EStH).

Die Verpflichtung zur Buchung laufender Geschäftsvorfälle des Vorjahres berechtigt und verpflichtet ebenfalls zur Bildung einer Rückstellung (BFH, Urteil v. 25.3.1992 - I R 69/91, BStBl 1992 II S. 1010).

3.7.7.9 Rückstellung für Wechselobligo

Es besteht Passivierungspflicht. Die Höhe der Rückstellung kann durch Einzelbewertung oder pauschal ermittelt werden. Die pauschale Bewertung beruht dabei auf § 240 Abs. 4 HGB. Wertaufhellende Erkenntnisse sind bis zur Bilanzerstellung auszuwerten; dabei darf der Rückstellungsbetrag die Gesamtsumme der am Bilanzerstellungstag nicht eingelösten Wechsel nicht übersteigen.

3.7.7.10 Rückstellung für Handelsvertreteransprüche

Für den Ausgleichsanspruch des Handelsvertreters gem. § 89b HGB darf vor Beendigung des Vertragsverhältnisses keine Rückstellung gebildet werden (H 5.7 Abs. 4 Ausgleichsanspruch Handelsvertreter EStH).

3.7.7.11 Rückstellung für rückständige Urlaubsverpflichtungen

Rückständige Urlaubsverpflichtungen sind als sog. „Erfüllungsrückstand" (R 5.7 Abs. 8 EStR) zurückzustellen. Die Höhe der Rückstellung bestimmt sich nach dem Urlaubsentgelt, das der Arbeitgeber hätte aufwenden müssen, wenn er seine Zahlungsverpflichtung am Bilanzstichtag bereits erfüllt hätte (BFH, Urteil v. 6.12.1995 - I R 14/95, BStBl 1996 II S. 406). Ausgleichsansprüche gegen Urlaubskassen sind bei der Bewertung zu berücksichtigen (BFH, Urteil v. 8.2.1995 - I R 72/94, BStBl 1995 II S. 412). Siehe auch H 6.11 Urlaubsverpflichtung EStH.

3.7.7.12 Jubiläumsrückstellung

Wegen der Grundsätze bei der Bewertung von Rückstellungen für Dienstjubiläen vgl. § 5 Abs. 4 EStG i. V. mit BMF, Schreiben v. 8.12.2008, BStBl 2008 I S. 1013. Danach kann für die Bewertung von Rückstellungen für Zuwendungen anlässlich eines Dienstjubiläums neben dem Teilwertverfahren auch ein sog. „Pauschalwertverfahren" zur Ermittlung des Teilwerts angewendet werden. Beim Pauschalwertverfahren sind zwingend die Werte zugrunde zu legen, die sich aus den Heubeck-Richttafeln 2018 G ergeben (BMF, Schreiben v. 27.2.2020, BStBl 2020 I S. 254, nebst Heubeck-Richttafeln 2018 G).

3.7.7.13 Rückstellung für die Abgabeverpflichtung von Emissionsberechtigungen

Siehe hierzu ausführlich BMF, Schreiben v. 6.12.2005, BStBl 2005 I S. 1047.

3.7.7.14 Rückstellung für Schadstoffbeseitigung

Hat die zuständige Behörde von einer Schadstoffbelastung und einer dadurch bedingten Sicherungs- und Sanierungsbedürftigkeit eines Grundstücks Kenntnis erlangt, muss der Zustands- oder Handlungsstörer im Regelfall ernsthaft mit seiner Inanspruchnahme aus der ihn treffenden Sanierungsverpflichtung rechnen (BFH, Urteil v. 19.11.2003 - I R 77/01, BStBl 2010 II S. 482). Wenn sich die öffentlich-rechtliche Verpflichtung nicht unmittelbar aus dem Gesetz ergibt, sondern den Erlass einer behördlichen Verfügung (Verwaltungsakt) voraussetzt, ist nach Auffassung der Finanzverwaltung eine Rückstellung für ungewisse Verbindlichkeiten erst zu bilden, wenn die zuständige Behörde einen vollziehbaren Verwaltungsakt erlassen hat, der ein bestimmtes Handeln innerhalb eines bestimmbaren Zeitraums vorschreibt (R 5.7 Abs. 4 Satz 2 EStR und BMF, Schreiben v. 11.5.2010, BStBl 2010 I S. 495).

3.7.7.15 Bürgschaftsverpflichtung

In Betracht kommt eine Rückstellung für ungewisse Verbindlichkeiten (§ 249 Abs. 1 Satz 1 HGB). Diese darf aber erst gebildet werden, wenn mit einer Inanspruchnahme ernsthaft zu rechnen ist (R 5.7 Abs. 2 Nr. 3 EStR). Das ist bei Bürgschaftsverpflichtungen nicht der Fall, solange der Schuldner seinen Zahlungsverpflichtungen nachkommt.

Im handelsrechtlichen Jahresabschluss ist gem. § 251 HGB auf die Bürgschaftsverpflichtung hinzuweisen („unter" der Bilanz).

Ist am Bilanzstichtag mit einer Inanspruchnahme zu rechnen (weil bspw. der Schuldner seine Zahlungen eingestellt und der Gläubiger sich an den Bürgen gewandt hat), ist die Rückstellung zwingend. Werthaltige Rückgriffsansprüche gegenüber dem Schuldner sind zu berücksichtigen; sie sind als eigenständige Forderungen zu aktivieren (H 6.11 Rückgriffsansprüche EStH).

3.7.7.16 Pensionsrückstellungen

3.7.7.16.1 Altersversorgung durch Direktzusagen (= interne Versorgung)

Hierbei verpflichtet sich der Arbeitgeber, dem Arbeitnehmer oder dessen Angehörigen ab Eintritt des Versorgungsfalls Leistungen in bestimmter Höhe zu zahlen. Für diese Verpflichtung erfolgt die **Bildung von Pensionsrückstellungen (ggf. mit Rückdeckungsversicherung durch den Arbeitgeber).** Die Ansprüche des Arbeitnehmers sind außerdem durch den Pensionssicherungsverein a. G. geschützt, denn Betriebe, die unverfallbare Pensionszusagen gewähren, müssen Beiträge an den Pensionssicherungsverein a. G. leisten (§§ 7–15 BetrAVG). Der Verein wurde zur Insolvenzsicherung der unverfallbaren Ansprüche ins Leben gerufen. Im Falle einer Insolvenz der pensionsverpflichteten Firma übernimmt der Verein die Pensionszahlungen. Die jährliche Beitragsumlage an den Pensionssicherungsverein a. G. gehört zu den Betriebsausgaben des Jahres, für das sie geleistet werden. Da die Umlagen erst nach Ablauf des Geschäftsjahres erhoben werden, muss in der Handels- (§ 249 Abs. 1 Satz 1 HGB) und Steuerbilanz (§ 5 Abs. 1 Satz 1 Halbsatz 1 EStG) für den Beitrag des abgelaufenen Jahres eine Rückstellung für ungewisse Verbindlichkeiten ausgewiesen werden. Bei der Bemessung kann man sich an den Beitragszahlungen des Vorjahres orientieren. Eine Rückstellung für die in künftigen Jahren zu zahlenden Beiträge ist nicht zulässig (BFH, Urteil v. 13.11.1991 - I R 102/88, BStBl 1992 II S. 336).

Steuerrechtliche Voraussetzungen für die Bildung von Pensionsrückstellungen (vgl. § 6a EStG und R 6a EStR):

a) Rechtsverbindlicher Anspruch;

b) kein schädlicher Vorbehalt über Widerruf, Entzug oder Abfindung zum Teilwert (BFH, Urteil v. 10.11.1998 - I R 49/97, BStBl 2005 II S. 261; hierzu siehe auch BMF, Schreiben v. 6.4.2005, BStBl 2005 I S. 619, und v. 1.9.2005, BStBl 2005 I S. 860, jeweils mit Übergangsregelung);

c) Schriftlichkeit der Zusage (in Einzelvertrag, Tarifvertrag oder Betriebsvereinbarung). Zur Annahme der Zusage genügt eine mündliche Erklärung des Pensionsberechtigten (BFH, Urteil v. 27.4.2005 - I R 75/04, BStBl 2005 II S. 702).

Werden die künftigen Pensionsleistungen aus einer Versorgungszusage voraussichtlich von einem externen Versorgungsträger erbracht, scheidet die Bildung einer Rückstellung gem. § 6a EStG aus (BFH, Urteil v. 5.4.2006 - I R 46/04, BStBl 2006 II S. 688).

Die Bewertung erfolgt mit dem **Teilwert** und einem **Rechnungszinsfuß i. H. von 6 %** (§ 6a Abs. 3 Satz 3 EStG).

Die Berechnung der Rückstellung erfolgt nach versicherungsmathematischen Grundsätzen (hierzu ausführlich BMF, Schreiben v. 16.12.2005, BStBl 2005 I S. 1054). Jede Pensionsverpflichtung ist einzeln zu bewerten. Begünstigt können nicht nur Arbeitnehmer sein, sondern auch andere Personen (z. B. Handelsvertreter, vgl. § 6a Abs. 5 EStG). Ansprüche aus Rückdeckungsversicherungen sind i. H. der verzinslichen Ansammlung der vom Versicherungsnehmer geleisteten Sparanteile der Versicherungsprämien (zzgl. etwa vorhandener Guthaben aus Überschussbeteiligungen) zu aktivieren (R 6a Abs. 23 EStR). Siehe hierzu auch BFH, Urteile v. 6.12.1995 - I R 14/95 (BStBl 1996 II S. 406), v. 17.5.1995 - I R 16/94 (BStBl 1996 II S. 420) und v. 17.5.1995 - I R 105/94 (BStBl 1996 II S. 423). Eine Saldierung von Rückdeckungsanspruch und Pensionsverpflichtung ist wegen des Grundsatzes der Einzelbewertung nicht gestattet (BFH, Urteil v. 25.2.2004 - I R 54/02, BStBl 2004 II S. 654). Für beherrschende Gesellschafter-Geschäftsführer von Kapitalgesellschaften gelten – gestaffelt nach Geburtsjahrgängen – folgende Mindest-Pensionsalter (R 6a Abs. 8 EStR), sofern keine anerkannte Schwerbehinderung vorliegt:

- Geburtsjahrgänge bis 1952: Pensionierungsalter 65 Jahre;
- Geburtsjahrgänge ab 1953–1961: Pensionierungsalter 66 Jahre und
- Geburtsjahrgänge ab 1962: Pensionierungsalter 67 Jahre.

Für die **Rückstellungszuführung** gilt Folgendes:

Gemäß § 6a Abs. 4 EStG darf die Rückstellung in einem Wirtschaftsjahr höchstens um den Differenzbetrag zwischen dem Teilwert am Schluss des Wirtschaftsjahres und dem Teilwert am Schluss des vorangegangenen Wirtschaftsjahres erhöht werden (Nachholverbot). Bei Erhöhung um mehr als 25 % ist die Verteilung auf drei Jahre zulässig. Das Nachholverbot gilt nicht für den Schluss des Erstjahres, in dem mit der Rückstellungsbildung frühestens begonnen werden darf. Es gilt ferner nicht für den Schluss des Wirtschaftsjahres, in dem das Dienstverhältnis unter Aufrechterhaltung der Anwartschaft endet oder der Versorgungsfall eingetreten ist. In diesen beiden Fällen ist eine Rückstellung bis zur Höhe des Teilwerts möglich, wobei wahlweise eine Verteilung auf dieses Jahr und die beiden folgenden Jahre zulässig ist. Wurde in der Vergangenheit auf die Passivierung von Pensionsrückstellungen rechtsirrtümlich verzichtet, so können diese unterbliebenen Rückstellungsansätze nicht im ersten offenen Jahr nachgeholt werden; dem steht das Nachholverbot des § 6a Abs. 4 Satz 1 EStG entgegen (BFH, Urteil v. 13.2.2008 - I R 44/07, BStBl 2008 II S. 673). Dasselbe gilt für Berechnungsfehler (BFH, Beschluss v. 14.1.2009 - I R 5/08, BStBl 2009 II S. 457).

Bei der **Rückstellungsauflösung** ist nach der versicherungsmathematischen Auflösungsmethode vorzugehen (R 6a Abs. 22 EStR).

HINWEIS

Hinweis zur handelsrechtlichen Behandlung von Altersvorsorgeverpflichtungen

§ 246 Abs. 2 Satz 2 HGB schreibt vor, dass Vermögensgegenstände, die dem Gläubigerzugriff entzogen sind (vgl. hierzu § 7e Abs. 2 SGB IV) und ausschließlich der Erfüllung von Altersversorgungsverpflichtungen oder vergleichbaren langfristig fälligen Verpflichtungen dienen (sog. „insolvenzgesichertes Vermögen"), mit diesen Schulden zu verrechnen sind. Entsprechend ist mit den zugehörigen Aufwendungen und Erträgen aus der Abzinsung und aus dem zu verrechnenden Vermögen zu verfahren. Übersteigt der beizulegende Zeitwert der Vermögensgegenstände (§ 253 Abs. 1 Satz 4 HGB) den Betrag der Schulden, ist der übersteigende Betrag unter einem gesonderten Posten zu aktivieren (§ 266 Abs. 2 E HGB: Aktiver Unterschiedsbetrag aus der Vermögensverrechnung). Übersteigt der gem. § 253 Abs. 1 Satz 4 HGB zu bilanzierende beizulegende Zeitwert der insolvenzgesicherten Vermögensgegenstände außerdem deren Anschaffungskosten, ist der (nicht realisierte) Gewinn unter Verstoß gegen das Realisationsprinzip auszuweisen; der Gewinn unterliegt bei Kapitalgesellschaften abzgl. latenter Steuern einer Ausschüttungssperre (§ 268 Abs. 8 Satz 3 HGB).

Bei den in Betracht kommenden Vermögensgegenständen muss es sich um solche handeln, die jederzeit zur Verwertung von Schulden dienen können. Dies ist bei Vermögensgegenständen des Anlagevermögens, die zum Betrieb des Unternehmens notwendig sind, grds. nicht der Fall. Soweit ein aktivierungspflichtiger Anspruch gegen Rückversicherer dem Zugriff sämtlicher Gläubiger entzogen ist und dieser ausschließlich zur Erfüllung von Altersversorgungsverpflichtungen dient, ist auch dieser Anspruch m. E. mit den korrespondierenden Schulden zu verrechnen. Zu den zu verrechnenden Schulden gehören im Wesentlichen Pensionsverpflichtungen, Altersteilzeitverpflichtungen, Verpflichtungen aus Lebensarbeitszeitmodellen und andere vergleichbare langfristig fällige Verpflichtungen, die gegenüber Arbeitnehmern bestehen. **Das Verrechnungsgebot gilt nach ausdrücklicher Regelung nicht für die steuerliche Bilanzierung (§ 5 Abs. 1a Satz 1 EStG).**

Soweit sich die Höhe von Altersversorgungsverpflichtungen ausschließlich nach dem beizulegenden Zeitwert von Wertpapieren des Anlagevermögens bestimmt, sind Rückstellungen hierfür zum beizulegenden Zeitwert dieser Wertpapiere anzusetzen, sofern der beizulegende Zeitwert einen garantierten Mindestbetrag übersteigt (§ 253 Abs. 1 Satz 3 HGB). Die Regelung ist vor dem Hintergrund zu sehen, dass heute Altersversorgungsverträge abgeschlossen werden, bei denen sich der Umfang der Altersversorgungsverpflichtung nach dem beizulegenden Zeitwert bestimmter Wertpapiere – Aktien, Fondsanteile, Schuldverschreibungen – richtet (sog. „wertpapiergebundene Pensionszusagen"). In diesen Fällen sind Rückstellungen, soweit sie eine Mindestverpflichtung übersteigen, mit dem beizulegenden Zeitwert der Wertpapiere zu bewerten. Auf diese Weise ist es für derartige Rückstellungen nicht erforderlich, ein Pensionsgutachten erstellen zu lassen.

3.7.7.16.2 Altersversorgung durch externe Versorgungsträger (Pensionsfonds, Pensionskassen, Unterstützungskassen, Direktversicherungen)

In den vorgenannten Fällen werden keine Pensionsrückstellungen gebildet. Vielmehr richtet sich die steuerrechtliche Behandlung nach den folgenden Vorschriften:

§ 4b EStG: Zahlungen an Direktversicherungen sind Betriebsausgaben (gleichzeitig Arbeitslohn beim Arbeitnehmer). Der Versicherungsanspruch gehört grds. nicht zum Betriebsvermögen des Arbeitgebers (R 4b Abs. 3 EStR).

§ 4c EStG: Zuwendungen an Pensionskassen sind unter den gesetzlichen Voraussetzungen Betriebsausgaben. In diesen Fällen hat der Arbeitnehmer einen unmittelbaren Rechtsanspruch gegenüber der Pensionskasse. Einzelheiten siehe R 4c EStR.

§ 4d EStG: Zuwendungen an Unterstützungskassen sind ebenfalls Betriebsausgaben unter den gesetzlichen Voraussetzungen. Rechtsansprüche des Arbeitnehmers gegenüber der Unterstützungskasse bestehen nicht. Einzelheiten siehe R 4d EStR und H 4d EStH sowie BMF, Schreiben v. 16.12.2005, BStBl 2005 I S. 1056. Die von der Rechtsprechung entwickelten sog. „Überversorgungsgrundsätze" sind auch auf Zuwendungen an eine Unterstützungskasse anzuwenden (BFH, Urteil v. 19.6.2007 - VIII R 100/04, BStBl 2007 II S. 930).

§ 4e EStG: Beiträge an Pensionsfonds dürfen unter den gesetzlichen Voraussetzungen als Betriebsausgaben abgezogen werden. Siehe hierzu H 4e Pensionsfonds EStH.

Die Zusage einer Hinterbliebenenversorgung in den Fällen der §§ 4c, 4d, 4e und 6a EStG gilt auch bei eheähnlichen Lebensgemeinschaften, wenn bestimmte Kriterien, wie z. B. eine gemeinsame Haushaltsführung, vorliegen. Für eingetragene, gleichgeschlechtliche Lebenspartnerschaften gilt dies ohnehin, da bei diesen eine gesetzliche Unterhaltspflicht gem. § 5 LPartG besteht und insoweit eine mit der zivilrechtlichen Ehe vergleichbare Partnerschaft vorliegt (BMF, Schreiben v. 12.8.2021, BStBl 2021 I S. 1050, Rz. 9). Seit dem 1.10.2017 besteht in Deutschland das Recht auf Eingehung einer gleichgeschlechtlichen Ehe, also die „Ehe für alle".

3.7.7.16.3 Die betriebliche Altersversorgung aus Sicht des Arbeitnehmers

Höhe und Verfahren der Entgeltumwandlung nach dem BetrAVG bestimmen sich zunächst i. S. des § 1a BetrAVG. Hiernach kann der Arbeitnehmer vom Arbeitgeber verlangen, dass von seinen künftigen Entgeltansprüchen bis zu 4 % der jeweiligen Beitragsbemessungsgrenze in der allgemeinen Rentenversicherung durch **Entgeltumwandlung** für seine betriebliche Altersversorgung verwendet werden. Um durch Entgeltumwandlung finanzierte betriebliche Altersversorgung handelt es sich, wenn Arbeitgeber und Arbeitnehmer vereinbaren, künftige Arbeitslohnansprüche zugunsten einer betrieblichen Altersversorgung herabzusetzen (BMF, Schreiben v. 31.3.2010, BStBl 2010 I S. 270, Rz. 254 und 266).

Ist der Arbeitgeber zu einer Durchführung über einen Pensionsfonds oder eine Pensionskasse (§ 1b Abs. 3 BetrAVG) bereit, ist die betriebliche Altersversorgung dort durchzuführen; andernfalls kann der Arbeitnehmer gem. § 1a BetrAVG verlangen, dass der Arbeitgeber für ihn eine Direktversicherung (§ 1b Abs. 2 BetrAVG) abschließt. Soweit der Anspruch geltend gemacht wird, muss der Arbeitnehmer jährlich einen Betrag i. H. von mindestens einem Hundertsechzigstel der Bezugsgröße gem. § 18 Abs. 1 SGB IV für seine betriebliche Altersversorgung verwenden. Soweit der Arbeitnehmer Teile seines regelmäßigen Entgelts für betriebliche Altersversorgung verwendet, kann der Arbeitgeber verlangen, dass während eines laufenden Kalenderjahres gleichbleibende monatliche Beträge verwendet werden (§ 1a Abs. 1 BetrAVG).

Dabei sind i. S. des § 3 Nr. 63 EStG sowohl die Beiträge des Arbeitgebers, die zusätzlich zum ohnehin geschuldeten Arbeitslohn erbracht werden (rein arbeitgeberfinanzierte Beiträge) als auch die Beiträge des Arbeitgebers, die durch Entgeltumwandlung finanziert werden, steuerfrei. Die umgewandelten Beträge unterliegen nicht der Sozialversicherungspflicht; sie bleiben für den Arbeitgeber Personalkosten.

BEISPIEL: Arbeitnehmer A, ledig, kein Kirchenmitglied, hat ein monatliches Bruttogehalt i. H. von 3.000 €. Er vereinbart mit seinem Arbeitgeber eine Entgeltumwandlung für eine vom Arbeitgeber zugunsten des Arbeitnehmers abgeschlossenen Direktversicherung i. H. von monatlich 200 €.

Lösung:

	Ohne Entgeltumwandlung	Mit Entgeltumwandlung
Bruttogehalt	3.000 €	2.800 €
Lohnsteuer, Solidaritätszuschlag	- 492 €	- 435 €
Gesetzliche Sozialversicherung	- 596 €	- 557 €
Nettogehalt	1.912 €	1.808 €
Nettogehalt ohne Entgeltumwandlung		1.912 €
Unterschied monatlich		104 €
Jährliche Ersparnis (104 € x 12 =)		1.248 €

Bei einer Entgeltumwandlung zugunsten einer betrieblichen Altersversorgung sind die umgewandelten Entgeltbestandteile bis zu 8 % der Beitragsbemessungsgrenze der Rentenversicherung i. S. des § 3 Nr. 63 EStG steuerfrei. In der Sozialversicherung erstreckt sich die Befreiung nur auf bis zu 4 % der Beitragsbemessungsgrenze der Rentenversicherung. Im obigen Beispielsfall liegt die Entgeltumwandlung betragsmäßig sowohl unterhalb des steuerlichen als auch des sozialversicherungsrechtlichen Höchstbetrags.

3.7.7.16.4 Zusammenfassung

Gestaltung der betrieblichen Altersversorgung aus steuerlicher Sicht

	Direkte Pensionszusage	Pensionskasse	Unterstützungskasse	Pensionsfond	Direktversicherung
Rechtsgrundlage	§ 6a EStG	§ 4c EStG	§ 4d EStG	§ 4e EStG	§ 4b EStG
Hintergrund	Unmittelbare Verpflichtung des Arbeitgebers gegenüber dem Arbeitnehmer oder Hinterbliebenen auf Altersversorgung	Rechtsfähige Versorgungseinrichtung, die der Versicherungsaufsicht unterliegt und auf deren Leistungen Rechtsansprüche bestehen	Rechtsfähige Versorgungseinrichtung, die keinen Rechtsanspruch auf ihre Leistungen gewährt	Rechtsfähige Versorgungseinrichtung, die von der Bundesanstalt für Finanzdienstleistungsaufsicht überwacht wird. Im Übrigen wie Pensionskasse	Abschluss einer Versicherung durch den Arbeitgeber zugunsten des Arbeitnehmers
Absicherung durch Pensionssicherungsverein	ja	nein	ja	ja	nein
Entgeltumwandlung	nein	ja	nein	ja	ja

	Direkte Pensionszusage	Pensionskasse	Unterstützungs-kasse	Pensionsfond	Direkt-versicherung
Bilanzierung	Ja: Passivierung der Pensionsrückstellung. Bei Bestehen einer Rückdeckungsversicherung Aktivierung des Werts der Rückdeckungsversicherung am Bilanzstichtag	Nein: Einzahlungen sind Betriebsausgaben	Nein: Einzahlungen sind Betriebsausgaben	Nein: Einzahlungen sind Betriebsausgaben	nein
Behandlung der Versorgungsleistungen beim Empfänger nach Eintritt des Versorgungsfalls	§ 19 Abs. 1 Satz 1 Nr. 2 EStG	§ 22 Nr. 5 EStG	§ 19 Abs. 1 Satz 1 Nr. 2 EStG	§ 22 Nr. 5 EStG	§ 22 Nr. 1 Satz 3 Buchst. a Doppelbuchst. bb EStG

FALL 56

Gewerbesteuer-Rückstellung in der Handelsbilanz

Sachverhalt: Laut vorläufigem nach Handelsrecht erstellten Jahresabschluss ergibt sich für das Jahr 01 ein Gewinn i. H. von 558.600 €. Darauf haben sich gewinnmindernd ausgewirkt:

a) Gewerbesteuer-Vorauszahlungen für das Jahr 01 i. H. von 50.000 €;

b) Zinsen 280.000 €;

c) Leasingraten für Lkw (Dieselfahrzeug) 56.000 €;

d) Miete für Geschäftsräume 223.600 € und

e) Entgelte für zeitlich befristete Lizenzen 120.000 €.

Zinsaufwendungen i. H. von 1.500 € sind gem. § 4 Abs. 4a EStG nicht abziehbar. Sie sind in dem Betrag i. H. von 280.000 € enthalten. Zum Betriebsvermögen gehört ein unbebautes Grundstück, für das Grundsteuer i. H. von 840 € im Erhebungszeitraum angefallen ist. Der Hebesatz beträgt 400 %. Es handelt sich um einen von einem Einzelunternehmer geführten Fabrikationsbetrieb.

AUFGABE

Wie hoch ist die Gewerbesteuer-Rückstellung?

LITERATURHINWEIS

Dortmann/Mann, Lehrbuch Buchführung und Bilanzsteuerrecht, 14. Aufl. 2026, Teil B, Kapitel 6, Tz. 6.8.

LÖSUNG

Für die Gewerbesteuer, die **handelsrechtlich** zu den abzugsfähigen Betriebssteuern gehört, ist für eine sich ergebende Abschlusszahlung in der **Handelsbilanz** eine Rückstellung einzustellen (§ 249 Abs. 1 Satz 1 HGB). Die Höhe der Rückstellung bestimmt sich nach dem kaufmännisch für notwendig erachteten Erfüllungsbetrag (§ 253 Abs. 1 Satz 2 HGB). Steuerlich ist die Gewerbesteuer keine Betriebsausgabe (§ 4 Abs. 5b EStG). Dies hat zur Folge, dass zur Rückstellungsberechnung die Gewerbesteuer-Vorauszahlungen hinzuzurechnen sind; dasselbe gilt für die Zinsaufwendungen, die gem. § 4 Abs. 4a EStG außerbilanziell dem Gewinn hinzuzurechnen sind (§ 7 Abs. 1 GewStG). Die weiteren Hinzurechnungen ergeben sich aus § 8 Nr. 1 GewStG und die Abrechnungen aus § 9 Nr. 1 GewStG. § 8 Nr. 1 GewStG ist mit dem Grundgesetz vereinbar (BFH, Beschluss v. 16.10.2012 - I B 128/12, BStBl 2013 II S. 30). Das BVerfG hat mit Nichtannahmebeschluss v. 15.2.2016 - 1 BvL 8/12 (BStBl 2016 II S. 557) bestätigt, dass gegen die Verfassungskonformität der genannten Hinzurechnungen keine Bedenken bestehen.

Ausgangsbetrag			558.600 €
Gewerbesteuer-Vorauszahlungen			+ 50.000 €
Außerbilanzielle Hinzurechnung			+ 1.500 €
Zinsen	280.000 €		
Bereits außerbilanziell hinzugerechnet	- 1.500 €	278.500 €	
Leasingraten Lkw (20 % von 56.000 € =)		+ 11.200 €	
Miete Geschäftsräume (50 % von 223.600 € =)		+ 111.800 €	
Lizenzgebühren (25 % von 120.000 € =)		+ 30.000 €	
Summe		431.500 €	
Freibetrag		- 200.000 €	
verbleiben		231.500 €	
davon 25 %		57.875 €	+ 57.875 €
Abrechnung für Grundstück (angefallener Grundsteueraufwand*))			- 840 €
Gewerbeertrag			667.135 €
Abrundung (§ 11 Abs. 1 Satz 3 GewStG)			667.100 €
Freibetrag (§ 11 Abs. 1 Satz 3 Nr. 1 GewStG)			- 24.500 €
Steuerpflichtiger Gewerbeertrag			642.600 €
Gewerbesteuermessbetrag 3,5 % (§ 11 Abs. 2 GewStG)			22.491 €
Hebesatz 400 % (§ 16 Abs. 1 GewStG)			89.964 €
Vorauszahlungen			- 50.000 €
Gewerbesteuer-Rückstellung			39.964 €

*) Bis zum Jahr 2024 Berechnung noch mit 1,2 % von 140 % des Grundstückseinheitswerts. Ab dem Jahr 2025 erfolgt die Kürzung nach dem im Erhebungszeitraum als Betriebsausgabe erfassten Grundsteueraufwand.

HINWEIS

Ungeachtet des Abzugsverbots des § 4 Abs. 5b EStG ist auch in der Steuerbilanz eine Gewerbesteuer-Rückstellung zu bilden; dadurch verursachte Gewinnauswirkungen sind außerbilanziell zu neutralisieren (R 5.7 Abs. 1 Satz 2 EStR).

FALL 57

Gewerbesteuer-Rückstellung und Zinsschranke gem. § 4h EStG

Sachverhalt: Aus dem vorläufigen Jahresabschluss einer konzerngebundenen GmbH mit Sitz im Inland, deren Wirtschaftsjahr dem Kalenderjahr entspricht, ergeben sich folgende Beträge:

Zinserträge	500.000 €
Zinsaufwendungen	4.000.000 €
Abschreibungen	2.000.000 €

Das steuerlich maßgebliche Einkommen der GmbH vor Anwendung des § 4h EStG beträgt 3 Mio. €. Die Voraussetzungen für die Anwendung des § 4h EStG sind erfüllt. Der Hebesatz beträgt 400 %. Die GmbH hat Vorauszahlungen auf die Gewerbesteuer für das Jahr 01 i. H. von 600.000 € geleistet; dieser Betrag ist als Hinzurechnung im vorstehenden Einkommen enthalten (§ 4 Abs. 5b EStG).

AUFGABE

In welcher Höhe muss die GmbH in ihrer Handels- und Steuerbilanz eine Rückstellung für Gewerbesteuer passivieren?

LÖSUNG

Ausgangsbetrag für die Gewerbesteuer-Rückstellung bei einer GmbH ist deren zu versteuerndes Einkommen, das nach den einkommen- und körperschaftsteuerlichen Regelungen zu ermitteln ist (§ 7 Abs. 1 GewStG). Ein Abzug der Gewerbesteuer als Betriebsausgabe kommt dabei nicht in Betracht (§ 4 Abs. 5b EStG); die Vorauszahlungen waren deshalb dem Einkommen hinzuzurechnen.

Da die Voraussetzungen für die Anwendung des § 4h EStG lt. Sachverhalt erfüllt sind und auch die Freigrenze i. H. von 3 Mio. € (4 Mio. € - 0,5 Mio. € = 3,5 Mio. €) offensichtlich überschritten ist (§ 4h Abs. 2 Satz 1 Buchst. a EStG), kommt die Zinsschranke für die GmbH zur Anwendung (§ 8a Abs. 1 KStG i. V. mit § 4h Abs. 1 EStG).

Zunächst ist das steuerliche EBITDA zu berechnen:

Einkommen der GmbH vor Anwendung des § 4h EStG		3.000.000 €
-	Zinserträge	500.000 €
+	Zinsaufwendungen	4.000.000 €
+	Abschreibungen	2.000.000 €
=	steuerliches EBITDA	8.500.000 €
davon 30 % = sofort abziehbare Zinsaufwendungen		2.550.000 €
Zusätzlich sind die auf die Zinserträge entfallenden Zinsaufwendungen sofort abziehbar, hier		+ 500.000 €
Insgesamt sofort abziehbare Zinsaufwendungen		3.050.000 €

Nicht sofort abziehbar sind (4.000.000 € - 3.050.000 € =) 950.000 €.

HINWEIS

Es ergeben sich vortragsfähige Zinsaufwendungen i. H. von 950.000 €, die mit künftigen Zinserträgen verrechnet werden können (§ 4h Abs. 1 Satz 4 ff. EStG).

Das zu versteuernde Einkommen der GmbH beträgt:

Vorläufiges Einkommen lt. Sachverhalt	3.000.000 €
Außerbilanzielle Hinzurechnung gem. § 4h EStG	+ 950.000 €
Zu versteuerndes Einkommen	3.950.000 €

Die Gewerbesteuer-Rückstellung kann sodann wie folgt berechnet werden:

Ausgangsbetrag (Einkommen)		3.950.000 €
Hinzurechnung gem. § 8 Nr. 1 Buchst. a GewStG:		
Einkommensmindernde Zinsaufwendungen	3.050.000 €	
Freibetrag	- 200.000 €	
verbleiben	2.850.000 €	
davon 25 %	712.500 €	+ 712.500 €
Steuerpflichtiger Gewerbeertrag (kein Freibetrag für GmbH)		4.662.500 €
Gewerbesteuermessbetrag 3,5 %		163.187,50 €
Hebesatz 400 %		652.750 €
Vorauszahlungen		- 600.000 €
Gewerbesteuer-Rückstellung		52.750 €

FALL 58

Garantie-Rückstellung

Sachverhalt: Der Steuerpflichtige ist Handwerker. Er gewährt für seine Arbeiten entsprechend § 634a BGB eine Garantiezeit von zwei Jahren. Nach den Erfahrungen der Vergangenheit entsteht an Aufwendungen für Garantieleistungen in Gestalt von Einzelkosten und angemessenen Teilen der notwendigen Gemeinkosten durchschnittlich ca. 1 % des garantiebehafteten Sollumsatzes. Die garantiebehafteten Sollumsätze betrugen:

- Im Jahr 01 900.000 €;
- im Jahr 02 1 Mio. €;
- im Jahr 03 800.000 € und
- im Jahr 04 1,2 Mio. €.

Es kann davon ausgegangen werden, dass vom gesamten rechnerischen Garantieaufwand die Hälfte am jeweiligen Bilanzstichtag ausgeführt worden ist.

AUFGABE

In welcher Höhe ist eine Garantie-Rückstellung für den 31.12.03 und den 31.12.04 steuerlich anzusetzen?

LÖSUNG

Der Steuerpflichtige ist nach Abschluss der Werkleistung zur Gewährleistung innerhalb der Garantiezeit rechtlich verpflichtet, wenn sich seine Leistung als mit Mängeln behaftet erweist. Es handelt sich hierbei um ungewisse Verbindlichkeiten. Die Ungewissheit erstreckt sich in diesen Fällen auf das Bestehen und (oder) die Höhe der Verbindlichkeiten. Die Pauschalbewertung ist zulässig (§ 240 Abs. 4 HGB).

Ferner spielen die Erfahrungen der Vergangenheit eine entscheidende Rolle (H 5.7 Abs. 4 Garantie-Rückstellungen EStH). Unter Berücksichtigung der Erfahrungen der Vergangenheit kommt eine Rückstellung für Garantiearbeiten nur in folgender Höhe in Betracht:

	31.12.03
Sollumsatz 03	1.000.000 €
Sollumsatz 04	+ 800.000 €
Garantiebehafteter Sollumsatz insgesamt	1.800.000 €
1 %	18.000 €
Bereits erbracht 1/2	- 9.000 €
Rückstellung für Garantiearbeiten	9.000 €

	31.12.04
Sollumsatz 04	800.000 €
Sollumsatz 05	+ 1.200.000 €
Garantiebehafteter Sollumsatz insgesamt	2.000.000 €
1 %	20.000 €
Bereits erbracht 1/2	- 10.000 €
Rückstellung für Garantiearbeiten	10.000 €

HINWEIS

Auf Pauschalrückstellungen findet das Abzinsungsgebot gem. § 6 Abs. 1 Nr. 3a Buchst. e EStG aus Vereinfachungsgründen keine Anwendung (BMF, Schreiben v. 26.5.2005, BStBl 2005 I S. 699, Rz. 27). Handelsrechtlich ist die Rückstellung mit den Vollkosten zu bewerten und abzuzinsen (§ 253 Abs. 1 und 2 HGB).

FALL 59

Rückstellung für Urlaubsverpflichtung

Sachverhalt: Am 31.12. hat Arbeitnehmer A noch zehn Tage Resturlaub zu bekommen. Für A gelten folgende Verhältnisse:

Bruttogehalt, monatlich	4.000 €
Arbeitgeberanteil Sozialversicherung	800 €
Weihnachtsgeld	2.000 €
Tantieme, jährlich	1.000 €

A wird für 240 Tage im Jahr bezahlt (einschließlich Urlaub). Krankheitsbedingt hat er im abgelaufenen Jahr an 20 Arbeitstagen gefehlt.

AUFGABE

Kommt eine Rückstellung in Betracht?

LÖSUNG

Rückständige Urlaubsverpflichtungen sind i. H. des Urlaubsentgelts zu passivieren, das der Arbeitgeber hätte aufwenden müssen, wenn er seine Zahlungsverpflichtung bereits am Bilanzstichtag erfüllt hätte. Nicht zu berücksichtigen sind jährlich vereinbarte Sondervergütungen, wie z. B. Weihnachtsgeld, Tantiemen oder Zuführungen zu Pensions- und Jubiläumsrückstellungen (BFH, Urteil v. 6.12.1995 - I R 14/95, BStBl 1996 II S. 406, und H 6.11 Urlaubsverpflichtung EStH).

Auszugehen ist im vorliegenden Fall von einem Jahresaufwand für den Arbeitgeber i. H. von (4.800 € x 12 =) 57.600 €. Die Rückstellung berechnet sich mit 57.600 € x $^{10}/_{240}$ = 2.400 €. Dabei war von den regulären Arbeitstagen auszugehen und nicht von den tatsächlichen (FG München, Urteil v. 7.5.2007 - 7 K 2505/05, EFG 2007 S. 1423).

FALL 60

Rückstellung für künftige Betriebsprüfung

Sachverhalt: Die A-GmbH stellt einen Großbetrieb i. S. des § 3 BpO dar und unterliegt der Anschlussprüfung. Die letzte Betriebsprüfung fand von April 017–September 017 statt und betraf die Jahre 012–015. Es kann angenommen werden, dass die Anschlussprüfung für die Jahre 016–019 Anfang Juli 021 stattfinden wird. Im Rahmen der vorangegangenen Prüfung sind folgende Aufwendungen entstanden (fortgeschrieben auf die Verhältnisse am 31.12.019):

Wertverhältnisse:	**am Tag der Erfüllung**	**am 31.12.019**
Anteilige Miete sowie Heiz- und Nebenkosten für den Büroraum (jährlich)	600 €	450 €
Aufbereitung elektronischer Unterlagen und Aufzeichnungen für den Prüfer	500 €	350 €
Steuerberaterhonorar (Auskünfte und Schlussbesprechung)	8.000 €	7.500 €
Freistellung eines angestellten Mitarbeiters aus der Buchhaltung zur Verfügung des Prüfers	10.500 €	8.500 €
Maßgeblicher Marktzinssatz	2 %	2 %

AUFGABE

Welche Rückstellung ergibt sich zum 31.12.019 in der Handels- und Steuerbilanz?

LÖSUNG

Für die im Zusammenhang mit den Mitwirkungspflichten des Steuerpflichtigen gem. § 200 AO bei zukünftigen Außenprüfungen entstehenden Kosten sind bei Großbetrieben in der Handels- und Steuerbilanz Rückstellungen für ungewisse Verbindlichkeiten zu bilden (§ 249 Abs. 1 Satz 1 HGB und § 5 Abs. 1 Satz 1 EStG). Dabei ist vom voraussichtlich notwendigen Erfüllungsbetrag auszugehen (§ 253 Abs. 1 Satz 2 HGB). Dieser ist bei einer Restlaufzeit von mehr als einem Jahr abzuzinsen (§ 253 Abs. 2 HGB).

Berechnung für die Handelsbilanz:

Anteilige Miete sowie Heiz- und Nebenkosten für den Büroraum	600 €
Aufbereitung elektronischer Unterlagen und Aufzeichnungen für den Prüfer	+ 500 €
Steuerberaterhonorar (Auskünfte und Schlussbesprechung)	+ 8.000 €
Freistellung eines angestellten Mitarbeiters zur Verfügung des Prüfers	+ 10.500 €
Summe	19.600 €
Abzinsungsdivisor für ein Jahr	1,02
Abzinsungsdivisor für zwei Jahre: $1{,}02^2$	1,0404
Abzinsungsdivisor für eineinhalb Jahre (interpoliert)	1,0302
Rückstellung abgezinst somit 19.600 € / 1,0302 =	19.025 €

In der **Steuerbilanz** ist die Rückstellung mit **5,5 %** abzuzinsen (§ 6 Abs. 1 Nr. 3 EStG).

Anteilige Miete sowie Heiz- und Nebenkosten für den Büroraum	450 €
Aufbereitung elektronischer Unterlagen und Aufzeichnungen für den Prüfer	+ 350 €
Steuerberaterhonorar (Auskünfte und Schlussbesprechung)	+ 7.500 €
Freistellung eines angestellten Mitarbeiters zur Verfügung des Prüfers	+ 8.500 €
Summe	16.800 €
Abzinsungsdivisor für zwei Jahre: $1{,}055^2$	1,1130
Abzinsungsdivisor für eineinhalb Jahre (interpoliert)	1,0840
Rückstellung abgezinst somit 16.800 € / 1,0840 =	15.498 €

Buchung in der Steuerbilanz:

Sonstiger betrieblicher Aufwand	15.498 €	an	Rückstellungen	15.498 €

FALL 61

Rückstellung für Abbruchverpflichtung

Sachverhalt 1: Einzelkaufmann A hat auf einem gepachteten Grundstück im Januar 01 eine Halle fertiggestellt. Nach Ablauf des Pachtvertrags am 31.12.20 muss er die Halle abreißen und den alten Zustand wiederherstellen. Die geschätzten Abbruchkosten werden nach den jeweiligen Preisverhältnissen am Bilanzstichtag insgesamt betragen:

- Am 31.12.01 70.000 €;
- am 31.12.02 76.000 €;
- am 31.12.03 80.000 €;

usw.

Die Preissteigerungen sind jeweils inflationsbedingt.

AUFGABE

Wie ist in den Steuerbilanzen 01–03 vorzugehen?

Sachverhalt 2: Ein Mieter hat Anfang des Jahres 01 in der Mietsache Einbauten vorgenommen, die er unmittelbar nach Ablauf der Mietzeit von fünf Jahren beseitigen muss. Die Mietzeit endet am 31.12.05. Hiernach muss er die Einbauten also Anfang des Jahres 06 beseitigen. Die Kosten der Beseitigung werden infolge von Preissteigerungen und inflationsbedingt betragen:

- Am 31.12.01 50.000 €;
- am 31.12.02 52.500 €;
- am 31.12.03 55.000 €;
- am 31.12.04 57.500 € und
- am 31.12.05 60.000 €.

Der vom BMF und der Bundesbank gem. § 253 Abs. 2 HGB festgestellte Zinssatz beträgt (aus Vereinfachungsgründen) an allen Bilanzstichtagen 4 %.

AUFGABE

Wie ist in der Handels- und in der Steuerbilanz zu bewerten?

LÖSUNG

Zu Sachverhalt 1

Aufgrund der Abbruchverpflichtung ist eine Rückstellung zu bilden (§ 249 Abs. 1 Satz 1 HGB). Das gilt auch für die Steuerbilanz (§ 5 Abs. 1 Satz 1 Halbsatz 1 EStG). In Fällen, in denen der laufende Betrieb des Unternehmens ursächlich ist für die Entstehung der Verpflichtung, ist der Rückstellungsbetrag in den einzelnen Wirtschaftsjahren durch jährliche Zuführungsraten anzusammeln (R 6.11 Abs. 2 EStR). Zusätzlich ist eine Abzinsung gem. § 6 Abs. 1 Nr. 3a Buchst. e EStG mit 5,5 % vorzunehmen (hier Tabelle 2 im BMF-Schreiben v. 26.5.2005, BStBl 2005 I S. 699).

Rückstellung am 31.12.01

Bedarf: $^1/_{20}$ von 70.000 € =	3.500 €
Restlaufzeit 19 Jahre: 3.500 € x 0,362 =	1.267 €
Rückstellung somit	1.267 €

Buchung:

Sonstiger betrieblicher Aufwand	1.267 €	an	Rückstellungen	1.267 €

HINWEIS

Würde es sich nicht um einen Einzelkaufmann, sondern um eine Kapitalgesellschaft handeln, wäre in der Handelsbilanz gem. § 277 Abs. 5 HGB ein Ertrag aus der Abzinsung der Rückstellung auszuweisen.

Buchung gem. § 277 Abs. 5 HGB (bei aus Vereinfachungsgründen unterstellt gleichen Werten für die Handelsbilanz):

Sonstiger betrieblicher Aufwand	3.500 €	an	Rückstellungen	1.267 €
		an	Zinserträge	2.233 €

Rückstellung am 31.12.02

Bedarf: $^{2}/_{20}$ von 76.000 € =	7.600 €
Restlaufzeit 18 Jahre: 7.600 € x 0,381 =	2.896 €
Rückstellung somit	2.896 €

Buchung:

Sonstiger betrieblicher Aufwand	1.629 €	an	Rückstellungen	1.629 €

Rückstellung am 31.12.03

Bedarf: $^{3}/_{20}$ von 80.000 € =	12.000 €
Restlaufzeit 17 Jahre: 12.000 € x 0,402 =	4.824 €
Rückstellung somit	4.824 €

Buchung:

Sonstiger betrieblicher Aufwand	1.928 €	an	Rückstellungen	1.928 €

Zu Sachverhalt 2

In der Steuerbilanz sind nur die Kosten aus Sicht des Bilanzstichtags rückstellungsfähig. Danach eintretende Preiserhöhungen wirken sich erst zum nächsten Bilanzstichtag aus. Außerdem ist abzuzinsen. Nach den Regeln der Finanzmathematik erfolgt bei einem Zinssatz i. H. von 5,5 % die Abzinsung für die Steuerbilanz nach folgender Formel:

$$\frac{\text{Beseitigungskosten am Stichtag}}{1{,}055^{\text{Restlaufzeit}}}$$

Stichtag	Kosten	Anteil	Restlaufzeit	Divisor	Rückstellungswert
31.12.01	50.000 €	$^{1}/_{5}$ = 10.000 €	4 Jahre	1,2388246	8.072 €
31.12.02	52.500 €	$^{2}/_{5}$ = 21.000 €	3 Jahre	1,1742413	17.884 €
31.12.03	55.000 €	$^{3}/_{5}$ = 33.000 €	2 Jahre	1,113025	29.649 €
31.12.04	57.500 €	$^{4}/_{5}$ = 46.000 €	1 Jahr	1,055	43.602 €
31.12.05	60.000 €	$^{5}/_{5}$ = 60.000 €	keine		60.000 €

In der Handelsbilanz ist von Anfang an der Erfüllungsbetrag rückstellungsfähig. Bei 4 % kann mittels folgender Formel wie folgt abgezinst werden:

$$\frac{\text{Erfüllungsbetrag}}{1{,}04^{\text{Restlaufzeit}}}$$

Stichtag	Erfüllungsbetrag	Anteil	Restlaufzeit	Divisor	Rückstellungswert
31.12.01	60.000 €	$^1/_5$ = 12.000 €	4 Jahre	1,1698585	10.258 €
31.12.02	60.000 €	$^2/_5$ = 24.000 €	3 Jahre	1,124864	21.336 €
31.12.03	60.000 €	$^3/_5$ = 36.000 €	2 Jahre	1,0816	33.284 €
31.12.04	60.000 €	$^4/_5$ = 48.000 €	1 Jahr	1,04	46.154 €
31.12.05	60.000 €	$^5/_5$ = 60.000 €	keine		60.000 €

HINWEIS

Hinweis auf § 277 Abs. 5 HGB: Wenn es sich um eine Kapitalgesellschaft handeln würde, wäre bei dem als Rückstellungsaufwand berücksichtigten angesammelten „Anteil“ ein Zinsertrag aus der Abzinsung (Differenz zum „Rückstellungswert“) auszuweisen.

FALL 62

Rückstellung für die Verpflichtung zur Aufstellung des Jahresabschlusses

Sachverhalt: Ein Kaufmann hat in seiner Bilanz zum 31.12.03 eine Rückstellung für die Jahresabschlusskosten 03 i. H. von 4.000 € ausgewiesen. Diesen Betrag stellte der Steuerberater in der Vergangenheit üblicherweise in Rechnung. Der Steuerberater führte die Jahresabschlussarbeiten 03 im Juni 04 durch und stellte aufgrund unerwarteter Mehrarbeit 4.400 € zzgl. Umsatzsteuer in Rechnung. Die Gründe für die Mehrarbeit ergaben sich aus einer ungeordneten Ablage der Belege für das Jahr 03.

Für das Folgejahr 04 führt die Jahresabschlussarbeiten im Februar 05 nicht ein besonders beauftragter Steuerberater, sondern ein qualifizierter, im Betrieb angestellter Mitarbeiterstamm durch. Unter Berücksichtigung der sog. „Vollkosten“ beträgt der Aufwand 3.500 €. Bei Ansatz der Einzelkosten (Gehälter zzgl. der Personalnebenkosten, soweit dieser Personenkreis zeitanteilig mit dem Jahresabschluss befasst ist, und Materialeinzelkosten) und der notwendigen Gemeinkosten (z. B. Abschreibung auf Gebäude oder Betriebs- und Geschäftsausstattung) beträgt der Aufwand 3.000 €.

AUFGABE

In welcher Höhe sind Rückstellungen im Jahresabschluss 03 und 04 steuerlich anzuerkennen?

LÖSUNG

Rückstellungen für ungewisse Verbindlichkeiten (§ 249 Abs. 1 HGB) setzen grds. eine Verpflichtung gegenüber einem anderen voraus. Der „Andere" kann auch der Staat sein. Die gesetzliche Verpflichtung zur Aufstellung des Jahresabschlusses eines bestimmten Wirtschaftsjahres ist eine ausreichende Grundlage hierfür (vgl. §§ 140 und 141 AO). Diese Verpflichtung ist in dem Wirtschaftsjahr verursacht, für das der Jahresabschluss zu erstellen ist; das genügt für die Rückstellungsbildung (H 5.7 Abs. 3 Rückstellungen für öffentlich-rechtliche Verpflichtungen . . . EStH).

Daraus folgt, dass im Jahresabschluss 03 die Rückstellung für die Verpflichtung zur Aufstellung des Jahresabschlusses 03 gebildet werden muss. Ihre Höhe richtet sich nach dem Erfüllungsbetrag (§ 253 Abs. 1 HGB): 4.400 €. Die Gründe für die Mehrarbeit lagen bereits am 31.12.03 vor, so dass von einer Wertaufhellung i. S. des § 252 Abs. 1 Nr. 4 HGB auszugehen war.

Rückstellung zum 31.12.03

Jahresabschlussarbeiten 03	4.400 €

Für den Jahresabschluss 04 gilt Folgendes: Für die öffentlich-rechtliche Verpflichtung zur Erstellung des Jahresabschlusses können die im Unternehmen selbst anfallenden Kosten des Jahresabschlusses ebenfalls berücksichtigt werden. Dies gilt steuerlich sowohl für die Einzelkosten als auch für die angemessenen notwendigen Gemeinkosten (§ 6 Abs. 1 Nr. 3a Buchst. b EStG), nicht hingegen für die Vollkosten. Zum 31.12.04 ist im steuerlichen Jahresabschluss eine Rückstellung i. H. von 3.000 € zu bilden.

Rückstellung zum 31.12.04

Jahresabschlussarbeiten 04	3.000 €

FALL 63

Rückstellung für unterlassene Instandhaltung

Sachverhalt: Ein Kaufmann beauftragte im Herbst 01 eine Firma, seine Getreideansauganlage zu reparieren. Die beauftragte Firma erklärte in ihrer Auftragsbestätigung v. 19.12.01, dass die Reparatur in etwa drei Monaten erfolgen könne. Am 20.2.02 teilte die Firma mit, dass der Termin wegen fehlender Ersatzteile nicht eingehalten werden könne. Die Reparatur wurde dann in den Monaten April 02–Juli 02 durchgeführt.

AUFGABE

Kann zum 31.12.01 eine Rückstellung gebildet werden?

LÖSUNG

Den Rückstellungen für unterlassene Instandhaltung liegen keine rechtlichen Verpflichtungen gegenüber Dritten zugrunde, sondern betriebswirtschaftliche Verpflichtungen des Unternehmers gegen sich selbst. Folglich handelt es sich nicht um eine Rückstellung für ungewisse Verbindlichkeiten. Der Gesetzgeber hat deshalb für diese Rückstellung einen eigenständigen Gesetzestatbestand geschaffen.

Gemäß § 249 Abs. 1 HGB sind Rückstellungen für im Geschäftsjahr unterlassene Aufwendungen für Instandhaltung, die im folgenden Geschäftsjahr innerhalb von drei Monaten nachgeholt werden, zu bilden. Für diese Rückstellung besteht kein Wahlrecht.

Der Steuerpflichtige hat die Instandsetzungsarbeiten erst innerhalb von vier bis sieben Monaten nach dem Bilanzstichtag durchgeführt. Die Rückstellung für unterlassene Instandhaltung hätte allenfalls unter der Voraussetzung gebildet werden können, dass die Instandsetzungsarbeiten innerhalb von drei Monaten nach dem Bilanzstichtag nicht nur begonnen, sondern vollständig ausgeführt worden wären. Eine Rückstellung darf weder in der Handels- noch in der Steuerbilanz gebildet werden.

Die Einhaltung der Drei-Monats-Frist ist als **gesetzliches Tatbestandsmerkmal** gem. § 249 Abs. 1 Satz 2 Nr. 1 HGB die unverzichtbare Voraussetzung für die Rückstellung für unterlassene Instandhaltung (anders bei den Rückstellungen für ungewisse Verbindlichkeiten, hier kommt es auf die Verhältnisse am Bilanzstichtag an). Wird die Bilanz innerhalb der Drei-Monats-Frist erstellt und beim Finanzamt eingereicht, die Reparatur aber außerhalb der Drei-Monats-Frist vorgenommen, ist die Bilanz objektiv falsch und muss vom Steuerpflichtigen gegenüber dem Finanzamt gem. § 153 AO berichtigt werden.

FALL 64

Pensionsrückstellungen

Sachverhalt: Eine KG hat für rechtsverbindliche Pensionszusagen nach versicherungsmathematischen Grundsätzen folgende Teilwerte i. S. des § 6a Abs. 3 Satz 2 Nr. 1 EStG ermittelt:

- Am 31.12.01 268.300 € und
- am 31.12.02 318.600 €.

An ehemalige Arbeitnehmer, bei denen der Versorgungsfall bereits eingetreten ist, leistet sie in Erfüllung ihrer Pensionszusage folgende Zahlungen:

- Im Jahr 01 98.310 € und
- im Jahr 02 101.790 €.

Die diesen laufenden Pensionszahlungen zugrundeliegenden Teilwerte i. S. des § 6a Abs. 3 Satz 2 Nr. 2 EStG betragen:

- Am 31.12.00 645.000 €;
- am 31.12.01 615.000 € und
- am 31.12.02 588.000 €.

AUFGABEN

1. Können in der Steuerbilanz Rückstellungen für die Pensionsverpflichtungen gebildet werden?
2. Wie sind die Pensionszahlungen ertragsteuerlich zu behandeln?

LÖSUNG

Zu 1

Pensionsrückstellungen sind zu unterteilen in

a) Rückstellungen für Pensionsanwartschaften und

b) Rückstellungen für laufende Pensionszahlungen.

Die Rückstellungen für Pensionsanwartschaften betreffen aktive Arbeitnehmer, denen eine Pensionszusage gegeben wurde und bei denen der Versorgungsfall (z. B. planmäßige Pensionierung bei Erreichung des 65. Lebensjahres oder Invalidität) noch nicht eingetreten ist, während die Rückstellungen für laufende Pensionszahlungen auf Arbeitnehmer abzielen, bei denen der Versorgungsfall bereits vorliegt (z. B. Rentner).

Steuerliche Höchstgrenze für die jeweilige Rückstellung ist der Teilwert i. S. des § 6a Abs. 3 EStG. Bei der Rückstellung für Pensionsanwartschaften ist der Unterschiedsbetrag zwischen dem Teilwert am Schluss des Wirtschaftsjahres und dem Teilwert am Schluss des vorangegangenen Wirtschaftsjahres Aufwand (R 6a Abs. 20 EStR). Dieser Aufwand beträgt im vorliegenden Fall für das Jahr 01 50.300 €:

Rückstellung für Pensionsanwartschaften zum 31.12.01	268.300 €
Rückstellung für Pensionsanwartschaften zum 31.12.02	318.600 €
Zuführung (Aufwand) im Jahr 02	50.300 €

Zu 2

Die Rückstellungen für laufende Pensionszahlungen sind in jedem Wirtschaftsjahr i. H. des Unterschiedsbetrags zwischen dem versicherungsmathematischen Barwert der künftigen Pensionsleistungen am Schluss des Wirtschaftsjahres und am Schluss des vorangegangenen Wirtschaftsjahres gewinnerhöhend aufzulösen; die laufenden Pensionszahlungen sind dabei als Betriebsausgaben abzusetzen (R 6a Abs. 22 EStR). Im vorliegenden Fall ergeben sich hierbei die folgenden Auswirkungen:

	Konto „Rückstellungen für laufende Pensionszahlungen“	**Aufwand (Pensionsleistungen)**
Bestand am 31.12.00	645.000 €	
Auflösung (Ertrag) im Jahr 01	- 30.000 €	98.310 €
Bestand am 31.12.01	615.000 €	
Auflösung (Ertrag) im Jahr 02	- 27.000 €	101.790 €
Bestand am 31.12.02	588.000 €	

Die endgültigen Gewinnauswirkungen betragen:

	Jahr 01	**Jahr 02**
Ertrag	30.000 €	27.000 €
Aufwand	- 98.310 €	- 101.790 €
Gewinnauswirkung	- 68.310 €	- 74.790 €

FALL 65

Substanzerhaltung

Sachverhalt: Der Pächter eines Gewerbebetriebs im Ganzen hat bei Pachtbeginn am 1.1.01 u. a. eine drei Jahre alte Maschine übernommen mit einem Teilwert (= Buchwert) i. H. von 21.000 €. Die Maschine hat noch eine Nutzungsdauer von sieben Jahren. Die Wiederbeschaffungskosten einer gleichartigen, drei Jahre alten Maschine betragen **unter Berücksichtigung des Abzinsungsgebots**

- am 31.12.01 und 31.12.02 21.000 €;
- am 31.12.03 23.100 € und
- am 31.12.04 und 31.12.05 24.500 €.

Der Pächter ist verpflichtet, bei Pachtende (frühestens in 15 Jahren) eine gleichartige Maschine zurückzugeben. Der Verpächter hat keine Betriebsaufgabe erklärt.

AUFGABEN

1. Welche Rückstellungen für Substanzerhaltung ergeben sich steuerlich in den Jahren 01–05 beim Pächter?
2. In welcher Höhe muss der Verpächter seine Substanzerhaltungsansprüche in den Jahren 01–05 steuerlich aktivieren?

LITERATURHINWEIS

Dortmann/Mann, Lehrbuch Buchführung und Bilanzsteuerrecht, 14. Aufl. 2026, Teil B, Kapitel 3, Tz. 3.3.12.1.

LÖSUNG

Der Verpächter eines Gewerbebetriebs im Ganzen bleibt i. d. R. rechtlicher und wirtschaftlicher Eigentümer des verpachteten Anlagevermögens. Übernimmt der Pächter die Verpflichtung, das gepachtete Anlagevermögen oder Teile davon laufend zu erneuern und bei Pachtende einen gleichartigen Bestand wie bei Pachtbeginn zurückzugeben, so hat er hierfür eine Rückstellung zu bilden (BFH, Urteil v. 3.12.1991 - VIII R 88/87, BStBl 1993 II S. 89). Die Ersatzbeschaffungen, die der Pächter vornimmt, werden nicht Eigentum des Pächters, sondern gehen durch antizipiertes Besitzkonstitut (§ 930 BGB) in das rechtliche Eigentum des Verpächters über; dem folgt auch das wirtschaftliche Eigentum (BFH, Urteil v. 2.11.1965 - I 51/61 S, BStBl 1966 III S. 61). Aufwendungen für Ersatzbeschaffungen verrechnet der Pächter mit der Rückstellung für Substanzerhaltung.

Der Verpächter aktiviert nicht nur das von ihm angeschaffte verpachtete Anlagevermögen, sondern auch die vom Pächter angeschafften Ersatzbeschaffungen. Er hat außerdem den Substanzerhaltungsanspruch, soweit dieser nicht durch Pächter-Ersatzbeschaffungen erloschen ist, mit dem jeweiligen Teilwert des Bilanzstichtags zu aktivieren, so dass es bei ihm zu Gewinnrealisierungen bei Teilwerterhöhungen gegenüber den Buchwerten kommt (BFH, Urteile v. 21.12.1965 - IV 228/64 S, BStBl 1966 III S. 147, v. 23.6.1966 - IV 75/64, BStBl 1966 III S. 589, v. 26.6.1975 - IV R 59/73, BStBl 1975 II S. 700, und v. 17.2.1998 - VIII R 28/95, BStBl 1998 II S. 505).

Der Substanzerhaltungsanspruch des Verpächters deckt sich i. d. R. wertmäßig mit der Rückstellung für Substanzerhaltung des Pächters. Die Rückstellung für Substanzerhaltung und der Substanzerhaltungsanspruch können nach folgender Formel ermittelt werden:

$$\frac{\text{Wiederbeschaffungskosten am Stichtag} \quad \text{x} \quad \text{abgelaufene Nutzungsdauer seit Pachtbeginn}}{\text{Nutzungsdauer ab Pachtbeginn}}$$

			Rückstellung für Substanzerhaltung	Substanzerhaltungsanspruch
31.12.01:	$\frac{21.000\ € \times 1}{7}$	=	3.000 €	3.000 €
31.12.02:	$\frac{21.000\ € \times 2}{7}$	=	6.000 €	6.000 €
31.12.03:	$\frac{23.100\ € \times 3}{7}$	=	9.900 €	9.900 €
31.12.04:	$\frac{24.500\ € \times 4}{7}$	=	14.000 €	14.000 €
31.12.05:	$\frac{24.500\ € \times 5}{7}$	=	17.500 €	17.500 €

Siehe hierzu ausführlich BMF, Schreiben v. 21.2.2002, BStBl 2002 I S. 262.

FALL 66

Rückstellung für Schadensersatz und Prozesskosten

Sachverhalt: Eine OHG hat als Abschlusszeitpunkt den 30.9. Sie hat am 30.11.07 die Bilanz zum 30.9.07 erstellt. Darin hat sie eine Rückstellung für Schadensersatz i. H. von 1 Mio. € ausgewiesen sowie eine Prozesskostenrückstellung i. H. von 50.000 €. Zur Erläuterung gibt die OHG folgende Hintergrundinformationen:

a) Rückstellung für Schadensersatz wegen Patentverletzung

Die OHG hat ein Verfahren zur kostengünstigen Herstellung von platinbeschichteten Katalysatoren entwickelt. Im Rahmen dieser Technik hat sie bereits zahlreiche Katalysatoren an die Autoindustrie ausgeliefert. Am 1.3.07 wurde sie von der „Essener Platin GmbH" auf Schadensersatz i. H. von 1 Mio. € verklagt, da diese Technik zugunsten der Essener Platin GmbH patentrechtlich geschützt sei (wie diese behauptete). Die OHG bestritt dies zunächst, da ihr Verfahren technisch von dem der Essener Platin GmbH abweicht („gravierend", wie die OHG meint). Am 15.12.07 einigte sich die OHG jedoch mit der Essener Platin GmbH im Rahmen eines gerichtlichen Vergleichs auf einen Schadensersatz i. H. von 500.000 €, um sich nicht einem jahrelangen Prozessrisiko auszusetzen.

b) Rückstellung für Prozesskosten

Für die Prozesskosten anlässlich des vorstehenden Patentrechtsstreits mit der Essener Platin GmbH wurden die eigenen wie auch die fremden Prozesskosten – der Höhe nach zutreffend – mit 50.000 € passiviert. In dem gerichtlichen Vergleich v. 15.12.07 kamen die Prozessbeteiligten überein, dass jede Partei die Hälfte der Kosten trägt. Auf die OHG entfielen somit 25.000 €.

AUFGABEN

Sind die Rückstellungen in zutreffender Höhe ausgewiesen? Welche Rückstellungen könnten/müssten gebildet werden, wenn der Vergleich am 10.11.07 geschlossen würde (oder ein Gerichtsurteil entsprechend dem Vergleich am 10.11.07 bestandskräftig würde)?

LÖSUNG

Bei Verletzung fremder Schutzrechte ist gem. § 5 Abs. 1 Satz 1 Halbsatz 1 EStG i. V. mit § 249 Abs. 1 Satz 1 HGB eine Rückstellung zu bilden. Da der angeblich Geschädigte vor dem Bilanzstichtag seine Ansprüche geltend gemacht hat, steht auch § 5 Abs. 3 EStG der Rückstellung nicht entgegen (vgl. auch R 5.7 Abs. 10 EStR). Die Höhe der Rückstellung richtet sich nach dem Erfüllungsbetrag, der nach vernünftiger kaufmännischer Beurteilung notwendig ist (§ 253 Abs. 1 Satz 2 HGB). Im vorliegenden Fall musste die OHG zum Zeitpunkt der Bilanzaufstellung (30.11.07) von einer Schadensersatzschuld i. H. von 1 Mio. € ausgehen. Die zum 30.9.07 gebildete Rückstellung ist nicht zu beanstanden.

Für die Kosten von Zivilprozessen, die am Bilanzstichtag rechtsanhängig sind, erfolgt die Rückstellungsbildung ebenfalls gem. § 5 Abs. 1 Satz 1 Halbsatz 1 EStG i. V. mit § 249 Abs. 1 Satz 1 HGB. Bei der Bewertung der Rückstellung sind die eigenen wie auch die fremden Kosten zu berücksichtigen. In die Rückstellung dürfen nicht die Kosten künftiger höherer Instanzen einfließen, die bei Unterliegen angerufen werden sollen (BFH, Urteil v. 6.12.1995 - I R 14/95, BStBl 1996 II S. 406). Da zum Zeitpunkt der Bilanzerstellung noch mit den vollen Prozesskosten gerechnet werden musste, ist die Rückstellung der Höhe nach (50.000 €) zutreffend.

Wird der Vergleich am 10.11.07 geschlossen (oder wird ein Gerichtsurteil entsprechend dem Vergleich am 10.11.07 rechtskräftig), steht bei Bilanzerstellung (30.11.07) fest, dass der Schaden auf 500.000 € begrenzt ist und die Prozesskosten nur 25.000 € betragen. Dies beruht jedoch auf dem Vergleich bzw. dem bestandskräftig gewordenen Urteil. Dieses jeweilige Ereignis ist keine auf den Bilanzstichtag zurückwirkende, sondern den Wert der Rückstellung erst später beeinflussende Tatsache. Deshalb ist eine Rückstellung wegen eines gerichtlich geltend gemachten Schadensersatzanspruchs erst zum Schluss des Wirtschaftsjahres aufzulösen, in dem über den Anspruch endgültig und rechtskräftig entschieden ist (BFH, Urteile v. 27.11.1997 - IV R 95/96, BStBl 1998 II S. 375, und v. 30.1.2002 - I R 68/00, BStBl 2002 II S. 688). Dies gilt auch für die Prozesskostenrückstellung. Es bleibt deshalb im Abschluss zum 30.9.07 bei den gewählten Ansätzen i. H. von 1 Mio. € für den Schadensersatz und 50.000 € für die Prozesskosten.

FALL 67

Rückstellung für Aufbewahrung von Geschäftsunterlagen

Sachverhalt: Die Aufbewahrung (vgl. § 147 Abs. 3 AO und § 257 Abs. 4 HGB) der bis zum Bilanzstichtag am 31.12.02 angefallenen

a) Handels- und Geschäftsbriefe (sechs Jahre Aufbewahrungspflicht) und

b) Bücher, Buchungsbelege, Inventare usw. (zehn Jahre Aufbewahrungspflicht)

erfolgt in einem einzigen separaten Archivraum.

Die Einzelkosten und ein angemessener Teil der notwendigen Gemeinkosten setzen sich wie folgt zusammen:

Jährliche anteilige AfA für den separaten Aufbewahrungsraum	800 €
Jährliche Unterhaltskosten für den Archivraum	+ 200 €
Jährliche AfA für die Einrichtungsgegenstände	+ 400 €
Jährliche Kosten für Hard- und Software zur Lesbarmachung der Daten	+ 200 €
Summe	1.600 €

Darin sind die einmaligen Kosten der Datensicherung (Mikroverfilmung bzw. Digitalisierung und Datensicherung) i. H. von 400 € nicht enthalten.

AUFGABE

Wie hoch ist die Rückstellung für die Steuerbilanz zum 31.12.02, wenn unterstellt werden kann, dass die Rückstellung in der Handelsbilanz infolge von jährlichen Kostensteigerungen höher ausfällt?

LÖSUNG

Die Unterscheidung zwischen der zehn- und sechsjährigen Aufbewahrungsdauer kann i. d. R. aus Vereinfachungsgründen unterbleiben, es sei denn, sie führt zu einem offenbar unrichtigen Ergebnis. Das ist bei einem gemeinsam genutzten Archivraum nicht der Fall. Bei zehnjähriger Aufbewahrungsdauer beträgt die durchschnittliche Restaufbewahrungsdauer 5,5 Jahre (= [10 + 1] / 2; vgl. hierzu BFH, Urteil v. 18.1.2011 - X R 14/09, BStBl 2011 II S. 496). Zum 31.12.02 ergibt sich für die Rückstellung in der Steuerbilanz ein Betrag i. H. von 9.200 €, der sich wie folgt berechnet:

1.600 € x 5,5 =	8.800 €
Kosten der Datensicherung	+ 400 €
Rückstellung	9.200 €

Die Kosten für die Datensicherung fallen nur einmal an und sind deshalb nicht zu vervielfältigen. Soweit die aufzubewahrenden Unterlagen erst nach dem Bilanzstichtag entstehen, wie dies regelmäßig für das Inventar und zwingend für den Jahresabschluss der Fall ist, beginnt zwar die Aufbewahrungsfrist erst entsprechend später. Die Aufbewahrung dieser Unterlagen ist jedoch nicht bis zum Bilanzstichtag veranlasst und bleibt daher für die Berechnung der Rückstellung außer Betracht (BFH, Urteil v. 19.8.2002 - VIII R 30/01, BStBl 2003 II S. 131).

Eine Abzinsung kommt steuerrechtlich nicht in Betracht, da bei Sachleistungsverpflichtungen (wie hier) gem. § 6 Abs. 1 Nr. 3a Buchst. e Satz 2 EStG die Abzinsung nur bis zum Beginn der Erfüllung der Verpflichtung stattfindet (BMF, Schreiben v. 26.5.2005, BStBl 2005 I S. 699, Rz. 26). Das ist hier jeweils der Beginn des Folgejahres, so dass die Laufzeit stets weniger als ein Jahr beträgt.

3.8 „Steuerfreie" Rücklagen

3.8.1 Vorbemerkung

Sogenannte „steuerfreie" Rücklagen haben im Allgemeinen die Eigenschaft von Eigenkapital. In diesen Rücklagen werden erzielte Gewinne (z. B. bestimmte Veräußerungsgewinne) i. d. R. „geparkt". **Steuerfreie Rücklagen** werden gewinnmindernd gebildet und gewinnerhöhend wieder aufgelöst. Durch die Gewinnminderung bei der Bildung der Rücklagen bleiben die erzielten begünstigten Gewinne zunächst unversteuert. Im Rahmen des Betriebsvermögensvergleichs (§ 4 Abs. 1 EStG) werden diese **technisch** wie Fremdkapital behandelt.

Zur Abgrenzung: Die Eigenkapitalgliederung von Kapitalgesellschaften definiert in § 272 HGB ebenfalls Rücklagen. So wird aus versteuerten Gewinnen stammendes Eigenkapital, dass zur Thesaurierung und nicht zur Ausschüttung bestimmt ist, regelmäßig in die **Gewinnrücklagen** (§ 272 Abs. 3 HGB) eingestellt. Die von Kapitalgesellschaften gebildeten **Kapitalrücklagen** stammen i. d. R. aus Einlagen der Anteilseigener (§ 272 Abs. 2 HGB).

Von den „steuerfreien" Rücklagen sind zudem noch die Rückstellungen zu unterscheiden. Rückstellungen sind Teile des Fremdkapitals (vgl. § 249 HGB).

Handels- und steuerrechtlich wird zusätzlich unterschieden zwischen

- offenen Rücklagen und
- stillen Rücklagen (stille Reserven).

Offene Rücklagen werden auf der Passivseite der Bilanz ausgewiesen. Zu ihnen gehören die steuerfreien Rücklagen, die auf bestimmten steuerrechtlichen Vorschriften beruhen. Stille Rücklagen (stille Reserven) sind hingegen nicht aus der Bilanz ersichtlich. Sie beruhen auf unterlassenen Aktivierungen, Unterbewertungen auf der Aktivseite der Bilanz, Überbewertungen auf der Passivseite der Bilanz und nicht ausgewiesenen Wertsteigerungen. Es handelt sich um **verborgenes Eigenkapital.**

Die „steuerfreien" Rücklagen beruhen im Wesentlichen auf folgenden Vorschriften:

- § 6b EStG (Gewinne aus der Veräußerung bestimmter Anlagegüter),
- R 6.6 EStR (Rücklage für Ersatzbeschaffung),
- R 6.5 Abs. 4 EStR (Zuschussrücklage),

- R 6.11 Abs. 3 EStR (Gewinne aus der Rückstellungsauflösung infolge des BilMoG v. 25.5.2009 (BGBl 2009 I S. 1102)) und
- § 6 UmwStG (Rücklage für Einbringungsfolgegewinn).

3.8.2 Rücklage gem. § 6b EStG

§ 6b EStG gestattet die (gewinnneutrale) Übertragung von Gewinnen, die bei der Veräußerung bestimmter Wirtschaftsgüter (Grundbesitz, Binnenschiffe und Anteile an Kapitalgesellschaften) entstehen, auf bestimmte Reinvestitionsgüter. Die R 6b.1–6b.3 EStR erläutern ausführlich die Voraussetzungen und die Übertragungsmöglichkeiten.

Unter **Veräußerung** i. S. des § 6b Abs. 1 EStG ist nur die entgeltliche Übertragung des wirtschaftlichen Eigentums auf eine andere Person zu verstehen (R 6b.1 Abs. 1 EStR). Dazu gehören neben der freiwilligen Veräußerung auch die Veräußerung unter Zwang (z. B. drohende oder erfolgte Beschlagnahme, Enteignung oder Zwangsversteigerung) sowie der Tausch. Der Tausch zum Erwerb eines Wirtschaftsguts des notwendigen Privatvermögens oder zur Begleichung einer privaten Verbindlichkeit fällt jedoch nicht darunter, da es sich dabei um eine Entnahme des hingetauschten Wirtschaftsguts handelt (H 6b.1 Entnahme EStH; anders bei der Rücklage für Ersatzbeschaffung, H 6.6 Abs. 1 Entschädigung EStH). Die Überführung eines Wirtschaftsguts in einen anderen Betrieb desselben Steuerpflichtigen sowie das Ausscheiden infolge höherer Gewalt (hier ist jedoch die Bildung einer Rücklage für Ersatzbeschaffung möglich, R 6.6 EStR) sind auch nicht begünstigt.

Ist der Anlass für die Veräußerung eines Wirtschaftsgutes ein betrieblicher, z. B. zur Abwendung einer Enteignung, so kann i. H. der aufgedeckten stillen Reserven selbst dann eine Rücklage gem. § 6b Abs. 3 EStG gebildet werden, wenn das erhaltene Wirtschaftsgut später in das Privatvermögen übertragen wird (BFH, Urteil v. 29.6.1995 - VIII R 2/94, BStBl 1996 II S. 60). Eine i. S. des § 6b EStG schädliche Entnahme liegt somit nur vor, wenn das weggegebene Wirtschaftsgut nur deshalb veräußert wird, um **Privatvermögen** zu erwerben.

Weitere Voraussetzung ist, dass das veräußerte Wirtschaftsgut mindestens **sechs Jahre** zum Anlagevermögen gehört hat (§ 6b Abs. 4 Satz 1 Nr. 2 EStG und R 6b.3 EStR). In den Fällen des § 6b Abs. 8 EStG (Übertragung im Rahmen städtebaulicher Sanierungsmaßnahmen) genügt eine zweijährige Zugehörigkeit (§ 6b Abs. 8 Satz 1 Nr. 2 EStG). Die Frist ist auch eingehalten bei Zugehörigkeit zu verschiedenen inländischen Betrieben des Steuerpflichtigen (R 6b.3 Abs. 1 EStR) sowie bei Betriebsübergang mit Buchwertfortführung (z. B. gem. § 24 UmwStG oder § 6 Abs. 3 EStG); in diesen Fällen genügt es, wenn die Besitzzeit des Rechtsvorgängers und Rechtsnachfolgers zusammen sechs Jahre ausmachen (R 6b.3 Abs. 5 EStR). Wird ein seit mehr als sechs Jahren zum Anlagevermögen gehörendes (unbebautes) Betriebsgrundstück mit einer Wohnanlage bebaut, dessen Wohnungen anschließend als Wohnungseigentum verkauft werden sollen, so hat sich das bis dahin unbebaute Grundstück vor dem Verkauf in Umlaufvermögen verwandelt. Der Verkauf des Wohnungseigentums fällt nicht unter § 6b EStG. Ausweg: Das unbebaute Grundstück wird zuvor an einen anderen Rechtsträger, z. B. den Ehegatten oder an eine (ggf. neu zu gründende) GmbH, veräußert (DStR 2007 S. 1599).

Begünstigt sind nur bestimmte Reinvestitionsmaßnahmen (vgl. § 6b Abs. 1 Satz 2 EStG), die zudem innerhalb bestimmter Fristen vorgenommen werden müssen (§ 6b Abs. 3 EStG). Die **Regel-**

frist beträgt vier Jahre nach der erstmaligen Bildung der Rücklage. Bei Gebäuden verlängert sie sich auf sechs Jahre, soweit in den ersten vier Folgejahren mit der Herstellung begonnen wurde. Für den Beginn der Herstellung genügt die Einreichung des Bauantrags (H 6b.2 Herstellungsbeginn EStH). In den Fällen des § 6b Abs. 8 EStG (bestimmte Wirtschaftsgüter zugunsten städtebaulicher Sanierungs- und Entwicklungsmaßnahmen) beträgt die Frist sieben bzw. neun Jahre nach der erstmaligen Bildung der Rücklage (§ 6b Abs. 8 Satz 1 Nr. 1 EStG). Gemäß § 52 Abs. 14 Satz 4–6 EStG wurden die Reinvestitionsfristen bei Fristablauf im Jahr 2020 vorübergehend um ein Jahr verlängert. Einlagen sind keine begünstigten Reinvestitionsmaßnahmen (H 6b.2 Einlage EStH). Die von der Rechtsprechung entwickelten Grundsätze zur mittelbaren Grundstücksschenkung gelten auch im Rahmen des § 6b EStG. Eine § 6b EStG-Rücklage kann daher nicht auf ein im Wege der mittelbaren Grundstücksschenkung erworbenes Grundstück übertragen werden (BFH, Urteil v. 23.4.2009 - IV R 9/06, BStBl 2010 II S. 664).

Unschädlich ist es, wenn das Reinvestitionsgut bereits im Vorjahr angeschafft oder hergestellt wurde.

Weitere Voraussetzungen:

a) Die Reinvestition muss ins Anlagevermögen einer inländischen Betriebsstätte erfolgen (§ 6b Abs. 4 Satz 1 Nr. 3 EStG). Anders EuGH, Urteil v. 16.4.2015 - C-591/13, VAAAE-89472. Der Gesetzgeber hat in der Zwischenzeit auf dieses EuGH-Urteil reagiert und zur Abhilfe ein Wahlrecht in § 6b Abs. 2a EStG in Gestalt einer Stundung geschaffen. Reinvestiert der Steuerpflichtige in ein Wirtschaftsgut, das nicht zu einer inländischen Betriebsstätte gehört, sind weder ein Abzug gem. § 6b Abs. 1 EStG noch eine Rücklagenbildung gem. § 6b Abs. 3 EStG zulässig. Allerdings besteht gem. § 6b Abs. 2a EStG ein Wahlrecht zur Verteilung der anfallenden Steuer auf fünf Jahre.

b) Der Veräußerungsgewinn darf bei der Ermittlung des steuerpflichtigen Inlandsgewinns nicht außer Ansatz bleiben (§ 6b Abs. 4 Satz 1 Nr. 4 EStG). Ein Veräußerungsgewinn, der aufgrund eines DBA im Inland nicht steuerpflichtig ist, ist somit nicht i. S. des § 6b EStG begünstigt.

c) Bildung und Auflösung der Rücklage müssen in der Buchführung verfolgt werden können (§ 6b Abs. 4 Satz 1 Nr. 5 EStG).

Die Inanspruchnahme der § 6b EStG-Rücklage ist nicht betriebs-, sondern personengebunden (R 6b.2 Abs. 6 und 7 EStR). Die Übertragung der Rücklage ist deshalb auf Wirtschaftsgüter im selben Betrieb oder in einem anderen Betrieb des Steuerpflichtigen zulässig. „Anderer Betrieb" in diesem Sinn kann auch die Beteiligung an einer Personengesellschaft sein. Umgekehrt kann eine bei einer Personengesellschaft entstandene § 6b-EStG-Rücklage vom anteilig betroffenen Mitunternehmer auf Wirtschaftsgüter seines einzelunternehmerischen oder eines anderen mitunternehmerischen Betriebsvermögens übertragen werden. Eine von einer Kapitalgesellschaft gebildete Rücklage gem. § 6b EStG kann auf ein Wirtschaftsgut einer Personengesellschaft übertragen werden, an der die Kapitalgesellschaft beteiligt ist (zur bilanztechnischen Darstellung siehe BMF, Schreiben v. 29.2.2008, BStBl 2008 I S. 495).

Zu beachten ist, dass im Hinblick auf die Gewerbesteuer der Abzug gem. § 6b Abs. 1 und 3 EStG bei Wirtschaftsgütern, die zu einem land- und forstwirtschaftlichen Betrieb gehören oder die der selbständigen Arbeit dienen, nicht zulässig ist, wenn der Gewinn bei der Veräußerung von Wirtschaftsgütern eines Gewerbebetriebs entstanden ist (§ 6b Abs. 4 Satz 2 EStG). In diesem Zusammenhang ist zu beachten, dass eine Rücklage gem. § 6b EStG vor der Anschaffung oder

Herstellung eines Reinvestitionswirtschaftsguts nicht auf einen anderen Betrieb des Steuerpflichtigen übertragen werden darf. Ein Veräußerungsgewinn, der in eine Rücklage gem. § 6b EStG eingestellt worden ist, kann somit erst zu dem Zeitpunkt in einen anderen Betrieb des Steuerpflichtigen überführt werden, zu dem der Abzug von den Anschaffungs- oder Herstellungskosten des Reinvestitionswirtschaftsguts des anderen Betriebs vorgenommen wird (Bestätigung von R 6b.2 Abs. 8 Satz 3 EStR; BFH, Urteil v. 22.11.2018 - VI R 50/16, BStBl 2019 II S. 313). Auch im Rahmen von Sonderbetriebsvermögen können sich § 6b EStG-Rücklagen ergeben: Das gilt auch bei ausgeschiedenen Gesellschaftern (BFH, Beschluss v. 25.1.2006 - IV R 14/04, BStBl 2006 II S. 418). Hat in diesem Zusammenhang ein Kommanditist ein veräußertes Grundstück von einem anderen Kommanditisten zuvor durch Schenkung erhalten und es mit dem Buchwert fortgeführt, so ist auf die Sechsjahresfrist des § 6b Abs. 4 Satz 1 Nr. 2 EStG auch die Besitzzeit des Rechtsvorgängers anzurechnen (BFH, Urteil v. 24.3.1992 - VIII R 48/90, BStBl 1993 II S. 93).

Personenunternehmen dürfen **Gewinne aus der Veräußerung von Anteilen an Kapitalgesellschaften,** die seit **mindestens sechs Jahren** zum Betriebsvermögen gehörten, im Wirtschaftsjahr der Veräußerung oder in den folgenden zwei bzw. vier Wirtschaftsjahren bis zu einem Betrag i. H. von **500.000 €** auf die Anschaffungskosten von **neu angeschafften Anteilen an Kapitalgesellschaften, Gebäuden oder abnutzbaren beweglichen Wirtschaftsgütern** übertragen oder durch Bildung einer Rücklage neutralisieren (§ 6b Abs. 10 Satz 1 EStG). Bei Mitunternehmerschaften vertritt die Finanzverwaltung die Auffassung, dass der Höchstbetrag von 500.000 € für jeden Mitunternehmer zur Anwendung kommt, vorausgesetzt es handelt sich um eine natürliche Person (R 6b.2 Abs. 12 EStR). Wird der Gewinn im Jahr der Veräußerung auf **Gebäude oder abnutzbare bewegliche Wirtschaftsgüter** übertragen, so kann **nur der steuerpflichtige Teil** des Gewinns übertragen werden (weil der andere Teil i. S. des § 3 Nr. 40 Satz 1 Buchst. a und b EStG steuerfrei ist). Wird der Gewinn im Jahr der Veräußerung auf **neu angeschaffte Anteile an Kapitalgesellschaften** übertragen, mindern sich die Anschaffungskosten der neu erworbenen Anteile i. H. des Veräußerungsgewinns einschließlich des gem. § 3 Nr. 40 Satz 1 Buchst. a und b EStG **steuerbefreiten Betrags.** Soll die Übertragung erst **in späteren Wirtschaftsjahren** vorgenommen werden, kann eine **Rücklage** i. H. von 500.000 € einschließlich des steuerbefreiten Betrags gebildet werden. Die Auflösung der Rücklage erfolgt sinngemäß wie oben beschrieben.

Besonderheiten:

a) Für die Berechnung der Sechsjahresfrist gelten die Vorschriften des BGB (§§ 187 und 188 BGB). Da es sich um eine sog. **„Ereignisfrist"** handelt, wird der Tag des Ereignisses (hier der Anschaffung oder Herstellung des veräußerten Wirtschaftsguts) nicht mitgezählt.

b) Verbleiben nach Abzug der § 6b EStG-Rücklage Anschaffungskosten i. H. von bis zu 800 € bzw. 1.000 € für das erworbene Wirtschaftsgut, kann von den Bewertungswahlrechten gem. § 6 Abs. 2 und 2a EStG Gebrauch gemacht werden, soweit es sich bei dem erworbenen Wirtschaftsgut um selbständig nutzbares, abnutzbares Anlagevermögen handelt (R 6.13 Abs. 2 Nr. 1 EStR).

Gewinnzuschlag

Ist eine § 6b EStG-Rücklage wegen Ablaufs der Reinvestitionsfrist gewinnerhöhend aufzulösen, ohne dass es zu einer Übertragung des Veräußerungsgewinns auf ein Ersatzwirtschaftsgut gekommen ist, ist der Gewinn im Jahr der Auflösung der Rücklage für jedes volle Wirtschaftsjahr, in dem die Rücklage bestanden hat, um 6 % zu erhöhen (§ 6b Abs. 7 EStG und R 6b.2 Abs. 5

EStR). Der Gewinnzuschlag ist auch vorzunehmen, wenn die Rücklage (freiwillig) vorzeitig aufgelöst wird (R 6b.2 Abs. 5 Satz 2 EStR). Der Gewinnzuschlag erfolgt außerhalb der Buchführung. Mit diesem Zuschlag soll die „Steuerpause“, die durch die Rücklagenbildung entstanden ist, abgegolten werden.

Demnach ist der Gewinnzuschlag bei Rücklagen, die natürliche Personen aus Veräußerungsgewinnen von Anteilen an Kapitalgesellschaften gebildet haben, nur auf den **nicht steuerbefreiten Teil** (§ 6b Abs. 10 Satz 9 EStG) i. H. von **6 %** pro Jahr zu berechnen.

3.8.3 Rücklage für Ersatzbeschaffung (R 6.6 EStR)

Normalerweise werden stille Reserven durch Veräußerung oder Entnahme steuerpflichtig realisiert. R 6.6 EStR enthält eine Billigkeitsregelung bei **unfreiwilliger Realisierung** stiller Reserven durch Ausscheiden von Wirtschaftsgütern aus dem Betriebsvermögen infolge höherer Gewalt (z. B. Brand oder Diebstahl) oder infolge bzw. zur Vermeidung eines behördlichen Eingriffs (z. B. drohende oder erfolgte Enteignung oder Beschlagnahme; vgl. R 6.6 Abs. 2 EStR). In derartigen Fällen kann die aufgedeckte stille Reserve (Entschädigung abzgl. Buchwert) im Ergebnis erfolgsneutral von den Anschaffungs-/Herstellungskosten eines Ersatzwirtschaftsguts abgezogen werden.

Eine höhere Gewalt liegt nicht vor bei Ausscheiden aufgrund einer wirtschaftlichen Zwangslage, infolge einer Entnahme oder infolge eines Material- oder Bedienungsfehlers (H 6.6 Abs. 2 Höhere Gewalt EStH).

Eine Rücklage für Ersatzbeschaffung kann jedoch bei Ausscheiden eines Wirtschaftsguts infolge eines unverschuldet erlittenen Verkehrsunfalls gebildet werden (BFH, Urteil v. 14.10.1999 - IV R 15/99, BStBl 2001 II S. 130). Es ist unschädlich, wenn das Ersatzwirtschaftsgut vor dem Ausscheiden eines Wirtschaftsguts angeschafft wird, sofern zwischen beiden Vorgängen ein ursächlicher Zusammenhang besteht (BFH, Urteil v. 12.6.2001 - XI R 5/00, BStBl 2001 II S. 830).

Nicht begünstigt sind Entschädigungsleistungen für Folgeschäden (z. B. Aufräumungskosten, entgangener Gewinn oder Umzugskosten). Soweit eine Betriebsunterbrechungsversicherung Mehrkosten für die beschleunigte Wiederbeschaffung eines durch Brand zerstörten Wirtschaftsguts übernimmt, gehören diese zur begünstigten Entschädigungsleistung (H 6.6 Abs. 1 Entschädigung EStH). Das Ersatzwirtschaftsgut muss die Lücke schließen, die das ausgeschiedene Wirtschaftsgut hinterlassen hat (Funktionsidentität, R 6.6 Abs. 1 Satz 2 Nr. 2 EStR). Lediglich für den Grund und Boden und das Gebäude gilt eine wechselseitige Übertragungsmöglichkeit (R 6.6 Abs. 3 EStR).

Für die Höhe der Rücklage für Ersatzbeschaffung ist der **Buchwert** des ausgeschiedenen Wirtschaftsguts zum Zeitpunkt des Ausscheidens (H 6.6 Abs. 3 Buchwert EStH) maßgeblich. Die AfA muss deshalb zeitanteilig berücksichtigt werden.

Soweit die Ersatzbeschaffung nicht im selben Wirtschaftsjahr erfolgt, kann eine entsprechende Rücklage gebildet werden (R 6.6 Abs. 4 EStR). Die Ersatzbeschaffung muss innerhalb bestimmter Fristen erfolgen, die je nach Art des Wirtschaftsguts bis zu sechs Jahre nach der erstmaligen Bildung der Rücklage betragen können (R 6.6 Abs. 4 EStR). In Reparaturfällen gelten Fristen von einem bzw. vier Jahren (R 6.6 Abs. 7 EStR). Coronabedingt verlängern sich die Fristen für die Ersatzbeschaffung oder Reparatur bei Beschädigung jeweils um ein Jahr, wenn die genannten Fristen ansonsten in einem nach dem 29.2.2020 und vor dem 1.1.2021 endenden Wirtschaftsjahr ablaufen würden (BMF, Schreiben v. 13.1.2021, BStBl 2021 I S. 102).

Soweit keine Übertragung innerhalb der vorstehenden Fristen erfolgt, ist die Rücklage gewinnerhöhend aufzulösen (BFH, Urteil v. 12.1.2012 - IV R 4/09, BStBl 2014 II S. 443). Dies ist ferner der Fall bei Aufgabe der Absicht zur Ersatzbeschaffung (R 6.6 Abs. 4 Satz 1 EStR) sowie bei Betriebsaufgabe oder -veräußerung. In den Fällen der Betriebsaufgabe oder -veräußerung gehört die Rücklage für Ersatzbeschaffung zum tarifbegünstigten Gewinn (H 16 Abs. 9 Rücklage EStH).

Ein Gewinnzuschlag ist für diese Fälle der fehlenden Übertragung von stillen Reserven – anders als bei der Rücklage gem. § 6b EStG – nicht zu berücksichtigen.

Wird die Entschädigung nur teilweise für die Ersatzbeschaffung verwendet, so darf die Rücklage für Ersatzbeschaffung nur anteilig, d. h. im Verhältnis der verwendeten Entschädigung zu ihrem Gesamtbetrag, übertragen werden; der Rest ist steuerpflichtig (H 6.6 Abs. 3 Mehrentschädigung EStH).

Im Ergebnis wird die Rücklage für Ersatzbeschaffung von den Anschaffungs-/Herstellungskosten des Ersatzwirtschaftsguts abgezogen; der verbleibende Betrag bildet die AfA-Bemessungsgrundlage (R 7.3 Abs. 4 EStR). Das gilt entsprechend für die Anwendung des § 6 Abs. 2 und 2a EStG (R 6.13 Abs. 2 Nr. 4 EStR).

Besonderheiten

Die Anschaffung eines Ersatzwirtschaftsguts vor der drohenden Enteignung ist für die Anwendung von R 6.6 EStR unschädlich (H 6.6 Abs. 3 Vorherige Anschaffung EStH). Auf ein eingelegtes Wirtschaftsgut kann eine Rücklage für Ersatzbeschaffung allerdings nicht übertragen werden (H 6.6 Abs. 1 Einlage EStH). Die Übertragung einer Rücklage für Ersatzbeschaffung beim Tausch, insbesondere bei Tauschgrundstücken, die Privatvermögen werden, ist zulässig (H 6.6 Abs. 1 Entschädigung EStH; anders bei § 6b EStG, vgl. H 6b.1 Entnahme und Tausch EStH).

Die für die Bildung einer Rücklage für Ersatzbeschaffung erforderliche Funktionsgleichheit des Ersatzwirtschaftsguts ist grds. nur erfüllt, wenn das neue Wirtschaftsgut in demselben Betrieb hergestellt oder angeschafft wird, dem das entzogene Wirtschaftsgut diente. Nur ausnahmsweise kommt eine Übertragung der aufgedeckten stillen Reserven in einen anderen Betrieb in Betracht (BFH, Urteil v. 22.1.2004 - IV R 65/02, BStBl 2004 II S. 421).

Beschädigung von Wirtschaftsgütern

R 6.6 EStR ist auch anwendbar, wenn ein Wirtschaftsgut infolge höherer Gewalt oder eines behördlichen Eingriffs beschädigt wird und die Reparatur erst später erfolgt (R 6.6 Abs. 7 EStR).

Gewinnermittlung gem. § 4 Abs. 3 EStG

R 6.6 EStR ist auch anwendbar bei der Gewinnermittlung gem. § 4 Abs. 3 EStG (R 6.6 Abs. 5 EStR).

3.8.4 Zuschussrücklage

Werden zur Anschaffung eines Anlageguts Zuschüsse gewährt, die erfolgsneutral behandelt werden sollen (vgl. R 6.5 Abs. 2 EStR), wird aber das Anlagegut erst in dem auf die Gewährung des Zuschusses folgenden Wirtschaftsjahr angeschafft oder hergestellt, so kann i. H. der – noch

– nicht verwendeten Zuschussbeträge eine steuerfreie Rücklage gebildet werden, die im Wirtschaftsjahr der Anschaffung oder Herstellung auf das Anlagegut zu übertragen ist.

3.8.5 Buchführungstechnische Rücklagenbildung und -auflösung

a) Mehrere Rücklagen können in einem Posten zusammengefasst werden. Dabei ist die Angabe der steuerrechtlichen Vorschriften, nach denen der Posten gebildet wurde, nicht vorgeschrieben. Für die § 6b EStG-Rücklage ist aber § 6b Abs. 4 Satz 1 Nr. 5 EStG zu beachten (R 6b.2 Abs. 3 EStR).

b) Die Bildung und Auflösung der steuerfreien Rücklagen erfolgt über das Konto „Sonstiger betrieblicher Aufwand" bzw. „Sonstiger betrieblicher Ertrag".

c) Zur Erfüllung der Aufzeichnungspflichten gem. § 5 Abs. 1 Satz 2 EStG ist bei der Bildung der steuerfreien Rücklage der Ansatz in der Steuerbilanz ausreichend. Die Aufnahme in das Verzeichnis ist erst bei der Übertragung der Rücklage erforderlich (R 6b.2 Abs. 2 EStR).

FALL 68

Ausscheiden eines Wirtschaftsgutes durch höhere Gewalt

Sachverhalt: Der Steuerpflichtige betreibt ein Fuhrgeschäft. Durch einen Diebstahl ging ein Lkw des Steuerpflichtigen am 15.11.01 verloren. Der Lkw stand am 31.12.00 mit 192.000 € zu Buche; die jährliche AfA beträgt 96.000 €. Da das Fahrzeug gegen derartige Schäden versichert war, meldete der Steuerpflichtige den Schaden seiner Versicherungsgesellschaft, die am 16.12.01 eine Versicherungsleistung i. H. von 156.000 € ankündigte und den Betrag am 10.1.02 überwies. Am 2.1.02 erwarb der Steuerpflichtige einen Ersatz-Lkw (betriebsgewöhnliche Nutzungsdauer vier Jahre) für Anschaffungskosten i. H. von

a) 200.000 €;

b) 140.400 €.

Der Steuerpflichtige erstrebt möglichst niedrige Gewinne. Die AfA soll linear beansprucht werden.

AUFGABE

Wie sind die Vorgänge steuerlich zu behandeln?

LÖSUNG

Der Anspruch auf die Versicherungsleistung ist zum 31.12.01 als „Sonstige Forderung" zu aktivieren. Hierdurch werden die in dem gestohlenen Lkw steckenden verdeckten Reserven aufgelöst, wodurch eine Gewinnrealisierung eintritt. Die Auflösung derartiger stiller Rücklagen soll jedoch dann nicht zu einem steuerpflichtigen Gewinn führen, wenn das Wirtschaftsgut infolge höherer Gewalt gegen Entschädigung aus dem Betriebsvermögen ausscheidet und ein Ersatzwirtschaftsgut angeschafft wird (R 6.6 Abs. 1 EStR).

Buchführende Gewerbetreibende, die den Gewinn durch Betriebsvermögensvergleich ermitteln, können am Schluss des Wirtschaftsjahres, in dem ein Wirtschaftsgut infolge höherer Gewalt aus dem Betriebsvermögen ausgeschieden ist, eine steuerfreie Rücklage für Ersatzbeschaffung bilden, wenn sie zu diesem Zeitpunkt eine Ersatzbeschaffung ernstlich geplant, aber noch nicht vorgenommen haben (R 6.6 Abs. 4 EStR). Die Rücklage für Ersatzbeschaffung kann i. H. des Unterschieds zwischen dem Buchwert des ausgeschiedenen Wirtschaftsguts und der Entschädigung (dem Entschädigungsanspruch) gebildet werden. „Buchwert" ist der Wert, der sich für das Wirtschaftsgut zum Zeitpunkt seines Ausscheidens aus dem Betriebsvermögen ergeben würde, wenn für diesen Zeitpunkt eine Bilanz aufzustellen wäre (H 6.6 Abs. 3 Buchwert EStH). Das bedeutet, dass bei abnutzbaren Anlagegütern die AfA bis zum Ausscheidenszeitpunkt vorgenommen werden kann. Zum 15.11.01 ergibt sich folgender Buchwert:

Bilanzansatz zum 31.12.00				192.000 €
AfA bis zum 15.11.01:	$\frac{96.000\ € \times 10{,}5}{12}$	(oder $^{315}/_{360}$)	=	- 84.000 €
Buchwert am 15.11.01				108.000 €

Die Rücklage für Ersatzbeschaffung zum 31.12.01 errechnet sich wie folgt:

Buchwert am 15.11.01	108.000 €
Entschädigungsanspruch	156.000 €
Rücklage für Ersatzbeschaffung am 31.12.01	48.000 €

Die Rücklage für Ersatzbeschaffung ist zum Zeitpunkt der Ersatzbeschaffung gewinnerhöhend aufzulösen. Das Ersatzwirtschaftsgut ist in der Bilanz mit den Anschaffungskosten abzgl. einer Abschreibung i. H. des Betrags der aufgelösten Rücklage für Ersatzbeschaffung anzusetzen. Der verbleibende Betrag ist bei abnutzbaren Anlagegütern die Bemessungsgrundlage für die AfA (R 7.3 Abs. 4 EStR).

Im **Fall a)** ergibt sich folgende Lösung:

Fuhrpark

Zugang am 2.1.02	200.000 €
Außerplanmäßige Abschreibung	- 48.000 €
Verbleibende Anschaffungskosten	152.000 €
AfA gem. § 7 Abs. 1 EStG: 25 % von 152.000 € =	- 38.000 €
Buchwert am 31.12.02	114.000 €

Die Auflösung der Rücklage führt zu einem sonstigen betrieblichen Ertrag i. H. von 48.000 €.

Fall b)

Wird die Entschädigung nicht in voller Höhe für die Ersatzbeschaffung verwendet, darf die Rücklage für Ersatzbeschaffung nur anteilig auf das Ersatzwirtschaftsgut übertragen werden (H 6.6 Abs. 3 Mehrentschädigung EStH).

Entschädigungsanspruch	156.000 €
Anschaffungskosten Ersatz-Lkw	- 140.400 €
Nicht zur Ersatzbeschaffung verwendet	15.600 €

15.600 € entsprechen 10 % des Entschädigungsanspruchs.

10 % der Rücklage für Ersatzbeschaffung sind im Jahr 02 steuerpflichtig: 4.800 €. Nur der Restbetrag kann von den Anschaffungskosten des Ersatz-Lkws abgesetzt werden.

Fuhrpark

Zugang am 2.1.02	140.400 €
Außerplanmäßige Abschreibung	- 43.200 €
Verbleibende Anschaffungskosten	97.200 €
AfA (25 % von 97.200 € =)	- 24.300 €
Buchwert am 31.12.02	72.900 €

Die Gewinnerhöhung durch die Auflösung der Rücklage für Ersatzbeschaffung beträgt 48.000 €.

FALL 69

Behördlicher Eingriff

Sachverhalt: Aufgrund einer drohenden Enteignung veräußert ein Kaufmann zum 1.10.01 ein bebautes Grundstück, das seit vier Jahren zu seinem Betriebsvermögen gehört, für 490.000 € (davon entfallen 240.000 € auf den Grund und Boden und 250.000 € auf das Gebäude). Die Buchwerte zum 31.12.00 betrugen:

- Grund und Boden 90.000 € und
- Gebäude (Jahres-AfA 4.800 €) 203.600 €.

Am 1.8.03 erwirbt der Kaufmann ein Ersatzgrundstück. Die Anschaffungskosten i. H. von 600.000 € entfallen zu 250.000 € auf den Grund und Boden und zu 350.000 € auf das Gebäude (30 Jahre alt). Der Kaufmann wünscht für das Jahr 01 einen möglichst niedrigen Gewinn.

AUFGABE

Wie ist in den Jahren 01–03 in den Bilanzen steuerlich zu verfahren?

LITERATURHINWEIS

Dortmann/Mann, Lehrbuch Buchführung und Bilanzsteuerrecht, 14. Aufl. 2026, Teil B, Kapitel 6, Tz. 6.9.2.4.2.

LÖSUNG

Die Auflösung der in dem Grund und Boden und Gebäude steckenden stillen Rücklagen braucht nicht zu einem steuerpflichtigen Gewinn des Jahres 01 zu führen, da das Grundstück „zur Vermeidung eines behördlichen Eingriffs" aus dem Betriebsvermögen ausgeschieden ist (R 6.6 Abs. 1 EStR). Der durch die Veräußerung realisierte Gewinn kann bis zur Ersatzbeschaffung einer steuerfreien Rücklage zugeführt werden (R 6.6 Abs. 4 EStR). Für die Ersatzbeschaffung kann sich der Steuerpflichtige allerdings nicht unbegrenzt Zeit lassen. Vielmehr ist die Rücklage für Ersatzbeschaffung bei einem Grundstück am Schluss des vierten auf ihre Bildung folgenden Wirtschaftsjahres gewinnerhöhend aufzulösen, wenn bis dahin ein Ersatzwirtschaftsgut weder angeschafft oder hergestellt noch bestellt worden ist (R 6.6 Abs. 4 Satz 4 EStR). Diese Frist ist jedoch im Beispielsfall gewahrt. Es ergeben sich zunächst folgende Auswirkungen:

		Buchwert am 1.10.01	**Erlös**	**Aufgedeckte stille Rücklage**
Grund und Boden		90.000 €	240.000 €	150.000 €
Gebäude:				
Buchwert am 31.12.00	203.600 €			
AfA für neun Monate	- 3.600 €	200.000 €	250.000 €	+ 50.000 €
Rücklage für Ersatzbeschaffung am 31.12.01/31.12.02				200.000 €

Da die Anschaffungskosten für den erworbenen Grund und Boden 250.000 € betragen und die aufgedeckten stillen Reserven beim ausgeschiedenen Grund und Boden 150.000 € ausmachen, ergibt sich beim neuen Grund und Boden eine Abschreibung i. H. von 150.000 €.

Kontenentwicklung:

Grund und Boden

Zugang am 1.8.03	250.000 €
Abschreibung	- 150.000 €
Buchwert am 31.12.03	100.000 €

Gebäude

Zugang am 1.8.03	350.000 €
Außerplanmäßige Abschreibung	- 50.000 €
Verbleibende Anschaffungskosten	300.000 €
AfA gem. § 7 Abs. 4 EStG: 2 % von 300.000 € = 6.000 €, für fünf Monate =	- 2.500 €
Buchwert am 31.12.03	297.500 €

Die Auflösung der Rücklage für Ersatzbeschaffung führt zu einem Gewinn i. H. von 200.000 €.

FALL 70

Beschädigtes Gebäude

Sachverhalt: Bei einem betrieblichen Gebäude ist im Dezember 03 ein Schaden durch Brand entstanden. Aus der Gebäudeversicherung erhielt der Betriebsinhaber unmittelbar danach eine Entschädigung i. H. von 100.000 €. Die Wiederherstellung der verlorengegangenen Substanz verursachte im Folgejahr (Juni 04) Aufwand i. H. von 80.000 € (Abwandlung 120.000 €).

Gebäude

Bilanzansatz zum 31.12.01	520.000 €
AfA (2 % von 1 Mio. € =)	- 20.000 €
Bilanzansatz zum 31.12.02	500.000 €

AUFGABEN

1. Wie sind die Vorgänge in den Bilanzen zum 31.12.03–31.12.04 steuerlich zu behandeln?
2. Wie wäre vorzugehen, wenn die Schadensbeseitigung ohne vernünftigen Grund erst im Jahr 08 erfolgte?

LÖSUNG

Zu 1

Die Grundsätze für die Auflösung einer gebildeten Rücklage für Ersatzbeschaffung gelten auch, wenn ein Wirtschaftsgut infolge höherer Gewalt oder eines behördlichen Eingriffs beschädigt wird und die Reparatur in einem späteren Jahr stattfindet (R 6.6 Abs. 7 EStR). Erfolgt die Reparatur in einem späteren Jahr als dem Schadensjahr, kann i. H. der Entschädigung eine Rücklage gebildet werden. Die Rücklage ist zum Zeitpunkt der Reparatur in voller Höhe aufzulösen.

Buchungen im Jahr 03:

Finanzkonto	100.000 € (Entschädigung)	an	Sonstige betriebliche Erträge	100.000 € (Entschädigung)
Sonstiger betrieblicher Aufwand	100.000 €	an	Rücklage	100.000 €

Buchungen im Jahr 04:

Reparaturkosten	80.000 €	an	Finanzkonto	80.000 €
Rücklage	100.000 €	an	Sonstige betriebliche Erträge	100.000 €

Buchungen im Jahr 04 bei der Abwandlung:

Reparaturkosten	120.000 €	an	Finanzkonto	120.000 €
Rücklage	100.000 €	an	Sonstige betriebliche Erträge	100.000 €

Zu 2

Ist die Reparatur am Ende des vierten auf die Bildung der Rücklage folgenden Wirtschaftsjahres noch nicht erfolgt, so ist die Rücklage zu diesem Zeitpunkt aufzulösen. Die Frist kann nur verlängert werden, wenn glaubhaft gemacht wird, dass die Reparatur noch ernstlich geplant und zu erwarten ist, aber aus besonderen Gründen noch nicht durchgeführt werden konnte (R 6.6 Abs. 7 EStR). Laut Sachverhalt gab es für die Verzögerung aber keine vernünftigen Gründe, deshalb ist die Rücklage im Jahr 07 aufzulösen.

Buchung im Jahr 07:

Rücklage	100.000 €	an	Sonstige betriebliche Erträge	100.000 €

Erfolgt die Reparatur im Jahr 08, stellen die Reparaturkosten Aufwand des Jahres 08 dar.

Die Bildung einer Rückstellung für unterlassene Instandhaltung kam im Jahr 03 für die Steuerbilanz nicht in Betracht, da die Instandhaltung nicht im folgenden Wirtschaftsjahr innerhalb von drei Monaten erfolgte (§ 249 Abs. 1 Satz 2 Nr. 1 HGB und R 5.7 Abs. 11 EStR).

FALL 71

Zuschussrücklage

Sachverhalt: Juwelier J erhält von seiner Einbruch- und Diebstahlversicherung einen Zuschuss zur Installation einer Alarmanlage in seiner Tresoranlage. Im Dezember 01 überweist die Versicherung einen Betrag i. H. von 2.000 €. Anfang des Jahres 02 wird die Alarmanlage installiert: Preis 20.000 € zzgl. Umsatzsteuer. Die Nutzungsdauer beträgt zehn Jahre.

Für das Jahr 01 wird ein möglichst niedriger Gewinn gewünscht.

AUFGABE

Wie ist bilanzsteuerrechtlich bei linearer AfA vorzugehen?

LÖSUNG

Juwelier J hat ein Wahlrecht. Er kann den Zuschuss im Jahr 01 als Betriebseinnahme erfassen und versteuern oder von den Anschaffungskosten der Alarmanlage absetzen (R 6.5 Abs. 2 EStR). Bei dieser handelt es sich im konkreten Fall nicht um nachträgliche Anschaffungskosten des Gebäudes, sondern um Aufwendungen zum Erwerb eines selbständigen Wirtschaftsguts (vgl. BMF, Schreiben v. 5.6.2013, BStBl 2013 I S. 734). Werden Zuschüsse **vor der Anschaffung** gewährt und ist beabsichtigt, von der Möglichkeit einer Kürzung der künftigen Anschaffungskosten Gebrauch zu machen (sog. „erfolgsneutrale Behandlung"), kann der Zuschuss in eine steuerfreie **Zuschussrücklage** eingestellt werden (R 6.5 Abs. 4 EStR).

Zuschussrücklage am 31.12.01	2.000 €
Alarmanlage Zugang Anfang des Jahres 02	20.000 €
Zuschussübertragung	- 2.000 €
Verbleiben als Anschaffungskosten	18.000 €
AfA (§ 7 Abs. 1 EStG) 10 %	- 1.800 €
Buchwert am 31.12.02	16.200 €

FALL 72

Veräußerung eines unbebauten Grundstücks

Sachverhalt: Zum Betriebsvermögen eines Steuerpflichtigen gehört seit acht Jahren ein unbebautes Grundstück (Buchwert am 31.12.00 400.000 €). Der Steuerpflichtige veräußert dieses Grundstück am 1.12.01 für 1 Mio. €. Am 1.2.02 erwirbt er ein unbebautes Grundstück für 300.000 €, auf dem er bis Anfang des Jahres 03 ein Gebäude errichtet, dessen Herstellungskosten 700.000 € betragen. Grund und Boden und Gebäude dienen zu 100 % dem Betrieb des Steuerpflichtigen.

AUFGABE

Wie sind die Geschäftsvorfälle in den Jahren 01, 02 und 03 zu behandeln, wenn der Steuerpflichtige einen möglichst niedrigen steuerlichen Gewinn wünscht?

LÖSUNG

Der bei der Veräußerung erzielte Gewinn i. H. von 600.000 € kann zunächst einer steuerfreien „Rücklage gem. § 6b EStG" zugeführt werden (§ 6b Abs. 1 Satz 1 und Abs. 3 EStG). Er ist sodann auf die Anschaffungskosten des erworbenen Grundstücks übertragbar, soweit dessen Anschaffungskosten hierfür ausreichen (§ 6b Abs. 1 Satz 2 Nr. 1 EStG). Der verbleibende Betrag kann von den Herstellungskosten des Gebäudes abgesetzt werden (§ 6b Abs. 1 Satz 2 Nr. 3 EStG). Im Einzelnen ergeben sich folgende Auswirkungen:

Konto „Rücklage gem. § 6b EStG" am 31.12.01	600.000 €
Übertragung auf Grund und Boden im Jahr 02 (Ertrag)	- 300.000 €
Konto „Rücklage gem. § 6b EStG" am 31.12.02	300.000 €
Übertragung auf Gebäude im Jahr 03 (Ertrag)	- 300.000 €
	0 €

Grund und Boden

Zugang am 1.2.02	300.000 €
Abschreibung gem. § 6b EStG	- 300.000 €
Bilanzansatz zum 31.12.02	0 €

Gebäude

Zugang Anfang des Jahres 03	700.000 €
Abschreibung gem. § 6b EStG	- 300.000 €
Verbleibende Herstellungskosten	400.000 €
AfA gem. § 7 Abs. 4 EStG (3 % von 400.000 € =)	- 12.000 €
Bilanzansatz zum 31.12.03	388.000 €

HINWEIS

Mit der Herstellung eines Gebäudes ist i. S. des § 6b Abs. 3 Satz 3 EStG auch dann fristgerecht begonnen worden, wenn der Bauantrag vor dem Schluss des vierten auf die Bildung der Rücklage folgenden Wirtschaftsjahres gestellt wurde und das Gebäude bis zum Schluss des sechsten Wirtschaftsjahres nach der Bildung der Rücklage fertiggestellt wird (H 6b.2 Herstellungsbeginn EStH).

FALL 73

Veräußerung eines bebauten Grundstücks

Sachverhalt: Ein seit zehn Jahren zum Betriebsvermögen gehörendes bebautes Grundstück wird zum 1.2.01 für 650.000 € veräußert:

	Buchwert am 1.2.01	Erlös	Aufgedeckte stille Reserven
Grund und Boden	200.000 €	250.000 €	50.000 €
Gebäude	+ 100.000 €	+ 400.000 €	+ 300.000 €
Summe	300.000 €	650.000 €	350.000 €

Am 1.12.01 wird ein bebautes Grundstück für den Betrieb angeschafft:

Anschaffungskosten

Grund und Boden	220.000 €
Gebäude	300.000 €

AUFGABE

Wie ist in der Steuerbilanz zu verfahren?

LÖSUNG

Gewinne aus der Veräußerung von Grund und Boden können u. a. übertragen werden auf Anschaffungskosten von

a) Grund und Boden und

b) Gebäuden (einschließlich Erweiterung, Ausbau und Umbau).

Im Gegensatz dazu können Gewinne aus der Veräußerung von Gebäuden nur auf die Anschaffungskosten von Gebäuden (einschließlich Erweiterung, Ausbau und Umbau) übertragen werden (§ 6 Abs. 1 Satz 2 EStG). Im Einzelnen ergeben sich folgende Bilanzansätze:

Grund und Boden

Zugang am 1.12.01	220.000 €
Gewinn aus der Veräußerung von Grund und Boden	- 50.000 €
Bilanzansatz zum 31.12.01	170.000 €

Gebäude

Zugang am 1.12.01	300.000 €
Gewinn aus der Veräußerung des Gebäudes	- 300.000 €
Bilanzansatz zum 31.12.01	0 €

FALL 74

Veräußerung eines Aktienpakets

Sachverhalt: Aus dem Verkauf eines seit acht Jahren zum Betriebsvermögen gehörenden Aktienpakets erzielte ein Kaufmann K am 1.4.01 einen Gewinn i. H. von insgesamt 400.000 €. Den gesamten Gewinn führte er zum 31.12.01 einer Rücklage gem. § 6b Abs. 10 EStG zu. Am 10.11.04 begann er mit der Herstellung eines Fabrikgebäudes (Herstellungskosten 1,2 Mio. €) auf einem Grundstück, das seit vier Jahren zum Betriebsvermögen gehörte. Die Fertigstellung des Gebäudes erfolgte am

a) 1.12.05;

b) 1.2.06.

Abwandlung: Das Aktienpaket gehörte erst seit drei Jahren zum Betriebsvermögen des Kaufmanns K.

AUFGABE

Wie ist unter Anwendung von § 6b Abs. 10 EStG vorzugehen?

LITERATURHINWEIS

Dortmann/Mann, Lehrbuch Buchführung und Bilanzsteuerrecht, 14. Aufl. 2026, Teil B, Kapitel 6, Tz. 6.9.3.

LÖSUNG

Kaufmann K ist gem. § 6b Abs. 10 EStG berechtigt, den Veräußerungsgewinn aus dem Verkauf des Aktienpakets einer den steuerlichen Gewinn mindernden Rücklage zuzuführen. Der Höchstbetrag beträgt 500.000 € pro Jahr und ist hier nicht überschritten.

Erfolgt die Reinvestition innerhalb von vier Jahren nach Bildung der Rücklage in ein neu angeschafftes Gebäude, kann die Rücklage i. H. von 60 % von den Anschaffungskosten des Gebäudes abgezogen werden. 40 % der Rücklage sind zwar auch gewinnerhöhend aufzulösen; sie bleiben aber aufgrund des Teileinkünfteverfahrens (vgl. § 3 Nr. 40 EStG) steuerfrei und werden außerhalb der Buchführung vom Gewinn abgezogen.

Im Fall a) ist die Frist eingehalten, denn sie endete am 31.12.05 (§ 6b Abs. 10 Satz 1 EStG). Für das Gebäude ergibt sich folgende Lösung:

Gebäude

Zugang am 1.12.05	1.200.000 €
Abschreibung gem. § 6b EStG	- 240.000 €
Verbleibende Anschaffungskosten und AfA-Bemessungsgrundlage	960.000 €
AfA (3 % = 28.800 €, für einen Monat =)	- 2.400 €
Bilanzansatz zum 31.12.05	957.600 €

Im Jahr 05 ist noch zu buchen:

Rücklage	400.000 €	an	Sonstige betriebliche Erträge	400.000 €

Außerhalb der Buchführung ist der Gewinn des Jahres 05 um 160.000 € zu kürzen.

Im Fall b) ist das Gebäude für die Übertragung der § 6b EStG-Rücklage zu spät fertiggestellt worden. Die Frist lief am 31.12.05 ab, das Gebäude war aber erst am 1.2.06 fertig. Die Rücklage ist zum 31.12.05 gewinnerhöhend aufzulösen (§ 6b Abs. 10 Satz 8 EStG). Außerdem ist für jedes Wirtschaftsjahr des Bestehens der Rücklage ein Gewinnzuschlag i. H. von **6 % von 60 % des Rücklagebetrags** vorzunehmen (§ 6b Abs. 10 Satz 9 EStG). Der Gewinnzuschlag wird nicht gebucht, sondern außerhalb der Buchführung berücksichtigt. Die AfA-Bemessungsgrundlage für das Gebäude beträgt hierbei 1,2 Mio. € (AfA ab dem Jahr 06). Im Jahr 05 ist zu buchen:

Rücklage	400.000 €	an	Sonstige betriebliche Erträge	400.000 €

Außerhalb der Buchführung sind für das Jahr 05 folgende Gewinnanpassungen vorzunehmen:

Anwendung von § 3 Nr. 40 EStG	- 160.000 €
Zuschlag gem. § 6b EStG (6 % von 240.000 € = 14.400 €).	
14.400 € x 4 =	+ 57.600 €

Abwandlung

§ 6b Abs. 10 EStG ist nur anwendbar, wenn die veräußerten Anteile an Kapitalgesellschaften mindestens sechs Jahre zum Betriebsvermögen gehört haben (§ 6b Abs. 10 Satz 4 i. V. mit Abs. 4 Satz 1 Nr. 2 EStG). Das war hier nicht der Fall. Im Jahr 01 war ein Ertrag i. H. von 400.000 € zu buchen. Außerhalb der Buchführung war der Gewinn um 160.000 € zu kürzen (Teileinkünfteverfahren, § 3 Nr. 40 EStG).

FALL 75

§ 6b EStG-Rücklage bei Mitunternehmerschaft

Sachverhalt: Die ABC-OHG hat im Jahr 01 eine § 6b EStG-Rücklage (§ 6b Abs. 1–3 EStG) i. H. von 600.000 € gebildet. Sie entfiel mit je 200.000 € auf A, B und C. Mit Wirkung v. 1.1.02 ist D zusätzlich in die ABC-OHG eingetreten. Das neue Beteiligungsverhältnis von A, B, C und D beträgt je $^{1}/_{4}$. Im Jahr 03 erwirbt die ABC-OHG ein Gebäude (Baujahr 1980) mit Anschaffungskosten i. H. von 1,2 Mio. €, auf das sie die § 6b EStG-Rücklage voll überträgt.

AUFGABE

Wie ist die Übertragung steuerbilanztechnisch zu lösen und welche Auswirkungen ergeben sich für die Gewinnverteilung?

LÖSUNG

§ 6b EStG ist eine personenbezogene Steuerbegünstigung in dem Sinne, dass bei der Veräußerung von Wirtschaftsgütern, die zum Gesellschaftsvermögen einer Personengesellschaft gehören, auch die Sechsjahresfrist personenbezogen erfüllt sein muss. Gesellschafter, die innerhalb der letzten sechs Jahre in die Personengesellschaft eingetreten sind, können Veräußerungen durch die Personengesellschaft während dieser Zeit nicht gem. § 6b EStG behandeln. Die Sechsjahresfrist ist ebenfalls insoweit nicht gewahrt, als von der Gesellschaft veräußerte Wirtschaftsgüter infolge einer entgeltlichen Änderung der personellen Zusammensetzung oder der Beteiligungsverhältnisse anteilig Gegenstand entgeltlicher Veräußerungs- oder Anschaffungsgeschäfte während der letzten sechs Jahre vor der Veräußerung waren (BFH, Urteile v. 13.8.1987 - VIII B 179/86, BStBl 1987 II S. 782, und v. 30.3.1989 - IV R 81/87, BStBl 1989 II S. 558).

Tritt ein Gesellschafter in eine Gesellschaft ein, die vorher bereits eine § 6b EStG-Rücklage gebildet hat, so kann die Übertragung der § 6b EStG-Rücklage auf Reinvestitionsgüter nur von den „Alt"-Gesellschaftern vorgenommen werden.

Sind nicht alle Gesellschafter zur Übertragung einer § 6b EStG-Rücklage berechtigt, erfolgt technisch die Inanspruchnahme des Abzugs der § 6b EStG-Rücklage sowie die Erfassung der damit ggf. verbundenen Weniger-AfA zweckmäßigerweise mittels der Bildung von Wertberichtigungsposten in den Ergänzungsbilanzen für die berechtigten Gesellschafter. Diese Ergänzungsbilanzen dienen lediglich der richtigen steuerlichen Gewinnermittlung und -verteilung. Auf ihre Erstellung kann verzichtet werden, wenn anderweitig sichergestellt ist, dass die durch die Inanspruchnahme der Rücklagenübertragung bedingte Weniger-AfA korrekt verteilt wird bzw. die gebildeten stillen Reserven personenbezogen festgehalten werden. Allerdings bleibt die Einrichtung von Ergänzungsbilanzen unter dem Gesichtspunkt der Praktikabilität unübertroffen.

Aktiva	**Steuerbilanz ABC-OHG**		**Passiva**
Gebäude	1.200.000 €	Kapital:	
AfA	- 24.000 €	A	300.000 €
		B	300.000 €
		C	300.000 €
		D	300.000 €

Aktiva	**Ergänzungsbilanz A, B, C**		**Passiva**
Kapital:		Wertberichtigung:	
A	200.000 €	Gebäude	600.000 €
B	200.000 €	AfA	- 12.000 €
C	200.000 €		

Gewinnverteilung	A	B	C	D
Handelsbilanzgewinn	- 6.000 €	- 6.000 €	- 6.000 €	- 6.000 €
AfA-Korrektur	+ 4.000 €	+ 4.000 €	+ 4.000 €	

FALL 76

Übertragung einer § 6b EStG-Rücklage von einer Kapital- auf eine Personengesellschaft

Sachverhalt: Die A-GmbH ist wie ihre Mitunternehmer B und C zu 1/3 am Gewinn und Vermögen der ABC-OHG beteiligt. Das Kapitalkonto der A-GmbH bei der ABC-OHG beträgt 600.000 €. Die A-GmbH hat ihrerseits die ABC-OHG-Beteiligung mit 600.000 € aktiviert. Zum steuerlichen Betriebsvermögen der A-GmbH gehört eine § 6b EStG-Rücklage aus dem Verkauf von unbebauten Grundstücken i. H. von 500.000 €. Die A-GmbH plant keine Investitionen, auf die die Rücklage übertragen werden könnte. Allerdings hat die ABC-OHG ein Grundstück mit Anschaffungskosten i. H. von 900.000 € erworben.

AUFGABE

Kann die A-GmbH Anschaffungen der ABC-OHG nutzen, um ihre § 6b EStG-Rücklage dorthin zu übertragen?

LÖSUNG

Die Regelung in R 6b.2 Abs. 6 Satz 1 Nr. 2 EStR, wonach eine in einem Einzelunternehmen entstandene § 6b EStG-Rücklage auf Wirtschaftsgüter übertragen werden kann, die zum Betriebsvermögen einer Personengesellschaft gehören, an der der Einzelunternehmer als Mitunternehmer beteiligt ist, gilt auch für Kapitalgesellschaften, die an einer Personengesellschaft beteiligt sind (§ 8 Abs. 1 KStG und R 8.1 Abs. 1 KStR). Eine Übertragung ist zulässig, soweit die Wirtschaftsgüter der Kapitalgesellschaft zuzurechnen sind. Im vorliegenden Fall entfällt von den Anschaffungen der ABC-OHG i. H. von 900.000 € 1/3 auf die A-GmbH: 300.000 €. In dieser Höhe ist eine Rücklagenübertragung zulässig.

Buchungen bei der A-GmbH

Um die Übertragung vorzunehmen, muss die Rücklage i. H. von 300.000 € erfolgsneutral aufgelöst werden. Technisch geschieht das in der Weise, dass die A-GmbH in ihrer Steuerbilanz den Aktivposten „ABC-OHG-Beteiligung“ aufgrund der spiegelbildlichen Darstellungsweise um 300.000 € erhöht und die § 6b EStG-Rücklage um 300.000 € mindert. Dies gilt unabhängig von der Bewertung der Beteiligung in der Handelsbilanz der A-GmbH.

Buchung:

Rücklage	300.000 €	an	ABC-OHG-Beteiligung	300.000 €

HINWEIS

Den Restbetrag der § 6b EStG-Rücklage i. H. von 200.000 € muss die A-GmbH nach Fristablauf gewinnerhöhend auflösen und zzgl. Zinszuschlag versteuern, falls bis dahin keine begünstigten Reinvestitionen erfolgen.

Buchungen bei der ABC-OHG

Wird eine § 6b EStG-Rücklage auf ein Wirtschaftsgut einer Personengesellschaft übertragen, sind die Anschaffungs- oder Herstellungskosten dieses Wirtschaftsguts zu mindern. Die Übertragung wird durch eine erfolgsneutrale Umbuchung vom Kapitalkonto der A-GmbH in der Steuerbilanz der ABC-OHG auf das betreffende Wirtschaftsgut vollzogen. Dabei handelt es sich um die Ausübung eines steuerlichen Wahlrechts.

Buchungen:

Kapitalkonto A-GmbH	300.000 €	an	§ 6b EStG-Rücklage	300.000 €
§ 6b EStG-Rücklage	300.000 €	an	Sonstige betriebliche Erträge	300.000 €
Abschreibungen	300.000 €	an	Grundbesitz	300.000 €

Hiernach sind vom Grundbesitz mit Anschaffungskosten i. H. von 900.000 € nur noch 600.000 € bilanziert, die auf die A-GmbH und B und C zu jeweils 200.000 € entfallen.

Dies ändert nichts daran, dass der A-GmbH im Fall der Realisierung der im Grundstück befindlichen stillen Reserven im Rahmen der Gewinnverteilung vorab 300.000 € zustehen. Soweit abnutzbare Wirtschaftsgüter (z. B. Gebäude) involviert sind, steht den Mitunternehmern B und C ein höheres AfA-Volumen zu als der A-GmbH. Dies alles erfordert für eine korrekte Gewinnverteilung die Einrichtung positiver Ergänzungsbilanzen für die Mitunternehmer B und C, die jeweils 300.000 € für die Grundbesitzanschaffung aufgewendet haben (= 600.000 €), die aber lt. Handelsbilanz nur auf 2/3 von 600.000 € = 400.000 € blicken. Die positiven Ergänzungsbilanzen könnten folgendes Bild haben:

Aktiva	**Ergänzungsbilanzen B und C**		**Passiva**
Mehrwert Grundbesitz	200.000 €	Mehrkapital B	100.000 €
		Mehrkapital C	100.000 €
Summe	200.000 €	Summe	200.000 €

FALL 77

Übertragung einer § 6b EStG-Rücklage von einer Personen- auf eine Kapitalgesellschaft

Sachverhalt: Die A-GmbH ist zu 1/3 am Gewinn und Vermögen der ABC-OHG beteiligt. Das Kapitalkonto der A-GmbH bei der ABC-OHG beträgt 1 Mio. €. Die A-GmbH hat ihrerseits die ABC-OHG-Beteiligung mit 1 Mio. € aktiviert. Zum steuerlichen Betriebsvermögen der ABC-OHG gehört eine § 6b EStG-Rücklage aus dem Verkauf von unbebauten Grundstücken i. H. von 900.000 €. Die ABC-OHG plant aufgrund von Umsatzrückgängen keine Investitionen, auf die

die Rücklage übertragen werden könnte. Allerdings hat die A-GmbH ein Grundstück mit Anschaffungskosten i. H. von 800.000 € erworben.

AUFGABE

Kann die A-GmbH die § 6b EStG-Rücklage auf ihre Grundbesitzanschaffung übertragen?

LÖSUNG

Die Regelung in R 6b.2 Abs. 7 Nr. 3 EStR, wonach eine in einem Gesamthandsvermögen (nach MoPeG v. 10.8.2021 (BGBl 2021 I S. 3436) ab dem 1.1.2024, vgl. § 39 Abs. 2 Nr. 2 AO) einer Personengesellschaft entstandene § 6b EStG-Rücklage auf Wirtschaftsgüter übertragen werden kann, die zum Betriebsvermögen eines Einzelunternehmens gehören, dessen Inhaber an einer solchen Personengesellschaft als Mitunternehmer beteiligt ist, gilt m. E. auch für Kapitalgesellschaften, die an einer Personengesellschaft beteiligt sind (§ 8 Abs. 1 KStG und R 8.1 Abs. 1 KStR). Eine Übertragung ist dann zulässig, soweit die § 6b EStG-Rücklage der Kapitalgesellschaft zuzurechnen ist. Im vorliegenden Fall entfällt von der § 6b EStG-Rücklage 1/3 auf die A-GmbH: 300.000 €. In dieser Höhe ist eine Rücklagenübertragung zulässig.

Buchungen bei der ABC-OHG

Um die Übertragung vorzunehmen, muss die § 6b EStG-Rücklage i. H. von 300.000 € erfolgsneutral ausgebucht werden. Technisch geschieht das in der Weise, dass die ABC-OHG in ihrer Steuerbilanz das Kapitalkonto der A-GmbH um 300.000 € erhöht und die § 6b EStG-Rücklage um 300.000 € mindert.

Buchung:

§ 6b EStG-Rücklage	300.000 €	an	Kapitalkonto A-GmbH	300.000 €

Buchungen bei der A-GmbH

Zunächst ist die Rücklage erfolgsneutral in das Betriebsvermögen der A-GmbH einzubuchen. Sodann sind die Anschaffungs- oder Herstellungskosten der Reinvestitionsmaßnahme zu mindern.

Buchungen:

ABC-OHG-Beteiligung	300.000 €	an	§ 6b EStG-Rücklage	300.000 €
§ 6b EStG-Rücklage	300.000 €	an	Sonstige betriebliche Erträge	300.000 €
Abschreibungen	300.000 €	an	Grundbesitz	300.000 €

Kapitel 4: Steuerliche Bewertung des Betriebsvermögens

4.1 Anschaffungskosten

4.1.1 Allgemeines

Der Begriff „Anschaffungskosten“ wird sowohl im Handels- als auch im Steuerrecht verwendet. Eine auch für die steuerliche Bewertung gültige Definition findet sich in § 255 Abs. 1 HGB (vgl. auch R 6.2 EStR und H 6.2 EStH). Anschaffungskosten eines Wirtschaftsguts können nur solche Aufwendungen sein, die nach wirtschaftlichen Gesichtspunkten dessen Beschaffung tatsächlich zuzuordnen sind. Hierzu genügt ein bloßer kausaler oder zeitlicher Zusammenhang mit der Anschaffung nicht. Vielmehr kommt es auf die Zweckbestimmung der Aufwendungen an („finaler Begriff“ der Anschaffungskosten). Dieser Zweck muss auf die beabsichtigte Funktion und Eigenschaft des angeschafften Wirtschaftsguts als Teil des Betriebsvermögens gerichtet sein und die Aufwendungen müssen dem Wirtschaftsgut selbst zugutekommen (BFH, Urteil v. 3.8.2005 - I R 36/04, BStBl 2006 II S. 369). Beim Ratenkauf ohne Zinsvereinbarung ergeben sich die Anschaffungskosten aus dem i. S. der §§ 12 ff. BewG ermittelten Barwert (R 6.2 Satz 2 EStR).

Als **Erwerbsnebenkosten** sind zu berücksichtigen:

- Verpackungs-, Transport- und Frachtkosten (einschließlich Speditions- und Lagerkosten sowie Rollgelder),
- Zölle,
- Provisionen,
- Maklergebühren,
- Grunderwerbsteuer,
- Beurkundungskosten,
- Grundbuchkosten,
- Gutachterkosten,
- Vermessungskosten sowie
- Reisekosten anlässlich der Besichtigung und des anschließenden Erwerbs eines Wirtschaftsguts.

Trägt der Käufer die Grunderwerbsteuer, erhöht die Grunderwerbsteuer nicht – auch nicht hälftig – die Bemessungsgrundlage (Entgelt) für die Umsatzsteuer (BFH, Urteile v. 20.12.2005 - V R 14/04, BStBl 2012 II S. 424, und v. 9.11.2006 - V R 9/04, BStBl 2007 II S. 285; BMF, Schreiben v. 25.9.2007, BStBl 2007 I S. 716). Zu den Aufwendungen für die Herbeiführung des **betriebsbereiten Zustands** i. S. des § 255 Abs. 1 Satz 1 HGB gehören z. B. Fundamentierungskosten, die der Standsicherheit einer Maschine dienen. Bei Gebäuden handelt es sich um Aufwendungen, die die objektive und subjektive Funktionstüchtigkeit des Gebäudes ermöglichen. Ein Gebäude ist objektiv funktionsuntüchtig, wenn z. B. Türen und Fenster fehlen. Es ist subjektiv funktionsunfähig, wenn es für die konkrete Zweckbestimmung seitens des Käufers nicht nutzbar ist, weil z. B. nach einer Umwidmung durch den Käufer die vorhandenen sanitären Anlagen für intensiven Publikumsverkehr nicht ausreichen. In diesen Fällen führt der Mehraufwand des Käufers zu Anschaffungskosten für das Gebäude.

Nicht zu den Anschaffungskosten gehören die **Gemeinkosten des Beschaffungsbereichs,** z. B. die Kosten der Einkaufsabteilung und die Kosten für Geschäftsreisen. Entstehen im Zusammenhang mit der Herbeiführung der Betriebsbereitschaft Herstellungskosten (z. B. Montage- und Fundamentierungskosten) durch den Einsatz eigener Arbeitskräfte, sind nur die anteiligen Einzelkosten aktivierungspflichtig. Stückzinsen (vgl. H 20.2 Stückzinsen EStH und BFH, Urteil v. 15.3.2023 - I R 24/20, BStBl 2023 II S. 845) sind nicht Anschaffungskosten der zugrundeliegenden Wertpapiere, sondern Anschaffungskosten für den Zinsanspruch. Finanzierungskosten und Aufwendungen für Vertragsstrafen (Konventionalstrafen, § 339 BGB) stellen ebenfalls keine Anschaffungskosten dar.

Als Minderungen der Anschaffungskosten kommen Preisnachlässe aller Art in Betracht:

- Skonti,
- Boni,
- Rabatte

usw.

Voraussetzung der Berücksichtigung ist bei Skontoabzug die Bezahlung vor dem Bilanzstichtag, da es sich bei der Zahlung nach dem Bilanzstichtag um ein wertbeeinflussendes Ereignis handelt (BFH, Urteil v. 27.2.1991 - I R 176/84, BStBl 1991 II S. 456). Etwas anderes gilt bei Bonusansprüchen, auf die zum Bilanzstichtag ein Rechtsanspruch besteht.

Werden mehrere Wirtschaftsgüter gegen Zahlung eines Gesamtkaufpreises erworben, sind die Anschaffungskosten nach dem Verhältnis der Teilwerte der einzelnen Wirtschaftsgüter aufzuteilen (BFH, Urteile v. 15.2.1989 - X R 97/87, BStBl 1989 II S. 604, und v. 10.10.2000 - IX R 86/97, BStBl 2001 II S. 183).

Bei Darlehensforderungen entsprechen die Anschaffungskosten auch dann ihrem Nennwert, wenn das Darlehen unverzinslich ist (BFH, Urteile v. 23.4.1975 - I R 236/72, BStBl 1975 II S. 875, v. 30.11.1988 - I R 114/84, BStBl 1990 II S. 117, und v. 19.5.1998 - I R 54/97, BStBl 1999 II S. 277).

4.1.2 Vorsteuer

Verrechenbare **Vorsteuer** gehört nicht zu den Anschaffungskosten des Wirtschaftsguts, auf dessen Anschaffung sie entfällt (§ 9b Abs. 1 EStG). Nicht verrechenbare Vorsteuer gehört zu den Anschaffungskosten. Ändert sich der Vorsteuerabzug gem. § 15a UStG mit Wirkung für die Zukunft, sind die umsatzsteuerlichen Mehr- oder Minderbeträge als Einnahmen oder Ausgaben zu behandeln (§ 9b Abs. 2 EStG).

Ob Vorsteuer verrechenbar ist, ergibt sich aus § 15 UStG. Weitere Einzelheiten sind den Abschnitten 15.1–15.24 UStAE zu entnehmen. Zum Vorsteuerabzug bei (teil-)unternehmerisch verwendeten Fahrzeugen vgl. BMF, Schreiben v. 5.6.2014, BStBl 2014 I S. 896, sowie zu teilunternehmerisch genutzten Gebäuden vgl. BMF, Schreiben v. 17.5.2024, BStBl 2024 I S. 916.

Bei gemischt genutzten Gebäuden ist eine Ermittlung des nicht abziehbaren Teils der Vorsteuerbeträge nach dem Verhältnis der Umsätze, die den Vorsteuerabzug ausschließen (z. B. bei zu Wohnzwecken vermieteten Gebäudeteilen), zu den Umsätzen, die zum Vorsteuerabzug berechtigen (Umsatzschlüssel), gem. § 15 Abs. 4 Satz 3 UStG in richtlinienkonformer Auslegung nur zulässig, wenn keine andere – präzisere – Zurechnung möglich ist. Bei der Errichtung eines gemischt genutzten Gebäudes richtet sich die Vorsteueraufteilung im Regelfall nach dem objektbezogenen Flächenschlüssel. Vorsteuerbeträge sind aber dann nach dem (objektbezogenen) Umsatzschlüssel aufzuteilen, wenn eine Gesamtwürdigung ergibt, dass erhebliche Unterschiede in der Ausstattung der verschiedenen Zwecken dienenden Räume bestehen (BFH, Urteile v. 7.5.2014 - V R 1/10, BStBl 2022 II S. 731, und v. 3.7.2014 - V R 2/10, BStBl 2022 II S. 734).

Technisch erfolgt die Vorsteueraufteilung im Falle einer gemischten bzw. teilunternehmerischen Nutzung nach der Maßgabe des § 15 Abs. 4 UStG in einem sog. **„Zwei-Stufen-Modell"**. Auf **Stufe I** ist zu klären, was den aufzuteilenden Gegenstand darstellt. Nach den Entscheidungen des EuGH (EuGH, Urteil v. 9.6.2016 - C-332/14, BStBl 2022 II S. 752) und der beiden für Umsatzsteuer zuständigen Senate des BFH ist (BFH, Urteile v. 28.9.2006 - V R 43/03, BStBl 2007 II S. 417, und v. 10.8.2016 - XI R 31/09, BStBl 2022 II S. 736) nunmehr unstreitig, dass das Gebäude als solches Aufteilungsgegenstand ist. Das bedeutet, dass die Aufwendungen aus der Herstellung oder Anschaffung eines Gebäudes nicht (mehr) den einzelnen, unterschiedlich genutzten Teilen des Gebäudes zugeordnet werden. Dies gilt entsprechend für nachträgliche Herstellungs- bzw. Anschaffungskosten. Hinsichtlich der laufenden Erhaltungsaufwendungen (und auch der anschaffungsnahen Herstellungskosten i. S. des § 6 Abs. 1 Nr. 1a EStG) sind diese i. d. R. den unterschiedlich genutzten Gebäudeteilen zuzuordnen; nur für den Fall, dass dies nicht möglich sein sollte, sind auch die laufenden Erhaltungsaufwendungen einheitlich nach Maßgabe des § 15 Abs. 4 UStG aufzuteilen (z. B. Aufwendungen für das Dach oder das Treppenhaus).

Auf der **Stufe II** des Aufteilungsverfahrens ist sodann der Aufteilungsschlüssel zu bestimmen. Während für die Finanzverwaltung der objektbezogene Umsatzschlüssel nur zweite Wahl ist und von ihr der **Flächenschlüssel** favorisiert wird (vgl. Abschnitt 15.17 Abs. 7 UStAE), ist der **Umsatzschlüssel** nach der höchstrichterlichen Rechtsprechung jedoch (zwingend) anzuwenden, sofern erhebliche Ausstattungsunterschiede zwischen den unterschiedlichen Gebäudeteilen bestehen (so BFH, Urteil v. 7.5.2014 - V R 1/10, BStBl 2022 II S. 731) oder wenn die Nutzflächen aus anderen Gründen nicht vergleichbar sind oder sonstige Gründe gegen eine Aufteilung nach dem Flächenschlüssel sprechen.

Verwendet der Unternehmer ein Grundstück sowohl für Zwecke seines Unternehmens als auch für Zwecke, die außerhalb des Unternehmens liegen (z. B. für eigene Wohnzwecke), oder für den privaten Bedarf seines Personals, ist die Steuer für die Lieferungen, die Einfuhr und den innergemeinschaftlichen Erwerb sowie für die sonstigen Leistungen im Zusammenhang mit diesem Grundstück vom Vorsteuerabzug ausgeschlossen, soweit sie nicht auf die Verwendung des Grundstücks für Zwecke des Unternehmens entfällt (§ 15 Abs. 1b UStG und Abschnitt 15.6a UStAE).

4.1.3 Abgrenzung von Anschaffungs- und Herstellungskosten sowie Erhaltungsaufwand

Siehe hierzu ausführlich BMF, Schreiben v. 18.7.2003, BStBl 2003 I S. 386.

Nachträgliche Anschaffungskosten i. S. des § 255 Abs. 1 Satz 2 HGB setzen einen wirtschaftlichen Zusammenhang mit der Anschaffung voraus. Dazu gehören z. B. nachträgliche Preiskorrekturen nach oben aufgrund eines gerichtlichen Urteils, Vergleichs oder einer Vereinbarung im

Kaufvertrag, wonach der endgültige Kaufpreis von späteren Ereignissen oder Erkenntnissen abhängig gemacht wird. Die Kosten der erstmaligen **Erschließung** eines Grundstücks rechnet die Rechtsprechung zu den nachträglichen Anschaffungskosten eines Grundstücks (BFH, Urteil v. 6.7.1989 - IV R 27/87, BStBl 1990 II S. 126), die der Zweiterschließung nur ausnahmsweise (BFH, Urteile v. 12.1.1995 - IV R 3/93, BStBl 1995 II S. 632, und v. 7.11.1995 - IX R 54/94, BStBl 1996 II S. 190). Nachträglich auftauchende Neben- oder Zusatzkosten sind den Anschaffungskosten zuzuschlagen, wenn sie eine Folge der Anschaffung sind. Inwieweit nach der Anschaffung stattfindende **Ergänzungsbeschaffungen** (z. B. nachträglicher Einbau eines Zählwerks) zu den nachträglichen Anschaffungskosten gehören, ist fraglich. Hierbei handelt es sich m. E. eher um nachträgliche Herstellungskosten i. S. des § 255 Abs. 2 Satz 1 HGB, da sie mit einer substanziellen Verbesserung des Wirtschaftsguts einhergehen und mit dem Anschaffungsvorgang selbst nichts mehr zu tun haben.

Bei Baumaßnahmen ist von anschaffungsnahen Herstellungskosten auszugehen, wenn die Aufwendungen für Instandsetzungs- und Modernisierungsmaßnahmen, die innerhalb von drei Jahren nach der Anschaffung eines Gebäudes durchgeführt werden, ohne Umsatzsteuer 15 % der Anschaffungskosten des Gebäudes übersteigen (§ 6 Abs. 1 Nr. 1a Satz 1 EStG). Aufwendungen im Zusammenhang mit der Anschaffung eines Gebäudes sind nicht als Erhaltungsaufwand sofort abziehbar, wenn sie im Rahmen einheitlich zu würdigender Instandsetzungs- und Modernisierungsmaßnahmen i. S. des § 6 Abs. 1 Nr. 1a Satz 1 EStG anfallen (BFH, Urteil v. 25.8.2009 - IX R 20/08, BStBl 2010 II S. 125). Das gilt auch für Aufwendungen für die Beseitigung versteckter Mängel (R 6.4 Abs. 1 EStR). In die Berechnung zur Überschreitung der 15%-Grenze sind auch bereits nach Handelsrecht als Herstellungskosten zu beurteilende Aufwendungen einzubeziehen (BFH, Urteile v. 14.6.2016 - IX R 25/14, BStBl 2016 II S. 992, und v. 14.6.2016 - IX R 22/15, BStBl 2016 II S. 999). Von dieser Einbeziehung bei der 15%-Grenze sind nur Aufwendungen für Erweiterungen ausgenommen, die einer Herstellung i. S. des § 255 Abs. 2 Satz 1 HGB gleichstehen, sowie Aufwendungen für jährlich üblicherweise anfallende Erhaltungsarbeiten (§ 6 Abs. 1 Nr. 1 Satz 2 EStG).

Ob eine wesentliche Verbesserung eines Wirtschaftsguts i. S. des § 255 Abs. 2 HGB erreicht wird, richtet sich danach, ob die durch die Baumaßnahmen bewirkten Veränderungen vor dem Hintergrund der betrieblichen Zielsetzung zu einer höherwertigen (verbesserten) Nutzbarkeit des Vermögensgegenstands führen (BFH, Urteil v. 25.9.2007 - IX R 28/07, BStBl 2008 II S. 218). Aufwendungen für den Umbau eines Großraumbüros in vier Einzelbüros unter Verwendung von Rigips-Ständerwerk sowie für die Anpassung der Elektroinstallation im hierdurch notwendigen Umfang sind sofort abziehbare Erhaltungsaufwendungen, da die Voraussetzungen für die Anwendung von § 255 Abs. 2 HGB nicht vorliegen (BFH, Urteil v. 16.1.2007 - IX R 39/05, BStBl 2007 II S. 922).

Sofern nach dem Zeitpunkt der Anschaffung bis zum Bilanzstichtag Anschaffungskosten entstehen oder sich diese mindern, sind die Veränderungen in die Bewertung auf diesen Bilanzstichtag einzubeziehen. Ergeben sich nach dem Jahr der Anschaffung nachträgliche Änderungen, so ist der Wertansatz des Wirtschaftsguts im Wirtschaftsjahr der Änderung anzupassen.

4.1.4 Erwerb auf Rentenbasis

Beim Erwerb auf Rentenbasis gehört der versicherungsmathematische oder der i. S. der §§ 12 ff. BewG ermittelte Barwert zum Zeitpunkt des Erwerbs zu den Anschaffungskosten (R 6.2 EStR). Fällt die Rentenverpflichtung später weg, so berührt das nicht mehr die Anschaffungskosten für das Wirtschaftsgut; in diesem Fall ist der Barwert der Verbindlichkeit gewinnerhöhend aufzulösen. Spätere Änderungen der Rentenverpflichtung aufgrund einer Wertsicherungsklausel berühren ebenfalls nicht die auf den Zeitpunkt der Anschaffung des Wirtschaftsguts ermittelten Anschaffungskosten. Eine Erhöhung des Barwerts wird erfolgswirksam passiviert (Erhöhung der Rentenverbindlichkeit). Technisch werden die einzelnen Rentenzahlungen als Aufwand gebucht; die durch Zeitablauf jährlich eintretende Minderung des Verbindlichkeitenbarwerts wird als Ertrag behandelt, wenn nicht ausnahmsweise eine Erhöhung des Barwerts eingetreten ist.

4.1.5 Tausch

In Tauschfällen ergeben sich die Anschaffungskosten aus dem gemeinen Wert des hingegebenen Wirtschaftsguts (§ 6 Abs. 6 Satz 1 EStG). Werden Wertunterschiede der getauschten Wirtschaftsgüter durch Zuzahlung ausgeglichen, so ist die Zuzahlung nach allgemeinen Grundsätzen zu behandeln.

Formel:

Gemeiner Wert des hingegebenen Wirtschaftsguts

+	Zuzahlung oder
-	erhaltene Barzahlung
-	verrechenbare Vorsteuer
=	**Anschaffungskosten**

Beim Tausch von Wirtschaftsgütern treten die gleichen Folgen ein wie bei einer Veräußerung gegen Geld. Eine Gewinnauswirkung tritt deshalb auch beim Tausch ein, wenn der gemeine Wert des hingegebenen Wirtschaftsguts (abzgl. Umsatzsteuer) von dessen Buchwert abweicht. Auch der Tausch von Mitunternehmeranteilen führt grds. zur Gewinnrealisierung (BFH, Urteil v. 8.7.1992 - XI R 51/89, BStBl 1992 II S. 946). Von dem Grundsatz der sofortigen Versteuerung wird ausnahmsweise abgesehen:

- Beim Ausscheiden von Wirtschaftsgütern infolge höherer Gewalt (R 6.6 EStR);
- bei Anwendung von § 6b EStG und
- beim Tausch von Grundstücken im Rahmen von Flurbereinigungsmaßnahmen (H 6b.1 Umlegungs- und Flurbereinigungsverfahren EStH).

4.1.6 Fiktive Anschaffungskosten

Wird ein einzelnes Wirtschaftsgut aus betrieblicher Veranlassung aus dem Betriebsvermögen eines Steuerpflichtigen in das Betriebsvermögen eines anderen Steuerpflichtigen unentgeltlich übertragen, gilt sein gemeiner Wert als Anschaffungskosten für das aufnehmende Betriebsvermögen (§ 6 Abs. 4 EStG). Gemeiner Wert (§ 9 BewG) ist der Verkehrswert einschließlich Umsatzsteuer. Für den abgebenden Betrieb liegt i. d. R. eine abzugsfähige Betriebsausgabe vor. Es handelt sich nicht um Fälle des § 4 Abs. 5 Satz 1 Nr. 1 EStG, da der Gegenstand „für den Betrieb des Empfängers" bestimmt ist (R 4.10 Abs. 2 Satz 4 EStR).

Liegt **keine betriebliche Veranlassung** vor, ergibt sich für den schenkenden Betrieb eine Entnahme und für den beschenkten Betrieb eine Einlage. Solche Fälle ergeben sich im Allgemeinen nur bei Schenkungen zwischen Familienbetrieben.

4.1.7 Anschaffungskosten bei Anteilen an Kapitalgesellschaften

a) Setzt eine Kapitalgesellschaft ihr Nennkapital zum Zweck der Kapitalrückzahlung herab (§ 222 AktG und § 58 GmbHG), so mindern die Rückzahlungsbeträge nachträglich die Anschaffungskosten der Anteile der Anteilseigner. Die Bezüge sind insoweit vom Buchwert der Anteile abzusetzen; der Teilwert der Anteile ist dabei ohne Bedeutung. Soweit derartige Bezüge den Buchwert übersteigen, handelt es sich um gewinnerhöhende Betriebseinnahmen (BMF, Schreiben v. 9.1.1987, BStBl 1987 I S. 171).

b) Erhöht eine Kapitalgesellschaft ihr Nennkapital durch Umwandlung von Rücklagen in Nennkapital und erhalten die Anteilseigner aus diesem Anlass unentgeltlich neue Anteilsrechte, so unterliegen diese neuen Anteilsrechte bei den Anteilseignern nicht der Einkommensteuer (§ 1 KapErhStG). Als Anschaffungskosten der vor der Erhöhung des Nennkapitals erworbenen Anteilsrechte und der auf sie entfallenden neuen Anteilsrechte gelten die Beträge, die sich für die einzelnen Anteilsrechte ergeben, wenn die Anschaffungskosten der vor der Erhöhung des Nennkapitals erworbenen Anteilsrechte auf diese und auf die auf sie entfallenden neuen Anteilsrechte nach dem Verhältnis der Nennbeträge verteilt werden (§ 3 KapErhStG und R 17 Abs. 5 EStR).

c) Die beim Erwerb eines GmbH-Anteils während des laufenden Geschäftsjahres der GmbH geleistete Zuzahlung für den bis dahin bei der GmbH entstandenen Gewinn entfällt nicht auf ein neben dem Anteil bestehendes Wirtschaftsgut „Gewinnbezugsrecht", sondern gehört zu den Anschaffungskosten für den GmbH-Anteil (BFH, Urteil v. 21.5.1986 - I R 190/81, BStBl 1986 II S. 815).

d) Der Erlös aus der Veräußerung von Bezugsrechten gehört zu den steuerpflichtigen Betriebseinnahmen. Durch die Ausgabe neuer Aktien aus Anlass einer Kapitalerhöhung erleiden die Altaktien allerdings eine Wertminderung; hierfür ist vom Buchwert der Altaktien ein sog. „Bezugsrechtsabschlag" vorzunehmen. Dieser Abschlag ist nach der Gesamtwertmethode zu ermitteln. Dabei wird das Verhältnis des Börsenkurses des Bezugsrechts zum Börsenkurs der alten Aktie auf das Verhältnis der Buchwerte übertragen. Der zu ermittelnde Buchwertanteil des Bezugsrechts verhält sich zu dem bisherigen Buchwert der Altaktie wie der Börsenkurs des Bezugsrechts zum Börsenkurs der Altaktie unmittelbar vor der Kapitalerhöhung (BFH, Urteile v. 6.12.1968 - IV R 174/67, BStBl 1969 II S. 105, und v. 21.1.1999 - IV R 27/97, BStBl 1999 II S. 638). Der Abschlag kann nach der folgenden Formel ermittelt werden:

$$\frac{\text{Buchwert der alten Aktien x Kurswert des Bezugsrechts}}{\text{Kurswert der alten Aktien vor Kapitalerhöhung}}$$

Der Bezugsrechtserlös stellt also, soweit er auf den Buchwert entfällt, wirtschaftlich eine nachträgliche Minderung der Anschaffungskosten dar.

e) Nachträgliche Anschaffungskosten für einen Anteil an einer Kapitalgesellschaft stellen nur solche Aufwendungen dar, die nach handels- und bilanzsteuerrechtlichen Grundsätzen zu einer offenen und verdeckten Einlage in das Kapital der Gesellschaft führen. Hierzu zählen insbesondere Nachschüsse (§§ 26 ff. GmbHG) und sonstige Zuzahlungen (§ 272 Abs. 2 Nr. 4 HGB) wie Einzahlungen in die Kapitalrücklage, Barzuschüsse oder der Verzicht auf eine werthaltige Forderung. Aufwendungen aus Fremdkapitalhilfen wie der Ausfall eines Darlehens oder der Ausfall mit einer Bürgschaftsregressforderung führen gem. § 17 Abs. 2a EStG zu „normspezifischen" Anschaffungskosten der Beteiligung, wenn die Gewährung oder das Stehenlassen des Darlehens gesellschaftsrechtlich veranlasst war (BMF, Schreiben v. 7.6.2022, BStBl 2022 I S. 897).

4.1.8 Zuschüsse

Erhält ein Steuerpflichtiger anlässlich der Anschaffung oder Herstellung eines Wirtschaftsguts einen Zuschuss (Kapitalzuschuss), so hat er grds. ein Wahlrecht. Er kann den Zuschuss von den Anschaffungs-/Herstellungskosten des bezuschussten Wirtschaftsguts absetzen (sog. „erfolgsneutrale Behandlung") oder den Zuschuss als Betriebseinnahme behandeln (R 6.5 Abs. 2 EStR). Weicht die Bewertung von der Handelsbilanz ab, sind die entsprechenden Anlagegüter in ein besonderes, laufend zu führendes Verzeichnis aufzunehmen (§ 5 Abs. 1 Satz 2 EStG und R 6.5 Abs. 2 Satz 4 EStR).

Nicht unter die Regelung von R 6.5 EStR fallen Ertragszuschüsse. Sie werden gegeben, um die Ertragskraft des bezuschussten Unternehmens zu verbessern. In Betracht kommen Gas-/Ölbeihilfen in der Landwirtschaft, Schlachtprämien und Zuschüsse wegen Sturm- und Ernteschäden. Ertragszuschüsse stellen Betriebseinnahmen dar.

Ebenfalls nicht unter die Regelung von R 6.5 EStR fallen Investitionszulagen nach dem InvZulG 2010. Sie mindern die Anschaffungs-/Herstellungskosten nicht (H 6.5 Investitionszulagen sind keine Zuschüsse EStH) und sind im Übrigen ertragsteuerlich steuerfrei (§ 13 InvZulG 2010).

Von den Ertrags- und Kapitalzuschüssen sind die unechten Zuschüsse zu unterscheiden. Ein unechter Zuschuss liegt vor, wenn die Leistung des Zuschussgebers mit einer Gegenleistung des Zuschussempfängers korrespondiert. Unechte Zuschüsse sind Erträge. Ist ein unechter Zuschuss Gegenleistung für eine auf bestimmte Zeit begrenzte Leistung des Empfängers, ist von diesem ein passiver Rechnungsabgrenzungsposten zu bilden (z. B. Mieterzuschuss als Vorauszahlung, die mit der Miete verrechnet wird).

Enthält ein Kapitalzuschuss auch Elemente eines unechten Zuschusses (weil der Zuschussempfänger gleichzeitig eine Gegenleistung bewirkt), so geht dadurch das Wahlrecht gem. R 6.5 Abs. 2 EStR nicht verloren (z. B. verlorene Zuschüsse von Mineralölgesellschaften an Tankstelleninhaber; H 6.5 Verlorene Zuschüsse EStH).

HINWEIS

Bei privaten Mieterzuschüssen ist R 21.5 Abs. 3 EStR zu beachten: Der Vermieter muss von steuerpflichtigen Einnahmen ausgehen; er darf die Herstellungskosten nicht kürzen. Die Versteuerung des Mieterzuschusses kann auf die Jahre verteilt werden, für die der Zuschuss geleistet wurde (§ 11 Abs. 1 Satz 3 EStG und R 21.5 Abs. 3 Satz 2 EStR).

ABB. 8: Zuschüsse

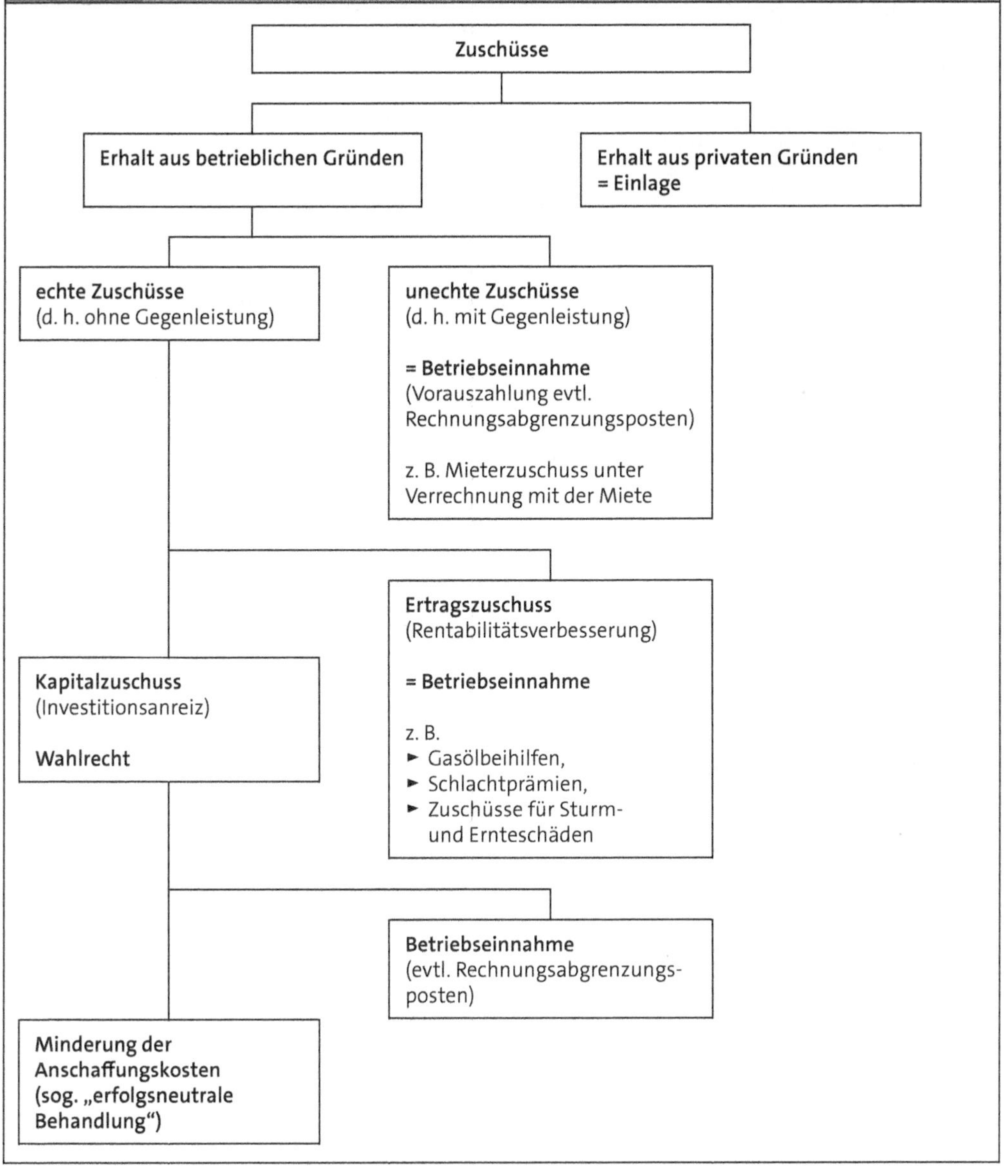

4.1.9 Retrograde Berechnung der Anschaffungskosten

Bei Waren können die Anschaffungskosten nach dem Verkaufswertverfahren durch retrograde Berechnung ermittelt werden: Verkaufspreis abzgl. Bruttohandelsspanne (H 6.2 Waren EStH).

4.1.10 Mietkauf

Macht der Mieter in Mietkauffällen von seinem Kaufrecht Gebrauch, sind die Anschaffungskosten wie folgt zu ermitteln:

	Restzahlung
+	geleistete Mietzahlungen
-	zeitanteilige AfA während der Mietzeit
=	**Anschaffungskosten**

4.1.11 Ermittlung der Anschaffungskosten in sonstigen Fällen

4.1.11.1 Durchschnittsbewertung

Sie wird angewendet bei schwankenden Einkaufspreisen zur Ermittlung der Anschaffungskosten (R 6.8 Abs. 3 EStR). Dabei erfolgt die Bewertung nach dem gewogenen Mittel der Einkaufspreise der im Laufe des Wirtschaftsjahres erworbenen und zu Beginn des Wirtschaftsjahres vorhandenen Wirtschaftsgüter.

4.1.11.2 Andere anerkannte Verfahren bei schwankenden Einkaufspreisen

Für den Wertansatz gleichartiger Vermögensgegenstände des Vorratsvermögens können bestimmte Verbrauchsfolgeverfahren unterstellt werden (§ 256 HGB). Handelsrechtlich sind folgende Methoden zulässig:

- Lifo (last in first out) oder
- Fifo (first in first out).

Steuerrechtlich anerkannt ist nur das Lifo-Verfahren (§ 6 Abs. 1 Nr. 2a EStG). Diese Bewertungsmethode unterstellt, dass die zuletzt angeschafften oder hergestellten Wirtschaftsgüter zuerst wieder veräußert oder verbraucht werden. Voraussetzung ist, dass

- es sich um gleichartige Wirtschaftsgüter handelt,
- die handelsrechtlichen GoB nicht verletzt werden (BFH, Urteil v. 20.6.2000 - VIII R 32/98, BStBl 2001 II S. 636) und
- die Verbrauchs- oder Veräußerungsfolge nicht völlig unvereinbar mit dem betrieblichen Geschehensablauf ist (R 6.9 Abs. 2 EStR).

Ein Wechsel zu einem anderen Bewertungsverfahren ist nur mit Zustimmung des Finanzamts möglich (vgl. § 6 Abs. 1 Nr. 2a Satz 3 EStG und R 6.9 Abs. 5 EStR).

4.1.11.3 Verbindlichkeiten/Rückstellungen

Als Anschaffungskosten einer Verbindlichkeit (§ 6 Abs. 1 Nr. 3 EStG) gilt der Nennwert (Rückzahlungsbetrag) der Verbindlichkeit (H 6.10 Anschaffungskosten EStH). Bei Schulden in ausländischer Währung ist unseres Erachtens aus Gründen der Bewertungsstetigkeit bei der Zugangsbewertung, ebenso wie bei der weiteren Bewertung – im Jahresabschluss, hier unstreitig – vom Devisenkassamittelkurs auszugehen (§ 256a HGB).[13]

Ist der Auszahlungsbetrag niedriger als der Rückzahlungsbetrag, ist die Differenz (Damnum, Disagio) handelsrechtlich wahlweise (§ 250 Abs. 3 HGB), steuerrechtlich zwingend zu aktivieren und auf die Laufzeit zu verteilen (H 6.10 Damnum EStH). Bei Fälligkeitsdarlehen erfolgt dies linear, bei Tilgungsdarlehen degressiv entsprechend der Zinsstaffelmethode.

Bei der degressiven Auflösung kann technisch wie folgt vorgegangen werden: Man ermittelt zunächst die Summe der Zahlenreihe aller Raten und berücksichtigt sodann als Aufwand einen entsprechenden Bruchteil.

BEISPIEL: Ein Darlehen ist in sechs gleichen Jahresraten zu tilgen. Die Summe der Zahlenreihe aller Raten beträgt hierbei 21 (= 1 + 2 + 3 + 4 + 5 + 6). Im ersten Jahr ist das Damnum mit $^6/_{21}$, im zweiten Jahr mit $^5/_{21}$ usw. erfolgswirksam aufzulösen.

Bei Rentenverpflichtungen ist stets der Barwert zugrunde zu legen (H 6.10 Rentenverpflichtungen EStH). Änderungen infolge des Inkrafttretens von Wertsicherungsklauseln sind Aufwand bzw. Ertrag; sie berühren nicht die Anschaffungskosten der auf Rentenbasis erworbenen Wirtschaftsgüter (siehe Tz. 4.1.4). Der Wegfall einer betrieblichen Rentenverpflichtung ist erfolgswirksam zu erfassen (BFH, Urteil v. 26.6.1996 - XI R 41/95, BStBl 1996 II S. 601).

Bei unverzinslichen Verbindlichkeiten mit einer Laufzeit von **mindestens zwölf Monaten,** die nicht auf einer Anzahlung oder Vorausleistung beruhen, bestand bis grds. zum Jahr 2022 ein Abzinsungsgebot mit einem Zinssatz i. H. von 5,5 % (§ 6 Abs. 1 Nr. 3 EStG). Durch das Vierte Corona-Steuerhilfegesetz v. 19.6.2022 (BGBl 2022 I S. 911) wurde mit Wirkung für Wirtschaftsjahre, die nach dem 31.12.2022 endeten, die Abzinsung aufgehoben. Noch nicht bestandskräftig veranlagte Vorjahre konnten ebenfalls schon auf die Abzinsung verzichten (Wahlrecht).

Ein Abzinsungsgebot gilt – in Handels- und Steuerbilanz – für unverzinsliche Rückstellungen für Geld- und Sachleistungsverpflichtungen (§ 253 Abs. 2 HGB und § 6 Abs. 1 Nr. 3a Buchst. e EStG).

Da der Gesetzgeber für die Steuerbilanz bei Rückstellungen einen gesetzlichen Zinssatz i. H. von 5,5 % (§ 6 Abs. 1 Nr. 3a Buchst. e EStG) vorschreibt, kann auch auf die Tabellen des BewG zurückgegriffen werden (siehe hierzu die Tabellen zu § 12 BewG). Weitere Einzelheiten ergeben sich aus dem BMF-Schreiben v. 26.5.2005, BStBl 2005 I S. 699, und der dazu gehörenden Tabelle 2.

In der Handelsbilanz erfolgt die Abzinsung von Rückstellungen nach mathematischen Grundsätzen aus dem von der Bundesbank veröffentlichten Durchschnittszinssatz der letzten sieben Jahre. Bei Altersrückstellungen gelten andere Zeiträume.

13 Vergleiche hierzu ausführlich Kirchner in Falterbaum/Bolk/Reiß/Kirchner, Buchführung und Bilanz, 23. Aufl. 2020, Rz. 17.5.4 „Fremdwährungsverbindlichkeiten".

4.1.11.4 Dingliche Lasten

Wird ein Grundstück gegen eine Barzahlung angeschafft, die nicht den Verkehrswert deckt, weil sich der Verkäufer das Wohn- oder Nießbrauchsrecht an einer Wohnung vorbehalten hat, so ergeben sich Anschaffungskosten nur i. H. der Barzahlung. Das vorbehaltene Wohn- oder Nießbrauchsrecht stellt begrifflich keine Anschaffungskosten dar, weil es vom Käufer nicht i. S. des § 255 Abs. 1 HGB „aufgewendet" wird. Demzufolge kann das Wohnrecht beim Käufer auch nicht passiviert werden (BFH, Urteil v. 17.11.2004 - I R 96/02, BStBl 2008 II S. 296).

4.1.11.5 Handelsrechtliche Bewertung von Verbindlichkeiten und Rückstellungen

Gemäß § 253 Abs. 1 Satz 2 HGB sind Verbindlichkeiten mit dem Erfüllungsbetrag zu bewerten. Das ist bei Geldleistungsverpflichtungen der Rückzahlungsbetrag (= Nennwert) und bei Sachleistungs- oder Sachwertverpflichtungen der zum Erfüllungszeitpunkt voraussichtlich aufzuwendende Geldbetrag. Für letztere gilt das Stichtagsprinzip nicht, da künftige Preis- und Kostensteigerungen antizipiert werden. Verbindlichkeiten werden in der Handelsbilanz grds. nicht abgezinst.

Im Gegensatz dazu werden hier Rückstellungen nach mathematischen Grundsätzen mit dem von der Bundesbank veröffentlichten Durchschnittszinssatz der letzten sieben Jahre abgezinst (§ 252 Abs. 2 HGB). Bei Altersrückstellungen gelten andere Zeiträume.

FALL 78

Erwerbsnebenkosten, Naturalrabatt

Sachverhalt: Der Steuerpflichtige ist Buchhändler. Im Warenbestand v. 31.12.01 sind vier Bildbände enthalten, die mit insgesamt 204 € bewertet wurden. Der Steuerpflichtige hatte am 3.12.01 zehn solcher Bildbände bestellt und am 10.12.01 folgende Rechnung erhalten:

10 Bildbände à 100 € =	*1.000,00 €*
50 % Rabatt	*- 500,00 €*
Reiner Warenwert	*500,00 €*
Porto und Verpackung	*+ 10,00 €*
	510,00 €
Umsatzsteuer (7 %)	*+ 35,70 €*
	545,70 €
Außerdem fügen wir vereinbarungsgemäß bei Bestellungen ab zehn Bildbänden zusätzlich zwei Freiexemplare bei.	

Bis zum 31.12.01 wurden acht Bildbände verkauft.

AUFGABE

Sind die am Bilanzstichtag vorhandenen Bildbände zutreffend bewertet?

LÖSUNG

Die am 31.12.01 noch vorhandenen vier Bildbände sind mit den Anschaffungskosten zu bewerten (§ 6 Abs. 1 Nr. 2 Satz 1 EStG). Unter „Anschaffungskosten" versteht man alle Aufwendungen, die notwendig sind, um ein Wirtschaftsgut zu erwerben (§ 255 Abs. 1 HGB).

Zu den Anschaffungskosten gehören folglich auch die Erwerbsnebenkosten (z. B. Porto und Verpackung). Die Anschaffungskosten für zwölf Bildbände haben 510 € betragen, so dass pro Bildband 42,50 € angefallen sind. Die vorhandenen vier Bildbände sind mit 170 € zu bewerten. Hierdurch tritt eine Minderung des Warenbestandswerts zum 31.12.01 um 34 € sowie eine entsprechende Gewinnminderung für das Jahr 01 ein.

FALL 79

Tausch

Sachverhalt: Ein Fuhrunternehmer erwirbt am 1.3.01 einen gebrauchten Lkw für 180.000 € zzgl. 34.200 € Umsatzsteuer. Der Lkw-Lieferant ist für seinen Betrieb besonders an einem Grundstück interessiert, das zum Betriebsvermögen des Fuhrunternehmers gehört (Buchwert 120.000 € und Verkehrswert 237.400 €). Man verständigt sich deshalb dahingehend, dass der Fuhrunternehmer das Grundstück umsatzsteuerfrei (§ 4 Nr. 9 Buchst. a UStG) an den Lkw-Lieferanten übereignet, während dieser den Lkw zum tatsächlichen Einkaufspreis zzgl. Umsatzsteuer überlässt. Ein höherer Preis wäre am Markt aufgrund des Fahrzeugzustands auch nicht erzielbar. Aufgrund des Wertunterschieds leistet der Lkw-Lieferant eine zusätzliche Geldzahlung i. H. von (237.400 € - 214.200 € =) 23.200 €.

AUFGABE

Welche bilanzsteuerrechtlichen Auswirkungen ergeben sich für den Fuhrunternehmer und den Lkw-Lieferanten?

LITERATURHINWEIS

Dortmann/Mann, Lehrbuch Buchführung und Bilanzsteuerrecht, 14. Aufl. 2026, Teil A, Kapitel 11, Tz. 11.9.

LÖSUNG

Fuhrunternehmer

Zunächst sind für diesen die Anschaffungskosten für den Lkw zu ermitteln. Rechtsgrundlage ist § 255 Abs. 1 HGB. Beim **Tausch** von Wirtschaftsgütern bemessen sich die Anschaffungskosten nach dem gemeinen Wert der **hingegebenen Wirtschaftsgüter** (§ 6 Abs. 6 Satz 1 EStG). Geldzahlungen sind dabei ebenso zu berücksichtigen wie abziehbare Vorsteuerbeträge. Für die umsatzsteuerliche Berechnung der Bemessungsgrundlage (§ 10 Abs. 2 Satz 2 und 3 UStG) gilt der „subjektive Wert" des anderen, den der Unternehmer der Leistung beimessen würde (die getätigten

Aufwendungen; vgl. hierzu Abschnitt 10.5 UStAE mit der Vereinfachungsregelung für das Austauschverfahren und dem Handel im Kfz-Gewerbe). Im Einzelnen ist wie folgt zu rechnen:

Verkehrswert des Grundstücks	237.400 €
Erhaltene Zahlung	- 23.200 €
Verbleiben	214.200 €
Abziehbare Vorsteuer	- 34.200 €
Anschaffungskosten des Lkws	180.000 €

Buchungen:

Fuhrpark (Lkw)	180.000 €			
Kasse/Bank	23.200 €			
Vorsteuer	34.200 €	an	Grundstück	120.000 €
		an	Sonstige betriebliche Erträge	117.400 €

Lkw-Lieferant

Für diesen sind die Anschaffungskosten für das Grundstück entsprechend den vorstehenden Ausführungen zu ermitteln:

Gemeiner Wert des Lkws	214.200 €
Geleistete Zahlung	+ 23.200 €
Summe	237.400 €
Verrechenbare Vorsteuer	0 €
Anschaffungskosten des Grundstücks	237.400 €

Buchungen:

Grundstück	237.400 €	an	Warenverkauf	180.000 €
		an	Kasse/Bank	23.200 €
		an	Umsatzsteuer	34.200 €

Zusätzlich sind noch die Nebenkosten (Grunderwerbsteuer sowie Gerichts- und Notarkosten) zu berücksichtigen, soweit der Käufer sie trägt. Sie gehören ebenfalls zu den Anschaffungskosten (§ 255 Abs. 1 HGB).

FALL 80

Grundstückserwerb, Rentenverpflichtung

Sachverhalt: Kaufmann A hat mit Wirkung v. 1.10.01 für seinen Betrieb ein bebautes Grundstück erworben. Er schuldet dem Verkäufer eine lebenslängliche Rente mit einem Barwert i. H. von 628.896 €. Vom Kaufpreis entfallen 20 % auf den Grund und Boden, 5 % auf die Außenanlagen und 75 % auf das Gebäude. Die Nebenkosten (Grunderwerbsteuer sowie Gerichts- und Notarkosten) betragen 22.000 € zzgl. 320 € Umsatzsteuer und sind vom Käufer zu tragen.

AUFGABE

Wie hoch sind die Anschaffungskosten für das Grundstück?

LÖSUNG

Beim Erwerb auf Rentenbasis ergeben sich die Anschaffungskosten (§ 255 Abs. 1 HGB) aus dem Rentenbarwert zum Zeitpunkt des Eigentumsübergangs. Der Rentenbarwert kann gem. § 14 BewG oder nach versicherungsmathematischen Grundsätzen ermittelt werden (R 6.2 EStR). Bei einer Ermittlung des Rentenbarwerts gem. § 14 BewG i. H. von 628.896 € wurde die laufend zu aktualisierende Sterbetafel des Statistischen Bundesamtes bei der Ermittlung der jeweiligen Vervielfältiger berücksichtigt (vgl. hierzu ergangene BMF-Schreiben). Hinzu kommen die Nebenkosten i. H. von 22.000 € netto. Die Anschaffungskosten betragen somit insgesamt 650.896 €. Sie sind wie folgt zu verteilen:

Grund und Boden (20 %)	130.179 €
Gebäude (75 %)	488.172 €
Außenanlagen (5 %)	32.545 €

FALL 81

Inanspruchnahme von Skonti im Folgejahr

Sachverhalt: Der Steuerpflichtige betreibt einen Möbelfachhandel. Er hat Ende Dezember 01 drei Wohnzimmerschränke erworben. Die Rechnung des Herstellers v. 27.12.01 lautet:

Drei Wohnzimmerschränke à 3.000 € =	*9.000 €*
Umsatzsteuer (19 %)	*+ 1.710 €*
	10.710 €
Bei Zahlung innerhalb von 14 Tagen gewähren wir 3 % Skonti.	

Am 5.1.02 beglich der Steuerpflichtige die Rechnung wie folgt:

Kaufpreisschuld	10.710,00 €
3 % Skonti	- 321,30 €
Zahlung	10.388,70 €

Die Wohnzimmerschränke wurden erst im Jahr 03 verkauft.

AUFGABE

Wie sind die Wohnzimmerschränke zum 31.12.01 und zum 31.12.02 steuerlich zu bewerten?

LÖSUNG

Die Wohnzimmerschränke sind mit den Anschaffungskosten zu bewerten (§ 255 Abs. 1 HGB). Die Anschaffungskosten umfassen die tatsächlichen Ausgaben, die getätigt werden, um ein Wirtschaftsgut zu erlangen. Folglich sind Skonti vom Anschaffungspreis abzusetzen (§ 255 Abs. 1 Satz 3 HGB). Das gilt jedoch nur, wenn die erhaltene Ware unter Inanspruchnahme von Skonti bezahlt ist. Solange die Ware nicht bezahlt ist, liegt eine Minderung der Anschaffungskosten nicht vor (H 6.2 Skonto EStH).

Die Wohnzimmerschränke sind folglich zum 31.12.01 mit 9.000 € zu bewerten. Zum 31.12.02 sind sie mit 8.730 € anzusetzen:

Netto-Kaufpreis	9.000 €
3 % Skonti	- 270 €
Anschaffungskosten zum 31.12.02	8.730 €

FALL 82

Nicht abziehbare Vorsteuer

Sachverhalt: Kaufmann K erwarb im Jahr 01 gegen Banküberweisung folgende Wirtschaftsgüter für seinen Betrieb bzw. für sein Unternehmen:

1. Einen Pkw, der zu 60 % privat genutzt wird, für 50.000 € zzgl. 9.500 € Umsatzsteuer.
2. Ein Geschäftshaus für 6 Mio. € zzgl. 1.140.000 € Umsatzsteuer. 50 % der Gebäudenutzfläche werden an einen Lebensmittel-Supermarkt umsatzsteuerpflichtig vermietet (monatliche Mieteinnahmen 10.400 €). Die restlichen 50 % sind zu privaten Wohnzwecken vermietet (monatliche Mieteinnahmen 2.600 €). Nach dem Rauminhalt gemessen entfallen allerdings 3.000 cbm auf den gewerblich genutzten Teil, 2.000 cbm auf den Wohnteil und 500 cbm auf gemeinschaftlich genutzte Bestandteile (Treppenhaus, Keller, Heizungsraum, nicht ausgebautes Dachgeschoss und Außenanlagen). Kaufmann K wünscht einen möglichst hohen Vorsteuerabzug.

AUFGABE

In welchem Umfang ergeben sich verrechenbare Vorsteuern und wie sind die Anschaffungskosten für die vorgenannten Wirtschaftsgüter zu buchen, wenn Bilanzierungswahlrechte zugunsten eines möglichst hohen Ausweises ausgeübt werden sollen?

LÖSUNG

Für die umsatzsteuerliche Behandlung von Gegenständen (hier den Pkw), die zu 10 % oder mehr unternehmerisch genutzt werden, bestimmt § 15 Abs. 1 UStG, dass die Vorsteuer in voller Höhe, d. h. zu 100 %, abziehbar und damit erstattungsfähig ist. Insofern ergeben sich keine Anschaffungskosten für den Pkw (§ 9b Abs. 1 EStG). Die Anschaffungskosten für den Pkw betragen somit 50.000 €.

Buchungssatz:

Fuhrpark	50.000 €			
Vorsteuer	9.500 €	an	Bank	59.500 €

Die private Mitbenutzung stellt eine steuerbare und steuerpflichtige unentgeltliche Wertabgabe i. S. des § 3 Abs. 9a Nr. 1 UStG dar.

Für das Geschäftshaus gilt umsatzsteuerlich Folgendes: Erwirbt ein Unternehmer ein Gebäude mit Wohn- und Gewerbefläche (= 100 % unternehmerische Nutzung), ist die Vorsteuer, die auf den steuerfrei vermieteten Teil (Wohnräume) und jene Vorsteuer, die auf den steuerpflichtig vermieteten Teil (Supermarkt) entfällt, durch den Unternehmer im Wege einer sachgerechten Schätzung zu ermitteln (§ 15 Abs. 4 Satz 2 UStG). Die Aufteilung unter Zugrundelegung der Rauminhalte ist dabei eine zulässige Schätzungsmethode (hier also im Verhältnis 3000 cbm zu 2000 cbm) und führt im vorliegenden Fall zu einer höheren abziehbaren Vorsteuer als bei Zugrundelegung der Nutzflächen (Abschnitt 15.17 Abs. 7 UStAE). Dieser Schlüssel gilt dann auch für die gemeinschaftlich genutzten Teile (BMF, Schreiben v. 30.9.2008, BStBl 2008 I S. 896). Im vorliegenden Fall ergeben sich sodann folgende verrechenbare bzw. nicht verrechenbare Vorsteuerbeträge:

	Gewerbeteil	**Wohnteil**
60 % (3.000 cbm) bzw. 40 % (2.000 cbm)	684.000 €	456.000 €
Verrechenbare Vorsteuer	684.000 €	
Nicht verrechenbare Vorsteuer		456.000 €

Die nicht abziehbare Vorsteuer (456.000 €) gehört zu den Anschaffungskosten für das Grundstück. Ertragsteuerlich ist grds. eine Aufteilung im Verhältnis der Nutzfläche eines Gebäudeteils zur Nutzfläche des ganzen Gebäudes maßgebend, es sei denn, die Aufteilung nach dem Verhältnis der Nutzflächen führt zu einem unangemessenen Ergebnis; hier ist ggf. die Aufteilung nach dem umbauten Raum zutreffender (R 4.2 Abs. 6 EStR).

Buchungssatz:

Grundstück (zwei Wirtschaftsgüter)	6.456.000 €			
Vorsteuer	684.000 €	an	Bank	7.140.000 €

FALL 83

Bestandsbewertung bei schwankenden Einkaufspreisen

Sachverhalt: Kohlenhändler A hat am 31.12.01 500 Zentner (Ztr.) Koks in seinem Lager, die im Jahr 01 wie folgt eingekauft wurden:

- 28.3.01: 300 Ztr. à 20 €;
- 2.7.01: 200 Ztr. à 24 €;
- 20.9.01: 150 Ztr. à 22,50 € und
- 3.11.01: 300 Ztr. à 20,80 €.

Am 31.12.00 war ein Bestand i. H. von 400 Ztr. vorhanden, der mit 21 € pro Ztr. bewertet wurde. Der Steuerpflichtige hat den Bestand v. 31.12.01 auf der Grundlage des Fifo-Verfahrens wie folgt bewertet:

300 Ztr. à 20,80 € (Preis v. 3.11.01) =	6.240 €
150 Ztr. à 22,50 € (Preis v. 20.9.01) =	+ 3.375 €
50 Ztr. à 24 € (Preis v. 2.7.01) =	+ 1.200 €
	10.815 €

Am 31.12.01 betrugen die Wiederbeschaffungskosten (= Teilwert) für 1 Ztr. Koks 21,70 €.

AUFGABEN

Ist diese Bewertung steuerrechtlich zulässig? Welche Werte ergeben sich, wenn

a) der Steuerpflichtige beantragt, zu unterstellen, dass die zuletzt gekauften Waren zuerst verbraucht werden (last in first out = Lifo-Verfahren);

b) der Steuerpflichtige eine Durchschnittsbewertung wünscht?

LÖSUNG

Enthält das Vorratsvermögen am Bilanzstichtag Wirtschaftsgüter, die im Verkehr nach Maß, Zahl oder Gewicht bestimmt werden (vertretbare Wirtschaftsgüter) und bei denen die Anschaffungskosten aufgrund von Schwankungen der Einstandspreise im Laufe des Wirtschaftsjahres im Einzelnen nicht mehr einwandfrei feststellbar sind, so ist der Wert dieser Wirtschaftsgüter im Schätzungswege zu ermitteln (R 6.8 Abs. 3 EStR). Dabei gilt allenfalls der Grundsatz, dass die zuletzt beschafften Wirtschaftsgüter zuerst verbraucht worden sind (Lifo), nicht der Grundsatz, dass die zuerst beschafften Wirtschaftsgüter zuerst verbraucht worden sind (Fifo). Die vom Steuerpflichtigen vorgenommene Bewertung auf der Grundlage des Fifo-Verfahrens ist demnach zwar handelsrechtlich (vgl. § 256 HGB), aber nicht steuerrechtlich zulässig.

Zu a)

Allerdings kann das Lifo-Verfahren angewandt werden (§ 6 Abs. 1 Nr. 2a EStG). Es ergibt sich dann folgender Wert für 500 Ztr.:

400 Ztr. à 21 € (Preis v. 31.12.00) =	8.400 €
100 Ztr. à 20 € (Preis v. 28.3.01) =	+ 2.000 €
	10.400 €

Zu b)

Ferner ist die Durchschnittsbewertung (Bewertung nach dem gewogenen Mittel der im Laufe des Wirtschaftsjahres erworbenen und ggf. zu Beginn des Wirtschaftsjahres vorhandenen Wirtschaftsgüter) ein zweckentsprechendes Schätzungsverfahren (R 6.8 Abs. 3 EStR).

400 Ztr. à 21 € =	8.400 €
300 Ztr. à 20 € =	+ 6.000 €
200 Ztr. à 24 € =	+ 4.800 €
150 Ztr. à 22,50 € =	+ 3.375 €
300 Ztr. à 20,80 € =	+ 6.240 €
1.350 Ztr.	28.815 €
28.815 € / 1.350 Ztr. =	21,34 €/Ztr.
500 Ztr. x 21,34 € =	10.670 €

FALL 84

Bezugsrechtsabschlag

Sachverhalt: Kaufmann A rechnet seit fünf Jahren 100 Aktien der Westfalia AG zu seinem Betriebsvermögen, Buchwert zum 31.12.00 30.000 € und Nennwert 50 €/Stück. Anlässlich einer Erhöhung ihres Nennkapitals zum 1.7.01 bot die Westfalia AG ihren Aktionären für acht Altaktien eine junge Aktie zum Preis von 300 € an. Der Kurswert der Altaktien betrug am 30.6.01 400 €/Stück. Kaufmann A veräußerte seine Bezugsrechte am 30.6.01 für insgesamt 1.200 €.

Er buchte:

Bank	1.200 €	an	Sonstige betriebliche Erträge	1.200 €

AUFGABE

Ist die erfolgswirksame Behandlung der Bezugsrechtserlöse zutreffend und welche weiteren Konsequenzen ergeben sich ggf. aus der Bezugsrechtsveräußerung?

LÖSUNG

Der Erlös aus der Veräußerung der Bezugsrechte bildet eine Betriebseinnahme; die Buchung ist insoweit nicht zu beanstanden. Durch die Ausgabe neuer Aktien aus Anlass einer Kapitalerhöhung erleiden die Altaktien eine Wertminderung; hierfür ist vom Buchwert der Altaktien ein sog. „Bezugsrechtsabschlag" vorzunehmen.

Im vorliegenden Fall betragen:

Buchwert der alten Aktien:	30.000 €
Kurswert des Bezugsrechts:	1.200 €
Kurswert der alten Aktien vor Kapitalerhöhung:	
100 Stück x 400 € =	40.000 €

$$\frac{30.000\text{ €} \times 1.200\text{ €}}{40.000\text{ €}} = 900\text{ €}$$

Der Bezugsrechtsabschlag beträgt folglich 900 €.

Buchung:

Abschreibungen	900 €	an	Wertpapiere Westfalia AG	900 €

FALL 85

Unechter Zuschuss

Sachverhalt: Der Steuerpflichtige hat auf seinem eigenen Grundstück eine Tankstelle errichtet. Die Herstellungskosten haben 100.000 € betragen. Am 1.7.01 wurde die Tankstelle eröffnet. Am 20.3.01 erhielt der Steuerpflichtige von der Mineralölgesellschaft, deren Produkte er vertreibt, einen „Sonderkostenzuschuss" über 20.000 € zzgl. Umsatzsteuer. An die Zuschussgewährung ist lediglich die Verpflichtung geknüpft, zehn Jahre lang nur Produkte dieser Mineralölgesellschaft zu vertreiben.

AUFGABE

Wie ist der Zuschuss beim Tankstelleninhaber in den Jahren 01 und 02 bilanzsteuerrechtlich zu behandeln?

LITERATURHINWEIS

Dortmann/Mann, Lehrbuch Buchführung und Bilanzsteuerrecht, 14. Aufl. 2026, Teil B, Kapitel 6, Tz. 6.4.1.15.

LÖSUNG

Da sich der Zuschuss als Gegenleistung für die zehnjährige Abnahmeverpflichtung des Tankstelleninhabers darstellt, handelt es sich dabei um eine Betriebseinnahme (BFH, Urteil v. 16.5.1957 - IV 82/56 U, BStBl 1957 III S. 342). Dieser Zuschuss ist auf die Laufzeit der Abnahmeverpflichtung durch Bildung eines passiven Rechnungsabgrenzungspostens zu verteilen:

Betriebseinnahme im Jahr 01 netto	20.000 €
Zuführung in passiven Rechnungsabgrenzungsposten	- 19.000 €
Gewinn im Jahr 01	- 1.000 €
Passiver Rechnungsabgrenzungsposten zum 31.12.01	19.000 €
Gewinn im Jahr 02	- 2.000 €
Passiver Rechnungsabgrenzungsposten zum 31.12.02	17.000 €

Da der Zuschuss Entgelt für eine steuerpflichtige Leistung des Tankstelleninhabers ist, unterliegt er der Umsatzsteuer (BFH, Urteil v. 10.9.1957 - V 131/57 U, BStBl 1957 III S. 381).

FALL 86

Echter Zuschuss

Sachverhalt: Ein Tiefkühlkost-Hersteller leistet an einen Lebensmittelhändler einen Zuschuss i. H. von 1.000 € zur Anschaffung einer Gefrieranlage (Anschaffung durch den Einzelhändler am 10.12.01; betriebsgewöhnliche Nutzungsdauer zehn Jahre). Die Anschaffungskosten der Gefrieranlage haben 10.000 € betragen. Konkrete Verpflichtungen seitens des Einzelhändlers sind mit der Annahme des Zuschusses nicht verbunden.

AUFGABEN

Wie ist der Zuschuss vom Einzelhändler zu behandeln, wenn der Zuschuss am

a) 15.12.01;

b) 5.1.02

geleistet wird und der Steuerpflichtige im Fall a) einen möglichst niedrigen steuerlichen Gewinn wünscht? Die AfA soll linear beansprucht werden. § 7g EStG ist nicht anzuwenden.

LÖSUNG

Werden Anlagegüter mit Zuschüssen aus öffentlichen oder privaten Mitteln angeschafft, so hat der Steuerpflichtige ein Wahlrecht (BFH, Urteil v. 22.1.1992 - X R 23/89, BStBl 1992 II S. 488).

Er kann die Zuschüsse als Betriebseinnahmen ansetzen; in diesem Fall werden die Anschaffungskosten des betreffenden Wirtschaftsguts durch die Zuschüsse nicht berührt. Er kann die Zuschüsse aber auch erfolgsneutral behandeln; in diesem Fall mindert der Zuschuss die Anschaffungskosten des betreffenden Wirtschaftsguts (R 6.5 Abs. 2 EStR).

Zu a)

Wenn der Steuerpflichtige einen möglichst niedrigen steuerlichen Gewinn anstrebt, ist der Zuschuss erfolgsneutral zu behandeln (vgl. auch R 7.3 Abs. 4 EStR):

Kaufpreis (netto)	10.000 €
Zuschuss	- 1.000 €
Anschaffungskosten	9.000 €
AfA (§ 7 Abs. 1 EStG: 10 %, für einen Monat =)	- 75 €
Bilanzansatz zum 31.12.01	8.925 €

Zu b)

Werden Zuschüsse, die erfolgsneutral behandelt werden, erst nach der Anschaffung des Wirtschaftsguts gewährt, so sind sie nachträglich von den Anschaffungskosten abzusetzen. Eine Berichtigung des Buchansatzes aufgrund der vorher vorgenommenen AfA ist nicht zulässig. Nach Gewährung des Zuschusses ist die AfA nach den eigenen Aufwendungen des Steuerpflichtigen zu bemessen (R 6.5 Abs. 3 i. V. mit R 7.3 Abs. 4 EStR):

Kaufpreis (netto) am 10.12.01	10.000 €
AfA (§ 7 Abs. 1 EStG: 10 %, für einen Monat =)	- 84 €
Bilanzansatz zum 31.12.01	9.916 €
Zuschuss am 5.1.02	- 1.000 €
	8.916 €

Anfang des Jahres 02 beträgt die Restnutzungsdauer noch 119 Monate:	
AfA (§ 7 Abs. 1 EStG: 8.916 € x $^{12}/_{119}$ =)	- 899 €
Bilanzansatz zum 31.12.02	8.017 €

FALL 87

Erwerb durch Zwangsversteigerung

Sachverhalt: Kaufmann K hatte eine betriebliche Darlehensforderung i. H. von 150.000 €, die durch eine nachrangige Grundschuld auf dem Grundstück des Schuldners gesichert war. Im Grundbuch waren vorrangige Belastungen i. H. von 160.000 € eingetragen. Zinsrückstände bestanden nicht.

Im Jahr 01 betrieb Kaufmann K die Zwangsversteigerung dieses Grundstücks, dessen Verkehrswert nach einem von dem Vollstreckungsgericht eingeholten Gutachten zu diesem Zeitpunkt 400.000 € (Abwandlung 290.000 €) betrug. Kaufmann K bot im Versteigerungstermin mit und erwarb das Grundstück mit einem Gebot i. H. von 250.000 € (einschließlich Verfahrenskosten), so dass sich für ihn eine Barzahlung i. H. von 90.000 € (= 250.000 € abzgl. von ihm zu übernehmende vorrangige Belastung im Betrag i. H. von 160.000 €) ergab. Für die Grunderwerbsteuer entstanden weitere 8.750 €.

Kaufmann K behandelt das erworbene Grundstück als Betriebsvermögen.

AUFGABE

Wie hoch sind die Anschaffungskosten?

LÖSUNG

Zu den Anschaffungskosten eines ersteigerten Grundstücks gehören nicht nur das Bargebot, die bestehenbleibenden Rechte und die Nebenkosten, sondern auch die nicht ausgebotenen nachrangigen Grundpfandrechte des Ersteigerers, soweit ihr Wert durch den Verkehrswert des ersteigerten Grundstücks gedeckt ist (BFH, Urteil v. 11.11.1987 - I R 7/84, BStBl 1988 II S. 424). Zu beachten ist in diesem Zusammenhang, dass dem betreibenden Gläubiger (hier Kaufmann K) im Grundbuchrang vorgehende Rechte (hier vorrangige Belastungen im Betrag i. H. von 160.000 €) nicht beeinträchtigt werden dürfen, sondern vom **Ersteigerer** zu übernehmen sind. Deshalb ergab sich für Kaufmann K eine Barzahlung i. H. von 90.000 €. Im vorliegenden Fall ist wie folgt zu rechnen:

Barzahlung		90.000 €
Bestehenbleibende Rechte		+ 160.000 €
		250.000 €
Wegfallendes Grundpfandrecht des Kaufmanns K	150.000 €	
Davon ausgeboten	- 90.000 €	
Nicht ausgeboten	60.000 €	+ 60.000 €
Summe		310.000 €
Verkehrswert des Grundstücks		400.000 €

Im vorliegenden Fall deckt der Verkehrswert des Grundstücks die gesamte Forderung des Kaufmanns K. Ihr nicht ausgebotener Teil (hier 60.000 €) gehört deshalb zu den Anschaffungskosten. Die Anschaffungskosten betragen somit 318.750 € (= 310.000 € zzgl. Grunderwerbsteuer i. H. von 8.750 €).

Bei einem Grundstücks-Verkehrswert i. H. von 290.000 € würden sich Anschaffungskosten i. H. von 298.750 € (= 290.000 € zzgl. Grunderwerbsteuer i. H. von 8.750 €) ergeben, denn in diesem Fall blieben vom nicht ausgebotenen Teil der Forderung 20.000 € ungedeckt. Bei dieser Sachlage könnte Kaufmann K eine Forderungsabschreibung i. H. von 20.000 € geltend machen, wenn der Schuldner völlig zahlungsunfähig ist.

FALL 88

Unentgeltlicher und teilentgeltlicher Erwerb

Sachverhalt: Kaufmann A erhält anlässlich der Geschäftseröffnung im Januar 01 von einem Lieferanten zur Herstellung und Pflege künftiger Geschäftsbeziehungen unentgeltlich einen Luftfilter im gemeinen Wert i. H. von 1.190 € (Teilwert 1.000 €).

Außerdem erhält Kaufmann A von diesem Lieferanten aus den gleichen Gründen ein Lastenfahrrad „zum halben Preis". Der gemeine Wert des Lastenfahrrads beträgt 2.380 € (Teilwert 2.000 €); Kaufmann A zahlt hierfür 1.000 € zzgl. 190 € Umsatzsteuer.

Beide Gegenstände gehören bei Kaufmann A zum Anlagevermögen und haben eine Nutzungsdauer von drei Jahren.

AUFGABE

Wie hat Kaufmann A die Vorgänge bilanzsteuerrechtlich zu behandeln?

LITERATURHINWEIS

Dortmann/Mann, Lehrbuch Buchführung und Bilanzsteuerrecht, 14. Aufl. 2026, Teil B, Kapitel 6, Tz. 6.4.

LÖSUNG

Den Luftfilter hat Kaufmann A aus betrieblichem Anlass unentgeltlich erworben. Insofern gilt § 6 Abs. 4 EStG. Hiernach ergeben sich bei Kaufmann A Anschaffungskosten i. H. des gemeinen Werts des Wirtschaftsguts: 1.190 €. Für das erste Jahr ergibt sich sodann eine AfA gem. § 7 Abs. 1 EStG i. H. von ($^1/_3$ von 1.190 € =) 397 €.

Buchungen bei Kaufmann A im Jahr 01:

Geschäftsausstattung	1.190 €			
AfA	397 €	an	Sonstige betriebliche Erträge	1.190 €
		an	Geschäftsausstattung	397 €

Für den Erwerb des Lastenfahrrads durch Kaufmann A gilt Folgendes: Bei einem teilentgeltlichen Erwerb einzelner Wirtschaftsgüter ist der Vorgang in einen entgeltlichen und einen unentgeltlichen Teil aufzuspalten (Aufteilungsmethode). Kaufmann A hat deshalb i. H. von 1.000 € tatsächliche Anschaffungskosten (= entgeltlicher Erwerb); für den übrigen Teil gilt allerdings wiederum § 6 Abs. 4 EStG, so dass insoweit von fiktiven Anschaffungskosten i. H. von weiteren 1.190 € (= unentgeltlicher Teil) auszugehen ist. Die jährliche AfA beträgt (2.190 € / 3 =) 730 €.

Buchungen bei Kaufmann A:

Geschäftsausstattung	2.190 €			
Vorsteuer	190 €			
AfA	730 €	an	Sonstige betriebliche Erträge	1.190 €
		an	Finanzkonto	1.190 €
		an	Geschäftsausstattung	730 €

4.2 Herstellungskosten

Produktionsbetriebe müssen ihre fertigen und unfertigen Erzeugnisse sowie Handwerksbetriebe ihre unfertigen Arbeiten mit den Herstellungskosten bewerten. Außerdem spielt der Begriff „Herstellungskosten" eine Rolle bei der Errichtung von Gebäuden. Der Umfang der Herstellungskosten ergibt sich für das Steuerrecht aus R 6.3 EStR, für das Handelsrecht aus § 255 Abs. 2–3 HGB. Beispielsweise sind die Kosten für die Zulassung eines neu entwickelten Pflanzenschutzmittels gem. dem PflSchG Bestandteil der Herstellungskosten für die Rezeptur des Pflanzenschutzmittels (BFH, Urteil v. 8.9.2011 - IV R 5/09, BStBl 2012 II S. 122). Gemäß § 255 Abs. 2 Satz 3 HGB ist der Kaufmann nicht verpflichtet, sondern berechtigt, angemessene Teile der Kosten der allgemeinen Verwaltung sowie angemessene Aufwendungen für soziale Einrichtungen des Betriebs, für freiwillige soziale Leistungen und für die betriebliche Altersversorgung bei der Berechnung der Herstellungskosten einzubeziehen. Das gilt auch für die Steuerbilanz. Das Wahlrecht ist allerdings bei der Gewinnermittlung gem. § 5 EStG in Übereinstimmung mit der Handelsbilanz auszuüben (§ 6 Abs. 1 Nr. 1b EStG). Hiernach bestehen folgende Unterschiede zwischen Steuer- und Handelsrecht:

Bestandteile der Herstellungskosten	Steuerrecht	Handelsrecht
Materialeinzelkosten (MEK)	Pflicht	Pflicht
Materialgemeinkosten (MGK)	Pflicht	Pflicht
Fertigungseinzelkosten (FEK)	Pflicht	Pflicht
Fertigungsgemeinkosten (FGK)	Pflicht	Pflicht
Sonderkosten der Fertigung	Pflicht	Pflicht

Bestandteile der Herstellungskosten	Steuerrecht	Handelsrecht
Allgemeine Verwaltungsgemeinkosten	Wahl, wie Handelsbilanz	Wahl
Vertriebskosten	Verbot	Verbot
Fremdkapitalzinsen	Verbot (wie Handelsbilanz)	Verbot (ausnahmsweise Wahl)
Kalkulatorische Kosten (Unternehmerlohn, Eigenkapitalzinsen)	Verbot	Verbot
Forschungskosten	Verbot	Verbot
Weiterentwicklungskosten (für bestehende Herstellungsverfahren und Produkte) = FGK	Pflicht	Pflicht
Degressive AfA beim Anlagevermögen	Wahl	Wahl
Teilwert-Abschreibungen beim Anlagevermögen	Verbot	Wahl
Lineare AfA (ohne Sonderabschreibungen und erhöhte AfA, z. B. gem. § 7g EStG)	Pflicht	Pflicht
Aufwand i. S. des § 6 Abs. 2 und 2a EStG	Verbot	Verbot
Freiwillige soziale Leistungen/ soziale Einrichtungen	Wahl, wie Handelsbilanz	Wahl
Betriebliche Altersversorgung	Wahl, wie Handelsbilanz	Wahl
Gewerbesteuer	Verbot	Verbot
Entwicklungskosten für bestimmte immaterielle Wirtschaftsgüter	Verbot	Wahl

Aufgrund des Umfangs der Herstellungskosten bei Gebäuden vgl. H 6.4 ABC der Aufwendungen im Zusammenhang mit einem Grundstück EStH sowie R 21.1 EStR und BMF, Schreiben v. 18.7.2003, BStBl 2003 I S. 386.

Bauhandwerker müssen ihre Leistungen als Werklohnforderungen bilanzieren. Solange das Werk nicht abgenommen ist, kann der Bilanzausweis statt unter den „unfertigen Erzeugnissen" auch unter „unfertige Bauten", „Werklohnforderung" oder „Forderung der besonderen Art" erfolgen. Die Bewertung ist dann mit den Herstellungskosten vorzunehmen. Nach Abnahme des Werks durch den Auftraggeber tritt die Gewinnrealisierung ein; die Werklohnforderung ist sodann mit dem Nennwert zu bewerten.

Zuschlagskalkulation

Um auch die auf die Herstellung entfallenden Gemeinkosten zu erfassen, ist es notwendig, den Betrieb in Kostenstellen aufzuteilen. Die Gemeinkosten (z. B. AfA und Energiekosten) werden sodann diesen Kostenstellen zugeordnet. Es gibt folgende Kostenstellen:

- Materialstelle;
- Fertigungsstelle;

- Verwaltungsstelle und
- Vertriebsstelle.

Die Kostenstellenrechnung erfolgt mithilfe des Betriebsabrechnungsbogens (BAB).

Betriebsabrechnungsbogen (Muster – Auszug):

Gemeinkosten Kostenarten	Zahlen der Buchführung	Verteiler	Fertigung	Material	Verwaltung	Vertrieb
Gehälter	300.000 €	Liste	190.000 €	10.000 €	40.000 €	60.000 €
Hilfslöhne	76.500 €	Liste	52.300 €	11.700 €		12.500 €
Soziale Aufwendungen	77.400 €	Liste	66.500 €	1.850 €	3.200 €	5.800 €
Energie	35.400 €	Zähler	25.900 €	2.000 €	4.000 €	3.500 €
Steuern	70.000 €	Steuerart	35.000 €	25.000 €	5.000 €	5.000 €
Abschreibungen	51.600 €	Kartei	34.900 €	5.100 €	10.000 €	1.600 €
...						
...						
Summe	**1.012.000 €**		**613.950 €**	**36.550 €**	**157.700 €**	**203.800 €**
Fertigungslöhne (FEK)			+ 570.000 €			
Fertigungskosten			1.183.950 €			
Fertigungszuschlag (in % der FEK)			107,71 %			
Fertigungsmaterial (MEK)				+ 800.000 €		
Materialkosten				836.550 €		
Materialzuschlag (in % der MEK)				4,56 %		
Pflicht-Herstellungskosten gem. HGB (1.183.950 € + 836.550 € =)					2.020.500 €	2.020.500 €
Verwaltungs- und Vertriebskostenzuschlag (in % der vorgenannten Herstellungskosten)					7,8 %	10,08 %

BEISPIEL:

Für ein Produkt haben sich ergeben:

► Materialeinzelkosten	1.000 €
► Fertigungseinzelkosten	5.000 €

Frage:

Wie hoch sind die Herstellungs- und die Selbstkosten (Teilwert)?

Lösung:

Materialeinzelkosten	1.000 €	
Materialzuschlag 4,56 %	+ 46 €	
Materialkosten		1.046 €
Fertigungseinzelkosten	5.000 €	
Fertigungszuschlag 107,71 %	+ 5.386 €	
Fertigungskosten		+ 10.386 €

Pflicht-Herstellungskosten gem. HGB	11.432 €
Verwaltungskosten (7,8 % der Pflicht-Herstellungskosten gem. HGB)	+ 892 €
Herstellungskosten inklusive Verwaltungskosten	12.324 €
Vertriebskosten (10,08 % der Pflicht-Herstellungskosten gem. HGB)	+ 1.152 €
Selbstkosten/Teilwert	13.476 €

Muster für Zuschlagskalkulation:

	Materialeinzelkosten
+	Materialgemeinkosten (lt. Betriebsabrechnungsbogen)
+	Fertigungseinzelkosten
+	Fertigungsgemeinkosten (lt. Betriebsabrechnungsbogen)
+	Sonderkosten der Fertigung
=	**Herstellungskosten gem. HGB**
+	Verwaltungskosten (wahlweise, aber einheitlich in Handels- und Steuerbilanz)
=	**Herstellungskosten** inklusive Verwaltungskosten
+	Vertriebskosten
=	**Teilwert/Selbstkosten**
+	Gewinnzuschlag
=	Verkaufspreis (netto)

Divisionskalkulation

Stellt ein Betrieb nur ein Produkt oder mehrere gleichartige Produkte her, lassen sich die Herstellungskosten auch durch die sog. „Divisionskalkulation" ermitteln. Dabei werden die gesamten Herstellungskosten (Einzel- und Gemeinkosten lt. Gewinn- und Verlustrechnung) durch die Anzahl der in der Rechnungsperiode hergestellten Wirtschaftsgüter geteilt, wodurch man die Herstellungskosten für das einzelne Wirtschaftsgut erhält. Werden verschiedene, jedoch gleichartige Produkte hergestellt, lässt sich die Divisionskalkulation durch Verwendung von Äquivalenzziffern verfeinern.

FALL 89

Divisionskalkulation

Sachverhalt: Eine KG stellt Scharniere für Möbel her. Es wird lediglich ein Scharniertyp produziert. Im Jahr 01 sind folgende Aufwendungen entstanden:

Materialeinsatz	600.000 €
Fertigungslohneinsatz	+ 800.000 €
Materialgemeinkosten	+ 200.000 €
Fertigungsgemeinkosten	+ 300.000 €
Zwischensumme	1.900.000 €
Verwaltungskosten	+ 150.000 €
Vertriebskosten	+ 50.000 €
Summe	2.100.000 €

Im Jahr 01 wurden 820.000 Stück Scharniere hergestellt. Am 31.12.01 war ein Bestand an fertigen Scharnieren i. H. von 20.000 Stück vorhanden.

AUFGABE

Wie ist der Bestand in der Steuerbilanz zu bewerten, wenn hoch bewertet werden soll?

LÖSUNG

Die fertigen und unfertigen Erzeugnisse eines Produktionsbetriebs sind mit den Herstellungskosten zu bewerten (§ 6 Abs. 1 Nr. 2 Satz 1 EStG und § 255 Abs. 2 HGB). Herstellungskosten sind danach die Aufwendungen, die durch den Verbrauch von Gütern und die Inanspruchnahme von Diensten für die Herstellung eines Erzeugnisses entstehen. Sie setzen sich zusammen aus den Materialkosten einschließlich der notwendigen Materialgemeinkosten und den Fertigungskosten (insbesondere den Fertigungslöhnen) einschließlich der notwendigen Fertigungsgemeinkosten (R 6.3 EStR). Ebenso wie die Anschaffungskosten werden auch die Herstellungskosten von den tatsächlichen Ausgaben abgeleitet. Nicht zu den Herstellungskosten gehören die Vertriebskosten. Für die Aufnahme der Verwaltungskosten in die Herstellungskosten besteht sowohl für die Handels- wie auch für die Steuerbilanz ein Wahlrecht, das allerdings einheitlich auszuüben ist (§ 6 Abs. 1 Nr. 1b EStG). Gemäß der Divisionskalkulation ergeben sich folgende Herstellungskosten pro Stück:

Materialeinsatz	600.000 €
Fertigungslohneinsatz	+ 800.000 €
Materialgemeinkosten	+ 200.000 €
Fertigungsgemeinkosten	+ 300.000 €
Verwaltungskosten	+ 150.000 €
Herstellungskosten für 820.000 Stück	2.050.000 €
Herstellungskosten für ein Stück: 2.050.000 € / 820.000 Stück =	2,50 €
Herstellungskosten für 20.000 Stück: 20.000 Stück x 2,50 € =	50.000 €

Der Bestand v. 31.12.01 ist höchstmöglich (siehe Aufgabenstellung) mit 50.000 € zu bewerten.

FALL 90

Divisionskalkulation mit Äquivalenzziffern

Sachverhalt: Wie Fall 89. Die KG stellt jedoch drei Scharniertypen her. Die Herstellungskosten der Scharniertypen stehen im Verhältnis 1:1,2:1,7 zueinander. Im Jahr 01 wurden hergestellt:

- Typ I (= 1) 260.000 Stück
- Typ II (= 1,2) 200.000 Stück
- Typ III (= 1,7) 347.309 Stück

Am 31.12.01 ist folgender Bestand vorhanden:

- Typ I 20.000 Stück
- Typ II 30.000 Stück
- Typ III 40.000 Stück

AUFGABE

Wie ist der Bestand zu bewerten, wenn ein möglichst hoher Gewinn für das Jahr 01 angestrebt wird?

LÖSUNG

Da die KG für das Jahr 01 einen möglichst hohen Gewinn wünscht, ist von Gesamtherstellungskosten i. H. von 2.050.000 € auszugehen. Unter Verwendung der Äquivalenzziffern errechnen sich die Herstellungskosten für den einzelnen Scharniertyp wie folgt:

Typ	Kostenverhältnis	Hergestellte Menge	Rechnungseinheit	Aufwand pro Rechnungseinheit
I	1	260.000 Stück	260.000 €	
II	1,2	200.000 Stück	+ 240.000 €	2.050.000 € / 1.090.425 € = 1,88 €
III	1,7	347.309 Stück	+ 590.425 €	
			1.090.425 €	

Typ	Herstellungskosten pro Stück
I	1 x 1,88 € = 1,88 €
II	1,2 x 1,88 € = 2,26 €
III	1,7 x 1,88 € = 3,20 €

Typ	Bewertung des Bestands v. 31.12.01	
I	20.000 Stück x 1,88 € =	37.600 €
II	30.000 Stück x 2,26 € =	+ 67.800 €
III	40.000 Stück x 3,20 € =	+ 128.000 €
		233.400 €

FALL 91

Zuschlagskalkulation

Sachverhalt: Der Steuerpflichtige ist Möbelhersteller. Bei der Bewertung der am Bilanzstichtag (31.12.) fertiggestellten acht Wohnzimmerschränke Typ „Brabant" ging er wie folgt vor:

Materialeinzelkosten	250 €	
Materialgemeinkosten 50 %	+ 125 €	375 €
Fertigungseinzelkosten	300 €	
Fertigungsgemeinkosten 90 %	+ 270 €	+ 570 €
Aufwand pro Wohnzimmerschrank		945 €
8 Wohnzimmerschränke x 945 € =		7.560 €

Die anteiligen allgemeinen Verwaltungskosten betragen 25 % des vorgenannten „Aufwands pro Wohnzimmerschrank" und die anteiligen Vertriebskosten 10 %. Als Gewinnzuschlag werden 33 $^{1}/_{3}$ % der Selbstkosten berechnet.

Die Gemeinkostenzuschläge enthalten nicht die Grundsteuer und die Raumkosten für das Materiallager und die Fertigungsabteilung. Unter Berücksichtigung dieser Kosten beträgt der Materialgemeinkostenzuschlag 52 % und der Fertigungsgemeinkostenzuschlag 92 %.

Im Fertigungsbereich sind Maschinen eingesetzt, die mit kreditierten Mitteln angeschafft wurden. Die hierfür aufgewendeten Zinsen würden den Fertigungsgemeinkostenzuschlag um einen weiteren Prozentpunkt auf 93 % erhöhen.

Am Bilanzstichtag sind neben den acht fertigen Wohnzimmerschränken des Typs „Brabant" vier Wohnzimmerschränke erst zu 60 % fertiggestellt. Die unfertigen Wohnzimmerschränke wurden inventurmäßig nicht erfasst.

AUFGABE

Wie ist der Bestand der fertigen und unfertigen Erzeugnisse in der Steuerbilanz zu erfassen und zu bewerten? Es wird ein möglichst hoher Ansatz gewünscht.

LITERATURHINWEIS

Dortmann/Mann, Lehrbuch Buchführung und Bilanzsteuerrecht, 14. Aufl. 2026, Teil B, Kapitel 6, Tz. 6.4.2.3.

LÖSUNG

Die fertigen und unfertigen Erzeugnisse sind mit den Herstellungskosten zu bewerten (§ 6 Abs. 1 Nr. 2 Satz 1 EStG). Zu diesen gehören auch die Materialgemeinkosten und die Fertigungsgemeinkosten (R 6.3 EStR). Zu den Materialgemeinkosten und den Fertigungsgemeinkosten gehören auch die Grundsteuer und die Raumkosten. Finanzierungskosten gehören im Allgemeinen nicht zu den Herstellungskosten (§ 255 Abs. 3 HGB). Nur für das hergestellte Produkt angefallener Zinsaufwand (objektbezogen) darf aktiviert werden. Für die Einrechnung der allgemeinen Verwaltungskosten in den Herstellungsaufwand hat der Steuerpflichtige sowohl für die Handels- wie auch für die Steuerbilanz ein Wahlrecht, das allerdings einheitlich auszuüben ist (§ 255 Abs. 2 Satz 3 HGB und § 6 Abs. 1 Nr. 1b EStG). Unberücksichtigt bleibt der Gewinnzuschlag, weil sonst ein nicht realisierter Gewinn ausgewiesen würde, was nach den GoB und § 252 Abs. 1 Nr. 4 HGB unzulässig ist. Es ist wie folgt zu rechnen:

Materialeinsatzkosten	250 €	
Materialgemeinkosten 52 %	+ 130 €	380 €
Fertigungseinzelkosten	300 €	
Fertigungsgemeinkosten 92 %	+ 276 €	+ 576 €
Pflicht-Herstellungskosten		956 €
Verwaltungskosten 25 % von 956 € =		+ 239 €
Wahl-Herstellungskosten		1.195 €

Inventurmäßig hätten auch die unfertigen Erzeugnisbestände erfasst werden müssen (vgl. insofern § 246 Abs. 1 i. V. mit § 266 Abs. 2 HGB). Sie werden entsprechend dem Grad ihrer Fertigstellung am Bilanzstichtag mit den Herstellungskosten (hier einschließlich der Verwaltungskosten) angesetzt:

Fertige Erzeugnisse:	8 x 1.195 € =	9.560 €
Unfertige Erzeugnisse:	4 x 1.195 € = 4.780 €, davon 60 % =	+ 2.868 €
		12.428 €

FALL 92

Unfertige Leistungen

Sachverhalt: Ein Bauunternehmer weist in seiner Schlussbilanz zum 31.12.01 folgende Wirtschaftsgüter aus:

Unfertige Leistungen auf fremdem Grund und Boden	500.000 €
Forderungen	200.000 €

Bei den unfertigen Leistungen handelt es sich um Bauaufträge, die am Bilanzstichtag begonnen, aber noch nicht zu Ende geführt sind. Sie werden auch als unfertige Arbeiten bezeichnet. Der Bauunternehmer bewertet sie mit den bis zum Stichtag angefallenen Selbstkosten i. H. von 500.000 €. In den Selbstkosten sind die allgemeinen Verwaltungskosten mit 40.000 € und die Vertriebskosten mit 20.000 € enthalten. Unberücksichtigt bleibt der anteilige Gewinnzuschlag i. H. von 40 % der Selbstkosten. Unter den Forderungen ist eine Rohbaumaßnahme auf fremdem Grund und Boden aktiviert, die zum 27.12.01 abgeschlossen und vom Auftraggeber am selben Tag abgenommen wurde. Dieses Projekt auf fremdem Grund und Boden ist mit den Selbstkosten i. H. von 120.000 € im Forderungsbestand i. H. von 200.000 € enthalten. Die Rechnungserteilung hierüber erfolgte am 20.1.02.

Die Rechnung lautete:

Rohbauerstellung	168.000 €
Umsatzsteuer 19 %	+ 31.920 €
	199.920 €
Vorausgezahlt	- 140.000 €
Noch zu zahlen	59.920 €

Die Rechnungserteilung wurde buch- und inventurmäßig im Jahr 01 nicht berücksichtigt. Passiviert sind unter den „Erhaltenen Anzahlungen" v. 31.12.01 140.000 €.

AUFGABE

Hat der Bauunternehmer die unfertigen Arbeiten und die Forderungen in seiner Schlussbilanz auf den 31.12.01 zutreffend angesetzt, wenn er einen möglichst hohen Gewinn wünscht?

LÖSUNG

Bei unfertigen Bauten auf fremdem Grund und Boden handelt es sich für den Bauunternehmer nicht um Sachwerte, sondern um Forderungen. Dies ergibt sich aus dem BGB, wonach Sachen, die mit dem Grundstück verbunden werden, sofort Eigentum des Grundstückseigentümers werden (§§ 93, 94 und 946 BGB). Solche „Forderungen besonderer Art" sind allerdings bis zur Abnahme des Werks durch den Auftraggeber lediglich mit den Herstellungskosten oder ggf. mit dem niedrigeren Teilwert zu bewerten (§ 6 Abs. 1 Nr. 2 EStG und § 253 Abs. 4 HGB). Dabei gehören die Verwaltungskosten wahlweise zu den Herstellungskosten. Hat der Bauherr das Werk abgenommen, so sind die Bilanzierungsgrundsätze für „unfertige Leistungen" nicht mehr anzuwenden, sondern die Bilanzierungsgrundsätze für Forderungen (aufgrund von Werklieferungen), die den Ansatz des Nennwerts gebieten, wodurch die Gewinnrealisierung eintritt. Das Gleiche gilt für Werkleistungen. Auf den Zeitpunkt der Rechnungserteilung kommt es nicht an.

Berichtigungen:

Unfertige Leistungen

Ansatz zu Selbstkosten	500.000 €
Vertriebskosten	- 20.000 €
Herstellungskosten	480.000 €

Forderungen

Bisheriger Ansatz	200.000 €
Fertiges Werk zu Selbstkosten	- 120.000 €
Fertiges Werk zum Nennwert	+ 199.920 €
Anzahlung	- 140.000 €
Anschaffungskosten (= Nennwert)	139.920 €

Der Passivposten „Erhaltene Anzahlungen" ist um 140.000 € zu kürzen.

4.3 Teilwert und beizulegender Wert

4.3.1 Ermittlung des Teilwerts

Neben den Anschaffungs- und Herstellungskosten kennt das Steuerrecht als dritten Wertmaßstab den **Teilwert.** Die gesetzliche Definition findet sich in § 6 Abs. 1 Nr. 1 Satz 3 EStG. Vereinfacht kann vermutet werden, dass der Teilwert den Wiederbeschaffungskosten entspricht.

Ist der Teilwert niedriger als der Buchwert, besteht die Möglichkeit einer Abschreibung auf den Teilwert (Teilwertabschreibung) mit entsprechender und nicht selten signifikanter Gewinnminderung. In der Steuerbilanz muss die Wertminderung zum wahlweise niedrigeren Teilwertansatz aber immer von Dauer sein (BMF, Schreiben v. 2.9.2016, BStBl 2016 I S. 995).

Der Teilwert spielt ferner eine Rolle bei der Bewertung von Entnahmen und Einlagen (§ 6 Abs. 1 Nr. 4 und 5 EStG).

Während die Teilwertbestimmung im Einzelfall schwierig ist, insbesondere bei Grundstücken sowie Sachen und Rechten, die keinen Börsen- oder Marktpreis haben, lassen sich die Teilwertgrenzen relativ leicht bestimmen. **Obere Grenze** für den Teilwert sind die Wiederbeschaffungskosten bzw. die Selbstkosten. **Untere Grenze** ist der Einzelveräußerungspreis (ohne Umsatzsteuer) abzgl. Veräußerungskosten; handelsrechtlich ist dies zugleich der „beizulegende Wert" i. S. des § 253 Abs. 3 und 4 HGB. Weiterhin ist bei Warenbewertungen noch der durchschnittliche Unternehmergewinn zu berücksichtigen, um den steuerlichen Teilwert zu bestimmen. Diese untere Teilwertgrenze wird allerdings nur bei sinkenden Warenverkaufspreisen, Fehlmaßnahmen, bevorstehender Stilllegung sowie bei nutzlosen Wirtschaftsgütern in Betracht kommen.

Für die Teilwertermittlung im Einzelfall gelten bestimmte Teilwertvermutungen, also Unterstellungen im Hinblick auf die Höhe des Teilwerts (R 6.7 EStR und H 6.7 Teilwertvermutungen EStH). Hiernach entspricht z. B. beim abnutzbaren Anlagevermögen der Teilwert den um die **lineare AfA** verminderten Anschaffungs- oder Herstellungskosten. Die Teilwertvermutung ist z. B. bei Nachweis einer **Fehlmaßnahme** sowie beim Nachweis **niedrigerer Wiederbeschaffungskosten** widerlegt (R 6.7 EStR).

Die Nachweispflicht für den niedrigeren Teilwert liegt beim Steuerpflichtigen. Darüber hinaus trägt der Steuerpflichtige auch die Darlegungs- und Feststellungslast für eine voraussichtlich dauernde Wertminderung. Zudem ist im Rahmen des Wertaufholungsgebots nachzuweisen, dass und in welchem Umfang der Teilwert auch zu späteren Bewertungsstichtagen weiterhin unter der Bewertungsobergrenze liegt.

Für die Inanspruchnahme einer Teilwertabschreibung besteht steuerlich ein Wahlrecht. Ist zu nachfolgenden Bilanzstichtagen der Teilwert wieder gestiegen, **muss zugeschrieben werden**. Die Nachweispflicht, dass der Teilwert nicht wieder gestiegen ist, trifft den Steuerpflichtigen ebenfalls. Das Wertaufholungsgebot verstößt auch insoweit nicht gegen die Verfassung, als davon Teilwertabschreibungen erfasst werden, die mehr als zehn Jahre vor Einführung des Wertaufholungsgebots vorgenommen worden waren (BFH, Urteil v. 25.2.2010 - IV R 37/07, BStBl 2010 II S. 784). Die Zuschreibungspflicht gilt auch für die Handelsbilanz (§ 253 Abs. 5 HGB).

Im Einzelfall lässt sich der Teilwert wie folgt bestimmen:

4.3.1.1 Im Betrieb genutztes Anlagevermögen

Wiederbeschaffungskosten bzw. Selbstkosten am Bilanzstichtag
- lineare AfA (soweit abnutzbar)

= **Teilwert**

4.3.1.2 Überflüssiges Anlagevermögen

Einzelveräußerungspreis (ohne Umsatzsteuer)
- Veräußerungskosten

= **Teilwert**

Bei Investmentanteilen, die schon längere Zeit zum Betriebsvermögen gehören und die für den Betrieb entbehrlich sind, entspricht der Teilwert dem Rücknahmepreis (BFH, Urteil v. 5.10.1972 - IV R 118/70, BStBl 1973 II S. 207).

4.3.1.3 Vorräte

Im Bereich der fertigen und unfertigen Erzeugnisse entspricht der Teilwert den **Selbstkosten.**

Für unmodern gewordene Ware, für die keine Wiederbeschaffungskosten feststellbar sind (z. B., weil die Ware gar nicht mehr hergestellt wird) und die nur zu herabgesetzten Preisen absetzbar ist, bieten die EStR zwei Formeln zur retrograden Ermittlung des Teilwerts (R 6.8 Abs. 2 ff. EStR sowie H 6.8 Subtraktionsmethode und Formelmethode EStH).

Zu den beiden Formeln im Einzelnen:

- Subtraktionsmethode i. S. der R 6.8 Abs. 2 Satz 3 EStR:

  Voraussichtlich erzielbarer Veräußerungserlös (netto)
  - durchschnittlicher Unternehmergewinn
  - nach dem Bilanzstichtag noch anfallender betrieblicher Aufwand

  = Teilwert

- Formelmethode i. S. der R 6.8 Abs. 2 Satz 5 und 6 EStR:

  Teilwert = Z / (1 + Y1 + Y2 x W)

  Dabei sind:

  Z: Der erzielbare Verkaufspreis

  Y1: Der Durchschnittsunternehmergewinnprozentsatz (bezogen auf die Anschaffungskosten)

  Y2: Der Rohgewinnaufschlagsrest

  W: Der Prozentsatz an Kosten, der noch nach Abzug des durchschnittlichen Unternehmergewinnprozentsatzes vom Rohgewinnaufschlagssatz nach dem Bilanzstichtag anfällt.

Demgegenüber ermittelt sich der **handelsrechtliche „beizulegende Wert“** (§ 253 Abs. 4 HGB) aus Sicht des Absatzmarktes bei der **sog. „verlustfreien Bewertung“** m. E. wie folgt:

	(Herabgesetzter) Verkaufspreis ohne Umsatzsteuer
-	künftige Veräußerungskosten
=	beizulegender Wert i. S. des § 253 Abs. 4 HGB

Dieser beizulegende Wert kann bei Ware, die keinen Börsen- oder Marktpreis hat, auch in die Steuerbilanz übernommen werden (R 6.8 Abs. 1 Satz 4 EStR).

4.3.1.4 Forderungen und Schulden

Bei den **Forderungen** sind zur Teilwertermittlung zu berücksichtigen:

- Ausfallrisiko,
- Möglichkeit der Skonti-Inanspruchnahme,
- Zinsverlust und
- künftige Mahn- und Beitreibungskosten.

Forderungen und Schulden in ausländischer Währung sind am Bilanzstichtag zum Devisenkassamittelkurs umzurechnen (§ 256a HGB). Sich dabei ergebende Aufwendungen und Erträge sind in der Gewinn- und Verlustrechnung gesondert als sonstige betriebliche Aufwendungen und sonstige betriebliche Erträge auszuweisen.

HINWEIS

Handelsrechtlich erfolgt die Bilanzierung mit dem Devisenkassamittelkurs bei Restlaufzeiten von einem Jahr oder weniger unter Außerachtlassung des Anschaffungskostenprinzips (Realisationsprinzip) und des Imparitätsprinzips (§ 256a Satz 2 HGB).

4.3.1.5 Bewertung von Unternehmen und Anteilen an Kapitalgesellschaften

Die gleich lautenden Erlasse der obersten Finanzbehörden der Länder v. 17.5.2011 (BStBl 2011 I S. 606) zur Anwendung der §§ 11, 95–109 und 199 ff. BewG i. d. F. des ErbStRG v. 24.12.2008 (BGBl 2008 I S. 3018) sind für ertragsteuerliche Zwecke bei der Bewertung von Unternehmen und Anteilen an Kapitalgesellschaften entsprechend anzuwenden (BMF, Schreiben v. 22.9.2011, BStBl 2011 I S. 859).

4.3.1.6 Teilwertabschreibung und Rückstellung für drohende Verluste

Das Verbot der Rückstellungen für drohende Verluste (§ 5 Abs. 4a EStG) begrenzt eine mögliche Teilwertabschreibung nicht. Die Teilwertabschreibung auf unfertige Bauten auf fremdem Grund und Boden ist nicht nur hinsichtlich des dem jeweiligen Stand der Fertigstellung entsprechenden, auf die Bauten entfallenden Anteils der vereinbarten Vergütung, sondern hinsichtlich des gesamten Verlusts einschließlich des kalkulierten Gewinnzuschlags aus dem noch nicht abgewickelten Bauauftrag zulässig (BFH, Urteil v. 7.9.2005 - VIII R 1/03, BStBl 2006 II S. 298).

4.3.2 Voraussichtlich dauernde Wertminderung in der Steuerbilanz

Zu den Themen „Voraussichtlich dauernde Wertminderung" und „Wertaufholungsgebot" vgl. ausführlich BMF, Schreiben v. 2.9.2016, BStBl 2016 I S. 995.

Für den **Ansatz des Teilwerts** gelten folgende Regelungen:

Teilwertabschreibungen sind nur zulässig bei nachgewiesener **voraussichtlich dauernder Wertminderung** (§ 6 Abs. 1 Nr. 1 Satz 2 und Nr. 2 Satz 2 EStG). Eine voraussichtlich dauernde Wertminderung bedeutet ein voraussichtlich nachhaltiges Absinken des Werts des Wirtschaftsguts unter den maßgeblichen Buchwert; eine nur vorübergehende Wertminderung reicht für eine Teilwertabschreibung nicht aus (vgl. auch § 253 Abs. 3 Satz 5 HGB). Die Wertminderung ist voraussichtlich nachhaltig, wenn der Steuerpflichtige hiermit aus der Sicht am Bilanzstichtag aufgrund objektiver Anzeichen ernsthaft zu rechnen hat. Aus der Sicht eines sorgfältigen und gewissenhaften Kaufmanns müssen mehr Gründe für als gegen eine Nachhaltigkeit sprechen. Grundsätzlich ist von einer voraussichtlich dauernden Wertminderung auszugehen, wenn der Wert des Wirtschaftsguts die Bewertungsobergrenze während eines erheblichen Teils der voraussichtlichen Verweildauer im Unternehmen nicht erreichen wird. Wertminderungen aus besonderem Anlass (z. B. Katastrophen oder technischer Fortschritt) sind regelmäßig von Dauer. Werterhellende Erkenntnisse bis zum Zeitpunkt der Aufstellung der Handelsbilanz sind zu berücksichtigen. Wenn keine Handelsbilanz aufzustellen ist, ist der Zeitpunkt der Aufstellung der Steuerbilanz maßgeblich. Davon zu unterscheiden sind Erkenntnisse, die auf einer Wertbegründung nach dem Bilanzstichtag beruhen.

Abnutzbares Anlagevermögen

Bei **abnutzbarem Anlagevermögen** kann von einer dauernden Wertminderung ausgegangen werden, wenn der Wert des jeweiligen Wirtschaftsguts zum Bilanzstichtag **mindestens für die halbe Restnutzungsdauer unter dem planmäßigen Restbuchwert liegt** (BFH, Urteil v. 29.4.2009 - I R 74/08, BStBl 2009 II S. 899). Die verbleibende Nutzungsdauer ist für Gebäude i. S. des § 7 Abs. 4 und 5 EStG und für andere Wirtschaftsgüter grds. nach den amtlichen AfA-Tabellen zu bestimmen. Dies gilt auch dann, wenn der Steuerpflichtige beabsichtigt, das Wirtschaftsgut vor Ablauf seiner betriebsgewöhnlichen Nutzungsdauer zu veräußern (BFH, Urteil v. 29.4.2009 - I R 74/08, a. a. O.).

BEISPIEL:

Anschaffungskosten einer Maschine Anfang des Jahres 01	40.000 €
Jährliche AfA 4.000 €, Buchwert zum 31.12.01 somit	36.000 €
Teilwert Ende des Jahres 01	16.000 €
(Abwandlung 20.000 €)	

Lösung:

Die Wertminderung ist von Dauer, da der Teilwert v. 31.12.01 (16.000 €) bei planmäßiger Abschreibung erst nach fünf Jahren erreicht wird. Das ist nach mehr als der Hälfte der Restnutzungsdauer (= 4 $^1/_2$ Jahre).

Abwandlung

Die Wertminderung ist nicht von Dauer, da der Teilwert v. 31.12.01 (20.000 €) bei planmäßiger Abschreibung schon nach vier Jahren und damit früher als nach mehr als der Hälfte der Restnutzungsdauer erreicht wird.

TIPP

Bei unveränderter Nutzungsdauer kann einfacher wie folgt gerechnet werden: Ist der Teilwert niedriger als der halbe Buchwert, ist die Wertminderung von Dauer. Der halbe Buchwert entspricht im obigen Fall 18.000 €. Teilwert 16.000 € = Wertminderung von Dauer. Teilwert 20.000 € = Wertminderung nicht von Dauer.

Nicht abnutzbares Anlagevermögen

Für die Wirtschaftsgüter des **nichtabnutzbaren Anlagevermögens** ist grds. darauf abzustellen, ob die Gründe für eine niedrigere Bewertung voraussichtlich anhalten werden. Preisschwankungen bei Immobilien stellen i. d. R. nur eine vorübergehende Wertminderung dar. Der auf der Unverzinslichkeit einer im Anlagevermögen gehaltenen Forderung beruhende Wert ist keine voraussichtlich dauernde Wertminderung und rechtfertigt deshalb keine Teilwertabschreibung (BFH, Urteil v. 24.10.2012 - I R 43/11, BStBl 2013 II S. 162).

Umlaufvermögen

Die Wirtschaftsgüter des Umlaufvermögens sind nicht dazu bestimmt, dem Betrieb auf Dauer zu dienen. Sie werden stattdessen regelmäßig für den Verkauf oder den Verbrauch gehalten. Demgemäß kommt dem Zeitpunkt der Veräußerung oder Verwendung eine besondere Bedeutung für die Bestimmung einer voraussichtlich dauernden Wertminderung zu. Hält die Minderung bis zum Zeitpunkt der Aufstellung der Bilanz oder dem vorangegangenen Verkaufs- oder Verbrauchszeitpunkt an, so ist die Wertminderung voraussichtlich von Dauer. Zusätzliche werterhellende Erkenntnisse bis zu diesen Zeitpunkten sind in die Beurteilung einer voraussichtlich dauernden Wertminderung der Wirtschaftsgüter zum Bilanzstichtag einzubeziehen.

Börsennotierte, börsengehandelte und aktienindexbasierte Wertpapiere des Anlage- und Umlaufvermögens

Bei börsennotierten, börsengehandelten und aktienindexbasierten Wertpapieren des Anlage- und Umlaufvermögens (z. B. Aktien) ist von einer voraussichtlich dauernden Wertminderung auszugehen, wenn der Börsenwert zum Bilanzstichtag unter denjenigen zum Erwerbszeitpunkt gesunken ist und der Kursverlust die **Bagatellgrenze i. H. von 5 %** der Notierung bei Erwerb überschreitet. Bei einer vorangegangenen Teilwertabschreibung ist für die Bestimmung der Bagatellgrenze der Bilanzansatz am vorangegangenen Bilanzstichtag maßgeblich. In Fällen der Wertaufholung nach erfolgter Inanspruchnahme einer Teilwertabschreibung kommt die Bagatellgrenze i. H. von 5 % nicht zur Anwendung. Die Wertaufholung ist auf den aktuellen Börsenkurs am Bilanzstichtag, aber max. auf die Anschaffungskosten vorzunehmen.

Der Teilwert eines Wertpapiers kann nur dann nicht nach dem Kurswert (zzgl. der im Fall eines Erwerbs anfallenden Erwerbsnebenkosten) bestimmt werden, wenn aufgrund konkreter und objektiv überprüfbarer Anhaltspunkte davon auszugehen ist, dass der Börsenpreis den tatsächlichen Anteilswert nicht widerspiegelt (BFH, Urteil v. 21.9.2011 - I R 89/10, BStBl 2014 II S. 612). Dies wäre z. B. dann der Fall, wenn der Kurs durch Insidergeschäfte beeinflusst (manipuliert) wurde oder über einen längeren Zeitraum kein Handel mit den zu bewertenden Wertpapieren stattfand.

Bei den bis zum Tag der Bilanzaufstellung eintretenden Kursänderungen handelt es sich um wertbeeinflussende (wertbegründende) Umstände, die die Bewertung der Wertpapiere zum Bilanzstichtag grds. nicht berühren (BFH, Urteil v. 21.9.2011 - I R 89/10, BStBl 2014 II S. 612).

Festverzinsliche Wertpapiere, die eine Forderung i. H. des Nominalwerts der Forderung verbriefen

Eine Teilwertabschreibung unter den Nennwert allein aufgrund gesunkener Kurse ist regelmäßig nicht zulässig, weil es bei festverzinslichen Wertpapieren des Anlage- und Umlaufvermögens, die eine Forderung i. H. des Nominalwerts der Forderung verbriefen, i. d. R. an einer voraussichtlich dauernden Wertminderung fehlt. Eine Teilwertabschreibung unter den Nennwert ist nur zulässig, wenn ein Bonitäts- oder Liquiditätsrisiko hinsichtlich der Rückzahlung der Nominalbeträge besteht und die Wertpapiere bei Endfälligkeit nicht zu ihrem Nennbetrag eingelöst werden können (BFH, Urteil v. 8.6.2011 - I R 98/10, BStBl 2012 II S. 716). Für börsennotierte festverzinsliche Wertpapiere, die eine Forderung i. H. des Nominalwerts der Forderung verbriefen, gelten die für Aktien dargestellten Grundsätze entsprechend. Die Bagatellgrenze i. H. von 5 % wird bei börsennotierten festverzinslichen Wertpapieren, die eine Forderung i. H. des Nominalwerts der Forderung verbriefen, aber nicht angewendet.

Anteile an Investmentfonds, die als Finanzanlage im Anlagevermögen gehalten werden

Die zur Bewertung von börsennotierten, börsengehandelten und aktienindexbasierten Wertpapieren des Anlage- und Umlaufvermögens aufgestellten Grundsätze sind auf im Anlagevermögen gehaltene Investmentanteile an Publikums- und Spezial-Investmentfonds entsprechend anzuwenden, wenn der Investmentfond überwiegend in börsennotierten Aktien als Vermögensgegenstände investiert ist (BFH, Urteil v. 21.9.2011 - I R 7/11, BStBl 2014 II S. 616). Der Investmentfond ist dann überwiegend in börsennotierten Aktien investiert, wenn mehr als 50 % seines Wertes zum Bilanzstichtag in Aktien investiert ist. Abzustellen ist auf die tatsächlichen Verhältnisse beim Investmentfond am Bilanzstichtag des Anlegers. Unerheblich ist, ob der zu bewertende Investmentanteil selbst börsennotiert ist. Von einer voraussichtlich dauernden Wertminderung i. S. des § 6 Abs. 1 Nr. 2 Satz 2 EStG ist auszugehen, wenn der Preis, zu dem der Investmentanteil erworben werden kann (Ausgabepreis, zzgl. der ggf. anfallenden Erwerbsnebenkosten), zu dem jeweils aktuellen Bilanzstichtag um **mehr als 5 % (sog. „Bagatellgrenze")** unter die Anschaffungskosten gesunken ist.

Verbindlichkeiten

Grundsätze

Verbindlichkeiten sind gem. § 6 Abs. 1 Nr. 3 EStG unter sinngemäßer Anwendung der Regelungen in § 6 Abs. 1 Nr. 2 EStG anzusetzen. Verbindlichkeiten, die Kursschwankungen unterliegen (z. B. Fremdwährungsverbindlichkeiten), sind daher wie folgt zu bewerten:

Verbindlichkeiten sind mit ihrem Erfüllungsbetrag anzusetzen (§ 5 Abs. 1 Satz 1 EStG i. V. mit § 253 Abs. 1 Satz 2 HGB). Ist die Höhe der Zahlungsverpflichtung von einem bestimmten Kurswert abhängig (z. B. Fremdwährungsverbindlichkeiten), ist grds. der Wert zum Zeitpunkt des Entstehens der Verbindlichkeit maßgebend (bei Fremdwährungsverbindlichkeiten der entsprechende Wechselkurs). Nur unter der Voraussetzung einer voraussichtlich dauernden Erhöhung des Kurswerts kann an den nachfolgenden Bilanzstichtagen der höhere Wert angesetzt werden (§ 6 Abs. 1 Nr. 3 i. V. mit Nr. 2 Satz 2 EStG).

Eine voraussichtlich dauernde Erhöhung des Kurswerts einer Verbindlichkeit liegt nur bei einer nachhaltigen Erhöhung des Wechselkurses gegenüber dem Kurs bei der Entstehung der Verbindlichkeit vor. Die Änderung ist voraussichtlich nachhaltig, wenn der Steuerpflichtige hiermit aufgrund objektiver Anzeichen aus der Sicht des Bilanzstichtags ernsthaft rechnen muss. Aus Sicht eines sorgfältigen und gewissenhaften Kaufmanns müssen mehr Gründe für als gegen eine Nachhaltigkeit sprechen. Bei Fremdwährungsverbindlichkeiten, die eine Restlaufzeit von jedenfalls zehn Jahren haben, begründet ein Kursanstieg der Fremdwährung grds. keine voraussichtlich dauernde Teilwerterhöhung; die Währungsschwankungen werden i. d. R. ausgeglichen (BFH, Urteil v. 23.4.2009 - IV R 62/06, BStBl 2009 II S. 778). Auf den Devisenmärkten übliche Wechselkursschwankungen berechtigen nicht zu einem höheren Ansatz der Verbindlichkeit.

Verbindlichkeiten des laufenden Geschäftsverkehrs

Ist nach den Umständen des jeweiligen Einzelfalls eine Verbindlichkeit dem laufenden Geschäftsverkehr zuzuordnen und somit nicht dazu bestimmt, das Betriebskapital auf Dauer zu verstärken, kommt dem Zeitpunkt der Tilgung oder Entnahme der Verbindlichkeit für die Bestimmung einer voraussichtlich dauernden Werterhöhung eine besondere Bedeutung zu.

Gemäß der Rechtsprechung des BFH (z. B. BFH, Urteil v. 31.10.1990 - I R 77/86, BStBl 1991 I S. 471) ist der Begriff „Verbindlichkeit des laufenden Geschäftsverkehrs" durch folgende Merkmale gekennzeichnet:

- Ihr Entstehen hängt wirtschaftlich eng mit einzelnen bestimmbaren, nach Art des Betriebs immer wiederkehrenden und nicht die Anschaffung oder Herstellung von Wirtschaftsgütern des Anlagevermögens betreffenden laufenden Geschäftsvorfällen zusammen.
- Dieser Zusammenhang bleibt bis zur Tilgung der Verbindlichkeit erhalten.
- Die Verbindlichkeit wird innerhalb der nach Art des laufenden Geschäftsvorfalls allgemein üblichen Frist getilgt.

Hält eine Wechselkurserhöhung im Zusammenhang mit einer Verbindlichkeit des laufenden Geschäftsverkehrs bis zum Zeitpunkt der Aufstellung der Bilanz oder dem vorangegangenen Tilgungs- oder Entnahmezeitpunkt an, ist davon auszugehen, dass die Werterhöhung voraussichtlich von Dauer ist. Soweit keine Handelsbilanz aufzustellen ist, ist der Zeitpunkt der Aufstellung der Steuerbilanz maßgebend. Zusätzliche Erkenntnisse bis zu diesen Zeitpunkten sind zu berücksichtigen. Allgemeine Entwicklungen, z. B. Wechselkursschwankungen auf den Devisenmärkten, sind zusätzliche Erkenntnisse und als solche in die Beurteilung einer voraussichtlich dauernden Werterhöhung einer Verbindlichkeit zum Bilanzstichtag einzubeziehen.

Behandlung dauernder Wertminderungen in Handels- und Steuerbilanz

Vermögensgegenstände des Anlagevermögens sind handelsrechtlich bei voraussichtlich dauernder Wertminderung außerplanmäßig abzuschreiben; beim Umlaufvermögen ist jede Wertminderung bei der Bewertung zu berücksichtigen (§ 253 Abs. 3 Satz 3 und Abs. 4 HGB).

Gemäß § 6 Abs. 1 Nr. 1 Satz 2 und Nr. 2 Satz 2 EStG **kann** in der Steuerbilanz bei einer voraussichtlich dauernden Wertminderung der Teilwert angesetzt werden. Die Vornahme einer außerplanmäßigen Abschreibung in der Handelsbilanz ist in der Steuerbilanz nicht zwingend durch eine Teilwertabschreibung nachzuvollziehen; der Steuerpflichtige kann darauf auch verzichten.

4.3.3 Wertaufholungsgebot

Grundsatz

Aufgrund des Wertaufholungsgebots ergibt sich der Wertansatz eines Wirtschaftsguts für jeden Bilanzstichtag aus dem Vergleich der um die zulässigen Abzüge geminderten Anschaffungs- oder Herstellungskosten oder des an deren Stelle tretenden Werts als der Bewertungsobergrenze und dem niedrigeren Teilwert als der Bewertungsuntergrenze. Hat sich der Wert des Wirtschaftsguts nach einer vorangegangenen Teilwertabschreibung wieder erhöht, so ist diese Betriebsvermögensmehrung bis zum Erreichen der Bewertungsobergrenze steuerlich zu erfassen. Dabei kommt es nicht darauf an, ob die konkreten Gründe für die vorherige Teilwertabschreibung weggefallen sind. Auch eine Erhöhung des Teilwerts aus anderen Gründen führt zu einer Korrektur des Bilanzansatzes (z. B. der Steuerpflichtige kann oder will eine dauernde Wertminderung nicht nachweisen). Gleiches gilt auch, wenn die vorherige Teilwertabschreibung steuerlich nicht oder nicht vollständig wirksam wurde.

Bei börsennotierten Wertpapieren kommt in den Fällen der Wertaufholung nach erfolgter Inanspruchnahme einer Teilwertabschreibung die Bagatellgrenze i. H. von 5 % nicht zur Anwendung. Die Wertaufholung ist auf den aktuellen Börsenkurs am Bilanzstichtag, max. auf die Anschaffungskosten, vorzunehmen.

Nachweispflicht

Grundsätzlich hat der Steuerpflichtige die Bewertungsobergrenze anhand geeigneter Unterlagen (historische Anschaffungs- oder Herstellungskosten) nachzuweisen. Vor allem bei unbebauten Grundstücken kann auf die beim zuständigen Grundbuchamt vorliegenden notariellen Verträge zurückgegriffen werden. Können die historischen Anschaffungs- oder Herstellungskosten nicht nachgewiesen werden, gilt der Buchwert, der in der ältesten noch vorhandenen Bilanz als Anfangswert für das Wirtschaftsgut ausgewiesen ist, als Bewertungsobergrenze, es sei denn, die Finanzbehörde legt – z. B. aufgrund der dort vorhandenen Unterlagen – eine höhere Bewertungsobergrenze dar.

4.3.4 Beizulegender Wert und beizulegender Zeitwert

Das Handelsrecht kennt den steuerlichen Begriff „Teilwert" nicht. Teilwert und handelsrechtlicher beizulegender Wert sind jedoch i. d. R. identisch. Außerplanmäßige Abschreibungen beim Anlagevermögen und Abschreibungen beim Umlaufvermögen setzen handelsrechtlich einen niedrigeren beizulegenden Wert voraus, soweit kein Börsen- oder Marktpreis bekannt ist (§ 253 Abs. 3 und 4 HGB). Der beizulegende Wert kann sowohl aus dem Beschaffungsmarkt als auch aus dem Absatzmarkt abgeleitet werden. Für Roh-, Hilfs- und Betriebsstoffe eines Fabrikationsbetriebs ergibt sich der beizulegende Wert aus dem Beschaffungsmarkt; Überbestände sind aus Sicht des Absatzmarktes zu bewerten. Eine Orientierung am Absatzmarkt ist ferner sachgerecht, wenn mit einiger Sicherheit von einer Veräußerung auszugehen ist. Handelsware kann sowohl aus Sicht des Beschaffungsmarktes als auch des Absatzmarktes bewertet werden. Erfolgt die Bewertung aus Sicht des Absatzmarktes sind vom noch zu erwartenden Erlös die künftigen Herstellungs-, Verwaltungs- und Vertriebskosten abzuziehen.

Ist ein Verkaufspreis bewusst nicht kostendeckend kalkuliert (Dumping-Preis), um einen Vermögensgegenstand des Umlaufvermögens als „Lockvogel" zu benutzen, um mit dessen Verkauf wirtschaftliche Vorteile für das Unternehmen im Ganzen zu erlangen, hat dieser Vermögensgegenstand allein dadurch keinen unter den Anschaffungs- oder Herstellungskosten liegenden beizulegenden Wert. Das gilt jedenfalls dann, wenn das Unternehmen Gewinne erzielt (so BFH, Urteil v. 29.4.1999 - IV R 14/98, BStBl 1999 II S. 681, zum Teilwertbegriff).

Vom beizulegenden Wert i. S. des § 253 Abs. 3 und 4 HGB ist der **beizulegende Zeitwert** gem. § 255 Abs. 4 HGB zu unterscheiden. Der beizulegende Zeitwert entspricht dem Betrag, der in einem aktiven Markt bei Veräußerung einer Finanzanlage erzielbar ist (Marktpreis). Im Ergebnis ist das der Betrag, zu dem ein Vermögenswert zwischen sachverständigen, vertragswilligen und voneinander unabhängigen Geschäftspartnern getauscht werden könnte (Fair value). Er ist auch anzusetzen, wenn er höher ist als die Anschaffungskosten. Dies widerspricht dem Verbot des Ausweises nichtrealisierter Gewinne. Deshalb werden mit dem beizulegenden Zeitwert nur bewertet:

- Zu Handelszwecken erworbene Finanzanlagen und -instrumente wie Aktien, Optionen und Futures, soweit diese im Bestand von Kredit- und Finanzdienstleistungsinstituten sind (§ 340e Abs. 3 HGB). Das gilt auch für das Steuerrecht (§ 6 Abs. 1 Nr. 2b EStG).
- Vermögensgegenstände, die nach Maßgabe des § 246 Abs. 2 HGB mit Abzinsungen verrechnet werden (§ 253 Abs. 1 Satz 4 HGB). Übersteigt in diesem Fall der beizulegende Zeitwert der Vermögensgegenstände den Betrag der Schulden, ist der übersteigende Betrag unter einem gesonderten Posten zu aktivieren. Der Betrag ist abzgl. latenter Steuern ausschüttungsgesperrt (§ 268 Abs. 8 Satz 3 HGB).
- Rückstellungen für wertpapiergebundene Pensionszusagen nach Maßgabe des § 253 Abs. 1 Satz 3 HGB.

BEISPIEL: Die Pensionsverpflichtungen einer GmbH sind mit 700.000 € passiviert. Es bestehen entsprechende zweckgebundene Wertpapierbestände mit Anschaffungskosten und Buchwert i. H. von 600.000 €, deren Zeitwert am Bilanzstichtag 950.000 € beträgt.

Lösung:

Gemäß § 246 Abs. 2 HGB hat eine Saldierung stattzufinden. Im Ergebnis erscheint auf der Aktivseite der Bilanz unter der Bezeichnung „Aktiver Unterschiedsbetrag aus der Vermögensverrechnung" ein Betrag i. H. von 250.000 € (= 950.000 € - 700.000 €). Auf den „Mehrwert" i. H. von 350.000 € (= 950.000 € - 600.000 €) entfallen passive latente Steuern (§ 274 Abs. 1 HGB). Außerdem ist die Ausschüttungssperre zu beachten (§ 268 Abs. 8 Satz 3 HGB). Eine Übernahme in die Steuerbilanz erfolgt nicht (§ 5 Abs. 1a Satz 1 EStG).

FALL 93

Gesunkene Wiederbeschaffungskosten

Sachverhalt: Die Anschaffungskosten der Holzbearbeitungsmaschine einer Möbelfabrik haben Anfang des Jahres 01 270.000 € betragen. Die Firma ging zutreffend von einer betriebsgewöhnlichen Nutzungsdauer von neun Jahren aus; die AfA wurde linear vorgenommen:

Anschaffungskosten Anfang des Jahres 01	270.000 €
AfA in den Jahren 01–02 jeweils 30.000 €	- 60.000 €
Bilanzansatz zum 31.12.02	210.000 €

Im Laufe des Jahres 03 hat der Hersteller die Preise für diesen Maschinentyp auf 240.000 € netto gesenkt.

AUFGABE

Wie hoch ist der Teilwert der gebrauchten Holzbearbeitungsmaschine am 31.12.03 und wie entwickelt sich das Maschinenkonto in den Jahren 03 und 04?

LITERATURHINWEIS

Dortmann/Mann, Lehrbuch Buchführung und Bilanzsteuerrecht, 14. Aufl. 2026, Teil B, Kapitel 6, Tz. 6.4.3.

LÖSUNG

Der Teilwert wird in § 6 Abs. 1 Nr. 1 Satz 3 EStG definiert. Zwar wird in dieser Definition nur vom gedachten Erwerber gesprochen, dessen Preisvorstellung den Teilwert bestimmen soll. Hiernach wäre der Teilwert ein subjektiver, vom fiktiven Käufer des Betriebs diktierter Wert. Die höchstrichterliche Rechtsprechung hat jedoch ausdrücklich klargestellt, dass bei der Teilwertfindung auch die Höhe des vom Verkäufer wahrscheinlich geforderten Preises zu berücksichtigen ist, weil Verkäufer und Käufer im Wirtschaftsleben die gleichen Wertvorstellungen haben. Es genügt also nicht zu fragen, was der gedachte Erwerber für ein einzelnes Wirtschaftsgut im Rahmen des Gesamtkaufpreises aufzuwenden bereit wäre, sondern man muss auch feststellen, was der Verkäufer als Preis fordern würde. So gesehen stellt sich der Teilwert als objektiver Wert dar (BFH, Urteil v. 31.1.1991 - IV R 31/90, BStBl 1991 II S. 627).

Beim abnutzbaren Anlagevermögen entspricht der Teilwert i. d. R. den Anschaffungs- oder Herstellungskosten abzgl. der linearen AfA (sog. „Teilwertvermutung"). Diese Teilwertvermutung ist z. B. durch gesunkene Wiederbeschaffungskosten widerlegbar. Das ist hier der Fall. Der Teilwert der gebrauchten Holzbearbeitungsmaschine beträgt zum 31.12.03:

Aktuelle Anschaffungskosten	240.000 €
AfA in den Jahren 01–03 jeweils 26.666 €	- 80.000 €
	160.000 €

Zum 31.12.03 ergibt sich für die Holzbearbeitungsmaschine folgender Buchwert:

Bilanzansatz zum 31.12.02	210.000 €
AfA im Jahr 03	- 30.000 €
Buchwert zum 31.12.03	180.000 €
Demgegenüber beträgt der Teilwert zum 31.12.03	160.000 €

Voraussetzung für eine Teilwertabschreibung ist, dass die Wertminderung von Dauer ist (§ 6 Abs. 1 Nr. 1 Satz 2 EStG). Gemäß der Auffassung der Finanzverwaltung (BMF, Schreiben v. 2.9.2016, BStBl 2016 I S. 995) ist das beim abnutzbaren Anlagevermögen nur der Fall, wenn der Teilwert am Bilanzstichtag mindestens für die halbe Restnutzungsdauer unter dem planmäßigen Restbuchwert liegt. Das ist hier nicht der Fall, da der Teilwert (160.000 €) bei planmäßiger Abschreibung schon nach einem Jahr erreicht wird. Eine dauernde Wertminderung liegt somit nicht vor. Die Holzbearbeitungsmaschine ist in den Jahren 03 und 04 weiter planmäßig (jährliche AfA i. H. von 30.000 €) abzuschreiben.

FALL 94

Beteiligung an Kapitalgesellschaften

Sachverhalt: Zum Betriebsvermögen des Kaufmanns K gehören Aktien, die er im Jahr 01 wie folgt angeschafft hat:

100 Stück für 150 €/Stück	15.000 €
Nebenkosten (hier: kursabhängige Maklergebühren und Bankspesen)	+ 300 €
Anschaffungskosten und Buchwert zum 31.12.01	15.300 €

Am 31.12.02 beträgt der Kurswert 120 €/Stück. Es handelt sich um einen dauerhaften Kursrückgang.

Kaufmann K ist außerdem mit 20 v. H. am Stammkapital einer GmbH beteiligt. Er hat die Beteiligung mit den Anschaffungskosten i. H. von 500.000 € aktiviert. Außerdem hat er eine Darlehensforderung gegen die GmbH im Nennwert i. H. von 100.000 € zu **fremdüblichen** Bedingungen. Im Jahr 01 erhält er eine Gewinnausschüttung i. H. von 200.000 € brutto abzgl. Kapitalertragsteuer und Solidaritätszuschlag (147.250 € netto), weil die GmbH ihre gesamten Gewinnrücklagen an die Anteilseigner ausgekehrt hat. Hierdurch sinkt der Teilwert der Beteiligung zum 31.12.02 dauerhaft auf 300.000 €. Im Jahr 02 gehen die Geschäfte der GmbH schlecht, so dass zum 31.12.02 auch steuerlich eine Abschreibung der Forderung auf 50.000 € geboten ist.

AUFGABEN

Wie hoch ist der Teilwert der Aktien zum 31.12.02? Kommt eine Teilwertabschreibung in Betracht?

Was sind die ertragsteuerlichen Konsequenzen bzgl. der GmbH-Beteiligung in den Jahren 01 und 02 und wie ist zu buchen?

Es wird ein möglichst niedriger Gewinn gewünscht.

LÖSUNG

Die Nebenkosten gehören zu den Anschaffungskosten (§ 5 Abs. 1 EStG i. V. mit § 255 Abs. 1 Satz 2 HGB) und sind auch bei der Ermittlung des Teilwerts zu berücksichtigen. Das EStG stellt mit dem Teilwertbegriff darauf ab, was ein Erwerber des Betriebs aufwenden würde (und müsste), um das Wirtschaftsgut zu erlangen (§ 6 Abs. 1 Nr. 1 Satz 3 EStG; BFH, Urteil v. 15.7.1966 - VI 226/64, BStBl 1966 III S. 643). Die Abschreibung der Nebenkosten erfolgt hier entsprechend dem Kursrückgang bei den Wertpapieren. Im vorliegenden Fall beträgt der Kursrückgang 20 %. Die Nebenkosten sind folglich weiterhin mit 80 % zu aktivieren. Der Teilwert beträgt:

Kurswert	12.000 €
Nebenkosten	+ 240 €
Teilwert zum 31.12.02	12.240 €

Da nach dem Sachverhalt eine dauernde Wertminderung vorliegt, ist – unabhängig davon, ob es sich um Anlage- oder um Umlaufvermögen handelt – handelsrechtlich eine Abschreibung auf den gesunkenen Wert vorzunehmen (§ 253 Abs. 3 und 4 HGB). Steuerrechtlich besteht ein Wahlrecht (§ 6 Abs. 1 Nr. 1 Satz 2 EStG). Da ein möglichst niedriger Gewinn gewünscht wird, ist dem Handelsbilanzansatz zu folgen.

Hierdurch ergibt sich in der Buchführung eine Gewinnminderung i. H. von 3.060 €.

Außerhalb der Buchführung ist der Gewinn um (40 % von 3.060 € =) 1.224 € zu erhöhen, damit 60 % abziehbar bleiben (§ 3c Abs. 2 Satz 1 EStG).

Bezüglich der GmbH-Beteiligung gilt Folgendes:

Die Gewinnausschüttung im Jahr 01 ist zu buchen:

Bank	147.250 €			
Entnahmen	52.750 €	an	Beteiligungserträge	200.000 €

Außerbilanziell sind 80.000 € abzuziehen, da das Teileinkünfteverfahren gem. § 3 Nr. 40 Satz 1 Buchst. d EStG 40 % steuerfrei stellt (§ 3 Nr. 40 Satz 2 i. V. mit § 20 Abs. 8 EStG). Kapitalertragsteuer und Solidaritätszuschlag sind bei der Einkommensteuerveranlagung von Kaufmann K anzurechnen.

Ausschüttungsbedingte Teilwertabschreibungen werden bei Personenunternehmen anerkannt, allerdings wird ihre Höhe durch § 3c Abs. 2 EStG eingeschränkt (bei Kapitalgesellschaften gilt § 8b Abs. 3 Satz 3 KStG: Derartige Gewinnminderungen bleiben körperschaftsteuerlich unberücksichtigt). Auch die Forderungsabschreibung ist bei Personenunternehmen grds. anzuerkennen, wenn die Forderung nicht mehr voll werthaltig ist (wovon hier ausgegangen wird. Wäre sie werthaltig, würde ein Forderungsverzicht zu nachträglichen Anschaffungskosten führen, und bei der GmbH ergäbe sich eine Einlage). Fraglich ist, ob § 3c Abs. 2 EStG auch auf die Forderungsabschreibung anzuwenden ist.

Die Beteiligung an der Kapitalgesellschaft und die Darlehensforderung stellen jeweils selbständige Wirtschaftsgüter dar, die getrennt auszuweisen und einzeln zu bewerten sind. Ob der durch das Darlehen eines Gesellschafters veranlasste Aufwand (Teilwertabschreibung) in den Anwendungsbereich des § 3c Abs. 2 EStG fällt, ist nach dem Veranlassungszusammenhang im Hinblick auf die zukünftigen Erträge zu beurteilen. Die Gewährung von Darlehen ist damit im Ergebnis genauso wie die Überlassung von anderen (physischen) Wirtschaftsgütern zu behandeln. Erfolgt danach eine Darlehensgewährung zu fremdüblichen Konditionen (wie hier) oder ist der Darlehensgeber zu nicht mehr als 1/4 an der GmbH beteiligt (ebenfalls wie hier), steht das gewährte Darlehen mit vollumfänglich steuerpflichtigen Zinserträgen in einem Veranlassungszusammenhang, so dass der Anwendungsbereich des **§ 3c Abs. 2 EStG nicht eröffnet** ist. Bei Kapitalgesellschaften, die untereinander beteiligt sind, gilt in diesen Fällen § 8b Abs. 3 Satz 4 ff. KStG.

Da ein möglichst niedriger Gewinn gewünscht wird, ist im Jahr 02 zu buchen:

Abschreibungen	250.000 €	an	GmbH-Beteiligung	200.000 €
		an	Forderungen	50.000 €

Außerbilanziell ist der Gewinn um 40 % von 200.000 € = 80.000 € zu erhöhen, damit sich im Ergebnis 60 % steuerlich auswirken (§ 3c Abs. 2 Satz 1 EStG).

HINWEIS

Betriebsausgaben, die auf Substanzverlusten aufgrund des Verzichts auf den nicht werthaltigen Teil, eines Ausfalls oder einer Teilwertabschreibung eines Gesellschafterdarlehens an Kapitalgesellschaften beruhen, an der der Steuerpflichtige zu mehr als 1/4 beteiligt ist, sind nur zu 60 % abziehbar, wenn der Steuerpflichtige nicht die Fremdüblichkeit der Forderung nachweist (§ 3c Abs. 2 Satz 3 EStG i. d. F. ab dem Jahr 2015).

FALL 95

Teilwertabschreibung bei gesunkenen Verkaufspreisen

Sachverhalt: Zum Warenbestand eines Herrenausstatters gehören am 31.12.01 100 Herrenanzüge, die nur zu erheblich herabgesetzten Verkaufspreisen verkauft werden können und für die auch keine Wiederbeschaffungskosten bekannt sind. Es handelt sich um zwei Gruppen, für die folgende Wert- und Preisverhältnisse gelten (alle Beträge ohne Umsatzsteuer):

	Gruppe I	Gruppe II
Anschaffungskosten	200 €	200 €
Ursprünglicher Verkaufspreis	300 €	400 €
Voraussichtlich noch erzielbar	220 €	300 €

Aus der Gewinn- und Verlustrechnung des abgelaufenen Jahres ergibt sich:

	Gruppe I	Gruppe II
Wirtschaftlicher Umsatz (Erlös)		2.000.000 €
Wareneinsatz	1.300.000 €	
Sonstiger betrieblicher Aufwand	+ 400.000 €	- 1.700.000 €
Reingewinn (Unternehmergewinn)		300.000 €

Nach dem Bilanzstichtag fallen ausweislich der Betriebsabrechnung noch 40 % der betrieblichen Kosten an.

AUFGABEN

1. Welcher Teilwert ergibt sich für die Herrenanzüge der Gruppe I und II (jeweils pro Stück)?
2. Wie hoch ist der Teilwert, wenn die nach dem Stichtag noch anfallenden betrieblichen Kosten nur geschätzt werden können und dabei i. H. von 40 % auszugehen ist?

3. Wie hoch ist der jeweilige „beizulegende Wert" i. S. des § 253 Abs. 4 HGB, wenn die künftigen Veräußerungskosten mit 5 € pro Stück angenommen werden können?

LITERATURHINWEIS

Dortmann/Mann, Lehrbuch Buchführung und Bilanzsteuerrecht, 14. Aufl. 2026, Teil B, Kapitel 6, Tz. 6.6.2.3.

LÖSUNG

Im vorliegenden Fall ist i. S. der R 6.8 Abs. 2 EStR vorzugehen. Dabei ist zunächst der durchschnittliche Unternehmergewinn lt. Gewinn- und Verlustrechnung zu ermitteln:

Wirtschaftlicher Umsatz (Erlöse)	2 Mio. € =	100 %
Reingewinn (Unternehmergewinn)	300.000 € =	15 %

Zu 1

Subtraktionsmethode (R 6.8 Abs. 2 Satz 3 und 4 EStR)

	Warengruppe I	**Warengruppe II**
Erzielbarer Veräußerungserlös	220 €	300 €
- 15 % Unternehmergewinn	- 33 €	- 45 €
- noch anfallender betrieblicher Aufwand 40 % von (300 € - 200 € - 45 € *[Rohgewinn bei Verkaufspreis 300 €]* =) 55 € =	- 22 €	
- noch anfallender betrieblicher Aufwand 40 % von (400 € - 200 € - 60 € *[Rohgewinn bei Verkaufspreis 400 €]* =) 140 € =		- 56 €
Teilwert somit	165 €	199 €

Zu 2

Formelmethode (R 6.8 Abs. 2 Satz 5 und 6 EStR)

Dabei ist der Durchschnittsunternehmergewinnprozentsatz wie folgt zu ermitteln: Der durchschnittliche Unternehmergewinn beträgt lt. Gewinn- und Verlustrechnung 15 % der Erlöse (siehe einleitende Berechnung). Bei einem Netto-Verkaufspreis i. H. von 300 € sind das 45 € (bei einem Netto-Verkaufspreis i. H. von 400 € entsprechend 60 €). 45 € bezogen auf die Anschaffungskosten i. H. von 200 € entsprechen dann 22,5 % (Warengruppe I). 60 € bezogen auf die Anschaffungskosten i. H. von 200 € entsprechen dann 30 % (Warengruppe II).

Der Rohgewinnaufschlagsrest berechnet sich wie folgt: Der ursprüngliche Rohgewinnaufschlagssatz für Warengruppe I beträgt 50 % (Anschaffungskosten 200 €, regulärer Verkaufspreis 300 € netto, Rohgewinn somit 100 € = 50 % von 200 €). Bei Warengruppe II beträgt der Rohgewinnaufschlagssatz 100 % (Anschaffungskosten 200 €, Verkaufspreis 400 € netto, Rohgewinn somit 200 € = 100 % von den Anschaffungskosten i. H. von 200 €). Um zum Rohgewinnaufschlagsrest zu gelangen, sind die Rohgewinnaufschlagssätze um den darin jeweils enthaltenen Gewinnanteil zu kürzen. Bei Warengruppe I ergeben sich dann (50 % - 22,5 % =) 27,5 % und bei Warengruppe II (100 % - 30 % =) 70 %.

Es betragen sodann:

► Z:	220 €	300 €
► Y1:	22,5 %	30 %
► Y2:	27,5 %	70 %
► W: Laut Sachverhalt	40 %	40 %

Warengruppe I

Teilwert = 220 € / (1 + 22,5 % + 27,5 % x 40 %)

Teilwert = 220 € / (1 + 0,225 + 0,11)

Teilwert = 220 € / 1,335

Teilwert = 164,79 € (gerundet 165 €)

Warengruppe II

Teilwert = 300 € / (1 + 30 %+ 70 % x 40 %)

Teilwert = 300 € / (1 + 0,3 + 0,28)

Teilwert = 300 € / 1,58

Teilwert = 189,87 € (gerundet 190 €)

Zu 3

Wirtschaftsgüter des Vorratsvermögens, die keinen Börsen- oder Marktpreis haben, können mit den Anschaffungs-/Herstellungskosten oder mit einem zwischen diesen Kosten und dem niedrigeren Teilwert liegenden Wert angesetzt werden, wenn und soweit bei vorsichtiger Beurteilung aller Umstände damit gerechnet werden kann, dass bei einer späteren Veräußerung der angesetzte Wert zzgl. der Veräußerungskosten zu erlösen ist (R 6.8 Abs. 1 Satz 4 EStR).

„Marktpreis" ist der auf einem Markt (Produktenbörse, Effektenbörse, Wochenmarkt u. ä.) entsprechend dem durchschnittlichen Angebot und der allgemeinen Nachfrage **während der Marktzeit** erzielte Preis (Dr. Gablers Wirtschafts-Lexikon, 12. Aufl. 1988, „Marktpreis"). Es kann im vorliegenden Fall davon ausgegangen werden, dass es für unmodern gewordene Herrenanzüge einen solchen Marktpreis nicht gibt. Der Wert i. S. der R 6.8 Abs. 1 Satz 4 EStR beträgt bei Warengruppe I 215 € (= 220 € - Veräußerungskosten i. H. von 5 €) und bei Warengruppe II 295 € (= 300 € - Veräußerungskosten i. H. von 5 €). Das ist m. E. gleichzeitig der handelsrechtlich beizulegende Wert bei der sog. „verlustfreien Bewertung" (§ 253 Abs. 4 Satz 2 HGB). Vorliegend bilden allerdings die Anschaffungskosten i. H. von jeweils 200 € die Bewertungsobergrenze (§ 253 Abs. 1 Satz 1 HGB).

FALL 96

Einzel- und Pauschalbewertung

Sachverhalt: Büromöbelhändler B weist in seiner Bilanz zum 31.12.01 Forderungen i. H. von 476.000 € aus. Der Bestand setzt sich wie folgt zusammen:

1.	Forderungen aus **erstmaligen** Lieferungen an Behörden	249.900 €
2.	Forderungen aus Lieferungen an Privatkunden	226.100 €

Unter den Forderungen gegenüber Privatkunden ist eine Forderung i. H. von 59.500 € brutto, die voraussichtlich zu 50 % ausfallen wird.

Das allgemeine Ausfallrisiko beträgt nach den Erfahrungen aus der Vergangenheit ca. 5 %. Der Prozentsatz beruht auf dem Vergleich von wirtschaftlichem Umsatz (Erlöse) und tatsächlich eingetretenen Forderungsausfällen.

Die Möglichkeit und voraussichtliche Inanspruchnahme von Skonti besteht am Bilanzstichtag bei Forderungen über 119.000 € brutto (2 %).

AUFGABE

Welchen Teilwert haben die Forderungen zum 31.12.01?

LITERATURHINWEIS

Dortmann/Mann, Lehrbuch Buchführung und Bilanzsteuerrecht, 14. Aufl. 2026, Teil B, Kapitel 6, Tz. 6.6.3.

LÖSUNG

Forderungen sind mit den Anschaffungskosten zu bewerten (§ 6 Abs. 1 Nr. 2 EStG). Die Anschaffungskosten entsprechen dem Nennwert (alternativ: Dem gemeinen Wert der hingegebenen Wirtschaftsgüter, § 6 Abs. 6 Satz 1 EStG). Ist der Teilwert bzw. beizulegende Wert niedriger, muss dieser handelsrechtlich angesetzt werden (§ 253 Abs. 4 HBG, Niederstwertprinzip). Die Forderungsbewertung kann bzw. muss

- einzelfallbezogen (Großforderungen),
- pauschal (viele Kleinforderungen) oder
- in einem gemischten Verfahren (teils einzelfallbezogen, im Übrigen pauschal)

erfolgen.

Für die Forderungen an Behörden findet eine Einzelbewertung statt. Da ein Ausfallrisiko nicht besteht und andere wertmindernde Umstände nicht erkennbar sind, erfolgt der Ansatz mit dem Nennwert i. H. von 249.900 €.

Die Forderungen an die Privatkunden müssen zum Teil einzeln bewertet werden. Im Übrigen können sie pauschal bewertet werden.

Ausgangsbetrag		226.100 €
Umsatzsteuer		- 36.100 €
Einzelbewertung	50.000 €	- 50.000 €
Abschreibung 50 %	25.000 €	
Verbleiben für Pauschalbewertung		140.000 €
Ausfallrisiko 5 % =	+ 7.000 €	
Skonti-Inanspruchnahme 2 % =	+ 2.000 €	
Abschreibung insgesamt	34.000 €	

Der Teilwert der Forderungen beträgt hiernach (476.000 € - 34.000 € =) 442.000 €. Für die Handelsbilanz ist dieser Ansatz zwingend (§ 253 Abs. 4 HGB). Steuerrechtlich ist er wahlweise zulässig, wenn die Wertminderung von Dauer ist (§ 6 Abs. 1 Nr. 2 Satz 2 EStG). Sind die berechneten Wertminderungen bis zum **Bilanzaufstellungstag** eingetreten, sind die gesetzlichen Voraussetzungen für eine auch steuerrechtlich wirksame Teilwertabschreibung erfüllt.

Buchung beim Abschluss zum 31.12.01:

Abschreibungen	34.000 €	an	Forderungen	34.000 €

FALL 97

Unfertige Arbeiten

Sachverhalt: Bauunternehmer B hat sich aufgrund eines Werkvertrags v. 1.9.01 verpflichtet, bis zum 30.4.02 ein Gebäude für 2 Mio. € zzgl. Umsatzsteuer fertigzustellen. Dabei hat er wie folgt kalkuliert:

Materialkosten	700.000 €
Fertigungskosten	+ 800.000 €
Verwaltungskosten	+ 100.000 €
Durchschnittlicher Unternehmergewinn	+ 400.000 €
Summe	2.000.000 €

Am 31.12.01 sind 40 % der Baumaßnahme fertiggestellt. Bis dahin sind Herstellungskosten einschließlich Verwaltungskosten i. H. von 1 Mio. € entstanden.

AUFGABE

Wie sind die unfertigen Arbeiten zum 31.12.01 in der Steuerbilanz zu bewerten, wenn ein möglichst niedriger Gewinn gewünscht wird?

LÖSUNG

Die Bewertung halbfertiger Arbeiten (besser „unfertiger" oder „teilfertiger" Arbeiten) erfolgt grds. mit den Herstellungskosten (hier lt. Sachverhalt 1 Mio. €). Ist der Teilwert auf Dauer niedriger, kann dieser angesetzt werden (vgl. H 6.7 Halbfertige Bauten auf fremdem Grund und Boden EStH).

Dabei ist es zulässig, mittels der retrograden Bewertungsmethode den gesamten aus dem Bauauftrag drohenden Verlust einschließlich des Unternehmergewinns zu berücksichtigen, begrenzt auf die Höhe der aktivierungspflichtigen Herstellungskosten (BFH, Urteil v. 7.9.2005 - VIII R 1/03, BStBl 2006 II S. 298). Hiernach ist wie folgt zu rechnen:

Erzielbarer Erlös (hier lt. Werkvertrag)	2.000.000 €
Gesamte Herstellungskosten bis zur Fertigstellung:	
$^{100}/_{40}$ x 1.000.000 € = 2.500.000 € + Gewinn 400.000 € =	- 2.900.000 €
Verlust	900.000 €
Herstellungskosten bisher	1.000.000 €
Verlust (= Abschreibung)	- 900.000 €
Teilwert und Bilanzansatz der unfertigen Arbeiten	100.000 €

Vereinfacht kann auch wie folgt gerechnet werden:

Vereinbarter Erlös	2.000.000 €
Noch anfallende Herstellungskosten	- 1.500.000 €
Unternehmergewinn	- 400.000 €
Teilwert	100.000 €

Buchung:

Unfertige Arbeiten	100.000 €	an	Aktivierte Eigenleistungen	100.000 €

FALL 98

Bewertung von Wertpapieren in der Steuerbilanz

Sachverhalt: Kaufmann A, ein Bauunternehmer, hatte im Januar 01 börsennotierte Aktien zur langfristigen Stärkung seines Betriebsvermögens erworben und mit den Anschaffungskosten wie folgt gebucht:

Wertpapiere des Anlagevermögens (Y-Aktien)	50.000 €	an	Bank	50.000 €

Zum 31.12.01 wurden die Aktien sowohl in der Handels- wie auch in der Steuerbilanz mit den Anschaffungskosten bewertet. Die Y-Aktien verloren im Jahr 02 an Wert. Bis zur Bilanzaufstellung im März 03 blieben die Kurse im Jahr 03 zunächst unverändert. Im Herbst 03 erholten sie sich jedoch überraschend deutlich und stiegen seitdem stetig leicht an. Die Anschaffungskosten im Januar 01 wurden aber bisher noch nicht wieder erreicht. Die Teilwerte (Kurswerte zzgl. Erwerbsnebenkosten) sowie die beizulegenden Werte i. S. des HGB der bilanzierten Aktien entwickelten sich wie folgt:

	31.12.02 Bilanzstichtag	31.3.03 Bilanzerstellung	31.12.03 Bilanzstichtag	31.3.04 Bilanzerstellung
Y-Aktien	45.000 €	45.000 €	48.000 €	49.000 €

Im Jahresabschluss zum 31.12.02 hat Kaufmann A die Aktien in der Steuerbilanz mit 45.000 € angesetzt. Für den Jahresabschluss zum 31.12.03 ist bisher noch keine Entscheidung getroffen worden. Es soll in der Steuerbilanz aber möglichst niedrig bewertet werden.

AUFGABEN

Wie ist

1. in der Handelsbilanz;
2. in der Steuerbilanz

zu bewerten?

LÖSUNG

Die Y-Aktien gehören zum nicht abnutzbaren Anlagevermögen, da sie erkennbar dazu bestimmt sind, dem Geschäftsbetrieb dauernd zu dienen (§ 247 Abs. 2 HGB). Sie sind in der Handels- und in der Steuerbilanz grds. mit den Anschaffungskosten zu bewerten (§ 253 Abs. 1 HGB und § 6 Abs. 1 Nr. 2 Satz 1 EStG): 50.000 €.

1. Ansätze in der Handelsbilanz

Für die Folgebewertung gilt: Bei Vermögensgegenständen des nicht abnutzbaren Anlagevermögens sind gem. § 253 Abs. 3 Satz 5 HGB bei voraussichtlich dauernder Wertminderung außerplanmäßige Abschreibungen vorzunehmen, um diese mit dem niedrigeren Wert anzusetzen, der ihnen am Abschlussstichtag beizulegen ist (Abschreibungspflicht). Bei Finanzanlagen können außerplanmäßige Abschreibungen auch bei **voraussichtlich nicht dauernder Wertminderung** vorgenommen werden (§ 253 Abs. 3 Satz 6 HGB). Dabei darf ein niedrigerer Wert nicht beibehalten werden, wenn die Gründe dafür nicht mehr bestehen (§ 253 Abs. 5 HGB).

Zum 31.12.02 beträgt der Kursrückgang 10 v. H. Steuerlich gilt dies als dauernde Wertminderung, da sie die Bagatellgrenze i. H. von 5 v. H. überschreitet. Meines Erachtens gilt dies auch für die Handelsbilanz. Zum 31.12.02 sind die Y-Aktien in der Handelsbilanz mit 45.000 € anzusetzen.

Im Hinblick auf das Wertaufholungsgebot sind die Y-Aktien zum 31.12.03 mit 48.000 € zu bewerten.

2. Ansätze in der Steuerbilanz

Die steuerrechtlichen Bewertungsregeln sind mit den handelsrechtlichen nahezu vergleichbar (§ 253 Abs. 1 und 3 HGB und § 6 Abs. 1 Nr. 2 EStG). Es gelten zunächst die Anschaffungskosten und sodann der Teilwert, der steuerrechtlich allerdings nur bei voraussichtlich dauernder Wertminderung angesetzt werden darf (Wahlrecht). Von einer voraussichtlich dauernden Wertminderung ist dann auszugehen, wenn der Börsenkurs (zzgl. Anschaffungsnebenkosten) von börsennotierten Aktien zu dem jeweils aktuellen Bilanzstichtag um mehr als 5 v. H. (Bagatellgrenze) unter die Anschaffungskosten gesunken ist. Bei den Y-Aktien war zum 31.12.02 von einer dauernden Wertminderung auszugehen (Abweichung mehr als 5 v. H. der Anschaffungskosten), so dass diese bei steuerlich möglichst niedriger Bewertung mit 45.000 € angesetzt werden konnten. Steuerlich wirksam ist die Abschreibung allerdings nur i. H. von 60 %; es findet gem. § 3c Abs. 2 Satz 1 Halbsatz 2 EStG eine außerbilanzielle Hinzurechnung i. H. von 2.000 € (= 40 % von 5.000 €) statt.

Bei den Y-Aktien greift zum 31.12.03 das Wertaufholungsgebot des § 6 Abs. 1 Nr. 2 Satz 3 i. V. mit Nr. 1 Satz 4 EStG. In Fällen der Wertaufholung nach erfolgter Inanspruchnahme einer Teilwertabschreibung kommt die Bagatellgrenze i. H. von 5 % nicht zur Anwendung. Die Wertaufholung ist auf den aktuellen Börsenkurs am Bilanzstichtag, hier also auf 48.000 € vorzunehmen.

Zutreffende Kontenentwicklung der Y-Aktien:	**Handelsbilanz**	**Steuerbilanz**
Zugang im Jahr 01	50.000 €	50.000 €
31.12.01	50.000 €	50.000 €
Abschreibung/Teilwertabschreibung	- 5.000 €	- 5.000 €
31.12.02	45.000 €	45.000 €
Zuschreibung	+ 3.000 €	+ 3.000 €
31.12.03	48.000 €	48.000 €

Die steuerliche Zuschreibung bei den Y-Aktien im Jahr 03 i. H. von 3.000 € berechtigt die Anwendung des § 3 Nr. 40 Satz 1 Buchst. a Satz 1 EStG: Es ist eine außerbilanzielle Abrechnung i. H. von 40 % von 3.000 € = 1.200 € vorzunehmen.

FALL 99

Unverzinsliche Verbindlichkeiten

Sachverhalt: Großhändler G erwirbt am 1.7.01 vom Hersteller H fünf neue Gabelstapler zum Gesamtpreis i. H. von 77.983 € zzgl. 14.817 € Umsatzsteuer. Es ist vereinbart, dass der Brutto-Kaufpreis i. H. von 92.800 € in einer Summe am 30.6.03 fällig und dann zu zahlen ist. Eine konkrete Verzinsung ist nicht vereinbart.

Großhändler G erhält ferner Ende des Jahres 01 von seinem Lieferanten L, mit dem eine jahrzehntelange Geschäftsbeziehung besteht, ein unverzinsliches Darlehen i. H. von 500.000 € für eine Betriebserweiterung. Der Betrag geht i. H. von 500.000 € am 31.12.01 auf dem Bankkonto des Großhändlers G ein. Das Darlehen ist am 31.12.06 in einer Summe zurückzuzahlen.

AUFGABEN

Wie hoch sind die Anschaffungskosten für die Gabelstapler? Wie ist der gestundete Kaufpreis in den Abschlüssen der Jahre 01–03 auszuweisen? Wie ist das unverzinsliche Darlehen des Lieferanten L in den steuerlichen Abschlüssen des Großhändlers G zu behandeln?

LITERATURHINWEIS

Dortmann/Mann, Lehrbuch Buchführung und Bilanzsteuerrecht, 14. Aufl. 2026, Teil B, Kapitel 6, Tz. 6.6.5.

LÖSUNG

Verbindlichkeiten aus Liefergeschäften, die erst nach längerer Zeit zu tilgen sind, enthalten auch bei vereinbarter Unverzinslichkeit einen verdeckten kalkulierten Zinsanteil und sind abzuzinsen (BFH, Urteile v. 25.2.1975 - VIII R 19/70, BStBl 1975 II S. 647, und v. 30.11.2005 - I R 1/05, BStBl 2006 II S. 471). Dabei ist das verdeckte Darlehensgeschäft als schwebendes Geschäft (R 5.7 Abs. 7 EStR) mit der Folge anzusehen, dass der Zinsanteil zunächst nicht zusätzlich passiviert werden darf, sondern nur pro rata temporis Berücksichtigung findet. Die Verbindlichkeit selbst ist somit mit dem abgezinsten Wert anzusetzen; für einen aktiven Rechnungsabgrenzungsposten fehlt die gesetzliche Grundlage (wird in der Literatur jedoch teilweise für vertretbar erachtet; sodann Ausweis der Verbindlichkeit mit Nennbetrag). Nachfolgend wird auch auf den 31.12.02 noch eine Abzinsung durchgeführt, obwohl die Restlaufzeit nur noch $^1/_2$ Jahr beträgt. Denn die Bewertung der Verbindlichkeit erfolgt hier gerade nicht i. S. des § 6 Abs. 1 Nr. 3 EStG, weil im vorliegenden Fall von einer Verzinsung ausgegangen wird. Die Abzinsung zum 31.12.02 dient der Ermittlung des auf das Jahr 02 entfallenden Zinsanteils. Der abgezinste Betrag (Gegenwartswert oder Barwert) stellt gleichzeitig die Anschaffungskosten für das angeschaffte Wirtschaftsgut dar (hier 83.334 € - 14.817 € Vorsteuer = 68.517 €). Gemäß § 12 Abs. 3 BewG ergeben sich folgende Gegenwartswerte:

		Zinsanteil
1.7.01 (Laufzeit 2 Jahre): 92.800 € x 0,898 =	83.334 €	
31.12.01 (Laufzeit 1 $^1/_2$ Jahre): 92.800 € x 0,923 =	85.654 €	2.320 €
31.12.02 (Laufzeit $^1/_2$ Jahr): 92.800 € x 0,974 =	90.387 €	4.733 €
30.6.03 (Fälligkeit) =	92.800 €	2.413 €

Buchungen im Jahr 01:

Betriebs- und Geschäftsausstattung	68.517 €			
Vorsteuer	14.817 €	an	Verbindlichkeiten	83.334 €
Zinsaufwand	2.320 €	an	Verbindlichkeiten	2.320 €

Buchungen im Jahr 02:

Zinsaufwand	4.733 €	an	Verbindlichkeiten	4.733 €

Buchungen im Jahr 03:

Zinsaufwand	2.413 €	an	Verbindlichkeiten	2.413 €
Verbindlichkeiten	92.800 €	an	Bank	92.800 €

Bei dem **Darlehen des Lieferanten L** besteht offensichtlich Unverzinslichkeit. Die Laufzeit beträgt am Bilanzstichtag noch mindestens ein Jahr. Bis zum Veranlagungszeitraum 2022 bestand für solche Darlehen gem. § 6 Abs. 1 Nr. 3 EStG a. F. grds. ein Abzinsungsgebot. Durch das Vierte Corona-Steuerhilfegesetz v. 19.6.2022 (BGBl 2022 I S. 911) ist diese Verpflichtung – auch mit Wirkung für die Vorjahre – aufgehoben worden.

Buchung im Jahr 01:

Bank	500.000 €	an	Verbindlichkeiten	500.000 €

4.4 AfA (§ 7 EStG)

4.4.1 Begriff

Der Begriff **„Abschreibung"** ist ein Oberbegriff; er umfasst

1. AfA gem. § 7 EStG in Gestalt von
   a) linearer AfA (§ 7 Abs. 1 und 4 EStG),
   b) AfA nach Maßgabe der Leistung (§ 7 Abs. 1 Satz 6 EStG),
   c) degressiver AfA (§ 7 Abs. 2, 5 und 5a EStG),
   d) besonderer AfA für E-Fahrzeuge (§ 7 Abs. 2a EStG),
   e) AfaA (§ 7 Abs. 1 Satz 7 EStG) und
   f) AfS (§ 7 Abs. 6 EStG);
2. Teilwertabschreibungen gem. § 6 Abs. 1 Nr. 1 und 2 EStG;
3. Sonderabschreibungen (zusätzlich zur normalen AfA), z. B. gem.
   a) § 7g Abs. 5 EStG und
   b) § 7b EStG (Mietwohnungsneubau);
4. erhöhte Absetzungen (anstelle der normalen AfA);
5. Abzug gem. § 6b Abs. 1, 3 oder 10 EStG;
6. Abzug gem. R 6.6 Abs. 1 EStR und
7. Abzug eines Investitionszuschusses gem. R 6.5 Abs. 2 Satz 2 Halbsatz 2 EStR.

Ausgaben für die Anschaffung oder Herstellung abnutzbarer Wirtschaftsgüter sind Betriebsausgaben. Zweck der **AfA** ist die Verteilung der Anschaffungs- oder Herstellungskosten eines abnutzbaren Wirtschaftsguts des Anlagevermögens (R 6.1 Abs. 1 EStR) und damit der Betriebsausgaben auf die betriebsgewöhnliche Nutzungsdauer. Die **betriebsgewöhnliche Nutzungsdauer** ist der Zeitraum, in dem das Wirtschaftsgut unter Berücksichtigung der Verhältnisse seines Einsatzes durch den Steuerpflichtigen zur Erzielung steuerpflichtiger Einnahmen verwendet oder genutzt werden kann. Unbeachtlich ist, ob das Wirtschaftsgut voraussichtlich vor seiner technischen oder wirtschaftlichen Abnutzung veräußert oder beseitigt wird (BFH, Urteil v. 19.11.1997 - X R 78/94, BStBl 1998 II S. 59).

Als Hilfsmittel zur Schätzung der Nutzungsdauer sind vom BMF unter Beteiligung der Fachverbände der Wirtschaft **AfA-Tabellen** (BMF, Schreiben v. 15.12.2000, BStBl 2000 I S. 1532) für allgemein verwendbare Anlagegüter und für verschiedene Wirtschaftszweige herausgegeben worden. Die dort aufgeführten linearen AfA-Sätze gelten für Einschichten-Nutzung.

Bei Pkws wird im Allgemeinen von einer Nutzungsdauer von sechs Jahren ausgegangen.

Ein in einen Pkw eingebautes Autotelefon (kein Mobiltelefon) ist ein selbständig bewertbares Wirtschaftsgut, das entsprechend seiner eigenen Nutzungsdauer abzuschreiben ist (BFH, Urteil v. 20.2.1997 - III B 98/96, BStBl 1997 II S. 360). Die Grenzen zwischen Teilwertabschreibung und AfaA sind nicht immer eindeutig zu ziehen. Eine Teilwertabschreibung kommt immer in Betracht, wenn die Wiederbeschaffungskosten gesunken sind oder die Investition eine Fehlmaßnahme war (R 6.7 EStR). Eine AfaA kann sich aus **technischen** Gründen (Beschädigung, Bruch oder Zerstörung) oder aus **wirtschaftlichen** Gründen ergeben. Eine AfaA setzt voraus, dass die wirtschaftliche Nutzbarkeit eines Wirtschaftsguts durch **außergewöhnliche Umstände** gesunken ist (BFH, Urteil v. 8.7.1980 - VIII R 176/78, BStBl 1980 II S. 743). Das ist m. E. der Fall, wenn Wirtschaftsgüter des Anlagevermögens, z. B. durch Auftragsrückgänge, langfristig nicht mehr voll ausgelastet sein werden. Da die untere Grenze für den Teilwert der Einzelverkaufspreis abzgl. der Veräußerungskosten ist, muss dieser nicht unbedingt unter dem Buchwert liegen. In diesen Fällen kann der Buchwert gleichwohl durch eine AfaA unterschritten werden, wenn die Voraussetzungen dafür vorliegen. Mängel eines Gebäudes zum Zeitpunkt seiner Anschaffung rechtfertigen keine AfaA (BFH, Urteil v. 14.1.2004 - IX R 30/02, BStBl 2004 II S. 592).

Die Unterscheidung zwischen Teilwertabschreibung und AfaA ist aus einem anderen Grund ebenfalls wichtig: Bei der Gewinnermittlung i. S. des § 4 Abs. 3 EStG kommen Teilwertabschreibungen, die auf § 6 EStG beruhen, nicht in Betracht, wohl aber AfaA, die auf § 7 EStG beruhen. Auch bei den Überschusseinkünften sind AfaA zulässig.

4.4.2 Kreis der abnutzbaren Wirtschaftsgüter

Als abnutzbare Wirtschaftsgüter kommen neben den körperlichen Gegenständen i. S. des BGB alle vermögenswerten Vorteile, tatsächlichen Zustände und Möglichkeiten (immaterielle Wirtschaftsgüter) in Betracht, denen im Geschäftsverkehr ein selbständiger Wert beigelegt wird und die allein oder mit dem Betrieb verkehrsfähig sind. Nichtabnutzbare Wirtschaftsgüter sind demgegenüber der Grund und Boden, Beteiligungen und Umlaufvermögen. AfA gibt es nur für Wirtschaftsgüter, deren **Verwendung oder Nutzung sich auf einen Zeitraum von mehr als einem Jahr erstreckt** (§ 7 Abs. 1 Satz 1 EStG) und die zum Anlagevermögen gehören (§ 247 Abs. 2 HGB und R 6.1 Abs. 1 EStR).

Wirtschaftsgüter, die zum Zwecke der dauerhaften Einbindung in einen bereits bestehenden Geschäftsbetrieb erworben werden, sind – vorbehaltlich eines Gestaltungsmissbrauchs – auch dann im Anlagevermögen auszuweisen, wenn die gesamte organisatorische Einheit (Betrieb einschließlich erworbener Wirtschaftsgüter) kurze Zeit später mit der Absicht ihrer Weiterführung veräußert wird (BFH, Urteil v. 10.8.2005 - VIII R 78/02, BStBl 2006 II S. 58).

Ersatzteile (für Anlagevermögen) **auf Vorrat** (z. B. Reifen oder Austauschmotoren) sind zunächst Umlaufvermögen, da sie zum Verbrauch bestimmt sind; kommen sie zum Einsatz, handelt es sich um Reparaturaufwand.

Vorführwagen gehören zum Anlagevermögen, da sie am Stichtag **nicht zum Verkauf** bestimmt sind. Sammlungs- und Anschauungsobjekte sind nicht abnutzbar (BFH, Urteil v. 9.8.1989 - X R 131-133/87, BStBl 1990 II S. 50).

4.4.3 Absetzungsberechtigter

Das Recht auf AfA hat, wer die Abnutzung **wirtschaftlich** trägt. Das ist im Regelfall der rechtliche Eigentümer. Fallen rechtliches und wirtschaftliches Eigentum (§ 39 AO) auseinander, steht die AfA dem wirtschaftlichen Eigentümer zu. Nießbraucher einschließlich Vermächtnisnießbraucher sind im Regelfall nicht zur AfA berechtigt (BFH, Urteil v. 28.9.1995 - IV R 7/94, BStBl 1996 II S. 440).

Hat ein Steuerpflichtiger Herstellungskosten für ein im Miteigentum stehendes Wirtschaftsgut getragen und darf er das Wirtschaftsgut für seine betrieblichen Zwecke ohne Entgelt nutzen, so kann er diese Herstellungskosten als eigenen Aufwand durch AfA (ggf. auch durch erhöhte Absetzungen) als Betriebsausgaben abziehen (BFH, Urteil v. 30.1.1995 - GrS 4/92, BStBl 1995 II S. 281). Zur Vornahme von AfA ist somit derjenige befugt, der die Anschaffungs-/Herstellungskosten für das zur Einkunftserzielung bestimmte Wirtschaftsgut getragen hat. In einem solchen Fall ist es nicht erforderlich, dass der Steuerpflichtige zivilrechtlicher oder wirtschaftlicher Eigentümer ist (BFH, Urteil v. 28.3.1995 - IX R 126/89, BStBl 1997 II S. 121). Deshalb steht einem Vorbehaltsnießbraucher die AfA zu, soweit er eigene Anschaffungs-/Herstellungskosten gehabt hat, wenn er in Ausübung seines Nießbrauchsrechts das Wirtschaftsgut zur Einkunftserzielung weiter nutzt. Das gilt auch dann, wenn es sich nur um ein vorbehaltenes **schuldrechtliches Nutzungsrecht** handelt (BFH, Urteil v. 28.3.1995 - IX R 126/89, BStBl 1997 II S. 121). Siehe auch H 4.7 Eigenaufwand EStH.

Die vom Steuerpflichtigen getragenen Herstellungskosten eines fremden Gebäudes, das er zu betrieblichen Zwecken nutzen darf, sind bilanztechnisch „wie ein materielles Wirtschaftsgut" zu behandeln und nach den für Gebäude geltenden AfA-Regeln abzuschreiben. Für die Behandlung von Herstellungskosten eines fremden Gebäudes „wie ein materielles Wirtschaftsgut" ist ohne Bedeutung, ob

a) die Nutzungsbefugnis des Steuerpflichtigen auf einem unentgeltlichen oder auf einem entgeltlichen Rechtsverhältnis beruht,

b) dem Steuerpflichtigen zivilrechtliche Ersatzansprüche gegen den Eigentümer des Grundstücks zustehen oder ob er von vornherein auf solche Ansprüche verzichtet, und

c) die Übernahme der Herstellungskosten durch den Steuerpflichtigen eine unentgeltliche Zuwendung an den Eigentümer des Grundstücks oder Entgelt für die Nutzungsüberlassung des Grundstücks ist (BFH, Urteil v. 25.2.2010 - IV R 2/07, BStBl 2010 II S. 670).

4.4.4 Pflicht zur Vornahme der AfA

Gemäß der ausdrücklichen Regelung in § 7 Abs. 1 Satz 1 EStG **muss** die AfA in Anspruch genommen werden (z. B. auch bei zwischenzeitlich gestiegenem Teilwert). Die bewusste Unterlassung zur Erlangung unberechtigter Steuervorteile führt allerdings zum Verlust der AfA (H 7.4 Unterlassene oder überhöhte AfA EStH).

4.4.5 AfA bei beweglichen Wirtschaftsgütern

Die AfA beginnt ab dem Zeitpunkt der Anschaffung/Herstellung. Als „Anschaffung" gilt die Lieferung, als „Herstellung" die Fertigstellung (§ 9a EStDV). Auf den Zeitpunkt der Ingebrauchnahme kommt es nicht an.

Wird degressiv abgeschrieben (§ 7 Abs. 2 EStG bei Anschaffung/Herstellung nach dem 30.6.2025 und vor dem 1.1.2028), sind Absetzungen für außergewöhnliche technische oder wirtschaftliche Abnutzung nicht zulässig (§ 7 Abs. 2 Satz 4 EStG). Da der Wechsel von der degressiven zur linearen AfA-Methode zulässig ist (§ 7 Abs. 3 EStG), kann durch entsprechenden Wechsel dieses Verbot umgangen werden. Der Methodenwechsel ist in dem Jahr sinnvoll, in dem die gleichmäßige Verteilung des Restbuchwerts auf die restliche Nutzungsdauer höhere Absetzungsbeträge ergibt als die Fortführung nach der degressiven AfA-Methode. Sofern der Wechsel nicht gewünscht ist, darf bei der Inanspruchnahme degressiver AfA im letzten Jahr der betriebsgewöhnlichen Nutzungsdauer der Restwert in voller Höhe abgeschrieben werden. Hierdurch wird die Abschreibung innerhalb der betriebsgewöhnlichen Nutzungsdauer gewährleistet.

Für Anschaffungen, Herstellungen oder Einlagen im Laufe des Wirtschaftsjahres vermindert sich für dieses Jahr der Jahresbetrag um jeweils ein Zwölftel für jeden vollen Monat, der dem Monat der Anschaffung oder Herstellung vorangeht (§ 7 Abs. 1 Satz 4 EStG und R 7.4 Abs. 2 Satz 2 EStR). Ist die AfA versehentlich unterblieben, kann sie nachgeholt werden (H 7.4 Unterlassene oder überhöhe AfA EStH).

Nachträgliche Herstellungskosten sind so zu berücksichtigen, als seien sie zu Beginn des Jahres entstanden (R 7.4 Abs. 9 Satz 3 EStR). In diesen Fällen ist die Restnutzungsdauer unter Berücksichtigung des Zustands des Wirtschaftsguts zum Zeitpunkt der Beendigung der Herstellungsmaßnahme neu zu schätzen (R 7.4 Abs. 9 Satz 1 EStR). Ergibt sich durch die Herstellungsmaßnahme keine Verlängerung der ursprünglich angenommenen Nutzungsdauer, berechnet sich die Restnutzungsdauer wie folgt: Ursprünglich angenommene Nutzungsdauer abzgl. abgelaufene Nutzungsdauer.

Die Anschaffungs- oder Herstellungskosten von Wirtschaftsgütern des Anlagevermögens, deren Nutzungsdauer zwölf Monate nicht übersteigt (kurzlebige Wirtschaftsgüter), sind auch dann in voller Höhe im Wirtschaftsjahr der Anschaffung oder Herstellung abzuziehen, wenn sie in der zweiten Hälfte des Wirtschaftsjahres angeschafft oder hergestellt wurden und ihre Nutzungsdauer über den Bilanzstichtag hinausreicht (BFH, Urteil v. 26.8.1993 - IV R 127/91, BStBl 1994 II S. 232).

4.4.6 Sonderabschreibung gem. § 7g Abs. 5 und 6 EStG

Gemäß § 7g Abs. 5 EStG kann für neue oder gebrauchte abnutzbare bewegliche Wirtschaftsgüter des Anlagevermögens neben der linearen AfA i. S. des § 7 Abs. 1 EStG oder der degressiven AfA i. S. des § 7 Abs. 2 EStG innerhalb von fünf Jahren eine Sonderabschreibung von bis zu 40 % der Anschaffungs- oder Herstellungskosten in Anspruch genommen werden. Die Sonderabschreibungen können nur in Anspruch genommen werden, wenn

1. der Betrieb im Wirtschaftsjahr, das der Anschaffung oder Herstellung vorangeht, die Gewinngrenze i. H. von 200.000 € nicht überschreitet, und
2. das Wirtschaftsgut im Jahr der Anschaffung oder Herstellung und im darauffolgenden Wirtschaftsjahr vermietet oder in einer inländischen Betriebsstätte des Betriebs des Steuerpflichtigen ausschließlich oder fast ausschließlich (mindestens 90 %) betrieblich genutzt wird.

Bei Verstößen hiergegen wird der ursprüngliche steuerliche status quo wieder hergestellt, indem die betroffenen Veranlagungen **rückwirkend** geändert werden (§ 7g Abs. 6 Nr. 2 letzter Halbsatz EStG).

Voraussetzung für die Inanspruchnahme der Sonderabschreibung ist nicht, dass für das Wirtschaftsgut zuvor ein Investitionsabzugsbetrag geltend gemacht wurde.

Da die Vergünstigung **betriebsbezogen** ist, steht die Vergünstigung auch zu, wenn der Steuerpflichtige mehrere Betriebe hat, sofern das Betriebsvermögen des einzelnen Betriebs die Grenzen des § 7g Abs. 1 Satz 2 Nr. 1 EStG nicht überschreitet.

4.4.7 Besondere AfA für E-Fahrzeuge (§ 7 Abs. 2a EStG)

Anstelle der linearen oder degressiven AfA besteht – sofern keine Sonder-AfA (bspw. i. S. des § 7g Abs. 5 EStG) in Anspruch genommen wurde – bei **nach dem 30.6.2025 und bis zum 31.12.2027** angeschafften Elektrofahrzeugen des Anlagevermögens die Möglichkeit zur Inanspruchnahme einer nach festen Prozentsätzen festgelegten AfA gem. § 7 Abs. 2a EStG. Die **tatsächliche Nutzungsdauer** ist insoweit **unerheblich.** Diese AfA unterliegt **nicht der pro-rata-temporis** Regelung des § 7 Abs. 1 Satz 4 EStG, wird also unabhängig vom Zeitpunkt der Anschaffung stets **voll gewährt** (§ 7 Abs. 2a Satz 3 EStG). Die AfA-Sätze betragen:

- Im ersten Jahr 75 %,
- im zweiten Jahr 10 %,
- im dritten und vierten Jahr jeweils 5 %,
- im fünften Jahr 3 % und
- im sechsten Jahr 2 %

der Anschaffungskosten. **Ein Wechsel** zu einer anderen Abschreibungsmethode und umgekehrt ist unzulässig (BT-Drucks. 21/323 S. 22).

4.4.8 AfA bei Gebäuden

Rechtsgrundlage ist § 7 Abs. 4, 5 und 5a EStG; die Regelungen gelten auch für Gebäudeteile (§ 7 Abs. 5b EStG), z. B. für unterschiedlich genutzte Gebäudeteile, für aktivierungspflichtige Mietereinbauten und -umbauten, die keine Betriebsvorrichtungen oder Scheinbestandteile sind (H 7.4 Mietereinbauten EStH).

Bei Gebäuden sind als AfA die folgenden Beträge bis zur vollen Absetzung abzuziehen:

1. Bei Gebäuden, soweit sie zu einem Betriebsvermögen gehören und nicht Wohnzwecken dienen und für die der Bauantrag nach dem 31.3.1985 gestellt worden ist, jährlich 3 %,
2. bei Gebäuden, soweit sie die Voraussetzungen der Nr. 1 nicht erfüllen und die
   a) nach dem 31.12.2022 fertiggestellt worden sind, jährlich 3%,
   b) vor dem 1.1.2023 und nach dem 31.12.1924 fertiggestellt worden sind, jährlich 2 % oder
   c) vor dem 1.1.1925 fertiggestellt worden sind, jährlich 2,5 %

der Anschaffungs- oder Herstellungskosten. Beträgt die tatsächliche Nutzungsdauer eines Gebäudes in den Fällen der Nr. 1 und 2 Buchst. a weniger als 33 Jahre, in den Fällen der Nr. 2 Buchst. b weniger als 50 Jahre und in den Fällen der Nr. 2 Buchst. c weniger als 40 Jahre, so kann die der tatsächlichen Nutzungsdauer entsprechende AfA vorgenommen werden.

Die degressive AfA für **Wirtschaftsgebäude** (§ 7 Abs. 5 Satz 1 Nr. 1 und 2 EStG) spielt nur noch eine Rolle zur Abwicklung von Altfällen (Antrag auf Baugenehmigung vor dem 1.1.1994 bei Wirtschaftsgebäuden im Betriebsvermögen bzw. Antrag auf Baugenehmigung vor dem 1.1.1995 bei Wirtschaftsgebäuden im Privatvermögen). Bei Wohngebäuden kommt die degressive AfA nach Maßgabe des § 7 Abs. 5 Satz 1 Nr. 3 EStG in Betracht; hierbei steht die AfA im Jahr der Anschaffung oder Herstellung mit dem vollen Jahresbetrag zu (§ 7 Abs. 5 Satz 3 EStG). Die Regelung läuft aus. Ein **Wechsel der AfA-Methode** ist grds. nicht zulässig. Lediglich bei Umwidmungen (z. B. von gewerblichen zu Wohnzwecken) kommt ein Methodenwechsel in Betracht (R 7.4 Abs. 7 EStR).

AfaA sind auch bei Gebäuden zulässig, die degressiv abgeschrieben werden (R 7.4 Abs. 11 EStR), z. B. bei einem Teilabbruch.

Unter den Voraussetzungen des § 7 Abs. 5a EStG kann nunmehr aber **anstatt der AfA i. S. des § 7 Abs. 4 Satz 1 Nr. 2 Buchst. a EStG** (bspw. bei dem gewillkürten Betriebsvermögen zugeordneten Gebäuden, die zu Wohnzwecken vermietet werden) die degressive AfA in Anspruch genommen werden, wenn mit der Herstellung nach dem 30.9.2023 und vor dem 1.10.2029 begonnen wurde oder die Anschaffung aufgrund eines nach dem 30.8.2023 und vor dem 1.10.2029 rechtwirksam abgeschlossenen obligatorischen Vertrags erfolgt. Insoweit lässt § 7 Abs. 5a Satz 7 EStG den Wechsel zur linearen AfA i. S. des § 7 Abs. 4 EStG zu, verbietet aber zugleich die Inanspruchnahme für außergewöhnliche technische oder wirtschaftliche Abnutzung (§ 7 Abs. 5a Satz 6 EStG).

Die AfA i. S. des § 7 Abs. 4 und 5a EStG kann nur **pro rata temporis** in Anspruch genommen werden (§ 7 Abs. 1 Satz 4 und Abs. 5a Satz 5 EStG).

Auch bei Gebäuden kann **versehentlich unterlassene AfA** nachgeholt werden, allerdings in der Weise, dass der Abschreibungssatz unverändert bleibt. Dadurch verlängert sich der Abschreibungszeitraum. Absichtlich unterlassene AfA kann nicht nachgeholt werden; sie ist verloren (H 7.4 Unterlassene oder überhöhte AfA EStH).

Für die Abgrenzung von **Erhaltungs- und Herstellungsaufwand bei Gebäuden** sind die Ausführungen in R 21.1 EStR und dem BMF-Schreiben v. 18.7.2003, BStBl 2003 I S. 386, zu beachten. Bei Aufwendungen bis 4.000 € netto je Baumaßnahme erkennt die Finanzverwaltung ohne Prüfung Erhaltungsaufwand an (R 21.1 Abs. 2 EStR). Werden innerhalb von drei Jahren nach Anschaffung eines Gebäudes hohe Reparatur- und Modernisierungsmaßnahmen getätigt, liegt darin **anschaffungsnaher Herstellungsaufwand,** wenn die Aufwendungen ohne die Umsatzsteuer 15 % der Anschaffungskosten des Gebäudes übersteigen (§ 6 Abs. 1 Nr. 1a Satz 1 EStG).

Im Übrigen ist immer dann Herstellungsaufwand anzunehmen, wenn hierdurch das Gebäude **erweitert** oder **über seinen ursprünglichen Zustand hinaus wesentlich verbessert wird** (§ 255 Abs. 2 Satz 1 HGB). Dabei kann eine wesentliche Verbesserung auch in einer Veränderung mit dem Ziel einer neuen betrieblichen Gebrauchs- oder Verwendungsmöglichkeit begründet sein, z. B., wenn eine betriebliche Halle umgebaut wird (BFH, Urteil v. 25.1.2006 - I R 58/04, BStBl 2006 II S. 707).

In Abgrenzung dazu liegt Erhaltungsaufwand vor, wenn Vorhandenes lediglich ausgetauscht wird (neue Fenster für alte Fenster, neue Dachpfannen für alte Dachpfannen usw.).

Die bilanzielle Behandlung von nachträglichen Herstellungskosten bei Gebäuden ist wie folgt geregelt:

Abschreibung des Gebäudes i. S. des § 7 Abs. 4 Satz 1 oder Abs. 5 EStG (H 7.3 Nachträgliche Anschaffungs- oder Herstellungskosten EStH)

Formel:

	Bisherige Bemessungsgrundlage
+	nachträgliche Herstellungskosten
=	neue Bemessungsgrundlage x bisheriger AfA-Satz

Wird in diesen Fällen die volle Absetzung nicht innerhalb der **tatsächlichen** Nutzungsdauer erreicht, kann die AfA nach der Restnutzungsdauer bemessen werden (H 7.4 Nachträgliche Anschaffungs- oder Herstellungskosten EStH).

BEISPIEL: Herstellungskosten eines Fabrikgebäudes Anfang des Jahres 00: 500.000 €. AfA 3 %. Nachträgliche Herstellungskosten im Jahr 11: 100.000 €.

Lösung:

Kontenentwicklung:

Herstellungskosten im Jahr 00		500.000 €
AfA in den Jahren 00–10		- 165.000 €
Buchwert zum 31.12.10		335.000 €
Nachträgliche Herstellungskosten im Jahr 11		+ 100.000 €
AfA im Jahr 11:		
Alte Bemessungsgrundlage	500.000 €	
Nachträgliche Herstellungskosten im Jahr 11	+ 100.000 €	
Neue Bemessungsgrundlage	600.000 €	
AfA 3 %		- 18.000 €
Buchwert zum 31.12.11		417.000 €
AfA im Jahr 12		- 18.000 €

BEISPIEL: Herstellungskosten eines Fabrikgebäudes im Jahr 01 500.000 € und **tatsächliche Nutzungsdauer** von Anfang an 50 Jahre. Nachträgliche Herstellungskosten 100.000 € im Jahr 21 (also 20 Jahre später). Eine Verlängerung der Nutzungsdauer ist durch die Herstellungsmaßnahme im Jahr 21 nicht eingetreten, so dass die **tatsächliche Restnutzungsdauer** ab dem Jahr 21 30 Jahre beträgt. AfA bisher 2 % jährlich.

Lösung:

Kontenentwicklung:

Herstellungskosten im Jahr 01	500.000 €
AfA 2 % in den Jahren 01–20	- 200.000 €
Buchwert zum 31.12.20	300.000 €
Nachträgliche Herstellungskosten im Jahr 21	+ 100.000 €

AfA im Jahr 21:

Alte Bemessungsgrundlage	500.000 €	
Nachträgliche Herstellungskosten im Jahr 21	+ 100.000 €	
Neue Bemessungsgrundlage	600.000 €	
AfA 2 %		- 12.000 €
Buchwert zum 31.12.21		388.000 €

In diesem Fall wird die volle Absetzung nicht innerhalb der tatsächlichen Restnutzungsdauer von 30 Jahren erreicht, denn 400.000 € / 12.000 € ergeben eine Abschreibungsdauer von 33 $^1/_3$ Jahren. Wahlweise kann deshalb auch wie folgt abgeschrieben werden:

Buchwert zum 31.12.20	300.000 €
Nachträgliche Herstellungskosten im Jahr 21	+ 100.000 €
AfA im Jahr 21: 400.000 € / 30 Jahre =	- 13.333 €
Buchwert zum 31.12.21	386.667 €

Abschreibung des Gebäudes i. S. des § 7 Abs. 4 Satz 2 EStG (Wahlrecht gem. R 7.4 Abs. 9 Satz 2 EStR)

Alte Bemessungsgrundlage

+ nachträgliche Herstellungskosten

= neue Bemessungsgrundlage x bisheriger AfA-Prozentsatz

oder

Buchwert

+ nachträgliche Herstellungskosten = neuer Buchwert

= AfA: Neuer Buchwert / **tatsächliche** Restnutzungsdauer

Bei **Teilwertabschreibungen** oder **AfaA** ist § 11c Abs. 2 EStDV zu beachten. Danach ist wie folgt vorzugehen:

Buchwert

- reguläre AfA
- Teilwertabschreibung oder AfaA

= Buchwert/Teilwert

Die AfA-Bemessungsgrundlage ändert sich erst ab dem **Folgejahr** wie folgt:

Ursprüngliche Bemessungsgrundlage

- Betrag der Teilwertabschreibung oder AfaA

= neue Bemessungsgrundlage x bisheriger AfA-Prozentsatz

4.4.9 AfA nach Einlage

Bei einer Einlage aus dem Privatvermögen in ein Betriebsvermögen tritt an die Stelle der Anschaffungs- oder Herstellungskosten der Einlagewert (§ 6 Abs. 1 Nr. 5 Satz 1 EStG). Der Einlagewert ist grds. der Teilwert (§ 6 Abs. 1 Nr. 5 Satz 1 Halbsatz 1 EStG). Bei der Einlage eines abnutzbaren Wirtschaftsguts in ein Betriebsvermögen innerhalb von drei Jahren nach Anschaffung oder Herstellung (§ 6 Abs. 1 Nr. 5 Satz 1 Halbsatz 2 Buchst. a i. V. mit Satz 2 EStG) ermittelt sich der Einlagewert nach den Anschaffungs- oder Herstellungskosten abzgl. der AfA i. S. des § 7 EStG, den erhöhten Absetzungen (außerplanmäßige AfA) sowie etwaigen Sonderabschreibungen, die auf den Zeitraum zwischen der Anschaffung oder Herstellung des Wirtschaftsguts und der Einlage entfallen, unabhängig davon, ob das Wirtschaftsgut vor der Einlage zur Einkünfteerzielung genutzt worden ist (R 6.12 Abs. 1 EStR).

Werden hingegen Wirtschaftsgüter nach einer Verwendung zur Erzielung von Einkünften i. S. des § 2 Abs. 1 Satz 1 Nr. 4–7 EStG in ein Betriebsvermögen eingelegt, ist gem. § 7 Abs. 1 Satz 5 EStG eine vom Einlagewert i. S. des § 6 Abs. 1 Nr. 5 Satz 1 EStG **abweichende AfA-Bemessungsgrundlage** zu ermitteln. Die Abschreibung des eingelegten Wirtschaftsguts i. S. des § 7 Abs. 1 EStG bemisst sich in diesem Fall nach den folgenden Grundsätzen (vgl. BMF, Schreiben v. 27.10.2010, BStBl 2010 I S. 1204):

- **Fallgruppe 1:** Ist der Einlagewert des Wirtschaftsguts höher als oder gleich den historischen Anschaffungs- oder Herstellungskosten, ist die AfA ab dem Zeitpunkt der Einlage nach dem um die bereits in Anspruch genommenen AfA oder Substanzverringerungen (planmäßige AfA), Sonderabschreibungen oder erhöhten Absetzungen geminderten Einlagewert zu bemessen.
- **Fallgruppe 2:** Ist der Einlagewert des Wirtschaftsguts geringer als die historischen Anschaffungs- oder Herstellungskosten, aber nicht geringer als die fortgeführten Anschaffungs- oder Herstellungskosten, ist die AfA ab dem Zeitpunkt der Einlage nach den fortgeführten Anschaffungs- oder Herstellungskosten zu bemessen.
- **Fallgruppe 3:** Ist der Einlagewert des Wirtschaftsguts geringer als die fortgeführten Anschaffungs- oder Herstellungskosten, bemisst sich die weitere AfA nach diesem **ungeminderten** Einlagewert.
- **Fallgruppe 4:** Der **Einlagewert** eines Wirtschaftsguts gem. § 6 Abs. 1 Nr. 5 Satz 1 Halbsatz 2 Buchst. a i. V. mit Satz 2 EStG (Einlage innerhalb von drei Jahren nach privater Anschaffung) gilt gleichzeitig auch als AfA-Bemessungsgrundlage gem. § 7 Abs. 1 Satz 5 EStG.

BEISPIEL: Die Anschaffungskosten eines Bürogebäudes betrugen vor zehn Jahren 2 Mio. €. Mit ihm wurden Einkünfte aus Vermietung und Verpachtung i. S. des § 21 EStG erzielt. Das Gebäude wurde jährlich mit 2 % abgeschrieben, so dass sich am Ende des zehnten Jahres fortgeführte Anschaffungskosten i. H. von 1,6 Mio. € ergaben. Zu Beginn des elften Jahres wird es in ein Betriebsvermögen eingelegt. Zu diesem Zeitpunkt beträgt der Teilwert:

a) 2,2 Mio. €;

b) 1,8 Mio. € und

c) 1,5 Mio. €.

Lösung:

	Fall a)	Fall b)	Fall c)
Einlagewert	2.200.000 €	1.800.000 €	1.500.000 €
AfA-Bemessungsgrundlage	1.800.000 €*)	1.600.000 €**)	1.500.000 €
AfA 3 % (1.–33. Jahr)	54.000 €	48.000 €	45.000 €
AfA 34. Jahr	18.000 €	16.000 €	15.000 €
Restbuchwert (Betriebsausgabe bei Veräußerung)	400.000 €	200.000 €	0 €

*) = Einlagewert 2.200.000 € - AfA 400.000 €

**) Fortgeführte Anschaffungskosten

Der in den Fällen a) und b) eingefrorene Restbuchwert soll sicherstellen, dass die im Privatvermögen entstandenen stillen Reserven im Veräußerungsfall nicht nachträglich besteuert werden.

Im Fall c) beträgt das insgesamt geltend gemachte AfA-Volumen 1.900.000 € (= 400.000 € + 1.500.000 €). Von den ursprünglichen Anschaffungskosten i. H. von 2 Mio. € wirken sich steuerlich 100.000 € nicht aus; es handelt sich um einen unbeachtlichen Wertverlust im Privatvermögen.

FALL 100

AfA-Methoden und Sonderabschreibung gem. § 7g EStG[14]

Sachverhalt: Ein Fuhrunternehmer (Gewinnermittlung durch Betriebsvermögensvergleich gem. § 4 Abs. 1 i. V. mit § 5 EStG, Wirtschaftsjahr = Kalenderjahr) erwirbt Anfang Juli 01 einen neuen Lkw. Die Anschaffungskosten betragen 200.000 €. Die betriebsgewöhnliche Nutzungsdauer beträgt neun Jahre. Es kann mit einer Gesamtleistung i. H. von 500.000 km gerechnet werden. Nach dem Kilometerzähler ergeben sich folgende Fahrleistungen:

- Jahr 01: 5.000 km;
- Jahr 02: 70.000 km und
- Jahr 03: 90.000 km.

Der Betrieb befindet sich in Dortmund. Der Gewinn des vorangegangenen Wirtschaftsjahres beträgt 160.000 €.

AUFGABE

Welche Absetzungsmöglichkeiten bestehen?

LITERATURHINWEIS

Dortmann/Mann, Lehrbuch Buchführung und Bilanzsteuerrecht, 14. Aufl. 2026, Teil B, Kapitel 6, Tz. 6.5.5.3.6 und 6.5.5.3.7.

LÖSUNG

Rechtsgrundlage für die lineare Abschreibung ist § 7 Abs. 1 Satz 1 und 2 EStG. Hiernach ergeben sich folgende AfA-Beträge und Buchwerte (zunächst ohne Anwendung von § 7g Abs. 5 EStG):

Anschaffungskosten im Juli 01	200.000 €
AfA im Jahr 01 ($^{1}/_{9}$ von 200.000 € = 22.222 €, davon die Hälfte)	- 11.111 €
Buchwert zum 31.12.01	188.889 €
AfA im Jahr 02	- 22.222 €
Buchwert zum 31.12.02	166.667 €

14 **Literaturhinweis:** Falterbaum/Bolk/Reiß/Kirchner, Buchführung und Bilanz, 23. Aufl. 2020, S. 213 f. und 974 f.

Rechtsgrundlage für die Leistungsabschreibung ist § 7 Abs. 1 Satz 6 EStG. Hiernach ergeben sich folgende AfA-Beträge und Buchwerte (zunächst ohne Anwendung von § 7g EStG):

Anschaffungskosten im Juli 01			200.000 €
AfA im Jahr 01:	$\frac{(5.000 \text{ km} \times 200.000\ €)}{500.000 \text{ km}}$	=	- 2.000 €
Buchwert zum 31.12.01			198.000 €
AfA im Jahr 02:	$\frac{(70.000 \text{ km} \times 200.000\ €)}{500.000 \text{ km}}$	=	- 28.000 €
Buchwert zum 31.12.02			170.000 €
AfA im Jahr 03:	$\frac{(90.000 \text{ km} \times 200.000\ €)}{500.000 \text{ km}}$	=	- 36.000 €
Buchwert zum 31.12.03			134.000 €

Bei Inanspruchnahme der degressiven AfA (§ 7 Abs. 2 EStG; **für Anschaffungen/Herstellungen nach dem 30.6.2025 und vor dem 1.1.2028**) ergeben sich folgende AfA-Beträge und Buchwerte (zunächst ohne Anwendung von § 7g EStG):

Anschaffungskosten im Juli 01	200.000 €
AfA im Jahr 01: $^1/_2$ von 30 % von 200.000 € =	- 30.000 €
Buchwert zum 31.12.01	170.000 €
AfA im Jahr 02: 30 % von 170.000 € =	- 51.000 €
Buchwert zum 31.12.02	119.000 €
AfA im Jahr 03: 30 % von 119.000 € =	- 35.700 €
Buchwert zum 31.12.03	83.300 €

Bei Inanspruchnahme von § 7g Abs. 5 EStG gestaltet sich die Abschreibung wie folgt:

Lineare AfA

Anschaffungskosten im Juli 01	200.000 €
Sonderabschreibung gem. § 7g EStG (40 %)	- 80.000 €
AfA gem. § 7 Abs. 1 EStG ($^1/_2$ von 11,11 %)	- 11.111 €
Buchwert zum 31.12.01	108.889 €
AfA im Jahr 02: 11,11 % von 200.000 € =	22.222 €
AfA im Jahr 03	22.222 €

Leistungs-AfA

Anschaffungskosten im Juli 01	200.000 €
Sonderabschreibung gem. § 7g EStG (40 %)	- 80.000 €
Leistungs-AfA gem. § 7 Abs. 1 Satz 6 EStG	- 2.000 €
Buchwert zum 31.12.01	118.000 €

AfA im Jahr 02:	$\frac{(70.000 \text{ km} \times 200.000\ €)}{500.000 \text{ km}}$	=	28.000 €
AfA im Jahr 03:	$\frac{(90.000 \text{ km} \times 200.000\ €)}{500.000 \text{ km}}$	=	36.000 €

Degressive AfA (für Anschaffungen/Herstellungen nach dem 30.6.2025 und vor dem 1.1.2028)

Anschaffungskosten im Juli 01	200.000 €
Sonderabschreibung gem. § 7g EStG (40 %)	- 80.000 €
AfA gem. § 7 Abs. 2 EStG ($^{1}/_{2}$ von 30 %)	- 30.000 €
Buchwert zum 31.12.01	90.000 €
AfA im Jahr 02: 30 % von 90.000 € =	27.000 €
AfA im Jahr 03: 30 % von 63.000 € =	18.900 €

FALL 101

AfA bei neu hergestelltem Gebäude

Sachverhalt: Ein Gebäude mit einer Nutzungsdauer von 75 Jahren ist im Jahr 01 mit einem Herstellungsaufwand i. H. von 600.000 € errichtet worden. Fertigstellung am 1.11.01 (= vor dem 1.1.2023 und nach dem 31.12.2024). Das Gebäude dient zu 80 % gewerblichen Zwecken des Eigentümers und ist zu 20 % zu fremden Wohnzwecken vermietet. Die Voraussetzungen für die Anwendung von § 7 Abs. 5 und 5a EStG sind nicht erfüllt.

AUFGABE

Welche Absetzungsmöglichkeiten bestehen für die Jahre 01 und 02?

LÖSUNG

Der eigengewerblich genutzte Gebäudeteil und der zu Wohnzwecken vermietete Gebäudeteil bilden jeweils ein selbständiges Wirtschaftsgut (§ 7 Abs. 5b EStG und R 4.2 Abs. 4 EStR). Für jeden einzelnen Gebäudeteil sind unterschiedliche AfA-Methoden und AfA-Sätze zulässig (R 7.4 Abs. 6 EStR). Die Herstellungskosten des eigengewerblich genutzten Gebäudeteils sind gem. § 7 Abs. 4 Satz 1 Nr. 1 EStG mit 3 % jährlich abzuschreiben. Die Herstellungskosten des Wohnzwecken dienenden Teils können gem. § 7 Abs. 4 Satz 1 Nr. 2 Buchst. b EStG nur mit 2 % jährlich abgeschrieben werden (§ 7 Abs. 5b EStG).

In den Fällen des § 7 Abs. 4 EStG kann die AfA nur zeitanteilig vom Zeitpunkt der Fertigstellung an in Anspruch genommen werden (§ 11c Abs. 1 Satz 1 Nr. 2 EStDV).

Die AfA i. S. des § 7 Abs. 4 EStG ist steuerlich (nicht handelsrechtlich) mindestens in Anspruch zu nehmen, auch wenn die tatsächliche Nutzungsdauer länger als 33 $^{1}/_{3}$ Jahre ist.

Eigengewerblicher Teil	**§ 7 Abs. 4 EStG**
Herstellungskosten (80 %)	480.000 €
AfA für das Jahr 01 (3 %, für zwei Monate =)	- 2.400 €
Buchwert zum 31.12.01	477.600 €
AfA im Jahr 02	- 14.400 €
Buchwert zum 31.12.02	463.200 €
	usw.

Wohnzwecken dienender Teil	**§ 7 Abs. 4 EStG**
Herstellungskosten (20 %)	120.000 €
AfA für das Jahr 01 (2 %, für zwei Monate =)	- 400 €
Buchwert zum 31.12.01	119.600 €
AfA im Jahr 02	- 2.400 €
Buchwert zum 31.12.02	117.200 €
	usw.

FALL 102

Wechsel der AfA-Methode

Sachverhalt: Eine im April des Wirtschaftsjahres 01 angeschaffte Maschine mit einer betriebsgewöhnlichen Nutzungsdauer von zehn Jahren wurde zutreffend gem. § 7 Abs. 2 EStG mit dem degressiven AfA-Satz i. H. von 30 % abgeschrieben. Die Anschaffungskosten haben 500.000 € betragen. § 7g EStG war nicht anzuwenden.

AUFGABE

Wie ist die Maschine höchstmöglich abzuschreiben?

LÖSUNG

Bei der degressiven Abschreibungsmethode wird die AfA nach einem unveränderlichen Prozentsatz vom jeweiligen Buchwert (Restwert) berechnet. Der degressive maximale AfA-Satz beträgt bei zehnjähriger Nutzungsdauer 30 %. Nach Ablauf des siebten Wirtschaftsjahres würde die AfA nach der degressiven Methode weiterhin 30 % (des Buchwerts) betragen. Nun empfiehlt sich der Übergang zur linearen Abschreibungsmethode, denn bei einer verbleibenden Restnutzungsdauer von drei Jahren ist der Restbuchwert auf drei Jahre abzuschreiben (jährlich 33,33 %). Dieser Wechsel ist ausdrücklich für zulässig erklärt worden (§ 7 Abs. 3 EStG).

Anschaffungskosten	500.000 €
AfA im Jahr 01: 30 % von 500.000 € x $^{9}/_{12}$ =	- 112.500 €
AfA im Jahr 02: 30 % von 387.500 € (Restbuchwert im Jahr 01) =	- 116.250 €
AfA im Jahr 03: 30 % von 271.250 € (Restbuchwert im Jahr 02) =	- 81.375 €
AfA in den Jahren 04–07 (zusammengefasst)	- 144.286 €
Buchwert Ende des Jahres 07	45.589 €
Lineare AfA $^{1}/_{3}$ von 45.589 € = 15.196 € (anstatt degressiv 13.677 €)	- 15.196 €
	usw.

HINWEIS

Die degressive AfA kann für Anschaffungen/Herstellungen nach dem 30.6.2025 und vor dem 1.1.2028 in Anspruch genommen werden.

FALL 103

AfA nach Teilwertabschreibung

Sachverhalt: Eine im Januar 01 angeschaffte Maschine mit einer Nutzungsdauer von zwölf Jahren wird linear abgeschrieben. Ende des Jahres 03 beträgt der Teilwert dieser Maschine aufgrund einer dauernden Wertminderung 80.000 €; eine entsprechende Teilwertabschreibung wurde vorgenommen. In den Folgejahren kommen keine Zuschreibungen in Betracht. Die Voraussetzungen des § 7g EStG liegen nicht vor.

Kontenentwicklung:

Anschaffungskosten im Januar 01	240.000 €
AfA im Jahr 01 (8,333 % von 240.000 € =)	- 20.000 €
Buchwert zum 31.12.01	220.000 €
AfA im Jahr 02	- 20.000 €
Buchwert zum 31.12.02	200.000 €
AfA im Jahr 03	- 20.000 €
Teilwertabschreibung	- 100.000 €
Buchwert zum 31.12.03	80.000 €

AUFGABE

Wonach bemisst sich die AfA ab dem Jahr 04?

LÖSUNG

Nach einer Teilwertabschreibung bemisst sich die AfA nach dem dann noch vorhandenen Restwert (= Buchwert) und der Restnutzungsdauer (= ursprüngliche Nutzungsdauer abzgl. abgelaufene Nutzungsdauer): 80.000 € / 9 = 8.889 €.

Das Konto entwickelt sich ab dem Jahr 04 wie folgt:

Buchwert zum 31.12.03	80.000 €
AfA im Jahr 04	- 8.889 €
Buchwert zum 31.12.04	71.111 €
AfA im Jahr 05	- 8.889 €
Buchwert zum 31.12.05	62.222 €
AfA im Jahr 06	- 8.889 €
	usw.

FALL 104

Wertaufholung nach erfolgter Teilwertabschreibung

Sachverhalt: Zunächst wie Fall 103, jedoch ist – anders als im Fall 103 – der Teilwert zwischenzeitlich wieder gestiegen. Er beträgt am 31.12.05:

a) 90.000 € (anstatt Buchwert 62.222 €);

b) 150.000 € (ebenfalls anstatt Buchwert 62.222 €).

AUFGABE

In welchem Umfang kommt zum 31.12.05 eine Zuschreibung (Wertaufholung) in Betracht und wie ist im Fall einer Zuschreibung ab dem Jahr 06 abzuschreiben?

LÖSUNG

Hat sich der Wert eines Wirtschaftsguts nach einer vorangegangenen Teilwertabschreibung wieder erhöht, so ist diese Betriebsvermögensmehrung bis zum Erreichen der Bewertungsobergrenze steuerlich zu erfassen (§ 6 Abs. 1 Nr. 1 Satz 4 EStG). Dabei wird die Bewertungsobergrenze von den Anschaffungskosten abzgl. der AfA u. ä. Abzüge gebildet (vgl. § 6 Abs. 1 Nr. 1 Satz 1 EStG).

Ohne die im Jahr 03 vorgenommene Teilwertabschreibung ergäbe sich zum 31.12.05 ein Buchwert i. H. von (240.000 € x $^{7}/_{12}$ =) 140.000 €. Das ist hier die Obergrenze für die Zuschreibung. Im Fall a) findet somit eine Zuschreibung auf 90.000 € statt und im Fall b) eine Zuschreibung auf 140.000 €. Nach einer Zuschreibung bemisst sich die weitere AfA nach dem neuen Buchwert und der Restnutzungsdauer; im vorliegenden Fall beträgt die Restnutzungsdauer ab dem 31.12.05 noch sieben Jahre.

	Fall a)	Fall b)
Vorläufiger Stand zum 31.12.05	62.222 €	62.222 €
Zuschreibung im Jahr 05	+ 27.778 €	+ 77.778 €
Endgültiger Buchwert zum 31.12.05	90.000 €	140.000 €
AfA im Jahr 06		
90.000 € / 7 Jahre =	- 12.857 €	
140.000 € / 7 Jahre =		- 20.000 €

Das Zuschreibungsgebot gilt auch für die Handelsbilanz (§ 253 Abs. 5 HGB).

FALL 105

Nachträgliche Herstellungskosten und Teilwertabschreibung bei einem Gebäude

Sachverhalt: Für ein am 1.12.02 fertiggestelltes Fabrikgebäude (Herstellungskosten 600.000 €, AfA-Satz gem. § 7 Abs. 4 Satz 1 Nr. 1 EStG 3 %) fallen vom 1.3.03 bis zum 30.6.03 nachträgliche Herstellungskosten i. H. von 100.000 € an. Ende des Jahres 04 beträgt der Teilwert des Gebäudes 300.000 €. Es handelt sich um eine dauernde Wertminderung.

AUFGABE

Welche AfA ergibt sich für die Jahre 02–05?

LÖSUNG

Sind für ein Gebäude nachträgliche Herstellungskosten aufgewendet worden, so sind diese, um die AfA-Bemessungsgrundlage zu ermitteln, den ursprünglichen Herstellungskosten hinzuzurechnen. Die weitere AfA ist einheitlich für das gesamte Gebäude nach dem sich danach ergebenden Betrag und dem für das Gebäude maßgebenden Hundertsatz zu bemessen (H 7.4 Nachträgliche Anschaffungs- oder Herstellungskosten EStH). Das führt ab dem Jahr 03 zu einer jährlichen AfA i. H. von 21.000 € (= 3 % von 700.000 €). Hierbei werden die Kosten so berücksichtigt, als wären sie zu Beginn des Entstehungsjahres entstanden (R 7.4 Abs. 9 Satz 3 EStR).

Ist bei einem Gebäude eine Bewertung mit dem niedrigeren Teilwert vorgenommen worden, so bemessen sich die AfA von dem folgenden Jahr an nach den Herstellungskosten des Gebäudes abzgl. des Betrags für die Teilwertabschreibung (§ 11c Abs. 2 EStDV). Das ergibt ab dem Jahr 05 eine AfA i. H. von 3 % von (700.000 € - 356.500 € =) 343.500 € = 10.305 €.

Kontenentwicklung:

Zugang am 1.12.02	600.000 €
AfA im Jahr 02: 3 % = 18.000 €, für einen Monat =	- 1.500 €
Buchwert zum 31.12.02	598.500 €
Nachträgliche Herstellungskosten im Jahr 03	+ 100.000 €
AfA im Jahr 03: 3 % von 700.000 € =	- 21.000 €

Buchwert zum 31.12.03	677.500 €
AfA im Jahr 04	- 21.000 €
Teilwertabschreibung im Jahr 04	- 356.500 €
Buchwert zum 31.12.04	300.000 €
AfA im Jahr 05	- 10.305 €
Buchwert zum 31.12.05	289.695 €
AfA im Jahr 06	- 10.305 €

FALL 106

Nachträgliche Herstellungskosten und Gebäude-AfA gem. § 7 Abs. 4 Satz 2 EStG

Sachverhalt: Ein 30 Jahre altes Gebäude wurde im Januar 06 von einem bilanzierenden Gewerbetreibenden angeschafft und entsprechend seiner betriebsgewöhnlichen Nutzungsdauer von 40 Jahren wie folgt abgeschrieben:

Anschaffungskosten im Januar 06	300.000 €
AfA in den Jahren 06–15 jeweils 2,5 %	- 75.000 €
Bilanzansatz zum 31.12.15	225.000 €

Im Jahr 16 fielen nachträgliche Herstellungskosten i. H. von 60.000 € an. Die Nutzungsdauer ändert sich hierdurch nicht. Ab dem Jahr 16 beträgt die Restnutzungsdauer folglich 30 Jahre.

AUFGABE

Wie ist die bilanzielle Behandlung des Gebäudes ab dem Jahr 16?

LÖSUNG

Wird ein Gebäude i. S. des § 7 Abs. 4 Satz 2 EStG abgeschrieben und sind nachträgliche Herstellungskosten angefallen, so bemessen sich die weiteren AfA nach dem um die nachträglichen Herstellungskosten vermehrten Restwert und der Restnutzungsdauer des Gebäudes (R 7.4 Abs. 9 EStR).

Bilanzansatz (Restwert) zum 31.12.15		225.000 €
Nachträgliche Herstellungskosten im Jahr 16		+ 60.000 €
Zwischensumme		285.000 €
AfA im Jahr 16:	$\frac{285.000\ €}{30\ \text{Jahre}}$ =	- 9.500 €
Bilanzansatz zum 31.12.16		275.500 €
AfA im Jahr 17		- 9.500 €

Die Restnutzungsdauer beträgt ab dem Jahr 16 noch 30 Jahre; zur Ermittlung des AfA-Betrags wird die Zwischensumme durch die Restnutzungsdauer geteilt.

Aus Vereinfachungsgründen wird es nicht beanstandet, wenn auch in den Fällen des § 7 Abs. 4 Satz 2 EStG die weiteren AfA nach dem bisherigen Prozentsatz bemessen werden (R 7.4 Abs. 9 Satz 2 EStR). Hierbei wird die ursprüngliche AfA-Bemessungsgrundlage um den Betrag der nachträglichen Herstellungskosten erhöht und darauf der für das Gebäude maßgebende Hundertsatz angewendet. Wählt der Steuerpflichtige diese Methode, ergibt sich folgende Kontenentwicklung:

Bilanzansatz zum 31.12.15		225.000 €
Nachträgliche Herstellungskosten		+ 60.000 €
Zwischensumme		285.000 €
AfA im Jahr 16:		
Bisherige Bemessungsgrundlage	300.000 €	
Nachträgliche Herstellungskosten	+ 60.000 €	
Neue Bemessungsgrundlage	360.000 €	
2,5 % von 360.000 € =		- 9.000 €
Buchwert zum 31.12.16		276.000 €
AfA im Jahr 17		- 9.000 €

FALL 107

AfA nach Einlage eines Gebäudes

Sachverhalt: Ein Gebäude gehörte bis zum 31.12.06 zum Privatvermögen eines Kaufmanns; es handelte sich bis dahin um ein vermietetes Bürogebäude (Einkünfte i. S. des § 21 EStG). Am 1.1.07 führt es der Kaufmann durch eine Einlage seinem Betriebsvermögen zu, um es für seinen Betrieb zu nutzen. Bis dahin wurde das Gebäude wie folgt abgeschrieben (AfA = Werbungskosten):

Herstellungskosten im Jahr 00	500.000 €
AfA in den Jahren 00–06 gem. § 7 Abs. 4 Satz 1 Nr. 2 Buchst. b EStG (2 %)	- 70.000 €
Verbleiben	430.000 €

Am 1.1.07 betragt der Teilwert des Gebäudes 450.000 €.

AUFGABE

Wie ist die Einlage zu bewerten und welche AfA steht ab dem Jahr 07 zu?

LÖSUNG

Es ist zwischen der Bewertung der Einlage einerseits und der Ermittlung der AfA-Bemessungsgrundlage andererseits zu unterscheiden. Einlagen sind grds. mit dem Teilwert zu bewerten (§ 6 Abs. 1 Nr. 5 EStG): 450.000 €. In Bezug auf die Ermittlung der AfA-Bemessungsgrundlage gilt Folgendes: Ist der Einlagewert des Wirtschaftsguts geringer als die historischen Anschaffungs-

oder Herstellungskosten, aber nicht geringer als die fortgeführten Anschaffungs- oder Herstellungskosten, ist die AfA ab dem Zeitpunkt der Einlage nach den fortgeführten Anschaffungs- oder Herstellungskosten zu bemessen.

Vorliegend beträgt die Bemessungsgrundlage für die AfA des Gebäudes im Betriebsvermögen 430.000 €. Die AfA wird nach den fortgeführten Anschaffungskosten bemessen, weil der Einlagewert (450.000 €) geringer als die historischen Anschaffungskosten (500.000 €), jedoch nicht geringer als die fortgeführten Anschaffungskosten (430.000 €) ist. Gemäß § 7 Abs. 4 Satz 1 Nr. 1 EStG ist das Gebäude von der i. S. des § 7 Abs. 1 Satz 5 EStG ermittelten Bemessungsgrundlage jährlich mit einem Betrag i. H. von 12.900 € (= 3 % von 430.000 €) abzusetzen. Von dem nach 33 $^{1}/_{3}$ Jahren verbleibenden Restbuchwert i. H. von 20.000 € darf keine AfA vorgenommen werden. Bei einer Veräußerung ist dieser Restbuchwert gewinnmindernd zu berücksichtigen. § 6 Abs. 1 Nr. 1 Satz 2 und § 7 Abs. 1 Satz 7 EStG bleiben unberührt (BMF, Schreiben v. 27.10.2010, BStBl 2010 I S. 1204).

Kontenentwicklung:

Zugang am 1.1.07	450.000 €
AfA: 3 % von 430.000 € =	- 12.900 €
Buchwert zum 31.12.07	437.100 €

FALL 108

Rumpfwirtschaftsjahr

Sachverhalt: Im ersten Wirtschaftsjahr seiner gewerblichen Tätigkeit (1.5.01–31.12.01, vgl. § 8b EStDV) erwirbt ein Kaufmann eine Maschine zu Anschaffungskosten i. H. von 80.000 €, Nutzungsdauer 20 Jahre. Die Maschine soll linear abgeschrieben werden. Die Voraussetzungen des § 7g EStG liegen nicht vor.

AUFGABEN

Welche AfA ergibt sich für das Jahr 01, wenn die Maschine

a) am 1.8.01;

b) am 1.10.01

angeschafft wurde?

LÖSUNG

Die AfA kann grds. nur zeitanteilig beansprucht werden. Angefangene Monate zählen dabei als volle Monate (§ 7 Abs. 1 Satz 4 EStG).

Im vorliegenden Fall beträgt die jährliche AfA für ein volles Wirtschaftsjahr 4.000 € (= 5 % von 80.000 €).

Im Fall a) (Anschaffung am 1.8.01) beträgt die AfA deshalb $^{5}/_{12}$ von 4.000 € = 1.667 €.

Im Fall b) (Anschaffung am 1.10.01) beträgt die AfA $^{3}/_{12}$ von 4.000 € = 1.000 €.

FALL 109

Absetzung für außergewöhnliche wirtschaftliche Abnutzung

Sachverhalt: Der Steuerpflichtige betreibt eine Hotelkette. Im Jahr 01 hatte er im Feriengebiet in X ein Hotelgebäude angeschafft, dessen Buchwert zum 31.12.10 800.000 € beträgt (Anschaffungskosten Anfang des Jahres 01 1 Mio. €, AfA-Satz 2 %). Durch einen unerwarteten Wandel der Ansprüche der Touristen (Änderung der Reiseziele) ist das Gebäude seit Mitte des Jahres 10 um $^1/_4$ des Buchwerts zum 31.12.10 in seiner Rentabilität gemindert.

AUFGABE

Wie kann dieser Rentabilitätsminderung ertragsteuerlich Rechnung getragen werden und welche AfA ergibt sich ab dem Jahr 11?

LÖSUNG

Die Nutzungsdauer eines Wirtschaftsguts hängt von der Dauer seiner Nutzbarkeit für den Steuerpflichtigen ab. Hierbei kommt es auf die wirtschaftliche oder die technische Nutzungsdauer an. Unter technischer Abnutzung versteht man den materiellen Verschleiß des Wirtschaftsguts. Wirtschaftliche Abnutzung ist die Verminderung oder der Wegfall der Verwendungsmöglichkeit des Wirtschaftsguts für den Steuerpflichtigen. Bei der Bemessung der AfA ist der jeweils kürzere Zeitraum der technischen bzw. wirtschaftlichen Nutzbarkeit maßgebend. Neben der normalen AfA kann eine außergewöhnliche technische oder wirtschaftliche Abnutzung eintreten. Eine außergewöhnliche technische Abnutzung liegt vor, wenn durch besondere Umstände ein erhöhter Substanzverbrauch eingetreten ist (z. B. durch Beschädigung oder Zerstörung durch Brand, Hochwasser oder Unfall). Eine außergewöhnliche wirtschaftliche Abnutzung ist gegeben, wenn die wirtschaftliche Verwertbarkeit eines Anlageguts durch außergewöhnliche Umstände beeinträchtigt ist (z. B. durch neue Erfindungen oder Modewechsel). Im vorliegenden Fall liegt eine solche außergewöhnliche wirtschaftliche Abnutzung vor, der durch eine AfaA Rechnung getragen werden kann (§ 7 Abs. 1 letzter Satz und Abs. 4 Satz 3 EStG). Die AfaA beträgt für das Jahr 10 200.000 € (= 25 % von 800.000 €). Ab dem Jahr 11 bemisst sich die AfA nach den Anschaffungskosten des Gebäudes abzgl. des Betrags der AfaA (§ 11c Abs. 2 EStDV). Vergleiche auch H 7.4 AfaA EStH.

Kontenentwicklung des Hotelgebäudes:

Anschaffungskosten		1.000.000 €
AfA in den Jahren 01–10 (10 x 2 % =)		- 200.000 €
AfaA im Jahr 10		- 200.000 €
Buchwert zum 31.12.10		600.000 €
AfA im Jahr 11:		
Ursprüngliche Bemessungsgrundlage	1.000.000 €	
AfaA im Jahr 10	- 200.000 €	
Neue Bemessungsgrundlage	800.000 €	
2 % von 800.000 € =		- 16.000 €
Buchwert zum 31.12.11		584.000 €

FALL 110

Teilabbruch eines Gebäudes

Sachverhalt: Eine KG wandte für die Herstellung eines Betriebsgebäudes im Januar 01 400.000 € auf. Sie ging zu Recht von einer Nutzungsdauer von 20 Jahren aus. Ende des Jahres 10 wurde das Gebäude zur Hälfte abgerissen. Für die Abbruchkosten wandte die KG 4.000 € zzgl. Umsatzsteuer auf.

AUFGABE

Welche ertragsteuerlichen Auswirkungen zieht der Abbruch für die Jahre 10 und 11 nach sich?

LÖSUNG

Der Abbruch erfüllt die Voraussetzung für eine außergewöhnliche technische Abnutzung. Sie liegt vor, wenn durch besondere Umstände ein gegenüber der gewöhnlichen Abnutzung erhöhter Substanzverbrauch eines abnutzbaren Wirtschaftsguts eingetreten ist. Die AfaA muss in diesem Fall vorgenommen werden; die Abbruchkosten sind als Betriebsausgaben abzugsfähig (H 6.4 Abbruchkosten EStH).

Für die AfA-Bemessung nach einer AfaA gilt § 11c Abs. 2 EStDV. Danach bemessen sich die AfA von dem folgenden Wirtschafts- oder Kalenderjahr an nach den Anschaffungs- oder Herstellungskosten des Gebäudes abzgl. des Betrags der AfaA. Der AfA-Satz ist unter Berücksichtigung des § 7 Abs. 4 Satz 2 EStG mit 5 % zu bestimmen.

Kontenentwicklung des Gebäudes:

Herstellungskosten im Jahr 01		400.000 €
AfA in den Jahren 01–10 (10 x 5 % =)		- 200.000 €
AfaA im Jahr 10 (50 % des Restwerts)		- 100.000 €
Buchwert zum 31.12.10		100.000 €
AfA im Jahr 11:		
Ursprüngliche Bemessungsgrundlage	400.000 €	
AfaA im Jahr 10	- 100.000 €	
Neue Bemessungsgrundlage	300.000 €	
5 % von 300.000 € =		- 15.000 €
Buchwert zum 31.12.11		85.000 €

HINWEIS

Wäre der Abbruch am 1.10.10 erfolgt, ergäbe sich folgende Rechnung:

Buchwert zum 31.12.09	220.000 €
AfA bis zum 30.9.10	- 15.000 €
AfaA im Jahr 10 (50 % von 205.000 € =)	- 102.500 €
Rest-AfA für das Jahr 10 (20.000 € - 15.000 € =)	- 5.000 €
Buchwert zum 31.12.10	97.500 €
AfA im Jahr 11 (5 % von (400.000 € - 102.500 € =) 297.500 € =)	- 14.875 €
Buchwert zum 31.12.11	82.625 €

FALL 111

Vorführwagen

Sachverhalt: Autohändler Schnelle hat am 1.7.01 einen Vorführwagen angeschafft. Anschaffungskosten 15.000 €, Netto-Verkaufspreis als Neuwagen 18.000 €. Das Fahrzeug hat eine wirtschaftliche und technische Nutzungsdauer von sechs Jahren. Autohändler Schnelle veräußert Vorführwagen im Allgemeinen nach acht bis zwölf Monaten bei einem Kilometerstand i. H. von 5.000 km. Zur Ermittlung des dann erzielbaren Netto-Verkaufspreises nimmt er pro gefahrene 500 km einen Abschlag i. H. von 1 % vom Neuwagen-Verkaufspreis vor. Am 31.12.01 hat der Vorführwagen 1.500 km gelaufen.

AUFGABE

Wie ist das Fahrzeug steuerlich zum 31.12.01 zu bewerten, wenn für das Jahr 01 ein möglichst niedriger Gewinn erstrebt wird? Falls AfA zusteht, ist nach der linearen Methode abzuschreiben.

LÖSUNG

Der Vorführwagen gehört zum Anlagevermögen des Autohändlers Schnelle (H 6.1 Vorführ- und Dienstwagen EStH). Seine Zweckbestimmung liegt nicht in der Veräußerung, sondern in der wiederholten Verwendung als Vorführ- und Mustergegenstand. Dabei kommt es nicht darauf an, dass diese Zweckbestimmung vor Ablauf der wirtschaftlichen und technischen Nutzungsdauer durch Veräußerung endet. Auch im Handelsrecht (§ 247 Abs. 2 HGB) richtet sich die Zugehörigkeit eines Wirtschaftsguts zum Anlage- oder Umlaufvermögen nach der vorgesehenen Art des Dienens für den Betrieb und nicht nach der Dauer des Dienens (R 6.1 Abs. 1 EStR).

Als Teil des abnutzbaren Anlagevermögens ist der Vorführwagen gem. § 7 EStG abzuschreiben. Für das Jahr 01 ergibt sich bei Zugrundelegung eines linearen AfA-Satzes i. H. von 16 $^{2}/_{3}$ % als Halbjahres-AfA ein Betrag i. H. von 1.250 € (= 16 $^{2}/_{3}$ % von 15.000 € = 2.500 €; $^{1}/_{2}$ von 2.500 € = 1.250 €).

FALL 112

Sandgrube

Sachverhalt: Am 3.2.01 erwarb ein Bauunternehmer als Anlagevermögen für sein Baugeschäft eine aufgeschlossene Sandgrube. Für das Grundstück wendet er 50.000 € und für das Sandvorkommen 180.000 € auf. Das Sandvorkommen wurde hierbei auf 90.000 cbm geschätzt. Im Jahr 01 wurden 5.000 cbm und im Jahr 02 8.000 cbm Sand abgebaut.

AUFGABE

Wie ist die ertragsteuerliche Behandlung der Anschaffungskosten für das Sandvorkommen in den Jahren 01 und 02?

LÖSUNG

Bodenschätze, zu denen Sand- und Kiesvorkommen (sog. „Grundeigentümermineralien") gehören, bilden, solange sie im Boden lagern und nicht abgebaut werden, zivil- und steuerrechtlich mit dem Grund und Boden eine Einheit. Sie stellen kein vom Grund und Boden getrenntes Wirtschaftsgut dar. Solange der Eigentümer den zum Grund und Boden gehörenden Bodenschatz nicht selbst nutzt oder durch einen anderen nutzen lässt, ist dieser einer selbständigen Bewertung nicht zugänglich und damit ertragsteuerlich ohne Bedeutung. Als Wirtschaftsgut greifbar und damit zum Wirtschaftsgut im einkommensteuerlichen Sinn wird der Bodenschatz erst dann, wenn er zur nachhaltigen Nutzung in den Verkehr gebracht wird, indem bspw. mit seiner Aufschließung begonnen wird (z. B. durch die Stellung eines Antrags auf Genehmigung) oder alsbald mit der Aufschließung zu rechnen ist (BFH, Urteil v. 26.11.1993 - III R 58/89, BStBl 1994 II S. 293). Das war hier der Fall.

Sandvorkommen und Grundstück sind hier steuerlich zwei selbständige Wirtschaftsgüter. Das Grundstück ist mit den Anschaffungskosten i. H. von 50.000 € zu aktivieren (§ 6 Abs. 1 Nr. 2 EStG). Die auf das Sandvorkommen entfallenden Anschaffungskosten i. H. von 180.000 € sind ebenfalls zu aktivieren (§ 6 Abs. 1 Nr. 1 EStG). Dieser Wert verringert sich jedoch durch den fortschreitenden Abbau der Substanz. Eine lineare AfA i. S. des § 7 Abs. 1 EStG wäre möglich. Das setzt aber die Kenntnis der betriebsgewöhnlichen Nutzungsdauer voraus. Die übliche AfA erfolgt nach Maßgabe des Substanzverbrauchs (§ 7 Abs. 6 EStG und R 7.5 EStR). Der jährliche Betrag der AfS kann nach der folgenden Formel ermittelt werden:

$$\text{AfS} = \frac{\text{Anschaffungskosten x Jahresförderung}}{\text{Substanzmenge}}$$

Im vorliegenden Fall beträgt die AfS für das Jahr 01 10.000 €:

$$\frac{180.000\ € \text{ x } 5.000 \text{ cbm}}{90.000 \text{ cbm}} = 10.000\ €.$$

Für das Jahr 02 beträgt die AfS 16.000 €:

$$\frac{180.000\ € \text{ x } 8.000 \text{ cbm}}{90.000 \text{ cbm}} = 16.000\ €.$$

HINWEIS

Ein im Privatvermögen entdecktes Kiesvorkommen ist bei der Zuführung zum Betriebsvermögen gem. § 6 Abs. 1 Nr. 5 Satz 1 Halbsatz 1 EStG zwar mit dem Teilwert anzusetzen. Bei dem Abbau dieses Kiesvorkommens dürfen AfS aber nicht vorgenommen werden (BFH, Beschluss v. 4.12.2006 - GrS 1/05, BStBl 2007 II S. 508). Dies folgt aus dem Rechtsgedanken des § 11d Abs. 2 EStDV und hat lediglich steuerrechtliche Bedeutung. Dagegen hat die Abschreibung für Zwecke der Handelsbilanz nach einer Bewertung des Zugangs mit dem Zeitwert gem. § 253 Abs. 3 HGB zu erfolgen.

4.5 GWG und Sammelposten (§ 6 Abs. 2 und 2a EStG)

Gemäß § 6 Abs. 2 EStG können die Anschaffungs- oder Herstellungskosten von abnutzbaren, beweglichen und einer selbständigen Nutzung fähigen Wirtschaftsgütern des Anlagevermögens in voller Höhe als Betriebsausgaben abgezogen werden, wenn die Anschaffungs- oder Herstellungskosten für das einzelne Wirtschaftsgut 800 € nicht übersteigen. Für Wirtschaftsgüter dieser Art, deren Anschaffungs- oder Herstellungskosten 250 €, aber nicht 1.000 € übersteigen, kann im Wirtschaftsjahr der Anschaffung oder Herstellung ein Sammelposten für alle in einem Wirtschaftsjahr angeschafften, hergestellten oder eingelegten Wirtschaftsgüter i. S. des § 6 Abs. 2a Satz 1 EStG gebildet werden. Die Regelungen gem. § 6 Abs. 2 und 2a EStG gelten auch bei Einlagen und im Falle der Betriebseröffnung (§ 6 Abs. 1 Nr. 5–6 EStG). Somit ergeben sich folgende Wahlrechte:

4.5.1 Aufwendungen bis 250 €

Aufwendungen bis 250 € können im maßgebenden Wirtschaftsjahr in voller Höhe gem. § 6 Abs. 2 EStG als Betriebsausgaben abgezogen werden. Das Wahlrecht kann für jedes Wirtschaftsgut individuell in Anspruch genommen werden (wirtschaftsgutbezogenes Wahlrecht). Bei Anwendung des § 6 Abs. 2 EStG bestehen mit Ausnahme der buchmäßigen Erfassung des Zugangs des Wirtschaftsguts keine weiteren Aufzeichnungspflichten; aus steuerlichen Gründen ist eine Aufnahme in ein Inventar i. S. des § 240 HGB nicht erforderlich. Die Anwendung der Einzelbewertung gem. § 6 Abs. 1 Satz 1 EStG und die Abschreibung i. S. des § 7 Abs. 1 EStG entsprechend der betriebsgewöhnlichen Nutzungsdauer bleiben dem Steuerpflichtigen unbenommen.

4.5.2 Aufwendungen von mehr als 250 € und nicht mehr als 800 €

Aufwendungen bis 800 € können im maßgebenden Wirtschaftsjahr in voller Höhe gem. § 6 Abs. 2 EStG als Betriebsausgaben abgezogen werden. Die Anwendung der Einzelbewertung gem. § 6 Abs. 1 Satz 1 EStG und die Abschreibung i. S. des § 7 Abs. 1 EStG entsprechend der betriebsgewöhnlichen Nutzungsdauer bleiben dem Steuerpflichtigen unbenommen.

Daneben bestehen folgende Wahlrechte:

4.5.2.1 Erstes Wahlrecht

Aufwendungen von mehr als 250 € und nicht mehr als 800 € können im maßgebenden Wirtschaftsjahr in voller Höhe gem. § 6 Abs. 2 EStG als Betriebsausgaben abgezogen werden. Gemäß § 6 Abs. 2 Satz 4 und 5 EStG ist das Wirtschaftsgut unter Angabe des Tages der Anschaffung, Herstellung oder Einlage sowie der Anschaffungs- oder Herstellungskosten oder des Einlagewerts in ein besonderes, laufend zu führendes Verzeichnis aufzunehmen. Das Verzeichnis braucht nicht geführt zu werden, wenn diese Angaben aus der Buchführung ersichtlich sind.

4.5.2.2 Zweites Wahlrecht

Die Aufwendungen können im maßgebenden Wirtschaftsjahr gem. § 6 Abs. 2a EStG in einem Sammelposten erfasst werden. Dieses Wahlrecht kann gem. § 6 Abs. 2a Satz 5 EStG nur einheitlich für alle Wirtschaftsgüter des Wirtschaftsjahres mit Aufwendungen von mehr als 250 € und nicht mehr als 1.000 € in Anspruch genommen werden (wirtschaftsjahrbezogenes Wahlrecht).

4.5.3 Aufwendungen von mehr als 800 € und nicht mehr als 1.000 €

Aufwendungen von mehr als 800 € und nicht mehr als 1.000 € können im maßgebenden Wirtschaftsjahr gem. § 6 Abs. 2a EStG in einem Sammelposten erfasst werden. Dieses Wahlrecht kann nur einheitlich für alle Wirtschaftsgüter des Wirtschaftsjahres mit Aufwendungen von mehr als 250 € und nicht mehr als 1.000 € in Anspruch genommen werden (wirtschaftsjahrbezogenes Wahlrecht). Die Anwendung der Einzelbewertung gem. § 6 Abs. 1 Satz 1 EStG und die Abschreibung i. S. des § 7 Abs. 1 EStG entsprechend der betriebsgewöhnlichen Nutzungsdauer bleiben dem Steuerpflichtigen als Alternative unbenommen.

Der Sammelposten ist kein Wirtschaftsgut, sondern eine Rechengröße (R 6.13 Abs. 6 Satz 1 EStR). Abgesehen von der buchmäßigen Erfassung des Zugangs der Wirtschaftsgüter in den Sammelposten bestehen keine weiteren Aufzeichnungspflichten. Nachträgliche Anschaffungs- oder Herstellungskosten von Wirtschaftsgütern i. S. des § 6 Abs. 2a EStG erhöhen den Sammelposten des Wirtschaftsjahres, in dem die Aufwendungen entstehen (R 6.13 Abs. 5 Satz 2 EStR). Fallen die nachträglichen Anschaffungs- oder Herstellungskosten bereits im Wirtschaftsjahr der Investition an und übersteigt die Summe der Gesamtkosten in diesem Wirtschaftsjahr die Betragsgrenze i. H. von 1.000 €, kann § 6 Abs. 2a EStG nicht angewendet werden; das Wirtschaftsgut ist gem. § 6 Abs. 1 Nr. 1 EStG einzeln zu bewerten. Scheidet ein Wirtschaftsgut im Jahr der Anschaffung, Herstellung oder Einlage aus dem Betriebsvermögen aus, liegen die Voraussetzungen für die Berücksichtigung des Wirtschaftsguts im Sammelposten zum Schluss dieses Wirtschaftsjahres nicht vor. Anschaffungs- oder Herstellungskosten von nicht selbständig nutzbaren Wirtschaftsgütern sind, sofern sie keine nachträglichen Anschaffungs- oder Herstellungskosten darstellen, nicht im Sammelposten zu erfassen.

Der Sammelposten ist im Wirtschaftsjahr der Bildung und den folgenden vier Wirtschaftsjahren mit jeweils $^1/_5$ gewinnmindernd aufzulösen (§ 6 Abs. 2a Satz 2 EStG). Der Gesetzgeber geht somit bei derartigen Wirtschaftsgütern von einer pauschalen Nutzungsdauer von fünf Jahren aus. Scheidet ein derartiges Wirtschaftsgut durch Veräußerung oder Entnahme oder Zerstörung aus dem Betriebsvermögen aus, so berührt das den Bilanzansatz des Sammelpostens nicht (§ 6 Abs. 2a Satz 3 EStG). Allerdings ist ein Veräußerungserlös bzw. im Fall der Entnahme der Entnahmewert als Betriebseinnahme zu erfassen. Teilwertabschreibungen auf den Sammelposten sind (da kein Wirtschaftsgut) nicht zulässig.

Für die 250 €-, 800 €- und 1.000 €-Grenze spielt es keine Rolle, ob die Vorsteuer tatsächlich abzugsfähig ist oder nicht (R 9b Abs. 2 EStR). Wegen der selbständigen bzw. nicht selbständigen Nutzungsfähigkeit vgl. R 6.13 Abs. 1 EStR und H 6.13 ABC EStH mit zahlreichen Beispielen.

Die vorstehenden Regelungen gelten auch, wenn der Gewinn durch Einnahmenüberschussrechnung gem. § 4 Abs. 3 EStG ermittelt wird (§ 4 Abs. 3 Satz 3 EStG).

Übersicht

Behandlung von abnutzbaren beweglichen und **selbständig nutzbaren** Wirtschaftsgütern des Anlagevermögens:

- Anschaffungskosten bis 250 €: Wahlrecht:
  1. Sofortabzug gem. § 6 Abs. 2 EStG oder
  2. AfA i. S. des § 7 Abs. 1 oder 2 EStG.
- Anschaffungskosten von 250,01 € bis 800 €: Wahlrecht:
  1. Sofortabschreibung gem. § 6 Abs. 2 EStG;
  2. AfA i. S. des § 7 Abs. 1 oder 2 EStG oder
  3. Einstellung in den Sammelposten gem. § 6 Abs. 2a EStG.
- Anschaffungskosten ab 800,01 €: Wahlrecht:
  1. AfA i. S. des § 7 Abs. 1 oder 2 EStG oder
  2. Einstellung in den Sammelposten gem. § 6 Abs. 2a EStG.

Zu weiteren Einzelheiten vgl. R 6.13 EStR.

FALL 113

Bücherschrank und Einlegeböden

Sachverhalt: Ein Buchhändler erhält im Dezember 01 einen Bücherschrank (Nutzungsdauer zehn Jahre) für seinen Betrieb. Er lässt sich vom Lieferanten zwei Rechnungen folgenden Inhalts ausstellen:

Rechnung v. 2.12.01:

Ein Bücherschrank ohne Einlegeböden	600 €
19 % Umsatzsteuer	+ 114 €
	714 €

Rechnung v. 20.12.01:

Sechs Einlegeböden für einen Bücherschrank	300 €
19 % Umsatzsteuer	+ 57 €
	357 €

Zum 31.12.01 wurden der Bücherschrank und die Einlegeböden im Hinblick auf § 6 Abs. 2 EStG mit 0 € bewertet.

AUFGABE

Ist diese Behandlung durch den Steuerpflichtigen richtig?

LÖSUNG

Die Regelung gem. § 6 Abs. 2 EStG kann für Wirtschaftsgüter, die nicht selbständig nutzbar sind, nicht in Anspruch genommen werden (R 6.13 Abs. 1 EStR). Ein Bücherschrank ist ohne Einlegeböden nicht selbständig nutzbar. Ebenso können die Einlegeböden ohne den Bücherschrank nicht ihrem Zweck entsprechend verwendet werden. Bücherschrank und Einlegeböden bilden eine Sacheinheit, deren Anschaffungskosten 900 € betragen haben und die in den Sammelposten gem. § 6 Abs. 2a EStG eingestellt und darin mit 20 % jährlich abgeschrieben werden können. Alternativ kann i. S. des § 7 Abs. 1 oder 2 EStG abgeschrieben werden. Bei zehn Jahren Nutzungsdauer ergibt sich eine jährliche lineare AfA i. H. von 90 € (im Jahr 01 zeitanteilig $^1/_{12}$ von 90 € = 7,50 €).

Kontenentwicklung:

Sammelposten (GWG) aus dem Jahr 01:

Anschaffungskosten im Dezember 01	900 €
Auflösung 20 %	- 180 €
Buchwert zum 31.12.01	720 €

FALL 114

Gaststätteneinrichtung

Sachverhalt: Der Steuerpflichtige eröffnet im Dezember 10 die Gaststätte „Jägerstube". Er hat u. a. Folgendes angeschafft:

6 Tische (Eiche) à 700 € =	4.200 €
16 Stühle (Eiche) à 200 € =	3.200 €

Die Nutzungsdauer beträgt jeweils acht Jahre.

AUFGABE

Kann der Gastwirt die Regelung gem. § 6 Abs. 2 EStG in Anspruch nehmen?

LÖSUNG

Der Gastwirt kann § 6 Abs. 2 EStG für die Tische und Stühle in Anspruch nehmen. Die einzelnen Gegenstände behalten ihre selbständige Nutzbarkeit, obwohl sie in einheitlichem Stil gehalten sind (H 6.13 ABC: Beispiele für selbständig nutzungsfähige Wirtschaftsgüter EStH). Die Tische könnten in den Sammelposten gem. § 6 Abs. 2a EStG eingestellt und mit jährlich 20 % abgeschrieben werden. Alle Gegenstände könnten auch i. S. des § 7 Abs. 1 oder 2 EStG abgeschrieben werden.

FALL 115

Autoradio

Sachverhalt: Ein Handelsvertreter erwarb im Januar 01 einen Pkw für seinen Betrieb. Der Pkw hat eine betriebsgewöhnliche Nutzungsdauer von sechs Jahren. Die Anschaffungskosten betrugen 18.000 € und wurden linear abgeschrieben. Im Januar 02 lässt der Handelsvertreter ein Autoradio nachträglich fest einbauen. Die Werkstatt erteilt folgende Rechnung:

Autoradio	300 €
Antenne	+ 40 €
Montage	+ 60 €
	400 €
19 % Umsatzsteuer	+ 76 €
	476 €

Außerdem schaffte der Handelsvertreter im Januar 02 vier Winterreifen auf Felgen an. Die Anschaffungskosten betrugen insgesamt 500 €. Die Winterreifen wurden sofort montiert; die Sommerreifen wurden bis zum Frühjahr eingelagert und sodann gegen die Winterreifen ausgetauscht. Für die Winterreifen auf Felgen kann von einer Nutzungsdauer von fünf Jahren ausgegangen werden. Die Abschreibung soll i. S. des § 7 Abs. 1 EStG erfolgen.

AUFGABE

Wie sind das Autoradio und die Winterreifen bilanzsteuerrechtlich zu behandeln?

LÖSUNG

Ein in ein Kfz fest eingebautes Autoradio bildet zusammen mit dem Kfz ein einheitliches Wirtschaftsgut (BFH, Urteil v. 24.10.1972 - VIII R 201/71, BStBl 1973 II S. 78). Der Aufwand ist nach den Grundsätzen zu behandeln, die für **nachträgliche Herstellungskosten** gelten, d. h. er ist dem Buchwert des Pkws hinzuzurechnen und sodann einheitlich mit dem Pkw nach der verbleibenden Restnutzungsdauer abzuschreiben (R 7.4 Abs. 9 EStR).

Kontenentwicklung:

Fuhrpark

Buchwert zum 31.12.01	15.000 €
Autoradio, Zugang im Januar 02	+ 400 €
	15.400 €
AfA: 15.400 € / 5 =	- 3.080 €
Buchwert zum 31.12.02	12.320 €

Die Winterreifen erfüllen nicht die Voraussetzungen, um i. S. des § 6 Abs. 2 oder 2a EStG behandelt werden zu können, da sie einer selbständigen Nutzung nicht fähig sind. Sie sind nur in montiertem Zustand gebrauchsfähig. Da sie zudem nur vorübergehend montiert sind, ergeben sich einerseits keine nachträglichen Herstellungskosten wie etwa beim fest eingebauten Autoradio, andererseits bleiben sie vom Fahrzeug unabhängige und selbständige Wirtschaftsgüter (FG Berlin, Urteil v. 23.2.1972 - II 20/71, EFG 1972 S. 271 zur Investitionszulage). Die Winterreifen sind als Zugang im Anlagevermögen (Fuhrpark) zu erfassen und lt. Sachverhalt i. S. des § 7 Abs. 1 EStG abzuschreiben.

FALL 116

Computer und Software

Sachverhalt: Kaufmann K erwirbt für seinen Betrieb einen Computer nebst Monitor und Drucker wie folgt:

Computer (Zentraleinheit)	2.900 €
Monitor	+ 300 €
Drucker	+ 400 €
Textverarbeitungsprogramm	+ 150 €
Kalkulationsprogramm	+ 1.250 €
Zwischensumme	5.000 €
zzgl. Umsatzsteuer	+ 950 €
Summe	5.950 €

Die Computerhardware genügt den EU-Anforderungen an die umweltgerechte Gestaltung von Computern und Computerservern.

AUFGABE

Wie gestaltet sich die steuerliche Behandlung in Buchführung und Bilanz?

LÖSUNG

Gemäß BMF, Schreiben v. 26.2.2021 (BStBl 2021 I S. 298) kann für Computerhardware und -software von einer betriebsgewöhnlichen Nutzungsdauer von einem Jahr ausgegangen werden, wenn die Geräte den EU-Vorgaben für umweltgerechte Gestaltung von Computern und Computerservern entsprechen. Laut Sachverhalt ist das hier der Fall. Das schließt dann die Abschreibung i. S. des § 7 Abs. 1 oder 2 EStG aus, da die Inanspruchnahme von AfA eine betriebsgewöhnlichen Nutzungsdauer von mehr als einem Jahr voraussetzt. Das führt im vorliegenden Fall zu einer Vollabschreibung im Anschaffungsjahr.

FALL 117

Einlage eines GWG

Sachverhalt: Ein Gewerbetreibender, der seinen Gewinn durch Betriebsvermögensvergleich ermittelt, führt im Dezember 01 seinem Betriebsvermögen ein Kopiergerät zu, das er im Dezember 00 für 1.000 € einschließlich Umsatzsteuer privat angeschafft und zunächst für ein Jahr privat genutzt hat. Zum Zeitpunkt der Einlage beträgt der Teilwert des Kopiergeräts 500 €. Die Nutzungsdauer beträgt insgesamt sieben Jahre; hieran ändert auch nichts die im Dezember 01 beginnende betriebliche Nutzung.

AUFGABE

Wie ist das Kopiergerät bilanzsteuerlich zu behandeln, wenn ein möglichst niedriger Gewinn gewünscht wird?

LÖSUNG

Wirtschaftsgüter, die aus dem Privatvermögen in das Betriebsvermögen überführt werden, können gem. § 6 Abs. 2 und 2a oder § 7 Abs. 1 oder 2 EStG behandelt werden, wenn der Einlagewert 1.000 € nicht übersteigt. Die Einlage ist mit dem Teilwert i. H. von 500 € zu bewerten (§ 6 Abs. 1 Nr. 5 EStG), da die (fortgeführten) Anschaffungskosten 857 € betragen:

Anschaffungskosten im Dezember 00	1.000 €
AfA: $^1/_7$ von 1.000 € =	- 143 €
Fortgeführte Anschaffungskosten	857 €

Im vorliegenden Fall ist das Kopiergerät mit 500 € einzulegen und gem. § 6 Abs. 2 EStG sofort in voller Höhe abzuschreiben, wenn ein möglichst niedriger Gewinn gewünscht wird.

Buchung:

GWG	500 €	an	Einlagen	500 €

FALL 118

Video-Überwachungskameras

Sachverhalt: Ein Hotelbetrieb lässt am Hotelgebäude drei Video-Überwachungskameras fest installieren, um das Betriebsgebäude zum Schutz der Gäste und deren Eigentum (insbesondere deren Kfz) ständig unter Kontrolle zu halten. Die Video-Überwachungskameras sind an jedem Fernsehgerät/Videorekorder anschließbar. Dementsprechend befindet sich in der Rezeption ein normales Fernsehgerät, das nun zusätzlich mit den Video-Überwachungskameras verbunden ist und auf Knopfdruck Bilder aus dem Außenbereich des Hotels anzeigt. Die drei Video-Überwachungskameras haben insgesamt 900 € zzgl. Umsatzsteuer gekostet.

AUFGABE

Welche Abschreibungsmöglichkeiten kommen in Betracht?

LÖSUNG

§ 6 Abs. 2 und 2a EStG gilt nur für bewegliche abnutzbare Wirtschaftsgüter des Anlagevermögens. Nicht darunter fallen unbewegliche Wirtschaftsgüter, d. h. solche, die mit einem Grundstück fest verbunden sind, es sei denn, es handelt sich um Betriebsvorrichtungen. Bei den Betriebsvorrichtungen handelt es sich um Anlagen, mit denen das Gewerbe unmittelbar ausgeübt wird (§ 243 Abs. 2 Nr. 2 BewG und R 7.1 Abs. 3 EStR). Da die Video-Überwachungskameras **zum Schutz der Gäste und deren Eigentum** angeschafft wurden, kann m. E. von Betriebsvorrichtungen ausgegangen werden. Da die Anschaffungskosten pro Stück 300 € betrugen, können diese sofort in voller Höhe abgeschrieben werden (§ 6 Abs. 2 EStG) oder dem Sammelposten gem. § 6 Abs. 2a EStG zugeführt und mit 20 % abgeschrieben werden. Auch die Inanspruchnahme von AfA i. S. des § 7 Abs. 1 oder 2 EStG kommt in Betracht.

FALL 119

GWG und Rücklagenübertragung

Sachverhalt: Kaufmann K hatte Ende des Jahres 02 eine Rücklage gem. § 6b Abs. 10 EStG i. H. von 3.000 € aus dem Verkauf von zum Betriebsvermögen gehörenden Aktien gebildet. Im Jahr 04 schaffte er aus betrieblichen Gründen einen Tresor für 2.200 € zzgl. Umsatzsteuer an. Er möchte die § 6b EStG-Rücklage im zulässigen Umfang wegen Ablaufs der Investitionsfrist von den Anschaffungskosten des Tresors absetzen. Der Tresor hat eine Nutzungsdauer von 20 Jahren.

AUFGABE

In welcher Höhe ist eine Übertragung der § 6b EStG-Rücklage möglich und kommt anschließend § 6 Abs. 2 EStG zur Anwendung?

LÖSUNG

Eine Rücklage gem. § 6b Abs. 10 EStG kann auf die Anschaffungskosten von abnutzbaren beweglichen Wirtschaftsgütern übertragen werden (§ 6b Abs. 10 Satz 1 EStG). Die Übertragung auf abnutzbare bewegliche Wirtschaftsgüter (und Gebäude) ist aber nur i. H. von 60 % des Rücklagebetrags gestattet; der Rest i. H. von 40 % wird steuerfrei aufgelöst (§ 6b Abs. 10 Satz 6 i. V. mit Satz 2 EStG). Im vorliegenden Fall können somit 1.800 € übertragen werden.

Hiernach verbleibt für den Tresor ein Betrag i. H. von 400 €. Fraglich ist, ob hierauf § 6 Abs. 2 EStG angewendet werden kann. In § 6b Abs. 6 EStG ist bestimmt, dass für die Frage der Anwendung von § 6 Abs. 2 oder 2a EStG von den um die übertragene Rücklage gekürzten Anschaffungskosten auszugehen ist (hier also von 400 €). Zwar verweist § 6b Abs. 10 Satz 4 EStG nicht auf § 6b Abs. 6 EStG. Es ist allerdings kein Grund erkennbar, weshalb bei einem Abzug gem. § 6b Abs. 1 und 3 EStG der § 6b Abs. 6 EStG Anwendung finden soll, bei einem Abzug gem. § 6b Abs. 10 EStG hingegen nicht. Demzufolge kommt u. E. § 6 Abs. 2 EStG auch bei verbleibenden Anschaffungskosten i. H. von 400 € zur Anwendung (so wohl auch die Finanzverwaltung in R 6.13 Abs. 2 Nr. 1 EStR, die nur von einem „Betrag nach § 6b" spricht, sowie R 7.3 Abs. 4 EStR).

FALL 120

Behandlung der Sammelposten

Sachverhalt: Kaufmann K hat im Jahr 01 verschiedene Wirtschaftsgüter i. S. des § 6 Abs. 2a Satz 1 EStG angeschafft und zutreffend einem Sammelposten i. H. von 6.000 € zugeführt. Zu den Anschaffungen gehörte auch ein Farbkopiergerät mit Anschaffungskosten i. H. von 950 €. Im Jahr 02 erfolgen weitere Anschaffungen für 4.000 €, für die ein Sammelposten gem. § 6 Abs. 2a Satz 1 EStG eingerichtet wurde. Im selben Jahr (Jahr 02) veräußert Kaufmann K das Farbkopiergerät aus dem Jahr 01 für 400 € zzgl. Umsatzsteuer.

AUFGABE

Wie ist in den Jahren 01 und 02 steuerlich zu bilanzieren und zu buchen?

LÖSUNG

Für jedes Wirtschaftsjahr, in dem Wirtschaftsgüter i. S. des § 6 Abs. 2a EStG angeschafft, hergestellt oder eingelegt werden, kann ein eigenständiger Sammelposten gebildet werden. Die Zugänge eines jeden Jahres werden separat von den Zugängen folgender Jahre erfasst und abgeschrieben. Der Sammelposten aus dem Jahr 01 ist im Jahr 01 und den folgenden vier Jahren mit jeweils 1.200 € gewinnmindernd aufzulösen. Auf die tatsächliche Nutzungsdauer der einzelnen Wirtschaftsgüter im Sammelposten kommt es nicht an (§ 6 Abs. 2a Satz 3 EStG). Der Sammelposten aus dem Jahr 02 ist im Jahr 02 und den folgenden vier Jahren mit jeweils 800 € gewinnmindernd aufzulösen. Die Veräußerung des Farbkopiergeräts wirkt sich auf den Bilanzansatz der Sammelposten nicht aus. Allerdings ist der Erlös i. H. von 400 € gewinnerhöhend zu erfassen:

	GWG aus dem Jahr 01	GWG aus dem Jahr 02
Zugang im Jahr 01	6.000 €	
Abschreibung	- 1.200 €	
Stand zum 31.12.01	4.800 €	
Zugang im Jahr 02		4.000 €
Abschreibung	- 1.200 €	- 800 €
Stand zum 31.12.02	3.600 €	3.200 €

Die Veräußerung des Farbkopiergeräts im Jahr 02 ist zu buchen:

Bank	476 €	an	Sonstige betriebliche Erträge	400 €
		an	Umsatzsteuer	76 €

4.6 Gebäudeabbruch

Wie bei einem Gebäudeabbruch der Gebäudewert und die Abbruchkosten zu behandeln sind, ist ausführlich in H 6.4 Abbruchkosten EStH dargestellt.

Beim **Erwerb ohne Abbruchabsicht** sind der Restbuchwert des Gebäudes und die Abbruchkosten sofort abzugsfähige Betriebsausgaben im Jahr des Abbruchs. Dies gilt entsprechend auch bei einem in Teilabbruchabsicht erworbenen Gebäude für die Teile, deren Abbruch nicht geplant war. Wird mit dem Abbruch innerhalb von **drei Jahren** nach dem Erwerb (obligatorisches Rechtsgeschäft maßgebend) begonnen, spricht nach der Auffassung der Finanzverwaltung der Beweis des ersten Anscheins für einen Erwerb mit Abbruchabsicht. Dieser Anscheinsbeweis kann durch Gegenbeweis entkräftet werden.

Hatte der Steuerpflichtige das Gebäude selbst auf einem ihm gehörenden Grundstück errichtet, erfolgt die Behandlung wie beim Erwerb ohne Abbruchabsicht (Abbruchkosten und Restbuchwert als sofortige Betriebsausgabe).

Beim **Erwerb mit Abbruchabsicht** sind der Gebäudewert und die Abbruchkosten zu aktivieren, und zwar – je nach technischem/wirtschaftlichem Zustand des Gebäudes und Zusammenhang mit einem Neubau – als Herstellungskosten für den Neubau oder als Anschaffungskosten für den Grund und Boden.

Plant der Steuerpflichtige den Abbruch eines zum Privatvermögen gehörenden Gebäudes und die Errichtung eines zum Betriebsvermögen gehörenden Gebäudes (Einlage mit Abbruchabsicht), gehören der Restbuchwert des abgebrochenen Gebäudes und die Abbruchkosten zu den Herstellungskosten des neu zu errichtenden Gebäudes.

4.6.1 Abbruchmaterial

Der Erlös aus dem Verkauf des Abbruchmaterials mindert die Abbruchkosten. Der Buchwert des im Rahmen einer Neubauerrichtung wieder verwendeten Abbruchmaterials erhöht die Herstellungskosten des Neubaus (H 6.4 Baumaterial aus Enttrümmerung EStH).

4.6.2 Abfindungen an weichende Mieter, Pächter und Erbbauberechtigte

Erfolgen die Ablösezahlungen, um alsbald mit der Herstellung eines Neubaus beginnen zu können, handelt es sich um Herstellungskosten des Neubaus (H 6.4 Entschädigungs- und Abfindungszahlungen, 1. Spiegelstrich EStH). Dies gilt allerdings nach BFH, Urteil v. 20.9.2022 - IX R 29/21, BStBl 2023 II S. 1087, nicht für solche Entschädigungs- oder Abfindungszahlungen, die an weichende Mieter zum Zwecke der Durchführung von Renovierungsmaßnahmen erfolgen (insoweit sofort abzugsfähige Betriebsausgaben).

Aufwendungen eines erbbauverpflichteten Grundstückseigentümers zur Ablösung des Erbbaurechts zählen zu den Herstellungskosten des anschließend auf dem Grundstück nach dem Abriss der vorhandenen Bebauung neu errichteten Gebäudes (BFH, Urteil v. 13.12.2005 - IX R 24/03, BStBl 2006 II S. 461). In anderen Fällen führen Abfindungen zu einem immateriellen Wirtschaftsgut, das entsprechend der Restlaufzeit des Nutzungsverzichts des Mieters/Pächters abzuschreiben ist (BFH, Urteil v. 2.3.1970 - GrS 1/69, BStBl 1970 II S. 382). Auf keinen Fall stellen sie Anschaffungskosten für den Grund und Boden dar.

4.6.3 AfA bei Erwerb mit Abbruchabsicht

Für die Zeit der Zwischennutzung (z. B. Vermietung bis zum Abbruch) ist die AfA i. S. des § 7 Abs. 4 EStG zu beanspruchen. Eine Kürzung der Nutzungsdauer auf die Zeit bis zum Abbruch ist nicht zulässig (BFH, Urteil v. 15.12.1981 - VIII R 116/79, BStBl 1982 II S. 385).

ABB. 9: Gebäudeabbruch

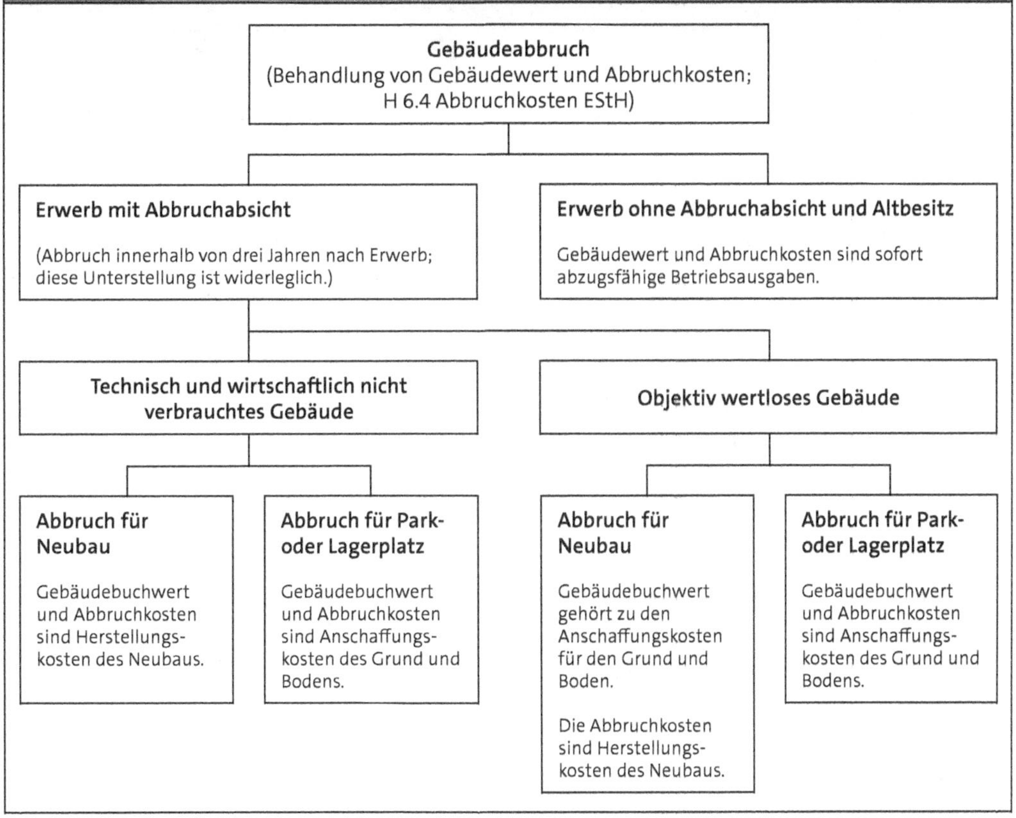

FALL 121

Abbruch erfolgt zum Zweck des Erhalts eines Parkplatzes

Sachverhalt: Ein Gewerbetreibender erwirbt am 1.2.01 ein unbewohntes bebautes Grundstück. Die Anschaffungskosten i. H. von 1 Mio. € entfallen zu 70 % auf den Grund und Boden und zu 30 % auf das noch gut erhaltene und 20 Jahre alte Gebäude. Da der Steuerpflichtige das Grundstück jedoch erwarb, um es ausschließlich als Park- und Lagerplatz zu nutzen, lässt er das Gebäude noch im Juli 01 abreißen. Die Abbruchkosten betragen 20.000 € netto.

AUFGABE

Welche steuerlichen Auswirkungen ziehen Anschaffung und Abbruch in der Bilanz zum 31.12.01 nach sich?

LÖSUNG

Da der Abbruch des Gebäudes zur Freimachung des Grund und Bodens erfolgt, um diesen als Park- und Lagerplatz zu nutzen, gehören die gesamten Anschaffungskosten und die Abbruchkosten zu den Anschaffungskosten für den Grund und Boden. Hierbei spielt es keine Rolle, ob das abgerissene Gebäude zum Zeitpunkt des Erwerbs objektiv noch einen Wert hatte oder bereits wirtschaftlich und technisch verbraucht war (BFH, Urteile v. 6.11.1968 - I 64/65, BStBl 1969 II S. 35, und v. 15.2.1989 - X R 97/87, BStBl 1989 II S. 604). In der Bilanz zum 31.12.01 erscheint deshalb das Wirtschaftsgut „Grund und Boden" mit einem Ansatz i. H. von 1.020.000 €.

FALL 122

Abbruch und anschließender Neubau

Sachverhalt: Wie Fall 121, jedoch erfolgt der Abbruch zum Zweck des anschließenden Neubaus. Die Herstellungskosten für den Neubau betragen 400.000 €; der Neubau wird am 1.12.01 bezugsfertig. Das Gebäude dient nicht zu Wohnzwecken.

AUFGABE

Welche steuerlichen Auswirkungen ziehen Anschaffung, Abbruch und Neubau in der Bilanz zum 31.12.01 nach sich?

LÖSUNG

Wird ein Gebäude zum Zwecke des Abbruchs und der Herstellung eines neuen Gebäudes erworben, so gehören der Buchwert des abgebrochenen Gebäudes und die Abbruchkosten zu den Herstellungskosten des neuen Gebäudes, wenn das abgebrochene Gebäude zum Zeitpunkt des Erwerbs weder technisch verbraucht noch wirtschaftlich veraltet war. Laut Sachverhalt war das abgebrochene Gebäude noch „gut erhalten und brauchbar", so dass die auf dieses Gebäude entfallenen Anschaffungskosten i. H. von 300.000 € und die Abbruchkosten i. H. von 20.000 € zu den Herstellungskosten des Neubaus gehören. Der Grund und Boden ist in der Bilanz zum 31.12.01 mit 700.000 € auszuweisen. Das Konto „Gebäude“ entwickelt sich wie folgt:

Gebäude

Baukosten des Neubaus	400.000 €
Buchwert des abgebrochenen Gebäudes	+ 300.000 €
Abbruchkosten	+ 20.000 €
Herstellungskosten insgesamt	720.000 €

Bei Inanspruchnahme der linearen AfA (§ 7 Abs. 4 Satz 1 Nr. 1 EStG) ergibt sich folgende Rechnung:

Herstellungskosten	720.000 €
AfA 3 % = 21.600 €, $^1/_{12}$ =	- 1.800 €
31.12.01	718.200 €
AfA im Jahr 02	- 21.600 €

FALL 123

Erwerb ohne Abbruchabsicht

Sachverhalt: Wie Fall 121, jedoch erfolgt der Erwerb des Gebäudes nachweislich nicht in Abbruchabsicht. Trotzdem wird das Gebäude nach ca. 2 $^1/_2$ Jahren zugunsten eines Neubaus abgebrochen.

AUFGABE

Wie sind der Buchwert des abgebrochenen Gebäudes, die Abbruchkosten und die Herstellungskosten des Neubaus bilanzsteuerrechtlich zu beurteilen?

LÖSUNG

In diesem Fall sind im Jahr des Abbruchs die Abbruchkosten und der Restbuchwert des abgebrochenen Gebäudes sofort absetzbare Betriebsausgaben. Die Herstellungskosten des Neubaus betragen 400.000 €; sie bilden die Bemessungsgrundlage für die AfA.

FALL 124

Abbruch eines erworbenen Gebäudes, Abfindungszahlungen und Abbruchkosten

Sachverhalt: Im Januar 01 erwarb ein Kaufmann für sein Betriebsvermögen ein bebautes Grundstück für Anschaffungskosten i. H. von 500.000 €. Von den Anschaffungskosten entfielen auf den Grund und Boden 100.000 € und auf das Gebäude 400.000 €. Das 100 Jahre alte Gebäude war zu Wohnzwecken vermietet. Da es nur unter Einsatz hoher Renovierungskosten erhaltenswert gewesen wäre, gab der Erwerber dem Gebäudeabbruch und der Herstellung eines Neubaus den Vorzug. Um die Mieter zur vorzeitigen Räumung zu bewegen, honorierte er im Jahr 02 deren zügige Wohnungsräumung mit Zahlungen i. H. von insgesamt 50.000 €. Der Abbruch des Gebäudes erfolgte im Dezember 02; die Abbruchkosten betrugen 30.000 € zzgl. Umsatzsteuer. Der Neubau konnte am 1.12.03 mit weiteren Herstellungskosten i. H. von 800.000 € fertiggestellt werden. Der Neubau dient nicht zu Wohnzwecken.

Abwandlung: Das übernommene Gebäude war technisch und wirtschaftlich verbraucht. Abfindungszahlungen an weichende Mieter entfielen, weil das Gebäude zum Erwerbszeitpunkt bereits unbewohnt war.

AUFGABE

Wie schlagen sich die Anschaffungskosten, die Abbruchkosten und die Abfindungszahlungen sowie die Herstellungskosten für den Neubau in den steuerlichen Bilanzen zum 31.12.01–31.12.03 nieder?

LÖSUNG

Es muss davon ausgegangen werden, dass der Steuerpflichtige das Gebäude mit Abbruchabsicht erworben hat, weil ihm zum Erwerbszeitpunkt die fehlende Renovierungswürdigkeit bekannt gewesen sein dürfte und der Abbruch innerhalb von drei Jahren nach dem Erwerb erfolgte. Da der Abbruch des Gebäudes mit der Herstellung eines neuen Wirtschaftsguts in einem engen wirtschaftlichen Zusammenhang steht, gehören der Buchwert des Gebäudes, die Abfindungszahlungen und die Abbruchkosten zu den Herstellungskosten des Neubaus. Bis zum Abbruch ist die AfA i. S. des § 7 Abs. 4 EStG abzuziehen; eine Verkürzung der Nutzungsdauer wegen des beabsichtigten Abbruchs ist nicht zulässig (BFH, Urteil v. 15.12.1981 - VIII R 116/79, BStBl 1982 II S. 385).

Grund und Boden

31.12.01	100.000 €

Gebäude

Zugang im Jahr 01	400.000 €
AfA im Jahr 01 2,5 % (100 Jahre altes Gebäude)	- 10.000 €
31.12.01	390.000 €
AfA im Jahr 02 bis zum Abbruch im Dezember 02	- 10.000 €
Buchwert vor Abbruch = Herstellungskosten für den Neubau	380.000 €
Abbruchkosten	+ 30.000 €
Abfindungszahlungen	+ 50.000 €
Gebäude im Bau zum 31.12.02	460.000 €
Weitere Herstellungskosten im Jahr 03	+ 800.000 €
Herstellungskosten insgesamt	1.260.000 €
AfA i. S. des § 7 Abs. 4 Satz 1 Nr. 1 EStG (3 %, für einen Monat =)	- 3.150 €
31.12.03	1.256.850 €

Abwandlung

Die gesamten Anschaffungskosten für das bebaute Grundstück i. H. von 500.000 € entfallen auf den Grund und Boden, da das Gebäude zum Zeitpunkt des Erwerbs objektiv wertlos war. Die Abbruchkosten gehören zu den Herstellungskosten für den Neubau, da der Abbruch des Altbaus bereits eine Maßnahme ist, die im Zusammenhang mit der Herstellung des Neubaus steht. Die Bilanzen haben folgendes Bild:

	31.12.01	**31.12.02**	**31.12.03**
Grund und Boden	500.000 €	500.000 €	500.000 €
Im Bau befindliche Anlagen (Abbruchkosten)		30.000 €	
Gebäude, Zugang am 1.12.03			+ 830.000 €
AfA 3 % (ein Monat =)			- 2.075 €
Gebäude			827.925 €

4.7 Forfaitierung/Factoring

Erfolgt eine Forderungsabtretung in der Weise, dass alle Rechte aus der Forderung einschließlich des Risikos der Zahlungsunfähigkeit des Schuldners auf den Forderungskäufer übergehen, wobei beim Forderungsverkäufer lediglich das Risiko des rechtlichen Bestands der Forderung (z. B. mangelfrei gelieferte Maschinen) verbleibt, spricht man von (echter) Forfaitierung bzw. von (echtem) Factoring. Verbleibt das Risiko der Zahlungsunfähigkeit ebenfalls beim Forderungsverkäufer, spricht man von unechter Forfaitierung bzw. unechtem Factoring. Die Begriffe „Forfaitierung" und „Factoring" werden bilanzrechtlich synonym verwandt. Handelt es sich um **unechtes Factoring,** weil alle Risiken beim Forderungsverkäufer verbleiben, ist die Abtretung als Darlehensgeschäft zu qualifizieren und zu behandeln; insbesondere sind die Zinsanteile periodengerecht zu behandeln (siehe hierzu auch H 5.6 Forfaitierung von Forderungen aus Leasingverträgen EStH).

Eine **echte Forfaitierung** liegt vor, wenn das Bonitätsrisiko auf den Forderungskäufer übergegangen ist und die Haftung des Forderungsverkäufers auf den rechtlichen Bestand der Forderung beschränkt ist. In diesem Fall liegt kein Darlehensgeschäft vor. Vielmehr hat der Forderungsverkäufer bei endfälliger Forderung diese auszubuchen und den Erlös aus der Abtretung einzubuchen. In Höhe der Differenz entsteht ein sofort zu erfassender Zinsaufwand oder -ertrag. Bei Dauerschuldverhältnissen sind bzgl. der vorweggenommenen Zahlungen auf künftige Raten Rechnungsabgrenzungsposten zu bilden.

Umsatzsteuerlich gilt Folgendes: Tritt ein Unternehmer eine Forderung aus einem Umsatzgeschäft gegen einen unter dem Nennwert der Forderung liegenden Forderungskaufpreis ab, mindert sich hierdurch nicht die Bemessungsgrundlage für die an den Schuldner des Entgelts ausgeführte Leistung. Das Entgelt bestimmt sich nach den Zahlungen der Kunden des Unternehmers an den Forderungserwerber (BFH, Urteil v. 6.5.2010 - V R 15/09, BStBl 2010 II S. 142).

FALL 125

Forfaitierung/Factoring bei endfälliger Forderung

Sachverhalt: Aus dem Verkauf von Maschinen zum Preis i. H. von 5 Mio. € netto an die S-AG am 30.12.01 hat Kaufmann V eine entsprechende Geldforderung i. H. von 5 Mio. €, die vereinbarungsgemäß am 31.12.06 fällig ist. Die Umsatzsteuer wurde zutreffend gesondert abgerechnet und vergütet. Kaufmann V verkauft diese Netto-Forderung im Nennwert i. H. von 5 Mio. € am 31.12.01 an die F-KG und tritt sie mit sofortiger Wirkung ab. Der Kaufpreis beträgt 4 Mio. € und wird sofort gezahlt. Das Risiko der Zahlungsunfähigkeit der S-AG trägt weiterhin Kaufmann V.

Abwandlung: Das Risiko der Zahlungsunfähigkeit der S-AG geht auf die F-KG über. Die S-AG überweist 5 Mio. € am 31.12.06 an die F-KG.

AUFGABE

Wie müssen die S-AG, Kaufmann V und die F-KG steuerlich buchen und bilanzieren?

LÖSUNG

Die S-AG hat die Maschinen zum Barwert der Kaufpreisverpflichtung angeschafft. Zum Zweck der Ermittlung des Barwerts auf den 31.12.01 kann der Vervielfältiger 0,765 nach Tabelle 2 des BMF-Schreibens v. 26.5.2005 (BStBl 2005 I S. 699) verwendet werden: 0,765 x 5.000.000 € = 3.825.000 €. Dieser Betrag stellt die Anschaffungskosten für die Maschinen dar und bildet die Bemessungsgrundlage für die AfA. Die Differenz zum Nennwert der Verbindlichkeit ist der Zinsanteil. Durch die Neubewertung der Verbindlichkeit zu den nachfolgenden Stichtagen erhöht sich diese sukzessive, je näher der Endfälligkeitstag heranrückt; der Zuwachs ist der jährliche anteilige Zinsaufwand. Am 31.12.02 ergibt sich ein Barwert i. H. von (0,807 x 5.000.000 € =) 4.035.000 €. Im Wirtschaftsjahr 02 errechnet sich sodann folgender Zinsaufwand:

Barwert zum 31.12.01	3.825.000 €
Barwert zum 31.12.02	4.035.000 €
Zinsaufwand im Jahr 02	210.000 €

Buchungen bei der S-AG:

Jahr 01

Maschinen	3.825.000 €	an	Verbindlichkeiten	3.825.000 €

Jahr 02

Zinsaufwand	210.000 €	an	Verbindlichkeiten	210.000 €

Vorliegend handelt es sich um **unechtes Factoring,** weil alle Risiken bei Kaufmann V verbleiben. Die Abtretung ist als Darlehensgeschäft zu qualifizieren. Die Differenz zwischen dem Nennwert des Verkaufspreises (hier 5 Mio. €) und dem Barwert der Forderung (hier 3.825.000 €) stellt bei Kaufmann V ein Zinsertrag dar, der auf fünf Jahre verteilt den Forderungsansatz (spiegelbildlich zur Verbindlichkeit bei der S-AG) erhöht. Die aus der Abtretung resultierende Differenz zwischen der Zahlung (4 Mio. €) und dem Nennwert (5 Mio. €) führt zu Zinsaufwendungen bzw. -erträgen und ist in einen entsprechenden Rechnungsabgrenzungsposten einzustellen, der linear (Fälligkeitsdarlehen) aufzulösen ist (hier $^1/_5$ von 1.000.000 € = 200.000 €).

Buchungen bei Kaufmann V:

Jahr 01

Forderungen (gegenüber der S-AG)	3.825.000 €	an	Erlöse	3.825.000 €
Bank	4.000.000 €			
Aktiver Rechnungsabgrenzungsposten	1.000.000 €	an	Verbindlichkeiten (gegenüber der F-KG)	5.000.000 €

Jahr 02

Forderungen	210.000 €	an	Zinserträge	210.000 €
Zinsaufwand	200.000 €	an	Aktiver Rechnungsabgrenzungsposten	200.000 €

Buchungen bei der F-KG:

Jahr 01

Forderungen (gegenüber Kaufmann V)	5.000.000 €	an	Bank	4.000.000 €
		an	Passiver Rechnungsabgrenzungsposten	1.000.000 €

Jahr 02

Passiver Rechnungsabgrenzungsposten	200.000 €	an	Zinserträge	200.000 €

Abwandlung

Hier liegt eine **echte Forfaitierung** vor. Kaufmann V hat die Forderung gegenüber der S-AG auszubuchen und den Erlös aus der Abtretung einzubuchen. In Höhe der Differenz entsteht ein sofort zu erfassender Zinsaufwand oder -ertrag.

Bei der F-KG ergeben sich Anschaffungskosten i. H. von 4 Mio. € für den Erwerb einer Forderung (gegenüber der S-AG), an denen zu den nachfolgenden Bilanzstichtagen grds. festzuhalten ist. Erst bei der Erfüllung der Forderung im Wirtschaftsjahr 06 realisiert sie einen Ertrag i. H. von 1 Mio. €.

Die S-AG bucht wie im Ausgangsfall angegeben.

Buchungen bei Kaufmann V:

Jahr 01

Forderungen (gegenüber der S-AG)	3.825.000 €	an	Erlöse	3.825.000 €
Bank	4.000.000 €	an	Forderungen (gegenüber der S-AG)	3.825.000 €
		an	Zinserträge	175.000 €

Buchungen bei der F-KG:

Jahr 01

Forderungen (gegenüber der S-AG)	4.000.000 €	an	Bank	4.000.000 €

Jahr 06

Bank	5.000.000 €	an	Forderungen (gegenüber der S-AG)	4.000.000 €
		an	Zinserträge	1.000.000 €

HINWEIS

Auf gemeinsamen Antrag von Kaufmann V und der F-KG hin kann für Zwecke der Zinsschrankenregelung (§ 4h EStG) die echte Forfaitierung bzw. das echte Factoring als Überlassung von Fremdkapital behandelt werden (BMF, Schreiben v. 4.7.2008, BStBl 2008 I S. 718, Rz. 14).

FALL 126

Forfaitierung/Factoring bei Dauerschuldverhältnissen

Sachverhalt: Der gewerbliche Vermieter V überlässt der M-KG ab dem 1.1.01 ein Grundstück zur Miete. Der Mietvertrag ist bis zum 31.12.10 befristet. Der jährlich im Voraus zu entrichtende Mietzins beträgt 100.000 €. Vermieter V verkauft sämtliche noch offenen Mietansprüche im Nennwert i. H. von 900.000 € am 31.12.01 an die Z-GmbH und tritt sie mit sofortiger Wirkung ab. Der Kaufpreis beträgt 750.000 € und wird sofort gezahlt. Das Risiko der Zahlungsunfähigkeit der M-KG trägt lt. Vertrag die Z-GmbH.

Abwandlung: Das Risiko der Zahlungsunfähigkeit der M-KG verbleibt lt. Vertrag bei Vermieter V.

AUFGABE

Wie müssen die Beteiligten in den Jahren 01–03 buchen und bilanzieren?

LÖSUNG

Im Ausgangsfall handelt es sich um einen Fall der **echten Forfaitierung,** weil das Risiko der Zahlungsunfähigkeit des Schuldners auf den Käufer der Mietzinsforderung (hier die Z-GmbH) übergeht. Es ist nicht von einem Darlehensgeschäft auszugehen. Vermieter V erhält den Betrag der Mietzinsraten als Erlös, den er wegen seiner Verpflichtungen aus dem Mietvertrag (Nutzungsüberlassung des Grundstücks) in einen passiven Rechnungsabgrenzungsposten einzustellen und linear gewinnerhöhend aufzulösen hat (BMF, Schreiben v. 9.1.1996, BStBl 1996 I S. 9). Die Z-GmbH erwirbt demgegenüber eine Forderung, für die sie Anschaffungskosten i. H. von 750.000 € aufwendet. Zinsaufwendungen bzw. Zinserträge ergeben sich für beide nicht.

M-KG: Sie bilanziert als Mieterin ihre Verbindlichkeiten aus dem Mietvertrag nicht. Vielmehr führt der von ihr entrichtete Mietzins unmittelbar zu Betriebsausgaben. Lediglich Mietzinsrückstände wären zu passivieren.

Buchungen bei Vermieter V:

Jahr 01

Bank	750.000 €	an	Passiver Rechnungsabgrenzungsposten	750.000 €

Jahr 02

Passiver Rechnungsabgrenzungsposten	83.333 €	an	Mieterträge ($\frac{1}{9}$ von 750.000 € =)	83.333 €

Buchungen bei der Z-GmbH:

Bei der Z-GmbH ergibt sich m. E. erst ein Ertrag, wenn mehr als 750.000 € bei ihr eingegangen sind. Bis dahin trägt sie das Risiko des Totalausfalls der Forderung und kann nicht von einer Gewinnrealisierung ausgehen.

Jahr 01

Forderungen	750.000 €	an	Bank	750.000 €

Jahr 02

Bank	100.000 €	an	Forderungen	100.000 €

Jahr 03

Bank	100.000 €	an	Forderungen	100.000 €

HINWEIS

Für Zwecke der Zinsschranke (§ 4h EStG) kann hier auf gemeinsamen Antrag von Vermieter V und der Z-GmbH hin abweichend von der vorstehenden Lösung von einem Zinsaufwand und einem Zinsertrag i. H. von jeweils 150.000 € ausgegangen werden. Zu weiteren Details siehe BMF, Schreiben v. 4.7.2008, BStBl 2008 I S. 718.

Abwandlung

Es handelt sich um einen Fall der **unechten Forfaitierung,** weil das Risiko der Zahlungsunfähigkeit des Schuldners (hier die M-KG) beim Zedenten (Verkäufer der Forderung, hier Vermieter V) verbleibt. Der Vorgang ist bilanziell als Darlehensgeschäft darzustellen.

M-KG: Es ergeben sich keine Änderungen gegenüber der Ausgangslösung.

Vermieter V: Er hat der Z-GmbH gegenüber eine Darlehensverbindlichkeit i. H. des Nennwerts der veräußerten Mietzinsansprüche zu passivieren. Er vereinnahmt den Mietzins bei Zahlung durch die M-KG erfolgswirksam als Mietertrag, der in voller Höhe sofort an die Z-GmbH weitergeleitet gilt. Die Darlehensverbindlichkeit mindert sich um den jeweiligen Mietzins. In Höhe der Differenz zwischen dem Nennwert der abgetretenen Mietzinsansprüche (hier 900.000 €) und dem Kaufpreis (hier 750.000 €) ist ein aktiver Rechnungsabgrenzungsposten einzurichten, der der Zinsstaffelmethode entsprechend aufzulösen ist.

Zur Anwendung der Zinsstaffelmethode ermittelt man zunächst die Summe der Zahlenreihe der Jahresraten (hier neun): 1 + 2 + 3 + 4 + 5 + 6 + 7 + 8 + 9 = 45. Auf das erste Jahr entfallen dann $^{9}/_{45}$ (von 150.000 € = 30.000 €), auf das zweite Jahr $^{8}/_{45}$ (von 150.000 € = 26.667 €) usw. Damit wird dem Umstand Rechnung getragen, dass durch Tilgungen der Zinsanteil geringer wird.

Buchungen bei Vermieter V:

Jahr 01

Bank	750.000 €			
Aktiver Rechnungsabgrenzungsposten	150.000 €	an	Darlehensverbindlichkeit	900.000 €

Jahr 02

Darlehensverbindlichkeit	100.000 €	an	Mieterträge	100.000 €
Zinsaufwand	30.000 €	an	Aktiver Rechnungsabgrenzungsposten	30.000 €

Jahr 03

Darlehensverbindlichkeit	100.000 €	an	Mieterträge	100.000 €
Zinsaufwand	26.667 €	an	Aktiver Rechnungsabgrenzungsposten	26.667 €

Z-GmbH: Sie aktiviert eine Darlehensforderung i. H. des Nennwerts der Mietzinsansprüche gegen Vermieter V und passiviert einen passiven Rechnungsabgrenzungsposten i. H. der Differenz zwischen Nennwert und Kaufpreis. Die Vereinnahmung des Mietzinses dient der Tilgung der Forderung und ist somit erfolgsneutral. Der Rechnungsabgrenzungsposten ist entsprechend der Zinsstaffelmethode aufzulösen.

Buchungen bei der Z-GmbH:

Jahr 01

Darlehensforderung	900.000 €	an	Bank	750.000 €
		an	Passiver Rechnungsabgrenzungsposten	150.000 €

Jahr 02

Bank	100.000 €	an	Darlehensforderung	100.000 €
Passiver Rechnungsabgrenzungsposten	30.000 €	an	Zinserträge	30.000 €

Jahr 03

Bank	100.000 €	an	Darlehensforderung	100.000 €
Passiver Rechnungsabgrenzungsposten	26.667 €	an	Zinserträge	26.667 €

Kapitel 5: Entnahmen und Einlagen

5.1 Entnahmen

Gemäß § 4 Abs. 1 Satz 2 EStG sind „Entnahmen“ alle Wirtschaftsgüter (Barentnahmen, Waren, Erzeugnisse, Nutzungen und Leistungen), die der Steuerpflichtige dem Betrieb für sich, für seinen Haushalt oder für andere betriebsfremde Zwecke im Laufe des Wirtschaftsjahres entnommen hat. Eine Entnahme ergibt sich somit bei Wertabgaben aus dem betrieblichen Bereich in den privaten oder betriebsfremden Bereich. Für nicht entnommene Gewinne kommt gem. § 34a EStG eine Tarifbegünstigung in Betracht. Einzelheiten hierzu ergeben sich aus dem BMF-Schreiben v. 11.8.2008, BStBl 2008 I S. 838.

HINWEIS

Einer Entnahme für betriebsfremde Zwecke ist die Überführung eines Wirtschaftsguts in eine Betriebsstätte im Ausland gleichgestellt, wenn dadurch das Besteuerungsrecht der Bundesrepublik Deutschland hinsichtlich des Gewinns aus der Veräußerung oder der Nutzung ausgeschlossen oder beschränkt ist (sog. „Entstrickung“, § 4 Abs. 1 Satz 3 EStG). Ein Ausschluss oder eine Beschränkung des Besteuerungsrechts hinsichtlich des Gewinns aus der Veräußerung eines Wirtschaftsguts, also eine Entstrickung, liegt insbesondere vor, wenn ein bisher einer inländischen Betriebsstätte des Steuerpflichtigen zuzuordnendes Wirtschaftsgut einer ausländischen Betriebsstätte zuzuordnen ist (§ 4 Abs. 1 Satz 4 EStG). Teilweise wird § 4 Abs. 1 Satz 4 EStG als bloßes Regelbeispiel verstanden, das die Prüfung der Voraussetzungen des § 4 Abs. 1 Satz 3 EStG jedoch nicht ersetzt. Nach dieser Lesart führt die Überführung eines Wirtschaftsguts von einer inländischen Betriebsstätte in eine ausländische Betriebsstätte nur zu einer Entstrickungsbesteuerung als fiktive Entnahme, wenn dadurch auch das Besteuerungsrecht der Bundesrepublik Deutschland ausgeschlossen oder beschränkt wird. Dies ist jedoch nicht unzweifelhaft. § 4 Abs. 1 Satz 4 EStG könnte auch ein eigenständiger Anwendungsbereich beigemessen werden, der dazu führt, dass die Überführung eines Wirtschaftsguts von einer inländischen Betriebsstätte in eine ausländische Betriebsstätte stets zu einer Entstrickungsbesteuerung als fiktive Entnahme führt, auch wenn das Besteuerungsrecht der Bundesrepublik Deutschland nicht ausgeschlossen oder beschränkt wird (vgl. BFH, Urteil v. 26.3.2025 - I R 5/24, BFH/NV 2025 S. 1344, DAAAJ-96565, wobei die Aussage nicht entscheidungserheblich war und ihre Bedeutung kontrovers diskutiert wird). Regelmäßig wird es ohnehin einen Gleichlauf zwischen der Überführung in eine ausländische Betriebsstätte und einer Entstrickung geben. Es sind jedoch auch Fälle denkbar, in denen es trotz Überführung in eine ausländische Betriebsstätte nicht zu einer Entstrickung kommt (insbesondere bei Überführung inländischer Grundstücke in eine ausländische Betriebsstätte, da das Besteuerungsrecht nach Abkommensrecht regelmäßig beim Belegenheitsstaat liegt). In diesen Fällen ist die aktuell als offen zu bezeichnende Frage, ob § 4 Abs. 1 Satz 4 EStG ein eigener Anwendungsbereich über § 4 Abs. 1 Satz 3 EStG hinaus zukommt und eine Entstrickungsbesteuerung ohne Entstrickung ermöglicht, von entscheidender Bedeutung.

Fiktive Entnahmen gem. § 4 Abs. 1 Satz 3 und 4 EStG sind mit dem gemeinen Wert zu bewerten (§ 6 Abs. 1 Nr. 4 Satz 1 EStG). Die Buchwertfortführung ist in diesen Fällen ausgeschlossen (§ 6 Abs. 5 Satz 1 letzter Halbsatz EStG). Erfolgt die Überführung in einen EU-Mitgliedstaat, können unbeschränkt Steuerpflichtige nach Maßgabe des § 4g EStG einen den Gewinn mindernden Ausgleichsposten bilden. Dieser Ausgleichsposten ist im Wirtschaftsjahr der Bildung und in den vier folgenden Wirtschaftsjahren zu jeweils 1/5 gewinnerhöhend aufzulösen. Unter den Voraussetzungen des § 4g Abs. 2 Satz 2 EStG kann auch eine vorzeitige Auflösung des Ausgleichspostens in Betracht kommen.

Eine Entnahme setzt grds. eine **willentliche Entnahmehandlung** voraus (BFH, Urteil v. 9.8.1989 - X R 20/86, BStBl 1990 II S. 128). Diese kann sich durch eine Nutzungsänderung ergeben (Betriebsvermögen wird notwendiges Privatvermögen) oder durch eine Ausbuchung (gewillkürtes Betriebsvermögen wird Privatvermögen). Vermindert sich der Umfang der betrieblichen Nutzung eines Kfz, das dem gewillkürten Betriebsvermögen eines Unternehmens in einem früheren Veranlagungszeitraum aufgrund einer mehr als 10 %igen betrieblichen Nutzung zugeordnet wurde, in einem Folgejahr auf unter 10 %, ändert dies an der Zuordnung zum gewillkürten Betriebsvermögen nichts, weil eine solche Nutzungsänderung allein keine Entnahme darstellt (BFH, Urteil v. 21.8.2012 - VIII R 11/11, BStBl 2013 II S. 117). Erfolgt durch eine **privat verursachte Schädigung** ein **betrieblicher Wertverlust,** ist darin ebenfalls keine willentliche Entnahmehandlung zu sehen. Rechtlich ergibt sich keine Entnahme. Ein betriebliches Fahrzeug, das während einer Privatfahrt zerstört oder gestohlen wird, **ist erfolgsneutral** zum Buchwert auszubuchen (R 4.7 Abs. 1 Satz 3 EStR). Der Vermögensverlust ist der privaten Nutzung zuzurechnen und nicht gewinnmindernd zu berücksichtigen (BFH, Urteil v. 18.4.2007 - XI R 60/04, BStBl 2007 II S. 762).

Wird ein kreditfinanziertes Wirtschaftsgut entnommen, wird aus der betrieblichen Schuld eine Privatschuld (R 4.2 Abs. 15 EStR).

Die **private Mitbenutzung** eines **betrieblichen Pkws** stellt eine Nutzungsentnahme dar. Ihre ertragsteuerliche Bewertung ergibt sich aus § 6 Abs. 1 Nr. 4 Satz 2 und 3 EStG. Die Anwendung der 1 %-Regelung auf den Bruttolistenpreis ist auf Fahrzeuge begrenzt, die zu mehr als 50 % betrieblich genutzt werden. Dabei sind zur Feststellung des Umfangs der betrieblichen Nutzung die Fahrten zwischen Wohnung und Betrieb oder Familienheimfahrten der betrieblichen Nutzung zuzurechnen. Eine Sonderausstattung i. S. der 1 %-Regelung liegt nur dann vor, wenn das Fahrzeug damit werksseitig bereits zum Zeitpunkt der Erstzulassung ausgestattet ist (BFH, Urteil v. 13.10.2010 - VI R 12/09, BStBl 2011 II S. 361). Verfassungsrechtliche Bedenken gegen die 1 %-Regelung bestehen nicht (BFH, Urteil v. 13.12.2012 - VI R 51/11, BStBl 2013 II S. 385). Alternativ ist auch die Fahrtenbuchmethode zulässig. Die 1 %-Regelung stellt Kfz-Nutzer mit hohem Privatanteil vielfach besser. Bei hohem betrieblichem Anteil (z. B. Handelsvertreter) empfiehlt sich dagegen regelmäßig das Fahrtenbuch.

Fahrten zwischen Wohnung und Betrieb oder Familienheimfahrten sind zwar der betrieblichen Nutzung zuzurechnen. Insoweit liegen jedoch gem. § 4 Abs. 5 Satz 1 Nr. 6 EStG teilweise nicht abziehbare Betriebsausgaben vor, deren Höhe pauschal ermittelt wird. Es erfolgt eine Hinzurechnung der Aufwendungen, die auf Fahrten zwischen Wohnung und Betrieb bzw. Familienheimfahrten entfallen, soweit diese Aufwendungen die gem. § 9 Abs. 1 Satz 3 Nr. 4 Satz 2–6 und 8 sowie Abs. 2 EStG ermittelte Entfernungspauschale bzw. die gem. § 9 Abs. 1 Satz 3 Nr. 5 Satz 5–7 und 9 sowie Abs. 2 EStG ermittelten Aufwendungen für Familienheimfahrten übersteigen. Wird die private Kfz-Nutzung nicht pauschal (sondern mittels Fahrtenbuchs oder ggf. Schätzung bei gewillkürtem Betriebsvermögen) ermittelt, sind die tatsächlichen auf Fahrten zwischen Wohnung und Betrieb bzw. Familienheimfahrten entfallenden Aufwendungen maßgebend, wobei § 6 Abs. 1 Nr. 4 Satz 3 Halbsatz 2 EStG (nur anteilige Berücksichtigung von Anschaffungskosten bzw. AfA bei bestimmten Elektro- und Hybridfahrzeugen; siehe dazu sogleich) sinngemäß zu beachten ist. Wird die private Kfz-Nutzung pauschal (1 %-Regelung) ermittelt, werden auch die Aufwendungen, die auf Fahrten zwischen Wohnung und Betrieb bzw. Familienheimfahrten entfallen, pauschal ermittelt. Für die Fahrten zwischen Wohnung und Betrieb sind 0,03 % des inländischen Listenpreises i. S. des § 6 Abs. 1 Nr. 4 Satz 2 EStG je Kalendermonat für jeden Entfernungskilometer zu berücksichtigen. Der positive Unterschiedsbetrag gem. § 4 Abs. 5 Satz 1 Nr. 6 Satz 3 Halbsatz 1 EStG ist bei Anwendung der 1 %-Regelung auch dann unter Ansatz von 0,03 % des inländischen Listenpreises des Fahrzeugs je Kalendermonat zu berechnen, wenn der Steuerpflichtige im Monat durchschnittlich weniger als 15 Fahrten zur Betriebsstätte unternommen hat (BFH, Urteil v. 12.6.2018 - VIII R 14/15, BStBl 2018 II S. 755). Für Familienheimfahrten sind 0,002 % des inländischen Listenpreises i. S. des § 6 Abs. 1 Nr. 4 Satz 2 EStG je Familienheimfahrt für jeden Entfernungskilometer zu berücksichtigen.

Für Elektro- und Hybridelektrofahrzeuge i. S. des § 6 Abs. 1 Nr. 4 Satz 2 Nr. 1 EStG ist der Bruttolistenpreis aufgrund der darin enthaltenen Kosten für das Batteriesystem pauschal zu mindern; der pauschale Abschlag ist der Höhe nach begrenzt. Der Minderungs- und der Höchstbetrag richten sich nach dem Anschaffungsjahr des Kfz und können aus nachfolgender Tabelle entnommen werden (vgl. BMF, Schreiben v. 5.6.2014, BStBl 2014 I S. 835):

Anschaffungsjahr	Minderungsbetrag der Batteriekapazität	Höchstbetrag
2013 und früher	500 €/kWh	10.000 €
2014	450 €/kWh	9.500 €
2015	400 €/kWh	9.000 €
2016	350 €/kWh	8.500 €
2017	300 €/kWh	8.000 €
usw.		

BEISPIEL: Der Steuerpflichtige hat im Jahr 2018 ein Elektrofahrzeug mit einer Batteriekapazität von 18 kWh erworben. Der Bruttolistenpreis beträgt 60.000 €. Die betriebliche Nutzung beträgt 60 %. Der private Nutzungsanteil gem. § 6 Abs. 1 Nr. 4 Satz 2 EStG ermittelt sich wie folgt: Der Bruttolistenpreis ist um 4.500 € (= 18 kWh x 250 €) zu mindern. Der Höchstbetrag der Minderung i. H. von 7.500 € kommt nicht zum Tragen. Der für die Ermittlung des Entnahmewerts geminderte und auf volle 100 € abgerundete Bruttolistenpreis beträgt 55.500 €. Die Nutzungsentnahme nach der 1 %-Regelung beträgt 555 € pro Monat.

Bei Anschaffung nach dem 31.12.2018 ist der Bruttolistenpreis für bestimmte Fahrzeugtypen stattdessen nur zur Hälfte oder zu 1/4 anzusetzen (§ 6 Abs. 1 Nr. 4 Satz 2 Nr. 2–5 EStG). Einzelheiten ergeben sich aus der folgenden Übersicht:

Fahrzeugtyp	Anschaffung	Bemessungsgrundlage
Hybrid mit mindestens 40 km elektrische Reichweite	2019–2021	1/2 des Bruttolistenpreises
Hybrid mit mindestens 60 km elektrische Reichweite	2022–2024	1/2 des Bruttolistenpreises

Fahrzeugtyp	Anschaffung	Bemessungsgrundlage
Hybrid mit mindestens 80 km elektrische Reichweite	2025–2030	1/2 des Bruttolistenpreises
Elektrofahrzeug mit max. 100.000 € Bruttolistenpreis	2019–2030	1/4 des Bruttolistenpreises
Elektrofahrzeug mit mehr als 100.000 € Bruttolistenpreis	2019–2030	1/2 des Bruttolistenpreises

Der Abgrenzungsbetrag i. H. von 100.000 € für zwischen dem Jahr 2019 und dem Jahr 2030 angeschaffte Elektrofahrzeuge entspricht der aktuellen Gesetzesfassung. Aus den zeitlichen Anwendungsregelungen in § 52 Abs. 12 EStG ergibt sich jedoch, dass dieser Betrag erst für Anschaffungen ab dem 1.7.2025 gilt (zur zeitlichen Anwendung früherer Gesetzesfassungen vgl. § 52 Abs. 12 EStG).

Bei Hybridfahrzeugen ist zu beachten, dass sie auch bei Unterschreiten der o. g. elektrischen Reichweite begünstigt sind, wenn sie eine Kohlendioxydemission i. H. von höchstens 50 g je gefahrenen km haben.

Der pauschale Nutzungswert gem. § 6 Abs. 1 Nr. 4 Satz 2 EStG sowie die nicht abziehbaren Betriebsausgaben für Fahrten zwischen Wohnung und Betriebsstätte und Familienheimfahrten i. S. des § 4 Abs. 5 Satz 1 Nr. 6 EStG können die für das genutzte Kfz insgesamt tatsächlich entstandenen Aufwendungen übersteigen. Wird das im Einzelfall nachgewiesen, sind diese Beträge höchstens mit den Gesamtkosten des Kfz anzusetzen. Dabei gelten die Abschläge bei Elektro- oder Hybridfahrzeugen entsprechend (§ 6 Abs. 1 Nr. 4 Satz 3 EStG). Beträgt die betriebliche Nutzung zwischen 10 % und 50 %, ist der private Nutzungsanteil mit den anteiligen Kosten einschließlich AfA zu bewerten (Fahrtenbuchmethode).

Bei der Fahrtenbuchmethode ist von den Selbstkosten auszugehen (z. B. anteilige AfA, Benzin, Versicherungen usw.). Bei reinen Elektro- oder extern aufladbaren Hybridfahrzeugen wird im Rahmen der **Fahrtenbuchmethode** unter den Voraussetzungen des § 6 Abs. 1 Nr. 4 Satz 3 EStG je nach Anschaffungszeitpunkt, Fahrzeugtyp und Höhe der Anschaffungskosten die zu berücksichtigende Abschreibung (AfA) ebenfalls halbiert oder nur zu 1/4 berücksichtigt. Dasselbe gilt für Leasingraten- oder Mietkosten bei derartigen Fahrzeugen. Die übrigen Kosten werden in voller Höhe berücksichtigt.

Durch die Bewertung der privaten Nutzung nach der 1 %-Regelung ist die Nutzung eines betrieblichen Kfz zur Erzielung von Überschusseinkünften (z. B. aus Vermietung und Verpachtung) nicht mit abgegolten. Eine solche Nutzung ist vielmehr mit den auf sie entfallenden tatsächlichen Selbstkosten als Entnahme zu erfassen und führt in gleicher Weise bei den Überschusseinkunftsarten zu Werbungskosten (BFH, Urteil v. 26.4.2006 - X R 35/05, BStBl 2007 II S. 445).

Für verdeckte Gewinnausschüttungen gilt die 1 %-Regelung nicht. Vielmehr ist hier nach Fremdvergleichsmaßstäben zu bewerten (BFH, Urteil v. 23.2.2005 - I R 70/04, BStBl 2005 II S. 882).

Wegen weiterer Einzelheiten vgl. BMF, Schreiben v. 18.11.2009, BStBl 2009 I S. 1326, und v. 15.11.2012, BStBl 2012 I S. 1099.

Umsatzsteuerlich ist die Verwendung eines Gegenstands mit vollem oder teilweisem Vorsteuerabzug für außerunternehmerische Zwecke einer sonstigen Leistung gegen Entgelt gleichgestellt

(§ 3 Abs. 9a Nr. 1 UStG). Gemäß § 10 Abs. 4 Satz 1 Nr. 2 UStG wird in diesen Fällen der Umsatz nach den bei der Ausführung dieser Umsätze entstandenen Ausgaben, soweit sie zum vollen oder teilweisen Vorsteuerabzug berechtigt haben, bemessen. Zu den zu berücksichtigenden laufenden Ausgaben gehören auch die Anschaffungs-/Herstellungskosten eines Gegenstands. Sie sind dabei abweichend von den ertragsteuerlichen Grundsätzen gleichmäßig auf den gem. § 15a UStG für diesen Gegenstand jeweils maßgeblichen Berichtigungszeitraum zu verteilen (Neutralitätsgrundsatz). Nach Ablauf dieses Berichtigungszeitraums von fünf bzw. zehn Jahren sind die auf den Gegenstand entfallenden Kosten nicht mehr als Bemessungsgrundlage zu berücksichtigen (Abschnitt 10.6 Abs. 3 UStAE). Zur Ermittlung der Kosten, die auf die nichtunternehmerische Nutzung eines dem Unternehmen zugeordneten Fahrzeugs entfallen, hat der Unternehmer umsatzsteuerlich folgende Möglichkeiten (Abschnitt 15.23 UStAE):

Kfz, die zu mehr als 50 % betrieblich genutzt werden

1 %-Regelung

Ermittelt der Unternehmer für Ertragsteuerzwecke den Wert der Nutzungsentnahme nach der sog. „1 %-Regelung" gem. § 6 Abs. 1 Nr. 4 Satz 2 EStG, kann er von diesem Wert aus Vereinfachungsgründen bei der Bemessungsgrundlage für die Umsatzbesteuerung der unternehmensfremden Nutzung ausgehen. Für umsatzsteuerliche Zwecke erfolgt jedoch keine pauschale Kürzung des inländischen Listenpreises für Fahrzeuge mit ausschließlichem Antrieb durch Elektromotoren, die ganz oder überwiegend aus mechanischen oder elektrochemischen Energiespeichern oder aus emissionsfrei betriebenen Energiewandlern gespeist werden (Elektrofahrzeuge), oder für extern aufladbare Hybridelektrofahrzeuge. Für die nicht mit Vorsteuern belasteten Ausgaben kann aus Vereinfachungsgründen ein pauschaler Abschlag i. H. von 20 % vorgenommen werden. Der so ermittelte Betrag ist der Nettowert; die Umsatzsteuer ist mit dem allgemeinen Steuersatz hinzuzurechnen.

Fahrtenbuchregelung

Setzt der Unternehmer für Ertragsteuerzwecke die private Nutzung mit den auf die Privatfahrten entfallenden Aufwendungen an, indem er die für das Fahrzeug insgesamt entstehenden Aufwendungen durch Belege und das Verhältnis der privaten zu den übrigen Fahrten durch ein ordnungsgemäßes Fahrtenbuch nachweist (§ 6 Abs. 1 Nr. 4 Satz 3 EStG), ist von diesem Wert auch bei der Ermittlung der Bemessungsgrundlage für die Umsatzbesteuerung der unternehmensfremden Nutzung auszugehen. Für umsatzsteuerliche Zwecke erfolgt jedoch keine Kürzung der insgesamt entstandenen Aufwendungen um die Aufwendungen, die auf das Batteriesystem bei Elektro- und Hybridelektrofahrzeugen entfallen. Aus den Gesamtaufwendungen sind für Umsatzsteuerzwecke die nicht mit Vorsteuern belasteten Ausgaben in der belegmäßig nachgewiesenen Höhe auszuscheiden.

Kfz, die zu nicht mehr als 50 % betrieblich genutzt werden

Wird das Fahrzeug zu nicht mehr als 50 % betrieblich genutzt, ist die Anwendung der 1 %-Regelung gem. § 6 Abs. 1 Nr. 4 Satz 2 EStG ausgeschlossen. Der für ertragsteuerliche Zwecke i. S. des § 6 Abs. 1 Nr. 4 Satz 1 EStG ermittelte Nutzungsanteil ist grds. auch der Umsatzbesteuerung zugrunde zu legen. Für Umsatzsteuerzwecke sind die Gesamtaufwendungen für Elektro- und Hybridelektrofahrzeuge allerdings nicht um solche Aufwendungen zu kürzen, die auf das Batteriesystem entfallen.

Schätzung des unternehmensfremden (privaten) Nutzungsanteils

Wendet der Unternehmer die 1 %-Regelung nicht an oder werden die pauschalen Wertansätze durch die sog. „Kostendeckelung" auf die nachgewiesenen tatsächlichen Ausgaben begrenzt (vgl. Rz. 18 des BMF-Schreibens v. 18.11.2009, BStBl 2009 I S. 1326) und liegen die Voraussetzungen zur Ermittlung nach der Fahrtenbuchregelung nicht vor (z. B., weil kein ordnungsgemäßes Fahrtenbuch geführt wird), ist der private Nutzungsanteil für Umsatzsteuerzwecke anhand geeigneter Unterlagen im Wege einer sachgerechten Schätzung zu ermitteln. Als geeignete Unterlagen kommen insbesondere Aufzeichnungen für einen repräsentativen Zeitraum in Betracht, aus denen sich zumindest die unternehmerischen Fahrten mit Fahrtziel und gefahrenen km und die Gesamtkilometer ergeben. Liegen keine geeigneten Unterlagen für eine Schätzung vor, ist der private Nutzungsanteil mit mindestens 50 % zu schätzen, soweit sich aus den besonderen Verhältnissen des Einzelfalls nichts Gegenteiliges ergibt. Aus den Gesamtaufwendungen sind die nicht mit Vorsteuern belasteten Ausgaben in der belegmäßig nachgewiesenen Höhe auszuscheiden.

Fahrzeugerwerb ohne Berechtigung zum Vorsteuerabzug

Konnte der Unternehmer bei der Anschaffung eines dem Unternehmen zugeordneten Fahrzeugs keinen Vorsteuerabzug vornehmen (z. B. Erwerb von einem Nichtunternehmer), sind nur die vorsteuerbelasteten Unterhaltskosten zur Ermittlung der Bemessungsgrundlage heranzuziehen.

Für die steuerliche Behandlung der privaten Benutzung **betrieblicher Telefoneinrichtungen** und Internetzugänge gilt Folgendes:

1. Ertragsteuerlich handelt es sich um Entnahmen, die mit dem Teilwert (= Selbstkosten) zu bewerten sind. Zu berücksichtigen sind die anteiligen Grund- und Gesprächsgebühren sowie die auf die Gerätenutzung entfallenden Mietkosten bzw. die AfA.

2. Umsatzsteuerlich ist die auf die Grund- und Gesprächsgebühren entfallende Umsatzsteuer entsprechend dem Verwendungszweck in einen abziehbaren und nichtabziehbaren Vorsteuerbetrag aufzuteilen. Denn Telefondienstleistungen bezieht ein Unternehmer nur insoweit für sein Unternehmen, als er das Telefon unternehmerisch nutzt (Abschnitt 15.2c Abs. 2 Satz 1 Nr. 1 Satz 2 UStAE). Die Umsatzsteuer aus der Anschaffung eigener Geräte **kann** in voller Höhe als Vorsteuer geltend gemacht werden. Die nichtunternehmerische (private) Nutzung dieser Geräte unterliegt dann gem. § 3 Abs. 9a Nr. 1 UStG der Umsatzsteuer; Bemessungsgrundlage sind die nach Abschnitt 10.6 Abs. 3 UStAE zu bestimmenden Ausgaben (Abschnitt 3.4 Abs. 4 UStAE).

Die Entnahme eines Grundstücks ist gem. § 3 Abs. 1b Satz 1 Nr. 1 und Satz 2 UStG steuerbar, wenn für das Grundstück ein Vorsteuerabzug erfolgte. Gemäß Art. 16 MwStSystRL ist die Entnahme eines Gegenstands durch einen Steuerpflichtigen aus seinem Unternehmen für seinen privaten Bedarf umsatzsteuerlich einer Lieferung gegen Entgelt gleichgestellt. Durch die Gleichstellungsfiktion des Art. 16 MwStSystRL sind deshalb auch die Befreiungsvorschriften auf Entnahmen grds. anwendbar. Das bedeutet, dass die Entnahme eines Grundstücks gem. § 4 Nr. 9 Buchst. a UStG umsatzsteuerfrei ist (BMF, Schreiben v. 22.9.2008, BStBl 2008 I S. 895). Erfolgt dabei die Entnahme vor Ablauf von zehn Jahren seit der Zuführung zum Unternehmensvermögen, ist § 15a UStG zu beachten.

Bewertung

Entnahmen sind grds. mit dem Teilwert und bei Entstrickung (§ 4 Abs. 1 Satz 3 und 4 EStG) mit dem gemeinen Wert (= Fremdvergleichspreis, R 6.12 Abs. 2 EStR) zu bewerten (§ 6 Abs. 1 Nr. 4 Satz 1 EStG). Ausnahmsweise kann der Buchwert angesetzt werden (§ 6 Abs. 1 Nr. 4 Satz 5 und 6 EStG). Bei Nutzungsentnahmen entspricht der Teilwert den tatsächlichen Selbstkosten des Steuerpflichtigen (H 6.12 Nutzungen EStH). Für bestimmte Branchen gibt es jährlich veröffentlichte Pauschbeträge (zuletzt BMF, Schreiben v. 21.1.2025, BStBl 2025 I S. 288). Soweit eine Entnahme umsatzsteuerlich zu einem steuerpflichtigen Vorgang (§ 3 Abs. 1b oder 9a UStG) führt, stellt die dabei entstehende Umsatzsteuer ebenfalls eine Entnahme dar (§ 12 Nr. 3 EStG).

FALL 127

Warenentnahme[15]

Sachverhalt: Der Steuerpflichtige ist Elektro-Einzelhändler. Am 24.12.01 schenkte er seinem Sohn ein Fernsehgerät, das er seinem Warenlager am Tag zuvor entnommen hatte. Der Anschaffungspreis dieses Fernsehgeräts betrug im August 01 2.000 € zzgl. Umsatzsteuer und der Brutto-Verkaufspreis 3.000 € zzgl. Umsatzsteuer. Anfang Dezember 01 änderte der Lieferant die Preise für dieses Fernsehgerät, wodurch sich auch der Einzelhandels-Verkaufspreis verschob:

Preise ab dem 1.12.01

	Einkaufspreis	Verkaufspreis
a)	2.200 € zzgl. Umsatzsteuer	3.300 € zzgl. Umsatzsteuer
b)	1.800 € zzgl. Umsatzsteuer	2.900 € zzgl. Umsatzsteuer

AUFGABEN

Wie ist der Vorgang ertragsteuerlich (und umsatzsteuerlich) zu beurteilen? Welche Gewinnauswirkung löst die Schenkung aus?

LITERATURHINWEIS

Dortmann/Mann, Lehrbuch Buchführung und Bilanzsteuerrecht, 14. Aufl. 2026, Teil B, Kapitel 6, Tz. 6.7.1.

LÖSUNG

Ertragsteuerlich liegt eine Entnahme vor (§ 4 Abs. 1 Satz 2 EStG). Diese ist mit dem Teilwert zu bewerten (§ 6 Abs. 1 Nr. 4 EStG). Teilwert ist der Betrag, den ein Erwerber des ganzen Betriebs im Rahmen des Gesamtkaufpreises für das einzelne Wirtschaftsgut ansetzen würde; dabei ist davon auszugehen, dass der Erwerber den Betrieb fortführt (§ 6 Abs. 1 Nr. 1 Satz 3 EStG). Der

15 **Literaturhinweis:** Falterbaum/Bolk/Reiß/Kirchner, Buchführung und Bilanz, 23. Aufl. 2020, S. 1121 ff.; zur Bewertung von Entnahmen siehe S. 1136 ff.

Teilwert entspricht i. d. R. den Wiederbeschaffungskosten, also dem Netto-Einkaufspreis. Maßgeblich ist der Teilwert zum Zeitpunkt der Entnahme.

Umsatzsteuerlich handelt es sich bei der Schenkung um eine unentgeltliche Wertabgabe i. S. des § 3 Abs. 1b UStG, die mit dem Einkaufspreis zum Zeitpunkt des Umsatzes zu bewerten ist (§ 10 Abs. 4 Satz 1 Nr. 1 UStG).

Entnahme und unentgeltliche Wertabgabe sind im **Fall a)** mit 2.200 € zu bewerten. Dies führt zu einer Gewinnerhöhung für das Jahr 01 i. H. von 200 € und zu einer Umsatzsteuerschuld i. H. von (19 % von 2.200 € =) 418 €. Die Umsatzsteuer stellt ebenfalls eine Entnahme dar (§ 12 Nr. 3 EStG).

Im **Fall b)** ist mit 1.800 € zu bewerten, wodurch eine Gewinnminderung i. H. von 200 € eintritt und eine Umsatzsteuerschuld i. H. von (19 % von 1.800 € =) 342 € entsteht. Die Umsatzsteuer stellt ebenfalls eine Entnahme dar (§ 12 Nr. 3 EStG).

FALL 128

Entnahme eines hergestellten Wirtschaftsguts

Sachverhalt: Fahrradfabrikant F stellt hochwertige Damen- und Herrenfahrräder her. Er schenkt seinem Neffen ein Herrenfahrrad, dessen regulärer Verkaufspreis an den Handel 800 € zzgl. Umsatzsteuer beträgt. Im Einzelhandel ist dieses Fahrrad für ca. 1.500 € zzgl. Umsatzsteuer erhältlich. Aus den Kalkulationsunterlagen ergibt sich Folgendes:

Materialkosten	200 €
Fertigungskosten	+ 150 €
Verwaltungskosten	+ 50 €
Vertriebskosten	+ 50 €
Summe	450 €
Gewinnzuschlag	+ 350 €
Verkaufspreis netto	800 €

AUFGABE

Wie ist der Vorgang ertragsteuerlich und umsatzsteuerlich zu beurteilen und zu bewerten?

LÖSUNG

Ertragsteuerlich handelt es sich um die Entnahme eines Gegenstands, die mit dem Teilwert zu bewerten ist (§ 4 Abs. 1 Satz 2 i. V. mit § 6 Abs. 1 Nr. 4 EStG). Bei fertigen Erzeugnissen entspricht der Teilwert den Selbstkosten, das sind im vorliegenden Fall 450 €.

Umsatzsteuerlich liegt eine unentgeltliche Wertabgabe i. S. des § 3 Abs. 1b UStG vor, die ebenfalls mit den Selbstkosten (unabhängig davon, ob diese zum Vorsteuerabzug berechtigt haben; Abschnitt 10.6 Abs. 1 Satz 5 UStAE; bestätigt durch EuGH, Urteil v. 25.4.2024 - C-207/23, BFH/NV 2024 S. 880, XAAAJ-67773; anschließend BFH, Urteil v. 4.9.2024 - XI R 15/24 (XI R 17/20),

BStBl 2025 II S. 465) zu bewerten ist (§ 10 Abs. 4 Satz 1 Nr. 1 UStG): 450 €. Die Umsatzsteuer beträgt 19 % von 450 € = 85,50 €.

Buchungssatz:

Entnahmen	535,50 €	an	Unentgeltliche Wertabgaben	450,00 €
		an	Umsatzsteuer	85,50 €

FALL 129

Private Pkw-Nutzung[16]

Sachverhalt: Ein Gewerbetreibender erwirbt am 20.1.01 einen Pkw (Benziner) von einem Händler wie folgt:

Listenpreis	45.000 €
Klimaanlage	+ 3.000 €
Autoradio	+ 2.000 €
Schiebedach	+ 3.500 €
Sonderlackierung	+ 2.000 €
Summe	55.500 €
Rabatt	- 5.500 €
Verbleiben	50.000 €
19 % Umsatzsteuer	+ 9.500 €
Rechnungsbetrag	59.500 €

Für die Überführung und Zulassung sind zusätzlich 500 € zzgl. Umsatzsteuer entstanden. Die Nutzungsdauer beträgt fünf Jahre. Der Pkw gehört zum Betriebsvermögen.

Der Pkw wird vom Betriebsinhaber auch privat genutzt. Die betriebliche Nutzung beträgt mehr als 50 %. Ein Fahrtenbuch wurde im Jahr 01 nicht geführt. Für das ganze Jahr 02 liegt ein Fahrtenbuch vor; aus diesem ergibt sich ausnahmsweise nur ein privat gefahrener Kilometeranteil i. H. von 30 % der Gesamtkilometerleistung des Jahres 02.

Die Gesamtkosten für diesen Pkw betragen einschließlich (linearer) AfA jährlich (Jahr 01 und Jahr 02 aus Vereinfachungsgründen identisch) 22.500 €. In dem Betrag i. H. von 22.500 € sind Steuern und Versicherungen enthalten i. H. von 4.500 €.

Umsatzsteuerlich ergab sich anlässlich der Anschaffung der volle Vorsteuerabzug (§ 15 Abs. 1 UStG).

Für Fahrten zwischen Wohnung und Betrieb siehe Fall 149.

16 **Literaturhinweis:** Falterbaum/Bolk/Reiß/Kirchner, Buchführung und Bilanz, 23. Aufl. 2020, S. 1140 ff.

AUFGABE

Was ist im Hinblick auf die private Mitbenutzung im steuerlichen Jahresabschluss für die Jahre 01 und 02 zu beachten?

LITERATURHINWEIS

Dortmann/Mann, Lehrbuch Buchführung und Bilanzsteuerrecht, 14. Aufl. 2026, Teil A, Kapitel 10, Tz. 10.3.1.

LÖSUNG

Die private Mitbenutzung des betrieblichen Pkws stellt eine Nutzungsentnahme dar (§ 4 Abs. 1 Satz 2 EStG). Für die Bewertung ist § 6 Abs. 1 Nr. 4 Satz 2 und 3 EStG zu beachten. In Betracht kommt die pauschale Regelung oder die Fahrtenbuchregelung. Da im Jahr 01 kein Fahrtenbuch geführt wurde, ist für dieses Jahr nach der pauschalen Regelung vorzugehen. Dabei zählen auch angefangene Kalendermonate voll. Erst bei einer Anschaffung im Februar 01 kämen nur elf Monate zum Ansatz.

Berechnungen für das Jahr 01

Listenpreis einschließlich Sonderausstattungen	55.500 €
Umsatzsteuer hierauf 19 %	+ 10.545 €
Summe	66.045 €
abgerundet (BMF, Schreiben v. 18.11.2009, BStBl 2009 I S. 1326, Rz. 10)	66.000 €
1 %	660 €
x 12 Monate =	7.920 €

Außerdem findet eine Besteuerung nach dem UStG für die private Mitbenutzung statt (§ 3 Abs. 9a Nr. 1 UStG). Die Bemessungsgrundlage sind die anteiligen Ausgaben, soweit sie zum Vorsteuerabzug berechtigt haben (§ 10 Abs. 4 Satz 1 Nr. 2 UStG). Ermittelt der Unternehmer für Ertragsteuerzwecke den Wert der Nutzungsentnahme nach der sog. „1 %-Regelung" i. S. des § 6 Abs. 1 Nr. 4 Satz 2 EStG, kann er von diesem Wert aus Vereinfachungsgründen bei der Bemessungsgrundlage für die Besteuerung der nichtunternehmerischen Nutzung ausgehen. Für die nicht mit Vorsteuern belasteten Kosten ist dann ein pauschaler Abschlag i. H. von 20 % vorzunehmen (Abschnitt 15.23 Abs. 5 Satz 4 Nr. 1 Buchst. a Satz 3 UStAE), hier ergeben sie sich also i. H. von 20 % von 7.920 € = 1.584 €. Die Umsatzsteuer beträgt sodann 19 % von (7.920 € - 1.584 € =) 6.336 €, mithin 1.203,84 €. Die vorstehende Lösung kann nur mit Zustimmung des Unternehmers erfolgen. Andernfalls ist nach der Fahrtenbuchmethode vorzugehen oder eine sachgerechte Schätzung vorzunehmen (BFH, Urteil v. 7.12.2010 - VIII R 54/07, BStBl 2011 II S. 451).

Buchung:

Entnahmen	9.123,84 €	an	Unentgeltliche Wertabgaben (19 %)	6.336,00 €
		an	Unentgeltliche Wertabgaben (nicht steuerbar)	1.584,00 €
		an	Umsatzsteuer	1.203,84 €

Berechnungen für das Jahr 02

Ein Methodenwechsel innerhalb eines Wirtschaftsjahres ist nicht zulässig, es sei denn, es hat ein Fahrzeugwechsel stattgefunden. Dagegen kann von Wirtschaftsjahr zu Wirtschaftsjahr die Methode gewechselt werden (BMF, Schreiben v. 18.11.2009, a. a. O., Rz. 8).

Bei der pauschalen Methode ergeben sich für das Jahr 02 die gleichen Werte wie für das Jahr 01. Da im Jahr 02 ein Fahrtenbuch geführt wurde, kann zu Vergleichszwecken die sog. „Fahrtenbuchmethode", also die Ermittlung der tatsachlich privat angefallenen Kosten in Betracht kommen.

Gesamtkosten lt. Sachverhalt	22.500 €
Privater Anteil 30 %	6.750 €

Auch hier findet eine Besteuerung nach dem UStG für die private Mitbenutzung statt (§ 3 Abs. 9a Nr. 1 UStG). Da die Nutzungsdauer fünf Jahre beträgt, entspricht sie dem Berichtigungszeitraum i. S. des § 15a Abs. 1 UStG, so dass von den Gesamtkosten einschließlich (linearer) AfA lt. Sachverhalt ausgegangen werden kann. Steuern und Versicherungen sind nicht in die Bemessungsgrundlage für die Umsatzsteuer einzubeziehen, hier 30 % von 4.500 € = 1.350 €. Die Umsatzsteuer beträgt sodann 19 % von (6.750 € - 1.350 € =) 5.400 €, mithin 1.026 €.

Hier empfiehlt sich also für das Jahr 02 die Fahrtenbuchmethode. Sie führt zu einem Wenigergewinn i. H. von 1.170 € (= 7.920 € - 6.750 €) und zu einem Weniger an Umsatzsteuer i. H. von 177,84 €.

Buchung:

Entnahmen	7.776 €	an	Unentgeltliche Wertabgaben (19 %)	5.400 €
		an	Unentgeltliche Wertabgaben (nicht steuerbar)	1.350 €
		an	Umsatzsteuer	1.026 €

HINWEIS

Zu den Gesamtaufwendungen gehören nicht die Sonderabschreibungen (BMF, Schreiben v. 18.11.2009, a. a. O., Rz. 32). Ein Autotelefon einschließlich Freisprecheinrichtung bleibt außer Ansatz; Satellitennavigationsgeräte und Diebstahlsicherungssysteme sind jedoch einzubeziehen (R 8.1 Abs. 9 Nr. 1 Satz 6 LStR).

FALL 130

Private Pkw-Nutzung (Elektrofahrzeug)

Sachverhalt: Ein Gewerbetreibender erwirbt im Jahr 01 (2024) einen zu 100 % batteriebetriebenen Pkw für seinen Betrieb. Das Fahrzeug wird überwiegend betrieblich, im Übrigen aber auch privat genutzt. Ein Fahrtenbuch wird nicht geführt. Umsatzsteuerlich ergibt sich anlässlich der Anschaffung der volle Vorsteuerabzug (§ 15 Abs. 1 UStG).

Der Bruttolistenpreis beträgt:

a) 58.000 €;

b) 102.000 €.

Für Fahrten zwischen Wohnung und Betrieb siehe Fall 149.

AUFGABE

Was ist im Hinblick auf die private Mitbenutzung im steuerlichen Jahresabschluss für das Jahr 01 zu beachten?

LÖSUNG

Für die Lösung sind

- § 6 Abs. 1 Nr. 4 Satz 2 Nr. 3 (Fall a)) und
- § 6 Abs. 1 Nr. 4 Satz 2 Nr. 4 (Fall b))

anzuwenden.

HINWEIS

Bei dem Betrag i. H. von 100.000 € (bzw. für das Jahr 2024 70.000 €, vgl. § 52 Abs. 12 Satz 5 und 6 EStG) handelt es sich um eine Freigrenze, deren Überschreitung die Anwendung der 25 %-Regelung ausschließt. Ist die Freigrenze überschritten, gilt die 50 %-Regelung. Die Umsatzsteuer beteiligt sich in beiden Fällen nicht an den ertragsteuerlichen Vergünstigungen. Die Berechnung der Umsatzsteuer auf die private Nutzung erfolgt auf Basis des ungekürzten Bruttolistenpreises.

	Fall a)	**Fall b)**
Einkommensteuer:		
Bruttolistenpreis	58.000 €	102.000 €
25 %/50 %	14.500 €	51.000 €
1 % pro Monat	145 €	510 €
Einkommensteuerlicher Entnahmewert für zwölf Monate	1.740 €	6.120 €

	Fall a)	Fall b)
Umsatzsteuer:		
Bruttolistenpreis	58.000 €	102.000 €
1 % pro Monat	580 €	1.020 €
x 12 Monate =	6.960 €	12.240 €
abzgl. 20 % pauschal für Kfz-Steuer und -Versicherung	- 1.392 €	- 2.448 €
Bemessungsgrundlage für die Umsatzsteuer	5.568 €	9.792 €
19 % Umsatzsteuer	1.058 €	1.860 €

Buchungen:

Fall a)

Entnahmen	2.798 €	an	Unentgeltliche Wertabgaben (19 %)	1.740 €
		an	Umsatzsteuer	1.058 €

Fall b)

Entnahmen	7.980 €	an	Unentgeltliche Wertabgaben (19 %)	6.120 €
		an	Umsatzsteuer	1.860 €

FALL 131

Unfall mit Pkw

Sachverhalt: Während einer Privatfahrt erleidet Kaufmann K mit einem Betriebs-Pkw einen Unfall (Totalschaden). Aufgrund des groben Verschuldens von Kaufmann K bestehen keinerlei Versicherungs- oder Schadensersatzansprüche. Zum Unfallzeitpunkt hatte der Betriebs-Pkw einen Buchwert i. H. von 4.000 €. Der Teilwert betrug zu diesem Zeitpunkt 10.000 €. Die private Mitbenutzung wird nach der pauschalen Methode abgerechnet.

Abwandlung: Von seiner Kaskoversicherung erhält Kaufmann K 6.000 €.

AUFGABE

Welche ertragsteuerlichen Konsequenzen sind zu ziehen?

LÖSUNG

Ertragsteuerlich wird der Pkw **nicht** entnommen. Zu einer Entnahme gehört, dass sie mit **Wissen und Wollen** des Steuerpflichtigen stattfindet. Das war hier nicht der Fall. In Höhe des Restbuchwerts liegt eine Nutzungsentnahme vor (R 4.7 Abs. 1 Satz 4 EStR). Es erfolgt somit im Ergebnis eine erfolgsneutrale Ausbuchung:

Entnahmen	4.000 €	an	Fuhrpark	4.000 €

Umsatzsteuerlich ergibt sich keine unentgeltliche Wertabgabe, da der Untergang einer Sache qualitativ etwas anderes ist (Abschnitt 3.3 Abs. 6 UStAE).

Abwandlung

Eine Schadensersatzleistung ist als Ertrag zu erfassen, wenn und soweit sie über den Restbuchwert hinausgeht (R 4.7 Abs. 1 Satz 5 EStR). In diesem Fall ist also zu buchen:

Sonstige Forderungen	6.000 €	an	Fuhrpark	4.000 €
		an	Sonstige betriebliche Erträge	2.000 €

Umsatzsteuerlich liegt ein nichtsteuerbarer Schadensersatz vor (Abschnitt 1.3 UStAE).

HINWEIS

Die Leistung der Kaskoversicherung wegen Diebstahls eines zum Betriebsvermögen gehörenden Pkws ist nach Maßgabe von R 4.7 Abs. 1 Satz 6 und 7 EStR als Betriebseinnahme zu erfassen.

FALL 132

Leistungsentnahme

Sachverhalt: Gewerbetreibender A beschäftigt in seinem Betrieb die Raumpflegerin R. Diese arbeitet 40 Stunden pro Woche, davon allerdings acht Stunden im Haushalt des Gewerbetreibenden A als Haushaltshilfe. Die Raumpflegerin R wird jährlich wie folgt entlohnt:

Bruttolohn	15.000 €
Arbeitgeberanteil zur Sozialversicherung	+ 3.000 €
Summe	18.000 €

Die Aufwendungen sind in voller Höhe als Betriebsausgaben behandelt worden.

AUFGABE

Sind Umbuchungen im Jahresabschluss erforderlich?

LÖSUNG

Der Einsatz betrieblicher Arbeitskräfte im privaten Bereich (z. B. im Haushalt des Arbeitgebers) stellt eine sog. „Leistungsentnahme" dar (§ 4 Abs. 1 Satz 2 EStG). Die Bewertung erfolgt auch hier mit dem Teilwert, der den Selbstkosten entspricht (§ 6 Abs. 1 Nr. 4 EStG). Zu den Selbstkosten gehört auch der Arbeitgeberanteil zur Sozialversicherung. Insgesamt ist von 18.000 € auszugehen. Der auf die Leistungsentnahme entfallende Betrag beträgt somit 3.600 € (= 20 % von 18.000 €).

Umsatzsteuerlich liegt ein Umsatz gem. § 3 Abs. 9a Nr. 2 UStG vor (Abschnitt 3.4 Abs. 5 UStAE). Die Bemessungsgrundlage sind die entstandenen Ausgaben (§ 10 Abs. 4 Satz 1 Nr. 3 UStG): 3.600 €. Die Umsatzsteuer beträgt 684 € (= 19 % von 3.600 €).

Buchung:

Entnahmen	4.284 €	an	Unentgeltliche Wertabgaben (19 %)	3.600 €
		an	Umsatzsteuer	684 €

FALL 133

Überführung eines Wirtschaftsguts in eine ausländische Betriebsstätte

Sachverhalt: Der Buchwert einer zum inländischen Betriebsvermögen gehörenden Maschine beträgt 1 € und der gemeine Wert 100.001 €. Die Maschine wird im Jahr 01 in eine ausländische Betriebsstätte des Steuerpflichtigen überführt, für die das deutsche Besteuerungsrecht ausgeschlossen ist. Für diese in einem EU-Mitgliedstaat belegene Betriebsstätte besteht eine getrennte Buchführung mit gesonderten Bilanzen; dort wird die Maschine mit 100.000 € eingebucht und auf die Restnutzungsdauer von fünf Jahren abgeschrieben.

Abwandlung I: Die ausländische Betriebsstätte befindet sich nicht in einem EU-Mitgliedstaat und auch nicht in einem EWR-Mitgliedstaat.

Abwandlung II: Die Maschine wird nicht in eine ausländische Betriebsstätte überführt, sondern lediglich vorübergehend in der ausländischen Betriebsstätte genutzt. Die Maschine ist also nach wie vor im inländischen Betriebsvermögen erfasst, da die vorübergehende Überlassung nicht zu einer geänderten Zuordnung führt. Der gemeine Wert der Nutzung durch die ausländische Betriebsstätte beträgt jährlich 6.000 €. Trotz getrennter Buchführungen für in- und ausländische Betriebsstätten wurden bislang keine Konsequenzen aus der Nutzungsüberlassung gezogen.

AUFGABE

Wie sind die Vorgänge ertragsteuerlich zu behandeln?

LÖSUNG

Die Überführung von Wirtschaftsgütern aus einem inländischen Betrieb in eine ausländische Betriebsstätte desselben Steuerpflichtigen ist eine mit dem gemeinen Wert zu bewertende Entnahme, wenn das Besteuerungsrecht der Bundesrepublik Deutschland hinsichtlich des Gewinns aus der Veräußerung des Wirtschaftsguts ausgeschlossen ist (§ 4 Abs. 1 Satz 3 i. V. mit § 6 Abs. 1 Nr. 4 Satz 1 EStG; bzw. auch ohne Beschränkung oder Ausschluss des Besteuerungsrechts der Bundesrepublik Deutschland, wenn § 4 Abs. 1 Satz 4 EStG konstitutive Wirkung beigemessen wird). Das ist hier der Fall. Der Vorgang wird als „Entstrickung" bezeichnet. Der Begriff ergibt sich nicht aus dem Gesetz. Steuerentstrickung soll bedeuten, dass der deutschen Besteuerung zustehende stille Reserven dieser Besteuerung nicht entzogen werden sollen. Um dies zu erreichen, sind im vorliegenden Fall die stillen Reserven aufzudecken. Der der deutschen Besteuerung unterliegende Gewinn ergibt sich als Unterschiedsbetrag zwischen dem gemeinen Wert und dem Buchwert zum Zeitpunkt der Übertragung (hier 100.000 €). Als gemeiner Wert ist der Einzelveräußerungspreis anzusetzen (§ 9 BewG). Bei der Überführung eines Wirtschaftsguts in eine in einem EU- oder EWR-Mitgliedstaat belegene Betriebsstätte, kann der Gewinn (hier 100.000 €) in einen den Gewinn mindernden passiven Ausgleichsposten eingestellt werden (§ 4g Abs. 1 EStG). Der Ausgleichsposten ist im Wirtschaftsjahr der Bildung und in den folgenden vier Wirtschaftsjahren zu jeweils $^1/_5$ gewinnerhöhend aufzulösen. Unter den Voraussetzungen des § 4g Abs. 2 EStG kann auch eine vorzeitige Auflösung des Ausgleichspostens in Betracht kommen.

Buchungen im Jahr 01 für das inländische Betriebsvermögen:

Entnahmen	100.001 €	an	Maschinen	1 €
		an	Sonstige betriebliche Erträge	100.000 €
Sonstiger betrieblicher Aufwand	100.000 €	an	Ausgleichsposten gem. § 4g EStG	100.000 €
Ausgleichsposten gem. § 4g EStG	20.000 €	an	Sonstige betriebliche Erträge	20.000 €

Buchung im Jahr 02 für das inländische Betriebsvermögen:

Ausgleichsposten gem. § 4g EStG	20.000 €	an	Sonstige betriebliche Erträge	20.000 €

Abwandlung I

Auch hier unterliegen die stillen Reserven (100.000 €) der inländischen Besteuerung. Allerdings kommt die Bildung eines Ausgleichspostens nicht in Betracht, so dass die stillen Reserven im Jahr der Überführung sofort und in vollem Umfang versteuert werden müssen.

Abwandlung II

Die Maschine ist trotz der vorübergehenden Nutzung durch die ausländische Betriebsstätte nicht dieser zuzuordnen, sondern weiterhin der inländischen Betriebsstätte (vgl. auch § 5 BsGaV, wonach nur eine abweichende Nutzung „auf Dauer“ zu einer geänderten Zuordnung führt, nicht hingegen eine vorübergehende Nutzung), so dass eine Versteuerung der stillen Reserven bei Veräußerung oder Entnahme sichergestellt ist. Allerdings ist die Nutzungsentnahme gem. § 4 Abs. 1 Satz 3 EStG zu erfassen und mit dem gemeinen Wert zu bewerten (§ 6 Abs. 1 Nr. 4 Satz 1 Halbsatz 2 EStG; das Verhältnis zu § 1 Abs. 5 AStG, der hier nicht weiter beleuchtet wird, ist nicht abschließend geklärt. Es kann jedenfalls nicht zu einer doppelten Korrektur kommen). Eine Rücklagenbildung gem. § 4g Abs. 1 EStG kommt für Nutzungsentnahmen nicht in Betracht, sondern nur bei Ausschluss oder Beschränkung des deutschen Besteuerungsrechts hinsichtlich des Gewinns aus der Veräußerung eines Wirtschaftsguts.

Buchung:

Entnahmen	6.000 €	an	Sonstige betriebliche Erträge	6.000 €

FALL 134

Vorsteuer und Entnahme eines gemischt genutzten Grundstücks

Sachverhalt: Unternehmer U hat im Jahr 2011 ein zweigeschossiges Gebäude für 300.000 € zzgl. 57.000 € Umsatzsteuer errichten lassen. Im Erdgeschoss befindet sich sein Gewerbebetrieb und in der ersten Etage seine gleichgroße Wohnung. Unternehmer U ist im Hinblick auf seine gewerbliche Tätigkeit zum Vorsteuerabzug berechtigt. Bilanziert sind die auf das Erdgeschoss entfallenden Herstellungskosten i. H. von 150.000 € und 50 % des Grund und Bodens. Nach acht Jahren gibt Unternehmer U seine gewerbliche Tätigkeit auf und überlässt das Erdgeschoss seiner Tochter unentgeltlich zur privaten Nutzung. Stille Reserven sind nicht zu berücksichtigen. Der Buchwert des Grundstücks (Grund und Boden und Gebäude) beträgt zum Entnahmezeitpunkt 160.000 €. Alle gewerblich veranlassten Zahlungsvorgänge erfolgen über das betriebliche Bankkonto.

Abwandlung: Die Nutzungsüberlassung an die Tochter erfolgt entgeltlich zu einem fremdüblichen Mietpreis.

AUFGABE

Welche umsatzsteuerlichen Konsequenzen ergeben sich und wie ist zu buchen?

LÖSUNG

Unternehmer U steht anlässlich des Erwerbs nur ein Vorsteuerabzugsbetrag für den gewerblich genutzten Grundstücksteil i. H. von ($1/2$ von 57.000 € =) 28.500 € zu (§ 15 Abs. 1b UStG). Die nach dem achten Jahr erfolgte Entnahme der Immobilie ist gem. § 3 Abs. 1b Satz 1 Nr. 1 i. V. mit § 4 Nr. 9 Buchst. a UStG umsatzsteuerfrei (Abschnitt 4.9.1 Abs. 2 Nr. 6 UStAE). Sie und die Umwidmung des Erdgeschosses führen allerdings zu einer Vorsteuerkorrektur gem. § 15a Abs. 1 UStG für die letzten beiden Jahre in einer Summe (§ 15a Abs. 5, 6a, 8 und 9 UStG, § 44 Abs. 3 Satz 2 UStDV und Abschnitt 15a.11 Abs. 4 UStAE). Unternehmer U hat deshalb zu Beginn des neunten Jahres $2/10$ von 28.500 € = 5.700 € als Vorsteuer-Minderbetrag an das Finanzamt zu entrichten. Da die Nutzungsänderung und damit der Vorsteuer-Minderbetrag nicht betrieblich veranlasst ist und nicht der Erwerbung, Sicherung und Erhaltung von Einnahmen dient, ist der Vorsteuer-Minderbetrag, obgleich er auf das Erdgeschoss (früherer Gewerbebetrieb) entfällt, gem. § 9b Abs. 2 EStG nicht als Betriebsausgabe (oder Werbungskosten) zu behandeln. Der Vorsteuer-Minderbetrag ist daher als Entnahme zu erfassen oder die daraus resultierende Umsatzsteuer wird unmittelbar als Privatschuld erfasst und nicht in der betrieblichen Buchführung abgebildet.

Buchungen:

Erstes Jahr:

Gebäude	150.000 €			
Vorsteuer	28.500 €	an	Bank	178.500 €

Neuntes Jahr:

Entnahmen	165.700 €	an	Grundstück (Grund und Boden und Gebäude)	160.000 €
		an	Umsatzsteuer	5.700 €

Abwandlung

Ertragsteuerrechtlich ist eine Entnahme anzunehmen. Zwar wäre grds. auch eine Behandlung des fremdvermieteten Grundstücksteils als gewillkürtes Betriebsvermögen und damit die Vermeidung einer Entnahme denkbar. Jedoch wurde der Betrieb aufgegeben, so dass es auch kein gewillkürtes Betriebsvermögen mehr geben kann. Umsatzsteuerrechtlich ist hingegen keine Entnahme (bzw. unentgeltliche Wertabgabe; § 3 Abs. 1b UStG) anzunehmen. Die entgeltliche Nutzungsüberlassung ist – unabhängig von einer ertragsteuerlichen Einordnung als vermögensverwaltend, anstatt betrieblich – eine unternehmerische Tätigkeit i. S. des UStG. Das hälftige Grundstück bleibt daher umsatzsteuerrechtliches Unternehmensvermögen. Die Vermietung an die Tochter ist allerdings umsatzsteuerfrei gem. § 4 Nr. 12 Satz 1 Buchst. a UStG. Daher erfolgt eine Vorsteuerkorrektur gem. § 15a Abs. 1 UStG für die letzten beiden Jahre, jeweils in der Jahresfestsetzung (§ 15a Abs. 5 UStG und § 44 Abs. 3 Satz 1 UStDV). Unternehmer U hat deshalb für das neunte und zehnte Jahr jeweils $^1/_{10}$ von 28.500 € = 2.850 € als Vorsteuer-Minderbetrag an das Finanzamt zu entrichten. Da die Nutzungsänderung und damit der Vorsteuer-Minderbetrag der Erwerbung, Sicherung und Erhaltung von Mieteinnahmen dient, ist der Vorsteuer-Minderbetrag gem. § 9b Abs. 2 EStG als Werbungskosten bei den Einkünften aus Vermietung und Verpachtung zu behandeln. Aus betrieblicher/bilanzieller Sicht ist der Vorsteuer-Minderbetrag als Entnahme zu erfassen oder die daraus resultierende Umsatzsteuer wird unmittelbar als Privatschuld erfasst und nicht in der betrieblichen Buchführung abgebildet (für das zehnte Jahr wohl zwingend, da kein Betrieb mehr besteht).

Buchungen:

Erstes Jahr:

Gebäude	150.000 €			
Vorsteuer	28.500 €	an	Bank	178.500 €

Neuntes Jahr:

Entnahmen	162.850 €	an	Grundstück (Grund und Boden und Gebäude)	160.000 €
		an	Umsatzsteuer	2.850 €

5.2 Einlagen

Aus dem Wortlaut des § 4 Abs. 1 Satz 8 EStG hat der BFH den Schluss gezogen, dass Gegenstand einer Einlage nur Wirtschaftsgüter sein können (im Gegensatz zu den Entnahmen, zu denen auch Nutzungen und Leistungen gehören). Einlagefähig sind demnach nur Geld sowie materielle und immaterielle Wirtschaftsgüter. Werden eigene Wirtschaftsgüter des Privatvermögens durch Personenunternehmen auch betrieblich genutzt, so sind die durch die betriebliche Nutzung verursachten Aufwendungen Betriebsausgaben (R 4.7 Abs. 1 Satz 2 EStR). Eingelegt werden aber nicht die laufenden Nutzungen, sondern Geldmittel, soweit sie privat verausgabt wurden. Die Einlage selbst erfolgt allerdings erst zum Zeitpunkt der Nutzung. Bei Kapitalgesellschaften sind ohnehin nur aktivierbare Wirtschaftsgüter einlagefähig (BFH, Beschluss v. 26.10.1987 - GrS 2/86, BStBl 1988 II S. 348). Überlassen Gesellschafter von Kapitalgesellschaften ihrer Gesellschaft Darlehen oder andere Wirtschaftsgüter ohne angemessene Vergütung, darf die Kapitalgesellschaft ihren Gewinn deshalb nicht durch Geltendmachung einer Einlage mindern bzw. verdeckte Einlagen annehmen (Voraussetzung ist ein einlagefähiger Vermögensvorteil, also ein aktivierbares Wirtschaftsgut bzw. eine Minderung eines passivierten (negativen) Wirtschaftsguts). Kommen derartige Nutzungsgewährungen zwischen zwei Tochtergesellschaften derselben Muttergesellschaft vor, bewirkt die nutzungsgewährende Tochtergesellschaft eine verdeckte Gewinnausschüttung an die Muttergesellschaft, die bei der Tochtergesellschaft der Körperschaftsteuer unterliegt und bei der Muttergesellschaft zum Teil steuerfrei ist (§ 8b

KStG). Da keine verdeckte Einlage in die nutzende Tochtergesellschaft anzunehmen ist (mangels einlagefähigen Vermögensvorteils, s. o.), tritt bei der Muttergesellschaft ein Vorteilsverbrauch ein, so dass in entsprechender Höhe Aufwand der Muttergesellschaft auf ihre Beteiligung an der nutzenden Tochtergesellschaft anzunehmen ist.

Die unentgeltliche Nutzung fremder Wirtschaftsgüter führt nicht zu einer Einlage (BFH, Urteil v. 30.1.1995 - GrS 4/92, BStBl 1995 II S. 281), selbst wenn sie auf gesicherter Rechtsposition beruht; eigene Aufwendungen des Steuerpflichtigen sind hingegen als Betriebsausgaben abziehbar (H 4.7 Drittaufwand EStH).

Eine Einlage setzt eine **Einlagehandlung** voraus. Diese kann darin bestehen, dass durch eine entsprechende Nutzung ein Wirtschaftsgut zum notwendigen Betriebsvermögen wird (konkludentes Handeln) oder dass durch eine entsprechende Einbuchung ein Wirtschaftsgut des Privatvermögens gewillkürtes Betriebsvermögen wird. Als Zeitpunkt der Zuführung ist vom Beginn der Nutzung auszugehen, sonst vom Zeitpunkt der Einbuchung.

Wird ein Wirtschaftsgut aus einer ausländischen Betriebsstätte in den inländischen Betrieb desselben Steuerpflichtigen überführt, liegt ebenfalls eine Einlage vor, wenn dadurch das Besteuerungsrecht der Bundesrepublik Deutschland hinsichtlich des Gewinns aus der Veräußerung begründet wird (sog. **„Verstrickung“**, § 4 Abs. 1 Satz 8 Halbsatz 2 EStG).

Bewertung

Einlagen sind grds. mit dem Teilwert zu bewerten (§ 6 Abs. 1 Nr. 5 EStG). Bei Einlagen aus dem Privatvermögen innerhalb von drei Jahren nach der Anschaffung oder Herstellung erfolgt die Bewertung gem. § 6 Abs. 1 Nr. 5 Satz 1 Halbsatz 2 Buchst. a und Satz 2 EStG höchstens mit den Anschaffungs- oder Herstellungskosten, bei abnutzbaren Wirtschaftsgütern vermindert um die AfA i. S. des § 7 EStG, erhöhte Absetzungen sowie etwaige Sonderabschreibungen, die auf den Zeitraum zwischen der Anschaffung oder der Herstellung des Wirtschaftsguts und der Einlage entfallen. Dabei ist es unerheblich, ob sich die Absetzungen während der Zugehörigkeit des Wirtschaftsguts zum Privatvermögen einkommensmindernd ausgewirkt haben (R 6.12 EStR). In den Fällen der sog. **„Verstrickung“** (Überführung eines Wirtschaftsguts aus der ausländischen Betriebsstätte in den inländischen Betrieb desselben Steuerpflichtigen unter Begründung des inländischen Besteuerungsrechts) ist der gemeine Wert anzusetzen. Unterliegt der Steuerpflichtige in einem anderen Staat einer Entstrickungsbesteuerung, ist der Wert anzusetzen, den der andere Staat der Besteuerung zugrunde gelegt hat, höchstens jedoch der gemeine Wert (§ 4 Abs. 1 Satz 8 Halbsatz 2 i. V. mit § 6 Abs. 1 Nr. 5a EStG).

Geringwertige Wirtschaftsgüter, deren Anschaffungskosten im Rahmen einer Überschusseinkunftsart (z. B. Vermietung und Verpachtung) sofort in voller Höhe als Werbungskosten abgesetzt worden sind, können innerhalb von drei Jahren nach der Anschaffung nur mit einem Betrag i. H. von 0 € in ein Betriebsvermögen eingelegt werden. Werden sie nach Ablauf von drei Jahren nach der Anschaffung in ein Betriebsvermögen eingelegt, sind sie ohne Rücksicht auf die frühere Absetzung mit dem Teilwert zu bewerten (BFH, Urteil v. 27.1.1994 - IV R 101/92, BStBl 1994 II S. 638).

Grunderwerbsteuer, die nach einer Einlage von Aktien in eine GmbH aufgrund (unmittelbarer) Anteilsvereinigung anfällt, erhöht nicht den für die erworbenen Aktien zu aktivierenden Wert; vielmehr handelt es sich dabei um sofort abzugsfähigen Aufwand (BFH, Urteil v. 14.3.2011 - I R 40/10, BStBl 2012 II S. 281).

Folgende **Bewertungsobergrenzen** sind zu beachten:

5.2.1 Einlage einer wesentlichen Beteiligung i. S. des § 17 EStG

Die Einlage ist entgegen dem Gesetzeswortlaut stets mit den Anschaffungskosten zu bewerten (§ 6 Abs. 1 Nr. 5 Satz 1 Halbsatz 2 Buchst. b EStG; BMF, Schreiben v. 21.12.2011, BStBl 2012 I S. 42). Bei unentgeltlichem Erwerb der wesentlichen Beteiligung und anschließender Einlage sind die Anschaffungskosten des Rechtsvorgängers maßgebend (§ 17 Abs. 2 Satz 5 EStG). Eine Beteiligung ist wesentlich, wenn sie mindestens 1 % beträgt (§ 17 Abs. 1 Satz 1 EStG) oder wenn sie auf einer Sacheinlage i. S. des § 20 UmwStG oder einer Einbringung einer wesentlichen Beteiligung beruht (§ 17 Abs. 6 EStG). Das gilt nicht bei verdeckten Einlagen in eine Kapitalgesellschaft, da hier gem. § 17 Abs. 1 Satz 2 EStG eine Veräußerung und eine Anschaffung fingiert werden und demzufolge der gemeine Wert anzusetzen ist.

5.2.2 Einlage innerhalb von drei Jahren nach Anschaffung/Herstellung

Die Einlage ist mit dem Teilwert, bei Einlage aus dem Privatvermögen innerhalb von drei Jahren nach der Anschaffung/Herstellung jedoch höchstens mit den Anschaffungs-/Herstellungskosten bzw. den fortgeführten Anschaffungs-/Herstellungskosten zu bewerten (§ 6 Abs. 1 Nr. 5 Satz 1 Halbsatz 2 Buchst. a und Satz 2 EStG). Handelt es sich um ein nach einer Entnahme wieder eingelegtes Wirtschaftsgut, ist § 6 Abs. 1 Nr. 5 Satz 3 EStG zu beachten (der Entnahmewert gilt als Anschaffungs-/Herstellungskosten, der Entnahmezeitpunkt als Anschaffungszeitpunkt). Bei der Ermittlung der fortgeführten Anschaffungs-/Herstellungskosten ist die AfA zeitanteilig zu berechnen. Die Vorsteuer, die bei der Anschaffung nicht verrechnet werden konnte, gehört zu den Anschaffungskosten. Die Drei-Jahres-Frist ist eine Ereignisfrist (§ 187 Abs. 1 und § 188 Abs. 2 BGB). Wegen der AfA nach einer Einlage vgl. R 7.4 Abs. 10 und R 7.3 Abs. 6 EStR.

Die Bewertung der Einlage von Wirtschaftsgütern, die der Steuerpflichtige unentgeltlich durch Schenkung erworben hat, erfolgt stets mit dem Teilwert, da die Schenkung keine Anschaffung i. S. des § 6 Abs. 1 Nr. 5 EStG ist (BFH, Urteil v. 14.7.1993 - X R 74-75/90, BStBl 1994 II S. 15).

5.2.3 Wirtschaftsgüter i. S. des § 20 Abs. 2 EStG und des § 2 Abs. 4 InvStG

Die Einlage ist mit dem Teilwert, höchstens jedoch mit den Anschaffungskosten zu bewerten. Unter Berücksichtigung der Erwägungen zu wesentlichen Beteiligungen i. S. des § 17 EStG (s. o. unter Tz. 5.2.1) sollte auch hier entgegen dem Gesetzeswortlaut stets mit den Anschaffungskosten zu bewerten sein. Wirtschaftsgüter i. S. des § 20 Abs. 2 EStG sind Aktien, GmbH-Anteile usw. Wirtschaftsgüter i. S. des § 2 Abs. 4 InvStG sind (Spezial-)Investmentanteile, also Anteile an (Spezial-)Investmentfonds i. S. des InvStG. Das gilt nicht bei verdeckten Einlagen in eine Kapitalgesellschaft, da hier gem. § 20 Abs. 2 Satz 2 EStG bzw. § 2 Abs. 13 InvStG eine Veräußerung und eine Anschaffung fingiert werden und demzufolge der gemeine Wert anzusetzen ist.

Betriebseröffnung

Die vorstehenden Grundsätze gelten für die Eröffnung eines Einzelunternehmens entsprechend (§ 6 Abs. 1 Nr. 6 EStG); dabei entspricht der Teilwert der eingelegten Wirtschaftsgüter des Umlaufvermögens i. d. R. ihrem gemeinen Wert (BFH, Urteil v. 10.7.1991 - VIII R 126/86, BStBl 1991 II S. 840).

Bei entgeltlichem Erwerb eines Betriebs sind die Wirtschaftsgüter mit dem Teilwert, höchstens mit den Anschaffungs-/Herstellungskosten zu bewerten (§ 6 Abs. 1 Nr. 7 EStG). Bei der Ermittlung des Teilwerts sind die Anschaffungsnebenkosten ebenfalls zu berücksichtigen (BFH, Urteil v. 29.4.1999 - IV R 63/97, BStBl 2004 II S. 639).

FALL 135

Einlage eines Pkws[17]

Sachverhalt: Ein Kaufmann führt am 1.12.02 einen Pkw seinem Betriebsvermögen zu. Den Pkw hatte er am 1.6.01 zunächst für private Zwecke angeschafft (Zweitwagen für die Ehefrau). Ab dem 1.12.02 dient das Fahrzeug zu 100 % eigengewerblichen Zwecken des Kaufmanns. Für die Anschaffung am 1.6.01 wurden einschließlich Umsatzsteuer 22.600 € aufgewendet. Das Fahrzeug hat insgesamt eine Nutzungsdauer von sechs Jahren.

Der Teilwert beträgt am 1.12.02

a) 18.000 €;

b) 10.000 €.

AUFGABEN

Mit welchem Wert ist das Fahrzeug in das steuerliche Betriebsvermögen einzulegen? Welcher Buchwert ergibt sich zum 31.12.02?

LITERATURHINWEIS

Dortmann/Mann, Lehrbuch Buchführung und Bilanzsteuerrecht, 14. Aufl. 2026, Teil B, Kapitel 6, Tz. 6.7.2.

LÖSUNG

Einlagen sind alle Wirtschaftsgüter, die der Steuerpflichtige dem Betrieb im Laufe des Wirtschaftsjahres zugeführt hat (§ 4 Abs. 1 Satz 8 EStG). Sie werden mit dem Teilwert für den Zeitpunkt der Zuführung angesetzt. Sie sind jedoch höchstens mit den Anschaffungs- oder Herstellungskosten anzusetzen, wenn das aus dem Privatvermögen zugeführte Wirtschaftsgut innerhalb der letzten drei Jahre vor dem Zeitpunkt der Zuführung angeschafft oder hergestellt wor-

---

17 **Literaturhinweis:** Falterbaum/Bolk/Reiß/Kirchner, Buchführung und Bilanz, 23. Aufl. 2020, S. 1158 ff.; zur Bewertung von Einlagen siehe S. 1167 ff.

den ist (§ 6 Abs. 1 Nr. 5 Satz 1 Halbsatz 2 Buchst. a EStG). Die mit dem Teilwert zu vergleichenden Anschaffungs- oder Herstellungskosten abnutzbarer Wirtschaftsgüter sind um die AfA zu kürzen, die auf die Zeit vor ihrer Einlage in den Betrieb entfallen (§ 6 Abs. 1 Nr. 5 Satz 2 EStG). Sie werden als fortgeführte Anschaffungs- oder Herstellungskosten bezeichnet. Diese betragen im vorliegenden Fall:

Private Anschaffungskosten	22.600 €
AfA 1.6.01–30.11.02 (18 Monate à 313,89 € =)	- 5.650 €
Fortgeführte Anschaffungskosten	16.950 €

Fall a)

Das Fahrzeug ist mit 16.950 € einzulegen. Nach der ausdrücklichen Bestimmung des § 6 Abs. 1 Nr. 5 Satz 1 EStG ist zwar grds. der Teilwert anzusetzen (= 18.000 €), jedoch dürfen höchstens die (fortgeführten) Anschaffungskosten angesetzt werden, wenn die private Anschaffung weniger als drei Jahre vor der Einlage zurückliegt. Das ist hier der Fall. Die Restnutzungsdauer beträgt 4 $^{1}/_{2}$ Jahre, so dass sich das Wirtschaftsgut bilanziell wie folgt fortentwickelt:

Pkw

Einlage zum 1.12.02	16.950 €
Jahres-AfA (16.950 € / 4,5 =) 3.767 €, für einen Monat =	- 314 €
Bilanzansatz zum 31.12.02	16.636 €

Fall b)

In diesem Fall ist der Teilwert i. H. von 10.000 € zugrunde zu legen, da die (fortgeführten) Anschaffungskosten höher sind. Es ergibt sich folgende Kontenentwicklung:

Pkw

Einlage zum 1.12.02	10.000 €
Jahres-AfA (10.000 € / 4,5 =) 2.222 €, für einen Monat =	- 185 €
Bilanzansatz zum 31.12.02	9.815 €

FALL 136

Einlage eines bebauten Grundstücks

Sachverhalt: Ein Kaufmann behandelt ab dem 1.7.05 ein bebautes Grundstück als notwendiges Betriebsvermögen; zuvor rechnete er es zu seinem Privatvermögen. Er hatte das Grundstück am 1.10.01 mit steuerlichen Anschaffungskosten i. H. von 500.000 € erworben; von den Anschaffungskosten entfielen 400.000 € auf das Gebäude. Das Grundstück diente bisher keiner Einkunftserzielung. Das Gebäude wurde aufgrund eines Bauantrags aus dem Jahr 1970 (Abwandlung 1995) errichtet. Der Teilwert beträgt zum 1.7.05:

Grund und Boden	90.000 €
Gebäude	420.000 €

AUFGABEN

Mit welchem Wert hat die Einlage zu erfolgen? Wie hoch ist die steuerliche AfA für das Gebäude?

LÖSUNG

Die Einlage des Grundstücks ist mit dem Teilwert zu bewerten (§ 4 Abs. 1 Satz 8 i. V. mit § 6 Abs. 1 Nr. 5 EStG). Ein Vergleich des Teilwerts mit den (fortgeführten) Anschaffungskosten erübrigt sich, da der private Erwerb länger als drei Jahre vor der Einlage zurückliegt. Die Buchung der Einlage lautet:

Grund und Boden	90.000 €			
Gebäude	420.000 €	an	Einlagen	510.000 €

Bei den Gebäuden, die der Steuerpflichtige außerhalb der Drei-Jahres-Frist aus dem Privatvermögen in das Betriebsvermögen überführt, richtet sich die weitere AfA nach dem Einlagewert (Teilwert); dieser ist gleichzeitig das AfA-Volumen (BMF, Schreiben v. 27.10.2010, BStBl 2010 I S. 1204, Rz. 1).

Konto „Gebäude"

Zugang am 1.7.05	420.000 €
AfA 2 %, für $^1/_2$ Jahr	- 4.200 €
Buchwert zum 31.12.05	415.800 €

Abwandlung

Wurde der Bauantrag im Jahr 1995 gestellt, beträgt die jährliche AfA 3 % (§ 7 Abs. 4 Satz 1 Nr. 1 EStG).

HINWEIS

Werden Wirtschaftsgüter nach einer Verwendung zur Erzielung von Einkünften i. S. des § 2 Abs. 1 Satz 1 Nr. 4–7 EStG in ein Betriebsvermögen eingelegt, ist gem. § 7 Abs. 1 Satz 5 EStG eine vom Einlagewert i. S. des § 6 Abs. 1 Nr. 5 Satz 1 EStG abweichende AfA-Bemessungsgrundlage (zugleich AfA-Volumen) zu ermitteln. Die Abschreibung des eingelegten Wirtschaftsguts bemisst sich in diesem Fall nach den im BMF-Schreiben v. 27.10.2010 (a. a. O.) aufgestellten Grundsätzen.

FALL 137

Einlage eines GmbH-Anteils

Sachverhalt: Ein Kaufmann ist mit 30 % am Stammkapital einer GmbH beteiligt. Er erwarb die Beteiligung am 1.2.01 für 300.000 € und behandelte sie zunächst als Privatvermögen. Zum

1.10.06 führt er die Beteiligung seinem einzelunternehmerischen Betriebsvermögen zu. Zu diesem Zeitpunkt hat die Beteiligung einen Teilwert i. H. von

a) 250.000 €;

b) 500.000 €.

AUFGABE

Wie ist die Einlage zu bewerten?

LÖSUNG

Die Einlage (§ 4 Abs. 1 Satz 8 EStG) ist grds. mit dem Teilwert zu bewerten, sie ist jedoch höchstens mit den Anschaffungskosten anzusetzen, wenn das zugeführte Wirtschaftsgut ein Anteil an einer Kapitalgesellschaft ist und der Steuerpflichtige an der Gesellschaft i. S. des § 17 Abs. 1 EStG beteiligt ist (§ 6 Abs. 1 Nr. 5 Buchst. b EStG). Eine Beteiligung i. S. des § 17 Abs. 1 EStG liegt vor, wenn der Steuerpflichtige zu mindestens 1 % an einer Kapitalgesellschaft beteiligt ist (§ 17 Abs. 1 Satz 1 EStG). Das ist hier der Fall. Der Steuerpflichtige ist mit 30 % beteiligt.

Im **Fall a)** hat die Bewertung der Einlage allerdings – entgegen dem Gesetzeswortlaut – mit den Anschaffungskosten zu erfolgen. Denn eine Beteiligung i. S. des § 17 EStG, deren Wert zum Zeitpunkt der Einlage in das Einzelbetriebsvermögen unter die Anschaffungskosten gesunken ist (wie hier), ist nach der höchstrichterlichen Rechtsprechung gleichwohl mit den Anschaffungskosten einzulegen (BFH, Urteil v. 25.7.1995 - VIII R 25/94, BStBl 1996 II S. 684, und BMF, Schreiben v. 21.12.2011, BStBl 2012 I S. 42). Aufgrund dieses Wertverlusts kann auch eine Teilwertabschreibung nicht beansprucht werden (BFH, Urteil v. 2.9.2008 - X R 48/02, BStBl 2010 II S. 162). Vorliegend hat die Bewertung der Einlage folglich mit 300.000 € zu erfolgen.

Im **Fall b)** ist die Einlage mit 300.000 € zu bewerten, weil der Teilwert höher ist und die Obergrenze für die Bewertung der Einlage in diesem Fall die Anschaffungskosten sind.

FALL 138

Unfall mit Privatwagen auf Geschäftsreise

Sachverhalt: Kaufmann K benutzt auf Geschäftsreisen seinen Privatwagen. Auf einer Geschäftsreise wird der Wagen infolge eines Unfalls total beschädigt. Die Anschaffungskosten betrugen vor drei Jahren 58.000 € einschließlich Umsatzsteuer, Nutzungsdauer sechs Jahre. Der Teilwert betrug zum Unfallzeitpunkt 30.000 €. Entschädigungsleistungen stehen Kaufmann K nicht zu. Durch den Unfall wurden auch private Kleidungsstücke des Kaufmanns K im Restwert i. H. von (zutreffend) 300 € auf Dauer unbrauchbar.

AUFGABE

Kann Kaufmann K den Verlust des Fahrzeugs und der Kleidungsstücke als Betriebsausgabe geltend machen und wenn ja, in welcher Höhe?

LÖSUNG

Für Betriebsausgaben gilt das **Kausalitätsprinzip** (§ 4 Abs. 4 EStG). Zwar gehören persönliche Gegenstände (z. B. Kleidungsstücke) zum notwendigen Privatvermögen; ihr Verlust oder die Beschädigung **infolge betrieblicher Veranlassung** führt aber gleichwohl zu Betriebsausgaben (BFH, Urteil v. 30.6.1995 - VI R 26/95, BStBl 1995 II S. 744). Das Gleiche gilt für einen privaten Pkw, der auf einer Geschäftsreise beschädigt oder gestohlen wird (BFH, Urteil v. 24.11.1994 - IV R 25/94, BStBl 1995 II S. 318). Im Ergebnis liegt eine AfaA vor, deren Höhe sich nach den Anschaffungskosten abzgl. der normalen AfA richtet (BFH, Urteil v. 24.11.1994 - IV R 25/94, a. a. O.). Bei den Anschaffungskosten ist von dem Betrag einschließlich Umsatzsteuer auszugehen, da für ein Fahrzeug des Privatvermögens kein Vorsteuerabzug in Betracht kommt. Die AfaA ist im Schadensjahr geltend zu machen (BFH, Urteil v. 13.3.1998 - VI R 27/97, BStBl 1998 II S. 443).

Für das drei Jahre alte Fahrzeug ergibt sich somit ein Wert i. H. von 29.000 € (= $^1/_2$ von 58.000 €). Für die Kleidungsstücke war lt. Sachverhalt von 300 € auszugehen.

Buchung:

Sonstiger betrieblicher Aufwand (oder AfaA)	29.300 €	an	Einlagen	29.300 €

FALL 139

Vorbehaltsnießbrauch

Sachverhalt: Kaufmann A schenkt am 2.1.01 seiner Tochter ein Betriebsgrundstück (Baujahr 1970) unter Vorbehalt des lebenslänglichen Nießbrauchs. Es betragen am 2.1.01:

	Buchwert	**Teilwert**
Grund und Boden	20.000 €	50.000 €
Gebäude	200.000 €	300.000 €

Kaufmann A nutzt das Grundstück aufgrund des Nießbrauchs weiterhin betrieblich.

AUFGABE

Welche bilanzsteuerlichen Konsequenzen ergeben sich für Kaufmann A?

LITERATURHINWEIS

Dortmann/Mann, Lehrbuch Buchführung und Bilanzsteuerrecht, 14. Aufl. 2026, Teil B, Kapitel 5, Tz. 5.6.16.2.

LÖSUNG

Aufgrund der Schenkung hat Kaufmann A das rechtliche und wirtschaftliche Eigentum an dem Grundstück verloren; es ist der Tochter zuzurechnen (§ 39 AO). Das Grundstück wird hierdurch von Kaufmann A entnommen (H 4.3 Abs. 2–4 Vorbehaltsnießbrauch EStH). Da die Entnahme mit dem Teilwert bewertet werden muss (§ 6 Abs. 1 Nr. 4 EStG), wird ein steuerpflichtiger Gewinn i. H. von (350.000 € - 220.000 € =) 130.000 € realisiert.

Das vorbehaltene Nießbrauchrecht entsteht nicht im Betriebsvermögen, sondern im Privatvermögen. Nutzt der Schenker das nießbrauchbelastete Grundstück wie bisher für eigene betriebliche Zwecke, so kann er das Nutzungsrecht zwar in sein Betriebsvermögen einlegen, aber nur mit 0 € bilanzieren (BFH, Urteil v. 16.12.1988 - III R 113/85, BStBl 1989 II S. 763). Im Ergebnis liegt daher keine Einlage vor (H 4.3 Abs. 1 Vorbehaltsnießbrauch EStH).

Der Vorbehaltsnießbraucher kann jedoch seine eigenen Aufwendungen, die im Zusammenhang mit dem betrieblich genutzten Grundstück stehen, durch Ansatz von entsprechenden Einlagen gewinnmindernd berücksichtigen. Dazu gehört auch die AfA (H 4.7 Nießbrauch EStH), die vom Entnahmewert zu berechnen ist (BFH, Urteil v. 20.9.1989 - X R 140/87, BStBl 1990 II S. 368): 2 % von 300.000 € = 6.000 €.

Buchungen im Jahr 01:

Entnahmen	350.000 €	an	Grund und Boden	20.000 €
		an	Gebäude	200.000 €
		an	Sonstige Erträge	130.000 €
Nießbrauchrecht	*0 €*	*an*	*Einlagen*	*0 €*
AfA	6.000 €	an	Einlagen	6.000 €

FALL 140

Zuwendungsnießbrauch

Sachverhalt: Privatmann A räumt seinem Sohn B unentgeltlich den lebenslänglichen Nießbrauch an seinem Privatgrundstück ein. Sohn B übt darauf sein Handelsgewerbe aus. Privatmann A hat seinerzeit Anschaffungskosten für den Grund und Boden i. H. von 100.000 € und für das Gebäude i. H. von 200.000 € aufgewendet. Das Gebäude wurde mit jährlich 2 % abgeschrieben. Zum Zeitpunkt der Einräumung des Nießbrauchs waren 40.000 € AfA als Werbungskosten in Anspruch genommen worden. Sollte der Privatmann A vor seinem Sohn B sterben, soll der Sohn B das Grundstück erben.

AUFGABE

Welche bilanzsteuerlichen Konsequenzen ergeben sich für den Betrieb von Sohn B?

LÖSUNG

Das dem Sohn B unentgeltlich eingeräumte Nießbrauchrecht an dem väterlichen Grundstück berechtigt den Sohn B weder zur Abschreibung des Grundstücks noch des Nießbrauchrechts (BFH, Urteile v. 28.7.1981 - VIII R 141/77, BStBl 1982 II S. 454, v. 24.4.1990 - IX R 9/86, BStBl 1990 II S. 888, und v. 28.9.1995 - IV R 7/94, BStBl 1996 II S. 440; H 4.7 Nießbrauch EStH). Die Gebäude-AfA geht verloren, da der Vater mangels Einnahmeerzielung nicht zur Inanspruchnahme der AfA als Werbungskosten berechtigt ist. Sohn B kann lediglich die von ihm selbst getragenen Grundstückskosten (z. B. Reparaturen) als Betriebsausgaben geltend machen.

FALL 141

Einlage eines Bodenschatzes

Sachverhalt: Baustoffhändler B hat auf seinem privaten Grundstück Ende des Jahres 05 ein bis dahin unbekanntes Kiesvorkommen entdeckt. Für das Grundstück hat er am 1.7.01 (Abwandlung: 1.7.03) 300.000 € Anschaffungskosten aufgewendet. Anfang des Jahres 06 beginnt er nach Erhalt der erforderlichen Genehmigungen mit dem Kiesabbau. Die Kiesausbeute vermarktet er über seinen Baustoffhandel. Anfang des Jahres 06 hat das gesamte Kiesvorkommen einen Teilwert i. H. von 500.000 €. Jährlich werden ca. 10 % des Kiesvorkommens abgebaut und Erlöse i. H. von jeweils 75.000 € netto erzielt.

Am Ende des Jahres 10 (also 9 1/2 Jahre nach der Anschaffung, Abwandlung: 7 1/2 Jahre nach der Anschaffung) sind 50 % des Kiesvolumens abgebaut. Baustoffhändler B verkauft zu diesem Zeitpunkt das restliche Kiesvorkommen an den Bauunternehmer und Maurer M für 300.000 €, der den Kaufpreis bis zum 31.12.10 überweist.

AUFGABE

Wie wirken sich die Einlage des Kiesvorkommens und dessen Verkauf bilanz- und ertragsteuerlich aus?

LÖSUNG

Ein im Privatvermögen entdecktes und verpachtetes Kiesvorkommen würde bzgl. der Einnahmen in vollem Umfang zu Einkünften aus Vermietung und Verpachtung führen (§ 21 EStG). Gemäß § 11d Abs. 2 EStDV sind in diesen Fällen AfS nicht zulässig. Dasselbe gilt mangels Anschaffungskosten für ein im Betriebsvermögen entdecktes und vermarktetes Kiesvorkommen. Durch eine Einlage kann deshalb kein der AfS zugängliches Abschreibungsvolumen generiert werden, denn dadurch würde die ertragsteuerlich gebotene „Brutto-Besteuerung" der Abbauerträge vereitelt. Aus dem gleichen Grund kommt auch eine Teilwertabschreibung nicht in Betracht. Zwar ist die Einlage des materiellen Wirtschaftsguts „Kiesvorkommen" mit dem Teilwert zu bewerten (§ 6 Abs. 1 Nr. 5 EStG), indes dürfen bei dem Abbau des Kiesvorkommens AfS nicht vorgenommen werden (BFH, Beschluss v. 4.12.2006 - GrS 1/05, BStBl 2007 II S. 508). Die durch den Abbau entstehenden Minderungen des Wirtschaftsguts müssen deshalb ergebnisneutral dargestellt werden (hier jährlich 50.000 €). Deshalb ist die durch den tatsächlichen Abbau eintretende Substanzverminderung einerseits durch entsprechende AfS zu berücksichtigen. Zur Gewährleistung der vollständigen Einnahmenbesteuerung sind diese AfS jedoch zu neutralisieren und dem Gewinn wieder hinzuzurechnen. Zweckmäßigerweise wird ein aktiver Ausgleichsposten gebildet, der sicherstellt, dass die AfS nicht erfolgswirksam erfasst werden.

Buchungen:

Im Jahr 06:

Kiesvorkommen	500.000 €	an	Einlagen	500.000 €

In den Jahren 06–10 jeweils:

Aktiver Ausgleichsposten	50.000 €	an	Kiesvorkommen	50.000 €
Bank	75.000 €	an	Erlöse	75.000 €

In seiner Entscheidung v. 4.12.2006 (GrS 1/05, BStBl 2007 II S. 508) unterscheidet der GrS – der bisherigen Rechtsprechung folgend – zwischen Nutzung und Veräußerung von im Tagebau gewonnenen Bodenschätzen. Der gewinnbringende Abbau ist eine steuerpflichtige Nutzung, ganz gleich, ob dieser durch Ausbeute Dritter oder Selbstausbeute stattfindet. Wird deshalb das eingelegte Kiesvorkommen vor seinem vollständigen Abbau aus dem Betriebsvermögen heraus veräußert, ist der verbliebene Buchwert gegenzurechnen. Daraus folgt: Übersteigt der Erlös den Buchwert (bei einem Teilabbau) oder den Teilwert = Einlagewert (bei noch nicht begonnenem Abbau), wird ein Ertrag i. H. der Differenz erzielt. Liegt der Verkaufserlös darunter, entsteht ein entsprechender Verlust. Der Ausgleichsposten ist **gewinnneutral (über Kapital)** aufzulösen.

Unter Verwendung eines aktiven Ausgleichsposten ergeben sich zum 31.12.10 folgende Bilanzansätze:

	Kiesvorkommen	**Aktiver Ausgleichsposten**
Zugang Anfang des Jahres 06	500.000 €	
Abbau in den Jahren 06–10 (5 x 50.000 € =)	- 250.000 €	+ 250.000 €
Zwischenstand zum 31.12.10	250.000 €	250.000 €
Abgang durch Verkauf/Ausbuchung	- 250.000 €	- 250.000 €
Stand zum 31.12.10	–	–

Anlässlich des Verkaufs ist Ende des Jahres 10 zu buchen:

Bank	300.000 €	an	Kiesvorkommen	250.000 €
		an	Sonstige betriebliche Erträge	50.000 €
Kapital	250.000 €	an	Ausgleichsposten	250.000 €

HINWEIS

Im vorliegenden Fall sind zwar zwischen Anschaffung und Veräußerung weniger als zehn Jahre verstrichen, so dass § 23 Abs. 1 Satz 5 Nr. 1 EStG möglicherweise zu beachten wäre. Das (im Tagebau ausgebeutete) Kiesvorkommen stellt jedoch kein grundstücksgleiches Recht und damit kein Mineralgewinnungsrecht i. S. des § 23 Abs. 1 Satz 1 Nr. 1 EStG dar. Es ist vielmehr ein „anderes Wirtschaftsgut" i. S. des § 23 Abs. 1 Satz 1 Nr. 2 EStG (BFH, Urteil v. 18.3.1980 - VIII R 148/78, BStBl 1981 II S. 794; Levedag in Schmidt, Beck'scher EStG-Kommentar, 44. Aufl. 2025, § 23 Rz. 12; a. A. FG München, Urteil v. 13.9.2006 - 10 K 5285/04, EFG 2007 S. 188, WAAAC-

19429). Damit unterliegt es nicht der Regelung des § 23 Abs. 1 Satz 5 Nr. 1 EStG (steuerpflichtiger Verkauf eines eingelegten Grundstücks oder grundstücksgleichen Rechts aus dem Betriebsvermögen innerhalb von zehn Jahren nach der privaten Anschaffung).

Abwandlung

Liegen zwischen privater Anschaffung (hier 1.7.03) und Einlage (hier 1.1.06) weniger als drei Jahre, ist zu beachten, dass die Einlage höchstens mit den Anschaffungskosten zu bewerten ist. Da für das (unbekannte) Kiesvorkommen nichts bezahlt wurde (BFH, Urteil v. 4.2.2016 - IV R 46/12, BStBl 2016 II S. 607), muss die Einlage mit 0 € bewertet werden. Der Vorgang ist buchungstechnisch und ertragsteuerlich so abzuwickeln, als habe das Kiesvorkommen von Anfang an (zunächst unentdeckt) zum Betriebsvermögen gehört. Die Bildung von Ausgleichsposten kommt nicht in Betracht.

Buchungen:

Im Jahr 06:

Kiesvorkommen	0 €	an	Einlagen	0 €

In den Jahren 06–10 jeweils:

Bank	75.000 €	an	Erlöse	75.000 €

Ende des Jahres 10:

Bank	300.000 €	an	Sonstige betriebliche Erträge	300.000 €

HINWEIS

Wäre das Kiesvorkommen Privatvermögen geblieben, wäre der Verkaufsgewinn ertragsteuerlich als Spekulationsgewinn erfasst worden, wenn die Nutzung des Kiesvorkommens als Einkunftsquelle vor dem Verkauf zu Einkünften i. S. des § 21 EStG geführt hat (zehnjährige Sperrfrist auch für Wirtschaftsgüter, die keine Grundstücke oder grundstücksgleichen Rechte sind: § 23 Abs. 1 Satz 1 Nr. 2 Satz 4 EStG).

FALL 142

Einlage eines Grundstücks und § 23 EStG

Sachverhalt: Kaufmann K hat am 1.7.01 300.000 € Anschaffungskosten für ein privates unbebautes Grundstück aufgewendet. Anfang des Jahres 06 beginnt er mit der betrieblichen Nutzung des Grundstücks, das zu diesem Zeitpunkt einen Teilwert i. H. von 500.000 € hat.

Am Ende des Jahres 10 (also 9 $1/2$ Jahre nach der Anschaffung) verkauft Kaufmann K das Grundstück an den Bauunternehmer B für 900.000 €, der den Kaufpreis bis zum 31.12.10 überweist.

AUFGABE

Wie wirken sich die Einlage des Grundstücks und dessen Verkauf bilanz- und ertragsteuerlich aus?

LÖSUNG

Mit Beginn der betrieblichen Nutzung gehört das Grundstück zum notwendigen Betriebsvermögen (R 4.2 Abs. 7 EStR). Es ist durch eine Einlage dem Betriebsvermögen zuzuführen. Die Einlage ist mit dem Teilwert zu bewerten (§ 6 Abs. 1 Nr. 5 EStG).

Im vorliegenden Fall ist zu beachten, dass die Veräußerung des Grundstücks innerhalb von zehn Jahren nach der (privaten) Anschaffung stattfindet. Der Vorgang ist deshalb auch unter dem Blickwinkel des § 23 Abs. 1 Satz 1 Nr. 1 EStG zu betrachten. Gemäß § 23 Abs. 1 Satz 5 Nr. 1 EStG gilt auch die Einlage eines Wirtschaftsguts in ein Betriebsvermögen als steuerpflichtiger privater Veräußerungsgewinn, wenn die Veräußerung aus dem Betriebsvermögen innerhalb von zehn Jahren nach der Anschaffung erfolgt. In diesen Fällen tritt an die Stelle des Veräußerungspreises der Einlagewert, hier der Betrag i. H. von 500.000 € (§ 23 Abs. 3 Satz 2 EStG), so dass sich ein Spekulationsgewinn gem. § 22 Nr. 2 EStG i. H. von 200.000 € ergibt (= 500.000 € Einlagewert - 300.000 € private Anschaffungskosten). Steuerpflichtig ist der Spekulationsgewinn gem. § 23 Abs. 3 Satz 6 EStG im Jahr des Zuflusses des Veräußerungspreises im Betriebsvermögen (hier im Jahr 10). Der Mehrbetrag i. H. von 400.000 € (= 900.000 € - 500.000 €) ist während der Zugehörigkeit des Grundstücks zum Betriebsvermögen entstanden und dort zu versteuern.

Buchung im Betriebsvermögen anlässlich des Verkaufs:

Bank	900.000 €	an	Grundstück	500.000 €
		an	Sonstige betriebliche Erträge	400.000 €

Außerdem ist im Veranlagungszeitraum 10 unter den sonstigen Einkünften ein privater Spekulationsgewinn i. H. von 200.000 € zu deklarieren.

Kapitel 6: Außerbilanzielle Hinzu- und Abrechnungen

6.1 Nichtabzugsfähige Betriebsausgaben

Aufgrund von § 4 Abs. 5–7 EStG (R 4.10–4.14 EStR) wird der Abzug von betrieblich veranlassten Aufwendungen, die die Lebensführung des Steuerpflichtigen oder anderer Personen berühren, eingeschränkt. Soweit ein Abzug nicht in Betracht kommt, handelt es sich **nicht** um Entnahmen. Die nichtabzugsfähigen Ausgaben sind vielmehr außerhalb der Buchführung dem Gewinn hinzuzurechnen. Das gilt auch für die auf sie entfallende Umsatzsteuer (§ 12 Nr. 3 EStG), die in der Buchführung gewinnmindernd erfasst wird. Die nachfolgende Nummerierung folgt der **gesetzlichen Zählweise.** Nicht abziehbar sind:

1. Aufwendungen für **Geschenke an Geschäftsfreunde,** wenn die Anschaffungs-/Herstellungskosten der dem Empfänger im Wirtschaftsjahr zugewendeten Gegenstände insgesamt 50 € (bis zum Jahr 2023 35 €) übersteigen. Es handelt sich um eine Freigrenze (R 4.10 Abs. 3 EStR). Von der Vorschrift werden nur Zuwendungen erfasst, denen keine Gegenleistung gegenübersteht. Derartige Zuwendungen führen beim Empfänger des geldwerten Vorteils zu steuerpflichtigen Einnahmen und sind bei diesem grds. steuererhöhend zu erfassen. § 37b EStG ermöglicht dem Zuwendenden, die Einkommensteuer/Körperschaftsteuer pauschal mit 30 % (zzgl. Kirchensteuer und Solidaritätszuschlag) des Zuwendungswerts zu begleichen. Damit ist die steuerliche Erfassung des geldwerten Vorteils beim Zuwendungsempfänger abgegolten. Die Pauschalierung gilt für alle Zuwendungen aus geschäftlichem (und betrieblichem) Anlass, unabhängig davon, ob die Freigrenze i. H. von 50 € überschritten ist oder nicht. Die Pauschalsteuer ist Teil des Geschenks und teilt dessen Schicksal. Bei der Prüfung der Freigrenze i. H. von 50 € ist aus Vereinfachungsgründen die übernommene Steuer nicht einzubeziehen (BMF, Schreiben v. 19.5.2015, BStBl 2015 I S. 468, Rz. 25). Für die Pauschalierung gilt ein jährliches Alles-oder-nichts-Prinzip. Streuwerbeartikel (Anschaffungskosten bis 10 €) und geschäftlich veranlasste Bewirtungen unterliegen nicht dem Anwendungsbereich des § 37b EStG. Weitere Einzelheiten ergeben sich aus dem BMF-Schreiben v. 19.5.2015 (a. a. O.).

   Erfolgt die Zuwendung als Belohnung für eine konkrete Gegenleistung, bestehen keine Abzugsbeschränkungen. Hierzu gehören z. B. die Incentive-Reisen, die im Zusammenhang mit einer konkreten Leistung des Empfängers gewährt werden. Hierbei handelt es sich um Erlebnisreisen, die dadurch gekennzeichnet sind, dass sie den Begünstigten zu touristisch attraktiven Zielen führen, bei denen die Verfolgung privater Interessen und Erholungsziele im Vordergrund steht (BMF, Schreiben v. 14.10.1996, BStBl 1996 I S. 1192).

   Das Abzugsverbot greift auch nicht, wenn Geber und Empfänger Unternehmer sind und der Zuwendung des Gebers eine konkrete Gegenleistung (z. B. ein bestimmter Geschäftsabschluss) des Empfängers gegenübersteht. Dann kommt es auch nicht auf die Höhe der Zuwendung an, sofern die betriebliche Veranlassung gegeben ist. Erfolgt die Zuwendung als Belohnung für eine konkrete Gegenleistung, die in einem gesetzwidrigen Verhalten des Begünstigten besteht, ist § 4 Abs. 5 Satz 1 Nr. 10 EStG (Schmiergeld) zu beachten.

   § 4 Abs. 5 Satz 1 Nr. 1 EStG ist ebenfalls nicht anzuwenden, wenn das zugewendete Wirtschaftsgut beim Empfänger ausschließlich betrieblich genutzt werden kann (R 4.10 Abs. 2 Satz 4 EStR). Zu denken ist hierbei an die Fälle des § 6 Abs. 4 EStG (z. B. ein Arzt erhält ein

Blutdruckmessgerät direkt vom Hersteller geschenkt oder ein Lebensmitteleinzelhändler erhält eine Tiefkühltruhe von einem Tiefkühlkostvertreiber geschenkt).

2. Aufwendungen für die **Bewirtung** von Personen aus geschäftlichem Anlass, soweit sie 70 % der Aufwendungen übersteigen, die nach der allgemeinen Verkehrsauffassung als angemessen anzusehen und deren Höhe und betriebliche Veranlassung nachgewiesen sind. Eine Bewirtung in diesem Sinne liegt nur vor, wenn die Darreichung von Speisen und/oder Getränken eindeutig im Vordergrund steht. Aufwendungen für den Besuch von Stripteaselokalen oder Varietéshows sind gem. § 4 Abs. 5 Satz 1 Nr. 7 EStG zu beurteilen und ggf. aufzuteilen; der angemessene Teil ist voll abzugsfähig, soweit er nicht auf Bewirtungen entfällt, für die die 70 %-Grenze gilt. Nehmen Arbeitnehmer des Steuerpflichtigen an Bewirtungen teil, ist auch insoweit der Abzug auf 70 % beschränkt. Nur die Kosten der reinen Arbeitnehmerbewirtung (z. B. bei Betriebsfesten) sind voll abzugsfähig (vgl. auch R 4.10 Abs. 6 und 7 EStR); bei den Arbeitnehmern können sich jedoch lohnsteuerpflichtige Sachbezüge ergeben (R 19.6 Abs. 2 LStR). Rechtsanwälte können die i. S. des § 4 Abs. 5 Satz 1 Nr. 2 EStG erforderlichen Angaben zu Teilnehmern und Anlass einer Bewirtung i. d. R. nicht unter Berufung auf die anwaltliche Schweigepflicht verweigern (BFH, Urteil v. 26.2.2004 - IV R 50/01, BStBl 2004 II S. 502).

3. Aufwendungen für **Gästehäuser,** soweit sie Personen dienen, die nicht Arbeitnehmer des Steuerpflichtigen sind und die sich außerhalb des Ortes eines Betriebs des Steuerpflichtigen befinden (R 4.10 Abs. 10–11 EStR). Veräußerungsgewinne bei derartigen Objekten sind gleichwohl steuerpflichtig (BFH, Urteil v. 12.12.1973 - VIII R 40/69, BStBl 1974 II S. 207).

   BEISPIEL: Die Anschaffungskosten eines auswärtigen Gästehaus-Gebäudes betragen 500.000 €. Die jährliche AfA beträgt 10.000 €. Nach 20 Jahren (Buchwert 300.000 €) wird das Gebäude für 480.000 € verkauft. Obwohl die AfA i. H. von insgesamt 200.000 € den Gewinn nicht mindern durfte, ergibt sich ein steuerpflichtiger Veräußerungsgewinn i. H. von 180.000 €.

4. Aufwendungen für **Jagd oder Fischerei,** für **Jachten** sowie für ähnliche Zwecke und damit zusammenhängende Bewirtungen.

5. **Mehraufwendungen für Verpflegung** (z. B. aus Anlass von Geschäftsreisen). Es sind bestimmte Pauschbeträge abziehbar. Diese abzugsfähigen Pauschbeträge betragen bei inländischen Geschäftsreisen (vgl. § 9 Abs. 4a EStG):

   1. 28 € für jeden Kalendertag, an dem der Steuerpflichtige 24 Stunden von seiner Wohnung oder Betriebsstätte abwesend ist,

   2. jeweils 14 € für den An- und Abreisetag, wenn der Steuerpflichtige an diesem, einem anschließenden oder vorhergehenden Tag außerhalb seiner Wohnung übernachtet, und

   3. 14 € für den Kalendertag, an dem der Steuerpflichtige ohne Übernachtung außerhalb seiner Wohnung mehr als acht Stunden von seiner Wohnung oder Betriebsstätte abwesend ist.

   Ausführlich zu Reisekosten BMF, Schreiben v. 25.11.2020, BStBl 2020 I S. 1228. Wegen pauschalierter Reisekosten im Ausland vgl. BMF, Schreiben v. 21.11.2023, BStBl 2023 I S. 2076.

6. Aufwendungen für die Wege des Steuerpflichtigen zwischen Wohnung und Betriebsstätte und für Familienheimfahrten, soweit sie höher sind als die Pauschalen gem. § 9 Abs. 1 Satz 3 Nr. 4 und 5 sowie Abs. 2 EStG. Es erfolgt eine Hinzurechnung der Aufwendungen, die auf

Fahrten zwischen Wohnung und Betrieb bzw. Familienheimfahrten entfallen, soweit diese Aufwendungen die gem. § 9 Abs. 1 Satz 3 Nr. 4 Satz 2–6 und 8 sowie Abs. 2 EStG ermittelte Entfernungspauschale bzw. die gem. § 9 Abs. 1 Satz 3 Nr. 5 Satz 5–7 und 9 sowie Abs. 2 EStG ermittelten Aufwendungen für Familienheimfahrten übersteigen. Wird die private Kfz-Nutzung nicht pauschal (sondern mittels Fahrtenbuchs oder ggf. Schätzung bei gewillkürtem Betriebsvermögen) ermittelt, sind die tatsächlichen, auf Fahrten zwischen Wohnung und Betrieb bzw. Familienheimfahrten entfallenden Aufwendungen maßgebend. Wird die private Kfz-Nutzung pauschal (1 %-Regelung) ermittelt, werden auch die Aufwendungen, die auf Fahrten zwischen Wohnung und Betrieb bzw. Familienheimfahrten entfallen, pauschal ermittelt. Für die Fahrten zwischen Wohnung und Betrieb sind 0,03 % des inländischen Listenpreises i. S. des § 6 Abs. 1 Nr. 4 Satz 2 EStG je Kalendermonat für jeden Entfernungskilometer zu berücksichtigen. Der positive Unterschiedsbetrag gem. § 4 Abs. 5 Satz 1 Nr. 6 Satz 3 Halbsatz 1 EStG ist bei Anwendung der 1 %-Regelung auch dann unter Ansatz von 0,03 % des inländischen Listenpreises des Fahrzeugs je Kalendermonat zu berechnen, wenn der Steuerpflichtige durchschnittlich weniger als 15 Fahrten im Monat zur Betriebsstätte unternommen hat (BFH, Urteil v. 12.6.2018 - VIII R 14/15, BStBl 2018 II S. 755). Für Familienheimfahrten sind 0,002 % des inländischen Listenpreises i. S. des § 6 Abs. 1 Nr. 4 Satz 2 EStG je Familienheimfahrt für jeden Entfernungskilometer zu berücksichtigen. Bemessungsgrundlage für die Pauschalen ist dabei der **Bruttolistenpreis.** Dieser ist bei reinen Elektrofahrzeugen oder extern aufladbaren Hybridfahrzeugen unter den Voraussetzungen des § 6 Abs. 1 Nr. 4 Satz 2 EStG je nach Anschaffungszeitpunkt, Fahrzeugtyp und Höhe der Anschaffungskosten entweder entsprechend der Batteriekapazität zu ermäßigen, zu halbieren oder zu $^1/_4$ anzusetzen (siehe dazu Kapitel 5). Wird anstelle der Pauschalen von der **Fahrtenbuchmethode** Gebrauch gemacht, ist bei reinen Elektro- oder extern aufladbaren Hybridfahrzeugen unter den Voraussetzungen des § 6 Abs. 1 Nr. 4 Satz 3 EStG je nach Anschaffungszeitpunkt und Fahrzeugtyp die zu berücksichtigende Abschreibung (AfA) ebenfalls gekürzt, halbiert oder nur zu $^1/_4$ zu berücksichtigen (§ 4 Abs. 5 Satz 1 Nr. 6 EStG).

6a. Mehraufwendungen wegen doppelter Haushaltsführung aus betrieblicher Veranlassung sind zwar unbefristet, aber bzgl. der Übernachtungskosten auf 1.000 € begrenzt monatlich abziehbar. Die übrigen Kosten einer doppelten Haushaltsführung unterfallen nicht § 4 Abs. 5 Satz 1 Nr. 6a EStG. Für Familienheimfahrten ist aber § 4 Abs. 5 Satz 1 Nr. 6 EStG und für Verpflegungsmehraufwendungen § 4 Abs. 5 Satz 1 Nr. 5 EStG zu beachten.

Gemäß § 4 Abs. 5 Satz 1 Nr. 6a EStG sind auch Mehraufwendungen für betriebliche Übernachtungen außerhalb einer doppelten Haushaltsführung nicht abziehbar, soweit sie die gem. § 9 Abs. 1 Satz 3 Nr. 5a EStG abziehbaren Beträge übersteigen.

6b. Gemäß § 4 Abs. 5 Satz 1 Nr. 6b Satz 1 und § 9 Abs. 5 Satz 1 EStG dürfen die Aufwendungen für ein **häusliches Arbeitszimmer** sowie die Kosten der Ausstattung grds. nicht als Betriebsausgaben abgezogen werden. Bildet das häusliche Arbeitszimmer den Mittelpunkt der gesamten betrieblichen und beruflichen Betätigung, dürfen die Aufwendungen in voller Höhe steuerlich berücksichtigt werden (§ 4 Abs. 5 Satz 1 Nr. 6b Satz 2 EStG); dies gilt auch, wenn ein anderer Arbeitsplatz zur Verfügung steht. Anstelle der tatsächlichen Aufwendungen kann pauschal ein Betrag i. H. von 1.260 € abgezogen werden, der sich für jeden vollen Kalendermonat, in dem die Abzugsvoraussetzung (Arbeitszimmer ist Mittelpunkt der gesamten betrieblichen und beruflichen Betätigung) nicht vorlag, um $^1/_{12}$ vermindert (§ 4 Abs. 5

Satz 1 Nr. 6b Satz 3 und 4 EStG). Ob ein anderer Arbeitsplatz zur Verfügung steht, ist seit dem Jahr 2023 für das häusliche Arbeitszimmer unbeachtlich (bzgl. der Homeoffice-Pauschale des § 4 Abs. 5 Satz 1 Nr. 6c EStG, s. u.). Eine Abzugsmöglichkeit ist daher auch dann nicht eröffnet, wenn kein anderer Arbeitsplatz zur Verfügung steht.

Unter die Regelungen des § 4 Abs. 5 Satz 1 Nr. 6b und § 9 Abs. 5 EStG fällt die Nutzung eines häuslichen Arbeitszimmers zur Erzielung von Einkünften aus sämtlichen Einkunftsarten.

Zu den Aufwendungen für ein häusliches Arbeitszimmer gehören insbesondere die Aufwendungen für die Ausstattung des Zimmers, wie z. B.

- Tapeten,
- Teppiche,
- Fenstervorhänge,
- Gardinen und
- Lampen sowie
- die anteiligen Aufwendungen für:
  - Miete,
  - Gebäude-AfA,
  - Absetzungen für außergewöhnliche technische oder wirtschaftliche Abnutzung,
  - Sonderabschreibungen,
  - Schuldzinsen für Kredite, die zur Anschaffung, Herstellung oder Reparatur des Gebäudes oder der Eigentumswohnung verwendet worden sind,
  - Wasser- und Energiekosten,
  - Reinigungskosten,
  - Grundsteuer,
  - Müllabfuhrgebühren,
  - Schornsteinfegergebühren,
  - Gebäudeversicherungen und
  - Renovierungskosten.

Gänzlich unberührt von der Regelung bleiben die **Kosten für Arbeitsmittel;** diese sind unbegrenzt abzugsfähig. In Betracht kommen die Aufwendungen für Bücherregale, den Schreibtisch, den Bürostuhl und den Computer. Sie sind selbst dann abzugsfähig, wenn dem Arbeitszimmer selbst im Ganzen die steuerliche Anerkennung versagt wird. Zu weiteren Einzelheiten vgl. BMF, Schreiben v. 15.8.2023, BStBl 2023 I S. 1551, sowie zur Rechtslage bis zum Jahr 2022 BMF, Schreiben v. 6.10.2017, BStBl 2017 I S. 1320.

Bis zum Jahr 2022 galt noch Folgendes: Bildet das häusliche Arbeitszimmer den Mittelpunkt der gesamten betrieblichen und beruflichen Betätigung, durften die Aufwendungen in voller Höhe geltend gemacht werden (keine Pauschale). Andernfalls setzte ein Abzug voraus, dass für die betriebliche oder berufliche Tätigkeit kein anderer Arbeitsplatz zur Verfügung steht. In diesem Fall waren die Aufwendungen bis zur Höhe von 1.250 € je Wirtschafts- oder Kalenderjahr als Betriebsausgaben oder Werbungskosten abziehbar (§ 4 Abs. 5 Satz 1 Nr. 6b Satz 2 und 3 EStG a. F.). Diese Begrenzung begegnet keinen verfassungsrechtlichen Bedenken (BFH, Urteil v. 28.2.2013 - VI R 58/11, BStBl 2013 II S. 642). Der Betrag i. H. von 1.250 € ist kein Pauschbetrag. Es handelt sich um einen personenbezogenen Höchstbetrag, der nicht mehrfach für verschiedene Tätigkeiten in Anspruch genommen werden kann, sondern ggf. auf die unterschiedlichen Tätigkeiten aufzuteilen ist. Bei der Nutzung mehrerer häuslicher Arbeitszimmer in verschiedenen Haushalten ist der Höchstbetrag nur einmal anzuwenden (BFH, Urteil v. 9.5.2017 - VIII R 15/15, BStBl 2017 II S. 956).

Für die Jahre **2020–2022** war in § 4 Abs. 5 Satz 1 Nr. 6b EStG eine Homeoffice-Pauschale geregelt (seit dem Jahr 2023 in § 4 Abs. 5 Satz 1 Nr. 6c EStG, dazu sogleich): Liegt kein häusliches Arbeitszimmer vor oder wird auf einen Abzug der Aufwendungen für ein häusliches Arbeitszimmer anhand der tatsächlichen Kosten verzichtet, kann der Steuerpflichtige für **jeden Kalendertag,** an dem er seine betriebliche oder berufliche Tätigkeit **ausschließlich** in der häuslichen Wohnung ausübt und keine außerhalb der häuslichen Wohnung belegene Betätigungsstätte aufsucht, für seine gesamte betriebliche und berufliche Betätigung einen Betrag i. H. von **5 €** abziehen, **höchstens 600 € im Wirtschafts- oder Kalenderjahr.**

6c. Erfolgt kein Abzug von Aufwendungen für ein häusliches Arbeitszimmer, kann der Steuerpflichtige für **jeden Kalendertag,** an dem er seine betriebliche oder berufliche Tätigkeit **überwiegend** in der häuslichen Wohnung ausübt und keine außerhalb der häuslichen Wohnung belegene erste Tätigkeitsstätte aufsucht, für seine gesamte betriebliche und berufliche Betätigung einen Betrag i. H. von **6 €** abziehen, **höchstens 1.260 € im Wirtschafts- oder Kalenderjahr.** Steht dauerhaft kein anderer Arbeitsplatz zur Verfügung, kann die Pauschale auch abgezogen werden, wenn die Tätigkeit am selben Tag auswärts oder an einer ersten Tätigkeitsstätte ausgeübt wird. Ein Abzug ist nicht möglich für das Arbeiten in einer Wohnung, deren Unterkunftskosten im Rahmen einer doppelten Haushaltsführung abgezogen werden.

7. Der unangemessene Teil von Aufwendungen, die die Lebensführung des Steuerpflichtigen oder anderer Personen berühren, z. B. übertrieben ausgestattetes Büro, Luxussportwagen eines Kleingewerbetreibenden (R 4.10 Abs. 12 EStR). Nach dieser Vorschrift sind auch Aufwendungen für den Besuch von Varieté oder Stripteaseveranstaltungen zu beurteilen (H 4.10 Abs. 5–9 Bewirtung EStH). Ob ein unangemessener betrieblicher Repräsentationsaufwand i. S. des § 4 Abs. 5 Satz 1 Nr. 7 EStG bei Beschaffung und Unterhaltung eines Sportwagens durch einen Freiberufler vorliegt, ist danach zu beurteilen, ob ein ordentlicher und gewissenhafter Unternehmer – ungeachtet seiner Freiheit, den Umfang seiner Erwerbsaufwendungen selbst bestimmen zu dürfen – die Aufwendungen angesichts der erwarteten Vorteile und Kosten ebenfalls auf sich genommen hätte. Ist der Aufwand i. S. des § 4 Abs. 5 Satz 1 Nr. 7 EStG unangemessen, ist der Maßstab für die dem Gericht obliegende Feststellung des angemessenen Teils der Betriebsausgaben die Sicht eines ordentlichen und gewissenhaften Unternehmers in derselben Situation wie der des Steuerpflichtigen (BFH, Urteil v. 29.4.2014 - VIII R 20/12, BStBl 2014 II S. 679).

8. Geldstrafen, Ordnungsgelder, Verwarnungsgelder und vergleichbare Leistungen (R 4.13 EStR), die von einem Gericht oder einer Behörde in Deutschland oder von einem Mitgliedstaat oder von Organen der EU festgesetzt wurden sowie damit zusammenhängende Aufwendungen. Lässt das Abzugsverbot Ausnahmen zu (hier gem. § 4 Abs. 5 Satz 1 Nr. 8 Satz 4

EStG für die Abschöpfung des wirtschaftlichen Vorteils), müssen die Voraussetzungen dafür am Bilanzstichtag objektiv vorliegen (BFH, Urteil v. 9.6.1999 - I R 64/97, BStBl 1999 II S. 656). Beruflich veranlasste Strafverteidigungskosten sind Betriebsausgaben (BFH, Urteil v. 18.10.2007 - VI R 42/04, BStBl 2008 II S. 223).

8a. Zinsen auf hinterzogene Betriebssteuern (§ 235 AO) und Zinsen gem. § 233a AO, soweit diese gem. § 235 Abs. 4 AO auf die Hinterziehungszinsen angerechnet werden.

9. Ausgleichszahlungen, die in den Fällen der §§ 14 und 17 KStG an außenstehende Anteilseigner geleistet werden. Hierbei handelt es sich um Organschaften.

10. Zuwendungen i. S. des § 4 Abs. 5 Satz 1 Nr. 10 EStG (sog. „Schmiergelder"). Schmiergelder der vorgenannten Art sind Zuwendungen in Geld oder Geldeswert, die aufgewendet werden, um den Empfänger zu einem bestimmten gesetzwidrigen Verhalten zu veranlassen. Das Abzugsverbot für Bestechungsgelder umfasst auch die Kosten des Strafverfahrens und einen für verfallen erklärten Betrag (BFH, Urteil v. 14.5.2014 - X R 23/12, BStBl 2014 II S. 684). Von den Bestechungsgeldern zu unterscheiden sind sog. „Vermittlungsprovisionen" oder „Vertrauensspesen" (z. B. an Taxifahrer für die Zuführung von Gästen); diese sind nach wie vor als Betriebsausgaben abziehbar.

    Für das Abzugsverbot ist es nicht erforderlich, dass der Zuwendende oder der Empfänger wegen des Schmiergelds

    - rechtskräftig bestraft oder
    - das Verfahren i. S. der §§ 153–154e StPO eingestellt oder
    - ein Bußgeld rechtskräftig verhängt wurde.

    Vielmehr genügt die Tatbestandsverwirklichung (BMF, Schreiben v. 10.10.2002, BStBl 2002 I S. 1031). In Betracht kommen u. a. folgende Straftatbestände bei Amtsträgern:

    - Vorteilsannahme (§ 331 StGB),
    - Bestechlichkeit (§ 332 StGB),
    - Vorteilsgewährung (§ 333 StGB),
    - Bestechung (§ 334 StGB) oder
    - Vorteilsgewährung und Bestechung ausländischer und internationaler Bediensteter (§ 335a StGB).

    Ferner gehören dazu die Bestechung von Abgeordneten (§ 108e StGB) sowie die aktive und passive Bestechung von Angestellten oder Beauftragten eines Geschäftsbetriebs im geschäftlichen Verkehr (§§ 299 und 300 StGB) (dazu und zu weiteren denkbaren Tatbeständen des Straf- und Ordnungswidrigkeitenrechts siehe die nicht abschließende Aufzählung in H 4.14 Zuwendungen EStH).

    Die Finanzbehörde hat den **Verdacht** einer solchen **Straftat** der Staatsanwaltschaft mitzuteilen; das Steuergeheimnis gilt hier nicht.

    Das Abzugsverbot gilt auch bei Leistungen an ausländische Amtsträger und Abgeordnete (R 4.14 EStR).

Keine Schmiergelder sind Geschenke, die lediglich Geschäftsbeziehungen herstellen, erhalten oder verbessern sollen. Hier greift aber das Abzugsverbot gem. § 4 Abs. 5 Satz 1 Nr. 1 EStG: Die Anschaffungs-/Herstellungskosten für das Geschenk dürfen nicht mehr als 50 €/Person/Jahr betragen haben.

Auf der Empfängerseite sind erhaltene Schmiergeldzahlungen als **Betriebseinnahmen** oder gem. § 22 Nr. 3 EStG zu erfassen.

Aufwendungen zur **Förderung staatspolitischer Zwecke** sind keine Betriebsausgaben (§ 4 Abs. 6 EStG). Für sie kommt nur der Sonderausgabenabzug in Betracht (§ 10b Abs. 2 EStG).

Aufwendungen i. S. des § 4 Abs. 5 Satz 1 Nr. 1–4, 6b und 7 EStG sind **gesondert aufzuzeichnen** (§ 4 Abs. 7 EStG). Wird hiergegen verstoßen, sind die Aufwendungen auch insoweit nicht abzugsfähig, als sie bei gesonderter Aufzeichnung abzugsfähig gewesen wären.

Zugaben, die einem Käufer einer Ware im Zusammenhang mit der eingekauften Ware ausgehändigt werden, sind keine Geschenke i. S. des § 4 Abs. 5 Satz 1 Nr. 1 EStG; sie brauchen deshalb auch nicht gesondert aufgezeichnet zu werden (BFH, Urteil v. 21.9.1993 - III R 76/88, BStBl 1994 II S. 170).

Schuldzinsenabzug bei Überentnahmen

Der Regelung des § 4 Abs. 4a EStG unterliegen nur Schuldzinsen, die **betrieblich veranlasst** sind. Dies erfordert im Hinblick auf die steuerliche Abziehbarkeit ein **zweistufiges Vorgehen** (BFH, Urteil v. 21.9.2005 - X R 46/04, BStBl 2006 II S. 125; vgl. hierzu auch BMF, Schreiben v. 17.11.2005, BStBl 2005 I S. 1019):

- **1. Schritt:** Privat veranlasste Zinsen sind keine Betriebsausgaben (wie bisher). Solche Zinsen werden aussortiert. Sie ergeben sich, soweit durch Geldentnahmen ein betriebliches Bankkonto negativ wird. Insoweit liegen keine Entnahmen (und damit auch keine Überentnahmen i. S. des § 4 Abs. 4a EStG) vor, sondern die Schuld ist eine Privatschuld. Übrig bleiben dann betrieblich veranlasste Schuldzinsen.
- **2. Schritt:** Für diese betrieblich veranlassten Zinsen ist zu prüfen, ob der Betriebsausgabenabzug im Hinblick auf Überentnahmen eingeschränkt ist, denn der Abzug betrieblich veranlasster Schuldzinsen ist eingeschränkt, wenn Überentnahmen vorliegen. Dies ist grds. der Fall, wenn die Entnahmen höher sind als die Summe aus Gewinn und Einlagen des Wirtschaftsjahres.

Der Gewinnbegriff i. S. des § 4 Abs. 4a EStG für die Ermittlung der nicht abziehbaren Schuldzinsen ist der Gewinn i. S. des § 4 Abs. 1 EStG. Außerbilanzielle Korrekturen werden nicht berücksichtigt. In der Folge verbleibt eine steuerfreie Investitionszulage im Gewinn und erhöht das Entnahmepotenzial; nicht abziehbare Betriebsausgaben i. S. des § 4 Abs. 5 Satz 1 EStG mindern den Gewinn und damit das Entnahmepotenzial. Außerbilanzielle Kürzungen und Hinzurechnungen wirken sich auf den Gewinn i. S. des § 4 Abs. 4a EStG nicht aus (BFH, Urteil v. 3.12.2019 - X R 6/18, BStBl 2021 II S. 77, und BMF, Schreiben v. 18.1.2021, BStBl 2021 I S. 119). Dies betrifft u. a. auch

- die nicht abzugsfähige Gewerbesteuer samt Nebenleistung (§ 4 Abs. 5b EStG),
- gem. § 4d Abs. 3, § 4e Abs. 3 oder § 4f EStG verteilte Betriebsausgaben,
- abgezogene oder hinzugerechnete Investitionsabzugsbeträge i. S. des § 7g EStG oder
- die Verteilung des Übergangsgewinns aus dem Wechsel der Gewinnermittlungsart i. S. der R 4.6 Abs. 1 Satz 2 EStR.

Zu berücksichtigen sind alle Entnahmen i. S. des § 4 Abs. 1 Satz 2 EStG (Barentnahmen, Waren, Erzeugnisse sowie Nutzungen und Leistungen) mit Ausnahme der Geldentnahmen, durch die ein betriebliches Bankkonto negativ wird oder sich ein vorhandener Negativsaldo vergrößert (BFH, Urteil v. 21.9.2005 - X R 46/04, BStBl 2006 II S. 125).

Die Einlage von Wertpapieren mindert den Betrag der Überentnahmen i. S. des § 4 Abs. 4a EStG (BFH, Urteil v. 17.5.2011 - VIII R 1/08, BStBl 2011 II S. 862). Die kurzfristige Einlage von Geld stellt allerdings einen Missbrauch von Gestaltungsmöglichkeiten des Rechts dar, wenn sie allein dazu dient, die Hinzurechnung gem. § 4 Abs. 4a EStG nicht abziehbarer Schuldzinsen zu umgehen; in diesem Fall entsteht der Steueranspruch so wie er entstanden wäre, wenn die Einlage unterblieben wäre (BFH, Urteil v. 21.8.2012 - VIII R 32/09, BStBl 2013 II S. 16).

Im Verlustjahr werden Verluste nicht berücksichtigt. Zur Feststellung, ob Überentnahmen vorliegen, ist – vereinfacht ausgedrückt – von einem Gewinn i. H. von 0 € auszugehen. Der Verlust ist jedoch stets vorrangig mit **Unterentnahmen vergangener oder zukünftiger Wirtschaftsjahre** zu verrechnen. Entsprechendes gilt für einen Verlust, soweit er nicht durch einen Einlagenüberschuss ausgeglichen wird. Verbleibende Verluste werden – ebenso wie die Über- oder Unterentnahmen – formlos festgestellt und in die Zukunft vorgetragen. Die der Anwendung des § 4 Abs. 4a EStG zugrunde zu legenden Überentnahmen sind in einem Verlustjahr nicht höher als der Betrag anzusetzen, um den die Entnahmen die Einlagen des Wirtschaftsjahres übersteigen (BFH, Urteil v. 3.3.2011 - IV R 53/07, BStBl 2011 II S. 688).

Ermittlung des Hinzurechnungsbetrags

§ 4 Abs. 4a Satz 3 EStG bestimmt, dass die betrieblich veranlassten Schuldzinsen pauschal i. H. von 6 % der Überentnahmen des Wirtschaftsjahres zzgl. der Überentnahmen und abzgl. der Unterentnahmen vorangegangener Wirtschaftsjahre (seit dem Jahr 1999) zu nicht abziehbaren Betriebsausgaben umqualifiziert werden. Der sich dabei ergebende Betrag, höchstens jedoch der um 2.050 € verminderte Betrag der im Wirtschaftsjahr angefallenen Schuldzinsen, ist gem. § 4 Abs. 4a Satz 4 EStG **außerhalb der Buchführung** dem Gewinn hinzuzurechnen.

Zu den im Wirtschaftsjahr angefallenen Schuldzinsen gehört neben den laufenden Schuldzinsen auch ein Damnum, soweit es gewinnwirksam war. Auch Geldbeschaffungskosten gehören für Zwecke des § 4 Abs. 4a EStG dazu.

Eine Überentnahme liegt auch vor, wenn sie sich lediglich aus Überentnahmen vorangegangener Wirtschaftsjahre ergibt. Deshalb ist eine Hinzurechnung nicht abziehbarer Schuldzinsen aufgrund von Überentnahmen gem. § 4 Abs. 4a EStG auch dann vorzunehmen, wenn im Veranlagungszeitraum keine Überentnahme vorliegt, sich aber ein Saldo aufgrund von Überentnahmen aus den Vorjahren ergibt (BFH, Urteil v. 17.8.2010 - VIII R 42/07, BStBl 2010 II S. 1041).

Die Regelung nimmt Zinsen für Darlehen aus der Abzugsbeschränkung aus, wenn diese zur Finanzierung von Anschaffungs- oder Herstellungskosten betrieblicher **Anlagegüter** (nicht Umlaufvermögen) verwendet werden. Ob Schuldzinsen i. S. des § 4 Abs. 4a Satz 5 EStG für Darlehen zur Finanzierung von Anschaffungs- oder Herstellungskosten von Wirtschaftsgütern des Anlagevermögens vorliegen, bestimmt sich ausschließlich nach der tatsächlichen Verwendung der Darlehensmittel. Es wird unwiderlegbar vermutet, dass auf ein Kontokorrentkonto ausgezahlte Darlehensmittel zur Finanzierung solcher Anschaffungs- oder Herstellungskosten von Wirtschaftsgütern des Anlagevermögens verwendet wurden, die innerhalb von 30 Tagen vor oder nach Auszahlung der Darlehensmittel tatsächlich über das entsprechende Kontokorrentkonto finanziert wurden. Beträgt der Zeitraum mehr als 30 Tage, muss der Steuerpflichtige den erforderlichen Finanzierungszusammenhang zwischen Auszahlung der Darlehensmittel und Bezahlung der Wirtschaftsgüter nachweisen. Die Finanzierung von Wirtschaftsgütern des Anlagevermögens durch Belastung des Kontokorrentkontos reicht aus, um die dadurch veranlassten Schuldzinsen von der Überentnahmeregelung auszunehmen (BFH, Urteil v. 23.2.2012 - IV R 19/08, BStBl 2013 II S. 151; zur Anwendung BMF, Schreiben v. 18.2.2013, BStBl 2013 I S. 197).

Besonderheiten bei Mitunternehmerschaften

Bei Mitunternehmerschaften ist die Überentnahmeregelung **gesellschafterbezogen** anzuwenden. Der Kürzungsbetrag i. H. von höchstens 2.050 € ist hingegen **gesellschaftsbezogen,** d. h. er ist nicht mit der Anzahl der Mitunternehmer zu vervielfältigen, sondern **nur einmal** anzusetzen und nach der Schuldzinsenquote auf die einzelnen Mitunternehmer zu verteilen. Wegen weiterer Einzelheiten vgl. BMF, Schreiben v. 2.11.2018, BStBl 2018 I S. 1207.

Die einer Personengesellschaft entstandenen Schuldzinsen für ein Darlehen des Gesellschafters sind im Rahmen der Hinzurechnung gem. § 4 Abs. 4a EStG nicht zu berücksichtigen, soweit sie zugleich als Sondervergütung behandelt worden sind. Dies gilt auch dann, wenn der Gesellschafter, der der Personengesellschaft ein Darlehen gewährt, an dieser nicht unmittelbar, sondern mittelbar über eine oder mehrere Personengesellschaften beteiligt ist (BFH, Urteil v. 12.2.2014 - IV R 22/10, BStBl 2014 II S. 621).

ABB. 10: Bewirtungen

Bewirtungen

aus geschäftlichem Anlass
(z. B. Kunden)

1. Zuerst ist die Angemessenheit zu prüfen.
2. Abzugsfähig sind nur 70 v. H. der angemessenen Aufwendungen.
3. Die Vorsteuer aus den angemessenen Aufwendungen ist voll verrechenbar (§ 15 Abs. 1a UStG).

aus betrieblichem Anlass
(z. B. Arbeitnehmer)

1. Es bestehen keine Abzugsbeschränkungen.
2. Bei den Arbeitnehmern können sich lohnsteuerpflichtige Sachbezüge ergeben. Unschädliche Beträge:
   a) Zwei Betriebsveranstaltungen pro Jahr und höchstens 110 € einschließlich Umsatzsteuer je Arbeitnehmer und je Veranstaltung (Freibetrag, § 19 Abs. 1 Satz 1 Nr. 1a EStG).
   b) Sog. „Arbeitsessen" im Wert von max. 60 € (R 19.6 Abs. 2 LStR).

HINWEIS

Lohn- und umsatzsteuerliche Behandlung von Betriebsveranstaltungen (§ 19 Abs. 1 Satz 1 Nr. 1a EStG)

Betriebsveranstaltungen sind Veranstaltungen auf betrieblicher Ebene mit gesellschaftlichem Charakter, z. B. Betriebsausflüge, Weihnachtsfeiern oder Jubiläumsfeiern. Ob die Veranstaltung vom Arbeitgeber, Betriebsrat oder Personalrat durchgeführt wird, ist unerheblich. Eine Betriebsveranstaltung liegt nur vor, wenn sich der Teilnehmerkreis überwiegend aus Betriebsangehörigen, deren Begleitpersonen und ggf. Leiharbeitnehmern oder Arbeitnehmern anderer Unternehmen im Konzernverbund zusammensetzt.

Zuwendungen anlässlich einer Betriebsveranstaltung sind insbesondere

- Speisen,
- Getränke,
- Tabakwaren,
- Süßigkeiten,
- die Übernahme von Übernachtungs- und Fahrtkosten,
- Musik,
- künstlerische Darbietungen und
- Aufwendungen für den äußeren Rahmen, z. B. für
  - Räume,
  - Beleuchtung oder
  - Eventmanager.

Soweit die genannten Zuwendungen den Betrag i. H. von 110 € je Betriebsveranstaltung und teilnehmendem Arbeitnehmer nicht übersteigen, gehören sie nicht zu den Einkünften aus nichtselbständiger Arbeit, wenn die Teilnahme an der Betriebsveranstaltung allen Angehörigen des Betriebs oder eines Betriebsteils offensteht. Der Freibetrag gilt für bis zu zwei Betriebsveranstaltungen jährlich.

Von einer überwiegend durch das unternehmerische Interesse des Arbeitgebers veranlassten, üblichen Zuwendung ist umsatzsteuerrechtlich im Regelfall auszugehen, wenn der Betrag je Arbeitnehmer und Betriebsveranstaltung 110 € einschließlich Umsatzsteuer nicht überschreitet. In diesem Fall ist i. d. R. der volle Vorsteuerabzug zulässig. Übersteigt dagegen der Betrag, der auf den einzelnen Arbeitnehmer entfällt, pro Veranstaltung die Grenze i. H. von 110 € einschließlich Umsatzsteuer, ist von einer überwiegend durch den privaten Bedarf des Arbeitnehmers veranlassten unentgeltlichen Zuwendung auszugehen. Bei Überschreiten des Betrags i. H. von 110 € besteht kein Anspruch auf Vorsteuerabzug, sofern die Verwendung bereits bei Leistungsbezug beabsichtigt ist (BMF, Schreiben v. 14.10.2015, BStBl 2015 I S. 832).

Während einkommensteuerrechtlich ein Freibetrag vorliegt, handelt es sich umsatzsteuerrechtlich um eine Freigrenze.

FALL 143

50 €-Grenze[18]

Sachverhalte:

a) Ein Gewerbetreibender schenkt einem Geschäftsfreund eine Vase. Die Anschaffungskosten haben seinerzeit 50 € betragen. Zum Zeitpunkt der Schenkung beträgt der Teilwert der Vase 60 €.

b) Der Gewerbetreibende schenkt ferner einem Kunden im selben Wirtschaftsjahr einen Regenschirm (Anschaffungskosten 25 €) sowie einen Bierkrug (Anschaffungskosten 30 €). Es wurde Vorsteuer i. H. von 10,45 € geltend gemacht.

AUFGABE

Handelt es sich um eine abziehbare Betriebsausgabe?

LITERATURHINWEIS

Dortmann/Mann, Lehrbuch Buchführung und Bilanzsteuerrecht, 14. Aufl. 2026, Teil A, Kapitel 10, Tz. 10.4.

LÖSUNG

Zu a)

Für die 50 €-Grenze sind die Anschaffungs- oder Herstellungskosten maßgeblich. Auf den Teilwert kommt es nicht an. § 4 Abs. 5 Satz 1 Nr. 1 EStG steht dem Abzug als Betriebsausgabe nicht entgegen; es liegt eine abziehbare Betriebsausgabe vor. § 37b EStG (Pauschalierung der Einkommensteuer) ist zu beachten.

Zu b)

Übersteigen die Anschaffungskosten eines Geschenks oder, wenn im Wirtschaftsjahr mehrere Geschenke an einen Empfänger gegeben werden, die Anschaffungskosten aller Geschenke an einen Empfänger den Betrag i. H. von 50 €, so entfällt der Abzug in vollem Umfang (R 4.10 Abs. 3 EStR). Das ist hier der Fall. Ein Abzug als Betriebsausgaben kommt nicht in Betracht (§ 4 Abs. 5 Satz 1 Nr. 1 EStG). In diesem Fall ist auch umsatzsteuerlich keine verrechenbare Vorsteuer gegeben (§ 15 Abs. 1a UStG). Die auf die Anschaffung entfallende Vorsteuer (hier 19 % von 55 € = 10,45 €) darf den Gewinn nicht mindern (§ 12 Nr. 3 EStG). Da es sich begrifflich nicht um eine Entnahme handelt, wird die Vorsteuer in der Buchführung als Aufwand erfasst; die Korrektur erfolgt außerhalb der Buchführung.

18 **Literaturhinweis:** Falterbaum/Bolk/Reiß/Kirchner, Buchführung und Bilanz, 23. Aufl. 2020, S. 237 ff.

Buchung:

Nichtabziehbare Betriebsausgaben	10,45 €	an	Umsatzsteuer	10,45 €

Außerhalb der Bilanz und der Gewinn- und Verlustrechnung ist der Gewinn um insgesamt 65,45 € zu erhöhen.

FALL 144

Pauschalbesteuerung

Sachverhalt: Zehn Geschäftsfreunde haben Geschenke im Wert i. H. von jeweils 30 € (= Netto-Anschaffungskosten) und 15 Geschäftsfreunde im Wert i. H. von jeweils 60 € (= Netto-Anschaffungskosten) erhalten. Die Netto-Anschaffungskosten wurden als Aufwand behandelt. Die darauf entfallende Umsatzsteuer beträgt 19 % und wurde zunächst als Vorsteuer geltend gemacht. Es soll von der Pauschalversteuerung Gebrauch gemacht werden. Die Zuwendungsempfänger sind entsprechend unterrichtet. Die Kirchensteuer ist nicht zu berücksichtigen.

AUFGABE

Welche Auswirkungen ergeben sich beim Zuwendenden und wie muss er buchen?

LÖSUNG

Unter Anwendung von § 37b EStG ergibt sich eine Pauschalsteuer einschließlich Solidaritätszuschlag i. H. von 31,65 % von (1,19 x 1.200 € =) 1.428 € = 451,96 €. Für die Geschenke im Wert i. H. von jeweils 30 € gilt das Abzugsverbot nicht. Hierauf entfällt eine Pauschalsteuer einschließlich Solidaritätszuschlag i. H. von 31,65 % von 357 € = 112,99 €.

Für die Geschenke im Wert i. H. von jeweils 60 € greift das Abzugsverbot des § 4 Abs. 5 Satz 1 Nr. 1 EStG. Insoweit entfällt auch der Vorsteuerabzug, hier i. H. von 19 % von 900 € = 171 € (§ 15a Abs. 1a UStG).

Die nicht abziehbare Vorsteuer (171 €) wird ebenso wie die Pauschalsteuer (451,96 €) in der Buchführung als Aufwand erfasst (622,96 €), da es sich begrifflich nicht um Entnahmen handelt. Die Korrektur erfolgt außerhalb der Buchführung durch eine sog. „außerbilanzielle Hinzurechnung“:

Geschenke 15 x 60 € =	900,00 €
Darauf entfallende Vorsteuer	+ 171,00 €
Darauf entfallende Pauschalsteuer (31,65 %)	+ 338,97 €
Summe und außerbilanzielle Hinzurechnung	1.409,97 €

Buchung:

Abziehbare Geschenke (anteilige Pauschalsteuer)	112,99 €			
Nichtabziehbare Betriebsausgaben	509,97 €	an	Umsatzsteuer	171,00 €
		an	Sonstige Verbindlichkeiten	451,96 €

FALL 145

Bewirtungen

Sachverhalt: In den Geschäftsräumen des Unternehmens findet eine Bewirtung statt. Die Kosten betragen für ein kaltes Büfett nebst Getränken 5.000 € zzgl. 950 € Umsatzsteuer. Veranlasst wird die Bewirtung dadurch, dass

a) der Firmeninhaber 50 Jahre alt geworden ist. Teilnehmer sind Freunde des Betriebsinhabers, zu denen auch einzelne Arbeitnehmer, Kunden und Lieferanten gehören;

b) die Firma ihr 100-jähriges Bestehen feiert. Teilnehmer sind Kunden und Lieferanten (100 Personen insgesamt);

c) die Firma ihr 100-jähriges Bestehen feiert. Teilnehmer sind jedoch nur die Arbeitnehmer des Betriebs (200 Personen insgesamt).

AUFGABE

Wie sind die Kosten steuerlich zu behandeln?

LÖSUNG

Zu a)

Hier wird der Geburtstag des Betriebsinhabers gefeiert. Das ist ein privater Anlass. Der Anlass ist ein erhebliches Indiz für die steuerliche Beurteilung und es sind keine abweichenden Anhaltspunkte für eine betriebliche Veranlassung ersichtlich (zur Möglichkeit der betrieblichen Veranlassung auch bei der Feier eines privaten Ereignisses, z. B. des Geburtstags, vgl. BFH, Urteil v. 10.11.2016 - VI R 7/16, BStBl 2017 II S. 409). Die Ausgaben sind insgesamt nicht abzugsfähig (§ 12 Nr. 1 EStG). Es handelt sich von Anfang an um eine Entnahme (§ 4 Abs. 1 Satz 2 EStG).

Buchung:

Entnahmen	5.950 €	an	Finanzkonto	5.950 €

Zu b)

Die Feier des Firmenjubiläums mit Kunden und Lieferanten ist ein **geschäftlicher** Anlass. Hier ist § 4 Abs. 5 Satz 1 Nr. 2 EStG zu beachten. Zunächst ist die Angemessenheit der Aufwendungen zu prüfen (R 4.10 Abs. 6 Satz 5 Nr. 2 EStR). Bei 100 Teilnehmern entfallen auf jeden ca. 50 €, was noch angemessen sein dürfte. Nach der ausdrücklichen gesetzlichen Regelung sind aber 30 % der angemessenen Aufwendungen in keinem Fall abzugsfähig: 1.500 €. Auch die darauf entfallende Vorsteuer (hier 285 €) ist umsatzsteuerlich gleichwohl voll verrechenbar. Es kann wie folgt gebucht werden:

Abzugsfähige Bewirtungen	3.500 €			
Vorsteuer	950 €			
Nichtabzugsfähige Bewirtungen	1.500 €	an	Finanzkonto	5.950 €

Das Konto „Nichtabzugsfähige Bewirtungen" wird ebenfalls über das Gewinn- und Verlustkonto abgeschlossen. Außerhalb der Buchführung ist der Gewinn um 1.500 € zu erhöhen.

Zu c)

Diese Bewirtung ist nicht geschäftlich, sondern **betrieblich veranlasst.** Für diese Fälle gilt § 4 Abs. 5 Satz 1 Nr. 2 EStG nicht. Derartige Aufwendungen können vielmehr unbegrenzt abgezogen werden (R 4.10 Abs. 7 EStR). Zu beachten ist aber, dass sich bei Betriebsveranstaltungen zugunsten von Arbeitnehmern bei diesen steuerpflichtiger Arbeitslohn ergeben kann. Hier besteht allerdings ein **Freibetrag** i. H. von 110 € je Arbeitnehmer und je Veranstaltung (R 19.5 Abs. 3 und 4 LStR). Im vorliegenden Fall entfallen auf jeden Arbeitnehmer ca. 30 € (= 5.950 € / 200 Personen), so dass zusätzlich nichts zu veranlassen ist.

Buchung:

Sonstiger betrieblicher Aufwand	5.000 €			
Vorsteuer	950 €	an	Finanzkonto	5.950 €

FALL 146

Bewirtung im Restaurant

Sachverhalt: Auf dem Konto „Bewirtungen" sind u. a. zwei Rechnungen verbucht:

- **Rechnung I:** Diese Rechnung weist einen Betrag i. H. von 500 € zzgl. Umsatzsteuer aus. Rechnungsaussteller ist das Nobel-Restaurant „Atlantis". Aus dem maschinell erstellten Beleg geht hervor, dass sich der Betriebsinhaber dort aus geschäftlichem Anlass (erfolgreicher Auftragsabschluss im Wert i. H. von 2 Mio. €) mit vier namentlich genannten Geschäftsfreunden aufhielt. Im Übrigen entspricht der Beleg den gesetzlichen Erfordernissen.
- **Rechnung II:** Aus diesem Beleg geht hervor, dass der Betriebsinhaber für sich und einen Geschäftsfreund aus geschäftlichem Anlass in einer Gaststätte einen Bewirtungsaufwand i. H. von 80 € zzgl. 15,20 € Umsatzsteuer getätigt hat.

AUFGABE

In welchem Umfang ergeben sich abzugsfähige und nichtabzugsfähige Betriebsausgaben?

LÖSUNG

Für die Berücksichtigung von Bewirtungsaufwendungen i. S. des § 4 Abs. 5 Satz 1 Nr. 2 EStG gilt allgemein Folgendes (BMF, Schreiben v. 30.6.2021, BStBl 2021 I S. 908):

1. Die Rechnung muss den Namen und die Anschrift der **Gaststätte** enthalten und **maschinell** erstellt und **registriert** sein.
2. Die Rechnung muss die Menge und die handelsübliche Bezeichnung des Gegenstands der Lieferung enthalten (die Angabe **„Speisen und Getränke"** genügt nicht).
3. Ein zusätzlich gewährtes **Trinkgeld** sollte vom Empfänger auf der Rechnung **quittiert** sein. Es gelten die allgemeinen Regelungen zur Feststellungslast.
4. Die **Teilnehmer** und der **geschäftliche Anlass** sind genau zu bezeichnen (z. B. auf der Rückseite der Rechnung).
5. Rechnungen im Gesamtbetrag i. H. von mehr als 250 € müssen auch den Namen des **bewirtenden Steuerpflichtigen** enthalten (R 4.10 Abs. 8 Satz 4 EStR); hierbei genügt es, wenn der Gastwirt den Namen handschriftlich auf der Rechnung vermerkt. Die **Nachholung** durch den **Gastwirt** ist zulässig (H 4.10 Abs. 5–9 Nachholung von Angaben EStH).
6. Die Rechnung muss den Anforderungen des § 14 UStG genügen. Die Angabe der Steuernummer des leistenden Unternehmers gem. § 14 Abs. 4 Satz 1 Nr. 2 UStG ist deshalb erforderlich.
7. Zu den geschäftlich veranlassten Aufwendungen gehört auch der Teil, der auf den Steuerpflichtigen selbst entfällt.
8. Beim Empfänger ergeben sich keine Betriebseinnahmen (R 4.7 Abs. 3 EStR).
9. Absetzbar sind nur **70 % des angemessenen Teils** der Bewirtungsaufwendungen. Das bedeutet, dass der unangemessene Teil gänzlich vom Abzug ausgeschlossen ist.
10. Die Aufwendungen sind **zeitnah** auf einem **besonderen Konto** zu erfassen (§ 4 Abs. 7 EStG).

Rechnung I

Die Bewirtungsaufwendungen sind gem. § 4 Abs. 5 Satz 1 Nr. 2 EStG zu beurteilen. Danach ist zunächst die Angemessenheit zu prüfen; der unangemessene Teil ist gänzlich vom Abzug ausgeschlossen. Hier wurden in einem gehobenen Restaurant für Speisen und Getränke für fünf Personen 500 € netto ausgegeben (pro Person also 100 € netto). Angesichts des Auftragsvolumens erscheint das nicht unangemessen. Obwohl die Aufwendungen insgesamt angemessen sind, dürfen nach der ausdrücklichen gesetzlichen Regelung nur 70 % den Gewinn mindern (= 350 €). Die anteilige Vorsteuer, die auf den nichtabziehbaren Teil entfällt, ist umsatzsteuerlich gleichwohl voll verrechenbar. **Außerhalb der Buchführung** ist der Gewinn um 150 € zu erhöhen.

Rechnung II

Die Angemessenheit kann bei der Höhe der Aufwendungen (47,60 €/Person) unterstellt werden.

Im Einzelnen:

	Netto-Betrag	Umsatzsteuer
Netto-Ausgangsbetrag	80,00 €	15,20 €
30 %	- 24,00 €	
Verbleiben	56,00 €	15,20 €

Buchung:

Bewirtungen	56,00 €			
Vorsteuer	15,20 €			
Nichtabzugsfähige Bewirtungen	24,00 €	an	Finanzkonto	95,20 €

Außerhalb der Buchführung ist der Gewinn um 24 € zu erhöhen.

ABB. 11: Reisekosten bei Geschäftsreisen

Reisekosten bei Geschäftsreisen

Verpflegungsmehraufwand	Übernachtungskosten	Fahrtkosten
Pauschale Betriebsausgaben: a) Eintägige auswärtige Tätigkeit Mehr als acht Stunden: 14 € b) Mehrtägige auswärtige Tätigkeit Anreisetag: 14 € Zwischentage: je Tag 28 € Abreisetag: 14 €	**Betriebsausgaben:** Laut Rechnung	(R 4.12 Abs. 2 EStR, H 9.5 LStH und § 9 Abs. 1 Satz 3 Nr. 4a Satz 2 EStG) **Betriebsausgaben:** a) Privater Pkw: 0,30 €/km oder nachgewiesene Kosten. b) Bahn- oder Flugtickets: Laut Beleg.
Vorsteuer: Ja, bei Vorlage von Rechnungen mit Steuerausweis, soweit der Rechnungsbetrag angemessen ist.	**Vorsteuer:** Ja, in nachgewiesener Höhe.	**Vorsteuer:** a) Bei Pauschale mit 0,30 €/km kein Vorsteuerabzug. Bei Belegen Vorsteuer in nachgewiesener Höhe. b) Vorsteuer lt. Fahrausweisen.

FALL 147

Reisekosten

Sachverhalt: Kaufmann A aus Köln war vom 6.12. bis zum 10.12. auf Geschäftsreise in Bayern. Er fuhr am 6.12. um 9:00 Uhr los und kehrte am 10.12. um 14:00 Uhr zurück. Für vier Hotelübernachtungen liegen Rechnungen über 600 € zzgl. 7 % Umsatzsteuer (ohne Frühstück) vor.

Am 15.12. unternahm Kaufmann A eine eintägige Geschäftsreise von mehr als 14 Stunden Dauer. Über den entstandenen Verpflegungsaufwand liegen Rechnungen über 80 € zzgl. 19 % Umsatzsteuer vor.

Alle entstandenen Aufwendungen wurden von Kaufmann A mit Privatmitteln bezahlt. Alle Rechnungen genügen den umsatzsteuerlichen Vorschriften.

AUFGABE

In welchem Umfang kommt ein Betriebsausgabenabzug in Betracht?

LÖSUNG

Derartige Aufwendungen sind gem. § 4 Abs. 5 Satz 1 Nr. 5 EStG (Verpflegungsmehraufwendungen) bzw. § 4 Abs. 5 Satz 1 Nr. 6a EStG (Mehraufwendungen für betrieblich veranlasste Übernachtungen) zu beurteilen. Für die Übernachtungskosten sind die Rechnungsbeträge maßgebend. Zu den unbeschränkt abzugsfähigen Übernachtungskosten gehören nur die Kosten der Unterkunft, nicht die Kosten des Frühstücks. Im vorliegenden Fall sind 600 € voll abzugsfähig.

Buchung:

Reisekosten	600 €			
Vorsteuer	42 €	an	Einlagen	642 €

Für den Verpflegungsmehraufwand ist nur noch die Inanspruchnahme von Pauschbeträgen zulässig, deren Höhe sich aus § 4 Abs. 5 Satz 1 Nr. 5 i. V. mit § 9 Abs. 4a EStG ergibt. Für den An- und Abreisetag (6.12. und 10.12.) ergeben sich jeweils 14 € und für die übrigen Tage (sog. „Zwischentage") jeweils 28 €. Im vorliegenden Fall stehen Kaufmann A folgende Beträge zu:

► 6.12.	14 €
► 7.12.	+ 28 €
► 8.12.	+ 28 €
► 9.12.	+ 28 €
► 10.12.	+ 14 €
Summe	112 €

Buchung:

Reisekosten	112 €	an	Einlagen	112 €

Auch für die eintägige Geschäftsreise kommt **ertragsteuerlich** nur die Inanspruchnahme eines Pauschbetrags in Betracht: 14 €. Die Belege spielen allerdings eine Rolle für den Vorsteuerabzug, denn der Unternehmer kann nicht nur aus **Rechnungen für Übernachtungen** anlässlich einer Geschäftsreise, sondern auch aus **Rechnungen für Verpflegungskosten** anlässlich einer Geschäftsreise den Vorsteuerabzug in Anspruch nehmen, hier 15,20 €.

Buchung:

Reisekosten	80,00 €		
Vorsteuer	15,20 €	an Einlagen	95,20 €

Außerhalb der Buchführung ist der Gewinn um (80 € - 14 € =) 66 € zu erhöhen.

FALL 148

Fahrten zwischen Wohnung und Betrieb

Sachverhalt: Kaufmann A nutzt seinen betrieblichen Pkw auch für Fahrten zwischen Wohnung und Betrieb. Die einfache Entfernung beträgt 10 km. Kaufmann A nutzt den Pkw an 230 Tagen im Jahr für derartige Fahrten. Der maßgebliche Listenpreis einschließlich Umsatzsteuer beträgt 64.300 €. Die tatsächlichen Kosten einschließlich AfA belaufen sich (lt. Gewinn- und Verlustrechnung) auf 22.500 € jährlich. Die Gesamtkilometerleistung beträgt jährlich 25.000 km. Der Pkw dient zu mehr als 50 % betrieblichen Zwecken.

AUFGABE

In welchem Umfang ergeben sich nicht abzugsfähige Ausgaben?

LÖSUNG

Für Fahrten zwischen Wohnung und Betrieb des Betriebsinhabers gelten dieselben Abzugsbeschränkungen wie für Arbeitnehmer (§ 4 Abs. 5 Satz 1 Nr. 6 i. V. mit § 9 Abs. 1 Satz 3 Nr. 4 EStG). Zur Abgeltung derartiger Aufwendungen ist für jeden Tag, an dem der Betriebsinhaber den Betrieb aufsucht, eine Entfernungspauschale für jeden vollen km der Entfernung zwischen Wohnung und Betrieb i. H. von 0,30 € anzusetzen, höchstens jedoch 4.500 € im Kalenderjahr.

Um dieses Ziel zu erreichen, sieht § 4 Abs. 5 Satz 1 Nr. 6 EStG eine pauschale Gewinnzurechnung vor, wenn ein betriebliches Fahrzeug für derartige Fahrten benutzt wird und dessen Kosten voll als Betriebsausgaben behandelt werden. Die Aufwendung i. H. des positiven Unterschiedsbetrags zwischen 0,03 % des inländischen Listenpreises des Kfz zum Zeitpunkt der Erstzulassung je Kalendermonat für jeden Entfernungskilometer und dem sich gem. § 9 Abs. 1 Satz 3 Nr. 4 EStG ergebenden Betrag dürfen den Gewinn nicht mindern (Pauschalregelung).

Pauschalregelung:

0,03 % von 64.300 € =	19,29 €
19,29 € x 10 km x 12 Monate =	2.314,80 €
Höchstens:	
10 km x 0,30 € x 230 Tage =	- 690,00 €
Nicht abzugsfähig somit	1.624,80 €

Zu beachten ist, dass der gesamte Fahrzeugaufwand gewinnmindernd in der Buchführung berücksichtigt ist. Daran wird auch buchmäßig nichts geändert. **Außerhalb der Buchführung** ist der Gewinn um 1.624,80 € zu erhöhen.

HINWEIS

Rechnet der Steuerpflichtige die private Pkw-Nutzung nach der Fahrtenbuchmethode auf Basis der tatsächlich entstandenen Kosten ab, muss auch bei den Fahrten zwischen Wohnung und Betrieb entsprechend verfahren werden. Die Anwendung von 0,03 % (Pauschalregelung) erfolgt also nur, wenn auch die private Pkw-Nutzung nach der 1 %-Pauschalmethode berechnet wird.

FALL 149

Fahrten zwischen Wohnung und Betrieb (Elektrofahrzeug)

Sachverhalt: Kaufmann A nutzt seinen ausschließlich batteriebetriebenen betrieblichen Pkw auch für Fahrten zwischen Wohnung und Betrieb. Die einfache Entfernung beträgt 20 km. Kaufmann A nutzt den Pkw an 240 Tagen im Jahr für derartige Fahrten. Das Fahrzeug dient zu mehr als 50 % betrieblichen Zwecken. Der maßgebliche Listenpreis einschließlich Umsatzsteuer beträgt

a) 58.000 €;

b) 102.000 €.

AUFGABE

In welchem Umfang ergeben sich nicht abzugsfähige Ausgaben?

LÖSUNG

Für die Lösung ist von § 4 Abs. 5 Satz 1 Nr. 6 EStG auszugehen. Durch den dortigen Verweis auf § 6 Abs. 1 Nr. 4 Satz 2 EStG ist bei Elektrofahrzeugen von den um 75 % bzw. 50 % reduzierten Bruttolistenpreisen auszugehen.

	Fall a)	**Fall b)**
Bruttolistenpreis	58.000 €	102.000 €
Bemessungsgrundlage 25 %/50 %	14.500 €	51.000 €
0,03 % x 14.500 €/51.000 € =	4,35 €	15,30 €
4,35 €/15,30 € x 20 km x 12 Monate = Nutzungswert	1.044 €	3.672 €
Zustehende Fahrtkostenpauschale: 240 Tage x 20 km x 0,30 € =	- 1.440 €	- 1.440 €
Verbleiben nichtabzugsfähige Betriebsausgaben	- 396 €	+ 2.232 €

Im Fall a) ist der Gewinn außerhalb der Buchführung um 396 € **zu mindern,** im Fall b) um 2.232 € zu erhöhen.

Umsatzsteuerliche Konsequenzen ergeben sich nicht, da die Fahrten zwischen Wohnung und Betrieb unternehmerischen Zwecken dienen.

FALL 150

Nicht abzugsfähige Schuldzinsen gem. § 4 Abs. 4a EStG

Sachverhalt: Bei einem bilanzierenden Gewerbetreibenden haben sich für die nachfolgenden Wirtschaftsjahre folgende Entnahmen, Gewinne bzw. Verluste und betriebliche Sollzinsen (keine Zinsen für Investitionsdarlehen) ergeben:

	Wirtschaftsjahr 01	**Wirtschaftsjahr 02**
Entnahmen	60.000 €	60.000 €
Gewinn	40.000 €	30.000 €
Betriebliche Sollzinsen	6.000 €	2.000 €

	Wirtschaftsjahr 03	**Wirtschaftsjahr 04**
Entnahmen	20.000 €	50.000 €
Gewinn	- 50.000 €	60.000 €
Betriebliche Sollzinsen	10.000 €	18.000 €

AUFGABE

In welcher Höhe ergeben sich gem. § 4 Abs. 4a EStG nicht abziehbare Schuldzinsen?

LÖSUNG

Soweit Überentnahmen bestehen, liegen nicht abziehbare Betriebsausgaben i. H. von 6 % der Überentnahmen vor, höchstens jedoch i. H. der um 2.050 € verminderten Schuldzinsen (§ 4 Abs. 4a EStG). Es kann wie folgt gerechnet werden:

	Entnahmen
-	Gewinn
-	Einlagen
=	Überentnahmen (falls +)
=	Unterentnahmen (falls -)

Einmal stattgefundene Überentnahmen wirken sich auch in den Folgejahren aus. Sie können nur durch Einlagen (Unterentnahmen) oder Gewinne abgebaut werden (vgl. im Einzelnen BMF, Schreiben v. 2.11.2018, BStBl 2018 I S. 1207).

Hiernach ist wie folgt zu rechnen:

	Wirtschaftsjahr 01	**Wirtschaftsjahr 02**
Entnahmen	60.000 €	60.000 €
Gewinn	- 40.000 €	- 30.000 €
Überentnahmen	+ 20.000 €	+ 30.000 €

		Wirtschaftsjahr 01	Wirtschaftsjahr 02
Überentnahmen aus Vorjahr			+ 20.000 €
Bemessungsgrundlage		20.000 €	50.000 €
6 % pauschal		1.200 €	3.000 €
Höchstens für das Wirtschaftsjahr 01	6.000 €		
Freibetrag	- 2.050 €	3.950 €	
Also Gewinnhinzurechnung		+ 1.200 €	
Höchstens für das Wirtschaftsjahr 02	2.000 €		
Freibetrag	- 2.050 €		
Also Gewinnhinzurechnung			0 €
Nachrichtlich:			
Vortrag für Folgejahre:			
Überentnahmen		20.000 €	50.000 €

	Wirtschaftsjahr 03	Wirtschaftsjahr 04
Entnahmen	20.000 €	50.000 €
Gewinn (Verlust = 0 €)	0 €	- 60.000 €
Überentnahmen	+ 20.000 €	
Unterentnahmen		10.000 €
Verlust aus Vorjahr 50.000 € (höchstens)		- 10.000 €
Überentnahmen aus Vorjahr	+ 50.000 €	+ 70.000 €
Bemessungsgrundlage	70.000 €	70.000 €
6 % pauschal	4.200 €	4.200 €
Die tatsächlichen Zinsen liegen weit über dem Freibetrag i. H. von 2.050 €.		
Deshalb Gewinnhinzurechnung	4.200 €	4.200 €
Nachrichtlich:		
Vortrag für Folgejahre:		
Überentnahmen	70.000 €	70.000 €
Verlust	50.000 €	40.000 €

HINWEIS

Ein Verlust ist mit Unterentnahmen vergangener oder zukünftiger Wirtschaftsjahre auszugleichen. Dies hat den Nachteil, dass derartige Unterentnahmen nicht zum Abbau von Überentnahmen bereitstehen; sie sind für Verluste „verbraucht".

Für die einzelnen Wirtschaftsjahre ergeben sich somit folgende **außerbilanzielle Hinzurechnungen:**

- Wirtschaftsjahr 01: 1.200 €;
- Wirtschaftsjahr 02: 0 €;
- Wirtschaftsjahr 03: 4.200 € und
- Wirtschaftsjahr 04: 4.200 €.

6.2 Investitionsabzugsbetrag (§ 7g EStG)

6.2.1 Inanspruchnahme des Investitionsabzugsbetrags

Bestimmte Steuerpflichtige können nach Maßgabe des § 7g Abs. 1 EStG bis zu 50 % der voraussichtlichen Anschaffungs- oder Herstellungskosten eines abnutzbaren beweglichen Wirtschaftsguts des Anlagevermögens, das mindestens bis zum Ende des dem Wirtschaftsjahr der Anschaffung oder Herstellung folgenden Wirtschaftsjahres vermietet oder in einer inländischen Betriebsstätte des Betriebs des Steuerpflichtigen ausschließlich oder fast ausschließlich (mindestens 90 %) betrieblich genutzt wird, **außerbilanziell** gewinnmindernd abziehen (Investitionsabzugsbetrag).

Investitionsabzugsbeträge können nur in Anspruch genommen werden, wenn

1. der Gewinn
   a) gem. § 4 oder § 5 EStG ermittelt wird und
   b) im Wirtschaftsjahr, in dem die Abzüge vorgenommen werden sollen, ohne Berücksichtigung der Investitionsabzugsbeträge gem. § 7g Abs. 1 Satz 1 EStG und der Hinzurechnungen gem. § 7g Abs. 2 EStG 200.000 € nicht überschreitet.
2. Der Steuerpflichtige übermittelt die Summen der Abzugsbeträge und der gem. § 7g Abs. 2–4 EStG hinzuzurechnenden oder rückgängig zu machenden Beträge nach amtlich vorgeschriebenen Datensätzen durch Datenfernübertragung. Auf Antrag kann die Finanzbehörde zur Vermeidung unbilliger Härten auf eine elektronische Übermittlung verzichten; § 150 Abs. 8 AO gilt entsprechend.

Der Abzugsbetrag beläuft sich auf max. 200.000 € je Betrieb innerhalb von vier Jahren, wobei es auf die abgezogenen und noch nicht wieder hinzugerechneten oder rückgängig gemachten Abzugsbeträge ankommt (§ 7g Abs. 1 Satz 4 EStG). Da der Abzug außerbilanziell erfolgt, gelten die restriktiven Bilanzänderungsregeln gem. § 4 Abs. 2 EStG nicht.

6.2.2 Folgen nach stattgefundener Investition

Wird ein begünstigtes Wirtschaftsgut angeschafft oder hergestellt, das die Verbleibens- und Nutzungsvoraussetzungen (§ 7g Abs. 1 Satz 1 EStG) voraussichtlich erfüllen wird, kann § 7g Abs. 2 EStG angewendet werden.

Dabei kann der Gewinn des Wirtschaftsjahres, in dem ein oder mehrere begünstigte Wirtschaftsgüter angeschafft oder hergestellt werden, um 50 % der jeweiligen Anschaffungs- oder

Herstellungskosten, höchstens jedoch i. H. der insgesamt geltend gemachten und bislang noch nicht hinzugerechneten oder rückgängig gemachten Abzugsbeträge, außerbilanziell erhöht werden (Hinzurechnung von Investitionsabzugsbeträgen). Entsprechendes gilt für nachträglich anfallende Anschaffungs- oder Herstellungskosten. Bei der Hinzurechnung ist anzugeben, welche Investitionsabzugsbeträge verwendet werden (Abzugsjahr und Höhe). Mit der Ausübung des Wahlrechts gem. § 7g Abs. 2 Satz 1 EStG entscheidet der Steuerpflichtige, ob und in welchem Umfang in Anspruch genommene Investitionsabzugsbeträge getätigten Investitionen zugeordnet werden. Teilhinzurechnungen sind möglich.

Zum Ausgleich der Gewinnerhöhung durch die Hinzurechnung von Investitionsabzugsbeträgen aufgrund begünstigter Investitionen können die jeweiligen Anschaffungs- oder Herstellungskosten im Wirtschaftsjahr der Anschaffung oder Herstellung um bis zu 50 % gewinnmindernd herabgesetzt werden. Die Minderung ist auf die wirtschaftsgutbezogene Hinzurechnung gem. § 7g Abs. 2 Satz 1 EStG beschränkt. Damit wird im Ergebnis – entsprechend dem Sinn und Zweck des § 7g EStG – das Abschreibungsvolumen in Jahren vor der tatsächlichen Investition außerbilanziell gewinnmindernd berücksichtigt.

Bei Inanspruchnahme der Herabsetzungen gem. § 7g Abs. 2 Satz 2 EStG vermindern sich die jeweiligen Bemessungsgrundlagen für die Absetzungen i. S. der §§ 7 ff. EStG um diese Beträge. Darüber hinaus kann die Kürzung der Anschaffungs- oder Herstellungskosten zur Anwendung der Regelungen zu den GWG gem. § 6 Abs. 2 EStG oder zum Sammelposten gem. § 6 Abs. 2a EStG führen, wenn die dort genannten Betragsgrenzen unterschritten werden.

6.2.3 Folgen bei unterbliebener Investition

Soweit in Anspruch genommene Investitionsabzugsbeträge nicht bis zum Ende des dritten auf das Wirtschaftsjahr des jeweiligen Abzugs folgenden Wirtschaftsjahres gem. § 7g Abs. 2 Satz 1 EStG hinzugerechnet wurden, sind die Abzüge gem. § 7g Abs. 1 EStG rückgängig zu machen. Die vorzeitige Rückgängigmachung von Investitionsabzugsbeträgen vor Ablauf der Investitionsfrist ist zulässig. Wurde der Gewinn des maßgebenden Wirtschaftsjahres bereits einer Steuerfestsetzung oder einer gesonderten Feststellung zugrunde gelegt, ist der entsprechende Steuer- oder Feststellungsbescheid insoweit zu ändern. Dies erfolgt in der Weise, dass die Steuerfestsetzungen oder Gewinnfeststellungen der Jahre geändert werden, in denen der Investitionsabzugsbetrag berücksichtigt wurde (§ 7g Abs. 3 Satz 2 EStG). Entgegenstehende Bestandskraftregelungen gelten insoweit nicht.

Aufgrund der Änderung des ursprünglichen Steuerbescheids wird eine Verzinsung der sich daraus ergebenden Steuernachzahlung gem. § 233a AO ausgelöst; § 233a Abs. 2a AO ist nicht anzuwenden (§ 7g Abs. 3 Satz 4 EStG).

6.2.4 Folgen bei schädlichem Verhalten nach erfolgter Investition

Wird nach erfolgter Investition das begünstigte Wirtschaftsgut nicht bis zum Ende des dem Wirtschaftsjahr der Anschaffung oder Herstellung folgenden Wirtschaftsjahres vermietet oder in einer inländischen Betriebsstätte des Betriebs ausschließlich oder fast ausschließlich betrieblich genutzt, entfallen **rückwirkend** die Herabsetzung der Anschaffungs- oder Herstellungskosten, die Verringerung der Bemessungsgrundlage und die Hinzurechnung gem. § 7g Abs. 2 EStG

(§ 7g Abs. 4 EStG). Auch hier werden die betroffenen Steuerbescheide unabhängig von ihrer Bestandskraft verzinslich geändert (§ 7g Abs. 4 EStG).

6.2.5 Sonderabschreibung gem. § 7g Abs. 5 und 6 EStG

Gemäß § 7g Abs. 5 EStG kann für neue oder gebrauchte abnutzbare bewegliche Wirtschaftsgüter des Anlagevermögens neben der linearen AfA i. S. des § 7 Abs. 1 EStG innerhalb von fünf Jahren eine Sonderabschreibung i. H. von bis zu 40 % (bei Anschaffung/Herstellung bis zum 31.12.2023: 20 %) der Anschaffungs- oder Herstellungskosten in Anspruch genommen werden. Voraussetzung hierfür ist,

- dass der Betrieb die Gewinngrenzen des § 7g Abs. 1 Satz 2 Nr. 1 EStG im Wirtschaftsjahr, das der Anschaffung/Herstellung vorausgeht, nicht überschreitet und
- dass das Wirtschaftsgut im Jahr der Anschaffung oder Herstellung und im darauffolgenden Wirtschaftsjahr vermietet oder in einer inländischen Betriebsstätte des Betriebs des Steuerpflichtigen ausschließlich oder fast ausschließlich (mindestens 90 %) betrieblich genutzt wird (§ 7g Abs. 6 EStG). Bei Verstößen hiergegen werden die betroffenen Veranlagungen ggf. **rückwirkend** geändert (§ 7g Abs. 6 Nr. 2 letzter Halbsatz EStG).

Voraussetzung für die Inanspruchnahme der Sonderabschreibung ist nicht, dass zuvor ein Investitionsabzugsbetrag für das Wirtschaftsgut geltend gemacht wurde.

6.2.6 Gesellschaftsbezogene Betrachtungsweise

Bei Personengesellschaften und Gemeinschaften ist § 7g EStG mit der Maßgabe anzuwenden, dass an die Stelle des Steuerpflichtigen die Gesellschaft oder die Gemeinschaft tritt. Vom Gewinn der Gesamthand oder Gemeinschaft abgezogene Investitionsabzugsbeträge können ausschließlich bei Investitionen der Personengesellschaft oder Gemeinschaft gem. § 7g Abs. 2 Satz 1 EStG gewinnerhöhend hinzugerechnet werden. Entsprechendes gilt für vom Sonderbetriebsgewinn eines Mitunternehmers abgezogene Investitionsabzugsbeträge bei Investitionen dieses Mitunternehmers oder seines Rechtsnachfolgers in seinem Sonderbetriebsvermögen (§ 7g Abs. 7 EStG). Damit ist klargestellt, dass die Hinzurechnung von Investitionsabzugsbeträgen nur in dem Vermögensbereich zulässig ist, in dem der Abzug erfolgt ist.

FALL 151

Investitionsabzugsbetrag für künftige Investitionen

Sachverhalt: Ein Mittelständler plant im Jahr 01 die Anschaffung eines neuen Lkws für 300.000 € zzgl. Umsatzsteuer im Jahr 03. Tatsächlich wird im Oktober 03 jedoch ein neuer Lkw für 250.000 € zzgl. Umsatzsteuer angeschafft, dessen Nutzungsdauer sechs Jahre beträgt. Mit nachträglichen Anschaffungs- oder Herstellungskosten ist im Jahr 04 nicht zu rechnen. Die Gewinngrenze gem. § 7g Abs. 1 EStG wird eingehalten.

AUFGABE

Welche Folgen ergeben sich bei der Anwendung von § 7g EStG und der linearen AfA?

LÖSUNG

Der außerbilanziell gewinnmindernd in Anspruch zu nehmende Investitionsabzugsbetrag gem. § 7g Abs. 1 EStG darf 50 % der Anschaffungs-/Herstellungskosten der beabsichtigten Investition nicht übersteigen. Das ergibt hier einen Betrag i. H. von 150.000 €. Das ist weniger als der Höchstbetrag von 200.000 € (§ 7g Abs. 1 Satz 4 EStG).

Im Jahr 03 kann eine außerbilanzielle gewinnerhöhende Hinzurechnung i. H. von 50 % der Anschaffungs-/Herstellungskosten der Investitionsmaßnahme vorgenommen werden (§ 7g Abs. 2 Satz 1 EStG), hier i. H. von 125.000 €. Der Restbetrag i. H. von 25.000 € kann fortgeführt werden und für Investitionen im Jahr 04 genutzt werden. Er kann aber auch freiwillig gem. § 7g Abs. 3 EStG außerbilanziell rückgängig gemacht werden.

Für den Lkw ergibt sich im Jahr 03 gem. § 7g Abs. 2 EStG eine gewinnmindernde Herabsetzung der Anschaffungskosten i. H. von 125.000 €. Die reguläre AfA i. S. des § 7 Abs. 1 EStG bemisst sich gem. § 7g Abs. 2 Satz 2 EStG ausgehend von 125.000 €. Zusätzlich kann die Sonderabschreibung i. S. des § 7g Abs. 5 EStG beansprucht werden: 40 % von 125.000 € = 50.000 €.

Auswirkungen im Einzelnen:

- Einkommensteuerveranlagung im Jahr 01: Ein Investitionsabzugsbetrag i. H. von 150.000 € mindert (außerbilanziell) den Gewinn und das Einkommen.
- Einkommensteuerveranlagung im Jahr 03: Gewinn und Einkommen erhöhen sich um einen Auflösungsbetrag i. H. von 125.000 €.

Der Lkw entwickelt sich in der Buchführung wie folgt:

Anschaffungskosten des Lkws	250.000 €
Gewinnmindernder Herabsetzungsbetrag	- 125.000 €
Verbleiben als AfA-Bemessungsgrundlage	125.000 €
Sonderabschreibung i. S. des § 7g Abs. 5 EStG (40 %)	- 50.000 €
Lineare AfA i. S. des § 7 Abs. 1 EStG: 125.000 € / 6 x $^{3}/_{12}$ =	- 5.208 €
Bilanzansatz zum 31.12.03	69.792 €

Falls keine weiteren Investitionen erfolgen, könnte veranlasst werden, dass der Einkommensteuerbescheid 01 gem. § 7g Abs. 3 Satz 2 EStG geändert wird. Das Einkommen im Jahr 01 wäre um den nicht verbrauchten Investitionsabzugsbetrag i. H. von 25.000 € zu erhöhen. Dabei kommt es zu einer Steuerverzinsung gem. § 233a AO.

FALL 152

Investitionsabzugsbetrag bei mehrjährigen Investitionen

Sachverhalt: Möbelfabrikant A plant im Jahr 01 konkrete Investitionen in Maschinen (Nutzungsdauer zehn Jahre, lineare AfA-Methode) für die nächsten drei Jahre im Gesamtwert i. H. von 600.000 €. Er möchte deshalb von den Möglichkeiten des § 7g EStG Gebrauch machen. Die gesetzlichen Voraussetzungen sind hierfür erfüllt. Folgende Investitionen finden später jeweils im

April tatsächlich statt, wobei Ende des Jahres 02 bereits feststand, dass in den Jahren 03 und 04 nur die u. g. Investitionen und in den Folgejahren keine Investitionen mehr erfolgen:

- Jahr 02: 200.000 €;
- Jahr 03: 100.000 € und
- Jahr 04: 50.000 €.

AUFGABE

In welchem Umfang kann Möbelfabrikant A von § 7g EStG Gebrauch machen?

LÖSUNG

Der außerbilanziell gewinnmindernd in Anspruch zu nehmende Investitionsabzugsbetrag gem. § 7g Abs. 1 EStG darf 50 % der Anschaffungs-/Herstellungskosten der beabsichtigten Investition nicht übersteigen. Das ergibt hier einen Betrag i. H. von 300.000 €, der damit den Höchstbetrag von 200.000 € gem. § 7g Abs. 1 Satz 4 EStG übersteigt. Es ergibt sich somit für das Jahr 01 ein maximaler Investitionsabzugsbetrag i. H. von 200.000 €.

Im Jahr 02 kann eine außerbilanzielle gewinnerhöhende Hinzurechnung i. H. von 50 % der Anschaffungs-/Herstellungskosten der Investitionsmaßnahme vorgenommen werden (§ 7g Abs. 2 Satz 1 EStG), hier i. H. von 50 % von 200.000 € = 100.000 €. Für das Jahr 03 ergäbe sich ein solcher Hinzurechnungsbetrag i. H. von 50 % von 100.000 € = 50.000 € und für das Jahr 04 ein solcher i. H. von 50 % von 50.000 € = 25.000 €. Der Restbetrag i. H. von 25.000 € führt gem. § 7g Abs. 3 EStG zu einer Rückgängigmachung des im Jahr 01 beanspruchten Investitionsabzugsbetrags, weil im Jahr 04 keine weiteren begünstigten Investitionen stattfinden.

Da der Höchstbetrag gem. § 7g Abs. 1 Satz 4 EStG auf die (im Wirtschaftsjahr des Abzugs und den drei vorangegangenen Wirtschaftsjahren) abgezogenen und noch nicht hinzugerechneten bzw. rückgängig gemachten Abzugsbeträge abstellt, führt die Hinzurechnung i. H. von 100.000 € im Jahr 02 dazu, dass im Jahr 02 weitere 100.000 € Investitionsabzugsbetrag geltend gemacht werden könnten, ohne den Höchstbetrag zu überschreiten. Entsprechendes gilt auch in den Folgejahren. Da Ende des Jahres 02 aber bereits feststand, dass keine weiteren Investitionen erfolgen, für die nicht bereits ein Investitionsabzugsbetrag gebildet ist, unterbleibt der Abzug weiterer Investitionsabzugsbeträge.

- Einkommensteuerveranlagung im Jahr 01: Ein Investitionsabzugsbetrag i. H. von 200.000 € mindert (außerbilanziell) den Gewinn und das Einkommen.
- Einkommensteuerveranlagungen in den Jahren 02–04:
  - Außerbilanzielle Erhöhung von Gewinn und Einkommen im Jahr 02 (wahlweise): 100.000 €;
  - außerbilanzielle Erhöhung von Gewinn und Einkommen im Jahr 03 (wahlweise): 50.000 € und
  - außerbilanzielle Erhöhung von Gewinn und Einkommen im Jahr 04 (wahlweise): 25.000 €.

Erfolgen die vorgenannten außerbilanziellen Hinzurechnungen, entwickeln sich mit entsprechender Auswirkung auf den Gewinn und das Einkommen die Zugänge lt. Buchführung bei linearer AfA wie folgt:

Zugang	Jahr 02	Jahr 03	Jahr 04
Anschaffungskosten	200.000 €	100.000 €	50.000 €
Herabsetzungsbetrag	- 100.000 €	- 50.000 €	- 25.000 €
AfA-Bemessungsgrundlage	100.000 €	50.000 €	25.000 €
Sonderabschreibung (40 %)	- 40.000 €	- 20.000 €	- 10.000 €
Lineare AfA bei 10 %, für neun Monate =	- 7.500 €	- 3.750 €	- 1.875 €
Bilanzansatz jeweils zum 31.12.	52.500 €	26.250 €	13.125 €

Zusätzlich ist zu veranlassen, dass der Einkommensteuerbescheid 01 gem. § 7g Abs. 3 Satz 2 EStG geändert wird. Das Einkommen des Jahres 01 ist aufgrund des Ablaufs der Drei-Jahres-Frist um den nicht verbrauchten Investitionsabzugsbetrag i. H. von 25.000 € zu erhöhen. Dabei kommt es zu einer Steuerverzinsung gem. § 233a AO.

6.3 Zinsschranke (§ 4h EStG und § 8a KStG)

Vergleiche hierzu auch die ausführliche Stellungnahme des BMF, Schreiben v. 4.7.2008, BStBl 2008 I S. 718.

Die Zinsschranke hat als erklärtes Ziel, die Verlagerung von Gewinnbestandteilen in das niedrig besteuernde Ausland sowie die übermäßige Ausstattung inländischer Betriebe mit Fremdkapital allein zum Zweck der Steuerersparnis zu verhindern (BT-Drucks. 16/4841 S. 31).

Die Zinsschranke führt zur **Nichtanerkennung** von Zinsaufwendungen als steuerlich abziehbare Betriebsausgaben. Sie erfasst grds. nur Erträge und Aufwendungen aus der Überlassung von Geldkapital und nicht solche aus der Überlassung von Sachkapital. Unter „Zinsen" versteht der Gesetzgeber jedwede Vergütung für die Überlassung von Fremdkapital, wirtschaftlich vergleichbare Aufwendungen und sonstige Aufwendungen im Zusammenhang mit der Beschaffung von Fremdkapital (§ 4h Abs. 3 Satz 2 EStG). Deshalb gehören dazu auch Vergütungen für partiarische Darlehen, typisch stille Beteiligungen oder Genussrechte. Die Aufzinsung unverzinslicher oder niedrig verzinslicher Verbindlichkeiten oder Kapitalforderungen führt zu Zinserträgen oder Zinsaufwendungen i. S. der Zinsschranke. Ausgenommen sind Erträge anlässlich der erstmaligen Bewertung von Verbindlichkeiten (Abzinsung). Die vom Nennwert abweichende Bewertung von Kapitalforderungen mit dem Barwert führt ebenso wenig wie Skonti und Boni zu Zinsaufwendungen oder -erträgen i. S. der Zinsschranke. Unter die Zinsschranke fallende Zinsaufwendungen sind nur begrenzt abziehbar. Ihre Abzugsfähigkeit ist zunächst auf die Höhe der Zinserträge begrenzt. **Die die Zinserträge übersteigenden Zinsaufwendungen können nur bis zur Höhe von 30 % des EBITDA steuerlich abgesetzt werden.** Für nicht ausgeschöpftes EBITDA besteht eine fünfjährige Vortragsmöglichkeit (§ 4h Abs. 1 Satz 3 Halbsatz 1 EStG). In Wirtschaftsjahren, in denen der Nettozinsaufwand weniger als 3 Mio. € beträgt, entsteht allerdings kein EBITDA-Vortrag (§ 4h Abs. 1 Satz 3 Halbsatz 2 EStG). EBITDA kommt aus dem Englischen und bedeutet:

earnings before interest, taxes, depreciation and amortization (also der Ertrag vor Zinsen, Steuern, Abschreibungen auf Sachanlagen und Abschreibungen auf immaterielle Vermögensgegenstände).

Bei Personenunternehmen berechnet sich das EBITDA wie folgt:

Steuerpflichtiger Gewinn vor Anwendung des § 4h EStG	
-	Zinserträge
+	Zinsaufwendungen
+	Abschreibungen i. S. des § 6 Abs. 2 und 2a sowie § 7 EStG
=	steuerliches EBITDA

Bei Kapitalgesellschaften ist das EBITDA wie folgt zu ermitteln:

Einkommen i. S. des § 8 Abs. 1 KStG vor Anwendung des § 4h EStG	
-	Zinserträge
+	Zinsaufwendungen
+	Abschreibungen i. S. des § 6 Abs. 2 und 2a sowie § 7 EStG
+	Verlustabzug i. S. des § 10d EStG (Verlustrücktrag und -vortrag)
+	Spendenabzug i. S. des § 9 Abs. 1 Nr. 2 KStG
=	steuerliches EBITDA

Die hiernach nicht abziehbaren Zinsaufwendungen sind außerbilanziell dem steuerlichen Ergebnis hinzuzurechnen. Sie werden allerdings als Zinsvortrag in die folgenden Veranlagungszeiträume vorgetragen und erhöhen die Zinsaufwendungen dieser Wirtschaftsjahre, nicht aber den maßgeblichen Gewinn. Über den EBITDA- und den Zinsvortrag ergeht eine gesonderte Feststellung (§ 4h Abs. 1 Satz 2 und 3 sowie Abs. 4 EStG).

Um kleine und mittlere Betriebe zu schonen, gilt die Abzugsbeschränkung nicht, wenn der Nettozinsaufwand (inklusive Zinsvortrag) des betreffenden Jahres **weniger als 3 Mio. €** beträgt (es handelt sich um eine **Freigrenze;** § 4h Abs. 2 Satz 1 Buchst. a EStG). Die Zinsschranke gilt **nicht** für **Steuerpflichtige, die keiner Person i. S. des § 1 Abs. 2 AStG nahestehen und über keine Betriebsstätte außerhalb des Staates verfügen, in dem sich ihr Wohnsitz, gewöhnlicher Aufenthalt, Sitz oder Ort der Geschäftsleitung befindet** (§ 4h Abs. 2 Satz 1 Buchst. b EStG). Für **konzernzugehörige Betriebe** ist des Weiteren ein **Eigenkapitalvergleich** als **Escape-Regelung** vorgesehen. Gelingt der Nachweis (grds. durch IFRS), dass die Eigenkapitalquote des jeweiligen Betriebs am Schluss des vorangegangen Abschlussstichtags um nicht mehr als 2 Prozentpunkte geringer ist als die Eigenkapitalquote des Konzerns (§ 4h Abs. 2 Satz 1 Buchst. c EStG), findet die Zinsschranke keine Anwendung. Bei einer Eigenkapitalquote des Konzerns i. H. von bspw. 45 %, ist eine Eigenkapitalquote des Betriebs i. H. von 43 % ausreichend.

Die Ausnahmen des § 4h Abs. 2 Satz 1 EStG zur Zinsschranke finden für bestehende Zinsvorträge keine Anwendung. Dementsprechend kann ein Zinsvortrag nicht allein deshalb uneingeschränkt verrechnet werden, weil in einem Folgejahr eine Ausnahme zur Zinsschranke greift. Ein Abzug von Zinsvorträgen ist nur möglich, soweit ausreichend Nettozinsertrag oder verrechenbares EBITDA vorhanden ist (§ 4h Abs. 1 Satz 7 EStG).

Der Escape durch den Eigenkapitalvergleich steht **Kapitalgesellschaften** gem. § 8a Abs. 3 KStG und **mitunternehmerischen Personengesellschaften, die einer Kapitalgesellschaft nachgeordnet sind** (§ 4h Abs. 2 Satz 2 EStG), nur offen, wenn keine sog. „schädliche Gesellschafter-Fremdfinanzierung" vorliegt. Das ist nur dann der Fall, wenn nachweislich nicht mehr als 10 % des Schuldzinsenüberhangs als Zinsen einem zu mindestens 25 % beteiligten Anteilseigner, einer diesem nahe stehenden Person oder an einen rückgriffsberechtigten Dritten gewährt werden. Dabei kommt es darauf an, dass im gesamten Konzern keine schädliche Gesellschafter-Fremdfinanzierung vorliegt, also bei keiner einzigen Konzerngesellschaft. Schädlich sind dabei nur Zinsaufwendungen für Verbindlichkeiten, die in dem voll konsolidierten Konzernabschluss gem. § 4h Abs. 2 Satz 1 Buchst. c EStG ausgewiesen sind, so dass konzerninterne Finanzierungen im Konsolidierungskreis unschädlich sind (§ 8a Abs. 3 KStG).

Der EBITDA- und der Zinsvortrag gehen unter, wenn der Betrieb aufgegeben oder (entgeltlich oder unentgeltlich) übertragen wird (§ 4h Abs. 5 Satz 1 EStG). Bei Ausscheiden von Mitunternehmern beschränkt sich der Untergang auf die Quote, mit der der jeweilige Mitunternehmer beteiligt war (§ 4h Abs. 5 Satz 2 EStG). Bei Aufgabe oder Übertragung eines Teilbetriebs kommt es unter entsprechender Anwendung von § 15 Abs. 3 UmwStG zu einem anteiligen Untergang von EBITDA- und Zinsvortrag (§ 4h Abs. 5 Satz 4 EStG). Durch Verschmelzung, Spaltung, Formwechsel oder Einbringung gehen ein bestehender EBITDA- und Zinsvortrag des übertragenden Rechtsvorgängers ebenfalls unter (§ 4 Abs. 2 Satz 2, § 20 Abs. 9 und § 24 Abs. 6 UmwStG). Ein Verlust von Zinsvorträgen einer Kapitalgesellschaft tritt auch dann ein, wenn die Voraussetzungen des § 8c KStG erfüllt sind und ein schädlicher Anteilseignerwechsel stattgefunden hat (§ 8a Abs. 1 Satz 3 KStG). Entsprechendes gilt für Mitunternehmerschaften, soweit eine Körperschaft als Mitunternehmer beteiligt ist (§ 4h Abs. 5 Satz 3 EStG).

Besonderheiten ergeben sich für Zinsaufwendungen aus der Finanzierung langfristiger öffentlicher Infrastrukturprojekte (vgl. § 4h Abs. 6 EStG).

HINWEIS

Es ist ernstlich zweifelhaft, ob die Einschränkung des Betriebsausgabenabzugs für Zinsaufwendungen gem. § 4h EStG (sog. „Zinsschranke") mit Art. 3 Abs. 1 GG vereinbar ist (BFH, Beschlüsse v. 18.12.2013 - I B 85/13, BStBl 2014 II S. 947, und v. 14.10.2015 - I R 20/15, BStBl 2017 II S. 1240, Normenkontrollverfahren beim BVerfG anhängig unter 2 BvL 1/16). Die vom BFH geäußerten Zweifel an der Verfassungskonformität der Vorschriften des § 4h EStG und § 8a KStG werden von der Finanzverwaltung nicht geteilt (BMF, Schreiben v. 13.11.2014, BStBl 2014 I S. 1516). Eine Besonderheit der verfassungsrechtlichen Würdigung ergibt sich im Zusammenspiel mit der ATAD v. 12.7.2016 (ABl EU 2016 Nr. L 193 S. 1). Aufgrund der Normenhierarchie hat das europäische Recht Vorrang gegenüber dem nationalen Recht. So hat die ATAD Vorrang vor dem GG. Soweit die ATAD den Mitgliedstaaten Umsetzungswahlrechte einräumt oder ihnen über die Mindest-Standards hinaus strengere Regelungen zu schaffen erlaubt, ist das GG zu beachten. Soweit die Zinsschranke im nationalen Recht jedoch zwingende Vorgaben der ATAD umsetzt, ist sie aufgrund der Normenhierarchie einer verfassungsrechtlichen Kontrolle entzogen. Dies gilt jedenfalls ab dem Ablauf der Umsetzungsfrist für die ATAD. Maßgebend ist insoweit wohl die Umsetzungsfrist bis zum 31.12.2018, da ab diesem Zeitpunkt die Mindest-Standards der ATAD gewährleistet sein sollen und die längere Umsetzungsfrist nur besteht, weil die Zinsschranke im nationalen Recht bereits vor dem 8.8.2016 bestand. Daher unterliegt die Zinsschranke für Zeiträume bis zum 31.12.2018 einer uneingeschränkten verfassungsrechtlichen Kontrolle. Dies könnte dazu führen, dass die Zinsschranke bis zum 31.12.2018 nicht anwendbar ist. Für Zeiträume ab dem 1.1.2019 ist die Zinsschranke zwingend anzuwenden, soweit ihre Anwendung unionsrechtlich vorgeschrieben ist. Dies ist jedoch nur für Körperschaften der Fall. Für natürliche Personen und Personengesellschaften besteht weiterhin vollumfänglich der Grundrechtsschutz aus Art. 3 GG, so dass die Verfassungswidrigkeit insoweit auch weiterhin eine Anwendung der Zinsschranke verhindern könnte. Für Körperschaften besteht seit dem 1.1.2019 nur ein eingeschränkter Grundrechtsschutz, soweit die nationale Regelung der Zinsschranke über die zwingenden Vorgaben der ATAD hinausgeht. Dies könnte zu dem seltsam anmutenden Ergebnis führen, dass die Zinsschranke bis zum 31.12.2018 wegen Verfassungswidrigkeit nicht anzuwenden ist, für Körperschaften jedoch ab dem 1.1.2019 (trotz Verfassungswidrigkeit) Anwendung findet, weil dies unionsrechtlich vorgegeben ist. Es bleibt abzuwarten, wie das BVerfG für die ihm vorgelegten Streitjahre 2008 und 2009 entscheidet und ob es eine Aussage zur Wirkung der ATAD trifft.

FALL 153

Zinsschranke bei Kapitalgesellschaft

Sachverhalt: Aus dem vorläufigen Jahresabschluss einer konzerngebundenen GmbH mit Sitz im Inland, deren Wirtschaftsjahr dem Kalenderjahr entspricht, ergeben sich folgende Beträge:

Zinserträge	2 Mio. €
Zinsaufwendungen	12 Mio. €
Abschreibungen	5 Mio. €

Das Einkommen der GmbH vor der Anwendung des § 4h EStG beträgt 6 Mio. €. Die Voraussetzungen für die Anwendung des § 4h EStG sind erfüllt.

AUFGABE

Welches Einkommen muss die GmbH versteuern und was ist für die Zukunft zu beachten?

LÖSUNG

Da die Voraussetzungen für die Anwendung des § 4h EStG lt. Sachverhalt erfüllt sind und auch die Freigrenze (§ 4h Abs. 2 Satz 1 Buchst. a EStG) i. H. von 3 Mio. € (12 Mio. € - 2 Mio. € = 10 Mio. €) offensichtlich überschritten ist, kommt die Zinsschranke für die GmbH zur Anwendung (§ 8a Abs. 1 KStG i. V. mit § 4h Abs. 1 EStG).

Zunächst ist das steuerliche EBITDA zu berechnen:

Einkommen der GmbH vor der Anwendung des § 4h EStG		6.000.000 €
-	Zinserträge	2.000.000 €
+	Zinsaufwendungen	12.000.000 €
+	Abschreibungen	5.000.000 €
=	steuerliches EBITDA	21.000.000 €
Davon 30 % = sofort abziehbare Zinsaufwendungen		6.300.000 €
Zusätzlich sind die auf die Zinserträge entfallenden Zinsaufwendungen sofort abziehbar, hier		+ 2.000.000 €
Insgesamt sofort abziehbare Zinsaufwendungen		8.300.000 €
Nicht sofort abziehbar sind (12.000.000 € - 8.300.000 € =)		3.700.000 €

Das zu versteuernde Einkommen der GmbH beträgt:

Vorläufiges Einkommen lt. Sachverhalt	6.000.000 €
Außerbilanzielle Hinzurechnung	+ 3.700.000 €
Zu versteuerndes Einkommen	9.700.000 €

Es ergeben sich vortragsfähige Zinsaufwendungen i. H. von 3,7 Mio. €, die die Zinsaufwendungen nachfolgender Wirtschaftsjahre erhöhen, nicht aber deren maßgeblichen Gewinn (§ 4h Abs. 1 Satz 6 EStG).

FALL 154

Zinsschranke bei Mitunternehmerschaft

Sachverhalt: An der AB-OHG sind die A-GmbH mit 40 % und die B-GmbH mit 60 % am Gewinn und Vermögen beteiligt. Alle Gesellschaften, also auch die AB-OHG, gehören einem Konzern an. Der Jahresgewinn der AB-OHG im Gesamthandsbereich beträgt 4 Mio. €. Die A-GmbH hat ihre Beteiligung fremdfinanziert. In ihrem Sonderbetriebsvermögensbereich sind deshalb im selben Jahr Zinsen i. H. von 8 Mio. € entstanden. Abschreibungen ergaben sich nicht. Der Escape ist der AB-OHG nicht möglich.

AUFGABEN

Wie stellt sich die steuerliche Gewinnverteilung dar und was ergibt sich für die Zukunft? Was ergibt sich insoweit für die A-GmbH, wenn diese im Folgejahr aus der AB-OHG ausscheidet?

LÖSUNG

Die Zinsschrankenregelung gilt auch für Mitunternehmerschaften. Im Sinne der Zinsschranke hat eine Mitunternehmerschaft nur einen Betrieb; deshalb werden Zinsaufwendungen i. S. der Zinsschranke der Mitunternehmerschaft selbst zugerechnet mit der Folge, dass nicht abziehbare Zinsaufwendungen den Mitunternehmern auch dann nach dem allgemeinen Gewinnverteilungsschlüssel zuzurechnen sind, wenn es sich um Zinsaufwendungen aus dem Sonderbereich eines Mitunternehmers handelt (BMF, Schreiben v. 4.7.2008, BStBl 2008 I S. 718, Tz. 6, 19 und 51; im Fachschrifttum umstritten). Dabei ist allerdings zu beachten, dass Zinsaufwendungen, die im Inland steuerpflichtige Sondervergütungen eines Mitunternehmers i. S. des § 15 Abs. 1 Satz 1 Nr. 2 EStG darstellen, nicht von der Zinsschranke erfasst werden.

Ermittlung der abziehbaren Zinsen:

Jahresgewinn lt. Sachverhalt	4.000.000 €
+ Zinsaufwendungen	8.000.000 €
= steuerliches EBITDA	12.000.000 €
Davon 30 % = abziehbare Zinsaufwendungen	3.600.000 €
Nicht sofort abziehbar sind (8.000.000 € - 3.600.000 € =)	4.400.000 €

Die Gewinnverteilung stellt sich wie folgt dar:

	A-GmbH (40 %)	**B-GmbH** (60 %)	**Summe** (100 %)
Gesamthand	1.600.000 €	2.400.000 €	4.000.000 €
Sonderbetriebsausgaben	- 8.000.000 €		- 8.000.000 €
Verbleiben	- 6.400.000 €	2.400.000 €	- 4.000.000 €
§ 4h EStG	+ 1.760.000 €	+ 2.640.000 €	+ 4.400.000 €
Gewinn	- 4.640.000 €	5.040.000 €	400.000 €

Der gesondert festzustellende Zinsvortrag beträgt 4,4 Mio. €.

Scheidet die A-GmbH im Folgejahr aus, geht der Zinsvortrag anteilig mit der Quote unter, mit der die A-GmbH an der Gesellschaft beteiligt war (§ 4h Abs. 5 Satz 2 EStG). Beim Ausscheiden der A-GmbH gehen vom Zinsvortrag somit unter: 40 % von 4.400.000 € = 1.760.000 €.

6.4 Gewerbesteuer

Durch § 4 Abs. 5b EStG ist gesetzlich geregelt, dass die Gewerbesteuer und die darauf entfallenden Nebenleistungen keine Betriebsausgaben sind **(steuerliches Betriebsausgabenabzugsverbot).** Soweit Gewerbesteuer erstattet wird, die dem Betriebsausgabenabzugsverbot unterlegen hat, ist diese Erstattung steuerlich nicht als Betriebseinnahme zu erfassen.

Zum Ausgleich für die Versagung des Abzugs der Gewerbesteuer als Betriebsausgabe ermäßigt sich die Einkommensteuer, soweit sie anteilig auf im zu versteuernden Einkommen enthaltene gewerbliche Einkünfte entfällt, um das Vierfache des entsprechenden Gewerbesteuermessbetrags (§ 35 Abs. 1 EStG). Abhängig vom lokalen Hebesatz führt dies teilweise zur völligen Entlastung von der Gewerbesteuer. Der Abzug der Gewerbesteuer ist dabei gem. § 35 Abs. 1 Satz 5 EStG auf die tatsächlich zu zahlende Gewerbesteuer beschränkt (Höchstbetrag). Bei Mitunternehmerschaften sind deshalb neben dem Gewerbesteuermessbetrag auch die tatsächlich zu zahlende Gewerbesteuer sowie der auf den jeweils einzelnen Mitunternehmer entfallende Anteil gesondert festzustellen (§ 35 Abs. 2 EStG).

Ungeachtet des Abzugsverbots des § 4 Abs. 5b EStG ist sowohl in der Steuer- wie auch in der Handelsbilanz eine Gewerbesteuer-Rückstellung zu bilden; dadurch verursachte Gewinnauswirkungen sind ertragsteuerlich außerbilanziell zu neutralisieren (R 5.7 Abs. 1 Satz 2 EStR).

Zur Anwendung vgl. Fall 56.

6.5 Sonstige Hinzu- und Abrechnungen

Erfolgt die Gewinnermittlung auf der Grundlage des handelsrechtlichen Jahresabschlusses, beruhen die für steuerliche Zwecke gebotenen Hinzu- und Abrechnungen i. d. R. auf der Anwendung des § 60 Abs. 2 EStDV (z. B. unterschiedliche Firmenwert-AfA oder vorübergehende Wertminderung im Umlaufvermögen). Wird hingegen eine zutreffende Steuerbilanz erstellt, besteht für die Anwendung von § 60 Abs. 2 EStDV kein Bedarf. Die Hinzu- und Abrechnungen beruhen dann auf steuerlichen Spezialvorschriften, deren Wichtigste oben dargestellt wurden. Als weitere Fälle kommen in Betracht:

1. Im Rahmen des Teileinkünfteverfahrens können sich außerbilanzielle Abrechnungen i. H. von 40 % gem. § 3 Nr. 40 EStG sowie Hinzurechnungen i. H. von 40 % gem. § 3c Abs. 2 EStG ergeben.
2. Im Rahmen des § 6b Abs. 7 EStG können sich außerbilanzielle Gewinnzuschläge ergeben.
3. Aufwendungen für die Überlassung der Nutzung oder des Rechts auf Nutzung von Rechten sind nur nach Maßgabe des § 4j Abs. 3 EStG abziehbar, wenn die Einnahmen des Gläubigers einer von der Regelbesteuerung abweichenden, niedrigen Besteuerung i. S. des § 4j Abs. 2 EStG (unter 15 %; bis zum Jahr 2023: unter 25 %) unterliegen (Präferenzregelung) und der Gläubiger eine dem Schuldner nahestehende Person i. S. des § 1 Abs. 2 AStG ist (§ 4j Abs. 1 Satz 1 EStG). Die Regelung gilt erstmals für Aufwendungen, die nach dem 31.12.2017 entstehen.

Kapitel 7: Bilanzberichtigung, Bilanzänderung

7.1 Bilanzberichtigung, Bilanzänderung

Die Schlussbilanz des laufenden Wirtschaftsjahres muss mit der Anfangsbilanz des folgenden Wirtschaftsjahres übereinstimmen (Grundsätze der Bilanzidentität und Bilanzkontinuität; § 252 Abs. 1 Nr. 1 HGB und § 4 Abs. 1 Satz 1 EStG). Dies ist bei Bilanzberichtigungen und -änderungen zu beachten.

Steuerrecht/Steuerbilanz

Fraglich ist, ob eine falsche Schlussbilanz ebenfalls als Anfangsbilanz dienen darf oder ob nicht vielmehr stets an die materiell-rechtlich richtige Schlussbilanz anzuknüpfen ist (materieller Bilanzenzusammenhang). Für das Steuerrecht ist diese Frage entschieden. Als Betriebsvermögen am Schluss des vorangegangenen Wirtschaftsjahres i. S. des § 4 Abs. 1 Satz 1 EStG (= Anfangsbilanz) ist nach Eintritt der Bestandskraft grds. das dem Gewinnfeststellungs- oder Veranlagungsbescheid zugrunde liegende Vermögen anzusetzen (Bestätigung der ständigen Rechtsprechung zum sog. „formellen Bilanzenzusammenhang“, BFH, Urteil v. 28.4.1998 - VIII R 46/96, BStBl 1998 II S. 443). Im Ergebnis gibt der BFH damit der zutreffenden Totalgewinnbesteuerung den Vorrang vor der zutreffenden Abschnittsbesteuerung i. S. einer periodengerechten Gewinnermittlung und dem Rechtsfrieden durch die materielle Bestandskraft der entsprechenden Steuerfestsetzungen. Der formelle Bilanzenzusammenhang ist gesetzlich dadurch verankert, dass § 4 Abs. 2 Satz 1 EStG die Berichtigung einer Bilanz nicht zulässt, wenn diese einer Steuerfestsetzung zugrunde liegt, die materiell bestandskräftig ist.

Bilanzberichtigung (§ 4 Abs. 2 Satz 1 EStG und R 4.4 Abs. 1 EStR) und Bilanzänderung (§ 4 Abs. 2 Satz 2 EStG und R 4.4 Abs. 2 EStR) sind zu unterscheiden. Unter „Bilanzberichtigung“ versteht man das Ersetzen eines falschen Bilanzansatzes durch den richtigen Bilanzansatz. Eine Bilanzberichtigung muss und kann nur durchgeführt werden, solange die Vorschriften der AO dem nicht entgegenstehen. Der Steuerpflichtige ist verpflichtet, dem Finanzamt Fehler in der Bilanz anzuzeigen (§ 153 AO).

Bilanzberichtigung

Eine Bilanzberichtigung darf nur der Steuerpflichtige selbst vornehmen, wobei das Finanzamt nicht gehindert ist, von Amts wegen eine eigene Gewinnermittlung durch Betriebsvermögensvergleich vorzunehmen (BFH, Urteile v. 13.6.2006 - I R 84/05, BStBl 2007 II S. 94, und v. 4.11.1999 - IV R 70/98, BStBl 2000 II S. 129).

Hinsichtlich bilanzieller Rechtsfragen ist der BFH von der Auffassung abgerückt, dass jede der kaufmännischen Sorgfalt entsprechende Bilanzierung als richtig anzusehen ist, solange sie nicht durch die Rechtsprechung abschließend geklärt ist (sog. „subjektiver Fehlerbegriff“). Nunmehr gilt: Das Finanzamt ist im Rahmen der ertragsteuerrechtlichen Gewinnermittlung auch dann nicht an die rechtliche Beurteilung gebunden, die der vom Steuerpflichtigen aufgestellten Bilanz (und deren einzelnen Ansätzen) zugrunde liegt, wenn diese Beurteilung aus der Sicht eines ordentlichen und gewissenhaften Kaufmanns zum Zeitpunkt der Bilanzaufstellung vertretbar war (BFH, Beschluss v. 31.1.2013 - GrS 1/10, BStBl 2013 II S. 317).

Für die Bilanzberichtigung gelten folgende Grundsätze:

1. Bilanzen sind grds. bis zur Fehlerquelle zu berichtigen, wenn die betreffenden Veranlagungen i. S. der AO noch änderbar sind oder wenn die Bilanzberichtigung ohne Auswirkung auf die Höhe der festgesetzten Steuern bleibt (H 4.4 Berichtigung einer Bilanz, die einer bestandskräftigen Veranlagung zugrunde liegt EStH). Man spricht in diesem Zusammenhang von der „Rückwärtsberichtigung bis zur Fehlerquelle". Aufgrund des Bilanzenzusammenhangs ergibt sich die erfolgsneutrale Angleichung aller folgenden Anfangsbilanzen. Tatsächlich wird für die Vergangenheit auf die Berichtigung von Fehlern, die ohne Auswirkung auf die festgesetzten Steuern sind, aus Vereinfachungsgründen mangels Auswirkung verzichtet. Es wird nur die erfolgsneutrale Angleichung der Anfangsbilanz eines ersten aktuellen, nicht bestandskräftigen Jahres („offenen Jahres") durchgeführt.

   Hierzu zählen u. a. auch die folgenden Fälle:

   a) Ein vor Jahren entnommenes Wirtschaftsgut steht immer noch in den aktuellen Bilanzen. Ein solches Wirtschaftsgut ist erfolgsneutral mit dem Buchwert im ersten offenen Veranlagungsjahr auszubuchen (H 4.4 Unterlassene Erfassung einer Entnahme, Zu Unrecht bilanziertes Wirtschaftsgut des Privatvermögens EStH). Hinsichtlich des Buchwerts ist der Vorgang erfolgsneutral und damit ohne Auswirkung auf die festzusetzenden Steuern. Ein (erfolgswirksamer) Differenzbetrag zum Teilwert ist ohne Auswirkung auf die Bilanzpositionen und kann aufgrund der materiellen Bestandskraft der Steuerbescheide des Fehlerjahres nicht mehr durch eine Bilanzberichtigung späterer Jahre berücksichtigt werden.

   b) Notwendiges Betriebsvermögen wurde irrtümlicherweise als Privatvermögen behandelt. Hier erfolgt eine erfolgsneutrale Einbuchung mit dem fiktiven Buchwert im ersten offenen Veranlagungsjahr (BFH, Urteil v. 22.6.2010 - VIII R 3/08, BStBl 2010 II S. 1035, und H 4.4 Unterlassene Bilanzierung EStH).

2. Ausnahmsweise ist eine Durchbrechung des Bilanzenzusammenhangs vorzunehmen, wenn ein Steuerpflichtiger zur Erlangung beachtlicher ungerechtfertigter Steuervorteile bewusst einen Aktivposten zu hoch oder einen Passivposten zu niedrig angesetzt hat, ohne dass die Möglichkeit besteht, die Veranlagung des Jahres zu ändern, bei der sich der unrichtige Bilanzansatz ausgewirkt hat (H 4.4 Berichtigung einer Bilanz, die einer bestandskräftigen Veranlagung zugrunde liegt EStH).

3. Falls eine Rückwärtsberichtigung bis zur Fehlerquelle oder eine Durchbrechung des Bilanzenzusammenhangs nicht in Betracht kommen und die Veranlagungen bestandskräftig sind und auch i. S. der AO nicht mehr geändert werden können, ist ein unrichtiger Bilanzansatz in der ersten Schlussbilanz (aufgrund der unveränderten Schlussbilanz und damit des Betriebsvermögens des vorangegangenen Wirtschaftsjahres), in der dies unter Beachtung der für den Eintritt der Bestandskraft und der Verjährung maßgeblichen Vorschriften möglich ist, erfolgswirksam richtig zu stellen (BFH, Urteil v. 10.12.1997 - XI R 52/96, BStBl 1998 II S. 377). Wurden die Anschaffungs- oder Herstellungskosten eines abnutzbaren Wirtschaftsguts des Anlagevermögens in einem bestandskräftig veranlagten Jahr nur unvollständig aktiviert, führt der Grundsatz des formellen Bilanzenzusammenhangs daher zu einer erfolgswirksamen Nachaktivierung im ersten verfahrensrechtlich noch offenen Jahr (BFH, Urteil v. 9.5.2012 - X R 38/10, BStBl 2012 II S. 725). Ausnahmen gelten in den folgenden Fällen:

a) Bei einem abnutzbaren Wirtschaftsgut des Anlagevermögens ist die AfA versehentlich zu niedrig oder zu hoch beansprucht worden. Hier ist der Buchwert im ersten offenen Veranlagungsjahr auf die Restnutzungsdauer zu verteilen (H 7.4 Unterlassene oder überhöhte AfA EStH). Nach dieser Verwaltungsauffassung tritt die unrichtige AfA der nichtberichtigungsfähigen Gewinnermittlungszeiträume für die Anwendung von § 6 Abs. 1 Nr. 1 Satz 1 EStG an die Stelle der richtigen AfA. Ansonsten würde aufgrund der Beibehaltung der unrichtigen AfA für die vergangenen Zeiträume im Falle von zu hoher AfA ein Verstoß gegen das Wertaufholungsgebot i. S. des § 6 Abs. 1 Nr. 1 Satz 4 i. V. mit Satz 1 EStG und im Falle von zu niedriger oder unterlassener AfA ein Verstoß gegen das Höchstwertprinzip des § 6 Abs. 1 Nr. 1 Satz 1 EStG vorliegen.

b) Wurde in der Vergangenheit auf die Passivierung von Pensionsrückstellungen rechtsirrtümlich verzichtet, so können diese unterbliebenen Rückstellungsansätze nicht im ersten offenen Jahr nachgeholt werden; dem steht das Nachholverbot des § 6a Abs. 4 Satz 1 EStG entgegen (BFH, Urteil v. 13.2.2008 - I R 44/07, BStBl 2008 II S. 673).

ABB. 12: Bilanzberichtigung

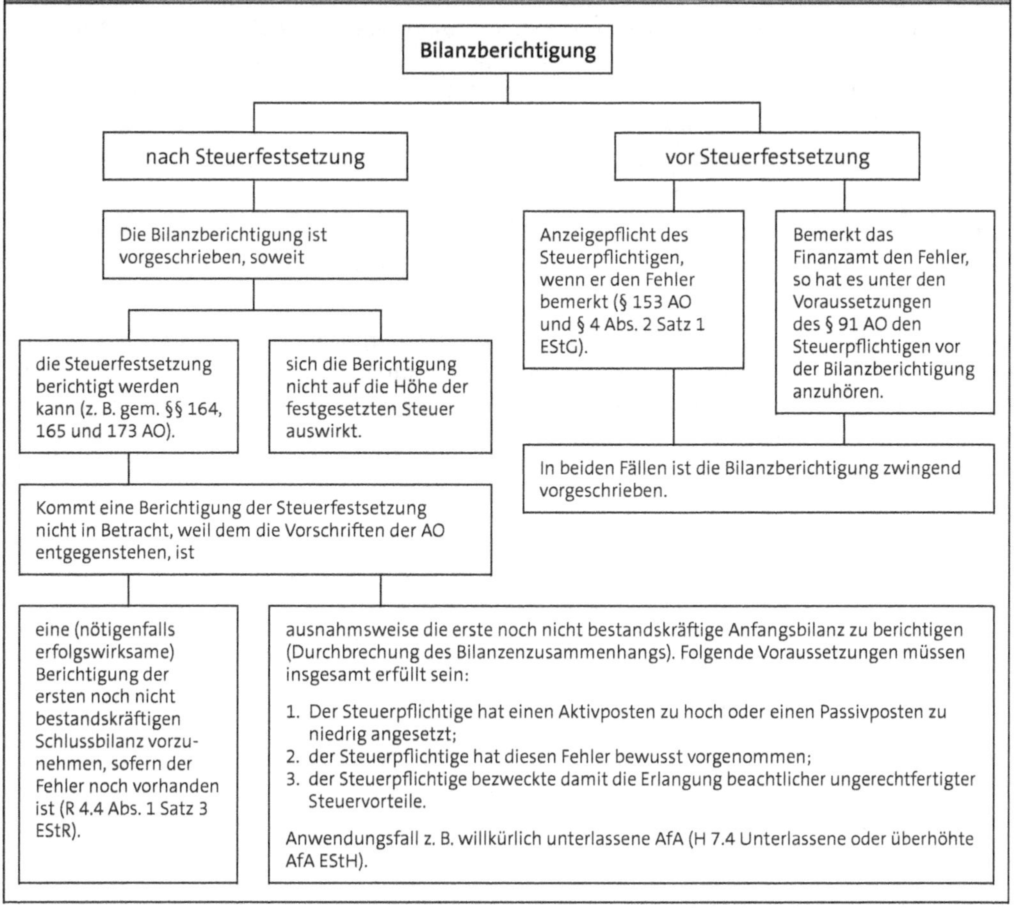

Bilanzänderung

Von einer **„Bilanzänderung"** spricht man, wenn ein zutreffender Bilanzansatz durch einen anderen zutreffenden Bilanzansatz ersetzt werden soll. Hierzu sind erforderlich:

- Antragstellung beim Finanzamt;
- **enger zeitlicher und sachlicher Zusammenhang der Änderung mit einer Bilanzberichtigung** i. S. des § 4 Abs. 2 Satz 1 EStG sowie
- Begrenzung der Änderung auf die Gewinnauswirkung durch die Bilanzberichtigung.

Eine Bilanzänderung kommt nur bei der Ausübung von **Bewertungswahlrechten** in Betracht (z. B. degressive anstatt linearer AfA). „Gewinn" i. S. des § 4 Abs. 2 Satz 2 EStG ist der Bilanzgewinn i. S. des § 4 Abs. 1 EStG und nicht der steuerliche Gewinn; § 4 Abs. 2 Satz 2 EStG erlaubt daher lediglich eine Bilanzänderung i. H. der sich aus der Steuerbilanz infolge der Bilanzänderung des § 4 Abs. 2 Satz 1 EStG ergebenden Gewinnänderung und nicht i. H. der sich aus einer Bilanzänderung ergebenden steuerlichen Gewinnänderung, die auf einer Hinzurechnung außerhalb der Steuerbilanz beruht (BFH, Urteil v. 27.5.2020 - XI R 8/18, BStBl 2020 II S. 772). Eine Bilanz kann somit nicht mit dem Ziel eines niedrigeren Gewinnausweises gem. § 4 Abs. 2 Satz 2 EStG geändert werden, wenn das Finanzamt den Gewinn zwar höher als vom Unternehmer erklärt ansetzt, dies aber auf einer Berücksichtigung von außerbilanziellen Gewinnerhöhungen beruht (BFH, Urteil v. 23.1.2008 - I R 40/07, BStBl 2008 II S. 669; zur Anwendung vgl. BMF, Schreiben v. 13.8.2008, BStBl 2008 I S. 845).

Der enge zeitliche und sachliche Zusammenhang zwischen Bilanzberichtigung und -änderung setzt nur voraus, dass sich beide Maßnahmen auf **dieselbe Bilanz** beziehen. Ein **zeitlicher Zusammenhang** liegt nur vor, wenn die Bilanz **unverzüglich** nach einer Bilanzberichtigung geändert wird (BFH, Urteile v. 31.5.2007 - IV R 54/05, BStBl 2008 II S. 665, und v. 17.7.2008 - I R 85/07, BStBl 2008 II S. 924).

Im Rahmen einer zulässigen Bilanzänderung kann der Steuerpflichtige ihm zustehende, im Jahr der Bilanzänderung aber noch nicht oder nicht in voller Höhe geltend gemachte Sonderabschreibungen erstmals oder mit einem höheren Betrag in Anspruch nehmen. Dies gilt auch dann, wenn er die im Jahr der Bilanzänderung noch nicht ausgeschöpften Sonderabschreibungen in den Bilanzen der Folgejahre schon beansprucht hat (BFH, Urteil v. 25.10.2007 - III R 39/04, BStBl 2008 II S. 226).

Der Zusammenhang einer Bilanzänderung mit einer Bilanzberichtigung liegt auch dann vor, wenn sich die Gewinnänderung im Rahmen der Bilanzberichtigung aus der Nicht- oder der fehlerhaften Verbuchung von Entnahmen und Einlagen ergibt (BFH, Urteil v. 31.5.2007 - IV R 54/05, BStBl 2008 II S. 665; zur Anwendung vgl. BMF, Schreiben v. 13.8.2008, BStBl 2008 I S. 845).

Handelsrecht/Handelsbilanz[19]

Nach der Feststellung des Jahresabschlusses ist eine Korrektur von fehlerhaften Bilanzansätzen zwingend erforderlich, sofern ohne diese Korrektur kein den tatsächlichen Verhältnissen entsprechendes Bild der Vermögens-, Finanz- und Ertragslage gewährleistet werden kann. Eine Korrektur ist entbehrlich, wenn die Auswirkungen des Fehlers zeitnah im laufenden Jahresabschluss berücksichtigt werden können. In solchen Fällen sind bei Kapitalgesellschaften und

19 **Literaturhinweis:** Schubert, Beck'scher Bilanz-Kommentar – Handels- und Steuerbilanz, 14. Aufl. 2024, § 253 Rz. 806 ff.

kapitalistischen Personengesellschaften erläuternde Angaben im Anhang notwendig. Liegt aufgrund schwerer Fehler, die die Grundlage oder die wesentlichen Bestandteile der Bilanz betreffen und die dazu führen, dass diese nicht als ordnungsgemäßer Jahresabschluss i. S. des Handelsrechts angesehen werden kann, eine Nichtigkeit des Jahresabschlusses vor, ist eine Korrektur oder Änderung im herkömmlichen Sinn nicht durchführbar. Stattdessen muss der fehlerhafte Jahresabschluss rückwirkend durch einen gültigen Jahresabschluss ersetzt werden.

Im Rahmen von Bilanzberichtigungen oder -änderungen ist der Jahresabschluss grds. umfassend anpassbar. Neben der Korrektur von Fehlern dürfen auch Ansatz- und Bewertungswahlrechte neu ausgeübt werden, sofern mindestens alle betroffenen Posten berücksichtigt werden. Es wird jedoch, soweit zulässig, auf diese verzichtet werden, um Aufwand zu vermeiden. Die Bilanzberichtigung/Bilanzänderung ist damit vorrangig ein Thema der steuerbilanziellen Gewinnermittlung. Handelsrechtlich wird regelmäßig in der laufenden Rechnung berichtigt.

Die nachfolgenden Fälle betreffen die Berichtigung bzw. Änderung der Steuerbilanz:

FALL 155

Unrichtige Nutzungsdauer für ein Wirtschaftsgut des Anlagevermögens[20]

Sachverhalt: Anfang des Jahres 04 erwarb ein Kaufmann eine Maschine zu Anschaffungskosten i. H. von 100.000 €. Obwohl die Maschine eine Nutzungsdauer von zehn Jahren hat, ging der Steuerpflichtige zur Erlangung einkommensteuerlicher Progressionsvorteile bewusst von einer falschen Nutzungsdauer von 20 Jahren aus und schrieb die Maschine linear mit 5 % pro Jahr ab. Die Veranlagungen bis einschließlich des Jahres 09 sind bestandskräftig und nach den Vorschriften der AO nicht mehr änderbar; sie führten außerdem alle zu Einkommensteuernachzahlungen.

AUFGABE

In welcher Weise ist eine Richtigstellung für die Steuerbilanzen vorzunehmen?

LITERATURHINWEIS

Dortmann/Mann, Lehrbuch Buchführung und Bilanzsteuerrecht, 14. Aufl. 2026, Teil B, Kapitel 7, Tz. 7.1.

LÖSUNG

Eine Zurückberichtigung bis zum Jahr 04 ist nicht zulässig, da hierdurch Gewinnänderungen in den Jahren 04–09 eintreten würden und dem die Bestandskraft dieser Veranlagungen entgegensteht. Außerdem darf gem. H 7.4 Unterlassene oder überhöhte AfA EStH willkürlich unterlassene AfA nicht nachgeholt werden. Um dieses Ergebnis auch für die Zukunft sicherzustellen, muss der Bilanzenzusammenhang zum 31.12.09/1.1.10 durchbrochen werden. Während in der

20 **Literaturhinweis:** Falterbaum/Bolk/Reiß/Kirchner, Buchführung und Bilanz, 23. Aufl. 2020, S. 1246 ff.

Steuerbilanz zum 31.12.09 das Wirtschaftsgut mit einem Buchwert i. H. von 70.000 € (= 100.000 € - 30.000 € AfA für sechs Jahre) erscheint, ist es in der Bilanz zum 1.1.10 mit 40.000 € (= 100.000 € - 60.000 € für sechs Jahre) auszuweisen. Für die Jahre 10–13 kann der Steuerpflichtige noch jeweils 10.000 € jährlich als AfA geltend machen.

FALL 156

Bilanzierung von notwendigem Privatvermögen

Sachverhalt: Im Jahr 01 gewährte der Steuerpflichtige, ein Gewerbetreibender, seinem straffällig gewordenen Schwager ein unverzinsliches Darlehen im Nennwert i. H. von 20.000 € zum Aufbau einer Existenzgrundlage. Er wies die Forderung als gewillkürtes Betriebsvermögen in seinen Bilanzen aus. Im März 05 wurde dem Steuerpflichtigen vor der Aufstellung der Bilanz zum 31.12.04 bekannt, dass der Schwager seit Dezember 04 zahlungsunfähig ist. Der Steuerpflichtige schrieb die Forderung deshalb zum 31.12.04 auf 0 € ab. Die Einkommensteuerveranlagungen der Jahre 01–03 sind bestandskräftig und i. S. der AO nicht mehr änderbar.

AUFGABE

Inwieweit kommen Bilanzberichtigungen für die Steuerbilanzen in Betracht?

LÖSUNG

Bei dem dem Schwager gewährten Darlehen handelt es sich um ein Wirtschaftsgut des notwendigen Privatvermögens, weil das aus privaten Gründen unverzinslich und damit fremdunüblich hingegebene Darlehen ungeeignet ist das Betriebsvermögen zu verstärken und damit gewillkürtes Betriebsvermögen zu sein (vgl. H 4.2 Abs. 1 Gewillkürtes Betriebsvermögen EStH). Die Aufnahme der Forderung in die Bilanzen war von Anfang an falsch: Im Jahr 01 lag vielmehr eine Entnahme des Geldbetrags vor (§ 4 Abs. 1 Satz 2 EStG). Vor diesem rechtlichen Hintergrund erweist sich die Abschreibung der Forderung in der Bilanz v. 31.12.04 als ungerechtfertigt. Um der Abschreibung die Grundlage zu entziehen, ist es erforderlich, den Bilanzierungsfehler von Anfang an (sog. „Rückwärtsberichtigung") richtig zu stellen. Dies ist durch die Herausnahme der Forderung aus den Bilanzen zum 31.12.01–31.12.03 möglich, weil dies ohne Gewinnauswirkung für diese Jahre bleibt (H 4.4 Berichtigung einer Bilanz, die einer bestandskräftigen Veranlagung zugrunde liegt EStH). Technisch kann dies durch eine erfolgsneutrale Berichtigung der Bilanz auf den 1.1.04 erfolgen. Für das Jahr 04 ergibt sich eine Gewinnerhöhung um 20.000 €.

FALL 157

Falsche Warenbewertung (versehentlich)

Sachverhalt: Ein Kaufmann hat in seiner Steuerbilanz zum 31.12.01 den Warenbestand versehentlich mit 200.000 € bewertet, obwohl die Anschaffungskosten der Waren 150.000 € betrugen. Die Veranlagungen zur Einkommensteuer (Einkommen 300.000 €) und Gewerbesteuer (Gewerbeertrag 250.000 €) für das Jahr 01 sind bestandskräftig und können i. S. der AO nicht mehr geändert werden. Das Jahr 02 wurde vorläufig veranlagt!

AUFGABE

Kommt eine Bilanzberichtigung für die Steuerbilanz in Betracht?

LÖSUNG

Gemäß § 6 Abs. 1 Nr. 2 EStG hätte der Warenbestand zwingend mit 150.000 € bewertet werden müssen, wodurch der Gewinn für das Jahr 01 um 50.000 € niedriger ausgefallen wäre. Da die Steuerbilanz (als Instrument der Gewinnermittlung) an die Bestandskraft des Steuerbescheids, der den Gewinn als Besteuerungsgrundlage enthält, gebunden ist, kommt eine Berichtigung der Steuerbilanz zum 31.12.01 nicht in Betracht, denn diese würde sich auf den Gewinn des Jahres 01 auswirken.

Auch eine Durchbrechung des Bilanzenzusammenhangs, d. h. eine Berichtigung der Anfangsbilanz für das Jahr 02 scheidet aus. Die Durchbrechung des Bilanzenzusammenhangs setzt voraus, dass der Steuerpflichtige zur Erlangung beachtlicher, ungerechtfertigter Steuervorteile **bewusst** einen Aktivposten zu hoch oder einen Passivposten zu niedrig angesetzt hat. Dies ist hier nicht der Fall, da der Steuerpflichtige die Waren versehentlich falsch bewertet hat.

Die zu hohe Warenbewertung Ende des Jahres 01 bleibt folglich unberichtigt. Aufgrund des Bilanzenzusammenhangs führt sie allerdings für das Jahr 02 zu einem entsprechend niedrigeren Gewinn, so dass eine lückenlose Erfassung des Totalgewinns gewährleistet ist.

FALL 158

Falsche Warenbewertung (bewusst)

Sachverhalt: Wie Fall 157, jedoch hat der Steuerpflichtige zur Erlangung eines einkommensteuerlichen Progressionsvorteils die Waren zum 31.12.01 bewusst um 50.000 € zu hoch bewertet (niedriger Gewinn für das Jahr 01 und Einkommensteuer-Grenzsteuersatz i. H. von 20 %; hoher Gewinn für das Jahr 02 und Einkommensteuer-Grenzsteuersatz i. H. von 35 %).

AUFGABE

Kommt eine Bilanzberichtigung für die Steuerbilanz in Betracht?

LÖSUNG

Eine Berichtigung der Bilanz zum 31.12.01 kommt aus den vorstehend genannten Gründen nicht in Betracht. Hier ist jedoch eine Berichtigung der Bilanz zum 1.1.02 erforderlich: Ansatz der Waren mit 150.000 €. Diese Durchbrechung des Bilanzenzusammenhangs ist geboten, weil der Steuerpflichtige zur Erlangung eines beachtlichen ungerechtfertigten Steuervorteils den Aktivposten „Warenbestand" in seiner Bilanz zum 31.12.01 bewusst zu hoch angesetzt hat. Hiermit bezweckte er die Erlangung eines einkommensteuerlichen Progressionsvorteils durch Gewinnverlagerung:

► Gewinn des Jahres 01:	+ 50.000 € zu 20 % Einkommensteuer =	10.000 €
► Gewinn des Jahres 02:	- 50.000 € zu 35 % Einkommensteuer =	- 17.500 €
Steuervorteil		7.500 €

Die Durchbrechung des Bilanzenzusammenhangs führt dazu, dass der vom Steuerpflichtigen deklarierte Gewinn für das Jahr 02 um 50.000 € erhöht wird (weil die geänderte Anfangsbilanz 02 der Gewinnermittlung des Jahres 02 zugrunde gelegt wird), also der vom Steuerpflichtigen beabsichtigte Erfolg nicht eintritt. Im Gegenteil: Durch das Unterbleiben der Berichtigung der Veranlagungen des Jahres 01 werden einkommen- und gewerbesteuerlich nunmehr 50.000 € zusätzlich versteuert.

FALL 159

Falsche Warenbewertung (ohne Auswirkung auf die Höhe der Einkommen- und Gewerbesteuer)

Sachverhalt: Wie Fall 157, jedoch beträgt die Einkommensteuer für das Jahr 01 0 € (zu versteuerndes Einkommen: - 100.000 €), ebenso die auf den Gewerbeertrag entfallende Gewerbesteuer (Gewerbeverlust im Jahr 01: 80.000 €). Ein Verlustrücktrag kommt nicht in Betracht.

AUFGABE

Kommt eine Bilanzberichtigung für die Steuerbilanzen in Betracht?

LÖSUNG

In diesem Fall ist die Steuerbilanz zum 31.12.01 zu berichtigen, obwohl sie bestandskräftigen Veranlagungen zur Einkommen- und Gewerbesteuer des Jahres 01 zugrunde liegt. Nach Bestandskraft einer Veranlagung ist die Bilanzberichtigung insoweit möglich, als sich die Berichtigung auf die Höhe der veranlagten Steuer nicht auswirken würde. Dies ist hier der Fall, denn trotz der der Bilanzberichtigung zum 31.12.01 folgenden Gewinnberichtigung für das Jahr 01 würde sich sowohl bei der Einkommen- als auch bei der Gewerbesteuer für das Jahr 01 kein veränderter Steuerbetrag ergeben.

FALL 160

Unrechtmäßige Teilwertabschreibung, materielle Bestandskraft

Sachverhalt: Ein Kaufmann hat im Jahr 08 ein unbebautes Grundstück für seinen Betrieb angeschafft. Die Anschaffungskosten betrugen 100.000 €. In der Steuerbilanz zum 31.12.08 wies er das Grundstück nach Vornahme einer Abschreibung i. H. von 30.000 € mit 70.000 € aus, weil er diesen Wert für den Teilwert hielt. Dem Finanzamt gelangten die Gründe für die Abschreibung zunächst nicht zur Kenntnis. In Wirklichkeit war der Teilwert des Grundstücks aber über die Anschaffungskosten gestiegen. Sämtliche Steuerfestsetzungen, denen der Gewinn des Jahres 08 als Besteuerungsgrundlage zugrunde liegt, sind bis einschließlich dem Jahr 18 bestandskräftig und können i. S. der AO nicht mehr geändert werden. Erst bei der Veranlagung zur

Einkommensteuer 19 im Laufe des Jahres 20 erlangt das Finanzamt Kenntnis von der im Jahr 08 zu Unrecht erfolgten Teilwertabschreibung. In den Bilanzen zum 31.12.18 und zum 31.12.19 ist das Grundstück trotz des immer noch über den Anschaffungskosten liegenden Teilwerts mit 70.000 € enthalten.

AUFGABE

Was ist bilanzsteuerrechtlich zu veranlassen?

LÖSUNG

Berichtigungen der Steuerbilanz des Jahres 08 und der Veranlagungen zur Einkommen- und Gewerbesteuer des Jahres 08 kommen aufgrund des Eintritts der materiellen Bestandskraft i. S. der AO nicht in Betracht (§ 4 Abs. 2 Satz 1 EStG). Auch eine Durchbrechung des Bilanzenzusammenhangs, d. h. eine Änderung der Anfangsbilanz zum 1.1.19 in der Weise, dass das Grundstück mit 100.000 € angesetzt wird und mit demselben Wert in der Schlussbilanz zum 31.12.19 erscheint, kann nicht vorgenommen werden, da der Steuerpflichtige weder einen Aktivposten zu hoch noch einen Passivposten zu niedrig angesetzt hatte. Übrig bleibt die erfolgswirksame Berichtigung der Schlussbilanz zum 31.12.19 (R 4.4 Abs. 1 Satz 9 EStR). Der erklärte Gewinn des Jahres 19 ist um 30.000 € zu erhöhen.

FALL 161

Unrichtige Bewertung einer Einlage

Sachverhalt: Wie Fall 160, jedoch hat der Kaufmann das Grundstück im Jahr 08 aus seinem Privatvermögen dem Betriebsvermögen zugeführt und die Einlage mit 70.000 € bewertet, obwohl er sie mit 100.000 € hätte bewerten müssen.

AUFGABE

Was ist bilanzsteuerrechtlich in diesem Fall zu veranlassen?

LÖSUNG

In diesem Fall sind sämtliche Schlussbilanzen, obgleich sie bestandskräftigen Veranlagungen zugrunde gelegen haben, bis zur Fehlerquelle zu berichtigen. Dies ist zulässig, weil sich die Berichtigungen der Bilanzen nicht auf die Höhe der veranlagten Steuern auswirken würden. Denn dem zum 31.12.08 um 30.000 € erhöhten Betriebsvermögen stehen entsprechend höhere Einlagen gegenüber, so dass keine Gewinnauswirkung eintritt. Technisch kann diese Berichtigung zum 1.1.19 erfolgsneutral erfolgen.

FALL 162

Zu Unrecht bilanziertes Privatvermögen

Sachverhalt: Ein immer noch mit seinen Anschaffungskosten i. H. von 50.000 € bilanziertes Grundstück wird seit dem 1.12.01 ausschließlich privat genutzt. Zum Zeitpunkt der Nutzungsänderung entsprach der Buchwert den Anschaffungskosten. Der Teilwert betrug 70.000 €. Den Bilanzen bis einschließlich zum 31.12.02 liegen bestandskräftige und i. S. der AO nicht mehr änderbare Steuerfestsetzungen zugrunde. Im Jahr 03 beträgt der Teilwert des Grundstücks 80.000 €.

AUFGABE

Wann und in welcher Weise sind Gewinn- und Bilanzberichtigungen für die Steuerbilanzen erforderlich?

LÖSUNG

Durch die Nutzungsänderung ab dem 1.12.01 hätte im Rahmen der Gewinnermittlung für das Jahr 01 von einer Entnahme i. H. von 70.000 € ausgegangen werden müssen (§ 4 Abs. 1 Satz 1 und 2 i. V. mit § 6 Abs. 1 Nr. 4 EStG und R 4.3 Abs. 2 EStR). Dies hätte für das Jahr 01 zu einem Mehrgewinn i. H. von 20.000 € geführt, der allerdings nun nicht mehr der Besteuerung zugeführt werden kann, weil die Steuerfestsetzung für das Jahr 01 bestandskräftig ist und lt. Sachverhalt auch nicht mehr geändert werden kann, weil dem die Vorschriften der AO entgegenstehen. Dies führt jedoch nicht an dem Umstand vorbei, dass die Steuerbilanzen ab dem 31.12.01 unrichtig sind, da sich sog. „notwendiges Privatvermögen" dem steuerlichen Betriebsvermögensbegriff und damit der steuerlichen Bilanzierung entzieht. Andererseits bleiben Entnahmen Geschäftsvorfälle des Jahres, in dem sie getätigt wurden. Ist deshalb eine Entnahme nicht erfasst worden und kann die Veranlagung des Jahres der Entnahme nicht mehr berichtigt werden, ist das (hier durch Nutzungsänderung) entnommene Wirtschaftsgut in der Anfangsbilanz des ersten Wirtschaftsjahres, dem noch keine bestandskräftige Veranlagung zugrunde liegt, erfolgsneutral auszubuchen (H 4.4 Unterlassene Erfassung einer Entnahme EStH). Hierfür kommt im vorliegenden Fall die Bilanz zum 1.1.03 in Betracht. Unter Belastung des Kapitalkontos kann das Grundstück mit seinem Buchwert i. H. von 50.000 € ausgebucht werden, wodurch auch eine nachträgliche Versteuerung des Entnahmegewinns entfällt. Dieses Vorgehen entspricht einer Berichtigung im Umfang des Buchwerts an der Fehlerquelle, da insoweit ein erfolgsneutraler Vorgang ohne steuerliche Auswirkung vorliegt.

FALL 163

Nicht bilanziertes notwendiges Betriebsvermögen

Sachverhalt: Eine Maschine mit einer Nutzungsdauer von zehn Jahren, die Anfang des Jahres 01 für Anschaffungskosten i. H. von 100.000 € erworben worden war, wurde versehentlich von Anfang an inventurmäßig nicht erfasst und nicht bilanziert, so dass auch keine AfA in Anspruch genommen wurde. Der Fehler fiel u. a. auch deshalb nicht auf, weil die Bezahlung über ein privates Bankkonto des Erwerbers erfolgte. Den Bilanzen bis einschließlich zum 31.12.02 liegen bestandskräftige und i. S. der AO nicht mehr änderbare Steuerfestsetzungen zugrunde.

AUFGABE

Wann und in welchem Umfang sind Gewinn- und Bilanzberichtigungen für die Steuerbilanzen möglich?

LÖSUNG

Die Steuerbilanzen bis zum 31.12.02 sind offensichtlich falsch, da die Maschine als notwendiges Betriebsvermögen, für das Bilanzierungspflicht besteht, in ihnen nicht ausgewiesen ist. Gleichwohl kommen Berichtigungen dieser Bilanzen nicht in Betracht, weil auf ihnen bestandskräftige und lt. Sachverhalt nicht mehr änderbare Steuerfestsetzungen beruhen und Bilanzberichtigungen dieser Jahre (01 und 02) Gewinnauswirkungen aufgrund der AfA-Inanspruchnahme nach sich ziehen würden. Da durch den Nichtansatz der Maschine kein Aktivposten zu hoch ausgewiesen wurde, kommt auch eine Durchbrechung des Bilanzenzusammenhangs (Berichtigung der Bilanz zum 1.1.03) nicht in Betracht. Sachgerecht dürfte in diesem Fall eine fehlerberichtigende Einbuchung im Jahr 03 sein. Dabei bestimmt sich der Einbuchungswert nach dem Wert, mit dem das bisher zu Unrecht nicht bilanzierte Wirtschaftsgut bei von Anfang an richtiger Bilanzierung zu Buche stehen würde. Für die Ermittlung des Einbuchungswerts erfordert das eine „Schattenrechnung", d. h. die Kürzung der bisher unberücksichtigt gebliebenen AfA-Beträge von den Anschaffungskosten. Dadurch wirken sich die bisher unterlassenen AfA-Beträge steuerlich nicht mehr aus, denn sie dürfen nicht nachgeholt werden, wenn ein Wirtschaftsgut des notwendigen Betriebsvermögens erstmals bilanziert wird (BFH, Urteile v. 24.10.2001 - X R 153/97, BStBl 2002 II S. 75, und v. 22.6.2010 - VIII R 3/08, BStBl 2010 II S. 1035). Die Nachholung gilt nur für Fälle, bei denen das betreffende Wirtschaftsgut in der Bilanz angesetzt war und die AfA gar nicht oder in zu geringer Höhe berücksichtigt wurde.

Im vorliegenden Fall ergibt sich ein Einbuchungswert i. H. von 80.000 € (= 100.000 € Anschaffungskosten - 20.000 € AfA für zwei Jahre).

Buchungen:

Im Jahr 03:

Maschine	80.000 €	an	Kapital	80.000 €
AfA	10.000 €	an	Maschine	10.000 €

Im Jahr 04:

AfA	10.000 €	an	Maschine	10.000 €

FALL 164

Fehlerhafte Geschäftswertbilanzierung

Sachverhalt: A hat den Betrieb von B mit Wirkung v. 1.1.01 im Ganzen vollentgeltlich erworben. Den auf den Geschäftswert (Firmenwert) entfallenden Teil des Kaufpreises behandelte er als sofort abziehbare Betriebsausgabe. Es handelte sich um einen Betrag i. H. von 450.000 €. Auch bei einer Betriebsprüfung des Jahres 01 wurde diese Vorgehensweise übersehen. Die Veranlagung des Jahres 01 ist deshalb bestandskräftig und kann i. S. der AO nicht mehr geändert werden. Das Gleiche gilt für die Veranlagungen der Jahre 02 und 03. Anlässlich der Jahresabschlussarbeiten für das Jahr 04 wird bei der Aufstellung der Steuerbilanz zum 31.12.04 diese Sachbehandlung bemerkt.

AUFGABE

Was ist bilanzsteuerrechtlich zu veranlassen?

LÖSUNG

Bei dem auf den Geschäftswert (Firmenwert) entfallenden Teil des Kaufpreises für den Betrieb handelt es sich um Anschaffungskosten für ein bilanzierungspflichtiges immaterielles Wirtschaftsgut (§ 5 Abs. 1 und 2 EStG i. V. mit § 255 Abs. 1 HGB und § 6 Abs. 1 Nr. 1 EStG). Gemäß § 7 Abs. 1 Satz 3 EStG ist auf den Geschäfts- oder Firmenwert die AfA vorzunehmen. Dabei beträgt die betriebsgewöhnliche Nutzungsdauer 15 Jahre.

Im vorliegenden Fall sind die Anschaffungskosten für den Geschäftswert i. H. von 450.000 € im Jahr 01 in voller Höhe als Betriebsausgaben behandelt worden. Die Steuerbilanz des Jahres 01 kann nicht i. S. des § 4 Abs. 2 Satz 1 EStG berichtigt werden, da der Fehler erfolgswirksam ist, sich damit also auf die Höhe der Steuern auswirkt, und die Steuerfestsetzungen, denen die Gewinnermittlung zugrunde liegt, i. S. der AO nicht mehr geändert werden können.

Für den vorliegenden Fall bedeutet dies, dass der Fehler in der Steuerbilanz zum 31.12.04 **erfolgswirksam** richtig zu stellen ist. In dieser Bilanz muss der Firmenwert mit dem Betrag ausgewiesen werden, mit dem er bei richtiger Behandlung von Anfang an anzusetzen gewesen wäre:

Anschaffungskosten	450.000 €
Jährliche AfA: 30.000 €	
AfA in den Jahren 01–04	- 120.000 €
Buchwert zum 31.12.04	330.000 €

Buchung im Jahr 04:

Geschäftswert	330.000 €	an	Sonstige betriebliche Erträge	330.000 €

Buchung im Jahr 05:

AfA	30.000 €	an	Geschäftswert	30.000 €

Buchung im Jahr 06:

AfA	30.000 €	an	Geschäftswert	30.000 €

usw.

FALL 165

Reaktivierung

Sachverhalt: Ein unbebautes betriebliches Grundstück, das im Januar 01 für Anschaffungskosten i. H. von 10.000 € erworben worden war, wurde versehentlich im Jahr 01 voll abgeschrieben (Buchung: Aufwand 10.000 € an Bank 10.000 €) und danach weder inventurmäßig erfasst noch bilanziert. Den Bilanzen bis einschließlich zum 31.12.02 liegen bestandskräftige und i. S. der AO nicht mehr änderbare Steuerfestsetzungen zugrunde.

AUFGABE

Wann und in welchem Umfang sind Berichtigungen der Steuerbilanzen erforderlich?

LÖSUNG

Die Steuerbilanz des Jahres 01 kann nicht i. S. des § 4 Abs. 2 Satz 1 EStG berichtigt werden, da der Fehler erfolgswirksam ist, sich damit also auf die Höhe der Steuern auswirkt, und die Steuerfestsetzungen, denen die Gewinnermittlung zugrunde liegt, i. S. der AO nicht mehr geändert werden können. Die Steuerbilanz zum 31.12.03 ist somit erfolgswirksam zu berichtigen. Das unbebaute Grundstück (Grund und Boden) ist in der Bilanz anzusetzen (§ 4 Abs. 1 Satz 1 EStG; § 246 Abs. 1 Satz 1 HGB i. V. mit § 5 Abs. 1 Satz 1 Halbsatz 1 EStG) und mit den Anschaffungskosten (§ 255 HGB) zu bewerten (§ 6 Abs. 1 Nr. 2 EStG).

Buchung im Jahr 03:

Grundstück	10.000 €	an	Sonstige betriebliche Erträge	10.000 €

7.2 Mehr- und Wenigerrechnung

Die Mehr- und Wenigerrechnung (auch Plus- und Minus-Rechnung genannt) verfolgt den Zweck, Gewinnberichtigungen für mehrere Jahre, die sich häufig aus Anlass von Außenprüfungen durch die Finanzverwaltung ergeben, festzustellen und aufzuzeigen. Sie ist eine Übersicht, die von den Betriebsprüfern erstellt und Bestandteil des Betriebsprüfungsberichts gem. § 202 AO wird. Das methodische Vorgehen kann hierbei entweder den Regeln folgen, die für den Betriebsvermögensvergleich (§ 4 Abs. 1 Satz 1 EStG) gelten (sog. „Bilanzposten-Methode"), oder sich auf (gedanklich vorzunehmende) Änderungen der Erfolgskonten stützen (sog. „GuV-Methode"), wobei GuV für das Gewinn- und Verlustkonto der doppelten Buchführung bzw. die Gewinn- und Verlustrechnung i. S. des § 242 HGB steht. Hierbei ist von einer steuerrechtlichen Gewinn- und Verlustrechnung auszugehen, die gesetzlich nicht verankert ist.

Bilanzposten-Methode

Bei der Bilanzposten-Methode wird jede Erhöhung des Anfangs-Betriebsvermögens eines Jahres als Gewinnminderung angesehen und jede Erhöhung des End-Betriebsvermögens desselben Jahres als Gewinnerhöhung; ferner werden gewinnerhöhend berücksichtigt:

1. Erhöhung der Entnahmen;
2. Minderung der Einlagen

und gewinnmindernd:

1. Minderung der Entnahmen;
2. Erhöhung der Einlagen.

Minderungen des Anfangs-Betriebsvermögens gelten als Gewinnerhöhungen und Minderungen des End-Betriebsvermögens als Gewinnminderungen.

GuV-Methode

Bei der GuV-Methode wird geprüft, welche Erfolgskonten (steuerrechtlich) durch die Feststellungen der Außenprüfung berichtigt werden müssten, ohne dass allerdings eine tatsächliche Berichtigung des vorliegenden Gewinn- und Verlustkontos bzw. der Gewinn- und Verlustrechnung erfolgt. Die Finanzverwaltung kann weder die Buchführung noch die Bilanz berichtigen. Sie stellt eine eigene Gewinnermittlung an die Stelle der Gewinnermittlung des Steuerpflichtigen. Bei der GuV-Methode werden zweckmäßigerweise die Buchungen des Steuerpflichtigen daraufhin untersucht, inwieweit sie Erfolgskonten fälschlicherweise berührt oder nicht berührt haben.

Gesamtkontrolle bei Einzeländerungen

Der Saldo der Gewinnauswirkungen durch Einzeländerungen, die sich über mehrere Jahre erstrecken, ermittelt auf der Basis der GuV-Methode, kann durch eine vereinfachte Bilanzposten-Methode wie folgt geprüft werden:

Änderungen des Betriebsvermögens am Ende des Prüfungszeitraums (Mehr-Betriebsvermögen: +; Weniger-Betriebsvermögen: -)

+	Mehr-Entnahmen (Weniger-Einlagen) des gesamten Prüfungszeitraums
-	Mehr-Einlagen (Weniger-Entnahmen) des gesamten Prüfungszeitraums
=	Gewinnauswirkungen für den gesamten Prüfungszeitraum

Diese ermittelten „Gewinnauswirkungen für den gesamten Prüfungszeitraum" müssen mit dem Saldo der Gewinnauswirkungen lt. der Mehr- und Wenigerrechnung übereinstimmen.

Zu beachten ist, dass auch Änderungen des Betriebsvermögens am Anfang des Prüfungszeitraums zu berücksichtigen sein können, wenngleich sie selten sind. Sie kommen i. d. R. nur bei

- der Durchbrechung des Bilanzenzusammenhangs,
- der Rückwärtsberichtigung bis zur Fehlerquelle (die in der Praxis aus Vereinfachungsgründen wie eine Durchbrechung des Bilanzenzusammenhangs dargestellt wird, vgl. oben) und
- der Änderung bzw. Berichtigung von Bilanzen, die aus Anlass der Geschäftseröffnung erstellt sind,

vor. In diesen Fällen tritt zusätzlich zur oben ermittelten „Gewinnauswirkung für den gesamten Prüfungszeitraum" noch folgende Gewinnauswirkung hinzu:

- Erhöhung des Anfangs-Betriebsvermögens des Prüfungszeitraums: Weniger-Gewinn;
- Minderung des Anfangs-Betriebsvermögens des Prüfungszeitraums: Mehr-Gewinn.

Zusammenfassung:

	Änderung	Gewinnauswirkung Jahr 00	Jahr 01	Jahr 02
Betriebsvermögen zum 31.12.01	+ (-)		+ (-)	- (+)
Betriebsvermögen zum 31.12.00	+ (-)	+ (-)	- (+)	
Entnahmen 01	+ (-)		+ (-)	
Einlagen 01	+ (-)		- (+)	

FALL 166

Erwerb eines unbebauten Grundstücks

Sachverhalt: Ein Kaufmann erwarb im Januar 00 ein unbebautes Grundstück für seinen Betrieb. Der Kaufpreis betrug 20.000 €; der Verkäufer war kein Unternehmer. Gebucht wurde:

Grund und Boden	20.000 €	an	Bank	20.000 €

Die Erwerbsnebenkosten i. H. von 2.000 € zzgl. 160 € Umsatzsteuer wurden privat bezahlt und weder gebucht noch in den Bilanzen erfasst.

Sämtliche Steuerfestsetzungen der Veranlagungsjahre 00–02 stehen unter dem Vorbehalt der Nachprüfung.

AUFGABE

Welche steuerrechtlichen Bilanz- und Gewinnberichtigungen sind für die Jahre 00–02 vorzunehmen, wenn der Vorgang im Jahr 03 von einer Außenprüfung (neben anderen Feststellungen) aufgedeckt wird?

LÖSUNG

Die Anschaffungskosten für das Grundstück betragen 22.000 € (§ 5 Abs. 1 EStG i. V. mit § 255 Abs. 1 HGB); es besteht ein Vorsteueranspruch i. H. von 160 €; die Einlagen des Jahres 00 sind um 2.160 € zu erhöhen. Eine Gewinnauswirkung tritt nicht ein.

	Steuerbilanz	Prüferbilanz	Mehr- und Weniger-rechnung
Grund und Boden			
Zugang im Januar 00	20.000 €	22.000 €	
31.12.00–02	20.000 €	22.000 €	
Vorsteuer			
31.12.00–02	0 €	160 €	
Einlagen			
Jahr 00	0 €	2.160 €	
			0 €

Gesamtkontrolle:

Grund und Boden zum 31.12.02	+ 2.000 €
Vorsteuer zum 31.12.02	+ 160 €
Änderung des Betriebsvermögens zum 31.12.02	+ 2.160 €
Mehreinlagen im Jahr 00	- 2.160 €
Gewinnauswirkung für den gesamten Prüfungszeitraum	0 €

FALL 167

Abnutzbares Anlagevermögen

Sachverhalt: Ein Kaufmann hat eine am 2.1.00 erworbene Maschine seines Anlagevermögens wie folgt bewertet und abgeschrieben:

Maschine	**Steuerbilanz**
Zugang am 2.1.00, Anschaffungskosten	20.000 €
AfA im Jahr 00 (20 % linear)	- 4.000 €
Wert zum 31.12.00	16.000 €
AfA im Jahr 01	- 4.000 €
Wert zum 31.12.01	12.000 €
AfA im Jahr 02	- 4.000 €
Wert zum 31.12.02	8.000 €

Durch eine Außenprüfung wird u. a. festgestellt, dass die betriebsgewöhnliche Nutzungsdauer dieser Maschine zehn Jahre beträgt. Die degressive AfA ist aufgrund des Anschaffungszeitpunkts nicht möglich.

AUFGABE

Welche steuerrechtlichen Gewinnauswirkungen und Bilanzberichtigungen ergeben sich für die Jahre 00–02?

LÖSUNG

Die Auswirkungen ergeben sich aus der folgenden Übersicht:

Maschine	**Steuerbilanz**	**Prüferbilanz**	**Mehr- und Weniger-rechnung**
Zugang am 2.1.00	20.000 €	20.000 €	
AfA im Jahr 00	- 4.000 €	- 2.000 €	+ 2.000 €
31.12.00	16.000 €	18.000 €	
AfA im Jahr 01	- 4.000 €	- 2.000 €	+ 2.000 €

Maschine	Steuerbilanz	Prüferbilanz	Mehr- und Weniger-rechnung
31.12.01	12.000 €	16.000 €	
AfA im Jahr 02	- 4.000 €	- 2.000 €	+ 2.000 €
31.12.02	8.000 €	14.000 €	+ 6.000 €

Gesamtkontrolle:

Änderung des Betriebsvermögens (Maschine) zum 31.12.02	+ 6.000 €
Gewinnauswirkung für den gesamten Prüfungszeitraum	+ 6.000 €

FALL 168

Warenbewertung

Sachverhalt: Ein Kaufmann hat den Warenbestand in seinen Bilanzen wie folgt ausgewiesen und bewertet:

- Zum 31.12.00 10.000 €;
- zum 31.12.01 12.000 € und
- zum 31.12.02 17.000 €.

Durch eine Außenprüfung werden folgende richtige Wertansätze ermittelt:

- Zum 31.12.00 12.000 €;
- zum 31.12.01 8.000 € und
- zum 31.12.02 19.000 €.

AUFGABE

Welche steuerrechtlichen Gewinnauswirkungen und Bilanzberichtigungen ergeben sich für die Jahre 00–02?

LÖSUNG

Die Gewinnauswirkungen ergeben sich aus der folgenden Übersicht:

Waren	Steuerbilanz	Prüferbilanz	Mehr- und Weniger-rechnung
31.12.00	10.000 €	12.000 €	+ 2.000 €
31.12.01	12.000 €	8.000 €	
Gewinnauswirkung im Jahr 01	+ 2.000 €	- 4.000 €	- 6.000 €
31.12.01	12.000 €	8.000 €	
31.12.02	17.000 €	19.000 €	
Gewinnauswirkung im Jahr 02	+ 5.000 €	+ 11.000 €	+ 6.000 €
			+ 2.000 €

Gesamtkontrolle:

Änderung des Betriebsvermögens (Waren) zum 31.12.02	+ 2.000 €
Gewinnauswirkung für den gesamten Prüfungszeitraum	+ 2.000 €

FALL 169

Forderungen

Sachverhalt: Ein Kaufmann hat die Forderungen in seinen Bilanzen wie folgt ausgewiesen und bewertet:

- Zum 31.12.00 7.000 €;
- zum 31.12.01 9.000 € und
- zum 31.12.02 14.000 €.

Durch eine Außenprüfung werden folgende richtige Wertansätze ermittelt:

- Zum 31.12.00 6.000 €;
- zum 31.12.01 6.000 € und
- zum 31.12.02 6.000 €.

AUFGABE

Welche steuerrechtlichen Gewinnauswirkungen und Bilanzberichtigungen ergeben sich für die Jahre 00–02?

LÖSUNG

Die Gewinnauswirkungen ergeben sich aus der folgenden Übersicht:

Forderungen	**Steuerbilanz**	**Prüferbilanz**	**Mehr- und Weniger-rechnung**
31.12.00	7.000 €	6.000 €	- 1.000 €
31.12.01	9.000 €	6.000 €	
Gewinnauswirkung im Jahr 01	+ 2.000 €	0 €	- 2.000 €
31.12.01	9.000 €	6.000 €	
31.12.02	14.000 €	6.000 €	
Gewinnauswirkung im Jahr 02	+ 5.000 €	0 €	- 5.000 €
			- 8.000 €

Gesamtkontrolle:

Änderung des Betriebsvermögens (Forderungen) zum 31.12.02	- 8.000 €
Gewinnauswirkung für den gesamten Prüfungszeitraum	- 8.000 €

FALL 170

Garantie-Rückstellungen

Sachverhalt: Ein Kaufmann hat in seinen Bilanzen folgende Garantie-Rückstellungen ausgewiesen:

- Zum 31.12.00 3.000 €;
- zum 31.12.01 4.000 € und
- zum 31.12.02 6.000 €.

Durch eine Außenprüfung wird festgestellt, dass nur jeweils die Hälfte der passivierten Beträge angemessen ist.

AUFGABE

Welche steuerrechtlichen Gewinnauswirkungen und Bilanzberichtigungen ergeben sich für die Jahre 00–02?

LÖSUNG

Die richtigen Bilanzansätze und die daraus folgenden Gewinnauswirkungen ergeben sich aus der folgenden Übersicht:

Garantie-Rückstellungen	**Steuerbilanz**	**Prüferbilanz**	**Mehr- und Weniger-rechnung**
31.12.00	3.000 €	1.500 €	- 1.500 €
31.12.01	4.000 €	2.000 €	
Gewinnauswirkung im Jahr 01	+ 1.000 €	+ 500 €	- 500 €
31.12.01	4.000 €	2.000 €	
31.12.02	6.000 €	3.000 €	
Gewinnauswirkung im Jahr 02	+ 2.000 €	+ 1.000 €	- 1.000 €
			- 3.000 €

Gesamtkontrolle:

Änderung des Betriebsvermögens (Garantie-Rückstellungen) zum 31.12.02	- 3.000 €
Gewinnauswirkungen für den gesamten Prüfungszeitraum	- 3.000 €

FALL 171

Berichtigung einer Geschäftseröffnungsbilanz

Sachverhalt: Ein Kaufmann hat die zu seinem Anlagevermögen gehörenden Wertpapiere (Aktien) wie folgt bewertet:

- Zum 1.10.00 (Geschäftseröffnung) 10.000 €;
- zum 31.12.00 8.000 €;
- zum 31.12.01 9.000 € und
- zum 31.12.02 12.000 €.

Durch eine Außenprüfung werden die folgenden richtigen Wertansätze ermittelt:

- Zum 1.10.00 12.000 €;
- zum 31.12.00 10.000 €;
- zum 31.12.01 10.000 € und
- zum 31.12.02 11.000 €.

AUFGABE

Welche steuerrechtlichen Gewinnauswirkungen und Bilanzberichtigungen ergeben sich für die Jahre 00–02?

LÖSUNG

Die Gewinnauswirkungen sind der folgenden Übersicht zu entnehmen:

Wertpapiere	**Steuerbilanz**	**Prüferbilanz**	**Mehr- und Wenigerrechnung**
1.10.00	10.000 €	12.000 €	
31.12.00	8.000 €	10.000 €	
Gewinnauswirkung im Jahr 00	- 2.000 €	- 2.000 €	0 €
31.12.00	8.000 €	10.000 €	
31.12.01	9.000 €	10.000 €	
Gewinnauswirkung im Jahr 01	+ 1.000 €	0 €	- 1.000 €
31.12.01	9.000 €	10.000 €	
31.12.02	12.000 €	11.000 €	
Gewinnauswirkung im Jahr 02	+ 3.000 €	+ 1.000 €	- 2.000 €
			- 3.000 €

Gesamtkontrolle:

Änderung des Betriebsvermögens (Wertpapiere) zum 31.12.02	- 1.000 €
Änderung des Betriebsvermögens (Wertpapiere) zum 1.10.00 (+ 2.000 €, Gewinn =)	- 2.000 €
Gewinnauswirkung für den gesamten Prüfungszeitraum	- 3.000 €

FALL 172

Bilanzänderung anlässlich einer Außenprüfung

Sachverhalt: Bei Kaufmann K fand eine Außenprüfung für die Jahre 01–03 statt. Für jedes Jahr ergab sich durch unterschiedliche Bewertungsauffassungen zwischen Kaufmann K und dem Betriebsprüfer ein Mehrgewinn i. H. von jeweils 70.000 €. Kaufmann K erstellt identische Handels- und Steuerbilanzen.

Als Kaufmann K im Rahmen der Schlussbesprechung über die Höhe der Mehrgewinne informiert wird, beantragt er, die Bewertung der Fertigerzeugnisse zu ändern, denn bei der Ermittlung der Herstellungskosten für die Erzeugnisbestände wurden auch Zuschläge für Fremdkapitalzinsen für den Herstellungszeitraum erfasst. Ohne diese Zuschläge verringern sich die Ansätze für Fertigerzeugnisse wie folgt:

	Jahr 01	Jahr 02	Jahr 03
Fertigerzeugnisse	- 30.000 €	- 48.000 €	- 56.400 €

In der Handelsbilanz soll entsprechend verfahren werden. Die Handelsbilanzen sollen dementsprechend geändert werden.

AUFGABE

Wie ist die Rechtslage?

LÖSUNG

Fremdkapitalzinsen sind keine Herstellungskosten (§ 255 Abs. 3 Satz 2 HGB i. V. mit § 5 Abs. 1 Satz 1 Halbsatz 1 EStG). Sie können jedoch, soweit sie objektbezogen auf den Herstellungszeitraum entfallen, gem. § 255 Abs. 3 Satz 2 HGB als Herstellungskosten angesetzt werden. Wird von diesem Einbeziehungswahlrecht, das im Steuerrecht keine eigenständige Entsprechung findet, in der Handelsbilanz Gebrauch gemacht, ist dem nach Auffassung der Finanzverwaltung aufgrund der materiellen Maßgeblichkeit gem. § 5 Abs. 1 Satz 1 Halbsatz 1 EStG zu folgen (R 6.3 Abs. 5 Satz 2 EStR und BMF, Schreiben v. 12.3.2010, BStBl 2010 I S. 239, Rz. 5 und 6). Nach Auffassung der Finanzverwaltung liegt hier ein Fall konkreter Maßgeblichkeit der (konkreten) Handelsbilanz für die Steuerbilanz vor.

Der Antrag ist deshalb als Bilanzänderungsantrag zu verstehen (§ 4 Abs. 2 Satz 2 EStG). Dem Antrag muss stattgegeben werden, wenn er in zeitlichem und sachlichem Zusammenhang mit einer vorangegangenen Bilanzberichtigung steht und sich die Änderungen im Rahmen der Gewinnerhöhungen bewegen. Außerdem ist hier eine entsprechende (aufwendige) Änderung der Handelsbilanzen erforderlich.

Es ergeben sich folgende Auswirkungen: Die von der Betriebsprüfung festgestellten Mehrgewinne werden wie folgt reduziert (beachte die umgekehrten Gewinnauswirkungen in den Folgejahren nach der ersten Änderung):

	Jahr 01	Jahr 02	Jahr 03
Ausgangsbeträge	70.000 €	70.000 €	70.000 €
Bestandsveränderung der Fertigerzeugnisse	- 30.000 €	- 48.000 €	- 56.400 €
Umgekehrte Auswirkung		+ 30.000 €	+ 48.000 €
Mehrgewinne	40.000 €	52.000 €	61.600 €

FALL 173

Berichtigungsbedarf bei Rückstellungen

Sachverhalt: Kaufmann K hat seine Steuererklärung für das Jahr 01 am 2.6.02 beim Finanzamt eingereicht. Der Steuererklärung hat er die Steuerbilanz v. 31.12.01 beigefügt, Aufstellungsdatum 31.5.02. In dieser Steuerbilanz ist eine Rückstellung für unterlassene Instandhaltung i. H. von 200.000 € ausgewiesen.

Die der Rückstellung zugrundeliegenden Reparaturen wurden in der Zeit vom 28.3. bis zum 10.4.02 durchgeführt. Im Ergebnis beträgt der Reparaturaufwand tatsächlich 220.000 € zzgl. Umsatzsteuer.

AUFGABE

Welche Auswirkungen ergeben sich für die Steuerbilanz v. 31.12.01?

LÖSUNG

Die Steuerbilanz zum 31.12.01 ist falsch. Voraussetzung für die Bildung einer Rückstellung für unterlassene Instandhaltung ist, dass die Instandhaltung innerhalb von drei Monaten nach dem Bilanzstichtag nachgeholt wird (§ 249 Abs. 1 Satz 2 Nr. 1 HGB i. V. mit § 5 Abs. 1 Halbsatz 1 EStG). Das bedeutet, dass die Instandhaltung im vorliegenden Fall spätestens bis zum 31.3.02 hätte abgeschlossen sein müssen.

Es handelt sich um einen Fall der Bilanzberichtigung. Gemäß § 4 Abs. 2 Satz 1 EStG darf der Steuerpflichtige die Steuerbilanz auch nach ihrer Einreichung beim Finanzamt ändern, soweit sie nicht dem Gesetz entspricht. Die Regelung suggeriert ein Wahlrecht. Für die Richtigstellung von Bilanzierungsfehlern besteht kein Wahlrecht. Sie sind zwingend vorzunehmen. Ist durch eine falsche Bilanzierung der Gewinn zu niedrig (wie hier), besteht eine Anzeigepflicht seitens des Steuerpflichtigen (§ 153 AO).

Im vorliegenden Fall muss Kaufmann K dem Finanzamt entweder eine berichtigte Steuerbilanz einreichen oder dem Finanzamt Kenntnis von der zu Unrecht gebildeten Rückstellung geben, damit dieses von Amts wegen eine berichtigte Gewinnermittlung durch Betriebsvermögensvergleich durchführt (BFH, Urteil v. 4.11.1999 - IV R 70/98, BStBl 2000 II S. 129). In jedem Fall tritt für das Jahr 01 eine Gewinnerhöhung i. H. von 200.000 € ein.

7.3 Kapitalangleichung/Kapitalangleichungsbuchungen

Nach einer Bilanzberichtigung stimmen die Werte der berichtigten Schlussbilanz nicht mehr mit der folgenden Anfangsbilanz überein. Zur Wiederherstellung des Bilanzenzusammenhangs ist daher eine Kapitalangleichung (Anpassung) geboten (§ 4 Abs. 1 Satz 1 EStG und § 252 Abs. 1 Nr. 1 HGB).

Der häufigste Anwendungsfall für Kapitalangleichungsbuchungen sind die Kapitalangleichungsbuchungen nach einer Betriebsprüfung.

Die Ergebnisse einer Betriebsprüfung werden durch eine sog. „Prüferbilanz" und eine „Mehr- und Wenigerrechnung" zusammengefasst. Im Anschluss an die Betriebsprüfung ist der Steuerpflichtige/der Steuerberater angehalten, die Ergebnisse der Betriebsprüfung in der Buchführung nachzuvollziehen. Zu beachten ist, dass die Feststellungen der Betriebsprüfung formal keine Bilanzberichtigungen darstellen. Zur Bilanzberichtigung ist nur der Steuerpflichtige selbst berechtigt. Prüferbilanz und Mehr- und Wenigerrechnung sind lediglich unselbständige Teile des Betriebsprüfungsberichts, die jedoch als „eigene Gewinnermittlung" den Steuerbescheiden durch die Finanzverwaltung zugrunde gelegt werden (vgl. hierzu auch BFH, Urteile v. 13.6.2006 - I R 84/05, BStBl 2007 II S. 94, und v. 4.11.1999 - IV R 70/98, BStBl 2000 II S. 129; H 4.4 Bilanzberichtigung, 1. Spiegelstrich EStH). Die Prüferbilanz ist gleichzeitig die Aufforderung zur Bilanzberichtigung durch den Steuerpflichtigen. Der Steuerpflichtige hat die Bilanzberichtigungen in den Steuerbilanzen des Prüfungszeitraums grds. vorzunehmen. Die Praxis verzichtet hierauf regelmäßig aus Vereinfachungsgründen.

Für alle bereits begonnenen Gewinnermittlungen nach dem Betriebsprüfungszeitraum sind steuerbilanziell erfolgsneutrale Kapitalangleichungen zur Wiederherstellung des Bilanzenzusammenhangs erforderlich (vgl. hierzu ab dem 1.1.2025 auch § 153 Abs. 4 AO).

Steuerrechtlich erfolgen diese Korrekturen bei einem **Einzelgewerbetreibenden** und einer **Personengesellschaft** grds. erfolgsneutral durch Buchung über Kapitalkonten (Kapitalangleichungsbuchungen). Bei Personengesellschaften ist zu beachten, ob und in welchem Umfang die Kapitalkonten der einzelnen Gesellschafter anzusprechen sind. Soweit bei einer Personengesellschaft feste (Kapital I) und variable Kapitalkonten (Kapital II) ausgewiesen werden, erfolgt die Kapitalangleichung über Kapital II (oder ggf. bei Abweichung zur Handelsbilanz über steuerliche (Kapital-)Ausgleichsposten).

Die Kapitalangleichungsbuchungen erstrecken sich lediglich auf die Differenzen bei Besitzposten und Schulden. Bei einem Einzelunternehmer lauten sie deshalb i. d. R. wie folgt:

Bestandskonto	an	Kapital
Kapital	an	Bestandskonto

Bei Personengesellschaften erfolgen die Kapitalangleichungsbuchungen entsprechend dem Gewinnverteilungsschlüssel:

Bestandskonto	an	Kapital A
	an	Kapital B
Kapital A		
Kapital B	an	Bestandskonto

Unabhängig von der Rechtsform erfolgen die Korrekturen handelsrechtlich, soweit diese auch handelsrechtlich geboten sind, üblicherweise erfolgswirksam in der „laufenden Rechnung". Nach allgemeiner Auffassung genügt dies, da dadurch die Vermögens-, Finanz- und Ertragslage zeitnah korrekt dargestellt wird (vgl. IDW RS HFA 6 Rz. 21, 33, 35 und 36; siehe auch das Thema „Bilanzberichtigung"). Eine Berichtigung der Handelsbilanz ist nicht erforderlich, solange der Bilanzierungsfehler nicht so schwerwiegend ist, dass der Jahresabschluss nichtig ist. In diesem Fall kommt es formal gesehen nicht zu einer Berichtigung, sondern zu einer Neuaufstellung des Jahresabschlusses. Angleichungen wie in der Steuerbilanz erfolgen für die Handelsbilanz nicht, da die Handelsbilanzen der Betriebsprüfungsjahre regelmäßig nicht berichtigt werden und die Berichtigungen somit erstmalig und erfolgswirksam in „laufender Rechnung" stattfinden.

Bei einer **Kapitalgesellschaft** findet die Kapitalangleichung auch steuerrechtlich zunächst erfolgswirksam über das Konto „Sonstige betriebliche Erträge" bzw. „Sonstige betriebliche Aufwendungen" statt und verändert somit den Jahresüberschuss innerhalb der Bilanz. Dieses abweichende Vorgehen ist erforderlich, um die Eigenkapitalpositionen, insbesondere den Jahresüberschuss aus der Handelsbilanz, betragsgleich in die Steuerbilanz zu übernehmen (§ 5 Abs. 1 Satz 1 EStG).

Bei der Ermittlung des steuerlichen Ergebnisses müssen die auf Kapitalangleichung beruhenden Ergebnisänderungen in diesen Fällen durch „außerbilanzielle Zu- und Abrechnungen" wieder egalisiert werden, damit es nicht zur Doppelbesteuerung oder -entlastung kommt. Diese „außerbilanziellen Zu- und Abrechnungen" betreffen jedoch ausnahmsweise den Steuerbilanzgewinn i. S. des § 4 Abs. 1 Satz 1 EStG, soweit dies z. B. für § 14 Abs. 4 KStG von Bedeutung ist, da im Ergebnis auch bei einer Kapitalgesellschaft eine erfolgsneutrale Kapitalangleichung vorzunehmen ist.

Soweit es sich um Differenzen zwischen Handels- und Steuerbilanz handelt, kann die Angleichung in der Steuerbilanz unmittelbar erfolgsneutral über den steuerlichen Ausgleichsposten erfolgen. Alternativ kann – der Handelsbilanz folgend – über das Konto „Sonstige betriebliche Erträge" bzw. „Sonstige betriebliche Aufwendungen" gebucht werden. Dann ist die Erfolgswirkung durch außerbilanzielle Zu- bzw. Abrechnungen zu neutralisieren. Rechtlich ist jedoch zu beachten, dass die Neutralisierung nur technisch außerbilanziell erfolgt, sich jedoch rechtlich auf den Steuerbilanzgewinn (also innerbilanziell) auswirkt.

Dieses für die Kapitalgesellschaften geschilderte Vorgehen dürfte bei **Personengesellschaften** ebenfalls geboten sein, wenn die veränderten Gewinnanteile gem. § 122 bzw. § 169 HGB bzw. einer entsprechenden gesellschaftsvertraglichen Regelung nicht den Kapitalkonten, sondern in der Gesellschaftsbilanz den Verbindlichkeiten gegenüber den Gesellschaftern zuzuweisen sind. Die Veränderungen der Verbindlichkeiten gegenüber den Gesellschaftern (und in der Folge der entsprechenden Forderungen in den Sonderbereichen) treten auch für die steuerrechtliche Gesellschaftsbilanz (Gesamthandsbilanz) erst mit der handelsrechtlichen Verwirklichung ein.

Die klassischen Kapitalangleichungsbuchungen finden in der ersten noch nicht abgeschlossenen Buchführung zum Zeitpunkt der Bekanntgabe der Prüfungsergebnisse statt. In zwischenzeitlich bereits erstellten Steuerbilanzen ist der Bilanzenzusammenhang durch angleichende Bilanzberichtigungen herzustellen (§ 4 Abs. 2 Satz 1 EStG i. V. mit § 153 Abs. 4 AO).

FALL 174

Kapitalangleichungsbuchungen[21]

Sachverhalt: Eine Außenprüfung ergab für einen Einzelgewerbebetrieb folgende Ergebnisse:

Steuerbilanzgewinn des Jahres 01 vorher (§ 15 EStG)	88.000 €
Warenbestandsberichtigung zum 31.12.01	+ 12.000 €
Nicht gebuchte Warenentnahme (570 € Umsatzsteuer)	+ 3.000 €
Grunderwerbsteuer für ein erworbenes unbebautes Grundstück (aktiviert)	+ 1.000 €
Erhöhung der Gewerbesteuer-Rückstellung für das Jahr 01 aufgrund der Prüfungsfeststellungen	- 2.400 €
Steuerbilanzgewinn des Jahres 01 lt. Außenprüfung	101.600 €

Die Vorgänge sind in der Handelsbilanz des Jahres 01 gleichermaßen unrichtig erfasst. Die Handelsbilanz wird nicht berichtigt.

AUFGABE

Was ist für die Handels- und Steuerbilanz des Jahres 02 zu veranlassen?

LITERATURHINWEIS

Dortmann/Mann, Lehrbuch Buchführung und Bilanzsteuerrecht, 14. Aufl. 2026, Teil B, Kapitel 2, Tz. 2.3.

LÖSUNG

Handelsbilanz

Die Handelsbilanz des Jahres 01 ist trotz der Prüfungsfeststellungen unverändert und braucht nicht berichtigt zu werden. Eine Angleichung zur Herstellung des Bilanzenzusammenhangs ist zum 1.1.02 nicht vorzunehmen. Die Berichtigungen werden erstmals für das Jahr 02 in der „laufenden Rechnung" erfolgswirksam vorgenommen:

Rechnungskreis Handelsbilanz:

Fehlerberichtigung der Feststellungen für das Jahr 01 in „laufender Rechnung" des Jahres 02:

Entnahmen	3.570 €	an	Sonstige betriebliche Erträge	3.000 €
		an	Umsatzsteuer	570 €
Grund und Boden	1.000 €	an	Sonstige betriebliche Erträge	1.000 €
Gewerbesteueraufwand	2.400 €	an	Gewerbesteuer-Rückstellung für das Jahr 01	2.400 €
Warenbestand	12.000 €	an	Sonstige betriebliche Erträge	12.000 €

21 **Literaturhinweis:** Falterbaum/Bolk/Reiß/Kirchner, Buchführung und Bilanz, 23. Aufl. 2020, S. 276.

Die erfolgswirksame Erfassung des Warenanfangsbestands ist entbehrlich, da sich bei unverändertem Endbestand eine umgekehrte Gewinnauswirkung in gleicher Höhe ergibt.

Steuerbilanz

Formell gesehen ist zunächst die Steuerbilanz des Jahres 01 den Prüfungsfeststellungen entsprechend durch den Steuerpflichtigen zu berichtigen. Die Praxis setzt aus Vereinfachungsgründen regelmäßig die Prüferbilanz des Jahres 01 einer berichtigten Steuerbilanz des Jahres 01 gleich. Im Anschluss sind zur Herstellung des Bilanzenzusammenhangs an die berichtigte Steuerbilanz des Jahres 01 Kapitalangleichungen auf den 1.1.02 vorzunehmen.

Rechnungskreis Steuerbilanz:

Warenbestand	12.000 €	an	Kapital	12.000 €
Kapital	570 €	an	Umsatzsteuer	570 €
Grund und Boden	1.000 €	an	Kapital	1.000 €
Kapital	2.400 €	an	Gewerbesteuer-Rückstellung für das Jahr 01	2.400 €

Da die nicht gebuchte Warenentnahme für das Jahr 01 nur im Hinblick auf die Umsatzsteuer zu einer Bilanzberichtigung zum 31.12.01 geführt hat, darf sich die Kapitalangleichungsbuchung nur auf die Einbuchung der Umsatzsteuer erstrecken. Die erfolgsneutrale Erhöhung des Warenanfangsbestand mindert den Steuerbilanzgewinn des Jahres 02 durch die Bestandsveränderung des Jahres 02 (umgekehrte Gewinnauswirkung) um 12.000 €.

Alternativ können die Buchungen auch in einen **gemeinsamen Rechnungskreis Handels- und Steuerbilanz** wie oben zur Handelsbilanz dargestellt aufgenommen werden. In diesem Fall ist das Ergebnis der Kapitalangleichungen steuerrechtlich zu neutralisieren, indem der Jahresüberschuss zur Ermittlung des richtigen Steuerbilanzgewinns des Jahres 02 um 13.600 € „außerbilanziell" vermindert wird. Hierbei darf unabhängig, ob gebucht oder nicht (vgl. oben), insbesondere der Abzug von 12.000 € für die Anpassung des Warenanfangsbestands nicht vergessen werden.

FALL 175

Kapitalangleichung durch Bilanzberichtigung

Sachverhalt: Wie Fall 174, jedoch ging der Prüfungsbericht beim Steuerpflichtigen erst im Jahr 03 nach der Aufstellung der Handels- und Steuerbilanz auf den 31.12.02 ein, so dass dieser im Jahr 02 keine Kapitalangleichungsbuchungen vornehmen konnte. Der vom Steuerpflichtigen für das Jahr 02 ermittelte Jahresüberschuss und Steuerbilanzgewinn betrug (aus Vereinfachungsgründen) einheitlich 123.000 €; dieser Gewinnermittlung liegt die Handels- und Steuerbilanz v. 31.12.01 zugrunde und nicht die Prüferbilanz v. 31.12.01. Die Mehrsteuern aufgrund der Außenprüfung waren zum 31.12.02 ebenfalls nicht passiviert; sie wurden erst im Jahr 03 bezahlt (2.400 € Gewerbesteuer für das Jahr 01 und 570 € Umsatzsteuer).

Aufgrund der umgekehrten Gewinnauswirkung des Jahres 02 aus der Erhöhung des Warenbestands zum 31.12.01 ist die Gewerbesteuer-Rückstellung für das Jahr 02 zum 31.12.02 um 1.800 € zu vermindern.

AUFGABE

Was ist für die Handels- und Steuerbilanzen der Jahre 02 und 03 zu veranlassen?

LÖSUNG

Handelsbilanz

Die Handelsbilanz des Jahres 01 ist trotz der Prüfungsfeststellungen unverändert und braucht, wie auch die fehlerhafte Handelsbilanz des Jahres 02 nicht berichtigt zu werden. Der Jahresüberschuss des Jahres 02 bleibt unverändert 123.000 €. Eine Angleichung zur Herstellung des Bilanzenzusammenhangs ist weder zum 1.1.02 noch zum 1.1.03 erforderlich. Die Berichtigungen werden erstmals für das Jahr 03 in der „laufenden Rechnung" erfolgswirksam vorgenommen.

Rechnungskreis Handelsbilanz des Jahres 03:

Fehlerberichtigung der Feststellungen für die Jahre 01 und 02 in „laufender Rechnung" des Jahres 03:

Entnahmen	3.570 €	an	Sonstige betriebliche Erträge	3.000 €
		an	Umsatzsteuer	570 €
Grund und Boden	1.000 €	an	Sonstige betriebliche Erträge	1.000 €
Gewerbesteueraufwand	2.400 €	an	Gewerbesteuer-Rückstellung für das Jahr 01	2.400 €
Gewerbesteuer-Rückstellung für das Jahr 02	1.800 €	an	Gewerbesteueraufwand	1.800 €

Die erfolgswirksame Erfassung des Warenanfangsbestands entfällt hier zwingend, da der Endbestand zum 31.12.02 unverändert ist.

Steuerbilanz

Formell gesehen ist zunächst die Steuerbilanz des Jahres 01 den Prüfungsfeststellungen entsprechend durch den Steuerpflichtigen zu berichtigen. Die Praxis setzt aus Vereinfachungsgründen regelmäßig die Prüferbilanz des Jahres 01 einer berichtigten Steuerbilanz des Jahres 01 gleich. Im Anschluss sind zur Herstellung des Bilanzenzusammenhangs an die berichtigte Steuerbilanz des Jahres 01 und zur Fehlerbeseitigung die Steuerbilanz des Jahres 02 zu berichtigen und Kapitalangleichungen auf den 1.1.03 vorzunehmen.

Berichtigungen in der Steuerbilanz zum 31.12.02

Aktiva					**Passiva**
Grund und Boden:			Steuerlicher Ausgleichsposten*):		
Angleichung zum 1.1.	+ 1.000 €		Kapitalangleichung zum 1.1.	+ 10.030 €	
31.12.		+ 1.000 €	GuV (Bestandsminderung)	- 12.000 €	
Warenbestand:			GuV (Gewerbesteuer des Jahres 02)	+ 1.800 €	
Angleichung zum 1.1.	+ 12.000 €		31.12.		- 170 €
Bestandsminderung	- 12.000 €		Gewerbesteuer-Rückstellung für das Jahr 01:		
31.12.		–	Angleichung zum 1.1.	+ 2.400 €	
			31.12.		+ 2.400 €
			Gewerbesteuer-Rückstellung für das Jahr 02:		
			1.1.	–	
			Minderung	- 1.800 €	- 1.800 €
			Umsatzsteuer		+ 570 €
		+ 1.000 €			+ 1.000 €

*) Kapitaldifferenzen der Steuer- zur Handelsbilanz können rechtsformunabhängig in der Steuerbilanz in eine gesonderte rein steuerliche Kapitalposition eingestellt werden, für die sich die Bezeichnung „Steuerlicher Ausgleichsposten“ etabliert hat. Besser wäre u. E. die Bezeichnung „Steuerliches Mehr- oder Minderkapital“, in diesem Fall „Steuerliches Minderkapital“.

Steuerbilanzgewinn des Jahres 02 bisher	123.000 €
Bestandsveränderung aufgrund der Warenbestandsberichtigung zum 31.12.01/ 1.1.02 (umgekehrte Gewinnauswirkung)	- 12.000 €
Weniger Gewerbesteueraufwand im Jahr 02 (Minderung der Gewerbesteuer-Rückstellung für das Jahr 02)	+ 1.800 €
Berichtigter Steuerbilanzgewinn des Jahres 02	112.800 €

Rechnungskreis Steuerbilanz des Jahres 03:

Kapital	570 €	an	Umsatzsteuer	570 €
Grund und Boden	1.000 €	an	Kapital	1.000 €
Kapital	2.400 €	an	Gewerbesteuer-Rückstellung für das Jahr 01	2.400 €
Gewerbesteuer-Rückstellung für das Jahr 02	1.800 €	an	Kapital	1.800 €

FALL 176

Kapitalangleichung nach Betriebsprüfung bei Kapitalgesellschaften

Sachverhalt: Bei der A-GmbH, einer Möbelfabrik, wurde im August 06 für die Jahre 04 und 05 eine Betriebsprüfung durchgeführt. Eine Anpassung der Buchführung des Jahres 06 an die Bilanz der Betriebsprüfung zum 31.12.05 wurde bisher nicht durchgeführt. Zur korrekten steuerlichen Gewinnermittlung für das Jahr 06 müssen die Ergebnisse der Betriebsprüfung noch verarbeitet werden. Von der Handelsbilanz abweichende Bilanzansätze oder Bewertungen hatten sich bisher (vor Durchführung der Betriebsprüfung) nicht ergeben, so dass sog. „Einheitsbilanzen" aufgestellt wurden.

Der Betriebsprüfer traf folgende Feststellungen, die weder handels- noch steuerrechtlich streitig sind:

1. Für eine am 3.1.04 angeschaffte Maschine wurden Anschaffungskosten i. H. von 500.000 € im Jahr 04 als Aufwand gebucht. Die Nutzungsdauer beträgt fünf Jahre; die Abschreibung soll linear erfolgen.
2. Die Fertigerzeugnisse wurden versehentlich zu Netto-Verkaufspreisen bewertet; der Prüfer setzte die Herstellungskosten an. Ende des Jahres 06 wurden die Fertigerzeugnisse zutreffend erfasst.
3. Die zum 31.12.05 gebildete Prozesskostenrückstellung ist um 180.000 € zu hoch.
4. Aufgrund der Prüfungsfeststellungen ergibt sich eine Erhöhung der Umsatzsteuer-Verbindlichkeiten für das Jahr 04 i. H. von 16.000 € und eine weitere Umsatzsteuer-Nachzahlung für das Jahr 05 i. H. von 8.000 €, da Erlöse brutto verbucht wurden.
5. Die in der Mehr- und Wenigerrechnung ausgewiesenen Beträge für Steuerrückstellungen (Körperschaftsteuer und Gewerbesteuer) sind Folgewirkungen der einkommenswirksamen Prüfungsfeststellungen und beruhen für das Jahr 05 zum Teil auch auf der außerbilanziellen Hinzurechnung verdeckter Gewinnausschüttungen i. H. von 100.000 €.

Aufgrund der Prüfungsfeststellungen stellte der Betriebsprüfer folgende Mehr- und Wenigerrechnung nach der Bilanzposten-Methode auf:

Bilanzposten/(GuV-Positionen)	**Jahr 04**	**Jahr 05**
Aktivierung Maschine/(Sonstige betriebliche Aufwendungen, AfA)	+ 400.000 €	- 100.000 €
Fertigerzeugnisse/(Bestandsveränderung)	- 100.000 €	+ 100.000 €
		- 200.000 €
Minderung Prozesskostenrückstellung/(Sonstige betriebliche Aufwendungen)		+ 180.000 €
Umsatzsteuer-Verbindlichkeit lt. Betriebsprüfung/(Umsatzerlöse)	- 16.000 €	- 8.000 €
Steuerrückstellungen (Körperschaftsteuer/Gewerbesteuer) lt. Betriebsprüfung/(Steueraufwand)	- 85.200 €	- 10.800 €
Summe der Änderungen (= Veränderung des steuerlichen Ausgleichspostens)	+ 198.800 €	- 38.800 €
Steuerlicher Ausgleichsposten bisher	0 €	+ 198.800 €
Steuerlicher Ausgleichsposten neu	198.800 €	160.000 €

Daraus ergaben sich folgende Bilanzen:

Handels-/Steuerbilanz v. 31.12.04

Aktiva			Passiva
Fertigerzeugnisse	300.000 €	Unveränderte Posten	1.500.000 €
Unveränderte Posten	1.200.000 €		
	1.500.000 €		1.500.000 €

Prüferbilanz v. 31.12.04

Aktiva			Passiva
Maschine	400.000 €	Unveränderte Posten	1.500.000 €
Fertigerzeugnisse	200.000 €	Umsatzsteuer lt. Betriebsprüfung	16.000 €
Unveränderte Posten	1.200.000 €	Steuerrückstellung (Körperschaftsteuer und Gewerbesteuer)	85.200 €
		Steuerlicher Ausgleichsposten	198.800 €
	1.800.000 €		1.800.000 €

Handels-/Steuerbilanz v. 31.12.05

Aktiva			Passiva
Fertigerzeugnisse	500.000 €	Unveränderte Posten	1.800.000 €
Unveränderte Posten	1.600.000 €	Prozesskostenrückstellung	300.000 €
	2.100.000 €		2.100.000 €

Prüferbilanz v. 31.12.05

Aktiva			Passiva
Maschine	300.000 €	Unveränderte Posten	1.800.000 €
Fertigerzeugnisse	300.000 €	Prozesskostenrückstellung	120.000 €
Unveränderte Posten	1.600.000 €	Umsatzsteuer lt. Betriebsprüfung	24.000 €
		Steuerrückstellung (Körperschaftsteuer und Gewerbesteuer)	96.000 €
		Steuerlicher Ausgleichsposten	160.000 €
	2.200.000 €		2.200.000 €

Die Gesellschaft hat den vorläufigen Jahresabschluss als Einheitsbilanz (Handels-/Steuerbilanz) zum 31.12.06 mit einem Jahresüberschuss i. H. von 41.200 € nach Abzug von Ertragsteuern (Körperschaftsteuer und Gewerbesteuer) i. H. von 30.000 € aufgestellt. Die Beanstandungen durch die Betriebsprüfung wurden dabei nicht eingearbeitet.

Zum 31.12.06 hat die Maschine einen Buchwert i. H. von 200.000 €, weil noch planmäßige Abschreibungen/AfA i. H. von 100.000 € für das Jahr 06 zu berücksichtigen sind. Da die Maschine bisher nicht aktiviert war, wurde hierzu nichts gebucht.

Die Gründe für die Bildung einer Prozesskostenrückstellung sind im Jahr 06 entfallen. Daraufhin wurde gebucht:

Rückstellungen für Prozesskosten	300.000 €	an	Erträge aus Rückstellungsauflösung	300.000 €

Die vom Betriebsprüfer ermittelten Steuernachzahlungen (Körperschaftsteuer, Gewerbesteuer und Umsatzsteuer) i. H. von insgesamt 120.000 € wurden bei Bezahlung im Dezember 06 wie folgt gebucht:

Sonstige betriebliche Steueraufwendungen	24.000 €			
Ertragsteueraufwand (Körperschaftsteuer und Gewerbesteuer)	96.000 €	an	Bank	120.000 €

Durch die Anpassung an die Steuerbilanz (Prüferbilanz) zum 31.12.05 ergibt sich für das Jahr 06 ein um 16.800 € niedrigerer Ertragsteueraufwand (Körperschaftsteuer und Gewerbesteuer), der bisher nicht berücksichtigt ist.

Die vorläufige Handels-/Steuerbilanz v. 31.12.06 hat folgendes Bild:

Handels-/Steuerbilanz v. 31.12.06

Aktiva			**Passiva**
Maschine		Unveränderte Posten	1.900.000 €
Fertigerzeugnisse	400.000 €	Jahresüberschuss	41.200 €
Unveränderte Posten	1.600.000 €	Steuerrückstellung für das Jahr 06 (Körperschaftsteuer und Gewerbesteuer)	58.800 €
	2.000.000 €		2.000.000 €

AUFGABE

Wie sind die Ergebnisse der Betriebsprüfung handels- und steuerrechtlich zu verarbeiten?

LÖSUNG

Handelsbilanz

Die Handelsbilanzen der Jahre 04 und 05 sind trotz der Prüfungsfeststellungen unverändert und brauchen nicht berichtigt zu werden. Dadurch brauchen die Jahresabschlüsse nicht neu festgestellt und Gesellschafterversammlungen nicht neu einberufen zu werden, um neue Beschlüsse zu fassen. Eine Angleichung zur Herstellung des Bilanzenzusammenhangs ist zum 1.1.06 nicht vorzunehmen. Die Berichtigungen werden erstmals für das Jahr 06 in der „laufenden Rechnung" erfolgswirksam vorgenommen. Eine erfolgswirksame Erfassung ist auch deshalb geboten, damit die Gesellschafter im Rahmen der Ergebnisverwendung für das Jahr 06 erstmals über diese Ergebnisse als Teil des Jahresüberschusses 06 beschließen können (vgl. § 29 Abs. 1

Satz 1 GmbHG). Eine erfolgsneutrale Kapitalangleichung gegen das Konto „Gewinnvortrag“ ist aus den beiden vorgenannten Gründen u. E. handelsrechtlich ausgeschlossen.

Rechnungskreis Handelsbilanz (und Steuerbilanz, s. u.):

Fehlerberichtigung der Feststellungen für die Jahre 04 und 05 in „laufender Rechnung“ im Jahr 06:

Maschinen	300.000 €			
Prozesskostenrückstellung	180.000 €	an	Fertigerzeugnisse	200.000 €
		an	Umsatzsteuer	24.000 €
		an	Steuerrückstellungen (Körperschaftsteuer und Gewerbesteuer der Jahre 04 und 05)	96.000 €
		an	Sonstige betriebliche Erträge	160.000 €

Es ergeben sich weitere Folgeanpassungen für das Jahr 06:

Fertigerzeugnisse	200.000 €	an	Bestandsveränderung	200.000 €
Planmäßige Abschreibung	100.000 €	an	Maschinen	100.000 €
Erträge aus Rückstellungsauflösung	180.000 €	an	Prozesskostenrückstellung	180.000 €
Steuerrückstellungen (Körperschaftsteuer und Gewerbesteuer der Jahre 04 und 05)	96.000 €	an	Ertragsteueraufwand (Körperschaftsteuer und Gewerbesteuer)	96.000 €
Umsatzsteuer	24.000 €	an	Sonstige betriebliche Aufwendungen	24.000 €
Steuerrückstellungen (Körperschaftsteuer und Gewerbesteuer im Jahr 06)	16.800 €	an	Ertragsteueraufwand (Körperschaftsteuer und Gewerbesteuer)	16.800 €

Steuerbilanz

Formell gesehen sind zunächst die Steuerbilanzen der Jahre 04 und 05 den Prüfungsfeststellungen entsprechend durch den Steuerpflichtigen zu berichtigen. Die Praxis setzt aus Vereinfachungsgründen regelmäßig die Prüferbilanzen der Jahre 04 und 05 den berichtigten Steuerbilanzen der Jahre 04 und 05 gleich. Im Anschluss sind zur Herstellung des Bilanzenzusammenhangs an die berichtigte Steuerbilanz des Jahres 05 grds. erfolgsneutrale Kapitalangleichungen auf den 1.1.06 vorzunehmen.

Der Jahresüberschuss ist in der Steuerbilanz wie alle anderen Eigenkapitalpositionen einer Kapitalgesellschaft i. S. der Gliederung des § 266 Abs. 3 A HGB aufgrund der Maßgeblichkeit gem. § 5 Abs. 1 Satz 1 Halbsatz 1 EStG in der gleichen Höhe wie in der Handelsbilanz auszuweisen.

Daher sind die in der laufenden Rechnung für die Handelsbilanz nachgeholten Anpassungen auch für die Steuerbilanz und damit in einem gemeinsamen Rechnungskreis Handels- und Steuerbilanz, wie oben unter „Handelsbilanz“ dargestellt, erfolgswirksam zu erfassen.

Zur Neutralisierung der Angleichungen für die Steuerbilanz sind die erfassten Erträge i. H. von 160.000 € „außerbilanziell“ in Abzug zu bringen, um den richtigen Steuerbilanzgewinn des Jahres 06 darzustellen.

Da zum 31.12.06 auch keine anderen Abweichungen der Steuerbilanz zur Handelsbilanz bestehen, ergibt sich hier zu diesem Zeitpunkt wieder eine Einheitsbilanz.

Jahresüberschuss und Steuerbilanzgewinn des Jahres 06:

Bilanzposten/(GuV-Positionen):	
Jahresüberschuss bisher	41.200 €
Erfolgswirksame Nachholung der Prüfungsfeststellungen/(Sonstige betriebliche Erträge)	+ 160.000 €
Folgeanpassungen und Fehlerbereinigungen:	
Maschine/(planmäßige Abschreibung, AfA)	- 100.000 €
Fertigerzeugnisse/(Bestandserhöhung)	+ 200.000 €
Prozesskostenrückstellung/(Sonstige betriebliche Aufwendungen)	- 180.000 €
Umsatzsteuer/(Steueraufwand)	+ 24.000 €
Steuerrückstellungen (Körperschaftsteuer und Gewerbesteuer der Jahre 04 und 05)/(Steueraufwand)	+ 96.000 €
Steuerrückstellungen (Körperschaftsteuer und Gewerbesteuer des Jahres 06)/(Steueraufwand)	+ 16.800 €
Ergebnisse:	
Jahresüberschuss 06	258.000 €
Gewinnneutralisierung der Kapitalangleichungen durch „außerbilanziellen“ Abzug	- 160.000 €
Steuerbilanzgewinn des Jahres 06	98.000 €

Berichtigte Handels-/Steuerbilanz des Jahres 06:

Handels-/Steuerbilanz v. 31.12.06

Aktiva			**Passiva**
Maschine	200.000 €	Unveränderte Posten	1.900.000 €
Fertigerzeugnisse	400.000 €	Jahresüberschuss	258.000 €
Unveränderte Posten	1.600.000 €	Steuerrückstellung für das Jahr 06 (Körperschaftsteuer und Gewerbesteuer)	42.000 €
	2.200.000 €		2.200.000 €

Kapitel 8: Wechsel der Gewinnermittlungsart

8.1 Wechsel von § 4 Abs. 3 EStG zum Betriebsvermögensvergleich

Der Wechsel kann durch folgende Vorgänge ausgelöst werden:

a) Erfüllung der Voraussetzungen der §§ 140 und 141 AO.

b) Vollschätzung des Gewinns, wenn nicht festgestellt werden kann, dass der Steuerpflichtige zulässigerweise die Gewinnermittlung gem. § 4 Abs. 3 EStG gewählt hat (H 4.1 Gewinnschätzung EStH).

c) Betriebsveräußerung oder -aufgabe (R 4.5 Abs. 6 EStR).

d) Freiwilliger Wechsel. Dabei hat der Steuerpflichtige sein Wahlrecht auf Gewinnermittlung durch Betriebsvermögensvergleich erst dann wirksam ausgeübt, wenn er zeitnah eine Eröffnungsbilanz aufstellt, eine ordnungsgemäße kaufmännische Buchführung einrichtet und aufgrund von Bestandsaufnahmen Abschlüsse macht (BFH, Urteil v. 19.10.2005 - XI R 4/04, BStBl 2006 II S. 509).

Der Wechsel ist mit folgenden Konsequenzen verbunden:

a) Inventur und Erstellung einer Eröffnungsbilanz. Bewertung der Wirtschaftsgüter mit den „Buchwerten" (H 4.6 Bewertung von Wirtschaftsgütern EStH): Nichtabnutzbares Anlagevermögen mit den Anschaffungskosten, abnutzbares Anlagevermögen mit den fortgeführten Anschaffungs-/Herstellungskosten und Umlaufvermögen mit den Anschaffungs-/Herstellungskosten, ggf. mit den niedrigeren Teilwerten.

b) Der Totalgewinn muss unabhängig von der Art der Gewinnermittlung grds. gleich sein (vgl. BFH, Urteil v. 28.5.1968 - IV R 202/67, BStBl 1968 II S. 650). Beim Wechsel der Gewinnermittlung kann es wegen der unterschiedlichen zeitlichen Erfassung der Geschäftsvorfälle dazu kommen, dass einige Geschäftsvorfälle doppelt und einige gar nicht erfasst werden (z. B.: eine Mietzahlung im Voraus würde sich ggf. doppelt auswirken; eine nachschüssige Mietzahlung würde sich ggf. gar nicht auswirken). Deshalb ist beim Wechsel der Gewinnermittlungsart ein Korrekturposten zu bilden, der sog. „Übergangsgewinn/-verlust".

   Beim Wechsel von der Gewinnermittlung gem. § 4 Abs. 3 EStG zur Gewinnermittlung durch Betriebsvermögensvergleich gem. § 4 Abs. 1 EStG ist der Steuerpflichtige so zu stellen, als hätte er seinen Gewinn von Anfang an durch Betriebsvermögensvergleich ermittelt. Die bisher nicht erfassten Geschäftsvorfälle/Sachverhalte und die sich doppelt auswirkenden Geschäftsvorfälle/Sachverhalte sind im ersten Jahr des Betriebsvermögensvergleich („Bilanzierung") gewinnerhöhend oder gewinnmindernd zu berücksichtigen. Es wird folglich beim Übergang von der Einnahmenüberschussrechnung hin zur Bilanzierung ein Korrekturbetrag ermittelt, der dem laufenden Bilanzgewinn des ersten (bilanzierten) Jahres außerhalb der Bilanz hinzugerechnet oder abgezogen wird.

   Jede Bilanzposition der Eröffnungsbilanz ist dahingehend zu untersuchen, welche Betriebseinnahmen bzw. -ausgaben, die im Rahmen der bisherigen Gewinnermittlung gem. § 4 Abs. 3 EStG zu erfassen waren, bisher im Zusammenhang mit dieser Bilanzposition per Saldo angefallen sind und welche Gewinnauswirkung sich daraus ergeben hätte, wenn von Anfang an bilanziert worden wäre. Ergeben sich Abweichungen zwischen der bisherigen Gewinnermittlung gem. § 4 Abs. 3 EStG und der fiktiven Gewinnermittlung gem. § 4 Abs. 1 EStG, so ist ein Korrekturposten zu bilden, der in der Summe mit der bisherigen Gewinnauswirkung gem. § 4 Abs. 3 EStG, der Gewinnauswirkung, wie sie sich gem. § 4 Abs. 1 Satz 1 EStG ergeben hätte, entspricht. In der Anlage (zu R 4.6) der EStR findet sich unter Nr. 1 eine fragmentarische Übersicht über die beim Übergang zum Betriebsvermögensvergleich im Übergangsergebnis zu erfassenden Hinzu- und Abrechnungen. Die Summe aller Korrekturbeträge bildet das Übergangsergebnis. Es entsteht regelmäßig ein Übergangsgewinn.

Auf Antrag wird ein Übergangsgewinn auf das Jahr des Übergangs und max. die beiden folgenden Jahre gleichmäßig verteilt (R 4.6 Abs. 1 Satz 2 EStR).

8.2 Wechsel vom Betriebsvermögensvergleich zur Gewinnermittlung gem. § 4 Abs. 3 EStG

Ausgelöst wird dieser Wechsel durch folgende Vorgänge:

a) Nichterfüllung der Voraussetzungen der §§ 140 und 141 AO betreffend die Buchführungspflicht und Wahl der Gewinnermittlung gem. § 4 Abs. 3 EStG.

b) Wechsel vom freiwillig vorgenommenen Betriebsvermögensvergleich zur Gewinnermittlung gem. § 4 Abs. 3 EStG.

c) Späterer Verkauf zurückbehaltener Wirtschaftsgüter nach der Betriebsveräußerung (H 16 Abs. 1 Gewinnermittlung EStH).

Es ergeben sich folgende Konsequenzen:

a) Anlegung des besonderen Verzeichnisses gem. § 4 Abs. 3 Satz 5 EStG. Aufnahme der Wirtschaftsgüter des Anlage- und Umlaufvermögens in dieses Verzeichnis mit dem Buchwert.

b) Ermittlung des Übergangsergebnisses in umgekehrter Anwendung der unter Tz. 8.1 geschilderten Grundsätze (siehe auch die fragmentarische Übersicht über die beim Übergang zur Gewinnermittlung gem. § 4 Abs. 3 EStG im Übergangsergebnis zu erfassenden Hinzu- und Abrechnungen in der Anlage (zu R 4.6) der EStR unter Nr. 2). Hier entsteht regelmäßig ein Übergangsverlust. Ein evtl. Übergangsgewinn darf nicht auf drei Jahre verteilt werden (R 4.6 Abs. 2 EStR), beachte aber H 4.6 Gewinnberichtigungen beim Wechsel der Gewinnermittlungsart, Wechsel zur Einnahmenüberschussrechnung EStH.

FALL 177

Wechsel vom Betriebsvermögensvergleich zur Einnahmenüberschussrechnung[22]

Sachverhalt: Ein Steuerpflichtiger wechselt die Gewinnermittlungsart. Vom bisher praktizierten Betriebsvermögensvergleich geht er zur Einnahmenüberschussrechnung über. Zeitpunkt des Wechsels: 1.1.02. Die nachfolgenden Geschäftsvorfälle enthalten aus Vereinfachungsgründen keine Umsatzsteuer:

22 **Literaturhinweis:** Falterbaum/Bolk/Reiß/Kirchner, Buchführung und Bilanz, 23. Aufl. 2020, S. 1238 ff.

1. Im Jahr 01 Wareneinkauf auf Ziel für 50.000 €. Endbestand der Waren zum 31.12.01 ebenfalls 50.000 €. Lieferantenverbindlichkeiten zum 31.12.01 30.000 €. Im Jahr 02 werden die Lieferantenverbindlichkeiten i. H. von 30.000 € bezahlt; Betriebsausgaben des Jahres 02 folglich 30.000 €. Im Jahr 03 wird die Ware für 100.000 € veräußert und von den Kunden bezahlt.
2. Zum 31.12.01 ergaben sich sog. „halbfertige Arbeiten" i. H. von 100.000 € (Herstellungskosten). Verbindlichkeiten bestehen in diesem Zusammenhang zum 31.12.01 nicht. Im Jahr 02 entstanden keine weiteren Herstellungskosten. Die Werklieferungen werden im Jahr 02 abgenommen. Im Jahr 03 gehen die darauf beruhenden Zahlungen ein: 200.000 €.
3. Zinsen für das Jahr 01 für ein betriebliches Darlehen (Valuta am 31.12.01: 125.000 €) werden am 20.1.02 an den Gläubiger gezahlt: 5.000 €.
4. Eine betriebliche Versicherungsprämie wird am 1.10.01 für ein Jahr im Voraus bezahlt: 2.400 €.

AUFGABE

Überprüfen Sie die Geschäftsvorfälle im Hinblick auf Gewinnauswirkungen und evtl. Korrekturmaßnahmen.

LITERATURHINWEIS

Dortmann/Mann, Lehrbuch Buchführung und Bilanzsteuerrecht, 14. Aufl. 2026, Teil B, Kapitel 9, Tz. 9.3.10.

LÖSUNG

Die Bilanzpositionen sind für die Ermittlung der Korrekturbeträge in ihrer Auswirkung isoliert voneinander zu betrachten. Es ist mit zueinander „korrespondierenden", vereinfachenden Annahmen zu arbeiten.

Zu 1

Bilanzpositionen zum 31.12.01:

- Warenbestand 50.000 € und
- Lieferantenverbindlichkeiten 30.000 €.

In der Einnahmenüberschussrechnung des Jahres 02 ergibt sich durch die Warenbezahlung ein Verlust i. H. von 30.000 €. In der Einnahmenüberschussrechnung für das Jahr 03 führt der Warenverkauf zu einem Gewinn i. H. von 100.000 €. Der gem. R 4.6 Abs. 2 i. V. mit der Anlage zu R 4.6 EStR zu bildende Korrekturposten 02 beträgt - 20.000 €.

Auswirkung der Bilanzpositionen auf den Gewinn bis zum 31.12.01:

Warenbestand zum 31.12.01: 50.000 €

a) Gewinnermittlung gem. § 4 Abs. 1 EStG:

Kein Wareneinsatz, da die Ware noch vorhanden ist –

b) Gewinnermittlung gem. § 4 Abs. 3 EStG (fiktiv):

Betriebsausgabe bei Bezahlung *(vollständige Bezahlung wird hier immer unterstellt; „korrespondierende" Annahme bei Lieferantenverbindlichkeiten)* - 50.000 €

c) Auswirkung auf den Übergangsgewinn des Jahres 02: **- 50.000 €**

Lieferantenverbindlichkeiten: 30.000 €

a) Gewinnermittlung gem. § 4 Abs. 1 EStG:

Wareneinsatz dieser Waren ist bereits erfolgt *(„korrespondierende" Annahme zum Warenbestand)* - 30.000 €

b) Gewinnermittlung gem. § 4 Abs. 3 EStG (fiktiv):

Betriebsausgabe erst bei Bezahlung –

c) Auswirkung auf den Übergangsgewinn des Jahres 02: **+ 30.000 €**

Abweichend hiervon können der Korrekturbetrag für die Lieferantenverbindlichkeiten i. H. von + 30.000 € anlässlich der Zahlung der Lieferantenverbindlichkeiten im Jahr 02 und der Korrekturbetrag für den Warenbestand i. H. von + 50.000 € anlässlich der Veräußerung und Bezahlung im Jahr 03 auf Antrag gem. H 4.6 Gewinnberichtigungen beim Wechsel der Gewinnermittlungsart, Wechsel zur Einnahmenüberschussrechnung EStH geltend gemacht werden.

Zu 2

Bilanzpositionen zum 31.12.01: Halbfertige Arbeiten 100.000 €.

In der Einnahmenüberschussrechnung des Jahres 02 ergeben sich keine Gewinnauswirkungen; für das Jahr 03 ergibt sich dann aus der Einnahmenüberschussrechnung ein Gewinn i. H. von 200.000 € infolge der Vereinnahmung der Forderung. Für das Jahr 02 ist grds. ein negativer Korrekturposten (R 4.6 Abs. 2 i. V. mit der Anlage zu R 4.6 EStR) i. H. des Bestands an halbfertigen Arbeiten zum 31.12.01 (- 100.000 €) zu bilden.

Auswirkung der Bilanzpositionen auf den Gewinn bis zum 31.12.01:

Halbfertige Arbeiten zum 31.12.01: 100.000 €

a) Gewinnermittlung gem. § 4 Abs. 1 EStG:

Aufgrund der Aktivierung der Herstellungskosten erfolgsneutral –

b) Gewinnermittlung gem. § 4 Abs. 3 EStG (fiktiv):

Betriebsausgabe bei Bezahlung *(vollständige Bezahlung wird hier immer unterstellt)* - 100.000 €

c) Auswirkung auf den Übergangsgewinn des Jahres 02: **- 100.000 €**

Abweichend hiervon kann der Korrekturbetrag für die halbfertigen Arbeiten i. H. von - 100.000 € anlässlich der Vereinnahmung des Werklohns im Jahr 03 auf Antrag gem. H 4.6 Gewinnberichtigungen beim Wechsel der Gewinnermittlungsart, Wechsel zur Einnahmenüberschussrechnung EStH geltend gemacht werden.

Zu 3

Bilanzpositionen zum 31.12.01:

- Darlehensverbindlichkeit 125.000 € und
- Zinsverbindlichkeit 5.000 €.

Bei Zahlung im Jahr 02 ergibt sich in der Einnahmenüberschussrechnung (noch einmal) ein Aufwand i. H. von 5.000 €. Folglich ist die Bildung eines positiven Korrekturpostens 02 i. H. von 5.000 € erforderlich.

Auswirkung der Bilanzpositionen auf den Gewinn bis zum 31.12.01:

Darlehensverbindlichkeit zum 31.12.01: 125.000 €

Darlehensaufnahme sowie Tilgung sind unabhängig von der Gewinnermittlungsart erfolgsneutral, es ergeben sich hieraus keine Korrekturbeträge.

Zinsverbindlichkeit zum 31.12.01: 5.000 €

a)	Gewinnermittlung gem. § 4 Abs. 1 EStG:		
	Aufgrund der Passivierung der Zinsverbindlichkeit	- 5.000 €	
b)	Gewinnermittlung gem. § 4 Abs. 3 EStG (fiktiv):		
	Betriebsausgabe erst bei Bezahlung	–	
c)	Auswirkung auf den Übergangsgewinn des Jahres 02:		**+ 5.000 €**

Zu 4

Bilanzpositionen zum 31.12.01: Aktiver Rechnungsabgrenzungsposten 1.800 €.

Für die Einnahmenüberschussrechnung des Jahres 02 tritt mangels Zahlung keine Gewinnauswirkung ein. Folglich ist die Bildung eines negativen Korrekturpostens 02 i. H. von - 1.800 € erforderlich.

Auswirkung der Bilanzpositionen auf den Gewinn bis zum 31.12.01:

Aktiver Rechnungsabgrenzungsposten zum 31.12.01: 1.800 €

a)	Gewinnermittlung gem. § 4 Abs. 1 EStG:		
	Aufgrund der Aktivierung insoweit kein Aufwand	–	
b)	Gewinnermittlung gem. § 4 Abs. 3 EStG (fiktiv):		
	Betriebsausgabe bei Bezahlung	- 1.800 €	
c)	Auswirkung auf den Übergangsgewinn des Jahres 02:		**- 1.800 €**

FALL 178

Wechsel zum Betriebsvermögensvergleich[23]

Sachverhalt: Der Steuerpflichtige betreibt seit Jahren einen Einzelhandel mit Haushaltsgeräten. Er ist nicht im Handelsregister eingetragen und ermittelte seinen Gewinn zunächst durch Einnahmenüberschussrechnung gem. § 4 Abs. 3 EStG. Mit dem Schreiben des Finanzamts

23 **Literaturhinweis:** Falterbaum/Bolk/Reiß/Kirchner, Buchführung und Bilanz, 23. Aufl. 2020, S. 1224 ff.

v. 3.10.00 wurde er aufgefordert, ab dem 1.1.01 von der Gewinnermittlung gem. § 4 Abs. 3 EStG zur Gewinnermittlung durch Betriebsvermögensvergleich (§ 5 EStG) überzugehen, da er buchführungspflichtig geworden war. Für das Jahr 00 ergibt sich die folgende Einnahmenüberschussrechnung:

Betriebseinnahmen	248.000 €
Betriebsausgaben	- 166.000 €
Gewinn	82.000 €

Zum 1.1.01 wird folgende Eröffnungsbilanz aufgestellt:

Aktiva		**Eröffnungsbilanz zum 1.1.01**	**Passiva**
Fuhrpark	12.000 €	Eigenkapital	24.670 €
Waren	14.000 €	Darlehen	10.000 €
Geleistete Anzahlungen auf		Garantie-Rückstellungen	3.000 €
Warenlieferungen	4.000 €	Umsatzsteuerschuld	400 €
Forderungen aus Warenlieferungen	5.950 €	Verbindlichkeiten aus Warenlieferungen	2.380 €
Finanzkonten	3.000 €		
Rechnungsabgrenzungsposten	1.500 €		
	40.450 €		40.450 €

Erläuterungen zur Eröffnungsbilanz:

1. Die Anschaffungskosten der noch vorhandenen Waren haben 16.000 € betragen; in der Eröffnungsbilanz wurden sie zu Recht wegen dauernder Wertminderungen mit dem Teilwert i. H. von 14.000 € angesetzt. Zum 1.1.01 waren bis auf die Verbindlichkeiten aus Warenlieferungen alle Warenlieferungen bezahlt.
2. Bei dem Rechnungsabgrenzungsposten handelt es sich um die am 1.1.01 fällige Miete für die Geschäftsräume für die Monate Januar–März 01 (umsatzsteuerfreie Vermietung). Die Miete wurde am 18.12.00 im Voraus gezahlt.
3. Die Umsatzsteuerschuld zum 1.1.01 enthält 90 € Umsatzsteuer für unentgeltliche Wertabgaben. Der Betrag i. H. von 90 € ist bei der Einnahmenüberschussrechnung für das Jahr 00 als (fiktive) Einnahme erfasst. Der Steuerpflichtige versteuerte seine Umsätze bis einschließlich zum Jahr 00 nach vereinnahmten Entgelten (§ 20 UStG). Ab dem 1.1.01 geht er zur Sollversteuerung über.

Für das Jahr 01 ergab sich auf Basis des Betriebsvermögensvergleich (§ 4 Abs. 1 EStG) ein steuerlicher Gewinn i. H. von 105.000 €.

AUFGABEN

1. Welchen Gewinn muss der Steuerpflichtige in den Jahren 00 und 01 versteuern?
2. Welchen Antrag kann der Steuerpflichtige zur Vermeidung von Härten stellen?

LITERATURHINWEIS

Dortmann/Mann, Lehrbuch Buchführung und Bilanzsteuerrecht, 14. Aufl. 2026, Teil B, Kapitel 9, Tz. 9.3.10.

LÖSUNG

Alle Bilanzansätze der Eröffnungsbilanz auf den 1.1.01 sind zur Ermittlung des Übergangsergebnisses auf erforderliche Korrekturbeträge hin zu untersuchen. Hierbei sind die Bilanzpositionen in ihrer Auswirkung isoliert voneinander zu betrachten. Es ist mit zueinander „korrespondierenden", vereinfachenden Annahmen zu arbeiten.

Auswirkung der Bilanzpositionen auf den Gewinn bis zum 31.12.01:

Fuhrpark: 12.000 €

Keine Gründe für Korrekturbeträge.

Warenbestand: 14.000 €

a)	Gewinnermittlung gem. § 4 Abs. 3 EStG:		
	Betriebsausgabe bei Bezahlung inklusive Umsatzsteuer *(vollständige Bezahlung wird hier immer unterstellt; vgl. Verbindlichkeiten aus Warenlieferungen)*	- 19.040 €	
	Erstattung der Umsatzsteuer als Vorsteuer (Betriebseinnahme) bzw. Minderung der Umsatzsteuer-Zahllast *(vollständige Abwicklung des „Umsatzsteuer-Zahlungsverkehrs" mit dem Finanzamt wird unterstellt, vgl. Umsatzsteuerschuld)*	+ 3.040 €	
	Summe	- 16.000 €	
b)	Gewinnermittlung gem. § 4 Abs. 1 EStG (fiktiv):		
	Kein Wareneinsatz, soweit Ware noch vorhanden ist und keine Teilwertabschreibung vorliegt	- 2.000 €	
c)	Auswirkung auf den Übergangsgewinn des Jahres 01:		**+ 14.000 €**

Geleistete Anzahlungen auf Warenlieferungen: 4.000 €

a)	Gewinnermittlung gem. § 4 Abs. 3 EStG:		
	Betriebsausgabe bei Bezahlung inklusive Umsatzsteuer	- 4.760 €	
	Erstattung der Umsatzsteuer als Vorsteuer (Betriebseinnahme) bzw. Minderung der Umsatzsteuer-Zahllast *(vollständige Abwicklung des „Umsatzsteuer-Zahlungsverkehrs" mit dem Finanzamt wird unterstellt, vgl. Umsatzsteuerschuld)*	+ 760 €	
	Summe	- 4.000 €	
b)	Gewinnermittlung gem. § 4 Abs. 1 EStG (fiktiv):		
	Aufgrund der Aktivierung noch kein Aufwand	–	
c)	Auswirkung auf den Übergangsgewinn des Jahres 01:		**+ 4.000 €**

Forderungen aus Warenlieferungen: 5.950 €

a)	Gewinnermittlung gem. § 4 Abs. 3 EStG:		
	Mangels Zuflusses bisher keine Betriebseinnahme	–	
	Zahlung der Umsatzsteuer ans Finanzamt ist Betriebsausgabe *(vollständige Abwicklung des „Umsatzsteuer-Zahlungsverkehrs" mit dem Finanzamt wird unterstellt, vgl. Umsatzsteuerschuld)*	- 950 €	
	Summe	- 950 €	
b)	Gewinnermittlung gem. § 4 Abs. 1 EStG (fiktiv):		
	Umsatzerlöse (netto) bei Lieferung	+ 5.000 €	
c)	Auswirkung auf den Übergangsgewinn des Jahres 01:		**+ 5.950 €**

Finanzkonten: 3.000 €

Keine Gründe für Korrekturbeträge.

Aktiver Rechnungsabgrenzungsposten: 1.500 €

a)	Gewinnermittlung gem. § 4 Abs. 3 EStG:		
	Betriebsausgabe bei Bezahlung	- 1.500 €	
b)	Gewinnermittlung gem. § 4 Abs. 1 EStG (fiktiv):		
	Aufgrund der Aktivierung noch kein Aufwand	–	
c)	Auswirkung auf den Übergangsgewinn des Jahres 01:		**+ 1.500 €**

Darlehen: 10.000 €

Keine Gründe für Korrekturbeträge.

Garantie-Rückstellungen: 3.000 €

a)	Gewinnermittlung gem. § 4 Abs. 3 EStG:		
	Mangels Abflusses keine Auswirkung	–	
b)	Gewinnermittlung gem. § 4 Abs. 1 EStG (fiktiv):		
	Aufgrund der Passivierung bereits Aufwand	- 3.000 €	
c)	Auswirkung auf den Übergangsgewinn des Jahres 01:		**- 3.000 €**

Umsatzsteuerschuld: 400 €

a)	Gewinnermittlung gem. § 4 Abs. 3 EStG:		
	Mangels Abflusses noch keine Auswirkung *(auch die Umsatzsteuer auf unentgeltliche Wertabgaben ist erst bei Abfluss als Betriebsausgabe zu erfassen; sie wird deshalb bei Erfassung der Entnahme als fiktive Betriebseinnahme erfasst)*	–	
b)	Gewinnermittlung gem. § 4 Abs. 1 EStG (fiktiv):		
	Bereits „Aufwand" (Minderung des Ertrags mit Entstehung)	- 400 €	
c)	Auswirkung auf den Übergangsgewinn des Jahres 01:		**- 400 €**

Verbindlichkeiten aus Warenlieferungen: 2.380 €

a)	Gewinnermittlung gem. § 4 Abs. 3 EStG:		
	Mangels Abflusses bisher keine Betriebsausgabe	–	
	Erstattung der Umsatzsteuer als Vorsteuer (Betriebseinnahme) bzw. Minderung der Umsatzsteuer-Zahllast *(vollständige Abwicklung des „Umsatzsteuer-Zahlungsverkehrs" mit dem Finanzamt wird unterstellt, vgl. Umsatzsteuerschuld)*	+ 380 €	
	Summe	+ 380 €	
b)	Gewinnermittlung gem. § 4 Abs. 1 EStG (fiktiv):		
	Wareneinsatz der „veräußerten" Waren ist bereits Aufwand	- 2.000 €	
	Da unterstellt wird, dass der Warenbestand vollständig bezahlt ist (vgl. oben), muss diese Ware bereits verwendet (i. d. R. veräußert) sein *(korrespondierende, vereinfachende Annahme).*		
c)	Auswirkung auf den Übergangsgewinn des Jahres 01:		**- 2.380 €**

Zusammenstellung:

Ermittelter Gewinn im Jahr 01				105.000 €
Hinzurechnungen:	Warenbestand		14.000 €	
	Geleistete Anzahlungen auf Warenlieferungen		+ 4.000 €	
	Forderungen aus Warenlieferungen		+ 5.950 €	
	Aktiver Rechnungsabgrenzungsposten		+ 1.500 €	
			25.450 €	
Abrechnungen:	Garantie-Rückstellungen	3.000 €		
	Umsatzsteuerschuld	+ 400 €		
	Verbindlichkeiten aus Warenlieferungen	+ 2.380 €	- 5.780 €	+ 19.670 €
Gewinn im Jahr 01				124.670 €

Der Gewinn des Jahres 00 aus der Einnahmenüberschussrechnung beträgt unverändert 82.000 €.

Beim Übergang zur Gewinnermittlung durch Betriebsvermögensvergleich ergeben sich häufig ein außergewöhnlich hoher Gewinn und eine außergewöhnlich hohe Steuer infolge der Gewinnkorrektur. **Auf Antrag des Steuerpflichtigen** kann der Zurechnungsbetrag auf max. drei Jahre gleichmäßig verteilt werden (R 4.6 Abs. 1 Satz 2 EStR). In diesem Fall versteuert der Steuerpflichtige für das Jahr 01:

Steuerlicher Gewinn für das Jahr 01 ohne Übergangsergebnis	105.000 €
$^1/_3$ von 19.670 € =	+ 6.557 €
Steuerlicher Gewinn im Jahr 01	111.557 €

Die laufenden Gewinne der Jahre 02 und 03 sind jeweils um 6.557 € zu erhöhen.

Kapitel 9: Betriebsaufgabe

Bei einer Betriebsaufgabe ist der Wert des Betriebsvermögens wie bei der Betriebsveräußerung durch eine Bilanz zu ermitteln (§ 16 Abs. 2 Satz 2 i. V. mit Abs. 3 Satz 1 EStG). Diese Aufgabebilanz ist auch bei einer zeitlich gestreckten Betriebsaufgabe einheitlich und umfassend auf einen bestimmten Zeitpunkt zu erstellen. Das ist zweckmäßigerweise der Zeitpunkt der Beendigung der betrieblichen Tätigkeit, zu dem die Schlussbilanz zur Ermittlung des laufenden Gewinns aufzustellen ist. Unabhängig von der sachlichen Zuordnung zeitlich gestreckter Aufgabehandlungen zum Betriebsaufgabegewinn durch Aufnahme in die Aufgabebilanz bestimmt sich der Zeitpunkt der Gewinnverwirklichung für die einzelnen Aufgabevorgänge (Veräußerung oder Überführung ins Privatvermögen) nach allgemeinen Gewinnrealisierungsgrundsätzen (BFH, Urteil v. 19.5.2005 - IV R 17/02, BStBl 2005 II S. 637). Nichtveräußerte Wirtschaftsgüter sind mit dem gemeinen Wert zu bewerten (§ 16 Abs. 3 Satz 7 EStG).

Die Betriebsverlegung ins Ausland stellt einen Entstrickungstatbestand dar, denn gem. § 16 Abs. 3a EStG steht einer Aufgabe des Gewerbebetriebs der Ausschluss oder die Beschränkung des Besteuerungsrechts der Bundesrepublik Deutschland hinsichtlich des Gewinns aus der Veräußerung sämtlicher Wirtschaftsgüter des Betriebs oder eines Teilbetriebs gleich; dabei gilt § 4 Abs. 1 Satz 4 EStG entsprechend. Die Bewertung hat mit dem gemeinen Wert zu erfolgen (§ 6 Abs. 1 Nr. 4 Satz 1 EStG). Bei Sitzverlegungen in ein EU-Land gestattet § 36 Abs. 5 EStG auf Antrag, die auf den Aufgabegewinn entfallende Steuer in fünf gleichen Jahresraten zu entrichten.

Kapitel 10: Erbfall und Erbauseinandersetzung

10.1 Gegenstand des Erbfalls ist ein Einzelunternehmen

Erbfall und Erbauseinandersetzung stellen sich ertragsteuerlich nicht als einheitlicher Vorgang dar (BFH, Urteil v. 5.7.1990 - GrS 2/89, BStBl 1990 II S. 837). Vielmehr ist davon auszugehen, dass dem Erbfall die Erbauseinandersetzung als selbständiger Rechtsvorgang nachfolgt.

Daraus folgt, dass der oder die Erben das geerbte Vermögen des Rechtsvorgängers mit der Eigenschaft „Betriebsvermögen" behaftet erhalten. Auf den oder die Erben geht das Betriebsvermögen (einschließlich der Verbindlichkeiten) zum Buchwert über (§ 6 Abs. 3 EStG); es handelt sich um eine voll unentgeltliche Übertragung trotz der auf den oder die Erben übergehenden Passiva (Betriebsschulden). Denn die Regelung des § 6 Abs. 3 EStG schließt aus, im Übergang der betrieblichen Verbindlichkeiten ein Entgelt zu sehen (Einheitstheorie; BFH, Beschluss v. 5.7.1990 - GrS 4–6/89, BStBl 1990 II S. 847). Werden andere (private) Verbindlichkeiten übernommen oder sog. „Gleichstellungsgelder und Abstandszahlungen an Dritte" (z. B. Angehörige) gezahlt, ergibt sich auch insoweit kein entgeltlicher Erwerb (BMF, Schreiben v. 11.8.1994, BStBl 1994 II S. 603; BFH, Urteile v. 2.3.1993 - VIII R 47/90, BStBl 1994 II S. 619, v. 25.11.1993 - IV R 66/93, BStBl 1994 II S. 623, und v. 27.7.1993 - VIII R 72/90, BStBl 1994 II S. 625). Derartige Schulden stellen für den oder die Erben keine Betriebsschulden dar. Eventuelle Zinsen hierfür sind keine Betriebsausgaben.

Die Buchwertfortführung ist ausgeschlossen, wenn die Besteuerung der stillen Reserven nicht sichergestellt ist (§ 6 Abs. 3 Satz 1 am Schluss EStG). Das ist z. B. der Fall, wenn die Erbin eine steuerbefreite Körperschaft des öffentlichen Rechts ist (BFH, Urteil v. 19.2.1998 - IV R 38/97, BStBl 1998 II S. 509).

Soweit der oder die Erben das Gewerbe nicht fortführen, ergibt sich für den oder die Beteiligten eine Betriebsaufgabe (§ 16 Abs. 3 EStG) oder eine Betriebsveräußerung (§ 16 Abs. 1 EStG) mit entsprechenden Einkünften aus Gewerbebetrieb.

Ist nur ein Erbe vorhanden und führt er das Gewerbe fort, erzielt er Einkünfte aus Gewerbebetrieb. Sind mehrere Erben vorhanden, die das Gewerbe fortführen, werden sie als Mitunternehmer behandelt. Scheiden anschließend Erben aus (auch im Rahmen einer Erbauseinandersetzung), liegt eine normale Auseinandersetzung wie bei einer OHG oder KG vor, bei der ein Mitunternehmer, z. B. durch Kündigung, ausscheidet.

10.2 Gegenstand des Erbfalls ist ein Mitunternehmeranteil

Treten alle Erben in die Personengesellschaft ein, gilt § 6 Abs. 3 EStG.

Tritt kein Erbe ein (weil dies z. B. gesellschaftsvertraglich ausgeschlossen ist), wird der Aufgabegewinn, der sich aus dem Auseinandersetzungsguthaben ergibt, in der Person des Erblassers realisiert. Das Gleiche gilt für Entnahmegewinne aus dem Bereich des Sonderbetriebsvermögens.

Treten nur bestimmte Erben ein (z. B. aufgrund gesellschaftsvertraglicher qualifizierter Nachfolgeklausel) und müssen weichende Erben vom eintretenden Erben abgefunden werden, gelten nur die eintretenden Erben (BMF, Schreiben v. 14.3.2006, BStBl 2006 I S. 253, Rz. 72) als Mitunternehmer. Für die eintretenden, qualifizierten Miterben gilt § 6 Abs. 3 EStG. Werden von den qualifizierten Miterben an die nicht qualifizierten Miterben Abfindungen geleistet, entstehen dabei weder Veräußerungsgewinne noch Anschaffungskosten. Werden die weichenden Erben mit Wirtschaftsgütern des Gesamthandsvermögens der Gesellschaft abgefunden, liegt eine Entnahme des oder der eintretenden Erben vor. Werden sie mit Wirtschaftsgütern des Sonderbetriebsvermögens abgefunden, liegt insoweit beim Erblasser eine Entnahme vor (BMF, Schreiben v. 14.3.2006, BStBl 2006 I S. 253, Rz. 73 und 74).

BEISPIEL: A, B und C sind Miterben zu je 1/3. Der Nachlass besteht nur aus einem Betriebsvermögen. Der Wert des Betriebsvermögens beträgt 3 Mio. € und der Buchwert 300.000 €. Die Kapitalkonten betragen bei A, B und C jeweils 100.000 €.

C scheidet gegen eine Abfindung i. H. von 1 Mio. € aus dem Unternehmen aus.

Lösung:

Für C ist ein tarifbegünstigter Veräußerungsgewinn i. H. von 900.000 € (= 1.000.000 € - 100.000 €) entstanden. A und B müssen die Buchwerte der Wirtschaftsgüter um insgesamt 900.000 € aufstocken.

Abwandlung: C erhält anstatt einer Barabfindung das Wirtschaftsgut 1 im Buchwert i. H. von 100.000 € (gemeiner Wert 1 Mio. €) als Abfindung. Dieses wird in das Betriebsvermögen des C gehörenden Einzelunternehmens übertragen.

Lösung:

Es liegt ein Fall der unechten Realteilung vor (BMF, Schreiben v. 19.12.2018, BStBl 2019 I S. 6, Rz. 2). C hat gem. § 16 Abs. 3 Satz 2 EStG den Buchwert des Wirtschaftsguts 1 (100.000 €) fortzuführen. Das Kapitalkonto von C bei dem Unternehmen der Erbengemeinschaft sinkt unter gleichzeitigem Ausscheiden von C aus dem Betrieb auf null. C muss das Wirtschaftsgut in seinem eigenen Einzelunternehmen mit 100.000 € erfolgsneutral unter Erhöhung seines Kapitalkontos erfassen. Für C entstehen weder ein Entnahme- noch ein Veräußerungsgewinn. Auch für A und B ergeben sich keine Gewinnauswirkungen (BMF, Schreiben v. 27.12.2018, BStBl 2019 I S. 11).

10.3 Verlustabzug gem. § 10d EStG

Der Erbe kann einen vom Erblasser nicht ausgenutzten **Verlustabzug gem. § 10d EStG** nicht bei seiner eigenen Veranlagung zur Einkommensteuer geltend machen (BFH, Beschluss v. 17.12.2007 - GrS 2/04, BStBl 2008 II S. 608).

Teil B: Bilanzsteuerrecht der Gesellschaften

Kapitel 1: Personengesellschaften

1.1 Kriterien der Mitunternehmerschaft

Vergleiche zum selben Thema R 15.8 EStR sowie H 15.8 EStH.

1. „Mitunternehmerschaft“ ist der steuerliche Begriff für eine Beteiligung mehrerer Personen an einem Gewerbebetrieb, einem Betrieb der Land- und Forstwirtschaft oder an der Ausübung einer selbständigen Tätigkeit (§ 15 Abs. 1 Satz 1 Nr. 2, § 13 Abs. 7 und § 18 Abs. 4 EStG). Eine Mitunternehmerschaft kann sich somit nur im Bereich der **Einkunftsarten** der §§ 13–18 EStG (ohne § 17 EStG) ergeben. Die reine Immobilien-KG erzielt trotz der Rechtsform der KG Einkünfte aus Vermietung und Verpachtung (BFH, Urteil v. 19.8.1986 - IX S 5/83, BStBl 1987 II S. 212). Ist an einer solchen KG eine Kapitalgesellschaft als Komplementärin beteiligt (typischerweise eine GmbH & Co. KG), kann jedoch eine sog. „gewerblich geprägte Personengesellschaft“ i. S. des § 15 Abs. 3 Nr. 2 EStG vorliegen, deren sachliche Gewerbesteuerpflicht mit Aufnahme ihrer vermögensverwaltenden Tätigkeit beginnt (BFH, Urteil v. 20.11.2003 - IV R 5/02, BStBl 2004 II S. 464). Das Vorliegen einer freiberuflichen Mitunternehmerschaft setzt voraus, dass sämtliche Mitunternehmer eine entsprechende persönliche Qualifikation vorweisen können. Dies ist durch eine Kapitalgesellschaft nicht möglich. Eine Steuerberatungs- und Wirtschaftsprüfungs-KG mit einer GmbH als alleiniger Komplementärin erzielt daher Einkünfte aus Gewerbebetrieb. Das gilt auch dann, wenn die GmbH lediglich eine Haftungsvergütung erhält und am Vermögen und Gewinn der KG nicht teilhat (BFH, Urteil v. 10.10.2012 - VIII R 42/10, BStBl 2013 II S. 79).

   Wird ein Gesellschaftsanteil an einer vermögensverwaltenden Personengesellschaft von einem Gesellschafter im gewerblichen Betriebsvermögen gehalten (sog. **„Zebragesellschaft“**), sind die Anteile dieses Gesellschafters an den Wirtschaftsgütern der Gesellschaft bei ihm Betriebsvermögen und sein Anteil an den Einkünften führt bei ihm zu gewerblichen Einkünften (BFH, Beschluss v. 11.4.2005 - GrS 2/02, BStBl 2005 II S. 679). Ist also an einer vermögensverwaltenden Gesellschaft ein Gesellschafter betrieblich beteiligt, wandeln sich bei dem Gesellschafter die ihm zuzurechnenden Beteiligungseinkünfte auf seiner gewerblichen Ebene in betriebliche Einkünfte um. Für einen solchen Gesellschafter bedeutet das ferner, dass er Wirtschaftsgüter seines Betriebsvermögens, die er der Zebragesellschaft überlässt, nicht ins Privatvermögen überführen muss. Sie können vielmehr weiterhin Betriebsvermögen bleiben. Überträgt solch ein gewerblich tätiger Gesellschafter einer vermögensverwaltenden Personengesellschaft ein Wirtschaftsgut seines Betriebsvermögens in das Gesamthandsvermögen der vermögensverwaltenden Personengesellschaft, führt dies steuerlich nicht zur Aufdeckung der stillen Reserven bei dem Gesellschafter, soweit dieser an der Zebragesellschaft betrieblich beteiligt ist (BFH, Urteil v. 26.4.2012 - IV R 44/09, BStBl 2013 II S. 142). Die verbindliche Entscheidung über die Einkünfte eines betrieblich an einer vermögensverwaltenden Gesellschaft beteiligten Gesellschafters ist sowohl ihrer Art als auch ihrer Höhe nach durch das für die persönliche Besteuerung dieses Gesellschafters zuständige (Wohnsitz-)Finanzamt zu treffen (BFH, Beschluss v. 11.4.2005 - GrS 2/02, a. a. O.).

BEISPIEL: Der Gewerbetreibende A beteiligt sich mit 50 % als Kommanditist an einer vermögensverwaltenden GmbH & Co. KG (Vermietung und Verpachtung). Weitere 50 % halten die Söhne B und C als Kommanditisten; die GmbH ist nicht vermögensmäßig beteiligt. Sohn B ist Geschäftsführer der KG. A überträgt schenkweise ein Grundstück aus dem Betriebsvermögen seines Einzelgewerbebetriebs auf die KG.

Lösung:

Gemäß § 15 Abs. 3 Nr. 2 EStG übt eine GmbH & Co. KG häufig einen Gewerbebetrieb durch die gewerbliche Prägung seitens der GmbH aus. Ihr Vermögen ist Betriebsvermögen. Das Steuerrecht kennt daneben allerdings die vermögensverwaltende GmbH & Co. KG mit Überschusseinkünften (Vermietung und Verpachtung und Kapitaleinkünfte). Die gewerbliche Prägung gem. § 15 Abs. 3 Nr. 2 EStG tritt nicht ein, wenn mindestens ein persönlich haftender Gesellschafter keine Kapitalgesellschaft ist, oder wenn ein nicht persönlich haftender Gesellschafter zur Geschäftsführung der KG berufen ist. Damit ergibt sich eine vermögensverwaltende GmbH & Co. KG mit Einkünften aus Vermietung und Verpachtung, weil Kommanditist B Geschäftsführer ist. Die Eintragung ins Handelsregister als KG hat für die einkommensteuerrechtliche Beurteilung keine Bedeutung (BFH, Urteil v. 17.1.1985 - IV R 106/81, BStBl 1985 II S. 291).

Da eine vermögensverwaltende Personengesellschaft kein Betriebsvermögen hat, können Einbringungen in ihr Gesamthandsvermögen durch die Gesellschafter nicht nach den Regeln für Einlagen behandelt werden (vgl. § 4 Abs. 1 Satz 8 EStG). Auch der Anwendungsbereich des § 6 Abs. 5 EStG ist nicht eröffnet. Die Übertragung von Wirtschaftsgütern eines Gesellschafters auf eine vermögensverwaltende Personengesellschaft führt auch nicht zu einer Entnahme oder Veräußerung, soweit der Gesellschafter am Gesellschaftsvermögen/Gesamthandsvermögen (vgl. § 39 Abs. 2 Nr. 2 Satz 2 AO) beteiligt ist. In diesem Umfang kommt es steuerrechtlich zu keinem Wechsel des Rechtsträgers, weil dem Gesellschafter (weiterhin) gem. § 39 Abs. 2 Nr. 2 Satz 1 AO das Wirtschaftsgut anteilig zugerechnet wird. Nach dieser Vorschrift werden Wirtschaftsgüter, die zum Gesellschaftsvermögen/Gesamthandsvermögen (vgl. § 39 Abs. 2 Nr. 2 Satz 2 AO) gehören, den Beteiligten anteilig zugerechnet, soweit eine getrennte Zurechnung für die Besteuerung erforderlich ist (BFH, Urteil v. 2.4.2008 - IX R 18/06, BStBl 2008 II S. 679). Der anteilig dem A zugerechnete Teil des Grundstücks verbleibt somit im einzelunternehmerischen Betriebsvermögen von A. Eine mit dem Teilwert zu bewertende Entnahme ergibt sich aber insoweit, als A die andere Hälfte seines Grundstücks seinen Söhnen schenkt.

Freiberufler haben durch das Gesetz über Partnerschaftsgesellschaften Angehöriger Freier Berufe (PartGG) v. 25.7.1994 (BGBl 1994 I S. 1744) die Möglichkeit der Gründung einer Partnerschaftsgesellschaft. Hierbei handelt es sich um eine **rechtsfähige Personengesellschaft,** die nur freiberuflich Tätigen zugänglich ist. Sie hat in ihrer Rechtsstellung nach außen große Ähnlichkeit mit der OHG, kann also unter ihrem Namen Rechte erwerben, Verbindlichkeiten eingehen, klagen und verklagt werden. Bei den Amtsgerichten werden zu diesem Zweck besondere Partnerschaftsregister geführt.

Steuerrechtlich unterliegt eine Partnerschaftsgesellschaft den gleichen Regeln wie jede andere Personengesellschaft (OHG, KG und GbR). Sie ist nicht selbst einkommensteuerpflichtig. Ihr Gewinn (aus § 18 EStG) wird einheitlich und gesondert festgestellt (§§ 179 und 180 AO) und entsprechend dem Gewinnverteilungsschlüssel und den steuergesetzlichen Bestimmungen auf die Partner verteilt. Es besteht **keine Buchführungs- und Bilanzierungspflicht.** Eine Partnerschaftsgesellschaft kann ihren Gewinn wahlweise durch Einnahmenüberschussrechnung gem. § 4 Abs. 3 EStG oder durch Betriebsvermögensvergleich gem. § 4 Abs. 1 EStG (nicht § 5 EStG) ermitteln. Eine Partnerschaftsgesellschaft stellt steuerrechtlich eine **Mitunternehmerschaft** dar (§ 18 Abs. 4 i. V. mit § 15 Abs. 1 Satz 1 Nr. 2 EStG). Alle Sondervergütungen gehören zu den Einkünften aus selbständiger Arbeit. Der Partnerschaftsgesellschaft von einem Partner überlassene Wirtschaftsgüter stellen Sonderbetriebsvermögen dar. Die Bildung von gewillkürtem Betriebsvermögen ist auf den Kreis jener Wirtschaftsgüter beschränkt, die mit dem freiberuflichen Berufsbild übereinstimmen (H 18.2 Betriebsvermögen EStH).

Eine bloße Praxisgemeinschaft ist keine Mitunternehmerschaft. Denn im Unterschied zu einer Gemeinschaftspraxis (Mitunternehmerschaft) hat eine Büro- und Praxisgemeinschaft lediglich den Zweck, den Beruf in gemeinsamen Praxisräumen auszuüben und bestimmte Kosten von der Praxisgemeinschaft tragen zu lassen und umzulegen. Ein einheitliches Auftreten nach außen genügt nicht, um aus einer Bürogemeinschaft eine Mitunternehmerschaft werden zu lassen (BFH, Urteil v. 14.4.2005 - XI R 82/03, BStBl 2005 II S. 752).

2. Eine Mitunternehmerschaft erfordert ferner das Bestehen eines **Gesellschaftsverhältnisses** oder wirtschaftlich vergleichbaren Gemeinschaftsverhältnisses (BFH, Urteil v. 13.7.1993 - VIII R 50/92, BStBl 1994 II S. 282). Dies ist dadurch gekennzeichnet, dass die Beteiligten in partnerschaftlicher Gleichberechtigung zur Erreichung eines gemeinsamen Zwecks zusammenwirken. Liegt ein solches partnerschaftliches Zusammenwirken vor, spielt die Bezeichnung der rechtlichen Beziehungen durch die Beteiligten (z. B. Arbeitsvertrag) keine Rolle (verdeckte Mitunternehmerschaft; BFH, Urteile v. 5.6.1986 - IV R 272/84, BStBl 1986 II S. 802, v. 22.10.1987 - IV R 17/84, BStBl 1988 II S. 62, v. 6.12.1988 - VIII R 362/83, BStBl 1989 II S. 705, und v. 1.8.1996 - VIII R 12/94, BStBl 1997 II S. 272). Andererseits kann ein Nichtgesellschafter nicht Mitunternehmer sein, wenn er für seine Leistungen an die Gesellschaft lediglich angemessene Vergütungen erhält (Einschränkung der sog. „faktischen Mitunternehmerschaft"; BFH, Urteil v. 22.1.1985 - VIII R 303/81, BStBl 1985 II S. 363). Sind die Vergütungen – mögen sie auch angemessen sein – so bemessen, dass sie den Gewinn der Gesellschaft regelmäßig aufzehren, liegt mangels Gewinnerzielungsabsicht kein gewerbliches Unternehmen und damit keine Mitunternehmerschaft vor (BFH, Beschluss v. 25.6.1984 - GrS 4/82, BStBl 1984 II S. 751).

3. Mitunternehmer kann nur sein, wer ein gewisses **Mitunternehmerrisiko** trägt. „Mitunternehmerrisiko" bedeutet Teilnahme am Erfolg oder Misserfolg eines Unternehmens (BFH, Beschluss v. 25.6.1984 - GrS 4/82, a. a. O.). Deshalb ist der persönlich haftende Gesellschafter einer KG auch dann Mitunternehmer, wenn er keine Kapitaleinlage erbracht hat und im Innenverhältnis zu einem Kommanditisten wie ein Angestellter behandelt und in diesem Innenverhältnis von der Haftung freigestellt wird (BFH, Urteil v. 11.6.1985 - VIII R 252/80, BStBl 1987 II S. 33). Im Übrigen zeigt sich das Mitunternehmerrisiko regelmäßig durch eine **Beteiligung an den stillen Reserven** und am Firmenwert im Fall der Auflösung der Gesellschaft.

4. Zur Mitunternehmerschaft gehört auch die Entfaltung von **Mitunternehmerinitiative;** sie bedeutet „Teilhabe an unternehmerischen Entscheidungen", z. B. durch Geschäftsführung, Ausübung des Stimmrechts oder Inanspruchnahme des Veto-Kontrollrechts i. S. des § 164 HGB (BFH, Urteile v. 10.11.1987 - VIII R 166/84, BStBl 1989 II S. 758, und v. 11.10.1988 - VIII R 328/83, BStBl 1989 II S. 762). Als Mindestmaß einer Mitunternehmerinitiative wird regelmäßig das Bestehen von Kontrollrechten vergleichbar § 717 BGB bzw. § 166 HGB angesehen.

5. Zur Erlangung einer Mitunternehmerstellung müssen Mitunternehmerrisiko und Mitunternehmerinitiative kumulativ vorliegen. Allerdings müssen nicht beide Merkmale gleichermaßen stark ausgeprägt sein, sondern es kommt vielmehr auf eine Gesamtbetrachtung an. Ist eines der Merkmale nur schwach ausgeprägt, so kann dies durch eine besonders starke Aus-

prägung des anderen Merkmals kompensiert werden. Ist ein Gesellschafter formal nicht an den stillen Reserven beteiligt (schwache Ausprägung des Mitunternehmerrisikos), schließt dies die Annahme einer Mitunternehmerschaft nicht aus, wenn er diesen Mangel durch eine herausragende Stellung im Bereich der Mitunternehmerinitiative kompensieren kann oder wenn die stillen Reserven im Rahmen der Struktur des Unternehmens offensichtlich belanglos sind (BFH, Urteil v. 5.6.1986 - IV R 272/84, BStBl 1986 II S. 802). Der Umstand, dass ein Komplementär weder am Gewinn und Verlust noch am Vermögen einer KG teilhat (sog. „kapitalistisch organisierte KG") ist nicht geeignet, dessen Mitunternehmerstellung auszuschließen (BFH, Urteil v. 25.4.2006 - VIII R 74/03, BStBl 2006 II S. 595). Werden Kommanditanteile schenkweise mit der Maßgabe übertragen, dass der Schenker ihre Rückübertragung jederzeit ohne Angabe von Gründen einseitig veranlassen kann, dann ist der Beschenkte steuerrechtlich nicht als Mitunternehmer anzusehen; der Schenker bleibt vielmehr wirtschaftlicher Eigentümer (BFH, Urteil v. 16.5.1989 - VIII R 196/84, BStBl 1989 II S. 877).

Lassen sich Mitunternehmerinitiative und -risiko lediglich auf einzelne Schuldverhältnisse als gegenseitige Austauschverhältnisse (z. B. Bürgschaftsübernahme zugunsten des Arbeitgebers, Gewährung unverzinslicher Darlehen durch Restkaufpreisforderungen oder Stehenlassen gutgeschriebener Tantiemen, Entnahmen in bescheidener Höhe) zurückführen, so ergibt das noch keine – verdeckte – Mitunternehmerschaft. Die Bündelung von Risiken aus derartigen Austauschverhältnissen unter Vereinbarung angemessener und leistungsbezogener Entgelte begründet noch kein gesellschaftliches Risiko (BFH, Urteil v. 13.7.1993 - VIII R 50/92, BStBl 1994 II S. 282).

1.2 Gründung und Bilanzierung

Gründungsschritte für gewerblich tätige Gesellschaften:

1. Gesellschaftsvertrag (formlos, auch mündlich). Bei Einbringung von Grundstücken und GmbH-Anteilen ist insoweit die notarielle Beurkundung des Vorgangs erforderlich (vgl. § 311b BGB und § 15 Abs. 3 GmbHG).
2. Ist Gegenstand einer GbR der Betrieb eines Unternehmens, wird eine rechtsfähige Gesellschaft vermutet (§ 705 Abs. 3 BGB), die in das Gesellschaftsregister eingetragen werden kann (§ 707 BGB).
3. Bei der OHG oder KG: Eintragung ins Handelsregister (§ 106, § 161 Abs. 2 und § 162 HGB).
4. Bei der OHG oder KG: Erstellung einer Eröffnungsbilanz (§ 242 Abs. 1 HGB).

Personenhandelsgesellschaften sind verpflichtet, das Gesellschaftsvermögen (steuerrechtliches Gesamthandsvermögen, vgl. § 39 Abs. 2 Nr. 1 AO und §§ 105 und 161 HGB i. V. mit § 713 BGB) in ihrer Handelsbilanz auszuweisen (§ 246 HGB) und ihren Gewinn durch Betriebsvermögensvergleich im Rahmen einer doppelten Buchführung (§ 238 und § 6 Abs. 1 HGB i. V. mit § 140 AO) zu ermitteln (§ 4 Abs. 1 i. V. mit § 5 EStG und § 242 HGB).

Eingeforderte, aber noch ausstehende Einlagen sind als Forderung auszuweisen. Der Kapitalanteil setzt sich aus der bereits eingezahlten und eingeforderten Pflichteinlage zusammen.

BEISPIEL: An einer neu gegründeten KG sind die natürlichen Personen A als Komplementär und B als Kommanditist beteiligt. Laut Gesellschaftsvertag leistet A entsprechend dem Beteiligungsverhältnis eine Einlage i. H. von 400.000 € und B eine solche i. H. von 200.000 €. Die Pflichteinlagen werden von der Gesellschaft eingefordert. Bei der Gründung zahlt jeder die Hälfte der vorgenannten Beträge auf das KG-Bankkonto ein.

Frage:

Welches Bild hat die Eröffnungsbilanz?

Lösung:

§ 272 Abs. 1 HGB, der die Bilanzierung ausstehender Einlagen regelt, gilt nur für Kapitalgesellschaften und Gesellschaften i. S. des § 264a HGB (z. B. die GmbH & Co. KG). Bei einer gewöhnlichen KG (wie hier) könnte wie folgt eröffnet werden:

Aktiva	**KG-Eröffnungsbilanz**		**Passiva**
Ausstehende Einlage A	200.000 €	Kapital A	400.000 €
Ausstehende Einlage B	100.000 €	Kapital B	200.000 €
Bank	300.000 €		
Summe	600.000 €	Summe	600.000 €

Bei Personenhandelsgesellschaften bestimmen sich Umfang und Höhe der Kapitalkonten der Gesellschafter nach den gesellschaftsrechtlichen Regelungen des HGB (§§ 105 ff. HGB). Die – abdingbare – Regelung des HGB sieht für den Gesellschafter einer OHG oder den persönlich haftenden Gesellschafter einer KG (Komplementär) ebenso wie für den Kommanditisten, ein einheitliches – variables – Kapitalkonto vor (vgl. § 167 i. V. mit § 120 HGB). Diese Regelung wird in der Praxis häufig jedoch dadurch abbedungen, dass im Gesellschaftsvertrag ein System kombinierter Kapitalanteile mit geteilten Kapitalkonten vereinbart wird. Auf einem ersten – festen – Kapitalkonto („Kapitalkonto I“) wird die ursprüngliche Einlage verbucht; nach dem Verhältnis der festen Kapitalanteile richten sich i. d. R. die Vermögensbeteiligung, das Stimmrecht und die Gewinn- und Verlustbeteiligung. Auf weiteren – variablen – Gesellschafterkonten, die unterschiedlich bezeichnet werden („Kapitalkonto II, III oder IV“, „Darlehenskonto“, „Privatkonto“ oder „Verrechnungskonto“), werden fortlaufend insbesondere die Gewinn- und Verlustanteile sowie die Entnahmen der Gesellschafter erfasst (vgl. BFH, Urteil v. 3.11.1993 - II R 96/91, BStBl 1994 II S. 88). Dabei ist unzweifelhaft, dass das Guthaben auf dem (festen) die Einlage erfassenden Kapitalkonto, dem Kapitalkonto I, das die Beteiligungsquote des Gesellschafters darstellt, keine schuldrechtliche Forderung des Gesellschafters gegen die Gesellschaft wiedergibt. Welche Rechtsnatur hingegen die weiteren – *variablen* – Konten haben, muss im Wege der Auslegung des Gesellschaftsvertrags unter Berücksichtigung der von den Gesellschaftern beabsichtigten zivilrechtlichen Folgen bestimmt werden (BFH, Urteile v. 3.2.1988 - I R 394/83, BStBl 1988 II S. 551, und v. 3.11.1993 - II R 96/91, a. a. O.). Wenn die Einrichtung eines festen Kapitalkontos (Kapitalkonto I) vereinbart wurde, muss zwingend auch ein variables Kapitalkonto (Kapitalkonto II) geführt werden, um der gesetzlichen Regelung eines insgesamt variablen Kapitalkontos zu genügen.

Wird neben dem (festen) Kapitalkonto lediglich ein weiteres Konto zur Erfassung von Gewinnen, Einlagen und Entnahmen der Kommanditisten geführt, handelt es sich nicht um ein Darlehenskonto, wenn auf dem Konto auch Verluste verbucht werden.

Begegnen sich Gesellschafter und Gesellschaft jedoch auf schuldrechtlicher Ebene, entstehen bei der Gesellschaft Forderungen oder Verbindlichkeiten. Um eine schuldrechtliche Forderung des Gesellschafters gegen die Gesellschaft, und nicht um Eigenkapital, handelt es sich bei dem Guthaben auf einem Konto dann, wenn der Gesellschafter insoweit über einen unentziehbaren, nur nach den §§ 362–397 BGB erlöschenden Anspruch gegen die Gesellschaft verfügen soll, der auch bei der Auflösung der Gesellschaft wie die Forderung eines Dritten geltend gemacht werden kann und der noch vor der eigentlichen Auseinandersetzung zu erfüllen ist, also nicht lediglich einen Teil des Auseinandersetzungsguthabens des Gesellschafters darstellt.

Ist der Gesellschafter Kommanditist, ist der ihm zustehende Gewinnanteil seitens der Personengesellschaft als Verbindlichkeit zu passivieren, soweit dieser über den Anspruch individuell und losgelöst von seinem Gesellschaftsanteil verfügen kann (§ 167 Abs. 2 und § 169 HGB). Eine Verbindlichkeit gegenüber dem Kommanditisten besteht, soweit

- die bedungene Einlage bereits geleistet wurde (§ 122 i. V. mit § 161 Abs. 2 HGB),
- der Kapitalanteil nicht durch Verlustanteile unter die bedungene Einlage herabgemindert wurde (§ 169 Abs. 1 Satz 1 HGB),
- keine Entnahmesperren lt. Gesellschaftsvertrag greifen (§ 163 HGB) und
- keine im Gesellschaftsvertrag vorgesehene Beschlussfassung über die Gewinnverteilung aussteht. In einem solchen Fall ist von einer Verbindlichkeit erst ab der Beschlussfassung auszugehen.

Seit dem 1.1.2024 ist dies u. E. nach den Regelungen des MoPeG v. 10.8.2021 (BGBl 2021 I S. 3436) für Vollhafter (OHG-Gesellschafter und Komplementär) und Teilhafter (Kommanditist) gem. § 122 HGB n. F. (i. V. mit § 161 Abs. 2 HGB) gleichermaßen als gesetzlicher Grundfall gegeben (vgl. auch Graf von Kanitz in Hachmeister/Kahle/Mock/Schüppen, Bilanzrecht, 3. Aufl. 2022, § 169 Rz. 28).

Für die Differenzierung zwischen Eigen- und Fremdkapitalkonten der Gesellschaft gegenüber ihren Gesellschaftern ist steuerrechtlich letztlich entscheidend, ob – nach der gesellschaftsvertraglichen Vereinbarung – der Bestand des Kontos spätestens bei der Beendigung der Gesellschaft für die Verrechnung mit Verlusten zur Verfügung steht (BMF, Schreiben v. 30.5.1997, BStBl 1997 I S. 627).

Werden also auf einem – variablen – Kapitalkonto („Kapitalkonto II" oder „Darlehenskonto") des Personen(handels)gesellschafters auch dessen Verlustanteile verbucht, handelt es sich in aller Regel um ein „echtes" Kapitalkonto im handels- und gesellschaftsrechtlichen Sinne und nicht um ein Kreditoren- bzw. Debitorenkonto (BFH, Urteile v. 3.11.1993 - II R 96/91, BStBl 1994 II S. 88, und v. 15.5.2008 - IV R 46/05, BStBl 2008 II S. 812).

Bilanzen von Gesellschaften, die steuerlich keine Mitunternehmerschaft darstellen, sind steuerlich unbeachtlich. Diese Gesellschaften ermitteln keinen Gewinn, sondern den Überschuss der Einnahmen über die Werbungskosten (§§ 8–11 EStG), soweit steuerpflichtige Einkunftsquellen vorhanden sind (z. B. eine KG, die nur Vermögensverwaltung betreibt und die nicht gem. § 15 Abs. 3 EStG gewerblich infiziert oder geprägt ist).

ABB. 13: Steuerliche Bewertung in der Eröffnungsbilanz

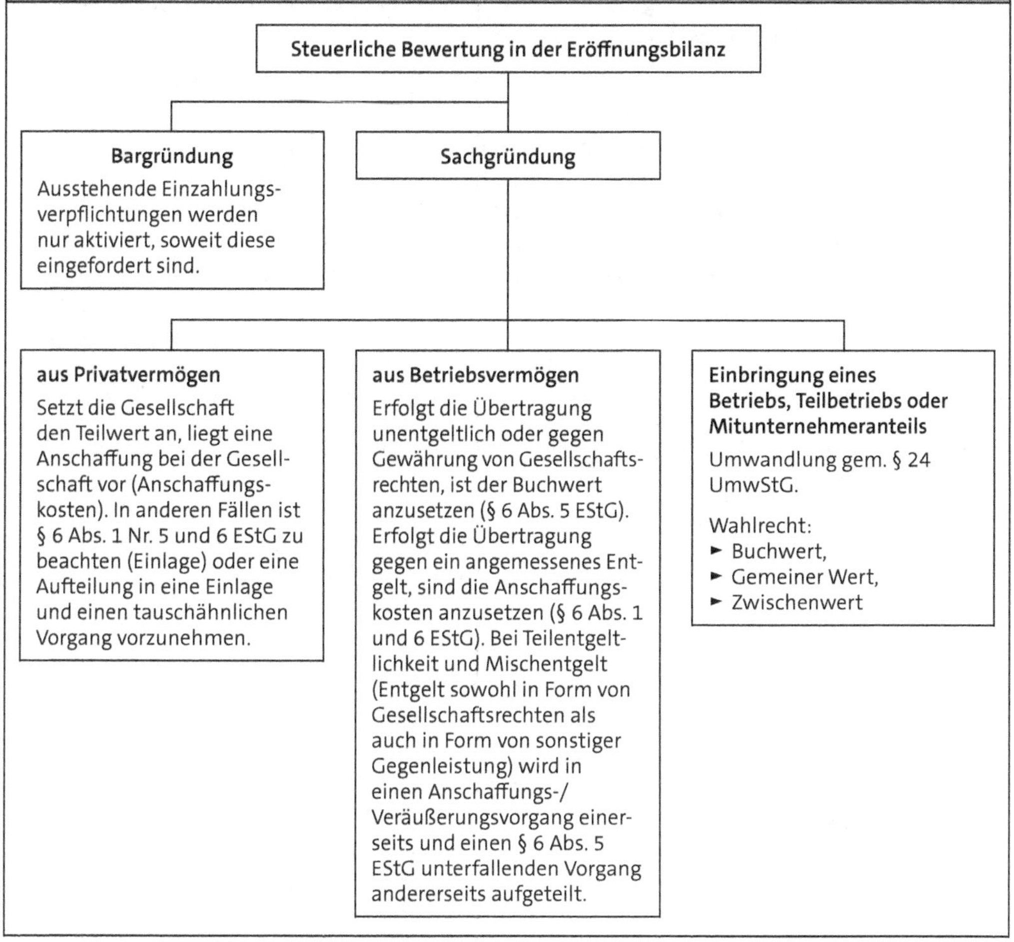

Zur Übertragung von Einzelwirtschaftsgütern aus dem Privat- und Betriebsvermögen siehe vertiefend Tz. 1.5.

Zur Einbringung eines Betriebs, Teilbetriebs oder Mitunternehmeranteils siehe vertiefend Tz. 1.8.

1.3 Umfang des steuerlichen Betriebsvermögens

1.3.1 Gesellschaftsvermögen/steuerliches Gesamthandsvermögen

Das steuerliche Betriebsvermögen umfasst bei einer Personengesellschaft zunächst alle Wirtschaftsgüter, die zum Gesellschaftsvermögen gehören (R 4.2 Abs. 2 EStR; zu Ausnahmen s. u. Tz. 1.3.2). Das sind alle Wirtschaftsgüter, die der Personengesellschaft gehören. Denn die Beiträge der Gesellschafter und die durch die Gesellschaft erworbenen Rechte sowie die gegen sie begründeten Verbindlichkeiten sind gem. § 713 BGB Vermögen der Gesellschaft. Steuerlich gilt das Gesellschaftsvermögen gem. § 39 Abs. 2 Nr. 2 Satz 2 AO als Gesamthandsvermögen und wird regelmäßig auch so bezeichnet.

In der Praxis ist das Gesellschaftsvermögen einer Personenhandelsgesellschaft in ihrer Handelsbilanz verortet. Schließt deshalb eine Personenhandelsgesellschaft eine Lebensversicherung auf das Leben eines Angehörigen eines Gesellschafters ab und zahlt sie die Prämien, sind die Ansprüche in der Handelsbilanz auszuweisen. Derartige Ansprüche und Verpflichtungen aus dem Vertrag können auch dem steuerlichen Betriebsvermögen zuzuordnen sein, wenn der Zweck der Vertragsgestaltung darin besteht, Mittel für die Tilgung betrieblicher Kredite anzusparen und das für Lebensversicherungen charakteristische Element der Absicherung des Todesfallrisikos bestimmter Personen demgegenüber in den Hintergrund tritt. Der Anspruch der Gesellschaft gegen den Versicherer ist zum Bilanzstichtag i. H. des geschäftsplanmäßigen Deckungskapitals zu aktivieren. Die diesen Betrag übersteigenden Anteile der Prämienzahlungen sind als Betriebsausgaben abziehbar (BFH, Urteil v. 3.3.2011 - IV R 45/08, BStBl 2011 II S. 552).

Ein Darlehen, das eine Personengesellschaft ihrem Gesellschafter gewährt, gehört nur dann nicht zum Betriebsvermögen der Personengesellschaft, wenn festgestellt werden kann, dass keine wesentliche betriebliche Veranlassung für seine Ausreichung bestand (BFH, Urteil v. 16.10.2014 - IV R 15/11, BStBl 2015 II S. 267). Fehlt eine solche betriebliche Veranlassung, gehört die Forderung steuerlich zum Privatvermögen der (aller) Gesellschafter.

1.3.2 Auskehrungen aus dem Gesamthandsvermögen

Das steuerliche Betriebsvermögen einer Mitunternehmerschaft deckt sich nicht immer mit ihrem Gesellschaftsvermögen. Abweichungen sind durch den steuerlichen Begriff **„Betriebsvermögen“** bedingt. Da das Betriebsvermögen der Gewinnermittlung unmittelbar dient (vgl. § 4 Abs. 1 Satz 1 EStG), nehmen nur solche Wirtschaftsgüter der Mitunternehmerschaft an der Gewinnermittlung teil, die der Gewinnerzielung dienen. Wirtschaftsgüter des Gesellschaftsvermögens, die auf Dauer nur Verluste abwerfen, sind von der steuerlichen Gewinnermittlung ausgeschlossen (BFH, Urteil v. 19.2.1997 - XI R 1/96, BStBl 1997 II S. 399; H 4.2 Abs. 1 Gewillkürtes Betriebsvermögen EStH).

Wirtschaftsgüter des Gesamthandsvermögens, die von Mitunternehmern auf Dauer **unentgeltlich** privat genutzt werden (betriebliche Nutzung unter 10 %), sind steuerlich kein Betriebsvermögen der Mitunternehmerschaft. Es handelt sich vielmehr um notwendiges Privatvermögen der Gesellschafter (BFH, Urteil v. 16.3.1983 - IV R 36/79, BStBl 1983 II S. 459). Etwas anderes gilt bei **entgeltlicher Überlassung.** Hier bleibt das Wirtschaftsgut Betriebsvermögen. Das Gleiche gilt bei teilentgeltlicher Überlassung mit einer Entgeltlichkeitsquote i. H. von mindestens 10 % (vgl. BFH, Urteil v. 24.3.2011 - IV R 46/08, BStBl 2011 II S. 692). Auch hier bleibt das Wirtschaftsgut Betriebsvermögen mit vollem Betriebsausgabenabzug; der Vorgang der teilentgeltlichen Überlassung ist als Nutzungsentnahme zu behandeln (BFH, Urteil v. 29.4.1999 - IV R 49/97, BStBl 1999 II S. 652), die mit den tatsächlichen Selbstkosten zu bewerten ist (BFH, Urteil v. 24.5.1989 - I R 231/85, BStBl 1990 II S. 8).

Ein zum Gesellschaftsvermögen gehörendes Grundstück wird aus dem Betriebsvermögen der Personengesellschaft nicht dadurch entnommen, dass es zugunsten eines Gesellschafters mit einem Erbbaurecht unter Vereinbarung eines Erbbauzinses belastet und von dem Gesellschafter mit einem für seine eigenen Wohnzwecke bestimmten und später benutzten Gebäude bebaut wird (BFH, Urteil v. 10.4.1990 - VIII R 133/86, BStBl 1990 II S. 961). Vielmehr ist der Vorgang aufgrund der Vereinbarung eines Erbbauzinses als entgeltliche Überlassung anzusehen, die nach den vorstehenden allgemeinen Grundsätzen zu würdigen ist.

Der private und der betriebliche Anteil an einer Kontokorrentschuld bestimmen sich auch bei einer Personengesellschaft nach für Einzelunternehmer geltenden Grundsätzen (BFH, Urteil v. 8.11.1990 - IV R 127/86, BStBl 1991 II S. 505). Deshalb führt die Kreditaufnahme einer Personengesellschaft zur Finanzierung einer Entnahme auch dann nicht zum Abzug der Schuldzinsen als Betriebsausgabe, wenn der entnehmende Gesellschafter sein negatives Kapitalkonto verzinsen muss, dieses Konto (Kapitalkonto II) aber als Beteiligungskonto anzusehen ist (BFH, Urteil v. 5.3.1991 - VIII R 93/84, BStBl 1991 II S. 516).

1.3.3 Einbeziehung von Sonderbetriebsvermögen

Das Betriebsvermögen einer gewerblich tätigen Personengesellschaft wird nicht nur durch die Wirtschaftsgüter des Gesellschaftsvermögens gebildet. Nach ständiger Rechtsprechung zählen hierzu vielmehr auch Wirtschaftsgüter, die einem Mitunternehmer zustehen, die jedoch geeignet und bestimmt sind, dem Betrieb der Personengesellschaft (Sonderbetriebsvermögen I) oder der Beteiligung des Mitunternehmers (Sonderbetriebsvermögen II) zu dienen (BFH, Urteile v. 23.5.1991 - IV R 94/90, BStBl 1991 II S. 800, und v. 23.1.1992 - XI R 36/88, BStBl 1992 II S. 721; R 4.2 Abs. 2 EStR). Das Gleiche gilt für Wirtschaftsgüter, die dem Betrieb der Personengesellschaft dienen und einer Gesamthandsgemeinschaft, z. B. Erbengemeinschaft oder Bruchteilsgemeinschaft, gehören, an der auch Personen beteiligt sind, die nicht Mitunternehmer der Personengesellschaft sind, soweit die Wirtschaftsgüter den Mitunternehmern der Personengesellschaft gem. § 39 Abs. 2 Nr. 2 AO zuzurechnen sind (R 4.2 Abs. 12 EStR; zur Abgrenzung zum Betriebsvermögen bei Schwester-Personengesellschaften siehe Tz. 1.4).

Zum Sonderbetriebsvermögen I gehören insbesondere Wirtschaftsgüter, die der Personengesellschaft – egal ob entgeltlich oder unentgeltlich – zur Nutzung überlassen werden (einschließlich Forderungen gegen die Personengesellschaft als Ausdruck einer Überlassung der Finanzmittel). Zum Sonderbetriebsvermögen II gehören Wirtschaftsgüter, die zur Begründung oder Stärkung der Mitunternehmerstellung beitragen, also insbesondere auch Wirtschaftsgüter, die die Einflussmöglichkeiten des Mitunternehmers in der Mitunternehmerschaft stärken, sowie Wirtschaftsgüter, die der Erbringung des vereinbarten Gesellschafterbeitrags dienen.

Das Sonderbetriebsvermögen wird in einer Sonderbilanz für den entsprechenden Mitunternehmer bei der Mitunternehmerschaft erfasst. Rechtsgrundlage für die Einbeziehung von Sonderbetriebsvermögen in das steuerliche Betriebsvermögen der Mitunternehmerschaft ist nicht § 15 Abs. 1 Satz 1 Nr. 2 Satz 1 Halbsatz 2 EStG, sondern § 4 Abs. 1 Satz 1 EStG im Hinblick auf den Begriff „Betriebsvermögen“ (BFH, Urteile v. 2.12.1982 - IV R 72/79, BStBl 1983 II S. 215, v. 6.7.1989 - IV R 62/86, BStBl 1989 II S. 890, v. 23.5.1991 - IV R 94/90, BStBl 1991 II S. 800, und v. 11.3.1992 - XI R 38/89, BStBl 1992 II S. 797).

Die Pflicht zur Aufstellung von Sonderbilanzen trifft die Personengesellschaft, nicht etwa den einzelnen Mitunternehmer, obgleich die Sonderbilanzen gesellschafterindividuell aufgestellt werden. Allerdings sind Wahlrechte in der Sonderbilanz unter Mitwirkung des jeweiligen Mitunternehmers auszuüben. Grundsätzlich wird widerlegbar vermutet, dass die Sonderbilanz mit dem Mitunternehmer abgestimmt ist. Diese Vermutung gilt jedoch nicht bei ausgeschiedenen Mitunternehmern. Greift die Vermutung nicht ein oder wird sie widerlegt, löst die Einreichung der Sonderbilanz nicht die Rechtsfolgen des § 4 Abs. 2 Satz 2 EStG aus und eine Bilanzänderung ist (wie eine Bilanzberichtigung) möglich, solange die betreffende Festsetzung/Feststellung verfahrensrechtlich geändert werden kann (BFH, Beschluss v. 25.1.2006 - IV R 14/04, BStBl 2006 II S. 418; H 4.4 Wahlrecht eines Mitunternehmers EStH).

Vermietet der Gesellschafter einer Besitz-Personengesellschaft ein ihm gehörendes Wirtschaftsgut an eine Betriebs-Personengesellschaft, an der er ebenfalls (ggf. beherrschend) beteiligt ist, so stellt das überlassene Wirtschaftsgut Sonderbetriebsvermögen I des Gesellschafters bei der Betriebs-Personengesellschaft dar. Diese Zuordnung geht der Zuordnung als Sonderbetriebsvermögen II bei der Besitz-Personengesellschaft vor (BFH, Urteil v. 18.8.2005 - IV R 59/04, BStBl 2005 II S. 830).

Sagt eine Personengesellschaft einem für sie tätigen Mitunternehmer eine Pension zu, so hat sie dafür gem. § 249 Abs. 1 Satz 1 HGB in ihrer Handelsbilanz eine Rückstellung für ungewisse Verbindlichkeiten zu bilden. Steuerlich steht dem Aufwand aus der Zuführung zur Rückstellung durch die Bildung eines korrespondierenden Aktivpostens im Sonderbetriebsvermögen des begünstigten Gesellschafters ein entsprechender Ertrag gegenüber (BFH, Urteile v. 30.3.2006 - IV R 25/04, BStBl 2008 II S. 171, und v. 14.2.2006 - VIII R 40/03, BStBl 2008 II S. 182, zur Anwendung BMF, Schreiben v. 29.1.2008, BStBl 2008 I S. 317). Diese korrespondierende Bilanzierung von Pensionsansprüchen eines Personengesellschafters in dessen Sonderbilanz und der Gesamthandsbilanz ist auch nach Ausscheiden des Gesellschafters fortzuführen, weil § 15 Abs. 1 Satz 2 EStG nach dem Ausscheiden geleistete Pensionszahlungen den während der Zugehörigkeit zur Gesellschaft bezogenen Sondervergütungen gleichstellt (BFH, Urteil v. 6.3.2014 - IV R 14/11, BStBl 2014 II S. 624). Im Ergebnis mindert die Zuführung zur Pensionsrückstellung den Gewinn der Mitunternehmerschaft nicht, sondern steht einer Tätigkeitsvergütung gleich. Für die einzelnen Mitunternehmer kann sich aber eine Gewinnauswirkung ergeben, da der Aufwand über die Gewinnverteilung anteilig verteilt wird, während der Ertrag allein dem begünstigten Mitunternehmer über seine Sonderbilanz zugeordnet wird.

Schließt ein Kommanditist eine Versicherung auf den Lebens- oder Todesfall ab, so sind weder die Versicherungsprämien Betriebsausgaben noch führen die Versicherungsleistungen zu Betriebseinnahmen, und zwar selbst dann nicht, wenn die Versicherung zur Absicherung betrieblicher Schulden der KG dient und die KG bezugsberechtigt ist (BFH, Urteil v. 10.4.1990 - VIII R 63/88, BStBl 1990 II S. 1017).

Nimmt ein Gesellschafter einer Personengesellschaft ein Darlehen auf und werden die Darlehensmittel auf ein Kontokorrentkonto der Gesellschaft geleistet, so gehört die Darlehensverbindlichkeit zum Sonderbetriebsvermögen des Gesellschafters, soweit der betriebliche Teil der Kontokorrentschuld der Gesellschaft durch die Einzahlung getilgt wird (BFH, Urteil v. 8.11.1990 - IV R 127/86, BStBl 1991 II S. 505).

Dient ein nicht zum Gesamthandsvermögen einer Personengesellschaft gehörendes Wirtschaftsgut, das einem, mehreren oder allen Mitunternehmern gehört, nur zum Teil dem Betrieb der Personengesellschaft, ist der auf den/die Mitunternehmer entfallende Anteil lediglich bzgl.

des betrieblich genutzten Teils notwendiges Betriebsvermögen. Dabei sind betrieblich genutzte Grundstücksteile, deren Wert im Verhältnis zum Wert des **ganzen Grundstücks** von untergeordneter Bedeutung ist, nach Maßgabe von § 8 EStDV nicht bilanzierungspflichtig (R 4.2 Abs. 12 EStR).

Nutzen Ehegatten einen Raum in einem von ihnen bewohnten und in ihrem Miteigentum stehenden Haus, um Dienstleistungen zur Förderung des Gesellschaftszwecks einer zwischen ihnen bestehenden Personengesellschaft zu erbringen, sind ihnen die auf diesen Raum entfallenden und von ihnen getragenen Aufwendungen (AfA, Schuldzinsen und Energiekosten) nach dem Verhältnis ihrer Miteigentumsanteile zuzuordnen. Nutzen die Ehegatten für diesen Zweck einen Raum in einer von ihnen bewohnten und gemeinsam angemieteten Wohnung, sind ihnen die anteiligen Mietzinsen und die anteiligen Energiekosten zur Hälfte zuzuordnen (BFH, Urteil v. 23.9.2009 - IV R 21/08, BStBl 2010 II S. 337).

ABB. 14: Steuerliches Betriebsvermögen einer Mitunternehmergemeinschaft

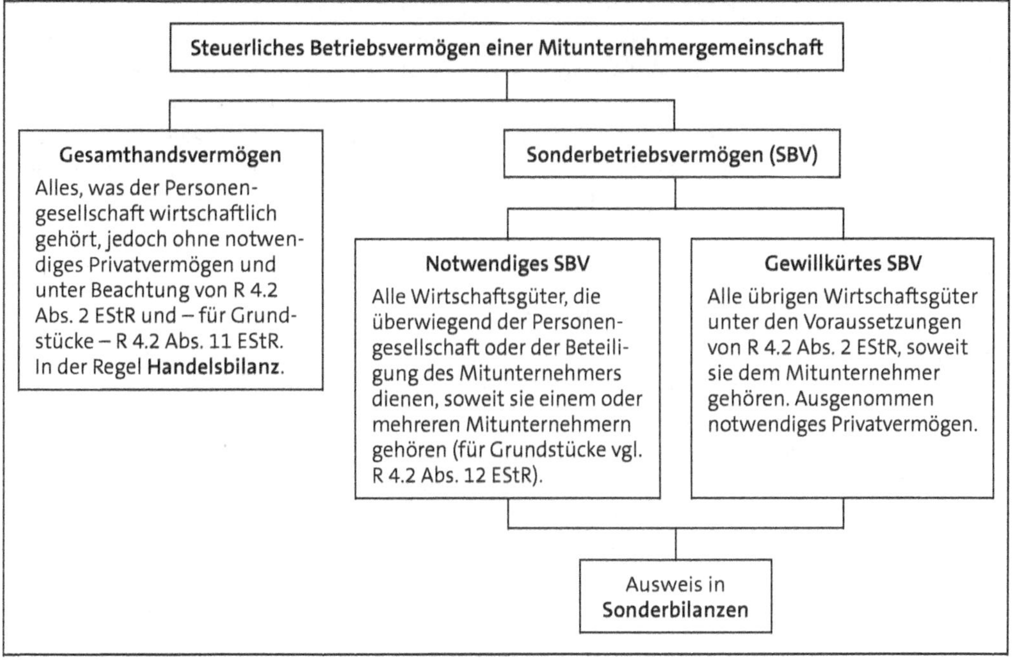

In dem Umfang, wie ein Einzelunternehmer Wirtschaftsgüter als gewillkürtes Betriebsvermögen behandeln kann (vgl. R 4.2 Abs. 1 und 9 EStR), ist auch ein Mitunternehmer berechtigt, ihm gehörende Wirtschaftsgüter als gewillkürtes Sonderbetriebsvermögen zu behandeln (für Grundstücke vgl. R 4.2 Abs. 12 EStR und BFH, Urteil v. 7.4.1992 - VIII R 86/87, BStBl 1993 II S. 21). Die Behandlung als gewillkürtes Sonderbetriebsvermögen setzt voraus, dass das Wirtschaftsgut in der Sonderbilanz ausgewiesen ist.

Ein Grundstück, das die Gesellschafter einer Personengesellschaft an einen Dritten vermieten, damit dieser es der Gesellschaft im Rahmen eines Pachtvertrags zur Nutzung überlässt, kann auch dann Sonderbetriebsvermögen II darstellen, wenn der Mietvertrag langfristig, der Pachtvertrag jedoch (nur) auf unbestimmte Dauer abgeschlossen ist (BFH, Urteil v. 24.2.2005 - IV R 23/03, BStBl 2005 II S. 578).

1.3.4 Behandlung von Kapitalertragsteuer und Solidaritätszuschlag

Befinden sich im Betriebsvermögen einer Personengesellschaft Anteile an Kapitalgesellschaften, gehören die Gewinnausschüttungen der Kapitalgesellschaft und die Kapitalertragsteuer zu den Einkünften aus Gewerbebetrieb (§ 15 Abs. 1 Satz 1 Nr. 2 i. V. mit § 20 Abs. 8 EStG), die den Gesellschaftern nach Maßgabe der gesellschaftsvertraglichen Gewinnverteilung zuzurechnen sind. Es ist nicht möglich, die Steuerabzugsbeträge durch eine gesellschaftsrechtliche Abrede abweichend von dem für die Ausschüttungsbeträge nach Steuerabzug geltenden Gewinnverteilungsschlüssel zu verteilen (vgl. BFH, Urteil v. 22.11.1995 - I R 114/94, BStBl 1996 II S. 531). Die Ausschüttungen sind für beteiligte natürliche Personen i. H. von 40 % steuerfrei gem. § 3 Nr. 40 EStG. Für beteiligte Körperschaften ist § 8b Abs. 1, 4 und 5 KStG zu beachten.

Bei der abgezogenen Kapitalertragsteuer und dem abgezogenen Solidaritätszuschlag handelt es sich um **keine** von der ausschüttenden Kapitalgesellschaft geschuldete Steuer, sondern um eine Vorauszahlung auf die später festzusetzende Einkommen- bzw. Körperschaftsteuer und den sich hiernach ergebenden Solidaritätszuschlag des Anteilseigners der Kapitalgesellschaft. Dies rechtfertigt es, die Abzugsbeträge als Einnahme der Personengesellschaft und als entsprechende Entnahme des einzelnen Gesellschafters zu behandeln.

1.3.5 Korrespondierende Bilanzierung

Zwischen einer Mitunternehmerschaft und ihren Mitunternehmern gilt das Prinzip der „korrespondierenden Bilanzierung". Dabei wird der Ausweis von Rechtsbeziehungen (Ansprüchen/Verpflichtungen) zwischen Mitunternehmer und Mitunternehmerschaft gleichgeschaltet, indem der Bilanzausweis von Ansprüchen und Verpflichtungen korrespondierend vorgenommen wird, sofern auf beiden Seiten der mitunternehmerische Bereich – in Abgrenzung zum Privatvermögen – betroffen ist. In diesen Fällen werden die Ansprüche und die Verpflichtungen **zeit- und betragsgleich** bilanziert. Dies betrifft sowohl die Zugangs- als auch die Folgebewertung. Die korrespondierende Bilanzierung verdrängt insoweit das Imparitätsprinzip, das in der Bilanzierung ansonsten häufig zu einem Auseinanderfallen von Ansprüchen und korrespondierenden Verpflichtungen führt.

Die korrespondierende Bilanzierung zeigt sich z. B. an folgenden Fallgestaltungen:

- Gewinnanteile, die im Rahmen der Gewinnverteilung auf ein Fremdkapitalkonto zugunsten eines Mitunternehmers verbucht werden (Behandlung als Entnahme in der Gesamthandsbilanz), führen zeit- und betragsgleich zu einem Forderungsausweis in der Sonderbilanz des betreffenden Mitunternehmers (Einlage in der Sonderbilanz).
- Rückstellungen für zukünftige Aufwendungen gegenüber einem Mitunternehmer für dessen Tätigkeit im Dienst der Gesellschaft (z. B. Pensionsrückstellungen; Aufwand in der Gesamthandsbilanz) führen zeit- und betragsgleich zu einem Forderungsausweis in der Sonderbilanz des betreffenden Mitunternehmers (Ertrag in der Sonderbilanz).

- Der korrespondierenden Bilanzierung unterfallende Ansprüche (z. B. die Forderungen in den zuvor genannten Fällen oder auch Forderungen aus einem Darlehen des Mitunternehmers an die Mitunternehmerschaft) können nicht abgewertet werden. Teilwertabschreibungen sind auch bei Vorliegen der gesetzlichen Voraussetzungen aufgrund der korrespondierenden Bilanzierung nicht möglich.
- Eine drohende Haftungsinanspruchnahme eines Mitunternehmers kann nicht zum Ausweis einer entsprechenden Rückstellung in seinem Sonderbereich führen (BFH, Urteil v. 12.7.1990 - IV R 37/89, BStBl 1991 II S. 64).

Die korrespondierende Bilanzierung gilt jedoch nicht uneingeschränkt. In den nachfolgend dargestellten Konstellationen findet sie ihre Grenzen.

Ansprüche sind nicht korrespondierend zu aktivieren, wenn die Ansprüche nicht geeignet sind eine steuerliche Vermögensmehrung zu begründen (vgl. BFH, Urteil v. 28.3.2000 - VIII R 13/99, BStBl 2000 II S. 612: Abbruchverpflichtung der Mitunternehmerschaft bzgl. auf einem Grundstück des Mitunternehmers errichteter Grundstücke; BFH, Urteil v. 12.2.2015 - IV R 29/12, BStBl 2017 II S. 668: Instandhaltungsverpflichtung der Mitunternehmerschaft als Pächterin gegenüber dem Mitunternehmer als Verpächter).

Der Grundsatz, dass die **Anschaffungskosten als Bewertungsobergrenze** zu berücksichtigen sind, ist auch im Rahmen der korrespondierenden Bilanzierung zu berücksichtigen. Unter Beachtung dieses Grundsatzes ist die korrespondierende Bilanzierung jedoch auch in Fällen des entgeltlichen Erwerbs von Ansprüchen anzuwenden. Die korrespondierende Bilanzierung wird lediglich auf die Anschaffungskosten als Bewertungsobergrenze begrenzt (BFH, Urteil v. 16.3.2017 - IV R 1/15, BStBl 2017 II S. 943; vgl. zum Fall des Verzichts auf eine solche Forderung BFH, Urteil v. 16.11.2023 - IV R 28/20, BStBl 2024 II S. 258).

BEISPIEL: Mitunternehmer X hat der XY-GmbH & Co. KG ein Darlehen i. H. von 100.000 € gewährt. Der Wert der Darlehensforderung sinkt aufgrund von Zahlungsschwierigkeiten der XY-GmbH & Co. KG auf 70.000 €. X veräußert die Darlehensforderung für 70.000 € an Y, der ebenfalls Mitunternehmer der XY-GmbH & Co. KG ist. Der Wert der Darlehensforderung

a) sinkt weiter ab auf 20.000 €,

b) steigt wieder auf 100.000 €.

Lösung:

Bei X ist nach den Grundsätzen der korrespondierenden Bilanzierung keine Abschreibung auf die Forderung möglich. Diese ist bis zur Veräußerung mit 100.000 € zu bewerten. Mit der Veräußerung wird der Verlust i. H. von 30.000 € realisiert.

Bei Y erfolgt die Zugangsbewertung mit den Anschaffungskosten i. H. von 70.000 €. Auch die Folgebewertung erfolgt mit diesem Wert, da

a) die korrespondierende Bilanzierung einer Abschreibung entgegensteht,

b) die Anschaffungskosten als Bewertungsobergrenze keine höhere Bewertung zulassen.

Die korrespondierende Bilanzierung endet mit dem Ausscheiden des Mitunternehmers aus der Mitunternehmerschaft. Zum Zeitpunkt des Ausscheidens sind daher (zulasten des Veräußerungs- bzw. Aufgabegewinns) z. B. Teilwertabschreibungen auf Ansprüche gegen die Mitunternehmerschaft und eine Rückstellungsbildung für eine drohende Haftungsinanspruchnahme möglich. Dies gilt auch dann, wenn die Ansprüche auf einen anderen Mitunternehmer der Mitunternehmerschaft übertragen werden, da die korrespondierende Bilanzierung gesellschafterbezogen ist (BFH, Urteil v. 16.3.2017 - IV R 1/15, BStBl 2017 II S. 943; für den Erwerber gilt wiederum die korrespondierende Bilanzierung unter Beachtung der Anschaffungskosten als Bewertungsobergrenze, s. o.). Eine Ausnahme von dem Grundsatz, dass die korrespondierende Bilanzierung mit dem Ausscheiden des Mitunternehmers endet, gilt für Ansprüche, die gem. § 15 Abs. 1 Satz 2 EStG zu nachträglichen Betriebseinnahmen führen. Insoweit ist die korrespondierende Bilanzierung auch nach dem Ausscheiden fortzuführen (BFH, Urteil v. 6.3.2014 - IV R 14/11, BStBl 2014 II S. 624).

1.4 Mitunternehmerische Betriebsaufspaltung

Wirtschaftsgüter, die eine **gewerblich tätige** oder **gewerblich geprägte Personengesellschaft** an eine ganz oder teilweise **personenidentische Personengesellschaft** (Schwestergesellschaft) vermietet, gehören zum Betriebsvermögen der **vermietenden** Personengesellschaft und nicht zum Sonderbetriebsvermögen der an beiden Gesellschaften beteiligten Mitunternehmer bei der nutzenden Personengesellschaft. Das gilt auch, wenn die leistende Gesellschaft eine gewerblich geprägte atypische stille Gesellschaft ist (BFH, Urteile v. 23.4.1996 - VIII R 13/95, BStBl 1998 II S. 325, v. 26.11.1996 - VIII R 42/94, BStBl 1998 II S. 328, und v. 24.11.1998 - VIII R 61/97, BStBl 1999 II S. 483).

Den dogmatischen Hintergrund bildet die Zurechnungsnorm § 39 AO. Die Zurechnung erfolgt gem. § 39 Abs. 1 AO grds. zum zivilrechtlichen Eigentümer. Dies kann auch eine Personengesellschaft sein. Bei Personengesellschaften erfolgt jedoch gem. § 39 Abs. 2 Nr. 2 AO eine anteilige Zurechnung zu den Gesellschaftern, soweit dies für die Besteuerung erforderlich ist. Ob eine anteilige Zurechnung erforderlich ist, richtet sich nach dem Zweck der zu beurteilenden Norm. Zwecke des § 15 Abs. 1 Satz 1 Nr. 2 EStG sind insbesondere die Verstrickung stiller Reserven als Betriebsvermögen und die Erfassung von Einkünften für Zwecke der Gewerbesteuer. Werden diese Zwecke im Sonderbetriebsvermögen umfassender erreicht als im Gesamthandsvermögen der Eigentümer-Personengesellschaft, erfolgt eine Erfassung im Sonderbetriebsvermögen. Bei gewerblichen Personengesellschaften werden die Zwecke jedoch umfassend erreicht, so dass es bei einer Erfassung im Gesamthandsvermögen der Personengesellschaft verbleibt.

Zu beachten ist, dass die überlassende Personengesellschaft auch kraft einer **mitunternehmerischen Betriebsaufspaltung** gewerblich tätig sein kann, so dass die eingangs genannten Grundsätze der Bilanzierung bei gewerblichen Schwestergesellschaften auch in diesen Fällen zur Anwendung kommt.

Eine mitunternehmerische Betriebsaufspaltung liegt vor, wenn eine **Personengesellschaft (Besitzunternehmen)** mit **Gewinnerzielungsabsicht** eine (aus Sicht des Betriebsunternehmens) funktional wesentliche Betriebsgrundlage **(sachliche Verflechtung)** an eine **gewerbliche Schwester-Personengesellschaft (Betriebsunternehmen)** zur Nutzung überlässt und eine oder mehrere Personen mit gleichgerichteten Interessen (Personengruppe) sowohl das Besitzunternehmen als auch das Betriebsunternehmen in dem Sinne beherrschen, dass sie in der Lage sind, in beiden Unternehmen einen einheitlichen geschäftlichen Betätigungswillen durchzusetzen **(personelle Verflechtung)**.

Konsequenz der mitunternehmerischen Betriebsaufspaltung ist, dass die Besitz-Personengesellschaft gewerblich tätig ist. § 15 Abs. 3 Nr. 1 EStG ist zu beachten (gewerbliche Infizierung der gesamten Tätigkeit der Personengesellschaft vorbehaltlich der von der Rechtsprechung entwickelten Bagatellgrenzen). Ist das Betriebsunternehmen von der Gewerbesteuer befreit (z. B. § 3 Nr. 20 GewStG für Krankenhäuser), gilt die Steuerbefreiung auch für das Besitzunternehmen. Andernfalls unterliegt die Besitz-Personengesellschaft mit ihren Gewinnen der Gewerbesteuer. Dabei scheidet für Besitzunternehmen eine erweiterte Kürzung gem. § 9 Nr. 1 Satz 2 GewStG aus. Dies gilt selbst dann, wenn das Betriebsunternehmen seinerseits zur erweiterten Kürzung berechtigt ist (BFH, Urteil v. 22.6.2016 - X R 54/14, BStBl 2017 II S. 529).

Als Konsequenz der Gewerblichkeit des Besitzunternehmens hat die Qualifikation des überlassenen Vermögens als **Betriebsvermögen der Besitz-Personengesellschaft** entsprechend obiger Ausführungen Vorrang vor der Qualifikation des Vermögens als Sonderbetriebsvermögen bei der Betriebs-Personengesellschaft. Die Mieten sind dementsprechend keine Sonderbetriebseinkünfte der Gesellschafter bei der Betriebs-Personengesellschaft, sondern unmittelbar gewerbliche Einkünfte bei der Besitz-Personengesellschaft (BFH, Urteil v. 23.4.1996 - VIII R 13/95, BStBl 1998 II S. 325). Die Konsequenz ist u. a., dass ein Gesellschafter, der nur an der Besitz-, nicht aber an der Betriebs-Personengesellschaft beteiligt ist (sog. „Nur-Besitz-Gesellschafter"), nunmehr Einkünfte aus Gewerbebetrieb erzielt. Sein Anteil am Vermögen der Besitz-Personengesellschaft ist Betriebsvermögen. Er ist sozusagen „Mitunternehmer wider Willen".

Vermieten die Miteigentümer einer Bruchteilsgemeinschaft ein Grundstück als wesentliche Betriebsgrundlage an eine von ihnen beherrschte Betriebsgesellschaft, so ist regelmäßig davon auszugehen, dass sich die Miteigentümer zumindest konkludent zu einer GbR zusammengeschlossen haben und damit die Rechtsfolgen einer mitunternehmerischen Betriebsaufspaltung eintreten (BFH, Urteil v. 18.8.2005 - IV R 59/04, BStBl 2005 II S. 830).

Überlässt eine vermögensverwaltende Personengesellschaft Wirtschaftsgüter im Rahmen einer mitunternehmerischen Betriebsaufspaltung, werden diese für die Dauer der Betriebsaufspaltung als Betriebsvermögen der Besitzgesellschaft behandelt. Soweit gleichzeitig die Voraussetzungen für Sonderbetriebsvermögen bei der Betriebs-Personengesellschaft erfüllt sind, tritt diese Eigenschaft mit Ende der Betriebsaufspaltung durch Wegfall der personellen Verflechtung wieder in Erscheinung (BFH, Urteil v. 30.8.2007 - IV R 50/05, BStBl 2008 II S. 129).

Einzelheiten der personellen Verflechtung

Merkmal der personellen Verflechtung ist, dass eine oder mehrere Personen mit gleichgerichteten Interessen (Personengruppe) sowohl das Besitzunternehmen als auch das Betriebsunternehmen in dem Sinne beherrschen, dass sie in der Lage sind, in beiden Unternehmen einen einheitlichen geschäftlichen Betätigungswillen durchzusetzen.

Die Zusammenrechnung mehrerer Personen erfordert das Vorliegen gleichgerichteter Interessen. Dieses wird bei allen Personen, die sowohl am Besitz- als auch am Betriebsunternehmen beteiligt sind, grds. vermutet (Personengruppentheorie). Hiervon kann jedoch nicht ausgegangen werden, wenn Interessengegensätze nachgewiesen werden (H 15.7 Abs. 6 EStH). Ebenso gilt die Personengruppentheorie nicht bei extrem konträren Beteiligungsverhältnissen (die Rechtsprechung zu konträren Beteiligungsverhältnissen ist restriktiv, vgl. BFH, Urteile v. 21.1.1982 - IV R 50/79, konträre Beteiligungsverhältnisse abgelehnt bei 40:40/50,1:0,46 [Rest jeweils Dritte], v. 12.10.1988 - X R 5/86, BStBl 1989 II S. 152, bejaht bei 50:50/99,6:0,4, v. 24.2.1994 - IV R 8-9/93, BStBl 1994 II S. 466, abgelehnt bei 50:50/98:2, und v. 29.8.2001 - VIII R 34/00, BFH/NV 2002 S. 185, FAAAA-67592, abgelehnt bei 80:20/20:80).

Bei der Prüfung der Beherrschung sind die Beteiligungen der minderjährigen Kinder ggf. mitzuzählen (vgl. R 15.7 Abs. 8 EStR). Eine Zusammenrechnung von Ehegattenanteilen kommt grds. über die generell geltende Personengruppentheorie hinaus nicht in Betracht (BVerfG, Urteil v. 12.3.1985 - 1 BvR 571/81, 1 BvR 494/82, 1 BvR 47/83, BStBl 1985 II S. 475). Im Fall des Wiesbadener Modells, bei dem am Besitzunternehmen der eine Ehegatte und am Betriebsunternehmen der andere Ehegatte beteiligt ist, liegt eine Betriebsaufspaltung nicht vor (BFH, Urteil v. 9.9.1986 - VIII R 198/84, BStBl 1987 II S. 28; H 15.7 Abs. 7 EStH).

Eine Beherrschung liegt grds. vor, wenn die herrschende Person oder Personengruppe ihren Willen in den Gesellschafterbeschlüssen durchsetzen kann. Eine solche Beherrschung der Gesellschafterbeschlüsse kann sich auch durch eine mittelbare Beteiligung ergeben. Dabei sind auch mittelbare Beteiligungen über Kapitalgesellschaften zu berücksichtigen (BFH, Urteil v. 16.9.2021 - IV R 7/18, BStBl 2022 II S. 767). Da es auf die Durchsetzung des geschäftlichen Betätigungswillens ankommt, sollten mittelbare Beteiligungen nicht mathematisch durchgerechnet werden, sondern nur, aber dann in voller Höhe, berücksichtigt werden, wenn die vermittelnde Gesellschaft beherrscht wird. Dies gilt für Besitz- und Betriebsgesellschaft gleichermaßen.

Gesellschafterbeschlüsse sind bei Personengesellschaften grds. einstimmig zu fassen (§ 714 BGB und § 109 Abs. 3 HGB [i. V. mit § 161 Abs. 2 HGB]). Das Vorhandensein eines Nur-Besitz- bzw. Nur-Betriebs-Gesellschafters schließt daher grds. die Beherrschung der jeweiligen Gesellschaft aus (Ausnahme: Der Nur-Besitz- bzw. Nur-Betriebs-Gesellschafter wird wiederum beherrscht, so dass über diese mittelbare Beteiligung eine Beherrschung insgesamt gegeben ist.). Regelmäßig wird es jedoch von der dispositiven gesellschaftsrechtlichen Grundregelung gesellschaftsvertragliche Abweichungen geben. Dann ist die Beherrschung nach Maßgabe der gesellschaftsvertraglichen Regelungen zu prüfen. Häufig wird ein umfassendes Mehrheitsprinzip vereinbart. Eine Beherrschung ist anzunehmen, falls die herrschende Person oder Personengruppe nach der maßgebenden Stimmrechtsverteilung über die gesellschaftsvertraglich erforderliche Mehrheit (i. d. R. mehr als 50 %, ggf. höhere qualifizierte Mehrheit) verfügt, um die Gesellschafterbeschlüsse zu beherrschen (unter Einbeziehung mittelbarer Beteiligungen, s. o.).

Ferner ist eine Beherrschung anzunehmen, falls die herrschende Person oder Personengruppe die Geschäftsführung (Geschäftsführungsbefugnis unabhängig von Stimmrechten) beherrscht, ohne dass ihr diese beherrschende Stellung gegen ihren Willen entzogen werden kann und ohne dass die Änderung oder Aufhebung des Überlassungsvertrags für die funktional wesentliche Betriebsgrundlage gegen ihren Willen erfolgen kann. Der BFH setzt für eine Beherrschung aber wohl stets eine Kapital- oder Stimmenmehrheit (mehr als 50 %) voraus (vgl. BFH, Urteil v. 30.11.2005 - X R 56/04, BStBl 2006 II S. 415). Nur wenn diese Mehrheit nicht genügt, um die Gesellschafterbeschlüsse zu beherrschen (wegen qualifizierter Mehrheitserfordernisse oder Einstimmigkeitsprinzips), kommt der Beherrschung der laufenden Geschäfte über die Geschäftsführungsbefugnis Bedeutung zu.

Bestehen **keine gesellschaftsvertraglichen Vereinbarungen zur Geschäftsführung und zur für Beschlussfassungen** erforderlichen Stimmenmehrheit, gilt Folgendes:

- Für Gesellschafterbeschlüsse ist grds. das Einstimmigkeitsprinzip vorgesehen. Abweichungen können sich jedoch – eine Kapital- oder Stimmenmehrheit (mehr als 50 %) vorausgesetzt – aus den Regelungen zur Geschäftsführungsbefugnis ergeben:

- **GbR:** Einstimmigkeitsprinzip (§ 714 BGB).
- **OHG:** Die Geschäftsführung steht allen Gesellschaftern jeweils einzeln zu, es besteht jedoch ein Widerspruchsrecht für jeden anderen geschäftsführungsberechtigten Gesellschafter (§ 116 Abs. 1 und 3 HGB). Das Widerspruchsrecht schließt eine Beherrschung aus, so dass das für Gesellschafterbeschlüsse geltende Einstimmigkeitsprinzip (§ 109 Abs. 3 HGB) maßgebend ist.
- **KG:** Die Kommanditisten sind gem. § 164 HGB von der Geschäftsführung ausgeschlossen. Der Komplementär beherrscht damit die Geschäfte des täglichen Lebens. Bei mehreren Komplementären kommt jedem Komplementär ein Widerspruchsrecht gegen die anderen Komplementäre zu (§ 161 Abs. 2 i. V. mit § 116 Abs. 3 HGB), so dass eine Beherrschung nur durch alle Komplementäre gemeinschaftlich möglich ist. Bei der klassischen GmbH & Co. KG kommt es damit auf die Beherrschung der Komplementär-GmbH an. Die Beherrschung der Komplementär-GmbH ist ebenfalls nach den hier vorgestellten Kriterien zu prüfen. Dabei ist zu beachten, dass nach dem gesetzlichen Grundfall eine Beteiligung bzw. ein Stimmrechtsanteil i. H. von mehr als 50 % zur Beherrschung der Gesellschafterbeschlüsse genügt (vgl. § 47 Abs. 1 GmbHG).

► Im Ergebnis kommt es in der GbR und der OHG auf die Beherrschung nach Maßgabe des Einstimmigkeitsprinzips an, so dass ein Nur-Besitz- bzw. Nur-Betriebs-Gesellschafter die Annahme einer Beherrschung der jeweiligen Gesellschaft ausschließt. Bei der KG kommt es auf die Einstimmigkeit unter den Komplementären an, so dass ein Nur-Besitz- bzw. Nur-Betriebs-Komplementär, der nicht seinerseits beherrscht wird, die Annahme einer Beherrschung in der jeweiligen Gesellschaft ausschließt, wohingegen Kommanditisten die Beherrschung eines Komplementärs nicht zu verhindern vermögen. Wird jedoch der einzige Komplementär (bzw. alle Komplementäre) beherrscht oder ist der Komplementär die beherrschende Person (bzw. Teil der beherrschenden Personengruppe), liegt auch eine Beherrschung der fraglichen GmbH & Co. KG und damit eine personelle Verflechtung vor.

Abgrenzung zur mitunternehmerischen Betriebsaufspaltung

Im Fall einer **unentgeltlichen Überlassung** von Wirtschaftsgütern ergibt sich **keine** mitunternehmerische Betriebsaufspaltung, weil es in diesem Fall an einer Gewinnerzielungsabsicht und damit an einer eigenen gewerblichen Tätigkeit der Besitz-Personengesellschaft fehlt. In diesem Fall bleibt § 15 Abs. 1 Satz 1 Nr. 2 EStG weiterhin anwendbar (also Ansatz von Sonderbetriebsvermögen bei der Betriebs-Personengesellschaft). Auch bei einer lediglich teilentgeltlichen Nutzungsüberlassung sind eine eigene gewerbliche Tätigkeit der Besitz-Personengesellschaft und damit eine mitunternehmerische Betriebsaufspaltung nur anzunehmen, wenn die Voraussetzung der Gewinnerzielungsabsicht bei der Besitz-Personengesellschaft vorliegt.

Überlässt ein Einzelgewerbetreibender einer Personengesellschaft, an der er beherrschend beteiligt ist, eine wesentliche Betriebsgrundlage, so gehört das überlassene Wirtschaftsgut zum Sonderbetriebsvermögen des Gesellschafters bei der nutzenden Personengesellschaft. Eine mitunternehmerische Betriebsaufspaltung liegt nicht vor, sie kommt nur zwischen Schwester-Personengesellschaften in Frage. Nicht betroffen sind daher auch die Fälle der **doppel- oder mehrstöckigen Personengesellschaft,** also jene Fälle, bei denen eine Personengesellschaft selbst unmittelbar oder mittelbar an einer anderen Personengesellschaft als Mitunternehmer beteiligt ist. In diesen Fällen gilt die gesetzliche Regelung zur doppelstöckigen Personengesellschaft (§ 15

Abs. 1 Satz 1 Nr. 2 Satz 2 EStG). Weitere Einzelheiten zu grds. Fragen ergeben sich aus dem Schreiben des BMF v. 28.4.1998 (BStBl 1998 I S. 583). Zur unentgeltlichen Übertragung von Mitunternehmeranteilen mit Sonderbetriebsvermögen im Rahmen der Entstehung einer mitunternehmerischen Betriebsaufspaltung siehe BMF, Schreiben v. 20.11.2019 (BStBl 2019 I S. 1291), geändert durch BMF, Schreiben v. 5.5.2021 (BStBl 2021 I S. 696).

FALL 179

Gewerblich tätige Schwestergesellschaften

Sachverhalt: Die B-OHG (Gesellschafter: B 70 % und F 30 %) ist im Hotel- und Gaststättengewerbe aktiv. Ihre Gesellschafter sind zugleich Gesellschafter der Y-KG (Gesellschafter: B 25 %, F 15 % und Y 60 %), ohne dort eine beherrschende Stellung einzunehmen. Die B-OHG vermietet ein ihr gehörendes bebautes Grundstück an die Y-KG, die eine Diskothekenkette betreibt. Die monatliche Miete für das Grundstück beträgt 1.000 € netto. Die AfA des Gebäudes beträgt jährlich 5.000 €.

AUFGABE

Welche steuerlichen Auswirkungen ergeben sich?

LÖSUNG

Es liegen zwei gewerblich tätige Schwestergesellschaften vor. Das Grundstück gehört zum steuerlichen Betriebsvermögen der B-OHG. Dort sind die Mieteinnahmen zu erfassen und die AfA steht der B-OHG zu. Die Y-KG hat Mietaufwendungen.

FALL 180

Grundstücksverwaltungsgesellschaft

Sachverhalt: B (70 %) und F (30 %) sind Gesellschafter der B-GbR (Grundstücksverwaltungsgesellschaft). Gleichzeitig sind sie Gesellschafter der gewerblich tätigen Y-KG (Gesellschafter: B 25 %, F 15 % und Y 60 %). Die B-GbR überlässt der Y-KG ein Bürogrundstück, in dem die Verwaltung der Y-KG ihren Sitz hat. Die jährliche Miete beträgt 30.000 € und die Grundstückskosten einschließlich AfA betragen jährlich 8.000 €.

AUFGABE

Welche steuerlichen Auswirkungen ergeben sich?

LÖSUNG

Hier ist nur eine Schwestergesellschaft, die Y-KG, gewerblich tätig. Es liegt auch keine mitunternehmerische Betriebsaufspaltung vor, da es an der personellen Verflechtung fehlt. B und F beherrschen die B-GbR, aber nicht die Y-KG. Das Grundstück ist Sonderbetriebsvermögen von B und F bei der Y-KG. Sie haben bei der Y-KG Sonderbetriebseinnahmen i. H. von zusammen 30.000 € und Sonderbetriebsausgaben i. H. von zusammen 8.000 €.

FALL 181

Grundstücksverwaltende GmbH & Co. KG

Sachverhalt: B (70 %) und F (30 %) sind Gesellschafter der B-GmbH & Co. KG (Grundstücksverwaltungsgesellschaft), deren Geschäftsführung in den Händen der Komplementärin und des Nichtgesellschafters A liegt. B und F sind gleichzeitig Gesellschafter der Komplementärin (B-GmbH) zu je $^1/_2$. An der gewerblich tätigen Y-KG sind B zu 25 %, F zu 15 % und Y zu 60 % beteiligt. Die B-GmbH & Co. KG überlässt der Y-KG ein Bürogrundstück, in dem die Verwaltung der Y-KG ihren Sitz hat.

AUFGABE

Welche steuerlichen Auswirkungen ergeben sich?

LÖSUNG

Durch die B-GmbH wird die B-GmbH & Co. KG gewerblich geprägt, da keiner der Kommanditisten gleichzeitig Geschäftsführer ist. Somit liegen zwei gewerblich tätige Schwestergesellschaften vor:

1. Das Grundstück gehört zum Betriebsvermögen der B-GmbH & Co. KG.
2. Die GmbH-Anteile sind notwendiges Sonderbetriebsvermögen von B und F bei der B-GmbH & Co. KG (es sei denn die B-GmbH hat einen eigenen Geschäftsbetrieb von nicht ganz untergeordneter Bedeutung).

FALL 182

Mitunternehmerische Betriebsaufspaltung

Sachverhalt: B (70 %), F (20 %) und Privatmann G (10 %) sind Gesellschafter der B-GbR (Grundstücksverwaltungsgesellschaft). In der B-GbR genügt lt. Gesellschaftsvertrag für alle Entscheidungen die einfache Mehrheit. An der gewerblich tätigen B-KG sind B mit 80 % und F mit 20 % beteiligt. Auch bei der B-KG genügt lt. Gesellschaftsvertrag für alle Entscheidungen die einfache Mehrheit. Die B-GbR überlässt der B-KG ein Bürogrundstück, in dem die Verwaltung der B-KG ihren Sitz hat.

Abwandlung: In der B-GbR gilt das Einstimmigkeitsprinzip.

AUFGABE

Welche steuerlichen Auswirkungen ergeben sich?

LÖSUNG

Hier liegt eine mitunternehmerische Betriebsaufspaltung vor. Die B-GbR ist trotz reiner Vermögensverwaltung gewerblich tätig und muss das Grundstück bilanzieren. Ihre Vermietungs- und Verpachtungseinkünfte werden bei ihr unmittelbar zu gewerblichen Einkünften umqualifiziert. Die B-KG hat Mietaufwand.

Abwandlung

Es liegt keine mitunternehmerische Betriebsaufspaltung vor, weil B und F ihren Willen nicht ohne G in der B-GbR durchsetzen können. Das Grundstück ist im Umfang von 90 % Sonderbetriebsvermögen von B und F bei der B-KG. G erzielt Einkünfte aus Vermietung und Verpachtung.

FALL 183

Doppelstöckige Personengesellschaft

Sachverhalt: An der A-GmbH & Co. KG sind beteiligt: die A-GmbH (ohne vermögensmäßige Beteiligung) sowie B mit 70 % und F mit 30 %. Die KG wiederum ist an der XY-OHG beteiligt (Gesellschafter: X 40 %, Y 40 % und die KG 20 %). Alle Gesellschaften sind gewerblich tätig.

1. Die XY-OHG überlässt ein Grundstück an die KG (Miete 30.000 €, Aufwand einschließlich AfA 8.000 €).
2. Die KG überlässt ein Grundstück an die XY-OHG.
3. F ist bei der XY-OHG angestellt und erhält ein Jahresgehalt i. H. von 30.000 €.

AUFGABE

Welche steuerlichen Auswirkungen ergeben sich?

LÖSUNG

Zu 1

Die KG ist die Obergesellschaft. Es ergibt sich kein Fall des § 15 Abs. 1 Satz 1 Nr. 2 Satz 1 Halbsatz 2 EStG (Sonderbetriebsvermögen), da die XY-OHG keine Miete an einen Mitunternehmer ausgibt (sondern erhält). Das Grundstück ist Betriebsvermögen der XY-OHG. Bei der XY-OHG sind auch die Mieterträge als Betriebseinnahme und die Grundstückskosten als Betriebsausgabe zu erfassen. Die KG hat Mietaufwendungen.

Zu 2

Das Grundstück ist Sonderbetriebsvermögen I der KG bei der XY-OHG. Die Mietzahlungen stellen Sonderbetriebseinnahmen der KG bei der XY-OHG dar und die Grundstückskosten stellen Sonderbetriebsausgaben der KG bei der XY-OHG dar.

Zu 3

Bei der Ermittlung der Einkünfte der XY-OHG fällt das Gehalt dort unter § 15 Abs. 1 Satz 1 Nr. 2 Satz 1 Halbsatz 2 EStG gem. § 15 Abs. 1 Satz 1 Nr. 2 Satz 2 EStG.

1.5 Übertragung von Wirtschaftsgütern

Zwischen Personengesellschaften und ihren Gesellschaftern abgeschlossene Verträge sind zivilrechtlich wirksam (z. B. Miet-, Darlehens-, Beratungs- sowie Werkleistungsverträge). Die auf der Grundlage solcher Verträge gezahlten Vergütungen der Gesellschaft an den Gesellschafter mindern den handelsrechtlichen Gewinn. Steuerrechtlich mindern sie den Gewinn im Gesamthandsbereich ebenfalls, sind aber zugleich unter den Voraussetzungen des § 15 Abs. 1 Satz 1 Nr. 2 EStG Sonderbetriebseinnahmen.

Bei der Übertragung von Wirtschaftsgütern aufgrund von Kauf- oder Werklieferungsverträgen hängt die steuerrechtliche Behandlung davon ab, wie die Gegenleistung ausgestaltet ist, aus welcher Vermögensart (Gesamthandsvermögen, Sonderbetriebsvermögen, einzelunternehmerisches Betriebsvermögen oder Privatvermögen) das Wirtschaftsgut kommt und in welche Vermögensart es überführt wird.

Im Folgenden wird das Gesellschaftsvermögen von Personengesellschaften entsprechend dem bilanzsteuerlichen Vokabular als „Gesamthandsvermögen" bezeichnet (vgl. § 39 Abs. 2 Nr. 2 Satz 2 AO).

1.5.1 Privatvermögen wird Gesamthandsvermögen (oder umgekehrt)

Siehe hierzu BMF, Schreiben v. 29.3.2000, BStBl 2000 I S. 462, und v. 11.7.2011, BStBl 2011 I S. 713, sowie BFH, Urteil v. 24.1.2008 - IV R 37/06, BStBl 2011 II S. 617.

Wird ein Einzelwirtschaftsgut aus dem Privatvermögen in das betriebliche Gesamthandsvermögen der Personengesellschaft übertragen,

a) stellt dies eine **Anschaffung** i. S. des § 6 Abs. 1 Nr. 1 oder 2 EStG seitens der Gesellschaft dar, soweit die Übertragung gegen eine **fremdübliche Gegenleistung** (Barzahlung, Kreditierung, Schuldübernahme, Verbuchung auf einem gesellschafterindividuellen Fremdkapitalkonto (z. B. Darlehens- oder Verrechnungskonto) etc.) erfolgt. Für den Gesellschafter bedeutet dies eine Veräußerung, die ggf. unter die §§ 17, 20 und 23 EStG fällt.

b) stellt dies einen **tauschähnlichen Vorgang** dar, soweit dem Einbringenden als Gegenleistung für das eingebrachte Einzelwirtschaftsgut **Gesellschaftsrechte** gewährt werden, die dem Wert des Wirtschaftsguts entsprechen (offene Sacheinlage, § 6 Abs. 6 EStG). § 6 Abs. 1 Nr. 5 EStG (Einlage) kommt nicht zur Anwendung (BFH, Urteil v. 19.10.1998 - VIII R 69/95, BStBl 2000 II S. 230), weil insofern ebenfalls eine Anschaffung der Gesellschaft vorliegt. Eine Gewährung von Gesellschaftsrechten ist i. d. R. anzunehmen, wenn eine entsprechende Gutschrift auf dem Kapitalkonto I des Gesellschafters, das für seine Beteiligung am Gesellschaftsvermögen maßgebend ist, erfolgt und sich die maßgeblichen Gesellschaftsrechte gesellschaftsvertraglich nach dem aus dem Kapitalkonto I folgenden festen Kapitalanteil richten (BFH, Urteil v. 29.7.2015 - IV R 15/14, BStBl 2016 II S. 593). Auch bei einer nur teilweisen Buchung gegen das Kapitalkonto I liegt grds. ein vollentgeltliches Geschäft vor. Die teilweise Verbuchung auf einem gesamthänderischen Rücklagenkonto steht dem (jedenfalls) dann nicht entgegen, wenn die Übertragung insgesamt für Rechnung des Übertragenden erfolgt, d. h. keine Vermögensverschiebung zwischen den Gesellschaftern eintritt (BFH, Urteil v. 23.3.2023 - IV R 2/20, BStBl 2023 II S. 999, Rz. 25 f.). Die bloße Gewährung von Stimmrechten stellt allein keine Gegenleistung i. S. einer Gewährung von Gesellschaftsrechten dar, weil

Stimmrechte allein keine vermögensmäßige Beteiligung an der Personengesellschaft vermitteln. Gleiches gilt für eine Verbuchung auf einem Kapitalkonto, das nicht ausschlaggebend für die maßgeblichen Gesellschaftsrechte – insbesondere das Gewinnbezugsrecht – ist (regelmäßig alle anderen Eigenkapitalkonten inklusive Kapitalkonto II; BFH, Urteil v. 29.7.2015 - IV R 15/14, a. a. O., und BMF, Schreiben v. 26.7.2016, BStBl 2016 I S. 684).

c) stellt dies eine **Einlage** i. S. des § 6 Abs. 1 Nr. 5 EStG dar, soweit die Übertragung **unentgeltlich** erfolgt. Eine unentgeltliche Übertragung liegt vor, soweit keine fremdübliche Gegenleistung, auch nicht in Form von Gesellschaftsrechten, vorliegt. Insbesondere ist eine unentgeltliche Übertragung anzunehmen, wenn die Gegenbuchung ausschließlich auf Eigenkapitalkonten erfolgt, nach denen sich keine maßgeblichen Gesellschaftsrechte – insbesondere das Gewinnbezugsrecht – richten (regelmäßig alle Eigenkapitalkonten, außer Kapitalkonto I, einschließlich einem gesamthänderischen Rücklagenkonto und einer erfolgswirksamen Verbuchung, die außerbilanziell zu neutralisieren ist).

Wenn der Wert des übertragenen Wirtschaftsguts höher ist als die im Gegenzug eingeräumten Gesellschaftsrechte, ist eine Aufteilung vorzunehmen. Die Aufteilung erfolgt in einen tauschähnlichen Vorgang und in eine Einlage. Aufteilungsmaßstab ist das Verhältnis des Werts der gewährten Gesellschaftsrechte zum gemeinen Wert des übertragenen Wirtschaftsguts.

Für den umgekehrten Fall der Übertragung aus dem Gesamthandsvermögen in das Privatvermögen eines Gesellschafters gelten die vorstehenden Ausführungen entsprechend (an die Stelle der Gewährung von Gesellschaftsrechten tritt deren Minderung; an die Stelle der Einlage i. S. des § 6 Abs. 1 Nr. 5 EStG tritt die Entnahme i. S. des § 6 Abs. 1 Nr. 4 EStG).

BEISPIEL 1: A und B sind Gesellschafter der gewerblich tätigen AB-OHG. Ihre Gesellschaftsanteile (Kapitalkonto I) betragen jeweils 50.000 €. A bringt ein Grundstück (gemeiner Wert 400.000 €, angeschafft im Privatvermögen von A vor zehn Jahren für 40.000 €) in das Gesamthandsvermögen der AB-OHG ein und erhält dafür weitere Gesellschaftsrechte (Kapitalkonto I) i. H. von 40.000 €. Nach den ausdrücklichen Bestimmungen in der Einbringungsvereinbarung wird der Restbetrag i. H. von 360.000 € auf einem gesamthänderisch gebundenen Kapitalrücklagenkonto gutgeschrieben und das Grundstück wird mit 400.000 € in der Gesamthandsbilanz der AB-OHG erfasst. Aufgrund stiller Reserven im Vermögen der AB-OHG sind die Gesellschaftsrechte, die durch die Gutschrift i. H. von 40.000 € auf dem Kapitalkonto I erworben werden, 400.000 € wert.

Lösung:

Da eine Buchung des Vorgangs teilweise auf dem Kapitalkonto I und teilweise auf dem gesamthänderisch gebundenen Kapitalrücklagenkonto erfolgt ist, liegt ein in vollem Umfang entgeltlicher Übertragungsvorgang vor; eine Aufteilung der Übertragung in einen entgeltlichen und einen unentgeltlichen Teil ist nicht vorzunehmen, da (jedenfalls) keine Vermögensverschiebung zwischen den Gesellschaftern erfolgt.

BEISPIEL 2: **Abwandlung:** Wie Beispiel 1, aber mangels stiller Reserven im Vermögen der AB-OHG sind die Gesellschaftsrechte, die durch die Gutschrift i. H. von 40.000 € auf dem Kapitalkonto I erworben werden, auch nur 40.000 € wert. Dies ist den Gesellschaftern bewusst. Sie vereinbaren also bewusst eine Einbringung unter Wert und bewirken so eine Vermögensverschiebung.

Lösung:

Hier liegt ein teilentgeltlicher Vorgang vor, weil das Grundstück zu 10 % (= 40.000 € / 400.000 €) entgeltlich und zu 90 % (= 360.000 € / 400.000 €) unentgeltlich übertragen wird. Hinsichtlich des entgeltlich übertragenen Teils ist das Grundstück deshalb in der Bilanz der AB-OHG mit dem Veräußerungspreis i. H. von 40.000 € (= Wert der hingegebenen Gesellschaftsrechte) anzusetzen. Hinsichtlich des unentgeltlich übertragenen Teils ist das Grundstück nach Einlagegrundsätzen gem. § 4 Abs. 1 Satz 8 i. V. mit § 6 Abs. 1 Nr. 5 Satz 1 EStG mit dem anteiligen Teilwert i. H. von 360.000 € (= 90 % von 400.000 €) anzusetzen. Das Grundstück ist deshalb richtigerweise auch bei einer teilentgeltlichen Übertragung mit 400.000 € in der Bilanz der AB-OHG zu erfassen. Aufgrund der Teilentgeltlichkeit des Übertragungsvorgangs ist der den Wert der auf dem Kapitalkonto I verbuchten Gesellschaftsrechte übersteigende Betrag i. H. von 360.000 € innerhalb der Bilanz der AB-OHG als Ertrag zu behandeln. Diese Ertragsbuchung ist durch eine entsprechende gegenläufige außerbilanzielle Korrektur zu neutralisieren. Aufgrund der ausdrücklichen Bestimmungen in der Einbringungsvereinbarung (Einbringung unter Wert) kommt hier eine Buchung des übersteigenden Betrags i. H. von 360.000 € auf einem gesamthänderischen Rücklagenkonto oder auf einem variablen Kapitalkonto (Kapitalkonto II) nicht in Betracht, weil diese Vorgehensweise nach den oben dargestellten Grundsätzen zur Annahme eines voll entgeltlichen Übertragungsgeschäfts führen würde, was nach der zugrunde liegenden Einbringungsvereinbarung von den Beteiligten gerade nicht gewollt war.

1.5.2 Privatvermögen wird Sonderbetriebsvermögen und umgekehrt

Bei der Übertragung von Wirtschaftsgütern aus dem Privatvermögen in das Sonderbetriebsvermögen und umgekehrt handelt es sich stets um Einlagen/Entnahmen, auf die § 6 Abs. 1 Nr. 4 und 5 EStG anzuwenden ist.

1.5.3 Gesamthandsvermögen wird Sonderbetriebsvermögen oder einzelunternehmerisches Betriebsvermögen und umgekehrt

Das BMF hat sich ausführlich zu Zweifelsfragen zur Übertragung und Überführung von einzelnen Wirtschaftsgütern gem. § 6 Abs. 5 EStG geäußert (BMF, Schreiben v. 8.12.2011, BStBl 2011 I S. 1279).

Soweit die Übertragung gegen eine **fremdübliche Gegenleistung** (Barzahlung, Kreditierung, Schuldübernahme, Verbuchung auf einem gesellschafterindividuellen Fremdkapitalkonto (z. B. Darlehens- oder Verrechnungskonto) etc.) erfolgt, handelt es sich nach allgemeinen Grundsätzen um ein **Anschaffungs-/Veräußerungsgeschäft** wie unter fremden Dritten. Soweit die Übertragung **unentgeltlich oder gegen Gewährung bzw. Minderung von Gesellschaftsrechten** erfolgt, greift **§ 6 Abs. 5 EStG** und es ist grds. der Buchwert anzusetzen (§ 6 Abs. 5 Satz 3 EStG; § 6 Abs. 5 Satz 3 Nr. 1 EStG für Übertragungen zwischen Gesamthandsvermögen und einzelunternehmerischem Betriebsvermögen bzw. § 6 Abs. 5 Satz 3 Nr. 2 EStG für Übertragungen zwischen Gesamthandsvermögen und Sonderbetriebsvermögen bei derselben oder auch einer anderen Mitunternehmerschaft).

1.5.3.1 Unentgeltlichkeit

Eine unentgeltliche Übertragung liegt vor, soweit keine fremdübliche Gegenleistung, auch nicht in Form von Gesellschaftsrechten, vorliegt. Insbesondere ist eine unentgeltliche Übertragung anzunehmen, wenn die Gegenbuchung ausschließlich auf Eigenkapitalkonten erfolgt, nach denen sich keine maßgeblichen Gesellschaftsrechte – insbesondere das Gewinnbezugsrecht – richten (regelmäßig alle Eigenkapitalkonten, außer Kapitalkonto I, einschließlich einem gesamthänderischen Rücklagenkonto und einer erfolgswirksamen Verbuchung, die außerbilanziell zu neutralisieren ist). Zu teilentgeltlichen Übertragungen siehe Tz. 1.5.3.3.

BEISPIEL 1: Vater (V) und Sohn (S) sind zu jeweils 50 % an der VS-OHG beteiligt. In seinem Einzelunternehmen hat V ein Grundstück mit einem Buchwert i. H. von 600.000 €. Der Verkehrswert beträgt 1 Mio. €. V überträgt das Grundstück in das Gesamthandsvermögen der VS-OHG gegen Gutschrift i. H. von 1 Mio. € auf

a) seinem Kapitalkonto II,

b) dem gesamthänderischen Rücklagenkonto.

Lösung:

Steuerlich hat die Übertragung, da sie unentgeltlich erfolgt ist, zum Buchwert mit 600.000 € zu erfolgen (§ 6 Abs. 5 Satz 3 Nr. 1 EStG). Dies gilt sowohl in Fall a) als auch in Fall b), obgleich eine Vermögensverschiebung nur in Fall b) erfolgt (vgl. BFH, Urteil v. 29.7.2015 - IV R 15/14, BStBl 2016 II S. 593, und BMF, Schreiben v. 26.7.2016, BStBl 2016 I S. 684). Technisch kann die Buchwertfortführung mittels negativer Ergänzungsbilanz abgebildet werden.

1.5.3.2 Gesellschaftsrechte

Eine Gewährung von Gesellschaftsrechten ist i. d. R. anzunehmen, wenn eine entsprechende Gutschrift auf dem Kapitalkonto I des Gesellschafters erfolgt, das für seine Beteiligung am Gesellschaftsvermögen maßgebend ist und sich die maßgeblichen Gesellschaftsrechte gesellschaftsvertraglich nach dem aus dem Kapitalkonto I folgenden festen Kapitalanteil richten (BFH, Urteil v. 29.7.2015 - IV R 15/14, a. a. O.). Auch bei einer nur teilweisen Buchung gegen das Kapitalkonto I liegt grds. ein vollentgeltliches Geschäft vor. Die teilweise Verbuchung auf einem gesamthänderischen Rücklagenkonto steht dem (jedenfalls) dann nicht entgegen, wenn die Übertragung insgesamt für Rechnung des Übertragenden erfolgt, d. h. keine Vermögensverschiebung zwischen den Gesellschaftern eintritt (BFH, Urteil v. 23.3.2023 - IV R 2/20, BStBl 2023 II S. 999, Rz. 25 f.). Die bloße Gewährung von Stimmrechten stellt allein keine Gegenleistung i. S. einer Gewährung von Gesellschaftsrechten dar, da Stimmrechte allein keine vermögensmäßige Beteiligung an der Personengesellschaft vermitteln. Gleiches gilt für eine Verbuchung auf einem Kapitalkonto, das nicht ausschlaggebend für die maßgeblichen Gesellschaftsrechte – insbesondere das Gewinnbezugsrecht – ist (regelmäßig alle anderen Eigenkapitalkonten inklusive Kapitalkonto II; BFH, Urteil v. 29.7.2015 - IV R 15/14, a. a. O., und BMF, Schreiben v. 26.7.2016, a. a. O.).

BEISPIEL 2: **Abwandlung** (von Beispiel 1 unter Tz. 1.5.3.1): Die Übertragung erfolgt gegen Gutschrift auf dem Kapitalkonto I von V.

Lösung:

Die Buchung über ein maßgebliche Gesellschaftsrechte vermittelndes Kapitalkonto führt zwar insgesamt zu einem entgeltlichen Vorgang. Die Übertragung des Grundstücks muss steuerlich aber gleichwohl zwingend mit dem Buchwert angesetzt werden, weil die Übertragung gegen Gewährung von Gesellschaftsrechten erfolgt ist (§ 6 Abs. 5 Satz 3 Nr. 1 EStG).

1.5.3.3 Teilentgeltliche und mischentgeltliche Übertragung (§ 6 Abs. 5 Satz 3 EStG)

Erfolgt eine Übertragung gegen ein sonstiges Entgelt (Gegenleistung, die nicht in Gesellschaftsrechten besteht), das wertmäßig hinter dem Wert des übertragenen Wirtschaftsguts zurückbleibt, handelt es sich um einen teilentgeltlichen (bzw., wenn auch Gesellschaftsrechte gewährt werden, um einen mischentgeltlichen) Vorgang. Maßgebend ist das Verhältnis des Werts der sonstigen Gegenleistung zum Verkehrswert des übertragenen Wirtschaftsguts. Insoweit erfolgt die Übertragung gegen sonstiges Entgelt und darüber hinaus entweder entgeltlich gegen Gewährung von Gesellschaftsrechten (voll- bzw. mischentgeltliches Rechtsgeschäft) oder unentgeltlich (teilentgeltliches Rechtsgeschäft).

Nach Auffassung der Finanzverwaltung sind diese Vorgänge, soweit ein sonstiges Teilentgelt vorliegt, nach den Grundsätzen einer erfolgswirksamen Veräußerung und, soweit das Entgelt in Gesellschaftsrechten besteht bzw. kein Entgelt geleistet wird, gem. § 6 Abs. 5 Satz 3 ff. EStG erfolgsneutral zu lösen. Der Vorgang ist dabei entsprechend der Quote des sonstigen Teilentgelts, d. h. dem Verhältnis des Werts der sonstigen Gegenleistungen zum Verkehrswert des übertragenen Wirtschaftsguts entsprechend, in einen zwingend erfolgswirksamen Teil und im Übrigen in einen erfolgsneutralen Teil aufzuspalten (**strenge Trennungstheorie;** vgl. BMF, Schreiben v. 8.12.2011, BStBl 2011 I S. 1279, Rz. 14 und 15).

Nach der vom IV. Senat vertretenen **sog. „modifizierten Trennungstheorie"** (BFH, Urteile v. 21.6.2012 - IV R 1/08, BFH/NV 2012 S. 1536, KAAAE-13306, und v. 19.9.2012 - IV R 11/12, BFH/NV 2012 S. 1880, TAAAE-19330) komme es bei teilentgeltlichen Übertragungen nur dann und insoweit zu einer Gewinnrealisation, wie die Gegenleistung (Teilentgelt) den Buchwert des übertragenen Wirtschaftsguts übersteigt. Der X. Senat vertritt demgegenüber in Übereinstimmung zur bislang vorherrschenden und insbesondere von der Finanzverwaltung vertretenen Auffassung (BMF, Schreiben v. 8.12.2011, a. a. O.) die strenge Trennungstheorie (vgl. BFH, Beschluss v. 27.10.2015 - X R 28/12, BStBl 2016 II S. 81). Aktuell ist wieder ein Revisionsverfahren beim IV. Senat zur umstrittenen Frage der Geltung von modifizierter oder strenger Trennungstheorie anhängig (Aktenzeichen: IV R 17/23), so dass die weitere Entwicklung abzuwarten bleibt.

BEISPIEL 3: A und B sind zu jeweils 50 % an der AB-OHG beteiligt. In seinem Einzelunternehmen hat A ein Grundstück mit einem Buchwert i. H. von 600.000 €. Der Verkehrswert beträgt 1 Mio. €. Zudem hat A für das Grundstück eine Hypothek aufgenommen, die noch über 400.000 € valutiert. A überträgt das Grundstück gem. § 6 Abs. 5 Satz 3 Nr. 1 EStG ohne Gewährung von Gesellschaftsrechten in das Gesamthandsvermögen der AB-OHG. Dabei übernimmt die AB-OHG auch das Darlehen.

Lösung:

Es handelt sich um eine teilentgeltliche Übertragung des Grundstücks. Der entgeltliche Anteil liegt durch die Übernahme der Verbindlichkeit bei 40 % (= 400.000 € von 1.000.000 €), der unentgeltliche Anteil bei 60 %. Im Einzelunternehmen von A werden durch die teilentgeltliche Übertragung stille Reserven i. H. von 160.000 € (= 400.000 € abzgl. 40 % des Buchwerts = 240.000 €) aufgedeckt. Die AB-OHG muss das Grundstück mit 760.000 € (= 400.000 € zzgl. 60 % des Buchwerts = 360.000 €) auf der Aktivseite und die Verbindlichkeit mit 400.000 € auf der Passivseite im Gesamthandsvermögen bilanzieren. Nach der strengen Trennungstheorie kommt es im Einzelunternehmen zu einer Gewinnrealisierung i. H. von 160.000 € (so die Auffassung der Finanzverwaltung). Gemäß dem BFH-Urteil v. 19.9.2012 - IV R 11/12 (a. a. O.) käme es allerdings nicht zu einer Gewinnrealisierung im Einzelunternehmen, weil das Entgelt (Übernahme der Verbindlichkeit i. H. von 400.000 €) den Buchwert des Grundstücks (600.000 €) nicht übersteigt.

1.5.3.4 Sperrfrist

Wird in den Fällen des § 6 Abs. 5 Satz 3 EStG ein übertragenes Wirtschaftsgut bis zum Ende einer Sperrfrist i. H. von drei Jahren nach der Abgabe der Steuererklärung des Übertragenden für den Veranlagungszeitraum, in dem die Übertragung erfolgte, veräußert oder entnommen, ist rückwirkend auf den Zeitpunkt der Übertragung der Teilwert anzusetzen (§ 6 Abs. 5 Satz 4 EStG). Die mittelbare Veräußerung durch eine Veräußerung von Mitunternehmeranteilen ist dabei unschädlich (BFH, Urteile v. 15.7.2021 - IV R 36/18, BStBl 2025 II S. 111, und v. 18.8.2021 - XI R 43/20, BStBl 2025 II S. 118).

Ausnahmen:

- Die Sperrfrist gem. § 6 Abs. 5 Satz 4 EStG kommt nicht zur Anwendung, wenn die bis zur Übertragung entstandenen stillen Reserven durch Erstellung einer (negativen) Ergänzungsbilanz dem übertragenden Gesellschafter zugeordnet werden.
- Die Sperrfrist greift des Weiteren, unabhängig von der Abbildung über eine Ergänzungsbilanz, nicht ein für Übertragungen gem. § 6 Abs. 5 Satz 3 EStG zwischen einer GmbH & Co. KG und ihrem 100 % (allein vermögensbeteiligten) Gesellschafter (H 6.15 Einmann-GmbH & Co. KG EStH).

1.5.3.5 Vermeidung der Buchwertfortführung

Wird der Wert des Wirtschaftsguts anderweitig vergütet (Bezahlung oder Darlehen), ergeben sich eine normale Anschaffung bzw. Veräußerung. Hierdurch lässt sich das Gebot der Buchwertfortführung in den Fällen des § 6 Abs. 5 Satz 3 EStG umgehen.

1.5.4 Einzelunternehmerisches Betriebsvermögen wird Sonderbetriebsvermögen und umgekehrt oder Sonderbetriebsvermögen wechselt den Betrieb/die Mitunternehmerschaft

Der Ansatz muss zwingend zum Buchwert erfolgen (§ 6 Abs. 5 Satz 2 EStG). Bei der Überführung von Wirtschaftsgütern ist die gleichzeitige Übernahme von Verbindlichkeiten unschädlich (BMF, Schreiben v. 8.12.2011, a. a. O., Rz. 3).

1.5.5 Begründung oder Erhöhung eines Anteils einer Körperschaft, Personenvereinigung oder Vermögensmasse an einem Wirtschaftsgut i. S. des § 6 Abs. 5 Satz 5–7 EStG

Bei einer Übertragung eines Wirtschaftsguts gem. § 6 Abs. 5 Satz 3 EStG ist der Teilwert anzusetzen, soweit der vermögensmäßige Anteil einer Körperschaft, Personenvereinigung oder Vermögensmasse an dem Wirtschaftsgut unmittelbar oder mittelbar begründet wird oder sich erhöht (§ 6 Abs. 5 Satz 5 EStG). Auch die Erstellung einer Ergänzungsbilanz ändert an den Rechtsfolgen des § 6 Abs. 5 Satz 5 EStG nichts. Im Folgenden wird aus Vereinfachungsgründen nur von Körperschaften gesprochen. Die Ausführungen gelten für Personenvereinigungen und Vermögensmassen entsprechend.

BEISPIEL: (aus BMF, Schreiben v. 8.12.2011, BStBl 2011 I S. 1279)

A und die B-GmbH sind zu jeweils 50 % vermögensmäßig an der AB-OHG beteiligt. In seinem Einzelunternehmen hat A einen Pkw mit einem Buchwert i. H. von 1.000 €. Der Teilwert des Pkws beträgt 10.000 €. A überträgt den Pkw unentgeltlich in das Gesamthandsvermögen der AB-OHG. A ist nicht Gesellschafter der B-GmbH und auch keine nahestehende Person.

Lösung:

Grundsätzlich ist bei einer Übertragung von Wirtschaftsgütern gem. § 6 Abs. 5 Satz 3 Nr. 1 EStG aus einem Betriebsvermögen eines Mitunternehmers in das Gesamthandsvermögen einer Mitunternehmerschaft die Buchwertverknüpfung vorgeschrieben. Durch die Beteiligung der B-GmbH an der AB-OHG gehen 50 % der stillen Reserven des Pkws auf die B-GmbH über. Aus diesem Grund muss gem. § 6 Abs. 5 Satz 5 EStG der hälftige Teilwert i. H. von 5.000 € angesetzt werden, da ein Anteil der B-GmbH am übertragenen Pkw i. H. von 50 % begründet wird. Die AB-OHG muss den Pkw mit 5.500 € (= 5.000 € hälftiger Teilwert zzgl. 500 € hälftiger Buchwert) bilanzieren. Im Einzelunternehmen von A entsteht ein anteiliger Gewinn aus der Übertragung des Pkws i. H. von 4.500 € (= 5.000 € abzgl. 50 % des Buchwerts = 500 €).

Diese rein vermögensmäßige Betrachtung der Finanzverwaltung ist kritikwürdig, wenn keine stillen Reserven auf die Kapitalgesellschaft übergehen und auch keine Vermögensverschiebung auf diese erfolgt. In derartigen Fällen sollte von einer Anwendung des § 6 Abs. 5 Satz 5 EStG abgesehen werden. Zweck der Regelung ist, zu verhindern, dass

1. stille Reserven in das Körperschaftsteuerregime übergehen und
2. der durch eine Übertragung gem. § 6 Abs. 5 Satz 3 EStG wertvoller werdende Anteil an der Körperschaft, gem. § 3 Nr. 40 Satz 1 Buchst. a EStG bzw. § 8b Abs. 2 KStG begünstigt veräußert werden kann.

Dazu kann es jedoch nicht kommen, wenn keine stillen Reserven auf die Kapitalgesellschaft übergehen und auch keine Vermögensverschiebung auf diese erfolgt. Es wäre daher eine teleologische Reduktion mit dem Ergebnis der Nichtanwendbarkeit des § 6 Abs. 5 Satz 5 EStG in entsprechenden Fällen angezeigt (ausführlich dazu Niehus/Wilke in Herrmann/Heuer/Raupach, EStG/KStG, 329. Erg.-Lfg. November 2024, § 6 EStG Rz. 1653–1658). Die Rechtsprechung hat sich zuletzt im Bereich des § 6 Abs. 5 EStG einer solchen zweckgerechten Betrachtung zugeneigt gezeigt und die Finanzverwaltung wendet die Rechtsprechung nunmehr über den Einzelfall hinaus an. Bis zu einer ausdrücklichen Aussage der Finanzverwaltung hierzu muss aber davon ausgegangen werden, dass sie das obenstehende Beispiel weiterhin nach Maßgabe des BMF-Schreibens v. 8.12.2011 (a. a. O.) löst.

Seit dem 19.10.2024 kommt es bei der Anwendung des § 6 Abs. 5 Satz 5 EStG auf die Beteiligung der einzelnen Körperschaft an, nicht auf die Beteiligung von Körperschaften insgesamt, so dass eine Begründung oder Erhöhung des Anteils einer Körperschaft auch vorliegt, wenn dieser Anteil an die Stelle eines unmittelbaren oder mittelbaren Anteils einer anderen Körperschaft tritt (§ 6 Abs. 5 Satz 7 und § 52 Abs. 12 Satz 18 EStG). Zuvor (also bis zum 18.10.2024) erfolgte hingegen eine Gruppenbetrachtung aller Körperschaften, so dass es darauf ankam, inwieweit sich die Beteiligungsquote von Körperschaften durch die Übertragung erhöht hat, ohne auf den einzelnen Rechtsträger zu schauen (daher konnte z. B. keine Aufdeckung stiller Reserven gem. § 6 Abs. 5 Satz 5 EStG erfolgen, wenn die Übertragung durch eine Körperschaft erfolgte, die zuvor 100 % an dem Wirtschaftsgut beteiligt war; vgl. BFH, Urteil v. 15.7.2021 - IV R 36/18, BStBl 2025 II S. 111).

Die Körperschaftklausel wird durch eine Sperrfrist flankiert. Soweit innerhalb von sieben Jahren nach der Übertragung des Wirtschaftsguts gem. § 6 Abs. 5 Satz 3 EStG der Anteil einer Körperschaft, Personenvereinigung oder Vermögensmasse an dem übertragenen Wirtschaftsgut aus einem anderen Grund unmittelbar oder mittelbar begründet wird oder sich dieser erhöht, ist rückwirkend auf den Zeitpunkt der Übertragung ebenfalls der Teilwert anzusetzen (§ 6 Abs. 5 Satz 6 EStG). Es erfolgt jedoch kein rückwirkender Teilwertansatz, wenn die Begründung oder

Erhöhung des Anteils einer Körperschaft durch eine vollentgeltliche Übertragung von Mitunternehmeranteilen unter Aufdeckung der stillen Reserven in den zuvor eingebrachten Wirtschaftsgütern erfolgt (BFH, Urteil v. 18.8.2021 - XI R 43/20, BStBl 2025 II S. 118).

Die Geltung des § 6 Abs. 5 Satz 7 EStG (Einzelbetrachtung jeder Körperschaft anstatt Gruppenbetrachtung aller Körperschaften, s. o.) für Zwecke der Sperrfrist richtet sich danach, ob die sperrfristauslösende Übertragung nach dem 18.10.2024 (Einzelbetrachtung) oder davor (Gruppenbetrachtung) stattgefunden hat (§ 52 Abs. 12 Satz 18 EStG).

1.5.6 Übertragung von Wirtschaftsgütern zwischen den jeweiligen Sonderbetriebsvermögen verschiedener Mitunternehmer bei derselben Mitunternehmerschaft

Soweit die Übertragung **unentgeltlich** erfolgt, greift **§ 6 Abs. 5 Satz 3 Nr. 3 EStG** und es ist grds. der Buchwert anzusetzen. Die Sperrfrist gem. § 6 Abs. 5 Satz 4 EStG (Tz. 1.5.3.4) sowie die Besonderheiten im Zusammenhang mit Körperschaften gem. § 6 Abs. 5 Satz 5–7 EStG (Tz. 1.5.5) sind zu beachten.

Soweit die Übertragung gegen eine **fremdübliche Gegenleistung** erfolgt, handelt es sich nach allgemeinen Grundsätzen um ein **Anschaffungs-/Veräußerungsgeschäft** wie unter fremden Dritten.

1.5.7 Übertragung von Wirtschaftsgütern zwischen Schwesterpersonengesellschaften

Wird ein Wirtschaftsgut **unentgeltlich** aus dem Betriebsvermögen einer gewerblich tätigen Personengesellschaft in das Betriebsvermögen einer **beteiligungsidentischen** anderen **Personengesellschaft** übertragen, ist der Buchwert anzusetzen **(§ 6 Abs. 5 Satz 3 Nr. 4 EStG)**. Fraglich ist, ob die Sperrfrist gem. § 6 Abs. 5 Satz 4 EStG (Tz. 1.5.3.4) auch in diesen Fällen gilt. Die bereits bestehenden Ausnahmen und der Sinn und Zweck sprechen u. E. dagegen. Die Regelung des § 6 Abs. 5 Satz 5 EStG kann denklogisch nicht zur Anwendung kommen, da es aufgrund der identischen Beteiligungsverhältnisse nicht zur Begründung oder Erhöhung des Anteils einer Körperschaft kommen kann. Die Sperrfrist gem. § 6 Abs. 5 Satz 6 EStG (siehe Tz. 1.5.5) ist auch in den Fällen des § 6 Abs. 5 Satz 3 Nr. 4 EStG zu beachten.

Vor Geltung des § 6 Abs. 5 Satz 3 Nr. 4 EStG war eine Buchwertfortführung nur unter Verwendung von § 6b EStG möglich, denn eine vollständige Gewinnübertragung i. S. der §§ 6b und 6c EStG ist möglich, wenn dieselben Mitunternehmer an beiden Mitunternehmerschaften in demselben Beteiligungsverhältnis beteiligt sind (BMF, Schreiben v. 8.12.2011, BStBl 2011 I S. 1279, Rz. 20). Diese Gestaltung ist auch weiterhin möglich, verliert wegen der Geltung von § 6 Abs. 5 Satz 3 Nr. 4 EStG aber an Bedeutung. Liegen die Voraussetzungen der Norm aber nicht vor (z. B. mangels vollständiger Beteiligungsidentität), kann aber weiterhin auf die Gestaltung zurückgegriffen werden.

BEISPIEL: Zum Betriebsvermögen der KG I gehört seit mehr als sechs Jahren ein Grundstück. Dieses soll zum Buchwert auf die beteiligungsidentische KG II übertragen werden. Zu diesem Zweck wird das Grundstück an die KG II verkauft. Die aufgedeckten stillen Reserven können mittels § 6b EStG von der

KG I in die KG II verschoben und bei der KG II von den Anschaffungskosten abgezogen werden (R 6b.2 Abs. 7 Nr. 4 EStR). Dadurch mindert sich aber bei der KG I das für § 15a EStG relevante (steuerliche) Kapitalkonto, so dass Verluste ggf. nicht sofort verrechenbar sind.

1.6 Versteuerung stiller Reserven bei Entnahmen

Wird ein Wirtschaftsgut aus dem Gesamthandsvermögen einer Personengesellschaft mit Zustimmung aller Gesellschafter derart entnommen, dass es in das Eigentum nur eines Gesellschafters gelangt, tritt bzgl. der stillen Reserven, vorbehaltlich des § 6 Abs. 5 EStG, eine Gewinnrealisierung grds. ein (zu Details zur Abgrenzung von „Entnahme" und „tauschähnlichem Vorgang" sowie zu § 6 Abs. 5 EStG siehe Tz. 1.5). Der Gewinn ist grds., d. h. vorbehaltlich abweichender gesellschaftsvertraglicher Regelungen, allen Gesellschaftern entsprechend der Beteiligungsquote zuzurechnen.

1.7 Gewinnermittlung und -verteilung

1.7.1 Zivilrechtliche Gewinnverteilung

1.7.1.1 Gesetzliche Gewinnverteilung

Die gesetzliche Gewinnverteilung ergibt sich aus § 709 Abs. 3 BGB (für die OHG i. V. mit § 121 HGB, für die KG zusätzlich i. V. mit § 161 Abs. 2 HGB). Danach richtet sich die Gewinnverteilung nach dem vereinbarten Beteiligungsverhältnis. Ist ein solches nicht vereinbart, ist der vereinbarte Wert der Gesellschafterbeiträge maßgebend. Sind auch diese nicht vereinbart, erfolgt die Gewinn- und Verlustverteilung nach Köpfen.

1.7.1.2 Vertragliche Gewinnverteilung

Der Ausschluss der gesetzlichen Verteilung durch besondere vertragliche Vereinbarungen ist zulässig (§ 708 BGB und § 108 HGB).

1.7.2 Steuerrechtliche Gewinnverteilung

Die zivilrechtlichen Vereinbarungen sind grds. auch für die steuerrechtliche Gewinnverteilung zugrunde zu legen. Darüber hinaus ist steuerrechtlich aber § 15 Abs. 1 Satz 1 Nr. 2 Satz 1 Halbsatz 2 EStG zu beachten (Vergütungen der Gesellschaft an den Gesellschafter für Tätigkeiten des Gesellschafters im Dienst der Gesellschaft u. a). Arbeitgeberanteile zur Sozialversicherung eines Mitunternehmers, der sozialversicherungsrechtlich als Arbeitnehmer angesehen wird, gehören – unabhängig davon, ob sie dem Mitunternehmer zufließen – zu den Vergütungen, die er von der Gesellschaft für seine Tätigkeit im Dienst der Gesellschaft bezogen hat (BFH, Urteil v. 30.8.2007 - IV R 14/06, BStBl 2007 II S. 942). Unangemessene Gewinnverteilungsabreden unter nahen Angehörigen werden steuerrechtlich ebenfalls nicht anerkannt (vgl. R 15.9 EStR). Gleiches gilt für unangemessene Gewinnverteilungsabreden unter Kapitalgesellschaften und ihren Anteilseignern bzw. diesen nahestehenden Personen. Veruntreut ein Mitunternehmer der Gesellschaft zustehende Einnahmen, so handelt es sich bei ihm um Sonderbetriebseinnahmen.

Der untreue Mitunternehmer kann in seiner Sonderbilanz keine Rückstellung wegen der zu erwartenden Inanspruchnahme durch die Gesellschaft oder die geschädigten Gesellschafter bilden, solange die geschädigten Gesellschafter keine Kenntnis von der Veruntreuung haben. Andererseits ist der Ersatzanspruch nicht zu aktivieren, wenn er nicht unbestritten oder nicht werthaltig ist oder die Gesellschaft auf den Anspruch verzichtet (BFH, Urteil v. 22.6.2006 - IV R 56/04, BStBl 2006 II S. 838).

Bei **doppelstöckigen Personengesellschaften** sind die Gesellschafter der Obergesellschaft auch Mitunternehmer der Untergesellschaft. Bei Zwischenschaltung einer Personengesellschaft (Obergesellschaft) sind die von der Untergesellschaft an die Gesellschafter der Obergesellschaft (Obergesellschafter) gezahlten Vergütungen i. S. des § 15 Abs. 1 Satz 1 Nr. 2 Satz 1 Halbsatz 2 EStG somit Sonderbetriebseinnahmen der Obergesellschafter bei der Untergesellschaft. Außerdem sind die Wirtschaftsgüter, die vom Obergesellschafter der Untergesellschaft zur Nutzung überlassen werden, Sonderbetriebsvermögen des Obergesellschafters bei der Untergesellschaft (R 15.8 Abs. 2 EStR). Die Sondervergütungen, die ein mittelbar über eine Obergesellschaft beteiligter Gesellschafter von der Untergesellschaft erhält, werden bei der Gewinnermittlung der Untergesellschaft erfasst (BFH, Urteil v. 12.2.2014 - IV R 22/10, BStBl 2014 II S. 621).

Muster für steuerrechtliche Gewinnermittlung und -verteilung:

		A (60 %)	B (20 %)	C (20 %)	Gesamt
Gewinn lt. Handelsbilanz	300.000 €				
- Vorweggewinn	30.000 €	30.000 €			30.000 €
Restgewinn nach Quote →	270.000 €	+ 162.000 €	54.000 €	54.000 €	+ 270.000 €
Handelsrechtlicher Gewinnanteil (maßgebend für die Buchung auf Kapitalkonten, ggf. Fremdkapital und korrespondierend Sonderbetriebsvermögen)		192.000 €	54.000 €	54.000 €	300.000 €
ggf. Verteilung der Differenz von Handels-/steuerliche Gesamthandsbilanz		+ 16.200 €	+ 5.400 €	+ 5.400 €	+27.000€
Ergänzungsbilanzergebnisse				- 11.000 €	- 11.000 €
Außerbilanzielle Zurechnungen Gesamthandsbilanz (und Ergänzungsbilanz)		+ 5.400 €	+ 1.800 €	+ 1.800 €	+ 9.000 €
Außerbilanzielle Kürzungen Gesamthandsbilanz (und Ergänzungsbilanz)		- 3.600 €	- 1.200 €	- 1.200 €	- 6.000 €
Ergebnis gem. § 15 Abs. 1 Satz 1 Nr. 2 Satz 1 Halbsatz 1 EStG		210.000 €	60.000 €	49.000 €	319.000 €
Sonderbilanzergebnisse:					
Außerbilanzielle Zu-/Abrechnung Sonderbereich		+ 18.000 €	+ 8.000 €	- 4.000 €	+ 22.000 €
Ergebnis gem. § 15 Abs. 1 Satz 1 Nr. 2 EStG		228.000 €	68.000 €	45.000 €	341.000 €

Das Gesamtergebnis gem. § 15 Abs. 1 Satz 1 Nr. 2 EStG (hier 341.000 €) bildet zugleich den Gewinn aus Gewerbebetrieb der Mitunternehmerschaft i. S. des § 7 GewStG.

HINWEIS

Beachte im internationalen Kontext: Aufwendungen eines Gesellschafters einer Personengesellschaft dürfen nicht als Sonderbetriebsausgaben abgezogen werden, soweit diese Aufwendungen auch die Steuerbemessungsgrundlage in einem anderen Staat mindern. Das gilt nicht, soweit diese Aufwendungen Erträge desselben Steuerpflichtigen mindern, die bei ihm sowohl der inländischen Besteuerung als auch nachweislich der tatsächlichen Besteuerung in dem anderen Staat unterliegen (§ 4i EStG).

Buchhalterische Behandlung

Ein von der Mitunternehmerschaft erzielter Steuerbilanzgewinn erhöht demnach in einem ersten Schritt stets das steuerliche Eigenkapital und damit die Kapitalanteile der Mitunternehmer entsprechend dem ihnen zuzurechnenden Anteil am Steuerbilanzgewinn. Ist der Gewinnanteil des Mitunternehmers vollständig oder teilweise auf einem als Fremdkapital einzustufenden Gesellschafterkonto zu erfassen (vgl. zur steuerlichen Einordnung von Kapitalkonten der Gesellschafter BMF, Schreiben v. 30.5.1997, BStBl 1997 I S. 627), ist insoweit in einem zweiten Schritt eine Entnahme zu berücksichtigen, die dann zu einer Minderung seines Kapitalanteils führt. Im Sonderbereich des jeweiligen Mitunternehmers ist in diesem Fall korrespondierend eine Forderung als Einlage zu erfassen.

1.7.3 Personengesellschaften und Umsatzsteuer

Unentgeltliche Wertabgaben

Unentgeltliche Leistungen der Gesellschaft an den Gesellschafter sind entgeltlichen Leistungen gleichgestellt (unentgeltliche Wertabgaben gem. § 3 Abs. 1b und 9a UStG). Die Bemessungsgrundlage für unentgeltliche Wertabgaben ist umsatzsteuerrechtlich gesondert geregelt (§ 10 Abs. 4 Satz 1 UStG). Die ertragsteuerlichen Vorschriften zur Bewertung von Entnahmen gelten nicht. Sie sind auch nicht als „Schätzungshilfen" anwendbar.

Behandlung von Geschäftsführungs- und Vertretungsleistungen

Geschäftsführungs- und Vertretungsleistungen der Gesellschafter an die Personengesellschaft sind umsatzsteuerpflichtig, wenn sie gegen Sonderentgelt erfolgen (BFH, Urteil v. 6.6.2002 - V R 43/01, BStBl 2003 II S. 36). Indiz dafür ist die Behandlung als Aufwand im Rahmen der handelsrechtlichen Ergebnisermittlung. Lediglich ein (unspezifisches) Gewinnvorab, das im Rahmen der handelsrechtlichen Ergebnisverwendung aus dem Bilanzgewinn verteilt wird, ist kein Sonderentgelt. Die Regelung ist für jene Gesellschaften von Bedeutung, die Umsätze bewirken, die nicht zum Vorsteuerabzug berechtigen. Andererseits berechtigt die Umsatzsteuerpflicht den leistenden Gesellschafter zum Vorsteuerabzug. Zu weiteren Einzelheiten vgl. BMF, Schreiben v. 31.5.2007, BStBl 2007 I S. 503, und Abschnitt 1.6 und 2.2 UStAE.

FALL 184

Gewinnverteilung (Verträge zwischen Gesellschaft und Gesellschafter)

Sachverhalt: Bei einer OHG sind A, B und C zu je 1/3 am Gewinn und Vermögen beteiligt. Der Handelsbilanzgewinn der OHG beträgt 210.000 €. Eine Kapitalverzinsung ist nicht vorgesehen.

A hat sich aufgrund eines Anstellungsvertrags gegenüber der OHG verpflichtet, die Geschäfte der Gesellschaft gegen ein monatliches „Gehalt" i. H. von 4.000 € zzgl. Umsatzsteuer zu führen. Die OHG behandelte die 4.000 € jeweils als Aufwand. Die Vergütung wurde auf ein Privatkonto von A überwiesen, von wo aus auch die Umsatzsteuer an das Finanzamt abgeführt wurde. Hierfür wurde im Sonderbereich jeweils gebucht:

Entnahmen	4.760 €	an	Gehaltserträge	4.000 €
		an	Umsatzsteuer	760 €

Bei Zahlung der Umsatzsteuer an das Finanzamt wurde im Sonderbereich gebucht:

Umsatzsteuer	760 €	an	Einlagen	760 €

B hat der OHG vor zwei Jahren ein Darlehen über 50.000 € zu einem Zinssatz i. H. von 8 % gegeben, das nach fünf Jahren rückzahlbar ist; die Zinsen werden halbjährlich gezahlt, und zwar jeweils am 1.3. und 1.9.

C ist Kfz-Einzelhändler. Er hat einen Lieferwagen für 30.000 € zzgl. Umsatzsteuer an die OHG verkauft. Außerdem hat er für die Wartung und Pflege dieses Fahrzeugs 1.000 € zzgl. Umsatzsteuer von der OHG erhalten. Eigene Aufwendungen sind C im Zusammenhang mit der Wartung und Pflege nicht entstanden.

AUFGABE

Welche Gewinnanteile ergeben sich für die Gesellschafter?

LITERATURHINWEIS

Dortmann/Mann, Lehrbuch Buchführung und Bilanzsteuerrecht, 14. Aufl. 2026, Teil C, Kapitel 5, Tz. 5.4.

LÖSUNG

Die OHG unterliegt selbständig nicht der Einkommensteuer. Vielmehr wird der von der OHG erzielte Gewinn auf die Gesellschafter aufgeteilt. Dies geschieht im Wege der gesonderten und einheitlichen Gewinnfeststellung i. S. der §§ 179 und 180 AO. Was auf den einzelnen Gesellschafter als Gewinn entfällt, versteuert dieser im Rahmen seiner Einkommensteuerveranlagung. Bei der gesonderten Gewinnfeststellung ist § 15 Abs. 1 Satz 1 Nr. 2 Satz 1 Halbsatz 2 EStG zu beachten.

Gemäß § 15 Abs. 1 Satz 1 Nr. 2 Satz 1 Halbsatz 2 EStG sind Vergütungen, die der Gesellschafter von der Gesellschaft für seine Tätigkeit im Dienst der Gesellschaft erhält, Einkünfte aus Gewerbebetrieb. Bei der Gehaltszahlung an A handelt es sich folglich um gewerbliche Einkünfte des Gesellschafters.

Die gleiche Behandlung gilt für die Zinszahlungen an B. In der Gesamthandsbilanz liegt in beiden Fällen Aufwand vor, der den Gewinn zu Recht gemindert hat, denn zivilrechtlich werden Verträge zwischen Gesellschaft und Gesellschafter anerkannt.

Eine andere Beurteilung greift für den Kaufvertrag zwischen der OHG und C. Es handelt sich um ein Veräußerungsgeschäft (und nicht um eine Einlage) des Gesellschafters und einen Anschaffungsvorgang der Gesellschaft (und nicht um eine Geldentnahme des Gesellschafters), die ihre Aufwendungen für den Lieferwagen aktivieren muss. § 15 Abs. 1 Satz 1 Nr. 2 Satz 1 Halbsatz 2 EStG findet keine Anwendung, denn diese Vorschrift spricht von der Überlassung, nicht aber von der Veräußerung von Wirtschaftsgütern. Bei der Übernahme der Wartung und Pflege des Lieferwagens durch C liegt eine entgeltliche Dienstleistung des Gesellschafters an die Gesellschaft vor, für die § 15 Abs. 1 Satz 1 Nr. 2 Satz 1 Halbsatz 2 EStG gilt (BMF, Schreiben v. 10.12.1979, BStBl 1979 I S. 683).

Es ergeben sich folgende Gewinnanteile:

	A	B	C	Summe
Handelsbilanzgewinn	70.000 €	70.000 €	70.000 €	210.000 €
Gehalt (Sonderbetriebseinnahme)	+ 48.000 €			+ 48.000 €
Zinsen (Sonderbetriebseinnahme)		+ 4.000 €		+ 4.000 €
Für Wagenpflege (Sonderbetriebseinnahme)			+ 1.000 €	+ 1.000 €
Steuerlicher Gewinn	118.000 €	74.000 €	71.000 €	263.000 €

FALL 185

Gewinnverteilung (Kapitalverzinsung, Beratungsvertrag, Werkvertrag)

Sachverhalt: Am Gewinn und Vermögen einer KG sind beteiligt:

- Komplementär A zu 60 %;
- Kommanditist B zu 20 % und
- Kommanditist C zu 20 %.

Die Gewinnverteilungsabrede sieht eine 4 %ige Verzinsung des Kapitals vor. Der Handelsbilanzgewinn der KG beträgt 180.000 € im Wirtschaftsjahr 01. Im selben Wirtschaftsjahr ergaben sich folgende Geschäftsvorfälle:

1. Aufgrund eines Anstellungsvertrags erhält A für seine Tätigkeit als Geschäftsführer der KG eine monatliche Vergütung i. H. von 3.000 € zzgl. Umsatzsteuer, die von der KG jeweils als Aufwand behandelt wurde.
2. B ist Steuerberater. Er hat für die steuerliche Beratung der KG 5.000 € zzgl. Umsatzsteuer erhalten, die er sofort privat verbraucht hat. Eigene Aufwendungen sind B im Zusammenhang mit der Beratung nicht entstanden. Der Betrag i. H. von 5.000 € wurde von der KG als Aufwand behandelt und die Umsatzsteuer i. H. von 950 € als Vorsteuer geltend gemacht.

3. C ist Bauunternehmer. Im Rahmen eines Werkvertrags hat er für die KG im Jahr 01 ein Betriebsgebäude erstellt und ihr hierüber am 12.11.01 nach Fertigstellung und Bauabnahme eine Rechnung über 200.000 € zzgl. Umsatzsteuer erteilt (Herstellungskosten 150.000 €, Selbstkosten 170.000 €), die die KG sofort bezahlt hat. Die KG behandelte die 200.000 € als Herstellungskosten für das Gebäude und den Rest als Vorsteuer.

Entwicklung des Kapitals lt. Handelsbilanz bis zum Abschlusszeitpunkt:

	A	B	C	Summe
Stand zum 31.12.00	300.000 €	100.000 €	100.000 €	500.000 €
Barentnahme am 1.4.01	- 50.000 €	0 €	0 €	- 50.000 €
Bareinlage am 1.10.01	0 €	0 €	+ 20.000 €	+ 20.000 €
Vorläufiger Stand zum 31.12.01	250.000 €	100.000 €	120.000 €	470.000 €

AUFGABE

Welche Gewinnanteile für das Jahr 01 und welche Kapitalkonten lt. Handelsbilanz per 31.12.01 ergeben sich für die Mitunternehmer?

LITERATURHINWEIS

Dortmann/Mann, Lehrbuch Buchführung und Bilanzsteuerrecht, 14. Aufl. 2026, Teil C, Kapitel 1, Tz. 1.4.5.

LÖSUNG

Bei der Verzinsung des Kapitals sind die Entnahmen und Einlagen im Laufe des Wirtschaftsjahres zeitanteilig zu berücksichtigen, soweit der Gesellschaftsvertrag nichts anderes bestimmt.

Zinsanteil A:	4 % von 300.000 €, für drei Monate =	3.000 €
	4 % von 250.000 €, für neun Monate =	+ 7.500 €
		10.500 €
Zinsanteil B:	4 % von 100.000 €, für zwölf Monate =	4.000 €
Zinsanteil C:	4 % von 100.000 €, für neun Monate =	3.000 €
	4 % von 120.000 €, für drei Monate =	+ 1.200 €
		4.200 €

Der Restgewinn ist entsprechend dem Gewinnverteilungsschlüssel aufzuteilen:

- A: 60 % von 161.300 € = 96.780 €;
- B: 20 % von 161.300 € = 32.260 € und
- C: 20 % von 161.300 € = 32.260 €.

Rechtsgrundlage für die Beurteilung des Beratungsvertrags mit B ist § 15 Abs. 1 Satz 1 Nr. 2 Satz 1 Halbsatz 2 EStG. B erhielt die Vergütung „für seine Tätigkeit im Dienst der Gesellschaft“. Der Betrag i. H. von 5.000 € gehört zu seinen Einkünften aus Gewerbebetrieb. Die von B noch nicht entrichtete Umsatzsteuer (die für die KG Vorsteuer ist) ist bis zur Bezahlung eine in der Sonderbilanz von B auszuweisende Verbindlichkeit.

Bei dem Werkvertrag zur Errichtung eines Gebäudes für die KG ist Gegenstand des Vertrags nicht eine Arbeits- oder Dienstleistung, sondern die Herstellung eines Werks. Hierfür gilt § 15 Abs. 1 Satz 1 Nr. 2 Satz 1 Halbsatz 2 EStG nicht. Dieser Vertrag ist zivilrechtlich und bilanzsteuerlich wie ein Vertrag zwischen einem Nichtgesellschafter und der KG zu beurteilen.

Gewinnverteilung:

	A	B	C	Summe
Kapitalverzinsung	10.500 €	4.000 €	4.200 €	18.700 €
Rest des Handelsbilanzgewinns	+ 96.780 €	+ 32.260 €	+ 32.260 €	+ 161.300 €
Vergütung (Sonderbetriebseinnahme)	+ 36.000 €	+ 5.000 €		+ 41.000 €
	143.280 €	41.260 €	36.460 €	221.000 €

Die Kapitalkonten lt. Handelsbilanz entwickeln sich wie folgt:

	A	B	C	Summe
Vorläufiger Stand zum 31.12.01	250.000 €	100.000 €	120.000 €	470.000 €
Gewinn	+ 107.280 €	+ 36.260 €	+ 36.460 €	+ 180.000 €
	357.280 €	136.260 €	156.460 €	650.000 €

FALL 186

Kaufvertrag zwischen Gesellschaft und Gesellschafter

Sachverhalt: A, B und C sind zu je 1/3 an einer OHG beteiligt. Zum Privatvermögen von A gehören Aktien, die A an die OHG veräußert. Der vereinbarte Kaufpreis, der dem Teilwert entspricht, beträgt 21.000 €. Noch am selben Tag überweist die OHG den vereinbarten Kaufpreis auf ein Privatkonto von A. A hatte die Aktien für 18.000 € erworben.

AUFGABE

Wie ist die Veräußerung an die OHG einkommensteuerlich zu beurteilen?

LÖSUNG

Bei der Übertragung eines zum **Privatvermögen** eines Gesellschafters gehörenden Wirtschaftsguts auf die Personengesellschaft liegt ein einheitliches Veräußerungsgeschäft (beim Gesellschafter) und im Ganzen ein entgeltlicher Erwerb (bei der Personengesellschaft) vor (BMF, Schreiben v. 29.3.2000, BStBl 2000 I S. 462).

Die OHG hat somit von Anschaffungskosten i. H. von 21.000 € auszugehen. A erzielt Einnahmen aus Kapitalvermögen i. H. von 3.000 € gem. § 20 Abs. 2 EStG.

FALL 187

Grundstücksübertragung an Mitunternehmer und § 6b EStG-Rücklage

Sachverhalt: Zum Gesamthandsvermögen einer vor 20 Jahren gegründeten KG gehört seit 15 Jahren ein unbebautes Grundstück, dessen Buchwert am 31.12.00 60.000 € beträgt. Der an dieser KG seit der Gründung mit $^1/_3$ beteiligte Kommanditist D erwarb lt. notariell beurkundetem Kaufvertrag v. 1.7.01 das Grundstück mit Wirkung v. 1.8.01 zum angemessenen Preis i. H. von 180.000 €. D bezahlte am 1.8.01 den Kaufpreis sowie die Grunderwerbsteuer (5 %) und die Nebenkosten des Erwerbs i. H. von zusammen 7.000 € (inklusive Grunderwerbsteuer) aus privaten Mitteln. Auch nach dem Verkauf nutzt die KG das Grundstück unverändert für ihren Betrieb, nunmehr allerdings gegen Zahlung einer monatlichen Miete i. H. von 700 € an D.

AUFGABEN

1. Welche grunderwerbsteuerlichen, ertragsteuerlichen und bilanzsteuerrechtlichen Konsequenzen ergeben sich für die KG und D aus der Grundstücksveräußerung?
2. Inwieweit ist § 6b EStG anwendbar?

LITERATURHINWEIS

Dortmann/Mann, Lehrbuch Buchführung und Bilanzsteuerrecht, 14. Aufl. 2026, Teil C, Kapitel 7, Tz. 7.3.

LÖSUNG

Zu 1

Der Grundstücksumsatz ist umsatzsteuerfrei (§ 4 Nr. 9 Buchst. a UStG); er unterliegt jedoch der Grunderwerbsteuer (§ 1 Abs. 1 Nr. 1 GrEStG). Beim Übergang eines Grundstücks von einer Gesamthand (rechtsfähige Personengesellschaft gilt gem. § 24 GrEStG als Gesamthand) an eine Person, die an der Gesamthand beteiligt ist, wird die Grunderwerbsteuer allerdings i. H. des Anteils, zu dem der Erwerber am Vermögen der Gesamthand beteiligt ist (§ 6 Abs. 2 GrEStG), nicht erhoben. Die Grunderwerbsteuer bemisst sich nach dem Wert der Gegenleistung (§ 8 Abs. 1 GrEStG), das ist hier der Kaufpreis (§ 9 Abs. 1 Nr. 1 GrEStG); der Steuersatz beträgt lt. Sachverhalt 5 % der Bemessungsgrundlage:

► $^2/_3$ von 180.000 € =	120.000 €
► 5 % von 120.000 € =	6.000 €

Die Grunderwerbsteuerschuld beträgt 6.000 €.

Da die Grundstücksübertragung zu Bedingungen erfolgt, die der Veräußerung an einen fremden Dritten entsprechen würden, liegt bei der KG in vollem Umfang eine Veräußerung mit entsprechender Gewinnrealisierung (hier 120.000 €) vor und beim erwerbenden Kommanditisten D in vollem Umfang eine Anschaffung (hier: Anschaffungskosten 187.000 €). Da das Grundstück der KG nach wie vor dient, ist insofern Sonderbetriebsvermögen des Kommanditisten D gegeben; es wird zweckmäßigerweise in einer Sonderbilanz für D ausgewiesen, die zum 1.8.01 folgendes Bild haben könnte:

Aktiva	**Sonderbilanz für D zum 1.8.01**		**Passiva**
Grund und Boden	187.000 €	Kapital	187.000 €

Zu 2

Für die aufgedeckten stillen Reserven kann die KG zum 31.12.01 eine steuerfreie Rücklage i. S. des § 6b EStG bilden (für die anderen Gesellschafter als D nur, soweit diese auch bereits seit mindestens sechs Jahren beteiligt sind, da für sie andernfalls die Sechs-Jahres-Frist i. S. des § 6b Abs. 4 Satz 1 Nr. 2 EStG individuell gesellschafterbezogen nicht erfüllt ist). Für den Erwerb von Reinvestitionsgütern hat die KG bis zum 31.12.05 Zeit, bei neu hergestellten Gebäuden, mit deren Herstellung bis zum 31.12.05 begonnen wird, bis zum 31.12.07 (§ 6b Abs. 3 EStG). Da D mit $^1/_3$ an der KG beteiligt ist, entfällt auf ihn im Rahmen der Gewinnverteilung für das Jahr 01 ein Anteil am Ertrag aus der Grundstücksveräußerung i. H. von 40.000 € (= $^1/_3$ von 120.000 €). Zur Vermeidung der sofortigen Versteuerung könnte D wie die übrigen Gesellschafter die Anschaffung von Reinvestitionsgütern durch die KG abwarten. Er könnte jedoch diesen anteiligen Gewinn i. H. von 40.000 € auch von den Anschaffungskosten des Grundstücks, das er aus dem Gesamthandsvermögen der KG in sein Sonderbetriebsvermögen erworben hat, absetzen (R 6b.2 Abs. 7 Nr. 2 EStR). Dass insofern das veräußerte Wirtschaftsgut mit dem Reinvestitionsgut identisch ist, schadet nicht. In diesem Fall müsste das Grundstück in der Sonderbilanz statt mit 187.000 € mit 147.000 € ausgewiesen werden.

FALL 188

Grundstücksübertragung an Mitunternehmer gegen Minderung der Gesellschaftsrechte

Sachverhalt: Wie Fall 187, jedoch gehörte das Grundstück erst seit vier Jahren zum Betriebsvermögen der KG. Es ist vereinbart, dass D eine entsprechende Minderung seines Gesellschaftsrechte vermittelnden Kapitalkontos hinnehmen soll. Mitgesellschafter sind A und B zu je $^1/_3$.

AUFGABE

Wie ist bilanzsteuerrechtlich vorzugehen?

LÖSUNG

Da D mit $^1/_3$ an der KG beteiligt ist, entfällt auf ihn ein Anteil i. H. von 40.000 € an den stillen Reserven des Grundstücks.

Buchwert	60.000 €
Teilwert	180.000 €
Stille Reserven	120.000 €
Anteil D ($^1/_3$)	40.000 €
Anteil übrige Gesellschafter ($^2/_3$)	80.000 €

§ 6 Abs. 5 Satz 3 Nr. 2 EStG bestimmt für diese Fälle, dass die Übertragung zum Buchwert stattzufinden hat, denn hier wechselt ein Wirtschaftsgut des Gesamthandvermögens in das Sonderbetriebsvermögen eines Gesellschafters bei derselben Mitunternehmerschaft **gegen Minderung der Gesellschaftsrechte.** Um den übrigen Gesellschaftern die stillen Reserven zu sichern und andererseits die Buchwertfortführung vorzunehmen, ist wie folgt vorzugehen:

Das Wirtschaftsgut verlässt das Gesamthandsvermögen mit seinem Buchwert.

Buchung:

Kapitalkonto D	60.000 €	an	Grund und Boden	60.000 €

Hierdurch mindert sich das Kapitalkonto von D um 60.000 €. Die Kapitalkonten von A und B bleiben unverändert. In der Sonderbilanz für D wird das Grundstück mit dem Buchwert erfasst: 60.000 €. Die Sperrfristen gem. § 6 Abs. 5 Satz 4 und 6 EStG sind zu beachten.

Aktiva	**Sonderbilanz für D**		**Passiva**
Grund und Boden	60.000 €	Kapital	60.000 €

FALL 189

Gründung einer KG (Sonderbetriebsvermögen des Kommanditisten)

Sachverhalt: A und B gründen zum 1.1.04 eine KG. A ist Komplementär und gem. dem Gesellschaftsvertrag zu $^2/_3$ am Gewinn und Vermögen der KG beteiligt. B ist Kommanditist und gem. dem Gesellschaftsvertrag zu $^1/_3$ am Gewinn und Vermögen der KG beteiligt.

A leistet am 1.1.04 als Einlage:

1. Bareinzahlung i. H. von 103.000 € auf das Bankkonto der KG.
2. Gebrauchte Büromöbel (privat angeschafft am 3.11.00), Teilwert/gemeiner Wert 5.000 €, Restnutzungsdauer fünf Jahre.

B leistet am 1.1.04 als Einlage:

1. Bareinzahlung i. H. von 51.000 € auf das Bankkonto der KG.
2. Pkw (privat angeschafft am 1.2.00), Teilwert/gemeiner Wert 3.000 €, Restnutzungsdauer zwei Jahre.

Außerdem vermietet B sein unbebautes Grundstück umsatzsteuerfrei für jährlich 5.000 € an die KG. Die KG benötigt das Grundstück zunächst als Abstellplatz. B hat das Grundstück vor fünf Jahren für 50.000 € erworben. Der Teilwert beträgt am 1.1.04 60.000 €.

AUFGABE

Welche Bilanzen sind per 1.1.04 zu erstellen?

LITERATURHINWEIS

Dortmann/Mann, Lehrbuch Buchführung und Bilanzsteuerrecht, 14. Aufl. 2026, Teil C, Kapitel 3.

LÖSUNG

Aktiva	Eröffnungsbilanz der KG zum 1.1.04		Passiva
Fuhrpark	3.000 €	Kapital A	108.000 €
Geschäftsausstattung	5.000 €	Kapital B	54.000 €
Bank	154.000 €		
	162.000 €		162.000 €

Aktiva	Sonderbilanz für B zum 1.1.04		Passiva
Grund und Boden	60.000 €	Kapital	60.000 €

In der Gesamthandsbilanz der KG dürfen nur Wirtschaftsgüter erscheinen, die der KG gehören. Wirtschaftsgüter, die einem Mitunternehmer gehören, aber der Gesellschaft dienen, gehören zum Sonderbetriebsvermögen (R 4.2 Abs. 2 und 12 EStR). Deshalb müssen sie in der Sonderbilanz ausgewiesen werden.

Da die zur Erbringung der gesellschaftsvertraglichen Einlage in das Gesamthandvermögen der KG übertragenen Wirtschaftsgüter gegen Gewährung von Gesellschaftsrechten übertragen wurden, hat die KG insoweit Anschaffungskosten i. H. des gemeinen Werts anzusetzen, denn der Vorgang ist als Anschaffung durch die KG zu beurteilen (tauschähnlicher Vorgang). Der Grund und Boden wird im Wege der Einlage Sonderbetriebsvermögen von B; die Einlage ist mit dem Teilwert zu bewerten (§ 6 Abs. 1 Nr. 5 EStG).

FALL 190

KG (Geschäftsvorfälle, Gewinnverteilung, Abschluss der Buchführung)

Sachverhalt: Fortführung des Falls 189. Vom 1.1.04 bis zum 31.12.04 ergaben sich folgende Geschäftsvorfälle (zusammengefasst):

1. Wareneinkauf auf Ziel über 70.000 € zzgl. 13.300 € Umsatzsteuer.
2. Warenverkauf auf Ziel über 100.000 € zzgl. 19.000 € Umsatzsteuer.
3. Barverkauf von Ware für 20.000 € zzgl. 3.800 € Umsatzsteuer.
4. Barzahlung sofort abziehbarer Betriebsausgaben über 20.000 € zzgl. 3.800 € Umsatzsteuer.
5. Entnahme des Gesellschafters A über 30.000 € vom Bankkonto der KG.

6. Banküberweisung der Miete i. H. von 5.000 € an Gesellschafter B.

   B führt den Betrag sofort seinem Privatvermögen zu.

7. Von B privat bezahlte Grundstücksaufwendungen i. H. von 3.000 € zzgl. 150 € Umsatzsteuer für sein an die KG vermietetes Grundstück.

Die Gewinnverteilungsvereinbarung sieht eine Verzinsung des Kapitals nicht vor. Ein Warenbestand ist zum 31.12.04 nicht vorhanden. Buch- und Inventurwerte stimmen überein.

AUFGABEN

Der Abschluss ist zu erstellen (Handels- und Sonderbilanz). Die steuerliche Gewinnverteilung ist gesondert darzustellen.

LÖSUNG

Für die Buchführung der KG lauten die Buchungssätze:

1.	Wareneinkauf	70.000 €			
	Umsatzsteuer	13.300 €	an	Verbindlichkeiten	83.300 €
2.	Forderungen	119.000 €	an	Warenverkauf	100.000 €
			an	Umsatzsteuer	19.000 €
3.	Kasse	23.800 €	an	Warenverkauf	20.000 €
			an	Umsatzsteuer	3.800 €
4.	Sonstige Aufwendungen	20.000 €			
	Umsatzsteuer	3.800 €	an	Kasse	23.800 €
5.	Kapitalkonto A	30.000 €	an	Bank	30.000 €
6.	Mietaufwand	5.000 €	an	Bank	5.000 €

Vorbereitende Abschlussbuchungen:

1.	AfA	1.500 €	an	Fuhrpark	1.500 €
2.	AfA	1.000 €	an	Geschäftsausstattung	1.000 €

Es ergibt sich folgender Abschluss für die KG:

Soll	Gewinn- und Verlustkonto		Haben
Wareneinkauf	70.000 €	Warenverkauf	120.000 €
Sonstige Aufwendungen	20.000 €		
Mietaufwand	5.000 €		
AfA	2.500 €		
Kapital	22.500 €		
	120.000 €		120.000 €

Aktiva	Schlussbilanz zum 31.12.04		Passiva
Fuhrpark	1.500 €	Kapital A	93.000 €
Geschäftsausstattung	4.000 €	Kapital B	61.500 €
Forderungen	119.000 €	Verbindlichkeiten	83.300 €
Bank	119.000 €	Umsatzsteuer	5.700 €
	243.500 €		243.500 €

Für die Sonderbuchführung von B lauten die Buchungssätze:

6.	Geschäftsvorfall:	Privatkonto	5.000 €	an	Mieterträge	5.000 €
7.	Geschäftsvorfall:	Grundstücksaufwand	3.150 €	an	Privatkonto	3.150 €

Aktiva	Sonderbilanz für B zum 31.12.04		Passiva
Grund und Boden	60.000 €	Kapital	60.000 €

Soll	Sonder-GuV für B im Jahr 04		Haben
Grundstücksaufwand	3.150 €	Mieterträge	5.000 €
Kapital	1.850 €		
	5.000 €		5.000 €

Die steuerliche Gewinnermittlung und -verteilung stellt sich wie folgt dar:

	A	B	Summe
Gewinn lt. Gesamthandsbilanz	15.000 €	7.500 €	22.500 €
Gewinn lt. Sonder-GuV für B		+ 1.850 €	+ 1.850 €
	15.000 €	9.350 €	24.350 €

Ein Gewerbesteueraufwand ergab sich aufgrund des Freibetrags i. H. von 24.500 € nicht (§ 11 Abs. 1 Satz 3 Nr. 1 GewStG).

FALL 191

Übertragung der § 6b EStG-Rücklagen

Sachverhalt: Eine OHG hat folgende Steuerbilanz erstellt:

Aktiva	OHG-Bilanz		Passiva
Besitzposten	900.000 €	Kapital A (1/2)	300.000 €
		Kapital B (1/2)	300.000 €
		§ 6b EStG-Rücklage	300.000 €
	900.000 €		900.000 €

Die § 6b EStG-Rücklage stammt aus dem Verkauf eines unbebauten Grundstücks. A erwirbt Sonderbetriebsvermögen (Gebäude) im Wert i. H. von 400.000 €. Die OHG erwirbt ein unbebautes Grundstück im Wert i. H. von 500.000 €.

Abwandlung: Die § 6b EStG-Rücklage stammt aus der Veräußerung von Aktien.

AUFGABEN

Welche Übertragungsmöglichkeiten bestehen für die § 6b EStG-Rücklage? Wie ist buchungstechnisch vorzugehen?

LÖSUNG

Variante I

Die § 6b EStG-Rücklage wird im Gesamthandsvermögen „verbraucht".

Buchungen bei der OHG:

Abschreibungen	300.000 €	an	Grund und Boden	300.000 €
§ 6b EStG-Rücklage	300.000 €	an	Sonstige betriebliche Erträge	300.000 €

Variante II

A überträgt seinen Anteil an der Rücklage auf die Gebäudeanschaffung im Sonderbetriebsvermögen. Dabei muss dann die anteilige § 6b EStG-Rücklage von B in einer Ergänzungsbilanz für B ausgewiesen werden, weil sie insoweit nicht mehr gesamthänderisch gebunden ist; anschließend kann B die Grundstücksanschaffung der OHG für die Übertragung nutzen.

OHG:

§ 6b EStG-Rücklage	300.000 €	an	Kapital A	150.000 €
		an	Kapital B	150.000 €

A (Sonderbetriebsvermögen):

Kapital	150.000 €	an	§ 6b EStG-Rücklage	150.000 €
Abschreibungen	150.000 €	an	Gebäude	150.000 €
§ 6b EStG-Rücklage	150.000 €	an	Sonstige betriebliche Erträge	150.000 €

B (Ergänzungsbilanz):

Kapital	150.000 €	an	§ 6b EStG-Rücklage	150.000 €
§ 6b EStG-Rücklage	150.000 €	an	Sonstige betriebliche Erträge	150.000 €
Abschreibungen	150.000 €	an	Grund und Boden	150.000 €

Ergebnisse für die OHG und B:

OHG-Bilanz
(nur partieller Ausweis des Grund und Bodens zur Veranschaulichung)

Aktiva		**Passiva**	
Grund und Boden	500.000 €		

Aktiva	Ergänzungsbilanz von B		Passiva
Kapital	150.000 €	Grund und Boden	150.000 €

Abwandlung

Eine Übertragung des Aktiengewinns auf den Grund und Boden ist nicht zulässig (§ 6b Abs. 10 EStG). A kann seinen Anteil an der Rücklage auf die Anschaffung im Sonderbetriebsvermögen übertragen (nur den steuerpflichtigen Teil). B müsste seinen Anteil an der Rücklage gewinnwirksam auflösen (spätestens im vierten Wirtschaftsjahr nach Bildung). Um die Zurechnung bei B sicherzustellen, ist für ihn eine Ergänzungsbilanz einzurichten.

OHG:

§ 6b EStG-Rücklage	300.000 €	an	Kapital A	150.000 €
		an	Kapital B	150.000 €

A (Sonderbetriebsvermögen):

Kapital	150.000 €	an	§ 6b EStG-Rücklage	150.000 €
Abschreibungen	90.000 €	an	Gebäude	90.000 €
§ 6b EStG-Rücklage	150.000 €	an	Sonstige betriebliche Erträge	150.000 €

Außerhalb der Buchführung sind 60.000 € abzuziehen (§ 3 Nr. 40 EStG).

B (Ergänzungsbilanz):

Kapital	150.000 €	an	§ 6b EStG-Rücklage	150.000 €
§ 6b EStG-Rücklage	150.000 €	an	Sonstige betriebliche Erträge (bei Fristablauf)	150.000 €

Außerhalb der Buchführung sind nach Fristablauf 60.000 € gem. § 3 Nr. 40 EStG abzuziehen. Außerdem sind gem. § 6b Abs. 10 Satz 9 EStG 21.600 € (= 90.000 € steuerpflichtiger Teil der Rücklage x 6 % x 4 Jahre) außerbilanziell hinzuzurechnen, da die Rücklage vier Jahre bestand und bei Fristablauf zwar aufgelöst, aber nicht auf ein anderes Wirtschaftsgut übertragen wird.

FALL 192

Familienpersonengesellschaften

Sachverhalt: Unter Gründung einer KG nimmt A ab dem 1.1.01 seine beiden zehn und zwölf Jahre alten Söhne als Kommanditisten in sein bis dahin bestehendes Einzelunternehmen auf. Der Vater verfolgt damit in erster Linie steuerliche Ziele, nämlich die Milderung der Einkommensteuer-Progressionsbelastung und das Vorziehen erbschaftsteuerlicher Tatbestände. Er räumt den Söhnen dabei schenkweise 50 % seines Betriebsvermögens ein, allerdings ohne den Vertrag über die Schenkung notariell beurkunden zu lassen. In der Eröffnungsbilanz der KG sind für die Kinder 50 % des Betriebsvermögens als Kapital ausgewiesen. Das Betriebsvermögen hatte am 1.1.01 einen Buchwert i. H. von 500.000 € und einen Teilwert i. H. von 1 Mio. €.

Bei Abschluss des Gesellschaftsvertrags im Rahmen der Gründung der KG wirkte für jedes Kind ein besonderer Ergänzungspfleger mit; anschließend wurde die familiengerichtliche Genehmigung des Gesellschaftsvertrags eingeholt und sodann die Handelsregistereintragung veranlasst.

Nach der Gewinnverteilungsabrede steht dem Vater für die allgemeine Geschäftsführung und Vertretung der Gesellschaft (§§ 164 und 170 HGB) und für die Haftung ein Gewinnvorab i. H. von jährlich 50.000 € zu; eine Umsatzsteuerpflicht besteht insoweit nicht. Am verbleibenden Gewinn sind die Söhne mit jeweils 25 % beteiligt, während auf den Vater 50 % entfallen. Im selben Umfang sind die Söhne an den stillen Reserven beteiligt.

Der nachhaltig zu erwartende jährliche Gewinn beträgt 250.000 €; er ergibt sich als jährlicher Durchschnittsgewinn der vor dem Vertragsabschluss liegenden fünf Jahre unter Einbeziehung der künftigen realen Gewinnchancen.

Im Wirtschaftsjahr 01 erwirtschaftete die KG einen Gewinn lt. Handelsbilanz i. H. von 290.000 € und im Wirtschaftsjahr 02 i. H. von 210.000 €.

AUFGABEN

Ist die KG als Mitunternehmerschaft steuerlich anzuerkennen und wie ist die Gewinnverteilungsabrede steuerlich zu beurteilen? Welche Gewinnanteile ergeben sich in den Jahren 01 und 02 handels- und steuerrechtlich im Einzelnen?

LÖSUNG

Der steuerlichen Anerkennung einer Personengesellschaft steht nicht entgegen, dass allein steuerliche Gesichtspunkte den Abschluss des Gesellschaftsvertrags veranlasst haben (BFH, Urteil v. 22.8.1951 - IV 246/50 S, BStBl 1951 III S. 181). Allerdings setzt die steuerliche Anerkennung einer solchen Gesellschaft voraus, dass klare und ernsthafte Vereinbarungen bestehen, die tatsächlich vollzogen werden (BFH, Urteile v. 13.6.1989 - VIII R 47/85, BStBl 1989 II S. 720, und v. 28.9.1995 - IV R 39/94, BStBl 1996 II S. 276). Ferner müssen die allgemeinen Kriterien der Mitunternehmerschaft vorliegen und allen Beteiligten volle Gesellschaftsrechte eingeräumt sein (H 15.9 Abs. 1 und 2 Allgemeines EStH). Das setzt u. a. voraus, dass die bürgerlich-rechtlichen Formvorschriften für die Einräumung einer Beteiligung beachtet werden. Diese bestimmen, dass Eltern, die ihren minderjährigen Kindern eine Beteiligung einräumen wollen, nicht berechtigt sind, in ihrer Eigenschaft als gesetzliche Vertreter ihrer Kinder mit sich selbst den Gesellschaftsvertrag abzuschließen (§ 181 BGB). Vielmehr bedarf es zum Abschluss des Vertrags der Bestellung eines Ergänzungspflegers (§ 1909 BGB). Dieses Erfordernis wurde im vorliegenden Fall beachtet. Die Bestellung von Dauerergänzungspflegern für die Zeit, in der die Kinder minderjährig sind, ist nicht erforderlich (BFH, Urteil v. 29.1.1976 - IV R 102/73, BStBl 1976 II S. 328).

Dass die Schenkung des Anteils am Betriebsvermögen an die Söhne entgegen § 518 Abs. 1 BGB nicht notariell beurkundet wurde, ist unschädlich. Dieser Formmangel wurde durch den Eintritt der Kinder in die Gesellschaft geheilt, weil die Schenkung dadurch vollzogen wurde (§ 518 Abs. 2 BGB), dass ihnen entsprechende Kapitalkonten eingeräumt wurden. Der Eintritt selbst erfolgt zu Buchwerten (§ 6 Abs. 3 EStG).

Die Genehmigung des Gesellschaftsvertrags durch das Familiengericht ist zwingend erforderlich (§ 1643 Abs. 1, § 1852 Nr. 2 und § 112 BGB). Hierauf haben die Beteiligten geachtet.

Im vorliegenden Fall kann von einer steuerlich anzuerkennenden Mitunternehmerschaft ausgegangen werden.

Die Frage, ob eine Familienpersonengesellschaft steuerlich als Mitunternehmerschaft anzuerkennen ist, hängt nicht davon ab, dass die Gewinnverteilung angemessen ist. Wenn nur die Gewinnverteilung unangemessen ist, hindert das nicht die steuerliche Anerkennung der Personengesellschaft, allerdings wird die Finanzverwaltung dann die Gewinnverteilung so vornehmen, als ob eine angemessene Gewinnverteilung vereinbart worden wäre. Als angemessen erkennt die Finanzverwaltung eine Gewinnverteilung an, die bei schenkweiser Einräumung der Beteiligung zu einer Rendite von nicht mehr als 15 % des tatsächlichen Werts der Beteiligung führt (H 15.9 Abs. 3 Allgemeines EStH). Der unangemessene Gewinnanteil ist dem Schenker als eine gem. § 12 EStG unbeachtliche Einkommensverwendung zuzurechnen.

Im vorliegenden Fall ergeben sich nach dem Gesellschaftsvertrag für die Kinder folgende Renditen:

Durchschnittlicher Handelsbilanzgewinn	250.000 €
Gewinnvorab des Vaters	- 50.000 €
Verbleiben (Handelsbilanz-Restgewinn)	200.000 €
Gewinnanteil eines Kindes bei 25 % Gewinnanteil	50.000 €
Wahrer Wert der Kommanditbeteiligung	250.000 €
Rendite (bezogen auf 250.000 €)	20 %

Angemessen wäre hingegen nur eine Rendite i. H. von 15 % des wahren Werts der Kommanditbeteiligung, was absolut einen Gewinnanteil i. H. von 37.500 € ergäbe. 37.500 € hingegen entsprechen 18,75 % vom durchschnittlichen Handelsbilanz-Restgewinn i. H. von 200.000 €. Die steuerlich angemessene Verteilung des Handelsbilanzgewinns zeigt deshalb folgendes Bild:

- Vater 62,5 %;
- Kind 1 18,75 % und
- Kind 2 18,75 %.

Dieser Gewinnverteilungsschlüssel wird grds. für die Zukunft beibehalten, unabhängig davon, wie sich die Gewinne tatsächlich entwickeln (zur Änderungsmöglichkeit vgl. H 15.9 Abs. 3 Veränderung der Gewinnverteilung EStH). Im vorliegenden Fall verteilen sich die Gewinne wie folgt:

	Jahr 01		**Jahr 02**	
	Handelsbilanz	**Steuerbilanz**	**Handelsbilanz**	**Steuerbilanz**
Vater Gewinnvorab	50.000 €	50.000 €	50.000 €	50.000 €
Vater Restgewinn	+ 120.000 €	+ 150.000 €	+ 80.000 €	+ 100.000 €
Ergebnis Vater	170.000 €	200.000 €	130.000 €	150.000 €
Kind 1	60.000 €	45.000 €	40.000 €	30.000 €
Kind 2	60.000 €	45.000 €	40.000 €	30.000 €

HINWEIS

Zur steuerlichen Anerkennung von Darlehens- und Arbeitsverträgen zwischen nahen Angehörigen vgl. allgemein R 4.8 EStR und ausführlich H 4.8 EStH.

ABB. 15: Stille Gesellschaft

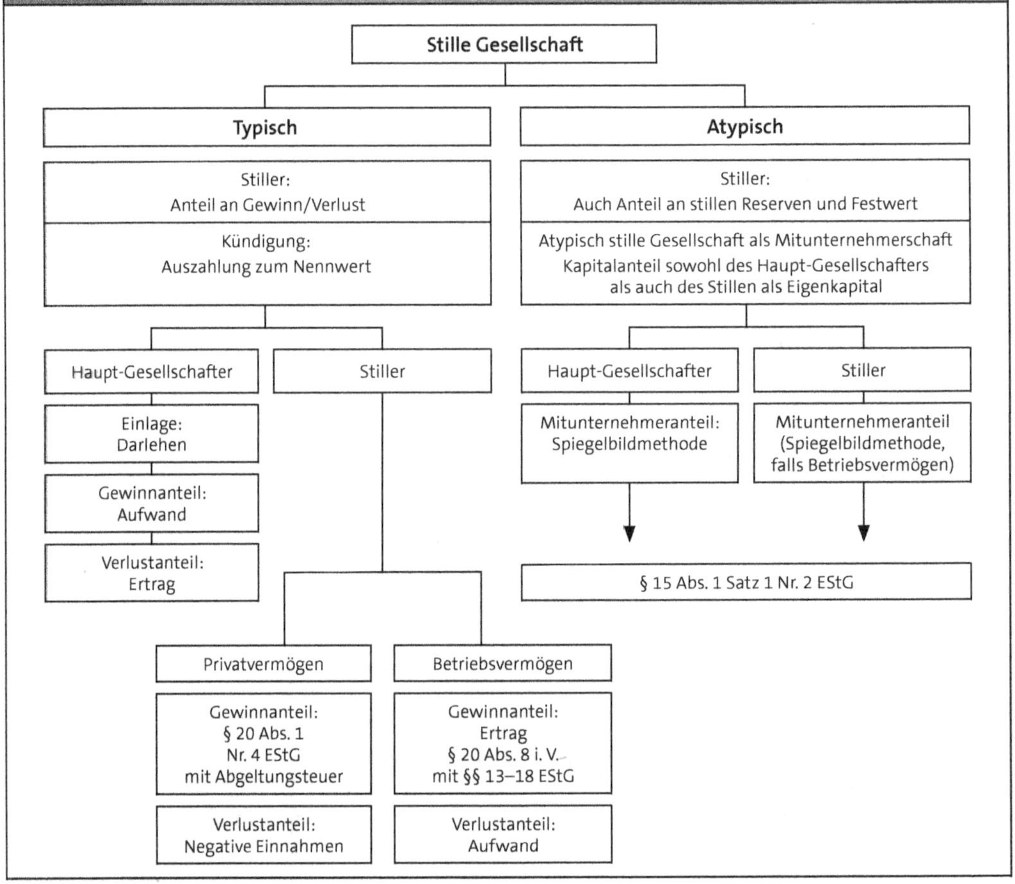

Steuerliche Behandlung der Unterbeteiligung

Steuerart	Atypische Unterbeteiligung	Typische Unterbeteiligung	
Einkommensteuer	§ 15 Abs. 1 Satz 1 Nr. 2 EStG	Hauptbeteiligter	§ 15 Abs. 1 Satz 1 Nr. 2 EStG abzgl. Anteil des Unterbeteiligten als Betriebsausgabe
		Unterbeteiligter	§ 20 Abs. 1 Nr. 4 EStG
Gewerbesteuer	Gewinnanteil: Gewerbeertrag	Hinzurechnung gem. § 8 Nr. 1 Buchst. c GewStG	

FALL 193

Typische und atypische stille Gesellschaft

Sachverhalt: A betreibt ein Einzelunternehmen. Er nimmt mit Wirkung v. 1.1.10 B als stillen Gesellschafter mit einer Geldeinlage i. H. von 200.000 € in sein Einzelunternehmen auf und beteiligt B mit 20 %

a) an seinem laufenden Gewinn und Verlust, nicht jedoch an den bereits vorhandenen und künftig entstehenden stillen Reserven seines Unternehmens;

b) an seinem Gewinn und Verlust und darüber hinaus auch an den stillen Reserven seines Unternehmens, die nach dem 1.1.10 entstehen, nicht jedoch an den bei Beginn der stillen Gesellschaft vorhandenen stillen Reserven.

B war in der Vergangenheit Vermieter eines bebauten Grundstücks an A, das dieser für sein Einzelunternehmen nutzt. B hatte das Grundstück vor zehn Jahren erworben und seitdem für monatlich 2.000 € zzgl. Umsatzsteuer an A vermietet; hieran ändert sich auch nach der Beteiligung von B am Unternehmen von A nichts. Für das Grundstück bestehen folgende Wertverhältnisse:

	Anschaffungskosten zum 1.1.00	**Teilwert zum 1.1.10**
Grund und Boden	150.000 €	200.000 €
Gebäude (Baujahr 1980)	600.000 €	600.000 €

B behandelte die Mieten in der Vergangenheit als Einnahmen aus Vermietung und Verpachtung (§ 21 EStG) und machte jährliche Gebäude-AfA i. H. von 12.000 € (= 2 % von 600.000 €) als Werbungskosten geltend.

Für das Einzelunternehmen von A ergab sich im Jahr 10 folgende Gewinn- und Verlustrechnung:

Soll	**Gewinn- und Verlustkonto im Jahr 10**		**Haben**
Mietaufwand	24.000 €	Erlöse	224.000 €
Vergütung an B	20.000 €		
Übrige Aufwendungen	100.000 €		
Gewinn	80.000 €		
	224.000 €		224.000 €

Bei der „Vergütung an B" handelt es sich um den Gewinnanteil von B aufgrund der stillen Beteiligung; sie wurde ihm nach Bilanzerstellung am 10.4.11 ausbezahlt.

B hat im Jahr 10 Haus- und Grundstücksaufwendungen i. H. von 5.600 € zzgl. 740 € Umsatzsteuer verausgabt.

AUFGABEN

1. Welche ertragsteuerlichen Auswirkungen zieht die stille Beteiligung für A und B im Jahr 10 nach sich?

2. Können für B Sonderbilanzen gebildet werden und wenn ja, welches Bild haben sie zum 1.1.10 und zum 31.12.10?

LITERATURHINWEIS

Dortmann/Mann, Lehrbuch Buchführung und Bilanzsteuerrecht, 14. Aufl. 2026, Teil C, Kapitel 1, Tz. 1.6.

LÖSUNG

Handelsrechtlich ist die stille Gesellschaft in den §§ 230–236 HGB geregelt. Sie ist (auch für die steuerrechtliche Anerkennung) durch folgende Wesensmerkmale gekennzeichnet:

1. Abschluss eines Gesellschaftsvertrags zwischen dem stillen Gesellschafter und dem Inhaber eines Handelsgeschäfts (Geschäftsherrn) zur Erreichung eines gemeinsamen Zwecks;
2. Vermögenseinlage des stillen Gesellschafters, die in das Vermögen des Geschäftsherrn übergeht; dies setzt voraus, dass der stille Gesellschafter nicht an den stillen Reserven beteiligt wird, die bei Gründung der stillen Gesellschaft im Unternehmen bereits vorhanden sind, denn der Vermögenseinlage des „Stillen" stünde dann eine Zuwendung des Geschäftsherrn gegenüber, was mit dem Wesen einer stillen Gesellschaft unvereinbar ist;
3. unverzichtbar ist die Gewinnbeteiligung des stillen Gesellschafters; die Verlustbeteiligung kann ausgeschlossen werden.

Steuerrechtlich wird zwischen typischer und atypischer stiller Gesellschaft differenziert. Das wesentliche Unterscheidungsmerkmal besteht in dem Umstand, ob der stille Gesellschafter an den künftigen stillen Reserven des Unternehmens beteiligt ist oder nicht. Ist der stille Gesellschafter an den stillen Reserven beteiligt, besteht eine atypische stille Beteiligung; im anderen Fall handelt es sich um eine typische stille Gesellschaft. Die Beteiligung an den stillen Reserven kann sich auch über den Gewinnanteil des stillen Gesellschafters ergeben und ist keineswegs auf den Liquidationsfall beschränkt. Denn wenn z. B. der Verkauf unterbewerteter Gegenstände des Anlagevermögens erfolgt, partizipiert der stille Gesellschafter über seinen Gewinnanteil auch an derartigen außerordentlichen Erträgen, wenn dies nicht ausdrücklich abbedungen ist. Gesellschaftsvertragliche Formulierungen, die einen Anteil des stillen Gesellschafters am Liquidationserlös ausschließen, führen deshalb keineswegs automatisch zur Annahme einer typischen stillen Gesellschaft; ganz abgesehen davon, dass diese Vereinbarung auch überflüssig ist, weil der stille Gesellschafter nach der Auflösung der Gesellschaft ohnehin nur Anspruch auf den Nennwert seiner Einlage hat (§ 235 Abs. 1 HGB). Deshalb liegt im Fall a) eine typische und im Fall b) eine atypische stille Gesellschaft vor.

HINWEIS

Atypischer stiller Gesellschafter und Mitunternehmer kann auch sein, wer zwar nicht am Verlust, an den stillen Reserven und am Geschäftswert beteiligt ist, jedoch wie ein Unternehmer auf das Schicksal des Unternehmens Einfluss nehmen kann; dies ist anzunehmen, wenn dem stillen Gesellschafter die Geschäftsführung des Unternehmens überlassen ist (BFH, Urteil v. 28.1.1982 - IV R 197/79, BStBl 1982 II S. 389).

Eine stille Gesellschaft, bei der die Einlage des stillen Gesellschafters in Form einer Dienstleistung erbracht wird, liegt – im Unterschied zu einem partiarischen Arbeitsverhältnis – nur dann vor, wenn Geschäftsinhaber und stiller Gesellschafter partnerschaftlich zusammenwirken (BFH, Urteil v. 7.12.1983 - I R 144/79, BStBl 1984 II S. 373).

Bei einer atypischen stillen Gesellschaft sind betrieblich genutzte Wirtschaftsgüter, die dem Inhaber des Handelsgeschäfts gehören, nicht als dessen Sonderbetriebsvermögen zu beurteilen (BFH, Urteil v. 2.5.1984 - VIII R 276/81, BStBl 1984 II S. 820).

Wendet ein Steuerpflichtiger seinen minderjährigen Kindern Geldbeträge **mit der Auflage** zu, dass diese ihm sogleich wieder als Einlage im Rahmen einer „typischen stillen Gesellschaft" zur Verfügung zu stellen sind, sind die „Gewinnanteile" bei der Ermittlung der Einkünfte aus Gewerbebetrieb jedenfalls dann nichtabziehbare Zuwendungen i. S. des § 12 Nr. 2 EStG, wenn eine Verlustbeteiligung ausgeschlossen ist (BFH, Urteil v. 21.10.1992 - X R 99/88, BStBl 1993 II S. 289).

Ertragsteuerliche Auswirkungen im Fall a)

Bei einer typischen stillen Beteiligung bezieht der stille Gesellschafter Einkünfte aus Kapitalvermögen gem. § 20 Abs. 1 Nr. 4 EStG. Der Geschäftsherr hat bzgl. des eingeräumten Gewinnanteils Betriebsausgaben. Während der Geschäftsherr die Betriebsausgabe zu dem Zeitpunkt geltend machen kann, zu dem sie entstanden ist (also spätestens zum Ende des Wirtschaftsjahres), gilt für den stillen Gesellschafter das Zuflussprinzip i. S. des § 11 EStG, so dass sich zeitliche Verschiebungen in der Berücksichtigung der Betriebsausgabe einerseits und der Erfassung der Kapitaleinkünfte andererseits ergeben.

Der steuerliche Gewinn von A für das Jahr 10 beträgt im vorliegenden Fall, wie in der Gewinn- und Verlustrechnung ermittelt, 80.000 €; er ist als Gewinn aus Gewerbebetrieb gem. § 15 Abs. 1 Satz 1 Nr. 1 EStG zu erfassen. Der noch nicht ausgezahlte Gewinnanteil von B ist zum 31.12.10 als sonstige Verbindlichkeit zu passivieren.

B hat bzgl. des Gewinnanteils Einnahmen aus Kapitalvermögen gem. § 20 Abs. 1 Nr. 4 EStG i. H. von 20.000 €, die allerdings erst im Jahr 11 zu erfassen sind, weil die Auszahlung an ihn lt. **Sachverhalt** erst nach Aufstellung der Bilanz am 10.4.11 erfolgte.

Es sei darauf hingewiesen, dass der Geschäftsherr von der Auszahlung 25 % Kapitalertragsteuer (= 5.000 €) zzgl. 5,5 % Solidaritätszuschlag (= 275 €) einzubehalten und an das Finanzamt abzuführen hat (§ 43 Abs. 1 Satz 1 Nr. 3 i. V. mit § 43a Abs. 1 Satz 1 Nr. 1 EStG), so dass B nur 14.725 € ausgezahlt bekommt.

Ertragsteuerliche Auswirkungen im Fall b)

Die atypische stille Gesellschaft unterliegt steuerlich den Grundsätzen, wie sie allgemein für Mitunternehmer gelten. Der Gewinnanteil von B stellt folglich bei A keine Betriebsausgabe dar, sondern ist Gewinnanteil von B gem. § 15 Abs. 1 Satz 1 Nr. 2 EStG. Ferner gilt dieser Gewinnanteil als in dem Kalenderjahr bezogen, in dem das Wirtschaftsjahr endet, aus dem der Gewinnanteil herrührt (§ 4a Abs. 2 Nr. 2 EStG); im vorliegenden Fall ist der Gewinnanteil von B ebenso wie der Gewinn von A im Jahr 10 zu erfassen. Schließlich handelt es sich bei dem von A mietweise genutzten Grundstück des B um Sonderbetriebsvermögen von B (vgl. R 4.2 Abs. 12 EStR). Die Zuführung des Grundstücks zum Sonderbetriebsvermögen kann nur über den Weg einer Einlage geschehen, die mit dem Teilwert zu bewerten ist (§ 4 Abs. 1 Satz 5 i. V. mit § 6 Abs. 1 Nr. 5 EStG). Die Eröffnungsbilanz für B hat folgendes Bild:

Aktiva	**Sonderbilanz für B zum 1.1.10**		**Passiva**
Grund und Boden	200.000 €	Kapital	800.000 €
Gebäude	600.000 €		
	800.000 €		800.000 €

Die Mieteinnahmen von B stellen nunmehr ebenfalls Einkünfte aus Gewerbebetrieb dar (§ 15 Abs. 1 Satz 1 Nr. 2 Satz 1 Halbsatz 2 EStG); andererseits sind die Haus- und Grundstücksaufwendungen Sonderbetriebsausgaben. Zu den Sonderbetriebsausgaben gehört jetzt auch die AfA für das Gebäude; allerdings ist von einer geänderten Bemessungsgrundlage für die AfA auszugehen, weil das Gebäude aus dem Privatvermögen in das Betriebsvermögen gelangt ist. Die neue AfA-Bemessungsgrundlage beträgt gem. § 7 Abs. 4 Satz 1 und Abs. 1 Satz 5 EStG 480.000 € (= 600.000 € - 120.000 €).

Der AfA-Satz i. H. von 2 % (kein § 7 Abs. 4 Satz 1 Nr. 1 EStG wegen des Baujahrs/Bauantrags) ergibt eine jährliche AfA ab dem Jahr 10 i. H. von 9.600 €.

Soll	**Sonder-GuV von B im Jahr 10**		**Haben**
AfA	9.600 €	Mieterträge	24.000 €
Grundstücksaufwand	5.600 €		
Gewinn	8.800 €		
	24.000 €		24.000 €

Unterstellt man, dass B seine Umsatzsteuerschuld an das Finanzamt am 31.12.10 noch nicht abgeführt hat und dass der Gewinnanteil nicht für eine Verrechnung mit künftigen Verlusten bereitsteht, sondern Fremdkapital der atypisch stillen Gesellschaft darstellt, ergibt sich folgende Schlussbilanz für B:

Aktiva	**Sonderbilanz für B zum 31.12.10**			**Passiva**
Grund und Boden	200.000 €	Kapital zum 1.1.10	800.000 €	
Gebäude	590.400 €	Entnahme Bruttomiete	- 28.560 €	
Sonstige Forderung (Gewinnanteil)	20.000 €	Einlage Bruttoaufwand und sonstige Forderungen Gewinnanteil	+ 26.340 €	
		Gewinn	+ 8.800 €	806.580 €
		Umsatzsteuer		3.820 €
	810.400 €			810.400 €

Erläuterung zur Umsatzsteuer:

Umsatzsteuer aus Mieterträgen	4.560 €
Vorsteuer	- 740 €
Umsatzsteuerschuld	3.820 €

Steuerliche Gewinnverteilung und Einkünfte gem. § 15 Abs. 1 Satz 1 Nr. 2 EStG:

	A	B	Summe
Gewinn lt. Gesamthandsbilanz	80.000 €	20.000 €	100.000 €
Gewinn lt. Sonder-GuV		+ 8.800 €	+ 8.800 €
	80.000 €	28.800 €	108.800 €

HINWEIS

Ein partiarisches Darlehen wird wie die typische stille Beteiligung behandelt. Das partiarische Darlehen ist dadurch gekennzeichnet, dass der Darlehensgeber eine gewinnabhängige Vergütung für sein Darlehen derart erhält, dass er entweder

- neben einem fest vereinbarten Zins auch einen Anteil am Geschäftsgewinn oder
- eine Gewinnbeteiligung mit vereinbartem Mindestgewinnanteil

bezieht.

Im Gegensatz zum stillen Gesellschafter hat der partiarische Darlehensgeber keinerlei Überwachungsrechte.

1.8 Einbringung in eine Personengesellschaft[24]

§ 24 UmwStG setzt

- die Einbringung
- eines Betriebs, Teilbetriebs oder Mitunternehmeranteils
- in eine Personengesellschaft voraus und
- dass der Einbringende seine Mitunternehmerstellung an der Personengesellschaft begründet oder erweitert.

Die Einbringung in eine Personengesellschaft gem. § 24 UmwStG erfolgt gegen Gewährung von Gesellschaftsrechten. Sie stellt daher nach allgemeinen steuerlichen Grundsätzen einen tauschähnlichen Veräußerungsvorgang dar.

„Einbringung" ist die Übertragung (oder Überführung ins Sonderbetriebsvermögen) von Wirtschaftsgütern in das Betriebsvermögen der Übernehmerin zu einem bestimmten Einbringungs-

24 Siehe zu diesem Thema ausführlich: Falterbaum/Bolk/Reiß/Kirchner, Buchführung und Bilanz, 23. Aufl. 2020, S. 1456 ff.

zeitpunkt. Die Einbringung kann sowohl durch Einzelrechtsnachfolge als auch durch Gesamtrechtsnachfolge erfolgen.

Eine Einbringung im Wege der **Einzelrechtsnachfolge** meint eine Übertragung des zivilrechtlichen oder wirtschaftlichen Eigentums an den einzelnen Wirtschaftsgütern (soweit eine Übertragung erforderlich ist). Die Übertragung im Wege der Einzelrechtsnachfolge hat zivilrechtlich nach den für das einzelne Wirtschaftsgut jeweils geltenden Vorschriften (z. B. §§ 929 ff. BGB) zu erfolgen:

- Aufnahme eines Gesellschafters gegen Geld- oder Sacheinlage in ein Einzelunternehmen durch Gründung einer Gesellschaft, wenn die Übertragung durch einzelne Übertragungsakte und nicht durch Ausgliederung (vgl. Gesamtrechtsnachfolge) erfolgt;
- Übertragung eines Einzelunternehmens, eines Teilbetriebs oder eines Mitunternehmeranteils auf eine Personengesellschaft oder Zusammenschluss von mehreren Einzelunternehmen oder Teilbetrieben zu einer Personengesellschaft, wenn die Übertragung durch einzelne Übertragungsakte und nicht durch Ausgliederung (vgl. Gesamtrechtsnachfolge) erfolgt. Die Einbringung eines Betriebs liegt nur vor, wenn sämtliche Wirtschaftsgüter, die zu den funktional wesentlichen Betriebsgrundlagen des Betriebs gehören, eingebracht werden. Der Anwendbarkeit des § 24 Abs. 1 UmwStG steht weder § 42 AO noch die Rechtsfigur des Gesamtplans entgegen, wenn eine wesentliche Betriebsgrundlage des einzubringenden Betriebs unter Aufdeckung der stillen Reserven vor der Einbringung veräußert wird und die Veräußerung auf Dauer angelegt ist. Dabei ist der maßgebliche Zeitpunkt für die Beurteilung, ob ein Wirtschaftsgut eine wesentliche Betriebsgrundlage des einzubringenden Betriebs im Rahmen des § 24 Abs. 1 UmwStG darstellt, der Zeitpunkt der tatsächlichen Einbringung (BFH, Urteil v. 9.11.2011 - X R 60/09, BStBl 2012 II S. 638).

Zudem werden bestimmte, zivilrechtlich im Wege der An- und Abwachsung stattfindende Vorgänge steuerlich als Fall der Einbringung im Wege der Einzelrechtsnachfolge eingeordnet:

- Eintritt eines weiteren Gesellschafters in eine bestehende Personengesellschaft gegen Geldeinlage oder Einlage anderer Wirtschaftsgüter (zivilrechtlich An- und Abwachsung i. S. des § 712 Abs. 2 BGB). Dabei bringen die bisherigen Gesellschafter ihre Mitunternehmeranteile aus Sicht des § 24 UmwStG in eine neue, personell vergrößerte Personengesellschaft ein;
- Aufstockung eines bereits bestehenden Mitunternehmeranteils durch einseitige, entgeltliche Kapitalerhöhung, die zu einer Änderung der Beteiligungsverhältnisse führt. Die nicht an der Kapitalerhöhung teilnehmenden Gesellschafter der Personengesellschaft bringen in diesem Fall ihre Mitunternehmeranteile an der bisherigen Personengesellschaft in eine neue – durch die Kapitalerhöhung in den Beteiligungsverhältnissen veränderte – Personengesellschaft ein (BFH, Urteil v. 25.4.2006 - VIII R 52/04, BStBl 2006 II S. 847);
- Gesellschafter einer Personengesellschaft I bringen ihre Gesellschaftsanteile (Mitunternehmeranteile) in die übernehmende Personengesellschaft II gegen Gewährung von Gesellschaftsanteilen an dieser Gesellschaft ein und das Gesellschaftsvermögen der Personengesellschaft I wächst bei der übernehmenden Personengesellschaft II an.

Eine Einbringung im Wege der Gesamtrechtsnachfolge, bei der Vermögensgegenstände und Schulden (alle Rechte und Pflichten) in ihrer Gesamtheit ohne separate Übertragungsakte übertragen werden, kann nach den Vorschriften des UmwG erfolgen:

- Durch Verschmelzung von Personenhandelsgesellschaften i. S. der §§ 2 und 39 ff. UmwG oder

- durch Ausgliederung aus Körperschaften, Personenhandelsgesellschaften oder Einzelunternehmen auf Personenhandelsgesellschaften gem. § 123 Abs. 3 UmwG.

§ 24 UmwStG ist nicht anzuwenden auf die formwechselnde Umwandlung einer eingetragenen GbR, Personenhandelsgesellschaft oder Partnerschaftsgesellschaft in eine Personengesellschaft sowie auf den Eintritt einer GmbH in eine bestehende Personengesellschaft ohne vermögensmäßige Beteiligung (Eintritt einer Komplementärin ohne Verpflichtung zur Leistung einer Einlage). In derartigen Fällen fehlt es an einem Übertragungsvorgang.

Bringt der Steuerpflichtige einen Betrieb in eine Mitunternehmerschaft ein und wendet er zugleich Dritten unentgeltlich Mitunternehmeranteile zu, sind auf diesen Vorgang die Vorschriften des § 6 Abs. 3 EStG und des § 24 UmwStG nebeneinander anwendbar. Dies gilt entsprechend für die unentgeltliche Aufnahme einer natürlichen Person in ein Einzelunternehmen (BMF, Schreiben v. 2.1.2025 [im Folgenden „UmwStE"], BStBl 2025 I S. 92, Rz. 01.47).

Dem Einbringenden müssen als Gegenleistung für die Einbringung Gesellschaftsrechte an der übernehmenden Personengesellschaft gewährt werden. Nicht erforderlich ist, dass der Einbringende erstmals Mitunternehmer der übernehmenden Personengesellschaft wird (Rz. 24.07 UmwStE).

Eine Gewährung von Gesellschaftsrechten liegt vor, wenn die Gegenbuchung zumindest teilweise auf einem Kapitalkonto erfolgt, das den Kapitalanteil widerspiegelt, nach dem sich die maßgebenden Gesellschaftsrechte, insbesondere das Gewinnbezugsrecht, richten (i. d. R. Kapitalkonto I; BFH, Urteil v. 29.7.2015 - IV R 15/14, BStBl 2016 II S. 593). Erfolgt die Buchung daneben auch auf einem variablen Kapitalkonto (i. d. R. Kapitalkonto II) und/oder auf einem gesamthänderisch gebundenen Rücklagenkonto, liegt gleichwohl eine Gewährung von Gesellschaftsrechten vor (Rz. 24.07 UmwStE unter Verweis auf BFH, Urteil v. 23.3.2023 - IV R 2/20, BStBl 2023 II S. 999).

Eine Buchung ausschließlich auf einem variablen Kapitalkonto (Kapitalkonto II) und/oder auf einem gesamthänderisch gebundenen Rücklagenkonto stellt dagegen keine Gewährung von Gesellschaftsrechten dar (Rz. 24.07 UmwStE). In diesen Fällen liegt eine unentgeltliche Einbringung vor. Wird eine begünstigte Sachgesamtheit unentgeltlich übertragen, erfolgt dies gem. § 6 Abs. 3 EStG zu Buchwerten. Soweit mittelbar eine verdeckte Einlage oder eine verdeckte Gewinnausschüttung vorliegt, wird § 6 Abs. 3 EStG verdrängt. Wird keine begünstigte Sachgesamtheit übertragen, sondern Einzelwirtschaftsgüter (z. B., weil nicht sämtliche funktional wesentlichen Betriebsgrundlagen eingebracht werden), richten sich die Folgen nach § 6 Abs. 5 EStG.

Eine Buchung auf einem Fremdkapitalkonto (z. B. Gesellschafterverrechnungskonto) stellt eine sonstige Gegenleistung dar, die nicht in Gesellschaftsrechten besteht. Werden neben Gesellschaftsrechten auch **sonstige Gegenleistungen** durch die übernehmende Personengesellschaft gewährt, steht dies der Anwendung des § 24 UmwStG nicht entgegen. Die sonstigen Gegenleistungen führen jedoch zu einer zwingenden Aufdeckung stiller Reserven, soweit sie die Grenzen des § 24 Abs. 2 Satz 2 Nr. 2 UmwStG übersteigen.

Das eingebrachte Betriebsvermögen ist gem. § 24 Abs. 2 Satz 1 UmwStG grds. mit dem gemeinen Wert anzusetzen. Anfallende Anschaffungsnebenkosten (z. B. Grunderwerbsteuer gem. § 1 Abs. 1 GrEStG) sind zusätzlich zu erfassen und erhöhen den Wertansatz (Rz. 24.03 i. V. mit Rz. 23.01 UmwStE). Als Anschaffungsnebenkosten im Zuge der Einbringung sind lediglich objektbezogene Kosten, die mit einzelnen Wirtschaftsgütern konkret zusammenhängen, zu erfassen (z. B. die Grunderwerbsteuer, die Kosten der Grundbucheintragung und die Kfz-Zulassungsgebühren). Einbringungskosten, die nicht objektbezogen einzelnen Wirtschaftsgütern speziell zuzuordnen sind, stellen sofort abzugsfähige Betriebsausgaben dar. Gleiches gilt für die i. S. des § 1 Abs. 2a, 3 und 3a GrEStG anfallende Grunderwerbsteuer.

Das eingebrachte Betriebsvermögen kann auf Antrag mit dem Buchwert oder einem Zwischenwert angesetzt werden. Angefallene Anschaffungsnebenkosten sind zusätzlich zu erfassen und erhöhen den Wertansatz des jeweiligen Wirtschaftsguts. Der Buchwertansatz ist gem. § 24 Abs. 2 Satz 2 UmwStG nur möglich, soweit

1. das Besteuerungsrecht der Bundesrepublik Deutschland nicht ausgeschlossen oder beschränkt wird und
2. der gemeine Wert sonstiger Gegenleistungen, die neben Gesellschaftsrechten gewährt werden, nicht mehr beträgt als
   a) 25 % des Buchwerts des eingebrachten Betriebsvermögens oder
   b) 500.000 €, höchstens jedoch den Buchwert des eingebrachten Betriebsvermögens.

Das eingebrachte Betriebsvermögen ist zudem gem. § 24 Abs. 2 Satz 4 UmwStG stets mindestens mit dem gemeinen Wert der sonstigen Gegenleistungen anzusetzen.

Die Möglichkeit zur Fortführung der Buchwerte oder zum Ansatz von Zwischenwerten besteht danach – bei Erfüllung der übrigen Voraussetzungen – nur soweit die sonstigen Gegenleistungen die Grenzen des § 24 Abs. 2 Satz 2 Nr. 2 UmwStG (entspricht § 20 Abs. 2 Satz 2 Nr. 4 und § 21 Abs. 1 Satz 2 Nr. 2 UmwStG bei Einbringungen in Kapitalgesellschaften) nicht überschreiten. **Soweit** diese Grenzen überschritten sind, bleibt es beim Ansatz der gemeinen Werte gem. § 24 Abs. 2 Satz 1 UmwStG.

BEISPIEL:

	Fall 1	Fall 2	Fall 3
A und B gründen eine OHG. A bringt sein Einzelunternehmen ein:			
Buchwert/gemeiner Wert diverses Anlagevermögen	3 Mio. €	3 Mio. €	5 Mio. €
Darlehensverbindlichkeit	2,6 Mio. €	2 Mio. €	1 Mio. €
Originärer, nicht bilanzierter Firmenwert	1,6 Mio. €	3 Mio. €	3 Mio. €
A erhält:			
► Kapitalkonto I	1,5 Mio. €	2,8 Mio. €	5,3 Mio. €
► Darlehensforderung	0,5 Mio. €	1,2 Mio. €	1,7 Mio. €
B leistet eine Geldeinlage	1,5 Mio. €	2,8 Mio. €	5,3 Mio. €
und erhält das Kapitalkonto I	1,5 Mio. €	2,8 Mio. €	5,3 Mio. €

Im Gesellschaftsvertrag ist vereinbart, dass A und B mit jeweils 50 % am Gewinn und Vermögen beteiligt sind und dass die Kapitalkonten I das Beteiligungsverhältnis widerspiegeln sollen (= Gewinnverteilung im Verhältnis der Kapitalkonten I). Da B nicht in der Lage ist, Geldeinlagen i. H. des jeweiligen vollen Werts des Einzelgewerbebetriebs aufzubringen, erhält A neben Gesellschaftsanteilen sonstige Gegenleistungen in Gestalt von Geldforderungen gegen die OHG.

Lösung:

Bei Ansatz der **gemeinen Werte** (§ 24 Abs. 2 Satz 1 UmwStG) ergäben sich für die Gesellschaft folgende Ansätze in der steuerlichen Eröffnungsbilanz (i. d. R. gleichzeitig Handelsbilanz):

	Fall 1	Fall 2	Fall 3
Aktiva			
Firmenwert	1,6 Mio. €	3 Mio. €	3 Mio. €
Diverses Anlagevermögen (Einzelunternehmen)	3 Mio. €	3 Mio. €	5 Mio. €
Bankguthaben (Einlage des B)	1,5 Mio. €	2,8 Mio. €	5,3 Mio. €
Summe	6,1 Mio. €	8,8 Mio. €	13,3 Mio. €
Passiva			
Kapital I A	1,5 Mio. €	2,8 Mio. €	5,3 Mio. €
Kapital I B	1,5 Mio. €	2,8 Mio. €	5,3 Mio. €
Verbindlichkeiten (gegenüber A)	0,5 Mio. €	1,2 Mio. €	1,7 Mio. €
Darlehensverbindlichkeit	2,6 Mio. €	2 Mio. €	1 Mio. €
Summe	6,1 Mio. €	8,8 Mio. €	13,3 Mio. €

A realisiert gem. § 24 Abs. 3 UmwStG einen **Veräußerungsgewinn** im **Fall 1** i. H. von **1,6 Mio. €** und in den **Fällen 2 und 3 i. H. von 3 Mio. €.**

Beantragt A den Ansatz der **Buchwerte** gilt Folgendes:

- Im **Fall 1** beträgt die sonstige Gegenleistung mit 500.000 € zwar mehr als 25 % des Buchwerts des eingebrachten Vermögens (400.000 € x 25 % = 100.000 €, vgl. § 24 Abs. 2 Satz 2 Nr. 1 UmwStG), aber nicht mehr als 500.000 €, jedoch mehr als der Buchwert des eingebrachten Betriebsvermögens i. H. von 400.000 € (vgl. § 24 Abs. 2 Satz 2 Nr. 2 UmwStG). Der für den Buchwertansatz schädliche Anteil der sonstigen Gegenleistung beträgt damit 100.000 € (= 500.000 € - 400.000 €), was 5 % (= 100.000 € / 2.000.000 € x 100) des gesamten gemeinen Werts des bisherigen Einzelgewerbebetriebs ausmacht.

  Damit ist die Buchwertfortführung im Umfang von 95 % zulässig, während 5 % der stillen Reserven von 1,6 Mio. € = 80.000 € aufzudecken sind. A weist den Firmenwert mit - 1.520.000 € in einer negativen Ergänzungsbilanz zur vorstehenden Gesellschaftsbilanz aus. A realisiert einen Veräußerungsgewinn i. H. von 80.000 €:

Ansatz der eingebrachten Wirtschaftsgüter lt. Gesellschaftsbilanz (Vermögen - Schulden)	2.000.000 €
Negative Ergänzungsbilanz (negativer Firmenwert)	- 1.520.000 €
Veräußerungspreis	480.000 €
Buchwert bisher	- 400.000 €
Veräußerungsgewinn	80.000 €

  Ansatz der Wirtschaftsgüter des bisherigen Einzelgewerbebetriebs insgesamt:

  95 % des Buchwerts von 400.000 € = 380.000 € + 5 % des gemeinen Werts von 2 Mio. € = 100.000 € sind insgesamt 480.000 €, dies entspricht dem Bilanzansatz der eingebrachten Wirtschaftsgüter (2 Mio. € per Saldo in der Gesellschaftsbilanz - 1.520.000 € in der Ergänzungsbilanz für A).

- Im **Fall 2** beträgt die sonstige Gegenleistung mit 1,2 Mio. € zwar mehr als 25 % des Buchwerts des eingebrachten Vermögens (1.000.000 € x 25 % = 250.000 €, vgl. § 24 Abs. 2 Satz 2 Nr. 1 UmwStG) und auch mehr als 500.000 €, jedoch nicht mehr als der Buchwert des eingebrachten Betriebsvermögens i. H. von 1 Mio. € (vgl. § 24 Abs. 2 Satz 2 Nr. 2 UmwStG). Der für den Buchwertansatz schädliche Anteil der sonstigen Gegenleistung beträgt damit 700.000 € (= 1.200.000 € - 500.000 €), was 17,5 % (= 700.000 € / 4.000.000 € x 100) des gesamten gemeinen Werts des bisherigen Einzelgewerbebetriebs ausmacht.

  Damit ist die Buchwertfortführung im Umfang von 82,5 % zulässig, während 17,5 % der stillen Reserven von 3 Mio. € = 525.000 € aufzudecken sind. A weist den Firmenwert mit - 2.475.000 € in einer negativen Ergänzungsbilanz zur vorstehenden Gesellschaftsbilanz aus. A realisiert einen Veräußerungsgewinn i. H. von 525.000 €:

Ansatz der eingebrachten Wirtschaftsgüter lt. Gesellschaftsbilanz (Vermögen - Schulden)	4.000.000 €
Negative Ergänzungsbilanz (negativer Firmenwert)	- 2.475.000 €
Veräußerungspreis	1.525.000 €
Buchwert bisher	- 1.000.000 €
Veräußerungsgewinn	525.000 €

Ansatz der Wirtschaftsgüter des bisherigen Einzelgewerbebetriebs insgesamt:

82,5 % des Buchwerts von 1 Mio. € = 825.000 € + 17,5 % des gemeinen Werts von 4 Mio. € = 700.000 € sind insgesamt 1.525.000 €, dies entspricht dem Bilanzansatz der eingebrachten Wirtschaftsgüter (4 Mio. € per Saldo in der Gesellschaftsbilanz - 2.475.000 € in der Ergänzungsbilanz für A).

- Im **Fall 3** betragen 25 % des Buchwerts des eingebrachten Vermögens (4.000.000 € x 25 % = 1.000.000 €, vgl. § 24 Abs. 2 Satz 2 Nr. 1 UmwStG) mehr als die absolute Grenze gem. § 24 Abs. 2 Satz 2 Nr. 2 UmwStG i. H. von 500.000 €.

  Der für den Buchwertansatz schädliche Anteil der sonstigen Gegenleistung i. H. von 1,7 Mio. € beträgt damit 700.000 € (= 1.700.000 € - 1.000.000 €), was 10 % (= 700.000 € / 7.000.000 € x 100) des gesamten gemeinen Werts des bisherigen Einzelgewerbebetriebs ausmacht.

  Damit ist die Buchwertfortführung im Umfang von 90 % zulässig, während 10 % der stillen Reserven von 3 Mio. € = 300.000 € aufzudecken sind. A weist den Firmenwert mit - 2,7 Mio. € in einer negativen Ergänzungsbilanz zur vorstehenden Gesellschaftsbilanz aus. A realisiert einen Veräußerungsgewinn i. H. von 300.000 €:

Ansatz der eingebrachten Wirtschaftsgüter lt. Gesellschaftsbilanz (Vermögen - Schulden)	7.000.000 €
Negative Ergänzungsbilanz (negativer Firmenwert)	- 2.700.000 €
Veräußerungspreis	4.300.000 €
Buchwert bisher	- 4.000.000 €
Veräußerungsgewinn	300.000 €

Ansatz der Wirtschaftsgüter des bisherigen Einzelgewerbebetriebs insgesamt:

90 % des Buchwerts von 4 Mio. € = 3,6 Mio. € + 10 % des gemeinen Werts von 7 Mio. € = 700.000 € sind insgesamt 4,3 Mio. €, dies entspricht dem Bilanzansatz der eingebrachten Wirtschaftsgüter (7 Mio. € per Saldo in der Gesellschaftsbilanz - 2,7 Mio. € in der Ergänzungsbilanz für A).

Von der Gewährung **sonstiger,** nicht in Eigenkapital bestehender **Gegenleistungen** sind die Fälle zu unterscheiden, in denen der Einbringende von anderen (ggf. zukünftigen) Gesellschaftern Gegenleistungen (**„Zuzahlungen“**) unmittelbar in sein Eigenvermögen erhält. Es ist wirtschaftlich insoweit von einer „Vorabveräußerung“ der ideellen Eigentumsanteile an den Wirtschaftsgütern des einzubringenden Betriebs im Verhältnis der „Zuzahlung“ zum gemeinen Wert und einer anschließenden Einbringung für fremde Rechnung auszugehen (vgl. Rz. 24.08 UmwStE).

Wirtschaftlich unterscheiden sich die Fälle, wenn der Einbringende die erhaltenen Zuzahlungen der Gesellschaft im Anschluss als Darlehen zur Verfügung stellt, ggf. nur im Zahlungsweg von den Fällen der Gewährung sonstiger Gegenleistungen. Die Finanzverwaltung hält an der Unterscheidung fest, wonach in den Fällen der **Einbringung mit Zuzahlung** unabhängig von den Grenzen des § 24 Abs. 2 Satz 2 Nr. 2 UmwStG keine Einbringung zu Buchwerten möglich ist (Rz. 24.08–24.12 UmwStE; a. A. Nöcker, DB 2016 S. 72).

Eine solche „Einbringung mit Zuzahlung“ in das Eigenvermögen des Einbringenden ist in sämtlichen Konstellationen einer Einbringung denkbar. So sind davon auch die Aufnahme in ein Einzelunternehmen gegen „Zuzahlung“ in das Eigenvermögen des Betriebsinhabers und die Aufnahme in eine bestehende Personengesellschaft gegen „Zuzahlung“ in das Eigenvermögen der Altgesellschafter erfasst.

Eine „Zuzahlung“ in das Eigenvermögen zeichnet sich dadurch aus, dass diese nicht von der übernehmenden Personengesellschaft, sondern von anderen Gesellschaftern der (neuen) Personengesellschaft an den Einbringenden geleistet wird. Für die Annahme einer Zuzahlung in das Eigenvermögen des Einbringenden ist es sodann unerheblich, ob die Zuzahlung in das Privatvermögen, ein Betriebsvermögen oder auch Sonderbetriebsvermögen des Einbringenden erfolgt. Es ist wirtschaftlich insoweit von einer „Vorabveräußerung“ der ideellen Eigentumsanteile an den Wirtschaftsgütern des einzubringenden Betriebs im Verhältnis der „Zuzahlung“ zum gemeinen Wert und einer anschließenden Einbringung für fremde Rechnung auszugehen (vgl. Rz. 24.08 UmwStE).

Soweit der Einbringende als Gegenleistung für die Einbringung Gesellschaftsrechte erhält, handelt es sich um eine Einbringung auf eigene Rechnung. § 24 UmwStG ist ausschließlich für die Einbringung auf eigene Rechnung anwendbar und ermöglicht für diese die wahlweise Bewertung zum Buchwert, Zwischenwert oder zum gemeinen Wert. Für die Einbringung auf fremde Rechnung ist § 24 UmwStG hingegen nicht anwendbar. Sie ist zwingend als gewinnrealisierende Veräußerung zu qualifizieren. Der Zuzahlung als Veräußerungspreis ist der anteilige Buchwert des eingebrachten Betriebsvermögens entsprechend dem Verhältnis der Zuzahlung zum gemeinen Wert des eingebrachten Betriebsvermögens gegenüberzustellen. Im Ergebnis führt dies zu einer Aufdeckung stiller Reserven in diesem Verhältnis.

Erfolgt die Einbringung auf eigene Rechnung zum Buch- oder Zwischenwert, scheidet für den Gewinn aus der Einbringung auf fremde Rechnung eine Anwendbarkeit der Vergünstigungen des § 16 Abs. 4 und des § 34 EStG aus, da nicht sämtliche stille Reserven aufgedeckt werden. Erfolgt die Einbringung auf eigene Rechnung hingegen zum gemeinen Wert, sind auf den Gewinn aus der Einbringung auf fremde Rechnung die Vergünstigungen und die entsprechenden Voraussetzungen anwendbar. Für den Gewinn aus der Einbringung auf eigene Rechnung ist § 24 Abs. 3 Satz 3 UmwStG i. V. mit § 16 Abs. 2 Satz 3 EStG zu beachten. Demnach liegt laufender Gewinn vor, auf den die Vergünstigungen nicht anzuwenden sind (i. d. R. vollumfänglich, da der auf fremde Rechnung eingebrachte Teil insgesamt auszuklammern ist; etwas anderes kann sich nur ergeben, wenn der andere Gesellschafter neben der Zuzahlung in das Eigenvermögen des Einbringenden auch eine Einlage in das Gesellschaftsvermögen der übernehmenden Personengesellschaft leistet). Siehe ausführlich zu dieser Thematik mit Beispielen Falterbaum/Bolk/Reiß/Kirchner, Buchführung und Bilanz, 23. Aufl. 2020, S. 1471 f. und 1489 ff.

Der Wert, mit dem das eingebrachte Betriebsvermögen in der Bilanz der Gesellschaft einschließlich der Ergänzungsbilanzen angesetzt wird, gilt gem. § 24 Abs. 3 Satz 1 UmwStG – zwingend – als Veräußerungspreis des Einbringenden. Das Wahlrecht i. S. des § 24 Abs. 2 Satz 2 UmwStG wird ausschließlich durch die aufnehmende Personengesellschaft ausgeübt (BFH, Urteil v. 12.10.2011 - VIII R 12/08, BStBl 2012 II S. 381).

Teilbetrieb i. S. des § 24 Abs. 1 UmwStG ist nach Auffassung der Finanzverwaltung auch eine zu einem **Betriebsvermögen** gehörende 100 %ige Beteiligung an einer Kapitalgesellschaft (Rz. 24.02 UmwStE).

Ein Übernahmefolgegewinn, der z. B. dadurch entsteht, dass Forderungen und Schulden zwischen den Rechtsträgern erlöschen oder Rückstellungen aufzulösen sind, ist steuerpflichtig. Er kann aber einer Rücklage zugeführt werden, die in den folgenden drei Jahren erfolgswirksam aufzulösen ist (§ 24 Abs. 4 i. V. mit § 23 Abs. 6 und § 6 Abs. 1 UmwStG).

Ein Zinsvortrag gem. § 4h Abs. 1 Satz 5 EStG und ein EBITDA-Vortrag gem. § 4h Abs. 1 Satz 3 EStG des eingebrachten Betriebs gehen nicht auf die übernehmende Gesellschaft über (§ 24 Abs. 6 i. V. mit § 20 Abs. 9 UmwStG).

FALL 194

Einbringung eines Einzelunternehmens in eine Personengesellschaft (Buchwertverknüpfung)

Sachverhalt: A und B gründen zum 1.7.01 eine OHG, an deren Gewinn und Vermögen A und B mit je 50 % beteiligt sein sollen. A bringt sein Einzelunternehmen ein und B leistet eine Geldeinlage i. H. von 220.000 € auf das Bankkonto der OHG. Für das Einzelunternehmen von A ergab sich auf den 30.6.01 folgende Schlussbilanz (Handels-/Steuerbilanz):

Einzelfirma A
Bilanz zum 30.6.01

Aktiva			**Passiva**
Grund und Boden	80.000 €	Kapital	150.000 €
Maschinen	20.000 €	Verbindlichkeiten	30.000 €
Waren	80.000 €		
	180.000 €		180.000 €

Bei den folgenden Wirtschaftsgütern bestanden Abweichungen zwischen Buchwert und gemeinem Wert:

	Buchwert	Gemeiner Wert	Stille Reserven gemeiner Wert
Grund und Boden	80.000 €	140.000 €	60.000 €
Maschinen	20.000 €	30.000 €	+ 10.000 €
			70.000 €

A hat die Maschinen vor fünf Jahren für 40.000 € angeschafft und mit 4.000 € jährlich abgeschrieben (betriebsgewöhnliche Nutzungsdauer zum Anschaffungszeitpunkt zehn Jahre, am 1.7.01 fünf Jahre). Der Bedarfswert für das Grundstück beträgt 100.000 €.

Eine Gewinnrealisierung infolge der Einbringung soll bei A möglichst nicht eintreten. In der Handelsbilanz und der steuerlichen Gesellschaftsbilanz ist ein möglichst hoher Kapitalausweis I gewünscht.

AUFGABEN

Beurteilen Sie den Sachverhalt bilanzsteuerrechtlich und stellen Sie die entsprechenden Bilanzen auf! Zieht die Einbringung des Einzelunternehmens in die Personengesellschaft verkehrssteuerliche Folgen nach sich? Die Erwerbsnebenkosten einschließlich Grunderwerbsteuer i. H. von 6,5 % betragen für das Grundstück 6.000 € und werden vereinbarungsgemäß von der OHG getragen.

LÖSUNG

Gemäß § 24 Abs. 2 UmwStG darf die OHG das eingebrachte Betriebsvermögen von A in ihrer Bilanz einschließlich der Ergänzungsbilanzen für ihre Gesellschafter mit seinem Buchwert ansetzen. Zwar wird durch § 24 Abs. 3 Satz 1 UmwStG eine Betriebsveräußerung des Einzelunternehmens an die OHG fingiert. Ein Veräußerungsgewinn ergibt sich jedoch für den einbringenden Einzelunternehmer nur, wenn die Personengesellschaft das eingebrachte Betriebsvermögen in ihrer Bilanz einschließlich der Ergänzungsbilanzen für ihre Gesellschafter mit einem höheren Wert als dem Buchwert ansetzt.

Für die OHG ergibt sich handels- und steuerrechtlich folgende Eröffnungsbilanz, die zum max. möglichen Kapitalausweis führt (sog. „Bruttomethode", vgl. Rz. 24.14 UmwStE):

OHG
Eröffnungsbilanz zum 1.7.01
(Handels-/Steuerbilanz)

Aktiva			**Passiva**
Grund und Boden	146.000 €	Kapital I A	220.000 €
Maschinen	30.000 €	Kapital I B	220.000 €
Waren	80.000 €	Verbindlichkeiten	30.000 €
Bank	220.000 €	Sonstige Verbindlichkeiten	6.000 €
	476.000 €		476.000 €

Durch eine negative Ergänzungsbilanz für A muss der Ansatz der eingebrachten Wirtschaftsgüter von per Saldo 220.000 € in der steuerlichen Gesellschaftsbilanz auf insgesamt 70.000 € in der Steuerbilanz korrigiert werden, damit eine unmittelbare Gewinnrealisierung durch die Einbringung nicht eintritt.

Ergänzungsbilanz für A zum 1.7.01

Aktiva			**Passiva**
Minderkapital	70.000 €	Grund und Boden	60.000 €
		Maschinen	10.000 €
	70.000 €		70.000 €

Da A ein Grundstück in die Personengesellschaft einbringt, entsteht die **Grunderwerbsteuer.** Bemessungsgrundlage ist der Bedarfswert (§ 8 Abs. 2 Satz 1 Nr. 2 GrEStG). Die Grunderwerbsteuer wird allerdings nur i. H. des Anteils erhoben, zu dem der Einbringende am Vermögen der Gesellschaft nicht beteiligt ist (§ 5 Abs. 2 i. V. mit § 24 GrEStG): 6,5 % von 50.000 € = 3.250 €. Ausgenommen von der Besteuerung ist die Einbringung von Grundstücken bei Gründung von Familiengesellschaften (§ 3 Nr. 6 GrEStG).

Umsatzsteuerlich ist die Einbringung des Einzelunternehmens in die OHG als Geschäftsveräußerung im Ganzen nicht steuerbar (§ 1 Abs. 1a UStG).

Die Ausgabe der (eigenen) Gesellschaftsrechte durch die OHG ist keine umsatzsteuerbare Leistung (vgl. Abschnitt 1.6 Abs. 2 und Abschnitt 15.21 Abs. 1 UStAE).

FALL 195

Gewinnverteilung und Abschluss der Ergänzungsbilanz

Sachverhalt: Fortführung des Falls 194. Zum 31.12.01 hat die OHG folgende Bilanz erstellt:

OHG
Schlussbilanz zum 31.12.01

Aktiva					**Passiva**
Grund und Boden		146.000 €	Kapital I A zum 1.7.01	220.000 €	
Maschinen zum 1.7.01	30.000 €		Kapital II:		
AfA	- 3.000 €	27.000 €	Gewinn im Jahr 01	+ 165.000 €	385.000 €
Waren		46.000 €	Kapital I B zum 1.7.01	220.000 €	
Forderungen		400.000 €	Kapital II:		
Bank		295.000 €	Gewinn im Jahr 01	+ 165.000 €	385.000 €
			Verbindlichkeiten		144.000 €
		914.000 €			914.000 €

AUFGABEN

Die Ergänzungsbilanz für A zum 31.12.01 ist zu erstellen. Die steuerliche Gewinnermittlung und -verteilung ist darzustellen!

LÖSUNG

Da die OHG das eingebrachte Betriebsvermögen von A einschließlich der Ergänzungsbilanz mit dem Buchwert angesetzt hat, tritt sie, was die AfA für die Maschinen anbelangt, in die Rechtsstellung von A ein (§ 24 Abs. 4 i. V. mit § 23 Abs. 1 und § 12 Abs. 3 UmwStG). Die Ergänzungsbilanz bleibt für den Grund und Boden bis zur Veräußerung oder dessen Entnahme unverändert. Für die Maschinen kann die AfA nur i. H. von **jährlich** 4.000 € in Anspruch genommen werden (OHG: - 6.000 €, A + 2.000 €), hier für $^1/_2$ Jahr = 2.000 €.

Ergänzungsbilanz für A zum 31.12.01

Aktiva					**Passiva**
Minderkapital	70.000 €		Grund und Boden		60.000 €
Gewinn (AfA)	- 1.000 €	69.000 €	Maschinen	10.000 €	
			AfA	- 1.000 €	9.000 €
		69.000 €			69.000 €

Es ergibt sich folgende Gewinnverteilung:

	A	B	Summe
Gewinn lt. Bilanz	165.000 €	165.000 €	330.000 €
Ergebnis lt. Ergänzungsbilanz	+ 1.000 €*)		+ 1.000 €
Steuerlicher Gewinn	166.000 €	165.000 €	331.000 €

*) Das bedeutet für A eine sukzessive Besteuerung der durch die Einbringung dem B „veräußerten" stillen Reserven, soweit diese durch B im Rahmen der allgemeinen Gewinnverteilung abgeschrieben werden (B: anteilige AfA auf Maschinen im Gesellschaftsbereich 1.500 €, A: anteilige AfA auf Maschinen im Gesellschaftsbereich 1.500 € abzgl. Minder-AfA im Ergänzungsbereich 1.000 € = 500 €).

FALL 196

Einbringung eines Einzelunternehmens in eine Personengesellschaft

Sachverhalt: Wie Fall 194, jedoch wünscht A, dass das eingebrachte Betriebsvermögen mit dem gemeinen Wert in der Eröffnungsbilanz der OHG angesetzt werden soll. Eine negative Ergänzungsbilanz soll nicht erstellt werden.

AUFGABE

Welche Eröffnungsbilanz und welche einkommensteuerlichen Folgen ergeben sich für A?

LITERATURHINWEIS

Dortmann/Mann, Lehrbuch Buchführung und Bilanzsteuerrecht, 14. Aufl. 2026, Teil C, Kapitel 3, Tz. 3.1.2.3.

LÖSUNG

Die Übernahme des eingebrachten Betriebsvermögens in die Eröffnungsbilanz der OHG mit dem gemeinen Wert ist zulässig (§ 24 Abs. 2 UmwStG):

OHG
Eröffnungsbilanz zum 1.7.01

Aktiva			**Passiva**
Grund und Boden	146.000 €	Kapital I A	220.000 €
Maschinen	30.000 €	Kapital I B	220.000 €
Waren	80.000 €	Verbindlichkeiten	30.000 €
Bank	220.000 €	Sonstige Verbindlichkeiten	6.000 €
	476.000 €		476.000 €

Es ergibt sich für A ein Gewinn i. H. von 70.000 € (§ 24 Abs. 3 UmwStG):

Veräußerungspreis	220.000 €
Buchwert	- 150.000 €
Gewinn	70.000 €

Falls A das 55. Lebensjahr vollendet hätte oder dauerhaft berufsunfähig wäre, müsste noch Folgendes beachtet werden: Für diesen Gewinn kommen dann die Steuerfreiheit gem. § 16 Abs. 4 EStG und die Tarifvergünstigung gem. § 34 EStG nur auf einen Teilbetrag i. H. von 35.000 € zur Anwendung (§ 24 Abs. 3 Satz 3 UmwStG), denn nur insoweit liegt ein Veräußerungsgewinn vor. Der darüber hinausgehende Gewinn ist laufender Gewinn, da auf der Seite des Veräußerers und auf der Seite des Erwerbers dieselbe Person Unternehmer oder Mitunternehmer ist, d. h. wirtschaftlich gesehen insoweit ein Verkauf „an sich selbst" vorliegt. Der laufende Gewinn unterliegt der Gewerbesteuer (BMF, Schreiben v. 25.3.1998, BStBl 1998 I S. 268, Tz. 24.17).

HINWEIS

Das Betriebsvermögen einer Personengesellschaft umfasst auch das Sonderbetriebsvermögen. Daher ist es ausreichend, wenn das eingebrachte Vermögen teilweise Sonderbetriebsvermögen des Einbringenden bei der übernehmenden Personengesellschaft wird (Rz. 24.05 UmwStE). Eine Übertragung auf die Personengesellschaft ist insoweit nicht erforderlich, es genügt eine Nutzungsüberlassung aufgrund derer das Wirtschaftsgut in das Sonderbetriebsvermögen überführt wird. Eine Überführung sämtlicher Wirtschaftsgüter nur in das Sonderbetriebsvermögen ist für § 24 UmwStG jedoch in Anbetracht der weiteren Voraussetzungen nicht ausreichend, da die Überführung nicht gegen Gewährung von Gesellschaftsrechten erfolgen kann (vgl. den Wortlaut „teilweise" in Rz. 24.05 UmwStE). Es muss folglich mindestens ein (u. E. nicht zwingend funktional wesentliches) Wirtschaftsgut in das Gesellschaftsvermögen eingebracht werden. Bei einem Zwischenwertansatz entsteht ein Gewinn. Die Einordnung als laufender Gewinn oder als Veräußerungsgewinn (insbesondere für Zwecke der Gewerbesteuer) ist umstritten (u. E. Veräußerungsgewinn, soweit nicht (§ 24 Abs. 3 Satz 3 UmwStG i. V. mit) § 16 Abs. 2 Satz 3 EStG laufenden Gewinn fingiert (siehe dazu unten); die Anwendbarkeit der Fiktion bei einem Zwischenwertansatz ist umstritten, u. E. ist sie jedoch anzuwenden). Jedenfalls sind die Vergünstigungen des § 16 Abs. 4 und des § 34 EStG auf den Gewinn nicht anzuwenden. Diese finden gem. § 24 Abs. 3 Satz 2 UmwStG nur bei Einbringungen zu gemeinen Werten Anwendung (BFH, Urteil v. 26.1.1994 - III R 39/91, BStBl 1994 II S. 458).

FALL 197

Einbringung zu Zwischenwerten

Sachverhalt: Wie Fall 194, jedoch wünscht A, dass das eingebrachte Betriebsvermögen mit folgenden Zwischenwerten (Aufdeckung von 50 % der stillen Reserven) angesetzt werden soll:

- Grund und Boden 110.000 € und
- Maschinen 25.000 €.

AUFGABE

Welche Eröffnungsbilanz und welche einkommensteuerlichen Folgen ergeben sich für A?

LITERATURHINWEIS

Dortmann/Mann, Lehrbuch Buchführung und Bilanzsteuerrecht, 14. Aufl. 2026, Teil C, Kapitel 3, Tz. 3.1.2.3.3.6.

LÖSUNG

Die Übernahme des eingebrachten Betriebsvermögens in die Eröffnungsbilanz der OHG zu Zwischenwerten ist zulässig (§ 24 Abs. 2 UmwStG). Beim Zwischenwertansatz sind die stillen Reserven gleichmäßig aufzustocken (Rz. 24.03 i. V. mit Rz. 20.18 UmwStE).

OHG

Aktiva	**Eröffnungsbilanz zum 1.7.01**		**Passiva**
Grund und Boden	146.000 €	Kapital A	220.000 €
Maschinen	30.000 €	Kapital B	220.000 €
Waren	80.000 €	Verbindlichkeiten	30.000 €
Bank	220.000 €	Sonstige Verbindlichkeiten	6.000 €
	476.000 €		476.000 €

Da A nur die Hälfte der stillen Reserven seines Einzelunternehmens auflösen will, wird für ihn die Bildung folgender Ergänzungsbilanz erforderlich:

Aktiva	**Ergänzungsbilanz für A zum 1.7.01**		**Passiva**
Minderkapital	35.000 €	Grund und Boden	30.000 €
		Maschinen	5.000 €
	35.000 €		35.000 €

Für A ergibt sich nun ein Veräußerungsgewinn. Sein eingebrachtes Betriebsvermögen ist in der Eröffnungsbilanz der OHG und in den Ergänzungsbilanzen wie folgt ausgewiesen:

Betriebsvermögen von A in der Bilanz der OHG	220.000 €
Betriebsvermögen von A in der Ergänzungsbilanz von A	- 35.000 €
Verkaufspreis (§ 24 Abs. 3 Satz 1 UmwStG)	185.000 €
Buchwert des eingebrachten Betriebsvermögens	- 150.000 €
Gewinn	35.000 €

Auf diesen Gewinn sind § 16 Abs. 4 und § 34 Abs. 1 EStG nicht anwendbar (§ 24 Abs. 3 UmwStG). Der Gewinn unterliegt u. E. gem. § 24 Abs. 3 Satz 3 UmwStG i. V. mit § 16 Abs. 2 Satz 3 EStG zu 50 % nicht der Gewerbesteuer.

FALL 198

Neueintritt eines Gesellschafters in eine OHG (Fortführung der Buchwerte)

Sachverhalt: Am Gewinn und Vermögen einer OHG sind die Gesellschafter A, B und C zu je $^1/_3$ beteiligt. Mit Wirkung v. 1.7.01 wird D gegen eine Bareinlage, die er auf den Beginn des 1.7.01 leistet, in die Gesellschaft aufgenommen; A, B, C und D sind von diesem Zeitpunkt an mit je $^1/_4$ an der OHG beteiligt. Die OHG hat als regelmäßigen Abschlusszeitpunkt den 30.6. und zum 30.6.01 folgende Handels-/Steuerbilanz (zu Buchwerten) erstellt:

OHG
Steuerbilanz zum 30.6.01

Aktiva			**Passiva**
Grund und Boden	50.000 €	Kapital A	100.000 €
Gebäude (Anschaffungskosten 200.000 €, AfA 2 %, Bauantrag vor dem 31.3.1985)	160.000 €	Kapital B	100.000 €
Maschinen (Anschaffungskosten 180.000 €, AfA 10 % linear)	90.000 €	Kapital C	100.000 €
Fuhrpark (Anschaffungskosten 80.000 €, AfA 20 % linear)	48.000 €	Verbindlichkeiten	300.000 €
Einrichtung (AfA jährlich 2.000 €)	12.000 €	Sonstige Verbindlichkeiten	60.000 €
GWG	0 €	Rückstellungen	40.000 €
Waren	220.000 €		
Forderungen	112.000 €		
Finanzkonten	8.000 €		
	700.000 €		700.000 €

Die OHG behält den Abschlusszeitpunkt 30.6. bei.

Aus dem zwischen A, B, C und D abgeschlossenen Gesellschaftsvertrag ergibt sich, dass zum 1.7.01 die folgenden stillen Reserven vorhanden sind:

Grund und Boden	120.000 €
Gebäude	+ 60.000 €
Maschinen (Nutzungsdauer noch fünf Jahre)	+ 39.000 €
Fuhrpark (Nutzungsdauer noch drei Jahre)	+ 12.000 €
Waren	+ 9.000 €
	240.000 €

AUFGABEN

1. Wie hoch ist die von D zu erbringende Bareinlage, wenn alle vier Gesellschafter die gleichen Rechte und Pflichten haben? Der Betrag dieser errechneten Bareinlage ist als am 1.7.01 geleistet anzusehen.

2. Eine Gewinnrealisierung soll bei A, B und C infolge der Einbringung nicht eintreten. Wie muss aus Anlass der Eröffnung der „Neu-OHG“ bilanziert werden?
3. Die Bestände an Gebäuden, Maschinen und Fuhrpark, die sich zum 30.6.02 mengenmäßig nicht verändert haben, sind für die OHG-Bilanz und die Ergänzungsbilanz zum 30.6.02 in Staffelform fortzuentwickeln. Der Warenbestand v. 30.6.01 wurde bis zum 30.6.02 vollständig veräußert.

LÖSUNG

Zu 1

D muss eine Bareinlage i. H. von 180.000 € leisten. Denn wenn A, B und C ein Betriebsvermögen im Wert von 540.000 € in die OHG einbringen und sie hierfür mit insgesamt 75 % beteiligt werden, dann entsprechen 100 % = 720.000 €, so dass D für seinen Anteil eine Einlage i. H. von 180.000 € zu leisten hat.

Zu 2

§ 24 UmwStG erfasst auch die Aufnahme eines weiteren Gesellschafters in eine bereits bestehende Personengesellschaft (Rz. 01.47, 3. Spiegelstrich UmwStE); während zivilrechtlich gem. § 105 Abs. 3 HGB i. V. mit § 712 Abs. 2 BGB die Anteile an der fortbestehenden OHG dem D an und A, B und C abwachsen, wird (ausschließlich) ertragsteuerrechtlich eine neue OHG fingert, in die A, B und C ihre Mitunternehmeranteile an der bisherigen OHG einbringen.

Die Buchwertfortführung ist für die Mitunternehmeranteile von A, B und C zulässig.

Da die OHG handelsrechtlich fortbesteht, ist u. E. gem. § 253 Abs. 1 Satz 1 i. V. mit Abs. 3 HGB eine Aufstockung über die fortgeführten Anschaffungs- oder Herstellungskosten als Höchstbetrag der Bewertung nicht möglich. Damit ist der Ansatz gemeiner Werte auch für die steuerrechtliche Gesellschaftsbilanz unpraktikabel und man wird regelmäßig ausnahmsweise zur Umsetzung des Buchwertansatzes die sog. „Nettomethode“ (vgl. Rz. 24.14 UmwStE) wählen.

OHG
Eröffnungsbilanz zum 1.7.01
(Handels-/Steuerbilanz „Neu-OHG“)

Aktiva			**Passiva**
Grund und Boden	50.000 €	Kapital A	120.000 €
Gebäude	160.000 €	Kapital B	120.000 €
Maschinen	90.000 €	Kapital C	120.000 €
Fuhrpark	48.000 €	Kapital D	120.000 €
Einrichtung	12.000 €	Schulden	400.000 €
Waren	220.000 €		
Forderungen	112.000 €		
Finanzkonten	188.000 €		
	880.000 €		880.000 €

D muss die von ihm getragenen Anschaffungskosten steuerrechtlich ausweisen können. Daher weist er die anteilig erworbenen stillen Reserven in einer positiven Ergänzungsbilanz aus:

Aktiva	Ergänzungsbilanz für D zum 1.7.01		Passiva
Grund und Boden	30.000 €	Mehrkapital D	60.000 €
Gebäude	15.000 €		
Maschinen	9.750 €		
Fuhrpark	3.000 €		
Waren	2.250 €		
	60.000 €		60.000 €

Zur Vermeidung einer Gewinnrealisierung bei A, B und C gem. § 24 Abs. 3 UmwStG ist für die Gesellschafter eine negative Ergänzungsbilanz (Einzeldarstellung möglich) zu erstellen; hierdurch ergibt sich die Buchwertfortführung.

Aktiva	Ergänzungsbilanz für A, B und C zum 1.7.01			Passiva
Minderkapital	A	20.000 €	Grund und Boden	30.000 €
	B	20.000 €	Gebäude	15.000 €
	C	20.000 €	Maschinen	9.750 €
			Fuhrpark	3.000 €
			Waren	2.250 €
		60.000 €		60.000 €

Zu 3

Führt die „Neu-OHG" die Buchwerte der „Alt-OHG" fort, ist § 24 Abs. 4 i. V. mit den §§ 23 und 12 Abs. 3 UmwStG zu beachten. Hiernach tritt das ertragsteuerlich neue Gewinnermittlungssubjekt „Neu-OHG" bzgl. der AfA und der Bewertungsfreiheit für GWG in die Rechtsstellung der „Alt-OHG" ein, d. h. sie muss geltend machen, was auch die „Alt-OHG" als AfA und Abschreibung bei Fortbestehen hätte geltend machen können. Technisch wird dies bei Anwendung der Nettomethode regelmäßig in der Weise gelöst, dass die AfA für die abnutzbaren Wirtschaftsgüter des Anlagevermögens in der Gesellschaftsbilanz der OHG unverändert fortgesetzt wird. Der neue Gesellschafter kann u. E. die auf seine anteiligen Anschaffungskosten (hier 25 % der gemeinen Werte) insgesamt entfallende „neue" AfA geltend machen, wodurch Mehr- oder Minder-AfA-Beträge in seiner Ergänzungsbilanz entstehen, die durch die gegenläufigen AfA-Beträge in den Ergänzungsbilanzen der anderen Gesellschafter neutralisiert werden. Dass, wie auch vielfach vertreten, bei Anwendung der Nettomethode eine andere AfA-Verteilung als bei der Bruttomethode entstehen soll, erscheint mangels gesetzlicher Regelung möglich, ist aber u. E. nicht überzeugend.

	OHG-Gesellschaftsbilanz	Ergänzungsbilanz D	Ergänzungsbilanz für A, B und C	Ergebnis (AfA wie bisher)
Gebäude				
1.7.01	160.000 €	+ 15.000 €	- 15.000 €	
§ 12 Abs. 3 UmwStG:				
AfA: 2 % von 200.000 € Anschaffungskosten =	- 4.000 €			- 4.000 €
D: Anschaffungskosten 55.000 € x 3 % = 1.650 € - (4.000 € x 25 % =) 1.000 € =		- 650 €	+ 650 €	
30.6.02	156.000 €	14.350 €	- 14.350 €	
Maschinen				
1.7.01	90.000 €	+ 9.750 €	- 9.750 €	
§ 12 Abs. 3 UmwStG:				
AfA: 10 % von 180.000 € Anschaffungskosten =	- 18.000 €			- 18.000 €
D: Anschaffungskosten 32.250 € / 5 Jahre = 6.450 € - (18.000 € x 25 % =) 4.500 € =		- 1.950 €	+ 1.950 €	
30.6.02	72.000 €	+ 7.800 €	- 7.800 €	
Fuhrpark				
1.7.01	48.000 €	+ 3.000 €	- 3.000 €	
§ 12 Abs. 3 UmwStG:				
AfA: 20 % von 80.000 € Anschaffungskosten =	- 16.000 €			- 16.000 €
D: Anschaffungskosten 15.000 € / 3 Jahre = 5.000 € - (16.000 € x 25 % =) 4.000 € =		- 1.000 €	+ 1.000 €	
30.6.02	32.000 €	+ 2.000 €	- 2.000 €	
Waren				
1.7.01	220.000 €	+ 2.250 €	- 2.250 €	
Wareneinsatz	- 220.000 €	- 2.250 €	+ 2.250 €	- 220.000 €
	0 €	0 €	0 €	

Aktiva	**Ergänzungsbilanz für D zum 30.6.02**			**Passiva**
Grund und Boden	30.000 €	Mehrkapital D	60.000 €	
Gebäude	14.350 €	Verlust	- 5.850 €	54.150 €
Maschinen	7.800 €			
Fuhrpark	2.000 €			
	54.150 €			54.150 €

Aktiva	**Ergänzungsbilanz für A, B und C zum 30.6.02**			**Passiva**
Minderkapital:			Grund und Boden	30.000 €
A	20.000 €		Gebäude	14.350 €
Gewinn	- 1.950 €	18.050 €	Maschinen	7.800 €
B	20.000 €		Fuhrpark	2.000 €
Gewinn	- 1.950 €	18.050 €		
C	20.000 €			
Gewinn	1.950 €	18.050 €		
		54.150 €		54.150 €

FALL 199

Neueintritt eines Gesellschafters in eine OHG (Ansatz der gemeinen Werte)

Sachverhalt: Wie Fall 198, jedoch wünschen A, B und C, dass das Betriebsvermögen steuerrechtlich mit dem gemeinen Wert angesetzt werden soll.

A, B und C wollen die stillen Reserven aufdecken und versteuern.

AUFGABEN

1. Wie muss in diesem Fall zum 1.7.01 bilanziert werden? Auch hierbei ist die von D erbrachte Bareinlage als am 1.7.01 geleistet anzusehen.
2. Die Bestände an Gebäude, Maschinen und Fuhrpark, die sich zum 30.6.02 mengenmäßig nicht verändert haben, sind für die OHG-Bilanz zum 30.6.02 in Staffelform fortzuentwickeln. Alle vier Gesellschafter wünschen einen möglichst niedrigen Gewinn. Die AfA soll linear beansprucht werden.

LÖSUNG

Zu 1

§ 24 UmwStG erfasst auch die Aufnahme eines weiteren Gesellschafters in eine bereits bestehende Personengesellschaft (Rz. 01.47, 3. Spiegelstrich UmwStE); während zivilrechtlich gem. § 105 Abs. 3 HGB i. V. mit § 712 Abs. 2 BGB die Anteile an der fortbestehenden OHG dem D an-

und A, B und C abwachsen, wird (ausschließlich) ertragsteuerrechtlich eine neue OHG fingert, in die A, B und C ihre Mitunternehmeranteile an der bisherigen OHG einbringen.

Der Ansatz gemeiner Werte ist gem. § 24 Abs. 2 UmwStG für die Mitunternehmeranteile von A, B und C zulässig.

Da die OHG handelsrechtlich fortbesteht, ist u. E. gem. § 253 Abs. 1 Satz 1 i. V. mit Abs. 3 HGB eine Aufstockung über die fortgeführten Anschaffungs- oder Herstellungskosten als Höchstbetrag der Bewertung nicht möglich. Damit ist der Ansatz gemeiner Werte auch für die steuerrechtliche Gesellschaftsbilanz unpraktikabel und man wird mit der steuerrechtlichen Gesellschaftsbilanz aus Praktikabilitätsgründen regelmäßig der Handelsbilanz folgen.

OHG
Eröffnungsbilanz zum 1.7.01
(Handels-/Steuerbilanz „Neu-OHG")

Aktiva			**Passiva**
Grund und Boden	50.000 €	Kapital A	120.000 €
Gebäude	160.000 €	Kapital B	120.000 €
Maschinen	90.000 €	Kapital C	120.000 €
Fuhrpark	48.000 €	Kapital D	120.000 €
Einrichtung	12.000 €	Schulden	400.000 €
Waren	220.000 €		
Forderungen	112.000 €		
Finanzkonten	188.000 €		
	880.000 €		880.000 €

D muss die von ihm getragenen Anschaffungskosten steuerrechtlich ausweisen können. Daher weist er die anteilig erworbenen stillen Reserven in einer positiven Ergänzungsbilanz aus:

Ergänzungsbilanz für D zum 1.7.01

Aktiva			**Passiva**
Grund und Boden	30.000 €	Mehrkapital D	60.000 €
Gebäude	15.000 €		
Maschinen	9.750 €		
Fuhrpark	3.000 €		
Waren	2.250 €		
	60.000 €		60.000 €

Zur Umsetzung des Ansatzes zum gemeinen Wert ist für **A, B und C die gleiche positive Ergänzungsbilanz wie für D** zu erstellen.

Zu 2

Setzt die „Neu-OHG" das Betriebsvermögen der „Alt-OHG" zum gemeinen Wert an, gilt § 23 Abs. 4 UmwStG (vgl. § 24 Abs. 4 UmwStG). Die Wirtschaftsgüter der „Alt-OHG" gelten bei der „Neu-OHG" als mit dem gemeinen Wert angeschafft.

	OHG-Gesellschaftsbilanz	Ergänzungsbilanz D	Ergänzungsbilanz für A, B und C	Ergebnis (AfA insgesamt)
Gebäude				
1.7.01	160.000 €	+ 15.000 €	+ 45.000 €	
AfA: 3 % von 220.000 € Anschaffungskosten = 6.600 €	- 4.800 €	- 450 €	- 1.350 €	- 6.600 €
30.6.02	155.200 €	14.550 €	43.650 €	
Maschinen				
1.7.01	90.000 €	+ 9.750 €	+ 29.250 €	
AfA: 129.000 € Anschaffungskosten / 5 Jahre = 25.800 €	- 18.000 €	- 1.950 €	- 5.850 €	- 25.800 €
30.6.02	72.000 €	+ 7.800 €	+ 23.400 €	
Fuhrpark				
1.7.01	48.000 €	+ 3.000 €	+ 9.000 €	
AfA: 60.000 € Anschaffungskosten / 3 Jahre = 20.000 €	- 16.000 €	- 1.000 €	- 3.000 €	- 20.000 €
30.6.02	32.000 €	+ 2.000 €	+ 6.000 €	
Waren				
1.7.01	220.000 €	+ 2.250 €	+ 6.750 €	
Wareneinsatz	- 220.000 €	- 2.250 €	- 6.750 €	- 229.000 €
	0 €	0 €	0 €	

FALL 200

Einbringung mit Zuzahlung ins Privatvermögen

Sachverhalt: A und B gründen mit Wirkung v. 1.1.01 eine OHG. A ist mit 70 % und B mit 30 % am Vermögen, Gewinn und den stillen Reserven der OHG beteiligt. A bringt sein Einzelunternehmen mit einem Buchwert i. H. von 400.000 € (gemeiner Wert 600.000 €) ein. B überweist vereinbarungsgemäß 180.000 € (= 30 % von 600.000 €) auf ein Privatkonto von A.

AUFGABE

Welche steuerlichen Konsequenzen ergeben sich für A und B und für die Eröffnungsbilanz der OHG?

LÖSUNG

Unter Berücksichtigung der Ausführungen in den Rz. 24.08–24.12 UmwStE zur Anwendbarkeit des § 24 UmwStG in vergleichbaren Fällen ergibt sich Folgendes:

A bringt seinen Betrieb in die OHG ein, und zwar teilweise für eigene Rechnung (hier im Umfang von 70 %) und im Übrigen für fremde Rechnung hinsichtlich des Teils seines Betriebs, den er zuvor an B veräußert hat (hier 30 %). Gedanklich müsste A (vereinfacht) buchen:

Entnahmen	180.000 €	an	Diverse Bestandskonten	120.000 €
		an	Sonstige betriebliche Erträge	60.000 €

Wünscht A die Einbringung insgesamt zum gemeinen Wert, ergibt sich ein Veräußerungsgewinn i. H. von insgesamt 200.000 €. Dieser ist grds. gem. § 24 Abs. 3 UmwStG und i. S. der §§ 16 und 34 EStG begünstigt. Allerdings liegt laufender Gewinn vor, soweit A an der OHG beteiligt ist (§ 24 Abs. 3 Satz 3 UmwStG). Da A mit 70 % an der OHG beteiligt ist, ergibt sich ein laufender Gewinn i. H. von 140.000 €, der auch der Gewerbesteuer unterliegt. Lediglich der Gewinn i. H. von 60.000 € ist i. S. der §§ 16 und 34 EStG begünstigt. B hat demgegenüber Anschaffungskosten i. H. von 180.000 €.

AB-OHG
Eröffnungsbilanz zum 1.1.01
(Handels-/Steuerbilanz)

Aktiva			**Passiva**
Diverse Bestandskonten	600.000 €	Kapital A	420.000 €
		Kapital B	180.000 €
Summe	600.000 €	Summe	600.000 €

Wünscht A die Einbringung zum Buchwert, dann steht das Wahlrecht gem. § 24 UmwStG für den auf fremde Rechnung eingebrachten Teil nicht zur Verfügung. Der für eigene Rechnung eingebrachte Teil des Betriebsvermögens kann mit den Buchwerten fortgeführt werden (hier also 70 % von 400.000 € =) 280.000 €. Insoweit kann bei Ansatz des gemeinen Werts in der Gesamthandsbilanz zur Neutralisierung der stillen Reserven (hier 140.000 €) eine negative Ergänzungsbilanz für A eingerichtet werden. In diesem Fall tritt zur vorstehenden Eröffnungsbilanz folgende Ergänzungsbilanz hinzu:

Ergänzungsbilanz für A zum 1.1.01

Aktiva			**Passiva**
Kapital	140.000 €	Diverse Bestandskonten	140.000 €

Der für fremde Rechnung eingebrachte Teil des Betriebsvermögens muss mit den Anschaffungskosten bewertet werden (hier die Zahlung von B i. H. von 180.000 €). Die Einrichtung einer negativen Ergänzungsbilanz kommt insoweit nicht in Betracht. Es entsteht für A ein laufender Gewinn i. H. von 60.000 €, der nicht i. S. der §§ 16 und 34 EStG begünstigt ist.

1.9 Personelle Veränderungen

1.9.1 Ausscheiden eines Gesellschafters[25]

Vom Ausscheiden aus einer Personengesellschaft ist die Rede, wenn ein Gesellschafter die Gesellschaft verlässt, ohne dass ein anderer Gesellschafter an seine Stelle tritt. § 130 Abs. 1 HGB

25 Siehe zu diesem Thema ausführlich: Falterbaum/Bolk/Reiß/Kirchner, Buchführung und Bilanz, 23. Aufl. 2020, S. 1508 ff.

und § 723 BGB nennen als Fälle insbesondere den Tod des persönlich haftenden Gesellschafters sowie die Kündigung durch einen Gesellschafter. Der Tod des Kommanditisten hat dagegen einen Gesellschafterwechsel zur Folge (s. u.), weil die Erben an seine Stelle treten (§ 177 HGB). Bei entsprechender gesellschaftsvertraglicher Regelung kann jedoch auch ein Ausscheiden vorliegen. Die Lösungen entsprechen dann jenen i. S. des § 130 Abs. 1 HGB/§ 723 BGB wie oben geschildert.

Der Anteil am Gesellschaftsvermögen wächst in diesen Fällen den verbleibenden Gesellschaftern kraft Gesetzes zu (Anwachsung, § 712 Abs. 1 BGB).

BEISPIEL: Aus der Personengesellschaft scheidet C von Todes wegen aus.

Frage:

Wie lauten die Beteiligungsverhältnisse nach dem Ausscheiden, wenn vorher das Folgende gültig war?

a) A = 33 $^1/_3$ %, B = 33 $^1/_3$ % und C = 33 $^1/_3$ %.

b) A = 30 %, B = 45 % und C = 25 %.

Lösung:

Zu a)

A = 50 % und B = 50 %.

Zu b)

A = 40 % und B = 60 %.

Grundsätzlich hat der ohne Nachfolger ausscheidende Gesellschafter einen Abfindungsanspruch i. H. des ihm im Falle der Auseinandersetzung zustehenden Guthabens (vgl. § 728 Abs. 1 Satz 1 BGB bzw. § 135 Abs. 1 Satz 1 HGB ggf. i. V. mit § 161 Abs. 2 HGB). Der Abfindungsanspruch wird regelmäßig durch eine Auseinandersetzungsbilanz ermittelt. Er kann jedoch durch den Gesellschaftsvertrag begrenzt sein.

Steuerrechtlich liegt beim Ausscheiden eines Gesellschafters aus einer Personengesellschaft eine unentgeltliche oder entgeltliche Übertragung bzw. ein Erwerb eines Mitunternehmeranteils vor. § 24 UmwStG ist nicht anwendbar.

Eine unentgeltliche Anwachsung auf eine natürliche Person erfolgt gem. § 6 Abs. 3 Satz 1 EStG zu Buchwert, während eine verdeckte Einlage und daher die Aufgabe des Mitunternehmeranteils unter Aufdeckung der stillen Reserven gem. § 16 Abs. 3 EStG vorliegt, wenn diese auf eine Kapitalgesellschaft erfolgt.

Das Ausscheiden eines Gesellschafters gegen Abfindung (aufgrund Gesetzes oder Vertrags oder einer konkreten Austrittsvereinbarung) ist eine Veräußerung des Mitunternehmeranteils an die verbleibenden Gesellschafter (§ 16 Abs. 1 Satz 1 Nr. 2 und § 34 EStG). Das gilt auch dann, wenn sich das Ausscheiden von Todes wegen vollzieht. Der Veräußerungsgewinn entsteht in jedem Fall (auch im Todesfall) in der Person des Ausscheidenden (BFH, Urteil v. 15.4.1993 - IV R 66/92, BStBl 1994 II S. 227).

Verfügt der Ausscheidende über Sonderbetriebsvermögen, dann erhöht sich der Veräußerungsgewinn um den nach Abzug des Buchwerts in der Sonderbilanz ermittelten Gewinn (stille Reserven), wenn das Wirtschaftsgut ebenfalls entgeltlich übertragen wird.

Wird das Sonderbetriebsvermögen wegen der Beendigung der Mitunternehmerstellung in das Privatvermögen (ggf. der Erben) überführt, liegt insoweit eine Entnahme vor, die bei der Ermittlung des Aufgabegewinns mit dem gemeinen Wert anzusetzen ist (§ 16 Abs. 3 Satz 8 EStG).

Die verbleibenden Gesellschafter erwerben nach Maßgabe ihrer Beteiligung (s. o.) die Anteile an den Wirtschaftsgütern des Gesellschaftsvermögens gegen Abfindung. Die Abfindung entspricht i. d. R. dem, was der Ausscheidende bei einer Auseinandersetzung im Fall der Beendigung der Personengesellschaft verlangen könnte (§ 728 BGB bzw. § 135 HGB). Die Abfindung ist eine Schuld der verbleibenden Gesellschafter in ihrer gesamthänderischen Verbundenheit.

Das Ausscheiden des Gesellschafters und in der Folge die Darstellung des Anschaffungsvorgangs erfolgt in der Gesamthandsbilanz, weil die Abfindungsschuld das Gesamthandsvermögen aller verbleibenden Gesellschafter belastet (IDW RS HFA 7 v. 30.11.2017; Schmidt/Wacker, EStG Kommentar, 44. Aufl. 2025, § 16 Rz. 490). Das gilt grds. auch für die Handelsbilanz. Neuerdings wird es jedoch handelsrechtlich auch für möglich bzw. sogar vorzugswürdig gehalten, eine positive Differenz zwischen Abfindungsbetrag und Kapitalkonto des ausgeschiedenen Gesellschafters erfolgsneutral mit den Kapitalanteilen der verbleibenden Gesellschafter zu verrechnen (IDW RS FAB 7 v. 2.12.2024).

Daher sind Ergänzungsbilanzen nicht aufzustellen.

Der Passivierung der Abfindungsverbindlichkeit (oder ggf. dem Abgang der Mittel für die Abfindung) steht in der Gesellschaftsbilanz die Auflösung des Kapitalkontos (ggf. der Kapitalkonten) des Ausscheidenden gegenüber. Die Kapitalkonten der anderen Gesellschafter ändern sich nicht (auch in der Handelsbilanz möglich – auch nach geänderter Auffassung des IDW, vgl. IDW RS FAB 7 v. 2.12.2024).

Sind stille Reserven vorhanden, übersteigt die Abfindung an den ausgeschiedenen Gesellschafter (bzw. dessen Erben) regelmäßig die anteiligen Buchwerte der bereits bilanzierten Wirtschaftsgüter. In Höhe des übersteigenden Betrags sind zusätzliche Anschaffungskosten der verbleibenden Gesellschafter für die erworbenen Wirtschaftsgüter (inklusive Firmen- bzw. Geschäftswert) im Verhältnis der stillen Reserven zu aktivieren (§ 246 Abs. 1 HGB; § 6 Abs. 1 Nr. 7 EStG).

1.9.2 Gesellschafterwechsel[26]

Auch der Gesellschafterwechsel ist kein Fall von § 24 UmwStG. Vielmehr handelt es sich um die Übertragung bzw. den Erwerb eines Mitunternehmeranteils.

Zivilrechtliche Grundlagen

Der Erwerber wird beim Gesellschafterwechsel anstelle des Veräußerers Gesellschafter derselben Personengesellschaft, deren Bestand und Identität durch den Gesellschafterwechsel nicht berührt wird. Eine derartige Übertragung von Anteilen an einer Personengesellschaft bedarf lediglich einer ggf. auch formlosen Vereinbarung über die Abtretung des Anteils zwischen Veräußerer und dem Erwerber, der allerdings alle übrigen Gesellschafter grds. zustimmen müssen (vgl. §§ 398 und 711 Abs. 1 Satz 1 BGB). Dieses Zustimmungserfordernis kann jedoch durch den Gesellschaftsvertrag eingeschränkt sein.

26 Siehe zu diesem Thema ausführlich: Falterbaum/Bolk/Reiß/Kirchner, Buchführung und Bilanz, 23. Aufl. 2020, S. 1492 ff.

Unentgeltliche Übertragung

Wird der Mitunternehmeranteil unentgeltlich von einem Gesellschafter an einen neuen oder anderen Gesellschafter abgetreten, realisiert der übertragende Altgesellschafter grds. keinen Veräußerungsgewinn, weil die anteiligen Buchwerte der zum Mitunternehmeranteil gehörenden Wirtschaftsgüter gem. § 6 Abs. 3 Satz 1 und 3 EStG vom Neugesellschafter fortzuführen sind.

Unentgeltliche Übertragung des ganzen Mitunternehmeranteils

Fälle:

1. A überträgt seinen Kommanditanteil an der X-KG im Wege der vorweggenommenen Erbfolge auf sein Kind K.
2. B verstirbt und vererbt seinen Mitunternehmeranteil an seinen Sohn S.
3. C überträgt seinen Kommanditanteil an der ABC-KG im Wege der Schenkung auf seine Tochter A, die bereits Gesellschafterin ist.

Wird der gesamte Anteil des Mitunternehmers an der Gesellschaft übertragen, setzt § 6 Abs. 3 Satz 1 EStG voraus, dass neben dem Anteil am Gesellschaftsvermögen auch sämtliche funktional wesentlichen Wirtschaftsgüter des Sonderbetriebsvermögens übertragen werden.

Wird funktional wesentliches Betriebsvermögen/Sonderbetriebsvermögen unter Aufdeckung der stillen Reserven zeitlich vor der Übertragung des Mitunternehmeranteils entweder entnommen (z. B. durch unentgeltliche Übertragung auf einen Angehörigen) oder zum gemeinen Wert veräußert, kann der Mitunternehmeranteil, selbst wenn dies aufgrund einheitlicher Planung (Gesamtplan) erfolgt, gleichwohl i. S. des § 6 Abs. 3 EStG zum Buchwert übertragen werden, sofern es sich bei dem verbleibenden „Restbetriebsvermögen" weiterhin um eine funktionsfähige betriebliche Einheit handelt (BMF, Schreiben v. 20.11.2019, BStBl 2019 I S. 1291, Rz. 13).

Nur eine zeitgleiche Veräußerung oder Entnahme des funktional wesentlichen Betriebs- oder Sonderbetriebsvermögens ins Privatvermögen schließt die Anwendung von § 6 Abs. 3 EStG aus (hintereinander aber taggleich möglich, eine „juristische" Sekunde Abstand genügt; BMF, Schreiben v. 20.11.2019, a. a. O., aktualisiert durch BMF, Schreiben v. 5.5.2021, BStBl 2021 I S. 696, insbesondere Rz. 9). Dagegen ist selbst eine zeitgleiche Übertragung von funktional wesentlichem Betriebsvermögen/Sonderbetriebsvermögen gem. § 6 Abs. 5 Satz 3 EStG zum Buchwert oder eine Überführung gem. § 6 Abs. 5 Satz 1 oder 2 EStG in ein anderes Betriebsvermögen/Sonderbetriebsvermögen des Steuerpflichtigen neben der Übertragung des reduzierten Mitunternehmeranteils gem. § 6 Abs. 3 Satz 1 EStG möglich, wenn die gleichzeitige Anwendung der beiden Buchwertprivilegien keine Betriebszerschlagung bedeutet. Die funktionsfähige betriebliche Einheit muss hierfür auch noch nach der Auslagerung von funktional wesentlichem Betriebsvermögen/Sonderbetriebsvermögen bestehen.

BEISPIEL: Vater V war Kommanditist bei der X-KG, an die er ein Grundstück (wesentliche Betriebsgrundlage) vermietet hatte. V übertrug seinen Kommanditanteil im Juli 03 unentgeltlich auf seinen Sohn S. Im März 03 hatte V das Grundstück bereits gem. § 6 Abs. 5 Satz 3 Nr. 2 EStG zum Buchwert auf die von ihm neu gegründete gewerblich geprägte Y-GmbH & Co. KG übertragen.

Lösung:

Die Voraussetzungen für eine Buchwertübertragung des Kommanditanteils gem. § 6 Abs. 3 EStG liegen hier vor, auch wenn das Grundstück (wesentliche Betriebsgrundlage im Sonderbetriebsvermögen) zuvor gem. § 6 Abs. 5 Satz 3 Nr. 2 EStG auf die Y-GmbH & Co. KG ausgelagert und deshalb nicht auch an den Sohn S übertragen wurde, da eine gleichzeitige Anwendung der Buchwertprivilegien des § 6 Abs. 3 und 5 EStG möglich ist (BMF, Schreiben v. 20.11.2019, a. a. O., Rz. 10).

Zur unentgeltlichen Übertragung von Mitunternehmeranteilen gem. § 6 Abs. 3 EStG, insbesondere auch zur disquotalen Übertragung von Gesamthandsvermögen und Sonderbetriebsvermögen, vgl. insgesamt BMF, Schreiben v. 20.11.2019, a. a. O.

Geht der ganze Mitunternehmeranteil unentgeltlich von einem Gesellschafter auf einen neuen Gesellschafter über, dann gilt

a) beim Alt-Gesellschafter: Kein Veräußerungsgewinn;

b) beim Neu-Gesellschafter: Keine Anschaffung, sondern § 6 Abs. 3 EStG;

c) **Buchung** bei der Personengesellschaft:

   Kapitalkonten Alt-Gesellschafter an Kapitalkonten Neu-Gesellschafter;

d) Sonderbilanz Alt: Unveränderte Fortführung durch Neu-Gesellschafter und

e) Ergänzungsbilanz Alt: Unveränderte Fortführung durch Neu-Gesellschafter.

Unentgeltliche Übertragung eines Teils des Mitunternehmeranteils

Geht ein Teil des Mitunternehmeranteils unentgeltlich von einem Gesellschafter auf einen neuen Gesellschafter über, unterliegt der Vorgang ebenfalls gem. § 6 Abs. 3 Satz 1 EStG der Buchwertfortführung. Soweit Sonderbetriebsvermögen in diesem Fall zurückbehalten wird, ist dies unschädlich. Eine unterquotale Übertragung mit der Folge einer Sperrfrist gem. § 6 Abs. 3 Satz 2 EStG liegt jedoch vor, wenn nicht mindestens ein Anteil am funktional wesentlichen Sonderbetriebsvermögen übertragen wird, der dem übertragenen Teil des Anteils am Gesellschaftsvermögen des Übertragenden (nicht bezogen auf jedes Wirtschaftsgut, sondern wertmäßig) entspricht.

Entgeltliche Übertragung

Bei entgeltlicher Übertragung des Mitunternehmeranteils gilt das Folgende:

a) Der Alt-Gesellschafter erzielt einen Veräußerungsgewinn i. S. des § 16 Abs. 1 Satz 1 Nr. 2 EStG, wenn der ganze Mitunternehmeranteil übergeht, bzw. einen Aufgabegewinn i. S. des § 16 Abs. 3 EStG, falls wesentliche Betriebsgrundlagen des Sonderbetriebsvermögens nicht mitübertragen werden (aber trotzdem Gewinn darin realisiert wird). Er erzielt einen laufenden Gewinn bei Übertragung eines Bruchteils des Mitunternehmeranteils (§ 16 Abs. 1 Satz 2 EStG) oder bei Zurückbehaltung wesentlicher Betriebsgrundlagen des Sonderbetriebsvermögens ohne Aufdeckung stiller Reserven.

b) Der Neu-Gesellschafter schafft jeweils die Anteile an den Wirtschaftsgütern des Gesellschaftsvermögens an.

c) Handels-/Gesamthandsbilanz:

   Buchung:

   Kapital Alt-Gesellschafter an Kapital Neu-Gesellschafter

Das gilt für alle Kapitalkonten bei Kontentrennung!

Verbindlichkeiten gegenüber Alt-Gesellschaftern werden weiter passiviert.

d) Erstellung einer positiven Ergänzungsbilanz der Neu-Gesellschafter für Kaufpreisteile oberhalb der Buchwerte.

e) Falls der Neu-Gesellschafter auch Sonderbetriebsvermögen übernimmt, ist seine Sonderbilanz mit seinen Anschaffungskosten neu aufzustellen.

f) Falls für den Alt-Gesellschafter eine Ergänzungsbilanz aufgestellt war, ist diese als negative Ergänzungsbilanz zugunsten des Veräußerungsgewinns und als positive Ergänzungsbilanz zulasten des Veräußerungsgewinns aufzulösen.

Der Tod eines Gesellschafters hat nicht zwingend die Auflösung der Gesellschaft zur Folge (§ 723 Abs. 1 Nr. 1 BGB). Für den Bereich der Personenhandelsgesellschaften bestimmt das HGB grds. die Fortführung der Gesellschaft (§ 130 Abs. 1 Nr. 1, § 161 Abs. 2 und § 177 HGB). Es ergibt sich bei Vollhaftern grds. ein Ausscheiden des verstorbenen Gesellschafters gegen Abfindung mit den entsprechenden Rechtsfolgen (s. o.) und beim Kommanditisten einen unentgeltlichen Gesellschafterwechsel. Verstirbt jedoch der einzige Komplementär einer KG kommt es grds. zur Auflösung der Gesellschaft.

In der Praxis wird i. d. R. der Fortbestand der Gesellschaft durch entsprechende gesellschaftsvertragliche Klauseln gesichert. In Betracht kommen folgende Klauseln:

- **Fortsetzungsklausel**

  Hierbei wird die Gesellschaft unter den verbleibenden Gesellschaftern fortgesetzt. Die Rechtsnachfolger haben einen Abfindungsanspruch und den verbleibenden Gesellschaftern wächst der Anteil des ausgeschiedenen Gesellschafters zu (§ 712 BGB). Es ergibt sich ein Ausscheiden des verstorbenen Gesellschafters gegen Abfindung mit den entsprechenden Rechtsfolgen (s. o.).

- **Einfache Nachfolgeklausel**

  Hierbei treten alle Rechtsnachfolger (Erben) einzeln (nicht als Erbengemeinschaft) entsprechend ihrer Erbquote in die Gesellschafterstellung des Verstorbenen ein, so dass die Gesellschaft mit ihnen fortgesetzt wird. Dabei wird bilanziell an das Buchwertkapital des Verstorbenen angeknüpft. Es liegt ein unentgeltlicher Gesellschafterwechsel gem. § 6 Abs. 3 EStG (Buchwertfortführung, s. o.) vor.

- **Qualifizierte Nachfolgeklausel**

  Bei der qualifizierten Nachfolgeklausel ist im Gesellschaftsvertrag bestimmt, mit wem im Todesfall eines Gesellschafters die Gesellschaft fortzusetzen ist. Dabei erlangt der qualifizierte Nachfolger den Gesellschaftsteil vom Erblasser unmittelbar in voller Höhe. Dabei ist zu beachten, dass hierdurch die Erbquote im Verhältnis zu den ausgeschlossenen Erben nicht ausgehebelt ist; diese haben möglicherweise einen Ausgleichsanspruch gegenüber dem qualifizierten Nachfolger. Auch hier liegt ein unentgeltlicher Gesellschafterwechsel gem. § 6 Abs. 3 EStG (Buchwertfortführung, s. o.) vor.

FALL 201

Ausscheiden eines Gesellschafters (Abfindung über dem Nominalbetrag)

Sachverhalt: Am Gewinn und Vermögen einer OHG sind A, B und C zu je 1/3 (Kapitalkonten I entsprechen mit 100.000 € jeweils der Pflichteinlage) beteiligt. Das Wirtschaftsjahr der OHG stimmt mit dem Kalenderjahr überein. Gesellschafter C scheidet mit Wirkung v. 1.1.02 durch Kündigung gem. § 130 Abs. 1 Nr. 2 HGB aus der OHG aus.

Zum 31.12.01 liegt folgende Schlussbilanz vor, in der die OHG das Betriebsvermögen nach den steuerrechtlichen Vorschriften über die Gewinnermittlung angesetzt hat (Buchwerte):

OHG
Schlussbilanz zum 31.12.01
(Handels-/Steuerbilanz)

Aktiva					**Passiva**
Grund und Boden		200.000 €	**Kapital I + II A**		
Gebäude			1.1.01	150.000 €	
1.1.01	300.000 €		Gewinn des Jahres 01	+ 45.000 €	195.000 €
AfA 2 % von 500.000 € Anschaffungskosten =	- 10.000 €	290.000 €	**Kapital I + II B**		
			1.1.01	200.000 €	
Maschinen			Gewinn des Jahres 01	+ 45.000 €	245.000 €
1.1.01	130.000 €		**Kapital I + II C**		
AfA 10 % von 200.000 €			1.1.01	175.000 €	245.000 €
Anschaffungskosten =	- 20.000 €	110.000 €	Gewinn des Jahres 01	+ 45.000 €	220.000 €
Forderungen		60.100 €	Verbindlichkeiten		45.000 €
Waren		40.900 €			
Finanzkonten		4.000 €			
		705.000 €			705.000 €

Im Rahmen der Auseinandersetzung wurde Einigkeit darüber erzielt, dass folgende stille Reserven vorhanden sind:

	Buchwert	**Teilwert**	**Stille Reserven**
Grund und Boden	200.000 €	290.000 €	90.000 €
Gebäude (Baujahr 1980), aktuelle Restnutzungsdauer 50 Jahre	290.000 €	470.000 €	+ 180.000 €
Maschinen, aktuelle Restnutzungsdauer 5,5 Jahre	110.000 €	140.000 €	+ 30.000 €
Waren	40.900 €	52.900 €	+ 12.000 €
Firmenwert	0 €	60.000 €	+ 60.000 €
			372.000 €

Da von den stillen Reserven $1/3$ auf C entfallen, erhielt er als Abfindung:

Buchwert Kapitalkonto	220.000 €
$^1/_3$ von 372.000 € =	+ 124.000 €
Abfindungssumme	344.000 €

Die Abfindungssumme wurde am 20.1.02 vom Bankkonto der OHG an C überwiesen.

AUFGABEN

1. Wie sieht die Eröffnungsbilanz der OHG zum 1.1.02 aus?
2. Wie sind die in der Eröffnungsbilanz ausgewiesenen Wirtschaftsgüter fortzuführen, wenn sich für das Jahr 02 lediglich die folgenden vier Geschäftsvorfälle ereignet haben:
   a) Bareinkauf von Waren für 500.000 € zzgl. 95.000 € Umsatzsteuer,
   b) Barverkauf von Waren für 1 Mio. € zzgl. 190.000 € Umsatzsteuer,
   c) Zahlung von Umsatzsteuer an das Finanzamt: 95.000 € und
   d) Überweisung der Abfindung an C: 344.000 €.

   Warenbestand zum 31.12.02: 40.900 € (zwingend anzusetzender Teilwert).

   Die Nutzungsdauer für das Gebäude beträgt unverändert 50 Jahre.
3. Welche steuerlichen Folgen ergeben sich für C (58 Jahre alt)?

LÖSUNG

Scheidet ein Gesellschafter aus einer Personengesellschaft aus, so wächst sein Anteil am Gesellschaftsvermögen den übrigen Gesellschaftern zu (§ 105 Abs. 3 HGB und § 712 BGB). Die Gesellschaft besteht fort. Der ausscheidende Gesellschafter hat Anspruch auf eine Abfindung, die dem wirklichen Wert seines Anteils am Gesellschaftsvermögen entspricht. Der Abfindungsbetrag stellt die Anschaffungskosten der verbleibenden Gesellschafter für den Anteil des ausgeschiedenen Gesellschafters am Aktivvermögen der Personengesellschaft dar und ist bei den entsprechenden Wirtschaftsgütern zu aktivieren. Die Aufstellung von Ergänzungsbilanzen ist nicht geboten.

Bei einem Ausscheiden „mit Ablauf eines Wirtschaftsjahres" wird die Veräußerung grds. dem alten Wirtschaftsjahr zugeordnet. Der Erwerb wird regelmäßig erst auf den Beginn des neuen Wirtschaftsjahres dargestellt. Dem Wortlaut vertraglicher Vereinbarungen ist jedoch zu folgen. Daher sind bei einer Übertragung „mit Ablauf des alten Wirtschaftsjahres" sowohl die Veräußerung als auch der Erwerb dem alten Wirtschaftsjahr und bei einem Ausscheiden „zu Beginn des neuen Wirtschaftsjahres oder zum 1.1." beide Vorgänge dem neuen Wirtschaftsjahr zuzuordnen; vgl. auch BFH, Urteile v. 2.5.1974 - IV R 47/73, BStBl 1974 II S. 707, Rz. 19, v. 23.1.1992 - IV R 88/90, BStBl 1992 II S. 525, und v. 1.3.2018 - IV R 15/15, BStBl 2018 II S. 539, Rz. 35. Der Veräußerungsgewinn ist somit für C erst im Jahr 02 realisiert und im Jahr 02 zu versteuern. Für die übrigen Gesellschafter bedeutet dies, dass sich für sie zusätzliche Anschaffungskosten erst zu Beginn des Jahres 02 ergeben.

Im Einzelnen ergeben sich folgende Aufstockungen, die von der OHG im Jahr 02 vorzunehmen sind:

Grund und Boden:	+ 30.000 €	auf	230.000 €
Gebäude:	+ 60.000 €	auf	350.000 €
Maschinen:	+ 10.000 €	auf	120.000 €
Waren:	+ 4.000 €	auf	44.900 €
Firmenwert:	+ 20.000 €	auf	20.000 €

Außerdem ist das Kapitalkonto von C aufzulösen und dafür eine Schuld an C einzubuchen. Zu Anfang des Jahres 02 wird somit folgende Buchung erforderlich:

Grund und Boden	30.000 €			
Gebäude	60.000 €			
Maschinen	10.000 €			
Waren	4.000 €			
Firmenwert	20.000 €			
Kapital C	220.000 €	an	Verbindlichkeiten	344.000 €

Die Erstellung einer Anfangsbilanz zum 1.1.02, in der die Aufstockungen bereits erfolgt sind, würde einen Verstoß gegen den Grundsatz der Bilanzidentität darstellen. Sie kann aber u. E. aus buchführungspraktischen Gründen toleriert werden, zumal von ihr keine fehlerhaften Rechtsfolgen ausgehen, sofern für den Betriebsvermögensvergleich auf die Bilanz v. 31.12.01 zurückgegriffen wird, was ohnehin gem. § 4 Abs. 1 EStG geboten ist. Unter Weglassung der vorstehenden Buchungen ergibt sich dann folgende Eröffnungsbilanz:

OHG
Eröffnungsbilanz zum 1.1.02

Aktiva			**Passiva**
Firmenwert	20.000 €	Kapital A	195.000 €
Grund und Boden	230.000 €	Kapital B	245.000 €
Gebäude	350.000 €	Verbindlichkeiten	45.000 €
Maschinen	120.000 €	Abfindungsschuld an C	344.000 €
Forderungen	60.100 €		
Waren	44.900 €		
Finanzkonten	4.000 €		
	829.000 €		829.000 €

Handelsrechtlich kann dem gefolgt werden (IDW RS FAB 7 v. 2.12.2024, Rz. 59). Allerdings wäre es stattdessen neuerdings lt. IDW vorzugswürdig (IDW RS FAB 7 v. 2.12.2024, Rz. 58b), die Kapitalanteile der verbleibenden Gesellschafter zu mindern:

Kapitalkonto I C	100.000 €			
Kapitalkonto II C	120.000 €			
Kapitalkonto II A	62.000 €			
Kapitalkonto II B	62.000 €	an	Abfindungsschuld an C	344.000 €

Aufgrund der Geschäftsvorfälle und der Inanspruchnahme von AfA ergibt sich zum 31.12.02 folgende Schlussbilanz:

Aktiva	OHG Schlussbilanz zum 31.12.02			Passiva
Firmenwert	18.667 €	**Kapital A I + II**		
Grund und Boden	230.000 €	1.1.02	195.000 €	
Gebäude	340.200 €	Gewinn des		
Maschinen	98.182 €	Jahres 02	+ 231.524 €	426.524 €
Forderungen	60.100 €	**Kapital B I + II**		
Waren	40.900 €	1.1.02	245.000 €	
Finanzkonten	160.000 €	Gewinn des Jahres 02	+ 231.525 €	476.525 €
		Verbindlichkeiten		45.000 €
	948.049 €			948.049 €

Die einzelnen Konten entwickeln sich wie folgt:

Gebäude

1.1.02		350.000 €
Ursprüngliche Bemessungsgrundlage für A und B:		
$^2/_3$ von 500.000 € =	333.333 €	
Anschaffungskosten für den dem C abgekauften Gebäudeteil:		
$^1/_3$ von 470.000 € =	+ 156.667 €	
Neue Bemessungsgrundlage	490.000 €	
2 % von 490.000 € =		- 9.800 €
31.12.02		340.200 €

Für die Wirtschaftsgüter des Gesellschaftsvermögens ergeben sich in der Folge zwei „AfA-Reihen": Eine AfA-Reihe für das anteilig „alte" Wirtschaftsgut, welches bereits vor dem Ausscheiden auf die verbleibenden Gesellschafter entfiel, entsprechend der bisherigen AfA-Berechnung (Fortführung der anteiligen AfA-Bemessungsgrundlage, des AfA-Volumens und des AfA-Satzes) und eine zweite AfA-Reihe für das anteilig „neue" Wirtschaftsgut, welches vom Ausscheidenden erworben wurde, unter Neubestimmung der AfA. Die Annahme einer Anschaffung des anteilig erworbenen Wirtschaftsguts hat insbesondere folgende Konsequenzen für dessen Beurteilung:

- Neubestimmung der AfA-Bemessungsgrundlage (= anteilig erworbener Buchwert + aufgestockte stille Reserven);
- Neubestimmung der anzuwendenden AfA-Methode/des AfA-Satzes;
- Neuschätzung der Restnutzungsdauer;
- Neubestimmung des AfA-Volumens und
- Neubeginn etwaiger Zugehörigkeitsfristen (z. B. § 6b EStG).

Hiernach müssen A und B den von C erworbenen Gebäudeteil gem. § 7 Abs. 4 EStG isoliert mit 2 % von 156.667 € abschreiben. Der Gebäudeansatz i. H. von 350.000 € ist aufzuspalten in einen Teilbetrag i. H. von ($^2/_3$ von 290.000 € =) 193.333 €, der mit jährlich ($^2/_3$ von 10.000 € =) 6.667 €, und einen Teilbetrag i. H. von 156.667 €, der mit jährlich 3.133 € abzuschreiben ist. Nach vollständiger Abschreibung des „Altanteils" i. H. von 193.333 € verbleibt nur noch eine jährliche AfA i. H. von 3.133 €.

Praktikabel ist dieses Konzept der zwei AfA-Reihen nicht: Man stelle sich nur eine KG mit 20 Gesellschaftern vor, bei der alle zwei Jahre ein Kommanditist ausscheidet. Nach zehn Jahren dürfte der AfA-Inanspruchnahme ein kaum noch zu durchschauendes AfA-Volumen gegenüberstehen.

Maschinen

1.1.02		120.000 €
AfA		
Ursprüngliche Anschaffungskosten	200.000 €	
AfA für 4 $^1/_2$ Jahre à 10 % =	- 90.000 €	
Wert zum 31.12.01	110.000 €	
Weitere Anschaffungskosten	+ 10.000 €	
	120.000 €	
zu verteilen auf die Restnutzungsdauer i. H. von 5 $^1/_2$ Jahren =		- 21.818 €
31.12.02		98.182 €

Finanzkonten

1.1.02	4.000 €
Einnahmen aus Warenverkäufen	+ 1.190.000 €
Ausgaben für Wareneinkäufe	- 595.000 €
Abführung der Umsatzsteuer an das Finanzamt	- 95.000 €
Überweisung der Abfindung an C	- 344.000 €
31.12.02	160.000 €

Das Konto „Gewinn- und Verlustrechnung" zeigt folgendes Bild:

Gewinn- und Verlustkonto im Jahr 02

Soll			Haben
AfA Gebäude	9.800 €	Rohgewinn	500.000 €
AfA Maschinen	21.818 €		
AfA Firmenwert	1.333 €		
Warenbestandsveränderung	4.000 €		
Gewinn	463.049 €		
	500.000 €		500.000 €

Der ausgeschiedene Gesellschafter C realisiert im Jahr 02 einen Veräußerungsgewinn, auf den die §§ 16 und 34 EStG anwendbar sind. Der Veräußerungsgewinn beträgt 124.000 €:

Abfindung	344.000 €
Buchwert des Betriebsvermögens	- 220.000 €
Veräußerungsgewinn	124.000 €

Die steuerliche Gewinnermittlung und -verteilung sieht für die Jahre 01 und 02 folgendermaßen aus:

Jahr 01	A	B	C	Summe
Laufender Gewinn	45.000 €	45.000 €	45.000 €	135.000 €

Jahr 02	A	B	C	Summe
Laufender Gewinn	231.524 €	231.525 €	0 €	463.049 €
Veräußerungsgewinn			124.000 €	+ 124.000 €
				587.049 €

FALL 202

Ausscheiden eines Gesellschafters (Abfindung unter dem Nominalbetrag)

Sachverhalt: Wie Fall 201, jedoch wurde im Rahmen der Auseinandersetzung Einigung darüber erzielt, dass bei folgenden Wirtschaftsgütern der Teilwert vom Buchwert abweicht:

	Buchwert	Teilwert	Unterschied
Grund und Boden	200.000 €	170.000 €	- 30.000 €
Gebäude	290.000 €	230.000 €	- 60.000 €
Maschinen	110.000 €	95.000 €	- 15.000 €
Waren	40.900 €	46.900 €	+ 6.000 €
			- 99.000 €

Die Minderwerte sind voraussichtlich nicht von Dauer. Ein Firmenwert ist nicht vorhanden. C wurde eine Abfindung über 187.000 € gewährt:

Buchwert Kapitalkonto	220.000 €
Anteil am Minderwert ($^1/_3$ von 99.000 € =)	- 33.000 €
Abfindungssumme	187.000 €

Die Abfindungssumme wurde am 20.1.02 vom Bankkonto der OHG an C überwiesen.

AUFGABEN

Siehe die Aufgaben bei Fall 201.

LÖSUNG

Handelsbilanz

Da das Ausscheiden von C seitens der Gesellschaft als Erwerbsvorgang zu interpretieren ist und der Minderbetrag der Abfindung im Vergleich zu den anteiligen Buchwerten auf stillen Lasten konkreter Vermögensgegenstände des Anlagevermögens aufgrund vorübergehender Wertminderungen beruht, ist der negative Unterschiedsbetrag in einen passiven Unterschiedsbetrag, z. B. unter der Bezeichnung „Negativer Unterschiedsbetrag aus der Abfindung ausgeschiedener Gesellschafter", einzustellen (IDW RS FAB 7 v. 2.12.2024, Rz. 59a und 59c a.).

OHG
Eröffnungsbilanz zum 1.1.02
(nur Handelsbilanz)

Aktiva			**Passiva**
Grund und Boden	200.000 €	Kapital I + II A	195.000 €
Gebäude	290.000 €	Kapital I + II B	245.000 €
Maschinen	110.000 €	Wertberichtigungsposten aus der Abfindung ausgeschiedener Gesellschafter	33.000 €
Forderungen	60.100 €	Verbindlichkeiten	45.000 €
Waren	40.900 €	Abfindungsschuld gegenüber C	187.000 €
Finanzkonten	4.000 €		
	705.000 €		705.000 €

Steuerbilanz

Da der ausscheidende Gesellschafter C weniger erhält als der Buchwert seines Kapitalkontos ausmacht, führt das für die verbleibenden Gesellschafter A und B zu einer entsprechenden Herabsetzung der Buchwerte der einzelnen Wirtschaftsgüter (BFH, Urteil v. 12.12.1996 - IV R 77/93, BStBl 1998 II S. 180), da eine Bilanzierung über den tatsächlichen Anschaffungskosten unzulässig ist (§ 6 Abs. 1 Nr. 1 und 2 EStG). Zum 1.1.02 ergibt sich folgende Bilanz (wegen der fehlenden Bilanzidentität vgl. die Lösung zum vorhergehenden Fall):

OHG
Eröffnungsbilanz zum 1.1.02
(nur Steuerbilanz)

Aktiva			**Passiva**
Grund und Boden	190.000 €	Kapital I + II A	195.000 €
Gebäude	270.000 €	Kapital I + II B	245.000 €
Maschinen	105.000 €	Verbindlichkeiten	45.000 €
Forderungen	60.100 €	Abfindungsschuld gegenüber C	187.000 €
Waren	42.900 €		
Finanzkonten	4.000 €		
	672.000 €		672.000 €

Aufgrund der Geschäftsvorfälle und der Inanspruchnahme von AfA ergeben sich zum 31.12.02 folgende Schlussbilanzen:

Handelsbilanz

Der ausgewiesene Unterschiedsbetrag ist verursachungsgerecht und ertragswirksam im Umfang der sich ergebenden Abschreibungs- und Bestandsveränderungsdifferenzen (vgl. unter Steuerbilanz) aufzulösen:

OHG
Schlussbilanz zum 31.12.02
(nur Handelsbilanz)

Aktiva				**Passiva**
Grund und Boden	200.000 €	**Kapital I + II A**		
Gebäude	280.000 €	1.1.02	195.000 €	
Maschinen	90.000 €	Gewinn	+ 235.355 €	430.355 €
Forderungen	60.100 €	**Kapital I + II B**		
Waren	40.900 €	1.1.02	245.000 €	
Finanzkonten	317.000 €	Gewinn	+ 235.355 €	480.355 €
		Wertberichtigungsposten aus der Abfindung ausgeschiedener Gesellschafter		32.290 €
		Verbindlichkeiten		45.000 €
	988.000 €			988.000 €

Gewinn- und Verlustkonto im Jahr 02
(Handelsbilanz)

Soll			**Haben**
AfA Gebäude	10.000 €	Rohgewinn	500.000 €
AfA Maschinen	20.000 €	Ertrag Auflösung Wertberichtigungsposten	
Gewinn	470.710 €		710 €
	500.710 €		500.710 €

Steuerbilanz

OHG
Schlussbilanz zum 31.12.02
(nur Steuerbilanz)

Aktiva				**Passiva**
Grund und Boden	190.000 €	**Kapital A**		
Gebäude	261.800 €	1.1.02	195.000 €	
Maschinen	85.910 €	Gewinn	+ 235.355 €	430.355 €
Forderungen	60.100 €	**Kapital B**		
Waren	40.900 €	1.1.02	245.000 €	
Finanzkonten	317.000 €	Gewinn	+ 235.355 €	480.355 €
		Verbindlichkeiten		45.000 €
	955.710 €			955.710 €

Die einzelnen Konten entwickeln sich wie folgt:

Gebäude

1.1.02		270.000 €
Ursprüngliche Bemessungsgrundlage für A und B:		
$^{2}/_{3}$ von 500.000 € =	333.333 €	
Anschaffungskosten für den dem C abgekauften Gebäudeteil:		
$^{1}/_{3}$ von 230.000 € =	+ 76.667 €	
Neue Bemessungsgrundlage	410.000 €	
2 % von 410.000 € =		- 8.200 €
31.12.02		261.800 €

Maschinen

1.1.02	105.000 €
AfA gem. Restnutzungsdauer i. H. von 5,5 Jahren (105.000 € / 5,5 Jahre =)	- 19.090 €
31.12.02	85.910 €

Finanzkonten

1.1.02	4.000 €
Einnahmen aus Warenverkäufen	+ 1.190.000 €
Ausgaben für Wareneinkäufe	- 595.000 €
Abführung der Umsatzsteuer an das Finanzamt	- 95.000 €
Überweisung der Abfindung an C	- 187.000 €
31.12.02	317.000 €

„Steuerrechtliches Gewinn- und Verlustkonto im Jahr 02"

Soll		Haben	
AfA Gebäude	8.200 €	Rohgewinn	500.000 €
AfA Maschinen	19.090 €		
Warenbestandsveränderung	2.000 €		
Gewinn	470.710 €		
	500.000 €		500.000 €

Der ausgeschiedene Gesellschafter C realisiert im Jahr 02 einen Veräußerungsverlust. Der Veräußerungsverlust beträgt 33.000 €.

Steuerliche Gewinnermittlung und -verteilung für die Jahre 01 und 02:

Jahr 01	A	B	C	Summe
Laufender Gewinn	45.000 €	45.000 €	45.000 €	135.000 €

Jahr 02	A	B	C	Summe
Laufender Gewinn	235.355 €	235.355 €		470.710 €
Veräußerungsverlust			- 33.000 €	- 33.000 €
				437.710 €

FALL 203

Gesellschafterwechsel

Sachverhalt: Wie Fall 201, jedoch veräußert C mit Wirkung v. 1.1.02 seinen Anteil für 344.000 € an D. A und B haben dem Gesellschafterwechsel unter der Bedingung zugestimmt, dass D das Kapitalkonto von C unverändert übernimmt. D hat den Kaufpreis i. H. von 344.000 € noch am 1.1.02 an C gezahlt.

AUFGABEN

1. Welche Eröffnungsbilanzen sind zum 1.1.02 zu erstellen?
2. Wie ist die Ergänzungsbilanz für D zum 31.12.02 fortzuentwickeln, wenn D einen möglichst niedrigen Gewinnanteil wünscht? Die AfA ist linear zu gewähren.
3. Welche einkommensteuerlichen Folgen zieht der Gesellschafterwechsel für C nach sich?

LITERATURHINWEIS

Dortmann/Mann, Lehrbuch Buchführung und Bilanzsteuerrecht, 14. Aufl. 2026, Teil C, Kapitel 7, Tz. 7.2.

LÖSUNG

Durch einen Gesellschafterwechsel ändert sich die Rechtspersönlichkeit der Personengesellschaft nicht. Es wird dadurch auch keine neue Personengesellschaft gegründet. Der von D gezahlte Kaufpreis kann nicht in voller Höhe in der Bilanz der OHG ausgewiesen werden, da dem die getroffenen Vereinbarungen mit A und B entgegenstehen bzw. es ansonsten zu Vermögensverschiebungen zulasten von A und B käme. Der Unterschiedsbetrag zwischen dem Buchwert der Beteiligung und dem Kaufpreis ist in einer Ergänzungsbilanz für D auszuweisen.

OHG
Eröffnungsbilanz zum 1.1.02
(Handels-/Steuerbilanz)

Aktiva			**Passiva**
Grund und Boden	200.000 €	Kapital A	195.000 €
Gebäude	290.000 €	Kapital B	245.000 €
Maschinen	110.000 €	Kapital D	220.000 €
Forderungen	60.100 €	Verbindlichkeiten	45.000 €
Waren	40.900 €		
Finanzkonten	4.000 €		
	705.000 €		705.000 €

Aus Sicht des Erwerbers liegt eine entgeltliche Anschaffung des Mitunternehmeranteils (nach Transparenzgesichtspunkten: Der anteiligen Wirtschaftsgüter) vor. Er hat Anschaffungskosten

i. H. des Kaufpreises. Er erwirbt vorrangig die Buchwerte. Soweit der Kaufpreis die anteilig erworbenen Buchwerte übersteigt, erfolgt eine Aufstockung der vergüteten stillen Reserven in einer Ergänzungsbilanz für den Erwerber. Die Aufstockung erfolgt gleichmäßig nach dem Verhältnis der vorhandenen stillen Reserven.

Aktiva	**Ergänzungsbilanz für D zum 1.1.02**		**Passiva**
Mehrwerte für:		Mehrkapital	124.000 €
Firmenwert	20.000 €		
Grund und Boden	30.000 €		
Gebäude	60.000 €		
Maschinen	10.000 €		
Waren	4.000 €		
	124.000 €		124.000 €

Die AfA ist für den Erwerber neu zu bestimmen. Dies gilt sowohl hinsichtlich der anteilig erworbenen Buchwerte (abgebildet in der Gesamthandsbilanz) als auch hinsichtlich der aufgestockten stillen Reserven (abgebildet in der Ergänzungsbilanz). In der Gesamthandsbilanz kommt es nicht zu einer Änderung der AfA, sondern diese wird unverändert fortgeführt. Sofern dem Erwerber auf Grundlage der Neubestimmung, verglichen mit der anteilig für ihn berücksichtigten AfA in der Gesamthandsbilanz, mehr oder weniger AfA zusteht, erfolgt eine Berücksichtigung in der Ergänzungsbilanz. Die dem Erwerber zustehende AfA ist durch Anwendung der aufgrund des entgeltlichen Erwerbs neu bestimmten AfA-Methode (inklusive AfA-Satz) auf die sich aus dem Erwerb ergebende AfA-Bemessungsgrundlage (erworbener anteiliger Buchwert zzgl. aufgestockter stiller Reserven = AfA-Bemessungsgrundlage; alternativ rechnen Sie: Anteiliger Buchwert lt. Gesamthandsbilanz zzgl. (voller) Mehrwert lt. Ergänzungsbilanz = AfA-Bemessungsgrundlage) zu ermitteln. Gegebenenfalls kommt auch eine Anwendung von § 6 Abs. 2 und 2a oder § 7g EStG in Frage. Zudem liegt ein Erwerb i. S. des § 6b EStG vor. Etwaige Zugehörigkeitsfristen (insbesondere § 6b EStG) beginnen für den Erwerber anteilig neu (siehe auch BMF, Schreiben v. 19.12.2016, BStBl 2017 I S. 34).

Berechnung der AfA lt. Ergänzungsbilanz nach dem Gesellschafterwechsel:

Dem Erwerber zustehende AfA (s. o.)

\- anteilige AfA lt. Gesamthandsbilanz (= AfA lt. Gesamthandsbilanz x Beteiligungsquote)

= AfA lt. Ergänzungsbilanz
(bei positivem Vorzeichen: Mehr-AfA, Buchung: AfA an Wirtschaftsgut)
(bei negativem Vorzeichen: Minder-AfA, Buchung: Wirtschaftsgut an AfA)

Scheidet ein Wirtschaftsgut aus dem Gesamthandsvermögen aus, ist auch der Korrekturwert in der Ergänzungsbilanz aufzulösen. Die Erfolgswirksamkeit der Auflösung des Korrekturwerts richtet sich nach der Erfolgswirksamkeit des Ausscheidens aus dem Gesamthandsvermögen.

Es ergeben sich folgende Abschreibungskorrekturen, die in der Ergänzungsbilanz für D abzubilden sind:

Firmenwert

Die Anschaffungskosten von D für seinen Anteil am Firmenwert betrugen 20.000 € (220.000 € Kapital von C / 660.000 € Kapitalkonten insgesamt = $^1/_3$ x den Buchwert i. H. von 0 € = 0 € + $^1/_3$ der stillen Reserven von 60.000 € = 20.000 €); dieser Betrag entspricht der AfA-Bemessungsgrundlage. Die anteilige steuerrechtliche lineare AfA für D beträgt damit 20.000 € / 15 Jahre = 1.333 € (§ 7 Abs. 1 Satz 3 EStG). Da in der Gesellschaftsbilanz keine AfA für den Firmenwert vorgenommen wird, sind die 1.333 € in der Ergänzungsbilanz für D in Abzug zu bringen.

Maschinen

Die Anschaffungskosten von D für seinen Anteil an den Maschinen betrugen 46.666 € (220.000 € Kapital von C / 660.000 € Kapitalkonten insgesamt = $^1/_3$ x den Buchwert i. H. von 110.000 € = 36.666 € + ($^1/_3$ der stillen Reserven von 30.000 € =) 10.000 € = 46.666 €); dieser Betrag entspricht der AfA-Bemessungsgrundlage. Die anteilige lineare AfA (ggf. auch degressive AfA i. S. des § 7 Abs. 2 EStG möglich) für D beträgt damit 46.666 € / 5,5 Jahre = 8.484 € (§ 7 Abs. 1 EStG). Durch die AfA-Inanspruchnahme der OHG für die Maschinen in der Gesellschaftsbilanz, in der die AfA weiter mit jährlich 20.000 € vorgenommen wird, erhält D 6.666 € im Rahmen der Gewinnverteilung. Somit sind als AfA zusätzlich 8.484 € - 6.666 € = 1.818 € in der Ergänzungsbilanz für D in Abzug zu bringen.

Gebäude

Die Anschaffungskosten von D für seinen Anteil am Gebäude betrugen 156.666 € (220.000 € Kapital von C / 660.000 € Kapitalkonten insgesamt = $^1/_3$ x den Buchwert i. H. von 290.000 € = 96.666 € + ($^1/_3$ der stillen Reserven von 180.000 € =) 60.000 € = 156.666 €); dieser Betrag entspricht der AfA-Bemessungsgrundlage. D darf folglich steuerlich nur AfA i. H. von jährlich 2 % von 156.666 € = 3.133 € (§ 7 Abs. 4 EStG) in Anspruch nehmen. Tatsächlich erhält er durch die AfA-Inanspruchnahme der OHG für das Gebäude in der Gesellschaftsbilanz, in der die AfA weiter mit jährlich 10.000 € vorgenommen wird, 3.333 € im Rahmen der Gewinnverteilung, und dies für 29 Jahre bis der Buchwert i. H. von 290.000 € aufgezehrt ist. Andererseits steht D nach Ablauf der 29 Jahre weiterhin AfA i. H. von 3.133 € zu, und zwar für zusätzlich 21 Jahre, weil erst dann die anteiligen Anschaffungskosten von D i. H. von 156.666 € verbraucht sind. Demzufolge ist der Aktivposten „Gebäude" in der Ergänzungsbilanz für D 29 Jahre lang um jährlich 200 € aufzustocken (Buchung: Gebäude an AfA), um sicherzustellen, dass D jährlich max. nur 3.133 € AfA erhält (dies allerdings 50 Jahre lang). Nach 29 Jahren ergibt sich in der Ergänzungsbilanz für D für das Gebäude ein Wert i. H. von 65.800 € (AfA-Korrektur für 29 Jahre à 200 € = 5.800 €). Dieser Betrag ist anschließend mit jährlich 3.133 € abzuschreiben, so dass nach 21 Jahren die Vollabsetzung eingetreten ist (21 x 3.133 € = 65.793 €).

Warenbestand

Die zusätzlichen Anschaffungskosten auf den Warenbestand i. H. von 4.000 € sind wegen des dauerhaft niedrigeren Teilwerts in der Ergänzungsbilanz für D abzuschreiben.

Aktiva	Ergänzungsbilanz für D zum 31.12.02		Passiva		
Mehrwerte für:			**Mehrkapital**		
Firmenwert		18.667 €	1.1.02	124.000 €	
Grund und Boden		30.000 €	Verlust	- 6.951 €	117.049 €
Gebäude					
1.1.02	60.000 €				
AfA-Korrektur	+ 200 €	60.200 €			
Maschinen					
1.1.02	10.000 €				
AfA	- 1.818 €	8.182 €			
		117.049 €			117.049 €

Soll	GuV zur Ergänzungsbilanz für D im Jahr 02		Haben
AfA Maschinen	1.818 €	AfA-Korrektur Gebäude	200 €
AfA Firmenwert	1.333 €	Verlust	6.951 €
Warenbestandsveränderung	4.000 €		
	7.151 €		7.151 €

Der steuerliche Gewinn der OHG und der Gewinnanteil von D sind für das Jahr 02 um 6.951 € zu mindern.

Für C ergibt sich für das Jahr 02 ein Veräußerungsgewinn i. H. von 124.000 €, auf den die §§ 16 und 34 EStG anwendbar sind.

FALL 204

Ausscheiden mit Teilentgelt

Sachverhalt: Eine OHG hat zum 31.12.01 folgende Bilanz erstellt:

Aktiva	Steuerbilanz zum 31.12.01		Passiva
Grund und Boden	100.000 €	Kapital A	400.000 €
Gebäude	600.000 €	Kapital B	400.000 €
Maschinen	600.000 €	Kapital C	400.000 €
		Verbindlichkeiten	100.000 €
	1.300.000 €		1.300.000 €

Am Gewinn/Verlust und am Vermögen sind A, B und C zu je $^1/_3$ beteiligt. C (58 Jahre alt) scheidet zum 31.12.01 durch Kündigung aus der OHG aus. Das Gebäude und die Maschinen haben einen Teilwert i. H. von je 900.000 €. Da von den stillen Reserven i. H. von insgesamt 600.000 € $^1/_3$ auf C entfällt, könnte C als Abfindung 600.000 € verlangen. C ist jedoch der Vater von A und B und begnügt sich aus privaten Gründen mit 500.000 € als Abfindung. Die OHG hat das Gebäude seinerzeit für 780.000 € angeschafft und bisher mit jährlich 2 % = 15.600 € abgeschrieben. Die Anschaffungskosten der Maschinen betrugen seinerzeit 1 Mio. €; die AfA berechnete sich jährlich mit 100.000 € (Gesamtnutzungsdauer zehn Jahre, Restnutzungsdauer am 1.1.02 sechs Jahre).

AUFGABE

Welche ertragsteuerlichen Auswirkungen ergeben sich für A, B und C?

LÖSUNG

Bleibt die Abfindung (aus privaten Gründen) hinter dem Verkehrswert des Mitunternehmeranteils zurück, spricht man von einem teilentgeltlichen Geschäft. Zwar beinhaltet solch ein gemischtes Geschäft sowohl eine entgeltliche als auch eine unentgeltliche Anteilsübertragung, so dass der Vorgang in einen voll entgeltlichen Teil und einen voll unentgeltlichen Teil aufgespaltet werden könnte (und in Fällen des § 17 EStG aufgespalten werden muss). Das ist aber bei der Übertragung eines Mitunternehmeranteils (oder Betriebs) nicht erforderlich. Die teilentgeltliche Übertragung ist vielmehr als ein einheitlicher Vorgang zu betrachten. Der Erwerber kann gem. § 6 Abs. 3 EStG die stillen Reserven seines Vorgängers insoweit fortführen, als sie durch die gewährte Gegenleistung nicht aufgelöst worden sind; das entspricht dem Sinn der Buchwertfortführung (BFH, Urteil v. 10.7.1986 - IV R 12/81, BStBl 1986 II S. 811; H 16 Abs. 7 Veräußerungsgewinn EStH).

Im vorliegenden Fall handelt es sich um solch ein teilentgeltliches Geschäft. C realisiert einen nach Maßgabe der §§ 16 und 34 EStG zu behandelnden Veräußerungsgewinn i. H. von 100.000 €. A und B müssen das Gebäude- und das Maschinenkonto um jeweils 50.000 € aufstocken. Die künftige Gebäude-AfA beträgt 2 % von (520.000 € + 250.000 € =) 770.000 € = 15.400 €. Die künftige Maschinen-AfA berechnet sich mit 650.000 € / 6 Jahre = 108.333 €.

HINWEIS

Überträgt ein Mitunternehmer seinen Gesellschaftsanteil ohne Entgelt auf einen fremden Dritten, so erleidet er i. H. des Buchwerts einen Veräußerungsverlust, sofern die Übertragung keine freigebige Zuwendung darstellt (BFH, Urteil v. 26.6.2002 - IV R 3/01, BStBl 2003 II S. 112).

FALL 205

Ausscheiden eines lästigen Gesellschafters

Sachverhalt: Das Kapitalkonto des Gesellschafters C (58 Jahre alt) weist im Ausscheidenszeitpunkt am 31.12.01 einen Buchwert i. H. von 200.000 € aus. Obwohl keine stillen Reserven und auch kein Firmenwert vorhanden sind, erhält er als Abfindung einen Betrag i. H. von 250.000 €. Die übrigen Gesellschafter opferten diesen Mehrbetrag, um den nachweislich lästig gewordenen Gesellschafter „loszuwerden".

AUFGABE

Welche ertragsteuerlichen Auswirkungen ergeben sich?

LÖSUNG

C realisiert im Jahr 01 einen nach Maßgabe der §§ 16 und 34 EStG zu behandelnden Veräußerungsgewinn i. H. von 50.000 €. Für die übrigen Gesellschafter ergeben sich in gleicher Höhe sofort abziehbare Betriebsausgaben. Da es sich für sie um einen Geschäftsvorfall des Jahres 01 handelt, ist der Betriebsausgabenabzug u. E. im Jahr 01 vorzunehmen; in diesem Fall handelt es sich für die übrigen Gesellschafter um Sonderbetriebsausgaben des Jahres 01.

FALL 206

Ausscheiden mit Sachwertabfindung

Sachverhalt: A, B und C sind zu je $^{1}/_{3}$ an der ABC-OHG beteiligt. C scheidet durch Kündigung zum 31.12.01 aus. A und B übernehmen seinen Anteil. Die Bilanz zum Ausscheidenszeitpunkt stellt sich zu Buchwerten wie folgt dar:

ABC-OHG
Bilanz zum 31.12.01

Aktiva			**Passiva**
Grundstück	100.000 €	Kapital A	180.000 €
Gebäude	200.000 €	Kapital B	210.000 €
Wertpapiere	150.000 €	Kapital C	210.000 €
Sonstige Besitzposten	200.000 €	Verbindlichkeiten	50.000 €
	650.000 €		650.000 €

Die Teilwerte betragen:

Grundstück	160.000 €
Gebäude	+ 320.000 €
Wertpapiere	+ 240.000 €
Summe	720.000 €
Buchwerte für diese Positionen	- 450.000 €
Stille Reserven	270.000 €
Anteil von C ($^{1}/_{3}$)	90.000 €
Kapitalkonto von C	+ 210.000 €
Abfindungsanspruch	300.000 €

C erhält in Anrechnung auf seinen Abfindungsanspruch am 31.12.01 noch die bilanzierten Wertpapiere sowie 60.000 € durch Überweisung am 15.1.02. C nimmt die Wertpapiere in sein **privates Depot.**

Abwandlung: C ist Einzelunternehmer und wird dort die Wertpapiere als gewillkürtes Betriebsvermögen einlegen. Die Behandlung als gewillkürtes Betriebsvermögen ist steuerlich zulässig.

AUFGABE

Welche steuerlichen Konsequenzen ergeben sich?

LÖSUNG

C realisiert einen Veräußerungsgewinn i. S. der §§ 16 und 34 EStG i. H. von 90.000 €.

Für A und B ergibt sich steuerlich hinsichtlich des Gesellschaftsanteils von C eine Anschaffung (handelsrechtlich Anwachsung) und gleichzeitig eine Veräußerung der Wertpapiere. Der durch die Veräußerung der Wertpapiere entstandene Gewinn i. H. von insgesamt 90.000 € stellt i. H. von 60.000 € bei A und B laufenden Gewinn des Jahres 01 dar und erhöht deren Kapitalkonto zum 31.12.01 (s. u.); die restlichen 30.000 € werden bei C als Teil des tarifbegünstigten Veräußerungsgewinns erfasst. Für die verbleibenden Gesellschafter ergibt sich nach dem Ausscheiden von C folgende Bilanz:

ABC-OHG

Aktiva	**Bilanz zum**	**31.12.01**	**Passiva**
Grundstück	120.000 €	Kapital A	210.000 €
Gebäude	240.000 €	Kapital B	240.000 €
Sonstige Besitzposten	200.000 €	Verbindlichkeiten	50.000 €
		Abfindungsschuld an C	60.000 €
	560.000 €		560.000 €

Abwandlung

Die Übertragung der Wertpapiere in das einzelunternehmerische Betriebsvermögen von C muss zwingend zum Buchwert erfolgen (§ 6 Abs. 5 Satz 3 EStG: Minderung der Gesellschaftsrechte). Insoweit ergibt sich kein Veräußerungsgewinn bei C und kein laufender Gewinn bei den verbleibenden Gesellschaftern. Wird die Sperrfrist gem. § 6 Abs. 5 Satz 4 EStG nicht eingehalten, erfolgt ein rückwirkender gewinnrealisierender Ansatz des Teilwerts.

1.10 Beendigung der Personengesellschaft[27]

1.10.1 Liquidation

Zivilrechtlich findet nach der Auflösung der Gesellschaft die Liquidation statt (§§ 143–152 HGB und §§ 735–739 BGB). Wegen der Auflösungsgründe vgl. § 138 HGB.

Steuerrechtlich besteht die Mitunternehmerschaft bis zur Beendigung der Liquidation fort. Die §§ 16 und 34 EStG sind anwendbar, wenn die dort genannten persönlichen Voraussetzungen

27 Siehe zu diesem Thema ausführlich: Falterbaum/Bolk/Reiß/Kirchner, Buchführung und Bilanz, 23. Aufl. 2020, S. 1519 ff.

erfüllt sind. Ein unter § 16 EStG fallender Veräußerungsgewinn unterliegt nicht der Gewerbesteuer (R 7.1 Abs. 3 GewStR). Die Gewerbesteuerpflicht selbst endet mit der Aufgabe jeder werbenden Tätigkeit und bei einem Handelsbetrieb mit der Einstellung jeden Verkaufs (R 2.6 Abs. 1 GewStR).

In der Praxis ergeben sich im Regelfall folgende Liquidationsgestaltungen:

a) Veräußerung des Betriebsvermögens im Ganzen an einen oder mehrere Abnehmer: Fall des § 16 Abs. 1 EStG.

b) Allmähliche Einzelveräußerungen der Wirtschaftsgüter: Fall des § 16 Abs. 3 EStG. Hierbei ist zu beachten: Erfolgt die Einzelveräußerung der Wirtschaftsgüter nicht innerhalb eines kurzen Zeitraums, liegt eine Fortsetzung der gewerblichen Tätigkeit vor, so dass § 16 Abs. 3 EStG nicht angewendet werden kann. Ein Abwicklungszeitraum von mehr als 36 Monaten ist auf jeden Fall zu lang (BFH, Urteil v. 26.4.2001 - IV R 14/00, BStBl 2001 II S. 798). Bei einer Veräußerung innerhalb einer angemessenen Frist gehört der Gewinn aus dem normalen Warenverkauf einschließlich dem Räumungsverkauf nicht zum begünstigten Veräußerungsgewinn; hierbei handelt es sich um laufenden Gewinn. Begünstigt ist somit nur der Verkauf des Anlagevermögens und sonstiger Gegenstände des Umlaufvermögens (z. B. Wertpapiere; vgl. BFH, Urteile v. 1.12.1988 - IV R 140/86, BStBl 1989 II S. 368, und v. 29.11.1988 - VIII R 316/82, BStBl 1989 II S. 602, und H 16 Abs. 9 Räumungsverkauf EStH).

c) Einstellung des Betriebs und Überführung der Wirtschaftsgüter ins Privatvermögen der Mitunternehmer: Fall des § 16 Abs. 3 EStG.

   Eine nach Grund und Höhe ungewisse betriebliche Schadensersatzforderung bleibt auch nach Aufgabe des Betriebs Betriebsvermögen. Wird der Streit über die Schadensersatzforderung nach der Betriebsaufgabe durch Urteil oder Vergleich beigelegt, liegt ein rückwirkendes Ereignis vor. Der Betriebsaufgabegewinn ist nach Maßgabe des Urteils oder Vergleichs zu ermitteln (BFH, Urteil v. 10.2.1994 - IV R 37/92, BStBl 1994 II S. 564). Wird im Rahmen einer Betriebsaufgabe ein betrieblich genutzter Grundstücksteil in das Privatvermögen überführt, so ist zur Ermittlung des Aufgabegewinns der gemeine Wert des gesamten Grundstücks in aller Regel nach einem Größenmaßstab (Nutzflächenverhältnis) und nicht nach dem Verhältnis von Ertragswerten (erzielbare Rohmiete oder Mietwerte) aufzuteilen (BFH, Urteil v. 15.2.2001 - III R 20/99, BStBl 2003 II S. 635).

d) Kombination aus Buchst. b) und c): Fall des § 16 Abs. 3 EStG.

Im Übrigen gelten die Grundsätze für die Liquidation eines Einzelunternehmens (vgl. R 16 EStR und BFH, Urteil v. 12.6.1996 - XI R 56, 57/95, BStBl 1996 II S. 527).

Der Verlust, den der Gesellschafter einer Personenhandelsgesellschaft aus dem Wegfall seines positiven Kapitalkontos erzielt, ist einkommensteuerrechtlich zu dem Zeitpunkt realisiert, zu dem die Gesellschaft ihren Gewerbebetrieb im Ganzen aufgibt oder veräußert. Dabei wird der Betrieb regelmäßig nicht schon mit der Eröffnung des Insolvenzverfahrens über das Gesellschaftsvermögen aufgegeben (BFH, Urteil v. 19.1.1993 - VIII R 128/84, BStBl 1993 II S. 594).

Bei negativen Kapitalkonten der Gesellschafter s. u. die nachfolgende Tz. 1.10.2.

1.10.2 Insolvenz

Im Gegensatz zur Liquidation, die der Abwicklung der Geschäfte einer aufgelösten Handelsgesellschaft dient, ist die Insolvenz ein besonderes gerichtliches Vollstreckungsverfahren, das der Verwertung des Schuldnervermögens zum Zweck der gleichmäßigen Befriedigung aller Insolvenzgläubiger dient.

Die Einstellung des Betriebs und die Verwertung des Vermögens durch den Insolvenzverwalter erfüllt steuerrechtlich den Tatbestand des § 16 Abs. 3 EStG. Es gelten die zur Liquidation gemachten Ausführungen sinngemäß. Im Insolvenzfall haben die Gesellschafter i. d. R. negative Kapitalkonten. Für diese gilt – ebenso wie bei negativen Kapitalkonten im Liquidationsfall – folgende steuerrechtliche Behandlung:

1.10.2.1 Negatives Kapitalkonto des Komplementärs

Da der Komplementär sein negatives Kapitalkonto (zugunsten der Gläubiger der Gesellschaft) ausgleichen muss, entsteht bei ihm insoweit weder ein Gewinn noch ein Verlust. Entfällt der Ausgleich ausnahmsweise (z. B. weil die Gläubiger verzichten oder Verjährung eingetreten ist), führt der Wegfall des negativen Kapitalkontos zu einem Veräußerungsgewinn.

1.10.2.2 Negatives Kapitalkonto beim Kommanditisten

Der Kommanditist muss sein negatives Kapitalkonto nur ausgleichen, soweit er seine Hafteinlage nicht geleistet bzw. nicht wieder entnommen hat. Entfällt die Ausgleichspflicht (Regelfall, wenn das Kapitalkonto durch Verlustanteile negativ geworden ist), führt der Wegfall des (negativen) Kapitalkontos zu einem Veräußerungsgewinn (BFH, Urteil v. 12.7.1990 - IV R 37/89, BStBl 1991 II S. 64). Handelt es sich um einen Fall des § 15a EStG, kann dieser Veräußerungsgewinn mit noch nicht verrechneten Verlusten neutralisiert werden (vgl. auch § 52 Abs. 24 Satz 3 EStG).

1.10.3 Realteilung

Vergleiche BMF, Schreiben v. 19.12.2018, BStBl 2019 I S. 6.

Unter „Realteilung“ versteht man die Auseinandersetzung der Gesellschafter „in natura“ und die getrennte Fortführung des Unternehmens durch die Gesellschafter.

Abgrenzung „echte“ und „unechte“ Realteilung

Die **echte Realteilung** i. S. des § 16 Abs. 3 Satz 2 und 3 EStG ist durch den auf der Ebene der Mitunternehmerschaft verwirklichten Tatbestand der **Betriebsaufgabe** i. S. des § 16 Abs. 3 Satz 1 EStG gekennzeichnet (BFH, Urteil v. 16.3.2017 - IV R 31/14, BStBl 2019 II S. 24). Eine Betriebsaufgabe auf Ebene der Mitunternehmerschaft und damit ein Fall der „echten“ Realteilung liegt auch bei Ausscheiden eines Mitunternehmers unter Übertragung eines Teilbetriebs, eines (Teil-)Mitunternehmeranteils an einer Tochter-Personengesellschaft oder von Einzelwirtschaftsgütern aus einer zweigliedrigen Mitunternehmerschaft und Fortführung des Betriebs durch den verbleibenden Mitunternehmer in Form eines Einzelunternehmens vor.

Scheidet ein Mitunternehmer aus einer mehrgliedrigen Mitunternehmerschaft gegen Übertragung von Wirtschaftsgütern des Betriebsvermögens, die beim ausscheidenden Mitunternehmer zumindest teilweise weiterhin Betriebsvermögen darstellen, aus und wird diese im Übrigen von den verbleibenden Mitunternehmern als **Mitunternehmerschaft fortgeführt,** liegt ein Fall der **unechten** Realteilung vor (BFH, Urteil v. 16.3.2017 - IV R 31/14, a. a. O.). Dies gilt unabhängig davon, ob der ausscheidende Mitunternehmer einen Teilbetrieb (BFH, Urteil v. 17.9.2015 - III R 49/13, BStBl 2017 II S. 37), einen Mitunternehmeranteil oder nur Einzelwirtschaftsgüter (BFH, Urteil v. 30.3.2017 - IV R 11/15, BStBl 2019 II S. 29) erhält. Kein Fall der „unechten" Realteilung liegt vor, wenn der ausscheidende Mitunternehmer die ihm im Rahmen seines Ausscheidens übertragenen Einzelwirtschaftsgüter vollständig ins **Privatvermögen** überführt. In diesem Fall liegt die gewinnrealisierende Veräußerung des Mitunternehmeranteils i. S. des § 16 Abs. 1 Satz 1 Nr. 1 EStG vor (vgl. Fall 206 zum Ausscheiden des Gesellschafters gegen eine Sachwertabfindung). Scheidet ein Mitunternehmer aus einer Mitunternehmerschaft in der Weise aus, dass sein Mitunternehmeranteil den verbleibenden Mitunternehmern oder dem letzten verbleibenden Mitunternehmer **anwächst und er eine Abfindung in Geld** erhält, liegt ebenfalls kein Fall der Realteilung, sondern die gewinnrealisierende Veräußerung des Mitunternehmeranteils vor.

Die nachfolgenden Ausführungen zur Realteilung gelten sowohl für die echte als auch für die „unechte" Realteilung.

Gegenstand der Realteilung

Gegenstand einer Realteilung ist das Gesamthandsvermögen der Mitunternehmerschaft. Das Sonderbetriebsvermögen ist nur insoweit Gegenstand der Realteilung, als es im Rahmen der Realteilung auf einen anderen Mitunternehmer übertragen wird. Die Überführung von Wirtschaftsgütern des Sonderbetriebsvermögens eines Mitunternehmers in ein anderes (Sonder-)Betriebsvermögen desselben Mitunternehmers ist nicht Bestandteil einer Realteilung und richtet sich nach den Grundsätzen des § 6 Abs. 5 Satz 2 EStG. Die Realteilung kann durch Übertragung von Teilbetrieben, Mitunternehmeranteilen oder **Einzelwirtschaftsgütern** erfolgen. Mitunternehmeranteile in diesem Sinne sind auch Teile von Mitunternehmeranteilen. Die Übertragung von Mitunternehmeranteilen stellt keinen Fall der Übertragung von Einzelwirtschaftsgütern mit der Folge der Anwendbarkeit der Sperrfrist gem. § 16 Abs. 3 Satz 3 EStG dar.

Die Übertragung einer 100 %igen Beteiligung an einer Kapitalgesellschaft ist als Übertragung eines Teilbetriebs zu behandeln.

Begünstigte Realteilung

Hinsichtlich der im Rahmen einer Realteilung übertragenen Wirtschaftsgüter findet § 6 Abs. 5 Satz 3 EStG keine Anwendung (BFH, Urteil v. 30.3.2017 - IV R 11/15, a. a. O.). Unschädlich für die Annahme einer im Übrigen steuerneutralen Realteilung ist die Zahlung eines **Spitzen- oder Wertausgleichs.** Es ist nicht erforderlich, dass jeder Realteiler wesentliche Betriebsgrundlagen des Gesamthandsvermögens erhält. **Wesentliche Betriebsgrundlage** i. S. des § 16 Abs. 3 Satz 3 EStG sind Wirtschaftsgüter, in denen erhebliche stille Reserven ruhen (quantitative Betrachtungsweise), oder Wirtschaftsgüter, die zur Erreichung des Betriebszwecks erforderlich sind und denen ein besonderes wirtschaftliches Gewicht für die Betriebsführung zukommt (funktionale Betrachtungsweise).

Im Fall einer echten Realteilung stellen die in das **Privatvermögen** übertragenen Wirtschaftsgüter **Entnahmen der Realteilungsgemeinschaft** dar. Im Übrigen sind die Buchwerte zwingend fortzuführen.

Werden im Fall der **unechten Realteilung** einzelne Wirtschaftsgüter in das **Privatvermögen** des ausscheidenden Mitunternehmers übertragen, realisiert nur er einen **Veräußerungsgewinn** i. S. des § 16 Abs. 2 EStG. Im Rahmen der Ermittlung des Gewinns i. S. des § 16 Abs. 2 EStG ist als Veräußerungspreis der gemeine Wert der in das Privatvermögen gelangten Wirtschaftsgüter und der Buchwert der im Rahmen der Realteilung erhaltenen und in das Betriebsvermögen des ausscheidenden Mitunternehmers gelangten Wirtschaftsgüter anzusetzen. Die verbleibenden Mitunternehmer realisieren auf Ebene der Mitunternehmerschaft einen laufenden Gewinn aus der Veräußerung der in das Privatvermögen des ausgeschiedenen Mitunternehmers übertragenen Wirtschaftsgüter. Insoweit sind die Buchwerte der in der Mitunternehmerschaft verbleibenden Wirtschaftsgüter anteilig aufzustocken.

Eine begünstigte Realteilung i. S. des § 16 Abs. 3 Satz 2 EStG ist insoweit nicht gegeben, als Einzelwirtschaftsgüter der real zu teilenden Mitunternehmerschaft unmittelbar oder mittelbar in das **Betriebsvermögen einer Körperschaft, Personenvereinigung oder Vermögensmasse** übertragen werden (§ 16 Abs. 3 Satz 4 EStG) und die Körperschaft nicht schon bisher mittelbar oder unmittelbar an dem übertragenen Wirtschaftsgut beteiligt war. Dies gilt auch dann, wenn an der real zu teilenden Mitunternehmerschaft ausschließlich Körperschaften, Personenvereinigungen oder Vermögensmassen beteiligt sind.

Buchwertfortführung

Voraussetzung für die Buchwertfortführung ist, dass das übernommene Betriebsvermögen nach der Realteilung weiterhin Betriebsvermögen bleibt. Hierfür ist es ausreichend, wenn ein neuer Betrieb bei den Realteilern erst im Rahmen der Realteilung durch die Übertragung einzelner Wirtschaftsgüter (z. B. durch die Begründung einer Betriebsaufspaltung) entsteht. Es ist demnach nicht erforderlich, dass die Realteiler bereits vor der Realteilung noch Betriebsvermögen außerhalb der real zu teilenden Mitunternehmerschaft (z. B. im Rahmen eines Einzelunternehmens) haben. Das übernommene Betriebsvermögen muss in das jeweilige Betriebsvermögen des einzelnen Realteilers übertragen werden. Hierzu zählt auch das Sonderbetriebsvermögen bei einer anderen Mitunternehmerschaft. **Eine Übertragung einzelner Wirtschaftsgüter des Gesamthandsvermögens in das Gesamthandsvermögen einer anderen Mitunternehmerschaft, an der der Realteiler ebenfalls beteiligt ist, ist jedoch zu Buchwerten wohl nur unten denselben Voraussetzungen wie eine Übertragung i. S. des § 6 Abs. 5 Satz 3 Nr. 4 EStG möglich. Es muss sich demnach um eine personen- und beteiligungsidentische Schwesterpersonengesellschaft handeln** (vgl. BMF, Schreiben v. 19.12.2018, BStBl 2019 I S. 6, Fußnote 1 zu Rz. 12 in Anhang 24 III EStH 2023).

Beim Übergang eines Mitunternehmeranteils oder eines Teils eines Mitunternehmeranteils ist eine Übertragung in ein weiteres Betriebsvermögen des Realteilers nicht erforderlich.

Eine Übertragung des übernommenen Betriebsvermögens des Realteilers in ein anderes Betriebsvermögen zu Buchwerten ist nur dann möglich, wenn die Besteuerung der stillen Reserven weiterhin sichergestellt ist. Dies ist z. B. dann nicht der Fall, wenn die Wirtschaftsgüter in eine ausländische Betriebsstätte übertragen werden (§ 16 Abs. 3 Satz 2 i. V. mit § 4 Abs. 1 Satz 4 EStG).

Realteilung und Spitzen- oder Wertausgleich

Eine Realteilung mit Spitzenausgleich liegt vor, wenn ein Mitunternehmer einen Ausgleich aus eigenen Mitteln an den anderen Mitunternehmer leistet, weil er etwa im Rahmen der Realteilung Wirtschaftsgüter übernommen hat, deren Verkehrswerte den Wert seines Anteils am Gesamthandsvermögen übersteigen (BFH, Urteil v. 11.4.2013 - III R 32/12, BStBl 2014 II S. 242).

Wird ein Spitzen- oder Wertausgleich gezahlt, liegt nach Auffassung der Finanzverwaltung (BMF, Schreiben v. 19.12.2018, a. a. O., Rz. 20) im Verhältnis des Spitzenausgleichs zum Wert des übernommenen Betriebsvermögens ein entgeltliches Geschäft vor. In Höhe des um den anteiligen Buchwert verminderten Spitzenausgleichs entsteht ein Veräußerungsgewinn für den veräußernden Realteiler oder die veräußernde Mitunternehmerschaft. Dieser Gewinn ist nicht i. S. der §§ 16 und 34 EStG begünstigt, unterliegt jedoch nur in den Fällen des § 7 Satz 2 GewStG der Gewerbesteuer.

Die Behandlung dieses teilentgeltlichen Vorgangs ist jedoch umstritten. Der BFH hatte seinerzeit entschieden, dass der Spitzenausgleich vollumfänglich steuerpflichtiger Gewinn sei (BFH, Urteil v. 1.12.1992 - VIII R 57/90, BStBl 1994 II S. 607) und zu Anschaffungskosten bei dem die Spitzenleistung leistenden Realteiler führe. Inzwischen hat der BFH weiterhin abweichend von der Auffassung der Finanzverwaltung bestätigt, dass der Spitzenausgleich keinen Einfluss auf die Buchwertfortführung nimmt, und zwar weder im Fall der echten noch der unechten Realteilung (BFH, Urteil v. 2.10.2018 - IV R 24/15, BFH/NV 2019 S. 516, JAAAH-11336, Rz. 57 ff.). Die Leistung eines Spitzenausgleichs ist hiernach nicht als Gegenleistung für den Erwerb der übertragenen Wirtschaftsgüter anzusehen und führt deshalb weder zu einer Minderung des Gewinns um einen Teil des Buchwerts der übertragenen Wirtschaftsgüter des den Spitzenausgleich empfangenden Realteilers noch zu einer Buchwertaufstockung bei dem die Spitzenleistung leistenden Realteiler. Der Spitzenausgleich führt hiernach in vollem Umfang zu weiteren Anschaffungskosten der übertragenen Wirtschaftsgüter im Verhältnis der stillen Reserven. Die Auffassung der Finanzverwaltung, die der BFH ausdrücklich ablehnt, ist für den Realteiler, der den Spitzenausgleich bezieht, regelmäßig günstiger. Da das Urteil nicht zur Veröffentlichung im Bundessteuerblatt vorgesehen ist, ist es nicht allgemein bindend (vgl. auch Bolk, Bilanzierung und Besteuerung der Personengesellschaften und ihrer Gesellschafter, 5. Aufl. 2023).

Die **echte Realteilung** ist auch nach Gewerbesteuerrecht eine Betriebsaufgabe (BFH, Urteil v. 17.2.1994 - VIII R 13/94, BStBl 1994 II S. 809); im Fall der Sperrfristverletzung ist die rückwirkende Aufdeckung (§ 16 Abs. 3 Satz 3 EStG) vorgenannter stiller Reserven diesem Vorgang zuzuordnen. Der Gewinn wird grds. nicht zum Gewerbeertrag gem. § 7 Satz 1 GewStG gerechnet. Der Gewinn aus der Aufdeckung der stillen Reserven ist aber gem. § 7 Satz 2 GewStG als Gewerbeertrag zu erfassen, soweit er nicht auf eine natürliche Person als unmittelbar beteiligter Mitunternehmer entfällt.

Bei einer **unechten** Realteilung gehört der Gewinn aus der Aufdeckung der stillen Reserven bei der Übertragung von Wirtschaftsgütern an den ausscheidenden Mitunternehmer zum laufenden Gewerbeertrag bei der Mitunternehmerschaft.

Ansatz des übernommenen Betriebsvermögens

Entspricht der Buchwert des erhaltenen Vermögens dem Buchwert des bisherigen Kapitalkontos des jeweiligen Realteilers und geht auf den betreffenden Realteiler betragsmäßig genau der Anteil an den stillen Reserven über, der ihm zuvor auf Ebene der Mitunternehmerschaft zuzurechnen war, erübrigen sich bilanzielle Anpassungsmaßnahmen in den Eröffnungsbilanzen der Realteiler. Entspricht die Summe der Buchwerte der übernommenen Wirtschaftsgüter jedoch nicht dem Buchwert des Kapitalkontos, sind bilanzielle Anpassungsmaßnahmen erforderlich, damit sich Aktiva und Passiva in der Bilanz des Realteilers entsprechen. Hierzu ist die sog. **„Kapitalkontenanpassungsmethode“** anzuwenden. Bei der Kapitalkontenanpassungsmethode werden die Buchwerte der übernommenen Wirtschaftsgüter von den Realteilern in ihren eigenen Betrieben fortgeführt. Die Kapitalkonten der Realteiler werden durch **gewinnneutrales Auf- oder Abstocken** dahin gehend angepasst, dass deren Höhe der Summe der Buchwerte der übernommenen Wirtschaftsgüter entspricht (BFH, Urteil v. 10.12.1991 - VIII R 69/86, BStBl 1992 II S. 385). In diesen Fällen werden einerseits Buchwerte und andererseits stille Reserven disquotal (nicht den Beteiligungsverhältnissen entsprechend) zueinander verteilt (sog. „Überspringen der stillen Reserven“). Zwischen den Beteiligten gilt es den i. H. der späteren Steuerbelastung bestehenden Nachteil für die „Mehrübernahme“ von stillen Reserven statt Buchwerten unter kaufmännischer Abwägung der Verteilung des Vermögens mitzuberücksichtigen oder einen entsprechenden (Spitzen-)Ausgleich zu vereinbaren.

Sperrfrist

Werden einzelne Wirtschaftsgüter im Rahmen einer Realteilung in ein Betriebsvermögen des Realteilers übertragen, ist für den jeweiligen Übertragungsvorgang gem. § 16 Abs. 3 Satz 3 EStG **rückwirkend der gemeine Wert** anzusetzen, soweit

- übertragener Grund und Boden,
- übertragene Gebäude (ausgenommen Umlaufvermögen) oder
- andere übertragene wesentliche Betriebsgrundlagen

innerhalb der Sperrfrist entnommen oder veräußert werden (maßgeblicher Zeitpunkt: Übergang des wirtschaftlichen Eigentums). Die Entnahme oder Veräußerung von Grund und Boden sowie Gebäuden des Anlagevermögens, die keine wesentlichen Betriebsgrundlagen darstellen, löst ebenfalls die Folgen des § 16 Abs. 3 Satz 3 EStG aus. Bei einer Realteilung durch Übertragung von Betrieben, Teilbetrieben oder Mitunternehmer(teil)anteilen ist die Sperrfrist jedoch unbeachtlich. Es ist jedoch § 16 Abs. 5 EStG zu beachten. Die Sperrfrist beginnt zum Zeitpunkt der Realteilung und endet drei Jahre nach der Abgabe der Feststellungserklärung der Mitunternehmerschaft für den Veranlagungszeitraum der Realteilung.

Im Fall der „unechten“ Realteilung ist § 16 Abs. 3 Satz 3 EStG bei der von den verbleibenden Mitunternehmern fortgeführten Mitunternehmerschaft nicht anzuwenden.

Eine „Veräußerung“ ist grds. auch eine Einbringung der im Rahmen der Realteilung erhaltenen einzelnen Wirtschaftsgüter, wenn sie zusammen mit einem Betrieb, Teilbetrieb oder Mitunternehmer(teil)anteil i. S. der §§ 20 und 24 UmwStG eingebracht werden, unabhängig davon, ob die Buchwerte, die gemeinen Werte oder Zwischenwerte angesetzt werden. Als „Veräußerung“ gilt auch ein Formwechsel i. S. des § 25 UmwStG. Überträgt der Realteiler Wirtschaftsgüter, die im Anschluss an die Realteilung Betriebsvermögen geworden sind, gegen Gewährung von Gesellschaftsrechten gem. § 6 Abs. 5 EStG auf einen Dritten, liegt ebenfalls eine Veräußerung vor.

Werden bei einer Realteilung durch Übertragung von Teilbetrieben **Anteile an einer Körperschaft,** Personenvereinigung oder Vermögensmasse unmittelbar oder mittelbar von einem nicht i. S. des § 8b Abs. 2 KStG begünstigten Mitunternehmer (z. B. natürliche Person) auf einen i. S. des § 8b Abs. 2 KStG begünstigten Mitunternehmer (z. B. GmbH) übertragen, ist der gemeine Wert **rückwirkend** auf den Zeitpunkt der Realteilung anzusetzen, wenn der übernehmende Mitunternehmer die Anteile innerhalb eines Zeitraums von **sieben Jahren nach der Realteilung** unmittelbar oder mittelbar veräußert oder gem. § 22 UmwStG weiter überträgt (§ 16 Abs. 5 EStG).

BEISPIEL: Die AB-OHG (Gesellschafter sind zu je 50 % die natürliche Person A und die B-GmbH) hält im Gesamthandsvermögen eine 100 %-Beteiligung an der Y-GmbH. Bei der AB-OHG wird eine Realteilung durchgeführt, bei der die 100 %-Beteiligung an der Y-GmbH auf die B-GmbH übertragen wird. Im Anschluss an die Realteilung veräußert die B-GmbH die Beteiligung an der Y-GmbH.

Lösung:

Die Übertragung der Beteiligung an der Y-GmbH auf die B-GmbH im Rahmen der Realteilung erfolgt gem. § 16 Abs. 3 Satz 2 EStG zum Buchwert. Die Anteilsveräußerung durch die B-GmbH stellt ein schädliches Ereignis dar, was zum rückwirkenden Ansatz des gemeinen Werts zum Zeitpunkt der Realteilung und damit insoweit zu einer nachträglichen Besteuerung des Veräußerungsgewinns gem. § 16 EStG führt, da stille Reserven von der natürlichen Person A auf die B-GmbH übertragen wurden (50 %). Die „Siebtelregelung" ist insoweit anzuwenden.

Folgen bei der Veräußerung oder Entnahme während der Sperrfrist

Eine schädliche Entnahme oder Veräußerung i. S. des § 16 Abs. 3 Satz 3 EStG führt zu einer rückwirkenden Aufdeckung der in den veräußerten oder entnommenen Wirtschaftsgütern enthaltenen stillen Reserven. Dieser Vorgang stellt ein Ereignis mit steuerlicher Rückwirkung dar (§ 175 Abs. 1 Satz 1 Nr. 2 AO). Eine Aufdeckung der übrigen stillen Reserven erfolgt nicht. Der aus der nachträglichen Aufdeckung entstehende Gewinn stellt einen laufenden Gewinn dar, der nicht i. S. der §§ 16 und 34 EStG begünstigt ist. Ein i. S. der §§ 16 und 34 EStG begünstigter Veräußerungsgewinn liegt jedoch vor, wenn sämtliche stille Reserven aus den wesentlichen Betriebsgrundlagen rückwirkend aufzudecken sind. Die „echte" Realteilung ist auch i. S. des Gewerbesteuerrechts eine Betriebsaufgabe (BFH, Urteil v. 17.2.1994 - VIII R 13/94, BStBl 1994 II S. 809); die nachträgliche Aufdeckung vorgenannter stiller Reserven ist diesem Vorgang zuzuordnen.

Dieser Gewinn ist im Fall der **echten Realteilung** bei Wirtschaftsgütern, die zum Gesamthandsvermögen der Mitunternehmerschaft gehörten, allen Realteilern nach dem allgemeinen Gewinnverteilungsschlüssel zuzurechnen, es sei denn, dass der Gewinn nach dem Gesellschaftsvertrag oder den von den Mitunternehmern schriftlich getroffenen Vereinbarungen über die Realteilung allein dem entnehmenden oder veräußernden Realteiler zuzurechnen ist. Soweit Sonderbetriebsvermögen eines Realteilers von einem anderen Realteiler im Rahmen der Realteilung übernommen wurde, ist der Gewinn nur dann dem übernehmenden Realteiler zuzurechnen, wenn dies in den schriftlichen Vereinbarungen über die Realteilung so vereinbart wurde.

Der Gewinn rechnet grds. nicht zum Gewerbeertrag gem. § 7 Satz 1 GewStG. Der Gewinn aus der Aufdeckung der stillen Reserven ist aber gem. § 7 Satz 2 GewStG als Gewerbeertrag zu erfassen, soweit er nicht auf eine natürliche Person als unmittelbar beteiligter Mitunternehmer entfällt.

Im Fall der **unechten Realteilung** ist bei dem ausgeschiedenen Mitunternehmer bei der Ermittlung des Gewinns i. S. des § 16 Abs. 2 EStG rückwirkend der gemeine Wert des Wirtschaftsguts anzusetzen. Zudem entsteht auf Ebene der Mitunternehmerschaft ein laufender Gewinn mit der Folge, dass die Buchwerte der Wirtschaftsgüter der verbleibenden Mitunternehmerschaft insoweit aufzustocken sind.

Wegen weiterer Einzelheiten vgl. BMF, Schreiben v. 19.12.2018, BStBl 2019 I S. 6.

1.10.4 Betriebsverlegung ins Ausland

Die Betriebsverlegung ins Ausland stellt einen Entstrickungstatbestand dar, denn gem. § 16 Abs. 3a EStG steht einer Aufgabe des Gewerbebetriebs der Ausschluss oder die Beschränkung des Besteuerungsrechts der Bundesrepublik Deutschland hinsichtlich des Gewinns aus der Veräußerung sämtlicher Wirtschaftsgüter des Betriebs oder eines Teilbetriebs gleich; dabei gilt § 4 Abs. 1 Satz 4 EStG entsprechend. Die Bewertung hat mit dem gemeinen Wert zu erfolgen (§ 6 Abs. 1 Nr. 4 Satz 1 EStG). Bei Sitzverlegungen in ein EU-Land gestattet § 36 Abs. 5 EStG auf Antrag, die auf den Aufgabegewinn entfallende Steuer in fünf gleichen Jahresraten zu entrichten.

FALL 207

Beendigung der Personengesellschaft (Liquidation)

Sachverhalt: Die Gesellschafter der ABC-OHG haben am 21.12.02 die Auflösung der ABC-OHG beschlossen. In der Zeit vom 1.1.03 bis zum 31.3.03 wird aus dem Räumungsverkauf ein Gewinn (nach Abzug aller Kosten) i. H. von 180.000 € erzielt. Für das Anlagevermögen (Buchwert 500.000 €) werden in der Zeit vom 1.4.03 bis zum 31.7.03 800.000 € (netto) erzielt. Gesellschafter C ist am 21.12.02 59 Jahre alt und A und B sind 44 Jahre alt. Beteiligungsverhältnis: Je $^1/_3$.

AUFGABE

Welches Bild hat die gesonderte Gewinnfeststellung für das Jahr 03?

LÖSUNG

	A	B	C	Summe
Laufender Gewinn	60.000 €	60.000 €	60.000 €	180.000 €
Aufgabegewinn	+ 100.000 €	+ 100.000 €	+ 100.000 €	+ 300.000 €
Summe	160.000 €	160.000 €	160.000 €	480.000 €

Bei der Einkommensteuerveranlagung von C ergibt sich folgender Freibetrag gem. § 16 Abs. 4 EStG:

Freibetrag		45.000 €
Grenzbetrag	136.000 €	
Tatsächlicher Aufgabegewinn	100.000 €	
Vom Freibetrag abzuziehen	0 €	0 €
Zu gewährender Freibetrag		45.000 €

Auf den jeweiligen (steuerpflichtigen Teil des) Aufgabegewinns ist § 34 EStG anzuwenden.

HINWEIS

Hinsichtlich der Aufteilung des Freibetrags und der Gewährung der Tarifermäßigung bei Betriebsaufgaben über zwei Kalenderjahre vgl. BMF, Schreiben v. 20.12.2005, BStBl 2006 I S. 7.

FALL 208

Realteilung

Sachverhalt 1: Echte Realteilung

A und B sind Mitunternehmer eines aus zwei Teilbetrieben bestehenden Gewerbebetriebs. Teilbetriebsvermögen 1 hat einen Wert i. H. von 2 Mio. € und einen Buchwert i. H. von 200.000 €. Teilbetriebsvermögen 2 hat einen Wert i. H. von 1,6 Mio. € und einen Buchwert i. H. von 160.000 €. Im Wege der Realteilung erhält A das Teilbetriebsvermögen 1 und B das Teilbetriebsvermögen 2. Außerdem zahlt A an B eine Abfindung i. H. von 200.000 €.

Sachverhalt 2: Unechte Realteilung

A, B und C sind zu gleichen Teilen Mitunternehmer eines aus zwei Teilbetrieben bestehenden Gewerbebetriebs. Teilbetriebsvermögen 1 hat einen Wert i. H. von 2 Mio. € und einen Buchwert i. H. von 200.000 €. Teilbetriebsvermögen 2 hat einen Wert i. H. von 1,6 Mio. € und einen Buchwert i. H. von 160.000 €. C scheidet im Rahmen einer „unechten" Realteilung aus der Mitunternehmerschaft aus, die im Übrigen durch A und B fortgeführt wird. C erhält das Teilbetriebsvermögen 1. A und B behalten das Teilbetriebsvermögen 2. Außerdem zahlt C an A und B eine Abfindung i. H. von 800.000 €.

Sachverhalt 3: Realteilung und Buchwertfortführung

A und B sind Gesellschafter einer OHG (Baustoffhandlung). Sie haben die Auflösung der OHG mit Wirkung v. 1.1.02 beschlossen. Die Gesellschafter beabsichtigen jeweils die Fortführung einer gewerblichen Tätigkeit im Baustoffsektor als Einzelunternehmer. Sie sind übereingekommen, dass die Auseinandersetzung „in natura" erfolgen soll. Folgende Bilanzen ergaben sich zum 31.12.01:

Bilanz zum 31.12.01 (Buchwerte)

Aktiva			**Passiva**
Grundstück I	180.000 €	Kapital A	150.000 €
Grundstück II	120.000 €	Kapital B	150.000 €
	300.000 €		300.000 €

Bilanz zum 31.12.01 (Gemeine Werte)

Aktiva			**Passiva**
Grundstück I	300.000 €	Kapital A	300.000 €
Grundstück II	300.000 €	Kapital B	300.000 €
	600.000 €		600.000 €

A soll das Grundstück I erhalten und B das Grundstück II.

AUFGABE

Welche steuerlichen Auswirkungen ergeben sich bei den vorgenannten **Sachverhalten** und welche Eröffnungsbilanzen ergeben sich für A und B in **Sachverhalt 3**?

LÖSUNG

Zu Sachverhalt 1

A stehen bei der Realteilung wertmäßig 1,8 Mio. € (= 50 % von 3,6 Mio. €) zu. Da er aber 2 Mio. € erhält, also 200.000 € mehr, zahlt er diesen Betrag für $^1/_{10}$ (10 % von 2 Mio. € = 200.000 €) des Teilbetriebsvermögens 1, das er mehr erhält. Nach Auffassung der Finanzverwaltung (vgl. oben) erwirbt A $^9/_{10}$ des Teilbetriebsvermögens 1 unentgeltlich und $^1/_{10}$ entgeltlich. Auf diese $^1/_{10}$ entfällt ein Buchwert i. H. von 20.000 €, so dass A die Aktivwerte um 180.000 € (= 200.000 € Abfindung abzgl. anteiligem Buchwert i. H. von 20.000 €) aufstocken muss und B einen als laufenden Gewinn zu versteuernden Veräußerungsgewinn i. H. von 180.000 € (= 200.000 € Abfindung abzgl. 20.000 € anteiliger Buchwert) zu versteuern hat. Er unterliegt bei der natürlichen Person nicht der Gewerbesteuer.

Nach Auffassung des BFH (vgl. oben) erzielt B einen laufenden Gewinn i. H. von 200.000 € und A hat weitere, allen Wirtschaftsgütern im Verhältnis der anteiligen stillen Reserven zuzuordnende Anschaffungskosten i. H. von 200.000 €.

Zu Sachverhalt 2

C stehen bei der Realteilung wertmäßig 1,2 Mio. € (= $^1/_3$ von 3,6 Mio. €) zu. Da er aber 2 Mio. € erhält, also 800.000 € mehr, zahlt er diesen Betrag für $^4/_{10}$ (40 % von 2 Mio. € = 800.000 €) des Teilbetriebsvermögens 1, das er mehr erhält. Nach Auffassung der Finanzverwaltung (vgl. oben) erwirbt C $^6/_{10}$ des Teilbetriebsvermögens 1 unentgeltlich und $^4/_{10}$ entgeltlich. Auf diese $^4/_{10}$ entfällt ein Buchwert i. H. von 80.000 €, so dass C die Aktivwerte um 720.000 € (= 800.000 € Abfindung abzgl. anteiligem Buchwert i. H. von 80.000 €) aufstocken muss und A und B einen als laufenden Gewinn zu versteuernden Veräußerungsgewinn i. H. von 720.000 € (= 800.000 € Abfindung abzgl. 80.000 € anteiliger Buchwert) zu versteuern haben, der nicht der Gewerbesteuer unterliegt.

Nach Auffassung des BFH (vgl. oben) erzielen die verbleibenden Gesellschafter A und B einen laufenden Gewinn i. H. von 800.000 € und A und B haben weitere, allen Wirtschaftsgütern im Verhältnis der anteiligen stillen Reserven zuzuordnende Anschaffungskosten i. H. von 800.000 €.

Zu Sachverhalt 3

Nach der Kapitalkontenanpassungsmethode ergeben sich für A und B folgende Eröffnungsbilanzen:

Aktiva	**Eröffnungsbilanz für A**		**Passiva**
Grundstück I	180.000 €	Kapital	180.000 €

Aktiva	**Eröffnungsbilanz für B**		**Passiva**
Grundstück II	120.000 €	Kapital	120.000 €

Bei der vorstehenden Lösung sind stille Reserven im ehemaligen Betriebsvermögen der OHG i. H. von 30.000 € von A (Kapital jetzt 180.000 €) zu B (Kapital jetzt 120.000 €) „gewandert". Im Fall der Veräußerung der Grundstücke durch A oder B nach Ablauf der Sperrfrist (für unterstellt jeweils 300.000 €) bedeutet dies für A einen steuerpflichtigen Veräußerungsgewinn i. H. von „nur" 120.000 €, für B hingegen einen Veräußerungsgewinn i. H. von 180.000 €.

Dass B aufgrund der Kapitalkontenanpassungsmethode künftig einer höheren Steuerbelastung ausgesetzt ist als A, gilt es bei einer kaufmännisch abgewogenen Auseinandersetzung zwischen den Parteien zu berücksichtigen. Ist die Berücksichtigung der steuerlichen Mehrbelastung über die Zuordnung von Vermögensgegenständen nicht möglich, bleibt nur die Vereinbarung einer Ausgleichszahlung. Ein solcher Ausgleich führt als Spitzenausgleich zur teilweisen Gewinnverwirklichung. Dies gilt auch, wenn die Zahlung allein zum Zweck des Ausgleichs künftiger Steuerbelastungsdifferenzen aus der Anpassung der Kapitalkonten erfolgt, denn dieser Ausgleich gehört nicht etwa zum außerbetrieblichen Bereich, sondern ist Bestandteil der Realteilungsabrede (vgl. Kulosa in Herrmann/Heuer/Raupach, EStG KStG Kommentar, 313. Aufl. 2022, Rz. 554 und 556; aus BFH, Urteil v. 10.2.1972 - IV 317/65, BStBl 1972 II S. 419, kann u. E. nichts anderes geschlossen werden, denn in dem Fall wurde die Begründung für die Übernahme einer Steuerlast außerhalb der Realteilung verortet).

Würde im vorliegenden Fall eine Ausgleichszahlung von A an B i. H. von 30.000 € x 50 % = 15.000 € für dessen höhere Ertragsteuerbelastung gezahlt, ergeben sich die folgenden Konsequenzen:

A zahlt 5 % (von 300.000 € = 15.000 €) des Werts des Grundstücks I an B. Nach Auffassung der Finanzverwaltung (vgl. oben) erwirbt A 95 % des Grundstücks I unentgeltlich und 5 % entgeltlich. Auf diese 5 % entfällt ein Buchwert i. H. von (180.000 € x 5 % =) 9.000 €, so dass A die Aktivwerte um 6.000 € (= 15.000 € Ausgleichszahlung abzgl. anteiligem Buchwert i. H. von 9.000 €) aufstocken muss und B einen als laufenden Gewinn zu versteuernden Veräußerungsgewinn i. H. von 6.000 € (= 15.000 € Ausgleichszahlung abzgl. 9.000 € anteiliger Buchwert) zu versteuern hat. Dieser unterliegt bei der natürlichen Person nicht der Gewerbesteuer.

Eröffnungsbilanz für A

Aktiva			**Passiva**		
Grundstück I:			Kapital:		
Buchwertübernahme	171.000 €		Buchwertübernahme	171.000 €	
Zusätzliche Anschaffungskosten	+ 15.000 €	186.000 €	Einlage	+ 15.000 €	186.000 €
		186.000 €			186.000 €

Eröffnungsbilanz für B

Aktiva		**Passiva**	
Grundstück II	120.000 €	Kapital	120.000 €

Nach Auffassung des BFH (vgl. oben) erzielt B einen laufenden Gewinn i. H. von 15.000 € und A hat weitere, allen Wirtschaftsgütern im Verhältnis der anteiligen stillen Reserven zuzuordnende Anschaffungskosten i. H. von 15.000 €.

Aktiva		Eröffnungsbilanz für A			Passiva
Grundstück I:			Kapital:		
Buchwertübernahme	180.000 €		Buchwertübernahme	180.000 €	
Zusätzliche Anschaffungskosten	+ 15.000 €	195.000 €	Einlage	+ 15.000 €	195.000 €
		195.000 €			195.000 €

Aktiva	Eröffnungsbilanz für B		Passiva
Grundstück II	120.000 €	Kapital	120.000 €

1.11 Verluste bei beschränkter Haftung (§ 15a EStG)

Gemäß § 15a Abs. 1 EStG darf der einem Kommanditisten zuzurechnende Anteil am Verlust einer KG nicht mit anderen Einkünften ausgeglichen werden, soweit ein negatives Kapitalkonto des Kommanditisten entsteht. Maßgeblich ist die Einlageverpflichtung lt. Handelsregistereintragung (§ 15a Abs. 1 Satz 2 EStG i. V. mit § 171 HGB, nicht § 172 HGB). Derartige nichtausgleichsfähige Verluste mindern allerdings die künftigen Gewinne aus der Kommanditbeteiligung (§ 15a Abs. 2 EStG); sie werden zu diesem Zweck gesondert festgestellt (§ 15a Abs. 4 EStG).

„Kapitalkonto" i. S. des § 15a Abs. 1 Satz 1 EStG ist das steuerliche Kapital des Kommanditisten einschließlich evtl. Ergänzungsbilanzen (BFH, Urteil v. 30.3.1993 - VIII R 63/91, BStBl 1993 II S. 706). Aktives und passives Sonderbetriebsvermögen gehören nicht dazu, also insbesondere nicht das Kapital im Sonderbereich des Kommanditisten, das i. H. der in der Gesellschaftsbilanz zu erfassenden Verbindlichkeit gegenüber dem Gesellschafter aufgrund einer Forderung im Sonderbereich besteht. Das wesentliche Indiz für die Abgrenzung eines Kapitalkontos von einem Verbindlichkeitskonto in der Gesellschaftsbilanz (= Forderungskonto im Sonderbereich) ist, ob – nach der gesellschaftsvertraglichen Vereinbarung – auf dem jeweiligen Konto (spätestens bei Beendigung der Gesellschaft) auch Verluste gebucht werden (BMF, Schreiben v. 30.5.1997, BStBl 1997 I S. 627).

Deshalb sind in einem **Dreikontensystem** die Kapitalkonten I und II als Eigenkapital und das Privat- oder Verrechnungskonto (für entnahmefähige Gewinnanteile und deren Auszahlung) aufgrund fehlender Verlustteilnahme und fehlender Nachrangigkeit als Fremdkapital einzustufen. Beim **Vierkontensystem** sind zumindest das Kapitalkonto I sowie das Verlustsonder- oder -vortragskonto dem Eigenkapital zuzuordnen. Das Kapitalkonto II (für nicht entnahmefähige Gewinnanteile sowie Entnahmen und Einlagen) und das Privat- oder Verrechnungskonto (für entnahmefähige Gewinnanteile und deren Auszahlung) stellen dabei Fremdkapital dar. Bei einem als „Darlehenskonto" bezeichneten Konto eines Kommanditisten, das im Rahmen des sog. „Vier-Konten-Modells" dazu bestimmt ist, die nicht auf dem Rücklagenkonto verbuchten Gewinnanteile aufzunehmen, kann es sich auch dann um ein Kapitalkonto i. S. des § 15a Abs. 1 Satz 1 EStG handeln, wenn es gewinnunabhängig zu verzinsen ist. Voraussetzung ist allerdings, dass die Verluste der Gesellschaft entweder auf diesem Konto verbucht werden oder dass das Konto im Fall der Liquidation der Gesellschaft oder des Ausscheidens des Gesellschafters mit einem etwa bestehenden negativen Kapitalkonto zu verrechnen ist (BFH, Urteil v. 15.5.2008 - IV R 46/05, BStBl 2008 II S. 812).

Leistet ein Kommanditist zusätzlich zu der im Handelsregister eingetragenen, nicht voll eingezahlten Hafteinlage eine weitere Bareinlage, kann er im Wege einer negativen Tilgungsbestimmung die Rechtsfolge herbeiführen, dass die Einlage nicht mit der eingetragenen Haftsumme zu verrechnen ist, sondern im Umfang ihres Werts die Entstehung oder Erhöhung eines negativen Kapitalkontos verhindert und auf diese Weise gem. § 15a Abs. 1 Satz 1 EStG zur Ausgleichs- und Abzugsfähigkeit von Verlusten führt. Wird das im Rahmen eines sog. „Vier-Konten-Modells" eingerichtete „Darlehenskonto" eines Gesellschafters infolge von gesellschaftsvertraglich nicht vorgesehenen Auszahlungen negativ, weist das nunmehr aktivische „Darlehenskonto" eine Forderung der Gesellschaft gegenüber dem Gesellschafter aus mit der Folge, dass es in die Ermittlung des Kapitalkontos des Kommanditisten i. S. des § 15a Abs. 1 EStG nicht einzubeziehen ist (BFH, Urteil v. 16.10.2008 - IV R 98/06, BStBl 2009 II S. 272).

Der erweiterte Verlustausgleich i. S. des § 15a Abs. 1 Satz 2 und 3 EStG kommt nicht in Betracht, wenn sich die Haftung des Kommanditisten gegenüber den Gläubigern der Gesellschaft nicht aus § 171 Abs. 1 HGB, sondern aus § 172 Abs. 2 HGB ergibt (BFH, Urteil v. 28.5.1993 - VIII B 11/92, BStBl 1993 II S. 665).

„Verluste" i. S. des § 15a Abs. 1 EStG sind nur Verluste aus dem Gesamthandsbereich einschließlich evtl. Ergänzungsbilanzen des Kommanditisten, nicht hingegen Verluste aus dem Sonderbetriebsvermögen, die uneingeschränkt ausgleichs- und abzugsfähig bleiben (R 15a Abs. 2 EStR).

Entnahmen, die zu einem negativen Kapitalkonto führen bzw. dieses erhöhen, führen bis zur Höhe ausgleichs- und abzugsfähiger Verluste der vorangegangenen zehn Wirtschaftsjahre zu (fiktiven) Gewinnen, soweit die Außenhaftung nicht wieder auflebt; sie wirken also im Ergebnis zurück (§ 15a Abs. 3 EStG). Das Gleiche gilt bei einer **Haftungsminderung** als Folge einer Herabsetzung des Haftungsbetrags. Eine die Haftsumme übersteigende Pflichteinlage – also auch ein Agio, das vereinbarungsgemäß den Kapitalanteil des Kommanditisten mehren und der Stärkung des Eigenkapitals der Gesellschaft dienen soll – steht als „Polster" für haftungsunschädliche Entnahmen nicht zur Verfügung, wenn sie durch Verluste verbraucht ist. Das hat für die Gewinnzurechnung wegen Einlageminderung gem. § 15a Abs. 3 EStG zur Folge, dass bei Bestehen eines negativen Kapitalkontos eine Entnahme auch insoweit, als sie die Differenz zwischen Haftsumme und überschießender Pflichteinlage nicht überschreitet, zum Wiederaufleben der i. S. des § 15a Abs. 1 Satz 2 EStG zu berücksichtigenden Haftung führt und mithin eine Zurechnung i. S. des § 15a Abs. 3 EStG zu unterbleiben hat (BFH, Urteil v. 6.3.2008 - IV R 35/07, BStBl 2008 II S. 676).

Spätere **Einlagen** wirken erst ab dem Einlagejahr, und zwar in der Weise, dass ein im Einlagejahr entstehender Verlust auch bei einem negativen Kapitalkonto bis zu ihrer Höhe ausgleichsfähig ist (BFH, Urteil v. 14.12.1995 - IV R 106/94, BStBl 1996 II S. 226). Auch Einlagen eines atypisch stillen Gesellschafters, die er zum Ausgleich seines negativen Kapitalkontos geleistet hat und die nicht durch ausgleichsfähige Verluste verbraucht wurden (sog. „vorgezogene Einlagen"), sind dazu geeignet, die Verluste späterer Wirtschaftsjahre als ausgleichsfähig zu qualifizieren (BFH, Urteil v. 20.9.2007 - IV R 10/07, BStBl 2008 II S. 118). § 15a EStG ist nicht verfassungswidrig; er verstößt weder gegen das Übermaßverbot noch gegen den Gleichheitsgrundsatz noch gegen das Rechtsstaatprinzip (BFH, Urteile v. 9.5.1996 - IV R 75/93, BStBl 1996 II S. 474, und v. 14.12.1999 - IX R 7/95, BStBl 2000 II S. 265).

BEISPIEL:

Verlustbestand i. S. des § 15a Abs. 4 EStG am 31.12.06	220.000 €
Hafteinlage und tatsächlich geleistete Einlage im Jahr 02	200.000 €
Zusätzliche Einlagen in den Jahren 03–06	+ 100.000 €
Summe aller Einlagen	300.000 €
Hafteinlage lt. Handelsregister	- 200.000 €
Übereinlage in den Jahren 02–06	100.000 €
Entnahme im Jahr 07	- 120.000 €
Wiederaufleben der Haftung	20.000 €

Lösung:

§ 15a Abs. 3 EStG: Fiktiver Gewinn im Jahr 07 100.000 € (= 120.000 € - 20.000 €).

§ 15a Abs. 4 EStG: Verlustfeststellung zum 31.12.07 (fallbezogen) 320.000 € (= 220.000 € alt + 100.000 € neu).

HINWEISE

Der Wechsel eines Kommanditisten in die Rechtsstellung eines persönlich haftenden Gesellschafters findet zum Zeitpunkt des betreffenden Gesellschafterbeschlusses statt. Wird der Beschluss vor Ende des Wirtschaftsjahres zivilrechtlich wirksam gefasst, unterliegen die dem Gesellschafter zuzurechnenden Verlustanteile dieses Wirtschaftsjahres nicht der Ausgleichsbeschränkung des § 15a EStG, auch wenn der Antrag auf Eintragung ins Handelsregister erst nach Ablauf des Wirtschaftsjahres gestellt wird (BFH, Urteil v. 12.2.2004 - IV R 70/02, BStBl 2004 II S. 423).

Das der KG von einem Kommanditisten gewährte „Darlehen" erhöht sein Kapitalkonto i. S. des § 15a Abs. 1 Satz 1 EStG, wenn es den vertraglichen Bestimmungen zufolge vom Kommanditisten während des Bestehens der Gesellschaft nicht gekündigt werden kann und wenn das Guthaben im Falle seines Ausscheidens oder der Liquidation der Gesellschaft mit einem evtl. bestehenden negativen Kapitalkonto verrechnet wird (BFH, Urteil v. 7.4.2005 - IV R 24/03, BStBl 2005 II S. 598).

FALL 209

Verlustverrechnung mit positiven Einkünften

Sachverhalt: Das Kapitalkonto eines Kommanditisten K, der an einer gewerblich tätigen KG beteiligt ist, entwickelt sich wie folgt:

Zugang/Einlage im Jahr 02	50.000 €
Verlustanteil im Jahr 02	- 40.000 €
Stand zum 31.12.02	10.000 €
Verlustanteil im Jahr 03	- 25.000 €
Stand zum 31.12.03	- 15.000 €

In den Jahren 02 und 03 hat Kommanditist K jeweils Einkünfte aus Vermietung und Verpachtung i. H. von 50.000 €.

AUFGABE

Welche einkommensteuerlichen Auswirkungen ergeben sich für Kommanditist K in den Jahren 02 und 03?

LÖSUNG

§ 15a Abs. 1 Satz 1 EStG begrenzt bei Kommanditisten die Verlustverrechnung mit positiven Einkunftsquellen (durch Ausgleich, Rück- oder Vortrag) auf den Betrag des Kapitalkontos. § 15a Abs. 2 EStG schreibt die Verlustverrechnung in späteren Jahren mit Gewinnen aus derselben Beteiligung vor. Der Verlustrücktrag ist ausgeschlossen.

	Jahr 02	Jahr 03
Einkünfte aus Gewerbebetrieb	- 40.000 €	- 10.000 €
Einkünfte aus Vermietung und Verpachtung	+ 50.000 €	+ 50.000 €
Gesamtbetrag der Einkünfte	10.000 €	40.000 €
Für künftige Verlustverrechnungen gesondert festzustellen (§ 15a Abs. 4 EStG)		15.000 €

FALL 210

Verlustverrechnung bei beschränkter Haftung und Sonderbetriebsvermögen

Sachverhalt: Kommanditist A hat bei der Gründung der KG (1.1.01) einen Kommanditanteil i. H. von 150.000 € übernommen, den er voll eingezahlt hat.

Zur Finanzierung des Kommanditanteils hat er ein Darlehen i. H. von 100.000 € aufgenommen. Die Zinsen für das Jahr 01 i. H. von 8.000 € hat er am 10.1.02 bezahlt. Auf ihn entfällt im Jahr 01 ein Verlustanteil aus der KG i. H. von 170.000 €.

Im Jahr 02 hat Kommanditist A 10.000 € von dem Darlehen getilgt. Die Zinsen für das Jahr 02 i. H. von 7.200 € hat er am 30.12.02 aus privaten Mitteln gezahlt. Im Jahr 02 entfällt auf ihn ein Verlustanteil aus der KG i. H. von 5.000 €.

In der Handelsbilanz und der steuerlichen Gesellschaftsbilanz der KG entwickelt sich das Kapitalkonto von Kommanditist A wie folgt:

Einlage am 1.1.01	150.000 €
Verlustanteil im Jahr 01	- 170.000 €
Stand zum 31.12.01	- 20.000 €
Verlustanteil im Jahr 02	- 5.000 €
Stand zum 31.12.02	- 25.000 €

Das (negative) Sonderbetriebsvermögen von Kommanditist A zeigt demgegenüber folgende Entwicklung:

Schuldaufnahme am 1.1.01	100.000 €
Zinsaufwand im Jahr 01	+ 8.000 €
Stand zum 31.12.01	108.000 €
Zinszahlung im Jahr 02 für das Jahr 01	- 8.000 €
Zinsaufwand im Jahr 02	+ 7.200 €
Zinszahlung im Jahr 02 für das Jahr 02	- 7.200 €
Tilgung im Jahr 02	- 10.000 €
Stand zum 31.12.02	90.000 €

Kommanditist A bezieht daneben andere positive Einkünfte i. H. von 360.000 € jährlich.

AUFGABEN

Wie gestalten sich die Einkommensteuerveranlagungen von Kommanditist A für die Jahre 01 und 02 (bis zur Summe der Einkünfte)? Welche gesonderten Feststellungen i. S. des § 15a Abs. 4 EStG sind zu treffen?

LÖSUNG

Bei Eintritt des Kommanditisten A in die KG betrug sein maßgebliches Kapitalkonto 150.000 €. Am 31.12.01 beträgt es - 20.000 €. Der Verlust aus dem (negativen) Sonderbetriebsvermögen (8.000 €) ist voll ausgleichsfähig, vom Verlust aus der KG jedoch nur ein Betrag i. H. von 150.000 €. Für künftige Verrechnungen mit Gewinnen aus der Kommanditbeteiligung sind 20.000 € gesondert festzustellen (§ 15a Abs. 4 EStG).

Am 31.12.02 beträgt das maßgebliche steuerliche Kapital des Kommanditisten A - 25.000 €. Da es nach wie vor negativ ist, kann der Verlustanteil für das Jahr 02 i. H. von 5.000 € nicht mit anderen Einkünften verrechnet werden; er erhöht das künftige Verrechnungspotenzial (§ 15a Abs. 4 EStG). Demgegenüber ist der Verlust aus dem (negativen) Sonderbetriebsvermögen voll ausgleichsfähig.

Einkommensteuerveranlagungen

	Jahr 01	Jahr 02
Einkünfte aus Gewerbebetrieb	- 158.000 €	- 7.200 €
Andere positive Einkünfte	+ 360.000 €	+ 360.000 €
Summe der Einkünfte	202.000 €	352.800 €

Gesonderte Feststellung gem. § 15a Abs. 4 EStG (im Feststellungsbescheid der KG)

	Jahr 01	Jahr 02
§ 15a Abs. 4 EStG	20.000 €	25.000 €

Kapitel 2: Kapitalgesellschaften

2.1 Gründung und Bilanzierung

Das Mindeststammkapital zur Gründung einer GmbH beträgt 25.000 € (§ 5 Abs. 1 GmbHG). Dabei sind Vereinbarungen über Sacheinlagen möglich.

Vom Erfordernis des Mindeststammkapitals i. H. von 25.000 € besteht eine Ausnahme bei der Gründung einer GmbH in Form der **UG (haftungsbeschränkt)**, hier genügt 1 € (§ 5a GmbHG). Voraussetzung dabei ist, dass die GmbH im Rechtsverkehr als haftungsbeschränkte Unternehmergesellschaft bezeichnet ist, dass keine Sacheinlagen erfolgen und dass gesetzlich vorgeschriebene Rücklagen gebildet werden.

2.1.1 Bargründung

Leisten die Anteilseigner ihre Einlage in Geld, spricht man von „Bargründung".

Buchung der Kapitalgesellschaft:

Finanzkonto	an	Gezeichnetes Kapital

Bei der Erhebung eines Ausgabeaufgeldes wird gebucht:

Finanzkonto	an	Gezeichnetes Kapital
	an	Kapitalrücklage

2.1.2 Sachgründung

Vergleiche § 5 Abs. 4 GmbHG und § 6 Abs. 6 EStG. Die Kapitalgesellschaft setzt die Wirtschaftsgüter mit dem Verkehrswert (gemeiner Wert) an. Es handelt sich für die Kapitalgesellschaft um eine „Anschaffung" (= Anschaffungskosten). Ein Wirtschaftsgut, das dem Vermögen einer GmbH im Rahmen einer Überpari-Emission als Sacheinlage zugeführt worden ist, ist in der Steuerbilanz der GmbH auch im Hinblick auf jenen Teilbetrag des Einbringungswerts, der über den Nennbetrag der Stammeinlageverpflichtung des Einlegenden hinausgeht und gem. § 272 Abs. 2 Nr. 1 HGB in die Kapitalrücklage einzustellen ist, nach den für Tauschgeschäfte geltenden Regeln und nicht nach Maßgabe von § 6 Abs. 1 Nr. 5 EStG als Einlage zu bewerten (BFH, Urteil v. 24.4.2007 - I R 35/05, BStBl 2008 II S. 253). Für die Anteilseigner stellt der gemeine Wert der eingebrachten Wirtschaftsgüter die Anschaffungskosten für die erhaltenen (GmbH-)Anteile dar. Bei Unterbewertungen ergeben sich steuerlich verdeckte Einlagen; in der Steuerbilanz sind die Teilwerte anzusetzen (BFH, Urteil v. 4.3.2009 - I R 32/08, BStBl 2012 II S. 341). **Gegenkonto:** Steuerlicher Ausgleichsposten (= steuerliches Mehrkapital).

Die Grunderwerbsteuer und die Gerichts- und Notarkosten sind Anschaffungskosten (Erwerbsnebenkosten) der übernommenen Grundstücke.

2.1.3 Gründungs- und Kapitalbeschaffungskosten

Es handelt sich um sofort abziehbare Betriebsausgaben. Dasselbe gilt für Ingangsetzungs- und Erweiterungskosten.

2.2 Besonderheiten beim Jahresabschluss

Die Rechnungslegungsvorschriften sind im dritten Buch des HGB geregelt. Hiernach sind die Vorschriften des ersten Abschnitts (§§ 238–261 HGB), die für alle Kaufleute gelten, zunächst auch für die Kapitalgesellschaften grundlegend anzuwenden.

Zusätzlich haben Kapitalgesellschaften die ergänzenden Vorschriften des zweiten Abschnitts (§§ 264–335b HGB) zu befolgen. Formelle und materielle Vorschriften zur Bilanz und zur Gewinn- und Verlustrechnung enthalten hierbei die §§ 264–278 HGB. Rechtsformabhängige weitere Vorschriften finden sich im GmbHG und im AktG.

Gemäß § 242 Abs. 3 HGB besteht der Jahresabschluss grds. aus der Bilanz und der Gewinn- und Verlustrechnung. Bei der Aufstellung des Jahresabschlusses sind die GoB zu beachten.

Neben der Bilanz und der Gewinn- und Verlustrechnung haben Kapitalgesellschaften dem Jahresabschluss gem. § 264 HGB einen Anhang (Erläuterung zu den Posten der Bilanz und der Gewinn- und Verlustrechnung; §§ 284–288 HGB) beizufügen und einen Lagebericht (Auskunft über den Geschäftsverlauf und die voraussichtliche Entwicklung; § 289 HGB) zu erstellen. Außerdem ist die Entwicklung der einzelnen Posten des Anlagevermögens in einem Anlagengitter/Anlagenspiegel im Anhang darzustellen (§ 284 Abs. 3 HGB).

Die Entwicklung des Anlagevermögens ist in einem sog. „Anlagenspiegel" (Anlagengitter) zu erläutern (§ 268 Abs. 2 HGB), wobei von den historischen Anschaffungs- oder Herstellungskosten auszugehen ist. Bei den Zuschreibungen wird nur der Ausweis der Zuschreibungen des jeweiligen Geschäftsjahres vorgeschrieben; diese werden sodann in der Anfangsbilanz des folgenden Jahres mit den kumulierten Abschreibungen saldiert.

Der Einzelabschluss einer kapitalmarktorientierten Kapitalgesellschaft i. S. des § 264d HGB n. F. ist gem. § 264 Abs. 1 Satz 2 HGB um eine Kapitalflussrechnung (Darstellung der Zahlungsströme; Cashflow) und einen Eigenkapitalspiegel (Darstellung der Veränderung der einzelnen Eigenkapitalpositionen) zu erweitern.

Da der Jahresabschluss gem. § 264 Abs. 2 HGB ein den tatsächlichen Verhältnissen entsprechendes Bild der Vermögens-, Finanz- und Ertragslage vermitteln soll („true and fair view"), sind im Anhang Angaben zu machen, wenn aufgrund der Anwendung handelsrechtlicher Ansatz- und Bewertungsvorschriften kein den tatsächlichen Verhältnissen entsprechendes Bild vermittelt wird. Des Weiteren sind Angaben (Erläuterungen) zu einzelnen Posten der Bilanz und der Gewinn- und Verlustrechnung zu machen, wenn in der Bilanz/Gewinn- und Verlustrechnung diesbezüglich keine Erläuterungen erfolgt sind.

Kleine Kapitalgesellschaften sind von der Erstellung des Lageberichts gem. § 264 Abs. 1 Satz 4 HGB befreit. Sie brauchen ihre Bilanz gem. § 266 Abs. 1 Satz 3 HGB auch nur in verkürzter Form aufzustellen (Wegfall der Gliederungspunkte hinsichtlich der arabischen Ziffern). Weiterhin bestehen Erleichterungen bei der Erstellung des Anhangs (siehe § 274a HGB). Kleinstkapitalgesellschaften dürfen auf den Anhang unter den Voraussetzungen des § 264 Abs. 1 Satz 5 HGB gänzlich verzichten. Ob eine kleinste, kleine, mittelgroße oder große Kapitalgesellschaft vorliegt, richtet sich nach § 267 HGB. Die nachfolgenden Größenmerkmale gelten für die Einteilung für nach dem 31.12.2023 beginnende Geschäftsjahre:

Einteilung der Kapitalgesellschaften in Größenklassen und deren Rechtsfolgen			
Wenn an zwei aufeinanderfolgenden Abschlussstichtagen mindestens zwei der folgenden Merkmale überschritten sind:			
Bilanzsumme:	► 450.000 €	► 7,5 Mio. €	► 25 Mio. €
Jahresumsatz:	► 900.000 €	► 15 Mio. €	► 50 Mio. €
Ø Arbeitnehmerzahl:	► 10	► 50	► 250 + kapitalmarktorientierte Kapitalgesellschaft
	klein (§ 267 Abs. 1 HGB) sonst: **kleinst** (§ 267a HGB)	**mittelgroß** (§ 267 Abs. 2 und 4 HGB)	**groß** (§ 267 Abs. 3 und 4 HGB)
Aufstellung des Jahresabschlusses und des Lageberichts durch den gesetzlichen Vertreter innerhalb von	6 Monaten (§ 264 Abs. 1 HGB; ohne Lagebericht, Kleinstkapitalgesellschaften ggf. auch ohne Anhang)	3 Monaten (§ 264 Abs. 1 HGB)	3 Monaten (§ 264 Abs. 1 HGB)
Prüfungspflicht (vgl. Rückstellung für Jahresabschlusskosten):	nein	ja Wirtschaftsprüfer oder vereidigter Buchprüfer (§§ 316 und 319 HGB)	ja Wirtschaftsprüfer (§§ 316 und 319 HGB)
Feststellung des Jahresabschlusses (i. d. R. verbunden mit dem Gewinnverwendungsbeschluss) durch die Gesellschafter- bzw. Hauptversammlung innerhalb von	11 Monaten (§ 42a Abs. 2 GmbHG) 8 Monaten (§ 175 Abs. 1 AktG)	8 Monaten (§ 42a Abs. 2 GmbHG) 8 Monaten (§ 175 Abs. 1 AktG)	8 Monaten (§ 42a Abs. 2 GmbHG) 8 Monaten (§ 175 Abs. 1 AktG)

Einteilung der Kapitalgesellschaften in Größenklassen und deren Rechtsfolgen			
Offenlegungspflicht im	elektronischen Bundesanzeiger*) §§ 325 und 326 HGB: ► Bilanz ► Anhang	elektronischen Bundesanzeiger*) §§ 325 und 327 HGB: ► Jahresabschluss ► Lagebericht ► Bestätigungsvermerk ► Bilanz in verkürzter Form	elektronischen Bundesanzeiger*) § 325 HGB: ► Jahresabschluss ► Lagebericht ► Bestätigungsvermerk ► Bericht des Aufsichtsrats ► Erklärung gem. § 161 AktG ► Vorschlag zur Ergebnisverwendung
unverzüglich („1 Monat") nach Feststellung (s. o.), spätestens innerhalb von	12 Monaten (§ 325 Abs. 1a HGB), bei kapitalmarktorientierten Kapitalgesellschaften nur 4 Monaten (§ 325 Abs. 4 HGB)		

*) Publizierung unter www.unternehmensregister.de sowie www.bundesanzeiger.de.

Die „UG (haftungsbeschränkt)" stellt keine eigenständige Rechtsform neben der GmbH dar, sondern ist eine Sonderform der GmbH, deren Stammkapital weniger als 25.000 € betragen kann, bei einem Anteilseigner also lediglich ein Mindestkapital i. H. von 1 € ausweisen muss. Sie ist gem. § 13 Abs. 3 GmbHG eine Handelsgesellschaft und folglich Kaufmann i. S. des § 6 HGB. In der Regel wird die UG (haftungsbeschränkt) eine Kleinstkapitalgesellschaft i. S. des § 267a HGB sein.

2.2.1 Eigenkapital in der Handelsbilanz

Eigenkapital/Betriebsvermögen stellt die Differenz aus Aktivvermögen und Schulden/Rückstellungen sowie sonstiger zulässiger Passivposten dar (§§ 242 und 247 HGB).

Die Kapitalgesellschaft hat nur ein Kapitalkonto, was sich aber in mehrere Unterkonten gliedert (§ 266 Abs. 3 und § 272 HGB). Der Grund für die Aufgliederung ist u. a., dass bestimmte Eigenkapitalanteile einer absoluten und andere Eigenkapitalanteile einer relativen Ausschüttungssperre aufgrund des Gläubigerschutzes unterliegen.

I.	Gezeichnetes Kapital	
II.	Kapitalrücklage	
III.	Gewinnrücklagen: 1. Gesetzliche Rücklagen 2. Rücklagen an einem herrschenden Unternehmen 3. Satzungsmäßige Rücklagen 4. Andere Gewinnrücklagen	
IV.	Gewinnvortrag/Verlustvortrag	alternativ: (vgl. unten unter Tz. 2.2.3) IV. Bilanzgewinn/-verlust
V.	Jahresüberschuss/Jahresfehlbetrag	

Gemäß § 268 Abs. 3 HGB ist ein nicht durch Eigenkapital gedeckter Fehlbetrag auf der Aktivseite auszuweisen.

Unterscheidung der Unterkonten:

I. Gezeichnetes Kapital (§ 272 Abs. 1 HGB)

„Gezeichnetes Kapital" ist das Kapital, auf das die Haftung der Gesellschafter für die Verbindlichkeiten der Kapitalgesellschaft gegenüber den Gläubigern beschränkt ist (§ 272 Abs. 1 HGB). Bei der GmbH ist dies das Stammkapital (§ 42 Abs. 1 GmbHG i. V. mit § 272 Abs. 1 HGB) und bei der AG das Grundkapital (§ 1 Abs. 2, § 6 und § 152 AktG). Das gezeichnete Kapital steht für Ausschüttungen nicht zur Verfügung. Eine Veränderung kann nur durch Kapitalherabsetzungen bzw. -erhöhungen eintreten. Das gezeichnete Kapital ist mit dem Nennbetrag anzusetzen.

Die Gesellschafter einer GmbH müssen (mit Ausnahme der Gesellschafter einer UG (haftungsbeschränkt), vgl. unten) die Stammeinlagen vor der Anmeldung der Gesellschaft nicht in vollem Umfang einzahlen (vgl. § 7 Abs. 2 GmbHG). Jeder Gesellschafter muss auf seine Einlage, soweit sie in Geld zu leisten ist, gem. § 7 Abs. 1 Satz 1 GmbHG mindestens $^1/_4$ eingezahlt haben. Die eingezahlten Stammeinlagen aller Gesellschafter müssen zusammen mit den Sacheinlageverpflichtungen gem. § 7 Abs. 2 Satz 2 GmbHG bei der Anmeldung grds. die Hälfte des Mindeststammkapitals i. H. von 25.000 € (§ 5 Abs. 1 GmbHG) = 12.500 € betragen. Bei den nicht eingezahlten Beträgen handelt es sich um Forderungen der Gesellschaft gegenüber ihren Gesellschaftern. Der Ausweis nicht eingeforderter ausstehender Einlagen ist gem. § 272 Abs. 1 Satz 3 HGB nur auf der Passivseite möglich.

Die nicht eingeforderten ausstehenden Einlagen sind vom Posten „gezeichnetes Kapital" offen abzusetzen. Dies hat zur Folge, dass nur die bereits eingeforderten ausstehenden Einlagen unter den Forderungen beim Umlaufvermögen auszuweisen sind.

Aktiva		Bilanz zum 31.12.xx		Passiva
A. Anlagevermögen	x €	A. Eigenkapital		
B. Umlaufvermögen		I. Gezeichnetes Kapital	1.000.000 €	
...		Nicht eingeforderte Einlage	- 150.000 €	
II. Forderungen		Eingefordertes Kapital		850.000 €
...				
4. Sonstige Vermögensgegenstände				
Eingefordertes, noch nicht eingezahltes Kapital	50.000 €			

Besonderheiten bei der UG (haftungsbeschränkt)

Bei der UG (haftungsbeschränkt) erfolgt der Ausweis des gezeichneten Kapitals i. H. des vertraglich festgelegten Stammkapitals (weniger als 25.000 €), das vor der Anmeldung gem. § 5a Abs. 2 GmbHG in voller Höhe eingezahlt sein muss; Sacheinlagen sind gem. § 5a Abs. 2 Satz 2 GmbHG ausgeschlossen. Ausstehende Einlagen können somit nicht vorkommen.

II. Kapitalrücklagen (§ 272 Abs. 2 HGB)

Als Kapitalrücklage werden Einlagen der Anteilseigner erfasst, die nicht auf das gezeichnete Kapital geleistet werden.

Hierzu gehören

- das Agio (Differenz aus Nennwert und tatsächlicher Einlage), wenn Aktien über ihrem Nennwert ausgegeben werden (§ 272 Abs. 2 Nr. 1 HGB);
- bei der Ausgabe von Schuldverschreibungen für Wandlungsrechte und Aktienoptionsrechte erzielte Beträge (§ 272 Abs. 2 Nr. 2 HGB);
- Zuzahlungen für Gewährung von Vorzügen, z. B. bei Vorzugsaktien (§ 11 AktG/§ 272 Abs. 2 Nr. 3 HGB), und
- (verdeckte) Einlagen (§ 272 Abs. 2 Nr. 4 HGB).

Die Kapitalrücklage steht grds. nicht für Ausschüttungen zur Verfügung. Etwas anderes gilt nur dann, wenn sie zugunsten des Bilanzgewinns aufgelöst wird.

III. Gewinnrücklagen (§ 272 Abs. 3 HGB)

Gemäß § 272 Abs. 3 HGB dürfen nur die Beträge als Gewinnrücklagen ausgewiesen werden, die im Geschäftsjahr oder einem früheren Geschäftsjahr aus dem Ergebnis gebildet worden sind.

Ist die Einstellung gesetzlich vorgeschrieben, erfolgt der Ausweis unter den „gesetzlichen Rücklagen“:

- **Bei Aktiengesellschaften**

  In die gesetzliche Rücklage einer AG ist gem. § 150 Abs. 2 AktG $^{1}/_{20}$ des ggf. um einen Verlustvortrag aus dem Vorjahr geminderten Jahresüberschusses einzustellen bis die gesetzliche Rücklage und die Kapitalrücklagen gem. § 272 Abs. 2 Nr. 1–3 HGB zusammen $^{1}/_{10}$ oder den in der Satzung bestimmten höheren Teil des Grundkapitals erreichen.

► **Bei Unternehmergesellschaften (haftungsbeschränkt)**

In der Bilanz des Jahresabschlusses einer UG (haftungsbeschränkt) ist, solange das Stammkapital nicht das Mindeststammkapital gem. § 5 Abs. 1 GmbHG i. H. von 25.000 € erreicht (vgl. § 5a Abs. 5 GmbHG), gem. § 5a Abs. 3 Satz 1 GmbHG eine gesetzliche Rücklage zu bilden, in die 1/4 des um einen Verlustvortrag aus dem Vorjahr geminderten Jahresüberschusses einzustellen ist. Die gesetzliche Rücklage einer UG (haftungsbeschränkt) darf gem. § 5a Abs. 3 Satz 2 GmbHG nur verwendet werden

1. zwecks Stammkapitalerhöhung i. S. des § 57c GmbHG, insbesondere um das Mindeststammkapital i. H. von 25.000 € zu erreichen und die Umfirmierung in eine „GmbH" herbeizuführen.

   Umbuchung nach Eintragung der Kapitalerhöhung:

   Gewinnrücklagen an Gezeichnetes Kapital;

2. zum Ausgleich eines Jahresfehlbetrags, soweit er nicht durch einen Gewinnvortrag aus dem Vorjahr gedeckt ist oder

3. zum Ausgleich eines Verlustvortrags aus dem Vorjahr, soweit er nicht durch einen Jahresüberschuss gedeckt ist.

BEISPIEL:

Jahresüberschuss 015	20.000 €
- Verlustvortrag 014	15.000 €
= Bemessungsgrundlage	5.000 €
davon 1/4 Zuführung zur gesetzlichen Rücklage	1.250 €

Werden Anteile eines mehrheitlich beteiligten oder herrschenden Anteilseigners erworben, ist dem Ansatz dieser Anteile entsprechend gem. § 272 Abs. 4 HGB auf der Aktivseite eine „Rücklage für Anteile an einem herrschenden oder mit Mehrheit beteiligtem Unternehmen" aus ggf. vorhandenen Gewinnrücklagen zu bilden.

Ist die Einstellung nach dem Gesellschaftsvertrag vorgesehen, erfolgt der Ausweis unter den „satzungsmäßigen Gewinnrücklagen" (vgl. z. B. § 29 Abs. 1 GmbHG).

Erfolgt die Einstellung durch Beschluss der Gesellschafter, erfolgt der Ausweis unter den „anderen Gewinnrücklagen" (vgl. z. B. § 29 Abs. 2 GmbHG).

Auch die Gewinnrücklagen stehen grds. nicht für Ausschüttungen zur Verfügung. Allenfalls die „anderen Gewinnrücklagen" können durch Beschluss der Gesellschafter in den Bilanzgewinn aufgelöst werden; bei den „satzungsmäßigen Rücklagen" wäre hierfür schon eine Änderung des Gesellschaftsvertrags erforderlich.

IV. Gewinn- bzw. Verlustvortrag

Hier sind die Gewinne früherer Jahre auszuweisen, die nicht ausgeschüttet und auch nicht der Gewinnrücklage zugeführt wurden.

Der Verlustvortrag beinhaltet noch die nicht durch Gewinne ausgeglichenen Verluste früherer Jahre.

V. Jahresüberschuss bzw. -fehlbetrag

Dies ist das Ergebnis des laufenden Jahres vor der Ergebnisverwendung. Der Ausweis eines Jahresüberschusses erfolgt nur dann, wenn die Bilanz vor der erfolgten Ergebnisverwendung erstellt wird.

2.2.2 Jahresergebnis/Bilanzgewinn

Die Gesamtheit der GmbH-Gesellschafter (Gesellschafterversammlung) stellt gem. § 46 Nr. 1 GmbHG den Jahresabschluss fest und beschließt über die Verwendung des Ergebnisses.

Die Gesellschafter haben gem. § 29 Abs. 1 Satz 1 GmbHG grds. einen Anspruch auf den Jahresüberschuss (= Jahresergebnis lt. handelsrechtlicher Gewinn- und Verlustrechnung der GmbH) zzgl. dem Gewinnvortrag bzw. abzgl. dem Verlustvortrag.

Grundsätzlicher Gewinnanspruch der Gesellschafter:

Jahresüberschuss lt. Gewinn- und Verlustrechnung des Wirtschaftsjahres	
+	Gewinnvortrag vorheriger Wirtschaftsjahre bzw.
-	Verlustvortag vorheriger Wirtschaftsjahre
=	grds. Gewinnanspruch

Wird die Bilanz jedoch gem. § 268 Abs. 1 HGB unter Berücksichtigung der teilweisen Ergebnisverwendung (vgl. unten) aufgestellt, so haben die Gesellschafter gem. § 29 Abs. 1 Satz 2 GmbHG „nur noch" einen Anspruch auf den Bilanzgewinn.

Bereits bei der Bilanzaufstellung zwingend zu berücksichtigende Ergebnisverwendungen ergeben sich insbesondere

- bei einer UG (haftungsbeschränkt) aufgrund der Verpflichtung gem. § 5a Abs. 3 GmbHG zur Einstellung eines Teils des Jahresergebnisses in die gesetzliche Gewinnrücklage (vgl. oben);
- wenn der Gesellschaftsvertrag für das jeweilige Jahresergebnis zwingend die Einstellung in oder die Auflösung von Rücklagen vorsieht oder
- wenn bindende Beschlüsse der Gesellschafter über Ausschüttungen (= Vorabgewinnausschüttungen) oder Einstellungen in bzw. Auflösung von Rücklagen vor dem Bilanzstichtag (u. E. wohl auch bei Beschlüssen nach dem Bilanzstichtag, aber vor der Bilanzaufstellung) vorliegen.

Eine AG ist gesetzlich verpflichtet (vgl. § 150 Abs. 1 und 2 AktG) Teile des Jahresergebnisses in die gesetzliche Gewinnrücklage einzustellen, bis diese zusammen mit den Kapitalrücklagen gem. § 272 Abs. 2 Nr. 1–3 HGB mindestens 10 % des Grundkapitals beträgt.

Bei einer AG stellen grds. der Vorstand und der Aufsichtsrat den Jahresabschluss fest (§§ 170 und 172 AktG).

Hierbei können Vorstand und Aufsichtsrat bspw. bereits bis zu 50 % (andere Vereinbarung lt. Satzung möglich) des Jahresergebnisses in die anderen Gewinnrücklagen einstellen (§ 58 Abs. 2 AktG).

Die Aktionäre haben dementsprechend gem. § 58 Abs. 4 AktG „lediglich" Anspruch auf den Bilanzgewinn und beschließen im Rahmen der Hauptversammlung über dessen Verwendung.

Der Jahresabschluss einer AG ist damit stets unter der Berücksichtigung der teilweisen Ergebnisverwendung darzustellen und die Gewinn- und Verlustrechnung gem. § 158 Abs. 1 AktG i. V. mit § 275 Abs. 4 HGB um die folgende Entwicklung vom Jahresergebnis zum Bilanzgewinn zu ergänzen.

Der Bilanzgewinn ermittelt sich wie folgt (vgl. § 158 Abs. 1 AktG):

	Jahresüberschuss (Jahresfehlbetrag)
+	Gewinnvortrag aus dem Vorjahr
-	Verlustvortag aus dem Vorjahr
+	Entnahmen aus der Kapitalrücklage
+	Entnahmen aus den Gewinnrücklagen
-	Einstellung in die Gewinnrücklagen
=	Bilanzgewinn

2.2.3 Ergebnis-/Gewinnverwendung

Die „Ergebnisverwendung" (§ 46 Nr. 1 GmbHG) ist das Verfügen über das Jahresergebnis (Jahresüberschuss oder Jahresfehlbetrag) durch die Einstellung in Gewinnrücklagen und/oder den Bilanzgewinn, der im Rahmen der Gewinnverwendung für Ausschüttungszwecke zur Verfügung steht.

Die „Gewinnverwendung" ist der Beschluss der Gesellschafter- bzw. Hauptversammlung (im Folgejahr), ob und inwieweit der Bilanzgewinn in die Gewinnrücklagen eingestellt, ausgeschüttet oder auf neue Rechnung vorgetragen wird.

Ergebnisverwendung im Jahresabschluss

a) Bilanzaufstellung ohne Ergebnisverwendung

Grundsätzlich wird der Jahresabschluss einer GmbH ohne Berücksichtigung der Ergebnisverwendung aufgestellt (§ 266 Abs. 3 A HGB). In diesem Fall wird das Gewinn- und Verlustkonto über das Jahresergebniskonto abgeschlossen und das Jahresergebnis erscheint als Jahresüberschuss oder -fehlbetrag im Jahresabschluss.

GuV-Konto	Gewinn in €	an	Jahresergebnis(-konto)	Gewinn in €

Die Gewinnrücklagen in der Bilanz entsprechen dem Stand nach dem letzten Gewinnverwendungsbeschluss.

In diesem Fall erfolgt eine Ergebnis- und Gewinnverwendung durch Beschlussfassung (zeitgleich) im Folgejahr. Dies ist ein Geschäftsvorfall des folgenden Jahres, der nach dem Beschluss über die Gewinnverwendung gebucht wird. Zur Ausschüttung vorgesehene Beträge werden auf das Konto „Verbindlichkeiten gegenüber Gesellschaftern" umgebucht.

Beispielhafte Buchungen (für das Folgejahr) bei Ergebnisverwendungen im Folgejahr:

Jahresergebnis(-konto)	an	Gewinnrücklagen
Gewinnvortrag (alt)	an	Verbindlichkeiten gegenüber Gesellschaftern (= Ausschüttung)
	an	Gewinnvortrag (neu)

b) Bilanzaufstellung unter Berücksichtigung einer teilweisen Ergebnisverwendung

Es besteht aber gem. § 268 Abs. 1 HGB auch die Möglichkeit die Bilanz unter Berücksichtigung einer teilweisen oder vollständigen Ergebnisverwendung aufzustellen. Ein Jahresabschluss unter Berücksichtigung einer teilweisen Ergebnisverwendung ist z. B. dann zwingend aufzustellen (vgl. oben), wenn der Gesellschaftsvertrag eine Einstellung in die Gewinnrücklagen vorsieht (§ 268 Abs. 1 i. V. mit § 270 Abs. 2 HGB i. V. mit § 29 GmbHG).

In diesem Fall ist im Jahresabschluss der Kapitalgesellschaft nicht mehr der Jahresüberschuss auszuweisen. Die Gesellschafter haben Anspruch auf den Bilanzgewinn. Somit sind die nicht in die Gewinnrücklagen eingestellten Jahresüberschüsse und Gewinnvorträge als Bilanzgewinn auszuweisen.

Das Eigenkapital gliedert sich dann wie folgt:

I.	Gezeichnetes Kapital
II.	Kapitalrücklage
III.	Gewinnrücklagen:
	1. Gesetzliche Rücklagen
	2. Rücklagen an einem herrschenden Unternehmen
	3. Satzungsmäßige Rücklagen
	4. Andere Gewinnrücklagen
IV.	Bilanzgewinn/-verlust

Beispielhafte Buchungen in den Jahresabschluss des Wirtschaftsjahres, in dem der Jahresüberschuss erzielt wurde:

GuV-Konto	Gewinn in €	an	Jahresergebnis(-konto)	Gewinn in €
Jahresergebnis(-konto)	Gewinn in €			
Gewinnvortrag (alt)		an	Gewinnrücklagen	
		an	Bilanzgewinn	

Beispielhafte Buchungen nach Gewinnverwendungsbeschluss <u>im Folgejahr</u>:

Bilanzgewinn	an	Verbindlichkeiten gegenüber Gesellschaftern (= Ausschüttung)
	an	Gewinnrücklagen
	an	Gewinnvortrag (neu)

c) Bilanzaufstellung unter Berücksichtigung einer vollständigen Ergebnisverwendung

Eine Bilanzaufstellung unter Berücksichtigung der vollständigen Ergebnisverwendung kommt in Betracht, wenn im Rahmen der Ergebnisverwendung weder ein verbleibender Bilanzgewinn noch ein Bilanzverlust entsteht. Gründe dafür können Gewinnabführungen sowie satzungsmäßige Ermächtigungen zur Einstellung in oder Auflösung von Rücklagen sowie Vorabgewinnausschüttungsbeschlüsse sein.

2.2.4 Steuerbilanz

Gemäß §§ 7 und 8 KStG sind die Vorschriften des EStG neben den Vorschriften des KStG bei der Ermittlung des zu versteuernden Einkommens der Körperschaften anzuwenden. Maßgebend ist folglich der Gewinn aus Gewerbebetrieb (§§ 2, 4, 5 und 15 EStG), der durch Betriebsvermögensvergleich auf der Grundlage der Steuerbilanz ermittelt wird.

2.2.4.1 Einheitsbilanz

Grundsätzlich können zur Gewinnermittlung durch Betriebsvermögensvergleich verpflichtete Steuerpflichtige eine sog. „Einheitsbilanz" erstellen. Diese liegt vor, wenn die handelsrechtlichen Ansätze den steuerrechtlichen Ansätzen genügen. In diesen Fällen entspricht auch das Eigenkapital lt. Handelsbilanz dem Betriebsvermögen lt. Steuerbilanz.

Seit dem Jahr 2010 (grds. erstmaligen Anwendung des BilMoG v. 25.5.2009 (BGBl 2009 I S. 1102), vgl. Art. 66 und 67 EGHGB) muss die Kapitalgesellschaft hierzu nicht nur handelsrechtliche Wahlrechte, die steuerrechtlich nicht gegeben sind, nach Maßgabe des Steuerrechts ausüben (z. B. § 248 Abs. 2 Satz 1 und § 250 Abs. 3 HGB), sondern auch gänzlich auf die Ausübung rein steuerrechtlicher Wahlrechte i. S. des § 5 Abs. 1 Satz 1 Halbsatz 2 EStG, wie steuerrechtliche Abschreibungen (z. B. § 7g EStG) und die Bildung steuerrechtlicher Rücklagen (z. B. § 6b EStG), verzichten.

Danach dürften (zumindest handels- und steuerrechtlich legale) Einheitsbilanzen in der Praxis die absolute Ausnahme darstellen.

HINWEIS

Insbesondere aufgrund der (seit dem Jahr 1999) unterschiedlichen Bewertung des nur vorübergehend wertgeminderten Umlaufvermögens in Handels- und Steuerbilanz waren Einheitsbilanzen u. E. bei den meisten Gewerbebetrieben unabhängig von der Rechtsform allerdings schon vor der Anwendung des BilMoG v. 25.5.2009 (a. a. O.) kaum noch vorstellbar, ohne dadurch entweder gegen das strenge handelsrechtliche Niederstwertprinzip oder den steuerrechtlichen Bewertungsvorbehalt zu verstoßen.

2.2.4.2 Abweichende Steuerbilanz

Sollen nur handelsrechtlich gegebene Wahlrechte (§ 248 Abs. 2 Satz 1 und § 250 Abs. 3 HGB) wider die steuerrechtlichen Vorgaben ausgeübt werden oder steuerrechtliche Regelungen zwingend einen anderen steuerbilanziellen Ansatz bzw. Wert verlangen (z. B. § 5 Abs. 4a und § 6 Abs. 1 Nr. 2 und 3a Buchst. e EStG) oder steuerrechtliche Wahlrechte i. S. des § 5 Abs. 1 Satz 1 Halbsatz 2 EStG (z. B. § 7g und § 6b EStG sowie R 6.6 EStR) ausgeübt werden, ist eine Einheitsbilanz nicht möglich.

In diesem Fall können gem. § 5b Abs. 1 Satz 2 EStG/§ 60 Abs. 2 Satz 1 EStDV die Ansätze und Beträge durch Zusätze und Anmerkungen zur Handelsbilanz den steuerlichen Vorschriften angepasst (Überleitungsrechnung) oder gem. § 5b Abs. 1 Satz 3 EStG/§ 60 Abs. 2 Satz 2 EStDV eine abweichende (formell eigenständige) Steuerbilanz beigefügt werden.

Der handelsrechtliche Jahresabschluss mit Bilanz, Gewinn- und Verlustrechnung und ggf. Anhang und Lagebericht einschließlich einer Überleitungsrechnung oder einer eigenständigen Steuerbilanz sind dem Finanzamt zusammen mit den Steuererklärungen i. S. des § 5b Abs. 1 EStG elektronisch zu übermitteln.

2.3 Steuerlicher Ausgleichsposten im Eigenkapital

Gemäß § 5 Abs. 1 Satz 1 Halbsatz 1 EStG ist die handelsrechtliche Eigenkapitalgliederung auch in die Steuerbilanz zu übernehmen. So ist insbesondere auch das handelsrechtlich festgestellte Jahresergebnis in der Steuerbilanz auszuweisen; unabhängig davon, ob der Jahresüberschuss handelsrechtlich richtig ist.

Der durch die Gesellschafterversammlung festgestellte Jahresabschluss ist nur im Falle eines schwerwiegenden Fehlers nichtig, ansonsten ist er wirksam. Steuerrechtlich ergibt sich daraus jedoch keine Bindungswirkung an handelsrechtlich unrichtige Bilanzansätze.

Das festgestellte handelsrechtliche Jahresergebnis sowie die übrigen Eigenkapitalpositionen sind damit jedoch rechtlich fixierte Größen und unterliegen nicht steuerbilanziellen Änderungen; es gibt keinen steuerrechtlichen (oder steuerbilanziellen) Jahresüberschuss. Aus diesem Grund ist der Unterschied zwischen dem handelsrechtlichen und dem steuerrechtlichen Eigenkapital stets gesondert darzustellen. Er wird als „steuerrechtlicher Ausgleichsposten" bezeichnet.

Soweit Außenprüfungen zu Berichtigungen des Gewinns führen, ist nur die Steuerbilanz betroffen. Das steuerrechtlich auszuweisende Eigenkapital entspricht in diesen Fällen selbst bei auch handelsrechtlich unrichtiger Bilanzierung mindestens so lange nicht dem bisher bilanzierten Kapital, bis die Handelsbilanz an die Ergebnisse der Außenprüfung angepasst wurde.

Die Folge ist, dass der durch die Außenprüfung festgestellte Mehr- oder Wenigergewinn in der sog. „Prüferbilanz" als steuerlicher Ausgleichsposten auszuweisen ist. Der handelsrechtlich festgestellte Jahresüberschuss darf nicht berichtigt werden.

Über die Berichtigungen einer Außenprüfung hinaus besteht der steuerliche Ausgleichsposten aufgrund **aller** das Eigenkapital betreffenden Differenzen zwischen Handels- und Steuerbilanz.

2.4 Verdeckte Gewinnausschüttungen

Gemäß § 8 Abs. 3 Satz 2 KStG dürfen verdeckte Gewinnausschüttungen das Einkommen nicht mindern. Der Begriff der „verdeckten Gewinnausschüttung" ist allerdings weder im KStG noch im EStG – dort wird er in § 20 Abs. 1 Nr. 1 Satz 2 EStG verwendet – definiert. Es handelt sich vielmehr um einen unbestimmten Rechtsbegriff, der von der Rechtsprechung in einer Vielzahl von Urteilen entwickelt wurde.

Der BFH (siehe z. B. Urteil v. 4.6.2003 - I R 24/02, BStBl 2004 II S. 136) definiert den Begriff der „verdeckten Gewinnausschüttung" in ständiger Rechtsprechung wie folgt (vgl. R 8.5 KStR und H 8.5 KStH):

Eine verdeckte Gewinnausschüttung ist eine

- Vermögensminderung oder
- verhinderte Vermögensmehrung, die
  - sich auf die Höhe des Unterschiedsbetrags gem. § 4 Abs. 1 Satz 1 EStG auswirkt,
  - durch das Gesellschaftsverhältnis veranlasst ist und
  - in keinem Zusammenhang mit einer offenen Gewinnausschüttung steht.

Der Sachverhalt muss außerdem geeignet sein, zu einer Bereicherung des Anteilseigners oder einer ihm nahestehenden Person zu führen (Vorteilsgeeignetheit).

2.4.1 Verdeckte Gewinnausschüttung und Kapitalertragsteuer

Auch verdeckte Gewinnausschüttungen unterliegen dem 25 %igen Steuerabzug vom Kapitalertrag gem. § 43 Abs. 1 Satz 1 Nr. 1 und § 43a Abs. 1 Satz 1 Nr. 1 i. V. mit § 20 Abs. 1 Nr. 1 EStG. Der Steuerschuldner ist gem. § 44 Abs. 1 Satz 1 EStG der Gesellschafter und die Kapitalgesellschaft haftet gem. § 44 Abs. 5 EStG. Die Kapitalertragsteuer entsteht i. S. des § 44 Abs. 1 Satz 2 EStG mit dem tatsächlichen Zufluss der verdeckten Gewinnausschüttung beim Gesellschafter.

Da die Kapitalertragsteuer bei der verdeckten Gewinnausschüttung anders als bei der offenen Gewinnausschüttung nicht von der Ausschüttung „in Abzug" gebracht werden kann, entsteht bei der Entrichtung der Kapitalertragsteuer grds. ein Regressanspruch der Kapitalgesellschaft gegenüber dem Gesellschafter. Dies kann durch eine Verbuchung auf dem Verrechnungskonto des Gesellschafters vollzogen werden.

Verzichtet die Kapitalgesellschaft auf die Erstattung der Kapitalertragsteuer, stellt die Übernahme eine weitere Leistung an den Gesellschafter dar. Der entstehende Kapitalertragsteueraufwand ist bei der Kapitalgesellschaft gem. § 8 Abs. 3 Satz 2 KStG als verdeckte Gewinnausschüttung wieder hinzuzurechnen und stellt beim Gesellschafter eine weitere Einnahme i. S. des § 20 Abs. 1 Nr. 1 Satz 2 EStG dar, die wiederum dem Kapitalertragsteuerabzug unterliegt. Daher ist in diesem Fall die Kapitalertragsteuer (ohne die Kirchensteuer) mit 33 $^1/_3$ % der „eigentlichen" verdeckten Gewinnausschüttung (ohne Übernahme der Kapitalertragsteuer) zu berechnen.

BEISPIEL: Die verdeckte Gewinnausschüttung aufgrund eines unangemessen hohen Entgelts für eine Lieferung des konfessionslosen Gesellschafters A. T. an die A. T. GmbH beträgt 60.000 €.

a) Wenn die A. T. GmbH ihren Erstattungsanspruch auf die Kapitalertragsteuer geltend macht, beträgt die verdeckte Gewinnausschüttung 60.000 € und die Kapitalertragsteuer 25 % = 15.000 €.

Buchung:

Forderungen gegen A. T.	15.000 €	an	Finanzkonto	15.000 €

Bei der A. T. GmbH hat eine außerbilanzielle Zurechnung i. H. von 60.000 € gem. § 8 Abs. 3 Satz 2 KStG zu erfolgen und bei A. T. liegen Einnahmen i. S. des § 20 Abs. 1 Nr. 1 Satz 2 EStG i. H. von 60.000 € vor.

b) Wenn die A. T. GmbH auf die Erstattung der Kapitalertragsteuer verzichtet, ist diese mit 60.000 € x 25 / 75 = 20.000 € zu berechnen.

Buchung:

Sonstiger betrieblicher Aufwand	20.000 €	an	Finanzkonto	20.000 €

Die Übernahme der Kapitalertragsteuer bedeutet eine weitere verdeckte Gewinnausschüttung i. H. von 20.000 €, so dass bei der A. T. GmbH eine außerbilanzielle Zurechnung i. H. von insgesamt 80.000 € gem. § 8 Abs. 3 Satz 2 KStG zu erfolgen hat und bei A. T. Einnahmen i. S. des § 20 Abs. 1 Nr. 1 Satz 2 EStG i. H. von insgesamt 80.000 € vorliegen. Die Kapitalertragsteuer wurde i. H. von 80.000 € x 25 % = 20.000 € korrekt erhoben.

Da sich die Beteiligten insbesondere im Falle der Entdeckung einer verdeckten Gewinnausschüttung im Rahmen einer Betriebsprüfung einer Vorteilsgewährung nicht bewusst waren, ist regelmäßig kein Kapitalertragsteuerabzug auf die verdeckte Gewinnausschüttung vorgenommen worden. Die Finanzverwaltung räumt der Erfassung der verdeckten Gewinnausschüttung im Rahmen der Veranlagung des Gesellschafters (ggf. Änderung des Einkommensteuerbescheids gem. § 32a Abs. 1 KStG) Vorrang vor dem Abzugsverfahren ein und verzichtet auf die Nachholung des Kapitalertragsteuerabzugs (vgl. OFD Münster, Vfg. v. 7.11.2007 - S 2408 a - 1 - St 22 - 31, DB 2008 S. 204, WAAAC-62894).

Dies funktioniert nicht nur für die in einem Betriebsvermögen gehaltenen Beteiligungen (§ 43 Abs. 5 und § 20 Abs. 8 EStG), für die ein Antrag gem. § 32d Abs. 2 Nr. 3 EStG gestellt worden ist, sondern auch für Beteiligungen im Privatvermögen, wenn der Kapitalertragsteuerabzug gem. § 43 Abs. 5 EStG abgeltende Wirkung hätte. Aufgrund des unterbliebenen Kapitalertragsteuerabzugs liegt hier ein Veranlagungsgrund gem. § 32d Abs. 3 Satz 1 EStG vor. Die verdeckte Gewinnausschüttung ist in diesen Fällen grds. im Rahmen der Veranlagung mit dem besonderen Steuersatz gem. § 32d Abs. 1 EStG i. H. von 25 % (ggf. korrigiert um die Kirchensteuer) nachzuversteuern; vgl. BMF, Schreiben v. 19.5.2022, BStBl 2022 I S. 742, Rz. 144.

HINWEIS

Die Kapitalertragsteuer ist jedoch aufgrund ihrer uneingeschränkten Abgeltungsfunktion bei beschränkt steuerpflichtigen und gem. § 5 Abs. 1 KStG steuerbefreiten Gesellschaftern zwingend nachzuerheben.

2.4.2 Bewertung der verdeckten Gewinnausschüttung bei der Körperschaft

Die Bewertung der verdeckten Gewinnausschüttung ergibt sich grds. aus H 8.6 KStH. Danach ist die verdeckte Gewinnausschüttung grds. mit dem gemeinen Wert der angemessenen Gegenleistung zu bewerten.

Verdeckte Gewinnausschüttung – Tatbestand	Bewertung
► Hingabe von Wirtschaftsgütern	► grds. gemeiner Wert der Wirtschaftsgüter
► Nutzungsüberlassungen	► grds. erzielbare Vergütung (brutto)
► Dienstleistungen	► Wert lt. Gebührenordnung oder Personalaufwand zzgl. Gewinnaufschlag

Der gemeine Wert ist grds. ein Bruttowert, so dass die Umsatzsteuer mit zur verdeckten Gewinnausschüttung rechnet. Die verdeckte Gewinnausschüttung berechnet sich daher grds. wie folgt:

	Gemeiner Wert des Wirtschaftsguts bzw. angemessene Vergütung (inklusive Umsatzsteuer)
-	Zuzahlung des Gesellschafters oder der nahe stehenden Person (inklusive Umsatzsteuer)
=	verdeckte Gewinnausschüttung

Da der gemeine Wert die Umsatzsteuer bereits beinhaltet, erfolgt bei einer verdeckten Gewinnausschüttung keine gesonderte Hinzurechnung der ggf. aufgrund des Vorgangs geschuldeten Umsatzsteuer gem. § 10 Nr. 2 KStG (vgl. R 8.6 KStR).

Begrenzung der verdeckten Gewinnausschüttung auf die Vermögensminderung bzw. die verhinderte Vermögensmehrung

Aus der Definition der verdeckten Gewinnausschüttung (vgl. oben) wird in der Literatur vermehrt geschlussfolgert, dass die außerbilanzielle Hinzurechnung aufgrund der verdeckten Gewinnausschüttung max. i. H. des Betrags erfolgen kann, mit dem sich der Geschäftsvorfall auf den steuerbilanziellen Gewinn ausgewirkt hat; also i. H. der lt. Bilanz eingetretenen Betriebsvermögensminderung und/oder Betriebsvermögensmehrung; vgl. auch BFH, Urteil v. 31.3.2004 - I R 65/03, BStBl 2005 II S. 664, und bspw. Jäger/Lang/Raible/Ott, Körperschaftsteuer, 20. Aufl. 2022, Tz. 3.6.11.1, S. 255.

Die bilanzielle Gewinnauswirkung des Vorgangs ist häufig geringer als der ggf. um die tatsächliche Gegenleistung verminderte gemeine Wert bzw. die erzielbare Vergütung. Die Differenz besteht zwischen der nach dem üblichen Entgelt bemessenen, im gemeinen Wert bzw. in der erzielbaren Vergütung enthaltenen Umsatzsteuer und der Umsatzsteuer, die aufgrund des Geschäftsvorfalls, der eine unentgeltliche Wertabgabe oder eine Leistung gegen (geringes) Entgelt darstellt, auf Basis der Bemessungsgrundlage gem. § 10 Abs. 4 Satz 1 Nr. 1 oder 2 UStG bzw. § 10 Abs. 1 ggf. i. V. mit Abs. 5 Satz 1 Nr. 1 (Mindestbemessungsgrundlage) und Abs. 4 Satz 1 Nr. 1 oder 2 UStG tatsächlich entsteht.

Daher ist das obige Wertermittlungsschema für verdeckte Gewinnausschüttungen wie folgt zu ergänzen:

	Gemeiner Wert des Wirtschaftsguts bzw. angemessene Vergütung (inklusive Umsatzsteuer)
-	im gemeinen Wert enthaltene (fiktive) Umsatzsteuer
+	tatsächlich (gesetzlich) angefallene Umsatzsteuer
-	Zuzahlung des Gesellschafters oder der nahe stehenden Person (inklusive Umsatzsteuer)
=	verdeckte Gewinnausschüttung

2.4.3 Bewertung der verdeckten Gewinnausschüttung als Einnahme beim Anteilseigner

Unabhängig vom Hinzurechnungsbetrag bei der Körperschaft ist der Vermögensvorteil beim Gesellschafter als Beteiligungsertrag grds. i. H. des gemeinen Werts bzw., wenn sich die Anteile im Privatvermögen befinden, i. H. des üblichen Endpreises am Abgabeort gem. § 8 Abs. 2 EStG zu erfassen.

Berechtigt der Erwerb der Leistung den Anteilseigner zum Vorsteuerabzug (bzw. würde der Erwerb im Falle der Entgeltlichkeit zum Vorsteuerabzug berechtigen) ist die verdeckte Gewinnausschüttung u. E. auf den tatsächlichen Vermögensvorteil zu begrenzen. Hierzu ist der gemeine Wert um den fiktiven Vorsteuerabzug zu vermindern und ggf. die um den tatsächlichen Vorsteuerabzug geminderte Zuzahlung in Abzug zu bringen. Dies entspricht der Begrenzung der verdeckten Gewinnausschüttung auf die Vermögensminderung bzw. die verhinderte Vermögensmehrung bei der Körperschaft (vgl. oben).

Der BFH geht in seinem Urteil v. 25.5.2004 - VIII R 4/01, BFH/NV 2005 S. 105, QAAAB-36872, von einer „eingeschränkten Korrespondenz" zwischen der Erfassung der verdeckten Gewinnausschüttung bei der Kapitalgesellschaft und beim Gesellschafter aus. Da hiernach weder der Zeitpunkt noch der Wert bei der Erfassung der verdeckten Gewinnausschüttung bei der Körperschaft und dem Gesellschafter übereinstimmen müssen und auch kein verfahrensrechtlicher Zusammenhang besteht, reduziert sich die Korrespondenz auf die Frage, ob überhaupt eine verdeckte Gewinnausschüttung vorliegt.

2.4.4 Korrespondenz zwischen der Erfassung der verdeckten Gewinnausschüttung bei der Kapitalgesellschaft und beim Gesellschafter

Gemäß § 8b Abs. 1 Satz 2–4 KStG bzw. § 3 Nr. 40 Satz 1 Buchst. d Satz 2–4 EStG findet die vollständige bzw. 40 %ige Steuerbefreiung der Dividenden im Falle von verdeckten Gewinnausschüttungen keine Anwendung, soweit die verdeckten Gewinnausschüttungen mangels außerbilanzieller Hinzurechnung entgegen § 8 Abs. 3 Satz 2 KStG das Einkommen der Kapitalgesellschaft gemindert haben (materielle Korrespondenz).

Für Beteiligungen im Privatvermögen ist in diesem Fall § 32d Abs. 1 EStG nicht anwendbar; § 32d Abs. 2 Nr. 4 EStG. Der Beteiligungsertrag ist tariflich zu besteuern, keine Anwendung des Teileinkünfteverfahrens.

Mit § 32a Abs. 1 KStG liegt eine Änderungsvorschrift (inklusive Ablaufhemmung für die Festsetzungsfrist) vor, durch die bei Berücksichtigung einer verdeckten Gewinnausschüttung in einem Bescheid gegen die Körperschaft die entsprechenden Änderungen in den Steuerbescheiden gegenüber dem Gesellschafter ermöglicht werden (formelle Korrespondenz).

Auch diese Vorschriften ändern jedoch nichts an der eigenständigen Beurteilung der verdeckten Gewinnausschüttung bei der Körperschaft und beim Gesellschafter, insbesondere hinsichtlich der Höhe der verdeckten Gewinnausschüttung und des Zeitpunkts der Erfassung. § 32a KStG ist nur eine Änderungsvorschrift, eine Grundlagenbescheidproblematik besteht nicht.

2.4.5 Private Fahrzeugnutzung eines Gesellschafter-Geschäftsführers

Die arbeitsvertraglich geregelte private Nutzung eines betrieblichen Pkws durch einen Gesellschafter-Geschäftsführer stellt stets Arbeitslohn (umsatzsteuerrechtlich: einen tauschähnlichen

Umsatz) dar, der regelmäßig dem angemessenen Teil der Geschäftsführergesamtausstattung zuzurechnen ist.

Die nachhaltige vertragswidrige private Nutzung eines betrieblichen Pkws durch den Gesellschafter-Geschäftsführer kann dagegen als verdeckte Gewinnausschüttung zu beurteilen sein. Unterbindet die Gesellschaft die unbefugte Nutzung nicht, kann dies lt. BFH, Urteil v. 11.2.2010 - VI R 43/09, BStBl 2012 II S. 266, sowohl durch das Beteiligungsverhältnis als auch durch das Arbeitsverhältnis veranlasst sein und bedarf einer wertenden Betrachtung. Laut BMF, Schreiben v. 3.4.2012, BStBl 2012 I S. 478, liegt jedoch mangels einer fremdüblichen Nutzungsvereinbarung stets eine verdeckte Gewinnausschüttung vor. Mit dem o. g. BMF-Schreiben wird es im Einzelfall auch zugelassen, den Wert der privaten Verwendung weiterhin mit der sog. „1 %-Regelung" zu schätzen. Dies gilt jedoch nicht, wenn die Gesellschaft widerspricht.

2.5 Einlagen in eine Kapitalgesellschaft

Grundsätzlich gelten die Regelungen des § 4 Abs. 1 Satz 1 EStG über Entnahmen und Einlagen auch für Kapitalgesellschaften. Da die Kapitalgesellschaften jedoch ertragsteuerlich keinen Privatbereich besitzen und Gewinnausschüttungen bzw. verdeckte Gewinnausschüttungen bei der Zuwendung von Vermögensvorteilen an die Gesellschafter vorliegen, finden die Regelungen über die Entnahmen keine Anwendung.

Eine Einlage i. S. des § 4 Abs. 1 Satz 8 EStG liegt grds. vor, wenn ein einlagefähiges Wirtschaftsgut aus der außerbetrieblichen (i. d. R. privaten) Vermögenssphäre desselben Steuerpflichtigen (Rechtssubjekts) in das Betriebsvermögen desselben Rechtssubjekts überführt wird. Diese sog. „echte" Einlage ist bei Kapitalgesellschaften mangels einer privaten Vermögenssphäre nicht anzutreffen. Einlagen in Kapitalgesellschaften erfolgen hingegen durch und aus dem Vermögen eines anderen Rechtssubjekts, dem Gesellschafter bzw. einer diesem nahestehenden Person. Vielfach wird die Einlage in eine Kapitalgesellschaft deshalb auch als „unechte" Einlage bezeichnet.

Gleichwohl sind die Regelungen über die Einlage auch bei der („unechten") Einlage eines Gesellschafters in die Kapitalgesellschaft anwendbar, so dass Vermögensmehrungen einer Kapitalgesellschaft, die auf einer Einlage beruhen, zumindest hinsichtlich des steuerlichen Ergebnisses erfolgsneutral sein müssen; vgl. § 8 Abs. 3 Satz 3 KStG.

Aus dem Umstand, dass die Einlage durch ein anderes Rechtssubjekt, den Gesellschafter, erfolgt, führt die Einlage bei diesem – zumindest steuerrechtlich – zu Anschaffungskosten seiner Beteiligung. Diese Anschaffungskosten können die Gegenleistung im Rahmen eines entgeltlichen, einkunftsrelevanten Vorgangs sein, der dann mit der Einlage einhergeht.

§ 4 Abs. 1 Satz 8 und § 6 Abs. 1 Nr. 5 EStG finden gem. § 8 Abs. 1 KStG auch auf Kapitalgesellschaften Anwendung, obwohl hier Eigentümer und Empfänger der Einlage verschiedene Rechtsträger sind (finaler Einlagebegriff; R 8.9 Abs. 2 KStR).

2.5.1 Offene Einlagen

Einlagen in eine Kapitalgesellschaft sind durch das Gesellschaftsverhältnis veranlasste Zuwendungen an die Gesellschaft gegen oder ohne Gewährung von Gesellschaftsrechten (= Erhöhung des Stammkapitals).

Bei den Kapitalgesellschaften spielen in erster Linie die offenen Einlagen bei der Gründung oder Kapitalerhöhung eine Rolle, die die Gesellschafter aufgrund ihrer gesellschaftsrechtlichen Einlageverpflichtung erbringen. Es handelt sich dabei um Vermögensgegenstände (Geld oder Sachwerte, ggf. auch Schuldübernahmen; vgl. § 5 GmbHG und § 27 AktG), die der Kapitalgesellschaft gegen Gewährung von Anteilsrechten überlassen werden. Gesellschaftsrechtliche Einlagen erscheinen in der Bilanz als Vermögenszugänge (Erhöhung der Aktiva) oder Schuldabgänge (Minderung der Passiva) und als Zugang im Eigenkapital. Soweit die gesellschaftsrechtlichen Einlagen gegen die Gewährung von Anteilsrechten geleistet werden, erhöhen sie das gezeichnete Kapital gem. § 272 Abs. 1 HGB. Der Vorgang ist also in Handels- und Steuerbilanz ergebnisneutral darzustellen.

Für die verdeckte Einlage finden sich in den KStR und EStH unterschiedliche Definitionen. Gemäß R 8.9 KStR liegt eine verdeckte Einlage vor, wenn ein Gesellschafter oder ihm nahestehende Person der Körperschaft außerhalb der gesellschaftsrechtlichen Einlagen einen einlagefähigen Vermögensvorteil zuwendet und diese Zuwendung durch das Gesellschaftsverhältnis veranlasst ist, vgl. auch BMF, Schreiben v. 7.6.2022, BStBl 2022 I S. 897, Rz. 4. Hiernach zählen also nur die auf rein schuldrechtlichen Vereinbarungen beruhenden Zuwendungen von Vermögensvorteilen zu den verdeckten Einlagen:

- Die unentgeltliche Übertragung von Wirtschaftsgütern des Gesellschafters auf die Kapitalgesellschaft (insbesondere Übertragungen auf die Betriebskapitalgesellschaft bei der Errichtung einer Betriebsaufspaltung),
- die Lieferungen des Gesellschafters an die Kapitalgesellschaft gegen unangemessen niedriges Entgelt (teilentgeltliche Übertragung) und
- die Lieferungen/Leistungen der Kapitalgesellschaft an den Gesellschafter gegen unangemessen hohes Entgelt.

Auf der Seite der aufnehmenden Kapitalgesellschaft werden diese verdeckten Einlagen grds. als Erträge in der Gewinn- und Verlustrechnung erfasst und erhöhen so auch das Eigenkapital in der Position des Jahresüberschusses bzw. des Bilanzgewinns. Zur Ermittlung des steuerlichen Gewinns ist die Gewinnauswirkung der verdeckten Einlage gem. § 8 Abs. 3 Satz 3 KStG außerbilanziell zu neutralisieren (vgl. unten).

Offene Einlagen werden steuerrechtlich als entgeltliche, im Falle der Sacheinlage als tauschähnliche Vorgänge behandelt (vgl. § 6 Abs. 6 Satz 1 EStG). Daher erscheint es problematisch, gesellschaftsrechtliche Einlagen in die Kapitalrücklage gem. § 272 Abs. 2 HGB, insbesondere also Zuzahlungen in das Eigenkapital gem. § 272 Abs. 2 Nr. 4 HGB nach den o. g. Definitionen als offene Einlagen anzusehen. Durch eine Einlage, die unmittelbar in die Kapitalrücklage gem. § 272 Abs. 2 Nr. 4 HGB erfolgt, werden keine Gesellschaftsrechte gewährt. Nach der Rechtsprechung des BFH stellt ein solcher Vorgang mangels Gegenleistung keine Veräußerung dar, weil Wertsteigerungen von Anteilen durch Einlagen in die Kapitalrücklage nicht zu einem greifbaren Vermögensvorteil bei den Anteilseignern führen. Die Einlagen in die Kapitalrücklage gem. § 272

Abs. 2 HGB erfüllen, auch wenn sie auf „gesellschaftsrechtlicher Grundlage" beruhen, u. E. den steuerrechtlichen Tatbestand der verdeckten Einlage.

Die Definition gem. H 4.3 Abs. 1 Verdeckte Einlage EStH, nach der die Zuwendung eines bilanzierbaren Vermögensvorteils aus gesellschaftsrechtlichen Gründen ohne Entgelt in Gestalt von Gesellschaftsrechten eine verdeckte Einlage darstellt, ist u. E. die Bessere.

Eine verdeckte Einlage in eine Kapitalgesellschaft liegt dementsprechend vor, wenn

- ein Gesellschafter oder eine ihm nahestehende Person
- der Gesellschaft
- einen einlagefähigen (= bilanzierbaren) Vermögensvorteil (Ansatz oder Erhöhung des Aktivpostens/Wegfall oder Minderung des Passivpostens)
- unentgeltlich oder teilweise unentgeltlich (insbesondere ohne Gewährung von Gesellschaftsrechten) zuwendet und
- die Zuwendung durch das Gesellschaftsverhältnis veranlasst ist.

„Verdeckt" wird die verdeckte Einlage häufig durch einen schuldrechtlichen Vorgang zwischen Gesellschafter und Gesellschaft (z. B. Kauf- oder Dienstleistungsvertrag), im Rahmen dessen der Vermögensvorteil un- oder teilentgeltlich zugewendet wird. In der Regel ist der Vermögensvorteil hierbei bilanziell gewinnerhöhend erfasst und dementsprechend durch außerbilanziellen Abzug zu neutralisieren (vgl. unten).

Einlagefähiger Vermögensvorteil

Eine verdeckte Einlage liegt nur vor, wenn der Gesellschaft ein einlagefähiger Vermögensvorteil zugewendet wird (H 8.9 Einlagefähiger Vermögensvorteil KStH). Ein solcher Vermögensvorteil kann sowohl durch die Zuführung von Wirtschaftsgütern als auch durch den Verzicht auf Forderungen gegenüber der Gesellschaft bewirkt werden.

Nutzungsüberlassungen sind hingegen nicht einlagefähig (H 8.9 Nutzungsvorteile KStH und BFH, Beschluss v. 26.10.1987 - GrS 2/86, BStBl 1988 II S. 348). So stellt die zinslose Darlehensgewährung eines Gesellschafters an seine Kapitalgesellschaft einen nicht einlagefähigen Nutzungsvorteil dar.

Gesellschaftsrechtliche Veranlassung

Voraussetzung für eine verdeckte Einlage ist eine gesellschaftsrechtliche Veranlassung. Diese ist gegeben, wenn ein Nichtgesellschafter der Gesellschaft bei Anwendung der Sorgfalt eines ordentlichen Kaufmanns den Vermögensvorteil nicht eingeräumt hätte.

2.5.2 Bilanzielle Erfassung bei der aufnehmenden Kapitalgesellschaft

Handelsbilanz

Den offenen Einlagen liegt im Fall der Sacheinlage ein tauschähnliches Anschaffungsgeschäft zugrunde. Die offen eingelegten Wirtschaftsgüter sind mit ihren Anschaffungskosten i. H. des Betrags der im „Gezeichneten Kapital" (ggf. zzgl. eines gem. § 272 Abs. 2 Nr. 1 HGB als Kapitalrücklage zu erfassenden Aufgeldes) ausgewiesenen, als Gegenleistung gewährten Gesellschaftsrechte zu erfassen.

Laut BFH, Urteil v. 24.4.2007 - I R 35/05, BStBl 2008 II S. 253, ist die Übertragung eines Wirtschaftsguts auf eine Kapitalgesellschaft zur Erfüllung einer Sacheinlageverpflichtung auch dann ein vollentgeltlicher, tauschähnlicher Vorgang (= offene Einlage), wenn der Einbringungswert der Sacheinlage (= Verkehrswert des übertragenen Wirtschaftsguts) den Nennbetrag des gewährten „Gezeichneten Kapitals" übersteigt und der Differenzbetrag (= Aufgeld/Agio) gem. § 272 Abs. 2 Nr. 1 HGB in die Kapitalrücklage eingestellt wird (sog. „Überpari-Emission").

Verdeckte Einlagen sind unentgeltliche Vorgänge (bzw. der unentgeltliche Teil eines teilentgeltlichen Vorgangs); tatsächliche Anschaffungskosten liegen daher insoweit nicht vor.

Maßgeblich für die handelsrechtliche Erfassung der verdeckten Einlagen ist der Wille der Gesellschafter:

- Dient die verdeckte Einlage zur Verlustdeckung oder als Ertragszuschuss, so ist die verdeckte Einlage handelsrechtlich als sonstiger betrieblicher Ertrag zu erfassen. Im Rahmen der Verwendung des Jahresergebnisses wird sie durch Beschlussfassung in eine Gewinnrücklage eingestellt.
- Ist die Stärkung des Eigenkapitals beabsichtigt, kann die verdeckte Einlage – anstelle der Erfassung als sonstiger betrieblicher Ertrag – auch als andere Zuzahlung in die Kapitalrücklage gem. § 272 Abs. 2 Nr. 4 HGB eingestellt werden (Buchung an Kapitalrücklage).

Die Bewertung der „verdeckt eingelegten" Wirtschaftsgüter kann in der Handelsbilanz entweder mit den tatsächlichen Anschaffungskosten i. S. der §§ 253 und 255 HGB i. H. von 0 € bei Unentgeltlichkeit bzw. i. H. der effektiven Gegenleistung bei Teilentgeltlichkeit oder mit den fiktiven Anschaffungskosten i. H. des Verkehrswerts erfolgen; vgl. Grottel u. a. (Hrsg.), Beck'scher Bilanz-Kommentar, 14. Aufl. 2024, § 272 Rz. 405.

Steuerbilanz

Bei den offenen Einlagen ergeben sich keine Abweichungen zur Behandlung in der Handelsbilanz (vgl. oben).

Die verdeckten Einlagen können in der Steuerbilanz ebenfalls als sonstiger betrieblicher Ertrag erfasst werden. Da sich verdeckte Einlagen nicht auf die Höhe des Einkommens auswirken dürfen, ist im Rahmen der Ermittlung des steuerlichen Gewinns die verdeckte Einlage gem. § 8 Abs. 3 Satz 3 KStG vom Steuerbilanzgewinn außerbilanziell in Abzug zu bringen.

Auch die Buchung als „Kapitalrücklage" ist in der Steuerbilanz zulässig. Wurde die verdeckte Einlage in die Kapitalrücklage eingestellt, hat sie das Ergebnis der Kapitalgesellschaft nicht beeinflusst, so dass eine steuerrechtliche Korrektur im Rahmen der Ermittlung des steuerlichen Gewinns unterbleibt.

Die Bewertung der verdeckten Einlagen erfolgt steuerrechtlich gem. § 8 Abs. 1 KStG i. V. mit § 6 Abs. 1 Nr. 5 EStG grds. i. H. des Teilwerts (R 8.9 Abs. 4 Satz 1 KStR).

Hinsichtlich der Anwendung von § 6 Abs. 1 Nr. 5 Satz 1 Buchst. a–c EStG ist Folgendes zu beachten:

- Bei der Einlage von Anteilen an Kapitalgesellschaften i. S. des § 17 oder § 20 Abs. 2 Satz 1 Nr. 1 EStG (alle anderen nach dem 31.12.2008 ins Privatvermögen erworbenen Anteile) muss die GmbH diese verdeckt eingelegte Beteiligung stets mit dem Teilwert bewerten, weil die verdeckte Einlage auf der Seite des Gesellschafters der Veräußerung der Anteile gleichsteht;

§ 17 Abs. 1 Satz 2 bzw. § 20 Abs. 2 EStG. Die Begrenzung auf die Anschaffungskosten gem. § 6 Abs. 1 Nr. 5 Satz 1 Buchst. b bzw. c EStG ist nicht zulässig, weil anderenfalls die Gefahr einer doppelten Besteuerung droht (R 8.9 Abs. 4 Satz 2 und 3 KStR). Gleiches gilt für die Einlage von Anteilen an Investmentfonds; vgl. § 2 Abs. 13 i. V. mit § 19 InvStG.

- Werden Grundstücke aus dem Privatvermögen verdeckt eingelegt, findet § 6 Abs. 1 Nr. 5 Satz 1 Buchst. a EStG keine Anwendung. Da § 23 Abs. 1 Satz 5 Nr. 2 EStG diesen Vorgang als Veräußerung qualifiziert, ist auch in diesem Fall ein verdeckt eingelegtes Grundstück auf der Ebene der Kapitalgesellschaft stets mit dem Teilwert zu bewerten (R 8.9 Abs. 4 Satz 4 KStR). Auch hier würde ansonsten eine Doppelbesteuerung drohen.
- Werden andere Wirtschaftsgüter als Grundstücke oder Anteile aus Kapitalgesellschaften aus dem Privatvermögen eingelegt, so gilt § 6 Abs. 1 Nr. 5 EStG auf der Ebene der Kapitalgesellschaft uneingeschränkt. Wird z. B. ein Pkw des Privatvermögens innerhalb von drei Jahren seit seiner Anschaffung eingelegt, so ist die Einlage mit dem Teilwert, aber höchstens i. H. der fortgeführten Anschaffungskosten (§ 6 Abs. 1 Nr. 5 Satz 1 Buchst. a EStG) zu bewerten.

Wird die Einlage in der Steuer- und der Handelsbilanz der Höhe nach unterschiedlich bewertet, ist

- eine Überleitungsrechnung gem. § 5b Abs. 1 Satz 2 EStG oder
- eine eigenständige Steuerbilanz gem. § 5b Abs. 1 Satz 3 EStG erforderlich.

Die daraus folgende Eigenkapitaldifferenz ist im steuerlichen Ausgleichsposten auszuweisen.

Verdeckte Einlagen erhöhen das (außerbilanzielle) „steuerliche Einlagekonto" (§ 27 KStG) um ihren steuerlichen Wert.

2.5.3 Behandlung der Einlagen beim einlegenden Gesellschafter

Offene Einlagen

Bei den offenen Einlagen liegen Anschaffungskosten für die als Gegenleistung gewährten Anteile vor.

Es liegt im Fall der Sacheinlage ein tauschähnlicher, also entgeltlicher Anschaffungs- und Veräußerungsvorgang vor.

Gehört die Beteiligung zum Privatvermögen (bzw. werden die neuen Anteile ins Privatvermögen erworben), bemessen sich die Anschaffungskosten der erworbenen Beteiligungsrechte in Ermangelung einer speziellen Vorschrift gem. § 1 i. V. mit § 9 Abs. 1 BewG ebenfalls nach dem gemeinen Wert des hingegebenen Wirtschaftsguts. Das hingegebene Wirtschaftsgut des Privatvermögens (sofern das Wirtschaftsgut zu einem Betriebsvermögen gehört, wird es steuerrechtlich zwangsläufig in einem ersten Schritt in das Privatvermögen entnommen) wurde durch die offene Einlage zum gemeinen Wert veräußert, ggf. ist dadurch ein einkommensteuerrechtlicher Vorgang des § 17 oder § 20 Abs. 2 EStG gegeben.

Wenn die Beteiligung der Kapitalgesellschaft zu einem Betriebsvermögen des Gesellschafters gehört (bzw. neue Anteile in ein Betriebsvermögen erworben werden), bemessen sich die Anschaffungskosten der erworbenen Beteiligungsrechte gem. § 6 Abs. 6 Satz 1 EStG nach dem gemeinen Wert des hingegebenen Wirtschaftsguts. Da sich i. H. des Buchwerts des eingelegten Wirtschaftsguts ein Anlagenabgang ergibt (sofern das Wirtschaftsgut zum Privatvermögen gehört, wird es steuerrechtlich zwangsläufig in einem ersten Schritt in das Betriebsvermögen eingelegt), ist der Vorgang grds. nach der Gewinnermittlung des Betriebsvermögensvergleichs i. H. der Differenz zwischen Buchwert und gemeinem Wert erfolgswirksam (ggf. abzgl. einer entstehenden Umsatzsteuer).

Die offene Sacheinlage ist jedoch ggf. erfolgsneutral möglich, sofern das UmwStG, insbesondere § 20 UmwStG (Einbringung eines Betriebs, Teilbetriebs oder Mitunternehmeranteils gegen Gewährung neuer Anteile), die Übertragung zu Buchwerten zulässt.

Verdeckte Einlagen

Handelsbilanz

Handelsrechtlich besteht für das Betriebsvermögen des einlegenden Gesellschafters nach Maßgabe der für Herstellungs- bzw. Erhaltungsvorgänge geltenden Kriterien nur insoweit Anlass zur Aktivierung, als die Beteiligung durch die verdeckte Einlage über ihren bisherigen Zustand hinaus wesentlich verbessert wird. Dies ist nur insoweit der Fall, als sich der Verkehrswert der Beteiligung durch die Zuwendung über den bisherigen Verkehrswert hinaus erhöht. Hierbei ist u. a. zu berücksichtigen, dass sich die bei der Kapitalgesellschaft eintretende Vermögensmehrung beim einlegenden Gesellschafter nur entsprechend seines Beteiligungsanteils auswirken kann; vgl. Grottel u. a. (Hrsg.), Beck'scher Bilanz-Kommentar, 14. Aufl. 2024, § 255 Rz. 163.

Führt die verdeckte Einlage außerdem nicht zu einer nennenswerten Erhöhung des Verkehrswerts der Beteiligung, wird sie hiernach als Erhaltungsaufwand seitens des einlegenden Gesellschafters zu behandeln sein.

Steuerbilanz

Die verdeckte Einlage erfolgt unentgeltlich und stellt somit grds. keinen Veräußerungsvorgang dar. Da bei der verdeckten Einlage, die grds. außerhalb gesellschaftsrechtlicher Verpflichtungen stattfindet, keine neuen Gesellschaftsrechte seitens der aufnehmenden Gesellschaft ausgegeben werden, liegt im eigentlichen Sinne auch kein Anschaffungsvorgang vor („da ja nichts angeschafft wird").

Anders als bei der oben dargestellten handelsrechtlichen Beurteilung, nach der eine verdeckte Einlage – nur wenn sie zu einer wesentlichen Verbesserung der eigenen Beteiligung durch nachhaltige Wertsteigerung führt (vgl. oben) – nachträgliche Anschaffungskosten der Beteiligung darstellt, liegen nach Auffassung des BFH durch die verdeckte Einlage stets nachträgliche Anschaffungskosten der Beteiligung/Anteile i. S. des § 255 HGB vor (vgl. BFH, Urteil v. 11.7.2017 - IX R 36/15, BStBl 2019 II S. 208, Rz. 37 m. w. N.).

Ob den BFH-Entscheidungen eine großzügigere Definition der „nachträglichen Anschaffungskosten" im Steuerrecht zugrunde liegt, nach der man die verdeckte Einlage auch als einen „neben Anschaffung und Herstellung stehenden Tatbestand", der zu „Ersatzanschaffungskosten" führt, bezeichnen kann, kann, seitdem der Gesetzgeber die steuerrechtliche Behandlung nunmehr für Anteile sowohl im Privat- wie auch im Betriebsvermögen in § 17 Abs. 2a EStG bzw. in § 6 Abs. 6 Satz 2 und 3 EStG geregelt hat, dahinstehen.

Gehören die Anteile an der Kapitalgesellschaft im Privatvermögen zu einer Beteiligung i. S. des § 17 Abs. 1 Satz 1 EStG, führen verdeckte Einlagen gem. § 17 Abs. 2a Satz 3 Nr. 1 EStG zu nachträglichen Anschaffungskosten der Beteiligung, u. E. gem. § 1 i. V. mit § 9 Abs. 1 BewG i. H. des gemeinen Werts des eingelegten Wirtschaftsguts (vgl. H 17 Abs. 5 Verdeckte Einlage EStH). Für andere Anteile im Privatvermögen (im Hinblick auf § 20 Abs. 2 Satz 1 Nr. 1 EStG) kann nichts anderes gelten.

In § 17 Abs. 1 Satz 2, § 20 Abs. 2 Satz 2 und § 23 Abs. 1 Satz 5 Nr. 2 EStG ist die verdeckte Einlage bereits mit Wirkung ab dem Veranlagungszeitraum 1992 bzw. 2002 das eingelegte Wirtschaftsgut betreffend Veräußerungsvorgängen gleichgestellt worden („Veräußerungsfiktionen"). Die verdeckte Einlage führt also ggf. zu Veräußerungsgewinnen aus der Veräußerung von Anteilen gem. § 17 und § 20 Abs. 2 EStG oder aus „privaten Veräußerungsgeschäften" gem. § 23 EStG. Als Veräußerungspreis gilt hier der gemeine Wert der verdeckt eingelegten Wirtschaftsgüter gem. § 17 Abs. 2 Satz 2 bzw. § 20 Abs. 4 Satz 2 bzw. § 23 Abs. 3 Satz 2 EStG.

Diese fiktiven Veräußerungstatbestände führen im Ergebnis dazu, dass die in den verdeckt eingelegten Wirtschaftsgütern ruhenden „stillen Reserven" zum Zeitpunkt der verdeckten Einlage vom einlegenden Gesellschafter zu versteuern sind und nicht auf die aufnehmende Kapitalgesellschaft übergehen.

Dieses Prinzip verfolgt der Gesetzgeber mit § 6 Abs. 6 Satz 2 EStG auch für den Fall, dass die Anteile an der Kapitalgesellschaft zu einem Betriebsvermögen des Gesellschafters gehören. Auch durch diese Vorschrift werden im Falle der verdeckten Einlage eine Erhöhung der Anschaffungskosten der Beteiligung einerseits und eine erfolgswirksame Übertragung des verdeckt eingelegten Wirtschaftsguts andererseits angenommen.

Liegt eine verdeckte Einlage eines Wirtschaftsguts in eine Kapitalgesellschaft vor, deren Anteile zu einem Betriebsvermögen gehören, so erhöhen sich gem. § 6 Abs. 6 Satz 2 EStG die Anschaffungskosten der Beteiligung an der Kapitalgesellschaft um den Teilwert des eingelegten Wirtschaftsguts. Der Begriff „Anschaffungskosten" im Wortlaut von § 6 Abs. 6 Satz 2 EStG ist i. S. des Buchwerts zu interpretieren, da statt der Anschaffungskosten ein Einlagewert zu Buche stehen kann oder es sich bereits Minderungen durch Teilwertabschreibungen oder Erhöhungen durch offene oder verdeckte Einlagen ergeben haben können. Da das übertragene Wirtschaftsgut zum Buchwert ausscheidet, ergibt sich nach der Methodik des Betriebsvermögensvergleichs (§ 4 Abs. 1 Satz 1 EStG) ggf. eine Auswirkung auf den Gewinn des Betriebs, zu dessen Betriebsvermögen die Anteile gehören. Die in den verdeckt eingelegten Wirtschaftsgütern ruhenden „stillen Reserven" erhöhen ggf. den Gewinn des Gewerbebetriebs des Gesellschafters und gehen nicht auf die aufnehmende Kapitalgesellschaft über.

Für Irritationen sorgt allein die Vorschrift des § 6 Abs. 6 Satz 3 EStG, die „in den Fällen des § 6 Abs. 1 Nr. 5 Satz 1 Buchst. a EStG" die verdeckte Einlage erfolgsneutral zum Buchwert bewertet. Wird das Wirtschaftsgut im Wege der verdeckten Einlage aus einem Betriebsvermögen in eine Kapitalgesellschaft übertragen, deren Beteiligung im Betriebsvermögen desselben Betriebs gehalten wird, der das Wirtschaftsgut abgibt, so ist hierbei steuerrechtlich gem. § 6 Abs. 2 EStG der Teilwert des hingegebenen Wirtschaftsguts für den Ansatz bei der Kapitalgesellschaft und für die Gewinnrealisation im abgebenden Betriebsvermögen maßgebend.

Unter welchen Voraussetzungen bei einem Wirtschaftsgut eines Betriebsvermögens die Einlagevorschrift gem. § 6 Abs. 1 Nr. 5 Satz 1 Buchst. a EStG auf Seiten der Kapitalgesellschaft Anwendung findet und die Einlage zu den ggf. fortgeführten Anschaffungs- oder Herstellungskosten, also zum Buchwert, zu erfolgen hat, ist bzw. war umstritten. In diesen Fällen erhöht sich der Buchwert der Beteiligung gem. § 6 Abs. 6 Satz 3 EStG nur um den Einlagewert.

In der Literatur wurden hierzu folgende Meinungen vertreten:

1. Es reicht aus, dass das Wirtschaftsgut innerhalb von drei Jahren vor der Einlage in die Kapitalgesellschaft angeschafft oder hergestellt wurde. Also auch, wenn die Anschaffung unmittelbar in ein Betriebsvermögen des Anteilseigners erfolgte.
2. Es ist erforderlich, dass die Einlage des Wirtschaftsguts in die Kapitalgesellschaft innerhalb von drei Jahren nach der Anschaffung in das Privatvermögen des Anteilseigners sowie dass zwischenzeitlich („irgendwann innerhalb dieses max. drei Jahre dauernden Zeitraums") eine Einlage in ein Betriebsvermögen des Anteilseigners erfolgt ist.
3. Die Einlage in ein Betriebsvermögen des Anteilseigners und die Einlage in die Kapitalgesellschaft müssen zusammenfallen und innerhalb von drei Jahren nach der Anschaffung des Wirtschaftsguts im Privatvermögen stattfinden. Dies ist der Fall, wenn die Anteile an der Kapitalgesellschaft in einem Betriebsvermögen des Anteilseigners gehalten werden und die Übertragung des Wirtschaftsguts innerhalb von drei Jahren nach der Anschaffung oder Herstellung des Wirtschaftsguts unmittelbar aus dem Privatvermögen des Anteilseigners in das Vermögen der Kapitalgesellschaft erfolgt.

Eine eindeutige Verwaltungsauffassung oder herrschende Meinung existierte bislang nicht. Daher konnte zwingend von einer Einlage zu Buchwerten gem. § 6 Abs. 1 Nr. 5 Satz 1 Buchst. a EStG unter den zu Nr. 3 beschriebenen, weitestgehenden Voraussetzungen ausgegangen werden.

Der Gesetzgeber hat nunmehr durch das Wachstumschancengesetz v. 27.3.2024 (BGBl 2024 I Nr. 108) den Anwendungsbereich des § 6 Abs. 1 Nr. 5 Satz 1 Buchst. a EStG dahingehend beschränkt, dass nur noch Fälle erfasst sind, bei denen die Zuführung des Wirtschaftsguts „aus dem Privatvermögen" erfolgt. Somit hat die Bewertung der verdeckten Einlage aus dem Betriebsvermögen gem. § 6 Abs. 6 Satz 2 EStG mit dem Teilwert zu erfolgen. Für § 6 Abs. 6 Satz 3 EStG ergibt sich u. E. kein Anwendungsbereich mehr. Die Gesetzesänderung gilt für Wirtschaftsgüter, die nach dem 27.3.2024 eingelegt werden (vgl. § 52 Abs. 12 Satz 6 EStG).

Korrespondenz zwischen der Behandlung der verdeckten Einlage bei der Körperschaft und dem Gesellschafter

§ 8 Abs. 3 Satz 4–6 KStG stellt eine materiell-rechtliche Verbindung her, indem die erfolgsneutrale Behandlung bei der Körperschaft davon abhängig gemacht wird, dass sich das Einkommen des Gesellschafters durch die verdeckte Einlage nicht gemindert hat. Andernfalls wird die verdeckte Einlage insoweit einkommenserhöhend erfasst (innerbilanziell als Ertrag, kein außerbilanzieller Abzug).

Mit § 32a Abs. 2 KStG liegt eine Änderungsvorschrift (inklusive Ablaufhemmung für die Festsetzungsfrist) vor, durch die bei Berücksichtigung einer verdeckten Einlage in einem Bescheid gegen den einlegenden Gesellschafter die entsprechenden Änderungen in den Steuerbescheiden gegenüber der Kapitalgesellschaft ermöglicht werden (formelle Korrespondenz).

Disquotale Einlagen

Tätigen nur einer oder einige von mehreren Anteilseignern eine (verdeckte) Einlage ohne ein Entgelt in Gestalt von Gesellschaftsanteilen oder erfolgen die (verdeckten) Einlagen der Anteilseigner nicht ihrer Beteiligungsverhältnisse entsprechend, liegen sog. „disquotale Einlagen" vor.

Obwohl § 6 Abs. 6 Satz 2 EStG für die steuerrechtliche Annahme weiterer (Ersatz-)Anschaffungskosten der Beteiligung auf die Beteiligungsquote des Einlegenden keine Rücksicht zu nehmen und damit auch auf disquotale Einlagen vollumfänglich Anwendung zu finden scheint, ist vorab zu prüfen, inwieweit die Einlage auf die Beteiligung des überquotal Einlegenden entfällt. Der überquotale Gesellschafterbeitrag ist den Beteiligungen der Mitgesellschafter, soweit fremdnützige, insbesondere private Motive für die Zuwendung in Betracht kommen, zuzuordnen. In einem solchen Fall beruht die Vermögensmehrung bei der Kapitalgesellschaft hinsichtlich des überquotalen Anteils auf einer gleichzeitig vollzogenen Vermögensübertragung auf die anderen Anteilseigner und der anderen Anteilseigner auf die Gesellschaft, die somit eine (mittelbare) Einlage tätigen.

2.6 Latente Steuern

Die Bilanzierung latenter Steuern erfolgt gem. § 274 HGB nach dem international üblichen bilanzbasierten „Temporay-Konzept".

Bestehen zwischen den handelsrechtlichen Wertansätzen einzelner Vermögensgegenstände, Schulden und Rechnungsabgrenzungsposten und den abweichenden steuerlichen Wertansätzen Unterschiede, die sich in späteren Geschäftsjahren voraussichtlich abbauen und deshalb zu einer künftigen Steuerbelastung (Körperschaftsteuer, Solidaritätszuschlag, Gewerbesteuer) führen, sind diese als passive latente Steuern anzusetzen. Ergibt sich dagegen insgesamt eine Steuerentlastung, besteht ein Wahlrecht zum Ansatz aktiver latenter Steuern.

Die Gesellschaft hat die Wahl, aktive und passive latente Steuern auch unsaldiert auszuweisen (§ 274 Abs. 1 Satz 3 HGB). Wird von diesem Ansatzwahlrecht kein Gebrauch gemacht, sind die passiven Steuern um die aktiven Steuern zu mindern.

Steuerliche Verlustvorträge sind bei der Berechnung aktiver latenter Steuern i. H. der innerhalb der nächsten fünf Jahre zu erwartenden Verlustverrechnung zu berücksichtigen (§ 274 Abs. 1 Satz 4 HGB).

Bilanzausweis	**Passive latente Steuern (§ 266 Abs. 3 E HGB)**	**Aktive latente Steuern (§ 266 Abs. 2 D HGB)**
Vermögensgegenstand/ aktiver Rechnungsabgrenzungsposten	Handelsbilanz > Steuerbilanz	Handelsbilanz < Steuerbilanz
Schulden/passiver Rechnungsabgrenzungsposten	Handelsbilanz < Steuerbilanz	Handelsbilanz > Steuerbilanz

BEISPIEL: Im Jahr 10 führte der Verkauf eines Gebäudes bei einer mittelgroßen GmbH zu einem Gewinn i. H. von 1 Mio. €. Der Gewinn wurde gem. § 6b EStG Ende des Jahres 10 steuerlich in eine § 6b EStG-Rücklage eingestellt und Anfang des Jahres 11 von den Herstellungskosten eines neuen Gebäudes i. H. von 6 Mio. € abgezogen. Die AfA beträgt sowohl in der Handels- wie auch in der Steuerbilanz 3 % der maßgeblichen Herstellungskosten. Auswirkungen in Handels- und Steuerbilanz sowie auf latente Steuern (- = aktive latente Steuer, + = passive latente Steuer):

Übersicht:

	Handelsbilanz	Steuerbilanz	Unterschied Handels-/Steuer-bilanz	Latente Steuer (30 % unterstellt)
Zugang § 6b EStG-Rücklage im Jahr 10		1.000.000 €		
§ 6b EStG-Rücklage zum 31.12.10		1.000.000 €	1.000.000 €	+ 300.000 €
Zugang des Gebäudes im Jahr 11	6.000.000 €	5.000.000 €		
AfA	- 180.000 €	- 150.000 €	- 30.000 €	- 9.000 €
Stand zum 31.12.11	5.820.000 €	4.850.000 €	970.000 €	+ 291.000 €

Buchungen bzgl. latenter Steuern:

Im Jahr 10:

Steuern vom Einkommen und Ertrag	300.000 €	an	Passive latente Steuern	300.000 €

Im Jahr 11:

Passive latente Steuern	9.000 €	an	Steuern vom Einkommen und Ertrag	9.000 €

2.7 Kapitalerhöhung und -herabsetzung

2.7.1 Kapitalerhöhung

Kapitalerhöhung durch Ausgabe neuer Anteile

Für Beträge, die bei der Ausgabe neuer Anteile (z. B. Aktien) über den Nennbetrag der Anteilsrechte hinaus erzielt werden, ist eine Kapitalrücklage zu bilden (§ 272 Abs. 2 Nr. 1 HGB). Unter dem Nennwert dürfen z. B. Aktien nicht ausgegeben werden (§ 9 Abs. 1 AktG).

BEISPIEL: Eine AG erhöht ihr gezeichnetes Kapital i. H. von 1 Mio. € durch Ausgabe neuer Aktien auf 1,1 Mio. €. Es werden 2.000 neue Aktien im Nennwert i. H. von 50 €/Stück für 150 €/Stück ausgegeben.

Buchung:

Bank	300.000 €	an	Gezeichnetes Kapital	100.000 €
		an	Kapitalrücklagen	200.000 €

Kapitalerhöhung aus Gesellschaftsmitteln

Die Hauptversammlung kann eine Erhöhung des Kapitals durch Umwandlung von Rücklagen in Kapital beschließen (vgl. §§ 207 ff. AktG und für die GmbH § 57c GmbHG).

Buchung:

Rücklagen	an	Gezeichnetes Kapital

Für die Anteilseigner ist diese Maßnahme mit dem Erhalt von Gratisaktien verbunden. Der Erwerb führt nicht zu Einkünften (§ 1 KapErhStG).

Die Anschaffungskosten für die Gratisaktien aufgrund einer Kapitalerhöhung aus Gesellschaftsmitteln ergeben sich durch die Abspaltung vom Buchwert der Altaktien i. S. der §§ 1 und 3

KapErhG nach der Gesamtwertmethode (vgl. auch BMF, Schreiben v. 9.10.2012, BStBl 2012 I S. 953, Rz. 90).

Durch die Ausgabe von Gratisaktien erwirbt deren Inhaber unentgeltlich einen Anteil an den stillen Reserven, die in entsprechender Höhe aus der Substanz der Altaktien ausscheiden. Eine solche Kapitalerhöhung führt wirtschaftlich zu einer Abspaltung der in den Altaktien verkörperten Substanz und dementsprechend zu einer Abspaltung eines Teils der ursprünglichen Anschaffungskosten (insoweit mindern sich die ursprünglichen Anschaffungskosten).

Berechnung der Anschaffungskosten der Gratisaktien:

$$\text{Anschaffungskosten} = \frac{\text{Buchwert Altaktien x Nennwert (alternativ: Stückzahl) Gratisaktien}}{\text{Gesamt-Nennwert (alternativ: Stückzahl) nach Kapitalerhöhung}}$$

2.7.2 Kapitalherabsetzung

Die Kapitalherabsetzung ist gesetzlich in §§ 222 ff. AktG und § 58 GmbHG geregelt. Gründe für eine Kapitalherabsetzung ergeben sich,

- wenn Kapital an die Anteilseigner zurückgezahlt werden soll.

  Buchung:

  Gezeichnetes Kapital an Bank

- wenn Kapital zum Ausgleich früherer Verluste herangezogen werden soll/muss.

  Buchung:

  Gezeichnetes Kapital an Verlustvortragskonto

- wenn eigene Anteile eingezogen (d. h. „vernichtet") werden sollen. Hierbei muss die Kapitalgesellschaft zunächst eigene Anteile erwerben.

  BEISPIEL: Die X-AG erwirbt eigene Aktien im Nennwert i. H. von 100.000 € für 300.000 € zum Zweck der vereinfachten Kapitalherabsetzung i. S. der §§ 299 ff. AktG i. H. von 100.000 €. Die gesetzlichen Voraussetzungen sind erfüllt.

  Der Nennbetrag erworbener eigener Anteile ist gem. § 272 Abs. 1a HGB in der Vorspalte offen von dem Posten „Gezeichnetes Kapital" abzusetzen. Der Unterschiedsbetrag zwischen dem Nennbetrag und den Anschaffungskosten der eigenen Anteile ist mit den frei verfügbaren Rücklagen zu verrechnen.

  Buchung deshalb bei Erwerb:

Gezeichnetes Kapital (Vorspalte)	100.000 €			
Freie Rücklagen	200.000 €	an	Bank	300.000 €

  Anschließend werden diese Anteile „eingezogen" und das Kapital herabgesetzt:

Gezeichnetes Kapital	100.000 €	an	Gezeichnetes Kapital (Vorspalte)	100.000 €

2.8 Steuerrückstellungen

Für die Gewerbe- und Körperschaftsteuer sind im handelsrechtlichen Jahresabschluss und gleichermaßen auch in der Steuerbilanz Rückstellungen zu bilden (§ 249 Abs. 1 Satz 1 HGB). Dass beide keine abziehbaren Betriebsausgaben sind (§ 4 Abs. 5b EStG, R 5.7 Abs. 1 Satz 2 EStR und § 10 Nr. 2 KStG), ändert daran nichts. Ausgangsbetrag für die Gewerbesteuer ist das zu versteuernde Einkommen i. S. des KStG (§ 7 GewStG). Deshalb ist zur Berechnung der Gewerbesteuer-Rückstellung vom für die Körperschaftsteuer ermittelten zu versteuernden Einkommen auszugehen. Anschließend sind die gewerbesteuerlichen Hinzu- und Abrechnungen zu berücksichtigen.

Nachzahlungs- und Aussetzungszinsen gehören gem. § 10 Nr. 2 KStG zu den nicht abziehbaren Aufwendungen und mindern deshalb auch nicht die Bemessungsgrundlage der Körperschaftsteuer. Zinsen auf erstattete Körperschaftsteuerzahlungen (sog. **„Erstattungszinsen"**) erhöhen hingegen das Einkommen der Kapitalgesellschaften (BFH, Beschluss v. 15.2.2012 - I B 97/11, BStBl 2012 II S. 697).

Rückstellungsfähig sind auch die Kosten für die Jahresabschlussarbeiten und die Kosten für die Erstellung der Umsatzsteuer-, Körperschaftsteuer- und Gewerbesteuererklärung.

2.9 Bilanzierung eigener Anteile

Durch Kauf oder Schenkung können Kapitalgesellschaften eigene Anteile erwerben. Sofern die eigenen Anteile nicht zum Verkauf oder zur Weitergabe an Arbeitnehmer verwendet werden, können sie im Rahmen einer Kapitalherabsetzung (vgl. § 237 AktG) eingezogen werden.

Für eine AG ist der Erwerb nur in bestimmten Fällen zulässig (§ 71 AktG), und zwar z. B.

- zur Abwendung eines Schadens,
- zwecks Erwerbs für Arbeitnehmer,
- zwecks Abfindung,
- per Schenkung bzw. Kommission,
- durch Gesamtrechtsnachfolge oder
- zwecks Einziehung (Amortisation) bei Kapitalherabsetzung.

In den ersten drei Fällen sind max. 10 % des Nennkapitals erwerbbar (§ 71 Abs. 2 AktG). Bei Verstoß gegen die vorstehenden Einschränkungen müssen die eigenen Anteile in bestimmten Fristen verkauft werden (§ 71c AktG).

Für eine GmbH gelten die vorstehenden Einschränkungen nicht.

Handelsbilanz

Erwirbt eine Kapitalgesellschaft von einem Gesellschafter eigene Anteile, die nicht zur Einziehung bestimmt sind, dürfen diese in Geschäftsjahren, die nach dem 31.12.2009 beginnen (Art. 66 Abs. 3 EGHGB), nicht mehr auf der Aktivseite als Vermögenswerte des Umlaufvermögens ausgewiesen werden. Stattdessen regelt § 272 Abs. 1a HGB den Erwerb eigener Anteile.

Der Nennwert eigener Anteile ist unabhängig vom Erwerbsgrund passivisch in einer Vorspalte zum „Gezeichneten Kapital" offen abzusetzen; der Unterschiedsbetrag zwischen dem Nennwert und den Anschaffungskosten ist mit den frei verfügbaren Rücklagen zu verrechnen. Anschaffungsnebenkosten sind Aufwand des Geschäftsjahres (§ 272 Abs. 1a HGB).

BEISPIEL: Die Y-GmbH hat am 10.1.10 von ihrem Gesellschafter G Geschäftsanteile im Nennwert i. H. von 15.000 € für 20.000 € erworben und den Betrag per Bank bezahlt. Die Nebenkosten des Erwerbs, die die Y-GmbH getragen hat, haben 1.000 € zzgl. 190 € Umsatzsteuer betragen.

Lösung:

Buchungen:

Gezeichnetes Kapital (Vorspalte)	15.000 €			
Andere Gewinnrücklagen	5.000 €	an	Bank	20.000 €
Sonstige betriebliche Aufwendungen	1.000 €			
Vorsteuer	190 €	an	Sonstige Verbindlichkeiten	1.190 €

Werden die eigenen Geschäftsanteile wieder veräußert, ist der Einfluss auf das gezeichnete Kapital und die anderen Gewinnrücklagen gem. § 272 Abs. 1b HGB rückgängig zu machen. Ein übersteigender Betrag ist in die Kapitalrücklage gem. § 272 Abs. 2 Nr. 1 HGB einzustellen. Die Nebenkosten der Transaktion (Veräußerung) sind Aufwand des laufenden Geschäftsjahres.

BEISPIEL: **Fortsetzung:**

Die Y-GmbH hat die übernommenen Geschäftsanteile am 20.2.11 für 22.000 € an den Neugesellschafter N veräußert, der den Kaufpreis überwiesen hat. Die Nebenkosten haben 1.000 € zzgl. 190 € Umsatzsteuer betragen.

Lösung:

Buchungen:

Bank	22.000 €	an	Gezeichnetes Kapital (Vorspalte)	15.000 €
		an	Andere Gewinnrücklagen	5.000 €
		an	Kapitalrücklage	2.000 €
Sonstige betriebliche Aufwendungen	1.000 €			
Vorsteuer	190 €	an	Sonstige Verbindlichkeiten	1.190 €

Steuerbilanz/Einkommensermittlung/Behandlung beim Anteilseigner

Nach Auffassung der Finanzverwaltung erfolgt zwischen Gesellschaft und Anteilseigner keine korrespondierende steuerrechtliche Beurteilung des Erwerbs und der Veräußerung eigener Anteile.

Auf der Ebene der Gesellschaft folgt sowohl die steuerbilanzielle als auch die einkommensteuerrechtliche Behandlung des Erwerbs eigener Anteile der wirtschaftlichen Betrachtungsweise des Handelsrechts. Danach sind der Erwerb und die Veräußerung eigener Anteile dem Maßgeblichkeitsgrundsatz i. S. des § 5 Abs. 1 Satz 1 EStG folgend auch in der Steuerbilanz nicht als Anschaffungs- oder Veräußerungsvorgang, sondern wie eine Kapitalherabsetzung oder -erhöhung zu behandeln.

Der Erwerb eigener Anteile ist bei der Gesellschaft wie eine Herabsetzung des Nennkapitals zu behandeln. In Höhe des Nennbetrags der eigenen Anteile ist § 28 Abs. 2 KStG entsprechend anzuwenden. Abweichend von § 28 Abs. 2 Satz 1 KStG ist ein bestehender Sonderausweis nicht zu mindern. Der über die Rückzahlung des herabgesetzten Nennkapitals hinausgehende Betrag stellt eine Leistung der Gesellschaft an den veräußernden Anteilseigner dar, die nach den

Grundsätzen des § 27 Abs. 1 Satz 3 KStG zu einer Minderung des steuerlichen Einlagekontos führt, soweit sie den maßgebenden ausschüttbaren Gewinn übersteigt.

Beim Anteilseigner stellt der Erwerb eigener Anteile durch die Gesellschaft ein Veräußerungsgeschäft dar, das nach den allgemeinen Grundsätzen der Besteuerung unterliegt.

Daher ist seitens der Gesellschaft auch keine Kapitalertragsteuer auf den Teil der Leistung, der das steuerliche Einlagekonto i. S. des § 27 Abs. 1 Satz 3 oder § 28 Abs. 2 Satz 3 KStG nicht mindert, einzubehalten und abzuführen.

BEISPIEL: Wie oben.

Mit einem voll eingezahlten Stammkapital i. H. von 100.000 € verfügt die Y-GmbH zum 31.12.09 insgesamt über ein steuerliches Eigenkapital i. H. von 120.000 €. Das steuerliche Einlagekonto hat einen Bestand i. H. von 5.000 €. Ein Sonderausweis besteht nicht.

Die Y-GmbH hat am 10.1.10 von ihrem Gesellschafter G Geschäftsanteile im Nennwert i. H. von 15.000 € für 20.000 € (angemessener Kaufpreis) erworben und den Betrag per Bank bezahlt. Die Nebenkosten des Erwerbs, die die Y-GmbH getragen hat, haben 1.000 € zzgl. 190 € Umsatzsteuer betragen.

Eine Ausschüttung wurde im Jahr 10 nicht vorgenommen.

Steuerrechtliche Beurteilung

Die steuerbilanzielle Beurteilung folgt der Handelsbilanz (vgl. oben).

Weitere steuerrechtliche Konsequenzen:

Ermittlung des ausschüttbaren Gewinns gem. § 27 Abs. 1 Satz 5 KStG:

Steuerliches Eigenkapital zum 31.12.09	120.000 €
abzgl. Nennkapital	- 100.000 €
abzgl. steuerliches Einlagekonto	- 5.000 €
= ausschüttbarer Gewinn zum 31.12.09	15.000 €

Folgen für das steuerliche Einlagekonto:

	Nennkapital	Steuerliches Einlagekonto	Ausschüttbarer Gewinn
Zum 31.12.09	100.000 €	5.000 €	15.000 €
Erworbene eigene Anteile	- 15.000 €	+ 15.000 €	
Auszahlung		- 15.000 €	
Nach Kürzung	85.000 €	5.000 €	
Kaufpreis - Nennwert = 5.000 €			
davon Minderung des ausschüttbaren Gewinns			- 5.000 €
davon Minderung des steuerlichen Einlagekontos		–	
Verbleiben	85.000 €	5.000 €	10.000 €

Der Anteilseigner G tätigt ein ggf. i. S. der §§ 13–18 oder 20 EStG steuerpflichtiges Veräußerungsgeschäft.

Die Weiterveräußerung der eigenen Anteile stellt bei der Gesellschaft steuerlich keinen Veräußerungsvorgang dar, sondern ist wie eine Erhöhung des Nennkapitals zu behandeln. Sie führt nicht zu einem steuerlichen Veräußerungsgewinn bzw. -verlust. In Höhe des Nennbetrags der eigenen Anteile ergeben sich keine Auswirkungen auf den Bestand des steuerlichen Einlagekontos oder einen bestehenden Sonderausweis.

Ein den Nennbetrag übersteigender Betrag erhöht den Bestand des steuerlichen Einlagekontos.

BEISPIEL: ▶ **Fortsetzung:**

Die Y-GmbH hat die übernommenen Geschäftsanteile für 22.000 € am 20.2.11 an den Neugesellschafter N veräußert, der seine vertragliche Verpflichtung durch Banküberweisung erfüllt. Die Nebenkosten haben 1.000 € zzgl. 190 € Umsatzsteuer betragen.

Vereinfachend wird unterstellt, dass sich in den Jahren 10 und 11 keine weiteren Geschäftsvorfälle ergeben haben.

Steuerrechtliche Beurteilung

Die steuerbilanzielle Beurteilung folgt der Handelsbilanz (vgl. oben).

Weitere steuerrechtliche Konsequenzen:

Folgen für das steuerliche Einlagekonto:

		Nennkapital	Steuerliches Einlagekonto
Zum 31.12.10		85.000 €	5.000 €
Veräußerungspreis eigene Anteile	22.000 €		
Nennbetrag	- 15.000 €	+ 15.000 €	
Zugang zum steuerlichen Einlagekonto	7.000 €		+ 7.000 €
Verbleiben		100.000 €	12.000 €

Ermittlung des ausschüttbaren Gewinns zum 31.12.11 (§ 27 Abs. 1 Satz 5 KStG):

Steuerliches Eigenkapital zum 31.12.11	120.000 €
abzgl. Nennkapital	- 100.000 €
abzgl. steuerliches Einlagekonto	- 12.000 €
= ausschüttbarer Gewinn zum 31.12.11	8.000 €

Anteilseigner N tätigt einen Anschaffungs- und keinen Einlagevorgang.

Durch Erwerb und Weiterveräußerung eigener Anteile kann es somit gelingen, Beträge aus dem ausschüttbaren Gewinn in das steuerliche Einlagekonto und damit das Ausschüttungsvolumen, das nach den allgemeinen Regeln steuerpflichtig gewesen wäre, in den steuerneutralen Bereich zu verlagern (im obigen Beispiel 7.000 €).

2.10 Liquidationsbesteuerung

Vergleiche § 11 KStG.

Folgende Termine sind zu unterscheiden:

1. Beschluss der Hauptversammlung (z. B. am 30.4.01),
2. die Gesellschaft (z. B. zum 30.6.01) aufzulösen (Auflösungszeitpunkt),
3. Beginn der Abwicklung (Liquidation): hier am 1.7.01,
4. Ende der Abwicklung (unterstellt am 30.3.04).

Der Abwicklungszeitraum (Besteuerungszeitraum i. S. des § 11 KStG) läuft vom 1.7.01 bis zum 30.3.04 = 2 $^3/_4$ Jahre.

Der Abwicklungszeitraum (Besteuerungszeitraum) ist gleichzeitig der Veranlagungszeitraum. Für die Besteuerung des Liquidationsgewinns sind die Vorschriften maßgebend, die für den Veranlagungszeitraum gelten, in dem der Besteuerungszeitraum endet, hier also das Jahr 04. Die Körperschaftsteuer für den Abwicklungsgewinn wird für das Jahr 04 erhoben. Gewerbesteuerlich gilt, dass bei einer in Abwicklung befindlichen Kapitalgesellschaft der Gewerbeertrag, der im Abwicklungszeitraum entstanden ist, auf die Jahre des Abwicklungszeitraums zu verteilen ist (§ 16 GewStDV und R 7.1 Abs. 8 GewStR). Zieht sich die Liquidation einer Kapitalgesellschaft über mehr als drei Jahre hin, so darf das Finanzamt nach Ablauf dieses Zeitraums regelmäßig auch dann einen Körperschaftsteuerbescheid gegenüber der Kapitalgesellschaft erlassen, wenn für eine Steuerfestsetzung vor Abschluss der Liquidation kein besonderer Anlass besteht. Ein solches Vorgehen muss nur dann begründet werden, wenn ein rechtliches Interesse der Kapitalgesellschaft an der Verlängerung des Besteuerungszeitraums über drei Jahre hinaus erkennbar ist (BFH, Urteil v. 18.9.2007 - I R 44/06, BStBl 2008 II S. 319; zur Anwendung vgl. BMF, Schreiben v. 4.4.2008, BStBl 2008 I S. 542).

Bei Anteilen im Privatvermögen sind die Auskehrungen thesaurierter Gewinne als Einkünfte aus Kapitalvermögen i. S. des § 20 Abs. 1 Nr. 2 EStG (grds. Abgeltungsteuer mit 25 % (§ 43 Abs. 1 Satz 1 Nr. 1 EStG) zzgl. Solidaritätszuschlag) zu erfassen, während die Rückzahlung von Nennkapital und die Auskehrungen aus dem steuerlichen Einlagekonto (§ 27 KStG) ggf. zu einem Auflösungsergebnis gem. § 17 Abs. 4 EStG führen. Gehören die Anteile zum Betriebsvermögen, liegen Betriebsvermögensänderungen vor. Soweit diese auf natürliche Personen entfallen, ist das Teileinkünfteverfahren anzuwenden (§ 3 Nr. 40 Satz 1 Buchst. a EStG); soweit sie auf Kapitalgesellschaften entfallen, sind 95 % steuerfrei (§ 8b Abs. 2 und 3 KStG).

2.11 Besonderheiten des KStG

2.11.1 Steuersubjekt und Tarif

Kapitalgesellschaften (z. B. GmbH und AG) sind selbständig körperschaftsteuerpflichtige Steuersubjekte; sie stehen rechtlich völlig unabhängig neben dem oder den Gesellschaftern. Eine GmbH durchläuft im Rahmen ihrer Gründung i. d. R. drei Stadien:

- Die Vorgründunggesellschaft beruht auf vertraglichen Vereinbarungen der künftigen Gesellschafter, eine GmbH zu gründen (Vorvertrag).
- Mit der notariellen Beurkundung des endgültigen Gesellschaftsvertrags entsteht die Vorgesellschaft, die bis zur Eintragung der GmbH ins Handelsregister eine GbR oder (bei Aufnahme eines Handelsgewerbes) ggf. eine OHG darstellt.
- Mit der Eintragung der GmbH ins Handelsregister ist sie zivilrechtlich entstanden.

Eine GmbH-Vorgesellschaft wird bereits steuerrechtlich als Kapitalgesellschaft behandelt, sofern sie später als GmbH ins Handelsregister eingetragen wird. Zwischen ihr und der ins Handelsregister eingetragenen GmbH besteht Identität.

Missglückt die GmbH-Gründung, liegt von Anfang an ein gewöhnliches Einzelunternehmen, eine GbR oder ggf. eine OHG vor.

Option zur Körperschaftsbesteuerung

Auf unwiderruflichen Antrag sind für Zwecke der Besteuerung nach dem Einkommen eine Personenhandels- oder Partnerschaftsgesellschaft wie eine Kapitalgesellschaft (optierende Gesellschaft) und ihre Gesellschafter wie die nicht persönlich haftenden Gesellschafter einer Kapitalgesellschaft zu behandeln. Dies führt im Ergebnis zu einer steuerlichen Begünstigung von nicht entnommenen (thesaurierten) Gewinnen. Voraussetzung hierfür ist ein entsprechender Beschluss der Gesellschafterversammlung nach Maßgabe des § 217 Abs. 1 UmwG. Der Antrag ist von der Personenhandels- oder Partnerschaftsgesellschaft nach amtlich vorgeschriebenem Datensatz durch Datenfernübertragung bei dem für die gesonderte und einheitliche Feststellung der Einkünfte gem. § 180 AO zuständigen Finanzamt spätestens einen Monat vor Beginn des Wirtschaftsjahres zu stellen, ab dem die Besteuerung wie eine Kapitalgesellschaft gelten soll. Der Antrag kann erstmals für nach dem 31.12.2021 beginnende Wirtschaftsjahre gestellt werden (§ 34 Abs. 1a KStG).

Der Übergang zur Körperschaftsbesteuerung gilt gem. § 1a Abs. 2 Satz 1 KStG als Formwechsel i. S. des § 1 Abs. 3 Nr. 3 UmwStG. Die §§ 1 und 25 UmwStG gelten entsprechend. Demzufolge kann die optierende Gesellschaft das übernommene Betriebsvermögen zum Einbringungszeitpunkt mit dem Buch-, Zwischen- oder gemeinen Wert ansetzen. Regelmäßig wird der Buchwertansatz zur Vermeidung der Aufdeckung der stillen Reserven gewünscht sein. Die ggf. vor der Option in Ergänzungsbilanzen ausgewiesenen Korrekturwerte sind Teil der steuerbilanziellen Buchwerte der Wirtschaftsgüter des Gesellschaftsvermögens und im Falle des Buchwertansatzes in der steuerlichen Gesellschaftsbilanz fortzuführen. Der Buchwertansatz gem. § 20 Abs. 2 UmwStG macht die Übertragung des zumindest wirtschaftlichen Eigentums der Wirtschaftsgüter des Sonderbetriebsvermögens, die wesentliche Betriebsgrundlagen darstellen, erforderlich. Lediglich die Beteiligung an der Komplementärin einer (GmbH & Co.) KG kann seitdem (27.3.2024) im Vermögen der Gesellschafter zurückbehalten werden, ohne den Buchwertansatz auszuschließen (vgl. § 1a Abs. 2 Satz 3 KStG). Erfolgt der fiktive Formwechsel nicht zum gemeinen Wert, sind die Sperrfristen gem. § 22 UmwStG zu beachten. Das zum Einbringungszeitpunkt in der Steuerbilanz auszuweisende Eigenkapital wird auf dem steuerlichen Einlagekonto der optierenden Gesellschaft erfasst (§ 1a Abs. 2 Satz 4 KStG).

Aufgrund der Option gilt die Beteiligung an einer optierenden Gesellschaft für Zwecke der Besteuerung nach dem Einkommen als Beteiligung eines nicht persönlich haftenden Gesellschafters an einer Kapitalgesellschaft. Beim Gesellschafter führen daher insbesondere

- durch das Gesellschaftsverhältnis veranlasste Einnahmen zu Einkünften i. S. des § 20 Abs. 1 Nr. 1 EStG,
- Einnahmen, die er von der Gesellschaft für seine Tätigkeit im Dienst der Gesellschaft bezieht, zu Einkünften i. S. des § 19 EStG,
- Einnahmen aus der Hingabe von Darlehen zu Einkünften i. S. des § 20 Abs. 1 Nr. 7 oder Abs. 2 Satz 1 Nr. 7 EStG und
- Einnahmen aus der Überlassung von Wirtschaftsgütern zu Einkünften i. S. des § 21 oder § 22 EStG, sofern keine Betriebsaufspaltung vorliegt.

Gewinnanteile gelten erst dann als ausgeschüttet, wenn sie entnommen werden (vgl. § 1a Abs. 3 Satz 1 KStG i. d. F. v. 27.3.2024).

Die Einnahmenüberschussrechnung (§ 4 Abs. 3 EStG) ist bei einer optierenden Gesellschaft nicht anzuwenden. Zu weiteren Einzelheiten vgl. § 1a KStG und BMF, Schreiben v. 10.11.2021, BStBl 2021 I S. 2212.

Seit dem Jahr 2008 beträgt der Körperschaftsteuersatz für ausgeschüttete und thesaurierte Gewinne einheitlich 15 % (§ 23 Abs. 1 KStG). Hinzu kommt der Solidaritätszuschlag i. H. von 5,5 % der festgesetzten Körperschaftsteuer (§ 1 Abs. 1 i. V. mit § 5 SolZG). Die sich im Zuge der Festsetzung ergebenden Körperschaftsteuerbeträge sind zugunsten des Steuerpflichtigen auf volle €-Beträge zu runden (§ 31 Abs. 1 Satz 3 KStG).

2.11.2 Steuerliches Einlagekonto

Allgemeines

Gemäß § 27 Abs. 1 Satz 1 KStG sind unbeschränkt steuerpflichtige Körperschaften verpflichtet, nicht in das Nennkapital geleistete Einlagen (insbesondere verdeckte Einlagen) am Schluss eines jeden Wirtschaftsjahres auf einem besonderen Konto (steuerliches Einlagekonto) auszuweisen. Dieses Konto weist die Veränderungen und den Bestand der nicht in das Nennkapital geleisteten Einlagen nach und wird nur für steuerliche Zwecke außerhalb der Buchführung und außerhalb des Jahresabschlusses geführt. Es erbringt den Nachweis darüber, wie viel vom Eigenkapital lt. Steuerbilanz auf Einlagen der Anteilseigner außerhalb des Nennkapitals entfällt.

Sinn und Zweck

Wendet eine Kapitalgesellschaft ihren Anteilseignern gesellschaftsrechtlich bedingte Vermögensvorteile (Leistungen) ohne entsprechende Gegenleistung zu, so muss für die Besteuerung beim Anteilseigner zwischen grds. nicht steuerbaren Kapitalrückzahlungen und grds. der Besteuerung unterliegenden Kapitalerträgen unterschieden werden.

Kapitalrückzahlungen können in der Rückzahlung von Nennkapital (= gezeichnetes Kapital) bestehen, z. B. durch Kapitalherabsetzung oder Auflösung der Gesellschaft (vgl. oben), oder durch die Ausschüttung der nicht in das Nennkapital geleisteten sonstigen Einlagen erfolgen.

Gewährt eine Kapitalgesellschaft ihren Anteilseignern lediglich Einlagen zurück, so wird bei den Anteilseignern zwar die Vermögensebene, nicht jedoch die Einkommensebene berührt; es handelt sich nicht um Kapitalerträge i. S. des § 20 Abs. 1 Nr. 1 Satz 3 EStG.

Mithilfe des steuerlichen Einlagekontos lässt sich feststellen, ob bei Leistungen einer Gesellschaft an ihre Gesellschafter ganz oder teilweise von einer Einlagenrückzahlung auszugehen ist.

Verwendungsfiktion

Bei Leistungen an den Gesellschafter wird nur für Zwecke der Besteuerung beim Anteilseigner eine bestimmte Reihenfolge der Verwendung des Eigenkapitals fingiert. Dazu wird das Eigenkapital in der Steuerbilanz zum Schluss des Wirtschaftsjahres, das vor den erbrachten Leistungen endet, eingeteilt, und zwar in

- das gezeichnete Kapital;
- die nicht in das Nennkapital (gezeichnetes Kapital) geleisteten Einlagen und
- das übrige Eigenkapital (ausschüttbarer Gewinn).

§ 27 Abs. 1 Satz 3 KStG fingiert die vorrangige Verwendung des **ausschüttbaren Gewinns** bei Leistungen der Gesellschaft an den Gesellschafter.

Reicht der ausschüttbare Gewinn zum Schluss des letzten vor der Leistungserbringung endenden Wirtschaftsjahres für diese Leistungen aus, ist keine Rückzahlung von Einlagen anzunehmen. Folglich liegt beim Anteilseigner insgesamt eine Einnahme aus Kapitalvermögen vor, die grds. der Besteuerung unterliegt.

Reicht für die erbrachten Leistungen der ausschüttbare Gewinn zum Ende des den Leistungen vorhergehenden Wirtschaftsjahres nicht aus, liegt insoweit gem. § 27 Abs. 1 Satz 3 KStG eine Kapitalrückzahlung, die das steuerliche Einlagekonto mindert, vor.

Die Bezüge der Gesellschafter gehören nicht zu den Einnahmen i. S. des § 20 Abs. 1 Nr. 1 EStG, soweit sie aus Ausschüttungen einer Kapitalgesellschaft stammen, für die Beträge aus dem steuerlichen Einlagekonto i. S. des § 27 KStG als verwendet gelten (vgl. § 20 Abs. 1 Nr. 1 Satz 3 EStG). Es mindern sich stattdessen die Anschaffungskosten der Beteiligung, da insoweit von einer Einlagenrückgewährung auszugehen ist. Gegebenenfalls kann jedoch ein Veräußerungsgewinn gem. § 17 Abs. 4 EStG vorliegen (vgl. oben zur Liquidationsbesteuerung).

Die ausschüttende Kapitalgesellschaft hat ihren Anteilseignern gem. § 27 Abs. 3 KStG zu bescheinigen, inwieweit Beträge des steuerlichen Einlagekontos i. S. des § 27 KStG für eine Ausschüttung verwendet worden sind.

Entwicklung

Das steuerliche Einlagekonto i. S. des § 27 KStG weist den jeweiligen Bestand der nicht in das Nennkapital geleisteten Einlagen nach.

Ausgehend vom Schlussbestand des vorherigen Wirtschaftsjahres ist der Bestand zum Ende des Wirtschaftsjahres gem. § 27 Abs. 1 Satz 2 KStG wie folgt zu ermitteln (verkürzte Darstellung):

	Bestand zum Ende des vorherigen Wirtschaftsjahres
-	Abgänge aufgrund der Verwendung von Einlagen für Leistungen an die Gesellschafter
+	Zugänge aus im Wirtschaftsjahr erbrachten Einlagen der Anteilseigner außerhalb des Nennkapitals
=	Bestand zum Ende des Wirtschaftsjahres

2.11.3 Nachträgliche Anschaffungskosten zugunsten einer Beteiligung

Mit dem Gesetz zur Modernisierung des GmbH-Rechts und zur Bekämpfung von Missbräuchen v. 23.10.2008 (BGBl 2008 I S. 2026) hat der Gesetzgeber das früher geltende **Eigenkapitalersatzrecht aufgehoben** und durch eine insolvenzrechtliche Regelung ersetzt. Das bedeutet: Darlehen, die ein Gesellschafter seiner Gesellschaft gegeben hat, sind danach im Insolvenzverfahren der Gesellschaft nachrangig zu erfüllen. Das bedeutet ferner, dass nachträgliche Anschaffungskosten der Beteiligung nur noch nach Maßgabe der handelsrechtlichen Begriffsdefinition in § 255 HGB anzunehmen sind. Daraus folgt, dass nachträgliche Anschaffungskosten auf die Beteiligung nur solche Aufwendungen darstellen, die nach handels- und bilanzsteuerrechtlichen Grundsätzen zu einer offenen und verdeckten Einlage in das Kapital der Gesellschaft führen (vgl. auch § 17 Abs. 2a Satz 3 Nr. 1 EStG). Hierzu zählen insbesondere Nachschüsse (§§ 26 ff. GmbHG) und sonstige Zuzahlungen (§ 272 Abs. 2 Nr. 4 HGB) wie Einzahlungen in die Kapitalrücklage, Barzuschüsse oder der Verzicht auf eine werthaltige Forderung. Aufwendungen aus Fremdkapitalhilfen wie der Ausfall eines Darlehens oder der Ausfall mit einer Bürgschaftsregressforderung führen hingegen grds. nicht mehr zu Anschaffungskosten der Beteiligung (BFH, Urteile v. 11.7.2017 - IX R 36/15, BStBl 2019 II S. 208, v. 6.12.2017 - IX R 7/17, BStBl 2019 II S. 213, und v. 20.7.2018 - IX R 5/15, BStBl 2019 II S. 194; BMF, Schreiben v. 5.4.2019, BStBl 2019 I S. 257).

Bei Anteilen an Kapitalgesellschaften im Privatvermögen i. S. des § 17 EStG führen jedoch auch Darlehensverluste, soweit die Gewährung des Darlehens oder das Stehenlassen des Darlehens in der Krise der Gesellschaft gesellschaftsrechtlich veranlasst war, und Ausfälle von Bürgschaftsregressforderungen und vergleichbaren Forderungen, soweit die Hingabe oder das Stehenlassen der betreffenden Sicherheit gesellschaftsrechtlich veranlasst war, steuerrechtlich zu nachträglichen Anschaffungskosten gem. § 17 Abs. 2a Satz 3 Nr. 2 und 3 EStG.

2.11.4 Beteiligungen an anderen Körperschaften (§ 8b KStG)

2.11.4.1 Steuerbefreiungen

Gemäß § 8b Abs. 1 KStG bleiben Bezüge i. S. des § 20 Abs. 1 Nr. 1, 2, 9 und 10 Buchst. a EStG bei der vereinnahmenden Körperschaft i. S. des § 1 KStG, wenn diese zu Beginn des Kalenderjahres mit mindestens 10 % an der ausschüttenden Kapitalgesellschaft beteiligt ist (§ 8b Abs. 4 KStG), außer Ansatz. Dieses Privileg gilt für sämtliche in- und ausländischen Gewinnausschüttungen einschließlich der Gewinnausschüttungen bei Zwischenschaltung von Personengesellschaften (§ 8b Abs. 6 Satz 1 KStG). Die Steuerfreiheit gilt auch für verdeckte Gewinnausschüttungen. Auch diese sind aufgrund von § 8 Abs. 3 Satz 2 KStG Teil des Einkommens der ausschüttenden Kapitalgesellschaft und werden von dieser versteuert. Unter diese Voraussetzung wird die Steuerbefreiung ausdrücklich gestellt. Die (verdeckte) Gewinnausschüttung darf das Einkommen der leistenden Kapitalgesellschaft nicht gemindert haben (§ 8b Abs. 1 Satz 2 KStG); andernfalls ist die (verdeckte) Gewinnausschüttung bei der empfangenden Kapitalgesellschaft voll steuerpflichtig. Der Kapitalertragsteuerabzug wird durch § 8b Abs. 1 KStG nicht ausgeschlossen (§ 43 Abs. 1 Satz 3 EStG). Die auf Erträge i. S. des § 8b Abs. 1 KStG einbehaltene Kapitalertragsteuer kann im Rahmen der Körperschaftsteuerveranlagung in voller Höhe angerechnet werden (§ 8 Abs. 1 KStG i. V. mit § 36 Abs. 2 Nr. 2 EStG). Bei beschränkt Steuerpflichtigen ohne inländisches Betriebsvermögen hat der Kapitalertragsteuereinbehalt abgeltende Wirkung (§ 32 Abs. 1 Nr. 2 KStG). Bei beschränkt steuerpflichtigen (Mutter-)Gesellschaften i. S. der EU-Richtlinie Nr. 2011/96/EU v. 30.11.2011 (ABl EU Nr. L 345 S. 8) (vgl. Anlage 2 zum EStG), die zu mindestens 10 % an der ausschüttenden Tochtergesellschaft beteiligt sind, ist die Kapitalertragsteuer gem. § 43b EStG nicht zu erheben.

Ausschüttungen einer unbeschränkt steuerpflichtigen Körperschaft aus dem steuerlichen Einlagekonto i. S. des § 27 KStG sind nicht in die Steuerfreistellung für Kapitaleinkünfte gem. § 8b Abs. 1 Satz 1 KStG einzubeziehen, sondern mindern die Anschaffungskosten der Anteile und unterliegen der Steuerbefreiung gem. § 8b Abs. 2 KStG, soweit der Buchwert überschritten wird (BMF, Schreiben v. 28.4.2003, BStBl 2003 I S. 292, Rz. 6).

Bezieht eine Kapitalgesellschaft Bezüge i. S. des § 20 Abs. 1 Nr. 1, 2, 9 und 10 Buchst. a EStG (z. B. Dividenden) von einer in- oder ausländischen Kapitalgesellschaft, gelten 5 % als Ausgaben, die **nicht** als Betriebsausgaben abgezogen werden dürfen (§ 8b Abs. 5 KStG).

§ 8b Abs. 2 KStG stellt die Gewinne aus der Veräußerung von Anteilen an in- und ausländischen Kapitalgesellschaften grds. in voller Höhe steuerfrei. Das gilt nicht für Gewinne aus der Veräußerung eines durch Kapitalerhöhung entstandenen Bezugsrechts an einem entsprechenden Anteil (BFH, Urteil v. 23.1.2008 - I R 101/06, BStBl 2008 II S. 719; BMF, Schreiben v. 28.4.2003, a. a. O., Rz. 24). Die in einem anderen Wirtschaftsjahr entstandenen Veräußerungskosten sind bei der Ermittlung des Veräußerungsgewinns oder -verlusts nach den Grundsätzen des § 8b Abs. 2 Satz 2 KStG im Wirtschaftsjahr der Veräußerung der Beteiligung zu berücksichtigen (BMF, Schreiben v. 13.3.2008, BStBl 2008 I S. 506, mit ausführlichem Beispiel). Die verdeckte Einlage einer Beteiligung ist dabei einer Veräußerung gleichgestellt (§ 8b Abs. 2 Satz 6 KStG).

Auch hier gelten 5 % des Gewinns als Ausgaben, die nicht als Betriebsausgaben abgezogen werden dürfen (§ 8b Abs. 3 Satz 1 KStG). Damit sind im Ergebnis 5 % der eingenommenen Dividenden und 5 % der realisierten Veräußerungsgewinne steuerpflichtig. Dafür sind sämtliche Betriebsausgaben in voller Höhe abziehbar (§ 8b Abs. 3 Satz 2 KStG).

Bei den seit dem 1.3.2013 gem. § 8b Abs. 4 KStG vollsteuerpflichtigen Dividenden aus sog. „Streubesitz" sind bei einer Beteiligung von weniger als 10 % keine pauschalen, nicht abziehbaren Ausgaben i. H. von 5 v. H. gem. § 8b Abs. 5 KStG zu berücksichtigen; vielmehr sind die tatsächlichen Kosten im Zusammenhang mit diesem Beteiligungsbesitz unabhängig von der Höhe des ausgeschütteten Betrags in voller Höhe abziehbare Betriebsausgaben.

TAB. 2: Überblick über die Körperschaftsteuer- und Gewerbesteuerpflicht von Dividenden

Erhaltene Brutto-Dividende	Körperschaftsteuer	Gewerbesteuer
Beteiligung unter 10 %	100 % steuerpflichtig (§ 8b Abs. 4 KStG)	100 % steuerpflichtig
Beteiligung zwischen 10 % und 15 %	95 % steuerfrei	100 % steuerpflichtig
Beteiligung über 15 %	95 % steuerfrei	95 % steuerfrei (§ 9 Nr. 2a GewStG)

2.11.4.2 Gewinnminderungen bei Beteiligungsverhältnissen zwischen Körperschaften (§ 8b Abs. 3 Satz 4 ff. KStG)

Gewinnminderungen aufgrund von Veräußerungsverlusten oder Teilwertabschreibungen auf die Beteiligung selbst sind nicht zu berücksichtigen (§ 8b Abs. 3 Satz 3 KStG).

Gemäß § 8b Abs. 3 Satz 4 KStG gehören zu den steuerlich nicht abzugsfähigen Gewinnminderungen auch Gewinnminderungen im Rahmen einer Darlehensgewährung zwischen den Körperschaften (z. B. Teilwertabschreibung auf eine Forderung) oder infolge der Inanspruchnahme von Sicherheiten, die für ein derartiges Darlehen hingegeben wurden, wenn das Darlehen oder die Sicherheiten von einem Gesellschafter stammen, der zu **mehr als** $^{1}/_{4}$ unmittelbar oder mittelbar am Grund- oder Stammkapital der Körperschaft, die das Darlehen erhalten hat, beteiligt ist oder war.

Das gilt auch für diesem Gesellschafter nahestehende Personen i. S. des § 1 Abs. 2 AStG oder für Gewinnminderungen aus dem Rückgriff eines Dritten auf den zu mehr als $^{1}/_{4}$ am Grund- oder Stammkapital beteiligten Gesellschafter oder eine diesem nahestehende Person aufgrund eines der Gesellschaft gewährten Darlehens (§ 8b Abs. 3 Satz 5 KStG).

Von § 8b Abs. 3 Satz 4 KStG werden vor diesem Hintergrund insbesondere erfasst:

- Teilwertabschreibungen auf Gesellschafterdarlehen,
- Ausfall eines Gesellschafterdarlehens,

- Forderungsverzicht bei einem Gesellschafterdarlehen sowie
- Aufwendungen eines Gesellschafters aus der Inanspruchnahme aus Sicherheiten oder Bürgschaften.

Der Darlehensgeber hat allerdings die Möglichkeit, den Nachweis zu führen, dass unter den gleichen Umständen und zu den gleichen Konditionen auch ein fremder Dritter das Darlehen gewährt oder noch nicht zurückgefordert hätte; dabei sind jedoch nur die eigenen Sicherungsmittel der Gesellschaft zu berücksichtigen (§ 8b Abs. 3 Satz 7 KStG). In den nachgewiesenen Fällen gilt das Abzugsverbot nicht. Kriterien für eine nicht fremdübliche Darlehensgewährung sind:

- Das Darlehen ist unverzinslich;
- das Darlehen ist verzinslich, aber es bestehen keine Sicherheiten, oder
- das Darlehen ist verzinslich und besichert, aber es wird bei Eintritt der Krise der Gesellschaft nicht zurückgefordert.

Gewinne aus der Rückgängigmachung von Teilwertabschreibungen im Rahmen einer sog. „Wertaufholung" bleiben bei der Ermittlung des Einkommens außer Ansatz, soweit die vorangegangene Teilwertabschreibung als steuerlich nicht abzugsfähige Gewinnminderung behandelt wurde (§ 8b Abs. 3 Satz 9 KStG).

Es ist weder aus rechtssystematischer noch aus verfassungsrechtlicher Sicht zu beanstanden, dass § 8b Abs. 3 Satz 3 KStG auch den Abzug von Veräußerungsverlusten und Teilwertabschreibungen ausschließt. Das in § 8b Abs. 3 Satz 4 KStG angeordnete Abzugsverbot für Gewinnminderungen im Zusammenhang mit einer Darlehensforderung oder aus der Inanspruchnahme von Darlehenssicherheiten erfordert nur, dass der Gesellschafter, der das Darlehen oder die Sicherheit gewährt, zu irgendeinem Zeitpunkt während der Darlehenslaufzeit zu mehr als $^1/_4$ am Grund- oder Stammkapital der Körperschaft beteiligt ist oder war. Auf den Zeitpunkt (nur) der Darlehensgebung oder den Eintritt (nur) der Gewinnminderung kommt es nicht an. Das in § 8b Abs. 3 Satz 4 KStG enthaltene Abzugsverbot ist verfassungsgemäß (BFH, Urteil v. 12.3.2014 - I R 87/12, BStBl 2014 II S. 859).

2.11.4.3 Technische Vorgehensweise

Technisch werden die vorstehenden Regelungen **außerhalb von Buchführung und Bilanz** im Rahmen der Ermittlung des zu versteuernden Einkommens durch **Kürzungen und Hinzurechnungen** umgesetzt.

2.11.5 Entstrickungs- und Wegzugsbesteuerung (§ 12 KStG)

Hier geht es im Wesentlichen um den **Sachverhalt,** dass ein inländisches Stammhaus Wirtschaftsgüter (z. B. Maschinen) in eine ausländische Betriebsstätte endgültig (Veräußerungsfiktion) oder vorübergehend (Nutzungsüberlassung) überführt. Wird dadurch die Besteuerung stiller Reserven im Inland ausgeschlossen oder beschränkt, gilt dies als Veräußerung oder Überlassung des Wirtschaftsguts zum gemeinen Wert. Unabhängig von bestehenden DBA tritt dadurch, dass das Wirtschaftsgut aus der deutschen Besteuerung „entlassen" wird, eine Entstrickung und damit eine Realisierung evtl. stiller Reserven mit entsprechender Körperschaftsteuerpflicht ein (§ 12 Abs. 1 KStG). Erfolgt die Überführung der Wirtschaftsgüter endgültig in eine Betriebsstätte desselben Steuerpflichtigen in einem anderen **Mitgliedsstaat der EU,** besteht gem. § 4g EStG die

Möglichkeit der Bildung eines Ausgleichspostens bzgl. der aufgedeckten stillen Reserven; der Ausgleichsposten ist im Wirtschaftsjahr der Bildung sowie in den folgenden vier Wirtschaftsjahren zu jeweils $^1/_5$ gewinnerhöhend aufzulösen (§ 4g Abs. 2 EStG). Unter den Voraussetzungen des § 4g Abs. 2 Satz 2 EStG ist er in vollem Umfang gewinnerhöhend aufzulösen.

Im umgekehrten Fall (ein Wirtschaftsgut gelangt aus einer ausländischen Betriebsstätte in eine inländische Betriebsstätte derselben Kapitalgesellschaft) gilt dies **auf Antrag** als Veräußerung und Anschaffung des Wirtschaftsguts zu dem Wert, den der andere Staat der Besteuerung zugrunde legt, höchstens zum gemeinen Wert (§ 12 Abs. 1 KStG). Dabei gelten § 4 Abs. 1 Satz 3 Halbsatz 2, Satz 8 Halbsatz 2 sowie Satz 9 und 10 EStG entsprechend (§ 12 Abs. 1a KStG).

2.11.6 Organschaft (§§ 14–19 KStG)

Ausschüttungen einer Kapitalgesellschaft an eine an ihr beteiligte Kapitalgesellschaft bleiben bei der empfangenden Kapitalgesellschaft zu 95 % körperschaftsteuerfrei (§ 8b Abs. 1 und 5 KStG). Das Rechtsinstitut der körperschaftsteuerlichen Organschaft (§§ 14–19 KStG) ermöglicht die Besteuerung des Einkommens ohne Vorbelastung beim Organträger, der auch eine Personengesellschaft oder eine natürliche Person sein kann, die die Anteile in einem inländischen Betriebsvermögen hält (§ 14 Abs. 1 Satz 1 Nr. 2 KStG). Die körperschaftsteuerliche Organschaft ermöglicht auch den Ausgleich von Verlusten mit Gewinnen aller im Organkreis zusammengefassten Unternehmen. Das gilt auch für die Gewerbesteuer (§ 2 Abs. 2 Satz 2 GewStG). Außerdem wird gewerbesteuerlich vermieden, dass bestimmte Entgelte (z. B. Zinsen für Darlehen des Organträgers an die Organgesellschaft) im Rahmen der Hinzurechnungsregelungen des § 8 GewStG doppelt besteuert werden. Verluste des Organs aus der Zeit vor der Begründung der Organschaft bleiben jedoch im Organkreis unberücksichtigt (§ 15 Satz 1 Nr. 1 KStG).

Eine körperschaftsteuerliche und gewerbesteuerliche Organschaft setzt voraus, dass – neben einem Ergebnisabführungsvertrag – die Organgesellschaft in das Unternehmen des Organträgers **finanziell eingegliedert ist.** Diese liegt gem. § 14 Abs. 1 Satz 1 Nr. 1 KStG vor, wenn der Organträger an der Organgesellschaft vom Beginn ihres Wirtschaftsjahres an ununterbrochen in einem solchen Maße beteiligt ist, dass ihm die Mehrheit der Stimmrechte aus den Anteilen an der Organgesellschaft zusteht (finanzielle Eingliederung). Mittelbare Beteiligungen sind zu berücksichtigen, wenn die Beteiligung an jeder vermittelnden Gesellschaft die Mehrheit der Stimmrechte gewährt.

Der **Organträger** muss eine natürliche Person oder eine nicht steuerbefreite Körperschaft, Personenvereinigung oder Vermögensmasse sein. Der Organträger kann auch eine Personengesellschaft i. S. des § 15 Abs. 1 Satz 1 Nr. 2 EStG sein, wenn sie eine Tätigkeit i. S. des § 15 Abs. 1 Satz 1 Nr. 1 EStG ausübt (§ 14 Abs. 1 Satz 1 Nr. 2 KStG). Auf Sitz und Geschäftsleitung des Organträgers im Inland kommt es nicht an. Allerdings muss die Beteiligung des Organträgers an der Organgesellschaft (bzw. bei mittelbarer Beteiligung an der Organgesellschaft: Die Beteiligung an der vermittelnden Gesellschaft) während der gesamten Dauer der Organschaft ununterbrochen **einer inländischen Betriebsstätte des Organträgers i. S. des § 12 AO** zuzuordnen sein (§ 14 Abs. 1 Satz 1 Nr. 2 Satz 4 KStG).

Organgesellschaft kann eine Europäische Gesellschaft, AG, KGaA oder GmbH mit Geschäftsleitung im Inland und Sitz in einem Mitgliedsstaat der EU oder in einem Vertragsstaat des EWR-

Abkommens sein (§ 14 Abs. 1 Satz 1 und § 17 KStG). Sie muss ihren ganzen Gewinn an ein einziges anderes gewerbliches Unternehmen abführen. Der **Gewinnabführungsvertrag** muss auf mindestens fünf Jahre abgeschlossen und während seiner gesamten Geltungsdauer durchgeführt werden. Eine vorzeitige Beendigung des Vertrags durch Kündigung ist unschädlich, wenn ein wichtiger Grund die Kündigung rechtfertigt. Die Kündigung oder Aufhebung des Gewinnabführungsvertrags auf einen Zeitpunkt während des Wirtschaftsjahres der Organgesellschaft wirkt auf den Beginn dieses Wirtschaftsjahres zurück (§ 14 Abs. 1 Satz 1 Nr. 3 KStG). Ist die Organgesellschaft eine GmbH, muss auch eine Verlustübernahme den Vorschriften des § 302 AktG entsprechend vereinbart sein (§ 17 Abs. 1 Satz 2 Nr. 2 KStG). Mit der Vertragsklausel *„Die (Organträgerin) ist entsprechend den Vorschriften des § 302 AktG in ihrer jeweils gültigen Fassung verpflichtet, jeden während der Vertragsdauer sonst entstehenden Jahresfehlbetrag auszugleichen, soweit dieser nicht dadurch ausgeglichen wird, dass den anderen Gewinnrücklagen Beträge entnommen werden, die während der Vertragsdauer in sie eingestellt worden sind"* ist eine Verlustübernahme den Vorschriften des § 302 AktG entsprechend vereinbart (BFH, Beschluss v. 28.7.2010 - I B 27/10, BStBl 2010 II S. 932, zur Anwendung siehe BMF, Schreiben v. 19.10.2010, BStBl 2010 I S. 836). Liegen die Voraussetzungen für eine körperschaftsteuerliche Organschaft vor, wird das Einkommen des Organs der inländischen Betriebsstätte des Organträgers zugerechnet (§ 14 Abs. 1 Satz 1 Nr. 2 Satz 6 KStG). Hierüber ergeht gegenüber dem Organträger und der Organgesellschaft eine gesonderte und einheitliche Feststellung (§ 14 Abs. 5 KStG). In § 15 Satz 1 Nr. 2 KStG ist außerdem klargestellt, dass bei der Ermittlung des Einkommens des Organs die Regelungen in § 8b Abs. 1–6 KStG keine Anwendung finden. Vielmehr werden § 8b KStG sowie § 3 Nr. 40 und § 3c EStG erst bei der Ermittlung des Einkommens des Organträgers angewandt. Bestehende Tarifvergünstigungen für bestimmte Einkommensteile der Organgesellschaft gehen nicht verloren, sondern auf den Organträger über (§ 19 KStG).

Mehrabführungen, die ihre Ursache in **vororganschaftlicher Zeit** haben, gelten als Gewinnausschüttungen der Organgesellschaft an den Organträger. Minderabführungen, die ihre Ursache **in vororganschaftlicher Zeit** haben, sind als Einlage durch den Organträger in die Organgesellschaft zu behandeln (§ 14 Abs. 3 KStG).

Minderabführungen der Organgesellschaft, die ihre Ursache in **organschaftlicher Zeit** haben, sind als Einlage durch den Organträger in die Organgesellschaft zu behandeln. Mehrabführungen der Organgesellschaft, die ihre Ursache in **organschaftlicher Zeit** haben, gelten als Einlagenrückgewähr der Organgesellschaft an den Organträger. Minder- oder Mehrabführungen i. S. der Sätze 1 und 2 liegen insbesondere vor, wenn der an den Organträger abgeführte Gewinn von dem Steuerbilanzgewinn der Organgesellschaft abweicht und diese Abweichung in organschaftlicher Zeit verursacht ist (§ 14 Abs. 4 KStG).

FALL 211

Gründung einer GmbH

Sachverhalt: X, Y und Z gründen auf den 1.5.01 eine GmbH mit einem Stammkapital i. H. von 600.000 €, von dem jeder Gesellschafter 1/3 übernimmt. Es wird vereinbart, dass mindestens 50 % des übernommenen Stammkapitals zum Eröffnungszeitpunkt eingebracht sein sollen. Soweit die eingebrachten Rechte oder Sachwerte 50 % des übernommenen Stammkapitals nicht erreichen, ist der Fehlbetrag auf dem Bankkonto der GmbH einzuzahlen. Im Einzelnen bringen die Gesellschafter lt. Gesellschaftsvertrag ein:

- **X:** Ein bebautes Grundstück mit einem Verkehrswert i. H. von 260.000 € (Anteil Grund und Boden 80.000 €, Baujahr des Gebäudes: vor 20 Jahren errichtet). Auf dem Grundstück lastet eine Grundschuld, die noch über 140.000 € valutiert; Zinssatz 8 % jährlich, Zinsfälligkeit halbjährlich nachträglich am 31.12. und 30.6. Die GmbH übernimmt die Grundschuld und künftig entstehende Zinsen.
- **Y:** Ein Lkw im Wert i. H. von 45.400 € (Nutzungsdauer zwei Jahre) sowie Waren im Wert von 48.000 €. Für den Lkw sind Versicherungen und Steuern für das laufende Kalenderjahr i. H. von insgesamt 5.800 € bereits von Y bezahlt worden.
- **Z:** Mehrere Maschinen im Wert von 240.000 € (Nutzungsdauer vier Jahre). Eine Maschine im Wert von 140.000 € ist zur Sicherung an den Lieferanten übereignet, weil der Lieferant noch eine Kaufpreisforderung i. H. von 70.000 € hat. Außerdem ist noch eine Reparaturrechnung i. H. von 14.000 € für eine Maschine zu begleichen. Die GmbH übernimmt alle Verbindlichkeiten.

AUFGABE

Welches Bild hat die Eröffnungsbilanz der GmbH zum 1.5.01, wenn die erwähnten Fehlbeträge auf dem Bankkonto der GmbH zum Eröffnungszeitpunkt eingegangen sind? Verkehrssteuern sind nicht zu berücksichtigen.

LÖSUNG

Für die Errichtung einer GmbH ist § 5 GmbHG im Zusammenhang mit der Erstellung der Gründungsbilanz zu beachten, insbesondere § 5 Abs. 4 GmbHG. Es empfiehlt sich, vorab einen Beteiligungsplan aufzustellen, der die nötigen Einzelheiten enthält:

Beteiligungsplan

Gesellschafter	Stammeinlage	Einbringung	Beträge	Rest-Beträge
X	200.000 €	Grundstück	260.000 €	
		Grundschuld	- 140.000 €	
		Sonstige Verbindlichkeiten:		
		Zinsen vom 1.1.01 bis zum 30.4.01:		
		8 % von 140.000 € = 11.200 €, $^{1}/_{3}$ von 11.200 € = 3.733 €	- 3.733 €	
		Sacheinlage	116.267 €	
		Mindesteinbringung	100.000 €	
		Geldeinlage	0 €	83.733 €

Gesell-schafter	Stamm-einlage	Einbringung	Beträge	Rest-Beträge
Y	200.000 €	Lkw	45.400 €	
		Waren	+ 48.000 €	
		Aktive Rechnungsabgrenzung ($^{8}/_{12}$ von 5.800 € =)	+ 3.867 €	
		Sachen und Rechte	97.267 €	
		Mindesteinbringung	100.000 €	
		Geldeinlage	2.733 €	100.000 €
Z	200.000 €	Maschinen	240.000 €	
		Verbindlichkeiten	- 70.000 €	
		Sonstige Verbindlichkeiten	- 14.000 €	
		Sacheinlagen	156.000 €	
		Mindesteinbringung	100.000 €	44.000 €
Ausstehende Stammeinlagen:				227.733 €

Trotz der Sicherungsübereignung der Maschinen an den Lieferanten von Z hat die GmbH die Maschinen zu bilanzieren, denn sie ist wirtschaftliche Eigentümerin geworden. Sie kann den Lieferanten von jeder Einwirkung auf die Maschinen ausschließen, sofern sie die Verbindlichkeit bezahlt. Damit ist ihre Stellung so stark wie die eines Eigentümers im rechtlichen Sinn (vgl. § 246 Abs. 1 Satz 2 HGB). Auch steuerrechtlich richtet sich die Bilanzierung von Vermögensgegenständen nicht nach rechtlichen, sondern nach wirtschaftlichen Gesichtspunkten (§ 39 Abs. 2 Nr. 1 AO). Für die Eröffnungsbilanz der GmbH ergibt sich folgendes Bild (§ 266 i. V. mit § 272 Abs. 1 HGB):

Eingeforderte ausstehende Einlagen sind unter den Forderungen gesondert auszuweisen und entsprechend zu bezeichnen. Nicht eingeforderte ausstehende Einlagen (wie hier) sind von dem Posten „Gezeichnetes Kapital" offen abzusetzen; der verbleibende Betrag ist als Posten „Eingefordertes Kapital" in der Hauptspalte der Passivseite auszuweisen (§ 272 Abs. 1 HGB). Dadurch wird erreicht, dass die ausstehenden, aber nicht eingeforderten Einlagen einer Abwertung nicht zugänglich sind.

Aktiva **Gründungsbilanz zum 1.5.01 (vereinfacht)** **Passiva**

Aktiva		Passiva	
A. Anlagevermögen:		A. Eigenkapital:	
Grund und Boden	80.000 €	Gezeichnetes Kapital	600.000 €
Gebäude	180.000 €	Nicht eingefordertes Kapital	- 227.733 €
Maschinen	240.000 €	Eingefordertes Kapital	372.267 €
Fuhrpark	45.400 €	B. Verbindlichkeiten:	
B. Umlaufvermögen:		1. Grundschuld	140.000 €
Waren	48.000 €	2. Verbindlichkeiten	70.000 €
Bank	2.733 €	3. Sonstige Verbindlichkeiten	17.733 €
C. Aktiver Rechnungsabgrenzungsposten	3.867 €		
	600.000 €		600.000 €

HINWEIS

Gründungs- und Kapitalbeschaffungskosten (z. B. Gerichts- und Notarkosten oder Kosten der Ausgabe neuer Gesellschaftsanteile = Emissionskosten) sind sofort abziehbare Betriebsausgaben; es besteht ein Aktivierungsverbot (§ 248 Abs. 1 HGB).

Die Grunderwerbsteuer gehört zu den Anschaffungskosten der übernommenen Wirtschaftsgüter.

FALL 212

Uneingeschränkter Wertzusammenhang und Wertaufholung

Sachverhalt: Die Kontenentwicklung einer am 10.1.01 von einer Kapitalgesellschaft für 80.000 € angeschafften Maschine (Nutzungsdauer zehn Jahre) zeigt folgendes Bild:

Zugang am 10.1.01	80.000 €
Planmäßige Abschreibung/AfA im Jahr 01: 10 % von 80.000 € =	- 8.000 €
Bilanzansatz zum 31.12.01	72.000 €
Planmäßige Abschreibung/AfA im Jahr 02	- 8.000 €
Außerplanmäßige Abschreibung/Teilwertabschreibung im Jahr 02	- 14.000 €
Bilanzansatz zum 31.12.02	50.000 €
Planmäßige Abschreibung bzw. AfA in den Jahren 03 und 04 jeweils 6.250 €	- 12.500 €
Bilanzansatz zum 31.12.04	37.500 €

Die außerplanmäßige Abschreibung/Teilwertabschreibung im Jahr 02 beruhte auf einer voraussichtlich dauernden Wertminderung (§ 253 Abs. 3 Satz 5 HGB und § 6 Abs. 1 Nr. 1 Satz 2 und 4 EStG).

Die lineare planmäßige Abschreibung bzw. AfA i. H. von 6.250 € jährlich für die Jahre 03 und 04 ergab sich durch die Verteilung des Buchwerts v. 31.12.02 i. H. von 50.000 € auf die Restnutzungsdauer von acht Jahren. Es liegen voraussichtlich dauerhaft wertgeminderte beizulegende Werte (Zeitwerte) bzw. Teilwerte zum 31.12.03 und zum 31.12.04 vor.

Zum 31.12.04 beträgt der (dauerhaft im Vergleich zu den Anschaffungskosten wertgeminderte) Zeitwert/Teilwert der Maschine 50.000 €, da die Gründe für die zum 31.12.02 vorgenommene außerplanmäßige Abschreibung/Teilwertabschreibung in der Zwischenzeit weggefallen sind.

AUFGABE

Welche Bilanzierungsmöglichkeiten hat die Kapitalgesellschaft bzgl. der Maschine zum 31.12.04 und wie ist die Maschine ab dem Jahr 05 abzuschreiben?

LÖSUNG

Zur außerplanmäßigen Abschreibung im Jahr 02 war die GmbH handelsrechtlich gem. § 253 Abs. 3 Satz 5 HGB verpflichtet und zur Teilwertabschreibung war sie gem. § 6 Abs. 1 Nr. 1 Satz 2 und 4 i. V. mit § 5 Abs. 1 Satz 1 Halbsatz 2 EStG berechtigt. § 253 Abs. 5 HGB verpflichtet die GmbH, eine Zuschreibung vorzunehmen, wenn die Gründe für die außerplanmäßige Abschreibung später wegfallen. Auch i. S. des § 6 Abs. 1 Nr. 1 Satz 1 und 4 EStG besteht ein Zuschreibungsgebot, soweit kein dauerhaft wertgeminderter Teilwert mehr vorliegt.

Die in der Handels- und Steuerbilanz vorzunehmende Zuschreibung erfolgt bis max. auf die sich gem. § 253 Abs. 1 i. V. mit Abs. 3 Satz 1 und 2 HGB bzw. gem. § 6 Abs. 1 Nr. 1 Satz 1 EStG ergebenden fortgeführten Anschaffungskosten (= Bewertungsobergrenze):

Zugang am 10.1.01	80.000 €
Planmäßige Abschreibung/AfA in den Jahren 01–04: 10 % von 80.000 € x 4 =	- 32.000 €
Fortgeführte Anschaffungskosten zum 31.12.04	48.000 €

Da der Zeitwert/Teilwert zum 31.12.04 i. H. von 50.000 € die Bewertungsobergrenze i. H. von 48.000 € übersteigt, ergibt sich ein Zuschreibungsbetrag i. H. von 10.500 €. Die Kontenentwicklung der Maschine gestaltet sich sodann wie folgt:

Handels-/Steuerbilanz

Bilanzansatz zum 31.12.03	43.750 €
Planmäßige Abschreibung/AfA im Jahr 04	- 6.250 €
Zuschreibung	+ 10.500 €
Bilanzansatz zum 31.12.04	48.000 €
Planmäßige Abschreibung/AfA im Jahr 05	- 8.000 €
Bilanzansatz zum 31.12.05	40.000 €
Planmäßige Abschreibung/AfA im Jahr 06 usw.	- 8.000 €

FALL 213

Steuerrückstellungen im Jahresabschluss

Sachverhalt: Die Alpha-Optik GmbH hat im Wirtschaftsjahr 02 (Wirtschaftsjahr = Kalenderjahr) einen vorläufigen Jahresüberschuss vor Berücksichtigung der Gewerbesteuer- und Körperschaftsteuer-Rückstellung i. H. von 202.000 € erwirtschaftet. Gewinnmindernd haben sich ausgewirkt:

- Vorauszahlungen im Jahr 02 für die Körperschaftsteuer und den Solidaritätszuschlag i. H. von 48.000 €;
- Gewerbesteuer-Vorauszahlungen im Jahr 02 i. H. von 32.000 € sowie
- sonstige nichtabziehbare Betriebsausgaben i. S. des KStG (ohne Körperschaftsteuer und Solidaritätszuschlag) i. H. von 52.904 €.

Für die Berechnung der Gewerbesteuer-Rückstellung sind Hinzurechnungen gem. § 8 GewStG i. H. von 43.000 € zu berücksichtigen. Es ist von einem Gewerbesteuer-Hebesatz i. H. von 400 % auszugehen.

AUFGABEN

1. Wie hoch ist die Gewerbesteuer-Rückstellung im Jahresabschluss 02 auszuweisen?
2. In welcher Höhe ist eine Körperschaftsteuer-Rückstellung zum 31.12.02 zu bilden?
3. Wie hoch sind der endgültige Jahresüberschuss, das zu versteuernde Einkommen und der Gewerbeertrag?

LÖSUNG

Ausgangsbetrag für die Körperschaftsteuer ist das zu versteuernde Einkommen (§ 7 KStG). Das körperschaftsteuerliche zu versteuernde Einkommen ist auch die Ausgangsgröße für den der Gewerbesteuer unterliegenden Gewerbeertrag (§ 7 GewStG), zu dessen Ermittlung dann noch die gewerbesteuerlichen Hinzu- und Abrechnungen zu berücksichtigen sind (§§ 8 und 9 GewStG). Zur Ermittlung des körperschaftsteuerlichen zu versteuernden Einkommens sind – ausgehend vom Jahresüberschuss – bestimmte Hinzu- und Abrechnungen vorzunehmen, die sich im Wesentlichen aus den §§ 8–10 KStG i. V. mit dem EStG ergeben. Im vorliegenden Fall sind folgende Hinzurechnungen vorzunehmen:

Vorauszahlungen für die Körperschaftsteuer und den Solidaritätszuschlag (§ 10 Nr. 2 KStG)	48.000 €
Sonstige nichtabziehbare Betriebsausgaben i. S. des KStG	+ 52.904 €
Gewerbesteuer-Vorauszahlungen (§ 4 Abs. 5b EStG)	+ 32.000 €
Summe der außerbilanziellen Hinzurechnungen (ohne Rückstellungsbildung für die Körperschaftsteuer und Gewerbesteuer)	132.904 €

Gewerbesteuer-Rückstellung

Vorläufiger Jahresüberschuss	202.000 €
Summe der außerbilanziellen Hinzurechnungen	+ 132.904 €
Hinzurechnungen gem. § 8 GewStG	+ 43.000 €
Gewerbeertrag	377.904 €
Abgerundet gem. § 11 Abs. 1 Satz 3 GewStG	377.900 €
Steuermesszahl 3,5 % (§ 11 Abs. 2 GewStG)	13.226,50 €
Hebesatz 400 %	52.906 €
Gewerbesteuer-Vorauszahlungen	- 32.000 €
Gewerbesteuer-Rückstellung	20.906 €

Körperschaftsteuer-Rückstellung

Vorläufiger Jahresüberschuss	202.000 €
Summe der außerbilanziellen Hinzurechnungen	+ 132.904 €
Zu versteuerndes Einkommen	334.904 €
Tarifbelastung 15 % (§ 23 Abs. 1 KStG)	50.235,60 €
Körperschaftsteuerschuld (gerundet gem. § 31 Abs. 1 Satz 3 KStG)	50.235,00 €
Solidaritätszuschlag 5,5 %	+ 2.762,93 €
Summe Körperschaftsteuer und Solidaritätszuschlag	52.997,93 €
Vorauszahlungen insgesamt	- 48.000,00 €
Rückstellung für Körperschaftsteuer und Solidaritätszuschlag	4.997,93 €

Endgültiger Jahresüberschuss/zu versteuerndes Einkommen/Gewerbeertrag

Vorläufiger Jahresüberschuss	202.000,00 €
abzgl. Aufwand zur Bildung der Gewerbesteuer-Rückstellung	- 20.906,00 €
abzgl. Aufwand zur Bildung der Körperschaftsteuer-Rückstellung und der Rückstellung für den Solidaritätszuschlag	- 4.997,93 €
Endgültiger Jahresüberschuss	176.096,07 €
Summe der außerbilanziellen Hinzurechnungen bisher (ohne Rückstellungsbildung für die Körperschaftsteuer und die Gewerbesteuer)	+ 132.904,00 €
Weitere Hinzurechnung gem. § 10 Nr. 2 KStG wegen der Rückstellungsbildung für die Körperschaftsteuer und den Solidaritätszuschlag	+ 4.997,93 €
Weitere Hinzurechnung gem. § 4 Abs. 5b EStG wegen der Rückstellungsbildung für die Gewerbesteuer	+ 20.906,00 €
Unverändertes zu versteuerndes Einkommen (vgl. oben)	334.904,00 €
Hinzurechnungen gem. § 8 GewStG	+ 43.000,00 €
Unveränderter Gewerbeertrag (vgl. oben)	377.904,00 €

FALL 214

Verdeckte Gewinnausschüttungen (Umsatzsteuer, Gewerbesteuer, Körperschaftsteuer)

Sachverhalt: Eine GmbH liefert Ware an einen Gesellschafter. Der gemeine Wert beträgt zum Zeitpunkt der Lieferung 11.900 € einschließlich 19 % Umsatzsteuer. Der Einkaufspreis zum Zeitpunkt des Umsatzes beträgt 5.000 € zzgl. 950 € Umsatzsteuer. Der Gesellschafter hält die Anteile an der GmbH im Privatvermögen und verwendet die Ware für Zwecke der privaten Lebensführung. Der Gesellschafter muss

a) nichts bezahlen,

b) 6.000 € zzgl. Umsatzsteuer bezahlen,

c) 3.000 € zzgl. Umsatzsteuer bezahlen.

Der Gewerbesteuer-Hebesatz beträgt 500 %.

AUFGABE

Welche Auswirkungen ergeben sich auf die Umsatzsteuer, die Gewerbesteuer und die Körperschaftsteuer bei der GmbH und die Einkommensteuer bei dem Gesellschafter?

LÖSUNG

Unentgeltliche Leistungen (Lieferungen und sonstige Leistungen) an Gesellschafter unterliegen häufig der Umsatzsteuer (§ 3 Abs. 1b und 9a UStG). Die Umsatzsteuer berechnet sich in diesen Fällen gem. § 10 Abs. 4 Satz 1 Nr. 1 und 2 UStG. In den Fällen verbilligter Zuwendungen ist § 10 Abs. 5 Satz 1 Nr. 1 UStG zu beachten; die Umsatzsteuer berechnet sich nach der Mindestbemessungsgrundlage, wie sie sich aus § 10 Abs. 4 Satz 1 Nr. 1 und 2 UStG ergibt. Ist die Umsatzsteuer überhaupt nicht oder zu niedrig berechnet worden, stellt der Mehrbetrag innerhalb der Buchführung Aufwand dar. Die Korrektur erfolgt dann außerhalb der Buchführung im Rahmen der Ermittlung des zu versteuernden Einkommens, indem die verdeckte Gewinnausschüttung mit dem Betrag der Vermögensminderung (verhinderte Vermögensmehrung) zzgl. der durch sie ausgelösten Umsatzsteuer mit dem Bruttobetrag erfasst wird. Eine zusätzliche Berücksichtigung der Umsatzsteuer gem. § 10 Nr. 2 KStG erfolgt nicht (R 8.6 KStR).

Aus Sicht der Körperschaftsteuer ist bei verdeckten Gewinnausschüttungen in Gestalt der Hingabe von Wirtschaftsgütern von deren gemeinen Werten (H 8.6 Hingabe von Wirtschaftsgütern KStH) und bei verdeckten Gewinnausschüttungen in Gestalt von Nutzungsüberlassungen von der für sie erzielbaren Vergütung auszugehen (H 8.6 Nutzungsüberlassungen KStH). Sind im Zusammenhang mit einer verdeckten Gewinnausschüttung Beträge von der GmbH vereinnahmt worden, stellt nur die Differenz zwischen dem gemeinen Wert bzw. der erzielbaren Vergütung und dem erhaltenen Betrag eine verdeckte Gewinnausschüttung dar.

Da verdeckte Gewinnausschüttungen das Einkommen der Körperschaft erhöhen (§ 8 Abs. 3 KStG), unterliegen sie auch der Gewerbesteuer (§ 7 GewStG).

Zu a)

Vorab ist die Vermögensminderung (verhinderte Vermögensmehrung) zu beziffern, wie sie sich aus Sicht einer Fremdveräußerung darstellt.

Einkaufspreis netto = Aufwand	5.000 €
Gewinn bei Fremdveräußerung	+ 5.000 €
Vermögensminderung = verdeckte Gewinnausschüttung	10.000 €

1. Es ergibt sich eine Umsatzsteuer-Nachzahlung i. H. von (19 % von 5.000 € =) **950 €** (unentgeltliche Wertabgabe gem. § 3 Abs. 1b und § 10 Abs. 4 Satz 1 Nr. 1 UStG).

   Buchung:

Sonstige Steuern	950 €	an	Umsatzsteuer	950 €

2. Durch die Umsatzsteuer-Nachzahlung i. H. von 950 € mindern sich Gewinn und Einkommen der GmbH um diesen Betrag. Gleichzeitig ist das Einkommen der GmbH um den Betrag der

verdeckten Gewinnausschüttung (10.000 €) zzgl. der durch die verdeckte Gewinnausschüttung ausgelösten Umsatzsteuer (950 €) zu erhöhen (= 10.950 €). Im Ergebnis erhöht sich das Einkommen der GmbH (zunächst um 10.000 €). Hierauf entfällt Gewerbesteuer, die sich wie folgt berechnet:

Einkommenserhöhung im Saldo	10.000 €
Steuermesszahl 3,5 %	350 €
Hebesatz 500 % und Gewerbesteuer-Mehraufwand	1.750 €

3. Die Körperschaftsteuer-Nachzahlung berechnet sich wie folgt:

Einkommenserhöhung durch die verdeckte Gewinnausschüttung	10.000 €
Körperschaftsteuer-Nachzahlung 15 %	**1.500 €**
Solidaritätszuschlag-Nachzahlung 5,5 %	**82,50 €**

Zu b)

1. Die Umsatzsteuer ist korrekt berechnet. Das Entgelt (6.000 €, Lieferung im Leistungsaustausch i. S. des § 3 Abs. 1 und § 10 Abs. 1 UStG) ist höher als die Mindestbemessungsgrundlage (5.000 €, § 10 Abs. 5 Satz 1 Nr. 1 i. V. mit Abs. 4 Satz 1 Nr. 1 UStG).
2. Es ergibt sich eine verdeckte Gewinnausschüttung in folgender Höhe:

Erlös netto	6.000 €
Erlös bei Fremdveräußerung netto	10.000 €
Vermögensminderung = verdeckte Gewinnausschüttung	4.000 €
Gewerbesteuer hierfür: 3,5 % von 4.000 € =	140 €
Hebesatz 500 % und Gewerbesteuer-Mehraufwand	700 €
Körperschaftsteuer 15 % von 4.000 € =	**600 €**
Solidaritätszuschlag	**33 €**

Zu c)

1. Aufgrund der zu beachtenden Mindestbemessungsgrundlage (Lieferung im Leistungsaustausch i. S. des § 3 Abs. 1 und § 10 Abs. 1 sowie Abs. 5 Satz 1 Nr. 1 i. V. mit Abs. 4 Satz 1 Nr. 1 UStG) ergibt sich folgende Umsatzsteuer:

Zu zahlende Umsatzsteuer (19 % von 5.000 € =)	950 €
Tatsächlich bezahlt (19 % von 3.000 € =)	- 570 €
Noch zu zahlende Umsatzsteuer	**380 €**

Buchung:

Sonstige Steuern	380 €	an	Umsatzsteuer	380 €

2. Auf den Gewinn und das zu versteuernde Einkommen hat das folgende Auswirkungen:

Umsatzsteuer als Betriebsausgabe	- 380 €
Verdeckte Gewinnausschüttung außerbilanziell (10.000 € - 3.000 € + 380 € =)	+ 7.380 €
Erhöhung	7.000 €
Hierauf entfallende Gewerbesteuer 3,5 % von 7.000 € =	245 €
Hebesatz 500 %	1.225 €
Körperschaftsteuer 15 % von 7.000 € =	1.050 €
Solidaritätszuschlag	**57,75 €**

Beim Anteilseigner wird die verdeckte Gewinnausschüttung in den vorstehenden Fällen als Einnahme im Rahmen der Einkünfte aus Kapitalvermögen i. S. des § 20 Abs. 1 Nr. 1 Satz 2 EStG erfasst und gem. § 8 Abs. 2 EStG mit dem üblichen Endpreis am Abgabeort bewertet. Der Wert muss nicht mit dem bei der Körperschaftsteuer angesetzten Betrag korrespondieren (BFH, Urteil v. 25.5.2004 - VIII R 4/01, BFH/NV 2005 S. 105, QAAAB-36872). Gehört die Beteiligung zum Betriebsvermögen, erfolgt die Bewertung einer verdeckten Gewinnausschüttung beim Anteilseigner mit dem gemeinen Wert gem. § 9 BewG, wenngleich dies nicht uneingeschränkt gilt (BFH, Urteil v. 27.11.1974 - I R 250/72, BStBl 1975 II S. 306).

Üblicher Endpreis i. S. des § 8 Abs. 2 Satz 1 EStG ist der Endabgabepreis einschließlich der Umsatzsteuer (BFH, Urteil v. 25.5.2004 - VIII R 4/01, a. a. O.). Sodann ergeben sich steuerpflichtige Einnahmen in folgender Höhe, die grds. dem gesonderten Steuertarif gem. § 32d Abs. 1 EStG mit 25 % unterliegen (zzgl. Solidaritätszuschlag und ggf. Kirchensteuer):

a) 11.900 €;

b) (11.900 € - 7.140 € =) 4.760 € und

c) (11.900 € - 3.570 € =) 8.330 €.

Sollte die verdeckte Gewinnausschüttung nicht dem 25 %igen Steuerabzug vom Kapitalertrag gem. § 43 Abs. 1 Satz 1 Nr. 1 sowie § 43a Abs. 1 Satz 1 Nr. 1 i. V. mit § 20 Abs. 1 Nr. 1 EStG unterworfen worden sein, liegt damit ein Veranlagungsgrund i. S. des § 32d Abs. 3 Satz 1 EStG vor. Die verdeckte Gewinnausschüttung ist in diesen Fällen grds. im Rahmen der Veranlagung mit dem besonderen Steuersatz gem. § 32d Abs. 1 EStG i. H. von 25 % (ggf. korrigiert um die Kirchensteuer) nachzuversteuern (vgl. BMF, Schreiben v. 19.5.2022, BStBl 2022 I S. 742, Rz. 144).

FALL 215

Steuerlicher Ausgleichsposten

Sachverhalt: Eine kleine GmbH, die gem. § 274a Nr. 4 HGB nicht zur Bildung latenter Steuern verpflichtet ist, erwarb zum 1.1.01 ein Unternehmen und bezahlte für den Firmenwert des erworbenen Unternehmens 150.000 €. In den Handelsbilanzen nahm sie aufgrund einer zuverlässigen Schätzung des Wertverzehrs zutreffend jährliche Abschreibungen i. H. von 20 % (vgl. § 253 Abs. 3 Satz 3 und 4 HGB) vor. Die erwirtschafteten Gewinne werden im Folgejahr stets in voller Höhe ausgeschüttet. Die Handelsbilanzen der GmbH haben folgendes Bild (vereinfacht):

Aktiva	Handelsbilanz zum 31.12.01		Passiva
Firmenwert	120.000 €	Gezeichnetes Kapital	200.000 €
Sonstiges Anlagevermögen	175.000 €	Gewinnrücklagen	50.000 €
Umlaufvermögen	220.000 €	Jahresüberschuss	65.000 €
		Schulden	200.000 €
	515.000 €		515.000 €

Aktiva	Handelsbilanz zum 31.12.02		Passiva
Firmenwert	90.000 €	Gezeichnetes Kapital	200.000 €
Sonstiges Anlagevermögen	200.000 €	Gewinnrücklagen	50.000 €
Umlaufvermögen	320.000 €	Jahresüberschuss	160.000 €
		Schulden	200.000 €
	610.000 €		610.000 €

Aktiva	Handelsbilanz zum 31.12.03		Passiva
Firmenwert	60.000 €	Gezeichnetes Kapital	200.000 €
Sonstiges Anlagevermögen	200.000 €	Gewinnrücklagen	50.000 €
Umlaufvermögen	390.000 €	Jahresüberschuss	200.000 €
		Schulden	200.000 €
	650.000 €		650.000 €

AUFGABE

Welches Bild haben die Steuerbilanzen zum 31.12.01–31.12.03?

LÖSUNG

Gemäß § 246 Abs. 1 Satz 3 HGB besteht für den erworbenen Firmenwert ein Aktivierungsgebot. Die Abschreibung richtet sich nach der allgemeinen Vorschrift des § 253 Abs. 3 HGB und kann auch auf eine zuverlässig geschätzte Nutzungsdauer von weniger als zehn Jahren vorgenommen werden (§ 253 Abs. 3 Satz 3 und 4 HGB). Steuerrechtlich gehört der Firmenwert zum abnutzbaren Anlagevermögen. Die jährlichen Abschreibungen betragen allerdings 6 $^2/_3$ v. H. der Anschaffungskosten (§ 7 Abs. 1 Satz 3 EStG). Das führt in den Steuerbilanzen der GmbH zu von den Handelsbilanzen abweichenden Wertansätzen und zu anderen Gewinnen mit entsprechender Auswirkung auf das Eigenkapital. Da Änderungen von Kapital, Jahresüberschuss und Rücklagen jedoch gesellschaftsrechtlichen Bestimmungen unterstehen, muss das steuerliche Mehr- oder Minderkapital als sog. „Steuerlicher Ausgleichsposten" erfasst werden. Dabei ist zu beachten, dass der steuerliche Ausgleichsposten nur im Jahr der erstmaligen Abweichung von der Handelsbilanz der Differenz zwischen Jahresergebnis und Steuerbilanzgewinn entspricht. Im vorliegenden Fall ergeben sich folgende Steuerbilanzen (die Handelsbilanzen sind zu Vergleichszwecken beigefügt):

Aktiva	Handelsbilanz zum 31.12.01		Passiva
Firmenwert	120.000 €	Gezeichnetes Kapital	200.000 €
Sonstiges Anlagevermögen	175.000 €	Gewinnrücklagen	50.000 €
Umlaufvermögen	220.000 €	Steuerlicher Ausgleichsposten	entfällt
		Jahresüberschuss	65.000 €
		Schulden	200.000 €
	515.000 €		515.000 €

Aktiva	Steuerbilanz zum 31.12.01		Passiva
Firmenwert	140.000 €	Gezeichnetes Kapital	200.000 €
Sonstiges Anlagevermögen	175.000 €	Gewinnrücklagen	50.000 €
Umlaufvermögen	220.000 €	Steuerlicher Ausgleichsposten	20.000 €
		Jahresüberschuss	65.000 €
		Schulden	200.000 €
	535.000 €		535.000 €

Aktiva	Handelsbilanz zum 31.12.02		Passiva
Firmenwert	90.000 €	Gezeichnetes Kapital	200.000 €
Sonstiges Anlagevermögen	200.000 €	Gewinnrücklagen	50.000 €
Umlaufvermögen	320.000 €	Steuerlicher Ausgleichsposten	entfällt
		Jahresüberschuss	160.000 €
		Schulden	200.000 €
	610.000 €		610.000 €

Aktiva	Steuerbilanz zum 31.12.02		Passiva
Firmenwert	130.000 €	Gezeichnetes Kapital	200.000 €
Sonstiges Anlagevermögen	200.000 €	Gewinnrücklagen	50.000 €
Umlaufvermögen	320.000 €	Steuerlicher Ausgleichsposten	40.000 €
		Jahresüberschuss	160.000 €
		Schulden	200.000 €
	650.000 €		650.000 €

Aktiva	Handelsbilanz zum 31.12.03		Passiva
Firmenwert	60.000 €	Gezeichnetes Kapital	200.000 €
Sonstiges Anlagevermögen	200.000 €	Gewinnrücklagen	50.000 €
Umlaufvermögen	390.000 €	Steuerlicher Ausgleichsposten	entfällt
		Jahresüberschuss	200.000 €
		Schulden	200.000 €
	650.000 €		650.000 €

Steuerbilanz zum 31.12.03

Aktiva		Passiva	
Firmenwert	120.000 €	Gezeichnetes Kapital	200.000 €
Sonstiges Anlagevermögen	200.000 €	Gewinnrücklagen	50.000 €
Umlaufvermögen	390.000 €	Steuerlicher Ausgleichsposten	60.000 €
		Jahresüberschuss	200.000 €
		Schulden	200.000 €
	710.000 €		710.000 €

Zum 31.12.05 beträgt der steuerliche Ausgleichsposten, wenn der Firmenwert die einzige Differenz zwischen der Steuerbilanz und der Handelsbilanz bleibt, 100.000 €. Da der Firmenwert bis zum 31.12.05 in der Handelsbilanz vollständig abgeschrieben ist, baut sich der steuerliche Ausgleichsposten in den Jahren 06–15 bzgl. dieser Differenz zwischen Handels- und Steuerbilanz i. H. der steuerrechtlichen Abschreibung i. H. von 10.000 € jährlich wieder ab.

FALL 216

Rückstellung für latente Steuern

Sachverhalt: Der Handelsbilanzgewinn einer mittelgroßen Kapitalgesellschaft beträgt für das Jahr 01 500.000 €. Dieser Gewinn ergab sich u. a. durch die Berücksichtigung eines erhaltenen Beteiligungsertrags i. H. von 100.000 € von einer KG, an der die Kapitalgesellschaft mit 20 % beteiligt ist. Gemäß der Steuerbilanz der KG und entsprechend dem Gewinnfeststellungsbescheid für das Jahr 01 (§§ 179 und 180 AO) des für die KG zuständigen Finanzamts beträgt der Anteil der Kapitalgesellschaft am Steuerbilanzgewinn der KG

a) 70.000 €;

b) 130.000 €.

Bei dem Betrag i. H. von 100.000 € handelt es sich um den Anteil der Kapitalgesellschaft am Handelsbilanzgewinn der KG für das Jahr 01. Steuerliche Verlustvorträge bestehen nicht.

Die Kapitalgesellschaft buchte im Jahr 01:

Forderungen	100.000 €	an	Beteiligungserträge	100.000 €

AUFGABE

Welche Bilanzierungskonsequenzen ergeben sich für den handelsrechtlichen Jahresabschluss der Kapitalgesellschaft zum 31.12.01?

LÖSUNG

Zu a)

Bestehen zwischen den handelsrechtlichen Wertansätzen von Vermögensgegenständen, Schulden und Rechnungsabgrenzungsposten sowie ihren steuerlichen Wertansätzen Differenzen, die sich in späteren Geschäftsjahren voraussichtlich abbauen, so ist eine sich daraus insgesamt ergebende Steuerbelastung als passive latente Steuer (§ 266 Abs. 3 E HGB) in der Bilanz anzusetzen (§ 274 Abs. 1 Satz 1 HGB). Vorliegend kommt eine Rückstellung aufgrund latenter Körperschaftsteuern einschließlich Solidaritätszuschlag in Betracht. Für latente Gewerbesteuern braucht keine Rückstellung gebildet zu werden, da der Beteiligungsertrag gem. § 9 Nr. 2 GewStG nicht der Gewerbesteuer unterliegt. Im vorliegenden Fall ist deshalb im handelsrechtlichen Jahresabschluss eine Rückstellung für latente Körperschaftsteuer i. H. von 15 % von 30.000 € = 4.500 € zu bilden. Das Gleiche gilt für den latenten Solidaritätszuschlag (5,5 % von 4.500 € = 247,50 €). Die Rückstellung ist aufzulösen, sobald die höhere Steuerbelastung eintritt oder nicht mehr mit ihr zu rechnen ist.

Zu b)

Ergibt sich aus der unterschiedlichen Bilanzierung in Handels- und Steuerbilanz insgesamt eine Steuerentlastung, kann diese als aktive latente Steuer (§ 266 Abs. 2 D HGB) in der Bilanz angesetzt werden. Im vorliegenden Fall darf die Kapitalgesellschaft im Jahresabschluss zum 31.12.01 auf der Aktivseite der Bilanz latente Steuern ausweisen (§ 274 Abs. 1 Satz 2 HGB). Diese betragen hier 15 % von 30.000 € = 4.500 €. Hinzu kommt der Solidaritätszuschlag mit 247,50 €.

FALL 217

Latente Steuern und deren Auflösung

Sachverhalt: In den Jahren 01 und 02 hat eine GmbH einen Rohgewinn i. H. von jeweils 100.000 € erwirtschaftet. An weiteren Aufwendungen sind (aus Vereinfachungsgründen) im Jahr 01 lediglich Entwicklungskosten für ein selbst geschaffenes immaterielles Wirtschaftsgut des Anlagevermögens i. S. des § 248 Abs. 2 HGB entstanden, die im Jahresabschluss für das Jahr 01 zutreffend i. H. von 40.000 € aktiviert wurden. Da sich der Vorgang als Fehleinschätzung herausstellte, wurde das immaterielle Wirtschaftsgut im Jahresabschluss für das Jahr 02 in voller Höhe außerplanmäßig abgeschrieben. Für die Gewerbesteuer ist für die Jahre 01 und 02 von einem Hebesatz i. H. von 400 v. H. auszugehen.

AUFGABE

Welche Jahresüberschüsse für die Jahre 01 und 02 ergeben sich unter Berücksichtigung der steuerlichen Belastungen sowie latenter Steuern für die Handelsbilanz und die Steuerbilanz? Der Solidaritätszuschlag ist aus Vereinfachungsgründen nicht zu berücksichtigen.

LÖSUNG

Das handelsrechtliche Aktivierungswahlrecht für selbst geschaffene immaterielle Wirtschaftsgüter des Anlagevermögens i. H. der Entwicklungskosten gilt nicht für die steuerbilanzielle Gewinnermittlung (§ 5 Abs. 2 EStG). Daher ist gem. § 274 Abs. 1 HGB im handelsrechtlichen Jahresabschluss 01 eine Steuerabgrenzung vorzunehmen, d. h. es ist eine Rückstellung für latente Steuern (Körperschaftsteuer und Gewerbesteuer) zu bilden, da das steuerliche Ergebnis mit diesem Posten belastet ist und der Steueraufwand im Vergleich zum Handelsbilanzergebnis zu niedrig ausfällt. Eine Auflösung der Rückstellung ist vorzunehmen, sobald die höhere Steuerbelastung eintritt. Der Umfang der Auflösung richtet sich danach, wie sich die ursprüngliche Differenz zwischen Handels- und Steuerbilanzergebnis abbaut. Am Ende bestehen keine Unterschiede mehr zwischen Handels- und Steuerbilanz. Die Rückstellung für latente Steuern ist **nur in der Handelsbilanz** zu berücksichtigen.

Gewinn- und Verlustrechnung im Jahr 01

	Handelsbilanz	**Steuerbilanz**
Rohgewinn	100.000 €	100.000 €
Entwicklungskosten immaterielles Wirtschaftsgut		- 40.000 €
Gewinn vor Körperschaftsteuer und Gewerbesteuer	100.000 €	60.000 €
Körperschaftsteuer 15 % von 60.000 € =	- 9.000 €	- 9.000 €
Gewerbesteuer 3,5 % von 60.000 € = 2.100 €;		
2.100 € x 400 % =	- 8.400 €	- 8.400 €
Zuführung zur Rückstellung für latente Steuern:		
Körperschaftsteuer 15 % von 40.000 € =	- 6.000 €	
Gewerbesteuer 3,5 % von 40.000 € x 400 % =	- 5.600 €	
Gewinn	71.000 €	42.600 €

Überleitungsrechnung i. S. des § 5b Abs. 1 Satz 2 EStG zum 31.12.01

Aktiva			**Passiva**		
Immaterielles Wirtschaftsgut	- 40.000 €	- 40.000 €	Steuerlicher Ausgleichsposten zum 1.1.01		0 €
			Differenz Jahresüberschuss/Steuerbilanzgewinn	- 28.400 €	
			31.12.01		- 28.400 €
			Latente Steuern	- 11.600 €	- 11.600 €
		- 40.000 €			- 40.000 €

Gewinn- und Verlustrechnung im Jahr 02

Rohgewinn	100.000 €	100.000 €
Entwicklungskosten immaterielles Wirtschaftsgut	- 40.000 €	
Gewinn vor Körperschaftsteuer und Gewerbesteuer	60.000 €	100.000 €
Körperschaftsteuer 15 % von 100.000 € =	- 15.000 €	- 15.000 €
Gewerbesteuer 3,5 % von 100.000 € x 400 % =	- 14.000 €	- 14.000 €
Auflösung der Rückstellung für latente Steuern	+ 11.600 €	
Gewinn	42.600 €	71.000 €
Zusammenfassung:		
Gewinn im Jahr 01	71.000 €	42.600 €
Gewinn im Jahr 02	+ 42.600 €	+ 71.000 €
Summe	113.600 €	113.600 €

Aktiva — Überleitungsrechnung i. S. des § 5b Abs. 1 Satz 2 EStG zum 31.12.02 — Passiva

Aktiva			Passiva		
Immaterielles Wirtschaftsgut zum 1.1.02	- 40.000 €		Steuerlicher Ausgleichsposten zum 1.1.02	- 28.400 €	
	+ 40.000 €	0 €	Differenz Jahresüberschuss/Steuerbilanzgewinn	+ 28.400 €	
			31.12.02		0 €
			Latente Steuern zum 1.1.02	- 11.600 €	
				+ 11.600 €	0 €
		0 €			0 €

FALL 218

Verdeckte Einlage und materielle Korrespondenz

Sachverhalt: Zum Einzelunternehmen des Kaufmanns K gehört eine 100 %ige Beteiligung an der T-GmbH. Die T-GmbH hat ihm für sein Einzelunternehmen ein verzinsliches Darlehen über 100.000 € gewährt. Statt der marktüblichen 4 % Zinsen erhält die T-GmbH jedoch Zinsen i. H. von 10 %. Die Zinsen wurden von der T-GmbH als Ertrag (10.000 €) und von Kaufmann K als Aufwand (ebenfalls 10.000 €) verbucht. Anlässlich einer Betriebsprüfung bei der T-GmbH, deren Steuerbescheide unter dem Vorbehalt der Nachprüfung ergangen sind, wird der **Sachverhalt** aufgedeckt. Die Steuerbescheide für Kaufmann K sind jedoch nicht mehr änderbar.

AUFGABE

Welche Korrekturmöglichkeiten bestehen?

LÖSUNG

Steuerlich hat Kaufmann K eine verdeckte Einlage an die T-GmbH i. H. von 6.000 € bewirkt. Sein Zinsaufwand wäre um 6.000 € zu mindern und gleichzeitig ergäben sich i. S. des § 6 Abs. 6 Satz 2 EStG Anschaffungskosten auf die Beteiligung.

Bei der T-GmbH betrüge der Zinsertrag lediglich 4.000 €. Der Ertrag wäre gem. § 8 Abs. 3 Satz 3 KStG durch außerbilanziellen Abzug zu korrigieren und gleichzeitig wäre ein Zugang im steuerlichen Einlagekonto i. H. von 6.000 € zu erfassen (§ 27 KStG).

Da aber eine Änderung des Einkommensteuerbescheids für Kaufmann K aus verfahrensrechtlichen Gründen nicht in Betracht kommt, bleibt es bei ihm bei dem zu hohen Betriebsausgabenabzug (10.000 € anstatt korrekterweise 4.000 €).

Der Körperschaftsteuerbescheid der T-GmbH könnte zwar verfahrensrechtlich noch i. S. des § 164 Abs. 2 AO geändert werden. Allerdings versagt § 8 Abs. 3 Satz 4 KStG materiell die Einkommensneutralität der verdeckten Einlage, da der Vorgang das Einkommen des Gesellschafters gemindert hat. Der überhöhte Zinsertrag muss also – obwohl der Bescheid verfahrensrechtlich noch änderbar wäre – weiterhin versteuert werden.

FALL 219

Verlustabzug

Sachverhalt: A und B sind zu jeweils 50 % Gesellschafter der AB-GmbH. Zum 31.12.01 besteht ein gesondert festgestellter, nicht genutzter Verlust i. S. des § 10d EStG i. H. von 500.000 €. Mit Wirkung v. 1.1.02 übertragen A und B jeweils einen 20 %igen (Abwandlung 30 %igen) Anteil und damit insgesamt 40 % (Abwandlung 60 %) der Anteile an C, so dass danach A mit 30 % (Abwandlung 20 %), B mit 30 % (Abwandlung 20 %) und C mit 40 % (Abwandlung 60 %) an der AB-GmbH beteiligt sind. Stille Reserven sind nicht vorhanden. § 8d KStG ist nicht anzuwenden.

AUFGABE

Was geschieht mit dem Verlustvortrag?

LÖSUNG

Der Erwerb von insgesamt 40 % der gesamten Gesellschaftsanteile durch C hat nicht zur Folge, dass es gem. § 8c Abs. 1 Satz 1 KStG zu einem quotalen Untergang der nicht genutzten Verluste kommt. Vortragsfähig bleiben 500.000 €.

Abwandlung

Der Erwerb von mehr als 50 % der gesamten Gesellschaftsanteile durch C (hier 60 %) hat zur Folge, dass die bis zum 31.12.01 nicht genutzten Verluste vollständig untergehen (§ 8c Abs. 1 Satz 1 KStG).

FALL 220

Verlustabzug bei Vorhandensein von stillen Reserven

Sachverhalt: V (Verkäufer) ist Alleingesellschafter der BioMed GmbH, die auf dem Gebiet der Humanmedizin forscht. Er verkauft seine Beteiligung vollumfänglich mit Wirkung v. 1.1.01 an K (Käufer). Die BioMed GmbH hat zum 31.12.00 einen vortragsfähigen, noch nicht genutzten Verlust. Für die Weiterbehandlung des Verlusts ist von folgenden Verhältnissen auszugehen:

	Fall a)	**Fall b)**
Vortragsfähiger Verlust	90.000 €	90.000 €
Steuerliches Buchwertkapital	100.000 €	- 30.000 €
Verkaufserlös von V (= gemeiner Wert des Anteils)	150.000 €	20.000 €
Gemeiner Wert des Betriebsvermögens der BioMed GmbH	120.000 €	10.000 €

§ 8d KStG ist nicht anzuwenden.

AUFGABE

Welche Folgen hat der Beteiligungserwerb für den Verlustabzug der Zielgesellschaft?

LÖSUNG

Grundsätzlich bestimmt § 8c Abs. 1 KStG, dass bei einer Veräußerung oder anderweitigen Übertragung von Beteiligungen an einer Kapitalgesellschaft i. H. von mehr als 50 % deren Verlustvorträge ganz untergehen. Verlustvorträge bleiben allerdings erhalten, soweit sie durch stille Reserven gedeckt sind. In Fall a) ergibt sich die Lösung aus § 8c Abs. 1 Satz 5 und 6 KStG: Die Höhe der stillen Reserven ergibt sich aus dem Unterschied zwischen dem Verkaufserlös (= gemeiner Wert des Anteils) und dem steuerlichen Buchwertkapital der BioMed GmbH. In Fall b) ergibt sich die Lösung aus § 8c Abs. 1 Satz 5 und 7 KStG: Die Höhe der stillen Reserven ergibt sich aus dem Unterschied zwischen dem steuerlichen Buchwertkapital und dem gemeinen Wert des Betriebsvermögens der BioMed GmbH (nicht des Anteils von V).

	Fall a)	**Fall b)**
Verkaufserlös von V	150.000 €	20.000 €
Gemeiner Wert des Betriebsvermögens		10.000 €
Steuerliches Buchwertkapital	100.000 €	- 30.000 €
Stille Reserven	50.000 €	40.000 €
Verbleibender vortragsfähiger Verlust	50.000 €	40.000 €
Untergehender Verlust	40.000 €	50.000 €

FALL 221

Organschaft

Sachverhalt: Nachfolgend ist die Gewinn- und Verlustrechnung und die Bilanz der Jahre 01 und 02 einer Organgesellschaft (auszugsweise) wiedergegeben:

Gewinn- und Verlustrechnung „Organ" (in Mio. €)

	Jahr 02	**Jahr 01**
Umsatzerlöse/Gesamtleistung	10.074 €	9.707 €
Roh-, Hilfs- und Betriebsstoffe	- 6.764 €	- 6.126 €
Rohertrag	3.310 €	3.581 €
Sonstige betriebliche Erträge	+ 366 €	+ 249 €
	3.676 €	3.830 €
Löhne und Gehälter	- 2.236 €	- 2.510 €
Abschreibungen	- 671 €	- 708 €
Steuern	- 11 €	- 13 €
Sonstige betriebliche Aufwendungen	- 656 €	- 378 €
Aufgrund der Gewinnabführungsvereinbarung abzuführender Gewinn		0 €
Jahresüberschuss		221 €
Einstellung in Gewinnrücklagen		- 221 €
Bilanzgewinn		0 €

Bilanz „Organ"	**31.12.02**	**31.12.01**
Passiva		
Gewinnrücklagen		221 €
Verbindlichkeit gegenüber verbundenen Unternehmen		

Gemäß dem Organschaftsvertrag war das Organ berechtigt, den Gewinn des Jahres 01 den Rücklagen zuzuführen, um damit künftige Investitionen zu finanzieren.

AUFGABEN

Die Gewinn- und Verlustrechnung des Jahres 02 der Organgesellschaft ist zu komplettieren. Dabei ist davon auszugehen, dass das Organ den gesamten Jahresüberschuss 02 an die Obergesellschaft abführen wird. Außerdem sind die damit korrespondierenden Bilanzansätze des Organs zum 31.12.02 entsprechend dem Muster v. 31.12.01 auszufüllen.

LÖSUNG

Beim Organ ist der **Jahresüberschuss** das Ergebnis des laufenden Geschäftsjahres vor Rücklagenzuführungen oder -entnahmen, aber nach Ergebnisübernahme durch die Muttergesellschaft. Er ergibt sich rechnerisch aus dem Unterschied aller Erträge und Aufwendungen einer Rechnungsperiode.

Der **Bilanzgewinn** ist der Teil des Jahresergebnisses, der nach Einstellung in die Rücklagen der Hauptversammlung für die Verteilung an die Aktionäre zur Verfügung gestellt wird. Aufgrund des bestehenden Gewinnabführungsvertrags weist das Organ im Allgemeinen keinen Bilanzgewinn aus. Das erzielte Ergebnis wird ganz oder teilweise an die Muttergesellschaft abgeführt bzw. in die Rücklagen eingestellt. Zur Bildung von Gewinnrücklagen ist das Organ steuerrechtlich eingeschränkt berechtigt (vgl. § 14 Abs. 1 Satz 1 Nr. 4 KStG).

Im Jahresabschluss des Organs wird die Ergebnisabführung als „Verbindlichkeit gegenüber verbundenen Unternehmen" ausgewiesen; der Organträger weist eine entsprechende Forderung gegen verbundene Unternehmen aus.

Die Lösung des Falles gestaltet sich wie folgt:

Gewinn- und Verlustrechnung „Organ" (in Mio. €)

	Jahr 02	**Jahr 01**
Umsatzerlöse/Gesamtleistung	10.074 €	9.707 €
Roh-, Hilfs- und Betriebsstoffe	- 6.764 €	- 6.126 €
Rohertrag	3.310 €	3.581 €
Sonstige betriebliche Erträge	+ 366 €	+ 249 €
	3.676 €	3.830 €
Löhne und Gehälter	- 2.236 €	- 2.510 €
Abschreibungen	- 671 €	- 708 €
Steuern	- 11 €	- 13 €
Sonstige betriebliche Aufwendungen	- 656 €	- 378 €
Aufgrund der Gewinnabführungsvereinbarung abzuführender Gewinn	- 102 €	0 €
Jahresüberschuss	0 €	221 €
Einstellung in Gewinnrücklagen	0 €	- 221 €
Bilanzgewinn	0 €	0 €

Bilanz „Organ"	**31.12.02**	**31.12.01**
Passiva		
Gewinnrücklagen	221 €	221 €
Verbindlichkeit gegenüber verbundenen Unternehmen	102 €	

FALL 222

Organschaft mit Minderabführung

Sachverhalt: Die M-GmbH hat vor zehn Jahren 76 % vom Nennkapital der T-GmbH erworben. Vor fünf Jahren wurde mit der T-GmbH ein Ergebnisabführungsvertrag abgeschlossen. Die Voraussetzungen für ein Organschaftsverhältnis sind erfüllt. Der Ergebnisabführungsvertrag wurde steuerlich anerkannt. Im Jahr 01 hat die T-GmbH einen Gewinn i. H. von 380.000 € erwirtschaftet. Von diesem Gewinn überlässt die M-GmbH der T-GmbH einen Betrag i. H. von 200.000 €, da die T-GmbH in Kürze größere Investitionen vorzunehmen beabsichtigt. In der Bilanz der T-GmbH ist der Betrag als Rücklage ausgewiesen. Der Restgewinn i. H. von 180.000 € wird an die M-GmbH abgeführt. In der Bilanz der T-GmbH zum 31.12.01 ist eine entsprechende Verbindlichkeit ausgewiesen. Im Abschluss der M-GmbH zum 31.12.01 sind 180.000 € als Forderung erfasst.

In der Ergebnisabführungsvereinbarung wurde den Minderheitsgesellschaften eine Gewinngarantie zugesagt. Der für das Jahr 01 zu zahlende Betrag beläuft sich auf 10.000 €. Die auf diesen Betrag entfallende Körperschaftsteuer hat die T-GmbH bezahlt. Im Januar 02 wurde die Garantiedividende von der M-GmbH an die Minderheitsgesellschafter überwiesen und als Aufwand verbucht.

AUFGABE

Welche bilanziellen und körperschaftsteuerlichen Auswirkungen ergeben sich für die M-GmbH?

LÖSUNG

Der Durchführung des Ergebnisabführungsvertrags steht es nicht entgegen, dass die T-GmbH freie Rücklagen bildet, die bei vernünftiger kaufmännischer Beurteilung wirtschaftlich begründet sind (§ 14 Abs. 1 Satz 1 Nr. 4 KStG). Das ist gerechtfertigt, wenn z. B. eine Kapazitätsausweitung beabsichtigt ist (R 14.5 Abs. 5 Nr. 3 KStR). Die Rücklage ist gleichwohl mit dem „zuzurechnenden Einkommen der T-GmbH" bei der M-GmbH der Körperschaftsteuer (und Gewerbesteuer) zu unterwerfen (§ 14 Abs. 1 Satz 1 KStG i. V. mit R 14.8 Abs. 1 Satz 1 KStR und R 7.1 Abs. 5 GewStR). Es liegt dadurch eine sog. „Minderabführung" in organschaftlicher Zeit vor, weil der tatsächlich abgeführte Betrag um 200.000 € hinter dem steuerlich zugerechneten Einkommen zurückbleibt. Minderabführungen in organschaftlicher Zeit nach dem 31.12.2021 sind gem. § 14 Abs. 4 Satz 1 und 6 KStG als Einlagen des Organträgers, hier der M-GmbH, in die Organgesellschaft, hier die T-GmbH, zu behandeln. Damit wird dem Grundsatz der körperschaftsteuerlichen Organschaft Rechnung getragen, wonach sich innerhalb des Organkreises erzielte Gewinne und Verluste nur einmal auswirken dürfen, nämlich beim Organträger.

Die Einlage erhöht den Buchwert der Beteiligung an der T-GmbH in der Steuerbilanz der M-GmbH.

Erforderliche Buchung bei der M-GmbH im Rechnungskreis „Nur Steuerbilanz" im Jahr 01:

Beteiligung an der T-GmbH	200.000 €	an	Erträge aus Beteiligungen	200.000 €

Im Rahmen der Einkommensermittlung bei der M-GmbH wird der vorstehende Ertrag zunächst neutralisiert (d. h. vom Jahresüberschuss lt. Buchführung abgezogen); anschließend wird das Einkommen der T-GmbH (inklusive der Rücklage) dem Einkommen der M-GmbH hinzugerechnet.

Im Fall einer Veräußerung der Organbeteiligung mindert der höhere Beteiligungsbuchwert das Veräußerungsergebnis der M-GmbH.

Löst die T-GmbH die Rücklage in den folgenden Jahren ganz oder teilweise zugunsten des an die M-GmbH abzuführenden Gewinns auf (z. B., weil sie von der geplanten Investition Abstand nimmt), so liegt eine Mehrabführung vor, die gem. § 14 Abs. 4 Satz 2 KStG als Einlagenrückgewähr zu behandeln ist und den Beteiligungsbuchwert der T-GmbH in der Steuerbilanz der M-GmbH i. S. des § 14 Abs. 4 Satz 3 KStG mindert.

Auf der Ebene der T-GmbH gilt § 27 Abs. 6 KStG: Minderabführungen der Organgesellschaft, die ihre Ursache in organschaftlicher Zeit haben, sind als Einlage durch den Organträger in die Organgesellschaft zu behandeln (§ 14 Abs. 4 KStG) und gleichzeitig als Zugang auf dem steuerlichen Einlagekonto zu erfassen (§ 27 Abs. 6 KStG).

Ausgleichszahlungen, die im Fall einer Organschaft an außenstehende Anteilseigner gezahlt werden, dürfen gem. § 4 Abs. 5 Satz 1 Nr. 9 EStG weder den Gewinn der Organgesellschaft noch den Gewinn des Organträgers mindern (R 16 Abs. 1 KStR). Vielmehr hat das Organ $^{20}/_{17}$ der geleisteten Ausgleichszahlungen als eigenes Einkommen zu versteuern (§ 16 Satz 1 KStG). Das gilt auch dann, wenn der Organträger diese Verpflichtung erfüllt (§ 16 Satz 2 KStG).

Zum 31.12.01 liegt i. H. der Gewinngarantie eine sonstige Verbindlichkeit bei der M-GmbH vor, die in der Handelsbilanz auszuweisen ist und zunächst den Handelsbilanzgewinn mindert (§ 277 Abs. 3 Satz 2 HGB). Steuerlich genügt es, wenn der Handelsbilanzgewinn außerhalb der Buchführung erhöht wird, um § 4 Abs. 5 Satz 1 Nr. 9 EStG Rechnung zu tragen.

Buchung der M-GmbH zum Abschluss des Jahres 01:

Sonstiger betrieblicher Aufwand (Ausgleichszahlungen)	10.000 €	an	Sonstige Verbindlichkeiten	10.000 €

FALL 223

Organschaft mit Mehrabführung

Sachverhalt: Die T-GmbH ist Organ der M-GmbH; es besteht ein steuerlich anerkannter Ergebnisabführungsvertrag. Zum 31.12.00 beträgt das steuerliche Einlagekonto (§ 27 KStG) der T-GmbH 0 €. Im Jahr 01 hat die T-GmbH einen handelsrechtlichen Jahresüberschuss i. H. von 200.000 € erzielt. Demgegenüber beträgt der Gewinn lt. Steuerbilanz aufgrund einer steuerrechtlichen Abschreibung (z. B. i. S. des § 6b EStG) 150.000 €. Die T-GmbH führt 200.000 € an die M-GmbH ab. Der Beteiligungsbuchwert der T-GmbH in der Steuerbilanz der M-GmbH beträgt 25.000 € (= Anschaffungskosten der Beteiligung).

AUFGABE

Welche Auswirkungen ergeben sich bei der M-GmbH?

LÖSUNG

Handelsrechtlich ergibt sich hier aufgrund einer (bilanziellen) Differenz zwischen dem Jahresüberschuss und dem Steuerbilanzgewinn eine Mehrabführung gegenüber dem steuerlichen Einkommen, das der M-GmbH zuzurechnen ist. Die Mehrabführung (in organschaftlicher Zeit nach dem 31.12.2021) bedeutet gem. § 14 Abs. 4 Satz 2 und 6 KStG eine Einlagenrückgewähr, die den Buchwert in der Steuerbilanz der M-GmbH um 25.000 € bis auf 0 € vermindert. Soweit der Beteiligungsbuchwert überschritten wird, liegt gem. § 14 Abs. 4 Satz 5 KStG ein Beteiligungsertrag i. S. des § 8b Abs. 2 und 3 KStG vor. Im Ergebnis muss sie in der Steuerbilanz buchen:

Forderung gegen verbundene Unternehmen	200.000 €	an	Erträge aus Gewinnabführung	150.000 €
		an	Erträge aus Mehrabführung	25.000 €
		an	Beteiligung an der T-GmbH	25.000 €

Gemäß § 8b Abs. 2 und 3 KStG sind per Saldo 95 % von 25.000 € = 23.750 € außerbilanziell im Rahmen der Einkommensentwicklung der M-GmbH in Abzug zu bringen.

Auf der Ebene der Organgesellschaft führt die Mehrabführung zu einem Abgang im steuerlichen Einlagekonto um 25.000 € zum 31.12.01 auf - 25.000 € (§ 27 Abs. 6 i. V. mit Abs. 1 Satz 4 Halbsatz 2 KStG).

FALL 224

Organschaft und Einkommensermittlung

Sachverhalt: Die Mutter-GmbH (M-GmbH) ist als Organträger zu 100 % an der Tochter-GmbH (T-GmbH, Organgesellschaft) beteiligt. Seit Jahren besteht eine steuerlich anerkannte Ergebnisabführungsvereinbarung (§§ 14 ff. KStG). Für das Jahr 01 hat die T-GmbH einen Jahresüberschuss i. H. von 100.000 € erwirtschaftet. Darauf haben sich nichtabziehbare Aufwendungen i. H. von 2.000 € ausgewirkt. Folgende Gewinn- und Verlustrechnung des Jahres 01 liegt vor:

Rohgewinn	300.000 €
Betriebsausgaben	- 200.000 €
Jahresüberschuss	100.000 €
Gewinnabführungsverpflichtung	- 100.000 €
Bilanzgewinn	0 €

Die M-GmbH hat folgende Gewinn- und Verlustrechnung für das Jahr 01 erstellt:

Rohgewinn	1.000.000 €
Gewinnabführungsanspruch	+ 100.000 €
Summe	1.100.000 €
Körperschaftsteueraufwand	- 54.150 €
Übrige Betriebsausgaben	- 750.000 €
Jahresüberschuss	295.850 €

In den übrigen Betriebsausgaben sind nichtabziehbare Ausgaben i. H. von 9.000 € enthalten.

AUFGABE

Berechnen Sie die Körperschaftsteuer und das zu versteuernde Einkommen für die T-GmbH und die M-GmbH. Auf den Solidaritätszuschlag ist aus Vereinfachungsgründen nicht einzugehen.

LÖSUNG

Organgesellschaft (T-GmbH)

Bilanzgewinn	0 €
Nichtabziehbare Betriebsausgaben	+ 2.000 €
Abzuführender Gewinn	+ 100.000 €
Summe	102.000 €
Vom Organträger zu versteuerndes Einkommen	- 102.000 €
Zu versteuerndes Einkommen	0 €

Organträger (M-GmbH)

Jahresüberschuss	295.850 €
Körperschaftsteueraufwand	+ 54.150 €
Nichtabziehbare Betriebsausgaben	+ 9.000 €
Summe	359.000 €
Erträge aus Gewinnabführungsvereinbarung	- 100.000 €
Zu versteuerndes Einkommen Organ	+ 102.000 €
Zu versteuerndes Einkommen	361.000 €
Körperschaftsteuer 15 %	54.150 €

FALL 225

Organschaft mit Personengesellschaft

Sachverhalt: Wie Fall 224, jedoch ist der Organträger nicht die M-GmbH, sondern die Fischer & Co. OHG. Gesellschafter der Fischer & Co. OHG sind Anton Fischer zu $^2/_3$ und Bernd Fischer zu $^1/_3$. Die Fischer & Co. OHG hat für das Jahr 01 einen Gewinn i. H. von 300.000 € erwirtschaftet; darin ist der Gewinnabführungsanspruch mit 100.000 € erhalten.

AUFGABE

Berechnen Sie die Körperschaftsteuer und das zu versteuernde Einkommen für die T-GmbH für das Jahr 01 und erstellen Sie die einheitliche und gesonderte Gewinnfeststellung für die Fischer & Co. OHG für das Jahr 01.

LÖSUNG

T-GmbH

Wie bei Fall 224.

Fischer & Co. OHG

Einheitliche und gesonderte Gewinnfeststellung:

	Anton Fischer	**Bernd Fischer**	**Summe**
Handelsbilanzgewinn	200.000 €	100.000 €	300.000 €
Außerbilanzielle Hinzu- und Abrechnungen			
(Gebuchte Erträge aus Gewinnabführungsvereinbarung)	- 66.667 €	- 33.333 €	- 100.000 €
Zu versteuerndes Einkommen Organgesellschaft	+ 68.000 €	+ 34.000 €	+ 102.000 €
Ergebnis	201.333 €	100.667 €	302.000 €

FALL 226

Organschaft mit Dividendeneinnahmen der Tochtergesellschaft

Sachverhalt: Wie Fall 224; jedoch hat die T-GmbH von der X-GmbH, an der sie mit 20 % beteiligt ist, Dividenden bezogen:

	20.000 €
Kapitalertragsteuer	- 4.000 €
	16.000 €

Der Jahresüberschuss der T-GmbH betrug hiernach (100.000 € + 16.000 € =) 116.000 €. Die Gewinnabführung betrug ebenfalls 116.000 € und der Bilanzgewinn 0 €. Die M-GmbH erfasste den Gewinnabführungsanspruch mit 116.000 € und kam auf einen Jahresüberschuss i. H. von (295.850 € + 16.000 € =) 311.850 €.

AUFGABE

Berechnen Sie die Körperschaftsteuer und das zu versteuernde Einkommen für die T-GmbH und die M-GmbH. Auf den Solidaritätszuschlag ist aus Vereinfachungsgründen nicht einzugehen.

LÖSUNG

Siehe § 15 Satz 1 Nr. 2 i. V. mit § 19 Abs. 5 KStG.

Organgesellschaft (T-GmbH)

Bilanzgewinn	0 €
Nichtabziehbare Betriebsausgaben	+ 2.000 €
Kapitalertragsteuer (§ 10 Nr. 2 KStG)	+ 4.000 €
Abzuführender Gewinn	+ 116.000 €
Summe	122.000 €
Vom Organträger zu versteuerndes Einkommen	- 122.000 €
Zu versteuerndes Einkommen	0 €

Organträger (M-GmbH)

Jahresüberschuss	311.850 €
Körperschaftsteueraufwand	+ 54.150 €
Nichtabziehbare Betriebsausgaben	+ 9.000 €
Summe	375.000 €
Erträge aus Gewinnabführungsvereinbarung	- 116.000 €
Zu versteuerndes Einkommen Organ	+ 122.000 €
Steuerfrei (§ 8b Abs. 1 und § 15 Satz 1 Nr. 2 KStG)	- 20.000 €
Nichtabziehbare Betriebsausgaben (5 % gem. § 8b Abs. 5 KStG)	+ 1.000 €
Zu versteuerndes Einkommen	362.000 €
Körperschaftsteuer 15 %	54.300 €
Kapitalertragsteuer (§ 19 Abs. 5 KStG)	- 4.000 €
Verbleibende Körperschaftsteuerschuld	50.300 €

FALL 227

Liquidation, Vollausschüttung, Solidaritätszuschlag

Sachverhalt: Die Gesellschafter A und B einer GmbH (Wirtschaftsjahr = Kalenderjahr) beschließen am 30.4.01 die Auflösung der Gesellschaft zum 30.6.01. Die Bilanz (Handels- = Steuerbilanz) zum 30.6.01 zeigt folgendes Bild:

Aktiva	Handels-/Steuer-	bilanz zum 30.6.01	Passiva
Besitzposten	500.000 €	Kapital	50.000 €
		Gewinnrücklagen	100.000 €
		Jahresüberschuss (1.1.01–30.6.01)	132.000 €
		Schulden	218.000 €
	500.000 €		500.000 €

Die Abwicklung erfolgt in der Zeit vom 1.7.01 bis zum 1.3.02. Im Rahmen der Abwicklung werden stille Reserven i. H. von 300.000 € realisiert. Die darauf entfallende Gewerbesteuer (zur Gewerbesteuerpflicht siehe R 7.1 Abs. 8 GewStR) kann mit 48.000 € angenommen werden. Im steuerlichen Einlagekonto (§ 27 KStG) ist kein Bestand. A und B sind seit mehr als fünf Jahren je zur Hälfte Gesellschafter der GmbH. A hat seinen Gesellschaftsanteil für 20.000 € und B für 35.000 € erworben.

AUFGABE

Welche steuerlichen Konsequenzen ergeben sich aus der Liquidation?

LÖSUNG

Wird eine Kapitalgesellschaft aufgelöst und abgewickelt (liquidiert), ist § 11 KStG zu beachten. Die Auflösung einer Kapitalgesellschaft setzt im Allgemeinen einen förmlichen Beschluss der Anteilseigner voraus (vgl. § 262 AktG und § 60 GmbHG).

Erfolgt die Auflösung aufgrund eines handelsrechtlich ordnungsgemäß zustande gekommenen Beschlusses, endet mit Beginn der Auflösung das laufende Wirtschaftsjahr; es entsteht u. U. ein Rumpfwirtschaftsjahr (R 11 Abs. 1 KStR). Das Abwicklungs-Anfangsvermögen ist dann das Betriebsvermögen vom Schluss des Rumpfwirtschaftsjahres.

Die Zeit von der Auflösung bis zur Beendigung der Abwicklung gilt steuerlich als das letzte der Besteuerung unterliegende Geschäftsjahr der Gesellschaft (Besteuerungszeitraum); dieser Besteuerungszeitraum soll drei (Zeit-)Jahre nicht überschreiten. Bei Überschreiten dieses Zeitraums setzt die normale Besteuerung nach dem Veranlagungszeitraum (= Kalenderjahr) wieder ein, wenn nicht ausnahmsweise eine Verlängerung des Drei-Jahres-Zeitraums sachlich gerechtfertigt ist (Sollvorschrift).

Die Lösung gestaltet sich wie folgt:

Berechnung der Körperschaftsteuer anlässlich der Liquidation:

Aufgedeckte stille Reserve	300.000 €
Zu versteuerndes Einkommen	300.000 €
Tarifbelastung 15 %	45.000 €
Festgesetzte Körperschaftsteuer	45.000 €
Solidaritätszuschlag 5,5 %	2.475 €

Hiernach ergibt sich folgende Ausschüttung anlässlich der Liquidation (ohne Stammkapital):

Jahresüberschuss im Rumpfwirtschaftsjahr zum 30.6.01		132.000 €
Gewinnrücklagen im Abschluss zum 30.6.01		+ 100.000 €
Zugang im Liquidationszeitraum:		
Stille Reserven	300.000 €	
Gewerbesteuer	- 48.000 €	
Körperschaftsteuer	- 45.000 €	
Solidaritätszuschlag	- 2.475 €	+ 204.525 €
Ausschüttbarer Gewinn (einschließlich der Vorjahre)		436.525 €

Nach Realisierung der stillen Reserven und Bezahlung der Schulden (außer Steuerschulden) ergibt sich folgende vorläufige Liquidationsbilanz:

Vorläufige Liquidationsbilanz zum 1.3.02

Aktiva			Passiva
Bank	582.000 €	Stammkapital	50.000 €
		Körperschaftsteuer	45.000 €
		Solidaritätszuschlag	2.475 €
		Gewerbesteuer	48.000 €
		Ausschüttung	436.525 €
	582.000 €		582.000 €

Nach der Zahlung der Gewerbesteuer, der Körperschaftsteuer und des Solidaritätszuschlags ergibt sich folgende endgültige Liquidationsbilanz:

Endgültige Liquidationsbilanz

Aktiva			Passiva
Bank	486.525 €	Stammkapital	50.000 €
		Ausschüttung	436.525 €
	486.525 €		486.525 €

Liquidationsbesteuerung im Jahr 02 nach Maßgabe des § 11 Abs. 2 KStG:

Abwicklungs-Anfangsvermögen (§ 11 Abs. 4 KStG)	282.000 €
Abwicklungs-Endvermögen (§ 11 Abs. 3 KStG)	486.525 €
Unterschiedsbetrag	204.525 €

Körperschaftsteuer und Solidaritätszuschlag (§ 11 Abs. 6 KStG i. V. mit § 4 Abs. 1 Satz 2 EStG)	+ 47.475 €
Gewerbesteuer	+ 48.000 €
Zu versteuerndes Einkommen (s. o.)	300.000 €

Hiernach erhalten die Anteilseigner im Jahr 02:

1. Liquidationsgewinn	436.525 €
2. Rückzahlung des Stammkapitals	+ 50.000 €
Summe	486.525 €

Da A und B zu je 50 % an der GmbH beteiligt waren, ist § 17 Abs. 4 EStG zu beachten. Danach ist zwischen Veräußerungsgewinn und Kapitaleinkünften zu trennen. Keine Einkünfte aus Kapitalvermögen sind Auskehrungen aus dem Einlagekonto, wozu gem. § 28 Abs. 2 KStG im Falle der Auflösung auch die Rückzahlung des Nennkapitals führt. Diese können jedoch zu Veräußerungsgewinnen oder -verlusten i. S. des § 17 EStG führen, wenn sie höher oder niedriger sind als die historischen Anschaffungskosten für die Gesellschaftsanteile und die Einlagewerte; dabei sind dann 40 % des Veräußerungsgewinns gem. § 3 Nr. 40 Satz 1 Buchst. c EStG steuerfrei, andererseits sind 60 % eines Verlusts gem. § 3c Abs. 2 EStG ausgleichsfähig. Die übrigen Liquidationserlöse (also Auskehrungen des Jahresüberschusses, der Gewinnrücklagen und des Gewinnvortrags) führen hingegen zu Einkünften aus Kapitalvermögen und unterliegen der Abgeltungsteuer mit 25 % (zzgl. Solidaritätszuschlag und ggf. Kirchensteuer).

	A	B
Einkünfte aus Kapitalvermögen:		
§ 20 Abs. 1 Nr. 2 EStG	218.262 €	218.262 €
Abgeltungsteuer	25 %	25 %
Einkünfte aus Gewerbebetrieb des **A:**		
§ 17 Abs. 4 i. V. mit § 15 EStG:		
Veräußerungsergebnis (25.000 € Erlös - 20.000 € Anschaffungskosten =)		5.000 €
Steuerfrei gem. § 3 Nr. 40 Satz 1 Buchst. c EStG 40 % von 25.000 € =	10.000 €	
Nicht abzugsfähig (Umkehrschluss aus § 3c Abs. 2 EStG) 40 % von 20.000 € =	- 8.000 €	
Steuerfreier Veräußerungsgewinn	2.000 €	- 2.000 €
Steuerpflichtiger Veräußerungsgewinn		3.000 €
Freibetrag gem. § 17 Abs. 3 EStG (max. 1/2 von 9.060 € =)		- 3.000 €
Steuerpflichtig nach Freibetrag		0 €

Einkünfte aus Gewerbebetrieb des **B**:

§ 17 Abs. 4 i. V. mit § 15 EStG:

Veräußerungsergebnis (25.000 € Erlös - 35.000 € Anschaffungskosten =)		- 10.000 €
Steuerfrei gem. § 3 Nr. 40 Satz 1 Buchst. c EStG 40 % von 25.000 € =	10.000 €	
Nicht abzugsfähig (Umkehrschluss aus § 3c Abs. 2 EStG) 40 % von 35.000 € =	- 14.000 €	
Mathematisch steuerfrei	- 4.000 €	+ 4.000 €
Ausgleichsfähiger Veräußerungsverlust		- 6.000 €

Probe:

Aus der Liquidation ergeben sich für die Anwendung von § 17 EStG Einkünfte aus Gewerbebetrieb i. H. von insgesamt - 5.000 €; davon sind gem. § 3 Nr. 40 Satz 1 Buchst. c EStG 60 % = - 3.000 € steuerwirksam.

A versteuert (vor Freibetrag)	+ 3.000 €
B versteuert	- 6.000 €
Steuerwirksames Ergebnis	- 3.000 €

Kapitel 3: Besondere Gesellschaftsformen

3.1 Betriebsaufspaltung mit Kapitalgesellschaft

3.1.1 Allgemeines

Ein Mitunternehmer, der seiner Personengesellschaft ein Wirtschaftsgut zur Nutzung überlässt, muss dieses Wirtschaftsgut als Sonderbetriebsvermögen behandeln (R 4.2 Abs. 2 und 12 EStR). Bei Kapitalgesellschaften und ihren Anteilseignern besteht ein solches Rechtsgebilde nicht, es kann insoweit kein Sonderbetriebsvermögen geben. Unter weiteren Voraussetzungen kann die Überlassung eines Wirtschaftsguts an eine Kapitalgesellschaft aber eine betriebliche Tätigkeit des Anteilseigners darstellen. Man spricht dann von der „klassischen" Betriebsaufspaltung, bei der das Betriebsunternehmen eine Kapitalgesellschaft ist. Aber auch wenn das Betriebsunternehmen eine Personengesellschaft ist, kann sich eine Betriebsaufspaltung ergeben (sog. „mitunternehmerische Betriebsaufspaltung"; vgl. hierzu Teil B, Kapitel 1, Tz. 1.4). Eine klassische Betriebsaufspaltung liegt vor, wenn ein Unternehmen (Besitzunternehmen) eine funktional wesentliche Betriebsgrundlage an eine **Kapitalgesellschaft (Betriebsunternehmen)** zur Nutzung überlässt (sachliche Verflechtung) und eine Person oder mehrere Personen mit gleichgerichteten Interessen zusammen (Personengruppe) sowohl das Besitzunternehmen als auch das Betriebsunternehmen in dem Sinne beherrschen, dass sie in der Lage sind, in beiden Unternehmen einen einheitlichen geschäftlichen Betätigungswillen durchzusetzen (personelle Verflechtung). Eine ausführliche Darstellung findet sich in H 15.7 Abs. 4–8 EStH. Für die Annahme einer Betriebsaufspaltung müssen u. a. folgende Voraussetzungen erfüllt sein:

a) Überlassung einer (aus Sicht des Betriebsunternehmens) funktional wesentlichen Betriebsgrundlage (sog. **„sachliche Verflechtung"**):

   Entgeltliche oder unentgeltliche Überlassung (BFH, Urteil v. 24.4.1991 - X R 84/88, BStBl 1991 II S. 713) mindestens einer funktional wesentlichen Betriebsgrundlage an die Kapitalgesellschaft. Hierzu zählen auch **unbebaute Grundstücke,** wenn sie von der Betriebsgesellschaft für ihre besonderen Bedürfnisse hergerichtet worden sind (BFH, Urteile v. 24.8.1989 - IV R 135/86, BStBl 1989 II S. 1014, v. 1.12.1989 - III R 94/87, BStBl 1990 II S. 500, v. 7.8.1990 - VIII R 110/87, BStBl 1991 II S. 336, und v. 23.1.1991 - X R 47/87, BStBl 1991 II S. 405). Es genügt, dass das Wirtschaftsgut auf die Bedürfnisse der Betriebsgesellschaft zugeschnitten ist. Es bedarf keiner branchenspezifischen Ausgestaltung derart, dass das Wirtschaftsgut nur noch und ausschließlich von dem Betriebsunternehmen genutzt werden kann (BFH, Urteil v. 5.9.1991 - IV R 113/90, BStBl 1992 II S. 349, betreffend eine **Halle mit vielseitiger Verwendbarkeit**).

   Die individuelle Gestaltung eines Grundstücks für die Bedürfnisse des Betriebsunternehmens ist lediglich Indiz für sein besonderes Gewicht als Betriebsgrundlage. Allerdings gehören **mitverpachtete Grundstücke** auch dann zum notwendigen Betriebsvermögen des Besitzunternehmens, wenn sie nicht funktional wesentliche Betriebsgrundlage des Betriebsunternehmens werden (BFH, Urteil v. 17.11.1992 - VIII R 36/91, BStBl 1993 II S. 233). Allerdings muss ihre Überlassung hierfür in einem unmittelbaren wirtschaftlichen Zusammenhang mit der Überlassung funktional wesentlicher Betriebsgrundlagen stehen (H 15.7 Abs. 4 EStH).

Ein **Büro- und Verwaltungsgebäude** ist jedenfalls dann eine funktional wesentliche Betriebsgrundlage, wenn es die räumliche und funktionale Grundlage für die Geschäftstätigkeit der Betriebsgesellschaft bildet (BFH, Urteil v. 23.5.2000 - VIII R 11/99, BStBl 2000 II S. 621).

An einer funktional wesentlichen Betriebsgrundlage als Voraussetzung der sachlichen Verflechtung bei der Betriebsaufspaltung kann es fehlen, wenn ein Grundstück für die Betriebsgesellschaft von geringer wirtschaftlicher Bedeutung ist. Das ist aber jedenfalls nicht der Fall, wenn der Flächenanteil des der Betriebsgesellschaft von der Besitzgesellschaft vermieteten **Grundstücks 22 %** des von der Betriebsgesellschaft insgesamt und in gleicher Weise genutzten Grundbesitzes ausmacht (BFH, Urteil v. 4.11.1992 - XI R 1/92, BStBl 1993 II S. 245).

Ein **Fabrikationsgrundstück** ist regelmäßig funktional wesentliche Betriebsgrundlage der Betriebsgesellschaft im Rahmen einer Betriebsaufspaltung. Davon ist jedenfalls dann auszugehen, wenn ein unmittelbarer zeitlicher Zusammenhang zwischen der Errichtung des Betriebsgebäudes, der Vermietung und der Aufnahme des Betriebs in diesem Gebäude besteht (BFH, Urteil v. 12.9.1991 - IV R 8/90, BStBl 1992 II S. 347). Auch das vom Alleingesellschafter einer Getränkeeinzelhandels-GmbH verpachtete **Ladenlokal** ist regelmäßig eine funktional wesentliche Betriebsgrundlage der Getränkeeinzelhandels-GmbH; die Verpachtung erfolgt deshalb im Rahmen einer Betriebsaufspaltung (BFH, Urteil v. 12.2.1992 - XI R 18/90, BStBl 1992 II S. 723). Für die Anerkennung einer gewerblichen Betriebsverpachtung reicht es aus, wenn die wesentlichen, dem Betrieb das Gepräge gebenden Betriebsgegenstände verpachtet werden. Welche Betriebsgegenstände in diesem Sinne die wesentlichen Betriebsgrundlagen darstellen, bestimmt sich nach den tatsächlichen Umständen des Einzelfalls unter Berücksichtigung der spezifischen Verhältnisse des betreffenden Betriebs. Dabei ist maßgeblich auf die sachlichen Erfordernisse des Betriebs abzustellen (sog. **„funktionale Betrachtungsweise“**). In diesem Zusammenhang bilden bei einem **„Autohaus“** (Handel mit Neu- und Gebrauchtfahrzeugen eines bestimmten Automobilfabrikanten einschließlich angeschlossenem Werkstattservice) das speziell für dessen Betrieb hergerichtete Betriebsgrundstück samt Gebäuden und Aufbauten sowie die fest mit dem Grund und Boden verbundenen Betriebsvorrichtungen im Regelfall die alleinigen funktional wesentlichen Betriebsgrundlagen. Demgegenüber gehören die **beweglichen Anlagegüter,** insbesondere die Werkzeuge und Geräte, regelmäßig auch dann nicht zu den funktional wesentlichen Betriebsgrundlagen, wenn diese im Hinblick auf die Größe des „Autohauses“ ein nicht unbeträchtliches Ausmaß einnehmen (BFH, Urteil v. 11.10.2007 - X R 39/04, BStBl 2008 II S. 220). Für die Anerkennung der gewerblichen Verpachtung reicht es aus, dass die wesentlichen, dem Betrieb das Gepräge gebenden Betriebsgegenstände verpachtet werden. Bei einem **Handwerksbetrieb** zählt hierzu nicht das jederzeit wiederbeschaffbare Werkstattinventar (BFH, Urteil v. 18.8.2009 - X R 20/06, BStBl 2010 II S. 222).

b) Einheitlicher geschäftlicher Betätigungswille im Besitz- und Betriebsunternehmen (sog. **„personelle Verflechtung“**):

Das ist regelmäßig der Fall, wenn dieselben Personen, die das Besitzunternehmen beherrschen, auch das Betriebsunternehmen beherrschen und umgekehrt (Beteiligungs- und Beherrschungsidentität). Dabei sind die Beteiligungen der minderjährigen Kinder ggf. mitzuzählen (vgl. R 15.7 Abs. 8 EStR). Eine Zusammenrechnung von Ehegattenanteilen kommt grds. nicht in Betracht (BVerfG, Urteil v. 12.3.1985 - 1 BvR 571/81, 1 BvR 494/82, 1 BvR 47/83, BStBl 1985 II S. 475). Im Fall des Wiesbadener Modells, bei dem am Besitzunternehmen der eine Ehegatte und am Betriebsunternehmen der andere Ehegatte beteiligt ist, liegt keine Betriebsaufspaltung vor (BFH, Urteil v. 9.9.1986 - VIII R 198/84, BStBl 1987 II S. 28; H 15.7 Abs. 7 EStH).

Die Zusammenrechnung mehrerer Personen erfordert das Vorliegen gleichgerichteter Interessen. Dieses wird bei allen Personen, die sowohl am Besitz- als auch am Betriebsunternehmen beteiligt sind, grds. vermutet (Personengruppentheorie). Hiervon kann jedoch nicht ausgegangen werden, wenn Interessengegensätze nachgewiesen werden (H 15.7 Abs. 6 EStH). Ebenso gilt die Personengruppentheorie nicht bei extrem konträren Beteiligungsverhältnissen (die Rechtsprechung zu konträren Beteiligungsverhältnissen ist restriktiv, vgl. BFH, Urteile v. 21.1.1982 - IV R 50/79, konträre Beteiligungsverhältnisse abgelehnt bei 40:40/50,1:0,46 [Rest jeweils Dritte], v. 12.10.1988 - X R 5/86, BStBl 1989 II S. 152, bejaht bei 50:50/99,6:0,4, v. 24.2.1994 - IV R 8-9/93, BStBl 1994 II S. 466, abgelehnt bei 50:50/98:2, und v. 29.8.2001 - VIII R 34/00, BFH/NV 2002 S. 185, FAAAA-67592, abgelehnt bei 80:20/20:80).

Ein Besitzunternehmer beherrscht die Betriebskapitalgesellschaft auch dann personell, wenn er zwar über die einfache Stimmenmehrheit und nicht über die im Gesellschaftsvertrag vorgeschriebene qualifizierte Mehrheit (z. B. ¾ der stimmberechtigten Mitglieder) verfügt, er aber als Gesellschafter-Geschäftsführer deren Geschäfte des täglichen Lebens beherrscht, sofern ihm die Geschäftsführungsbefugnis nicht gegen seinen Willen entzogen werden kann (BFH, Urteil v. 30.11.2005 - X R 56/04, BStBl 2006 II S. 415).

Die für die Annahme einer Betriebsaufspaltung erforderliche personelle Verflechtung ist auch im Verhältnis zwischen einer Aktiengesellschaft und ihrem Mehrheitsaktionär grds. zu bejahen. Diese Grundsätze sind auch auf börsennotierte Aktiengesellschaften anwendbar (BFH, Urteil v. 23.3.2011 - X R 45/09, BStBl 2011 II S. 778).

An einer personellen Verflechtung fehlt es, wenn ein nur an der Besitzgesellschaft beteiligter Gesellschafter die rechtliche Möglichkeit hat, zu verhindern, dass die beherrschende Person oder Personengruppe ihren Willen in Bezug auf die laufende Verwaltung des an die Betriebsgesellschaft überlassenen Wirtschaftsguts durchsetzt (BFH, Urteil v. 15.3.2000 - VIII R 82/98, BStBl 2000 II S. 774, hierzu BMF, Schreiben v. 7.10.2002, BStBl 2002 I S. 1028). Das ist regelmäßig der Fall, wenn in der Besitzgesellschaft das Einstimmigkeitsprinzip gilt und nicht alle Gesellschafter gleichzeitig an der Betriebsgesellschaft beteiligt sind.

Für die Prüfung des Vorliegens einer personellen Verflechtung sind sowohl bzgl. des Besitzunternehmens als auch bzgl. des Betriebsunternehmens auch mittelbare Beteiligungen über Kapitalgesellschaften zu berücksichtigen (BFH, Urteil v. 16.9.2021 - IV R 7/18, BStBl 2022 II S. 767; zu Besonderheiten bei Kapitalgesellschaften als Besitzunternehmen – kapitalistische Betriebsaufspaltung oder umgekehrte Betriebsaufspaltung – s. u.). Da es auf die Durchsetzung des geschäftlichen Betätigungswillens ankommt, sollten mittelbare Beteiligungen nicht mathematisch durchgerechnet werden, sondern nur – aber dann in voller Höhe – berücksichtigt werden, wenn die vermittelnde Gesellschaft beherrscht wird.

Die steuerrechtlichen Konsequenzen der Betriebsaufspaltung bestehen im Wesentlichen darin, dass das Besitzunternehmen – obwohl eine reine Vermögensverwaltung vorliegt – **gewerbesteuerpflichtige** Einkünfte erzielt, weil sich der Inhaber des Besitzunternehmens über die Betriebs-GmbH am allgemeinen wirtschaftlichen Verkehr beteiligt. Bei einer Besitz-Personengesellschaft ist § 15 Abs. 3 Nr. 1 EStG zu beachten (gewerbliche Infizierung der gesamten Tätigkeit der Personengesellschaft vorbehaltlich der von der Rechtsprechung entwickelten Bagatellgrenzen). Gewerbesteuerrechtlich scheidet für Besitzunternehmen eine erweiterte Kürzung gem. § 9 Nr. 1 Satz 2 GewStG aus, was eine weitere wesentliche Konsequenz der Betriebsaufspaltung markiert (zu Einzelheiten bzgl. der Gewerbesteuer s. u. unter Tz. 3.1.3). Des Weiteren führt das Vorliegen einer Betriebsaufspaltung dazu, dass für Zwecke von Steuervergünstigungen und Investitionszulagen eine Merkmalsübertragung erfolgt, d. h. für die Zugehörigkeits-, Verbleibens- und Nutzungsvoraussetzungen werden Besitz- und Betriebsunternehmen zusammen betrachtet.

Als Sonderformen der Betriebsaufspaltung sind neben der mitunternehmerischen Betriebsaufspaltung (dazu ausführlich unter Teil B, Kapitel 1, Tz. 1.4) insbesondere die kapitalistische Betriebsaufspaltung und die umgekehrte Betriebsaufspaltung zu nennen.

Eine **kapitalistische Betriebsaufspaltung** liegt vor, wenn das Besitzunternehmen eine Kapitalgesellschaft ist. Eine solche kann jedoch nur angenommen werden, wenn die Kapitalgesellschaft als Besitzunternehmen selbst das Betriebsunternehmen beherrscht (zur Sonderform der umgekehrten Betriebsaufspaltung siehe aber sogleich). Ihr ist aufgrund des Durchgriffsverbots (keine Betrachtung der Anteilseigner bei der Besteuerung einer Kapitalgesellschaft) eine Beherrschung des Besitzunternehmens durch ihre Gesellschafter nicht zuzurechnen. Eine Beherrschung des Betriebsunternehmens durch die Anteilseigner einer Kapitalgesellschaft als (vermeintliches) Besitzunternehmen kann daher nicht zur Begründung einer kapitalistischen Betriebsaufspaltung führen.

Eine **umgekehrte Betriebsaufspaltung** liegt vor, wenn das Besitzunternehmen in der Rechtsform einer Kapitalgesellschaft vom Betriebsunternehmen beherrscht wird. Die Wirkung der umgekehrten Betriebsaufspaltung ist jedoch auf die Merkmalszurechnung für Zwecke von Steuervergünstigungen und Investitionszulagen beschränkt. Eine Gewerblichkeit oder ein Ausschluss der erweiterten Kürzung gem. § 9 Nr. 1 Satz 2 GewStG werden durch eine umgekehrte Betriebsaufspaltung nicht begründet (BFH, Urteil v. 22.2.2024 - III R 13/23, BStBl 2024 II S. 487).

3.1.2 Umsatzsteuer

Soweit das Besitzunternehmen bei Begründung der Betriebsaufspaltung Wirtschaftsgüter an die Betriebs-GmbH liefert (z. B. den Warenbestand), bewirkt es eine steuerbare und steuerpflichtige Leistung; denn bei Begründung der Betriebsaufspaltung besteht nach einhelliger Meinung noch keine umsatzsteuerliche Organschaft. Nach Begründung der Betriebsaufspaltung wird eine Organschaft gem. § 2 Abs. 2 Nr. 2 UStG angenommen, wenn die Anteile an der Betriebs-GmbH dem Besitzunternehmen gehören (finanzielle Eingliederung), die einheitliche Willensbildung sichergestellt ist (organisatorische Eingliederung) und Besitz- und Betriebsunternehmen eine wirtschaftliche Einheit bilden (wirtschaftliche Eingliederung). Davon kann bei einer Betriebsaufspaltung, bei der das Besitzunternehmen selbst die Anteile am Betriebsunternehmen hält, im Allgemeinen ausgegangen werden (Abschnitt 2.8 Abs. 6b UStAE). Unternehmer im umsatzsteuerlichen Sinn ist das Besitzunternehmen und nicht die Betriebs-GmbH.

3.1.3 Gewerbesteuer

Das Besitzunternehmen unterhält einen Gewerbebetrieb i. S. des § 2 GewStG, weil über das Betriebsunternehmen eine Beteiligung am allgemeinen wirtschaftlichen Verkehr vorliegt. Insoweit kommt es zu einer „Merkmalsübertragung“. Ist das Betriebsunternehmen von der Gewerbesteuer befreit (z. B. § 3 Nr. 20 GewStG für Krankenhäuser), gilt die Steuerbefreiung auch für das Besitzunternehmen. Auch insoweit kommt es zu einer „Merkmalsübertragung“.

Ist das Besitzunternehmen gewerbesteuerpflichtig, kann es keine erweiterte Kürzung gem. § 9 Nr. 1 Satz 2 GewStG beanspruchen. Dies gilt selbst dann, wenn das Betriebsunternehmen seinerseits zur erweiterten Kürzung berechtigt ist. Insoweit kommt es nicht zu einer „Merkmalsübertragung“ (BFH, Urteil v. 22.6.2016 - X R 54/14, BStBl 2017 II S. 529).

Besonderheiten gelten im Falle einer umgekehrten Betriebsaufspaltung. Diese entfaltet für die Gewerbesteuer nämlich keine Auswirkungen.

3.1.4 Bilanzierung beim Besitzunternehmen

3.1.4.1 GmbH-Anteile

Die Anteile an der Betriebs-GmbH gehören zum notwendigen Betriebsvermögen des Besitzunternehmens bzw. zum notwendigen Sonderbetriebsvermögen der Gesellschafter des Besitzunternehmens. Nicht zum Betriebsvermögen gehören jedoch die Anteile von nahen Angehörigen, wenn diese nicht am Besitzunternehmen beteiligt sind, auch wenn diese Anteile bei der Prüfung der Beherrschungsidentität mitgerechnet wurden. Die Anteile des Besitzunternehmers und beherrschenden Gesellschafters der Betriebskapitalgesellschaft an einer anderen Kapitalgesellschaft, welche intensive und dauerhafte Geschäftsbeziehungen zur Betriebskapitalgesellschaft unterhält, gehören zum notwendigen Betriebsvermögen des Besitz(einzel)unternehmens. Gewährt der Besitzunternehmer dieser anderen Kapitalgesellschaft in der Krise ein Darlehen zu deren Stützung, so gehört der Anspruch auf Rückzahlung grds. ebenfalls zum notwendigen Betriebsvermögen des Besitz(einzel)unternehmens. Auch die Anteile des Besitzunternehmers und beherrschenden Gesellschafters der Betriebskapitalgesellschaft an einer anderen Kapitalgesellschaft, die 100 % der Anteile einer weiteren Kapitalgesellschaft hält, gehören dann zum notwendigen Betriebsvermögen des Besitz(einzel)unternehmens, wenn die weitere Gesellschaft intensive und dauerhafte Geschäftsbeziehungen zur Betriebsgesellschaft unterhält (BFH, Beschluss v. 26.8.2005 - X B 98/05, BStBl 2005 II S. 833). Geschäftsbeziehungen, wie sie üblicherweise auch mit anderen Unternehmen bestehen, genügen hierfür jedoch nicht, sondern das Unternehmen muss wirtschaftlich/strategisch eng in das Geschäftsmodell der Betriebskapitalgesellschaft eingeflochten sein.

In Fällen einer mittelbaren personellen Verflechtung gehören auch die Anteile an der vermittelnden Gesellschaft zum notwendigen (Sonder-)Betriebsvermögen, wenn sie der Durchsetzung des einheitlichen Betätigungswillens dienen (BFH, Urteil v. 19.9.2024 - IV R 5/20, BFH/NV 2025 S. 149, PAAAJ-81932). Etwas anderes dürfte gelten, wenn die vermittelnde Gesellschaft einen eigenen Geschäftsbetrieb von nicht ganz untergeordneter Bedeutung unterhält (vgl. BFH, Urteil v. 21.12.2021 - IV R 15/19, BStBl 2022 II S. 651).

3.1.4.2 Vermietete/Verpachtete Wirtschaftsgüter

Wird im Rahmen einer bestehenden Betriebsaufspaltung weiteres Anlagevermögen verpachtet, so gehört dieses zum notwendigen Betriebsvermögen des Besitzunternehmens, auch wenn es keine funktional wesentliche Betriebsgrundlage darstellt (BFH, Urteil v. 23.1.1991 - X R 47/87, BStBl 1991 II S. 405). Voraussetzung ist jedoch, dass die Überlassung dieser Wirtschaftsgüter in einem unmittelbaren wirtschaftlichen Zusammenhang mit der Überlassung funktional wesentlicher Betriebsgrundlagen steht (H 15.7 Abs. 4 EStH).

Verpachtet eine Einzelperson oder eine Miteigentümergemeinschaft nur einen Teil eines Grundstücks, so gehört nur der Grundstücksteil zum notwendigen Betriebsvermögen, der von der Betriebs-GmbH genutzt wird (BFH, Urteil v. 2.12.2004 - III R 77/03, BStBl 2005 II S. 340).

Die einer Betriebs-GmbH überlassenen Wirtschaftsgüter gehören auch dann in voller Höhe zum Betriebsvermögen des Besitzunternehmens, wenn sie zum Teil im Miteigentum von Personen stehen, die nicht an der Betriebs-GmbH beteiligt sind (sog. „Nur-Besitz-Gesellschafter"/„Mitunternehmer wider Willen").

3.1.4.3 AfA-Berechtigung/Anspruch auf Substanzerhaltung

Siehe hierzu ausführlich BMF, Schreiben v. 21.2.2002, BStBl 2002 I S. 262.

Das Besitzunternehmen ist zur Vornahme der AfA für die an die Betriebs-GmbH verpachteten/vermieteten Wirtschaftsgüter berechtigt. Das gilt auch dann, wenn sich die Pächterin zur Substanzerhaltung bzw. -erneuerung verpflichtet hat. Allerdings muss in diesem Fall der Verpächter (Besitzunternehmen) einen Anspruch auf Ersatzbeschaffung aktivieren, während die Pächterin (Betriebs-GmbH) in derselben Höhe eine Rückstellung für Substanzerhaltung passivieren muss: Es gilt insoweit das Prinzip der korrespondierenden Bilanzierung.

Soweit der Warenbestand nicht an die Betriebs-GmbH veräußert, sondern als sog. „Sachwertdarlehen" gegeben wurde, hat das Besitzunternehmen eine entsprechende Rückgabeforderung zu aktivieren, die grds. mit dem gleichen Wert anzusetzen ist, mit dem die Betriebs-GmbH die Rückgabeverpflichtung passiviert hat. Auch insoweit gilt das Prinzip der korrespondierenden Bilanzierung (BFH, Urteile v. 26.6.1975 - IV R 59/73, BStBl 1975 II S. 700, und v. 8.3.1989 - X R 9/86, BStBl 1989 II S. 714). Bei gestiegenem Teilwert kommt es somit zu Gewinnrealisierungen, denen in gleicher Höhe Aufwendungen in der Bilanz der Betriebs-GmbH gegenüberstehen. Denn bei einer Betriebsaufspaltung gilt das Verbot des Ausweises nichtrealisierter Gewinne aufgrund der personellen Verflechtung nicht. Muss das Besitzunternehmen auch handelsrechtlich bilanzieren, richtet sich die Bilanzierung im Übrigen nach den allgemeinen Bilanzregeln (BFH, Urteil v. 8.3.1989 - X R 9/86, a. a. O.).

3.1.5 Bilanzierung bei der GmbH

Im Fall der Sachgründung der GmbH mit einzelnen Wirtschaftsgütern des Besitzunternehmens ist § 6 Abs. 6 EStG zu beachten.

Übernimmt die Betriebs-GmbH die Verpflichtung, das gepachtete Anlagevermögen laufend zu erneuern und bei Pachtende einen gleichartigen Bestand wie bei Pachtbeginn zurückzugeben, so hat sie hierfür eine Rückstellung zu bilden. Die Ersatzbeschaffungen, die die Betriebs-GmbH vornimmt, werden nicht ihr Eigentum, sondern gehen durch antizipiertes Besitzkonstitut (§ 930 BGB) in das rechtliche Eigentum des Besitzunternehmens über; dem folgt auch das wirtschaftliche Eigentum (BFH, Urteil v. 2.11.1965 - I 51/61 S, BStBl 1966 III S. 61). Das Besitzunternehmen aktiviert einen entsprechenden Substanzerhaltungsanspruch (Prinzip der korrespondierenden Bilanzierung).

Die Rückstellung für Substanzerhaltung und der Substanzerhaltungsanspruch können wie folgt berechnet werden:

$$\frac{\text{Wiederbeschaffungskosten am Bilanzstichtag x abgelaufene Nutzungsdauer}}{\text{Gesamte Nutzungsdauer}}$$

3.1.6 Gewinnausschüttungen und verdeckte Einlagen bei der Betriebs-GmbH

Die Anteile an der Betriebs-GmbH stellen, soweit sie Personen gehören, die auch am Besitzunternehmen beteiligt sind, notwendiges Betriebsvermögen oder Sonderbetriebsvermögen dieser Gesellschafter dar. Die steuerrechtliche Folge ist, dass offene wie verdeckte Gewinnausschüttungen zu den Betriebseinnahmen des Besitzunternehmens gehören. Eine verdeckte Gewinnausschüttung kann sich dadurch ergeben, dass die von der Betriebs-GmbH gezahlte Pacht zu hoch ist.

Der Anspruch auf Gewinnausschüttung ist bei dem Besitzunternehmen erst dann zu erfassen, wenn ein entsprechender Ausschüttungsbeschluss der Betriebs-GmbH vorliegt (BFH, Beschluss v. 7.8.2000 - GrS 2/99, BStBl 2000 II S. 632; BFH, Urteil v. 31.10.2000 - VIII R 85/94, BStBl 2001 II S. 185). Eine phasengleiche Aktivierung kommt somit grds. nicht in Betracht.

3.1.7 Aufwendungen für die Überlassung von Wirtschaftsgütern im Rahmen einer Betriebsaufspaltung

Für die Frage, ob die Aufwendungen, die im Zusammenhang mit der Überlassung von Wirtschaftsgütern im Rahmen einer Betriebsaufspaltung entstehen, ganz oder gem. § 3c Abs. 2 EStG nur anteilig als Betriebsausgaben abgezogen werden können, ist grds. die Abgrenzung nach dem Veranlassungszusammenhang maßgeblich. Allerdings enthält § 3c Abs. 2 Satz 6 EStG hierzu eine Spezialregelung. Demnach greift § 3c Abs. 2 EStG ein, soweit die Aufwendungen mit einer im Gesellschaftsverhältnis veranlassten unentgeltlichen Überlassung von Wirtschaftsgütern an diese Körperschaft oder bei einer teilentgeltlichen Überlassung von Wirtschaftsgütern mit dem unentgeltlichen Teil in Zusammenhang stehen und der Steuerpflichtige zu mehr als $^1/_4$ unmittelbar oder mittelbar am Grund- oder Stammkapital dieser Körperschaft beteiligt ist oder war. Bei Teilentgeltlichkeit erfolgt eine Aufteilung in einen unentgeltlichen und einen entgeltlichen Teil im Verhältnis der vereinbarten Konditionen zu den fremdüblichen Konditionen unter ansonsten gleichen Verhältnissen.

Erfolgt die Überlassung der Wirtschaftsgüter vom Besitzunternehmen an die Betriebskapitalgesellschaft **vollentgeltlich**, d. h. zu fremdüblichen Konditionen, ist § 3c Abs. 2 EStG nicht anwendbar, weil die Aufwendungen in erster Linie mit den vereinbarten Miet- oder Pachtzinsen und nicht mit den erwarteten Beteiligungserträgen (Gewinnausschüttungen/Dividenden und Gewinnen aus einer zukünftigen Veräußerung oder Entnahme des Anteils) in Zusammenhang stehen.

3.1.8 Zusammenfassung

a) Das Besitzunternehmen stellt einen gewerblichen Betrieb dar (obwohl reine Vermögensverwaltung vorliegt).

b) Die Pachtzahlungen der GmbH sind Betriebsausgaben für die GmbH (aber verdeckte Gewinnausschüttungen, soweit überhöht).

c) Die Pachteinnahmen sind gewerbliche Erträge im Besitzunternehmen. Soweit die Nutzungsüberlassung an die Betriebs-Kapitalgesellschaft unentgeltlich erfolgt, ist § 3c Abs. 2 EStG zu beachten.

d) Die GmbH-Anteile des Besitzunternehmers (nicht auch der Kinder) sind Betriebsvermögen des Besitzunternehmens (ggf. Sonderbetriebsvermögen).

e) Das verpachtete Anlagevermögen gehört auch insoweit zum Betriebsvermögen des Besitzunternehmens, als es fremden Dritten gehört (diese sog. „Nur-Besitz-Gesellschafter" werden hierdurch zu Mitunternehmern „wider Willen").

f) Das Gehalt, das der Besitzunternehmer von der GmbH für die Geschäftsführung derselben bezieht, fällt unter § 19 EStG; insoweit sind auch Pensionsrückstellungen bei der GmbH zulässig.

g) Bei verpachtetem abnutzbarem Anlagevermögen mit Substanzerhaltungs-/Pachterneuerungsanspruch sowie bei Warenrückgabeforderungen gilt das Prinzip der sog. „korrespondierenden Bilanzierung". Das Besitzunternehmen darf Forderungen gegen die Betriebs-GmbH nur insoweit abschreiben, als der gedachte Erwerber des Besitzunternehmens einen Preis für die Anteile am Betriebsunternehmen zahlen würde, der unter dem Buchwert der Beteiligung am Betriebsunternehmen liegt.

h) Der Anspruch auf Gewinnausschüttung ist beim Besitzunternehmen erst zu erfassen, wenn ein entsprechender Ausschüttungsbeschluss der Betriebs-GmbH vorliegt.

i) Bilanzierung:

Besitzunternehmen

Anlagevermögen abzgl. AfA	
GmbH-Anteile	
Substanzerhaltungsanspruch Anlagevermögen	
Rückgabeforderung Waren	

Betriebs-GmbH

Waren	Rückstellung für Substanzerhaltung
	Rückgabeverpflichtung Waren

FALL 228

Einzelunternehmen und Ein-Mann-GmbH

Sachverhalt: Fritz Allers betreibt als Einzelunternehmer auf eigenem Grundstück ein Hotel. Mit Wirkung v. 1.1.01 gründet er als alleiniger Gesellschafter die „Allers-Hotel-GmbH", die den Betrieb des Hotels übernimmt und deren Geschäftsführer er für ein Monatsgehalt i. H. von 8.000 € ist. Das Stammkapital der Allers-Hotel-GmbH beträgt 50.000 €; es wurde von Fritz Allers in bar eingezahlt. Fritz Allers verpachtet das Anlagevermögen seines Einzelunternehmens mit Wirkung v. 1.1.01 für monatlich 2.000 € zzgl. Umsatzsteuer an die Allers-Hotel-GmbH. Das Umlaufvermögen wird von der Allers-Hotel-GmbH zu einem Kaufpreis i. H. von 300.000 € zzgl. Umsatzsteuer übernommen. Für das bewegliche Anlagevermögen (Nutzungsdauer sechs Jahre) besteht eine Substanzerhaltungsabrede. Die Bilanz des Einzelunternehmens zeigt folgendes Bild (steuerliche Buchwerte):

Einzelunternehmen
Bilanz zum 31.12.00

Aktiva			**Passiva**
Grund und Boden	200.000 €	Kapital	800.000 €
Gebäude (AfA 2 % von 600.000 €)	480.000 €	Verbindlichkeiten	300.000 €
Bewegliches Anlagevermögen (AfA 10 % von 200.000 €)	120.000 €		
Umlaufvermögen	300.000 €		
	1.100.000 €		1.100.000 €

Im Grund und Boden und im Gebäude stecken jeweils stille Reserven i. H. von 200.000 € (also insgesamt 400.000 €). Das bisherige Einzelunternehmen von Fritz Allers wird mit Wirkung v. 1.1.01 im Handelsregister gelöscht.

AUFGABE

Welche ertragsteuerlichen Konsequenzen ergeben sich aus der Verpachtung?

LÖSUNG

Es handelt sich um einen Fall der Betriebsaufspaltung. Obwohl Fritz Allers als Verpächter reine Vermögensverwaltung ausübt, erzielt er insoweit gewerbliche Einkünfte (§ 15 EStG), die außerdem der Gewerbesteuer unterliegen. Er muss das verpachtete Anlagevermögen weiter bilanzieren und abschreiben, soweit es abnutzbar ist, und außerdem seinen Anteil am Stammkapital der Allers-Hotel-GmbH (hier 100 %) in die Bilanz aufnehmen. Ferner muss er den jährlich wachsenden Substanzerhaltungsanspruch bzgl. des beweglichen Anlagevermögens erfolgswirksam aktivieren. Das Gehalt, das er von der Allers-Hotel-GmbH bezieht, gehört hingegen zu seinen Einkünften aus nichtselbständiger Arbeit (§ 19 EStG). Die Bilanz von Fritz Allers zum 31.12.01 könnte folgendes Bild haben:

Fritz Allers
Bilanz zum 31.12.01

Aktiva			**Passiva**
Grund und Boden	200.000 €	Kapital	838.000 €
Gebäude	468.000 €		
GmbH-Beteiligung	50.000 €		
Bewegliches Anlagevermögen	100.000 €		
Substanzerhaltungsanspruch ($^1/_6$ von 120.000 € =)	20.000 €		
	838.000 €		838.000 €

Gewinn- und Verlustrechnung für das Jahr 02:

Pachterträge		24.000 €
Erträge aus Substanzerhaltungsanspruch		+ 20.000 €
		44.000 €
Gebäude-AfA	12.000 €	
AfA bewegliches Anlagevermögen	+ 20.000 €	- 32.000 €
Gewinn aus Gewerbebetrieb		12.000 €

Die Pachtzahlungen (24.000 €), die Zuführung zur Substanzerhaltungsverpflichtung (20.000 €) und das Geschäftsführer-Gehalt (96.000 €) stellen Betriebsausgaben bei der Allers-Hotel-GmbH dar.

FALL 229

Einzelunternehmen und Zwei-Personen-GmbH

Sachverhalt: Wie Fall 228, jedoch ist an der Gründung der Allers-Hotel-GmbH auch der Bruder von Fritz Allers, Otto Allers, beteiligt, der 40 % des Stammkapitals der Allers-Hotel-GmbH übernimmt.

AUFGABE

Welche ertragsteuerlichen Konsequenzen ergeben sich aus der Verpachtung?

LÖSUNG

Auch hier liegt eine Betriebsaufspaltung vor, da Fritz Allers (Besitzunternehmer) zu mehr als 50 % am Betriebsunternehmen (Allers-Hotel-GmbH) beteiligt ist und diese somit beherrscht. Im Unterschied zur vorhergehenden Lösung bilanziert Fritz Allers in diesem Fall in seiner Verpächter-Bilanz lediglich 60 % des Stammkapitals der Allers-Hotel-GmbH, da ihm nur 60 % gehören; im Übrigen ergeben sich keine Änderungen.

FALL 230

Verpachtung ohne Beherrschung

Sachverhalt: Wie Fall 228, jedoch ist an der Gründung der Allers-Hotel-GmbH auch der Bruder von Fritz Allers, Otto Allers, beteiligt, der 60 % des Stammkapitals der Allers-Hotel-GmbH übernimmt.

AUFGABE

Welche ertragsteuerlichen Konsequenzen ergeben sich aus dieser Verpachtung?

LÖSUNG

Mangels Beherrschung des Betriebsunternehmens (Allers-Hotel-GmbH) durch Fritz Allers, dem Eigentümer der funktional wesentlichen Betriebsgrundlagen, ist eine Betriebsaufspaltung hier nicht gegeben. Fritz Allers hat die Wahl, ob er aus Anlass der Verpachtung die Aufgabe seines Einzelunternehmens erklärt (Betriebsaufgabe i. S. des § 16 Abs. 3 EStG). Er realisiert dann im Jahr 00 einen Aufgabegewinn i. H. von 400.000 € (stille Reserven im Grund und Boden und im Gebäude) und hat bzgl. der erhaltenen Pacht i. H. von 24.000 € Einnahmen aus Vermietung und Verpachtung i. S. des § 21 EStG (da in diesem Bereich § 11 EStG gilt, entfällt der Ansatz des Substanzerhaltungsanspruchs als Einnahme), während die AfA auf das Gebäude und das Inventar zu den Werbungskosten gehört (Gebäude-AfA gem. R 7.3 Abs. 6 EStR). Erklärt Fritz Allers die Betriebsaufgabe nicht (zur Vermeidung der Versteuerung der stillen Reserven), erzielt er zwar bzgl. der Pacht und des Substanzerhaltungsanspruchs einkommensteuerlich Einnahmen aus Gewerbebetrieb, diese unterliegen jedoch nicht der Gewerbesteuer.

HINWEIS

Entfallen die tatbestandlichen Voraussetzungen einer Betriebsaufspaltung (z. B. durch Wegfall der personellen Verflechtung zwischen Besitzunternehmen und Betriebs-GmbH), so ist dieser Vorgang i. d. R. als Betriebsaufgabe des Besitzunternehmens mit der Folge zu beurteilen, dass die im Betriebsvermögen des früheren Besitzunternehmens enthaltenen stillen Reserven aufzulösen sind (BFH, Urteil v. 13.12.1983 - VIII R 90/81, BStBl 1984 II S. 474).

3.2 GmbH & Co. KG

Die GmbH & Co. KG ist eine Personengesellschaft, bei der – aus Haftungsgründen – eine GmbH die Rolle des Komplementärs übernimmt. Das Einkommen der KG wird folglich bei den einzelnen Gesellschaftern versteuert. Die Komplementär-GmbH zahlt Körperschaftsteuer, die Kommanditisten zahlen je nach Rechtsform Einkommensteuer oder Körperschaftsteuer (Gewinnanteil gem. § 15 Abs. 1 Satz 1 Nr. 2 EStG).

Die Tätigkeit einer GmbH & Co. KG gilt stets als Gewerbebetrieb (gewerblich geprägte Personengesellschaft), wenn

a) ausschließlich (eine oder mehrere) Kapitalgesellschaften persönlich haftende Gesellschafter sind und

b) nur diese als persönlich haftende Gesellschafter beteiligten Kapitalgesellschaften oder Personen, die nicht Gesellschafter sind, zur Geschäftsführung befugt sind (§ 15 Abs. 3 Nr. 2 EStG).

Ihrerseits gewerblich geprägte Personengesellschaften stehen für die Prüfung des § 15 Abs. 3 Nr. 2 EStG einer Kapitalgesellschaft gleich.

Im Umkehrschluss folgt daraus, dass, wenn

a) neben der GmbH eine Person persönlich haftender Gesellschafter ist, die keine Kapitalgesellschaft und keine gewerblich geprägte Personengesellschaft ist (z. B. eine natürliche Person oder eine Stiftung), oder

b) mindestens ein Kommanditist Geschäftsführer der KG ist,

ein Gewerbebetrieb bei der KG nur bei einer Tätigkeit i. S. des § 15 Abs. 1 Satz 1 Nr. 1 EStG vorliegt, dann aber im Ganzen (§ 15 Abs. 3 Nr. 1 EStG). Unter diesen Voraussetzungen kann eine GmbH & Co. KG somit bei einer reinen Vermögensverwaltung Einkünfte aus den §§ 20 und 21 EStG erzielen. Bei der GmbH bleiben diese Einkunftsanteile allerdings gewerbliche Einkünfte (§ 8 Abs. 2 KStG).

Befinden sich die Geschäftsanteile einer Komplementär-GmbH mit der Folge, dass die Komplementär-GmbH die sie selbst betreffenden Gesellschafterrechte ausüben würde, im Gesellschaftsvermögen der GmbH & Co. KG (sog. „Einheits-GmbH & Co. KG“), deren Geschäfte sie führt, steht es der gewerblichen Prägung nicht entgegen, wenn (nur) insoweit die Kommanditisten geschäftsführungsbefugt sind (R 15.8 Abs. 6 Satz 5 EStR; BFH, Urteil v. 13.7.2017 - IV R 42/14, BStBl 2017 II S. 1126).

Ist der GmbH-Geschäftsführer nicht gleichzeitig Kommanditist (der GmbH & Co. KG) oder Komplementär (der GmbH & Co. KG), gelten die allgemeinen Grundsätze. Sein von der GmbH bezogenes Gehalt fällt unter § 19 EStG; die GmbH hat entsprechende Betriebsausgaben. Erhält die GmbH von der KG für ihre Geschäftsführung im Interesse der KG einen Vorabgewinn, so gehört dieser bei der GmbH zu ihrem Gewinnanteil aus der KG; im Falle einer Sondervergütung lägen Sonderbetriebseinnahmen vor (§ 15 Abs. 1 Satz 1 Nr. 2 EStG); die anteiligen Gehaltsaufwendungen stellen in beiden Fällen Sonderbetriebsausgaben dar.

Wenn bei einer GmbH & Co. KG die Geschäftsführer der GmbH gleichzeitig Gesellschafter der KG sind, erhalten sie ihr „Gehalt“ zwar unmittelbar von der GmbH, mittelbar jedoch von der KG. Soweit das Geschäftsführer-Gehalt auf eine Tätigkeit entfällt, die die GmbH im Dienst der KG ausübt, beziehen sowohl die GmbH als auch die Kommanditisten Vergütungen i. S. des § 15 Abs. 1 Satz 1 Nr. 2 Satz 1 Halbsatz 2 EStG (BFH, Urteil v. 14.12.1978 - IV R 98/74, BStBl 1979 II S. 284). Dies gilt für das volle Gehalt, wenn die GmbH keinen eigenen wirtschaftlichen Geschäftsbetrieb hat. Bei der GmbH liegen in gleicher Höhe Sonderbetriebsausgaben vor. Sieht der Gesellschaftsvertrag einer GmbH & Co. KG einen Vorabgewinn der Komplementär-GmbH für die Übernahme der Geschäftsführung der KG vor, die von einem Kommanditisten der KG als

Geschäftsführer der Komplementär-GmbH erbracht wird, so ist der betreffende Betrag gem. § 15 Abs. 1 Satz 1 Nr. 2 EStG nicht der Komplementär-GmbH, sondern dem die Geschäfte führenden Kommanditisten zuzurechnen. Dies gilt unabhängig davon, ob die GmbH dem Kommanditisten ein Entgelt für seine Tätigkeit schuldet. Soweit kein oder ein zu niedriges Entgelt an den Kommanditisten gezahlt wird, ist diesem gleichwohl nach Maßgabe des Grundsatzes einer angemessenen Gewinnverteilung ein entsprechender Gewinn zuzuordnen und es liegt in entsprechender Höhe eine verdeckte Einlage in die Komplementär-GmbH vor (BFH, Urteil v. 28.5.2020 - IV R 11/18, BStBl 2020 II S. 641). Dies setzt jedoch voraus, dass der Kommanditist auch an der Komplementär-GmbH, zumindest mittelbar, beteiligt ist. Der Aufwand einer GmbH & Co. KG für die Erstattung der Pensionsrückstellung, die die Komplementär-GmbH zugunsten des GmbH-Geschäftsführers und Kommanditisten der KG gebildet hat, ist in der Sonderbilanz des begünstigten Kommanditisten durch einen entsprechend hohen Aktivposten auszugleichen. Ein unterlassener Ansatz dieses Aktivpostens und die entsprechende Erhöhung des laufenden Gewinns der KG sind nach den Grundsätzen des Bilanzenzusammenhangs in der Schlussbilanz des ersten Jahres, dessen Veranlagung noch geändert werden kann, nachzuholen (BFH, Urteil v. 30.3.2006 - IV R 25/04, BStBl 2008 II S. 171).

Sind die Kommanditisten gleichzeitig GmbH-Gesellschafter, stellen die Geschäftsanteile der Kommanditisten an der Komplementär-GmbH notwendiges Sonderbetriebsvermögen II bei der KG dar, wenn die Rechte aus der Beteiligung an der GmbH die Möglichkeiten des Kommanditisten zur Einflussnahme auf die KG erweitern (regelmäßig gegeben bei einer Beteiligung i. H. von mehr als 25 %, regelmäßig nicht gegeben bei einer Beteiligung i. H. von weniger als 10 %, zwischen 10 % und 25 % aktuell offen; vgl. BFH, Urteil v. 16.4.2015 - IV R 1/12, BStBl 2015 II S. 705). Etwas anderes gilt nur für den Fall, dass die Komplementär-GmbH neben ihrer Geschäftsführertätigkeit für die KG noch eine Tätigkeit von nicht ganz untergeordneter Bedeutung ausübt (BFH, Urteile v. 12.11.1985 - VIII R 286/81, BStBl 1986 II S. 55, v. 7.7.1992 - VIII R 2/87, BStBl 1993 II S. 328, v. 19.12.2019 - IV R 53/16, BStBl 2020 II S. 534, und v. 21.12.2021 - IV R 15/19, BStBl 2022 II S. 651). Ausschüttungen (offene wie verdeckte Gewinnausschüttungen) der GmbH an die Kommanditisten sind in den steuerlichen Gewinn der KG einzubeziehen (grds. mit Gewerbesteuerpflicht, aber regelmäßig vollständige Kürzung gem. § 9 Nr. 2a GewStG, da die KG bzw. ihre Kommanditisten (zusammengerechnet) regelmäßig die 15 %-Grenze erreichen, andernfalls volle Gewerbesteuerpflicht gem. § 8 Nr. 5 GewStG).

Soweit die Gewinnverteilung einer Personengesellschaft unangemessen ist und hierfür eine Beziehung zwischen den Gesellschaftern maßgeblich ist, ist steuerlich auf eine angemessene Gewinnverteilung zu korrigieren. Soweit die maßgebliche Beziehung in der gesellschaftsrechtlichen Beziehung zwischen einer Kapitalgesellschaft und ihrem Anteilseigner zu sehen ist, führt die Korrektur auf eine angemessene Gewinnverteilung zugleich dazu, dass eine verdeckte Gewinnausschüttung (GmbH erhält zugunsten ihrer Anteilseigner zu wenig) bzw. eine verdeckte Einlage (GmbH erhält zulasten ihrer Anteilseigner zu viel) vorliegt.

Der Gewinnanteil der GmbH muss angemessen sein; sie darf nicht zu viel oder zu wenig erhalten. Eine Gewinnverteilung ist angemessen, wenn der GmbH auf die Dauer der Ersatz ihrer Auslagen und eine den Kapitaleinsatz und das Haftungsrisiko berücksichtigende Beteiligung am Gewinn in einer Höhe eingeräumt ist, mit der sich eine fremde GmbH zufriedengegeben hätte. Ist die GmbH nicht am Kapital der KG beteiligt, ist die Gewinnbeteiligung angemessen, wenn die GmbH (neben dem Auslagenersatz für die Geschäftsführung) für das Haftungsrisiko ein Entgelt erhält, das sich an banküblichen Avalprovisionen orientiert (BFH, Urteile v. 15.11.1967 - IV R 139/67, BStBl 1968 II S. 152, und v. 3.2.1977 - IV R 122/73, BStBl 1977 II S. 346). Ist eine GmbH am Kapital der KG beteiligt sollte sie u. E. jährlich – je nach Risiko – insgesamt mindestens erhalten:

1. Auslagenersatz,
2. Vergütung für das Haftungsrisiko: 1 %–3 % (banküblichen Avalprovisionen; fortlaufend Änderungen unterworfen) des Eigenkapitals der GmbH (vielfach wird auf das Nennkapital abgestellt; dies spiegelt das Haftungsrisiko u. E. jedoch nicht treffend wider, wobei Eigenkapital und Stammkapital bei einer Komplementär-GmbH regelmäßig nicht stark voneinander abweichen werden) und
3. eine angemessene Vergütung für ihren Kapitaleinsatz, falls ein solcher besteht.

Die GmbH muss in ihrer Handelsbilanz die Beteiligung an der KG mit den Anschaffungskosten aktivieren. Steuerliche Konsequenzen sind aus dem Bilanzansatz nicht zu ziehen; der KG-Anteil nimmt nicht am Betriebsvermögensvergleich der GmbH teil. Insbesondere sind Teilwertabschreibungen nicht zulässig. Der Körperschaftsteuer unterliegt bei der GmbH ihr Gewinnanteil aus der KG, der sich lt. gesonderter Gewinnfeststellung (§§ 179 und 180 AO) ergibt. Der Gewinnanteil aus der KG unterliegt bei der GmbH nicht der Gewerbesteuer (§ 9 Nr. 2 GewStG). Überlässt die GmbH der KG miet- oder pachtweise ein Wirtschaftsgut ihres Betriebsvermögens, gehört das Wirtschaftsgut **steuerlich** zum Sonderbetriebsvermögen der GmbH bei der KG. In der Steuerbilanz der GmbH erhöht der Buchwert des wegfallenden Wirtschaftsguts in gleicher Höhe den Wert der Beteiligung an der KG (Spiegelbildmethode).

Bei einer GmbH & Co. KG, bei der alleiniger Komplementär eine GmbH ist, gelten **handelsrechtlich Bilanzierungsbesonderheiten,** die sich aus § 264a i. V. mit den §§ 264c und 268 Abs. 1 HGB ergeben. Danach lässt sich für die Kapitalentwicklung folgendes Schema aufstellen:

Bilanz der GmbH & Co. KG – Passiva (Kapitalkonten entsprechend typischen Vertragsgestaltungen):

Kapital I GmbH:	Komplementäreinlage, keine Änderungen	
Kapital II GmbH:	+	Gewinnanteile
	-	Verlustanteile
Kapital I Kommanditist:	Kommanditeinlage, keine Änderungen	
Kapital II Kommanditist:	+	nicht entnahmefähiger Gewinnanteil
	-	Verlustanteil
	+	Einlagen
Verbindlichkeiten Kommanditist:	Entnahmefähiger Gewinnanteil	

BEISPIEL: **Bilanzierung bei vollständiger Ergebnisverwendung**

Vom Jahresüberschuss i. H. von 200.000 € (s. u. „Vorläufige Bilanz") entfallen auf

a) die GmbH 40.000 € (regulärer Gewinnanteil, keine als Betriebsausgabe zu behandelnde Vergütung) und
b) den Kommanditisten 160.000 €.

Der Kommanditist darf jeweils die Hälfte sofort entnehmen.

GmbH & Co. KG	**Vorläufige Bilanz**	**Lösung**
Passiva		
Kapital I GmbH	50.000 €	50.000 €
Kapital II GmbH	3.000 €	43.000 €
Kapital I Kommanditist	30.000 €	30.000 €
Kapital II Kommanditist	4.000 €	84.000 €
Jahresüberschuss	200.000 €	0 €
Verbindlichkeiten Kommanditist		80.000 €
Summe	287.000 €	287.000 €

FALL 231

Gewinnverteilung bei einer GmbH & Co. KG

Sachverhalt: An einer KG sind beteiligt:

- GmbH (Komplementär) 20 %;
- A (Kommanditist) 40 % und
- B (Kommanditist) 40 %.

Alleingesellschafter der GmbH ist A zu 100 %.

Die GmbH erhält eine Vergütung für die Geschäftsführung, die auch in Verlustjahren zu zahlen ist und die die KG als Aufwand behandelt: 50.000 € zzgl. Umsatzsteuer. A ist Geschäftsführer der GmbH und erhält ein Gehalt i. H. von jährlich 50.000 €. Das Gehalt wird von der GmbH gezahlt. Der Handelsbilanzgewinn der KG beträgt (nach Abzug der Gewerbesteuer i. H. von 30.000 €) 170.000 €.

Abwandlung I: Die KG zahlt zur Abkürzung des Zahlungswegs direkt an A und bucht:

Aufwand	50.000 €	an	Bank	50.000 €

Abwandlung II: Die GmbH erhält keine Vergütung, sondern einen Vorabgewinn i. H. von 50.000 €, der in Verlustjahren nicht zusteht (beachte: keine Umsatzsteuer) und bei der KG nicht als Aufwand gebucht wird. Handelsbilanzgewinn der KG deshalb 220.000 €. A erhält das Gehalt von der GmbH.

AUFGABE

Welches Bild hat die steuerliche Gewinnermittlung und -verteilung der KG?

LÖSUNG

Die Lösung beruht auf § 15 Abs. 1 Satz 1 Nr. 2 EStG und gestaltet sich wie folgt:

Vorgang	**GmbH**	**A**	**B**	**KG**
Handelsbilanzgewinn	34.000 €	68.000 €	68.000 €	170.000 €
Anteil Gewerbesteuer (§ 4 Abs. 5b EStG)	+ 6.000 €	+ 12.000 €	+ 12.000 €	+ 30.000 €
Sonderbetriebseinnahmen	+ 50.000 €			+ 50.000 €
Sonderbetriebsausgaben/ -einnahmen	- 50.000 €	+ 50.000 €		
Ergebnis	40.000 €	130.000 €	80.000 €	250.000 €

Abwandlung I

Keine Änderung zum Ausgangsfall.

Abwandlung II

Vorgang	**GmbH**	**A**	**B**	**KG**
Vorabgewinn	50.000 €		–	50.000 €
Restgewinn	+ 34.000 €	68.000 €	68.000 €	+ 170.000 €
Handelsbilanzgewinn	84.000 €	68.000 €	68.000 €	220.000 €
Anteil Gewerbesteuer (§ 4 Abs. 5b EStG)	+ 6.000 €	+ 12.000 €	+ 12.000 €	+ 30.000 €
Sonderbetriebsausgaben/ -einnahmen	- 50.000 €	+ 50.000 €		
Ergebnis	40.000 €	130.000 €	80.000 €	250.000 €

FALL 232

Jahresabschluss bei einer GmbH & Co. KG

Sachverhalt: An einer GmbH & Co. KG sind beteiligt:

- GmbH 10 %;
- A 45 % und
- B 45 %.

Die GmbH ist persönlich haftende Gesellschafterin der KG, A und B sind Kommanditisten. Für ihre Geschäftsführertätigkeit zugunsten der KG erhält die GmbH eine Vergütung i. H. von 50.000 € zzgl. Umsatzsteuer jährlich, die die KG als Aufwand bucht. Zur Umsatzsteuerpflicht dieser Leistung der GmbH an die KG siehe Abschnitt 1.6 Abs. 3–7 UStAE. Die KG hat folgende Bilanz erstellt:

KG
Bilanz zum 31.12.00

Aktiva			**Passiva**
Besitzposten	200.000 €	Kapital GmbH	10.000 €
		Kapital A	95.000 €
		Kapital B	95.000 €
		Verbindlichkeiten	0 €
	200.000 €		200.000 €

Für das Jahr 01 hat die KG einen Gewinn (vor Gewerbesteuer und nach Abzug der Vergütung für die GmbH) i. H. von 200.000 € erwirtschaftet (Besitzposten zum 31.12.01 somit 400.000 €).

Gesellschafter der GmbH sind A und B zu je $^1/_2$. Die GmbH hat keinen eigenen wirtschaftlichen Geschäftsbetrieb. Geschäftsführer der GmbH ist A. Nach dem Anstellungsvertrag zwischen ihm und der GmbH erhält er ein jährliches Gehalt i. H. von 48.000 €. Die letzte Bilanz der GmbH zeigt folgendes Bild:

GmbH
Bilanz zum 31.12.00

Aktiva			**Passiva**
KG-Beteiligung	10.000 €	Gezeichnetes Kapital	50.000 €
Sonstige Besitzposten	40.000 €	Verbindlichkeiten	0 €
		Jahresüberschuss	0 €
	50.000 €		50.000 €

Angaben für die Gewerbesteuer: Hebesatz 400 %.

AUFGABEN

1. Erstellen Sie die Abschlüsse zum 31.12.01 einschließlich der Steuerrückstellungen.
2. Erstellen Sie die Gewinnfeststellung der KG für das Jahr 01.

LITERATURHINWEIS

Dortmann/Mann, Lehrbuch Buchführung und Bilanzsteuerrecht, 14. Aufl. 2026, Teil C, Kapitel 7, Tz. 7.1.

LÖSUNG

Im vorliegenden Fall gestaltet sich die Lösung wie folgt:

1. Die GmbH-Anteile (Geschäftsanteile) von A und B sind deren Sonderbetriebsvermögen. Sie sind mit den Anschaffungskosten zu aktivieren.

Sonderbilanzen für A und B (jeweils)
Bilanz zum 1.1.01

Aktiva			Passiva
GmbH-Anteile	25.000 €	Kapital	25.000 €
	25.000 €		25.000 €

Sonderbilanzen für A und B (jeweils)
Bilanz zum 31.12.01

Aktiva			Passiva
GmbH-Anteile	25.000 €	Kapital	25.000 €
	25.000 €		25.000 €

2. **Gewerbesteuer für die KG**

Gewinn lt. Handelsbilanz	200.000 €
Sondervergütung (Sonderbetriebseinnahme) für die GmbH	+ 50.000 €
Sonderbetriebsausgaben für die GmbH	- 48.000 €
Vergütung (Sonderbetriebseinnahme) für A (von der GmbH)	+ 48.000 €
Gewerbeertrag	250.000 €
Freibetrag (§ 11 Abs. 1 GewStG)	- 24.500 €
Steuerpflichtiger Gewerbeertrag	225.500 €
Messbetrag 3,5 % von 225.500 € =	7.892,50 €
Hebesatz 400 % = Gewerbesteuer	31.570 €
Gewinn der KG lt. Bilanz	200.000 €
Zuführung zur Gewerbesteuer-Rückstellung	- 31.570 €
Endgültiger Handelsbilanzgewinn der KG	168.430 €
Davon entfallen auf:	
► GmbH (10 %)	16.843 €
► A	75.793 €
► B	75.794 €

3. **Gesonderte Gewinnfeststellung unter Beachtung von § 35 Abs. 3 EStG**

	GmbH	A	B	Summe/Saldo
Gewinnanteil	16.843 €	75.793 €	75.794 €	168.430 €
Anteil der Gewerbesteuer (§ 4 Abs. 5b EStG)	+ 3.157 €	+ 14.207 €	+ 14.206 €	+ 31.570 €
Vergütung der GmbH (Sonderbetriebseinnahme)	+ 50.000 €			+ 50.000 €
Sonderbetriebsausgabe/ Vergütung	- 48.000 €	+ 48.000 €		0 €
Steuerlicher Gewinn	22.000 €	138.000 €	90.000 €	250.000 €
Anteil am Gewerbesteuer-Messbetrag	789,25 €	3.551,62 €	3.551,63 €	7.892,50 €

4. GmbH

a) **Gewerbesteuer**

Zu versteuerndes Einkommen (Gewinnanteil der KG)	22.000 €
Gewinnanteil der KG (§ 9 Nr. 2 GewStG)	- 22.000 €
Gewerbeertrag	**0 €**

b) **Körperschaftsteuer**

Zu versteuerndes Einkommen	22.000 €
Tarifbelastung 15 %	- 3.300 €
Solidaritätszuschlag 5,5 % (aufgerundet)	- 182 €
Summe der Steuern	**3.482 €**

c) **Jahresüberschuss**

Beteiligungsertrag	16.843 €
Überschuss aus Auslagenersatz	+ 2.000 €
Summe	18.843 €
Steueraufwand	- 3.482 €
Jahresüberschuss	**15.361 €**

5. **Bilanzierung in der Handelsbilanz**

a) KG

KG
Bilanz zum 1.1.01

Aktiva			**Passiva**
Besitzposten	200.000 €	Kapital GmbH	10.000 €
		Kapital A	95.000 €
		Kapital B	95.000 €
		Gewerbesteuer-Rückstellung	0 €
	200.000 €		200.000 €

KG
Bilanz zum 31.12.01

Aktiva			**Passiva**
Besitzposten (inklusive Gewinn)	400.000 €	Kapital GmbH	26.843 €
		Kapital A	170.793 €
		Kapital B	170.794 €
		Gewerbesteuer-Rückstellung	31.570 €
	400.000 €		400.000 €

b) GmbH

GmbH
Bilanz zum 1.1.01

Aktiva		Passiva	
KG-Beteiligung	10.000 €	Gezeichnetes Kapital	50.000 €
Sonstige Forderung		Jahresüberschuss	0 €
(Gewinnanteil der KG)	0 €	Steuerrückstellungen	0 €
Bank	0 €		
Sonstige Besitzposten	40.000 €		
	50.000 €		50.000 €

GmbH
Bilanz zum 31.12.01

Aktiva		Passiva	
KG-Beteiligung	10.000 €	Gezeichnetes Kapital	50.000 €
Sonstige Forderung		Jahresüberschuss	15.361 €
(Gewinnanteil der KG)	16.843 €	Steuerrückstellungen	3.482 €
Bank (Gehalt an A:			
50.000 € - 48.000 € =)	2.000 €		
Sonstige Besitzposten	40.000 €		
	68.843 €		68.843 €

HINWEIS

Sagt die Komplementär-GmbH einer GmbH & Co. KG ihrem gesellschaftsfremden Geschäftsführer eine Pension zu und kann sie von der KG dem Gesellschaftsvertrag nach den Ersatz der Versorgungsleistungen verlangen, so ist die bei der GmbH zu bildende Pensionsrückstellung durch einen Aufwendungsersatzanspruch zu neutralisieren. Bei der KG ist eine Rückstellung für ungewisse Verbindlichkeiten zu bilden, deren Höhe sich i. S. des § 6a EStG bestimmt. War der betreffende Geschäftsführer zuvor bei einem Einzelunternehmen angestellt, das in die GmbH & Co. KG eingebracht worden ist, so ist dessen Beschäftigungszeit beim Einzelunternehmen in die Berechnung der Höhe der Pensionsrückstellung einzubeziehen (BFH, Urteil v. 7.2.2002 - IV R 62/00, BStBl 2005 II S. 88).

3.3 Stille Beteiligung an der eigenen GmbH

FALL 233

Stille Beteiligung an der eigenen GmbH

Sachverhalt: Vom Stammkapital der A und B-GmbH i. H. von 400.000 € entfallen seit zehn Jahren:

- 60 % auf A (Anschaffungskosten für A: 240.000 €) und
- 40 % auf B (Anschaffungskosten für B: 160.000 €).

A ist Geschäftsführer der A und B-GmbH. A und B rechnen die Beteiligung an der A und B-GmbH zu ihrem Privatvermögen. Das Wirtschaftsjahr der A und B-GmbH entspricht dem Kalenderjahr.

B ist seit dem 1.1.01 auch gleichzeitig atypisch stiller Gesellschafter der A und B-GmbH; seine Geldeinlage beträgt 200.000 €. Hierfür erhält er vom Gewinn der A und B-GmbH, der sich ohne die Berücksichtigung von Körperschaftsteuer und Solidaritätszuschlag ergibt, einen Anteil i. H. von 20 %. B hat außerdem ein in seinem Alleineigentum befindliches unbebautes Grundstück ab dem 1.7.01 an die A und B-GmbH umsatzsteuerfrei verpachtet. Die als angemessen anzusehende Pacht beträgt 500 € monatlich; die von B zu tragenden Grundstückskosten haben im 2. Halbjahr 01 600 € betragen. B hat das Grundstück vor vier Jahren für 50.000 € privat erworben. Der Teilwert beträgt am 1.7.01 80.000 €. Am 1.1.01 beträgt der Teilwert 200 € für Anteile an der A und B-GmbH im Nennwert i. H. von 100 €.

Im Jahr 01 hat die A und B-GmbH einen Gewinn vor der Berücksichtigung von Körperschaftsteuer und Solidaritätszuschlag und ohne Berücksichtigung der Gewerbesteuer als Betriebsausgabe i. H. von 120.000 € erwirtschaftet; dabei wurden die Pachtzahlungen an B i. H. von 3.000 € gewinnmindernd berücksichtigt. Der auf die stille Beteiligung entfallende Gewinnanteil ist noch nicht als Aufwand berücksichtigt. Am 20.12.01 hat die A und B-GmbH eine Vorabausschüttung für das Jahr 01 i. H. von 30.000 € an die Anteilseigner geleistet; auf B entfielen 12.000 €.

AUFGABEN

1. Welche bilanzsteuerrechtlichen Auswirkungen ergeben sich zum 31.12.01 für die A und B-GmbH und die stille Gesellschaft?
2. Welche Gewinnanteile (ohne Gewerbesteuer für die stille Gesellschaft) ergeben sich für das Jahr 01 für die A und B-GmbH und B?

LÖSUNG

Zu 1

Steuerrechtlich bilden die A und B-GmbH und B eine Mitunternehmerschaft i. S. des § 15 Abs. 1 Satz 1 Nr. 2 EStG, da B im **Sachverhalt** als atypisch stiller Gesellschafter bezeichnet ist. Die atypisch stille Gesellschaft ist ebenso wie die typisch stille Gesellschaft eine reine Innengesellschaft, da sie nur auf schuldrechtlichen Beziehungen beruht. In beiden Fällen hat der stille Gesellschafter nämlich nach der zwingenden Regelung des § 230 Abs. 1 HGB seine Einlage so zu leisten, dass sie in das Vermögen des Inhabers des Handelsgeschäfts (hier die A und B-GmbH) übergeht. Auch bei einer atypisch stillen Gesellschaft kommt Sonderbetriebsvermögen in Betracht (BFH, Urteil v. 2.5.1984 - VIII R 276/81, BStBl 1984 II S. 820). Dies ist eine Folge des Bestehens der Mitunternehmerschaft und des steuerrechtlichen Bilanzierungsgebots für Betriebsvermögen, das einer Mitunternehmerschaft dient.

Für das der A und B-GmbH von B überlassene Grundstück tritt diese Rechtsfolge mit Beginn der Nutzungsüberlassung ab dem 1.7.01 ein. Das Grundstück wird ab diesem Zeitpunkt notwendiges Betriebsvermögen der Mitunternehmerschaft und ist, um der Alleineigentümerstellung von B Rechnung zu tragen, als Sonderbetriebsvermögen von B in einer Sonderbilanz zugunsten von B auszuweisen. Es liegt eine Einlage vor, die – da die private Anschaffung länger als drei Jahre zurückliegt – mit dem Teilwert zu bewerten ist (§ 4 Abs. 1 Satz 7 i. V. mit § 6 Abs. 1 Nr. 5 EStG): 80.000 €.

Bei der GmbH & atypisch Still gehört der GmbH-Anteil des atypisch stillen Gesellschafters ebenfalls zu dessen Sonderbetriebsvermögen. Dies ergibt sich aus der analogen Anwendung der zur GmbH & Co. KG sowie zur Betriebsaufspaltung ergangenen höchstrichterlichen Finanzrechtsprechung (BFH, Urteile v. 23.7.1975 - I R 210/73, BStBl 1976 II S. 180, v. 24.9.1976 - I R 149/74, BStBl 1977 II S. 69, v. 23.7.1981 - IV R 103/78, BStBl 1982 II S. 60). War der GmbH-Anteil des stillen Gesellschafters vor der Begründung der stillen Gesellschaft Privatvermögen, ist er als Einlage dem Sonderbetriebsvermögen zuzuführen. Für die Bewertung der Einlage einer wesentlichen Beteiligung i. S. des § 17 EStG gilt § 6 Abs. 1 Nr. 5 Satz 1 Buchst. b EStG. Im Ergebnis erfolgt die Bewertung mit den Anschaffungskosten i. H. von 160.000 € (vorliegend, da der Teilwert lt. Sachverhalt höher ist, sind allerdings in Übereinstimmung mit dem Gesetzeswortlaut, der eine entsprechende Bewertungsobergrenze vorsieht, die Anschaffungskosten zugleich als Untergrenze und damit im Ergebnis stets zu berücksichtigen, siehe BFH, Urteil v. 30.6.2022 - IV R 19/18, BStBl 2023 II S. 136; H 17.8 Einlage einer wertgeminderten Beteiligung/wertgeminderten Forderung EStH).

In der Handelsbilanz der GmbH werden die Rechtsbeziehungen mit einem stillen Gesellschafter wie Fremdbeziehungen dargestellt, d. h. die Einlage des stillen Gesellschafters erscheint stets als Schuldposten. Bei einer atypisch stillen Gesellschaft handelt es sich dabei jedoch steuerrechtlich (als Folge der Mitunternehmerschaft) um Eigenkapital des stillen Gesellschafters im Rahmen der zwischen der GmbH und dem atypisch stillen Gesellschafter bestehenden Mitunternehmerschaft. Dies ist in einer Steuerbilanz der atypisch stillen Gesellschaft entsprechend abzubilden. Die Steuerbilanz der GmbH weist die Beteiligung an der atypisch stillen Gesellschaft nach der Spiegelbildmethode aus.

Zum 31.12.01 ist außerdem eine Sonderbilanz für B aufzustellen. Darin sind als Sonderbetriebsvermögen von B auszuweisen:

► Grundstück	80.000 €
► GmbH-Anteil	160.000 €
► Sonstige Forderung (falls der Gewinnanteil nicht zur Verrechnung mit künftigen Verlusten bereitsteht und daher aus Sicht der atypisch stillen Gesellschaft Fremdkapital darstellt)	24.000 €

Zu 2

Bei einer atypisch stillen Gesellschaft gehört nicht nur der Gewinnanteil des stillen Gesellschafters zu seinen Einkünften aus Gewerbebetrieb, sondern es gehören als Sonderbetriebseinnahmen auch die Vergütungen dazu, die der stille Gesellschafter von der Gesellschaft für die Überlassung von Wirtschaftsgütern bezogen hat (§ 15 Abs. 1 Satz 1 Nr. 2 EStG); damit zusammenhängende Aufwendungen sind als Sonderbetriebsausgaben (hier von B) zu berücksichtigen. Schließlich gehören dazu als Sonderbetriebseinnahmen auch die Ausschüttungen der A und B-GmbH an den stillen Gesellschafter, die ihm in seiner Eigenschaft als Inhaber von Geschäftsanteilen an der A und B-GmbH zufallen (BFH, Urteile v. 15.10.1975 - I R 16/73, BStBl 1976 II S. 188, und v. 5.12.1979 - I R 184/76, BStBl 1980 II S. 119). Im Einzelnen ergibt sich Folgendes:

- Als stiller Gesellschafter hat B gegenüber der A und B-GmbH einen vertraglichen Gewinnanteilsanspruch i. H. von 20 % vom Gewinn der A und B-GmbH (hier 20 % von 120.000 € = 24.000 €), so dass der A und B-GmbH von ihrem erwirtschafteten Gewinn noch 96.000 € verbleiben. Dieser Gewinnanteil i. H. von 24.000 € erscheint ebenso wie die Pachtzahlung i. H. von 3.000 € als Aufwand im handelsrechtlichen Abschluss der A und B-GmbH. In der Steuerbilanz der atypisch stillen Gesellschaft ist der Gewinnanteil von B kein Aufwand, sondern Bestandteil des Gewinns. Die Pachtzahlung ist in der Steuerbilanz der atypisch stillen Gesellschaft Aufwand, führt aber für B zu Sonderbetriebseinnahmen. Dabei werden dann gleichzeitig die Grundstückskosten von B als dessen Sonderbetriebsausgaben berücksichtigt: 600 €. Da die Anteile von B an der A und B-GmbH zu seinem Sonderbetriebsvermögen gehören, sind die darauf geleisteten Ausschüttungen als gewerbliche Erträge von B zu erfassen (§ 20 Abs. 1 Nr. 1 i. V. mit Abs. 8 EStG). Dabei sind Vorabausschüttungen zum Zeitpunkt der Beschlussfassung zu berücksichtigen. Für die Ausschüttung der A und B-GmbH an B (hier 12.000 €) gilt ferner, dass diese bei B gem. § 3 Nr. 40 EStG nur zu 60 % steuerpflichtig ist.
- Für die Mitunternehmerschaft ergibt sich (vor Gewerbesteuer) folgender Gewinn aus Gewerbebetrieb mit den entsprechenden Gewinnanteilen für die A und B-GmbH und B:

	A und B-GmbH	B	Mitunternehmerschaft
Gewinnanteil	96.000 €	24.000 €	120.000 €
Pachtzahlungen		+ 3.000 €	+ 3.000 €
Sonderbetriebsausgaben		- 600 €	- 600 €
Vorabausschüttung		+ 12.000 €	+ 12.000 €
Summe	96.000 €	38.400 €	134.400 €
Nachrichtlich steuerfrei gem. § 3 Nr. 40 EStG		4.800 €	

HINWEISE

1. Gegenstand der Gewerbesteuer ist der Betrieb der atypisch stillen Gesellschaft (§ 2 Abs. 1 GewStG). Ausgangsbetrag für die Gewerbesteuer ist deshalb der Betrag i. H. von 134.400 €; der Freibetrag gem. § 11 Abs. 1 GewStG steht der atypisch stillen Gesellschaft zu (BFH, Urteil

v. 10.11.1993 - I R 20/93, BStBl 1994 II S. 327). Zwar unterliegt auch die A und B-GmbH der Gewerbesteuer. Infolge der Regelung des § 9 Nr. 2 GewStG ist die A und B-GmbH jedoch bzgl. ihres Anteils am Gewinn der Mitunternehmerschaft von der Gewerbesteuer freigestellt.

2. Ein Gewerbesteuermessbescheid, der an die Gesellschafter einer atypisch stillen Gesellschaft adressiert ist und die Entscheidung enthält, dass der Steuerschuldner die stille Gesellschaft sei, ist nichtig (BFH, Urteil v. 10.11.1993 - I R 20/93, a. a. O.). Der Gewerbesteuermessbescheid und der Gewerbesteuerbescheid richten sich bei einer atypischen stillen Gesellschaft an den Inhaber des Handelsgeschäfts und sind diesem als Steuerschuldner bekanntzugeben (§ 5 Abs. 1 GewStG und R 5.1 Abs. 2 GewStR).

Kapitel 4: Umwandlungen

Folgende Fälle sind zu unterscheiden (vgl. auch BMF, Schreiben v. 2.1.2025, BStBl 2025 I S. 92):

4.1 Umwandlung einer Kapitalgesellschaft in ein Einzelunternehmen oder eine Personengesellschaft

Für die steuerliche Behandlung gelten die §§ 3–9 UmwStG. Danach müssen die Wirtschaftsgüter in der steuerlichen Schlussbilanz der übertragenden Körperschaft gem. § 3 Abs. 1 UmwStG i. d. R. mit dem gemeinen Wert angesetzt werden; dabei gilt § 6a EStG für die Bewertung von Pensionsrückstellungen.

Auf Antrag können die zu übertragenden Wirtschaftsgüter mit dem Buchwert oder einem Zwischenwert angesetzt werden (§ 3 Abs. 2 UmwStG), soweit

- die Wirtschaftsgüter Betriebsvermögen des Übernehmers werden und die deutsche Besteuerung mit Einkommensteuer oder Körperschaftsteuer sichergestellt ist,
- das Besteuerungsrecht der Bundesrepublik Deutschland hinsichtlich des Gewinns aus der Veräußerung der übertragenen Wirtschaftsgüter bei den Gesellschaftern der übernehmenden Personengesellschaft oder bei der natürlichen Person nicht ausgeschlossen oder beschränkt wird und
- eine Gegenleistung nicht gewährt wird oder in Gesellschaftsrechten besteht.

Im reinen Inlandsfall hat die Kapitalgesellschaft somit regelmäßig die Wahl, die Wirtschaftsgüter mit dem Buchwert oder mit einem höheren Wert, höchstens jedoch mit dem gemeinen Wert in ihrer Schlussbilanz anzusetzen. Der Ansatz mit einem über dem Buchwert liegenden Wert kann von Vorteil sein, wenn die Kapitalgesellschaft einen noch nicht ausgeglichenen Verlust hat, denn ein verbleibender Verlustabzug i. S. des § 10d EStG geht nicht auf die Gesellschafter der übernehmenden Personengesellschaft bzw. auf die übernehmende natürliche Person über (§ 4 Abs. 2 Satz 2 UmwStG). Dasselbe gilt für einen Zinsvortrag gem. § 4h Abs. 1 Satz 5 EStG und einen EBITDA-Vortrag gem. § 4h Abs. 1 Satz 3 EStG.

Wird über dem Buchwert bewertet, ergibt sich bei der Kapitalgesellschaft ein sog. **„Übertragungsgewinn"**. Dieser unterliegt nach den allgemeinen Regeln in voller Höhe der Körperschaftsteuer. Werterhöhungen bei Beteiligungen an Kapitalgesellschaften bleiben dabei gem. § 8b Abs. 2 KStG steuerbegünstigt. Der Übertragungsgewinn ist in voller Höhe gewerbesteuerpflichtig (§ 18 Abs. 1 UmwStG). Vorhandene Verlustvorträge bei der Kapitalgesellschaft gehen unter (§ 4 Abs. 2 Satz 2 UmwStG). Durch Generierung eines Übertragungsgewinns (z. B. durch den Ansatz der gemeinen Werte oder Zwischenwerte) kann dieser reduziert werden, da er bis zur Höhe der Verlustvorträge unter Beachtung der Mindestbesteuerung (§ 8 Abs. 1 KStG i. V. mit § 10d Abs. 2 EStG) nicht der Besteuerung unterliegt. Denn der Ausgleich oder die Verrechnung eines Übertragungsgewinns mit verrechenbaren Verlusten, verbleibenden Verlustvorträgen, nicht ausgeglichenen negativen Einkünften, einem Zinsvortrag gem. § 4h Abs. 1 Satz 5 EStG und einem EBITDA-Vortrag gem. § 4h Abs. 1 Satz 3 EStG (Verlustnutzung) des übertragenden Rechtsträgers sind nur zulässig, wenn dem übertragenden Rechtsträger die Verlustnutzung auch ohne Anwendung des § 2 Abs. 1 und 2 UmwStG möglich gewesen wäre (§ 2 Abs. 4 UmwStG).

Einzelunternehmen oder Personengesellschaft übernehmen die Wirtschaftsgüter mit den Werten lt. steuerlicher Schlussbilanz der übertragenden Körperschaft. Bei Ausübung des Wahlrechts zugunsten der Buchwerte also mit den Buchwerten (§ 4 Abs. 1 UmwStG). Der dabei in aller Regel durch den Wegfall der GmbH-Anteile bzw. des Aktienbestands entstehende und ggf. gem. § 4 Abs. 5 UmwStG korrigierte **Übernahmegewinn** unterliegt bei dem Einzelunternehmer/den Gesellschaftern der Personengesellschaft gem. § 3 Nr. 40 Satz 1 und 2 sowie § 3c EStG zu 60 % der Einkommensteuer oder ist, soweit zum Kreis der Übernehmer eine Kapitalgesellschaft gehört, nach Maßgabe des § 8b KStG zu behandeln (§ 4 Abs. 7 UmwStG). Der Übernahmegewinn unterliegt nicht der Gewerbesteuer (§ 18 Abs. 2 UmwStG). Verrechenbare Verluste, verbleibende Verlustvorträge, vom übertragenden Rechtsträger nicht ausgeglichene negative Einkünfte, ein Zinsvortrag gem. § 4h Abs. 1 Satz 5 EStG und ein EBITDA-Vortrag gem. § 4h Abs. 1 Satz 3 EStG gehen nicht über (§ 4 Abs. 2 Satz 2 UmwStG).

Offene Rücklagen in der steuerlichen Schlussbilanz führen bei den Anteilseignern der übertragenden Körperschaft nach Maßgabe des § 7 UmwStG zu Einnahmen aus Kapitalvermögen i. S. des § 20 Abs. 1 Nr. 1 EStG (Ausschüttungsfiktion); dabei sind § 3 Nr. 40 Satz 1 Buchst. d EStG (Teileinkünfteverfahren) und § 8b KStG auf der Ebene der Anteilseigner anzuwenden. Damit es nicht zu einer Doppelbesteuerung kommt, bestimmt § 4 Abs. 5 UmwStG, dass der Übernahmegewinn bzw. -verlust um Bezüge zu korrigieren ist, die gem. § 7 UmwStG zu den Einkünften aus Kapitalvermögen i. S. des § 20 Abs. 1 Satz 1 Nr. 1 KStG gehören. Außerdem ist die Kapitalertragsteuer abzuführen (§ 43 Abs. 1 Satz 1 Nr. 1 EStG).

Für die Weiterbehandlung der übernommenen Wirtschaftsgüter gilt § 4 Abs. 2 und 3 UmwStG.

Eine Verschmelzung gem. § 3 UmwStG ist auf der Ebene des übertragenden und des übernehmenden Rechtsträgers ein Anschaffungs- und Veräußerungsgeschäft (BFH, Urteil v. 17.9.2003 - I R 97/02, BStBl 2004 II S. 686). Die aufgrund einer Verschmelzung beim übernehmenden Rechtsträger anfallenden objektbezogenen Kosten der Vermögensübertragung – insbesondere die **Grunderwerbsteuer** (ohne solche i. S. des § 1 Abs. 2a ff. GrEStG) – sind daher als Nebenkosten der Anschaffung aktivierungspflichtig. Das gilt auch dann, wenn z. B. der übertragende und der übernehmende Rechtsträger vereinbart haben, die Grunderwerbsteuer jeweils zur Hälfte zu übernehmen. Wirtschaftlich gesehen handelt es sich bei der Steuer gleichwohl um ausschließlich eigenen Aufwand des übernehmenden Rechtsträgers, für den der übertragende Rechtsträger in seiner Übertragungsbilanz keine Rückstellung bilden darf. Die Grunderwerbsteuer ist dabei beim betroffenen Grundstück zu aktivieren. Der Grunderwerbsteueranspruch entsteht erst nach der Eintragung der Verschmelzung in das Handelsregister und damit bei der Übernehmerin. Ein Abzug als Betriebsausgabe kommt insoweit nicht in Betracht. Für die Aufspaltung und Abspaltung gilt dies – mit Ausnahme der Aussagen zur Zulässigkeit einer Rückstellungsbildung bei der Abspaltung – entsprechend. Vereinbarungen, wonach der übertragende Rechtsträger aufgrund einer Abspaltung die anfallende Grunderwerbsteuer voll oder teilweise trägt, können die Annahme einer verdeckten Gewinnausschüttung (§ 8 Abs. 3 Satz 2 KStG) bzw. einer Entnahme (§ 4 Abs. 1 Satz 2 EStG) rechtfertigten (BMF, Schreiben v. 18.1.2010, BStBl 2010 I S. 70). Vergleiche hierzu ausführlich Schmitz, Bilanzierung von Grunderwerbsteuer bei Umstrukturierungen, NWB 33/2014 S. 2466, XAAAE-70726.

Unter den Voraussetzungen des § 6a GrEStG kommt eine Befreiung von der Grunderwerbsteuer in Betracht.

4.2 Verschmelzung einer Kapitalgesellschaft mit einer anderen Kapitalgesellschaft

Für die steuerliche Behandlung gelten die §§ 11–13 UmwStG. Danach müssen die Wirtschaftsgüter in der steuerlichen Schlussbilanz der übertragenden Körperschaft gem. § 11 Abs. 1 UmwStG grds. mit dem gemeinen Wert angesetzt werden; dabei gilt allerdings § 6a EStG für die Bewertung von Pensionsrückstellungen. Ferner sind auch die stillen Reserven der nicht entgeltlich erworbenen oder selbst geschaffenen immateriellen Wirtschaftsgüter ausdrücklich aufzudecken.

Auf Antrag können die zu übertragenden Wirtschaftsgüter mit dem Buchwert oder einem Zwischenwert angesetzt werden (§ 11 Abs. 2 UmwStG), soweit

- sichergestellt ist, dass sie später bei der übernehmenden Körperschaft der Körperschaftsteuer unterliegen,
- das Besteuerungsrecht der Bundesrepublik Deutschland hinsichtlich des Gewinns aus der Veräußerung der übertragenen Wirtschaftsgüter bei der übernehmenden Körperschaft nicht ausgeschlossen oder beschränkt wird und
- eine Gegenleistung nicht gewährt wird oder in Gesellschaftsrechten besteht.

Im reinen Inlandsfall hat die übertragende Kapitalgesellschaft somit regelmäßig die Wahl, die Wirtschaftsgüter mit dem Buchwert oder mit einem höheren Wert, höchstens jedoch mit dem gemeinen Wert in ihrer Schlussbilanz anzusetzen. Zu beachten ist, dass der Wertansatz von Anteilen an der übernehmenden Körperschaft ggf. zu korrigieren ist (§ 11 Abs. 2 Satz 2 UmwStG).

Werden in der steuerlichen Schlussbilanz der übertragenden Körperschaft die Buchwerte beibehalten, ergibt sich **kein Übertragungsgewinn.** Die übernehmende Kapitalgesellschaft übernimmt dann die Buchwerte (sog. „Buchwertverknüpfung"). Ein evtl. **Übernahmegewinn,** der durch den Wegfall der GmbH-Anteile bzw. des Aktienbestands bei der übernehmenden Körperschaft entstehen kann, bleibt außer Ansatz, d. h. steuerfrei (§ 12 Abs. 2 Satz 1 UmwStG); er wird außerhalb der Buchführung und Bilanz abgezogen. Andererseits ergibt sich eine 5 %ige außerbilanzielle Hinzurechnung gem. § 8b KStG, soweit die übernehmende Körperschaft an der übertragenden Körperschaft beteiligt ist (§ 12 Abs. 2 Satz 2 UmwStG). Entsprechendes gilt für die Gewerbesteuer (§ 19 Abs. 1 UmwStG). Verrechenbare Verluste, verbleibende Verlustvorträge, vom übertragenden Rechtsträger nicht ausgeglichene negative Einkünfte, ein Zinsvortrag gem. § 4h Abs. 1 Satz 5 EStG und ein EBITDA-Vortrag gem. § 4h Abs. 1 Satz 3 EStG gehen nicht über (§ 12 Abs. 3 i. V. mit § 4 Abs. 2 UmwStG). Ein gewerbesteuerlicher Verlustvortrag geht ebenfalls nicht auf die übernehmende Kapitalgesellschaft über (§ 19 Abs. 2 UmwStG). Dies ist ein gravierender Nachteil des UmwStG. Als Ausweg bietet sich die Abkehr von der Buchwertfortführung an, indem in der Übertragungsbilanz die gemeinen Werte oder Zwischenwerte angesetzt werden. Dabei ist die Mindestbesteuerung zu beachten (§ 10d Abs. 2 EStG).

Umsatzsteuerlich handelt es sich i. d. R. um eine Geschäftsveräußerung im Ganzen, die gem. § 1 Abs. 1a UStG nicht umsatzsteuerbar ist.

Geht von der übertragenden Kapitalgesellschaft Grundbesitz auf die übernehmende Kapitalgesellschaft über, löst dies die Grunderwerbsteuer aus (§ 1 Abs. 1 Nr. 3 GrEStG). Die Bemessungsgrundlage ist der i. S. der §§ 138 ff. BewG festzustellende steuerliche Grundbesitzwert (§ 8 Abs. 2 Satz 1 Nr. 2 GrEStG). Die Grunderwerbsteuer gehört beim übernehmenden Rechtsträger zu den aktivierungspflichtigen Erwerbsnebenkosten (BFH, Urteil v. 17.9.2003 - I R 97/02, BStBl 2004 II S. 686). Unter den Voraussetzungen des § 6a GrEStG kommt eine Befreiung von der Grunderwerbsteuer in Betracht.

4.3 Einbringung einer Personengesellschaft oder eines Einzelunternehmens in eine Kapitalgesellschaft oder formwechselnde Umwandlung gem. § 25 UmwStG

Es gelten die §§ 20–23 UmwStG. Danach muss die übernehmende Kapitalgesellschaft das übernommene Betriebsvermögen grds. mit dem gemeinen Wert ansetzen; dabei gilt § 6a EStG für die Bewertung von Pensionsrückstellungen (§ 20 Abs. 2 Satz 1 UmwStG). **Auf Antrag** kann das übernommene Betriebsvermögen auch einheitlich mit dem Buchwert oder einem Zwischenwert angesetzt werden (§ 20 Abs. 2 Satz 2 UmwStG). Voraussetzung dafür ist, dass insoweit

- sichergestellt ist, dass das übernommene Betriebsvermögen bei der übernehmenden Körperschaft der Besteuerung mit Körperschaftsteuer unterliegt,
- das übernommene Betriebsvermögen kein negatives Kapital ausweist und
- das Besteuerungsrecht der Bundesrepublik Deutschland bei der übernehmenden Körperschaft nicht ausgeschlossen oder beschränkt wird.

Die Bewertung in der Steuerbilanz erfolgt unabhängig vom Wertansatz in der Handelsbilanz. Für die Weiterbehandlung der von der Kapitalgesellschaft übernommenen Wirtschaftsgüter gilt § 23 UmwStG. Ein Zinsvortrag gem. § 4h Abs. 1 Satz 5 EStG und ein EBITDA-Vortrag gem. § 4h Abs. 1 Satz 3 EStG des eingebrachten Betriebs gehen nicht auf die übernehmende Gesellschaft über (§ 20 Abs. 9 UmwStG).

Der Wert, mit dem die Kapitalgesellschaft das eingebrachte Betriebsvermögen ansetzt, gilt für den Einbringenden als Veräußerungspreis und als Anschaffungskosten der Gesellschaftsanteile (§ 20 Abs. 3 UmwStG). § 16 Abs. 4 EStG ist auf einen im Fall der Sacheinlage entstehenden Veräußerungsgewinn nur anzuwenden, wenn der Einbringende eine natürliche Person ist, es sich nicht um die Einbringung von Teilen eines Mitunternehmeranteils handelt und die übernehmende Kapitalgesellschaft das eingebrachte Betriebsvermögen mit dem **gemeinen Wert** ansetzt. In diesen Fällen ist § 34 Abs. 1 und 3 EStG nur anzuwenden, soweit der Veräußerungsgewinn nicht i. S. des § 3 Nr. 40 Satz 1 i. V. mit § 3c Abs. 2 EStG teilweise steuerbefreit ist (§ 20 Abs. 4 UmwStG).

Sind Einbringende natürliche Personen oder eine Mitunternehmerschaft mit unmittelbar beteiligten natürlichen Personen, ist ein evtl. Einbringungsgewinn (Veräußerungsgewinn) **gewerbesteuerfrei** (§ 7 Satz 2 GewStG). Ist Einbringender eine Kapitalgesellschaft, unterliegt ein evtl. Einbringungsgewinn der Gewerbesteuer. Soweit der Einbringungsgewinn auf Anteile an eingebrachten Kapitalgesellschaftsanteilen entfällt und insoweit die Steuerfreiheit des § 8b Abs. 2 KStG anwendbar ist, gilt dies auch für die Gewerbesteuer.

Umsatzsteuerlich handelt es sich i. d. R. um eine Geschäftsveräußerung im Ganzen, die gem. § 1 Abs. 1a UStG nicht umsatzsteuerbar ist.

Geht Grundbesitz auf die übernehmende Kapitalgesellschaft über, löst dies die **Grunderwerbsteuer** aus (§ 1 Abs. 1 Nr. 3 GrEStG). Die Bemessungsgrundlage ist der i. S. der §§ 138 ff. BewG festzustellende steuerliche Grundbesitzwert (§ 8 Abs. 2 Satz 1 Nr. 2 GrEStG). Die Grunderwerbsteuer gehört bei der übernehmenden Gesellschaft zu den aktivierungspflichtigen Anschaffungsnebenkosten (BFH, Urteil v. 17.9.2003 - I R 97/02, BStBl 2004 II S. 686). Unter den Voraussetzungen des § 6a GrEStG kommt eine Befreiung von der Grunderwerbsteuer in Betracht.

Werden erhaltene Anteile, die durch eine Sacheinlage unter Ansatz eines Werts **unterhalb des gemeinen Werts** (also Ansatz zum Buchwert oder Zwischenwert) erworben wurden, später vom **Einbringenden** veräußert, ist eine **siebenjährige Sperrfrist** zu beachten (sog. „sperrfristbehaftete Anteile"). Erfolgt die Veräußerung derartiger Anteile innerhalb dieser Sperrfrist, ist der Gewinn aus der Einbringung (Einbringungsgewinn I) rückwirkend im Wirtschaftsjahr der Einbringung als Gewinn des Einbringenden i. S. des § 16 EStG voll steuerpflichtig (einschließlich der Gewerbesteuer, es sei denn auch bei der ursprünglichen Einbringung zum gemeinen Wert hätte keine Gewerbesteuerpflicht bestanden); denn § 16 Abs. 4 und § 34 EStG sind nach ausdrücklicher Regelung nicht anzuwenden (§ 22 Abs. 1 Satz 1 UmwStG). Der Einbringungsgewinn I vermindert sich allerdings um jeweils ein Siebtel für jedes seit dem Einbringungszeitpunkt abgelaufene Zeitjahr (§ 22 Abs. 1 Satz 3 UmwStG), so dass nach Ablauf der sieben Jahre wieder die allgemeinen Regeln greifen. Der Einbringungsgewinn I gilt als nachträgliche Anschaffungskosten der erhaltenen Anteile (§ 22 Abs. 1 Satz 4 UmwStG). Die übernehmende Kapitalgesellschaft kann den versteuerten Einbringungsgewinn im Wirtschaftsjahr der Veräußerung der Anteile als Erhöhungsbetrag ansetzen, soweit der Einbringende die auf den Einbringungsgewinn entfallende Steuer entrichtet hat (§ 23 Abs. 2 UmwStG). Die Erhöhung erfolgt bei denjenigen Wirtschaftsgütern, die stille Reserven enthalten.

Veräußert die **übernehmende Körperschaft unter dem gemeinen Wert eingebrachte Anteile** innerhalb eines Zeitraums von **sieben Jahren** nach dem Einbringungszeitpunkt, ist vom Einbringenden nach Maßgabe des § 22 Abs. 2 UmwStG rückwirkend ein Gewinn aus der Veräußerung von Anteilen zu versteuern (Einbringungsgewinn II), soweit der Einbringende keine durch § 8b Abs. 2 KStG begünstigte Person ist. Dabei ist die Siebtelregelung anzuwenden. Siehe hierzu Ott, Steuerfallen bei der Einbringung in eine Kapitalgesellschaft – Steuerneutrale Umwandlung gem. §§ 20–23 UmwStG, NWB 33/2012 S. 2711, YAAAE-14895.

4.4 Einbringung im Wege des Anteilstauschs i. S. des § 21 UmwStG

Unter „Anteilstausch" versteht man die Übertragung von Anteilen an einer Kapitalgesellschaft gegen Gewährung eines Anteils an der übernehmenden Kapitalgesellschaft. Darunter fällt auch die Einbringung einer 100 %igen Beteiligung an einer Kapitalgesellschaft. Bei der übernehmenden Kapitalgesellschaft erfolgt der Ansatz der übernommenen Beteiligung grds. mit dem gemeinen Wert (§ 21 Abs. 1 Satz 1 UmwStG). Die Möglichkeit einen Buchwert oder Zwischenwert anzusetzen, besteht auf Antrag nur beim sog. „qualifizierten Anteilstausch". Das ist der Fall, wenn die übernehmende Kapitalgesellschaft nach der Einbringung über die Mehrheit der Stimmrechte an der eingebrachten Kapitalgesellschaft verfügt (§ 21 Abs. 1 Satz 2 UmwStG).

Der Wert, mit dem die übernehmende Gesellschaft die eingebrachten Anteile ansetzt, gilt für den Einbringenden als Veräußerungspreis der eingebrachten Anteile und als Anschaffungskosten der erhaltenen Anteile (§ 21 Abs. 2 UmwStG). Auf den beim Anteilstausch evtl. entstehenden Veräußerungsgewinn ist § 17 Abs. 3 EStG nur anzuwenden, wenn der Einbringende eine natürliche Person ist und die übernehmende Gesellschaft die eingebrachten Anteile mit dem gemeinen Wert ansetzt; für die Anwendung des § 16 Abs. 4 EStG gilt dies nur unter der Voraussetzung, dass eine im Betriebsvermögen gehaltene Beteiligung an einer Kapitalgesellschaft eingebracht wird, die das gesamte Nennkapital der Kapitalgesellschaft umfasst. § 34 Abs. 1 EStG findet keine Anwendung (§ 21 Abs. 3 UmwStG).

Setzt die übernehmende Kapitalgesellschaft die eingebrachten Anteile mit dem Buchwert an, den sie beim Einbringenden hatten, ergibt sich beim Einbringenden kein Gewinn. Vielmehr treten die neu gewährten Anteile an die Stelle der eingebrachten Anteile.

Auch bei der Einbringung im Wege des Anteilstauschs ist § 22 Abs. 2 UmwStG zu beachten, der in bestimmten Fällen eine nachträgliche Besteuerung innerhalb der siebenjährigen Sperrfrist vorsieht. Eine nachträgliche Besteuerung ist ausgeschlossen, wenn es sich bei dem Einbringenden um eine Kapitalgesellschaft handelt, die den eingebrachten Anteil steuerfrei gem. § 8b KStG hätte veräußern können.

Erfolgt jedoch eine Einbringung zum Buch- oder Zwischenwert (also unter dem gemeinen Wert) durch eine nicht unter § 8b Abs. 2 KStG fallende Person, kommt es auf der Ebene des Einbringenden zu einer Nachversteuerung i. S. des § 22 Abs. 2 UmwStG, wenn die übernehmende Gesellschaft den eingebrachten Anteil innerhalb von sieben Jahren nach der Einbringung veräußert. Im Gegensatz zur Betriebseinbringung ist bei einem Anteilstausch nicht der neu gewährte Anteil sperrfristverhaftet, sondern der Eingebrachte. Da der Einbringende auf die Veräußerung des eingebrachten Anteils keinen Einfluss hat, kann es u. U. bei ihm gegen seinen Willen zu einer Nachversteuerung kommen. Der dabei ggf. entstehende Einbringungsgewinn II ist vom Einbringenden unter Anwendung des Teileinkünfteverfahrens und der Siebtelregelung zu versteuern. In Höhe des steuerpflichtigen Einbringungsgewinns ergeben sich beim Einbringenden nachträgliche Anschaffungskosten für die neu gewährten Anteile. Veräußert der Einbringende die neu gewährten Anteile, liegt bereits originär eine Anteilsveräußerung vor, auf die das Teileinkünfteverfahren anzuwenden ist.

FALL 234

Umwandlung einer GmbH in ein Einzelunternehmen

Sachverhalt: Einzelkaufmann A rechnet eine 100 % umfassende Beteiligung an einer GmbH zum Betriebsvermögen seines Einzelunternehmens. Die Beteiligung ist mit den Anschaffungskosten i. H. von 500.000 € bilanziert. Einzelkaufmann A entschließt sich am 1.4.01 dazu, das Vermögen der GmbH im Wege der Verschmelzung mit Wirkung v. 1.1.01 auf sein Einzelunternehmen zu übertragen. Ein entsprechender Beschluss wird am 2.4.01 notariell beurkundet und am 5.4.01 zur Eintragung ins Handelsregister angemeldet. Der Anmeldung ist die GmbH-Bilanz v. 31.12.00 beigefügt. Nachstehend sind die GmbH-Bilanz und die Bilanz des Einzelunternehmens vereinfacht wiedergegeben. Angesetzt sind die Buchwerte v. 31.12.00.

GmbH
Bilanz zum 31.12.00

Aktiva			**Passiva**
Anlagevermögen	700.000 €	Stammkapital bzw. Kapital	500.000 €
Umlaufvermögen	800.000 €	Jahresüberschuss	155.800 €
		Rücklagen	180.000 €
		Körperschaftsteuer-Rückstellung	4.200 €
		Sonstige Rückstellungen	260.000 €
		Verbindlichkeiten	400.000 €
	1.500.000 €		1.500.000 €

Einzelunternehmen
Bilanz zum 31.12.00

Aktiva			**Passiva**
Anlagevermögen	1.000.000 €	Stammkapital bzw. Kapital	600.000 €
Umlaufvermögen	300.000 €	Sonstige Rückstellungen	100.000 €
		Verbindlichkeiten	600.000 €
	1.300.000 €		1.300.000 €

Weitere Angaben zur GmbH: Zum 31.12.00 beträgt der Bestand des steuerlichen Einlagekontos 0 €. Im Anlage- und Umlaufvermögen stecken stille Reserven i. H. von jeweils 250.000 €, also insgesamt 500.000 €, bei Zugrundelegung der gemeinen Werte. Es sollen jedoch die Buchwerte fortgeführt werden. Die gesetzlichen Voraussetzungen sind dafür erfüllt.

AUFGABE

Welche Auswirkungen ergeben sich aus der Vermögensübertragung für die GmbH und das Einzelunternehmen unter Anwendung des UmwStG?

LÖSUNG

Bei der Übertragung des Vermögens der GmbH auf das Einzelunternehmen des Alleingesellschafters wurden die handelsrechtlichen Umwandlungsvorschriften beachtet. Mit der Eintragung des Umwandlungsbeschlusses im Handelsregister geht das Vermögen der GmbH einschließlich der Schulden auf den Einzelunternehmer über; die GmbH ist damit aufgelöst.

Steuerlich gelten die Vermögensübertragung und die Auflösung der GmbH mit Ablauf des Umwandlungsstichtags (= Stichtag der Umwandlungsbilanz) als erfolgt, hier also am 31.12.00 (§ 2 Abs. 1 UmwStG). Das hat zur Folge, dass Gewinne, die die GmbH nach dem 31.12.00 erzielt, im Einzelunternehmen zu erfassen sind und Ausgaben der GmbH nach dem 31.12.00 als Betriebsausgaben des Einzelunternehmens gelten.

In der steuerlichen Schlussbilanz für das letzte Wirtschaftsjahr der übertragenden Körperschaft können die nach den steuerrechtlichen Vorschriften über die Gewinnermittlung auszuweisenden Wirtschaftsgüter gem. § 3 Abs. 2 UmwStG mit dem Buchwert angesetzt werden.

Ein Übertragungsgewinn ergibt sich hierbei nicht.

Das Einzelunternehmen von Einzelkaufmann A übernimmt das Vermögen der GmbH mit den Werten lt. steuerlicher Umwandlungsbilanz (§ 4 Abs. 1 UmwStG), das sind die Buchwerte. Gleichzeitig geht die aktivierte GmbH-Beteiligung in der Bilanz des Einzelunternehmens unter. Die Differenz ist grds. der Übernahmegewinn/-verlust (§ 4 Abs. 4 UmwStG). Es ist jedoch zunächst § 7 UmwStG anzuwenden, da Bezüge gem. § 7 UmwStG den Übernahmegewinn/-verlust mindern (§ 4 Abs. 5 UmwStG).

Das in der steuerlichen Schlussbilanz ausgewiesene Eigenkapital der GmbH i. H. von 835.800 € (hier aufgrund des Buchwertansatzes entsprechend der Bilanz im Sachverhalt: 500.000 € + 155.800 € + 180.000 €) abzgl. des Bestands des steuerlichen Einlagekontos nach Anwendung des § 29 Abs. 1 KStG i. H. von 500.000 € (Bestand lt. Sachverhalt: 0 € + 500.000 € Nennkapital als Zuführung im Rahmen der Umwandlung gem. § 29 Abs. 1 i. V. mit § 28 Abs. 2 KStG), mithin ein Betrag i. H. von 335.800 €, ist Einzelkaufmann A (100 % entsprechend seiner Stellung als Alleingesellschafter) als Ausschüttung i. S. des § 20 Abs. 1 Nr. 1 EStG zuzurechnen (§ 7 UmwStG). Da sich die Beteiligung an der GmbH im Betriebsvermögen befand, gehört der Ausschüttungsbetrag gem. § 20 Abs. 8 EStG zu den Betriebseinnahmen seines Gewerbebetriebs. Die Berücksichtigung erfolgt bereits zum Umwandlungsstichtag.

Der Bezug i. S. des § 7 UmwStG i. H. von 335.800 € unterliegt dem Kapitalertragsteuerabzug gem. § 43 Abs. 1 Satz 1 Nr. 1 EStG. Die Kapitalertragsteuer entsteht jedoch erst bei zivilrechtlichem Wirksamwerden der Umwandlung und ist von Einzelkaufmann A als übernehmender Rechtsträger anzumelden und abzuführen.

Der Bezug i. S. des § 7 UmwStG mindert den Übernahmegewinn. Im vorliegenden Fall ergibt sich daher folgender Übernahmegewinn:

Übertragenes GmbH-Vermögen

Summe der Aktiva	1.500.000 €
Körperschaftsteuer-Rückstellung	- 4.200 €
Sonstige Rückstellungen	- 260.000 €
Verbindlichkeiten	- 400.000 €
Reinvermögen	835.800 €
Bilanzierte GmbH-Beteiligung im Einzelunternehmen	- 500.000 €
Bezug i. S. des § 7 UmwStG	- 335.800 €
Übernahmegewinn	0 €

Der Übernahmegewinn/-verlust entsteht mit Ablauf des steuerlichen Übertragungszeitpunkts, hier also mit Ablauf des 31.12.00. Er ist somit noch im Jahr 00 bei Einzelkaufmann A zu erfassen.

Der Übernahmegewinn (hier ohnehin 0 €) ist nicht gewerbesteuerpflichtig (§ 18 Abs. 2 UmwStG).

Die endgültige Schlussbilanz des Einzelunternehmens zum 31.12.00 zeigt dann unter Berücksichtigung des übernommenen GmbH-Vermögens und des Wegfalls der GmbH-Beteiligung folgendes Bild:

Einzelunternehmen
Schlussbilanz zum 31.12.00

Aktiva			**Passiva**
Anlagevermögen	1.000.000 €	Kapital	935.800 €
GmbH-Beteiligung	- 500.000 €	Übernommene Körperschaftsteuer-Rückstellung	4.200 €
GmbH-Anlagevermögen	+ 700.000 €		
Umlaufvermögen	+ 300.000 €	Übernommene sonstige Rückstellungen	260.000 €
GmbH-Umlaufvermögen	+ 800.000 €		
		Eigene sonstige Rückstellungen	100.000 €
		Verbindlichkeiten (400.000 € + 600.000 € =)	1.000.000 €
	2.300.000 €		2.300.000 €

Erläuterung des Kapitalkontos:

Kapitalkonto vor Umwandlung	600.000 €
Gewinn/Bezug gem. § 7 UmwStG	+ 335.800 €
	935.800 €

Im Ergebnis muss Einzelkaufmann A aus Anlass der Umwandlung im Veranlagungszeitraum 00 60 % des Bezugs gem. § 7 UmwStG der Einkommensteuer unterwerfen (§ 3 Nr. 40 Satz 1 Buchst. d EStG): 60 % von 335.800 € = 201.480 €.

FALL 235

Verschmelzung

Sachverhalt: Die XYZ-GmbH war zehn Jahre lang alleinige Gesellschafterin der ABC-GmbH, die einen Musikverlag betrieb. Das Vermögen der ABC-GmbH wurde in Folge der Verschmelzung im Wege der Aufnahme am 29.7.01 (= Datum der Anmeldung beim Registergericht) auf die XYZ-GmbH ohne Kapitalerhöhung übertragen. Die Verschmelzung wurde rückwirkend zum 1.1.01 beschlossen; sämtliche gesetzlichen Vorschriften wurden dabei beachtet. Das Stammkapital der ABC-GmbH, das den Anschaffungskosten bei der XYZ-GmbH entspricht, betrug 25.000 €. Nach einer erforderlichen Teilwertabschreibung/Abschreibung vor fünf Jahren auf den niedrigeren beizulegenden Wert wurde die Beteiligung in den Bilanzen der XYZ-GmbH bis zum 31.12.00 mit 10.000 € ausgewiesen; die Gewinnminderung wurde bei der Ermittlung des körperschaftsteuerlichen Einkommens der XYZ-GmbH nicht berücksichtigt (§ 8b Abs. 3 Satz 3 KStG).

Für die ABC-GmbH ergab sich zum 31.12.00 folgende Handelsbilanz, die mit der Steuerbilanz identisch ist:

ABC-GmbH
Handelsbilanz zum 31.12.00

Aktiva			**Passiva**
Immaterielle Vermögensgegenstände	15.000 €	Gezeichnetes Kapital	25.000 €
Sachanlagen (Pkw)	8.400 €	Jahresüberschuss	25.400 €
Bankguthaben	27.000 €		
	50.400 €		50.400 €

Zum Betriebsvermögen der ABC-GmbH gehörten die Verwertungs- und Vervielfältigungsrechte an den Schlagerkompositionen des Musikers Rolf Ring. Die ABC-GmbH hatte diese Rechte an den Kompositionen für 55.000 € zur Nutzung über einen Zeitraum von 20 Jahren erworben und seither zutreffend linear mit 2.750 € abgeschrieben, so dass sich zum 31.12.00 (nach zehn Jahren) ein regulärer Buchwert i. H. von 27.500 € ergab. Aufgrund des Verfalls des Schlagermarktes erfolgte zum 31.12.00 eine durch dauernde Wertminderung bedingte zusätzliche Teilwertabschreibung/Abschreibung auf den niedrigeren beizulegenden Wert i. H. von 15.000 €. Nachdem Rolf Ring im Mai 01 beim Eurovision Song Contest mit einer Komposition den dritten Platz errang, ist das Interesse an seinen Kompositionen stark angestiegen. Der Wert der Verwertungs- und Vervielfältigungsrechte an den Kompositionen zum 31.12.01 wird zutreffend auf 200.000 € geschätzt.

Weiterhin werden in der Bilanz der ABC-GmbH zum 31.12.00 nur noch ein Pkw und Bankguthaben bilanziert. Der Pkw wurde jährlich mit 4.200 € abgeschrieben. Auf der Passivseite der Bilanz werden das Stammkapital und ein Jahresüberschuss i. H. von 25.400 € ausgewiesen. Für das Jahr 01 haben sich bei der ABC-GmbH mit Ausnahme der Verschmelzung keine weiteren Geschäftsvorfälle ereignet. Zur Feststellung der Buchwerte zum 31.7.01 wurde dort lediglich noch die zeitanteilige AfA/planmäßige Abschreibung für den Pkw i. H. von 2.450 € (Jahresbetrag 4.200 €) und für die Verwertungs- und Vervielfältigungsrechte i. H. von 875 € (Jahresbetrag 1.500 €) gebucht.

In der Buchführung der XYZ-GmbH für das Jahr 01 wurde der Vorgang noch nicht erfasst. Beim zuständigen Finanzamt liegt ein Antrag auf Buchwertfortführung gem. § 11 Abs. 2 UmwStG vor.

AUFGABE

Wie ist die Rechtslage und wie ist bei der XYZ-GmbH im Jahr 01 zu buchen?

LÖSUNG

Die ABC-GmbH ist eine 100 %ige Tochtergesellschaft der Muttergesellschaft XYZ-GmbH und wird nach Maßgabe des § 2 Nr. 1 UmwG zur Aufnahme auf die XYZ-GmbH verschmolzen. Dabei ist eine Kapitalerhöhung aufgrund der Verschmelzung für die XYZ-GmbH nicht zulässig (§ 68 Abs. 1 Satz 1 Nr. 1 UmwG).

Für die Verschmelzung kann die Bilanz zum 31.12.00 zugrunde gelegt werden, da diese auf einen nicht mehr als acht Monate vor der Anmeldung zur Verschmelzung liegenden Stichtag aufgestellt wurde (§ 17 Abs. 2 Satz 4 UmwG). Die Rückwirkung ist auch steuerlich zu beachten (§ 2 Abs. 1 UmwStG).

In der Handelsbilanz der übertragenden ABC-GmbH ist das Betriebsvermögen grds. mit dem Buchwert anzusetzen (§ 17 Abs. 2 Satz 2 UmwG).

Steuerlich gilt Folgendes: Bei einer Verschmelzung oder Vermögensübertragung (Vollübertragung) auf eine andere Körperschaft sind die übergehenden Wirtschaftsgüter, einschließlich nicht entgeltlich erworbener oder selbst geschaffener immaterieller Wirtschaftsgüter, in der steuerlichen Schlussbilanz der übertragenden Körperschaft mit dem **gemeinen Wert** anzusetzen (§ 11 Abs. 1 UmwStG). Auf Antrag können die übergehenden Wirtschaftsgüter unter den Voraussetzungen des § 11 Abs. 2 UmwStG auch einheitlich mit dem Buchwert angesetzt werden, wenn ein entsprechender Antrag gestellt ist. Der Antrag auf Ansatz der übergehenden Wirtschaftsgüter mit dem Buchwert ist gem. § 11 Abs. 3 i. V. mit § 3 Abs. 2 Satz 2 UmwStG bei dem für die Besteuerung i. S. der §§ 20 und 26 AO zuständigen Finanzamt der übertragenden Körperschaft spätestens bis zur erstmaligen Abgabe der steuerlichen Schlussbilanz zu stellen (BMF, Schreiben v. 2.1.2025, BStBl 2025 I S. 92, Rz. 11.12). Das ist hier der Fall.

Für den Ansatz des Buchwerts sind die Ansätze in der Handelsbilanz nicht maßgeblich (BMF, Schreiben v. 2.1.2025, a. a. O., Rz. 11.05).

Der Verschmelzungsvorgang kann in den Büchern der XYZ-GmbH als laufender Geschäftsvorfall dargestellt werden, so dass eine Übernahmebilanz nicht erstellt werden muss. Dabei können die Vermögensgegenstände/Wirtschaftsgüter der ABC-GmbH sowohl in der Handelsbilanz als auch in der Steuerbilanz der XYZ-GmbH mit den Buchwerten fortgeführt werden (§ 24 UmwG und § 12 Abs. 1 i. V. mit § 4 Abs. 1 UmwStG).

Der Geschäftsvorfall der Verschmelzung ist bei der XYZ-GmbH im Jahr 01 durch folgende Buchung zu erfassen:

Immaterielle Vermögensgegenstände	15.000 €			
Andere Anlagen (Pkw)	8.400 €			
Bankguthaben	27.000 €	an	Finanzanlagen	10.000 €
		an	Sonstige betriebliche Erträge	40.400 €

Durch die Verschmelzung ist bei der XYZ-GmbH ein Übernahmegewinn i. H. von 40.400 € entstanden. Gemäß § 12 Abs. 2 Satz 1 UmwStG bleibt der Gewinn i. H. des Unterschieds zwischen dem Buchwert der Anteile (hier 10.000 €) und dem Wert, mit dem die übergegangenen Wirtschaftsgüter zu übernehmen sind (hier 50.400 €), außer Ansatz (= 40.400 €). Im Rahmen der Ermittlung des zu versteuernden Einkommens der XYZ-GmbH ist insoweit eine außerbilanzielle Korrektur vorzunehmen.

Die tatsächlichen Anschaffungskosten auf die Beteiligung an der ABC-GmbH haben 25.000 € betragen. Der Unterschiedsbetrag zum Buchwert der Beteiligung (10.000 €) beträgt somit

15.000 €. Er ist identisch mit der vor fünf Jahren vorgenommenen Teilwertabschreibung und er ist im vorgenannten Übernahmegewinn i. H. von 40.400 € enthalten. Da die damalige Teilwertabschreibung allerdings nicht steuerwirksam war, verbleibt es bei der außerbilanziellen Korrektur i. H. von 40.400 €. § 12 Abs. 1 Satz 1 i. V. mit § 4 Abs. 1 Satz 2 und 3 UmwStG ist insoweit nicht anzuwenden. Allerdings gelten 5 % des Gewinns als Ausgaben, die nicht als Betriebsausgaben abgezogen werden dürfen (§ 12 Abs. 2 Satz 2 UmwStG i. V. mit § 8b Abs. 3 Satz 1 KStG): 2.020 €. Da die XYZ-GmbH Alleingesellschafterin der ABC-GmbH war, betrifft dies den vollen Übernahmegewinn.

Mit der Verschmelzung tritt die XYZ-GmbH bzgl. der Bewertung und der AfA **ab dem 1.1.01** die Rechtsnachfolge der ABC-GmbH an (§ 12 Abs. 3 UmwStG). Die Buchungen bei der ABC-GmbH im Jahr 01 sind unbeachtlich; sie gilt steuerlich als am 31.12.00 untergegangen. Auch evtl. Geschäftsvorfälle der ABC-GmbH im Jahr 01 wären solche der XYZ-GmbH. Deshalb sind die planmäßigen Abschreibungen gem. § 253 Abs. 3 HGB bzw. die AfA gem. § 7 Abs. 1 EStG für den Pkw (4.200 €) und die Verwertungs- und Vervielfältigungsrechte (1.500 €) ausschließlich bei der XYZ-GmbH noch wie folgt zu buchen:

Abschreibungen auf immaterielle Vermögensgegenstände	1.500 €	an	Immaterielle Vermögensgegenstände	1.500 €
Abschreibungen auf Sachanlagen	4.200 €	an	Andere Anlagen	4.200 €

Zu den Konsequenzen aus der Rechtsnachfolge gem. § 12 Abs. 3 UmwStG gehört auch die Beachtung des Wertaufholungsgebots gem. § 5 Abs. 6 i. V. mit § 6 Abs. 1 Nr. 2 Satz 3 und Nr. 1 Satz 4 EStG.

Der Teilwert/beizulegende Wert der Verwertungs- und Vervielfältigungsrechte beträgt am 31.12.01 **lt. Sachverhalt** 200.000 €. Die Zuschreibung ist allerdings auf den Wert begrenzt, der sich ergibt, wenn von den Anschaffungskosten planmäßige Abschreibungen bzw. AfA bis zum Bilanzstichtag abgezogen werden.

Buchwert zum 31.12.01 (nach Inanspruchnahme von AfA i. H. von 1.500 €)		13.500 €
Anschaffungskosten	55.000 €	
Planmäßige Abschreibung/AfA bis zum 31.12.01 (11 x 2.750 € =)	- 30.250 €	
Regulärer Buchwert zum 31.12.01	24.750 €	24.750 €
Differenz = Zuschreibung		11.250 €

Buchung:

Immaterielle Vermögensgegenstände	11.250 €	an	Sonstige betriebliche Erträge	11.250 €

Zum 31.12.01 ergibt sich somit ein Buchwert i. H. von 24.750 €. Da die Restnutzungsdauer neun Jahre beträgt, ist ab dem Jahr 02 von einer jährlichen AfA i. H. von 2.750 € auszugehen.

Bezüglich der steuerlichen Einlagekonten ist § 29 KStG zu beachten. Hier kommt es gem. § 29 Abs. 2 Satz 2 KStG nicht zu einem Übergang des steuerlichen Einlagekontos, da die XYZ-GmbH Alleingesellschafterin der ABC-GmbH war.

HINWEIS

Handelsrechtlich unterbleibt die Zuschreibung gem. § 24 UmwG, da es sich bei der Verschmelzung um eine Anschaffung handelt und nicht um einen Fall der Rechtsnachfolge, wodurch der eingebuchte Wert als Anschaffungskosten gilt und damit – abzgl. der AfA – die Bewertungsobergrenze darstellt.

FALL 236

Umwandlung einer Einzelfirma in eine GmbH

Sachverhalt: Einzelkaufmann A möchte das Betriebsvermögen seines Einzelunternehmens in eine neu gegründete GmbH, deren alleiniger Gesellschafter er ist, gegen Gewährung von Geschäftsanteilen einbringen. Das Wirtschaftsjahr des Einzelunternehmens entspricht dem Kalenderjahr. Am 20.8.01 gibt Einzelkaufmann A eine notariell beurkundete Erklärung zur Einbringung seines Einzelunternehmens im Wege der Einzelrechtsnachfolge in eine in diesem Zuge neugegründete GmbH ab. Dieser fügt er eine auf den 30.6.01 datierende, öffentlich beglaubigte Vermögensübersicht bei, aus der die Vermögensgegenstände, die ihm gehören und die seinem Unternehmen dienen, sowie die Schulden ersichtlich sind. Am 25.8.01 wird die Einbringungserklärung unter Beifügung der Vermögensübersicht und der Einbringungsbilanz v. 30.6.01 zur Eintragung im Handelsregister angemeldet. Am 20.9.01 wird die Einbringung im Handelsregister registriert (Löschung der Einzelfirma und Eintragung der GmbH). Zum 30.6.01 ergibt sich folgende Bilanz des Einzelunternehmens (steuerliche Buchwerte):

Einzelunternehmen
Bilanz zum 30.6.01

Aktiva			**Passiva**
Grund und Boden	220.000 €	Betriebsvermögen (Kapital)	1.000.000 €
Gebäude	400.000 €	Verbindlichkeiten	620.000 €
Maschinen	400.000 €		
Geschäftsausstattung	200.000 €		
Umlaufvermögen	400.000 €		
	1.620.000 €		1.620.000 €

Die gemeinen Werte betragen:

Firmenwert	160.000 €
Grund und Boden	320.000 €
Gebäude	440.000 €
Maschinen	440.000 €
Geschäftsausstattung	220.000 €

Es ist beantragt, die Einbringung steuerlich zum 30.6.01 anzuerkennen. Das Stammkapital der GmbH soll sich aus dem Unterschied zwischen Besitz- und Schuldposten lt. steuerlicher Eröffnungsbilanz der GmbH ergeben. Für die Bemessung der AfA der von der GmbH übernommenen Wirtschaftsgüter ist von Folgendem auszugehen (Stand zum 30.6.01):

- **Gebäude:** Die Anschaffungskosten für das Gebäude betrugen seinerzeit 600.000 €. Die AfA wurde bisher mit 2 % jährlich vorgenommen: 12.000 €.
- **Maschinen:** Die Maschinen (Nutzungsdauer insgesamt zehn Jahre) wurden vor fünf Jahren für 800.000 € angeschafft; als AfA wurden bisher 10 % jährlich in Anspruch genommen: 80.000 €.
- **Geschäftsausstattung:** Die Geschäftsausstattung (Nutzungsdauer insgesamt zehn Jahre) wurde vor zwei Jahren für 250.000 € angeschafft und linear mit 10 % jährlich abgeschrieben.

AUFGABEN

1. Wie kann die Einbringung steuerlich abgewickelt werden und welche Auswirkungen ergeben sich für die weitere Abschreibung der von der GmbH übernommenen Wirtschaftsgüter? Auf die Grunderwerbsteuer ist nicht einzugehen. Die Voraussetzungen des § 20 Abs. 2 Satz 2 UmwStG sind erfüllt.
2. Was ist zu beachten, wenn Einzelkaufmann A (58 Jahre alt) die erworbene GmbH-Beteiligung ganz oder teilweise veräußert?

LÖSUNG

Zu 1

Ein gem. § 20 UmwStG zu behandelnder Vorgang liegt nur vor, wenn als Gegenleistung für die Einbringung des Betriebs, Teilbetriebs oder Mitunternehmeranteils neue Gesellschaftsanteile an der aufnehmenden Kapitalgesellschaft eingeräumt werden. Es handelt sich aus ertragsteuerlicher Sicht um einen tauschähnlichen und damit um einen entgeltlichen Vorgang (BFH, Urteil v. 17.9.2003 - I R 97/02, BStBl 2004 II S. 686). Es brauchen aber nicht ausschließlich neue Anteile von der aufnehmenden Kapitalgesellschaft gewährt zu werden.

Bei der Einbringung wird die Grunderwerbsteuer anfallen. Diese Steuerbeträge sind grds. als zusätzliche Anschaffungskosten der Wirtschaftsgüter zu aktivieren, bei deren Einbringung sie angefallen sind (BFH, Urteil v. 17.9.2003 - I R 97/02, a. a. O.). Gemäß der Aufgabenstellung war darauf aber nicht einzugehen.

Bilanzsteuerrechtlich ist für eine Einbringung in eine Kapitalgesellschaft § 20 UmwStG zu beachten. Wann eine solche vorliegt, ergibt sich aus § 20 Abs. 1 UmwStG. Eine Einbringung setzt voraus, dass ein Betrieb, Teilbetrieb oder ein Mitunternehmeranteil in eine unbeschränkt steuerpflichtige Kapitalgesellschaft eingebracht wird und der Einbringende dafür neue Gesellschaftsrechte an dieser Kapitalgesellschaft erhält. Das ist hier der Fall. Gemäß § 20 Abs. 5 UmwStG wird die Einbringung rückwirkend zum 30.6.01 steuerlich wirksam, da **lt. Sachverhalt** ein entsprechender Antrag vorliegt.

Die GmbH darf gem. § 20 Abs. 2 UmwStG das eingebrachte Betriebsvermögen

- mit seinem Buchwert,
- mit seinem gemeinen Wert oder
- mit einem zwischen Buch- und gemeinen Wert liegenden Wert

ansetzen. Bei Zwischenwertansatz sind die stillen Reserven einheitlich und gleichmäßig aufzustocken. Das gilt auch für einen originären Firmenwert.

Nachfolgend sind drei Bilanzierungsmöglichkeiten für die GmbH dargestellt; beim Zwischenwertansatz wurde der Mittelwert zwischen Buch- und gemeinem Wert gewählt.

GmbH (Buchwerte zum 1.7.01)

Aktiva			**Passiva**
Firmenwert		Stammkapital	1.000.000 €
Grund und Boden	220.000 €	Verbindlichkeiten	620.000 €
Gebäude	400.000 €		
Maschinen	400.000 €		
Geschäftsausstattung	200.000 €		
Umlaufvermögen	400.000 €		
	1.620.000 €		1.620.000 €

GmbH (Zwischenwerte zum 1.7.01)

Aktiva			**Passiva**
Firmenwert	80.000 €	Stammkapital	1.180.000 €
Grund und Boden	270.000 €	Verbindlichkeiten	620.000 €
Gebäude	420.000 €		
Maschinen	420.000 €		
Geschäftsausstattung	210.000 €		
Umlaufvermögen	400.000 €		
	1.800.000 €		1.800.000 €

GmbH (Gemeine Werte zum 1.7.01)

Aktiva			**Passiva**
Firmenwert	160.000 €	Stammkapital	1.360.000 €
Grund und Boden	320.000 €	Verbindlichkeiten	620.000 €
Gebäude	440.000 €		
Maschinen	440.000 €		
Geschäftsausstattung	220.000 €		
Umlaufvermögen	400.000 €		
	1.980.000 €		1.980.000 €

Die AfA für die von der GmbH übernommenen abnutzbaren Wirtschaftsgüter richtet sich nach § 23 UmwStG. Im Fall des Ansatzes des gemeinen Werts differenziert § 23 Abs. 4 UmwStG, ob die Einbringung im Wege der Gesamtrechtsnachfolge (z. B. Verschmelzung einer Personen- auf eine Kapitalgesellschaft, Ausgliederung) oder im Wege der Einzelrechtsnachfolge (z. B. Sachgründung einer Kapitalgesellschaft oder Stammkapitalerhöhung) erfolgt. Bei der Gesamtrechtsnachfolge gelten die Regelungen wie beim Zwischenwertansatz, bei der Einzelrechtsnachfolge (wie hier) wird von einem originären Anschaffungsvorgang ausgegangen. Danach ergeben sich folgende **jährliche** Abschreibungen, dargestellt unter Berücksichtigung der in der Eröffnungsbilanz jeweils gewählten Ansätze:

	Buchwert	Zwischenwert	Gemeiner Wert
Firmenwert:	(§ 23 Abs. 1 UmwStG)	(§ 23 Abs. 3 UmwStG) $^1/_{15}$ von 80.000 € = 5.333 €	(§ 23 Abs. 4 UmwStG) $^1/_{15}$ von 160.000 € = 10.667 €
Gebäude:	2 % von 600.000 € = 12.000 €	2 % von (600.000 € + 20.000 € =) 620.000 € = 12.400 €	2 % von 440.000 € = 8.800 €
Maschinen:	10 % von 800.000 € = 80.000 €	10 % von (800.000 € + 20.000 € =) 820.000 € = 82.000 €	440.000 € / 5 Jahre = 88.000 €
Geschäftsausstattung:	10 % von 250.000 € = 25.000 €	10 % von (250.000 € + 10.000 € =) 260.000 € = 26.000 €	220.000 € / 8 Jahre = 27.500 €

Der Wert, mit dem die GmbH das eingebrachte Betriebsvermögen ansetzt, gilt für Einzelkaufmann A als Veräußerungspreis und als Anschaffungskosten der Gesellschaftsanteile (§ 20 Abs. 3 UmwStG). § 16 Abs. 4 EStG kann nur in Anspruch genommen werden, wenn das Betriebsvermögen mit dem gemeinen Wert angesetzt wurde (§ 20 Abs. 4 UmwStG). Übernimmt die GmbH das Betriebsvermögen zum Buchwert, entsteht für Einzelkaufmann A kein Veräußerungsgewinn. Setzt sie das Betriebsvermögen mit dem gemeinen Wert an, realisiert er einen Veräußerungsgewinn i. H. von 360.000 € mit Anwendung von § 16 Abs. 4 und § 3 Nr. 40 Satz 1 i. V. mit § 3c Abs. 2 EStG, soweit Anteile an Kapitalgesellschaften eingebracht werden; § 34 Abs. 1 und 3 EStG gilt in diesen Fällen nur, soweit der Veräußerungsgewinn nicht i. S. des § 3 Nr. 40 Satz 1 i. V. mit § 3c EStG befreit ist. Setzt die GmbH einen Zwischenwert an (z. B. mit Aufstockung von 50 % der stillen Reserven), ergibt sich für Einzelkaufmann A ein Veräußerungsgewinn i. H. von 180.000 € ohne Anwendung von § 16 Abs. 4 und § 34 EStG.

Zu 2

Werden Anteile an einer Kapitalgesellschaft veräußert, die der Veräußerer durch eine Einbringung erworben hat und wurden bei der Einbringung nicht die gemeinen Werte, sondern Buch- oder Zwischenwerte zugrunde gelegt, ist § 22 Abs. 1 UmwStG zu beachten. Werden derartige Anteile innerhalb einer siebenjährigen Sperrfrist veräußert, erfolgt rückwirkend eine Besteuerung des Gewinns aus der Einbringung (Einbringungsgewinn I).

Würde Einzelkaufmann A seine GmbH-Beteiligung z. B. nach vier vollen Zeitjahren für 1.410.000 € veräußern und hätte er Veräußerungskosten i. H. von 10.000 €, so ergäben sich –

je nach Eröffnungsbilanz der GmbH v. 1.7.01 – die folgenden einkommensteuerlichen Konsequenzen:

Zunächst ist der Einbringungsgewinns I zu ermitteln:

	Buchwertansatz	Zwischenwertansatz
Gemeiner Wert des eingebrachten Betriebsvermögens	1.360.000 €	1.360.000 €
Bei der Einbringung angesetzter Wert des eingebrachten Betriebsvermögens	- 1.000.000 €	- 1.180.000 €
Einbringungsgewinn	360.000 €	180.000 €
Siebtelregelung (4 x $^1/_7$ =)	- 205.714 €	- 102.857 €
Steuerpflichtiger Einbringungsgewinn I	154.286 €	77.143 €

Der Einbringungsgewinn I unterliegt bei Einzelkaufmann A rückwirkend der vollen Besteuerung mit Einkommensteuer, denn die §§ 16 und 34 EStG sind nicht anzuwenden (§ 22 Abs. 1 Satz 1 UmwStG). Der Einbringungsgewinn I unterliegt nicht der Gewerbesteuer, da auch eine Einbringung zum gemeinen Wert nicht der Gewerbesteuer unterlegen hätte (vgl. BFH, Urteil v. 11.7.2019 - I R 26/18, BStBl 2022 II S. 93).

Der Einbringungsgewinn I gilt als nachträgliche Anschaffungskosten der erhaltenen Anteile (§ 22 Abs. 1 Satz 4 UmwStG). Sodann kann der erzielte Veräußerungsgewinn ermittelt und gem. § 17 EStG besteuert werden:

	Buchwertansatz	Zwischenwertansatz
Erlös nach Abzug der Veräußerungskosten	1.400.000 €	1.400.000 €
Anschaffungskosten der GmbH-Beteiligung	- 1.000.000 €	- 1.180.000 €
Nachträgliche Anschaffungskosten	- 154.286 €	- 77.143 €
Veräußerungsgewinn	245.714 €	142.857 €
§ 3 Nr. 40 EStG (Teileinkünfteverfahren):		
Steuerpflichtiger Veräußerungsgewinn	147.428 €	85.714 €

Der Freibetrag gem. § 17 Abs. 3 EStG beträgt vorliegend offensichtlich 0 €.

Auf der Ebene der GmbH erfolgt im Wirtschaftsjahr der Veräußerung der Anteile durch Einzelkaufmann A auf Antrag eine Aufstockung der Buchwerte der zum 30.6.01 eingebrachten Wirtschaftsgüter um den Betrag des Einbringungsgewinns I gem. § 23 Abs. 2 UmwStG (soweit diese Wirtschaftsgüter noch zum Betriebsvermögen der GmbH gehören bzw. als Aufwand, soweit die Wirtschaftsgüter zum gemeinen Wert übertragen wurden oder untergegangen sind; im Übrigen, d. h. soweit die Wirtschaftsgüter zum Buch- oder Zwischenwert ausgeschieden sind, verfällt der Aufstockungsbetrag wirkungslos, vgl. BMF, Schreiben v. 2.1.2025, BStBl 2025 I S. 92, Rz. 23.09). Der Aufstockungsbetrag ist zugleich als Zugang zum steuerlichen Einlagekonto zu erfassen (BMF, Schreiben v. 2.1.2025, a. a. O., Rz. 23.07).

Hat die GmbH das übernommene Betriebsvermögen mit dem gemeinen Wert angesetzt, muss die Veräußerung der GmbH-Beteiligung ohne Einschaltung von § 22 Abs. 1 UmwStG direkt i. S. des § 17 EStG behandelt werden:

Veräußerungserlös	1.410.000 €	
Steuerfrei gem. § 3 Nr. 40 Satz 1 Buchst. c EStG (40 %)	- 564.000 €	
Steuerpflichtig	846.000 €	846.000 €
Anschaffungskosten	1.360.000 €	
Nicht abzugsfähig (§ 3c Abs. 2 EStG) 40 % (Umkehrschluss)	- 544.000 €	- 816.000 €
Verbleiben		30.000 €
Veräußerungskosten	10.000 €	
Nicht abzugsfähig (§ 3c Abs. 2 EStG)	- 4.000 €	- 6.000 €
Veräußerungsgewinn		24.000 €
Freibetrag gem. § 17 Abs. 3 EStG (Anwendung nach Teileinkünfteverfahren, siehe R 17 Abs. 9 EStR)		- 9.060 €
Steuerpflichtiger Veräußerungsgewinn		14.940 €

FALL 237

Einbringung einer Personengesellschaft in eine Kapitalgesellschaft

Sachverhalt: A, B und C sind zu je 1/3 an einer OHG beteiligt. Die OHG hat zum 31.12.01 folgende Bilanzen erstellt:

OHG
(Buchwerte zum 31.12.01)

Aktiva			**Passiva**
Besitzposten	705.000 €	Kapital A, B und C	660.000 €
		Verbindlichkeiten	45.000 €
	705.000 €		705.000 €

OHG
(Gemeine Werte zum 31.12.01)

Aktiva			**Passiva**
Besitzposten	1.077.000 €	Kapital A, B und C	1.032.000 €
		Verbindlichkeiten	45.000 €
	1.077.000 €		1.077.000 €

Mit Ablauf des 31.12.01 soll die OHG in eine bestehende GmbH gegen Gewährung von Gesellschaftsrechten für A, B und C eingebracht werden. Stammkapital der GmbH vor der Einbringung

500.000 € (Teilwert ebenfalls 500.000 €, nur Besitzposten); Eigentümer der GmbH-Anteile ist X zu 100 %.

Gestaltungsvarianten:

1. Übernahme des OHG-Vermögens in die Steuerbilanz zu Buchwerten. Stammkapitalerhöhung der GmbH um 1.032.000 € (neue Anteile an A, B und C).
2. Übernahme des OHG-Vermögens in die Steuerbilanz zu Buchwerten. Stammkapitalerhöhung um 900.000 € (neue Anteile an A, B und C). Zusätzlich erhalten A, B und C aus den Beständen der GmbH Wertpapiere (z. B. Aktien) im gemeinen Wert und zugleich Buchwert i. H. von 132.000 €.

AUFGABE

Erstellen Sie die steuerlichen Bilanzen der GmbH nach Einbringung des OHG-Betriebsvermögens. Die Voraussetzungen des § 20 Abs. 2 Satz 2 UmwStG sind erfüllt. In der Handelsbilanz der GmbH werden die gemeinen Werte des OHG-Vermögens angesetzt.

LÖSUNG

Bei der Einbringung eines Betriebs in eine Kapitalgesellschaft gegen Gewährung von Gesellschaftsrechten darf die Kapitalgesellschaft gem. § 20 Abs. 2 Satz 2 UmwStG das eingebrachte Betriebsvermögen mit seinem Buchwert oder mit einem höheren Wert ansetzen; die gemeinen Werte dürfen allerdings nicht überschritten werden. Eine Bindung der Steuerbilanz an die Handelsbilanz besteht nicht. Es darf somit in der Steuerbilanz zu Buchwerten bewertet werden, obwohl in der Handelsbilanz höhere Ansätze erfolgen. Auch die sonstige Gegenleistung führt vorliegend nicht zu einer zwangsweisen Aufdeckung stiller Reserven, da sie gem. § 20 Abs. 2 Satz 2 Nr. 4 Buchst. b UmwStG unschädlich ist.

Wenn das eingebrachte Betriebsvermögen steuerrechtlich zum Buchwert übernommen werden soll und dieser (abzgl. sonstiger Gegenleistungen) kleiner ist als das gezeichnete Kapital der neuen Anteile, ist in der Steuerbilanz der Kapitalgesellschaft ein Ausgleichsposten zu bilden. Der Ausgleichsposten dient lediglich der Abbildung der Differenz zwischen dem übernommenen Buchwert (abzgl. sonstiger Gegenleistungen) einerseits sowie dem gewährten gezeichneten Kapital andererseits. Der Ausgleichsposten ist kein Bestandteil des Betriebsvermögens i. S. des § 4 Abs. 1 Satz 1 EStG, sondern ein bloßer „Luftposten"; er nimmt nicht am Betriebsvermögensvergleich teil. Er hat infolgedessen auch auf die spätere Auflösung und Versteuerung der im eingebrachten Betriebsvermögen enthaltenen stillen Reserven keinen Einfluss und ist auch nicht aufzulösen oder abzuschreiben. Mindert sich die durch den Ausgleichsposten gedeckte Differenz zwischen der Aktiv- und der Passivseite der Bilanz, insbesondere durch Aufdeckung stiller Reserven, so fällt der Ausgleichsposten in entsprechender Höhe weg (BMF, Schreiben v. 2.1.2025, BStBl 2025 I S. 92, Rz. 20.20). In der nachfolgenden Lösung entspricht der Ausgleichsposten dem in der Handelsbilanz erfolgten höheren Wertansatz gegenüber dem Steuerbilanzansatz, d. h. in den Gestaltungsvarianten 1 und 2 ist das OHG-Vermögen in der Handelsbilanz der GmbH im Saldo mit (1.077.000 € - 45.000 € =) 1.032.000 € ausgewiesen.

Der Wert, mit dem die Kapitalgesellschaft das eingebrachte Betriebsvermögen ansetzt, gilt für den Einbringenden als Veräußerungspreis und als Anschaffungskosten des Gesellschafteranteils (§ 20 Abs. 3 Satz 1 UmwStG). Soweit neben den Gesellschaftsanteilen auch andere Wirtschaftsgüter gewährt werden, ist deren Wert von den vorgenannten Anschaffungskosten abzuziehen (§ 20 Abs. 3 Satz 3 UmwStG).

Die jeweiligen Steuerbilanzen der GmbH zeigen für den vorliegenden Fall nach Einbringung des OHG-Vermögens folgendes Bild: Im Fall 2 sind dabei die Aktiva der GmbH bereits um die an A, B und C ausgehändigten Wertpapiere gemindert (500.000 € - 132.000 € =) 368.000 €.

GmbH Steuerbilanz (Fall 1)

Aktiva			Passiva
Aktiva GmbH	500.000 €	Stammkapital	1.532.000 €
Aktiva OHG-Betriebsvermögen	705.000 €	Übernommene OHG-Schulden	45.000 €
Ausgleichsposten	372.000 €		
	1.577.000 €		1.577.000 €

GmbH Steuerbilanz (Fall 2)

Aktiva			Passiva
Aktiva GmbH	368.000 €	Stammkapital	1.400.000 €
Aktiva OHG-Betriebsvermögen	705.000 €	Übernommene OHG-Schulden	45.000 €
Ausgleichsposten	372.000 €		
	1.445.000 €		1.445.000 €

	GmbH Steuerbilanz Fall 1	GmbH Steuerbilanz Fall 2
Gemäß § 20 Abs. 3 UmwStG für A, B und C maßgebende steuerliche Anschaffungskosten für die GmbH-Anteile:	660.000 €	660.000 €
		- 132.000 €
		528.000 €

Da in beiden Fällen das eingebrachte Betriebsvermögen mit dem Buchwert angesetzt ist, entsteht aus dem Anlass der Einbringung für A, B und C kein Veräußerungsgewinn. Ein Veräußerungsgewinn entsteht erst, wenn A, B und C z. B. ihre GmbH-Anteile veräußern. Erfolgt die Veräußerung innerhalb von sieben Jahren nach der Einbringung, ist § 22 Abs. 1 UmwStG zu beachten (rückwirkende Besteuerung des Einbringungsgewinns unter Anwendung der Siebtelregelung; nachträgliche Anschaffungskosten für die erhaltenen GmbH-Anteile i. H. des Einbringungsgewinns, Erhöhungsbetrag bei der GmbH nach Maßgabe des § 23 Abs. 2 UmwStG). Erfolgt die Veräußerung nach Ablauf von sieben Jahren sind zur Ermittlung des Veräußerungsgewinns die gem. § 20 Abs. 3 UmwStG maßgebenden steuerlichen Anschaffungskosten (im vorliegenden Fall 660.000 € bzw. 528.000 €) von dem Veräußerungspreis abzuziehen, ohne dass sich weitere Besonderheiten ergeben.

FALL 238

Weiterbehandlung von Ausgleichsposten

Sachverhalt: Vergleiche Fall 237 (Gestaltungsvariante 1); die GmbH verkauft im Jahr 02 die von der OHG übernommenen Besitzposten für 1.077.000 € netto, so dass steuerrechtlich ein Ertrag i. H. von 372.000 € realisiert wird. Hierauf entfallen die Gewerbesteuer, die Körperschaftsteuer und der Solidaritätszuschlag i. H. von insgesamt 110.000 €. Zugang im Bankkonto: 1.077.000 €. Die Steuerschulden werden erst im Jahr 03 bezahlt. Weitere Geschäftsvorfälle sind im Jahr 02 nicht vorgekommen.

AUFGABEN

Welches Bild haben Handels- und Steuerbilanz zum 31.12.01 und 31.12.02 vor Ergebnisverwendung? Wie lauten die Buchungen zur Ergebnisverwendung des Ergebnisses des Jahres 02 für die Handels- und Steuerbilanz?

LÖSUNG

In der Handelsbilanz löst der Verkauf der OHG-Besitzposten keine Gewinnrealisierung aus, da in der Handelsbilanz der GmbH die gemeinen Werte angesetzt wurden. Allerdings führt der Steueraufwand i. H. von 110.000 € zu einem Jahresfehlbetrag in der Handelsbilanz der GmbH. In der Steuerbilanz ergibt sich demgegenüber ein Jahresüberschuss i. H. von (372.000 € - 110.000 € =) 262.000 €.

Handelsbilanz (31.12.01)

Aktiva			**Passiva**
GmbH-Vermögen	500.000 €	Gezeichnetes Kapital	1.532.000 €
OHG-Besitzposten	1.077.000 €	Verbindlichkeiten	45.000 €
	1.577.000 €		1.577.000 €

Steuerbilanz (31.12.01)

Aktiva			**Passiva**
GmbH-Vermögen	500.000 €	Gezeichnetes Kapital	1.532.000 €
OHG-Besitzposten	705.000 €	Verbindlichkeiten	45.000 €
Ausgleichsposten	372.000 €		
	1.577.000 €		1.577.000 €

Handelsbilanz (31.12.02)

Aktiva			**Passiva**
GmbH-Vermögen	500.000 €	Gezeichnetes Kapital	1.532.000 €
Bank	1.077.000 €	Jahresfehlbetrag	- 110.000 €
		Steuerrückstellung	110.000 €
		Verbindlichkeiten	45.000 €
	1.577.000 €		1.577.000 €

Steuerbilanz (31.12.02)

Aktiva			**Passiva**
GmbH-Vermögen	500.000 €	Gezeichnetes Kapital	1.532.000 €
Bank	1.077.000 €	Jahresüberschuss	262.000 €
Ausgleichsposten	372.000 €	Steuerrückstellung	110.000 €
		Verbindlichkeiten	45.000 €
	1.949.000 €		1.949.000 €

Die Buchungen zur Ergebnisverwendung des Ergebnisses des Jahres 02 lauten:

Handelsbilanz:

Verlustvortragskonto	110.000 €	an	Jahresfehlbetrag	110.000 €

Steuerbilanz:

Jahresüberschuss	262.000 €			
Verlustvortragskonto	110.000 €	an	Ausgleichsposten	372.000 €

Hiernach sind Handels- und Steuerbilanz identisch.

FALL 239

Einbringungsgewinn I, Anteilsveräußerung

Sachverhalt: Die X-GmbH besitzt einen Teilbetrieb, dessen Buchwert 2 Mio. € und dessen gemeiner Wert 9 Mio. € beträgt. Zum Betriebsvermögen gehört ferner eine 100 %ige Beteiligung an der Y-GmbH im Buchwert i. H. von 1 Mio. €. Zum 31.12.01 bringt die X-GmbH den Teilbetrieb in die Y-GmbH ein, indem deren Stammkapital um 9 Mio. € erhöht wird. Die Y-GmbH bucht handelsrechtlich (vereinfacht und zusammengefasst):

Teilbetrieb	9.000.000 €	an	Stammkapital	9.000.000 €

Am 1.8.04 veräußert die X-GmbH ihre gesamten Anteile an der Y-GmbH an einen Dritten für 14 Mio. €. Die Ausgangsbilanzierung (vor Einbringung des Teilbetriebs) stellt sich wie folgt dar:

**Handelsbilanz
X-GmbH**

Aktiva		Passiva	
Diverse Aktiva	1.000.000 €	Stammkapital	2.000.000 €
Beteiligung an Y-GmbH	1.000.000 €	Diverse Passiva	2.000.000 €
Teilbetrieb	2.000.000 €		
	4.000.000 €		4.000.000 €

**Handelsbilanz
Y-GmbH**

Aktiva		Passiva	
Diverse Aktiva	4.000.000 €	Stammkapital	1.000.000 €
		Diverse Passiva	3.000.000 €
	4.000.000 €		4.000.000 €

AUFGABEN

Welche steuerlichen Folgen ziehen die Einbringung des Teilbetriebs und die Veräußerung der GmbH-Anteile nach sich, wenn die Einbringung des Teilbetriebs steuerneutral i. S. des § 20 Abs. 2 UmwStG erfolgen soll?

Zu den Stichtagen 31.12.02 und 31.12.03 hat die X-GmbH die erforderlichen Nachweise gem. § 22 Abs. 3 UmwStG erbracht. Auch die gem. § 22 Abs. 5 UmwStG erforderlichen Bescheinigungen liegen vor.

Die Steuerbilanzen sind darzustellen und fortzuentwickeln; aus Vereinfachungsgründen ist zu unterstellen, dass weitere Geschäftsvorfälle nicht vorgekommen sind. Erforderliche Steuerzahlungen sind bilanziell nicht darzustellen.

LÖSUNG

Die steuerliche Bilanzierung ist unabhängig davon, wie die Y-GmbH den eingebrachten Teilbetrieb in ihrer Handelsbilanz bewertet. Sind in der Handelsbilanz der Y-GmbH die gemeinen Werte des Teilbetriebs angesetzt und im Stammkapital widergespiegelt, sollen aber in der Steuerbilanz die Buchwerte gelten, muss die Lücke in der Steuerbilanz durch einen Ausgleichsposten geschlossen werden.

Nach der Einbringung ergeben sich zunächst zum 31.12.01 folgende **Steuerbilanzen:**

**Steuerbilanz
X-GmbH**

Aktiva		Passiva	
Diverse Aktiva	1.000.000 €	Stammkapital	2.000.000 €
Beteiligung an Y-GmbH	3.000.000 €	Diverse Passiva	2.000.000 €
	4.000.000 €		4.000.000 €

Steuerbilanz
Y-GmbH

Aktiva			**Passiva**
Diverse Aktiva	4.000.000 €	Stammkapital	10.000.000 €
Teilbetrieb	2.000.000 €	Diverse Passiva	3.000.000 €
Ausgleichsposten	7.000.000 €		
	13.000.000 €		13.000.000 €

Die Veräußerung am 1.8.04 stellt sich als schädlicher Vorgang i. S. des § 22 Abs. 1 Satz 1 UmwStG dar und führt zu einer Besteuerung des Einbringungsgewinns I. Dieser berechnet sich gem. § 22 Abs. 1 Satz 3 UmwStG wie folgt:

Gemeiner Wert des eingebrachten Betriebsvermögens	9.000.000 €
Ansatz des Betriebsvermögens des Teilbetriebs bei der Y-GmbH	- 2.000.000 €
Verbleiben	7.000.000 €
$^2/_7$ für zwei volle Zeitjahre	- 2.000.000 €
Einbringungsgewinn I	5.000.000 €

Dieser Einbringungsgewinn I unterliegt rückwirkend für den Veranlagungszeitraum 01 der vollen Besteuerung bei der X-GmbH (§ 22 Abs. 1 Satz 2 UmwStG). Die Steuerveranlagung für das Jahr 01 ist gem. § 175 Abs. 1 Satz 1 Nr. 2 AO zu berichtigen.

Der Einbringungsgewinn I führt bei der **X-GmbH zu nachträglichen Anschaffungskosten** auf ihre Beteiligung an der Y-GmbH (§ 22 Abs. 1 Satz 4 UmwStG), wenn die X-GmbH über eine Bescheinigung des zuständigen Finanzamts verfügt, aus der sich ergibt, dass die X-GmbH u. a. die Steuer für den Einbringungsgewinn I entrichtet hat (§ 22 Abs. 5 UmwStG). Dies ist **lt. Sachverhalt** der Fall.

Ursprünglicher Buchwert der Beteiligung an der Y-GmbH	1.000.000 €
Zugang Buchwert des Teilbetriebs (§ 20 Abs. 3 UmwStG)	+ 2.000.000 €
Einbringungsgewinn I	+ 5.000.000 €
Summe Anschaffungskosten/Buchwert	8.000.000 €
Veräußerungserlös	14.000.000 €
abzgl. Anschaffungskosten/Buchwert (s. o.)	- 8.000.000 €
Veräußerungsgewinn	6.000.000 €

Dieser Veräußerungsgewinn ist bei der X-GmbH zu 95 % steuerfrei (§ 8b Abs. 2 und 3 KStG). Bei der X-GmbH ergeben sich **vor und nach Erfassung des Veräußerungserlöses** i. H. von 14 Mio. € folgende Bilanzen (die Bilanz vor Erfassung des Veräußerungserlöses berücksichtigt aber bereits die aufgrund der Veräußerung erfolgte rückwirkende Versteuerung des Einbringungsgewinns sowie die daraus resultierende Erhöhung der Anschaffungskosten der Anteile an der Y-GmbH):

Steuerbilanz
X-GmbH
(vorher)

Aktiva			**Passiva**
Diverse Aktiva	1.000.000 €	Stammkapital	2.000.000 €
Teilbetrieb	8.000.000 €	Diverse Passiva	2.000.000 €
		Steuerliches Mehrkapital (Einbringungsgewinn des Jahres 01)	5.000.000 €
	9.000.000 €		9.000.000 €

Steuerbilanz
X-GmbH
(nachher)

Aktiva			**Passiva**
Diverse Aktiva	15.000.000 €	Stammkapital	2.000.000 €
		Diverse Passiva	2.000.000 €
		Steuerliches Mehrkapital (Einbringungsgewinn des Jahres 01)	5.000.000 €
		Steuerbilanz-Gewinn	6.000.000 €
	15.000.000 €		15.000.000 €

Bei der Y-GmbH sind im Jahr 04 die Buchwerte der zum 31.12.01 eingebrachten Wirtschaftsgüter des Teilbetriebs gem. § 23 Abs. 2 UmwStG um den Betrag des Einbringungsgewinns I i. H. von 5 Mio. € zu erhöhen (soweit diese Wirtschaftsgüter noch zum Betriebsvermögen der Y-GmbH gehören bzw. als Aufwand, soweit die Wirtschaftsgüter zum gemeinen Wert übertragen wurden oder untergegangen sind; im Übrigen, d. h. soweit die Wirtschaftsgüter zum Buch- oder Zwischenwert ausgeschieden sind, verfällt der Aufstockungsbetrag wirkungslos, vgl. BMF, Schreiben v. 2.1.2025, BStBl 2025 I S. 92, Rz. 23.09). Damit soll eine Doppelbesteuerung des Einbringungsgewinns I verhindert werden, die eintreten würde, wenn die Y-GmbH ihrerseits den (bei Einbringung mit 2 Mio. € bewerteten) Teilbetrieb veräußern würde. Voraussetzung ist, dass die X-GmbH die auf den Einbringungsgewinn I entfallende Steuer nachweislich entrichtet hat (§ 23 Abs. 2 i. V. mit § 22 Abs. 5 UmwStG). Dies ist **lt. Sachverhalt** der Fall. Der Ansatz des Erhöhungsbetrags bleibt ohne Auswirkung auf den Gewinn; bilanztechnisch erfolgt dies durch Verrechnung mit dem bei der Einbringung gebildeten Ausgleichsposten in der Steuerbilanz (ein evtl. darüberhinausgehender Betrag wäre als Ertrag zu buchen und außerbilanziell zu neutralisieren; auch wäre nur ein darüberhinausgehender Betrag als Zugang zum steuerlichen Einlagekonto zu erfassen, vgl. BMF, Schreiben v. 2.1.2025, a. a. O., Rz. 23.07). Der Erhöhungsbetrag gem. § 23 Abs. 2 UmwStG könnte dabei bspw. gebucht werden (vereinfacht und zusammengefasst):

Teilbetrieb	5.000.000 €	an	Ausgleichsposten	5.000.000 €

Steuerbilanz
Y-GmbH
(ohne Erhöhungsbetrag)

Aktiva		Passiva	
Diverse Aktiva	4.000.000 €	Stammkapital	10.000.000 €
Teilbetrieb	2.000.000 €	Diverse Passiva	3.000.000 €
Ausgleichsposten	7.000.000 €		
	13.000.000 €		13.000.000 €

Steuerbilanz
Y-GmbH
(mit Erhöhungsbetrag)

Aktiva		Passiva	
Diverse Aktiva	4.000.000 €	Stammkapital	10.000.000 €
Teilbetrieb	7.000.000 €	Diverse Passiva	3.000.000 €
Ausgleichsposten	2.000.000 €		
	13.000.000 €		13.000.000 €

Würde die Y-GmbH den Teilbetrieb im Jahr 04 für 9 Mio. € verkaufen, würde sich steuerlich ein Gewinn i. H. von 2 Mio. € ergeben (Buchwert 7 Mio. €, Erlös 9 Mio. €), der der normalen Besteuerung bei der Y-GmbH unterliegt. In der Handelsbilanz der Y-GmbH ergäbe sich kein Gewinn, da dort der Buchwert des Teilbetriebs (keine Änderungen unterstellt) mit 9 Mio. € angesetzt ist.

STICHWORTVERZEICHNIS

Die Zahlen verweisen auf die Fälle.